中研院歷史語言研究所集刊論文類編

思想與文化編

一

中華書局

圖書在版編目（CIP）數據

中研院歷史語言研究所集刊論文類編. 思想與文化編／
中華書局編輯部編. —北京：中華書局，2009.4
ISBN 978 – 7 – 101 – 06284 – 7

I. 中…　II. 中…　III. 社會科學 – 文集　IV. C53

中國版本圖書館 CIP 數據核字（2008）第 129426 號

責任編輯：徐真真

中研院歷史語言研究所集刊論文類編
思想與文化編
（全三冊）
中華書局編輯部 編

＊

中 華 書 局 出 版 發 行
（北京市豐臺區太平橋西里 38 號　100073）
http://www.zhbc.com.cn
E – mail：zhbc@ zhbc.com.cn
北京市白帆印務有限公司印刷

＊

787×1092 毫米 1/16·230¼印張·8 插頁
2009 年 4 月第 1 版　2009 年 4 月北京第 1 次印刷
印數 1—700 冊　定價：1500.00 元

ISBN 978 – 7 – 101 – 06284 – 7

圖一① 傅斯年函稿

圖—② 傅斯年函稿

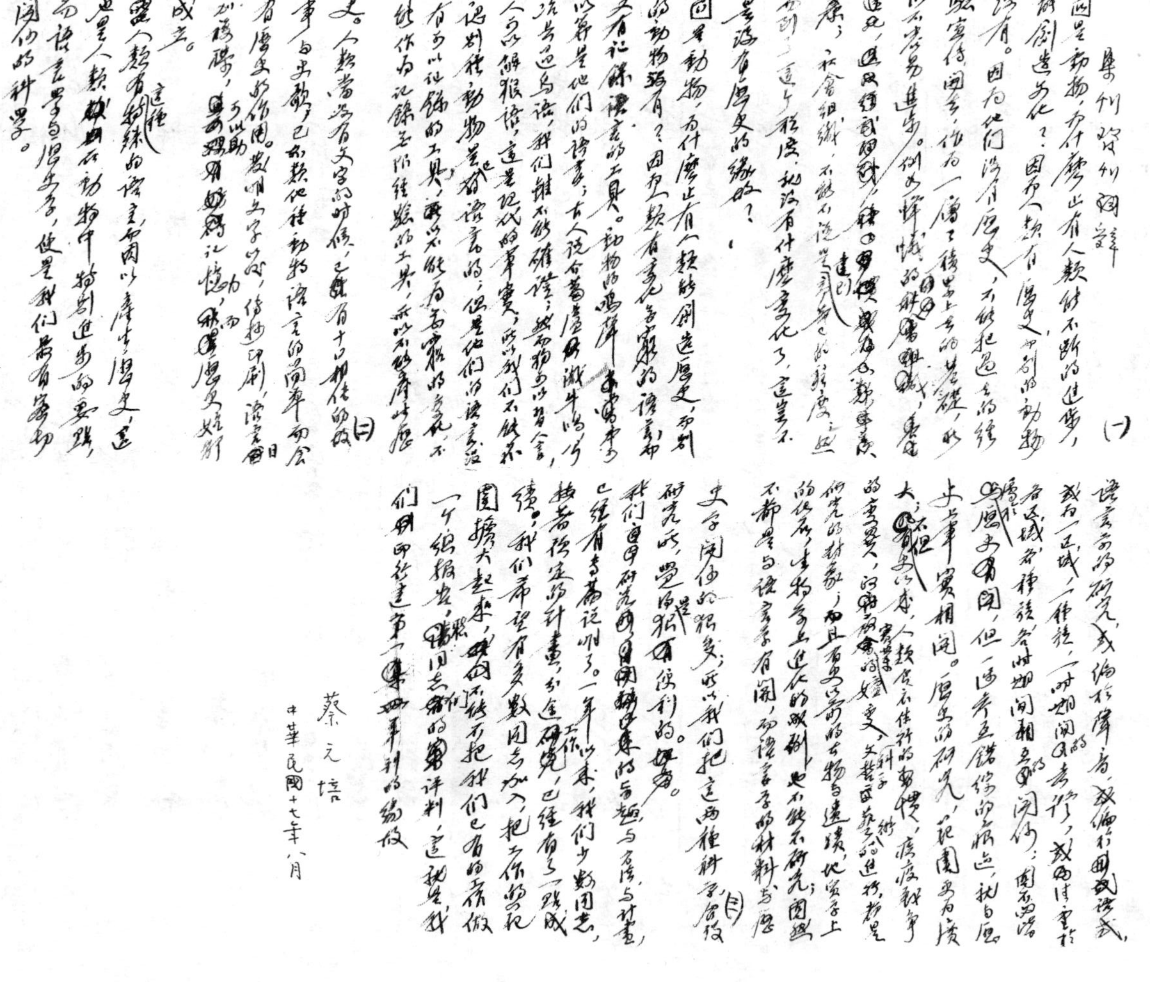

圖二　蔡元培《集刊發刊辭》稿

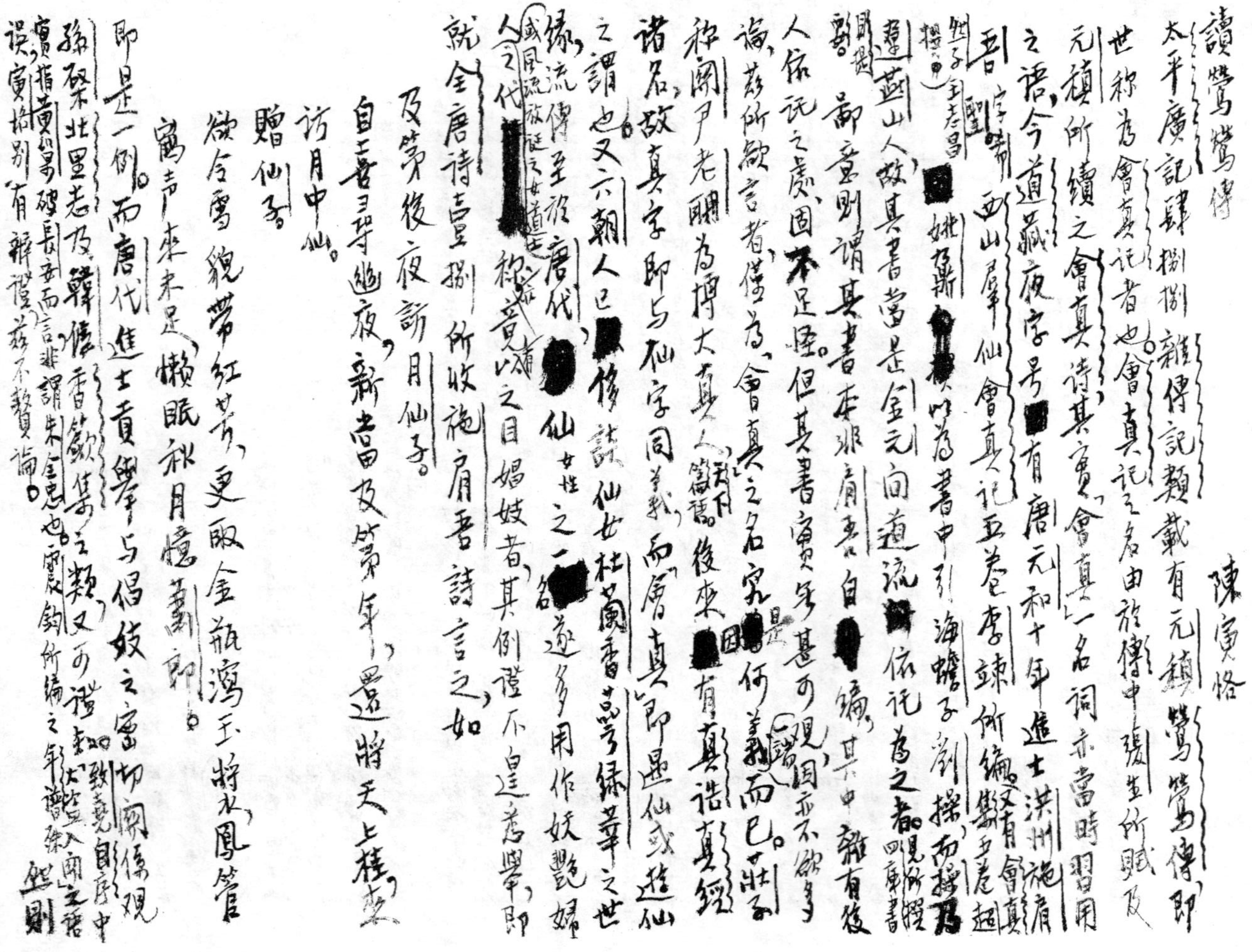

圖三① 陳寅恪《讀鶯鶯傳》稿

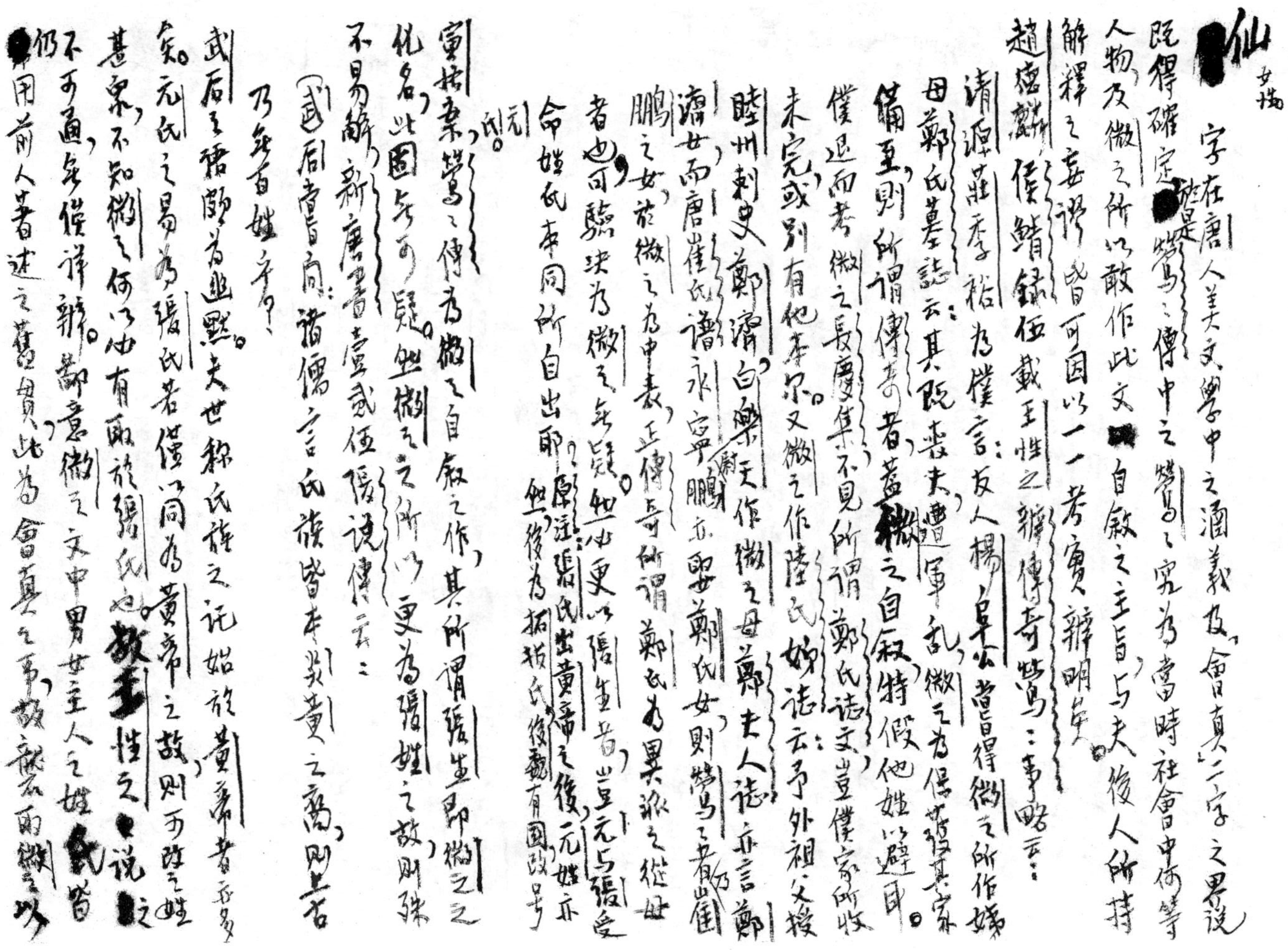

圖三② 陳寅恪《讀鶯鶯傳》稿

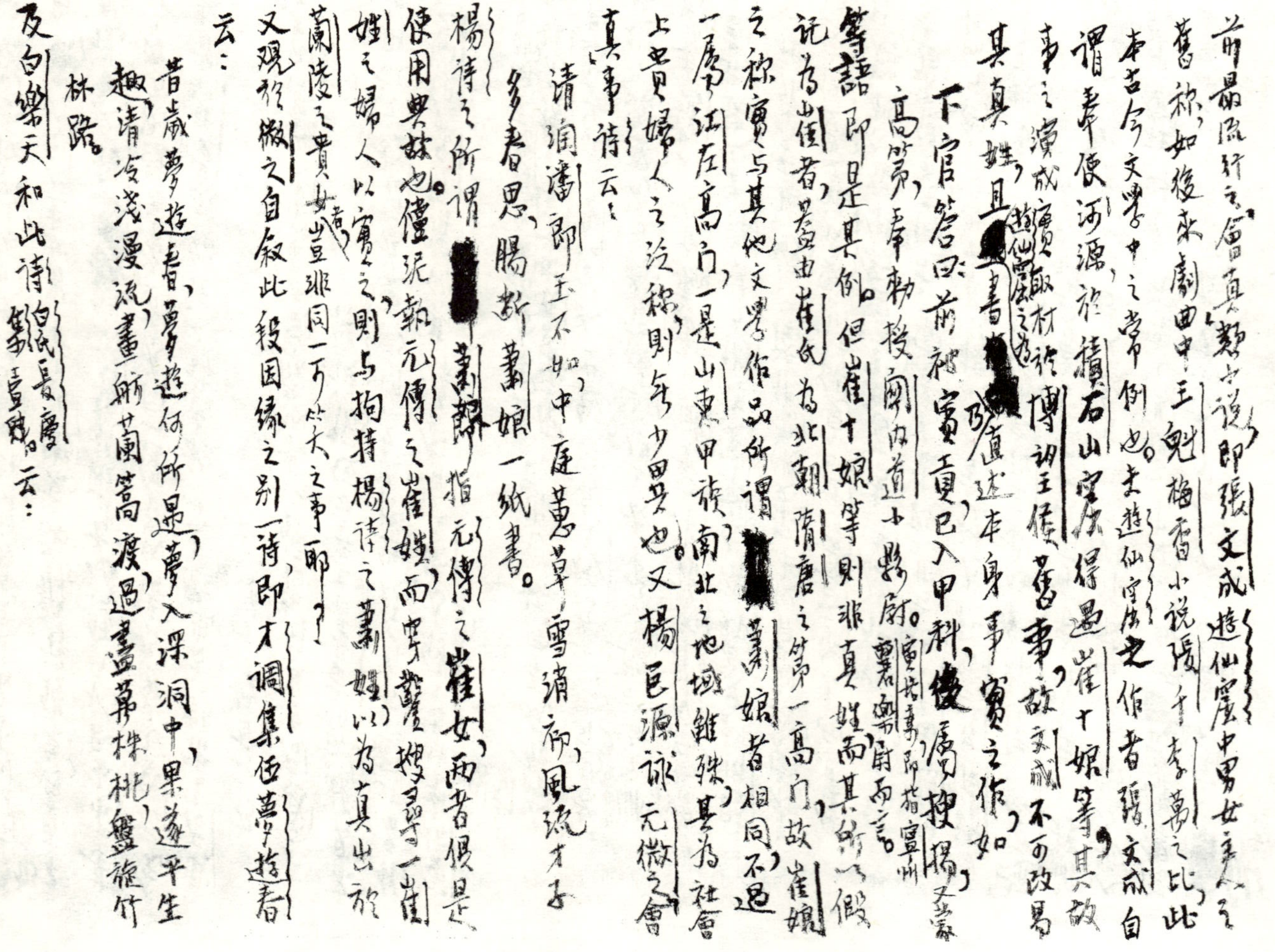

圖三③ 陳寅恪《讀鶯鶯傳》稿

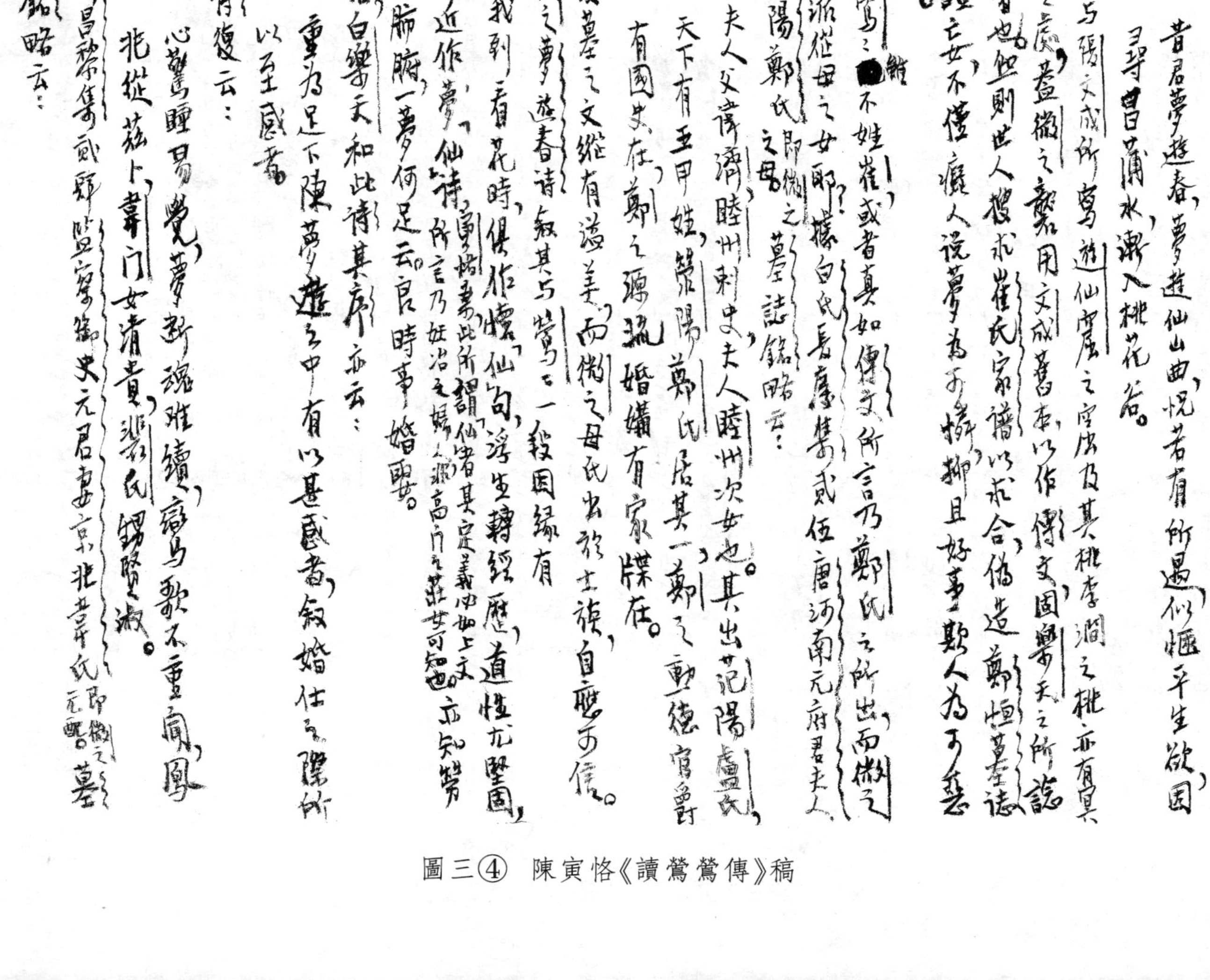

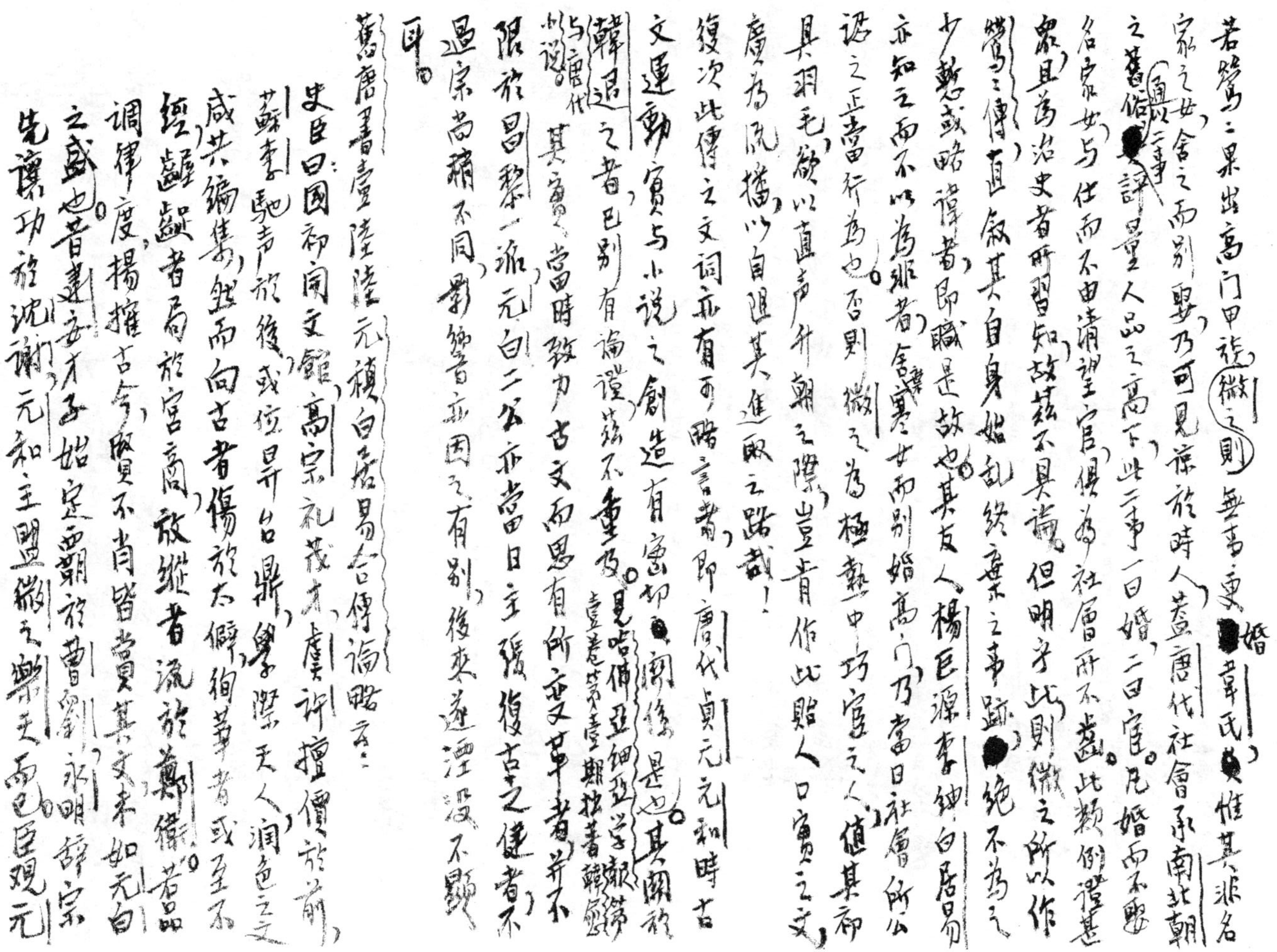

圖三⑥ 陳寅恪《讀鶯鶯傳》稿

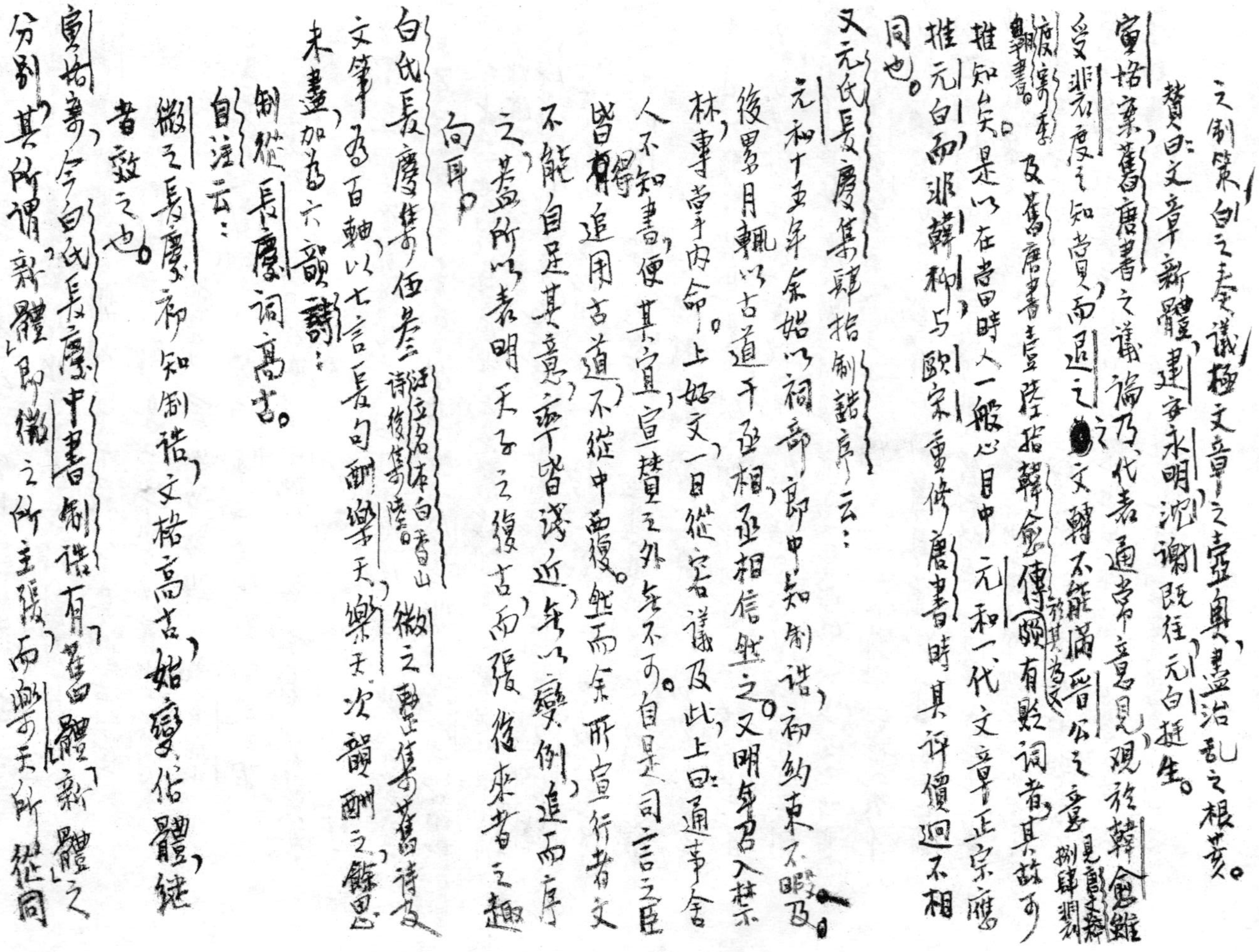

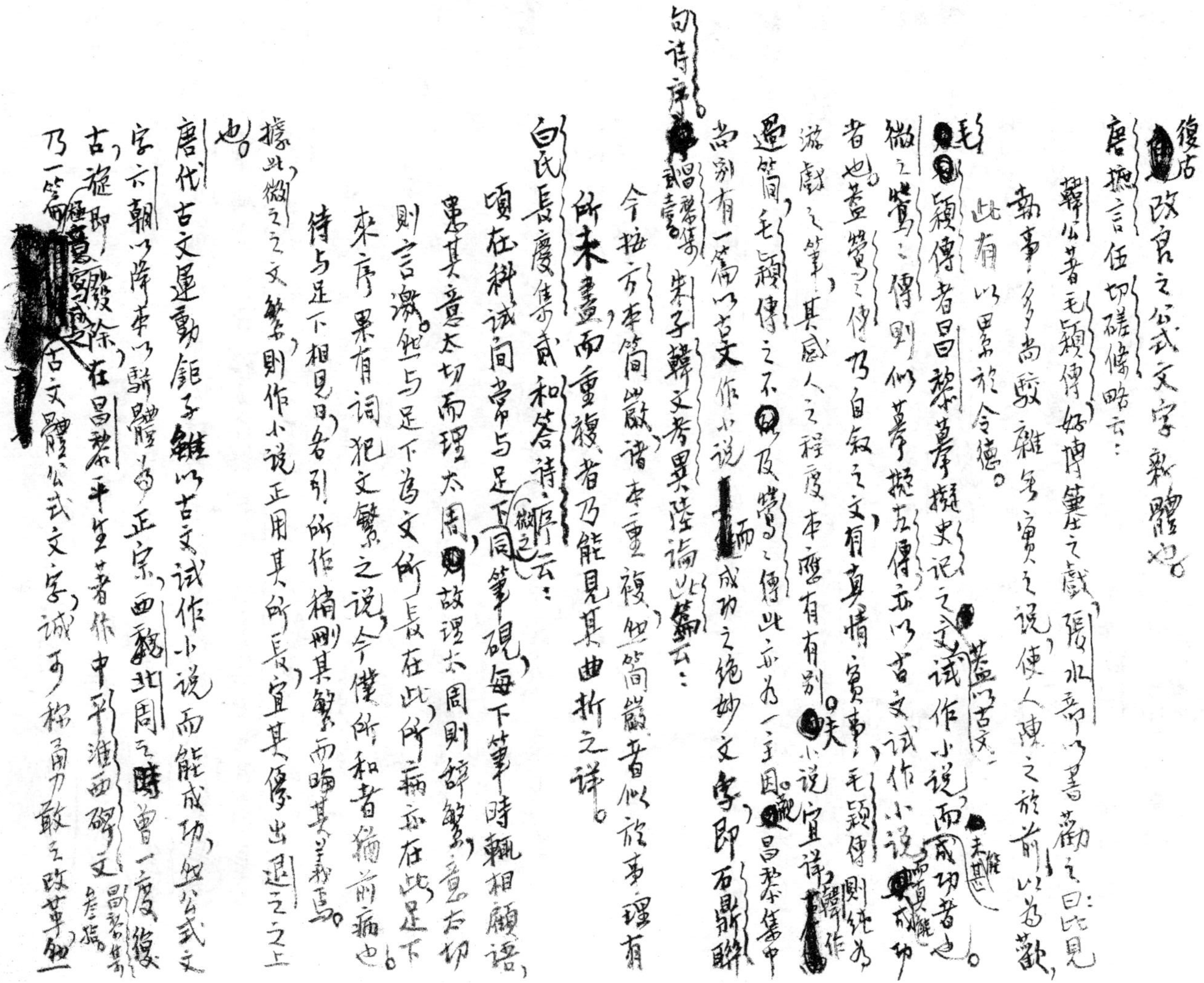

圖三⑧　陳寅恪《讀鶯鶯傳》稿

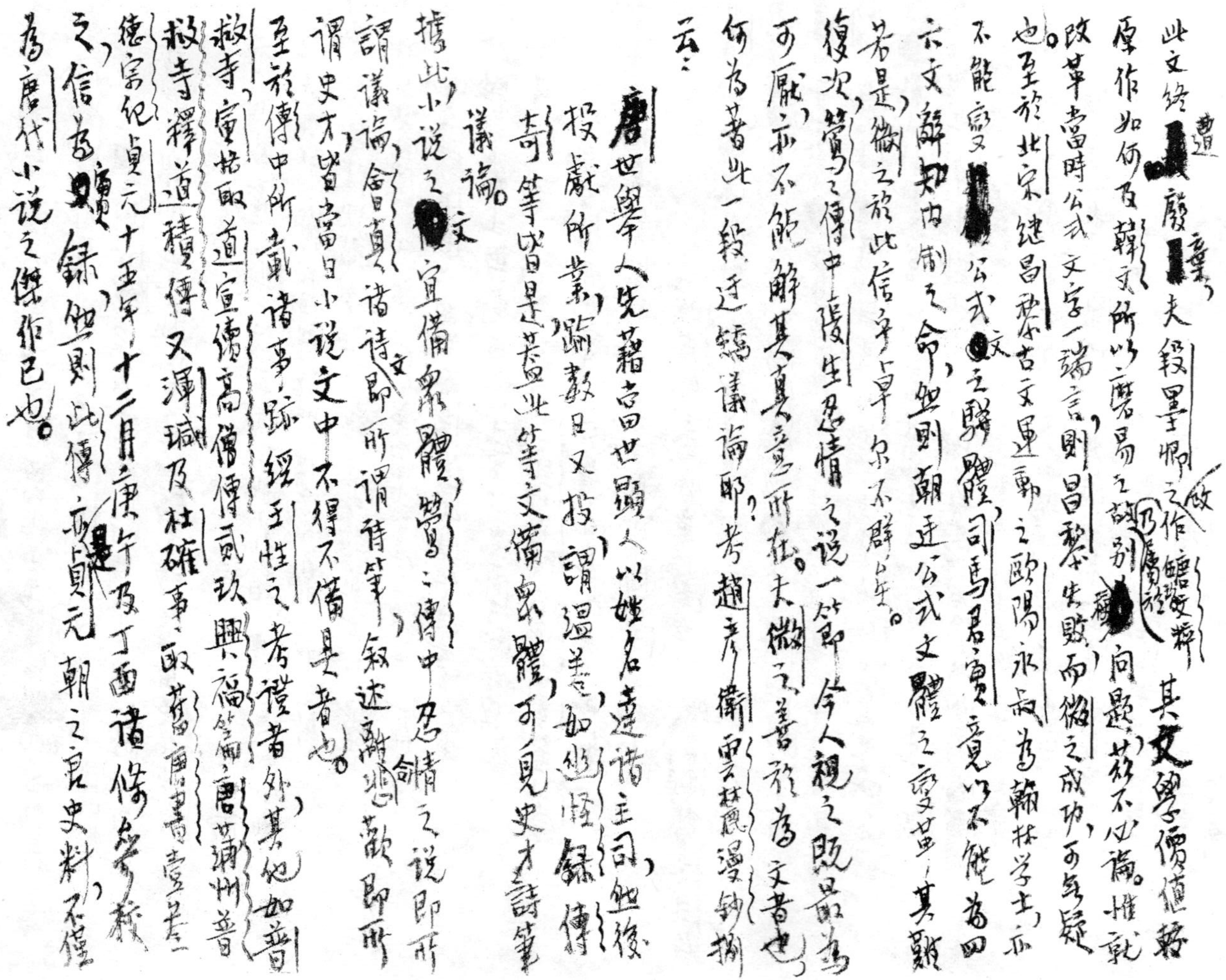

圖三⑨ 陳寅恪《讀鶯鶯傳》稿

序

　　中央研究院歷史語言研究所創始於一九二八年，到二〇〇八年就是八十週年了。史語所創所伊始，即有《中央研究院歷史語言研究所集刊》，在《集刊》的第一本第一分中，傅斯年所長發表了《歷史語言研究所工作之旨趣》，提出新材料、新方法、新工具、新問題等主張，這些主張不但影響了《集刊》文章的風格，對近代史學界也產生了極大的影響。

　　目前爲止，《集刊》已持續出刊近八十年，在近代中國，大部份學術刊物倏起倏滅，能持續到八十年的學刊，確實不多。從這一點來說，我們不能不珍惜這一個得來不易的成果。

　　除《集刊》外，史語所還出版專刊、單刊、田野工作報告、資料叢刊、目錄索引叢刊等，近二十年來，更有《新史學》（與台灣史學界同仁合辦）、《古今論衡》及在世界漢學界素有聲譽的 Asia Major 等刊物。

　　史語所從創所開始一直到今天，都是一個多學科、跨領域的研究所，所包含的學門基本上有歷史、語言、考古、人類學、文字、文籍考訂等，所以《集刊》所收文章的門類也就相當多樣。過去一二十年來，中國大陸出版界迭有要求，希望重印《集刊》，作爲學術研究的參考。但是《集刊》卷帙浩繁，不易查索，究竟以何種方式呈現比較方便讀者，確實頗費思量。北京中華書局是卓負盛譽的出版單位，他們在獲得史語所授權之後，提出以類相從的辦法，出版《中研院歷史語言研究所集刊論文類編》。這種出版方式可以同時方便個人及機構，使得《集刊》文章能到達更多需要參考的人手中。

　　文章分類特別困難，在編輯的過程中，協助檢核分類者，依各卷順序爲：語言所何大安先生，史語所陳昭容女士、邢義田先生、劉增貴先生、劉淑芬女士、柳立言先生、劉錚雲先生、李永迪先生、陳鴻森先生、王明珂先生等，另有張秀芬女士、陳靜芬女士協助整理，附此致謝。

中研院歷史語言研究所所長

王汎森　謹誌

凡　例

一、《中研院歷史語言研究所集刊論文類編》（以下簡稱《類編》）所收論文，取自《中研院歷史語言研究所集刊》（以下簡稱《集刊》）1928 年第 1 本第 1 分至 2000 年第 71 本第 4 分。《集刊》2000 年以後所刊載論文，待日後再行續編。

二、本次類編，根據《集刊》所刊載論文涉及的研究領域，分爲六編，其中《語言文字編》、《歷史編》下設卷，具體編、卷名目如下：

語言文字編（音韵卷、語法卷、方言卷、文字卷）
歷史編（先秦卷、秦漢卷、魏晋隋唐五代卷、宋遼金元卷、明清卷）
考古編
文獻考訂編
思想與文化編
民族與社會編

其中，《思想與文化編》中"文化"爲廣義的文化概念；《民族與社會編》涵蓋民族、生活禮俗、科技、醫療、工藝等方面；涉及跨斷代内容的論文，以最早斷代爲收録原則；論文具有多重性質者，以"研究者使用需要"及"論文重點"爲歸屬各編（卷）的標準。

三、爲體現《集刊》的辦刊宗旨，現將蔡元培先生撰寫的《發刊辭》、傅斯年先生撰寫的《歷史語言研究所工作之旨趣》置於《語言文字編》、《歷史編》、《考古編》、《文獻考訂編》、《思想與文化編》、《民族與社會編》所收論文前；《語言文字編》另增置傅斯年先生提議之《本所對語言學工作之範圍及旨趣》一文。

四、《類編》各編（卷）所收論文，均按刊期排列。爲便於閲讀、查檢，各編（卷）目録置於書前，《集刊》（1928—2000）《類編》總目置於書後；頁眉處標示本編（卷）通碼；頁脚處保留原刊頁碼；各篇論文文末附注原刊刊期，以"出自第某本第某

分”予以表示，括注公曆出版年月。

　　五、《類編》所收論文中，基本保留了原版面貌，個別表述與現行規範不相符合之處，做了適當的技術處理，敬請讀者鑑之。

　　六、因轉載著作權等原因，以下五篇論文未予以收錄：

　　　　陳槃《“戰國的統治機構與治術”劄記跋》（原刊《集刊》第 37 本下）

　　　　陳槃《“論貨幣單位鍰”劄記跋》（原刊《集刊》第 39 本上）

　　　　宋光宇《清境與吉洋——兩個安置從滇緬邊區撤回義民聚落的調查報告》（原刊《集刊》第 53 本第 4 分）

　　　　Aelence, Transitivity, Focus, Case and the Auxiliary Verb Systems in Yami（原刊《集刊》第 62 本第 1 分）

　　　　高去尋《李峪出土銅器及其相關之問題》（原刊《集刊》第 70 本第 4 分）

目　録

集 刊 發 刊 辭

同是動物，爲什麼止有人類能不斷的進步，能創造文化？因爲人類有歷史，而別的動物沒有。因爲他們沒有歷史，不能把過去的經驗傳說下去，作爲一層層積累上去的基礎，所以不容易進步。例如蜂蟻的社會組織，不能不說是達到高等的程度；然而到了這個程度，不見得永遠向上變化，這豈不是沒有歷史的緣故？

同是動物，爲什麼止有人類能創造歷史，而別的動物沒有？因爲人類有變化無窮的語言，而後來又有記錄語言的工具。動物的鳴聲本可以算是他們的語言；古人說介葛盧識牛鳴，公冶長通鳥語，雖然不是近代確切的觀念；然而狗可以練習得聞人言而動，人可以因經驗了解狼的發聲之用意，這是現代的事實；但是他們的鳴聲既沒有可以記錄的工具，且又斷不是和人的語言有同等複雜的根基的，所以不能爲無窮的變化，不能作爲記錄無限經驗的工具，所以不能產生歷史。人類當沒有文字的時候，已有十口相傳的故事與史歌，已不類他種動物鳴聲的簡單而會有歷史的作用。發明文字以後，傳抄印刷，語言日加複雜，可以助記憶力，而歷史始能成立。

人類有這種特殊的語言，而因以產生歷史，這也是人類在動物中特別進步的要點，而語言學與歷史學，便是和我們最有密切關係的科學。

語言學的研究，或偏於聲音，或偏於語式，或爲一區域，一種族，一時期間的考證，或注重於各區域，各種族，各時期間相互的關係；固不必皆屬於歷史，但一涉參互錯綜的痕迹，就與歷史上事實相關。歷史的研究，範圍更爲廣大；不但有史以來，人類食衣住行的習慣，疾疫戰爭的變異，政教實業的嬗變，文哲科學藝術的進行，都是研

究的對象；而且有史以前的古物與遺蹟，地質學上的化石，生物學上進化的成例，也不能不研究；固然不都是與語言學有關，而語言學的材料，與歷史學關係的很多；所以我們把這兩種科學，合設研究所，覺得是很便利的。

我們研究的旨趣，與方法，與計畫，已經有專篇說明了。幾個月來，我們少數同志，按著預定的計畫，分途工作，已經有開頭的一點小小材料，我們希望有多數同志加入，把工作的範圍擴大起來，不能不隨時把我們已有的工作作報告，聽同志們的評判，這就是我們開始印行這集刊的緣故。

　　　　　　　　　蔡元培　中華民國十七年八月　南京

出自第一本第一分（一九二八年八月）

歷史語言研究所工作之旨趣

　　歷史學和語言學在歐洲都是很近才發達的。歷史學不是箸史：箸史每多多少少帶點古世中世的意味，且每取倫理家的手段，作文章家的本事。近代的歷史學只是史料學，利用自然科學供給我們的一切工具，整理一切可逢着的史料，所以近代史學所達到的範域，自地質學以至目下新聞紙，而史學外的達爾文論正是歷史方法之大成。歐洲近代的語言學在梵文的發見影響了兩種古典語學以後幾降生，正當十八十九世紀之交。經幾個大家的手，印度日耳曼系的語言學已經成了近代學問最光榮的成就之一個，別個如賽米的系，芬匈系，也都有相當的成就，即在印度支那語系也有有意味的揣測。十九世紀下半的人們又注意到些個和歐洲語言全不相同的語言，如黑人的話等等，「審音之功」更大進步，成就了甚細密的實驗語音學，而一語裏面方言研究之發達，更使學者知道語言流變的因緣，所以以前比較言語學尚不過是和動物植物分類學或比較解剖學在一列的，最近一世語言學所達到的地步，已經是生物發生學，環境學，生理學了。無論綜比的系族語學，如印度日耳曼族語學，等等，或各種的專語學，如日耳曼語學，芬蘭語學，伊斯蘭語學，等等，在現在都成大國。本來語言即是思想，一個民族的語言即是這一個民族精神上的富有，所以語言學總是一個大題目，而直到現在的語言學的成就也很能副這一個大題目。在歷史學和語言學發達甚後的歐洲是如此，難道在這些學問發達甚早的中國，必須看着他荒廢，我們不能製造別人的原料，便是自己的原料也讓別人製造嗎？

　　論到語言學和歷史學在中國的發達是很引人尋思的。西歷紀元前兩世紀的司馬遷，能那樣子傳信存疑以別史料，能作八書，能排比列國的紀年，能有若干觀念比十九世紀的大名家還近代些。北宋的歐陽修一面修五代史，純粹不是客觀的史學，一面却作集古錄，下手研究直接材料，是近代史學的真工夫。北南宋的人雖然有歐陽修的五代史，朱熹的綱目，是代表中世古世的思想的，但如司馬光作通鑑，「編閱舊史，旁採小說，」他和劉攽劉恕范祖禹諸人都能利用無限的史料，攷定舊記，凡通鑑和所謂正史不同的地方每多是詳細考定的結果，可惜長篇不存在，我們不得詳細看他們的方法

，然尚有通鑑考異說明史料的異同。宋朝晚年一切史料的利用，及考定辯疑的精審，有些很使人更驚異的。照這樣進化到明朝，應可以有當代歐洲的局面了，不幸胡元之亂，明朝人之浮誇，不特不進步，或者退步了。明清之交，浙東的史學派又發了一個好端涯，但康熙以後漸漸的熄滅，無論官書和私箸，都未見得開新趨向，這乃由於外族政府最忌眞史學發達之故。語言學中，中國雖然沒有普日尼，但中國語本不使中國出普日尼，而中國文字也出了說文解字，這書雖然現在看來只是一部沒有時代觀念，不自知說何文解何字的系統哲學，但當年總是金聲玉振的書，何况還有認識方言的輶軒使者？古代的故事且少論，論近代：顧炎武搜求直接的史料訂史文，以因時因地的音變觀念爲語學，閻若璩以實在地理訂古記載，以一切比核辯證僞孔，不注經而提出經的題目，並解決了他，不箸史而成就了可以永遠爲法式的辯史料法。亭林百詩這樣對付歷史學和語言學，是最近代的：這樣立點便是不朽的遺訓。不幸三百年前雖然已經成就了這樣近代的一個遺訓，一百多年前更有了循這遺訓的形跡而出的好成就，而到了現在，除零零星星幾個例外以外，不特不因和西洋人接觸，能夠借用新工具，擴張新材料，反要坐看修元史修清史的做那樣官樣形式文章，又坐看章炳麟君一流人尸學問上的大權威。章氏在文字學以外是個文人，在文字學以內做了一部文始，一步倒退過孫詒讓，再步倒退過吳大澂，三步倒退過阮元，不特自己不能用新材料，卽是別人已經開頭用了的新材料，他還抹殺着，至於那部新方言，東西南北的猜去，何嘗尋楊雄就一字因地變異作觀察？這麼竟倒退過二千多年了。

　　推釋說去，爲甚麼在中國的歷史學和語言學開了一個好的端緒以後，不能隨時發展，到了現在這樣落後呢？這原故本來顯然，我們可以把一句很平實的話作一個很該括的標準。(一)凡能直接研究材料，便進步，凡間接的研究前人所研究或前人所創造之系統，而不繁豐細密的參照所包含的事實，便退步。上項正是所謂科學的研究，下項正是所謂書院學究的研究，在自然科學是這樣，在語言學和歷史學亦何嘗不然？舉例說，以說文爲本體，爲究竟，去作研究的文字學，是書院學究的作爲，僅以說文爲材料之一種，能充量的辯別着去用一切材料，如金文，甲骨文等，因而成就的文字學，乃是科學的研究。照着司馬子長的舊公式，去寫紀表書傳，是化石的史學，能利用各地各時的直接材料，大如地方志書，小如私人的日記，遠如石器時代的發掘，近如某

個洋行的貿易册，去把史事無論鉅者或細者，單者或綜合者，條理出來，是科學的本事。科學研究中的題目是事實之匯集，因事實之研究而更產生別個題目。所以有些從前世傳來的題目經過若干時期，不是被解決了，乃是被解散了，因爲新的事實證明了舊來問題不成題問，這樣的問題不管他困了多少年的學者，一經爲後來發見的事實所不許之後，自然失了他的成爲問題之地位。破壞了遺傳的問題，解決了事實逼出來的問題，這學問自然進步。譬如兩部皇淸經解，其中的問題是很多的，如果我們這些以外不再成題目，這些以內不肯捐棄任何題目，自然這學問是靜止的，是不進步的。一種學問中的題目能夠新陳代謝，則所得結果可以層層堆積上去，卽使年代久遠，堆積衆多，究竟不覺得累贅，還可以到處出來新路，例如很發達的天文物理化學生物等科目；如果永遠盤桓於傳留的問題，舊題不下世，新題不出生，則結果直是旋風舞而已，例如中國的所謂經學中甚多題目，如西洋的哲學。所以中國各地零零碎碎致力於歷史或語言學範圍內事的人也本不少，還有些所謂整理國故的工作，不過每每因爲所持住的一些題目不在關鍵中，換言之，無後世的題目，或者是自縛的題目，遂至於這些學問不見奔馳的發展，只表昏黃的殘缺。(二)凡一種學問能擴張他所研究的材料便進步，不能的便退步。西洋人研究中國或牽連中國的事物，本來沒有很多的成績，因爲他們讀中國書不能親切，認中國事實不能嚴辯，所以關於一切文字審求，文籍考訂，史事辯別，等等，在他們永遠一籌莫展，但他們却有些地方比我們範圍來得寬些。我們中國人多是不會解決史籍上的四裔問題的，丁謙君的諸史外國傳考證遠不如沙萬君之譯外國傳，玉連之解大唐西域記，高幾耶之注馬哥博羅遊記，米勒之發讀囘紇文書，這都不是中國人現在已經辦到的。凡中國人所忽略·如匈奴，鮮卑，突厥，囘紇，契丹，女眞，蒙古，滿洲等問題，在歐洲人卻施格外的注意。說句笑話，假如中國學是漢學，爲此學者是漢學家，則西洋人治這些匈奴以來的問題豈不是虜學，治這學者豈不是虜學家嗎？然而也許漢學之發達有些地方正借重虜學呢！又如最有趣的一些材料，如神祇崇拜，歌謠，民俗，各地各時雕刻文式之差別，中國人把他們忽略了千百年，還是歐洲人開頭爲有規模的注意。零星注意中國向來有的。西洋人作學問不是去讀書，是動手動脚到處尋找新材料，隨時擴大舊範圍，所以這學問才有四方的發展，向上的堆高。中國文字學之進步，正因爲說文之研究消滅了汗簡，阮吳諸人金文之研

究識破了說文，近年孫詒讓王國維等之殷文研究更能繼續金文之研究。材料愈擴充，學問愈進步，利用了擋案，然後可以訂史，利用了別國的記載，然後可以考四裔史事。在中國史學的盛時，材料用得還是廣的，地方上求材料，剗文上抄材料，擋庫中出材料，傳說中辨材料，到了現在，不特不能去擴張材料，去學曹操設「發塚校尉」，求出一部古史於地下遺物，就是「自然」送給我們的出土的物事，以及燉煌石藏，內閣擋案，還由他燉壞了好多，剩下的流傳海外，京師圖書館所存摩尼經典等等艮精，還復任其擱置，一面則談整理國故者人多如卿，這樣焉能進步？（三）凡一種學問能擴充他作研究時應用的工具的，則進步，不能的，退步。實驗學家之相競如鬥寶一般，不得其器，不成其事，語言學和歷史學亦復如此。中國歷來的音韻學者審不了音，所以把一部切韻始終弄不甚明白，一切古音研究僅僅以統計的方法分類，因爲幾個字的牽連，使得分類上各家不同，即令這些分類有的對了，也不過能舉其數，不能舉其實，知其然不知其所以然，如錢大昕論輕脣舌上古來無之，乃自重脣舌頭出，此言全是，然何以重脣分出一類爲輕脣，舌頭分出一類爲舌上，竟不是全部的變遷，這層道理非現在審音的人不能明白，錢君固說不出。若把一個熟習語音學的人和這樣一個無工具的研究者比長短，是沒法子競爭的。又如解釋隋唐音，西洋人之知道梵音的，自然按照譯名容易下手，在中國人本沒有這個工具，又沒有法子。又如西藏，緬甸，暹羅等語，實在和漢語出於一語族，將來以比較言語學的方法來建設中國古代言語學，取資於這些語言中的印證處至多，沒有這些工具不能成這些學問。又如現代的歷史學研究已經成了一個各種科學的方法之匯集。地質，地理，考古，生物，氣象，天文等學，無一不供給研究歷史問題者之工具。顧亭林研究歷史事跡時自己觀察地形，這意思雖然至好，但如果他能有我們現在可以向西洋人借來的一切自然科學的工具，成績豈不更卓越呢？若干歷史學的問題非有自然科學之資助無從下手，無從解決。譬如春秋經是不是終於獲麟，左氏經後一段是不是劉歆所造補，我們正可以算算哀公十四年之日食是不是對的，如不對，自然是僞作，如對了，自然是和獲麟前春秋文同出史所記。又譬如我們要掘地去，沒有科學資助的人一鏟子下去，損壞了無數古事物，且正不知掘準了沒有，如果先有幾種必要科學的訓練，可以一層一層的自然發現，不特得寶，並且得知當年入土之踪跡，這每每比所得物更是重大的智識。所以古史學在現在之需用

測量本領及地質氣象常識，並不少於航海家。中國史學者先沒有這些工具，那能使得史學進步，無非靠天幫忙，這裏那裏現些出土物，又靠西洋人的腿，然而却又不一定是他們的腦袋，找到些新材料而已。整理自己的物事的工具尚不夠，更說不上整理別人的物事，如希拉藝術如何影響中國佛教藝術，中央亞細亞的文化成分如何影響到中國的物事，中國文化成分如何由安西西去，等等，西洋的東方學者之拿手好戲，日本近年也有竟敢去幹的，中國人目前只好拱手謝之而已。

由上列的三項看來，除幾個例外算，近幾世中中國語言學和歷史學實不大進步，其所以如此自是必然的事實。在中國的語言學和歷史學當年之有光榮的歷史，正因爲能開拓的用材料，後來之衰歇，正因爲題目固定了，材料不大擴充了，工具不添新的了。不過在中國境內語言學和歷史學的材料是最多的，歐洲人求之尚難得，我們却坐看他毀壞亡失。我們着實不滿這個狀態，着實不服氣就是物質的原料以外，卽便學問的原料，也被歐洲人搬了去乃至偷了去。我們很想借幾個不陳的工具，處治些新獲見的材料，所以才有這歷史語言研究所之設置。

我們宗旨第一條是保持亭林百詩的遺訓。這不是因爲我們震懾於大權威，也不是因爲我們發什麼「懷古之幽情」，正因爲我們覺得亭林百詩在很早的時代已經使用最近代的手段，他們的歷史學和語言學都是照着材料的分量出貨物的。他們搜尋金石刻文以考證史事，親看地勢以察古地名。亭林於語言按照時和地變遷的這一個觀念看得頗清楚，百詩於文籍考訂上成那末一個偉大的模範著作，都是能利用舊的新的材料，客觀的處理實在問題，因解決之問題更生新問題，因問題之解決更要求多項的材料。這種精神在語言學和歷史學裏是必要的，也是充足的。本這精神，因行動擴充材料，因時代擴充工具，便是唯一的正當路徑。

宗旨第二條是擴張研究的材料

第三條是擴張研究的工具　這兩層的理由上文中已敍說，不再重復了。這三件實在是一句話，沒有客觀的處理史學或語言學的題目之精神，卽所謂亭林百詩的遺訓者，是不感覺着擴充材料之必要，且正也擴充不了，若不擴張工具，也不能實現這精神，處置這材料。

關於我們宗旨的負面還有幾句話，要說。

　　（一）我們反對「國故」一個觀念。如果我們所去研究的材料多半是在中國的，這并不是由於我們專要研究「國」的東西，乃是因爲在中國的材料到我們的手中方便些，因爲我們前前後後對於這些材料或已經有了些研究，以後堆積上研究去方便些，好比在中國的地質或地理研究所所致力的，總多是些中國地質地理問題，在中國的生物研究所所致力的，總多是些中國生物問題，在中國的氣象研究所所致力的，總是些中國各地氣象觀察。世界上無論那一種歷史學或那一種語言學，要想做科學的研究，只得用同一的方法，所以這學問斷不以國別成邏輯的分別，不過是因地域的方便成分工。國故本來卽是國粹，不過說來客氣一點兒，而所謂國學院也恐怕是一個改良的存古學堂。原來「國學」「中國學」等等名詞，說來都甚不祥，西洋人造了支那學「新諾邏輯」一個名詞，本是和埃及脫邏輯亞西里亞邏輯同等看的，難道我們自己也要如此看嗎？果然中國還有將來，爲什麼算學天文物理化學等等不都成了國學，爲什麼國學之下都僅僅是些言語歷史民俗等等題目？且這名詞還不通達，取所謂國學的大題目在語言學或歷史學的範圍中的而論，因爲求這些題目之解決與推進，如我們上文所敍的，擴充材料，擴充工具，勢必至於弄到不國了，或不故了，或且不國不故了。這層並不是名詞的爭執，實在是精神的差異之表顯。（二）我們反對疏通，我們只是要把材料整理好，則事實自然顯明了。一分材料出一分貨，十分材料出十分貨，沒有材料便不出貨。兩件事實之間，隔着一大段，把他們聯絡起來的一切涉想，自然有些也是多多少少可以容許的，但推論是危險的事，以假設可能爲當然是不誠信的事。所以我們存而不補，這是我們對於材料的態度；我們證而不疏，這是我們處置材料的手段。材料之內使他發見無遺，材料之外我們一點也不越過去說。果然我們同人中也有些在別處發揮歷史哲學或語言泛想，這些都僅可以當作私人的事，不是研究所的工作。（三）我們不做或者反對，所謂普及那一行中的工作。近百年中，拉丁文和希臘文在歐洲一般教育中之退步，和他們在學問上之進步，恰恰成正比例，我們希望在中國也是如此。現在中國希望製造一個新將來，取用材料自然最重要的是歐美的物質文明，卽物質以外的東西也應該取精神於未衰敗的外國。歷史學和語言學之發達自然於教育上也有相當的關係，但這都不見得卽是什麼經國之大業不朽之盛事，只要有十幾個書院的學究肯把他們的一生消耗到這些不生利的事物上，也就足以點綴國家之崇尚學術了——這一行的學術

。這個反正沒有一般的用處，自然用不着去引誘別人也好這個，如果一旦引了，不特有時免不了致人於無用，且愛好的主觀過於我們的人進來時，帶進了些烏煙瘴氣，又怎麼辦？

這個歷史語言研究所本是大學院院長蔡先生委託在廣州的三人籌備的，現在正計畫和接洽應舉的事，已有些條隨着人的所在小小動手，却還沒有把研究所的大體設定。稍過些時，北伐定功，破虜收京之後，這研究所的所在或者一部分在廣州一部分在北京，位置的方便供給我們許多工作進行的方便。我們最要注意的是求新材料，第一步想沿京漢路，安陽至易州，安陽殷墟以前盜出之物並非澈底發掘，易州邯鄲又是燕趙故都，這一帶又是衞邶故域。這些地方我們既頗知其富有，又容易達到的，現在已着手調查及布置，河南軍事少靜止，便結隊前去。第二步是洛陽一帶，將來一步一步的西去，到中央亞細亞各地，就脫了純中國材料之範圍了。爲這一些工作及隨時搜集之方便，我們想在洛陽或西安燉煌或吐魯蕃疏勒，設幾個工作站，「有志者事竟成」！因爲廣州的地理位置，我們將要設置的研究所要有一半在廣州，在廣州的四方是最富於語言學和人類學的材料的，漢語將來之大成全靠各種方言之研究，廣東省內及鄰省有很多種的方言，可以每種每種的細細研究，並製定表式，用語音學幫助，作比較的調查。至於人類學的材料，則漢族以外還有幾個小民族，漢族以內，有幾個不同的式和部居，這些最可寶貴的材料怕要漸漸以開化和交通的緣故而消滅，我們想趕緊着手探集。我們又希望數年以後能在廣州發達南洋學：南洋之富於地質生物的材料，是早已箸明的了。南洋之富於人類學材料，現在已漸漸爲人公認。南洋學應該是中國人的學問，因爲南洋在一切意義上是「漢廣」。總而言之，我們不是讀書的人，我們只是上窮碧落下黃泉，動手動脚找東西！

現因我們研究所之要求及同人之祈向，想次第在兩年以內設立下列各組；各組之旨趣及計畫，以後分別刊印。

一，文籍考訂；

二，史料徵集；

三，考古；

四，人類及民物；

五，比較藝術；

　以上歷史範圍；

六，漢語；

七，西南語；

八，中央亞細亞語；

九，語言學：

　以上語言範圍；

歷史學和語言學發展到現在，已經不容易由個人作孤立的研究了，他旣靠圖書館或學會供給他材料，靠團體爲他尋材料，並且須得在一個研究的環境中，才能大家互相補其所不能，互相引會，互相訂正，於是乎孤立的製作漸漸的難，漸漸的無意謂，集衆的工作漸漸的成一切工作的樣式了。這集衆的工作中有的不過是幾個人就一題目之合作，有的可就是有規模的系統研究。無論範圍大小，只要其中步步都是做研究工夫的，便不會流成「官書」的無聊。所有這些集衆工作的題目及附帶的計劃，後來隨時布白。希望社會上欣賞這些問題，並同情這樣工作的人多多加以助力！果然我們動手動脚得有結果，因而更改了「讀書就是學問」的風氣，雖然比不得自然科學上的貢獻較爲有益於民生國計，也或者可以免於妄自生事之譏誚罷？我們高呼：

一，把些傳統的或自造的「仁義禮智」和其他主觀，同歷史學和語言學混在一氣的人，
　絕對不是我們的同志！

二，要把歷史學語言學建設得和生物學地質學等同樣，乃是我們的同志！

三，我們要科學的東方學之正統在中國！

中央研究院歷史語言研究所籌備處

中華民國十七年五月　廣州

易卦爻辭的時代及其作者

余　永　梁

一. 商周兩民族文化的關係

商周不是一個民族，從詩書史記所紀的材料去考證，從他們社會組織上去推測，漸漸相信這個見解。

商周民族在地理上分佈顯然不同。商是東方民族，發祥地是山東。契至成湯凡八遷，都在山東境內。至湯遷亳，今山東曹縣南二十餘里。仲丁遷于囂，今鄭州滎澤縣西南十七里。河亶甲居相，在黃縣東南十三里。祖乙遷于耿，今順德府屬。盤庚遷于殷，今安陽。漸漸由東方向中部移動，後更渡河而居。大約牧畜時代遷徙無常，到盤庚遷都後河北後，竹書記年所說的「自盤庚徙殷，至紂之亡，七百七十三年，更不遷都」，大致不錯。商中葉社會已有了很大的進步，由游牧的進爲農業的社會，盤庚以後不遷徙的原由，要以這個社會的情形爲主因。

商民族的來源，苦於沒有材料可考。不過它與夏也不是一個民族，它們地理的分佈也不同。湯由東方進展到中部，夏民族退至北部，後來夏民族的下落，也無從知到。商周是比較明白些。

商周民族的祖先，都是一段神話。后稷大約是周民族主農事的神，後來神變成人，就成了周民族歷史的第一頁。但是比較有理的是從公亶父算起。大雅綿『緜緜瓜瓞，民之初生，自土沮漆，古公亶父；陶復陶穴，未有家室。古公亶父，來朝走馬，率西水滸，至於歧下，爰及姜女，律來胥宇。周原膴膴，菫荼如飴；爰始爰謀，爰契我龜，曰「止」曰「時」，築室於茲』。(公亶父非大王，說見顧頡剛先生古史辨一四七頁)。公亶父是周民族的開創者，那時還是穴居，沒有家室。後來選擇耕地，找到歧山下的周地，纔卜吉而居。且看金文周字作⊞，從田中出米，可見周地是塊沃壤。這時周民族有沒有文字，眞是疑問。假如承認商周是同一民族，那自然可以同文字。換言之，商周非一民族，而竟同文字，則必係周民族本無文字，後與商文化接觸，而用商的文字了。

　　周民族的文化較商爲低，似是事實。從理論方面講，文化較低的民族（野蠻民族）征服文化較高的民族，是世界史的常例。因爲文化高的民族，往往有頹廢的趨向，自然而然地成了一種風氣。一遇強悍的民族，就狂風暴雨般來摧殘毀滅了。

　　商周正也不是例外。

　　商末飲酒的風氣很盛，──出土的商代銅器，十九爲酒器。──所以一遇到周民族的侵略，就抵擋不住它的來勢而顚覆了。我們讀世俘解克殷解所敍武王伐紂的事，絲毫不覺得是什麼仁義之師，只是兇殘慓悍的野蠻戰爭。

　　但是，商周文化的關係怎樣？周沒有滅商以前，它們的交通事業又是如何？

　　商的發祥地是東方，據卜辭地名，有「晨侯」，也就是師寰敦的「晨」，春秋時的紀國在山東壽光縣南二十一里。

　　在西方卜辭所紀的只有「䲫侯」，文王所伐的邘。

　　銅器的戲伯鬲，戲中鬲。也就是世俘解的戲，文王所伐的耆，後來的驪戎國。

　　陝西出土的銅器，也多商器。

　　但這些部落，商沒有多大的權力統治牠，文王東漸翦商，伐密須，敗耆國（黎），伐邘，漸愈與商壃境相接。可是在文王沒有遷豐以前又差一些。王季與商通婚媾，大雅大明摯仲氏任，自彼殷商，來嫁於周，曰嬪于京，乃及王季，維德之行。大約在大王的時候，已與商民族接觸。

　　周自公亶父遷到歧下，纔「貶戎狄之俗」，吸收外來的文化，於是周民族漸漸強盛。

　　至文王更銳意維新，史記所說的太顚，閎夭，散宜生，鬻子，都是異族往歸，辛甲大夫大約是商人。這時接受吸取商的文化，已經很成熟。

　　周民族固有的文化可說很少，惟一的區別是社會制度的不同。一種制度是根據它民族精神習俗與物質的基礎，它有攸久的歷史。譬如兄終弟及的制度是商族，而周就是父子相傳。這是它們社會進步的程度不同；商還是牧畜兼耕種的社會，是一個部落，酋長似的領袖，自然要壯年的弟弟，纔能統治一個部落與其他部落爭鬥。

　　蒙古是游牧的社會，所以往往也有兄終弟及的事例。

　　周父子相傳是進步的農業社會所有的現象，這算是周所保存的固有制度。其餘制度大半襲用商的。

周的一切建設，實在文王遷豐以後。一個新興的民族，滅了商後很怕習染頹廢的風氣，酒酷盂鼎都是諄諄戒酒的話。那麼，周民族的文化可說是用了商文字後纔有的了。

周的銅器最早算是毛公鼎，盂鼎，南宮鼎諸器，考它的文字與甲骨文字相同，或略有變異。如卜辭德字作[illegible]，毛公鼎作[illegible]，盂鼎作[illegible]；卜辭鳳字作[illegible]，南宮鼎作[illegible]，皆是其例。

以古文字的系統而論，我曾略略分析甲骨文與周的銅器文字之異同；甲骨文與春秋戰國時東方文字之異同。得到一些概念，就是東方諸器文字，雖然距商已數百年，然其字體結構往往直接與甲骨文同。譬如以字體而論，齊國器及田齊器，陳國器，邾國器，以及楚國器均與甲骨字體同一個脈胳下來。左傳定公四年「殷民六族，條氏，徐氏，蕭氏，索氏，長勺氏，尾勺氏」。殷民族原來發祥地在東方，所以東方諸族大約都與商同文化。我們看伯禽封魯要「變其俗，革其禮」，就是想以周的禮俗代商的禮俗，所以「三年然後報政」。齊太公封齊則「簡其君臣禮，從其俗」，所以「五月而報政」。齊的文字近殷，魯就有些不同，也是受齊魯二國文化政策不同的影響。

再以文字構造而論，據我的殷虛文字考及續考以東方器及說文所載古文相印證，其同者已有多字。至如甲文與三體石經古文合者亦多，如殷虛文斬字，陳侯因資敦「朝覲」字作[illegible]，魏石經同敦文；殷虛文中字作[illegible]，石經作[illegible]；殷虛文旭字作[illegible]，石經作[illegible]；殷虛文京字作[illegible]，石經作[illegible]；殷虛文戾字作[illegible]，石經作[illegible]。石經古文與說文古文均爲東方文字，（從王靜安先生的東西二土文字說。近人頗不信王先生之說如錢玄同容庚二君，實則東西二土文字說從古文字上考證，從歷史上考證，均是可信，余另有考，此不詳。）故源出於商代文字。所以古文字的系統是商民族的文字後來分出東西二土的分別，這是時代地域久遠的自然的結果。

六國時各國紛亂，遂愈變愈乖六書，而成一種俗體字，就是兵器匋器鉢印等文字。究其源仍本之於商的。

西方文字，周用商文字，周室東遷，秦徙到雍，秦仍用周文字，如石鼓文及說文籀文均無大異處。

總而言之，周是一個後起的民族，就從后稷算後，也不過十五世而已。商從成湯

到紂已有二十八世。周承受商的文化制度，似無更大的疑義。

二. 商代無八卦及筮法之興

易河圖洛書都是漢人的一派話，這個傳說適足以知八卦與龜甲刻辭有相當關係，是傳說者無意留下來的徽識。銅器文字多是作圓筆，甲骨文則爲方筆，因爲契刀能方難圓，所以，八卦的一--，正是龜甲刻文的標識。周人從文字標識的演進，而有數學的參伍排比，成六十四卦，三百八十四爻。

商沒有八卦，可從各方面證明。

（一）從文字上論，甲骨就沒有卦字，筮字，蓍字。卦字從圭卜，明明是有了卜字，纔有卦字的後起字。周人有了筮法以後，往往卜筮連舉，或先卜後筮，或先筮後卜，商如有筮法，甲骨卜辭不應一次都沒有連舉的。商書也只有卜而無筮，一直到君奭纔有「若卜筮，罔不是孚」二句。

（二）甲骨卜辭所紀的範圍，幾乎沒有一件事不用卜的。稱卜的有卜行；旅；史；賓；出；祝；逆；疑；師；王；來；射；旟；戔；晛；等。其他刻辭的範圍尤廣，那時似是沒有筮法，如果有筮法，龜卜的範圍也許縮小一些。

（三）卜法的起源是有特殊物質上的條件，商族還是初進農業社會，遊獵牧畜還佔重要地位，甲骨卜辭所記田獵漁撈之多不下二三百見，可以推證。刻辭是需要大宗的獸骨，也須牧畜社會纔能供給。而殷墟出土的甲骨，正是獸骨佔十之七八，龜甲纔十之一二而已。筮法是社會進到農業社會，脫離了牧畜時代，大家沒有許多獸骨來刻辭，纔有它來適應救濟這種缺乏而產生。

（四）據古書所載，事實上都是先卜後筮，譬如君奭「若卜筮，罔不是孚」。詩小雅「卜筮偕止，會言近止，征夫邇止」。衛風氓「爾卜爾筮，體無咎言」。至洪範「龜從筮從，龜從筮逆」，「龜筮共違於人」。謂先卜後筮，若筮不吉，還可再卜，與左傳僖四年「卜之不吉，筮之吉」，二十五年傳「晉侯卜納王，得阪泉之兆，曰：「吾不堪也」。公曰：「筮之」。哀九年傳「晉趙鞅卜救鄭，遇水適火。又筮之」相同。從卜筮次序的先後，似也可以證卜筮發明的先後。

西南的民族也多用鷄骨卜法，漢書郊祀志「命粵巫立粵祝祠，安臺無壇，亦祠天神帝百鬼，而以鷄卜；上信之。粵祠鷄卜自此始用」。今據舊雲南通志知道爨蠻是「取

雛鷄雄者，生剝取兩髀束之，細剖其皮骨，有細籤刺以竹籤，向多寡向背順逆之形，以占吉凶」。卞惰也是「病不服藥，惟卜鷄卦，媚鬼神禱祀而已」。伯麟圖說稱普利「善鷄卜，有疑取鷄骨卜之，輒兆」。東川府志稱乾玀玀「信巫祝，卜以鷄骨」。圖書集成稱大玀玀「信鷄卦」。也有用籤的略如蓍法，如楚雄府志稱黑玀玀也用草籤，舊雲南通志稱爨蠻或取山間草薺束而抾之，略如蓍法。可知卜籤的發生，有它自然的程序，好像世界各民族一切制度的進步循着自然的程序一樣。

卦爻辭本稱繇辭，左傳襄二十五年『武子筮之，遇困之大過。文子曰，夫從風，風隕妻，不可妻也。且其繇曰「困于石，據于蒺藜，入于其宮，不見其妻，凶」』。是以爻辭爲繇辭。昭七年左傳『孔成子以周易筮之，遇屯之比，其繇曰：「利建侯」』，是以卦辭爲繇辭。故卦爻辭等於龜卜的頌，六十四卦等于龜卜的兆象。周禮「太卜掌三兆之法，其經兆之體百有二十，其頌皆千有二百」，頌就是繇辭。灼龜自然的兆象實非百二十體所能盡的，不過大致相似的就用其體的繇辭，若無所附麗的兆就要另造新辭。卦爻仿自兆而數有一定，繇辭也有一定的附麗，依卦爻檢辭即得，這實在方便得多。

易卦辭爻辭是與商人的甲骨卜辭的文句相近，而筮法也是從卜法蛻變出來的。甲骨的刻辭是所卜之事，或驗；其視兆而占吉凶之辭都沒有。如「癸丑王卜貞旬亡畎，在四月，王占曰大吉，甲寅肜小甲」。「缺卜貞旬亡畎，王占曰弘吉，甲辰口祖甲，王來正孟方缺」。雖然知道甲骨亦有占，但是所占的辭則不可得見，只可由左傳所載的繇辭推知。左傳莊二十二年「懿氏卜妻，敬仲占之曰吉：是謂鳳凰于飛，和鳴鏘鏘，有嬀之後，將育于姜，五世其昌，並于正卿；八世之後，莫與之京」。襄十年傳「孫文子卜追之獻兆于定姜，姜氏問繇曰：「兆如出陵；有夫出征，而喪其雄」。襄九年傳「卜救鄭，遇水適火，占諸史趙，史墨史龜，史龜曰：是謂沈陽，可以興兵，利以伐姜，不利于商」。這種繇辭視兆而作，出于臨時占辭，出于新造。亦多有沿用舊辭，如有從前相同的兆所發生的事與占辭，則沿用其舊。如前無此兆，則須新造。兆象這樣地繁難，不易辨識，筮法就是起來解決代替這種繁難的。卦數有一定，則于卦爻之下繫以有定之辭，筮時遇何卦何爻，即可依卦爻辭引申推論，比龜卜的辨別兆象，實在是進步了。

筮法興後，雖然簡便，但沒有龜卜的愼重，所以只有小事筮，大事仍用龜。周禮「以邦事作龜之八命，一曰征，二曰象，三曰與，四曰謀，五曰果，六曰至，七曰雨，八曰瘳」。卜辭命龜的範圍還要廣，稱卜某的有卜行；旅；史；賓；出；祝；逆；疑；師；王；來；射；箙；穀；眤；等。至其他貞卜刻辭的範圍尤廣，幾乎沒有一件事不用龜卜。筮興後，小事穩歸筮的範圍。我們比較甲骨卜辭與卦爻辭的內容，就可知道它範圍不同的地方。例如周易筮婚事的很多，卜辭很少見；卜辭記祭祀田獵征伐的很多，易就少見了。從尚書左傳中亦知大事歸之卜，小事屬之筮。所以筮法是簡易通俗，大家很歡迎這種方法，比不得卜法很繁難，刻辭也不容易，甲骨更不易多得。

所以易雖然後起，以其通俗，就佔有人民思想的大部分，爲卜官所恃以佔重要地位的重要典籍。

三. 卦爻辭與卜辭的比較

固然，卦爻辭同卜辭的體制不相同——卦爻辭是繇辭，卜辭是命龜之辭。——但是如果時代相近而有淵源可尋，那麼，多多少少總可以得到一些近似。比方春秋說它是「斷爛朝報」，是再像沒有。然而爲什麼有這樣的記法，它怎不成篇成章的記去？這似乎是，春秋以前的巫史沒有大分家，他們聲息相通，他們的文章的體裁相近。所以比較春秋經文與甲骨卜辭，就得到相似的文句。如春秋經竹入于某狩于某與卜辭的入于商相同，至自某與卜辭的至某相同，經文的「雨雪」「雨雹」與甲文也同，經文的「伐我西鄙」與甲文的「牧我西鄙」同。同時春秋經與卦爻辭比較也有些近似。這相互的關係很爲明白，那麼比較卦爻辭與卜辭，儻若它竟相似，那便是有淵源可尋。

(一)句法的比較

(1)卜辭　　「甲午卜昱日乙，王其踐于向亡戈；于宮亡戈；于孟亡戈」。

　　周易　　「困于葛藟；于臲卼」。

(2)卜辭　　「庚寅卜在毅，貞王田往來亡巛」。

　　周易　　「无喪无得，往來井井」。

(3)卜辭　　「癸子王卜貞旬亡吪，王占曰大吉」。

　　周易　　「鼎玉鉉，大吉，無不利」。

　　　　　　「大吉，无咎」。

（4）卜辭　「癸亥卜貞，王旬亡畎，在五月，肜日小甲」。

　　周易　「遇其配主，雖旬无咎，往有尚」。

（5）卜辭　「貞我旅吉」。

　　周易　「旅貞吉」。

（6）卜辭　「囗亥卜師囗，大曲其喪」。

　　周易　「旅焚其次，喪其童僕，貞厲」。（注：次，師行所止也。卜辭金文作
　　　　　　㫐。）

（7）卜辭　「癸卯卜出，貞旬亡畎」。

　　　　　　「貞不允出」。

　　　　　　「貞不出」。

　　　　　　「癸未子卜貞我不吉出」。

　　　周易　「不出戶庭，无咎」。

　　　　　　「不出門庭，凶」。

（8）卜辭　「戊寅子卜有它；戊寅卜亡它」。

　　　　　　「辛酉卜囗貞，今日王步于奎亡它」。

　　　周易　「虞吉有它，不燕」。

　　　　　　「有孚盈缶，終來有它，吉」。

　　　　　　「有它，吝」。

（9）卜辭　「其獲，其獲」。

　　　　　　「其雨」。

　　　　　　「甲子卜亞戈囗龍母啓其雨，弗每有雨」。

　　　　　　「辛囗王從省，其每」。

　　　周易　「其亡，其亡，繫苞桑」。

　　詩衞風「其雨，其雨」。

（10）卜辭　「其弗克」。

　　　　　　「貞其克乎」。

　　　周易　「乘其墉，弗克攻，吉」。

　　　　　　　　「公用享于天子，小人弗克」。

（11）卜辭　　「巳未卜，其剛羊于西南」。

　　　　　　　「貞尞于西南」。

　　　周易　　「利西南，不利東北」。

（12）卜辭　　「庚辰卜大貞來丁酉，其囗于大室，囗于西鄉」。

　　　周易　　「屯其膏，小貞吉，大貞凶」。

（13）卜辭　　「戊戌王卜貞田噩亡𢖊，王田曰吉，獲狼一」。

　　　周易　　「田獲三狐，得黃矢，貞吉」。

（14）卜辭　　「其又長子重龜至，王受又」。

　　　周易　　「長子帥師，弟子輿尸凶」。

　　　　　　　「王明並受其福」。

（15）卜辭　　「貞亡得」。

　　　周易　　「大有得，无疑」。

（16）卜辭　　「逐鹿獲」。

　　　周易　　「良馬逐」。

　　　　　　　　　　（二）成語的比蚊

（１）卜辭　　「利」

　　　　　　　「不利」

　　　周易　　「利」

　　　　　　　「无不利」

　　　　　　　「无攸利」

（２）卜辭　　「吉」

　　　　　　　「大吉」

　　　　　　　「弘吉」

　　　周易　　「吉」

　　　　　　　「大吉」

（３）卜辭　　「有它」

　　　　　　周易　　「亡它」

　　（4）卜辭　　「弗每」

　　　　　　　　　「其每」

　　　　　　周易　　「无每」

　　（5）卜辭　　「𧊒𪊍」

　　　　　　周易　　「次且」

　　（6）卜辭　　「克」

　　　　　　周易　　「弗克」

　　（7）卜辭　　「得」

　　　　　　　　　「亡得」

　　　　　　周易　　「有得」

　　　　　　　　　「无得」

　　（8）卜辭　　「若」

　　　　　　　　　「弗若」

　　　　　　周易　　「若」

　　　　　　　　　「如」

　　　　　　　　　「不如」

　　（注：廣雅釋言「如,若也」。尚書微子「若之何其」，史記「若」作「如」，儀禮有司徹「如是以辯」注「今文若爲如」，則知尚書金文中之「王若曰」亦卽「王如曰」。殷虛書契卷五三十葉正有「王如曰」之語，可爲佳證也。凡金文中首言「王曰」的必加若，蓋示一篇的領起。金文再言「王曰」以上則皆不加「若」，亦可以爲證）。

　　卜辭的成語，亦有爲易所沒有的，如亡𢆶，亡戈，弗戈，亡田，弗辱，等。易的成語爲卜辭所沒有的亦有无譽，有譽，屬，有屬，有咎，災眚，等。以其體例的不同與地方時代不完全相同的關係，當然不能盡同。但僅就同的方面，亦足證易之仿自卜辭了。

四. 從史實上證卦爻辭爲周初作

今文家是把易統統給與孔子一人，因爲他們相信六經皆孔子所作的緣故。古文家又把六經統統給與周公，至多孔子删删而已。古文家說已爲今文家駁倒，但今文家說也是同樣的不當。十翼固然是亂湊出來的，卦爻辭也不是孔子作的啊！易在史記纔說孔子贊易，到清代就說他作易了。卦爻辭不是周公作，倒實是卜巫之官作的，它的時代是周初。

易不是史書，然而無論那一種書，必不免帶有時代的背景，只有成分多少的差別。把易卦爻辭作歷史的考查，不能算全無所得。

（一）風俗制度　　卦爻辭本是日常所用書，故取日常之事。

我們考易所言的古代民俗如：（甲）屯六二「屯如邅如，乘馬班如，匪寇，婚媾！女子貞不字，十年乃字」。六三「卽鹿無虞，惟入于林中，君子幾不入舍往，吝」。六四「乘馬班如，求婚媾，往吉，无不利」。上六「乘馬班如，泣血漣如」。古代婚姻掠奪之情畢現，六二是說「女子十年乃字，男者乘馬桓桓，屯於女家之門，非寇也，乃婚娶也」。六三是說「婚娶沒有媒，就去取她，君子是不這樣的，要是這樣就不好」。上六是說「畢竟搶了婚了，看男的多麼威風，女的還哭泣很厲害呢！」。掠奪婚姻，在社會進化史上的篇幅，很明白的。就是中國西南民族如猺，獞，苗，等都還有這種遺風。雖然商周距今幾千年，然而在社會進化上，這種民族還與周時的文化在一條線上。如東川府志載玀玀的婚俗云云。

「聘婦議銀幣，娶議牛馬。輕重多寡，憑媒妁口。貧者不易得婦。玀之父母，將嫁女三日前，持斧入山，伐帶松葉，樹庈門外。結屋，坐女其中，旁列米淅數十缸。集親族執械瓢杓，列械環衞。堉及親族，新衣黑面，乘馬持械，敠吹至，兩家械而鬥，堉直入松屋中，挾婦乘馬疾驅走。父母持械杓米淅澆堉，大呼親族同逐女不及，怒而歸。新婦在塗中，故作墜馬上，新郎挾之上馬三，則諸玀皆大喜，卽父母亦以爲是玀女也」。

睽上九「睽孤，見承負塗，載鬼一車，先張之弧，匪寇婚媾，往遇雨，則吉」。也是掠婚時的奇異情形。

詩七月「我心傷悲，殆及公子同歸」，也有這種掠婚的意味。這種風俗在東周以後少有見到的。

（乙）臣妾　　奴隸制度在卜辭中嘗見，如奴，妾，奚等。臣最初的意義當是對外族而言。 奴隸發生的來源有二，一爲對外獲得的俘虜，一爲對內有罪的百姓。 微子「我罔爲臣僕」，就指俘虜而言，禮記少儀「臣則左之」注「臣謂囚俘」，亦是其義。遯九三「畜臣妾」，損上九「得臣无家」，正與孟鼎「錫汝臣十家」互證。臣有家覺與後來的部曲舉家相從同，大約是當時奴隸是那時成一種階級，爲主人統治而作種種生產的勞動。這在後來少見，而臣的意義爲「君臣」之臣。

（丙）用貝　　最古的貨幣制度是用朱，玉，貝。殷墟亦出有骨貨。盤庚「具乃貝玉」，世俘解「凡武王俘商舊玉億有百萬」。 都是商用貝玉的證。在周初也還有用貝的，如公中彝之「貝五朋」，撫叔敦蓋之「貝十朋」。震六二「震來厲，億！喪貝躋于九陵，勿逐，七日得」。 正是言貝。損益二卦的「或益之十朋之龜」，亦用「十朋」這名詞——東周前的常語。

至於制度，張惠言虞氏易禮其辨周制亦多是處。如益「王用亨於帝吉」爲郊祀禮。他如喪禮，聘禮，朝禮，賓禮，時祭，宗廟，均足參知爲周代禮俗。還有宗法制度雖商代也許有，但不過限於家族而已，周初纔盛行。卦爻辭正言宗法，如同人六二「同人於宗」，便是。 鼎初六「得妾以其子无咎」，是周長子雖卒，不立敵孫之制。鼎九二「鼎有食，我仇有疾，不能我即」，是周妾子爲君，不得尊其母之制。

（二）史事　　繫辭云，「易之興也，其於中古乎？作易者其有憂患乎」？又云「易之興也，其當殷之末世，周之盛德耶？當文王與紂之事耶」？史記龜策列傳「飛燕之卜順，故殷順；百穀之筮興，故周王」。 這雖是後來的話，但筮起於周，這種傳說倒是事實，繫辭還沒有把易當做文王周公作的。現考知爲文王事的有（A）帝乙歸妹　　泰六五「帝乙歸妹，以祉元吉」。 歸妹「帝乙歸妹，其君之袂，不如其娣之袂，良月幾望，吉」。 易是周卜官作的，何以他去記帝乙嫁女的事呢。原來並不奇怪，因爲正是嫁女與文王呢。殷周通婚，大任已是先例。大雅大明「文王嘉止，大邦有子；大邦有子，俔天之妹。文定厥祥；親迎于渭。造舟爲梁，不顯其光，有命自天，命此文王。于周于京，纘女維莘，長子維行」。 大邦就是指商，俔天之妹，紂之女弟。親迎于渭，文王迎于渭也。這在周爲很大的一件事，而又是關於婚姻，所以卜官就記下了。

（B）亨于西山　享于歧山　　隨上六「拘係之，乃從維之，王用亨于西山」。升六

四「王用享于歧山，吉，无咎」。正義曰「事同文王之會，故曰王用享于歧山也」。西
山也是歧山，皆文王之事。

（C）震「震驚百里，不喪匕鬯」。正義曰「天之震雷，不應只聞百里，蓋以古者之
啓土，百里爲極。文王作繇在殷時，明長子威震于一國，故以百里言之也」。又云「震
卦施之于人，又爲長子，長子則正體於上，將所傳重，在則撫軍，守則監國，威震於
百里，可以承奉宗廟彝器粢盛，守而不失也」。　正義信文王作卦詞，故以震驚百里，
不喪匕鬯爲指武王。實則文王並沒有囚於羑里那一回事。震驚百里正是文王開國的情
形，文王在歧山雖實際不止百里，這却是約詞。文王在歧山很有政績，後來纔能開拓
而伐犬戎，密須，耆國，作豐邑。這事在周人當然歌頌，卜官也就用作繇詞。

（D）旣濟「東鄰殺牛，不如西鄰之禴祭，實受其福」。周初對商稱東土，己稱西土
，如牧誓「逖矣西土之人」，「以役西土」，大誥「有大艱於西土，西土人亦不靜」。康誥
「以修我西土」。洛誥「大相東土」。而酒誥「乃穆考文王，肇國在西土」，尤可知西鄰係
周邦，在文王之時。正義曰「東鄰不能修德，雖復殺牛至盛，不爲鬼神歆饗，不如我
西鄰禴祭雖薄，能修其德，故神明降福」。　西鄰正是指紂不能修德。

以上四事，皆可認爲卜官記文王的事。至以卜官語氣而知其爲周初事的亦有。如
（1）師上六「大君有命，開國承家，小人勿用」，與書無逸周公戒用小人的意思全同。
「開國」，不是周伐商後的「開國」嗎？大君，疑是周公。

（2）蠱上九「不事王侯，高尚其事」。疑伯夷叔齊不仕的事。

（3）明夷六五「箕子之明夷，利貞」。象曰「明入地中，明夷內文明而外柔順，以
蒙大難，文王以之。利艱貞，晦其明也。內難而能正，箕子以之」。　箕子與文王對舉
，當不必從今易箕子作荄滋。蜀才箕作其，箕本爲其孳乳字。說文𠀠古文箕省，𢌞亦
古文，𢌱亦古文。𠀠籀文，匧籀文。古金文亦復如此。

（4）觀盥「觀我生，君子，无咎」，象曰「觀我生，觀民也」。生用爲姓字，宗周如
是，如史頌敦「里君百生，帥陶盩于成周，休又成事」。百生，百姓。

（5）屯「勿用，有攸往，利建侯」。這是卜官卜建侯的事，武王滅商後纔大封宗族
，功臣，謀士。成王時也有，成王以後就少見，故可說這是周初封建的事。

卦爻辭所紀史事皆在周初，最晚的事也只到康侯，晉「康侯用錫馬蕃庶，晝日三

接」。　康侯就是康侯封，銅器有康侯封鼎。證據是六二「受茲介福于其王母」，康侯是文王的兒子，所以稱王母了。康侯這時還沒有封衞，則是在武庚管叔未叛之前。從上面史實推知卦爻辭作於成王時，大概可以說有些根據。

卦爻辭在當時一卦一爻之下，儘有不同的繇辭，後來纔刪削成爲定本，所以卦爻辭有同樣的事實而分隸於不同的卦爻之下，如「帝乙歸妹」的事兩見，「高宗伐鬼方」的事兩見。可知卦爻辭是逐漸增易，到後來纔完整。

五. 易作者的附會

易是卜官作的，很爲明白。卜巫是古代智識階級的重要份子，曲禮天子建天官，先六大。曰大宰，大宗，大史，大祝，大士，大卜。金文亦有大祝禽鐘。左傳又稱祝宗，祝史。祝就是禮官，掌祭祀等事。大卜左傳又稱卜正，卜正是最古的名稱，大約商代也稱卜正，因爲卜辭有獸正，田正的官名。古代人民的智識，都在神權時代，一切受着鬼神的支配，巽卦九二「用史巫紛若」，可以想見巫祝是何等重要的官職！商時固然一切行動無不問之於龜，就是周也還一樣。金縢載周公祈鬼神說「爾不許我，我乃屛璧與圭」，現在看來覺得好笑，不過以那時信鬼神的心理，確是誠摯眞切的祈求。大誥「寧王遺我大寶龜」，　武王還用遺傳下來的國寶，其對於卜筮戰戰兢的信從可以想見。

易就是卜正惟一的寶典，他們還想了一個救濟的辦法，於繁難的卜法外發明了筮法。這筮法的簡便漸次取得社會思想重要的地位，龜卜則漸次地銷微。到春秋時易與儒家還沒有發生深切的關係，以孔子而論，據史記所述是年少好禮，適周問禮。他的政治興味極濃，四十歲以前還是治學時代，他的書本知識是論語所說的「子所雅言，詩，書，執禮，皆雅言也」。　所以孔子思想雖然復古，可是他的歷史觀念還清楚。因爲那時社會的進步，帶有幾許工商的色彩，如齊管仲簡直以經濟侵略，爲實行「霸」的主要政策。試看下面的一段：

「桓公問管仲曰，身有天下而勿失道，有乎？對曰，請勿施於天下，　獨施之於吾國，……彼守國者守穀而矣。……君下令謂郡縣屬大夫里邑，皆藉粟入若干，穀重一也。國穀三分，則二分在上矣。……則彼諸侯之穀十，吾國之穀二十，則諸侯穀歸吾國矣。……此以輕重御天下也」。

這不是現今帝國主義所行的經濟侵略麼？因爲社會上有物質的競爭，封建政治制度崩潰，法治的觀念發達，神權的思想漸次微末。所以巫史就分了家，孔子是不言「性與天道」，不言「怪，力，亂，神」，也是時代自然的影響。孔子不曾說易，易不過是卜筮書中之一種，其餘的還多着呢。據羅平州志知道西南民族沙人「惟事卜鬼，吉凶，另有卦書」。自莊子天下篇與天運篇稱述六經，把易就特別看重而傳下來。戰國末年以至漢代，儒家，方士，把易抓在手去發揮他們自己的學說。彖辭，象辭，文言都是儒家對於易的解釋。舉例說：彖辭的「至哉坤元，萬物資生，乃順承天。坤厚載物，德合無疆。含弘光大，品物含亨，牝馬地類，行地無疆」。象辭的「天行健，君子以自強不息」。文言「君子體仁，足以長人。嘉德足以合禮，利物足以合義，貞固足以幹事，君子行此四德者，故曰乾，元，亨，利，貞」。又曰「君子進德修業；忠信所以修德也，修辭立其誠，所以居業也；知至至之可與幾也，知終終之可與存義也；故居上位而不驕，居下位而不憂，故乾乾因其時，雖危無咎矣」。都是很顯明的儒家口吻

原來莊子天下篇云「詩以道志，書以道事，禮以道行，樂以道和，易以道陰陽，。春秋以道名分」。也只是「道陰陽」的書，後來的繫辭便變了樣，繫辭云「易有聖人之道四焉，以言者尚其辭，以動者尚其變，其制器者尚其象，以卜筮者尚其占」。添出些政敎的解說，反而把卜筮之義放在末尾。這是儒家後來慢慢得勢起來，社會思想已經脫離了神權時代，投機地去以政敎解釋易，那是怎樣的冠冕堂皇！於是這部向來在巫者手裏的也就輕輕地抓過手來了。這方法是怎樣？直截了當地說，便是說孔子作易；彎曲一點說，還拉上文王，拉上周公，再拉上孔子。同時古文家還有兩個巧妙的彌縫，就是「三易」之說；把歸藏，連山來做陪客。現分述於下：

（一）孔子作易　　康有爲云，「詩書禮樂易皆伏羲夏商文王周公之舊典，於孔子無與，則孔子僅爲後士之賢士大夫，比之康成朱子尚未及也。豈足爲先民未有範圍萬世之聖哉。………以詩書禮樂易爲先王周公舊典，春秋爲赴告策書，乃劉歆創僞古文後之說也。歆欲奪孔子之聖，而改其聖法，故以周公易孔子也」。康氏認孔子爲「敎主」，爲「聖王」，所以把六經都奪過手來戴在孔子頭上。這比漢時儒家說孔子刪六經爽快得多，——雖然都是近誣；那時儒家還是緩和的把易拉在儒家學說上。

廖平謂「易出于商人，經由孔修」。所以講易晉明夷爲春秋時的晉楚。據友人的

講授筆記，其論證有：(一)「晉康侯」，「文侯」也。(二)「受諸介福于其王母」，讀作「父母」與明夷「其子」對文。(三)「晉其角」，大角國　在中國。「維用伐邑」，二伯專征。(四)「明夷」，楚夷狄，故言明夷。(五)「夷於左股」左傳楚人尚左，如殺得臣。「用拯馬壯吉」，晉明夷皆言馬，大首股腹心，皆以身比目。(六)箕子讀如其子，與王母對。(七)成十六年左傳晉侯將伐鄭，楚子救鄭：公筮之，史曰吉，其卦遇(明夷之)復䷗，曰南國蹙射其元王中厥目。今左傳脫「明夷之」三字，復卦無。南國之辭在明夷三爻。明夷於南狩，得其大首，謂射共王中目也，即左傳之變文。

　　這都是想證卦爻有春秋時辭句，蓋孔子所增修。

　　(二)卦辭文王作，爻辭周公作。　　儒家共同承認的只是伏羲畫卦，重卦便聚訟紛紛，大別為二：一，卦爻辭并是文王作，伏羲制卦，文王繫辭，孔子作十翼，是謂易歷三聖，鄭康成輩主此說。二，卦辭文王作，爻辭周公作，劉歆馬融陸績主此說。今文學家據史記周本紀，日者傳，法言問神編，漢書藝文志，楊雄傳，論衡對作篇，皆僅云文王重卦為六十四卦，三百八十四爻，無有以為作卦辭者，康氏因謂卦辭為孔子作。我們借用這些證知道儒家將易的作者附在文王周公孔子演變之迹。

　　爻辭非周公作，康有為云，『周公作爻辭之說，西漢前無之。漢書藝文志云，「人更三聖」，韋昭注曰，「伏羲，文王，孔子」，即正義所引乾鑿度云，「乘皇策者犧，卦道演德文，成命者孔。通卦驗又云，蒼牙通靈冒之成，孔演命明道經」。晉紀瞻曰，庖犧畫八卦，陰陽之理盡矣。文王仲尼係其遺業，三聖相承，共同一致，稱易準天無「昔復其餘也」。亦無有及周公者。唯左傳昭二年「韓宣子來聘，見易象與魯春秋，曰，吾乃今知周公之德」。　涉及周公，此蓋劉歆竄亂之條，與今學家不同。歆周官爾雅月令無事不託於周公，易爻辭之託於周公，亦此類也。馬融學出於歆，故以為爻辭周公作』。　爻辭固然不是周公作，但康氏又主張是孔子作，其誣亦正相同。乾鑿度，通卦驗都云孔子，而春秋緯亦謂「伏羲作八卦，丘合而演其文」。這是今文家認孔子為太有權威了，所以把易給了他。古文家不認孔子為「素王」，所以把易送給較孔子為古的周公。他們共同之點，是易在儒家發生影響，最好易是儒家的書；託之文王，周公，孔子，都是一樣的用意。

　　(三)三易之說　　周官太卜職「掌三易之法，一曰連山，二曰歸藏，三曰周易。

其經卦皆八，其別皆六十有四」。而解說三易作者，至爲不一，杜子春以爲連山伏羲，歸藏黃帝。鄭玄則云夏曰連山，殷曰歸藏，周曰周易。孔穎達據世譜，神農一曰連山氏，亦曰列山氏，黃帝一曰歸藏氏。以連山起於神農，此又一說。

連山漢書藝文志無著錄，唐志始有，蓋劉炫僞作。胡應麟曰「連山易十卷，見唐藝文志，按班氏六經，首周易，凡夏商之易絕不同。隋牛宏購行寓內遺書至三十七萬卷。魏文成等修隋史，晉梁以降，亡逸篇名，無不具載，皆不聞所謂連山者。而唐始出，可乎？北史劉炫傳，隋文搜訪圖籍，炫因僞造連山及魯史記上之。馬端臨據此以爲炫作，或有然者。蓋炫後事發除名，故隋志不錄，而其書尚傳於後，開元中盛集羣書，仍入禁中爾」。連山本是漢人僞作，而後之連山，又是劉炫僞作的了。

歸藏漢書藝文志無著錄，至晉中經隋志唐志始有其名。現所謂歸藏，亦僞中之僞。馬端臨曰「歸藏漢志無之，連山隋志無之，蓋二書至晉隋間始出，而連山出於劉炫僞作，北史明言之；度歸藏之爲書，亦類此耳」。吳萊曰「歸藏三卷，晉薛貞注，今或雜見他書，頗纇焦贛易林，非古易也」，都是論晉中經的歸藏亦出僞作。

連山歸藏雖云後者係僞，但他們都相信眞的連山歸藏是三易中的。其實所謂眞的連山歸藏亦是漢人僞作。廖平易凡例「記云坤乾，是易爲殷末人作，孔子得而修之，亦如春秋之魯史。是經出於孔修，亦無所謂周易連山歸藏之說也。古學家創爲三聖之說，以文王敔孔子，別爲「三易」之名，猶是攻博士經文不全之故智。文王不已，馬陸更足以周公」。又云「周禮「三易」之說，乃劉歆攻博士經之僞說，詩之賦比，與易之連山歸藏，事同一例。………古文家攻經不全，六十四卦不能加，則創爲三易之說，以博士所傳只三中之一，以本經專歸之周，考之傳記，全無依據。左傳稱周易，亦爲古文家所加」。連山歸藏爲漢人作，似無疑義。禮運「吾欲觀殷道，是故之宋而不足徵焉，吾得坤乾焉」。這是出自論語「夏禮吾能言之，杞不足徵也，殷禮吾能言之，宋不足徵也，文獻不足故也」。蓋漢人所加以爲造歸藏坤乾之證。禮運多有漢人之語，如「宗祝在廟，三公在朝，三老在學」。三老五更都是秦漢時纔有的制度。桓譚新論「連山八萬言，歸藏四千三百言，夏易詳而殷易簡，未知所據」。何以連山反比歸藏周易多，從此中也可推其作僞的痕迹了。

易的傳授今文家有施孟梁京四家，而皆出於田何。他們的說禨祥，實從占卜家，

方術家，陰陽家裏面來的。易本來只是一部卜筮之書，所以秦焚六書，而易獨以卜筮之書得存。在西周巫史未分家的時候，巫者流作了易，浸入民間很深。至東周巫史分了家，史的位置漸高，向士大夫階級一邊走，巫只有落在下層了。易本是卜巫的專利品，史與儒家結合，還把易抓在手。一部易在戰國以至秦漢就各家都生影響。儒家，道家，陰陽家，以及方士，讖偉，都是言易的。

秦漢的儒學，不是孔門的儒學，孔子是很精明的人，不言「怪力亂神」。而秦漢的儒學，實雜糅陰陽家，神仙家，道家之說。例如秦始皇坑儒，據本紀云：「始皇言，諸生在咸陽，吾使人廉問，或爲妖言以亂黔首。三十六年，博士爲仙眞人詩；三十七年，一水神不可見，以大魚蛟龍爲侯」。這明是陰陽神仙的話了。

漢代大儒如賈誼，董仲舒，楊雄，劉歆，都不是孔門所謂儒學。賈誼雜陰陽道家，董仲舒更言陰陽五行災異。楊雄太玄摸仿易，全是陰陽。這是易的流變，於是各家都變了對於易的解釋。

比較起來，最初是用龜卜，後來用筮法，儒家用「機禪」「象數」「義理」去解釋易，離易的本義愈遠，所以易遂「不切於用」。在漢有易林，後來有籤法，都因爲易不能切用了，纔應民間的需要而發生。

總括起來說：易是出自龜卜，周初卜巫者流所作的一部書。在社會上的影響很大，儒家尊爲六經之一。今文家認孔子爲素王，所以把易拖在孔子身上。古文家又拖在文王周公的身上，造出連山，龜藏，名曰三易；以連山，龜藏爲周易的陪客。而共同的傳說是河圖洛書的神話。易，竟少人知道它的眞象。

附圖　易源圖辨　　　　十六年十一月初稿，十七年二月改稿。

本文作成後承顧頡剛兄替我閱訂一過，非常感謝。他並說：『洪範云，「擇建立卜筮人，乃命卜筮。曰雨，曰霽，曰圍，曰寧，曰克，曰貞，曰悔，凡七。卜五，占用二，衍忒」。卜兆有雨，霽等五種，而占兆（此占當卽筮），僅有貞，悔二種，此亦筮簡於卜之證』。這話很對，補載於此。

易源圖群

占　卜　的　源　流

容　肇　祖

　　占卜的事情，在中國起源很早。秦漢以來的傳說，每每將易的卦畫歸之於伏羲。又後來的連山歸藏，竟託始於伏羲和黃帝，或較明白的，則以爲是夏殷的易。傳說無徵，當然未可信從。近二十年來殷墟甲骨的發現，而後談占卜的，乃得實物的證明。我們據其文字，以證古史，而殷代的史事，乃得有切實的記錄。至於說到占卜的起源，雖未得直窮他的本始，而殷代的占卜的狀況，已可瞭然明白。向來最糾紛的，最不易解決的，周易的一箇問題，到此當亦可以迎刃而解。蓋占術的周易，旣不是古帝王的神奇；而哲學化的周易，也不過是多生的枝節。從古占卜的研究，以明探他的起源，又從近今占卜的流變，以尋他的支裔，就知道周易一書，祇不過用古聖人的名號作了包皮，也都和別的占卜書屬一例的呵！現在說占卜的源流，簡單一點的說明，略如下表。辨證解說，下當更詳。

占卜源流表

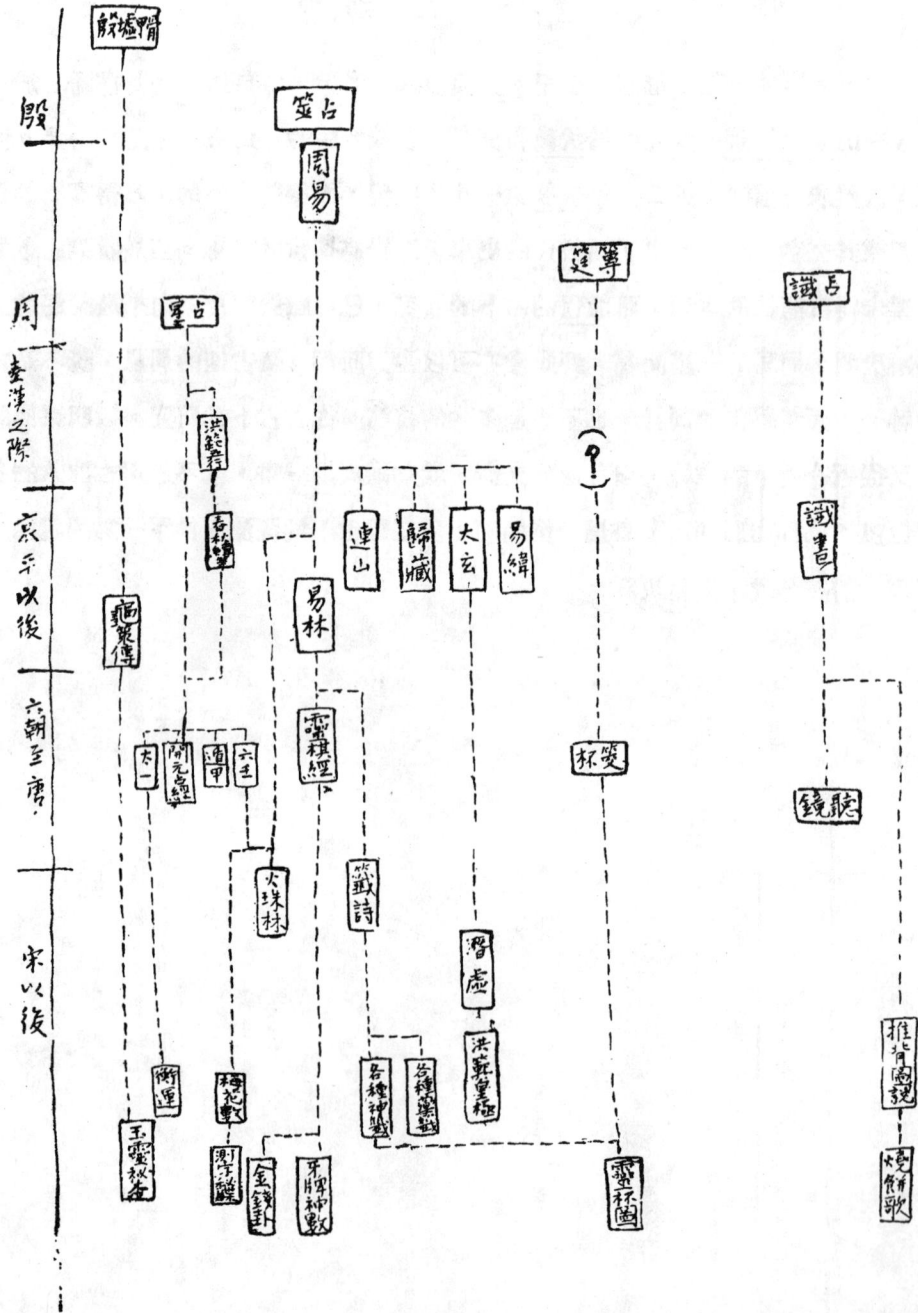

周易演變表

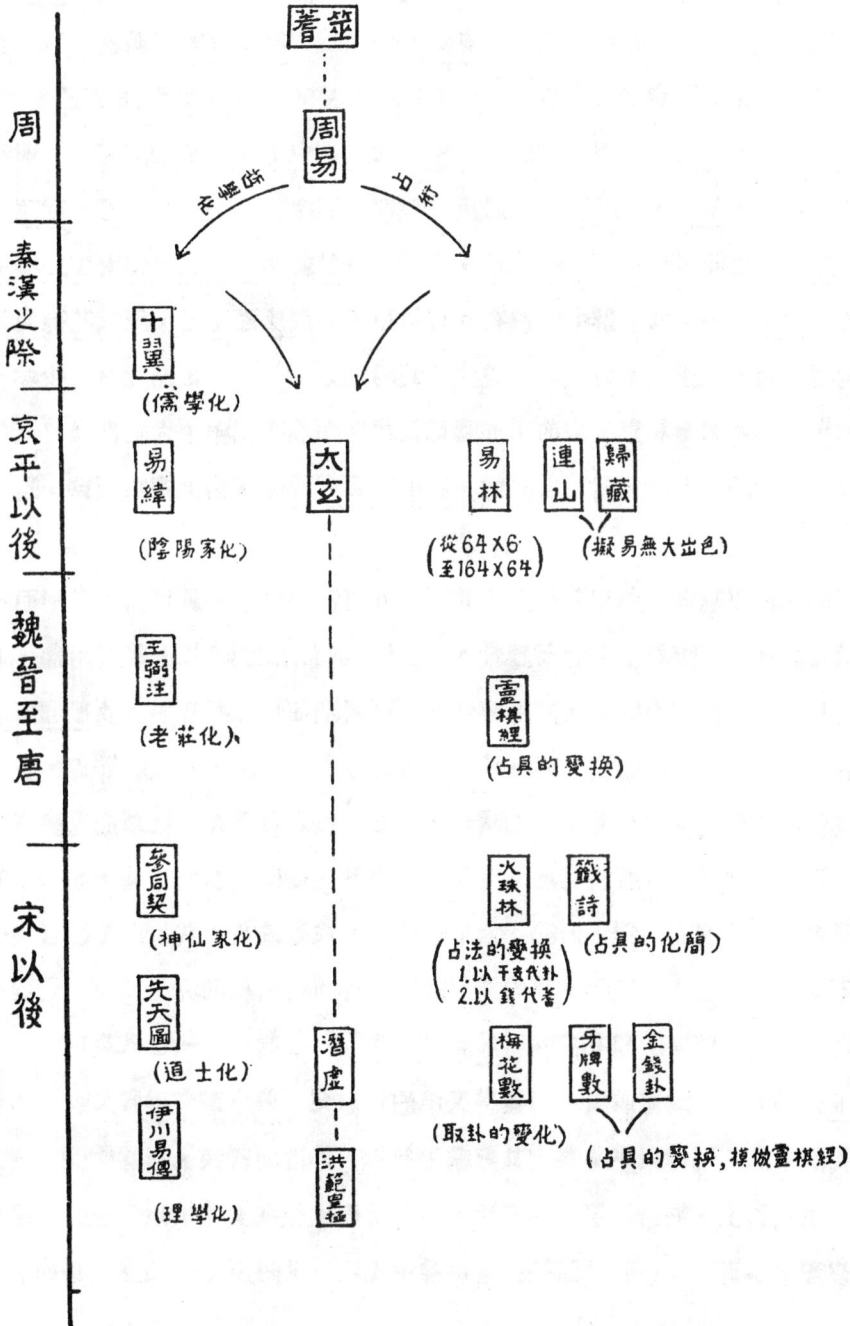

周

秦漢之際

哀平以後

魏晉至唐

宋以後

蓍筮

周易

十翼（儒學化）

易緯（陰陽家化）

王弼注（老莊化）

參同契（神仙家化）

先天圖（道士化）

伊川易傳（理學化）

太玄

潛虛

洪範皇極

易林（從64×6 至164×64）

連山　歸藏（擬易無大出色）

靈棋經（占具的變換）

火珠林　籤詩（占法的變換 1.以干支代卦 2.以錢代蓍）（占具的化簡）

梅花數（取卦的變化）　牙牌數　金錢卦（占具的變換,模倣靈棋經）

一. 從殷墟甲骨考證出古代占卜的實況

研究占卜的起源或其所發生的時代，從甲骨上徵驗，則知甲骨的占卜盛於殷朝，而不一定是起於殷朝？他的刻劃的美麗，文字的精巧，或可證爲前此有一種粗醜的或者沒有文字紀錄的時期。而占卜的年代究始自何時，實不可考。我們祇好就殷墟的實物爲限，以說甲骨的占卜的時代。案殷虛書契考釋以爲"史記殷本紀載成湯以來至於帝辛傳世三十。今見於卜辭者二十有三"。 卜辭中所見的帝，有大乙（卽天乙，卽湯）大丁，卜丙（當卽外丙）， 大甲，太庚，小甲，大戊，中丁，卜壬（卽外壬），祖乙，祖辛，祖丁，南庚，羊甲，（卽陽甲），般庚（般卽古盤字）， 小辛，小乙，武丁，祖庚，祖甲，康丁（史記譌作庚丁）， 武乙，文武丁（竹書作文丁史記作大丁）。 文丁以後，帝乙，帝辛的名，爲卜辭中所沒有。可徵甲骨是盤庚遷亳後，至武乙徙河北前所作。因爲現今龜甲出土的地方，就是盤庚所遷的地方。盤庚確在紀元前多少年，現在頗不易考，因爲司馬遷記宣王以前，亦祇紀世代，而沒有紀年，大約當在紀元前千數百年光景。那時的占卜法究竟是怎樣的，殷虛書契考釋從實物上觀察所得，證說如下：

> 卜以龜，亦以獸骨。龜用腹甲而棄其背甲。（背甲厚，不易作兆，且甲面不平，故用腹甲。）獸骨用肩胛及脛骨。（脛骨皆剖而用之。）凡卜祀者用龜，卜它事皆以骨。田獵則用脛骨，其用胛骨者，則疆理征伐之事爲多。故殷墟所出，獸骨什九，龜甲什一而已。其卜法，則削治甲骨甚平滑，於此或鑿焉，或鑽焉，或旣鑽更鑿焉。龜皆鑿，骨則鑽者什一二，鑿者什八九，旣鑽而又鑿者二十之一耳。此卽詩與禮所謂契也。（鑿跡皆楕圓，如◎；鑽則正圓，如○；旣鑽更鑿者，則外圓而內楕，如◎。大抵甲骨薄者或鑿或鑽。其鑽而復鑿者，皆厚骨不易致坼者也。）旣契，乃灼於契處以致坼。灼於裏則坼見於表，先爲直坼而後出歧坼，此卽所謂兆矣。（殷虛書契考釋一〇七──一〇八頁）

從上可知殷代的卜法，或鑿或鑽，而契後又用灼以求兆。殷虛書契考釋又說"不契而灼則不能得坼。旣契則骨與甲薄矣，其契處刃斜入，外博而內狹，形爲楕圓，則尤薄處爲長形。灼於其上，斯沿長形而爲直坼，由直坼而出歧兆矣。於以觀吉凶，並刻辭於兆側，以記卜事焉"。（同上）這是很有徵驗的說明。又舉所見的兆形，略如下：

卜 卜 卜 卜 卜 卜 卜 卜 卜 卜 卜 卜 卜 卜 卜

這些兆形，和周禮太卜所掌的"三兆之法；一曰玉兆，二曰瓦兆，三曰原兆"。又卜師所掌的"開龜之四兆：一曰方兆；二曰功兆；三曰義兆；四曰弓兆"未知是否有合？然而觀兆定吉凶，自然需要着太卜或卜師的神悟了。

殷虛甲骨所記的卜辭，很是簡單。不過紀所卜的事和所卜的吉凶而止。據殷盧書契考釋所記，除斷缺不可讀的外，卜祭的三百六，卜告的十五，卜享的四，卜出入的一百二十八，卜田獵漁魚的一百三十，卜征伐的三十五，卜年的二十二，卜風雨的七十七。這八事外，尚有其他所卜的事情。我們可知那時卜的事情，以祭爲最要，因爲祭神是古代最隆重的一宗事情。其次便是田獵，其次便是出入，這都要聽從神的意旨。其次，年及風雨，這是歲時中的希望。征伐亦是重要的事情，這是不常有的，從盤庚到大丁時，祇殷盧書契考釋所記的已有三十五次，也不算少，可見征伐也都是聽候於神的意旨的了。

殷虛甲骨卜辭表吉凶及允否的意義。如祭祀，則爲亡尤，亡祉，受彐（羅釋彐爲又，卽福祐，甚確），允彐日，亡田，其牢茲用，其牢奉茲用，犬，百牛百用，其五牢，其三牢，十羊廿牛，一月酒，二月俎，三羊三豕三犬，等。卜告的則爲今月告于南室，允之告麥，亡其告麥，等。卜享的則爲于戊申享，弗享見，其大享耑，等。卜出入的爲其大出五月，不允出，我不吉出，方不大出，乙巳王入于商，王步亡，步于敝亡，往來亡，往來亡在九月，亡酬，王步歸，毋歸，先歸九月，人歸，人不歸，等。卜田漁的爲王狩于乂，王步狩，往于田亡，王田往來亡，衣逐亡，王𠂤曰吉，王𠂤曰在三月，今月獲，王其往逐鹿，王不其獲鹿，允獲鹿五，羊不其得，御子漁，等。卜征伐的爲佳其弗克；往征；其伐利，不利；伐邑，帝不我其受又；登人三千乎，邑方弗受之又；今月師亡𢍜寧；師往衛亡田；登人三千乎戠，等。卜年的爲受黍年，我不其受年，弗受之年，我受黍年三月，等。卜風雨的爲其遘大風，不遘風，大風不佳田，其雨，今月其雨，雨一月，今三月帝命多雨，允雨，其雨之月允不雨，其雨在五月，其延雨，不多雨，其遘大雨，不一菁雨，其雨在圍漁，等。看這些卜辭，都是簡單的對事表示吉凶可否，是沒有定辭的。

　　二。周代的占卜——龜，筮，筳篿，及星占等。

　　周代承殷之後，用龜的占卜，仍是通行。春秋成公十年“夏四月，五卜郊，不從，乃不郊”。 這是顯然的事實。而當時另有用蓍的一種筮法，和他相副。蓍筮在殷無可考，疑當初是戎狄的占卜，到周勝殷，遂變易而興盛。“易”有更代的意義。易繫辭說道，“易之興也其於中古乎”！ 又說，“易之興也，其當殷之末世，周之盛德耶？當文王與紂之事耶？”或者就是起於這時？代殷而起，故又稱為周易？後來的楚，亦有一種占術，是用筳篿的，屈原離騷說道，“索瓊茅以筳篿兮，命靈氛為予占之”。王逸注云“蕣茅，靈草也。筳，小折竹也。楚人名結草折竹以卜曰篿”。 後漢書方術傳李賢注引楚辭注云，“筳，八段竹也”。 這種卜術，是龜筮之外的一種，今未能詳，或為近代杯珓所自起？周代龜筮並用，是可以證明的，如詩氓篇說，“爾卜爾筮，體無咎言”。 國語晉語“愛疑，決之以卜筮”。 但是筮用蓍，較之鑽龜鑿龜灼龜為簡便，故有看龜為重於蓍的，如左傳僖四年傳說，

　　　　初晉獻公欲以驪姬為夫人，卜之不吉，筮之吉，公從筮。卜人曰，筮短龜長，
　　　　不如從長。

又洪範說，

　　　　立時人作卜筮。………謀及卜筮。………汝則從，龜從，筮逆，卿士逆，庶民逆，
　　　　作內吉，作外凶。

二從三逆，而說作內吉，這是很特別的，可證古人龜筮並用時，寧舍筮而從龜的見解。曲禮及表記俱說“卜筮不相襲”。鄭玄注曲禮以為“卜不吉則又筮，筮不吉則又卜，是瀆龜策也。晉獻公卜取驪姬不吉，公曰‘筮之’是也”。他注表記又說，“襲，因也，大事則卜，小事則筮”。然而案之洪範所說，恐不盡然？胡煦說道：“卜筮不相襲者，蓋以卜人筮人，各有專職，故惟卜與卜襲，筮與筮襲，而以卜襲筮，以筮襲卜，則其法不相通焉。若卜筮互為占，此則禮之所有，則龜從筮從之說也”。（卜法詳考卷二）說較可通。

　　周代用龜卜的事情，有可以證明他的卜法的，如詩大雅說“爰契我龜”。荀子王制篇說“鑽龜陳卦，主攘擇五卜，知其吉凶妖祥，傴巫跛擊之事也”。（擊讀為覡）韓非子飾邪篇說“鑿龜數筴，兆曰大吉，而以攻燕者趙也”。 莊子外物篇說“卜之，曰殺

龜以卜吉。乃刳龜七十二鑽而無遺筴”。這是很明顯的，可證戰國以前龜卜的方法仍是象殷朝刻鑽的故事。周禮說的“揚火以作龜，致其墨”。“菙氏掌共燋契以待卜事。凡卜以明火爇燋，遂歗其焌契以授卜師，遂役之”。當是周代卜法的遺說，和殷墟甲骨的遺物，可以互相證明。至於周代龜卜的辭語，詩定之方中說的“卜云‘其吉’”。‘其吉’當是卜辭。韓非子的兆曰‘大吉’，‘大吉’亦是卜辭。這是卜辭中最單簡的。左傳莊公二十二年說“初懿氏卜妻敬仲，其妻占之，曰，吉。是謂“鳳凰于飛，和鳴鏘鏘。有嬀之後，將育于姜，五世其昌，並于正卿。八世之後，莫之與京’”。又閔公二年，“成季之將生也，使卜楚丘之父卜之，曰，男也。‘其名曰友，在公之右，間于兩社，爲公室輔’。季氏亡則魯不昌”。國語“晉公卜伐驪戎，史蘇占之曰‘勝而不吉’公曰，‘何謂也’。對曰，‘遇兆以衝骨，齒牙爲猾，戎夏交捽。交捽，是交勝也，臣故云。且懼有口，憸民，國移心焉’”。左傳僖四年，“晉獻公欲以驪姬爲夫人，卜之不吉，……其繇曰，專之渝，攘公之羭”。這些卜辭，雖是戰國時的傳說，可證周代的龜卜辭，已是由簡單變繁複，但是卜辭仍是沒一定的。

占筮是周代特別顯著的事情。他的方法是用蓍。易繫辭說“探賾鉤深致遠以定天下之吉凶，成天下之亹亹者莫大乎蓍龜”。說卦傳說“幽贊於神明而生蓍”。鄭玄周禮注說，“易者，揲蓍變易之數可占者也”。他的儀禮士冠禮注說，“筮所以問吉凶，謂蓍也。所卦者，所以畫卦記爻。易曰，六畫而成卦”。賈公彥疏說道，

> 易筮法，用四十九蓍，分之爲二以象兩，掛一以象三，揲之以四以象四時，歸奇於扐以象閏。十有八變而成卦是也。云所卦者，所以畫地記爻者。筮法，依七八九六之爻而記之。但古用木畫地，今則用錢。以三少爲重錢，重錢則九也。三多爲交錢，交錢則六也。兩多一少爲單錢，單錢則七也。兩少一多爲拆錢，拆錢則八也。

我們可藉以知周代的筮法。周代的筮辭，看左傳，國語所記，有和周易相合，亦有不相合的。周易是古代的占筮書，確無可疑。漢書藝文志說“秦燔書，而易爲卜筮之事，傳者不絕”。可證秦以前的人，都看周易作占筮書的。今將左傳國語所記和周易相合的辭，彙錄於下：

> 周史有以周易見陳侯者，陳侯使筮之，遇觀䷓之否䷋，曰，是謂“觀國之光，

利用賓于王"（莊公二十二年。這是引周易的觀卦六四爻詞。）

秦伯師于河上，將納王，狐偃言於晉侯曰，求諸侯莫如勤王，使卜偃卜之，曰，吉。筮之，遇大有☲☰之睽☲☱，曰，吉，遇'公用享于天子'之卦也。 （僖公二十五年。這是引大有九三爻辭。）

穆公薨於東宮，始往而筮之，遇艮之八☶☶。史曰，是謂艮之隨☱☳。隨其出也，君必速出。姜曰，亡，是於周易曰'隨元亨利貞无咎'。（襄公九年。 這是引隨卦辭。）

齊棠公之妻，東郭偃之姊也。棠公死，偃御崔武子以弔焉，見棠姜而美之，使偃娶之。筮之，遇困☱☵之大過☱☴。陳文子曰，"夫從風風隕，妻不可娶也。且其繇曰，'困于石，據于蒺藜，入于其宮，不見其妻，凶'"。（襄公二十五年。這是困六三爻辭。）

初穆子之生也，莊叔以周易筮之，遇明夷☷☲之謙☷☶，以示卜楚丘曰，是將行而歸為子祀，以讒人入，其名曰牛，卒以餒死。…… 日之謙當鳥，故曰'明夷于飛'。明而未融，故曰'垂其翼'。象日之動，故曰'君子于行'。當三在旦，故曰'三日不食'。離，火也，艮，山也。離為火，火焚山，山敗。於人為言，敗言為讒，故曰'有攸往，主人有言'。……（昭公五年。這是引明夷的初九爻辭。）

衛襄公夫人姜子無子，嬖人婤姶生孟縶。孔成子夢康叔謂己立元，史朝亦夢康叔謂已夢協。婤姶生子，名之曰元。孟縶之足不良能行。孔成子筮之曰，元尚享衛國，遇屯☵☳。又曰余尚立縶，遇屯之比☵☷。史朝曰'元亨，又何疑焉'。……且其繇曰，'利建侯'。（昭公七年。'元亨'為屯卦辭。'利建侯'屯卦辭與屯初爻之詞皆同。）

南蒯之將叛也，枚筮之，遇坤☷☷之比☵☷，曰吉。……故曰'黃裳元吉'。（昭公十二年。黃裳元吉是坤的六五爻辭。）

宋皇瑗圍鄭師，晉趙鞅卜，不吉。陽虎以周易筮之，遇泰☷☰之需☵☰，曰宋方吉，不可與也。微子啟帝乙之元子也。宋鄭甥舅也。若帝乙之子歸妹而有吉祿，我安得吉焉。（哀公九年。泰的六五爻詞"帝乙歸妹，以祉元吉"與這裏所說合。）

獻子曰，"周易有之"，在乾☰☰之姤☰☴，曰"潛龍勿用"。其詞人☷☰曰"見龍在

田"。其大有☰☱曰，"飛龍在天"。其夬☱曰，"亢龍有悔"。其坤☷曰"。見羣龍無首吉"。坤之剝☷，曰"龍戰于野"。(昭公二十九年。這和周易乾卦坤卦同。)

公子(重耳)親筮之曰，尚有晉國，得貞屯(☳)悔豫(☷)，皆八也。筮史占之，皆曰不吉。閉而不交，爻無爲也。司空季子曰，吉。是在周易，皆利建侯，不有晉國，以輔王室，安能建侯。……… 故曰屯，其繇曰'元亨利貞，勿用有攸往，利建侯'。……… 故曰豫，其繇曰'利建侯行師'……是二者，得國之卦也。(國語晉語。兩繇辭和周易屯及豫的卦辭同。)

以上十例，可證春秋時的筮占，已用周易的定辭。但是也有些占筮者，不用周易的定辭，而隨意命辭的，今將左傳，國語所記的，錄如下：

成季之將生也，桓公使卜楚丘之父卜之。………又筮之，遇大有☰之乾☰，曰，"同復于父，敬如君所"。(閔公二年。這在周易大有的六五爻辭是"厥孚交如威如，吉。)

秦伯伐晉，卜徒父筮之，吉。涉河，侯車敗。詰之，曰，乃大吉也。三敗必獲晉君。其卦遇蠱☶，曰"千乘三去，三去之餘，獲其雄狐"。(僖公十五年。這和周易蠱卦爻辭全沒相涉，)

初晉獻公筮嫁伯姬于秦，遇歸妹☳之睽☲，史蘇占之曰，不吉。其繇曰"士刲羊，亦無盲也。女承筐，亦無貺也。西鄰責言，不可償也。歸妹之睽，猶無相也"。 震之離，亦離之震，爲雷爲火，爲嬴敗姬。車脫其輹，火焚其旗，敗於宗丘。歸妹睽孤，寇張之弧。姪從其姑，六年其逋。逃歸其國，而棄其家。明年其死于高梁之虛"。(僖公十五年。周易蠱的上六說"女承筐無實，士刲羊无血，無所利"。和這裏亦合。)

晉侯將伐鄭，楚子救鄭。公筮之。史曰，吉。其卦遇復☷。曰，"南國蹙，射其元，王中厥目"。(成公十六年。周易復上六爻辭爲"迷復凶；有災眚，用行師，終有大敗，以其國君凶，至于十年不克征"。)

成公之歸也，吾聞晉之筮之也，遇乾☰之否☶，曰"配而不終，君三出焉"。(國語周語。)

上舉的共五例，中間有一例辭微異而意同的。可證春秋以後的占筮，大多數都是襲用

周易的成文。間有隨意遣辭，不從周易一書，其中亦有辭異而意義相合的。又就周易相同的十例及不同的五例看，指爻變說，如說觀之否的，凡十一，單指卦名的有五。都沒有用初，二，三，四，五，上，的名稱。艮之隨稱爲艮之八的亦一見。疑筮師相傳，其法到春秋時已小有變異，不盡沿用六爻的名稱。間有卜師不依據周易的成文，疑其源亦必定有所受。這樣看來，則周易祇是占筮家的參考書，彙集古占辭而成。但是在春秋時的占筮者多本於周易，可知周易的編集，當在春秋以前。今將周易的卦辭，爻辭上所述的人名和他的故事，彙述於下：——

（一）關於殷先王王亥的故事：如“喪羊于易，无悔”。（大壯爻辭，“喪牛于易，凶”（旅爻辭。）蓋王亥遷殷，已由商邱越大河而北，故遊牧於有易高爽之地。奴使牛馬，以爲民用，即發見於此。有易之人，乃殺王亥，取其牛羊。天問所謂“該秉季德，厥父是臧，胡終弊於有扈，牧夫牛羊”。扈即易字之誤。考見王國維殷卜辭中所見先公先王考。

（二）關於殷高宗的故事：“高宗伐鬼方，三年克之，小人勿用”。（既濟爻辭）“震用伐鬼方，三年有賞於大國”。（未濟爻辭）

（三）關於帝乙的故事：“帝乙歸妹，以祉元吉”。（泰爻辭）“帝乙歸妹，其君之袂，不如其娣之袂良。月幾望，吉”。（漸爻辭）

（四）關於箕子的事：“箕子之明夷，利貞”。（明夷爻辭。）

（五）關於享岐山西山的故事：“王用享於岐山，吉，無咎”。（升爻辭。岐山爲周的發祥地。）“王用享于西山”（隨上六爻辭）

（六）關於康侯的故事：“康侯用錫，馬蕃庶，晝日三接也”。（晉卦辭。康侯，當即康叔，封衞侯。）

上六項是比較容易認識的，如王亥的故事，不是經王國維的發現，亦未易知其爲何。但是已知的六項中，三項是關于殷的先王。一項是關於殷末的箕子。二項是關於周初，即享岐山，錫康侯的故事。此外沒有什麼很顯著的周代的故事了。繫辭說的易之興在殷之末世，周之盛德的時候，合之所記事跡是很對的。大約占筮的盛行及今周易之成此大體，是在殷末，故說王亥高宗，帝乙的事，層見疊出。帝乙即紂之父，其爲殷末可知。

到周初享岐山，乃用筮占。"王用享於岐山，吉無咎""王用享于西山"的二條，明是當日筮占的事實。案殷虛卜辭卜享的有四；如下：——

　　甲辰卜王貞于戊申享（卷三第二十四葉）

　　壬辰卜𠂤弗享見（卷四第三十四葉）

　　…王其大享端（卷四第四十二葉）

　　癸亥卜王方其享大邑（卷八第二十二葉）

可證殷享必先用卜。到周改用筮，王用享於岐山等文，明是全錄筮辭的原文。由此可證在周易之先，筮辭是沒有一定。今傳本周易，和春秋以前的古本，同否雖不可知？而今本周易一書，疑最早亦不過在成，康，的時候，因所採用的故事有康侯的緣故。這時真是周代的盛時。到春秋的時候，周易一書真通行了，這時的筮師，他所說有和今本周易不同的，或不願因襲，自為筮辭，亦未可知？

　　周易既是周代盛時所出的一種占筮書，統六十四卦，三百八十四爻計算之，說吉的爻一百二十一；說凶的爻五十二。說無咎的爻八十五。又有何咎，何其咎，匪咎的共四。說厲的爻二十六。說悔的二，有悔的四，悔亡的十八，无悔的七。說亨的三。我們現在別的不計，單計吉凶無咎三種，則吉一二一，無咎八一；凶五二；真會大約變成了吉四，無咎三，凶二的比例數目了。又經文並稱君子小人的六，單稱君子的十四，單稱小人的三。君子小人當然即貴族平民的分別，我們可見周易一書，大概是貴族階級應用的為多。周易所占的事。大概是出入，涉大川，見大人，從王事，婚媾，田獵，訟，歲收，風雨，出征，祀享，禦寇，建侯等的事情。大約以出入，涉大川，見大人的事情為最多。計周易利有攸往的十二，不利有攸往的二，利涉大川的九，不利涉大川的一，利見大人的七。從當日占出入的情形看，當時各地方交通的情形也可想見了。

　　周易之外，筮䇥的一種占術，是不大明顯的，我們除楚辭外已無從考見了。星占的一種占術，在周代當是有的。我們知道古代的天文家同時是含有神祕的占驗的技術，而為通俗所迷信的。如左傳僖公十六年春隕石於宋五，周內史叔興聘於宋，宋襄公問焉，曰'是何祥也，吉凶焉在'？荀子王制篇說"相陰陽，占祲兆，鑽龜陳策，主攘擇五卜，知其吉凶妖祥，傴巫跛擊之事也"。司馬遷報任安書說"文史星歷，近乎卜祝

之間"。　可證古代的天文家同時是帶有占卜家的性質。又左傳記的星占的事，並可以證明，如下：

昭公七年：夏四月甲辰朔，日有食之。晉侯問於士文伯曰，誰當日食？對曰，魯衛惡之。衛大魯小。公曰，何故？對曰，去衛地，如魯地，於是有災，魯實受之。其大咎，其衛君乎；魯將上卿。

昭公十年：春王正月有星出於婺女。鄭神竈言於子產曰'七月戊子，晉君將死。今茲歲在顓頊之虛，姜氏任氏實守其地。居其維首而有妖星焉，告邑姜也。邑姜，晉之妣也，天以七紀。戊子逢公以登，星斯於是乎出。吾是以譏之。

昭公十七年：冬有星孛于大辰西及漢。申須曰，"彗所以除舊布新也。天事恆象，今除於火，火出必布焉，諸侯其有火災乎"？梓慎曰，往年吾見之，是其徵也。火出而見。今茲火出而章，必火入而伏，其居火也久矣，其與，不然乎？火出於夏為三月，於商為四月，於周為五月。夏數得天，若火作，其四國當之，在宋衛陳鄭乎？……"

昭公二十年：春王二月巳丑日南至。梓慎望氛，曰，"今茲宋有亂，國幾亡，三年而後弭。蔡有大喪"。

昭公二十四年：夏五月乙未朔日有食之。梓慎曰"將水"。昭子曰，"旱也。日過分而陽猶不克，克必甚，能無旱乎？

上舉五例，可見周代占星望氣的事實。洪範一書，雖不是箕子所陳，郤是周代的遺書。裏頭說的，休徵咎徵，以及"歲月日時無易，百穀用成，乂用明，俊民用章，家用平康。日月歲時旣易，百穀用不成，乂用昏不明，俊民用微，家用不寧"。都是含有星占家的見解，開後來洪範五行傳的先河。至於呂氏春秋的月令紀等，如孟春紀"孟春行夏令，則風雨不時，草木早槁，國乃有恐。行秋令則民大疫，疾風暴雨數至，藜莠蓬蒿並興。行冬令則水潦為敗，霜雪大摯，首種不入"，等。這些時令的迷信，和洪範"日月歲時旣易"的一些話相同，可見那時的星氣的占候的狀況。

　　三．秦漢間至漢哀平前的占術及其哲學化

　　周易在秦時以卜筮書得存。到漢初尊崇孔子，抱遺書的，多依附於孔門以自重。

於是占筮的周易亦依附於孔門，云"自魯商瞿子木受易孔子，以授魯橋庇子庸，子庸授江東馯臂子弓，子弓授燕周醜子家，子家授東武孫虞子乘，子乘授齊田何"。（漢書儒林傳）一若傳統淵源，像煞有介事的。史記孔子世家說道，"孔子晚而喜易，序彖，繫，象，說卦，文言。讀易韋編三絕，曰假我數年，若是我於易則彬彬矣"。漢書藝文志說道，

> 易曰，伏羲仰觀象於天，俯觀法於地，觀鳥獸之文，與地之宜，近取諸身，遠取諸物，於是始作八卦，以通神明之德，以類萬物之情。至於殷周之際，紂在上位，逆天暴物，文王以諸侯順命而行道，天人之占，可得而效，於是重易六爻，作上下篇。孔氏爲之彖，象，繫辭，文言，序卦之屬十篇。故曰易道深矣，人更三聖，世歷三古。

這種"韋編三絕"，"人更三聖，世歷三古"的話，多麼好聽？大概是傳易的人，託古自重，以神其術，好比現在占卦的人，口念"伏羲，文王，周公，孔子，鬼谷先師…等"一般。史記漢書根據這種傳說去記錄，當然是不可靠的。如果孔子是讀易韋編三絕，爲什麼絕沒有向弟子提過，論語一書，亦絕沒有提過易的一字。古文論語"子曰假我數年五十以學易可以無大過矣"。陸德明經典釋文說"魯讀易爲亦，今從古"。可證魯論之文，明是"假我數年五十以學，亦可以無大過矣"。這和孔子"我學不厭"的話是相一致的。占筮家改竄原語的解釋，而後來的古文承之，一誤百誤，而孔子遂成爲術士的信徒，而十翼因以盡歸於孔子。至說文王作爻辭，說更無根。爻辭說"箕子之明夷"，"康侯用錫馬蕃庶，晝日三接也"明是文王以後的事情。又所謂伏羲畫卦的說話，原於繫辭。以殷墟卜辭文字證之，知殷以前絕無卦畫。依託附會是卜師的能事，所謂伏羲，文王，孔子，作易，卻原來沒有一點的痕跡。彖，象，繫辭，文言，說卦的十翼出於秦漢之際，而秦漢以前的書絕沒有引過。當是這時期的出產品。歐陽修說"童子問曰，'繫辭非聖人之作乎'？曰，'何獨繫辭焉，文言說卦而下，皆非聖人之作，而衆說淆亂，亦非一人之言也'"。（易童子問卷三）這是很有見地的話。我們又知十翼所以依附於孔子的緣故，不是以他的占術，而是以他的哲學化的辭語。他的哲學化就是所以依託孔子，和得到儒家承認的原由。繫辭說道"易有聖人之道四焉，以言者尚其辭，以動者尚其變，以制器者尚其象，以卜筮者尚其占"。可見易的範圍，已由卜筮

方面而擴充到哲學的方面，眞是要哲學化了。就十翼中看去，如乾卦，彖說的“乾道變化，各正性命，保合太和，乃利貞”。象說的“天行健，君子以自強不息”。文言說的“君子體仁足以長人，嘉會足以合禮，利物足以和義，貞固足以幹事。君子行此四德者，故曰乾元亨利貞”。這些解釋，很有哲學化的趨向。至於繫辭，說卦，序卦，檢直是說易的哲學。繫辭說的如“夫易彰往而察來，而微顯闡幽，開而當名辨物，正言斷辭，則備矣。其稱名也小，其取類也大，其旨遠，其辭文，其言曲而中，其事肆而隱，因貳以濟民行，以明得失之報”。說卦說的如“昔者聖人之作易也，將以順性命之理。是以立天之道，曰陰與陽；立地之道，曰柔與剛；立仁之道，曰仁與義。兼三才而兩之，故易六畫而成卦。分陰分陽，迭用柔剛，故易六位而成章”。序卦說的如“有天地然後萬物生焉。盈天地之間者唯萬物，故受之以屯。屯者，盈也；屯者，物之始生也。物生必蒙，故受之以蒙。蒙者，蒙也，物之稚也。物稚不可以不養也，故受之以需。需者，飲食之道也。………”這可證周易是從占筮而到哲學化的。周易旣從占術的一方面走入孔門，又有這種說易的哲學使他成爲儒術化，得以高踞六經的首座而貌似師儒，從此卜祝之流，便居然是儒林之首了！然而易學一方面固然傾向於哲學化，他方面則仍然是受術士的影響而保存他的筮占的神祕的性質。如漢書儒林傳所說的孟喜，梁丘賀，焦贛，京房，高相的一輩，孟喜“得易家候陰陽災變書，詐言師田生且死時，枕喜膝，獨傳諸喜”；梁丘賀“以筮有應，繇是近幸爲大中大夫給事中，至少府”；焦贛“獨得隱士之說”；京房“以明災異得幸”；費直“長於卦筮”；高相“專說陰陽災異”。（俱見漢書儒林傳）可知哀平以前的易學雖則是經過儒家化，然而很有人仍要保存他的占術的作用和神祕的性質。

　　上說占筮的周易經過一種的哲學化，此刻可以說儒學的術士化了。前說春秋的末期，頗有一些占星望氣的事實。到漢初的時候，這種占星望氣的學說，變爲說災異的一派。董仲舒便是把春秋中記的星變日蝕諸事，都認爲天意示警。這是不從占驗的說法，而看作天意的默示。這眞是儒學的術士化了。他說，“凡災異之本，盡生於國家之失。國家之失乃始萌芽，而天出災異以譴告之。而不知變，乃見怪異以驚駭之。尙不知畏恐，其殆咎乃至，以此見天意之仁而不欲害人也”。（春秋繁露必仁且智篇）這種說災異的有意志的天道觀念便是星占學說的變形。後來的劉向便是極力提倡這種學

說。其次，夏侯始昌以齊詩，尙書教授，先言柏梁臺災日，至期日，果災。他的兒子勝傳他的尙書及洪範五行傳，說災異。昌邑王數出，勝諫以爲"天久不雨，臣下有謀上者"。(見漢書本傳)這也是儒學的術士化。他如翼奉治齊詩，主張用六情(貪，怒，惡，喜，樂，哀，)十二律(亥卯，子卯，寅午，己酉，午酉，辰未，戌丑)說詩。宣帝命平昌侯王臨往學，奉奏說"平昌侯比三來見臣，皆以正辰加邪時。辰爲客，時爲主人。以律知人情，王者之祕道也。愚臣誠不敢語邪人"。(見漢書翼奉傳) 這種以時占人的邪正的方法， 而用來說詩，眞是儒學的術士化了。 然而除陰陽五行的一派說災異而非純粹的占術外， 案之漢書藝文志所記， 則有下列三大類占術的書籍，今錄如下：——

一·蓍龜： 龜書五十二卷；夏龜二十六卷；南龜書二十八卷；巨龜三十六卷；雜龜十六卷·(以上爲龜卜類。)

蓍書二十八卷；周易三十八卷；周易明堂二十六卷；周易隨曲射匿五十卷；大筮衍易二十八卷；大次雜易三十卷；鼠序卜黃二十五卷；於陵欽易吉凶二十三卷；任良易旗七卷；易卦八具。(以上爲蓍筮類)

二·天文： 泰壹雜子星二十八卷；五殘雜變星二十一卷；黃帝雜子氣三十三篇；常從日月星氣二十一卷；皇公雜子星十九卷；泰壹雜子雲雨三十四卷；國章觀霓雲雨三十四卷；泰階六符一卷；金度玉衡漢五星客流出入八篇；漢五星彗客行事占驗八卷；漢日旁氣行事占驗三卷；漢流星行事占驗八卷；漢日旁氣行占驗十三卷；漢日食月暈雜變行事占驗十三卷；海中星占驗十二卷；海中五星經雜事十二卷；海中五星順逆二十八卷；海中二十八宿國分二十八卷；海中二十八宿臣分二十八卷；海中日月彗虹雜占十八卷；圖書祕記十七篇。 (古代的天文學，近於占驗的方面爲多。上列的皆古天文學的書籍，大概大半屬於占驗。漢書藝文志說"天文者，序二十八宿，步五星日月以紀吉凶之象，聖王所以參政也"。 既然是說紀吉凶之象，則古代的天文卽是星象占驗術又可見了。故全錄於上。)

三·雜占： 黃帝長柳占夢十一卷；甘德長柳占夢二十卷；武禁相衣器十四卷；

嚏耳鳴雜占十六卷；禎祥變怪二十一卷，人鬼精物六畜變怪二十一卷；

變怪誥咎十三卷。（這些占夢，相衣器，嚏耳鳴雜占，等。可以見漢代

占驗術的複雜了。）

上列三種，可證漢代占驗術的複雜，確是一個迷信占驗最利害的時代。下文更述哀平

以後的時代，尤可以見占術，便是承接這箇時期而更進一步的。

四．漢哀平以後的占術

　　上說周易的哲學化，又說儒學的術士化，到哀平以後，這兩種的潮流進行不止。

當時的迷信達於最高度，在占筮之外，又出了許多不占的預言——即讖書。後漢書方

術列傳序"王莽矯用符命，及光武尤信讖言，士之趣赴時宜者，皆馳騁爭談之也"。可

以見當日的情形。圖讖書最著的爲河圖九篇，洛書六篇，云自黃帝至周文王所受本文

。又別有三十篇，云自初起至於孔子九聖之所衍增，以廣其意。（隋書經籍志）然而當

日的讖書，假託於古聖人，當日的人已發其覆，如尹敏對光武說，"讖書非聖人所作

，其中多近鄙別字，頗類世俗之辭"。（後漢書儒林傳尹敏）張衡上疏亦說，"劉向父子

領校祕書，閱定九流，亦無讖錄，成哀之後，乃始聞之，………則知圖讖成於哀平之際

也"。（後漢書卷八十九張衡傳）和讖書同時出現而依託於古聖人的爲緯書。隋書經籍

志說"七經緯三十六篇，並云孔子所作"。七緯就是易，書，詩，禮，樂，孝經，春秋

，等經的緯。而易緯又將周易及十翼的本來性質變化了。今傳的易緯八種：（一）乾坤

鑿度；（二）乾鑿度；（三）稽覽圖；（四）辨終備；（五）通卦驗；（六）乾元序制記；（七）

是類謀；（八）坤靈圖。易緯乾坤鑿度稱庖犧氏先文；公孫軒轅氏演古籀文；蒼頡修爲

上下二篇。其僞託顯然。這些易緯都是陰陽家的說話，把周易重新做成一種的哲學和

占驗的解釋。如易緯乾坤鑿度說的 "太初而後有太始，太始而後有太素。有形始於弗

形，有法始於弗法"。又如易緯乾鑿度說"易始於太極；太極分而爲二，故生天地；天

地有春秋冬夏之節，故生四時；四時各有陰陽剛柔之分，故生八卦；八卦成列，天地

之道立，雷風水火山澤之象定矣"。 這是把易作成了一種的宇宙論的哲學。另一方面

是將易作成了一種神祕的徵驗的東西，如易緯通卦驗所說的"凡易八卦之炁，驗應各

如其法度，則陰陽和，六律調，風雨時，五穀成熟，人民取昌，此聖帝明王所以致太

平之術也。故設卦觀象以知有亡。夫八卦繆亂，則綱紀壞敗，日月星辰失其行，陰陽
不和，四時易政。八卦氣不效，則災異乗臻，八卦氣應失常"。這是受星占術及洪範五
行說的影響，在春秋緯裏表現最多，而易緯中卦氣的說法因之成立。如易緯稽覽圖亦
都是這種卦氣說的解釋。易在這時旣然有託之於庖犧，軒轅，蒼頡的易緯，而周易的
本身，亦因王莽借用周禮以實行他的政治改革的極力向周公捧場之故，那時的周公位
在孔子之上，而易的爻辭遂被稱爲周公所作。後來的馬融易傳說"爻辭，周公所作"，
（引見趙汝楳輯聞一）也就是哀平以後所起的稱謂。至於東漢的易注，有馬融，鄭玄，
荀爽。李鼎祚說"鄭多參天象"，可證鄭玄的解釋已不能不受易緯的影響，可以見識緯
的勢力，在當時易學上的關係了。

　　除緯在周易上發生很大的影響外，周易的占術在那時亦發生一種的變化，卽由三
百八十四爻，進而爲二千八百一十六爻，卽由$64 \times 6 - 64 \times 64$。這卽是從周易的占筮，
進而爲易林的占筮。易林一書，後來所稱爲焦贛作的，但從易林一書細細考察，乃知
易林確不是西漢人所作。一則漢書藝文志絕沒有提及這書；二則這書顯然含有東漢人
的說話。今將這書所含有的內容細細的觀察，就可以見出這書，是哀平以後的東西：—

　　（一）這書所述春秋時候的故事二百三十餘條，大半出於左傳。左傳爲哀平以後所
出的古文，非在東漢古文左傳盛行後，不應有這樣的引用之多。

　　（二）這書往往用漢書中事。如顧炎武日知錄所舉的"彭離濟東，遷之上庸"，事在
武帝元鼎元年。"長城旣立，四夷賓服，交和結好，昭君是福"，事在元帝竟寧元
年。"火入井口，陽芒生角，犯歷天門，窺見太微，登上玉牀"似用李尋傳語。
"新作初陵，蹎陷難登"，似用成帝起昌陵事。（見日知錄卷十八）這些證據俱是很
好的證例。

　　（三）這書亦有說及王莽間的事情。如明夷之蒙說的"諷德頌功，美周盛隆，且輔
成周，光濟冲人"。益之升，節之革亦大致相同，在哀平以前似不曾有這樣的話。
又如屯之泰說的"坐立失處，不能自居，賊破王邑，陰陽顚倒"。（四部叢刊影元
本如此）似指王莽時王邑兵敗事。疑用當日的讖語。又如坤之大畜說"典册法書，
藏在蘭臺，雖遭亂潰，獨不遇災"（豫之蒙，大有之離，大過之大過，巽之明夷，
中孚之悔皆同）蘭臺藏書，在東漢前不大顯著，而在東漢則成了最大的藏書處。這

係似是說經莽亂，惟蘭臺書得存，似可補史書之缺？

總上，可證易林一書確爲哀平以後的占筮書。即不然，亦當是慢慢的積漸而成，而今本易林，斷非全部是哀平以前所應有的。東觀漢記說“沛獻王輔，永平五年京師小雨，上御雲臺，詔尙席取卦具自卦，以周易卦林占之，其繇曰，‘蟻封穴戶，大雨將集’”。今易林震之蹇有這兩句。疑易林卽周易卦林之簡稱，初無屬於焦氏的話。從東觀漢記看來，可證易林是在明帝永平以前的，其編集或始自光武時，由此逐漸加增，以成今本？有疑易林爲漢崔篆作的，又有疑是許峻作的。案之隋書經籍志，則後漢方士許峻等撰易新林一卷，又梁有易雜占七卷許峻撰，當與這易林無干。至後漢書崔駰傳說駰的祖父篆“著易林六十四篇，用決吉凶，多所占驗”。祇是因爲六十四篇相同，遂定易林爲崔篆所作，尙欠確據。隋書經籍志除焦贛撰的易林六十卷外，又有周易占十卷，京房撰，注云，“梁周易妖占十三卷，京房撰”；周易守林三卷，京房撰；周易集林十二卷，京房撰，注云，“七錄云伏萬壽撰”；周易占一卷，張浩撰；周易雜占十三卷；周易雜占十一卷；周易雜占九卷，尙廣撰，注云“梁有周易雜占八卷，武靖撰，亡”；易林變占十六卷，焦贛撰；易林二卷，費直撰，注云“梁五卷”；易內神筮二卷，費直撰，注云“梁有周易筮占林五卷，費直撰，亡”；易新林一卷，許峻等撰，注云“梁十卷”。這些易林的書，都是所稱爲漢代的書籍。所謂京房，費直等西漢人的著作，以焦贛易林例推之，恐不免有哀平以後假託的東西？到現在祇傳焦氏易林一書，周易占及周易妖占間見引於開元占經，其他亦無從討論了。

其次，依傍周易而僞作的有連山，歸藏。周禮“太卜掌三易之法，一曰連山，二曰歸藏，三曰周易”。鄭玄注引杜子春說，“連山，伏羲；歸藏，黃帝”。鄭小同鄭志說“改之無據，故著子春說而已。近師皆以爲夏，殷，周”。周禮所說的三易，祇有周易是可靠，其餘連山，歸藏二易，在哀平以前都沒人說過，可證這兩書爲哀平間的出品，依附周易而作的。桓譚新論說“王翁(卽莽)好卜筮，信時日”(引見羣書治要)，自然會產出一些依託于伏羲，黃帝的卜筮書。桓譚新論又說，“連山，八萬言；歸藏，四千三百言。連山，藏於蘭臺；歸藏，藏於太卜”。(引見太平御覽六百八；末十二字，御覽所無，見北堂書鈔一百一) 這些都是東漢以後的說話。漢書藝文志皆不著錄，其僞可知。後來的隋書經籍志不著錄連山，祇五行類有連山三十卷，云梁元帝撰。而唐

書藝文志有連山十卷。司馬膺注，則又偽上加偽。案北史劉炫傳說"時牛宏奏購求天下遺逸之書，炫遂偽造書百餘卷，題爲連山易，魯史記等，送官求賞而去。後有人訟之，經赦免死，坐除名"。則連山之偽上加偽，更可證明。歸藏一書案之隋志，則已著錄，又說"晉中經有之"，雖無偽中之偽，亦可斷爲哀平以後的作品。據馬國翰玉函山房輯佚書所輯，則歸藏爲模仿周易的作品，顯然可見。其書亦分六十四卦，中間祇換去周易的一些名稱，或改換次序的先後，如以輿（卽坤）爲首，需爲溽，小畜爲小毒畜之類。至如連山則又用剝，復，姤，中孚，陽豫，游徒等名。皆附會杜撰的名稱，以求比別於周易。我們從殷墟甲骨的刻辭，知殷卜本無定辭，則知斷無同時可以有一種有定辭之筮。而且夏殷的筮，在哀平以前，絕沒有人提及，必待哀平而後，王莽信占筮之時，始出現連山，歸藏二書，其偽當可知了。至顧炎武，以左傳所說的筮辭，周易所無者，如"千乘三去，三去之餘，獲其雄狐"等辭，爲三易之法，則又過信周禮之弊。不知周禮出現在哀平之間，和連山，歸藏俱有蛛絲馬跡的關係，俱是不能過信的。

其次，擬易而作的，有揚雄的太玄。不幸不見知於王莽。劉歆說他道，"吾恐後人用覆醬瓿也"。這種半占筮半哲學化的東西，附會於天文歷數，以求跨過周易。他又識得一些古文奇字，不惜以艱深文淺陋。但是他的筮法，是揲三策而筮●變易的一--，爲————；變易的六畫爲四，稱爲方，部，州，家。漢書揚雄傳說，

> 觀易者見其卦而名之，觀玄者數其畫而定之。玄首四重者，非卦也，數也。其用自天元，推一晝一夜陰陽數度律歷之紀。九九大運，與天終始。故玄，三方，九州，三十七部，八十一家，二百四十三表，七百二十九贊。分爲三卷，曰一二三，與泰初歷相應，亦有顓頊之歷焉。逢之以三策，關之以休咎，絣之以象類，播之以人事，文之以五行，擬之以道德仁義禮知，無主無名。苟非其事，文不虛生。爲其泰漫漶而不可知，故有首，衝，錯，測，攡，瑩，數，文，掜，圖，告，十一篇。

可以知太玄的內容。他既然用八十一家代周易的六十四卦，用七百二十九贊代周易的三百八十四爻。但是他的方法不能簡便於易，而辭又較易爲艱深。雖然附會於歷數，而無所依託於古帝王，劉歆說他是要給後人蓋醬瓿，這是很應當的。王莽不喜歡他的太玄，大概也是因此。他的解嘲說"默然獨守吾太玄"，眞是騙人的話。他後來以頸豐

父子及劉棻獻符命，事發，從天祿閣自投下，京師爲之語曰，"惟寂寞，自投閣。爰清靜，作符命"（見漢書本傳贊）然則揚雄非甘守寂寞而要迎合王莽的意旨可見了。

上說的俱是周易和蓍筮的變化，至於漢代的龜卜，沒有說及。漢書文帝紀大臣迎立代王時，代王"猶豫未定，卜之，得大橫，占曰'大橫庚庚，余爲天王，夏啓以光'。代王曰'寡人固已爲王，又何王乎？'卜人曰'所謂天王者，乃天子也'"。這些說話，史記文帝本紀中有之，依崔適史記探源的考證，以爲文帝本紀是後人依漢書補的。我疑心這些話，是後來的傳說，不必文帝時實有其事？至如史記日者列傳說道"代王之入，任於卜者。太卜之起，由漢興而有"。崔適以爲日者列傳是妄人所續，則更不足據。顧疑王莽好卜筮，故龜卜的術，復盛於哀平之際？周禮所說的，固然有殷周的遺法，而白虎通裏的蓍龜一段，說道"卜，赴也，爆見兆"，"龜非火不兆"，尙可證那時的龜卜的法尙存。史記龜策列傳疑亦東漢人所作的，他的卜法，可以作爲漢哀平後龜卜的方法？他的兆的分別，就是分首仰，（正義"謂兆首仰起"。）足開，胅開（索隱"胅謂兆足歙也"。）首俛大（索隱"兆首伏也"）橫吉，等。殷虛書契考釋論鄭玄三禮注，以爲"一則曰'士喪禮楚焯置于爨，在龜東，楚焯卽契，所用以灼龜'。再則曰，'以契柱燋火而歙之，契旣然以授卜師'。其注士喪禮又曰'楚，荊也。荊焯所以鑽龜者'。始誤以契與燋爲一物，鑽與灼爲一事。以鄭君之精熟三禮乃有此謬，此殷周卜法漢代已失之確證矣"。（殷虛書契考釋頁一〇九）或者龜卜的法，再出現於哀平間，至東漢鄭玄時又失其傳呵？

五．魏晉南北朝至唐的占術

魏晉以來，最可注意的，就是周易完全脫離了占術的地位而成爲一種的哲學。蓋自東漢以來，說易的都不能無拘牽于五行及象數。如虞翻，管輅又都同時崇尙占術。到魏王弼始舍象數而專言義理。他的周易略例說，"夫卦者，時也。爻者，適時之變者也。夫時有否泰，故用有行藏。卦有小大，故辭有險易。一時之制，可反而用也。一時之吉，可反而凶也。故卦以反對，而爻亦皆變。是故用無常道，事無軌道，動靜屈伸，唯變所適。故名其卦，則吉凶從其類；存其時，則動靜應其用，尋名以觀其吉凶，舉時以觀其動靜，則一體之變，由斯見矣"。（明卦適變通爻篇）他又說，"得意在

忘象，得象在忘言。故立象以盡意，而象可忘也。重畫以盡情，而畫可忘也。是故觸類可爲其象，合意可爲其徵"。(明象篇)這種說話，都是要使易成爲一種純粹的哲學，離了卦象而說意義的。不特是如此，他還要把易做成了老子一派的哲學，最明顯的，他的周易注解觀的彖詞道："統說觀之爲道，不以刑使物，而以觀感化物者也。神，則無形者也。不見天之使四時而四時不忒，不見聖人之使百姓，而百姓自服"，又釋未濟的六五爻說道："處於尊位，履得其中。能約剛以禮，用建其正；不忌剛長，而能任之；要物以能，而不犯焉。則賢者竭其視聽，知力者盡其謀能，不爲而成，不行而至矣。大君之宜，如此而已"。這又是拿易去說老子的哲學了。由此，王弼的注行，而周易遂新成了又一種的哲學。至唐孔穎達爲作義疏，用王棄鄭，周易於是離占術愈遠了。

　　周易既然一方面成了老莊的哲學化。後來，出現了一種周易參同契，就是燒丹的道士用來解作丹之意的。這書相傳是漢末魏伯陽所作。但是隋書經籍志不載，而始見於舊唐書經籍志，列之五行家，有後蜀彭曉注本，通志藝文略又列翟直躬，徐從事各注本。疑是出於唐代？這書多借納甲之法，言坎離水火龍虎鉛汞之要，以陰陽五行昏旦時刻爲進退持行之候，後來言鑪火者皆以是書爲鼻祖"。(四庫總目提要) 可知周易這書真變化不測，又會成爲丹術化了。

　　周易既在別方面發生了哲學化和丹術化。然而在占術上亦是發生很大的變化。據陸德明經典釋文每卦之下，注說八宮六世，如屯下注道"坎宮二世卦"蒙下注道"離宮四世卦"。這些八宮世應的說話和今傳的京氏易傳說的相同。但考之漢書藝文志祇有孟氏京房十一篇；災異孟氏京房六十六篇；京氏段嘉十二篇。隋書經籍志，載周易十卷，漢魏郡太守京房章句。此外又有周易占十二卷，周易守林三卷，周易飛候九卷，周易飛候六卷，周易四時候四卷，周易錯卦七卷，周易混沌四卷，周易逆剌占災異十二卷。一時周易的著作，羣歸京房，然而都沒有說京氏易傳。經典釋文所引，亦祇說京房章句十二卷。沒說京氏易傳。卽開元占經所引的京房易傳，祇說災異，和現存的京氏易傳不同。疑現存京氏易傳，非漢京氏所作？釋文引八宮世應的話，不知引自誰氏？今存的京氏易傳雖以易傳爲名，而絕不詮釋經文，亦絕不附合易義。上卷中卷以八卦分八宮，每宮一純卦，統七變卦，而註其世應飛伏游魂歸魂諸例。下卷首論聖人作易揲蓍布卦，次論納甲法，次論二十四氣候配卦，與夫天地人鬼四易，父母兄弟妻

子官鬼等爻，龍德虎形天官地官與五行生死所寓之類”。（四庫總目提要）證以漢書京房傳所說，祇不過說“其說長於災變，凡六十卦，更直日用事，以風雨寒溫爲候，各有占驗，房用之尤精”。其他京房對奏的話，與及開元占經所引，亦都是說及災異，絕沒有涉及世應飛伏的話。可證京房易傳非京房所作。但是其說見陸德明著錄，而未著何人；其書不見稱於隋唐志，到宋晁公武讀書志始紀之，蓋唐以前的易占法後人強託之京房的？這種易說就是後來錢卜法所從出的。宋項安世說，“以京易考之，世所傳火珠林卽其遺法，以三錢擲之，兩背一面爲坼，兩面一背爲單，俱面爲交，俱背爲重。此後人務趨捷徑以爲卜肆之便，而本意尚可考。其所異者，不以交重爲占，自以世爲占，故其占止於六十四爻，而不能盡三百八十四爻之變”。又案錢大昕十駕齋養新錄說道，“士冠禮疏筮法依七八九六之爻而記之。但古用木畫地，今則用錢。……玫賈公彥疏本於北齊黃慶李孟悲二家。是則齊隋與唐初皆已用錢。重交單坼之名，與今不異。但古人先揲蓍而後以錢記之。其後術者漸趨簡易，但擲錢得數，不更揲蓍。故唐人詩有‘衆中不敢分明語，暗擲金錢卜遠人’之句”。總之，周易的占術唐以前已發生了兩大種變化，（一）以某宮，一世，二世，三世，四世，遊魂，歸魂諸名釋卦；（二）以錢代蓍。

　　從六朝到唐，占卜術的發展很大。就隋書經籍志及新唐書經籍志的記錄，則知天文及五行兩類，所紀的書籍。關於占驗的特多。唐瞿曇悉達所集的開元占經一百二十卷（新唐書作一百一十卷，一百十一卷以下是八穀占及龍魚蟲蛇占疑是後人增附），倘存各種天文占書的面目，我們可以知道隋唐以前天文占驗的盛況。除了一些天象的說明，如張衡靈憲，王蕃渾天象注及渾天儀，渾天圖及昕天論安天論等外，大都是占驗的一些書籍了。隋書經籍志序說道，“天文者，所以察星辰之變而參於其政者也。易曰‘天垂象，見吉凶’。書稱‘天視自我人視。天聽自我人聽’。故曰王政不修，謫見於天，日爲之蝕。后德不修，謫見於天，月爲之蝕。其餘孛彗飛流見伏侵犯，各有其應”。可見唐以前的天文，很不脫占驗的見解。例如隋志載的宋通直郎劉嚴撰的荆州占二十卷，據開元占經所引極多，如卷六，日月並出條下，引的說道，“日月並出，是謂滅亡，天下有國者亡”。又說“日月並見。是謂爭光，大國弱，小國強，不出三年，兵起歲惡，風雨不時”。又說“日月並出，是謂死喪，吏人會聚，以下凌上”。又隋志有

海中星占一卷，星圖海中占一卷，案開元占經所引海中占的話，如卷三十一熒惑犯心
條引的說道，"熒惑犯心，天子，王者絕嗣。犯太子，太子不得代。犯庶子，庶子不
制"。又說"熒惑犯心，必有饑餓而死者"。又說"火守心，色赤，有兵，臣謀其主。黑
，主死。白，謀臣有賜爵者。青，大人有憂"。

隋書經籍志及新舊兩唐志所記的五行一類的書籍，關於占驗的最多。約分之，則
有：風角占，太一九宮占，孤盧占，逆刺占，鳥情占，災祥占，周易占，六壬占，破
字決，龜經，雜筮占，十二靈棊卜經，占夢書，等。除周易占，現在留存的有焦氏易
林一種外，現尚存靈棋經一種。隋志作"十二靈棊卜經一卷"，新舊唐志俱失收。宋史
藝文志載"李進注靈棋經一卷"，文獻通考"靈棊經二卷"，鼂公武郡齋讀書志 說"漢東
方朔撰，又云張良，劉安，未知孰是？晉顏幼明，宋何承天注，有唐李遠敍。歸來子
以爲黃石公書，豈謂以授良者邪？按南史載'客從南來，遺我戉財，寶貨珠璣，金盌玉
盃'之繇，則古之遺書也明矣，凡百二十卦，皆有繇辭"。案今本李遠序稱會昌九年，
會昌盡於六年，無九年，九字當是六字之訛。序說 "凡集數十本，參而較之，去謬存
正，備集於此"。則宋史所說的 "李進注"，或是李遠的錯誤？又現存的靈棋經，有題
晉顏幼明，宋何承天註；元陳師凱，明劉基解。案之隋書經籍志，宋史藝文志，文獻
通考俱沒有說及顏幼明，何承天的註；唐寫本殘卷有顏淵曰云云，與今本所載顏幼明
注大同，雖傳寫有異，疑俱出假託。劉基的解序，荊川稗編及明史藝文志都有說及。
四庫全書總目提要以爲"青田一註，獨爲馴雅，或實基所自作，亦未可知"？然而案南
史所載客從南來的話，見今經中第三十七卦象詞，又有唐人寫本（王國維有唐寫本靈
棋經殘卷跋）雖詞或微異，可證這書本出自六朝以前。他的占法，是用棋子十二枚，
形圓。周尺一寸二分，厚三分，四書上字，四書中字，四書下字，背不書，一擲而成
卦。面背相乘，共得一百二十四卦，加上純陰鍐，一卦，爲一百二十五卦。每卦皆有
卦名，及定辭，如一上一中一下，名爲大通卦，昇騰之象，解說 "純陽得令，乾天西
北"。象曰，"從小至大，無有顛沛，自下升高，遂至富豪。宜出遠行，不利伏韜"。
又詩曰，"變豹文成彩，乘龍福自臻。赤身承富貴，事事可更新"。這種占書，全是規
模周易，及易林，很可見了。

其次，六朝到唐有杯珓的占卜。梁宗懍荊楚歲時記說，"秋社，擬教於神，以占來

歲豐儉"。注文曰，"教以桐爲之，形如小蛤，言教，教令也。其擲法以半俯半仰爲吉者也"。（引幷見演繁露，今漢魏叢書本無這條）唐韓愈謁衡嶽廟遂宿嶽寺題門樓詩說，"廟令老人識神意，睢盱顧伺能鞠躬。手持杯珓導我擲，云此最吉餘難同"。可證杯珓到唐時已盛行。杯珓始自何時，不大可考。楚辭離騷說"索瓊茅以筳篿兮，命靈氛爲予占之"。王逸注說"藑茅，靈草也。筳，小折竹也，楚人名結草折竹以卜曰篿"。後漢書方術傳李賢注引楚辭注'說挺，八段竹也'。筳是折竹的占卜，疑卽是杯珓的起原？廣韻珓字說，杯珓，古者以玉爲之。宋程大昌演繁露說"，後世問卜於神，有器名盃珓者，以兩蚌殼投空擲地，觀其俯仰以斷休咎。自有此制後，後人不專用蛤殼矣。或以竹，或以木，略斲削使如蛤形，而中分爲二，有俯有仰，故亦名盃珓。盃者，言蛤殼中空，可以受盛，其狀如盃也。珓者，本合爲教，言神所告教，現於此俯仰也"。葉夢得石林燕語說"南京高辛廟香案有竹栝笅……以一俯一仰爲聖笅"。珓字，或作教，或作校，或作笅，皆是一物。程大昌演繁露有說明。笅當亦爲教字的異文。杯珓的卜法，唐以前大槪是沒有定辭。依韓愈詩，則擲杯珓後，由廟令老人識神意而定吉凶。那時是沒有定辭的。

六．宋明以來周易的變化和占術的發展

宋代的周易，因當日道教侵入儒家，及理學的發展，而發生很大的變化。邵雍的易學，原本於道家的陳摶，由僞河圖及洛書而演作先天後天及卦氣諸說，始將道士的話來說易。又以步算之法，衍爲皇極經世一書，有分秒直事之術。朱熹語錄說，"易是卜筮之書，皇極經世是推步之書。經世以十二辟卦管十二會，繃定時節，卻就中推吉凶消長，與易自不相干"。可知皇極極世，又將易附會化成了推步擇吉的東西了。

其次，周易到宋，又受了宋代的理學化。有僞託的關氏易傳，稱爲關朗作，中有理性義一章，可見宋儒借易以說性命的理的痕跡。又如程頤的伊川易傳，專去說理。如說乾卦道"乾，天也。天者，天之形體，乾者，天之性情。乾，健也，健而無息之謂乾，夫天，專言之則道也，天且弗違是也。分而言之，則以形體謂之天，以主宰謂之帝，以功用謂之鬼神，以妙用謂之神，以性情謂之乾"。又如解"嘉會足以合禮"道，"得會通之嘉，乃合於禮也。不合禮則非理，豈得爲嘉？非理，安有亨乎"？這都是把

易理學化了，如"天卽道"，"禮卽理"，的話，都移入周易中了。到朱熹則一方面贊嘆程氏的"義理精，字數足，無一毫欠缺"，他方面又承認邵雍的先天圖，以爲"直是精微"。這在後來的易學上發生很大的影響。

至如司馬光的潛虛，規摹太玄而擬周易。這種半占筮而半哲學的著作。其法如下：——

> 五行相乘，得二十五。又以三才乘之，得七十五，以爲策。虛其五，而用七十。分而爲二。取左之一，以掛於右。揲左以十，而觀其餘，置而扐之。復合爲一，而再分之，掛揲其右。皆如左法。左爲主，右爲客。先主後客者陽，先客後主者陰。觀其所合，以名命之。旣得其名，又合蓍而復分之，陽則置右而揲左，陰則置左而揲右，生純置右，成純置左。揲之以七，所揲之餘，爲所得之變。觀其吉凶臧否平而決之，陽則用其顯，陰則用其幽。幽者，吉凶臧否與顯戾也。欲知始終中者，以所筮之時占之。先體爲始，後體爲中，所得之變爲終。變已主其大矣，又有吉凶臧否平者，於變之中，復爲細別也。（潛虛）

潛虛共五十二卦，每卦七爻，凡三百六十四爻，加元，餘，齊三爻爲三百六十七爻。如容█卦初爻的變圖說"修而貴而，久而安而"。解圖說"修容有常，久則貴也"。容的二爻說，"葆首夷俟，不若遄死"。解說道"葆首夷俟，不可忍見也"，這些爻詞，都是含有格言的性質。眞是太玄以下的嗣音。然而潛虛的辭雖美麗而法不通行，也祇有文人喜歡說他而已。

模倣潛虛而作的，則有蔡沈的洪範皇極內外篇。潛虛用丨，丨丨，丨丨丨，丨丨丨丨，╳，丅，丅丅，丅丅丅，丅丅丅丅，十，洪範因之，但改十爲丅丅丅。潛虛變易的上下爲左右，洪範亦因之。潛虛名丨爲原，洪範亦因之。潛虛分占爲五，卽吉，臧，平，否，凶；洪範則分占爲九：吉，咎，祥，吝，平，悔，災，休，凶。潛虛簡而洪範煩。潛虛有爻而洪範無爻，其小數卽用以當爻。洪範的八十一數，當是取資於太玄，而依託於洪範的九疇及洛書以自高其術。四庫全書總目提要說，"沈作是書，附會劉歆'河圖洛書相爲表裏；八卦九章，相爲經緯'之說，借書之文，以擬易之貌，以九九演爲八十一疇，仿易卦八八變六十四之例也。取月令節氣分配八十一疇，用孟喜解易，卦氣值日之術也。其揲蓍以三爲綱，積數爲六千五百六十一，陰用焦贛六十四卦各變六十四卦之法也。大

意以太玄，元包，潛虛旣巳擬易，不足以見新奇，故變幻其說，歸之洪範，實則朝四暮三，朝三暮四，同一僭經而巳矣”。今考洪範皇極內外篇有八十一首，每首有卦辭，有值日，如 ‖‖ 原（一之一）。所值的日是冬至，蚯蚓結。卦辭說道，“原，元吉，幾，君子有慶”。下又分注八十一項的吉，咎，祥，吝，平，悔，災，休，凶。這種占筮，眞是易的支流，而却是附會於洪範上的。然而由此而後，又開“洪範”一派的占筮的法門。

其次，宋以來通行的擲錢占卦，有火珠林一種。文獻通考經籍志子部占筮類有火珠林一卷，宋史藝文志子部著龜類亦有火珠林一卷。朱子語類說，“魯可幾曰，‘古之卜筮，恐不如今日所謂火珠林之類否’？曰，‘以某觀之，恐亦自有這法。如左氏所載，則支干納音配合之意，似亦不廢？如云屯之比，旣不用屯之辭，亦不用比之辭，却自別推一法，恐亦不廢這理也’”。陳振孫書錄解題以爲“今賣卜者擲錢占卦，盡用此書”。可知火珠林的一種占術，在宋巳很通行。現在通行的百二漢鏡齋秘書四種內之火珠林一種，雖或不盡爲宋代之舊？而說占法，則全是用支干的配合。在易筮中，實是別出的一種。

從易占的變化，又產生籤占的一種方法，這法到現在也很通行。削竹爲籤，盛以竹筒，在神前搖出一枝，案其號次，檢取籤詩。籤詩的起源，究在何時，殊未可考。宋釋文瑩玉壺清話說道：

盧多遜相生曹南，方幼，其父攜就雲陽道觀小學。時與羣兒誦書，廢壇上有古籤一筒，競往抽取爲戲。時多遜尙未識字，得一籤歸示其父。詞曰：“身出中書堂，須因天水白。登仙五十二，終爲蓬海客”。父見頗喜，以爲吉讖，留籤於家。

這一段話，可證五代末巳有籤詩。四庫全書總目子部術數類有籤易一卷，提要說道，“明盧翰撰。翰有易經中說，巳著錄。是書以六十四卦，加太極，兩儀，四象，進退，離合，大小，遠近，衍爲七十九數。易蓍策而用竹籤，每籤有辭，又各贅以贊釋，以擬易林，太玄，元包，潛虛諸書，實則方技者流，以錢代蓍之變法耳”。這易籤，也就是一種籤書。清初，大儒顏元出關尋父，沿路求籤，計經他求籤的廟，有關侯廟，城隍廟，東嶽廟。他到海州時，禱城隍，所得的籤，說道，“望渠消息向長安，好把菱花仔細看。見說文書將入境，今朝喜色上眉端”。（習齋記餘卷二，尋父神

應記）案這籤卽關帝籤中的第九籤。或是舊有的籤書，別廟因而採用，互相抄襲，故此城隍和關帝的籤相同了。又顏元禱過的城隍廟，其籤詩有"團圓十五月光明"句，我在關帝籤及都城隍籤上找去，都沒有這句，可證同一的神廟，地方不同，所用的籤詩未必相同？我在廣州搜集得的籤書有十八種，大致如下：——

一. 籤數：二十　　（呂祖藥籤—目科）

　　　　　二十八　（土地籤）

　　　　　三十　　（康公籤）

　　　　　三十六　（華陀籤）

　　　　　五十　　（竈神籤，上帝籤，三界聖爺籤，呂祖藥籤—外科）

　　　　　六十四　（醫靈大帝籤，醫靈大帝藥籤，五顯華光帝籤，金聖侯王籤，
　　　　　　　　　　洪聖王籤）

　　　　　八十一　（都城隍籤）

　　　　　一百　　（關帝籤，觀音籤，財帛星君籤，華陀藥籤，呂祖藥籤—男婦
　　　　　　　　　　，婦科，及幼婦。）

　　　　　一百零一（東嶽大帝籤）

　　　　　一百零三（天后籤）

二. 吉凶：關帝籤：大吉三，上上八，上吉一十八，中吉二十七，中平二十四，
　　　　　中下一，下下一十九。

　　　　觀音籤：上三十，中五十五，下一十五。

　　　　財帛星君籤：上上一，上吉三十四，中上一，中吉三十四，中平三，中
　　　　吉三十四，平吉一，平平一，下平四，下吉二十一。

　　　　以上是一百籤的，大都是中最多，而下較少，中，上，下幾乎要成爲
　　　　等比的級數。最明顯的就是觀音籤，幾乎要成了中三，上二，下一的
　　　　情狀了。

　　　　東嶽籤：上上二十，上吉一十二，上中七，大吉十五；中中四，中平一
　　　　十九，中吉一，中下二；下下二十一。

　　　　這是吉倍於中與下。

天后籤：上三十四，中三十二，下三十四。共一百籤。另有頂魁，亞魁
，都魁皆上上。

這是平均的分配。

看上所舉的都是一百籤的例。我們知道籤書裏吉凶的分配，大概是上中下相平均
。或者是上或中較多。也有時上多則中少，中少則上多，大致是相差不很遠。無
論籤的數目如何，總不會有很利害的變化。現在更將其他數目的籤舉例於下：

土地籤（二十八）：上八，中十，下十。

華陀籤（三十六）：上十五，中十二，下九。

三界聖爺籤（五十）：上二十二，中十二，下十五。一未明。

竈神籤（五十）：上上十二，大吉十；平安一，中平十二，中下七；下下
　　十一。

上帝籤（五十）：上上十二，大吉十；平安一，中平十二；下七，下下十
　　八。

五顯華光籤：（六十四）：上三十二，中十五，下十七。

金聖侯王籤：（六十四）：上三十五，中二十二，下七。

三．內容：籤書的內容，遠祖周易，易林，而卻是近倣靈棋經。如六十四籤的洪
聖王籤，和金聖侯王籤二種，每籤的頂上，寫着"乾爲天"，或"天風姤"等名，
眞是周易的"告朔餼羊"了。靈棊經有象，又有詩，如第五十二奸長卦，四上一
中四下，是多難之象。象曰"契闊離居，反復多阻。凡事不利，所爲不擧"。詩
曰，"淹留歲月未能歸，事欲成時意轉非。老去窮愁因命蹇，勸君莫恨世情微"
。在籤書上，便祇有詩一首，如關帝籤第六籤說道："何勞鼓瑟更吹笙，寸步
如登萬里程。彼此懷疑不相信，休將私意憶濃情"。又如觀音籤第五十二籤說道
，"水中捉月費工夫，費盡工夫却又無。莫說閒言並亂語，枉勞心力強身孤"。
但是這些籤詩，有時意義模稜，不可捉摸。在靈棋經便有附會成的晉顏幼明，
宋何承天的註。又有元陳師凱，明劉基的解。我們且不管他的眞僞是非，知道
這些解釋是不可少的。籤書上便也是如此。如關帝籤及觀音籤也是需要許多的
解釋了。解釋籤意，每用故事去比喻，如關帝籤第六籤是"相如完璧歸趙"。

第七籤是"呂洞賓煉丹"。觀音籤第五十二籤說"此卦貪求費力之象，凡事勞心費力也"。古人是"太白醉撈明月"。第五十三籤說"此卦龍吟虎笑之象，凡事順意有望也"。古人"劉備招親"。此外關帝籤的解釋甚多，有所謂，聖意，東坡解，碧仙註，解曰，釋義，占驗等。今錄關帝籤第三籤全張，如下：

這籤的解釋，此外尚有解曰"此籤只宜守舊，不可貪求。但存忠直，卻得兩平。須以孝弟忠信爲本，自有福祿來成之應。若思強取強求，反招意外之禍。占者循理守分則吉"又釋義說道，"衣食自然，言衣食各有定分。生處有，言係人生命裏所載，不可強也。不用勞心，勸人安分；孝弟忠信，勸人務本。孝弟所以盡倫，忠信所以處事，如此爲人，自蒙上天鑑佑。福祿來成，言福集而祿臻，俯仰稱意，禍不侵，凡事有吉無凶也。全在修爲，不可背本，愼之"。這些解釋，或託之於古人，如東坡解。又或作爲人生的指導，含有勸善的意義，眞有要將籤成爲哲學化的趨勢了！周易變而哲學化，也是從象，象，慢慢而出。這關帝籤，象，象都有了，就是缺乏一種繫辭呵！我們更看觀音籤，例如下：——

十四中簽：宛如仙鶴出凡籠，脫得凡籠路路通。

南北東西無隔阻，任君直上九霄宮。

此卦仙鶴離籠之象。凡事先憂後吉也。

解曰：任意無虞，路有亨通，隨心自在，逍遙如人。「古人」姜子牙棄官。此籤家宅不安；自身還願；求財，交易合；婚姻，合；六甲，生男；尋人，見；田蠶，秋利；六畜，損；行人

，阻；訟，宜和；移徙，吉；病，殷送；墳，吉。　卯宮（太履卦）。

由上關帝籤的聖意，和觀音籤的解，可知通俗上所占的事情。關帝籤的聖意，

籤文圖：

賈誼遇漢文帝

第叁籤　甲丙　中吉

衣食自然生處有　勸君不用苦勞心

但能孝悌存忠信　福祿來時禍不侵

一生起考遺才占得此收錄應在衣食自然生處有一句

聖意：
問名利，吉前定。
訟，和。
求財，謹守。
宜謹待。
能賢勞。
事必親。
天必佑之人力。

東坡解：
自有病遷疑
未着遲宜
何須憂慮
反致傷理
動合循理
有泰無否

碧仙註：
心中無愧
隨緣安分
自然和平
直道而行

每籤都是解釋功名，財祿，訟，病，婚姻，行人，等的事情。在觀音籤的解釋
裏，便都是說家宅，自身，求財，婚姻，生產，尋人，田蠶，六畜，行人，訟
，遷徙，病，山墳等的事情。觀音籤下註的某宮，就是將一百籤分作十二宮，
另有十二宮卦數註解。這種註解是把所占的事分類說明。各宮註解中皆分：家
宅，自身，求財，交易，婚姻，六甲（即生產），行人，田蠶，六畜，尋人，公
訟，移徙，失物，疾病，山墳，十五大類。每類皆有解釋，並附一詩。如卯宮
家宅說道，"香火冷落，宅神無氣，或得兩姓同住，吉。可向佛前作福，有舊
願，可還，吉。　　宅神無氣不扶持，香火冷落在塵泥。要將石器除遷去，門
庭方吉免招非"。從這可以見到他的一斑了。觀音籤的解釋，既然是需要分宮
的分類檢查，當然是不大方便，因此稍後出的籤書，便檢直的分類分籤了。如
土地籤，上帝籤，三界聖爺籤，東莞的洪聖王籤，康公籤，便都是分類取籤了
。三界聖爺籤和上帝籤是分八類的，即是自身，謀望，家宅，婚姻，失物，官
訟，行人，占病。各皆有詩。康公籤是分十類的，沒有行人，加上耕種，山

水北康帥府

謀望第十一簽

三唱雞鳴可遂途　　從教龍吐有明珠

若知際會般般合　　金榜題名大丈夫

解曰　　求謀大利　　財祿亨通

光景榮華　　題名金榜

六甲第五

紫白紅黃有數般　　嶺頭冶豔可人歡

山花不是忘憂草　　莫作宜男一樣看

解

曰　　這樣虛花　　終無結子

叩拜花王　　保佑添喜

墳，六甲三類。土地籤是分十四類的，有行人，又加上子媳，功名，求財三類。皆各自爲詩。東莞的洪聖王籤，和佛山的不同，我得有六甲籤一種，不知此外又有多少類。今將東莞的康公謀望籤和洪聖王六甲籤各一張印在上面：最奇的佛山印的洪聖王籤，書面"波羅原本"的，每籤除詩及分類的解釋外，首列着占卦的支干和世應的話，如第三籤是天山遯，下面寫着，

壬戌	壬申	壬午	丙申	丙午	丙辰
土	金	火	金	火	土
、	、應	、	、	八世	八身
父母	兄弟	官鬼	兄弟	官鬼	父母

這些東西，也狠象周易，有着火珠林的占算法一樣，又佛山的洪聖王籤除聖解外，分十七類解釋，就是天時，自身，功名，婚姻，六甲，家宅，風水，行人，出行，謀望，官訟，求財，患病，失物，田蠶，尋人，小兒，這是最多的一種分類。

然而籤占的方法，有時可以用錢代籤，今將關帝籤上的以錢代籤圖記在下頭：

說明：將錢十文，塗紅一文，自甲乙順鋪二次，砵錢初值甲，次又逢甲，是甲甲，即第一籤。如前列的關帝第三籤"甲丙"二字，即備以錢代籤的方法去檢取的。或將十天干書十籤，求二次亦可。

占卜中最奇怪的，便是病人占藥方了。醫靈大帝及華陀皆是除普通籤外，另有藥籤。呂祖的藥籤更分男科，婦科，幼科，外科，目科五種。這眞是最誤人的西東了。醫靈大帝藥籤藥的分量最輕，有時是無關重要的，如三十一籤是"神茶聖水，明日又求籤"。又三十四籤"靑布五寸，茶葉二錢"三十六籤"杏仁二錢(炒黑)，龍口茶一盅"等是。華陀藥籤更奇怪了，如二十三籤"人乳一錢，陳米一勺，水煎服"。二十四籤"男用女帶，女用男帶，貼肉者佳，煎湯服"。二十九籤"用水大浴，自頭至足，洗浴三次，自調多福"。六十二籤，"樑上塵一錢，黃酒一盅，煎透服"。七十籤"閨女拭經布，

煎湯熨患處，洗好爲度”。這眞是巫的欺詐取財的技倆。呂祖籤分男，婦，幼，外科，目科五種，較爲有分別了，應用通套的湯頭了，如男科第八十五籤，“戒氣戒惱，百事無愁。靜守甘露，保爾無憂。薏仁二錢，桃仁二錢，茯神二錢，澤瀉二錢，花粉一錢，吳茱萸七分，天門冬二錢，草節一錢，水二碗煎至一盃。五劑”。婦科九十七籤，“野樹無霞欲斷光，青山黃葉永飄颺。無非借此嵐中意，笙吹歌舞送湘洋。茯苓二錢，陳麥草二錢，元參二錢，花粉一錢，知母一錢，紅花一錢，桃仁一錢，杏仁一錢，甘草一錢，三劑再禱”。呂祖的藥方，看來是稍爲懂得一些醫術的，故此有男，婦，幼，外，目的五種分別了。然而這是巫道的誤人，也就是實用占卜的害處。

杯珓的起源，在唐代已通行了，但吉凶是沒有定辭的。由籤詩的通行，而卜珓也有詩了，如現在的觀世音籤附有觀世音菩薩靈杯圖，分杯珓爲二十八首，各有繇辭。又如天后籤附的杯珓辭有二種，載在天后聖母聖蹟圖誌後的分二十七首。附在天后籤上的分二十五首，又另擲兩次的杯珓辭有十一首。聖蹟圖後的杯珓辭，如陰聖聖，（下吉）說，“扁舟泛五湖，臨去又趑趄，生計彼恃有，誰知做隱儒”？又陰陰陽，（中平）說，“欽差出雁關，歷遍萬重山，此志雖無二，囘朝髮已班”。這又是和籤詩相同的了。

模倣靈棋經而和籤詩同一樣的性質的，有牙牌神數，用牌三十二張，共有一百二十五卦今將他的方法及卦辭列下：

歌訣：全副牙牌一字排，中間看有幾多開。連排三次分明記，上下中平內取裁。

開數：不同（六開）五子（五開）合巧（四開）分相（三開）馬軍（三開）對子（三開）

　　　幺二三（三開）二三靠（三開）正快（一開）

占法：十二開以上爲上上，十開十一開爲上中，八開及九開爲中平，五開至七

　　　開爲中下，一開至四開爲下下。如遇一開俱無，須虔誠禱告再占。

卦辭舉例：上上　中下　中下

　　　洛陽錦繡萬花叢，爛漫枝頭不耐風。三五月明時更過，夕陽西下水流東。

　　　解曰：樂之極矣悲將至，謀望將成終屬空。縱然巧計安排好，猶恐相逢是夢

中。

　　　斷曰：青天一鶴，燕雀羣起。君子傷哉，小人衆矣。貴者有權，周而不比。

數當盛則以一君子去眾小人，若當叔季之世，則恐眾人讒害君子，當審時也。上數上上，一鶴之象，亦貴者之果。

此外又有金錢卦，又名諸葛金錢神數，將金錢五枚，用手搖亂，將錢自下而上排於桌上，觀其上下面背之象，共得三十二卦，他的卦辭如下：

第四卦　潤下卦　背　面　背　背　背

船泛江湖內，門邊獲寶珍。更宜進大用，禍散福歸來。

憂心頓改所求昌，十分倍利福門開。好事成喜得大吉，合家康寧永無災。

斷曰：行事得利　謀事可成　占訟和吉　求官得位　占病可好　求財八分

　　　六甲生男　朝覲得意　婚姻成吉　尋人得遇　走失近見　考試稱心

　　　交易成吉　行人有信　家宅吉慶　移徙大吉

以上說的卜法，皆是周易以後的支流餘裔。至於龜卜的事，隋志僅載龜經一卷，註說“晉掌卜大夫史蘇撰。有史蘇龜經十卷，梁龜決二卷，葛洪撰，管郭近要決、龜音色，九宮著龜序各一卷，龜卜要決，龜圖五行九親各四卷，又龜親經三十卷，周子曜撰，亡”。又另有龜卜五兆動搖決一卷。舊唐書有龜經三卷，柳彥詢撰；又一卷，劉寶眞撰；又一卷，王弘禮撰；又一卷，莊道名撰。（四庫提要卷一百九卜法詳考下提要說“舊唐書絕不載及龜卜”，太失考了。附記於此。）新唐書藝文志有孫思邈龜經一卷，又五兆算經一卷，龜上五兆動搖經一卷，和舊唐書所記不同。文獻通考有靈龜經一卷，引晁氏曰，“史蘇撰，論龜兆之吉凶，崇文目三卷”。宋史藝文志自史蘇五兆龜經一卷以下，共有十九部。大半是輾轉依託的，今俱不存。四庫全書存目中有元陸森撰的玉靈聚義五卷。提要說“所述皆龜卜之法。其曰玉靈者，案史記龜策傳祝龜之詞，有玉靈夫子語。司馬貞索隱謂尊神龜而玉之，其名當取此義也。第一卷，全錄徐堅初學記龜部故實，詩文對偶之句。第二卷全錄龜策傳。三卷以下，乃及於圖式訣法。詞旨鄙俚，不出術家之習”。（卷一百十一）這書中山大學藏有鈔本。清雍正間，胡煦著有卜法詳考四卷，於古龜卜的事實，頗能推究其眞相，羅振玉先生殷虛書契考釋盛推之。這書卷一列周禮尚書的所言龜卜的事而加以考證。次列史記龜策傳。次列龜經。吳煦論道，“古傳龜經，不知誰氏所作，與史記大同小異，更若簡便，又與外兆圖相類，然亦互有出入。至所列腰金兜財，又與吳中之卜，分子父財官者相同，俱彙日

月而論。可知吳中之卜，自古流傳，亦必各有所據，非泛然者也。三書之中，皆分身首足而論。大約身者，事之幹也，貴平直而剛健；洪潤明淨者，吉也；或摺折乖遠，衰拘枯朽，及夾絲拖墜，縱橫促漏，皆凶也。首者，事之始也，首平直高昂，回直有情者，吉也；忌渾蒙瀝溇，低伏臨野，及俛垂戴白者，凶也。足者，事之終也，開豁發揚浮脫，陽之類也，動象也；胗帶落滯，陰之類也，靜象也。宜動宜靜，各在所喜，故吉凶亦異。枝生於上下者也，首身足皆有之，然亦有宜不宜，因事而論可也。又有內己外人內男外女之分，史記多言之"。這段所論，頗能把龜策傳，龜經，及吳中卜法三書所說的相溝通。卜法詳考卷二，列全氏三圖，次列楊時喬全書新定龜卜辨，次列龜卜繇。全氏三圖附會的去說周禮，一方位圖，即說開龜的四兆；二兆頌象圖，即說太卜三兆之法；三外兆圖，圖缺，而全錄史記龜策傳。這書出全氏賜，龜卜辨以為未知所從來。吳熙說"全書本文，全用生龜，與史記龜經異"。則知全氏書大都附會為之，不是有確見的。楊時喬的龜卜辨辨卜用生龜之說，無大足述。龜卜繇則吳氏彙集古龜卜之故事。卜法詳考卷三錄吳中卜法。分說選龜，攻龜，灼契，占龜諸法，即吳中卜者所傳，頗足用以作考證古龜卜遺法的參考。下列玉靈祕本，吳熙說道，"此吳中俗卜也，其書不免鄙俚，然其觀兆之法，與三兆略同。其上下俯仰首尾之象，亦與史記龜經相似，或者先聖所傳之遺制，猶未盡失也"？綦玉靈祕本所以辨龜兆的方法，說道，"龜板之部位，正中一線，自下而上直出者，名曰千里路。其橫出者五文。上一文斜出而抱首，即前所云冲天而為王者。上一文斜出而抱尾。其中之直者僅三文耳。三文之中有二方，皆可刻劃，東曰甲乙，西曰丙丁。正中一方，旁連兩牆，名曰腰金第一。直文之下，腰金之下，其橫方而平者名曰冲天。凡占，此方為驗。如只一事，則刻甲乙之左方而占之；二事則並刻丙丁之右方而占之；三事則占腰金之甲乙；四事則占腰金之丙丁，皆刻之；五事六事，則並腰金下之橫方，名曰兜財者，而皆刻之矣。其刻必方之，故謂之方"。今將書中所擬的龜板圖列下：

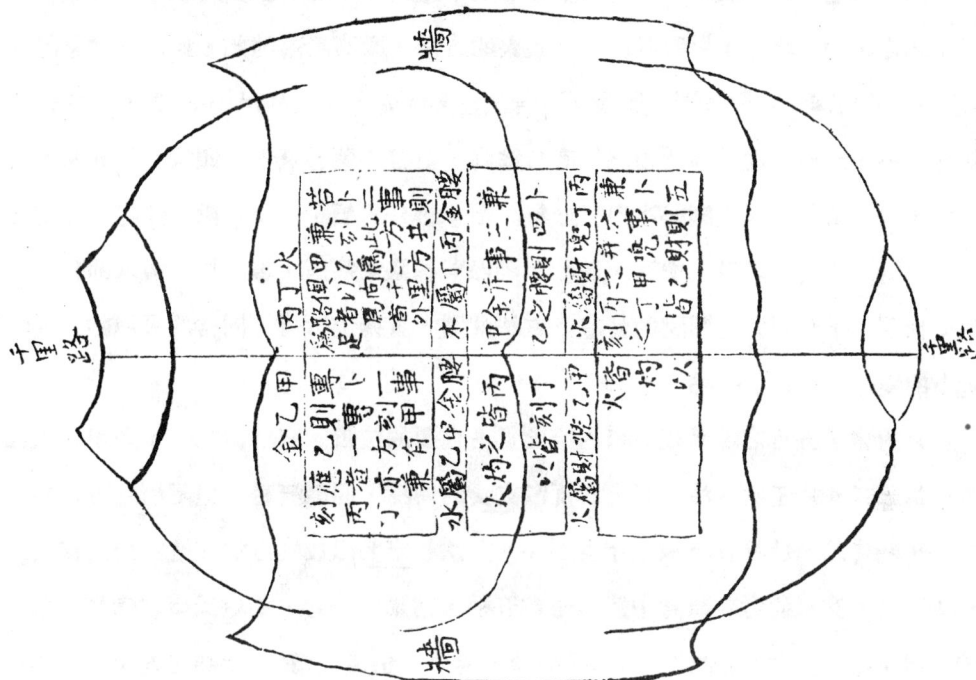

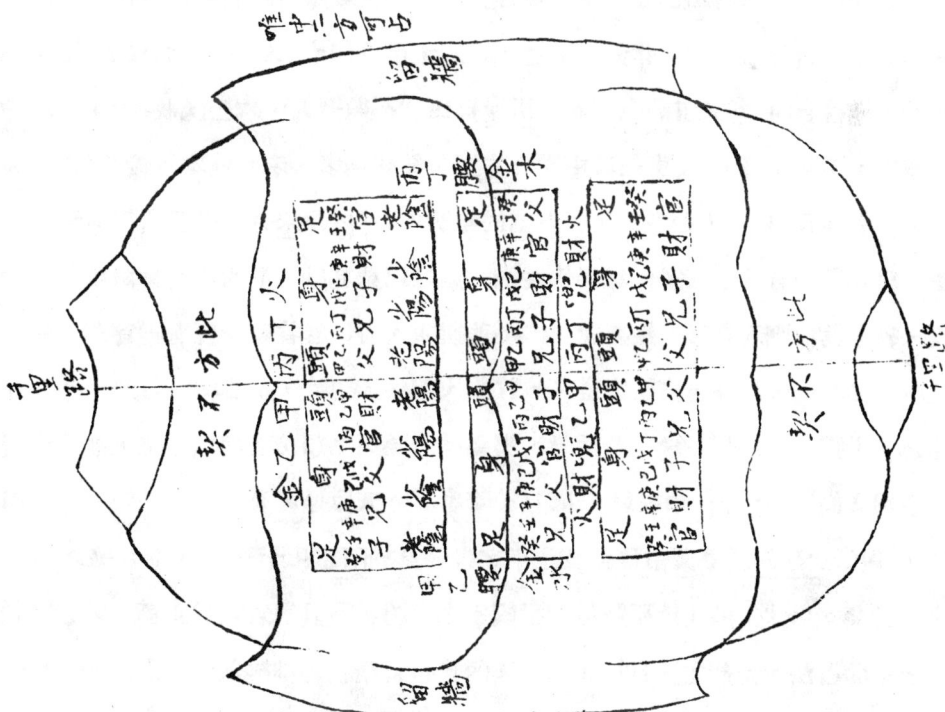

他的卜法，就是"欲卜之時，先以刀刻方形於甲乙丙丁之上，去其外膜，然後覆轉對
與所刻之方，灼之以火，以觀其坼"。觀象的方法，頭高足落的兆，如╱，便是說，
"甲乙頭高兼足落，始勤終懶事難諧。更者身宮多窈窕，難成易退細推排"。又頭伏足
起的兆如◝，或◟，說道，"頭直足直身震動，更帶昏蒙邪氣干，頭伏足起人來速，
老陽主哭老陰安"。又玉靈祕本內有分類詩斷，所分的類，便是晴雨，陽宅，陰宅，
婚姻，求財，田財，春蠶，求官，胎孕，詞訟，捕盜，疾病，等。可知後來的龜卜所
占的事情了。卜法詳考卷四說的是龜卜古法彙選，皆術士所傳，同樣的可以詳知近代
的龜卜的變遷，這裏不詳說了。

　　此外附會於五行之說而在後來占術上狠占重要的位置，有所謂六壬，遁甲，太乙
，總稱爲三式。六壬的占法，有出於黃帝玄女的傳說，固屬無稽。但隋唐志五行類中
六壬一類的書籍，已頗有紀錄。今俱不存。其法和宋明以後的占法，是否完全相同，
亦不大可考。文獻通考經籍考中載六壬書五種，常陽經一卷，引晁氏曰"崇文目題曰
黃帝式用，蓋六壬占卜術也"。又六壬要訣一卷下，引晁氏曰，"未詳何人撰，隋志載
六壬之書兩種，金鑾密記及五代史記頗言其驗，今世龜筮道息而此術獨行"。六壬課
鈐一卷，下引晁氏曰，"未詳何人所纂，以六十甲子加十二時，成七百二十三課，三
傳入神，以占吉凶"。又玉關歌一卷，引晁氏曰"不題撰人，六壬課訣也"。又六壬翠
羽歌一卷，引陳氏曰，"後唐長興中僧令岑撰，錯誤極多，未有他本可較"。六壬洞微
賦一卷，引陳氏曰，"不知名氏，醫卜劉松年所傳"。可證宋時其術已通行。到明焦竑
國史經籍志所列有八十三家，雖存佚並錄，亦足以見其盛。清四庫全書總目惟取六壬
大全一書，其他概入存目，提要說，"不著撰人人名，卷首題懷慶府推官郭𫖮校，蓋
明代所刊也。……是書總集諸家遺文，首載入手法，總鈐，及貴神，月將，德煞加臨
，喜忌，旁探唐宋以來諸論，若括囊，雲霄賦，課經之類，而緯以心銳，觀月諸篇，
採撮頗爲詳備"。遁甲一類書籍，頗見於隋唐志。文獻通考有遁甲萬一訣一卷，引晁
氏曰，"題云唐李靖所纂黃帝書。按遁甲之書，見於隋志凡十三家，則其學之來，亦
不在近世矣。以休生傷杜景死驚開，推國家之吉凶，通其學者以爲有驗，未之嘗試也
"。遁甲的占法，大概尤注意於兵，其術的自以爲精在超神接氣置閏之間。就是利用
時日節氣及閏年的差異，以爲占驗的。遁甲或稱爲奇門遁甲，或祇稱奇門。四庫書目

中有遁甲演義，存目中亦列有多種。太乙一類，案之隋志有太一飛鳥歷及太一式雜占等書，唐志亦有太一歷，太乙飛鳥歷等。文獻通考僅有太乙命訣一卷，引陳氏曰"稱袁天綱，妄人假託"。四庫總目中有太乙金鏡式經十卷，提要說"唐王希明撰。希明不詳其里貫，以方技爲內供奉，待詔翰林，是書乃其奉勅所編，見於新唐書藝文志，故書中多自稱臣。而其間推太乙積年，有至宋景祐年者，則後人已有所增入。非盡希明之舊也"。黃宗羲易學象數論卷六太一篇說道，"太乙，緯書也，蓋倣易數而作。……法以八將推其掩迫囚擊開格之類，占內外災福，又推四神所臨分野，占水旱兵喪，饑饉疾疫；又推三基五福，大小遊二限，易卦大運，占古今治亂，天下離合。如遇凶神陽九百六交限之際，卦運災變之限，大數凶者，其凶發於八將掩迫囚擊開格之年；如遇吉星所會之分，卦象和平之運，非陽九百六交限之際，大數吉者，八將雖有掩迫之類，其災不發"。我們可由此以略知太乙的內容，到明胡翰依太一法而著衡運論，列十二運。推明皇帝王霸的升降，其法亦怪異不經。（衡運論，易學象數論及吳煦的周易函書約存皆附著之。）總之，六壬，遁甲，太一的三式，俱是從五行，支干，星歷的推度而衍出。其起源或在唐宋以前，而其術也都與火珠林的占術相近。變本加厲，破碎支離，多有不可究詰者，故總記在這裏，以備參稽。

其次，占卜上有測字的方法，隋書經籍志有破字要訣一卷，是否如近今測字的一般，已不可考。今世流傳有託稱宋邵康節梅花觀梅拆字數，五卷，又名梅花易數，將事物的屬類，分隸於八類的卦名，並爲五行的分別。又將筆畫的偏旁的分別附會於五行支干的解釋。通行的又有測字祕牒一書，爲程省所著，附會牽強，因以構成他的方法。如這書後附的至理測法中第一條解欠字，說道，"一人書欠字，問六甲。余曰'明日生男。決非首胎'。時十月初十。至次日，果生男，其人復問字理。曰'欠加兩點爲次，故知非首胎。加土爲坎，坎，中男也，故知生兒。初十來占，加十一在旁，成坎，則今日當產無疑矣'"。這樣揑造的例，有五十三條，以神其技，我們可以知道他們的一斑了。

七·雜卜術見於書籍的記載而無甚足稱者

一·鷄卜及鷄卵卜：鷄卜的起緣甚早，漢書郊祀志下說道，"是時旣滅兩粵，粵人

勇之乃言粤人俗鬼，而其祠皆見鬼，數有效，昔東甌王敬鬼，壽百六十歲，後世怠慢
，故衰耗”。迺命粤巫立粤祝祠，安臺無壇，亦祠天神帝百鬼，而以鷄卜。上信之，
粤祠鷄卜自此始用”。顏師古注引李奇曰“持鷄骨卜如鼠卜”。史記正義說道，“鷄卜法
，用鷄一狗一，生祝願訖，卽殺鷄狗煮熟又祭，獨取鷄兩股骨上自有之孔，裂似人物
形則吉，不足則凶，今嶺南猶行此法也”。（史記武帝本紀注）范成大桂海虞衡志說道
“鷄卜，南人占法，以雄鷄雛，執其兩足，焚香禱所占之鷄殺之，拔兩股骨洗淨，線
束之，以竹筳插束處，使兩骨相背於筳端，執竹長祝。左骨爲儂，儂我也；右骨爲人
，人，所占事也，視兩骨之側所細竅，以細竹筳長寸餘偏插之。斜直偏正，各隨竅之
自然以定吉凶。法有十餘變。大抵直而正，或近骨者多吉；曲而斜或遠骨者多凶。亦
有用鷄卵者，握卵以卜，書墨於殼，記其四維，煮熟，橫截視當墨處，辨殼中白之
厚薄以定儂人吉凶”。（鄺露赤雅有鷄匠，卵卜二條，略與此同。）吳處厚青箱雜記說，
“元豐中，余任大理寺丞，斷嶺南奏案。韋庶爲人所殺，疑屍在潭中，求而弗獲。庶
妻何，以鑷就岸煮鷄子熟，剖視得儂。韋全曰，鷄卵得儂，屍在潭裏。果得之。然不
知所謂儂者，其兆如何也”？蔡絛鐵圍山叢談說道，“鷄卵卜，其法先祭鬼，乃取鷄卵
墨畫其表，以爲外象。畫皆有重輕，類分我別彼。易卦所謂世與應者。於是北面詔鬼
神而道厭事，然後誓之。投卵鑷中，熱則以刀橫斷鷄卵。其黃白厚薄處爲內象，配用外
象之彼我，以求其殺克與否。凡卜病人行人，雅殊有驗”。唐段公路北戶錄說道，“神
仙傳曰，人有病，就茅君請福，煮鷄子十枚，以內帳中。須臾，茅君擲出，中無黃者
，病多愈”。鄺露赤雅卵卜條說，“獞人卜葬，請鷄匠祝神，以卵投地，不破者（一本
云不破者吉，無下六字）如獲滕公之碑”。以上諸說，可知鷄卜之外，又有卵卜種種：
一看卵的白之厚薄；二視有黃無黃；三視投地破不破。

　　二．虎卜及狼卜　博物志說道，“虎知衝破，又能畫地卜。今有人畫物上下者，推
其奇耦，謂之虎卜。狼卜，狼將遠逐食，必先倒立以卜所向。故今獵師遇狼輒喜，蓋
狼所在，獸之所在也。故古之造式者，木取槐瘿棗瘤，而以狼牙爲柱，取其靈知也”。

　　三．扶箕　俞樾曲園雜纂裏小繁露說道，“夷堅志沈承務紫姑一條云，‘紫姑仙之
名，古所未有，至唐乃稍見之。世但以箕插筆，使兩人扶之，或書字於沙中’。按此
卽今之扶箕也。或作扶乩，非是”。扶箕通作扶乩，又名紫姑卜，宋明以來，頗爲通

行。明楊愼升庵全集有紫姑仙詠櫓詩一條，又有箕仙筆詩兩條。他說，"宋元小說載箕仙詩多矣。近日一事尤異，正德庚辰，有方士運箕賦詩，隨所限韵，敏若夙構而語不凡"。………可見扶箕術舊日通行的情形了。

四．茅卜　宋周去非嶺外代答說道，"南人茅卜法，卜人信手摘茅，取占者左手，自肘量至中指尖而斷之，以授占者，使禱所求，卽中摺之，祝曰，'奉請茅將軍，茅小娘，上知天綱，下知地理云云，。逐禱所卜之事，口且禱，手且搯，自茅之中搯至尾，又自茅中搯至首，乃各以四數之，餘一爲料，餘二爲傷，餘三爲疾，餘四爲厚。料者，雀也，謂如早占遇料，行人當在路，此時雀已出窠故也。日中占遇料，則行人當晚至，時雀至幕當歸爾。晚占遇料，則雀已入巢，不歸矣。傷者聲也，謂之笑面貓，其卦甚吉，百事歡欣和合。疾者，黑面貓也，其卦不吉，所在不和合。厚者，滯也，凡事遲滯。茅首餘二，名曰料賈傷。首餘三名曰料貫疾，餘皆倣此。南人卜此最驗。精者能以時辰與茅折之，委曲分別五行而詳說之。大抵不越上四餘。而四餘之中，各有吉凶，又係乎所占之事。當卜之時，或遇人來，則必別卜，曰外人蹈斷卦矣。余以爲此卦，卽易之世應揲蓍也。嘗聞楚人專卜，今見之"。

五．祝竈及鏡聽：廣語有說祝竈及竈卦二種，說道，"永安歲除，婦人置鹽米竈上，以碗覆之，視鹽米之聚散以卜豐歉，名曰祝竈"。又說道"，除夕，置水釜旁，粘東西南北字，中浮小木，視木端所向以適其方。又審何聲氣以卜休咎，名曰竈卦"。（並見鄧淳嶺南叢述所引）案明林紹周纂輯及林維松重編的三台便覽通書卷十四有所謂鬼谷先生響卜法，和竈卦大同小異，說道，"竈者，五祀之首也。吉凶之柄，逐歸所主。凡有疑慮，候夜稍靜，掃洒竈室，滌釜注水令滿，以木杓一个，頓竈上，燃燈二盞，一置竈腹，一置竈上，安鏡於竈門邊，叩齒祝曰，'維某年月日，某官敢爇信香，昭告於司命竈君之神。切聞禍旣有基，咎豈無徵。事之先兆，惟神是司。是以某伏爲某事，衷心營營，罔知攸指，敢於靜夜，徒薪息爨，滌釜注泉，求趨響卜之途，恭俟指送之柄。情之所屬，神實鑒之，某不勝聽命之至'。禱畢，以手撥鍋水令左旋，執杓祝之，曰'四縱四橫，天地分明，神杓所指，禍福攸分。祝畢以杓置水，任其自旋自定，隨杓所指，抱鏡出門，不得回頭，密聽旁人言語，卽是響卜。事應後，不得言之。或杓指處無路，則是有阻，宜再占之"。這是本於鬼谷子"元旦之夕，洒掃置香燈

於竈門，注水滿鎗，置杓於水，虔禮拜祝，撥杓使旋，隨柄所指之方，抱鏡出門，密聽人言，第一句即是卜者之兆”。（引見秦嘉謨月令粹編）又熙朝樂事，“除夕更深人靜，或有禱竈請方，抱鏡出門，窺聽市人無意之言，以卜來歲休咎”。（見同上）竈卦或響卜又名鏡聽，元伊世珍瑯環記說“鏡聽咒曰，‘並光類儷，終逢協吉’。先覓一古鏡，錦囊盛之，獨向神竈，勿令人見，雙手捧鏡，誦咒七遍，出聽人言，以聽吉凶。又閉目信足走七步。開眼照鏡，隨其所照，以合人言，無不驗也”。

六．羊卜　宋沈括夢溪筆談說道，“西戎用羊卜，謂之跋焦。以艾灼羊髀骨，視其兆，謂之死跋焦。其法，兆之上為神明，近脊處為坐位。坐位者，主位也。近旁者為客位。蓋西戎之俗，所居正寢，常留中一間以奉鬼神，不敢居之，謂之神明。主人乃坐其旁，以此點主客勝負。又有先咒粟以食羊，羊食其粟，則自搖其首，乃殺羊，視其五臟，謂之生跋焦，土人尤神之”。清余慶遠維西見聞紀“羊骨卜，夷人食殺，於髀骨皆焚香而懸之佛堂門，存為卜。其卜也，爐焚柴香，再拜取骨置爐上，祝以所謀，炙灼，閱時反骨裂文，直者吉，了乂文明而有理者次之，亂者凶。遼史載契丹以羊骨灼占，謂之羊卜。徐沙村集謂蒙古炙羊骨卜曰跋焦，維西夷人卜法，習自番僧也，而同於契丹蒙古”。（藝海珠塵本）可知羊卜舊日通行於我國西北部。

七．卜歲　鄺露赤雅有卜歲一條，說道，“歲首郎火以土杯十二，貯水，按辰布列，禱之，經夕啓眎，有水，則其月不旱”。

八．和鵯卦　李調元粵東筆記（即函海中的南越筆記）說，“相思仔仔，一名巧婦，即焦鵯，詩所謂桃蟲也。因桃蟲而變，故其形小。性絕精巧。以茅葦羽毳為房，或一或二，若雞卵大。以麻髮懸繫樹枝，雖大風雨不斷。久畜之，可使為戲及占卦，名和鵯卦。其身小，其曰相思仔仔者，小也。相思者身紅黑相間如紅豆。紅豆者，相思子也”。案現在廣東尚有和鵯卦一種，將干支寫成若干卦，捲成小紙條，使和鵯啄取一條，即以占其休咎。

占卜的方法，此外當更多有，其術蓋不一，常有因時因地而不同的，北戶錄說道，“愚又見卜者流雜書傳虎卜，紫姑卜，牛蹄卜，灼骨卜，雖不法於蓍龜，亦有可稱者”。西藏記說道，“西藏占卜之術不一，有等喇嘛以紙畫八卦，書番字而占者；有以青稞掛卦，抽五色毛線而占者；或數素珠而占著；或畫地而占者；或燒羊骨，或看水

碗，種種不一。然亦頗有驗者。大抵在所學之精淺耳。婦女亦有會者，不能悉述"。
(龍威秘書本) 又如讖占的流變，又有推背圖，燒餅歌等書。總之，占卜的事，出於迷
信的心理，而術士卽利用一種事物的分別或變異，以爲占驗，以滿足這迷信的心理的
要求。卽中國古傳的易經，其起因也不過如此。然而層層覆蓋，葅障日多，與時代的
思想相推移，而本來面目，逐終於不易見出了！

出自第一本第一分(一九二八年八月)

大乘義章書後

陳　寅　恪

　　大藏中此土撰述總詮通論之書，其最著者有三，大乘法苑義林章宗鏡錄及遠法師此書是已。宗鏡錄最晚出，亦最繁博。然永明之世，支那佛敎已漸衰落，故其書雖平正篤實，罕有倫比，而精采微遜，雄盛之氣更遠不逮遠基之作，亦猶耶敎聖奧古斯丁 St. Augustin 與巴士卡兒 Pascal，其欽聖之情，固無差異，而欣戚之感，則迥不相侔也。基公承慈恩一家之學，顓門絕業，今古無儔，但天竺佛敎當震旦之唐代，已非復盛時。而中國六朝之世則不然，其時神州政治，雖爲紛爭之局，而思想自由，才智之士亦衆，佛敎輸入，各方面皆備，不同後來之拘守一宗一家之說者。嘗論支那佛敎史，要以鳩摩羅什之時爲最盛時代。中國自創之佛家，如天台宗等，追稽其原始，莫不導源於羅什，蓋非偶然也。當六朝之季，綜貫包羅數百年間南北兩朝諸家宗派學說異同之人，實爲慧遠。遠公事蹟見道宣續高僧傳卷八。其所著大乘義章一書乃六朝佛敎之總彙。道宣所謂「佛法綱要盡於此焉」者也。今取大乘義章之文，與隋唐大師如智顗玄奘諸人之說相關者數條比勘之，以見其異同。

　　天台智者大師妙法運華經玄義卷一下，解「四悉檀」爲十重，一、釋名云：「悉檀，天竺語。……南岳師例『大涅槃』梵漢兼稱，『悉』是此言，『檀』是梵語，『悉』之言『遍』，『檀』翻爲『施』，佛以四法遍施衆生，故言『悉檀』也。」大乘義章卷二四悉檀義四門分別條云：「四悉檀義出大智論，言悉檀者，是中（外）？國語，此方義翻，其名不一。如楞伽中子注釋言，或名爲宗，或名爲成，或云理也。」按「悉檀」乃梵語 Siddhânta 之對音，楞伽注之言是也。其字從語根 Sidh 衍出，「檀施」之「檀」乃 dâna 之對音，其字從語根 dâ 衍出，二語絕無關涉，而中文譯者偶以同一之「檀」字對音，遂致智者大師有此誤釋，殊可笑也！

　　又道宣集古今佛道論衡卷丙文帝詔令奘法師翻老子爲梵文事條云：「（玄奘）染翰綴文，厥初云『道』，此乃人言，梵云『末伽』，可以翻『度』。道士等一時舉袂

曰：「『道』翻「末伽」，失於古譯，古稱「菩提」，此謂爲「道」，未聞「末伽」，以爲「道」也」。　奘曰：今翻道德，奉敕不輕，須聚方言，乃名傳旨。「菩提」言「覺」，「末伽」言「道」，唐梵音義，確爾難乖，豈得浪翻，冒罔天聽！道士成英曰：「佛陀」言「覺」，「菩提」言「道」，由來盛談，道俗同委，今翻「末伽」，何得非妄」？奘曰：「傳聞濫眞，良談匪惑，未達梵言，故存恒習。「佛陀」天音，唐言「覺者」，「菩提」天語，人言爲「覺」。此則人法兩異，聲采全乖。「末伽」爲道，通國齊解。如不見信，謂是妄談，請以此語，問彼西人，足所行道，彼名何物，非「末伽」者，余是罪人。非惟罔上當時，亦乃取笑天下』。按「佛陀」梵文爲 Buddha ，「菩提」梵文爲 bodhi，同自語根 Budh 衍出，然一爲具體之名，一爲抽象之名，所謂人法兩異者，混而同之，故慈恩以爲不可。「末伽」梵者文 mārga 之對音，慈恩以爲「道」之確譯者也。大乘義章卷十八無上菩提義七門分別條云：「菩提，胡語，此翻爲道。……問曰：經說第一義諦亦名爲道，亦名菩提，亦名涅槃，道與菩提，義應各別，今以何故，宣說菩提翻名爲道乎？釋言：外國說道名多，亦名菩提，亦曰末伽。如四諦中，所有道諦，名末伽矣。此方名少，是故翻之，悉名爲道。與彼外國涅槃，毘尼，此悉名滅，其義相似。經中宜說第一義諦名爲道者，是末伽道。名菩提者，是菩提道。良以二種，俱名道故，得翻菩提，而爲道矣」。　按慧遠之書，皆本之六朝舊說。可知佛典中，道之一名，六朝時已有疑義，固不待慈恩之譯老子，始成問題也。蓋佛教初入中國，名詞翻譯，不得不依託較爲近似之老莊，以期易解。後知其意誼不切當，而敎義學說，亦漸普及，乃專用對音之菩提，而舍置義譯之道。此時代變遷所致，亦即六朝舊譯與唐代新譯（此指全部佛敎翻譯事業非僅就法相宗言）區別之一例。而中國佛敎翻譯史中此重公案，與今日尤有關係。吾人欲譯外國之書，輒有此方名少之感，斯蓋非唐以後之中國人，拘於方以內者所能知矣。

又大乘義章卷一衆經敎迹義三門分別條略云：「晉武都隱士劉虬……所云，佛敎無出頓漸二門，是言不盡。如佛所說四阿含經，五部戒律，當知非是頓漸所攝。所以而然，彼說被小，不得言頓，說通始終，不爲入大，不得言漸，是故頓漸攝敎不盡。又復五時七階之言，亦是謬浪」。按遠師學說，多與吉藏相近。嘉祥著述如法華玄論卷一所謂「人秉五時之規矩，格無方之聖化，妄謂此經，猶爲半字，明因未圓，辨果

不足，五時既爾，四宗亦然，廢五四之妄談，明究竟之圓旨」。 及法華遊意第四辨教意門所謂「南方五時說，北土四宗論，無文傷義，昔已詳之，今略而不述也」等語，皆是。又窺基妙法蓮華經玄贊卷一顯時機條云「古有釋言，敎有五時，乍觀可爾，理即不然，今依古義，且破二時，後徐三時，並如古人破，恐厭文煩，且畧應止」云云，又基公大乘法苑義林章記卷一所引菩提流支法師別傳破劉虬五時判敎之說，皆略同大乘義章之說，蓋同出一源也。可知天台宗五時判敎之義，本非創自天台諸祖，不過襲用舊說，而稍變易之耳。然與諸祖先後同時諸大師中，亦有不以五時之說爲然者。就吾人今日佛敎智識論，則五時判敎之說，絕無歷史事實之根據，其不可信，豈待詳辨？然自中國哲學史方面論，凡南北朝五時四宗之說，皆中國人思想整理之一表現，亦此士自創佛敎成績之一，殆未可厚非也。嘗謂世間往往有一類孳說，以歷史語言學論固爲謬妄，而以哲學思想論未始非進步者，如易本卜筮象數之書，王輔嗣程伊川之注雖與易之本誼不符，然爲一種哲學思想之書，或竟勝於正確之訓詁。以此推論，則徐健庵成容若之經解，亦未必不於阮伯元王益吾之經解外，別具優點，要在從何方面觀察評論之耳。

　　上所舉三事，天台悉檀之說，爲語言之錯誤，五時判敎之說，爲歷史之錯誤，慈恩末伽之說，爲翻譯之問題，凡此諸端，大乘義章皆有詳明正確之解釋，足見其書之精博，或勝於大乘法苑義林章宗鏡錄二書也。又此書日本刊本其卷一標題下有「草書惑人，傷失之甚，傳者必眞，愼勿草書」等十六字。予所見敦煌石室卷子佛經注疏，大抵草書，合肥張氏藏敦煌草書卷子三種，皆佛經注疏，其一即此書，惜未取以相校。觀日本刊本「愼勿草書」之語，則東國所據，最初中士寫本，似亦爲草書，殆當日傳寫佛典，經論則眞書，而注疏則草書，其風尙固如是歟。因併附記之，以質博雅君子。

出自第一本第二分（一九三〇年六月）

敦煌本維摩詰經文殊師利問疾品演義跋

陳　寅　恪

　　上虞羅氏所刊敦煌零拾中有佛曲三種，其二爲維摩詰經文殊問疾品演義。　案佛典製裁長行與偈頌相間，演說經義自然倣效之，故爲散文與詩歌互用之體。　後世衍變旣久，其散文體中偶雜以詩歌者，遂成今日章囘體小說。　其保存原式仍用散文詩歌合體者，則爲今日之彈詞。　此種由佛經演變之文學，貞松先生特標以佛曲之目，然古杭夢餘錄武林舊事等書中本有說經舊名，即演說經義之謂，敦煌零拾之三種佛曲，皆屬此體，似不如逕稱之爲演義或較適當也。　今取此篇與維摩詰經原文互勘之，益可推見演義小說文體原始之形式，及其嬗變之流別，故爲中國文學史絕佳資料。考佛教初起，其教徒本限於出家之僧侶，後來傳播旣廣，漸推及於在家之居士，北魏吉迦夜曇曜共譯之雜寶藏經卷八難陀王與那伽斯那共論緣云：

> 「王復問言：出家在家，何者得道？　斯那答言：二俱得道。　王復問言：若俱得道，何必出家？　斯那答言：譬如此去三千餘里，若遣少健乘馬齎糧，捉於器仗，得速達不？　王答言：得。　斯那復言：若遣老人，乘於疲馬，復無糧食，爲可達不？　王言：縱令齎糧，猶恐不達，況無糧也！斯那言：出家得道，喩如少壯，在家得道，如彼老人。」

　　據此，則同爲佛教信徒，出家在家之間，未嘗無階級高下之分別也。　若維摩詰者，以一在家居士，其神通道力，遠過於諸菩薩聲聞等。　佛遣其大弟子及彌勒佛等往問其疾，竟皆辭避而不敢往。　舍利弗者佛弟子中智慧第一之人，維摩詰宅神之天女以智辯窘之，甚至故違沙門戒法，以香華散著其身，雖以神力去之而不得去，復轉之使爲女身。　然則淨名之宅神，與釋迦之大弟子，其程度高下有如是者。　故知維摩詰經之作者，必爲一在家居士，對於出家僧侶，可謂盡其玩弄游戲之能事，實佛藏中所罕見之書也。　唐復禮十門辯惑論通力上感門云：

> 「竊見維摩神力，掌運如來，但十地之觀，尙隔羅縠，如何一掌之內，能容十號之尊乎？　非獨以卑移尊，於理非順，實亦佛與菩薩，豈無等差，如有等差，安

能運佛？如無等差，何須成佛也！

又云：

「維摩羅詰者示居家而弘道，不思議道利用無方，是以五百聲聞，咸辭問疾，八千菩薩莫能造命，彌勒居一生之地，服其懸解，文殊是衆佛之師，謝其眞入。」

觀此，可知維摩詰經紀其書中主人之神通道力逾越恆量，故與其他經典衝突，宜乎復禮釋權無二之十疑以之爲首也。　夫大乘佛典之編纂，本後於小乘，而維摩詰經者又爲更後一期之著作。　否則在家居士曷能凌駕出家僧侶之上，如淨名經之所紀者乎。　蓋當此經成書之時，佛教經典之撰著已不盡出於出家僧侶之手，卽在家居士亦有從事於編纂者，斯其明證也。

維摩詰故事在印度本國之起源，不可詳考。　玄奘西域記卷七云：

「吠舍釐國有窣堵波，是毗摩羅詰故宅，基址多有靈異，去此不遠，有一神舍，其狀疊磚，傳云積石，卽無垢稱長者現疾說法之處云。　去此不遠有窣堵波，長者子寶積故宅也。」

又法苑珠林卷二十九聖迹部云：

（上略）寺東北四里許有塔。　是維摩故宅基。　尚多靈神。　其舍疊甎。　傳云積石。　卽是說法現疾處也。　於大唐顯慶年中勅衛史王玄策因向印度，過淨名宅。以笏量基。止有十笏。　故號方丈之室也。　幷長者寶積宅，菴羅廿宅，佛姨母入滅處，皆立表記。」

凡地方名勝古蹟，固不盡爲歷史事實，亦有依託傳會者，但依託傳會之名勝古蹟，要須此故事或神話先已傳播於社會，然後始能產生。　據玄奘之記載，可知維摩詰故事在印度當時必一極流行之故事也。　今僅於中文之資料考之，亦可略見其在印度本國變遷滋乳之始末焉。

維摩詰經梵本今日或尚存在，以未得見，故不置論。　藏文正藏中有法戒譯聖無垢稱所說大乘經六卷，共十三品，其書譯於中國北宋之世。　中文先後凡數譯：卽後漢嚴佛調譯古維摩經一卷，今佚；吳支謙譯維摩詰說不思議法門經二卷，今存；西晉竺法護譯維摩詰所說法門經一卷，今佚；西晉竺叔蘭譯毗摩羅詰經三卷，今佚；後秦鳩摩羅什譯維摩詰所說經三卷，今存；及唐玄奘譯說無垢稱經六卷，今存。　自後漢

至北宋時將千載，而此經屢經迻譯，則梵文原本流傳不絕，廣布人間，可以推知。
然此但就維摩詰居士本身，及維摩詰經本經言之耳。　此經鳩摩羅什譯本佛道品云：

「爾時會中有菩薩名普現色身問維摩詰「居士父母妻子親戚眷屬吏民智識悉爲是
誰？　奴婢僮僕象馬車乘皆何所在？」於是維摩詰以偈答曰：

智度菩薩母，	方便以爲父，	一切衆導師，	無不由是生。
法喜以爲母，	慈悲心爲女，	善心誠實男，	畢竟空寂舍。
弟子衆塵勞，	隨意之所轉，	道品善知識，	由是成正覺。
諸度法等侶，	四攝爲伎女，	歌詠誦法言，	以此爲音樂。

據此，是此經作者之原意維摩詰居士實無眷屬，故於方便品雖言其現有眷屬，而
佛道品則將其父母妻子悉託之抽象名詞，絕非謂具體之人也。　而今大藏中有西晉竺
法護譯佛教大方等頂王經一名維摩詰子問經一卷，梁月婆首那譯大乘頂王經一卷，隋
闍那崛多譯善思童子經二卷。　皆紀維摩詰子事，是維摩詰實有子矣。　大藏中復有
隋闍那崛多譯月上女經二卷，紀維摩詰女月上事，是維摩詰實有女矣。　又月上女經
卷上云：「其人（指維摩詰言）有妻，名曰無垢，」是維摩詰實有妻矣。　諸如此類，
皆維摩詰故事在印度本土自然演化滋乳之所致，而自翻譯輸入支那之後，其變遷程序
亦有相似之蹟象焉。　隋吉藏淨名玄論卷二云：

「佛譬喻經云：淨名姓碩（？）名大仙，王氏。　別傳云：姓雷氏，父名那提，此云
智基（慕）母姓釋氏，名喜，年十九嫁。　父年二十三婚，至二十七於提婆羅城內
生維摩。　維摩有子字曰善思，甚有父風，佛授其記，未來作佛。　別有維摩子經
一卷可尋之也。

又嘉祥維摩詰經義疏卷一云：

「舊傳云佛譬喻經說淨名姓王氏。　別傳云姓雷氏，祖名大仙，父曰那提，此云
智慕，母姓釋氏，字喜，十九嫁，父二十三婚，子曰善思，甚有父風，如來授
記，未來作佛。　吉藏未得彼經文也。

又唐復禮十門辯惑論通力上感門末云：「亦將金粟之名傳而有據者也，」下注云：

「吉藏師云，金粟事出思惟三昧經，自云未見其本。　今檢諸經目錄，無此經
名，竊謂西國有經，東方未譯者矣。」

又文選王簡棲頭陀寺碑文「金粟來儀」，李善注，「發迹經云淨名大士是往古金粟如來。」案，唐道宣續高僧傳卷十一吉藏傳云：

「在昔陳隋廢興，江陰淩亂，道俗波迸，各棄城邑，乃率其所屬，往諸寺中，但是文疏，並皆收聚，置於三間堂內，及平定後方詳簡之，故目學之長，勿過於藏。」

據此則嘉祥爲當時最博雅之大師，而關於維摩詰之經典，如佛譬喻經及思惟三昧經皆所未見，卽最流行之金粟如來名詞，復不知所出。李崇賢文選注所引之發迹經今已不存，疑與佛譬喻經等爲同類之書，亦嘉祥之所未見，因知此類經典，所記姓氏，如王氏雷氏等，必非印度所能有，顯出於中國人之手，非譯自梵文原經，雖流布民間，而不列於正式經典之數，所以一代博洽之學人，亦不得窺見也。蓋維摩詰經本一絕佳故事，自譯爲中文後，遂盛行於震旦，其演變滋乳之途迥，與其在天竺本土者不期而闇合：卽原無眷屬之維摩詰，爲之造作其祖父母妻子女之名字，各繫以事蹟，實等於一姓之家傳，而與今日通行小說如楊家將之於楊氏，征東征西之於薛氏，所紀內容，雖有武事哲理之不同，而其原始流別及變遷滋乳之程序，頗復相似。若更推論之，則印度之頂王經月上女經，六朝之佛譬喻經思維三昧經等，與維摩詰經本經之關係，亦猶說唐小英雄傳小五義以及重夢後傳之流，與其本書正傳之比。雖一爲方等之聖典，一爲世俗之小說，而以文學流別言之，則爲同類之著作，然此祇可爲通識者道，而不能喩於拘方之士也。當六朝之世，由維摩詰故事而演變滋乳之文學，有印度輸入品與支那自製品二者，相對並行；外國輸入者如頂王經等，至今流傳不絕，本土自製者如佛譬喻經等久已湮沒無聞，以同類之書，千歲而後，其所遭際殊異至此，誠可謂有幸有不幸者矣。嘗謂吾國小說，大抵爲佛教化，六朝維摩詰故事之佛典，實皆哲理小說之變相，假使後來作者，復遞相仿效，其藝術得以隨時代而改進，當更勝於昔人，而此類改進之作品，自必有以異於感應傳冥報記等濫俗文學。惜乎近世小說雖多，與此經有關係者，殊爲罕見。豈以支那民族素乏幽渺之思，淨名故事縱盛行於一時，而陳義過高，終不適於民族普通心理所致耶？至此故事之見於美術品者，若楊惠之之所塑（鳳翔天柱寺），蘇子瞻之所詠，今已不可得見，然敦煌畫本尚在人間，（伯希和敦煌攝影集第一册第十一片），攝山石刻猶存江表（棲霞山石刻有維摩詰

示疾像)，當時文化藝術藉以想像推知　，故應視為非文字之史料，而與此演義殘卷，可以互相印證發明者也。　又北平圖書館藏敦煌卷子中有維摩詰經菩薩品持世菩薩對佛不任問疾一節俗文一卷及維摩詰經頌一卷，後者以五言律句十四首，分詠全經各品之義·未知何人所作，亦維摩詰經之附屬文學也。　附識於此，以俟考證焉。

—10—

九 子 母 考

趙 邦 彥

前漢書成帝紀云：

孝成皇帝，元帝太子也，母曰王皇后，元帝在太子宮，生甲觀畫堂。

應劭注：

甲觀在太子宮甲地，主用乳生也。 畫堂畫九子母。

自應氏之說行，而世殆無不知漢宮畫九子母之事。 然應說之可信與否，實爲一問題。 唐宋以來之學者，對此持論不一。 顏師古注漢書，首創反對之論。 其言曰：

甲者，甲乙丙丁之次也，元后傳言見於丙殿，此其例也；而應氏以爲在宮之甲地，謬矣。 畫堂但畫飾耳，豈必九子母乎？ 霍光止畫室中，是則宮殿中通有彩畫之堂室。

宋人王楙歷攷漢唐禁省畫壁，因疑應劭之說或有所據。 野客叢書二十七云：

魯直言唐省中皆青壁畫雪。 僕因攷之：漢省中皆粉壁畫古列士列女，見漢官典職，而沈約宋志亦曰，郎官奏事明光殿，殿以胡粉畫古列賢列士。 唐翰苑粉壁畫海中曲龍山，憲宗臨幸，中使權而塗之，是後皆畫松鶴：見李德裕詩，「畫壁看飛鶴」注，祕閣廊壁薛稷畫鶴；見鄭谷詩，「淺井寒瀸入，迴廊墨蘇侵，因看薛稷鶴，共起五湖心」；畫斷云，畢宏大曆二年爲給事中，畫松石於左省廳壁。 集賢注記云，集賢院南壁畫陰鏗詩圖，北壁畫叢竹雙鶴，四庫當門畫夫子坐於玄帳，左右諸弟子執經問道。 東觀記謂靈帝詔蔡邕畫赤泉侯五代將相於省。 唐錄謂文宗自撰集尙書君臣事蹟，命畫於太液亭。 省禁畫壁，見於所載，班班若此，應劭謂畫堂畫九子母，疑有所據。

清沈欽韓箸漢書疏證，則謂

應所言，指產舍也；畫九子母，蓋應所目知。 案玉海晉宮闕名，洛陽宮鑫斯堂則百堂蓋此類也。

沈氏此說，謂應劭有所見而云，近是矣；然晉之螽斯則百，又未必盡九子母，持此以
證漢之畫堂，依然未得正確之解決。　案甲觀之說，應氏不免附會；畫堂果畫九子母
否？華尾山邱，更何从得其實證。　吾人於此所可確定者，當應劭之時，實有所謂九
子母者，且與生產之事，已發生相當關係，而或爲婦女供養之神也。

　　然則九子母果何神乎？屈原天問云：

　　　女歧無合，夫焉取九子？

王逸注：

　　　女歧神女，無夫而生九子也。

梁江淹作遂古篇（廣弘明集引，）因之有

　　　　女歧九子，爲氏先兮

之說。　後之學者，頗有主張謂此卽中國古代九子母之傳說；而元人李冶，乃謂佛教
之鬼子母，卽由此而出者。　其言曰：

　　　佛書之初入中國也，僅四十二章，本不言禍福。　其說知足，本於老子，其書
　　　分章，本於孝經，蓋中國之人譯之然也。　言天堂，則宋玉天門九關之說；言
　　　地獄，則宋玉幽都土伯之說；言輪迴，則漢書藏鬼之說；因列子寓言西極化人
　　　，遂生西方極樂；因離騷寓言女歧九子，遂生九子母（中略）：凡爾皆中國之
　　　人譯之然也。

李氏此論，見於其所著日聞錄中，不下數百言，綜其大意，謂佛惟求寂滅，無復餘事
，一切佛說，多屬譯者偏獵中國之書而爲之。　其說之謬，人盡知之，且不在本文範
圍之內，可以不論。　茲所欲知者，則爲天問中之女歧，是否應劭所稱之九子母？晉
以後所號爲九子母者，是否與應劭所舉是一而非二？　攷女歧之爲何神，於古無徵，
（案天問又有一女歧，王謂澆嫂爲少康所殺者，與無合而生九子者不同。）　王逸謂爲
神女，隨文作解，亦不能詳其始末，或如天官書「尾爲九子」之類，良未可知。　古
者高禖祭人之先，其神或曰高辛，或曰非也；魏晉之世，以石爲主。　禮說紛綸，莫
衷一是，惟从無以女歧爲氏先之說者。　江淹文士，擷藻成章，又不足爲典要矣。

西漢學者，不言女歧之爲九子母；東晉以後，凡言九子母者，無一而不爲佛教之鬼子
母。　余意東漢中葉，佛教已入中國，鬼子母神或已隨經論而來東土；此土之人，以

其多男，名之曰九子母，與所謂女歧九子者偶爾相合。 應劭取當日之事，注解舊說，其所稱九子母者，非楚國祠廟之女歧，乃五天所傳之訶利帝也。

鬼子母原名 Hariti；音譯曰訶利底，亦曰訶利底哥利底呵利帝訶哩帝呵利陀；義譯曰歡喜愛子母鬼子母暴惡青色黃色等；古譯曰功德天；又有稱訶利帝天后者。 關於此神之記載，散在內典中者，不勝條舉。 元魏北台曇曜等所譯雜寶藏經九云：

> 鬼子母者，是老鬼神王般闍迦妻，有子一萬，皆有大力士之力，其最小子名嬪伽羅。 此鬼子母兇妖暴虐，殺人兒子，以自噉食。 人民患之，仰告世尊。世尊爾時，即取其子嬪伽羅盛着鉢底。 時鬼子母周遍天下，七日之中，推求不得，愁憂懊惱，傳聞他言，云佛世尊，有一切智，即至佛所，問兒所在。時佛答言，汝有萬子，唯失一子，何故苦惱愁憂而推覓耶？ 世間人民，或有一子，或五三子，而汝殺害！ 鬼子母白佛言，我今若得嬪伽羅者，終更不殺世人之子。 佛即使鬼子母見嬪伽羅於鉢下。 盡其神力，不能得取，還求於佛。 佛言，汝今若能受三歸五戒，盡壽不殺，當還汝子。 鬼子母即如佛勅，受於三歸及以五戒。 受持已訖，即還其子。 佛言，汝好持戒，汝是迦葉佛時羯膩王第七小女，大作功德，以不持戒故，受是鬼形。

宋釋行霆重編諸天傳下云：

> 顯正論云，鬼子母父名歡喜，夫名圓滿具足藥叉，姊名炎匱，妹名攞尼鉢。鬼子母生一千子，在閻浮提，最小者名愛奴 偏所憐惜。 常食人子，佛為化彼，將愛奴鉢下藏之。 母於天上人間覓之不得，佛遂化之，令僧施食與之。鬼子母經云，有一千子皆為鬼王，一王統數萬鬼眾，五百在天上娆諸天，五百在世上娆帝王人民，或自稱林木神，水神，地神，船車宅舍晝夜夢寐恐怖作怪，佛為受五戒，「得須陀洹」。 白佛言，我欲止佛精舍勞，呼千子，凡天上人間無子息者，我當與之。 姊名炎匱，主人產。 妹名浮陀羅尼鉢，主天上人間鬼，四海船車治生財產。 陀羅尼集云，鬼子母夫名德义迦，大兒名唯奢叉，次兒名散脂大將，小兒名攞尼跋陀，女名功德天（下略）。

此外唐義淨譯根本說一切有部毗奈耶雜事三十一，記鬼子母之事，較為詳備，佛說鬼子母經失譯人名，今附西晉錄者（案行霆所引鬼子母經即此，）其時代或在雜寶藏經

之前，並以文字煩富不具引，讀者可以叄玫。　鬼子母旣受戒持，白佛言，欲報復天
上天下人恩。　佛言，汝從是巳去，當稱是語，便止佛精舍邊，其國中人民無子者來
求子，當與之子，自在所願，（詳佛說鬼子母經）；故印度風俗，祭之以求嗣。　大
唐西域記三云：

　　梵釋窣堵波（在健馱邏國布色羯邏伐底城）西北行五十餘里，有窣堵波，是釋
　　迦如來於此化鬼子母令不害人，故此國俗祭以求嗣。

唐義淨南海寄歸內法傳一受齋規則云：

　　（上略）復於行食末，安食一盤以供訶利帝母。　其母先身，因事發願食王舍
　　城所有兒子；因其邪願，捨生遂生藥叉之內，生五百兒，日日每食王舍城男女
　　。　諸人白佛，佛遂藏其稚子名曰愛兒。　觸處覓之，佛邊方得。　世尊告曰
　　，汝憐愛兒乎？　汝子五百，一尙見憐，況復餘人，一二而已。　佛因化之，
　　令受五戒爲「鄔波斯迦」。　因請佛曰，我兒五百，因何食焉？　佛言，苾芻等
　　住處寺家，日日每設祭食，令汝等充餐；故西方諸寺，每於門屋處，或在食廚
　　邊，素畫母形抱一兒子，於其膝下，或五或三以表其像，每日於前，盛陳供食
　　。　其母乃是四天王之衆，大豐勢力，其有疾病無兒息饗食薦之，咸皆遂願。
　　廣緣如律，此陳大意耳。　神州先有名鬼子母焉。

　　鬼子母之來原略如上述，茲還就中土記載此母之事玫之。　法苑珠林云：

　　晉張應歷陽人，本事俗神，鼓舞淫祀，咸和八年，移居蕪湖。　妻得病，應請
　　禱備至，財產略盡。　妻法家弟子也，謂曰，今病日困，求鬼無益，乞作佛事
　　。　應許之，往精舍中，見竺曇鎧謂曰，佛如愈病之藥，見藥弗服，雖事無益
　　。　應許當事佛。　曇謂期明日當往。　應歸，夜夢見人長丈餘從南來，入門
　　曰，此家何乃爾不淨。　見曇鎧隨後曰，始欲發意，未可責之。　應眠覺，便
　　乘火作高座及鬼子母座。　曇鎧明往，應說其夢，遂受五戒，屏除神影，大設
　　福供；妻病有間，尋卽全愈。

宋劉敬叔異苑五云：

　　陳斐字君度，婦廬江杜氏，常事鬼子母，羅女樂以娛神。後一夕復會，絃管無
　　聲，歌者悽愴。　杜氏嘗夢鬼子母遑遑涕泗云，凶人將來。　婢先與外人通，

以梯布垣登之入，神被服將剝奪畢，加取影象焚釘而後去。

吾人據此，可知東晉以後，佛教之鬼子母神，已爲一般人民所信奉；且供養之者，又似專爲婦人。　梁宗懍荆楚歲時記云：

四月八日長沙寺閣下九子母神，是日市肆之人無子者，供養薄餅以乞子，往往有驗。

按此條不見於漢魏叢書本歲時記，而唐人類書有引之者，蓋屬可信。　明說九子母神在長沙寺閣下，則爲佛教之鬼子母無疑。　又云供養薄餅以乞子，往往有驗，與天竺風俗祭以求嗣，復相脗合。　再攷唐張彥遠歷代名畫記七云：

梁解倩有「九子魔圖」傳於代。

姚最評解倩之畫，謂其全法遠章，筆力不及，通變巧捷，寺壁最長；可知解在當時，爲一有名之佛教畫家，茲所稱九子魔者，亦卽佛教之鬼子母也。　又太平廣記四十一引會昌解頤及河東記云：

唐寶應中，越州觀察使皇甫政妻陸氏，有姿容而無子息。　州有寺名寶林，中有魔母神堂，越中士女求男女者，必報驗焉。　政暇日率妻子入寺，至魔母堂，捻香祝曰，祈一男，請以俸錢百萬貫縞構堂宇。　陸氏又曰，儻遂所願，亦以脂粉錢百萬別繪神仙。　旣而寺中遊，薄暮方還。　兩月餘，妻孕果生男。政大喜，構堂三間，窮極華麗。　陸氏於寺門外築錢百萬，摹畫工，自汴渭徐泗揚潤潭洪及天下畫者，日有至焉（下略）。

此云魔母，卽鬼子母也。　全唐文八百零六侯圭東山觀音院記云：

節度使尚書獨孤公因給牒置院利人，信使游至，飛木輓石，徼徒募工，樹立新規，因循舊跡，制未朞歲而成半。　創觀音像堂三間，南邊佛舍五間，山頭大閣三層七間，房廊廚庫門廡十五間，皆盡雕飾之妙，宏壯之麗。　瞻仰崇峻，依歸者萬計。　舊傳磚塔十三層，久傾欹，忽遇風雷，遅明却正，時以爲神龍扶掖之異，今餘其趾。　又有石龕四五，兼鬼子母，下臨方泉，里巷以高棋之饗，祈禱者衆，頗有靈異。

吾人於此，不但知鬼子母爲求嗣之神巳也，有一事甚堪注意，卽晚唐之時，鬼子母與送子觀音尚絕不相混者。　清劉喜海金石苑第二册百零三頁，有唐光啓四年重修化城

龕記，茲節錄數語於此：

> 立斯鬼子母一座，十身，已前功德，願男保壽易長易養聰明。

同册三十一頁有唐文德元年十二月化城縣造像記，中有

> 又更粧鬼子母佛兩座，男保壽易長養

之語。兩記同一造像主，曰男保壽易長易養，亦祈子之類也。　　清陸耀遹金石續編十四引宋張奭法門寺重修九子母記云：

> 夫九子母學浮圖氏者言之，在異趣矣：始則憑負性力，突戾慈仁；洎大雄氏示現威福，攝以正道，故力殫氣沮，神弗克競，而旋能服義畏威，降志下體，懍然歸順。　逮夫能仁之教，沈被靈旦，嚴寺溥刹，充滿天下，故存其像貌，儼列左右，蓋錄其背邪向正之道，亦足尊尚矣。　法門寺東廊下，有故像一堂，以其子孫衆多，舊舊傳云，寡續乏後者，苟竭誠精禱，則身枝蕃茂而席其福。然年禩寖久，堂宇傾圮，雖有陳形弊質，亦不克副瞻仰者之恭畏也。　景祐丙子歲，里人試匠簿鉅鹿魏德宣與同閈人清河房君有憐武威本職安君召相與建圖再飾裝緝。　時屬西夏跋扈，邊鄙興師，供億頗勞，故不果遂就其志；迨今年五月中，方畢其事，繢塑一新。　其母則慈柔婉約，且麗且淑，端然處中，視諸子如有撫育之態。　其子則有裸而攜者，有襁而負者，有因戲而欲啼者，有被責而含怒者，有迷藏而相失者，有襦午袤衣而爭恩者二人焉，有勝冠服臁而夾侍者二人焉，擁戀庭闈，天姿駿洽，不可得而談悉。　非施者之心專勤，匠氏之工精妙，亦不能久臻其極。　□□君子之摹意也，以家鍾餘慶，業茂素封，惟慈有後，未□兟兟，因相爲祝，寅奉洒埽；功未及終，感遂其應。噫！　神道冥昧昭感之績，信未可誣！　奭不佞，辱見請文其事，讓不獲已，因敢聊序其大略云爾。　時慶歷五年閏五月一日記。

法門寺在陝西扶風，爲唐代名刹，此云有故像一堂，則宋以前或已有之。　舊舊相傳，用以乞子；魏德宣等重爲修裝，亦功未及埀而感遂其應。張氏此記，敍鬼子母及諸子像法，與近年德人勒柯克在我國新疆所得「鬼子母圖」有足資比較處，用不煩費辭，模取其圖而略爲解釋之。　西紀一千九百零五年，勒氏等於第二次旅行我國西北一帶行程之中，在吐魯番之西約十啓羅米突地方某古寺中，得訶利帝母畫像一軸。　畫以

粗厚之布爲地，彩繪鬼子母及其諸子。　其時期經德法學者研究之結果，雖不能明白
確定，要在九世紀以前。　畫之正中作鬼子母，右手於其懷中抱其愛子畢哩孕迦(Priy-
aka)，左手致乳以哺之，側身垂下兩足，坐儿上，頗有顧視諸子之態。　母頭上有圓
光三重，戴赤身冠，蓋番樣也。　其身白色，着紅色衣，織成菱形，錯落其間；菱形
不施綵，以紅絲作十字形交界之。　頸有瓔珞，足着輕履不安跟。　諸子游戲其側，
三人持曲棍作擊球之戲，二人盛瓜於器而奉之，一人坐而弄琴，一人頂瓶於其首，右
上角一人，則原圖殘闕莫知其事，略如戲後小憩之狀(圖一)。　按唐不空譯大藥叉女
歡喜母并愛子成就法云：

> 時歡喜母白佛言，如佛聖旨，我當奉行。　世尊，若欲成就此陀羅尼法者，先
> 於白氎上或絹素上，隨其大小，畫我歡喜母，作天女形，極令姝麗，身白，紅
> 色天綷寶衣，頭冠耳璫，白螺爲釧，種種瓔珞，莊嚴其身，坐寶宣台，垂下右
> 足，（按不空譯訶利帝母眞言經云，垂下兩足。）於宣台兩邊傍膝各畫二孩子
> 。　其母左手於懷中抱一孩子名畢哩孕迦，極令端正，右手近乳掌吉祥菓。
> 於其左右，并畫侍女眷屬，或執白拂，或莊嚴具。

此密教所傳訶利帝母畫像法也。　母之畫法，勒氏所得，與經言大體相同；諸子像法
，則經言不詳，蓋塑像綵繪，種類甚多，有不可一概論者。〔按法人福舍(A. Foucher)
所箸佛教藝術之起源 (The Beginnings of Buddhist Art) 中有 The Buddhist Madonna
一章，所舉鬼子母像甚多，讀者可以參攷。〕張鷟所記諸子塑像，與勒氏所得，大致
相似；母之塑像，張氏言之未備，當亦不甚相遠也。　又宋洪邁夷堅甲志十七云：

> 仙井監超覺寺九子母堂在山巓。　一行者姓黃，主給香火，顧土偶中乳婢乳垂
> 於外，悅之，每至必摩挱咨惜。　一旦，偶人目動，遂起行攜手入屛後狎昵。
> 自是日以爲常累月矣，積以臥病，猶自力登山不已。　主僧陰伺之，至半山，
> 即有婦人迎笑。　明日尾其後，婦人復至，以拄杖擊之，鏗然仆地。　於碎土
> 中得一兒胎，如數月孕者，令行者取歸，暴爲屑，和藥以食，遂愈。

夷堅志怪，事之必無；然吾於此得攷見當時塑鬼子母像，其旁有乳婢等，與大藥叉女
歡喜母并愛子成就法所云，其左右并畫侍女眷屬者，蓋相合也。　又陸游老學菴筆記
十云：

圖　　　　　一

（原圖現藏柏林人種學博物館）

錢穆父風姿甚美，有九子，都下九子母祠作一巾幗美丈夫坐於西偏，俗以爲九子母之夫，故都下謂穆父爲九子母夫。　東坡贈詩云，九子羨君門戶壯，蓋戲之也。

此爲塑九子母幷塑其夫者。　按訶利帝有夫名半支迦 (Pāñcika)，已見前篇；夫婦合塑之像，在中國宋以前當有造者，然至今日殆已毀滅無餘。　斯坦因曾云，新疆某處廟壁畫鬼子母，其對壁當畫半支迦；然舊壁早毀，無從登實。　今印度白沙瓦博物館 (Peshawar Museum) 藏有舊時健馱羅式造像一區，半支迦共訶利帝並肩而坐，諸子依傍其側；半支迦像兩手已毀，福舍謂其右手原當執槍，左手當持錢袋，以此神在印度原有爲財神之傳說也（圖二）。　吾人察其體態，自非若陸游所謂巾幗美丈夫者，惜不得新疆古廟壁畫以一覘其變易之跡也。

前既歷攷鬼子母在中國爲祈子之神，然國人以嗣續觀念特重之故，向之求子者，其神不下數十，若西門豹若華嶽神若張仙等等，不遑細舉，則鬼子母者實亦不過此數十神中之一而已。

唐宋之時，九子母塑像之可攷者，除前舉數處外，所在尚有。　酉陽雜俎五云：

光明寺中九子母及文惠太子塑像，舉止態度如生；工名李岫。

此外太平廣記三百六十八引玉堂閑話一則，涉及九子母像，事屬荒謬，連類所及，錄之如次：

南中有僧院，院內有九子母像，裝塑甚奇。　嘗有一行者，年少，給事諸僧，不數年，其人漸甚羸瘠，神思恍惚，諸僧頗怪之。　有一僧見此行者至夜入九子母堂寢宿，徐見一美婦人至，晚引同寢，已近一年矣。　僧知塑像爲怪，卽壞之，自是不復更見；行者亦愈，卽落髮爲沙門。

其壁畫之可攷者，約有數處：酉陽雜俎六云：

崇義坊招福寺（中略）庫院鬼子母，貞元中李貞畫，往往得長史規矩，把鏡者尤工。

宋劉道醇五代名畫補遺云：

韓求（一云虬）李祝（一云枧，）不知何處人，皆倜儻有經略才；屬唐祚陵季，以丹青自汚，而好遊晉唐間。　幷州節度使李克用陰懷異圖，窺伺神器，加

以左右勸進，克用亦懼求祝知之，乃命往陝郊畫龍與寺迴廊列壁二百餘堵　（中略）又畫九子母及藥叉變，宛有步武之態，由是天下畫流雲集，莫不鼠伏。

黃休復益州名畫錄云：

范瓊者，不知何許人，開成年，與陳皓彭堅同時同藝，廣居蜀城。　三人善畫人物，佛像，天王，羅漢，鬼神。　三人同手於諸寺圖畫佛像甚多，會昌年除毀後，餘大聖慈一寺佛像得存，南廊下藥叉大將和修吉羅龍王鬼子母天女五堵，謂之「十七護神」。

沈括夢溪筆談十七云：

王鍭據陝州，集天下良工畫聖壽寺壁，爲一時妙絕，（中略）又有鬼子母瘦佛二壁差次，其餘亦不甚過人。

上舉諸壁，歷時旣久，無復存者。　西紀千九百零八年，斯坦因（Stein）在我國新疆多瑪喀所得壁畫有畫於灰泥板上之鬼子母一，茲取以示番相（圖三）。　此畫像法可與圖一比較觀之也。

元明以來，關於塑繪鬼子母神之記載，除所謂「揭鉢圖」外，極少概見。　民間風俗，亦不知向九子母精禮以求子者。　此其故非他，蓋九子母之神仍在，九子母之名已改，轉輾化身，名目不一，而其最著者，曰送子娘娘，送子觀音。

延津縣志九引明李戴大聖寺白衣觀音閣記云：

（上略）於寺後塑白衣大士像，虛兩旁爲貯經計。　樓下爲水陸會所，東西各三楹，左爲送生菩薩，右爲眼光菩薩。

此云送生菩薩，蓋卽送子娘娘，與白衣觀音同在一寺，與前所引唐侯圭東山觀音院記，頗有相似之處。　按送子娘娘之名，不見於宋以前書籍中，茲隨引李戴之記，固不得據之謂其起源在是，然謂元代以後始有之，元代已前，則名之曰九子母，或非妄也。　送子娘娘之塑像繪像，所在多有，因地而異，不可具論。　茲但就北平東嶽廟一處言之：東嶽廟在齊化門外，爲北平名剎之一。　廟之西廡，有送子娘娘殿，正中裝塑娘娘及其夫之像，冠服皆極華貴。　娘娘以左手於懷中抱一孩子，諸小兒錯落其間者甚多（圖四）。　殿兩旁各有送子郎一人，以木槌擔袋，諸小兒充滿其中，歷歷可數。問之寺僧，曰此文王百子也。　余意此爲道家之「廣嗣神」，殆卽從佛教之鬼子母而出

者。

鬼子母在印度又為痘疹之神，今日尼泊爾有所謂「絲訶利帝」者，奉為痘神，香火猶盛；上所稱東嶽廟後殿另一處，有號為痲疹娘娘者，即是。　同處除痲疹娘娘外，有同樣之神八，曰送生培姑催生眼光天仙子孫利蒙乳母。　其子孫娘娘即九子母，蓋毫無疑義；舊都風俗，小兒痘疹無恙，答謝神庥，有不至痲疹而至子孫者。　其送生培姑催生利蒙乳母諸神，顧名思義，皆為鬼子母及其眷屬所演變。　惟眼光天仙二者，不知其原；而圖書集成四十五引直隸志書永平府條云：

（四月）十八日祀天仙，言謂之拜廟，視季春尤盛，蓋婦人求嗣者，本古高禖遺風，流而為賽禱。　又童男女多病者，以小紙楷為枷鎖，荷之詣廟祈禱，三年為滿，焚神前，謂枷願。　其祠在遷安景忠山顛者，俗稱頂上娘娘。

此所稱天仙，與送子娘娘相似，或通常所稱天仙亦即九子母之變，未可知也。　然屈大鈞記廣州西王母祠有送子催生治痘疹者凡六神，翁山謂即飛瓊董雙成萼綠華之流，與余所說，顯然異趣。　廣東新語六云：

廣州多有祠祀西王母，左右有夫人，兩送子者，兩催生者，兩治痘疹者，凡六位，蓋西王母弟子若飛瓊董雙成萼綠華之流者也。　相傳西王母為人注壽注福注祿，諸弟子亦以保嬰為事，故人民事之惟恐後。　攷西王母見山海經汲冢周書穆天子傳漢武帝內傳，而莊子云，夫道在太極之先，西王母得之坐乎少廣，莫知其始，莫知其終，是則開闢以來，有天地即有西王母；而道家以為西王母者，金母也，木公生之，金母成之，人類之所以不絕於天地間者，以有金母之成之也。　金母者天下之大母，故曰王母；居於西以成物為事，故曰西王母云。　壁上多繪畫保嬰之事，名子孫堂，人民生子女者，多契神以為父母。　西王母與六夫人像，悉以紅紙書契名貼其下，其神某則取其上一字以為契名，婚嫁日乃遣巫以酒食除之。

屈氏此說，引證甚博。　案西王母之來原甚早，而如屈氏所說飛瓊等諸夫人為送子催生治痘疹之事，則前此無聞。　自九子母之名不彰，流俗莫知其原，多取其類似之神以當之；如山東民間有呼送子觀音為西王母者，要皆後起之事，推求其始，正恐未必然也。此外民間流傳，有所謂送子觀音者，法人福舍謂即九子母之變。　攷觀世音之入

中國，其時甚早。　　因其博施濟衆，信奉最爲普遍，而向之求子者，亦有焉。　　法苑
珠林六十五引冥祥記云：

> 宋居士卞悅之濟陰人也，作朝請，居在朝溝。　行年五十，未有子息，婦爲取
> 妾，復積歲不孕。　將祈求繼嗣，發願誦觀音經千遍，其數垂竟，妾卽有娠，
> 遂生一男，時元嘉十四年也。

此云誦觀音經以求子，其時甚早，降及後世，此類記載，尤屬數見不鮮。　　五代僧皎
然虛救苦觀世音菩薩讚序云。

> 繪工匠意通幽，若菩薩生現，湛兮凝心於內，怡然示相於表，非法王妙用何哉
> 。　誰其主之？卽湖州刺史諫議大夫樊公夫人范陽縣君盧氏所造也。　初夫人
> 有恤嗣之兆，嘗念觀音，夢雲初懷，育月方誕，命曰，是兒見不正名，蓋取宜
> 子之意也（下略）。

宋洪邁夷堅乙志十七云：

> 京師人翟楫居湖州四安縣，年五十，無子，繪觀世音像，懇禱甚至。　其妻方
> 娠，夢白衣婦人以盤擎一兒甚韶秀，妻大喜，欲抱取之，一牛橫陳其中，竟不
> 可得。　既而生男子，彌月不育，又禱請如初。　有聞其夢者，告楫曰，子酷
> 嗜牛肉，登謂是歟？　楫矍然，卽誓闔家不復食，遂復夢前婦人送兒子，抱得
> 之，妻遂生子爲成人。

至晚近乃有送子觀音之像，而觀音送子之傳說，幾於無處無之。　　按送子觀音之像，
瓷器及石鏨者常常見之，或坐或立，抱兒於懷，或着膝上，與九子母像極相類。　　然
亦有異樣者，如圖五卽其一例。　　圖正中畫大士坐蓮花座上，左右有龍女善才韋陀等
，後有光背及叢竹，固顯然一南海觀音像也。　　然大士右手於懷中抱一孩子，則與尋
常之觀世音不類矣。　　此種畫像，現尚流行，爲時當甚晚；但上述翟楫所畫頗有相似
處，不知南宋時已有否？　　至送子觀音之名之成立，其時亦較後。　　宋葉夢得避暑錄話
三云：

> 杜牧作李戡墓誌（中略）記戡母夢有偉男子持雙兒授之。云，孔丘以是與爾。
> 及生戡，因字夫授。　晃無咎每舉以爲戲，曰，孔夫子乃爲人作九子母耶？
> 此必戡平日自言者，其詭妄不言可知也。

案唐封演聞見記一云：

> 流俗婦人，多於孔廟祈子，殊爲褻慢，有露形登夫子之榻者。　後魏孝文詔孔
> 子廟不許婦人雜祈非望之福，然則蠻俗所爲，有自來矣。

據此則晁無咎之言，未免寡陋；然可知宋人亦以九子母爲送子之神。　不曰孔夫子爲
人作送子觀音耶，則送子觀音之名，在當時尚未顯，或竟未有也。　茲合之以像法，
證之以史事，而知譌會之言蓋屬可信。

　　鬼子母之愛兒名畢哩孕迦，亦曰嬪伽羅 (Pindala)，聞西人有謂西遊記小說中之
紅孩兒即從此愛兒而出。　按大藥叉女幷愛子成就法云。

> 我今復說畢哩孕迦刻像法：取好白旃檀香木無瑕隙者，長六指，或一磔手，令
> 巧匠雕作童子形，頂上有五朱紫髻子，相好圓滿，以種種瓔珞莊嚴其身，於荷
> 葉上交脚而坐，左手擎吉祥菓，作與人勢，右手揚掌向外，垂展五指，此名滿
> 願手。

此畫像法與紅孩兒極不相似。　紅孩兒後歸觀世音爲善才童子，人或見送子觀音像，
遂附會之，蓋不足信。　又攷唐費冠卿九華山化成寺記有所謂「九子神」者，因九華
古號九子山而出，與茲所攷者不一，故特從略。

圖　　　二

圖　　　三

圖　　　四

圖　　　五

出自第二本第三分（一九三一年四月）

西夏文佛母孔雀明王經考釋序

陳　寅　恪

　　治吾國語言之學，必研究與吾國語言同系之他種語言，以資比較解釋，此不易之道也。　西夏語爲支那語同系語言之一。　吾國人治其學者絕少。　卽有之，亦不過以往日讀金石刻詞之例，推測其文字而已。　尚未有用今日比較語言學之方法，於其同系語言中，考辨其音韻同異，探討其源流變遷，與吾國語言互相印證發明者。　有之，以寅恪所知，吾國人中蓋自王君靜如始。　然則卽此一卷佛母孔雀明王經之考釋，雖其中或仍有俟他日之補訂者，要已足開風氣之先，而示國人以治國語之正軌，洵可稱近日吾國學術界之重要著述矣。　寅恪於西夏語文未能通解，不敢妄有所論列。　然有欲質疑而承教者二事：此經題「𗷭𘄴」二字當中文「種咒」二字。　卽藏文「rig sñags」之對譯。　考「rig」乃梵文「Vidyā」之譯語。　實當中文之「明」字。　而藏文「種類」之「種」字爲「rigs」與爲「明」字之「rig」形音俱極近似。　且「rig sñags」一名詞中「rig」之後卽聯接「sñags」字首之「s」。　或者夏人初譯此名詞時，誤以「rig」爲「rigs」。　遂不譯爲「明」而譯爲「種」歟？　其實佛典原文中「種類」之「種」與「種子」之「種」爲語各異。　而漢譯則同一「種」字。　「𗷭」字本「種子」之「種」與「種類」之種作「𗾈」者不同。　豈西夏語言亦同中土之例，此二「種」字可以通用，而「種咒」成一名詞，與中文之「種智」等同屬一類之語詞綴合歟？　抑夏人卽用「種子」之本義，而聯「種咒」爲一名詞，意爲「原本咒語」歟？　就吾人今日所見西夏文字佛教經典而論。　其譯自中文者多。　而譯自藏文者少。　但西夏與吐蕃，言語民族旣屬大同，土壤教俗復相接近，疑其翻譯藏文佛經而爲西夏語言，尚在譯漢爲夏之前。　此類譯名若果歧誤，後來自必知之。　特以襲用已久，不煩更易，荀卿所謂「約定俗成」者也。　此例在藏文所譯梵文佛典中，往往遇之，殆不似唐代玄奘譯經，悉改新名，而以六朝舊譯爲訛誤之比歟？　此其一。　又今日所見西

夏文字之石刻及經典，其鐫造雕印多在元代，實西夏已滅之後。　據此可知西夏之國雖亡，而通解其文字者猶衆。　獨至何時其文字始無人能讀，殊不易考知。　柏林國家圖書館所藏藏文廿珠爾，據稱爲明萬曆時寫本。　寅恪見其上偶有西夏文字。　又與此佛母孔雀明王經及其他西夏文字佛典同發見者，有中文銷釋眞空寶卷寫本一卷。據胡君適跋文，考定爲明萬曆以後之作。　又錢謙益牧齋有學集卷二十六黃氏千頃齋藏書記云「慶陽李司寇家有西夏實錄其子孔度屢見許而不可得」，以慶陽地望準之，李氏仍藏有西夏實錄之原本或譯本，自爲可能之事。　以錢氏所述言之。　亦與明萬曆時代相近。　故綜此三事觀之，則明神宗之世，西夏文字書籍，其遺存於西北者，當不甚少。　或尚有能通解其文字之人歟？　此其二。　寅恪承王君之命，爲其書序。謹拈出此二重西夏文字學公案，敢請國內外治此學之專家試一參究。　以爲何如？

南嶽大師立誓願文跋

陳　寅　恪

　　天台宗創造者慧思作誓願文，取本人一生事蹟，依年歲編列。　其書不獨研求中古思想史者應視爲重要資料，實亦古人自著年譜最早者之一。　故與吾國史學之發展殊有關係。　但今日所傳南嶽大師舊述中頗有後人僞託之作。　然則此誓願文之眞僞究何如者，是否可依據爲正確史料，自爲一問題。　考慧思所生時代，南北朝並立，其君主年號及州郡名稱皆交錯重複，最爲糾紛，不易明悉。　今卽取誓願文中關於此二事者，證諸史籍，以驗其眞僞。　眞僞判定之後，就其所表現思想之特徵略加解釋，或亦可供治南北朝末年思想史者之參考乎？

　　唐道宣續高僧傳二十一（金陵刻經處本）慧思傳云：

　　　　以齊武平之初背此嵩陽，領徒南逝，高騖前賢，以希棲隱。初至光州，値梁孝元傾覆國亂，前路梗塞，權止大蘇山。數年之間歸從如市。

按，北齊君主以武平紀年者有二。　一爲後主緯，卽溫國公。　一爲范陽王紹義。後主之武平在范陽王之前，且爲中原統治之朝。　僧傳所言，係指後主之年號，自不待言。　北朝齊後主武平元年當南朝陳宣帝太建二年庚寅，卽西曆五七〇年。　南朝梁孝元帝之傾覆在其承聖三年，當北朝齊文宣帝天保五年甲戌，卽西曆五五四年。二者相距已逾十五年之久，實與當時情事不符。　故道宣所紀必有譌誤。　今慧思立誓願文云：

　　　　我慧思是末法八十二年太歲在乙未十一月十一日於大魏國南豫州汝陽郡武津縣生（中略）。　年至四十，是末法一百二十一年，在光州開岳寺（中略）。　至年四十一，是末法一百二十二年，在光州境大蘇山中。

按，慧思生於北朝魏宣武帝延昌四年乙未，當南朝梁武帝天監十四年，卽西曆五一五年。　其四十歲適值南朝梁元帝承聖三年，卽西曆五五四年。　江陵之陷卽在是歲。　實與史籍符會。　可知南北朝並立，其年號歲月後先交互之間，雖以道宣之博

學，猶不能無誤。　而此誓願文之記載其正確如是，則非後世僧徒所能僞造，固無容疑也。

又立誓願文云：

至年四十四，是末法二十五年，太歲戊寅，還於大蘇山光州境內。　唱告四方。　我欲奉造金字摩訶般若波羅蜜經（中略）。　從正月十五日敎化，至十一月十一日，於南光州光城都光城縣齊光寺方得就手，報先心願，奉造金字摩訶般若波羅蜜經一部，並造瑠璃寶函盛之。

按，魏書卷一百六中地形志云：

光州。治掖城皇與四年分青州置。延與五年改爲鎭。景明元年復。　領郡三。　縣十四。

又同卷云：

光州。蕭衍置。魏因之。治光城。　領郡五。　縣十。

北光城郡。　領縣二。　光城。州治　樂安。

南光城郡。　領縣二。　光城。郡治　南樂安。

按，誓願文中「南光州光城都光城縣「之「都」字自當爲「郡」字傳寫之誤。　而「南」字則直貫下文之「光城都〔郡〕光城縣言。　蓋言「南光州」者，以別於治掖城之（北）光州。　（南）光城都〔郡〕光城縣者，以別於北光城郡之光城縣。所以知者，以此時慧思適在大蘇山中。　以地望準之，南光城郡之光城縣與大蘇山較近故也。　夫此類行政區域其名稱至爲重疊複雜。　若作者非當時親歷之人，恐難有如是之正確。　然則誓願文非後世所能僞託，此又一證矣。

故據誓願文中關於年曆地理二事觀之，已足證明其非僞作。　此文之眞僞旣經判定。　而文中所述志願，卽求長生治丹藥一事，最爲殊特。　似與普通佛敎宗旨矛盾。　予以爲此類思想確爲當時產物，而非後來所可僞託。　請略考當日社會文化狀況及天台宗學說之根據，以說明之如下：

誓願文中如

又復發願，我今入山懺悔一切障道重罪，經行修禪，若得成就五通神仙及六神通。

及

是故先作長壽仙人，藉五通力學菩薩道。　自非神仙，不得久住。　爲法學仙不貪壽命。

及

誓於此生得大仙報。

及

爲護法故求長命。　不願生天及餘趣。　願諸賢聖佐助我。　得好芝草及神丹。　療治衆病除饑渴。　常得經行修諸禪。　願得深山寂靜處。　足神丹藥修此願。　籍外丹力修內丹。

及

以此求道誓願力。　作長壽仙見彌勒。

及

誓願入山學神仙。　得長命力求佛道。

等語。　皆表現求長生治丹藥之思想。　考印度佛教末流襲取婆羅門長生養性之術，託之龍樹菩薩。　如今日藏文丹珠爾第一百十八函中龍樹所造諸論皆是其例。　慈恩大師傳卷二云：

明日到磔迦國東境，至一大城。　城西道北有大菴羅林。　林中有一七百歲婆羅門。　及至觀之，可三十許。　形質魁梧，神理淹審。　明中百諸論，善吠陀等書。　有二侍者，各百餘歲（中略）。　仍就停一月，學經百論廣百論。　其人是龍猛弟子，親得師承，說甚明淨。

又唐澄觀大方廣華嚴經隨疏演義鈔卷七云：

又案，西域記唐三藏初遇龍樹宗師，欲從學法。　師令服藥，求得長生，方能窮究。　三藏自思，本欲求經，恐仙術不成，辜我夙願。　遂不學此宗，乃學法相之宗。

案，此二說皆相似，而皆不可信。　然有一事可注意者，即欲學龍樹之宗，必先求長生之法是也。　據隋書卷三十四經籍志子部醫方類著錄西域諸仙藥方中有

龍樹菩薩藥方四卷。

龍樹菩薩養性方一卷。

及隋費長房歷代三寶記卷十一載

　　北周時攘那跋陀羅譯五明論合一卷。　（此論雖未言何人所造。　然日本石山

　　寺有寫本龍樹五明論一卷。　今刊入大正大藏經第二十一卷。　以隋書經籍志

　　及丹珠爾載龍樹所造論性質推之，攘那跋陀羅之譯本疑亦托名龍樹所造也。）

可知南北朝末年此類依託龍樹之學說已自天竺輸入中土。　慧思生值其時，自不能不

受其影響。　況天台剏義立宗，悉依大智度論。　而大智度論乃龍樹之所造。　龍樹

實為天台宗始祖。　宜乎智顗願文中盛談求長生治丹藥之事也。　又天台禪學其中堅

之一部分本為南北朝之小乘禪學。　而此部分實與當時道家所憑藉之印度禪學原是一

事。　故天台宗內由本體之同質，外受環境之習薰，其思想之推演變遷遂不期而與

道家神仙之學說符會。　明乎此，則天台祖師棲止之名山如武當南嶽天台等，皆道家

所謂神仙洞府，富於靈藥，可以治丹之地，固不足為異也。　總而言之，天台原始之

思想雖不以神仙為極詣，但視為學佛必經之歷程。　有似上引澄觀華嚴疏鈔所記龍樹

宗師告玄奘之語意，即先須服藥，求得長生之後，方能窮究龍樹之學是也。　後如唐

之梁肅，其學本出於天台宗之湛然所作神仙傳論（全唐文卷五百十九）亦有

　　　予嘗覽葛洪所記，以為神仙之道昭昭足徵也。

之言。　蓋梁氏宗佛陀而信神仙。　尚是原始天台思想。　可見南北朝末年思想界中

此重公案迄於唐之中葉猶復存在。　茲因徵考所及，並附論之於此。

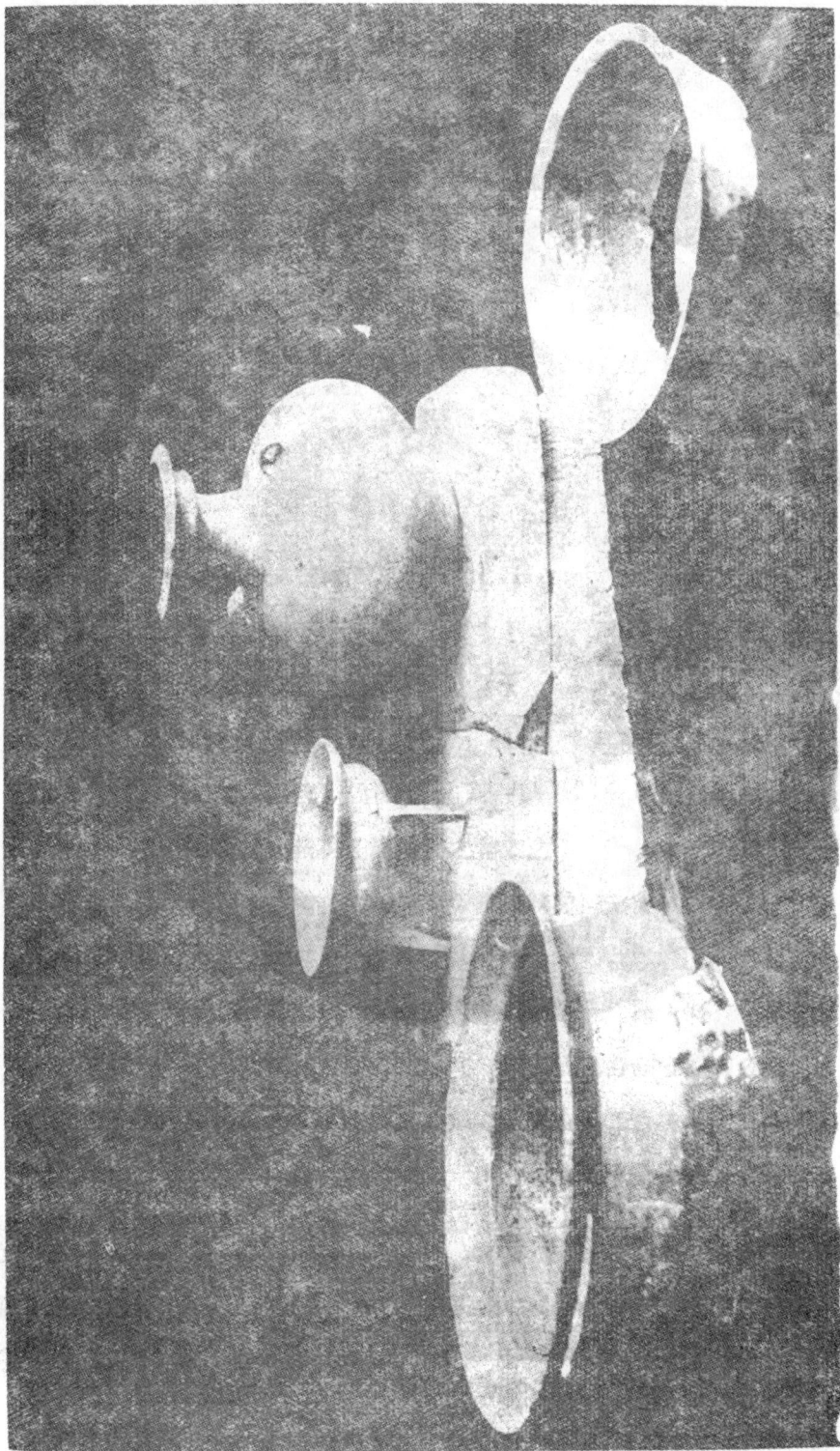

圖 一　當塗出土遺物

瓶　罐　斗　盤

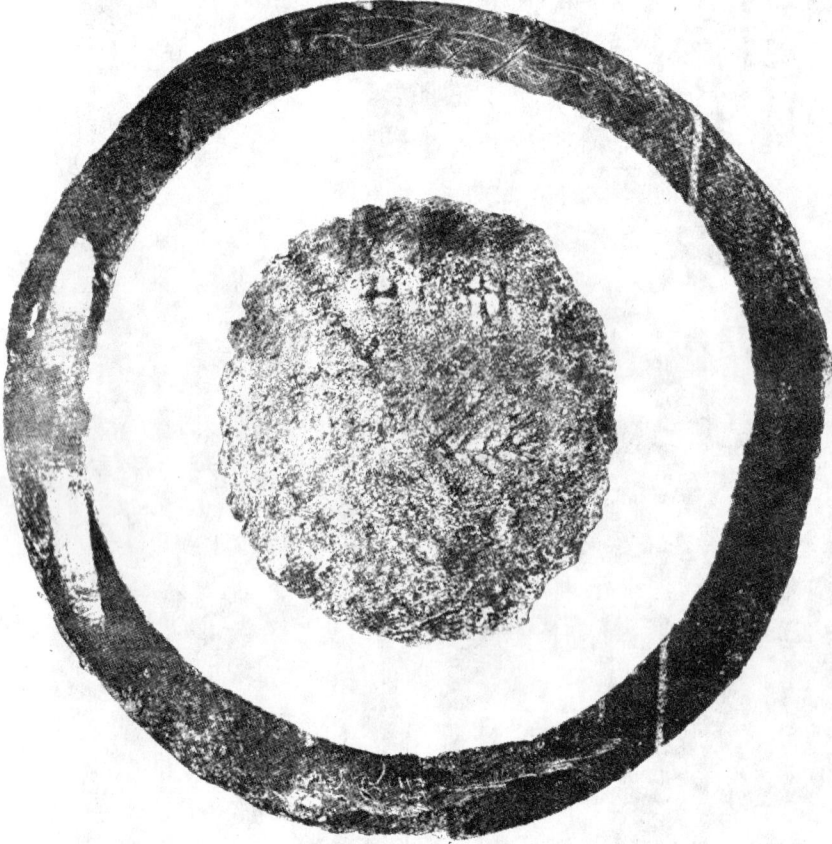

第二圖 左爲鑑右爲釬之口緣及內底內文文

說　儒

胡　適

〔一〕　問題的提出

〔二〕　論儒是殷民族的教士；他們的衣服是殷服，他們的宗教是殷禮，
　　　　他們的人生觀是亡國遺民的柔遜的人生觀。

〔三〕　論儒的生活：他們的治喪相禮的職業。

〔四〕　論殷商民族亡國後有一個“五百年必有王者興”的預言；孔子在當
　　　　時被人認爲應運而生的聖者。

〔五〕　論孔子的大貢獻：　（1）把殷商民族的部落性的儒擴大到“仁以爲
　　　　己任”的儒；（2）把柔懦的儒改變到剛毅進取的儒。

〔六〕　論孔子與老子的關係；論老子是正宗的儒。　附論儒與墨者的關
　　　　係。

（一）

二十多年前，章太炎先生作國故論衡，有原儒一篇，說‘儒’有廣狹不同的三種說
法：

儒有三科，關“達”，“類”，“私”之名　（墨子經上篇說名有三種：達，類，私。如“物”是達
名，“馬”是類名，“舜”是私名）：

達名爲儒。　儒者，術士也（說文）。　太史公儒林列傳曰，“秦之季世阬術士”，
而世謂之阬儒。　司馬相如言“列僊之儒居山澤間，形容甚臞”。（漢書司馬相如
傳語。史記儒作傳，誤。）………王充儒增，道虛，談天，說日，是應，舉“儒書”，
所稱者有魯般刻鳶，由基中楊，李廣射寢石矢沒羽，………黃帝騎龍，淮南王犬
吠天上鷄鳴雲中，日中有三足烏，月中有兔蟾蜍。　是諸名籍道墨刑法陰陽神
仙之倫，旁有雜家所記，列傳所錄，一謂之儒，明其皆公族。　“儒”之名蓋出
於“需”，需者雲上於天，而儒亦知天文，識旱潦。　何以明之？烏知天將雨者

曰鷸(說文)，舞旱暵者以爲衣冠。 鷸冠者亦曰術氏冠(漢五行志注引禮圖)，又曰圜冠。 莊周言儒者冠圜冠者知天時，履句屨者知地形，緩佩玦者事至而斷。(田子方篇文。五行志注引逸周書文同。莊子圜字作鷸。續漢書輿服志云:"鷸冠前圜"。) 明靈星舞子吁嗟以求雨者謂之儒。……古之儒知天文占候，謂其多技，故號徧施於九能，諸有術者悉晐之矣。

類名爲儒。 儒者知禮樂射御書數。 天官曰，"儒以道得民"。 說曰，"儒，諸侯保氏有六藝以教民者"。 地官曰，"聯師儒"。 說曰，"師儒，鄉里教以道藝者"。 此則躬備德行爲師，效其材藝爲儒。……

私名爲儒。 七略曰，"儒家者流，蓋出於司徒之官，助人君順陰陽明教化者也。 游文於六經之中，留意於仁義之際，祖述堯舜，憲章文武，宗師仲尼，以重其言，于道爲最高"。 周之衰，保氏失其守，史籀之書，商高之算，蠭門之射，范氏之御，皆不自儒者傳。 故孔子……自詭鄙事，言君子不多能，爲當世名士顯人隱諱。 及儒行稱十五儒，七略疏晏子以下五十二家，皆粗明德行政教之趣而已，未及六藝也。 其科于周官爲師，儒絕而師假攝其名。……

今獨以傳經爲儒，以私名則異，以達名類名則偏。 要之題號由古今異，儒猶道矣。 儒之名於古通爲術士，於今專爲師氏之守。 道之名於古通爲德行道藝，於今專爲老聃之徒。……

太炎先生這篇文章在當時眞有開山之功，因爲他是第一個人提出"題號由古今異"的一個歷史見解，使我們明白古人用這個名詞有廣狹不同的三種說法。 太炎先生的大貢獻在於使我們知道"儒"字的意義經過了一種歷史的變化，從一個廣義的，包括一切方術之士的"儒"，後來竟縮小到那"祖述堯舜，憲章文武，宗師仲尼"的狹義的"儒"。這雖是太炎先生的創說，在大體上是完全可以成立的。 論語記孔子對他的弟子說:

女爲君子儒，毋爲小人儒。

這可見當孔子的時候，"儒"的流品是很雜的，有君子的儒，也有小人的儒。 向來的人多蔽於成見，不能推想這句話的涵義。 若依章太炎的說法，當孔子以前已有那些廣義的儒，這句話就很明白了。

　　但太炎先生的說法，現在看來，也還有可以修正補充之處。　他的最大弱點在於
那"類名"的儒。　（其實那術士通稱的"儒"才是類名。）　他在那最廣義的儒之下，另
立一類 "六藝之人" 的儒。　此說的根據只有周禮的兩條鄭玄注。　無論周禮是否可
信，周禮本文只是一句"儒以道得民"和一句"聯師儒"，這裏並沒有儒字的定義。　鄭
玄注裏說儒是"有六藝以致民者"，這只是一個東漢晚年的學者的說法，我們不能因此
就相信古代（周初）眞有那專習六藝的儒。　何況周禮本身就很可疑呢？

　　太炎先生說"儒之名於古通爲術士"，此說自無可疑。　但他所引證都是秦漢的材
料，還不曾說明這個廣義的儒究竟起于什麽時代，他們的來歷是什麽，他們的生活是
怎樣的，他們同那狹義的孔門的儒有何歷史的關係，他們同春秋戰國之間的許多思想
潮流又有何歷史的關係。　在這些問題上，我們不免都感覺不滿足。

　　若如太炎先生的說法，廣義的儒變到狹義的儒，只是因爲 "周之衰，保氏失其
守"，　故書算射御都不從儒者傳授出來，而孔子也只好 "自詭鄙事，言君子不多能，
爲當世名士顯人隱諱"。　這種說法，很難使我們滿意。　如果周禮本不可信，如果
"保氏"之官本來就是一種烏託邦的制度，這種歷史的解釋就完全站不住了。

　　太炎先生又有原道三篇，其上篇之末有注語云：

　　儒家法家皆出于道，道則非出于儒也。

若依此說，儒家不過是道家的一個分派，那麽，"儒"還夠不上一個"類名"，更夠不上
"達名"了。　若說這裏的"儒"只是那狹義的私名的儒，那麽，那個做儒法的共同源頭
的"道"和那最廣義的"儒"可有什麽歷史關係沒有呢？太炎先生說 "儒法者流削小老氏
以爲省"（原道上），他的證據只有一句話：

　　孔父受業於徵藏史，韓非傳其書。（原道上）

姑且假定這個淵源可信，我們也還要問：那位徵藏史（老聃）同那廣義的"儒"又有什麽
歷史關係沒有呢？

　　爲要補充引申章先生的說法，我現今提出這篇嘗試的研究。

（二）

　　"儒"的名稱，最初見于論語孔子說的

女爲君子儒，毋爲小人儒。

我在上文已說過，這句話使我們明白當孔子時已有很多的儒，有君子，有小人，**流品**已很雜了。　我們要研究這些儒是什麼樣的人。

我們先看看"儒"字的古義。說文：

儒，柔也，術士之稱。　從人，需聲。

術士是有方術的人；但爲什麼"儒"字有"柔"的意義呢？"需"字古與"耎"相通；廣雅釋詁："耎，弱也"。　耎卽是今"輭"字，也寫作"軟"字。　"需"字也有柔軟之意；考工記："革，欲其荼白而疾澣之，則堅；欲其柔滑而腥脂之，則需"。　鄭注云："故書，需作濡。　鄭司農云，'濡讀爲柔需之需，謂厚脂之韋革柔需'"。　考工記又云：'厚其帤則木堅，薄其帤則需"。此兩處，"需"皆與"堅"對舉，需卽是柔耎之耎。　柔軟之需，引伸又有遲緩濡滯之意。　周易彖傳："需，須也"。　雜卦傳："需，不進也"。　周易"澤上於天"（☱☰）爲夬，而"雲上於天"（☵☰）爲需；夬是已下雨了，故爲決斷之象，而需是密雲未雨，故爲遲待疑滯之象。　左傳哀六年："需，事之下也"。　又哀十四年："需，事之賊也"。

凡從需之字，大都有柔弱或濡滯之義。　"㼾，弱也"。　"孺，乳子也"。　"懦，駑弱者也"。　(皆見說文)　孟子有"是何濡滯也"。　凡從耎之字，皆有弱義。　"偄，弱也"（說文）；段玉裁說偄卽是懦字。　稻之軟而黏者爲"稬"，卽今糯米的糯字。　廣雅釋詁："㛥，弱也"。　大概古時"需"與"耎"是同一個字，古音同讀如弩，或如糯。　朱駿聲把從耎之字歸入"乾"韻，從"需"之字歸入"需"韻，似是後起的區別。

"儒"字從需而訓柔，似非無故。　墨子公孟篇說：

公孟子戴章甫，搢忽，儒服而以見子墨子。

又說：

公孟子曰，君子必古言服，然後仁。

又非儒篇說：

儒者曰，君子必古言服，然後仁。

荀子儒效篇說：

逢衣淺帶 （韓詩外傳作“博帶”），解果其冠，……是俗儒者也。

大槪最古的儒，有特別的衣冠，其制度出于古代（ 說詳下 ），而其形式——逢衣，博帶，高冠，摺笏——表出一種文弱迂緩的神氣，故有“儒”之名。

　　所以“儒”的第一義是一種穿戴古衣冠，外貌表示文弱迂緩的人。

　　從古書所記的儒的衣冠上，我們又可以推測到儒的歷史的來歷。　墨子書中說當時的 “儒” 自稱他們的衣冠爲“古服”。周時所謂“古”，當然是指那被征服的殷朝了。試以“章甫之冠”證之。　士冠禮記云：

　　　章甫，殷道也。

禮記儒行篇記孔子對魯哀公說：

　　　丘少居魯，衣逢掖之衣；長居宋，冠章甫之冠。　丘聞之也：君子之學也博，

　　　其服也鄉。　丘不知儒服。

孔子的祖先是宋人，是殷王室的後裔，所以他臨死時還自稱爲“殷人”（見檀弓）。　他生在魯國，生於殷人的家庭，長大時還囘到他的故國去住過一個時期。　（史記孔子世家不記他早年居宋的事。但儒行篇所說無作僞之動機，似可信。）　他是有歷史眼光的人，他懂得當時所謂“儒服”其實不過是他的民族和他的故國的服制。　儒服只是殷服，所以他只承認那是他的“鄉”服，而不是什麽特別的儒服。

　　從儒服是殷服的線索上，我們可以大胆的推想：最初的儒都是殷人，都是殷的遺民，他們穿戴殷的古衣冠，習行殷的古禮。　這是儒的第二個古義。

　　我們必須明白，殷商的文化的中心雖在今之河南，——周之宋衞（衞卽殷字，古讀殷如衣，鄒章古音皆如衣，卽殷字）——而東部的齊魯皆是殷文化所被，殷民族所居。　左傳（晏子春秋外篇同）昭公二十年，晏嬰對齊侯說：“昔爽鳩氏始居此地，季萴因之，有逢伯陵因之，蒲姑氏因之。　而後太公因之”。　依漢書地理志及杜預左傳注，有逢伯陵是殷初諸侯，蒲姑氏（漢書作薄姑氏）是殷周之間的諸侯。　魯也是殷人舊地。　左傳昭公九年，周王使詹桓伯辭於晉曰：“……及武王克商，蒲姑商奄，吾東土也”。　孔穎達正義引服虔曰：“蒲姑，齊也；商奄，魯也”。　又定公四年，衞侯使祝佗私於萇弘曰：“……昔武王克商，成王定之。……分魯公以大路大旂，夏后氏之璜，封父之繁弱（大弓名），殷民六族——條氏，徐氏，蕭氏，索氏，長勺氏，尾勺氏，——使帥其宗

氏，輯其分族，將其類醜（醜，衆也），以法則周公，用卽命于周；是使之職事于魯，以昭周公之明德；分之土田陪敦，祝宗卜史，備物典策，官司彝器，因商奄之民，命以伯禽，而封於少皥之虛"。　這可見魯的地是商奄舊地，而又有新徙來的殷民六族。所以魯有許多殷人遺俗，如"亳社"之祀，屢見於春秋。　傅斯年先生前幾年作 "周東封與殷遺民"（未刊）一文，證明魯"爲殷遺民之國"。他說：

> 春秋及左傳有所謂"亳社"者，是一件很重要的事。　"亳社"屢見于春秋經。以那樣一個簡略的二百四十年間之"斷爛朝報"，所記皆是戎祀會盟之大事，而亳社獨佔一位置，則亳社在魯之重要可知。　且春秋記 "亳社（公羊作蒲社）災" 在哀公四年，去殷商之亡已六百餘年（姑據通鑑外紀），………亳社猶有作用，是甚可注意之事實。　且左傳所記亳社，有兩事尤關重要。　哀七年，"以邾子益來，獻于亳社"。………邾于殷爲東夷，此等獻俘，當與宋襄公"用鄫子于次睢之社，欲以屬東夷"一樣，周人諂殷鬼而已。　又定六年，"陽虎又盟公及三桓於周社，盟國人于亳社"。　　這眞淸淸楚楚指示我們：魯之統治者是周人，而魯之國民是殷人。　殷亡六七百年後之情形尙如此！

傅先生此論，我認爲是最有見地的論斷。

　　從周初到春秋時代，都是殷文化與周文化對峙而沒有完全同化的時代。　最初是殷民族仇視那新平定殷朝的西來民族，所以有武庚的事件，在那事件之中，東部的蒲姑與商奄都加入合作。　漢書地理志說：

> 齊地，………湯時有逢公柏陵，殷末有薄姑氏，皆爲諸侯，國此地。　至周成王時，薄姑氏與四國共作亂，成王滅之，以封師尙父，是爲太公。 （史記周本紀也說："東伐淮夷，殘奄，遷其君薄姑"。書序云："成王旣踐奄，將遷其君於薄姑。周公告召公，作將蒲姑"。但皆無滅蒲姑以封太公的事。）

史記的周本紀與齊太公世家都說太公封於齊是武王時的事。　漢書明白的拋棄那種舊說，另說太公封齊是在成王時四國亂平之後。　現在看來，漢書所說，似近于事實。不但太公封齊在四國亂後；伯禽封魯也應該在周公東征四國之後。　"四國"之說，向來不一致：詩毛傳以管，蔡，商，奄爲四國；孔穎達左傳正義說杜注的"四國"爲管，蔡，祿父（武庚），商奄。　尙書多方開端卽云：

惟五月丁亥，王來自奄，至於宗周。　周公曰：“王若曰：猷告爾四國多方：

惟爾殷侯尹民，………”

此時武庚管蔡已滅，然而還用“四國”之名，可見管蔡武庚不在“四國”之內。“四國”似是指東方的四個殷舊部，其一爲殷本部，其二爲商奄 (奄有大義，“商奄”猶言“大商，”猶如說“大羅馬”“大希臘”。)，其三爲薄姑，其四不能確定，也許卽是“徐方”。　此皆殷文化所被之地。　薄姑滅，始有齊國；商奄滅，始有魯國。　而殷本部分爲二：其一爲宋，承殷之後，爲殷文化的直接繼承者；其一爲衞，封給康叔，是新朝用來監視那殘存的宋國的。　此外周公還在洛建立了一個成周重鎮。

我們現在讀大誥，多士，多方，康誥，酒誥，費誓等篇，我們不能不感覺到當時的最大問題是鎮撫殷民的問題。　在今文尚書二十九篇中，這個問題要佔三分之一的篇幅。(書序百篇之中，有將蒲姑，又有亳姑。) 其問題之嚴重，可以想見。　看現在的零碎材料，我們可以看出兩個步驟：　第一步是倒殷之後，還立武庚，又承認東部之殷舊國。　第二步是武庚四國叛亂之後，周室的領袖決心用武力東征，滅殷四國，建立了太公的齊國，周公的魯國。　同時又在殷虛建立了衞國，在洛建立了新洛邑。　然而周室終不能不保留一個宋國，大概還是承認那個殷民問題的嚴重性，所以不能不在周室宗親 (衞與魯) 外戚 (齊) 的包圍監視之下保存一個殷民族文化的故國。

所以在周初幾百年之間，東部中國的社會形勢是一個周民族成了統治階級，鎮壓着一個下層被征服被統治的殷民族。　傅斯年先生說“魯之統治者是周人，而魯之國民是殷人”。(引見上文) 這個論斷可以適用於東土全部。　這形勢頗像後世東胡民族征服了中國，也頗像北歐的民族征服了羅馬帝國。　以文化論，那新起的周民族自然比不上那東方文化久遠的殷民族，所以周室的領袖在那開國的時候也不能不尊重那殷商文化。　康誥最能表示這個態度：

王曰，嗚呼，封，汝念哉！………往敷求于殷先哲王，用保乂民。　汝丕遠惟商

耇成人，宅心知訓。………

同時爲政治上謀安定，也不能不隨順着當地人民的文化習慣。　康誥說：

汝陳時臬司，師茲殷罰有倫。………

汝陳時臬事，罰蔽殷彝，用其義刑義殺。………

此可證左傳定公四年祝佗說的話是合於歷史事實的。　祝佗說成王分封魯與衞，“昔啓以商政，疆以周索”；而他封唐叔於夏虛，則“啓以夏政，疆以戎索”。（杜注：“昔，魯衞也。　啓，開也。　居殷故地，因其風俗，開用其政。　疆理土地以周法。　索，法也”。）但統治者終是統治者，他們自有他們的文化習慣，不屑模倣那被征服的民族的文化。　況且新興的民族看見那老民族的滅亡往往由於文化上有某種不適於生存的壞習慣，所以他們往往看不起征服民族的風俗。　酒誥一篇便是好例：

　　王曰，封，我西土⋯⋯尙克用文王敎，不腆于酒，故我至于今，克受殷之命。

這是明白的自誇西土民族的勝利是因爲沒有墮落的習慣。　再看他說：

　　古人有言曰：“人無於水監，當於民監”。　今惟殷墜厥命，我其可不大監撫于
　　時！

這就是說：我們不要學那亡國民族的壞榜樣！但最可注意的是酒誥的末段對于周的官吏，有犯酒禁的，須用嚴刑：

　　汝勿佚，盡執拘以歸于周，予其殺。

但殷之舊人可以不必如此嚴厲辦理：

　　又惟殷之迪諸臣惟工，乃湎於酒，勿庸殺之，姑惟敎之。

在這處罰的歧異裏，我們可以窺見那統治民族一面輕視又一面放任那被征服民族的心理。

　　但殷民族在東土有了好幾百年的歷史，人數是很多的；雖沒有政治勢力，他們的文化的潛勢力是不可侮視的。　孔子說過：

　　周因於殷禮，所損益可知也。

這是幾百年後一個有歷史眼光的人的估計，可見周朝的統治者雖有“所損益”，大體上也還是因襲了殷商的制度文物。　這就是說，“殪戎殷”之後，幾百年之中，殷商民族文化終久逐漸征服了那人數較少的西土民族。

　　殷周兩民族的逐漸同化，其中自然有自覺的方式，也有不自覺的方式。　不自覺的同化是兩種民族文化長期接觸的自然結果，一切民族都難逃免，我們不用說他。那自覺的同化，依我們看來，與“儒”的一個階級或職業很有重大的關係。

　　在那個天翻地覆的亡國大變之後，昔日的統治階級淪落作了俘虜，作了奴隸，作

了受治的平民。　　左傳裏祝佗說。

> 分魯公以……殷民六族——條氏，徐氏，蕭氏，索氏，長勺氏，尾勺氏，——
> 使帥其宗氏，輯其分族，將其類醜，以法則周公，用卽命于周；是使之職事于
> 魯，以昭周公之明德。　　分之土田陪敦，祝宗卜史，備物典策，官司彝器。…
> …　分康叔以……殷民·七族——陶氏，施氏，繁氏，錡氏，樊氏，饑氏，終
> 葵氏。………

這是殷商亡國時的慘狀的追述。　　這十幾族都有宗氏，都有分族類醜，自然是勝國的
貴族了；如今他們都被分給那些新諸侯去"職事"於魯衞，——這就是去做臣僕。　　那
些分封的彝器是戰勝者的俘獲品，那些"祝宗卜史"是亡國的俘虜。　　那戰勝的統治者
吩咐他們道：

> 多士，昔朕來自奄，予大降爾四國民命。　　我乃明致天罰，移爾遐逖，比事臣
> 我宗，多遜！………今予惟不爾殺，……亦惟爾多士攸服奔走臣我多遜，爾乃尚
> 有爾土，爾乃尚寧幹止。　爾克敬，天惟畀矜爾。　　爾不克敬，爾不啻不有爾
> 土，予亦致天之罰于爾躬！（多士；參看多方。）

這是何等嚴厲的告誡奴虜的訓詞！這種奴虜的生活是可以想見的了。

　　但我們知道，希臘的智識分子做了羅馬戰勝者的奴隸，往往從奴隸裏爬出來做他
們的主人的書記或家庭敎師。　　北歐的野蠻民族打倒了羅馬帝國之後，終于被羅馬天
主敎的長袍敎士征服了，倒過來做了他們的徒弟。　　殷商的智識分子，——王朝的
貞人，太祝，太史，以及貴族的多士，——在那新得政的西周民族之下，過的生活雖
然是慘痛的奴虜生活，然而有一件事是殷民族的團結力的中心，也就是他們後來終久
征服那戰勝者的武器，——那就是殷人的宗敎。

　　我們看殷虛（安陽）出土的遺物與文字，可以明白殷人的文化是一種宗敎的文化。
這個宗敎根本上是一種祖先敎。　　祖先的祭祀在他們的宗敎裏佔一個很重要的地位。
喪禮也是一個重要部分（詳下）。此外，他們似乎極端相信占卜：大事小事都用卜來決
定。　　如果鴻範是一部可信的書，那麼，占卜之法到了殷商的末期已起了大改變，用
龜卜和用獸骨卜之法之外，還有用蓍草的筮法，與卜並用。

　　這種宗敎需用一批有特別訓練的人。　　卜筮需用"卜筮人"；祭祀需用祝官；喪禮

需用相禮的專家。　在殷商盛時，祝宗卜史自有專家。　亡國之後，這些有專門知識的人往往淪為奴虜，或散在民間。　因為他們是有專門的知識技能的，故往往能靠他們的專長換得衣食之資。　他們在殷人社會裏，仍舊受人民的崇敬；而統治的階級，為了要安定民眾，也許還為了他們自己也需要這種有知識技能的人，所以只須那些"多士攸服奔走臣我多遜"，也就不去過分摧殘他們。　這一些人和他們的子孫，就在那幾百年之中，自成了一個特殊階級。　他們不是那新朝的"士"；"士"是一種能執干戈以衛社稷的武士階級，是新朝統治階級的下層。　他們只是"儒"。　他們負背着保存故國文化的遺風，故在那幾百年社會驟變，民族混合同化的形勢之中，他們獨能繼續保存殷商的古衣冠，——也許還繼續保存了殷商的古文字言語。（上文引的墨子公孟篇與非儒篇，都有"古言服"的話。我們現在還不明白殷周民族在語言文字上有多大的區別。）　在他們自己民族的眼裏，他們是"殷禮"（殷的宗教文化）的保存者與宣教師。　在西周民族的眼裏，他們是社會上多材藝的人，是貴族階級的有用的清客顧問，是多數民眾的安慰者。　他們雖然不是新朝的"士"，但在那成周宋衛齊魯諸國的絕大多數的民眾之中，他們要算是最高等的一個階級了。　所以他們和"士"階級最接近，西周統治階級也就往往用"士"的名稱來泛稱他們。　多士篇開端就說：

惟三月，周公初于新邑洛，用告商王士。

王若曰：爾殷遺多士！⋯⋯

下文又說：

王若曰：爾殷多士！⋯⋯

王曰：告爾殷多士！

多方篇有一處竟是把"殷多士"特別分開來了：

王曰：嗚呼，猷告爾有方多士，暨殷多士。

大雅文王之詩更可以注意。　此詩先說周士：

陳錫哉周，侯（維）文王孫子。　文王孫子，本支百世。　凡周之士，不顯亦世。　世之不顯，厥猶翼翼。　思皇多士，生此王國。　王國克生，維周之楨。　濟濟多士，文王以寧。

次說殷士：

　　商之孫子，其麗不億。　　上帝旣命，侯 (維) 于周服。　　侯服于周，天命靡常。

　　殷士膚敏，祼將于京。　　厥作祼將，常服黼冔。　　王之藎臣，無念爾祖。

前面說的是新朝的士，是“文王孫子，本支百世”。　　後面說的是亡國的士，是臣服于
周的殷士。　　看那些漂亮的，手腕敏捷的殷士，在那王朝大祭禮裏，穿戴着殷人的黼
冔 (士冠禮記：“周弁，殷冔，夏收。)”，捧着鬱酒，替主人送酒灌尸。　　這眞是一幕“靑
衣行酒”的亡國慘劇了！（毛傳以“殷士”，爲“殷侯”殊無根據。　士冠禮記所謂“殷冔”，自是士
冠。）

　　　大概周士是統治階級的最下層，而殷士是受治遺民的最上層。　　一般普通殷民，
自然仍舊過他們的農工商的生活，如多方說的“宅爾宅，畋爾田”。　　左傳昭十六年鄭
國子產說，“昔我先君桓公與商人皆出自周，庸次比偶，以艾殺此地，斬之蓬蒿藜
藋，而共處之。　　世有盟誓，以相信也，曰：‘爾無我叛，我無强賈，毋或匄奪；爾
有利市寶賄，我勿與知’。　　恃此質誓，故能相保，以至於今”。　　徐中舒先生曾根據
此段文字，說：“此‘商人’卽殷人之後而爲商賈者”。又說，“商賈之名，疑卽由殷人而
起”。（國學論叢一卷一號，頁一一一）此說似甚有理。　　“商”之名起于殷賈，正如“儒”之名
起于殷士。　　此種遺民的士，古服古言，自成一個特殊階級；他們那種長袍大帽的酸
樣子，又都是彬彬知禮的亡國遺民，習慣了“犯而不校”的不抵抗主義，所以得着了
“儒”的渾名。　　儒是柔懦之人，不但指那逢衣博帶的文縐縐的樣子，還指那亡國遺民
忍辱負重的柔道人生觀。（傅斯年先生疑心“儒”是古代一個階級的類名，亡國之後始淪爲寒士，漸漸
得着柔懦的意義。　此說亦有理，但此時尙未有歷史證據可以證明“儒”爲古階級。）

　　　柔遜爲殷人在亡國狀態下養成的一種遺風，與基督敎不抵抗的訓條出於亡國的猶
太民族的哲人耶穌，似有同樣的歷史原因。　　左傳昭公七年所記孔子的遠祖正考父的
鼎銘，雖然是宋國的三朝佐命大臣的話，已是很可驚異的柔道的人生觀了。　　正考父
曾“佐戴武宣”三朝；據史記十二諸侯年表，宋戴公元年當周宣王二十九年（前七九
九），武公元年當平王六年（前七六五），宣公元年當平王二十四年（前七四七）。他是西曆
前八世紀前半的人，離周初已有三百多年了。　　他的鼎銘說：

　　　一命而僂，再命而傴，三命而俯，循牆而走，亦莫余敢侮。　　饘於是，鬻於
　　　是，以餬余口。

這是殷民族的一個偉大領袖的敎訓。　　儒之古訓爲柔，豈是偶然的嗎？

不但柔道的人生觀是殷士的遺風，儒的宗敎也全是"殷禮"。　　試舉三年之喪的制度作一個重要的例證。　　十幾年前，我曾說三年之喪是儒家所創，並非古禮；當時我曾舉三證：

(1) 墨子非儒篇說儒者之禮曰："喪父母三年。………"此明說三年之喪是儒者之禮。

(2) 論語記宰我說三年之喪太久了，一年已夠了。　　孔子弟子中尚有人不認此制合禮，可見此非當時通行之俗。

(3) 孟子勸滕世子行三年之喪，滕國的父兄百官皆不願意，說道："吾宗國魯先君莫之行，吾先君亦莫之行也"。　　魯爲周公之國，尚不曾行過三年之喪。

（中國哲學史大綱上，頁一三二）

我在五六年前還信此說，所以在"三年喪服的逐漸推行"（武漢大學文哲季刊第一卷二號）一篇裏，我還說"三年之喪只是儒家的創制"。　　我那個看法，有一個大漏洞，就是不能解釋孔子對宰我說的

夫三年之喪，天下之通喪也。

如果孔子不說詒，那就是滕國父兄百官扯謊了。　　如果　"魯先君莫之行"，如果滕國"先君亦莫之行"，那麼，孔子如何可說這是"天下之通喪"呢？　　難道是孔子扯了謊來傳敎嗎？

傅斯年先生前幾年作　"周東封與殷遺民"，　他替我解決了這個矛盾。　　他說：

孔子之"天下"，大約卽是齊魯宋衞，不能甚大。………三年之喪，在東國，在民間，有相當之通行性，蓋殷之遺禮，而非周之制度。　　當時的　"君子（卽統治者）　三年不爲禮，禮必壞；三年不爲樂，樂必崩"，　而士及其相近之階級則淵源有自，"齊以殷政"者也。　　試看關于大孝，三年之喪，及喪後三年不做事之代表人物，如太甲，高宗，孝己，皆是殷人。　　而　"君薨，百官總己以聽于冢宰者三年"，　全不見于周人之記載。

傅先生的說法，我完全可以接受，因爲他的確解答了我的困難。　　我從前說的話，有一部分是不錯的，因爲三年之喪確是"儒"的禮；但我因爲滕魯先君不行三年喪制，就

不信"天下之通喪"之說，就以爲是儒家的創制，而不是古禮，那就錯了。　傅先生之
說，一面可以相信滕魯的統治階級不曾行此禮，一面又可以說明此制行於那絕大多數
的民衆之中，說它是"天下之通喪"也不算是過分的宣傳。

　我可以替傅先生添一些證據。　魯僖公死在他的三十三年十一月乙巳（十二日），
次年（文公元年）夏四月葬僖公，又次年（文公二年）冬"公子遂如齊納幣"，爲文公聘
婦。　左傳說，"禮也"。　公羊傳說，"譏喪娶也。　娶在三年之外，則何譏乎喪娶？
三年之內不圖昏"。　此可證魯侯不行三年喪。　此一事，左傳認爲"禮也"，杜預
解說道："僖公喪終此年十一月，則納幣在十二月也"。　然而文公死于十八年二月，
次年正月"公子遂如齊逆女；三月，遂以夫人婦姜至自齊"。　杜預注云："不譏喪
娶者，不待貶責而自明也！"此更是魯侯不行三年喪的鐵證了。　左傳昭公十五年，
　　六月乙丑，王太子壽卒。

　　秋八月戊寅，王穆后崩。

　　十二月，晉荀躒如周葬穆后。　籍談爲介。　旣葬，除喪，以文伯（荀躒）宴，
　　樽以魯壺。　王曰，"伯氏，諸侯皆有以鎮撫王室，晉獨無有，何也？"………
　　籍談歸，以告叔向，叔向曰，"王其不終乎？吾聞之，所樂必卒焉。　今王樂
　　憂。………王一歲而有三年之喪二焉。（杜注："天子絕期，唯服三年，故后雖期，通謂之三
　　年"。）於是乎以喪賓宴，又求彝器，樂憂甚矣。………三年之喪，雖貴遂服，禮
　　也。　王雖弗遂，宴樂以早，亦非禮也。………"
這可證周王朝也不行三年喪制。　孟子所記滕國父兄百官的話可算是已證實了。

　周王朝不行此禮，魯滕諸國也不行此禮，而孔子偏大胆的說，"三年之喪，天下
之通喪也"。　論語記子張問："書云，'高宗諒陰，三年不言'。　何謂也？"孔子
直對他說："何必高宗？　古之人皆然。　君薨，百官總己以聽於冢宰，三年"。
檀弓有這樣一段：

　　子張之喪，公明儀爲志焉。　褚幕，丹質，蟻結於四隅，殷士也。
孔子子張都是殷人，在他們的眼裏嘴裏，"天下"只是那大多數的殷商民衆，"古之人"
也只是殷商的先王。　這是他們的民族心理的自然表現，其中自然也不免帶一點殷人
自尊其宗敎禮法的宣傳意味。　到了孟子，他竟說三年喪是"自天子達於庶人，三代

共之"的了。　到禮記三年問的作者，他竟說三年喪"是百王之所同，古今之所壹也，未有知其所由來者也！"　果然，越到了後來，越"未有知其所由來者也"，　直到傅斯年先生方纔揭破了這一個歷史的謎！

三年之喪是"儒"的喪禮，但不是他們的創制，只是殷民族的喪禮，——正如儒衣儒冠不是他們的創制，只是殷民族的鄉服。　孟子記滕國的父兄百官反對三年之喪時，他們說：

> 且志曰，"喪祭從先祖，曰，吾有所受之也"。

這句話當然是古政治家息事寧人的絕好原則，最可以解釋當時殷周民族各自有其喪祭制度的政治背景。　統治階級自有其周社，一般"國人"自有其亳社；前者自行其"既葬除服"的喪制，後者自行其"天下之通喪"。

（三）

我們現在要看看"儒"的生活是怎樣的。

孔子以前，儒的生活是怎樣的，我們無從知道了。　但我疑心周易的"需"卦，似乎可以給我們一點線索。　儒字從需，我疑心最初只有一個"需"字，後來始有從人的"儒"字。　需卦之象爲雲上於天，爲密雲不雨之象，故有"需待"之意。　（彖傳：需，須也。）　象傳說此卦象爲"君子以飲食宴樂"。　序卦傳說："需者，飲食之道也"。　彖傳說：

> 需，須也，險在前也。　剛健而不陷，其義不困窮矣。

程頤易傳說此節云：

> 以險在於前，未可遽進，故需待而行也。　以乾之剛健，而能需待不輕動，故
> 不陷於險，其義不至於困窮也。

這個卦好像是說一個受壓迫的人，不能前進，只能待時而動，以免陷於危險；當他需待之時，別的事不能做，最好是自餬其口，故需爲飲食之道。　這就很像殷商民族亡國後的"儒"了。　這一卦的六爻是這樣的：

> 初九，需于郊，利用恆，无咎。
>
> 象曰："需于郊"，不犯難行也。　"利用恆，无咎"，未失常也。

九二，需于沙，小有言，終吉。

象曰："需于沙"，衍（愆）在中也。　雖"小有言"，以吉終也。

九三，需于泥，致寇至。

象曰："需于泥"，災在外也。　自我"致寇"，敬愼不敗也。

六四，需于血，出自穴。

象曰："需于血"，順以聽也。

九五，需于酒食，貞吉。

象曰："酒食貞吉"，以中正也。

上六，入于穴，有不速之客三人來，敬之，終吉。

象曰："不速之客來，敬之，終吉"，雖不當位，未大失也。

這裏的"需"，都可作一種人解；此種人的地位是很困難的，是有"險在前"的，是必須'剛健而不陷"的。　儒在郊，完全是在野的失勢之人，必須忍耐自守，可以无咎。儒在沙，是自己站不穩的，所以說"衍（愆）在中也"。　儒在泥，是陷在危險困難裏了，有了外侮，只有敬愼，可以不敗。　儒在血，是衝突之象，他無力和人爭，只好柔順的出穴讓人，故象傳說爲"順以聽也"。　儒在酒食，是有飯吃了，是他最適宜的地位。　他囘到穴裏去，也還有麻煩，他還得用敬愼的態度去應付。——"需"是"須待"之象，他必須能忍耐待時；時候到了，人家"須待"他了，彼此相"需"了，他就有飯吃了。

周易制作的時代，已不可考了。　繫辭傳有兩處試提出作易年代的推測：一處說：

易之興也，其當殷之末世，周之盛德邪？當文王與紂之事邪？是故其辭危。危者使平，易者使傾。　其道甚大，百物不廢，懼以終始，其要无咎。　此之謂易之道也。

又一處說：

易之興也，其於中古乎？作易者其有憂患乎？是故履，德之基也；謙，德之柄也；復，德之本也；恆，德之固也；損，德之脩也；益，德之裕也；困，德之辨也；井，德之地也；巽，德之制也。　履和而至，謙尊而光，復小而辨

於物，恆雜而不厭，損先難而後易，益長裕而不設，困窮而通，井居其所而不遷，巽稱而隱。　履以和行，謙以制禮，復以自知，恆以一德，損以遠害，益以興利，困以寡怨，井以辯義，巽以行權。

易卦爻辭已有“箕子之明夷”（明夷五爻），“王用享于岐山”（升四爻）的話，似乎不會是“文王與紂”的時代的作品。　“文王囚居羑里而作易”的說法，也是更後起之說。繫辭還是猜度的口氣，可見得繫辭以前尚沒有文王作易的說法。　繫辭的推測作易年代，完全是根據於易的內容的一種很明顯的人生觀，就是“其辭危”，“懼以終始，其要無咎”。　從第一卦的“君子終日乾乾夕惕若厲，无咎”，到第六十四卦的“有孚于飲酒，无咎”，全書處處表現一種憂危的人生觀，敎人戒懼修德，敎人謙卑巽順，其要歸在於求“无咎”，在於“履虎尾不咥人”。　繫辭的作者認淸了這一點，所以推測“作易者其有憂患乎？”這個觀察是很有見地的。　我們從這一點上也可以推測易的卦爻辭的制作大概在殷亡之後，殷民族受周民族的壓迫最甚的一二百年中。　書中稱“帝乙歸妹”（泰五爻），“高宗伐鬼方，三年克之”，更可見作者是殷人。　所謂“周易”，原來是殷民族的卜筮書的一種。　經過了一個不短的時期，方才成爲一部比較最通用的筮書。　易的六十四卦，每卦取自然界或人事界的一個現象爲題，其中無甚深奧的哲理，而有一些生活常識的觀察。　“需”卦所說似是指一個受壓迫的智識階級，處在憂患險難的環境，待時而動，謀一個飲食之道。　這就是“儒”。（“蒙”卦的初爻說：“發蒙，利用刑人，用說(脫)桎梏以往，吝”。這裏說的也很像希臘的俘虜在羅馬貴族家裏替他的主人敎兒子的情形。）

　　孔子的時候，有“君子儒”，也有“小人儒”。　我們先說“小人儒”的生活是怎樣的。

　　墨子非儒篇有一段描寫當時的儒：

　　夫(夫卽彼)繁飾禮樂以淫人，久喪僞哀以謾親；立命緩貧而高浩居（畢沅據孔子世家，解浩居爲傲倨），倍本棄事而安怠傲。　貪於飲食，惰於作務，陷於飢寒，危於凍餒，無以達(遮)之。　是若人氣，鼸鼠藏，而羝羊視，賁彘起(賁卽奔字)。君子笑之，怒曰，“散人焉知良儒！”

　　夫(彼)□□□□（孫詒讓校，此處疑脫“春乞□□”四字），　夏乞麥禾。　五穀旣收，大喪是隨，子姓皆從，得厭飲食。　畢治數喪，足以至口矣。　因人之家翣(以)

爲口，恃人之野以爲尊。　　富人有喪，乃大說喜曰，"此衣食之端也！"
這雖然是一個反儒的宗派說的話，却也有儒家自己的旁證。　　荀子儒效篇說：

逢衣淺（韓詩外傳作博）帶，解果其冠（楊倞注引說苑淳于髡逃"鄒國之祠田，祝曰，蟷蠰者宜
禾，汙邪者百車"。"蟷蠰蓋高地也，今冠蓋亦比之"。），略法先王而足亂世術；繆學雜舉，
不知法後王而壹制度，不知隆禮義而殺詩書。……呼先王以欺愚者，而求衣食
焉。　　得委積足以揜其口，則揚揚如也。　　隨其長子，事其便辟，舉（王念孫云
舉讀爲相與之與）其上客，億然若終身之虜而不敢有他志。——是俗儒者也。
用戰國晚期荀卿的話來比較墨子的話，我們可以相信，在春秋時期與戰國時期之間，
已有這種俗儒，大概就是孔子說的"小人儒"。

從這種描寫上，我們可以看出他們的生活有幾個要點：第一，他們是很貧窮的，
往往"陷於飢寒，危於凍餒"；這是因爲他們不務農，不作務，是一種不耕而食的寄生
階級。　　第二，他們頗受人輕視與嘲笑，因爲他們的衣食須靠別人供給；然而他們自
己倒還有一種倨傲的遺風，"立命，緩貧，而高浩居"，雖然貧窮，還不肯拋棄他們的
寄食——甚至於乞食——的生活。　　第三，他們也有他們的職業，那是一種宗敎的職
業：他們熟悉禮樂，人家有喪祭大事，都得請敎他們。　　因爲人們必須請他們治喪相
禮，所以他們雖然貧窮，却有相當崇高的社會地位。　　罵他們的可以說他們 "因人之
野以爲尊"；他們自己却可以說是靠他們的知識做 "衣食之端"。　　第四，他們自己是
實行"久喪"之制的，而他們最重要的謀生技能是替人家"治喪"。　　他們正是那殷民族
的祖先敎的敎士，這是儒的本業。

從這種"小人儒"的生活裏，我們更可以明白"儒"的古義：儒是殷民族的敎士，靠
他們的宗敎知識爲衣食之端。

其實一切儒，無論君子儒與小人儒，品格儘管有高低，生活的路子是一樣的。
他們都靠他們的禮敎的知識爲衣食之端，他們都是殷民族的祖先敎的敎士，行的是殷
禮，穿的是殷衣冠。　　在那殷周民族雜居已六七百年，文化的隔離已漸漸泯滅的時
期，他們不僅僅是殷民族的敎士，竟漸漸成了殷周民族共同需要的敎師了。

左傳昭公七年記孟僖子自恨不能相禮，"乃講學之。　苟能禮者，從之"。　左傳
又說，孟僖子將死時，遺命要他的兩個兒子何忌與說去跟着孔子"學禮焉以定其位"。

孔子的職業是一個教師，他說：

　　自行束脩以上，吾未嘗無誨焉。

束脩是十脡脯，是一種最薄的禮物。　檀弓有"古之大夫，束脩之問不出竟"的話，可證束脩是贈禮。　孔子有"博學""知禮"的名譽，又有"學而不厭，誨人不倦"的精神，故相傳他的弟子有三千之多。　這就是他的職業了。

　　孔子也很注重喪祭之禮，他作中都宰時，曾定制用四寸之棺，五寸之槨 (見檀弓有若的話)。他承認三年之喪為"天下之通喪"，又建立三年之喪的理論，說這是因為"子生三年然後免於父母之懷" (論語十七)。　這都可表示他是殷民族的宗教的辯護者，正是"儒"的本色。　檀弓記他臨死之前七日，對他的弟子子貢說：

　　夏后氏殯於東階之上，則猶在阼也。　殷人殯於兩楹之間，則與賓主夾之也。
　　周人殯於西階之上，則猶賓之也。　而丘也，殷人也。　予疇昔之夜，夢坐奠
　　於兩楹之間。　夫明王不興，而天下其孰能宗予？予殆將死也？

看他的口氣，他不但自己臨死還自認是殷人，並且還有"天下宗予"的敎主思想。 (看下章)

　　他和他的大弟子的生活，都是靠授徒與相禮兩種職業。　大概當時的禮俗，凡有喪事，必須請相禮的專家。　檀弓說：

　　杜橋之母之喪，宮中無相，君子以為沽也。 (七經考文引古本足利本，有"君子"二字。
　　他本皆無。)

"沽"是寒賤之意。　當時周民族已與殷民族雜居了六百年，同化的程度已很深了，所以魯國的大夫士族也傳染到了注重喪禮的風氣。　有大喪的人家，孝子是應該"昏迷不復自知禮"了，所以必須有專家相導。　這正是儒的"衣食之端"。　杜橋之母之喪，竟不用"相"，就被當時的"君子"譏為寒儉了。

　　孔子為人相喪禮，見於檀弓(參看下文第六章引曾子問記孔子"從老聃助葬")：

　　國昭子之母死，問於子張曰："葬及墓，男子婦人安位？"子張曰："司徒敬子
　　之喪，夫子相，男子西鄉，婦人東鄉"。

據檀弓，司徒敬子是衛國大夫。　孔子在衛國，還為人相喪禮，我們可以推想他在魯國也常有為人家相喪禮的事。　檀弓說：

孔子之故人曰原壤，其母死，夫子助之沐椁。　原壤登木曰："久矣予之不託

於音也"。歌曰，

　　貍首之斑然，

　　執女手之卷然。

夫子爲弗聞也者而過之。　從者曰，"子未可以已乎？"夫子曰："丘聞之，親

者毋失其爲親也，故者毋失其爲故也"。

這一個不守禮法的朋友好像不很歡迎孔二先生的幫忙；但他顧念故人，還要去幫他

治椁。

　　他的弟子爲人家相禮，檀弓記載最多。　上文引的國昭子家的母喪，卽是子張爲

相。　檀弓說：

有若之喪，悼公弔焉。　子游擯，由左。

擯卽是相。　又說：

子蒲卒，哭者呼"滅！"子皋曰，"若是野哉！"哭者改之。

這似是因爲子皋相禮，所以他糾正主人之失。　檀弓又記：

孔子之喪，公西赤爲志焉。　飾棺牆，置翣，設披，周也。　設崇，殷也。

綢練設旐，夏也。

子張之喪，公明儀爲志焉。　褚幕丹質，蟻結于四隅，殷士也。

按士喪禮的既夕禮，飾柩，設披，都用"商祝"爲之。　可見公西赤與公明儀爲"志"，

乃是執行士喪禮所說的"商祝"的職務。　（鄭玄注·"志謂章識"。當參考既夕禮，可見鄭注不確。）

從此點上，可以推知當時的"儒"不但是"殷士"，其實又都是"商祝"。　墨子非儒篇寫

那些儒者靠爲人治喪爲衣食之端，此點必須和檀弓與士喪禮既夕禮合併起來看，我們

方才可以明白。　士喪禮與既夕禮（卽士喪禮的下篇）使我們知道當時的喪禮須用"祝"，

其職務最繁重。　士喪禮二篇中明說用"商祝"凡十次，用"夏祝"凡五次，泛稱"祝"

凡廿二次。　舊注以爲泛稱"祝"者都是"周祝"，其說甚無根據。　細考此兩篇，絕無

用周祝之處；其泛稱"祝"之處，有一處確指"夏祝"（"祝受巾巾之"），有兩處確指"商祝"

（"祝又受米，奠于貝北"；又下篇"祝降，與夏祝交于階下"。）　其他不明說夏與商之處，大概都是

指"商祝"，因爲此種士喪禮雖然偶有雜用夏周禮俗之處，其根本的禮節仍是殷禮，故

相禮的祝人當然以殷人爲主。　明白了當時喪禮裏"商祝"的重要，我們才可以明白檀弓所記喪家的"相"，不僅是賓來弔時的"擯者"（士喪禮另有"擯者"），也不僅是指導禮節的顧問，其實還有那最繁重的"祝"的職務。　因爲這種職務最繁重，所以那些儒者可以靠此爲"衣食之端"。

在檀弓裏，我們已可以看見當孔子的大弟子的時代，喪禮已有了不少的爭論。

(一)小斂之奠，子游曰，"於東方"。　曾子曰，"於西方"。

(二)衞司徒敬子死，子夏弔焉，主人未小斂，絰而往。　子游弔焉，主人旣小斂，子游出，絰，反哭。　子夏曰，"聞之也歟？"　曰，"聞諸夫子：主人未改服，則不絰"。

(三)曾子襲裘而弔，子游裼裘而弔。　曾子指子游而示人曰，"夫夫也，爲習於禮者，如之何其裼裘而弔也！"　主人旣小斂，袒，括髮，子游趨而出，襲裘帶絰而入。　曾子曰，"我過矣，我過矣；夫夫是也"。

(四)曾子弔於負夏，主人旣祖，塡池（鄭注，塡池當爲奠徹，聲之誤也。），推柩而反之，降婦人而后行禮。　從者曰，"禮與？"曾子曰，"夫祖者，且也。且，胡爲其不可以反宿也？"　從者又問諸子游曰，"禮與？"子游曰，"飯於牖下，小斂於戶內，大斂於阼，殯於客位，祖於庭，葬於墓，所以即遠也。　故喪事有進而無退"。

(五)公叔木有同母異父之昆弟死，問於子游，子游曰，"其大功乎？"狄儀有同母異父之昆弟死，問於子夏，子夏曰，"我未之前聞也。　魯人則爲之齊衰"。狄儀行齊衰。　今之齊衰，狄儀之問也。

我們讀了這些爭論，真不能不起"累壽不能盡其學，當年不能行其禮"的感想。　我們同時又感覺這種儀節上的斤斤計較，頗不像孔子的學風。　孔子自己是能了解"禮之本"的，他曾說：

禮，與其奢也，寧儉。　喪，與其易也，寧戚。（"易"字舊說紛紛，朱子根據孟子"易其田疇"一句，訓易爲治，謂"節文習熟"。）

論語的記者似乎沒有完全了解這兩句話，所以文字不大清楚。　但一位心粗胆大的子路却聽懂了，他說：

　　　吾聞諸夫子：喪禮，與其哀不足而禮有餘也，　不若禮不足而哀有餘也。　　祭

　　　禮，與其敬不足而禮有餘也，　　不若禮不足而敬有餘也。　(檀弓)

這才是孔子答林放問的"禮之本"。　　還有一位"堂堂乎"的子張也聽懂了，他說：

　　　士見危授命，見得思義，祭思敬，喪思哀，其可已矣。　(論語十九)

"祭思敬，喪思哀"，也就是"禮之本"。　　我們看孔子對子路說："啜菽飲水盡其歡，

斯之謂孝；斂手足形，還葬而無椁，稱其財，　斯之謂禮"　(檀弓；同書裏，孔子答子游問喪

具，與此節同意)　；又看他在衞國時，遇舊館人之喪，"一哀而出涕"，就"脫驂而賻之"，

——這都可見他老人家是能見其大的，不是拘泥儀文小節的。　　最可玩味的是檀弓記

的這一件故事：

　　　孔子在衞　(也是一個殷文化的中心)　，有送葬者，而夫子觀之，曰，"善哉！足以爲

　　　法矣。………其往也如慕，其反也如疑"。　子貢曰，"豈若速反而虞乎？"　(既葬，

　　　"迎精而反，日中祭之於殯宮，以安之"爲虞祭。)子曰，"小子識之，我未之能行也"。

孔子歎賞那人的態度，而他的弟子只能計較儀節的形式。　　所以他那些大弟子，都是

"習於禮者"，只能在那些達官富人的喪事裏，指手畫脚的評量禮節，較量襲裘與裼裘

的得失，辨論小斂之奠應在東方或在西方。　　檀弓所記，已夠使人厭倦，使人失望，

使人感覺孔子的門風眞是及身而絕了！

　　　我們讀了這種記載，可以想像那些儒者的背景。　　孔子和這班大弟子本來都是殷

儒商祝，孔子只是那個職業裏出來的一個有遠見的領袖，而他的弟子仍多是那個治喪

相禮的職業中人，他們是不能完全跳出那種"因人之野以爲尊"的風氣之外的。　　孔子

儘管敎訓他們：

　　　女爲君子儒，毋爲小人儒。

但"君子""小人"的界限是很難畫分的。　　他們既須靠治喪相禮爲"衣食之端"，就往往

不能講氣節了。　　如齊國國昭子之母之喪，他問子張：

　　　葬及墓，男子婦人安位？

子張說：

　　　司徒敬子之喪，夫子相，男子西鄉，婦人東鄉。

可是主人不贊成這個辦法，他說：

噫，毋曰我喪也斯沽。（此句鄭玄讀："噫，毋！曰我喪也斯沽。" 説曰："噫，不寤之聲。毋者，禁止之辭。 斯，盡也。 沽讀曰覰，覰，視也。 國昭子自謂齊之大家，有事人盡視之"。 陳澔從鄭説。 郝敬奚姚際恆讀"我喪也斯沽爾專之"爲一句，釋"沽爾"爲沽沽爾，見杭大宗續禮記集説。 我不能贊成舊説，改擬如此讀法。 他好像是説："噫，別叫人説嗌家的喪事那麼寒傖！" 沽當是"沽"的小誤。 檀弓説："杜橋之母之喪，宮中無相，君子以爲沽也"。）爾專之。 賓爲賓焉，主爲主焉。 婦人從男子，皆西鄉。

主人要那麼辦，"夫子"的大帽子也壓不住，那位 "堂堂乎張也" 也就沒有法子，只好依着他去做了。 其實這班大儒自己也實在有招人輕侮之道。 檀弓又記着一件很有趣的故事：

季孫之母死，哀公弔焉。 曾子與子貢弔焉。 闇人爲君在，弗內也。 曾子與子貢入於其廄而脩容焉。 子貢先入，闇人曰，"鄉者已告矣"。 曾子後入，闇人辟之。 涉內霤，卿大夫皆辟位，公降一等而揖之。——君子言之曰："盡飾之道，斯其行者遠矣"。

季孫爲當時魯國的最有權力的人，他的母喪眞可説是"大喪"了。 這兩位大儒巴巴的趕來，不料因國君在內，闇人不讓他們進去，他們就進季孫的馬廄裏去脩容；子貢修飾好了，還瞞不過闇人，不得進去；曾子裝飾得更好，闇人不敢攔他，居然混進去了。 裏面的國君與大夫，看見此時有弔客進來，料想必是尊客，都起來致敬，國君還降一等揖客。 誰想這不過是兩位改裝的儒者趕來幫主人治喪相禮的呵！ 我們看了這種聖門的記載，再回想墨子非儒篇描寫的 "五穀既收，大喪是隨，子姓皆從，得厭飲食"， "富人有喪，乃大説喜" 的情形，我們眞不能不感覺到"君子儒"與"小人儒"的區別是很微細的了！

　以上記"儒"的生活，我們只用那些我們認爲最可信的史料。 有意毀謗儒者，而描寫不近情理的材料，如莊子記"大儒以詩禮發冢"的文字，我們不願意引用。 如果還有人覺得我在上文描寫"儒"的生活有點近於有心毀謗孔門聖賢，那麼，我只好請他平心靜氣想想孔子自己説他的生活：

　出則事公卿，入則事父兄；喪事不敢不勉，不爲酒困，——何有於我哉？（論語九）
在這裏，我們可以看見一個 "儒" 的生活的概略。 縱酒是殷民族的惡習慣 （參看前章引

酒誥一段），論語裏寫孔子"不爲酒困"，"唯酒無量，不及亂"，還可見酗酒在當時還是一個社會問題。　"喪事不敢不勉"，是"儒"的職業生活。　"出則事公卿"，也是那個不學稼圃的寄生階級的生活的一方面。

（四）

在前三章裏，我們說明了"儒"的來歷。　儒是殷民族的禮教的敎士，他們在很困難的政治狀態之下，繼續保存着殷人的宗教典禮，繼續穿戴着殷人的衣冠。　他們是殷人的敎士，在六七百年中漸漸變成了絕大多數人民的敎師。　他們的職業還是治喪，相禮，敎學；但他們的禮敎已漸漸行到統治階級裏了，他們的來學弟子，已有周魯公族的子弟了（如孟孫何忌，南宮适）；向他們問禮的，不但有各國的權臣，還有齊魯衞的國君了。

這才是那個廣義的"儒"。　儒是一個古宗教的敎師，治喪相禮之外，他們還要做其他的宗教職務。　論語記孔子的生活，有一條說：

鄉人儺，〔孔子〕朝服而立於阼階。

儺是趕鬼的儀式。　檀弓說：

歲旱，穆公召縣子而問焉，曰，"天久不雨，吾欲暴尪而奚若？"　曰，"天久不雨而暴人之疾子，毋乃不可與？"　"然則吾欲暴巫而奚若？"　曰，"天則不雨而望之愚婦人，於以求之，毋乃已疏乎？"　"徙市則奚若？"　曰，"天子崩，巷市七日。　諸侯薨，巷市三日。　爲之徙市，不亦可乎？"

縣子見於檀弓凡六次，有一次他批評子游道："汰哉叔氏，專以禮許人！"這可見縣子大概也是孔子的一個大弟子。　（史記仲尼弟子傳有縣成，字子祺。　檀弓稱縣子瑣。）天久不雨，國君也得請敎於儒者。　這可見當時的儒者是各種方面的敎師與顧問。　喪禮是他們的專門，樂舞是他們的長技，敎學是他們的職業，而鄉人打鬼，國君求雨，他們也都有事，——他們眞得要無所不知無所不能的了。　論語記達巷黨人稱孔子"博學而無所成名"，孔子對他的弟子說：

吾何執？執御乎？執射乎？吾執御矣。

論語又記：

　　大宰問於子貢曰，"夫子聖者歟？何其多能也？"子貢曰，"固天縱之將聖，又

　　多能也"。　子聞之曰，"大宰知我乎？吾少也賤，故多能鄙事。　君子多乎

　　哉？不多也"。

儒的職業需要博學多能，故廣義的"儒"爲術士的通稱。

　　但這個廣義的，來源甚古的"儒"，怎樣變成了孔門學者的私名呢？這固然是孔子
個人的偉大成績，其中也有很重要的歷史的原因。　孔子是儒的中興領袖，而不是儒
教的創始者。　儒教的伸展是殷亡以後五六百年的一個偉大的歷史趨勢；孔子只是這
個歷史趨勢的最偉大的代表者，他的成績也只是這個五六百年的歷史運動的一個莊嚴
燦爛的成功。

　　這個歷史運動是殷遺民的民族運動。　殷商亡國之後，在那幾百年中，人數是衆
多的，潛勢力是很廣大的，文化是繼續存在的。　但政治的勢力都全在戰勝的民族的
手裏，殷民族的政治中心只有一個包圍在"諸姬"的重圍裏的宋國。　宋國的處境是很
困難的；我們看那前八世紀宋國一位三朝佐命的正考父的鼎銘："一命而僂，再命而
傴，三命而俯，循牆而走"，　這是何等的柔遜謙卑！宋國所以能久存，也許是靠這種
祖傳的柔道。　周室東遷以後，東方多事，宋國漸漸抬頭。　到了前七世紀的中葉，
齊桓公死後，齊國大亂，宋襄公邀諸侯的兵伐齊，納齊孝公。　這一件事成功（前六四
二）之後，宋襄公就有了政治的大欲望，他想繼承齊桓公之後作中國的盟主。　他把
滕子嬰齊捉了；又叫邾人把鄫子捉了，用鄫子來祭次睢之社，"欲以屬東夷"。　用人
祭社，似是殷商舊俗。　左傳昭公十年，"季平子伐莒，取鄆，獻俘，始用人於亳
社"。　這樣恢復一個野蠻的舊俗，都有取悅於民衆的意思。　宋襄公眼光注射在東方
的殷商舊土，所以要恢復一個殷商宗教的陋俗來巴結東方民衆。　那時東方無霸國，
無人與宋爭長；他所慮者只有南方的楚國。　果然，在盂之會，楚人捉了宋襄公去，
後來又放了他。　他還不覺悟，還想立武功，定霸業。　泓之戰，（前六三八），楚人大
敗宋兵，宋襄公傷股，幾乎做了第二次的俘虜。　當泓之戰之前，

　　大司馬固諫（大司馬是公子目夷，即子魚。"固"是形容"諫"字的副詞。杜預誤解"固"爲公孫固，史
　　記宋世家作子魚諫，不誤。）曰："天之棄商久矣。　君將興之，弗可赦也已"。（杜預
　　誤讀"弗可。赦也已"。此五字當作一句讀。　子魚先反對襄公爭盟。　到了將戰，他却主張給楚兵一

個痛快的打擊，故下文力主趁楚師未旣濟時擊之。　丁聲樹先生說"弗"字乃"不之"二字之合。　　此句

所含 "之" 字，正指敵人。　旣要做中興殷商的大事，這囘不可放過敵人了。）

這裏忽然提出復興殷商的大問題來，可見宋襄公的野心正是一個復興民族的運動。

不幸他的"婦人之仁"使他錯過機會；大敗之後，他還要替自己辯護，說，

　　　君子不重傷，不禽二毛。……寡人雖亡國之餘，不鼓不成列。

"亡國之餘"，這也可見殷商後人不忘亡國的慘痛。　三百年後，宋君偃自立爲宋王，

東敗齊，南敗楚，西敗魏 ，也是這點亡國遺憾的死灰復燃 ，也是一個民族復興的運

動。　但不久也失敗了。　殷商民族的政治的復興，終於無望了。

　　但在那殷商民族亡國後的幾百年中，他們好像始終保存着民族復興的夢想，漸漸

養成了一個"救世聖人"的預言。　這種預言是亡國民族裏常有的，最有名的一個例子

就是希伯來（猶太）民族的"彌賽亞"（Messiah）降生救世的懸記，後來引起了耶穌領導

的大運動。　這種懸記（佛書中所謂"懸記"，即預言）本來只是懸想一個未來的民族英雄起來

領導那久受亡國苦痛的民衆，做到那復興民族的大事業。　但年代久了，政治復興的

夢想終沒有影子，於是這種預言漸漸變換了內容，政治復興的色彩漸漸變淡了，宗敎

或文化復興的意味漸漸加濃了。　猶太民族的"彌賽亞"原來是一個復興英雄，後來却

變成了一個救世的敎主，這是一變；一個狹義的，民族的中興領袖，後來却變成了一

個救度全人類的大聖人，這一變更遠大了。　我們現在觀察殷民族亡國後的歷史，似

乎他們也曾有過一個民族英雄復興殷商的懸記，也曾有過一個聖人復起的預言。

　　我們試撇開一切舊說，來重讀商頌的玄鳥篇：

　　　天命玄鳥，降而生商，宅殷土芒芒。　古帝命武湯，正域彼四方。

　　　方命厥后，奄有九有。　商之先后，受命不殆，在武丁孫子。

　　　武丁孫子——武王靡不勝。　龍旂十乘，大糦是承。

　　　邦畿千里，維民所止。　肇域彼四海，四海來假。

　　　來假祁祁，景員維河。　殷受命咸宜，百祿是何。

此詩舊說以爲是祀高宗的詩。　但舊說總無法解釋詩中的 "武丁孫子"， 也不能解釋

那"武丁孫子"的"武王"。　鄭玄解作 "高宗之孫子有武功有王德於天下者，無所不勝

服"。　朱熹說："武王，湯號，而其後世亦以自稱也。　言武丁孫子，今襲湯號者，

其武無所不勝”。　這是誰呢？　殷自武丁以後，國力漸衰；史書所載，已無有一個無所不勝服的“武王”了。　我看此詩乃是一種預言：先述那“正域彼四方”的武湯，次預言一個“肇域彼四海”的“武丁孫子——武王”。“大糦”舊說有二：韓詩說糦爲“大祭”，鄭玄訓糦爲“黍稷”，都是臆說。（朱駿聲說文通訓定聲誤記商頌烈祖有“大糦是承”，訓黍稷；又玄鳥有“大糦是承”，韓詩訓爲大祭。其實烈祖無此句。）　我以爲“糦”字乃是“囍”字，即是“艱”字。艱字籀文作囍，字損爲糦。　周書大誥，“有大艱於西土，西土人亦不靜”。　“大艱”即是大難。　這個未來的“武王”能無所不勝，能用“十乘”的薄弱武力，而承擔“大艱”；能從千里的邦畿而開國於四海。　這就是殷民族懸想的中興英雄。（鄭玄釋“十乘”爲“二王後，八州之大國”，每國一乘，故爲十乘！）

　　但世代久了，這個無所不勝的“武王”始終沒有出現，宋襄公中興殷商的夢是吹破的了。　於是這個民族英雄的預言漸漸變成了一種救世聖人的預言。　左傳（昭公七年）記孟僖子將死時，召其大夫曰：

　　　　吾聞將有達者，曰孔丘，聖人之後也，而滅於宋。　其祖弗父何以有宋而授屬
　　　　公。　及正考父佐戴武宣，三命茲益共，故其鼎銘云：“一命而僂，再命而
　　　　傴，三命而俯。　循牆而走，亦莫敢余侮。　饘於是，鬻於是，以餬余口”。
　　　　其共也如是。　臧孫紇有言曰：“聖人有明德者，若不當世，其後必有達人”。
　　　　今其將在孔丘乎？

　　孟僖子死在昭公廿四年（紀元前五一八），其時孔子已是三十四歲了。　如果這種記載是可信的，那就可見魯國的統治階級那時已注意到孔子的聲望，並且注意到他的家世；說他是“聖人之後”，並且說他是“聖人之後”的“達者”。　孟僖子引臧孫紇的話，臧孫紇自己也是當時人稱爲“聖人”的，左傳（襄公廿二年）說：

　　　　臧武仲雨過御叔，御叔在其邑將飲酒，曰，“焉用聖人！我將飲酒而已。　雨
　　　　行，何以聖爲！”

臧孫紇去國出奔時，孔子只有兩歲。　他說的“聖人有明德者，若不當世，其後必有達人”，當然不是爲孔丘說的，不過是一種泛論。　但他這話也許是受了當時魯國的殷民族中一種期待聖人出世的預言的暗示。　這自然只是我的一個猜想；但孟僖子說，“吾聞將有達者曰孔丘”，這句話的涵義是說：“我聽外間傳說，將要有一位達人

起來，叫做孔丘"。　　這可見他聽見了外間民衆紛紛說到這個殷商後裔孔丘，是一位將興的達者或聖人；這種傳說當然與臧孫紇的預言無關，但看孟僖子的口氣，好像民間已有把那個三十多歲的孔丘認做符合某種懸記的話，所以他想到那位不容於魯國的聖人臧孫紇的懸記，說，"今其將在孔丘乎？"這就是說：這個預言要應在孔丘身上了。　　這就是說：民間已傳說這個孔丘是一位將興的達者了，臧孫紇也有過這樣的話，現在要應驗了。

　　所以我們可以假定，在那多數的東方殷民族之中，早已有一個"將有達者"的大預言。　在這個預言的流行空氣裏，魯國"聖人"臧孫紇也就有一種"聖人之後必有達者"的預言。　我們可以猜想那個民間預言的形式大概是說："殷商亡國後五百年，有個大聖人出來"。　我們試讀孟子，就可以知道"五百年"不是我的瞎說。　孟子在他離開齊國最不得意的時候，對他的弟子充虞說：

　　　五百年必有王者興，其間必有名世者。　由周而來，七百有餘歲矣。　以其數
　　　則過矣；以其時考之則可矣。　夫天未欲平治天下也。　如欲平治天下，當今
　　　之世，舍我其誰也？ (公孫丑下)

在這一段話裏，我們可以看出"五百年必有王者興"乃是古來一句流行的預言，所以孟子很詫異這個"五百年"的預言何以至今還不靈驗。　但他始終深信這句五百年的懸記。　所以孟子最後一章又說：

　　　由堯舜至於湯，五百有餘歲。………由湯至於文王，五百有餘歲。………由文王至
　　　於孔子，五百有餘歲。………由孔子而來，至於今，百有餘歲。　去聖人之世若
　　　此其未遠也，近聖人之居若此其甚也，然而無有乎爾，則亦無有乎爾！(盡心下)

這樣的低徊追憶不是偶然的事，乃是一個偉大的民族傳說幾百年流行的結果。

　　孔子生於魯襄公二十二年 (前五五一)，上距殷武庚的滅亡，已有五百多年。　大概這個'五百年必有王者興"的預言由來已久，所以宋襄公 (泓之戰在前六三八) 正當殷亡後的第五世紀，他那復興殷商的野心也正是那個預言之下的產兒。　到了孔子出世的時代，那預言的五百年之期已過了幾十年，殷民族的渴望正在最高度。　這時期，忽然殷宋公孫的一個嫡系裏出來了一個聰明睿知的少年，起於貧賤的環境裏，而貧賤壓不住他；生於"野合"的父母，甚至於他少年時還不知道其父的墳墓，然而他的多才多

藝，使他居然戰勝了一個當然很不好受的少年處境，使人們居然忘了他的出身，使他的鄉人異口同聲的讚歎他：

　　　　大哉孔子！博學而無所成名！

這樣一個人，正因爲他的出身特別徵賤，所以人們特別驚異他的天才與學力之高，特別追想到他的先世遺澤的長久而偉大。　所以當他少年時代，他已是民間人望所歸了；民間已隱隱的，紛紛的傳說：“五百年必有聖者興，今其將在孔丘乎！”甚至於魯國的貴族權臣也在背後議論道：“聖人之後，必有達者，今其將在孔丘乎！”

　　　我們可以說，孔子壯年時，已被一般人認作那個應運而生的聖人了。　這個假設可以解決論語裏許多費解的談話。　如云：

　　　　子曰：天生德於予，桓魋其如予何？

如云：

　　　　子畏於匡，曰：文王旣沒，文不在茲乎？　天之將喪斯文也，後死者不得與於斯文也。　天之未喪斯文也，匡人其如予何？

如云：

　　　　子曰：鳳鳥不至，河不出圖，吾已矣夫！

這三段說話，我們平時都感覺難懂。　但若如上文所說，孔子壯年以後在一般民衆心目中已成了一個五百年應運而興的聖人，這些話就都不難懂了。　因爲古來久有那個五百年必有聖者興的懸記，因爲孔子生當殷亡之後五百餘年，因爲他出於一個殷宋正考父的嫡系，因爲他那出類拔萃的天才與學力早年就得民衆的崇敬，就被人期許爲那將興的達者，——因爲這些原故，孔子自己也就不能避免一種自許自任的心理。　他是不滿意於眼前社會政治的現狀的，

　　　　斗筲之人，何足算也！

他是很有自信力的，

　　　　苟有用我者，期月而已可也，三年有成。

他對於整個的人類是有無限同情心的，

　　　　鳥獸不可與同羣，吾非斯人之徒與，而誰與？天下有道，丘不與易也。

所以他也不能不高自期許，把那五百年的擔子自己挑起來。　他有了這樣大的自信

心，他覺得一切阻力都是不足畏懼的了：　"桓魋其如予何！""匡人其如予何！""公伯
寮其如命何！"　　他雖不能上應殷商民族歌頌裏那個"肇域彼四海"的"武王"，難道不
能做一個中興文化的"文王"嗎？

鳳鳥與河圖的失望，更可以證明那個古來懸記的存在。　那個　"五百年必有王者
興"的傳說當然不會是那樣乾淨簡單的，當然還帶着許多幼稚的民族神話。　"天命玄
鳥，降而生商"，　正是他的祖宗的"感生帝"的傳說。　鳳鳥之至，河之出圖，麒麟之
來，大概都是那個五百年應運聖人的預言的一部分。　民衆當然深信這些；孔子雖然
"不語怪力亂神"，　但他也不能完全脫離一個時代的民族信仰。　他到了晚年，也就
不免有時起這樣的懷疑：

> 鳳鳥不至，河不出圖，吾已矣夫！

"春秋絕筆於獲麟"，這個傳說，也應該作同樣的解釋。　公羊傳說：

> 有以告者曰，"有麏而角者"。　孔子曰："孰爲來哉！孰爲來哉！"反袂拭面，
> 涕沾袍。　顏淵死，子曰，"噫，天喪予！"子路死，子曰，"噫，天祝予！"西
> 狩獲麟，孔子曰，"吾道窮矣！"

史記節取左傳與公羊傳，作這樣的記載：

> 魯哀公十四年春，狩大野，叔孫氏車子鉏商獲獸，以爲不祥。　仲尼視之，
> 曰，"麟也"。　取之。　曰，"河不出圖，雒不出書，吾已矣夫！"　顏淵死，
> 孔子曰，"天喪予！"及西狩見麟，曰，"吾道窮矣！"

孔子的談話裏時時顯出他確有點相信他是受命於天的。　"天生德於予"，"天之未喪斯
文也"，"天喪予"，"下學而上達，知我者其天乎！"　此等地方，若依宋儒"天卽理也"
的說法，無論如何講不通。　若用民俗學的常識來看此等話語，一切就都好懂了。
檀弓記孔子將死的一段，也應該如此看法：

> 孔子蚤作，負手曳杖，消搖於門，歌曰：
>
> 　泰山其頹乎？
>
> 　梁木其壞乎？
>
> 　哲人其萎乎？
>
> 旣歌而入，當戶而坐。　子貢聞之，曰："泰山其頹，則吾將安仰？梁木其

壞，哲人其萎，則吾將安放？夫子殆將病也”。　逐趨而入。　夫子曰：“賜，
爾來何遲也！夏后氏殯於東階之上，則猶在阼也。　殷人殯於兩楹之間，則與
賓主夾之也。　周人殯於西階之上，則猶賓之也。　而丘也，殷人也。　予疇
昔之夜，夢坐奠於兩楹之間。　夫明王不興，而天下其孰能宗予，予殆將死
也”。　蓋寢疾七日而歿。

看他將死之前，明知道那“天下宗予”的夢想已不能實現了，他還自比於泰山梁木。

在那“明王不興，天下其孰能宗予”的慨歎裏，我們還可以聽見那個 “五百年必有王者
興” 的古代懸記的尾聲，還可以聽見一位自信為應運而生的聖者的最後絕望的歎聲。
同時，在這一段話裏，我們也可以看見他的同時人，他的弟子，和後世的人對他的敬
仰的一個來源。　論語記那個儀封人說：

二三子何患於喪（喪是失位，是不得意）乎？天下之無道也久矣。　天將以夫子為木
鐸。

論語又記一件很可玩味的故事：

南宮适問於孔子曰：“羿善射，奡盪舟，俱不得其死焉。　禹稷躬稼，而有天
下”。　孔子不答。　南宮适出，子曰：“君子哉若人！尙德哉若人！”

南宮适是孟僖子的兒子，是孔子的姪女壻。　他問這話，隱隱的表示他對於某方面的
一種想望。　孔子雖不便答他，却很明白他的意思了。　再看論語記子貢替孔子辯護
的話：

仲尼，日月也。……人雖欲自絕，其何傷於日月乎？多見其不知量也。
夫子之不可及也，猶天之不可階而升也。　夫子之得邦家者，所謂立之斯立，
道之斯行，綏之斯來，動之斯和；其生也榮，其死也哀：——如之何其可及
也！

這是當時的人對他的崇敬。　一百多年後，孟子追述宰我子貢有若贊頌孔子的話，宰
我說：

以予觀於夫子，賢於堯舜遠矣！

子貢說：

見其禮而知其政，聞其樂而知其德，由百世之後，等百世之王，莫之能違也。

自生民以來，未有夫子也。

有若說：

豈惟民哉？麒麟之於走獸，鳳皇之於飛鳥，太山之於丘垤，河海之於行潦，類也。　聖人之於民，亦類也。　出於其類，拔乎其萃，自生民以來，未有盛於夫子也。

孟子自己也說：

自生民以來，未有孔子也。

後來所謂“素王”之說，在這些話裏都可以尋出一些淵源線索。　孔子自己也曾說過：

文王既沒，文不在茲乎？

這就是一個無冠帝王的氣象。　他自己擔負起文王以來五百年的中興重擔子來了，他的弟子也期望他像“禹稷耕稼而有天下”，說他“賢于堯舜遠矣”，說他爲生民以來所未有，這當然是一個“素王”了。

孔子是一個熱心想做一番功業的人，本來不甘心做一個“素王”的。　我們看他議論管仲的話：

管仲相桓公，霸諸侯，一匡天下，民到于今受其賜。　微管仲，吾其被髮左衽矣。　豈若匹夫匹婦之爲諒也，自經於溝瀆而莫之知也？

這一段話最可以表示孔子的救世熱腸，也最可以解釋他一生栖栖皇皇奔走四方的行爲。　檀弓記他的弟子有若的觀察：

昔者夫子失魯司寇，將之荆，蓋先之以子夏，又申之以冉有。　以斯知不欲速貧也。

論語裏有許多同樣的記載：

子欲居九夷。　或曰，“陋，如之何？”子曰，“君子居之，何陋之有？”

子曰，“道不行，乘桴浮於海，從我者其由歟？”

論語裏記着兩件事，曾引起最多的誤解。　一件是公山弗擾召孔子的事：

公山弗擾以費叛，召，子欲往。　子路不說，曰，“末之也已，何必公山氏之之也？”子曰：“夫召我者，而豈徒哉？　如有用我者，吾其爲東周乎？”

一件是佛肸召孔子的事：

　　　　佛肸召，子欲往。　　子路曰：“昔者由也聞諸夫子曰：“親於其身爲不善者，君
　　　子不入也”。　佛肸以中牟畔（佛肸是晉國趙簡子的中牟邑宰，據中牟以叛），子之往也，
　　　如之何？”　子曰；“然，有是言也。　不曰堅乎，磨而不磷？　不曰白乎，涅
　　　而不緇？　吾豈匏瓜也哉？　焉能繫而不食？”

後世儒者用後世的眼光來評量這兩件事，　總覺得孔子決不會這樣看重兩個反叛的家
臣，決不會這樣熱中。　疑此兩事的人，如崔述（洙泗考信錄卷二），　根本不信此種記載
爲論語所有的；那些不敢懷疑論語的人，如孔穎達（論語正義十七），如程頤張栻（引見朱
熹論語集註九），　都只能委曲解說孔子的動機。　　其實孔子的動機不過是贊成一個也許
可以嘗試有爲的機會。　從事業上看，“吾其爲東周乎？”　這就是說，也許我可以造
成一個　“東方的周帝國”　哩。　從個人的感慨上說，“吾豈匏瓜也哉？　焉能繫而不
食？”　這就是說，我是想做事的，我不能像那串葫蘆，掛在那兒擺樣子，可是不中喫
的。　這都是很近情理的感想，用不着什麼解釋的。　　（王安石有中牟詩：“潁城百
雉擁高秋。　驅馬臨風想聖丘。　此道門人多未悟，爾來千載判悠悠”。）

　　　他到了晚年，也有時感慨他的壯志的消磨。　最動人的是他的自述；

　　　　甚矣吾衰也！久矣吾不復夢見周公！

這寥寥兩句話裏，我們可以聽見一個“烈士暮年，壯心未已”的長歎。　周公是周帝國
的一個最偉大的創始者，東方的征服可說全是周公的大功。　孔子想造成的“東周”，
不是那平王以後的“東周”（這個“東周”乃是史家所用名稱，當時無用此名的），乃是周公平定四國
後造成的東方周帝國。　但這個偉大的夢終沒有實現的機會，孔子臨死時還說：

　　　　夫明王不興，而天下其孰能宗予，予殆將死也？

不做周公而僅僅做一個“素王”，是孔子自己不能認爲滿意的。　但　“五百年必有王者
興”　的懸記終於這樣不滿意的應在他的身上了。

　　　猶太民族亡國後的預言，也曾期望一個民族英雄出來，　“做萬民的君王和司令”
（以賽亞書五五章，四節），　“使雅各衆復興，使以色列之中得保全的人民能歸回，——這
還是小事，——還要作外邦人的光，推行我（耶和華）的救恩，直到地的盡頭”（同書，四九
章，六節）。　但到了後來，大衞的子孫裏出了一個耶穌，他的聰明仁愛得了民衆的推
戴，民衆認他是古代先知預言的　“彌賽亞”，稱他爲“猶太人的王”。　後來他被拘捕

了；羅馬帝國的兵“給他脫了衣服，穿上一件朱紅色袍子，用荆棘編作冠冕，戴在他
頭上，拿一根葦子放在他右手裏；他們跪在他面前，戲弄他說：‘恭喜猶太人的王
阿！’”戲弄過了，他們帶他出去，把他釘死在十字架上。　猶太人的王“使雅各衆復
興，使以色列歸囘”的夢想，就這樣吹散了。　但那個釘死在十字架上的殉道者，死
了又“復活”了：“好像一粒芥菜子，這原是種子裏最小的，等到長起來，郤比各樣菜
都大，且成了一株樹，天上的飛鳥來宿在他的枝上”：他眞成了“外邦人的光，直到地
的盡頭”。

孔子的故事也很像這樣的。　殷商民族亡國以後，也曾期望“武丁孫子”裏有一
個無所不勝的“武王”起來，“大糦是承”，“肇域彼四海”。　後來這個希望漸漸形成了
一個“五百年必有王者興”的懸記，引起了宋襄公復興殷商的野心。　這一次民族復興
的運動失敗之後，那個偉大的民族仍舊把他們的希望繼續寄託在一個將興的聖王身
上。　果然，亡國後的第六世紀裏，起來了一個偉大的“學而不厭，誨人不倦”的聖
人。　這一個偉大的人不久就得着了許多人的崇敬，他們認他是他們所期待的聖人；
就是和他不同族的魯國統治階級裏，也有人承認那個聖人將興的預言要應在這個人身
上。　和他接近的人，仰望他如同仰望日月一樣；相信他若得着機會，他一定能“立
之斯立，道之斯行，綏之斯來，動之斯和”。　他自己也明白人們對他的期望，也以
泰山梁木自待，自信“天生德於予”，自許要作文王周公的功業。　到他臨死時，他還
做夢“坐奠於兩楹之間”。　他抱着“天下其孰能宗予”的遺憾死了，但他死了也“復活
了：“人能弘道，非道弘人”，他打破了殷周文化的藩籬，打通了殷周民族的畛域，把
那含有部落性的“儒”抬高了，放大了，重新建立在六百年殷周民族共同生活的新基礎
之上：他做了那中興的“儒”的不祧的宗主；他也成了“外邦人的光”，“聲名洋溢乎中
國，施及蠻貊，舟車所至，人力所通，……凡有血氣者莫不尊親”。

（五）

孔子所以能中興那五六百年來受人輕視的“儒”，是因爲他認淸了那六百年殷周民
族雜居，文化逐漸混合的趨勢，他知道那個富有部落性的殷遺民的“儒”是無法能拒
絕那六百年來統治中國的周文化的了，所以他大胆的衝破那民族的界限，大胆的宣

言："吾從周！"他說：

> 夏禮，吾能言之，杞不足徵也。　殷禮，吾能言之，宋不足徵也。　文獻不足
> 故也。足，則吾能徵之矣。

這就是說，夏殷兩個故國的文化雖然都還有部分的保存，——例如士喪禮裏的夏祝商
祝，——然而民族雜居太長久了，後起的統治勢力的文化漸漸湮沒了亡國民族的老文
化，甚至於連那兩個老文化的政治中心，杞與宋，都不能繼續保存他們的文獻了。
杞國的史料現在已無可考。　就拿宋國來看，宋國在那姬周諸國包圍之中，早就顯出
被周文化同化的傾向來了。　最明顯的例子是諡法的採用。　殷人無諡法，檀弓說：

> 幼名，冠字，五十以伯仲，死諡，周道也。

今考宋世家，微子啓傳其弟微仲，微仲傳子稽，稽傳丁公申，丁公申傳湣公共，共傳
弟煬公熙，湣公子鮒弒煬公而自立，是爲厲公。　這樣看來，微子之後，到第四代已
用周道，死後稱諡了。——舉此一端，可見同化的速度。　在五六百年中，文獻的喪
失，大概是由於同化久了，雖有那些保存古服古禮的"儒"，也只能做到一點抱殘守缺
的工夫，而不能挽救那自然的趨勢。　可是那西周民族却在那五六百年中充分吸收東
方古國的文化；西周王室雖然漸漸不振了，那些新建立的國家，如在殷商舊地的齊魯
衞鄭，如在夏后氏舊地的晉，都繼續發展，成爲幾個很重要的文化中心。　所謂"周
禮"，　其實是這五六百年中造成的殷周混合文化。　舊文化裏灌入了新民族的新血
液，舊基礎上築起了新國家的新制度，很自然的呈顯出一種"粲然大備"的氣象。　檀
弓有兩段最可玩味的記載：

> 有虞氏瓦棺，夏后氏墍周，殷人棺椁，周人牆置翣。　周人以殷人之棺椁葬長
> 殤，以夏后氏之墍周葬中殤下殤，以有虞氏之瓦棺葬無服之殤。

> 仲憲言於曾子曰："夏后氏用明器，⋯⋯殷人用祭器，⋯⋯周人兼用之。⋯⋯'

這都是最自然的現象。　我們今日看北方的出殯，其中有披蔴帶孝的孝子，有和尙，
有道士，有喇嘛，有軍樂隊，有紙紮的汽車馬車，和檀弓記的同時有四種葬法，是一
樣的文化混合。　孔子是個有歷史眼光的人，他認清了那個所謂"周禮"並不是西周人
帶來的，乃是幾千年的古文化逐漸積聚演變的總成績，這裏面含有絕大的因襲夏殷古
文化的成分。　他說：

　　　　殷因於夏禮，所損益，可知也。　周因於殷禮，所損益，可知也。

這是很透闢的"歷史的看法"。　有了這種歷史見解，孔子自然能看破，並且敢放棄那傳統的"儒"的保守主義。　所以他大胆的說：

　　　　周監於二代，郁郁乎文哉！　吾從周。

在這句"吾從周"的口號之下，孔子擴大了舊"儒"的範圍，把那個做殷民族的祝人的„儒"變做全國人的師儒了。　"儒"的中興，其實是"儒"的放大。

　　孔子所謂"從周"，　我在上文說過，其實是接受那個因襲夏殷文化而演變出來的現代文化。　所以孔子的"從周"不是絕對的，只是選擇的，只是"擇其善者而從之，其不善者而改之"。　論語裏說：

　　　　顏淵問為邦，子曰："行夏之時，乘殷之輅，服周之冕。　樂則韶舞。　放
　　　　鄭聲，遠佞人；鄭聲淫，佞人殆。

這是很明顯的折衷主義。　論語又記孔子說：

　　　　麻冕，禮也；今也純。　儉，吾從衆。　拜下，禮也；今拜乎上，泰也。　雖
　　　　違衆，吾從下。

這裏的選擇去取的標準更明顯了。　檀弓裏也有同類的記載：

　　　　孔子曰："拜而后稽顙，頹乎其順也。（鄭注，此殷之喪拜也。）稽顙而后拜，順乎
　　　　其至也。（鄭注，此周之喪拜也。）三年之喪，吾從其至者"。
　　　　殷既封而弔，周反哭而弔。　孔子曰，"殷已慤，吾從周"。
　　　　殷練而祔，周卒哭而祔。　孔子善殷。

這都是選擇折衷的態度。　檀弓又記：

　　　　孔子之喪，公西赤為志焉：飾棺牆，置翣，設披，周也。　設崇，殷也。　綢
　　　　練設旐，夏也。
　　　　子張之喪，公明儀為志焉：褚幕丹質，蟻結於四隅，殷士也。

這兩家的送葬的禮式不同，更可以使我們明瞭孔子和殷儒的關係。　子張是"殷士"，所以他的送葬完全沿用殷禮。　孔子雖然也是殷人，但他的教義早已超過那保守的殷儒的遺風了，早已明白宣示他的"從周"的態度了，早已表示他的選擇三代禮文的立場了，所以他的送葬也含有這個調和三代文化的象徵意義。

　　孔子的偉大貢獻正在這種博大的"擇善"的新精神。　他是沒有那狹義的畛域觀念
的。　他說：

　　君子周而不比。

又說：

　　君子羣而不黨。

他的眼光注射在那整個的人羣，所以他說、

　　君子之於天下也，無適也，無莫也，義之與比。

他認定了敎育可以打破一切階級與界限，所以曾有這樣最大胆的宣言：

　　有敎無類。

這四個字在今日好像很平常；但在二千五百年前，這樣平等的敎育觀必定是很震動社
會的一個革命學說。　因爲"有敎無類"，所以孔子說："自行束脩以上，吾未嘗無誨
焉"；　所以他的門下有魯國的公孫，有貨殖的商人，有極貧的原憲，有在縲絏之中的
公冶長。　因爲孔子深信敎育可以摧破一切階級的畛域，所以他終身"爲之不厭，誨
人不倦"。

　　孔子時時提出一個 "仁" 字的理想境界。　"仁者人也"，這是最妥貼的古訓。
"井有仁焉"就是"井有人焉"。　"仁"就是那用整個人類爲對象的敎義。　最淺的說法
是

　　樊遲問仁，子曰，"愛人"。

進一步的說法，"仁"就是要盡人道，做到一個理想的人樣子。　這個理想的人樣子也
有淺深不同的說法：

　　樊遲問仁，子曰，"居處恭，執事敬，與人忠：雖之夷狄，不可棄也"。

這是最低限度的說法了。　此外還有許多種說法：

　　樊遲問仁，子曰，"仁者先難而後獲，可謂仁矣"。　（比較孔子在別處對樊遲
　　說的"先事後得"。）

　　司馬牛問仁，子曰，"仁者其言也訒。　爲之難，言之得無訒乎？"

　　顏淵問仁，子曰，"克己復禮爲仁"。

　　仲弓問仁，子曰，"出門如見大賓，使民如承大祭。　己所不欲，勿施於人。

在邦無怨，在家無怨”。

其實這都是“居處恭，執事敬，與人忠”引伸的意義。　仁就是做人。　用那理想境界的人做人生的目標，這就是孔子的最博大又最平實的教義。　我們看他的大弟子曾參說的話：

> 士不可以不弘毅：任重而道遠。　仁以爲己任，不亦重乎？死而後已，不亦遠乎？

“仁以爲己任”，就是把整個人類看作自己的責任。　耶穌在山上，看見民衆紛紛到來，他很感動，說道；“收成是好的，可惜做工的人太少了”。　曾子說的“任重而道遠”，正是同樣的感慨。

從一個亡國民族的敎士階級，變到調和三代文化的師儒；用“吾從周”的博大精神，擔起了“仁以爲己任”的絕大使命，——這是孔子的新儒敎。

* 　　　　　*　　　　　*

“儒”本來是亡國遺民的宗敎，所以富有亡國遺民柔順以取容的人生觀，所以“儒”的古訓爲柔懦。　到了孔子，他對自己有絕大信心，對他領導的文化敎育運動也有絕大信心，他又認淸了那六百年殷周民族同化的歷史實在是東部古文化同化了西周新民族的歷史，——西周民族的新建設也都建立在那“周因於殷禮”的基礎之上——所以他自己沒有那種亡國遺民的柔遜取容的心理。　“士不可以不弘毅：任重而道遠”，這是這個新運動的新精神，不是那個“一命而僂，再命而傴，三命而俯”的柔道所能包涵的了。孔子說：

> 志士仁人，無求生以害仁，有殺身以成仁。

他的弟子子貢問他：伯夷叔齊餓死在首陽山下，怨不怨呢？　孔子答道：

> 求仁而得仁，又何怨？

這都不是柔道的人生哲學了。　道裏所謂“仁”，無疑的，就是做人之道。　孟子引孔子的話道：

> 志士不忘在溝壑，勇士不忘喪其元。

我頗疑心孔子受了那幾百年來封建社會中的武士風氣的影響，所以他把那柔懦的儒和殺身成仁的武士合併在一塊，造成了一種新的“儒行”。　論語說：

子路問成人，子曰："若臧武仲之知，公綽之不欲，卞莊子之勇，冉求之藝，文之以禮樂，亦可以為成人矣"。 曰："今之成人者何必然。 見利思義，見危授命，久要不忘平生之言，亦可以為成人矣"。

"成人"就是"成仁"，就是"仁"。 綜合當時社會上的理想人物的各種美德，合成一個理想的人格，這就是"君子儒"，這就是"仁"。 但他又讓一步，說"今之成人者"的最低標準，這個最低標準正是當時的"武士道"的信條。 他的弟子子張也說：

士見危致命，見得思義，祭思敬，喪思哀，其可已矣。

曾子說：

可以託六尺之孤，可以寄百里之命，臨大節而不可奪也。 君子人歟？君子人也。

這就是"見危致命"的武士道的君子。 子張又說：

執德不弘，信道不篤，焉能為有？焉能為亡？

子張是"殷士"，而他的見解已是如此，可見孔子的新教義已能攻變那傳統的儒，形成一種弘毅的新儒了。 孔子曾說：

剛毅木訥近仁。

又說：

巧言令色，鮮矣仁。

他提倡的新儒行只是那剛毅勇敢，擔負得起天下重任的人格。 所以說：

仁者己欲立而立人，己欲達而達人：

又說：

君子……脩己以敬，……脩己以安人，……脩己以安百姓。

這是一個新的理想境界，絕不是那治喪相禮以為衣食之端的柔懦的儒的境界了。

孔子自己的人格就是這種弘毅的人格。 論語說：

子曰："君子道者三，我無能焉：仁者不憂，知者不惑，勇者不懼"。 子貢曰，"夫子自道也"。

子曰："不怨天，不尤人，下學而上達。 知我者其天乎！"

葉公問孔子於子路，子路不對。 子曰："汝奚不曰，'其為人也，發憤忘食，

樂以忘憂，不知老之將至云爾'？"

論語又記着一條有風趣的故事：

　　子路宿於石門，晨門曰，"奚自？"　子路曰，"自孔氏"。　曰，"是知其不可
　　而爲之者歟？"

這是當時人對於孔子的觀察。　"知其不可而爲之"，是孔子的新精神。　這是古來柔
道的儒所不曾夢見的新境界。

　　但柔道的人生觀，在孔門也不是完全沒有相當地位的。　曾子說：

　　以能問於不能，以多問於寡；有若無，實若虛；犯而不校：昔者吾友嘗從事於
　　斯矣。

這一段的描寫，原文只說"吾友"，東漢的馬融硬說 "友謂顏淵"，從此以後，註家也
都說是顏淵了。（現在竟有人說道家出於顏回了。）其實 "吾友" 只是我的朋友，或我的朋友
們，二千五百年後人只可以"闕疑"，不必費心去猜測。　如果這些話可以指顏淵，那
麼，我們也可以證明這些話是說孔子。　論語不說過嗎？

　　子入太廟，每事問。　或曰："孰謂鄹人之子知禮乎？　入太廟，每事問！"
　　子聞之曰，"是禮也"。

這不是有意的"以能問於不能，以多問於寡"嗎？這不是"有若無，實若虛"嗎？

　　子曰，"吾有知乎哉？無知也。　有鄙夫問於我，空空如也。　我叩其兩端而
　　竭焉"。

這不是"以能問於不能，以多問於寡；有若無，實若虛"嗎？論語又記孔子贊歎 "伯夷
叔齊不念舊惡，怨是用希"，這不是"犯而不校"嗎？　爲什麼我們不可以說"吾友"是
指孔子呢？爲什麼我們不可以說"吾友"只是泛指曾子"昔者"接近的某些師友呢？　爲
什麼我們不可以說這是孔門某一個時期("昔者"）所"嘗從事"的學風呢？

　　大概這種謙卑的態度，虛心的氣象，柔遜的處世方法，本來是幾百年來的儒者遺
風，孔子本來不曾抹煞這一套，他不過不承認這一套是最後的境界，也不覺得這是唯
一的境界罷了。　（曾子的這一段話的下面，即是"可以託六尺之孤"一段；再下面，就是"士不可以不弘毅"
一段。這三段話，寫出三種境界，最可供我們作比較。）在那個標舉"成人""成仁"爲理想境界的新
學風裏，柔遜謙卑不過是其一端而已。　孔子說得好：

恭而無禮則勞，愼而無禮則葸，勇而無禮則亂，直而無禮則絞。

恭與愼都是柔道的美德，——孟僖子稱正考父的鼎銘爲“共（恭）”，——可是過當的恭愼就不是“成人”的氣象了。　鄉黨一篇寫孔子的行爲何等恭愼謙卑！鄉黨開端就說：

孔子於鄉黨，恂恂如也，似不能言者。　其在宗廟朝廷，便便言，唯謹爾。

（鄭註：便便，辯也。）

論語裏記他和當時的國君權臣的問答，語氣總是最恭愼的，道理總是守正不阿的。最好的例子是魯定公問一言可以興邦的兩段：

定公問：“一言而可以興邦，有諸？”

孔子對曰：“言不可以若是其幾也。　人之言曰，‘爲君難，爲臣不易’。　如知爲君之難也，不幾乎一言而興邦乎？”

曰：“一言而喪邦，有諸？”

孔子對曰：“言不可以若是其幾也。　人之言曰，‘予無樂乎爲君，唯其言而莫予違也’。　如其善而莫之違也，不亦善乎？　如不善而莫之違也，不幾乎一言而喪邦乎？”

他用這樣婉轉的辭令，對他的國君發表這樣獨立的見解，這最可以代表孔子的“溫而厲”，“與人恭而有禮”的人格。

中庸雖是晚出的書，其中有子路問強一節，可以用來做參考資料：

子路問強。　子曰：“南方之強歟？　北方之強歟？　抑而強歟？

“寬柔以敎，不報無道，南方之強也。　君子居之。

“袵金革，死而不厭，北方之強也。　而強者居之。

“故君子和而不流，強哉矯。　中立而不倚，強哉矯。　國有道，不變塞焉，強哉矯。　國無道，至死不變，強哉矯”。

這裏說的話，無論是不是孔子的話，至少可以表示孔門學者認淸了當時有兩種不同的人生觀，又可以表示他們並不菲薄那“寬柔以敎，不報無道”（卽是“犯而不校”）的柔道。他們看準了這種柔道也正是一種“強”道。　當時所謂“南人”，與後世所謂“南人”不同。　春秋時代的楚與吳，雖然更南了，但他們在北方人的眼裏還都是“南蠻”，夠不上那柔道的文化。　古代人所謂“南人”似乎都是指大河以南的宋國魯國，其人多是殷

商遺民，傳染了儒柔的風氣，文化高了，世故也深了，所以有這種寬柔的"不報無道"
的教義。

　　這種柔道本來也是一種"強"，正如周易象傳說的"謙尊而光，卑而不可踰"。　　一
個人自信甚堅強，自然可以不計較外來的侮辱；或者他有很強的宗教信心·深信"鬼
神害盈而福謙"，　他也可以不計較偶然的橫暴。　　謙卑柔遜之中含有一種堅忍的信
心，所以可說是一種君子之強。　　但他也有流弊。　　過度的柔遜恭順，就成了懦弱者
的百依百順，　沒有獨立的是非好惡之心了。　　這種人就成了孔子最痛恨的"鄉原"；
"原"是謹愿，鄉愿是一鄉都稱為謹愿好人的人。　　論語說：

　　　　子曰："鄉原，德之賊也"。

孟子末篇對這個意思有很詳細的說明：

　　　　孟子曰："……孔子曰：'過我門而不入我室，我不憾焉者，其惟鄉原乎？鄉
　　　　原，德之賊也'"。

　　　　萬章曰："何如斯可謂之鄉原矣？"

　　　　曰："何以是嘐嘐也！言不顧行，行不顧言，則曰，'古之人！古之人！行何為
　　　　踽踽涼涼？生斯世也，為斯世也，善斯可矣'。閹然媚於世也者，是鄉原也"。

　　　　萬章曰："一鄉皆稱原人焉，無所往而不為原人，孔子以為德之賊，何哉？"

　　　　曰："非之，無舉也；刺之，無刺也。　同乎流俗，合乎汙世。　居之似忠
　　　　信，行之似廉絜。　眾皆悅之，自以為是，而不可與入堯舜之道。　故曰德之
　　　　賊也。　孔子曰：'惡似而非者。　惡莠，恐其亂苗也。　惡佞，恐其亂義
　　　　也。　惡利口，恐其亂信也。　惡鄭聲，恐其亂樂也。　惡紫，恐其亂朱也。
　　　　惡鄉原，恐其亂德也'"。

這樣的人的大病在於只能柔而不能剛；只能"同乎流俗，合乎汙世"，"閹然媚於世"，
而不能有踽踽涼涼的特立獨行。

　　孔子從柔道的儒風裏出來，要人"柔而能剛"，"恭而有禮"。　他說：

　　　　眾好之，必察焉。　眾惡之，必察焉。

鄉原決不會有"眾惡之"的情況的。　凡"眾好之"的人，大概是"同乎流俗，合乎汙世"
的人。　論語另有一條說此意最好：

　　子貢問曰；“鄉人皆好之，何如？”

　　子曰，“未可也”。

　　“鄉人皆惡之，何如？”

　　子曰，“未可也。　不如鄉人之善者好之，其不善者惡之”。

這就是論語說的“君子和而不同”；也就是中庸說的“君子和而不流，中立而不倚”。
這才是孔子要提倡的那種弘毅的新儒行。

　　禮記裏有儒行一篇，記孔子答魯哀公問“儒行”的話，其著作年代已不可考，但其
中說儒服是魯宋的鄉服，可知作者去古尚未遠，大概是戰國早期的儒家著作的一種。
此篇列舉“儒行”十六節，其中有一節云：

　　儒有衣冠中，動作慎；其大讓如慢，小讓如僞；大則如威（畏），小則如愧：其
　　難進而易退也，粥粥若無能也。

這還是儒柔的本色。　又一節云：

　　儒有博學而不窮，篤行而不倦，……禮之以和爲貴，……舉賢而容衆，毀方而
　　瓦合，其寬裕有如此者。

這也還近於儒柔之義。　但此外十幾節，如云，

　　愛其死以有待也，養其身以有爲也。

　　非時不見，非義不合。

　　見利不虧其義，見死不更其守。　其特立有如此者。

　　儒有可親而不可劫也，可近而不可迫也，可殺而不可辱也。　其過失可微辨而
　　不可面數也。　其剛毅有如此者。

　　身可危也，而志不可奪也。　雖危，起居竟信（伸）其志，猶將不忘百姓之病
　　也。其憂思有如此者。

　　患難相死也，久相待也，遠相致也。

　　儒有澡身而浴德，陳言而伏。……世治不輕，世亂不沮。　同弗與，異弗非
　　也。　其特立獨行有如此者。

　　儒有上不臣天子，下不事諸侯，慎靜而尚寬，强毅以與人，……砥厲廉隅。

　　雖分國，如錙銖。……其規爲有如此者。

這就都是超過那柔順的儒風，建立那剛毅威嚴，特立獨行的新儒行了。

以上述孔子改造的新儒行：他把那有部落性的殷儒擴大到那"仁以爲己任"的新儒；他把那亡國遺民的柔順取容的殷儒抬高到那弘毅進取的新儒。　這眞是"振衰而起懦"的大事業。

（六）

我們現在可以談談"儒"與"道"的歷史關係了。　同時也可以談談孔子與老子的歷史關係了。

"道家"一個名詞不見於先秦古書中。　在史記的陳平世家，封禪書，太史公自序裏，我們第一次見着"道家"一個名詞。　司馬談父子所謂"道家"，乃是一個"因陰陽之大順，采儒墨之善，撮名法之要"的混合學派。　因爲是個混合折衷的學派，他的起源當然最晚，約在戰國的最後期與秦漢之間。　這是毫無可疑的歷史事實。　（我別有論"道家"的專文。）

最可注意的是秦以前論學術派別的，沒有一個人提到那個與儒墨對立的"道家"。孟子在戰國後期論當時的學派，只說"逃墨必歸於楊，逃楊必歸於儒"。　韓非死在秦始皇時，他也只說"世之顯學，儒墨也"。

那麼，儒墨兩家之外，那極端傾向個人主義的楊朱可以算是自成一派，其餘的許多思想家，——老子，莊周，愼到，田駢，騶衍等，——都如何分類呢？

依我的看法，這些思想家都應該歸在儒墨兩大系之下。

宋牼尹文惠施公孫龍一些人都應該歸於"墨者"一個大系之下。　宋牼（宋鈃）尹文主張"見侮不辱，救民之鬥；禁攻寢兵，救世之戰"，他們正是墨敎的信徒，這是顯而易見的。　惠施主張"氾愛萬物"，又主張齊梁兩國相推爲王，以維持中原的和平；公孫龍到處勸各國"偃兵"，這也是墨敎的遺風。　至於他們的名學和墨家的名學也有明顯的淵源關係，那更是容易看出的。

其餘的許多思想家，無論是齊魯儒生，或是燕齊方士，在先秦時代總稱爲"儒"，都屬於"儒者"的一大系。　所以齊宣王招致稷下先生無數，而鹽鐵論泛稱爲"諸儒"；所以秦始皇阬殺術士，而世人說他"阬儒"。　莊子說劍篇（僞書）也有莊子儒服而見趙

王的傳說。

老子也是儒。　儒的本義爲柔，而老子書中的敎義正是一種"寬柔以敎，不報無道"的柔道。　"弱之勝强，柔之勝剛，天下莫不知，莫能行"。　"上善若水，水利萬物而不爭"。　"夫唯不爭，故天下莫與之爭"。"報怨以德"。　"强梁者不得其死"。"曲則全，枉則直，窪則盈"。　……這都是最極端的"犯而不校"的人生觀。　如果"儒，柔也"的古訓是有歷史意義的，那麼，老子的敎義正代表儒的古義。

我們試囘想到前八世紀的正考父的鼎銘，囘想到周易裏謙，損，坎，巽等等敎人柔遜的卦爻詞，囘想到曾子說的"昔者吾友嘗從事"的"犯而不校"，囘想到論語裏討論的"以德報怨"的問題，——我們不能不承認這種柔遜謙卑的人生觀正是古來的正宗儒行。　孔子早年也從這個正宗儒學裏淘鍊出來，所以曾子說：

以能問於不能，以多問於寡；有若無，實若虛；犯而不校：昔者吾友嘗從事於斯矣。

後來孔子漸漸超過了這個正統遺風，建立了那剛毅弘大的新儒行，就自成一種新氣象。　論語說：

或曰："以德報怨，何如？"

子曰："何以報德？——以直報怨；以德報德"。

這裏"或人"提出的論點，也許就是老子的"報怨以德"，也許只是那個柔道遺風裏的一句古訓。　這種柔道，比"不報無道"更進一層，自有大過人處，自有最能感人的魔力，因爲這種人生觀的基礎是一種大過人的宗教信心，一深信一個"無爲而無不爲""不爭而善勝"的天道。但孔子已跳過了這種"過情"的境界，知道這種違反人情的極端敎義是不足爲訓的，所以他極力囘到那平實中庸的新敎義："以直報怨，以德報德。"

這種討論可以證明孔子之時確有那種過情的柔道人生觀。　信老子之書者，可以認爲當時已有老子之書或老子之敎的證據。　卽有倘懷疑老子之書者，他們若平心想想，也決不能否認當時實有"犯而不校"的柔道，又實有"以德報怨"的更透進一層的柔道。　如果連這種重要證據都要抹煞，硬說今本老子裏的柔道哲學乃是戰國末年世故已深時宋鈃尹文的思想的餘波，那種人的固執是可以驚異的，他們的理解是不足取法的。

　　還有那個孔子問禮於老聃的傳說，向來懷疑的人都學韓愈的看法，說這是老子一派的人要自尊其學，所以捏造"孔子，吾師之弟子也"的傳說。（姚際恆禮記通論論曾子問一篇，說，"此爲老莊之徒所作無疑"。）　現在依我們的新看法，這個古傳說正可以證明老子是個"老儒"，是一個殷商老派的儒。

　　關於孔子見老子的傳說，約有幾組材料的來源：

　　　（1）禮記的曾子問篇，孔子述老聃論喪禮四事。

　　　（2）史記孔子世家記南宮敬叔與孔子適周問禮，"蓋見老子云"，一段。

　　　（3）史記老莊申韓列傳，"孔子適周，將問禮於老子，老子曰……"一段。

　　　（4）莊子中所記各段。

我們若依這個次序比較這四組的材料，可以看見一個最可玩味的現象，就是老子的人格的驟變，從一個最拘謹的喪禮大師，變到一個最恣肆無禮的出世仙人。　最可注意的是史記兩記此事，在孔子世家裏老子還是一個很謙恭的柔道學者，而在老子列傳裏他就變做一個盛氣拒人的狂士了。　這個現象，其實不難說明。　老子的人格變化只代表各時期的人對於老子的看法不同。　作曾子問的人絕對不曾夢見幾百年後的人會把老聃變成一個謾罵無禮的狂士，所以他只簡單的記了老聃對於喪禮的幾條意見。這個看法當然是最早的；因爲，如果曾子問真是後世"老莊之徒所作"，請問，這班"老莊之徒"爲什麼要把老子寫成這樣一個拘謹的喪禮專門大師呢？若如姚際恒所說，曾子問全書是"老莊之徒所作無疑"，那麼，這班"老莊之徒"捏造了這五十條喪禮節目的討論，插入了四條老聃的意見，結果反把老聃變成了一個儒家喪禮的大師，這豈不是"賠了夫人又折兵"的大笨事嗎？——這類的說法既說不通了，我們只能承認那作曾子問的人生在一個較早的時期，只知道老子是一位喪禮大師，所以他老老實實的傳述了孔子稱引老聃的喪禮意見。　這是老孔沒有分家的時代的老子。

　　司馬遷的孔子世家是史記裏最謹慎的一篇，所以這一篇記孔子和老子的關係也還和那最早的傳說相去不遠：

　　　〔孔子〕適周問禮，蓋見老子云。　辭去，而老子送之曰："吾聞富貴者送人以財，仁人者送人以言。　吾不能富貴，竊仁人之號。　送子以言曰：'聰明深察而近於死者，好議人者也。　博辯廣大危其身者，發人之惡者也。　爲人子

者，毋以有己。　爲人臣者，毋以有己'"。

這時代的人已不信老子是個古禮專家了，所以司馬遷說"適周問禮，蓋見老子云"，這已是很懷疑的口氣了。　但他在這一篇只採用了這一段臨別贈言，這一段話還把老子看作一個柔道老儒，還不是更晚的傳說中的老子。

到了老莊列傳裏，就大不同了！

　　孔子適周，將問禮於老子。　老子曰："子所言者，其人與骨皆已朽矣。　獨
　　其言在耳。……"

這就說，孔子"將"要問禮，就碰了一個大釘子，開不得口。　這就近於後世傳說中的老子了。

至於莊子列子書中所記孔子見老子的話，離最古的傳說更遠，其捏造的時代更晚，更不用說了。　如果老子眞是那樣一個倨傲謾罵的人，而孔子却要借車借馬遠道去"問禮"，他去碰釘子挨罵，豈非活該！

總之，我們分析孔子問禮於老子的傳說，剝除了後起的粉飾，可以看出幾個要點：

　（1）古傳說認老子爲一個知禮的大師。　這是問禮故事的中心，不可忽視。

　（2）古傳說記載老子是一位喪禮的專家。　曾子問記孔子述他的禮論四條，其第二條最可注意：

　　孔子曰：昔者吾從老聃助葬於巷黨，及堩，日有食之。　老聃曰："丘止柩就
　　道右，止哭以聽變，旣明反而後行"。　曰，"禮也"。　反葬而丘問之曰：
　　"夫柩不可以反者也，日有食之，不知其已之遲數，則豈如行哉？"　老聃
　　曰："諸侯朝天子，見日而行，逮日而舍奠。　大夫使，見日而行，逮日而
　　舍。　夫柩不蚤出，不莫宿。　見星而行者，唯罪人與奔父母之喪者乎？
　　日有食之，安知其不見星也？且君子行禮，不以人之親痁患"。　吾聞諸
　　老聃云。

這種議論，有何必要而須造出一個老師的權威來作證？　豈非因爲老聃本是一位喪禮的權威，所以有引他的必要嗎？

　（3）古傳說裏，老子是周室的一個"史"：老子列傳說他是"周守藏室之史"，張

湯列傳說他是"柱下史"。　史是宗教的官，也需要知禮的人。

（4）古傳說又說他在周，成周本是殷商舊地，遺民所居。　（古傳說又說他師事商容
一作常樅，汪中說爲一人—可見古說總把他和殷商文化連在一塊，不但那柔道的人生觀一項而已。）
這樣看來，我們更可以明白老子是那正宗老儒的一個重要代表了。

　　聰明的汪中（述學補遺，老子考異）也承認曾子問裏的老聃是"孔子之所從學者，可信
也"。　但他終不能解決下面的疑惑：

　　夫助葬而遇日食，然且以見星爲嫌，止柩以聽變，其謹於禮也如是。　至其書
　　則曰："禮者，忠信之薄而亂之首也"。　下殤之葬，稱引周召史佚，其尊信前
　　哲也如是。　（此一條也見曾子問。）而其書則曰："聖人不死，大盜不止"。　彼此
　　乖違甚矣。　故鄭注謂"古壽考者之稱"，黃東發日鈔亦疑之，而皆無以輔其
　　說。　（汪中列舉三疑，其他二事不關重要，今不論。）
博學的汪中誤記了莊子僞書裏的一句"聖人不死，大盜不止"，硬說是老子裏的贓物！
我們不能不替老子喊一聲冤枉。　老子書裏處處抬高"聖人"作個理想境界，全書具
在，可以覆勘。　所以汪中舉出的兩項"乖違"，其一項已不能成立了。　其他一項，
"禮者，忠信之薄，而亂之首"，正是深知禮制的人的自然的反動，本來也沒有可疑之
處。　博學的汪中不記得論語裏的同樣主張嗎？　孔子也說過：

　　人而不仁，如禮何？人而不仁，如樂何？

又說過：

　　禮云，禮云，玉帛云乎哉？　樂云，樂云，鐘鼓云乎哉？

論語又有兩條討論"禮之本"的話：

　　林放問禮之本。　子曰："大哉問！禮，與其奢也，甯儉。　喪，與其易也，
　　甯戚"。（說詳上文第三章）

　　子夏問曰："'巧笑倩兮，美目盼兮，素以爲絢兮，'何謂也？"子曰："繪事後
　　素"。　曰："禮後乎？"子曰："啓予者商也，始可與言詩已矣"。

檀弓述子路引孔子的話，也說：

　　喪禮，與其哀不足而禮有餘也，不若禮不足而哀有餘也。　祭禮，與其敬不足
　　而禮有餘也，不若禮不足而敬有餘也。

這樣的話，都明明的說還有比“禮”更爲根本的在，明明的說禮是次要的（“禮後”），正可以解釋老子“禮者忠信之薄而亂之首”的一句話。　老子孔子都是深知禮意的大師，所以他們能看透過去，知道“禮之本”不在那禮文上。　孔子看見季氏舞八佾，又旅於泰山，也跳起來，歎口氣說：“嗚呼！曾謂泰山不如林放乎！”　後世的權臣，搭起禪讓台來，欺人寡婦孤兒，搶人的天下，行禮已畢，點頭讚歎道：“舜禹之事，吾知之矣！”其實那深知禮意的老聃孔丘早已看透了！　檀弓裏還記一位魯人周豐對魯哀公說的話：

> 殷人作誓而民始畔，周人作會而民始疑。　苟無禮義忠信誠愨之心以涖之，雖固結之，民其不解乎？

這又是老子的話的註脚了．

　　總之，依我們的新看法，老子出在那個前六世紀，毫不覺得奇怪。　他不過是代表那六百年來以柔道取容於世的一個正統老儒；他的職業正是殷儒相禮助葬的職業，他的教義也正是論語裏說的“犯而不校”“以德報怨”的柔道人生觀。　古傳說裏記載着孔子曾問禮於老子，這個傳說在我們看來，絲毫沒有可怪可疑之點。　儒家的書記載孔子“從老聃助葬於巷黨”，這正是最重要的歷史證據，和我們上文說的儒的歷史絲毫沒有矛盾衝突。　孔子和老子本是一家，本無可疑。　後來孔老的分家，也絲毫不足奇怪。　老子代表儒的正統，而孔子早已超過了那正統的儒。　老子仍舊代表那隨順取容的亡國遺民的心理，孔子早已懷抱着“天下宗子”的東周建國的大雄心了。　老子的人生哲學乃是千百年的世故的結品，其中含有絕大的宗教信心——“常有司殺者殺”；“天網恢恢，疏而不失”——所以不是平常一般有血肉骨幹的人所能完全接受的。　孔子也從這種教義裏出來。　他的性情人格不容許他走這條極端的路，所以他漸漸囘到他所謂“中庸”的路上去，要從剛毅進取的方面造成一種能負荷全人類擔子的人格。這個根本上有了不同．其他教義自然都跟着大歧異了．

　　那個消極的柔儒要“損之又損，以至於無”；而這個積極的新儒要“學如不及，猶恐失之”，“學而不厭，誨人不倦”。　那個消極的儒對那新興的文化存着絕大的懷疑，要人寡欲絕學，囘到那“無知無欲”的初民狀態；而這個積極的儒卻謳歌那“郁郁

乎文哉”的周文化，大胆的宣言：“吾從周！”那個消極的儒要人和光同塵，泯滅是
非與善惡的執着；而這個剛毅的新儒却要人“無求生以害仁，有殺身以成仁”；要養成
一種“篤信好學，守死善道”，“造次必於是，顛沛必於是”的人格。

　　在這個新儒的運動卓然成立之後，那個舊派的儒就如同滿天的星斗在太陽的光燄
裏，存在是存在的，只是不大瞧得見了。　可是，我們已說過，那柔道的儒，尤其是
老子所代表的柔道，自有他的大過人處，自有他的絕堅强的宗教信心，自有他的深於
世故的人生哲學和政治態度。　這些成分，初期的孔門運動並不曾完全抹煞：如孔子
也能欣賞那“寬柔以敎，不報無道”的柔道，也能儘量吸收那傾向自然主義的天道觀
念，也能容納那無爲的政治理想。　所以孔老儘管分家，而在外人看來，——例如從
墨家看來——他們都還是一個運動，一個宗派。　試看墨家攻擊儒家的四大罪狀：

　　　　儒之道足以喪天下者四政焉：儒以天爲不明，以鬼爲不神，天鬼不說，此足以
　　　　喪天下。　又厚葬久喪，……此足以喪天下。　又弦歌鼓舞，習爲聲樂，此足
　　　　以喪天下。　又以命爲有；貧富，壽夭，治亂，安危有極矣，不可損益也。
　　　　爲上者行，必不聽治矣；爲下者行之，必不從事矣。　此足以喪天下。　(墨子
　　公孟篇)

我們試想想，這裏的第一項和第四項是不是把孔老都包括在裏面？　所謂“以天爲不
明，以鬼爲不神”，現存的孔門史料都沒有這種極端言論，而老子書中却有“天地不
仁”，“其鬼不神”的話。　儒家 (包括孔老) 承認天地萬物都有一定的軌跡，如老子說的
自然無爲，如孔子說的“天何言哉？四時行焉，百物生焉”，這自然是社會上的常識積
累進步的結果。　相信一個“無爲而無不爲”的天道，卽是相信一個“莫之爲而爲”的天
命：這是進一步的宗敎信心。　所以老子孔子都是一個知識進步的時代的宗敎家。
但這個進步的天道觀念是比較的太抽象了，不是一般民衆都能了解的，也不免時時和
民間祈神事鬼的舊宗敎習慣相衝突。　既然相信一個“獨立而不改，周行而不殆”的天
道，當然不能相信祭祀事神可以改變事物的趨勢了。　孔子說：

　　　　獲罪於天，無所禱也。

又說：

　　　　敬鬼神而遠之。

老子說：

> 以道莅天下，其鬼不神。

論語又記一事最有意味：

> 子疾病，子路請禱。　子曰："有諸？"　子路對曰："有之。誄曰：'禱爾於上
> 下神祇'"。　子曰："丘之禱久矣"。

子路尚且不能了解這個不禱的態度，何況那尋常民衆呢？　在這些方面，對於一般民
間宗敎孔老是站在一條戰線上的。

我們在這裏，還可以進一步指出老子孔子代表的儒，以及後來分家以後的儒家與
道家，所以都不能深入民間，都只能成爲長袍階級的哲學，而不能成爲影響多數民衆
的宗敎，其原因也正在這裏。

汪中曾懷疑老子若眞是曾子問裏那個喪禮大師，何以能有"禮者忠信之薄而亂之
首"的議論。　他不曾細細想想，儒家講喪禮和祭禮的許多聖賢，可曾有一個人是深
信鬼神而講求祭葬禮文的？　我們研究各種禮經禮記，以及論語檀弓等書，不能不感
覺到一種最奇怪的現狀：這些聖人賢人斤斤的討論禮文的得失，無論是拜上或拜下，
無論是麻冕或純冕，無論是絰裘而弔或襲裘而弔，甚至於無論是三年之喪或一年之
喪，他們都只注意到禮文應該如何如何，或禮意應該如何如何，却全不談到那死了的
人或受弔祭的鬼神！他們看見別人行錯了禮，只指着那人嘲笑道：

> 夫夫也！爲習於禮者！

他們要說某項節文應該如何做，也只說：

> 禮也。

就是那位最偉大的領袖孔子也只能有一種自己催眠自己的祭祀哲學：

> 祭如在；祭神如神在。

這個"如"的宗敎心理學，在孔門的書裏發揮的很詳盡。中庸說：

> 齋明盛服以承祭祀，洋洋乎如在其上，如在其左右。

祭義說的更詳細：

> 齋之日，思其居處，思其笑語，思其志意，思其所樂，思其所嗜。　齋三日，
> 乃見其所爲齋者。　祭之日，入室，優然必有見乎其位；周還出戶，肅然必有

聞乎其容聲；出戶而聽，愾然必有聞乎其歎息之聲。

這是用一種精神作用極力催眠自己，要自己感覺得那受祭的人"如在"那兒。　這種心理狀態不是人人都訓練得到的，更不是那些替人家治喪相禮的職業的儒所能做到的。所以我們讀檀弓所記，以及整部儀禮禮記所記，都感覺一種不真實的空氣，檀弓裏的聖門弟子也都好像士喪禮裏的夏祝商祝，都只在那裏唱戲做戲，台步一步都不錯，板眼一絲都不亂，——雖然可以博得"弔者大悅"，然而這裏面往往沒有一點真的宗教感情。就是那位氣度最可愛的孔子，也不過能比一般職業的相禮祝人忠厚一等而已：

　　子食於有喪者之側，未嘗飽也。

　　喪事不敢不勉，不為酒困。

　　子於是日哭，則不歌。

這種意境都只是體恤生人的情緒，而不是平常人心目中的宗教態度。

　　所以我們讀孔門的禮書，總覺得這一班知禮的聖賢很像基督教福音書裏耶穌所攻擊的猶太"文士"(Scribes) 和"法利賽人" (Pharisees)。　("文士"與"法利賽人"都是歷史上的派別名稱，本來沒有貶意。因為耶穌攻擊過這些人，歐洲文字裏就留下了不能磨滅的成見，　這兩個名詞就永遠帶着一種貶意。我用這些名詞，只用他們原來的歷史意義，不含貶議。)猶太的"文士"和"法利賽人"都是精通古禮的，都是"嫻於禮"的大師，都是猶太人的"儒"。　耶穌所以不滿意於他們，只是因為他們熟於典禮條文，而沒有真摯的宗教情感。　中國古代的儒，在知識方面已超過了那民眾的宗教，而在職業方面又不能不為民眾做治喪助葬的事，所以他們對於喪葬之禮實在不能有多大的宗教情緒。　老子已明白承認"禮者忠信之薄而亂之首"了，然而他還是一個喪禮大師，還不能不做相喪助葬的職業。　孔子也能看透"喪與其易也寧戚"了，然而他也還是一個喪禮大師，也還是"喪事不敢不勉"。　他的弟子如"堂堂乎"的子張也已宣言"祭思敬，喪思哀，其可已矣"了，然而他也不能不替貴族人家做相喪助葬的事。　苦哉！苦哉！這種智識與職業的衝突，　這種理智生活與傳統習俗的矛盾，就使這一班聖賢顯露出一種很像不忠實的俳優意味。

　　我說這番議論，不是責備老孔諸人，只是要指出一件最重要的歷史事實。　"五百年必有聖者興"，　民間期望久了，誰料那應運而生的聖者却不是民眾的真正領袖：他的使命是民眾的"彌賽亞"，而他的理智的發達却接近那些"文士"與"法利賽人"。

他對他的弟子說：

> 未能事人，焉能事鬼？

> 未知生，焉知死？

他的民族遺傳下來的職業使他不能不替人家治喪相禮，正如老子不能不替人家治喪相禮一樣。　但他的理智生活使他不能不維持一種嚴格的存疑態度：

> 知之為知之，不知為不知，是知也。

這種基本的理智的態度就決定了這一個儒家運動的歷史的使命了。　這個五百年應運而興的中國“彌賽亞”的使命是要做中國的“文士”階級的領導者，而不能直接做那多數民眾的宗教領袖。　他的宗教只是“文士”的宗教，正如他的老師老聃的宗教也只是“文士”的宗教一樣。　他不是一般民眾所能了解的宗教家。　他說：

> 君子不憂不懼。　內省不疚，夫何憂何懼！

他雖然在那“吾從周”的口號之下，不知不覺的把他的祖先的三年喪服和許多宗教儀節帶過來，變成那殷周共同文化的一部分了，然而那不過是殷周民族文化結婚的一份賠嫁粧奩而已。　他的重大貢獻並不在此，他的心也不在此，他的歷史使命也不在此。他們替這些禮文的辯護只是社會的與實用的，而不是宗教的：“慎終追遠，民德歸厚矣”。　所以他和他的門徒雖然做了那些喪祭典禮的傳人，他們始終不能做民間的宗教領袖。

民眾還得等候幾十年，方才有個偉大的宗教領袖出現。　那就是墨子。

墨子最不滿意的就是那些儒者終生治喪相禮，而沒有一點真摯的尊天信鬼的宗教態度。　上文所引墨者攻擊儒者的四大罪狀，最可以表現儒墨的根本不同。　墨子公孟篇說：

> 公孟子曰：“無鬼神”。　又曰：“君子必學祭禮”。

這個人正是儒家的絕好代表：他一面維持他的嚴格的理智態度，一面還不能拋棄那傳統的祭祀職業。　這是墨子的宗教熱誠所最不能容忍的。　所以他駁他說：

> 執無鬼而學祭禮，是猶無客而學客禮也，是猶無魚而為魚罟也。

懂得這種思想和“祭如在”的態度的根本不同，就可以明白墨家所以興起和所以和儒家不相容的歷史的背景了。　　二十三，三，十五開始寫此文。　二十三，五，十九夜寫成初稿。

—284—

楞 伽 宗 考

胡　適

（一）　引論

　　在五世紀的晚期，北方有兩個印度和尚提倡兩種禪學，開闢了兩個偉大的宗派。一個是跋陀，又譯作佛陀；一個是菩提達摩。　佛陀弟子道房傳授"止觀"禪法給僧稠（四八〇——五六〇），僧稠成爲北齊的大師，撰止觀法兩卷，道宣續僧傳稱其書"昧定之賓，家藏一本"。　止觀禪法是南嶽天台一派的主要教義；雖然南嶽慧思（五一四——五七七）和他的弟子天台智顗都遠攀馬鳴龍樹做祖宗，而不肯明說他們和佛陀僧稠有淵源，我們可以推測佛陀僧稠是南嶽天台一宗的遠祖。

　　菩提達摩教人持習楞伽經，傳授一種堅忍苦行的禪法，就開創了楞伽宗，又稱爲"南天竺一乘宗"。　達摩死後二百年中，這個宗派大行於中國，在八世紀的初年，成爲一時最有權威的宗派。　那時候，許多依草附木的習禪和尚都紛紛自認爲菩提達摩的派下子孫。　牛頭山法融一派本出于三論宗，講習的是大品般若經和大集經，道宣作法融傳，凡二千四百三十三字，無一字提到他和楞伽宗有關係。　但是牛頭山的後輩居然把法融硬派作菩提達摩的第四代子孫，成了楞伽宗的忠實同志了。　還有嶺南詔

州曹侯溪的慧能和尙，他本是從金剛般若經出來的，也和楞伽一派沒有很深的關係，至多他不過是曾做過楞伽宗弘忍的弟子罷了。　但是慧能的弟子神會替他的老師爭道統，不惜造作種種無稽的神話，說慧能是菩提達摩的第四代弘忍的"傳衣得法"弟子。於是這一位金剛般若的信徒也就變成楞伽的嫡派了。　後來時勢大變遷，神會揑造出來的道統僞史居然成了信史，曹溪一派竟纂取了楞伽宗的正統地位。　從此以後，習禪和尙又都紛紛攀龍附鳳，自稱爲曹溪嫡派，一千多年以來的史家竟完全不知道當年有個楞伽宗了。

我們看了楞伽宗史蹟的改竄與湮沒，忍不住一種打抱不平的慨歎，所以現在決定要重新寫定菩提達摩一派的歷史。

道宣（死在六六七）在七世紀中葉編纂續僧傳，很明白僧稠和達摩兩派的旨趣和傾向的不同，他在"習禪"一門的叙論裏說：

　　然而覩彼兩宗，卽乘之二軌也。　稠懷念處（念處卽印度禪法的四念處），清

　　範可崇；摩法虛宗，玄旨幽賾。　可崇則情事易顯，幽賾則理性難通。

當七世紀中葉，道宣當然不能預料以後六七十年中的楞伽宗變化升沉的歷史。　然而，正因爲他不知道八世紀以後爭道統的歷史，他的續僧傳裏保存的一些楞伽宗史料是最可靠的記載，可以供給我們攷訂那個奇特的宗派的早期信史，可以使我們用他的記載來和八世紀以後僞造的史跡相參證比較，攷證出後來種種作僞的痕跡來，同時從頭建造起一段可信的中國禪學史來。

道宣的記載之外，近年敦煌出現的古寫本，和日本保存的古寫本，都供給我們重要的史料。

（二）　菩提達摩

關於菩提達摩的種種傳說，我曾有菩提達摩攷（胡適文存三集，頁四四九──四六五），發表在八年前（一九二七），我現在把我的結論摘記在這裏：

菩提達摩是南天竺婆羅門種，他從海道到中國廣州，大約在劉宋晚年（約四七〇──四七五），但必在宋亡（四七九）之前。　證據有二：

（１）續僧傳說他"初達宋境南越，末又北度至魏"，　可證他來在宋亡之前。

（2）續僧傳（卷十九）的僧副傳中說僧副是太原祁縣人，從達摩禪師出家，爲"定學"之宗，"後乃周歷講座，備嘗經論，並知學唯爲己，聖人無言。 齊建武年（四九四——四九七），南遊楊輦，止於鍾山定林下寺。 ……卒於開善寺，春秋六十有一，卽〔梁〕普通五年（五二四）也。"依僧副的一生看來，他從達摩出家必是在他二十多歲時，約當蕭梁的初期（約四八五左右），因爲建武元年（四九四）僧副只有三十歲，已離開北方了。

舊說，達摩曾見梁武帝，談話不投機，他才渡江北去。 見梁武帝的年代，或說是普通元年（五二○），或說是普通八年（五二七）。 這都是後起的神話，並非事實。證據甚多：

（1）續僧傳全無此說。

（2）僧副一傳可證梁武帝普通元年達摩在北方至少已住了三四十年了。

（3）楊衒之洛陽伽藍記（成書在五四七）記達摩曾遊洛陽永寧寺，此寺建于北魏熙平元年（五一六），達摩來遊正當此寺盛時，約當五一六至五二六之間。

（4）不但七世紀的道宣不記達摩見梁武帝之事；八世紀沙門淨覺作楞伽師資紀（敦煌寫本），其中達摩傳裏也沒有此事。

（5）這段神話起于八世紀晚期以後，越到後來，越說越詳細了，枝葉情節越多了（看胡適同上書，頁四五八——四六一）。 這可見這個神話是逐漸添造完成的。

舊說他在中國只住了九年，依我們的攷據，他在中國差不多住了五十年。 他在北方最久，"隨其所止，誨以禪教"。 道宣說他"自言年一百五十餘歲，遊化爲務，不測于終"。 我們推算他在中國的時間，上可以見劉宋之亡，下可以見永寧寺的盛時，其間大約有五十年。 印度南部人身體發育甚早，所以少年人往往顯出老態，很容易被人認作老人。 達摩初到中國時，年紀雖輕，大概已被中國人誤認作老頭子，他也樂得自認年高。 後來他在中國久了，眞老了，只好"自言年一百五十歲"了。（洛陽伽藍記也說他自言一百五十歲。）

續僧傳說達摩在北方所傳弟子，除僧副早往南方之外，有道育慧可兩人。 慧可傳中說：

達摩滅化洛濱，可亦埋形河涘。 ……後以天平（五三四 －－五三七）之初，

北就新鄴，盛開祕苑。

這可見達摩死在東魏天平以前，所以我們假定他死在西曆五三〇左右。

道宣記達摩的教旨最簡單明白。 八世紀中葉，沙門淨覺作楞伽師資記（有巴黎
倫敦兩本，朝鮮金九經先生有排印本 ），記達摩的教旨也和道宣所記相同，可以互相
印證。 我們用續僧傳作底本，遇必要時，用淨覺的記載作注釋。 續僧傳記達摩教
義的總綱云：

如是安心，謂壁觀也。 如是發行，謂四法也。 如是順物，教護譏嫌。 如

是方便，教令不著。 然則入道多途，要惟二種，謂理行也。

壁觀是達摩的禪法，卽是下文說的“凝住壁觀”。 四法卽是下文說的“四行”。 安心
屬於“理”，發行屬於“行”，下文分說：

藉教悟宗，深信含生同一眞性。 客塵障故（師資記作 “但爲客塵妄覆，不能
顯了” ），令捨僞歸眞，凝住壁觀，無自無他，凡聖等一，堅住不移，不隨他
教（師資記作 “更不隨於言教” ），與道冥符，寂然無爲，名“理入”也。

這是從 “理入” 安心的路。 雖然不廢 “凝住（巴黎本師資記作 “凝注” ）壁觀”，
但注重之點是 “含生同一眞性” “無自無他，凡聖等一” 的理解，所以稱爲 “理入”
的路。

行入者，四行，萬行同攝：

初，報怨行者，修行苦至，當念往刼舍本逐末，多起愛憎；今雖無犯，是我
宿作，甘心受之，都無怨懟。 ……

二，隨緣行者，衆生無我，苦樂隨緣；縱得榮譽等事，宿因所構，今方得
之，緣盡還無，何喜之有？ 得失隨緣，心無增減，違順風靜，冥順於法（師
資記作 “喜心不動，冥順於法” ）也。

三，名無所求行。 世人長迷，處處貪著，名之爲“求”。 道士悟眞，理
與俗反，安心無爲，形隨運轉。 三界皆苦，誰而得安？ 經曰，有求皆苦，
無求乃樂也。

四，名稱法行，卽性淨之理也。 （師資記說第四條稍詳，云：“性淨之理，

因之為法。 此理衆相斯空，無染無著，無此無彼。 ……智者能信解此理，應當稱法而行。 法體無慳於身命，則行檀捨施，行無悋惜。 ……檀度既爾，餘五亦然。 為除妄想，修行六度，而無所行，是為稱法行。"）

道宣敘述達摩的教旨，是有所根據的。 他說：

識眞之士從奉歸悟，錄其言語，卷流於世。

淨覺也說：

此四行是達摩禪師親說，餘則弟子曇林記師言行集成一卷名曰達摩論也。

曇林也許就是續僧傳中達摩傳附記的林法師。 傳中說林法師當"周滅法時（五七七），與可（慧可）同學，共護經像"。

道宣生於五九六，死於六六七，他用的材料是六七世紀的材料，比較最近古，最可信。 我們看八世紀前期淨覺的楞伽師資記的達摩傳，還可以看出那時的人還尊重道宣所記，不敢妄加材料。 到了八世紀以後，有許多僞書出現，如聖冑集，寶林傳等書，大胆的捏造僞史，添出了無數關於達摩的神話。 （寶林傳久已失傳，近年日本發現了一卷，中國又發現了六卷，共有七卷，不久將刊入"宋藏遺珍"內。）北宋和尙道原在十一世紀初年編纂景德傳燈錄，儘量採納了這些僞造的史料，最不可信。 後人看慣了那部十一世紀的傳燈錄，習非成是，竟不認得七世紀中葉道宣續僧傳的史料的眞可寶貴了。

（三） 慧可

菩提達摩的弟子，現在可攷的，有這些人：僧副，慧可，道育，曇林。

（1）僧副 續僧傳有傳，傳末說梁湘東王蕭繹（後爲梁元帝）曾奉令作僧副碑文，此碑今不存了，道宣所記似是根據碑文。 僧副是太原祁縣人，從達摩出家後，曾"周歷講座，備嘗經論"。 齊建武年，他遊南方，住鍾山的定林下寺，他

行逾水霜，言而有信。 三衣六物，外無盈長。 應時入里，道俗式瞻。 加以王侯請道，頹然不忭。 咫尺宮闈，未嘗謁近。 既行為物覽，道俗攸屬。 梁高（武帝）素仰清風，雅為嗟賞。 乃命匠人考其室宇，於開善寺以待之。 副每逍遙於門，負杖而歎曰，"……寧貴廣廈而賤茅茨乎？" ……乃有心眠

> 嶺，觀彼峨帽。　會西昌侯蕭淵藻出鎮蜀部，於〔是〕即拂衣附之。　……遂
> 使庸蜀禪法自此大行。　久之還金陵，復住開善。　……不久卒於開善寺，春
> 秋六十有一，即普通五年（五二四）也。　……疾亟之時，有勸修福者，副力
> 疾而起，厲聲曰，"貨財延命，去道遠矣。　房中什物，並施招提僧。　身死
> 之後，但棄山谷，飽於鳥獸，不亦善乎？　勿營棺壙以乖我意"。　門徒涕
> 淚，不忍從之。

依此傳看來，他雖然和帝王貴人交通往來，但仍保持他的生死隨緣的態度，不失爲達摩的弟子。

（2）道育　事跡無可攷。　續僧傳說達摩在北魏傳授禪學，

> 於時合國盛弘講授，乍聞定法，多生譏謗。　有道育慧可，此二沙門，年雖在
> 後，而銳志高遠。　初逢法將，知道有歸，尋親事之，經四五載，給供諮接，
> 〔達摩〕感其精誠，誨以眞法。

（3）慧可　又名僧可，俗姓姬氏，虎牢人。　他是一個博學的人，"外覽墳索，內通藏典"。　續僧傳說他"年登四十，遇天竺沙門菩提達摩遊化嵩洛；可懷寶知道，一見悅之，奉以爲師，畢命承旨，從學六載，精研一乘，理事兼融，苦樂無滯"。這似乎在達摩的晚年，達摩已很老了，慧可只有四十歲，所以上文說"年雖在後，而銳志高遠"，本不誤。　楞伽師資記誤作"年十四"，歷代法寶記（敦煌出土，有巴黎倫敦兩本，現收入大正大藏經第五十一卷）作"時年四十"，可證續僧傳不誤。

慧可頗通中國典籍，所以他能欣賞達摩的簡單教義。　達摩的四行，很可以解作一種中國道家式的自然主義的人生觀：報怨行近於安命，隨緣行近於樂天，無所求行近于無爲自然，稱法行近于無身無我。　慧可是中國文人出家，傳中說他能"發言入理，不加鉛墨；時或續之，乃成部類，具如別卷"。　據此可見慧可似有文集流傳于後世，道宣還見着這部集子，後來失傳了。　續僧傳說，有向居士，幽遁林野，於天保（五五〇——五五九）之初致書通好，書云：

> 影由形起，響逐聲來。　弄影勞形，不知形之是影；揚聲止響，不識聲是響
> 根。　降煩惱而求涅槃者，喻去形而覓影；離眾生而求佛〔者〕，喻默聲而求
> 響。　故迷悟一途，愚智非別。　無名作名，則是非生矣；無理作理，則諍論

起矣。　幻化非眞，誰是誰非？　虛妄無實，何空何有？　將知得無所得，失無所失。　未及造談，聊伸此意，想爲荅之。

慧可荅他道：

　　說此眞法皆如實，與眞幽理竟不殊。

　　本迷摩尼謂瓦礫，豁然自覺是眞珠。

　　無明智慧等無異，當知萬法卽皆如。

　　愍此二見之徒輩，申詞措筆作斯書。

　　觀身與佛不差別，何須更覓彼無餘？

我們看這兩位通文墨的佛敎徒的酬答，可見達摩的簡單敎義在那第一代已得他們的了解與接受。　我疑心這種了解和魏晉以來的老莊思想不無關繫。　向居士的“迷悟一途，愚智非別”；慧可的“無明智慧等無異”，“觀身與佛不差別”，固然卽是達摩的“無自無他，凡聖等一”，可是中國文士所以能容易接受這樣一種顯然不合常識的敎義，也許是因爲他們久已聽慣了中國道家“齊是非”，“齊萬物”的思想，不覺得他的可怪了。

　　在實行的方面，達摩一派是“奉頭陀行”的。　續僧傳說：“可常行，兼奉頭陀”。　頭陀 (dhuta) 是佛敎中的苦行方面，原義爲“抖擻”，卽是“抖擻煩惱，離諸滯著”。　凡修頭陀行的，在衣食住三方面都極力求剋苦自己，須穿極少又極簡單的衣服；須乞食，又不得多食；住宿須“阿蘭若”，卽是須住在遠離人家的荒僻處，往往住在樹下或墳墓之中，又須常趺坐而不橫臥。　達摩的敎義本來敎人“苦樂隨緣”，敎人忍受苦痛，都無怨懟。　頭陀苦行自是訓練自己忍受苦痛的方法。

　　續僧傳說慧可在鄴宣傳“情事無寄”的敎義，深遭鄴下禪師道恆的嫉妬，

　　恆遂深恨，謗惱於可，貨賕官府，非理屠害。　〔可〕初無一恨，幾其至死，恆衆慶快。

末句不很明白，大槪應解作：慧可受屠害，初不怨恨，只希望自己的一死可以使道恆一黨慶快。　但慧可並不曾被害死。　傳中下文說：

可專附玄理，如前所陳，遭賊斫臂，以法御心，不覺痛苦。　火燒斫處（這是消毒的方法），血斷帛裹，乞食如故，曾不告人。

這個故事，因道宣原文不很明白，就被後人誤解作慧可被人害死了。　如傳燈錄（卷
三）慧可傳說他

> 於筦城縣匡救寺三門下，談無上道，聽者林會。　時有辯和法師者，於寺中講
> 涅槃經，學徒聞師闡法，稍稍引去。　辯和不勝其憤，興謗於邑宰翟仲侃，
> 仲侃惑其邪說，加師以非法，師怡然委順。　識眞者謂之償債。　時年一百七
> 歲，即隋文帝開皇十三年癸丑歲（五九三）三月十六日也。

傳燈錄全鈔襲寶林傳（卷八）僞書，寶林傳改竄續僧傳的道恒爲辯和，改鄴下爲筦城
縣，又加上“匡救寺三門下”，“邑宰翟仲侃”，“百七歲”，“開皇十三年三月十
六日”等等詳細節目，看上去“像煞有介事”，其實全是閉眼揑造。　七世紀中葉的
道宣明說慧可不曾被害死，明說“可乃從容順俗，時惠清猷，乍託吟謠”，然而幾百
年後的寶林傳却硬說他被害死了！　七世紀中葉的道宣不能詳擧慧可的年歲，而幾百
年後的寶林傳却能詳說他死的年月日和死時的歲數，這眞是崔述說的“世愈後而事愈
詳”了！

傳燈錄又根據寶林傳，說達摩在嵩山少林寺終日面壁而坐，神光（寶林傳揑造慧
可初名神光）朝夕參承，莫聞誨勵。

> 其年十二月九日夜，天大雨雪，光堅立不動，遲明積雪過膝。　……光潛取利
> 刀，自斷左臂，置于師前。　師知是法器，乃曰，“諸佛最初求道，爲法忘
> 形。　汝今斷臂吾前，求亦可在。”　師遂因與易名曰慧可。

這也是寶林傳的閉眼瞎說。　道宣明明說是“遭賊斫臂”，而寶林傳妄改爲自斷其臂。
自從傳燈錄採此僞書妄說，九百年來，斷臂求法之說就成爲公認的史實了！　我們引
此兩段，略示傳說演變的痕跡，使人知道道宣續僧傳的達摩慧可兩傳是最乾淨而最可
靠的最早史料。

寶林傳與傳燈錄記慧可死在開皇十三年（五九三），這是完全無據之說。　慧可
初見達摩時，年已四十；跟他五六年，達摩才死。　我們假定達摩死在魏永安三年
（五三〇）左右，其時慧可年約四十五六。　續僧傳說：

> 林法師……及周滅法，與可同學，共護經像。

北周毀佛法在武平五年（五七四），但慧可在齊都鄴下，鄴都之破在北齊承光元年正

月（五七七），齊境內毀佛法卽在此年。　（齊境內毀法事，詳見續僧傳卷八的慧遠傳，但傳中誤記此事在承光二年春，承光無二年，當是元年之誤。）其時慧可已九十二歲了。　如果"與可同學"一句不作"與慧可的同學共護經像"解，那麼，慧可大概就死在鄴都滅法之後不久（約五七七），年約九十二歲。

　　慧可的死年在滅法時期，大概不誤。　續僧傳卷七的慧布（攝山三論宗的大師）傳中記慧布

　　　　末遊北鄴，更涉未聞。　於可禪師所，暫通名見，便以言悟其意。　可曰，"法師所述，可謂破我除見，莫過此也。"〔布〕乃縱心講席，備見宗領，周覽文義，並具胸襟。　又寫章疏六馱，負還江表，並遺朗公（開皇寺的法朗，也是三論宗的大師，死在五八一），令其講說。　因有遺漏，重往齊國，廣寫所闕，齎還付朗。

慧布死在陳禎明元年（五八七），年七十。　傳中說他"末遊北鄴"，又說他"重往齊國"，可見他和慧可相見，當在北齊建國（五五〇）之後，滅亡（五七七）之前。看"末遊"之句，可見他兩次北遊已在晚年，當在鄴都破滅之前不久。　所以續僧傳記慧可活到鄴都滅法之時，大概是可信的。

　　（4）林法師　林法師也附見慧可傳下，也許就是那位記錄達摩論的曇林。　他也是一位博學的和尚，起初本不是楞伽宗，續傳說他

　　　　在鄴盛講勝鬘，并制文義，每講人聚，乃選通三部經者，得七百人，預在其席。　及周滅法，與可同學，共護經像。

如此說來，林法師不是達摩的楞伽一派，只在避難時期才和慧可同學，共護經像。續傳又說：

　　　　慧可……遭賊斫臂，……曾不告人。　後林又被賊斫臂，叫號通夕。　可為治裹，乞食供林。　林怪可手不便，怒之。　可曰，"餅食在前，何不自裹？"林曰，"我無臂也，可不知耶？"　可曰，"我亦無臂。　復何可怒？"　因相委問，方知有功。　故世云"無臂林"矣。

這更可見林法師與慧可平素不相識，到此方有同患難的交誼；也許林法師從此變成楞伽宗的信徒了。

（四）　楞伽經與頭陀行

慧可傳中說：

初達摩禪師以四卷楞伽授可曰，“我觀漢地，惟有此經。　仁者依行，自得度世。”

這是楞伽宗的起原。　　楞伽即是楞伽阿跋多羅寶經，　或譯爲大乘入楞伽經。(Laṅkāvatāra Sūtra)　此經凡有四種譯本：

(1)北涼時中天竺沙門曇無懺 (Dharmaraksha) 譯四卷本（約在四一二至四三三年之間）。　此本不傳。

(2)劉宋時中天竺沙門求那跋陀羅 (Gunabhadra) 譯四卷本（在元嘉二十年，四四三）。　此本存。

(3)北魏時北天竺沙門菩提流支（Bodhiruci）譯十卷本（在延昌二年，五一三）。　此本存。

(4)唐武后末年（七〇四）于闐沙門實義難陀 (Sikshānanda) 譯七卷本。　此本存。

此書的十卷本和七卷本，分卷雖然不同，內容是相同的，同是前面有一篇請佛品，末了有一篇陀羅尼品，和一篇總品。　這三品是四卷本所沒有的，顯然是晚出的。　菩提達摩提倡的楞伽經是四卷本，大概即是求那跋陀羅的譯本。　淨覺的楞伽師資記承認求那跋陀羅爲楞伽宗的第一祖，達摩爲第二祖，可證此宗所傳是求那的譯本。

慧可傳中說，

每可說法竟，曰，“此經四世之後，變成名相，一何可悲！”

這是一種“懸記”（預言）。　道宣在續僧傳的“習禪”一門總論裏曾說：

屬有菩提達摩者，神化居宗，闡導江洛，大乘壁觀，功業最高。　在世學流，歸仰如市。　然而誦語難窮，厲精蓋少。　審其〔所〕慕，則遺蕩之志存焉。　觀其立言，則罪福之宗兩捨。

這可見道宣的時候，達摩的派下已有“誦語難窮，厲精蓋少”的風氣，慧可的“懸記”就是指這種“誦語”的信徒。

　　但這一派裏也很多修頭陀苦行的風氣。　慧可的苦行，我們已說過了。　他的弟子那禪師，那禪師的弟子慧滿，都是頭陀苦行的和尚。

　　那禪師也是學者出身，

　　　　年二十一，居東海講禮易，行學四百。　南至相州，遇可說法，乃與學士十人出家受道。　諸門人於相州東設齋辭別，哭聲動邑。

他出家之後，就修智頭陀行：

　　　　那自出俗，手不執筆及俗書，惟服一衣，一鉢，一坐一食。　以可常行兼奉頭陀，故其所往不參邑落。

這正是頭陀戒行。

　　慧滿也是一個頭陀行者。

　　　　慧滿者，滎陽人，姓張，舊住相州隆化寺，遇那說法，便受其道，專務無著。（無著是不執著。）　一衣一食，但畜二針，冬則乞補，夏便通捨，覆赤而已。　自述一生無有怯怖，身無蚤虱，睡而不夢。　住無再宿。　到寺則破柴造履；常行乞食。

　　　　貞觀十六年（六四二），於洛州南會善寺側宿柏墓中，遇雪深三尺。　其旦入寺，見曇曠法師，怪所從來。　滿曰，"法友來耶？"　遣尋坐處，四邊五尺許雪自積聚，不可測也。

　　　　故其聞（宋元明藏作問）有括訪，諸僧逃隱，滿便持衣鉢周行聚落，無可滯礙。　隨施隨散，索爾虛閑。　有請宿齋者，告云："天下無人，方受爾請。"

　　　　故滿每說法，云，"諸佛說心，令知心相是虛妄法。　今乃重加心相，深違佛意。　又增議論，殊乖大理。　……

　　　　後於洛陽無疾坐化，年可七十。

這是一位更嚴格的頭陀行者。　這都可見楞伽宗的初期信徒，雖然也有"誦語難窮"的風氣，其中很有幾個苦行的頭陀，能維持慧可的苦行遺風。

　　以上所記達摩一宗的初期信徒，都見於續僧傳的卷十九（高麗藏本卷十六）。

道宣撰續僧傳，自序說"始距梁之初運，終唐貞觀十有九年（六四五），一百四十四

載。　包括岳瀆，歷訪華夷。　正傳三百四十人（宋，元，明藏作三百三十一人），附見一百六十人。”　這是他的初次寫定時的自序。　但道宣在自序寫成後，還多活了二十二年，直到高宗乾封二年（六六七）才死。　他在這二十二年中，仍舊繼續搜集僧傳的材料，繼續添補到他的原書裏去。　卽如玄奘，當貞觀十九年續僧傳初稿寫定時，他剛回國，直到高宗麟德元年（六六四）才死。　現今玄奘的傳佔了續僧傳卷四卷五的兩卷，必是道宣後來補作的。　在玄奘傳末，道宣自叙他和玄奘同事翻譯時他對於玄奘的人品的觀察，娓娓百餘字，可證此傳不是後人補作，乃是道宣晚年自己補入的。　續僧傳的最後定本，所收正傳與附見的人數，超過自序所記數目，約有一百九十人之多。　附見的人，姑且不論。　有正傳的人數，多出的共有一百四十六人：

道宣自序	高麗藏本	宋元明藏本
正傳　三四〇人	四一四人	四八六人
	多　七四人	多　一四六人

我們檢查續僧傳的各傳，有許多事實是在貞觀十九年以後的，但沒有在道宣死後的事實。　最遲的不過到麟德與乾封之間（六六四——六六六）。　例如“感通”門新增的法沖傳末云：“至今麟德，年七十九矣。”　這都可見道宣老年繼續工作，直到他死時爲止。

　　這一段考據續僧傳的年代，於我們考證楞伽宗歷史的工作，頗有關繫。　因爲道宣叙述這一派的歷史，起初顯然很感覺材料的缺乏，後來才收得一些新材料；越到他晚年，材料越多了。　我們在上文所用的材料，見於“習禪”門的第一部分（卷十九）。　在達摩和慧可的兩傳裏，道宣曾說慧可

　　道竟幽而且玄，故末緒卒無榮嗣。

這是說慧可沒有“榮嗣”。　下文又說：

　　時復有化公廖公和禪師等，各通冠玄奧，吐言清逈，托事寄懷，聞諸口實。

　　而人世非遠，碑記罕聞；微言不傳，清德誰序？　深可痛矣！

這是很沉痛的感歎這一派的史料的難得。　但道宣每收到一些新材料，他就陸續加進慧可傳裏去。　所以這一篇傳的後半，很顯出隨時塗乙增加的痕跡。　有些材料是硬

擠進一個寫成的本子上去的，經過不小心的傳寫，就幾乎不成文理了！ 例如下面的一段：

> 初達摩禪師以四卷楞伽授可，曰，"我觀漢地，惟有此經。 仁者依行，自得度世。"

此下應該緊接

> 每可說法竟，曰，"此經四世之後，變成名相，一何可悲！"

然而今本在這兩段之間， 硬擠進了慧可斫臂和林法師斫臂的兩段故事， 共一百十個字，文理就不通了。 又如此傳之末附慧滿小傳，其末云：

> 故滿每說法，云，"諸佛說心，令知心相是虛妄法。 今乃重加心相，深違佛意；又增議論，殊乖大理。" 故使那滿等師常賷四卷楞伽以爲心要，隨說隨行，不爽遺委。 後於洛陽中無疾坐化，年可七十。

這一段文理大不通！ "故使那滿等師"，是誰"故使"呢？ 應該是慧可了？ 決不是慧滿了吧？ 然而下文"無疾坐化，年可七十"的又是誰呢？ 又像是說慧滿了。

這些地方，都可見作者隨時添插的痕跡，不幸被傳寫的人搗亂了，割裂了，就不可讀了。 我疑心"初達摩禪師以四卷楞伽授可"一段二十九字，"每可說法竟"一段二十字， 和"故使那滿等師常賷四卷楞伽"一段二十九字， ——這三段本是一大段，添注在原稿的上方，是最後加入的。 傳寫的人不明白這三節是一段，鈔寫時，就各依添注所在，分別插入本文，就割裂成三處，成爲不通的文理了。 今試將此三節寫在一處：

> 初，達摩禪師以四卷楞伽授可，曰，"我觀漢地惟有此經。 仁者依行，自得度世。"每可說法竟，曰， "此經四世之後，變成名相，一何可悲！" 故使那滿等師常賷四卷楞伽，以爲法要。 隨說隨行，不爽遺委。 （"故使"之"使"字疑是衍文。 因爲慧滿死在六四二，不會與慧可同時。 也許"使"但作"使得"解。 而不作"使令"解。 景德傳燈錄卷三引此文，無"使那滿等師"五字。）

這一大段的恢復，很關重要，因爲這是"楞伽宗"所以得名的緣起。 道宣早年還不知道達摩一派有"楞伽宗"之名，所以他在達摩傳中和"習禪"總論裏都不曾提

起這一派是持奉楞伽經爲法典的。　達摩傳授四卷楞伽之說，僅僅插在慧可傳末附見部分，可見道宣知道此事已在晚年添補續僧傳的時期，其時他認得了楞伽宗的健將法沖，又知道了這一派的大師道信的歷史（詳見下節），他才明白達摩慧可一派並非"末緒卒無榮嗣"，所以他才添注這一段達摩傳授楞伽的歷史。　但道信等人的歷史只好另立專傳了。　法沖的長傳似乎寫定最晚，已在道宣將死之前，所以不及改編，竟被編入"感通"門裏去了！

（五）　法沖所記楞伽師承

道宣後來所撰的楞伽宗大師法沖，道信，以及道信的弟子法顯，玄爽，善伏，弘忍（附見道信傳）諸人的傳，都是高麗藏本續僧傳所無。　我想這不是因爲高麗藏本有殘闕，只是因爲傳入高麗的續僧傳乃是道宣晚年較早的本子，其時還沒有最後寫定的全本。

我們先述法沖（續僧傳卷三十五）。　法沖姓李，父祖歷仕魏齊，故他生於兗州。　他少年時，與房玄齡相交，二十四歲做鷹揚郎將，遇母喪，讀涅槃經，忽發出家之心，聽講涅槃三十餘遍，

又至安州暠法師下，聽大品，三論，楞伽經，即入武都山修業。

安州在今湖北孝感縣，暠法師即慧暠，續僧傳卷十五有他的傳：

慧暠，安陸人。　……初跨染玄綱，希崇大品（大品般若經）。　……承苞山明法師，與皇（寺名）遺屬，世稱郢匠，……因往從之，……遂得廣流部帙，恢裕興焉。　年方登立（三十歲），即昇法座。　……然以法流楚服，成濟巳聞，岷洛三巴，尙昏時罔，便以……隋大業（六〇五——六一六）年，泝流江峽；雖遭風浪，屬志無前。　既達成都，大宏法務。　或達綿梓，隨方開訓，……無憚遊涉，故使來晚去思。

這個慧暠是一位大傳教師，他在成都綿梓一帶傳教，很得人心，引起了別人的猜忌。

時或不可其懷者，計奏及之，云，"結徒日盛，道俗屯擁，非是異術，何能動世？"武德（六一六——六二六）初年，下敕窮討。　事本不實，誣者罪之。暠……乃旋途南指，道出荊門，隨學之賓又倍前集。　既達故鄉，鴦仍前業。

> ……避地西山之陰，屏退成閑，陶練中觀。　經逾五載，四衆思之，又造山迎
>
> 接，……還返安州方等寺，講說相續。　以貞觀七年（六三三）卒於所住，春
>
> 秋八十有七。

這正是法沖傳中所稱“安州嵩法師”。　嵩傳中不曾說他是楞伽宗，但說他的老師
苞山明法師是“開皇遺屬”。　“開皇”指開皇寺的法朗，是攝山一派三論宗的大師
（死在五八一，傳在續僧傳卷九 ），講的應該是大品般若與三論。　法沖傳裏也說他
在嵩法師處聽大品三論楞伽。　但嵩傳中又說：

> 自嵩一位僧伍，精勵在先，日止一餐，七十餘載，隨得隨噉，無待營求。　不
>
> 　限朝中，趣得便止。　……且講若下，食惟一椀；自餘餅菜，還送入僧。

可見他也是一位修頭陀苦行的。

　　以上叙法沖的早年師承。　他年三十行至冀州；貞觀初年下敕：有私剃度者，處
以極刑，而法沖不顧，便即剃落爲僧。　傳中說：

> 沖以楞伽奧典，沈淪日久，所在追訪，無憚險夷。　會可師（慧可）後裔盛習
>
> 此經，〔沖〕即依師學，屢擊大節；〔其師〕便捨徒衆，任沖轉教，即相續講
>
> 三十餘遍。　又遇可師親傳授者，依“南天竺一乘宗”講之，又得百遍。
>
> 沖公自從經術，專以楞伽命家，前後敷弘，將二百遍。　……師學者苦請出
>
> 義，乃告曰：“義者，道理也。　言說已麤，況舒在紙，麤中之麤矣”。　事
>
> 不獲已，作疏五卷，題爲私記，今盛行之。

這一段說他從開皇寺三論宗轉到“專以楞伽命家”。　我們從這一段裏又可以知道當
年達摩一派曾自稱“南天竺一乘宗”。　這個宗名起於楞伽經。　楞伽是印度南邊的
一個海島，有人指爲錫蘭島，今雖不能確知其地，但此經的布景是在南天竺的一島，
開卷便說“ 一時佛在南海濱楞伽山頂”，故此經名“大乘入楞伽經”。　經中（卷
四）有云：

> 如醫療衆病，無有若干論，以病差別故，爲設種種治。　我爲彼衆生，破壞諸
>
> 煩惱，知其根優劣，爲彼說度門。　非煩惱根異，而有種種法。　唯說一乘法，
>
> 是則爲大乘。　（此依宋譯。　魏譯末句云，“我唯一乘法，八聖道清淨。”）

這是“南天竺一乘宗”的意義。

> 法沖是北方中與楞伽的大師，他的魄力氣度都很可觀。　傳中說他到長安時，
> 弘福潤法師初未相識，曰，"何處老大德？"　答，"兗州老小僧耳。"　又問
> 何為遠至，答曰，"聞此少' 一乘'，欲宣'一乘'教網， 瀉信地魚龍，故
> 至。"潤曰，"斯實大心開士也！"

這是何等氣魄！　傳中又說：

> 三藏玄奘不許講舊所翻經。　沖曰，"君依舊經出家，若不許弘舊經者，君可
> 還俗，更依新翻經出家，方許君此意。"奘聞遂止。

玄奘是當代最尊崇的偉人，也還壓不倒這個" 兗州老小僧"，所以道宣稱他為" 強禦
之士，不可及也"。　他是偷剃度的和尚，不肯改屬官籍。　到近五十歲時，兗州官
吏強迫他"入度"，屬兗州法集寺。　但他始終不受拘束，"一生遊道為務，曾無栖
泊"。　僕射于志寧贊歎他道："此法師乃法界頭陀僧也，不可名實拘之。"

法沖與道宣同時，道宣作傳時，法沖還生存，"至今麟德（六六四 —— 六六五），
年七十九矣"。　他生年約在隋開皇六年（五八六）。

法沖傳中詳說楞伽經的歷史和楞伽宗的師承，是我們研究此宗的重要史料：

> 其經（楞伽）本是宋代求那跋陀羅三藏翻，慧觀法師筆受，故其文理克諧，行
> 質相貫，專唯念慧，不在話言。　於後達摩禪師傳之南北，忘言忘念無得正觀
> 為宗。　後行中原，慧可禪師創得綱紐，魏境文學多不齒之。　領宗得意者時
> 能啓悟。　今以人代轉遠，紕繆後學。　可公別傳略已詳之。　今敘師承，以
> 為承嗣，所學歷然有據：

> 達摩禪師後，有慧可慧育（達摩傳作道育）二人。　育師受道心行，口未曾
> 說。

> 可禪師後：粲禪師，惠禪師，盛禪師，那老師，端禪師，長藏師，真法師，
> 玉法師。　（已上並口說玄理，不出文記。）

> 可師後：善老師（出抄四卷），豐禪師（出疏五卷），明禪師（出疏五卷），
> 胡明師（出疏五卷）。

> 遠承可師後：大聰師（出疏五卷），道蔭師（抄四卷），沖法師（疏五卷），
> 岸法師（疏五卷），寵法師（疏八卷），大明師（疏十卷）。

不承可師，自依攝論（攝大乘論）：遷禪師（出疏四卷），尙德律師（出入楞伽疏十卷）。

那老師後：寶禪師，惠禪師，曠法師，弘智師（名住京師西明，身亡法絕）。

明禪師後：伽法師，寶瑜師，寶迎師，道瑩師（並次第傳燈，于今揚化）。

這一份楞伽師承表裏，達摩以下凡二十八人，其不承慧可之後而依攝大乘論治楞伽者二人，共三十人。 其所著疏抄（抄是疏之疏）共七十卷之多。 此三十人中，達摩，慧可，那老師，法沖，均已詳見上文。 那老師之後凡舉四人，而慧滿不在內，甚可怪。 那師後四人中有曠法師，似是慧滿傳中提及的曇曠法師。 可師後的明禪師也許就是慧暠傳（見上）中的苞山明法師，也許他先從慧可，後來到南方又成了“興皇遺屬”了。

那位“不承可師，自依攝論”的遷禪師，即是續僧傳卷二十二有長傳的“隋西京禪定道場釋曇遷”；他本是太原人，研究華嚴，十地，維摩，楞伽等經；因北周滅法，他到南方，兼學“唯識”義，後得攝大乘論，“以爲全如意珠”；他後來北歸，就在北方創開攝論，兼講楞伽等經，起信等論，成爲一代大師。 隋文帝的大興佛教，遍地起舍利塔，曇遷是一個主謀的人。 他死在大業三年（六○七），有攝論疏十卷，又有楞伽起信等疏。

餘人之中，最可注意的是可禪師後的粲禪師。 後來楞伽宗推崇僧粲爲慧可傳法弟子，算爲第三祖。 但續僧傳不爲立傳，所可依據的只有法沖傳的七個字！ 此外只有卷十三辯義傳中有這樣一條：

仁壽四年（六○四）春，〔辯義〕奉敕於廬州獨山梁靜寺起塔。 初與官人祭行置地，行至此山，……處旣高敞，而恨水少，僧衆汲難。 本有一泉，乃是僧粲禪師燒香求水，因卽奔注。 至粲亡後，泉涸積年。 及將擬置〔塔〕，一夜之間，枯泉還涌。

這裏的僧粲，好像就是楞伽宗慧可的弟子粲禪師。 關於僧粲，史料最少，只有上文引的兩條。 淨覺的楞伽師資記的粲禪師一傳也是毫無材料的胡謅，其中有根據的話也只有引續僧傳法沖傳的“可後粲禪師”一句！ 師資記中的粲傳，因爲是八世紀前期的作品，值得鈔在這裏：

第四隋朝舒州思空山粲禪師，承可禪師後。　其粲禪師，罔知姓位，不測所生。　按續高僧傳曰，“可後粲禪師。”　隱思空山，蕭然淨坐，不出文記，祕不傳法。　唯僧道信奉事粲十二年，寫器傳燈，一一成就。　粲印道信了了見性處，語信曰：“法華經云，‘唯此一事實，無二亦無三。’　故知聖道幽通，言詮之所不逮；法身空寂，見聞之所不及，卽文字語言徒勞施設也。”　大師云，“餘人皆貴坐終，嘆爲奇異。　余今立化，生死自由。”　言訖，遂以手攀樹枝，奄然氣盡，終於皖公山，寺中見有廟影。　（此下引“詳玄傳曰”一長段，乃是妄增篇幅。　詳玄傳卽詳玄賦，作者爲北周禪僧慧命，他的著作甚多，“文或隱逸，未喩於時。　有注解者，世宗爲貴。”續僧傳卷二十一有長傳。　詳玄賦久佚，今在淨覺書中保存原文及注的一部分，雖是妄加之文，也可寶貴。）

思空山（又作司空山）在安徽太湖縣西北，皖公山在安徽潛山縣西北，兩山緊相連。獨山在廬江縣西北，卽是在皖公山之東。　皖公山現有三祖寺。　這一帶是僧粲故事的中心，似無可疑。　辯義傳中所記的獨山的僧粲，卽是那皖公山和司空山的僧粲，也似無可疑。　師資記也苦於沒有材料，只好造出一段禪門常談，又造出“立化”的神話，還嫌太少，又鈔上了一大段詳玄賦和注！　這樣枯窘的雜湊，至少可以證明關于僧粲的材料的實在貧乏了。

（六）　道信與弘忍

後來的傳說都說：慧可傳僧粲，僧粲傳道信。　道信傳弘忍，是爲蘄州黃梅雙峯山的“東山法門”；道信又傳法融，是爲牛頭山支派。　但在續僧傳裏，僧粲承慧可之後是見於法沖傳的；僧粲與道信的關係却沒有明說。　道信傳弘忍是明說的；道信與法融的關係也沒有提起。　（牛頭山的傳法世系是法融→智巖→慧方→法持→智威→玄素，見於李華所作玄素碑銘。　此世系甚不可靠。　續僧傳卷二十五有智巖傳，他是一個隋末武將；武德四年，——四曆六二一——他四十多歲，棄官入舒州皖公山，從寶月禪師出家。　寶月或與僧粲有關係；寶林傳卷八記慧可弟子八人，一爲寶月，“有一弟子名曰智巖，後爲牛頭第二祖師也。”　智巖修頭陀苦行，晚年住石頭

城旁人坊，爲癩人說法，吮膿洗濯。 永徽五年，——六五四——終于癩所，年七十

八。 法融死在其後三年，年僅六十四。 後人稱法融爲第一祖，智巖爲第二祖，不

但師承不同，年歲也倒置了。 傳燈錄改智巖死年爲儀鳳二年，——六六七——竟是

移後二十三年，但這又在道宣死後十年，不應該入續僧傳了！）

續僧傳卷二十六有道信傳，說：

> 釋道信，姓司馬，未詳何人。 初七歲時，經事一師，戒行不純；信每陳諫，
> 以不見從，密懷齋檢；經於五載，而師不知。 又有二僧，莫知何來，入舒州
> 皖公山靜修禪業；〔信〕聞而往赴，便蒙授法；隨逐依學，遂經十年。 師往
> 羅浮，不許相逐。 但於後住，必大弘益。 國訪賢良，許度出家，因附此
> 名，住吉州寺。

此傳但說兩個來歷不明的和尚“入舒州皖公山靜修禪業”，而不明說其中一個就是僧

粲。 皖公山雖然和僧粲傳說有關係，但我們不能證實那山裏修禪業的和尚就是僧

粲。 此傳中又有“師往羅浮”之說，後人因此就說往羅浮的也是僧粲。 如敦煌本

歷代法寶記說：

> 粲禪師……隱皖公山十餘年。 ……粲大師遂共諸禪師往羅浮山隱三年。

我們對於僧粲和道信的關係，現在只能說：據七世紀道宣的記載，道信曾在皖公山跟

着兩個不知名的和尚學禪業；但後來的傳說指定他的老師即是僧粲。 其說出於道信

門下，也許有所根據；道信與他的弟子弘忍都住蘄州黃梅的雙峰山，其地離皖公山司

空山不遠，他們的傳說也許是可靠的。

道信傳中說他從吉州欲往衡山，

> 路止江州，道俗留止廬山大林寺；雖經賊盜，又經十年。 蘄州道俗請度江北
> 黃梅。 縣衆造寺；依然山行，（此句不通，我疑“依然”是“夷然”之誤。）
> 遂見雙峯有好泉石，即住終志。 ……自入山來三十餘載，諸州學道無遠不
> 至。 刺史崔義玄聞而就禮。
>
> 臨終語弟子弘忍：“可爲吾造塔，命將不久。” 又催急成。 又問中（日中）
> 未，答欲至中。 衆人曰，“和尚可不付囑耶？” 曰，“生來付囑不少。” 此
> 語纔了，奄爾便絕。 ……即永徽二年（六五一）閏九月四日也，春秋七十有

二。

此傳似是根據碑傳材料，雖有神話，大致可信。　如道信死日，我試檢陳垣的二十史朔閏表，永徽二年果閏九月。　卽此一端，可見此傳可信的程度。　又如道信臨終無所付囑，這也是"付法傳衣"的神話起來之前的信史，可證此派原來沒有"付法傳衣"的制度。

道信在當時大概確是長江流域的一位有名大師。　續僧傳裏，道信專傳之外，還有三處提到他：

（1）荊州神山寺玄爽傳（卷二十五）

　　玄爽，南陽人，早修聰行，見稱鄉邑。　……旣無所偶，棄而入道。　遊智肆
　　道，有空（有宗與空宗）俱涉。　末聽龍泉寺璇法師，欣然自得，覃思遠詣，
　　頗震時譽。　又往蘄州信禪師所，伏請開道，亟發幽微。　後返本鄉，唯存
　　攝念。　長坐不臥，繫念在前。　……以永徽三年（六五二）十月九日遷神山
　　谷。

看此傳，可知黃梅道信一派的禪法。

（2）荊州四層寺法顯傳（卷二十五）

　　法顯，南郡江陵人，十二出家四層寺寶冥法師，服勤累載，諮詢經旨。　……
　　有顗禪師（智顗，卽天台宗鼻子），……隋煬徵下，迴返上流，於四層寺大開
　　禪府。　……〔顯〕遂依座筵，聞所未悟。　……顗師去後，更求明，智，
　　成，彥，習，皓等諸師，皆升堂覩奧，盡斬磨之思。　及將冠具，歸依皓師，
　　誨以出要之方，示以降心之術。　因而返谷靜處閑居。　……屬炎靈標季，鷹
　　羅戎火，餒殘相望，眾侶波奔。　顯獨守大殿，確乎卓爾，旦資疏水，中後絕
　　漿。　賊每搜求，莫之能獲。　……自爾宴坐道安梅梁殿中三十餘載。　貞觀
　　之末，乃出別房。　……夢見一僧威容出類，曰，"可往蘄州見信禪師。"　依
　　言卽往雙峯，更清定水矣。　而一生染疾，並信往業，受而不治，衣食節量，
　　柔順強識。　所住之寺五十餘年，足不出戶。　……永徽四年（六五三）正月
　　十一日午時遷化，時年七十有七。

（3）衡岳沙門善伏傳（卷二十六）

善伏，一名等照，常州義興人。 ……五歲於安國寺兄才法師邊出家，布衣蔬食，日誦經卷，目視七行，一聞不忘。 貞觀三年（六二九）寶刺史聞其聰敏，追充州學。 因爾日聽俗講，夕思佛義。 ……後逃隱出家，……至蘇州流水寺璧法師所，聽四經三論；又往越州敏法師所，周流經教，頗涉幽求；至天台超禪師所，示以西方淨土觀行。 因爾廣行交，桂，廣，循諸州，遇綜會諸名僧，諮疑請決。 又上荆襄蘄部，見信禪師，示以入道方便。 又往廬山，見遠公（晉時的慧遠）淨土觀堂。 還到潤州巖禪師所，示以無生觀。後共暉才二師入桑梓山，行慈悲觀。 ……常在伏牛山，以虎豹爲同侶，食（飼）蚊虻爲私行。 視前六尺，未曾顧眄；經中要偈，口無輟音。 ……顯慶五年（六六〇），行至衡岳，……端坐而終。

像善伏這樣一位終身行脚，遊遍諸方的苦行和尚曾到過黃梅見道信，當然不足奇怪。但像法顯那樣“五十餘年足不出戶”，也居然趕到雙峰去見道信，這可見黃梅教旨在當時的重要地位了。

* * * * * * * *

道信有弟子弘忍，見於續僧傳的道信傳。 弘忍死在高宗咸亨五年（六七四），在道宣死後七年，故續僧傳無弘忍傳。 宋贊寧續修的高僧傳成於宋太宗端拱元年（九八八），已在道宣死後二百十一年，其中的弘忍傳（在卷八）已受了八世紀以下的傳說的影響，不很可信了。 敦煌本楞伽師資記成於八世紀的前半，其中弘忍一傳全採玄賾的楞伽人法志，時代更早，比較的是最可信的史料。 我們現在鈔玄賾此傳於下：

大師俗姓周，其先尋陽人，貫黃梅縣也。 父早棄背，養母孝鄣（彰？），七歲奉事道信禪師，自出家處幽居寺，住度弘愍，懷抱貞純；緘口於是非之場，融心於色空之境；役力以申供養，法侶資其（具？）足焉。 闚心唯務渾儀，師獨明其觀照。 四議皆是道場，三業咸爲佛事。 蓋靜亂之無二，乃語嘿之恆一。 時四方請益，九衆師口；虛待寶歸，月逾千計。 生不矚文而義符玄旨。 時荆州神秀禪師伏膺高軌，親受付囑。 玄賾（楞伽人法志的作者自稱）以咸亨元年（六七〇）至雙峯山，恭承教誨，敢奉驅馳。 首尾五年，往還三

觀。　　道俗齊會，竛身供養，蒙示楞伽義，云：“此經唯心證了知，非文疏能解。”　　咸亨五年（六七四）二月，命玄賾等起塔，與門人運天然方石，累構嚴麗。　　月十四日，問塔成未，奉答已了。　　便云，不可同佛涅槃之日。”乃將宅爲寺。　　又曰：“如吾一生，敎人無數，好者並亡。　　後傳吾道者，只可十耳。　　我與神秀論楞伽經，云（玄？）理通快，必多利益。　　資州智詵，白松山劉主簿，兼有文性；華州智藏，隨州玄約，憶不見之；嵩山老安深有道行；潞州法如，韶州惠能，揚州高麗僧智德，此並堪爲人師，但一方人物。越州義方，仍便講說。”　　又語玄賾曰，“汝之兼行，善自保愛。　　吾涅槃後，汝與神秀當以佛日再暉，心燈重照。”　　其月十六日……中，面南宴坐，閉目便終。　　春秋七十四。

宋高僧傳說他死在上元二年（六七五）十月二十三日，與此傳相差一年零九個多月。（咸亨五年八月改元上元。）　玄賾自稱當日在弘忍門下，他的記載應該可信。　玄賾死年已不可考，但淨覺於楞伽師資記自序中說中宗景龍二年（七〇八）勅召玄賾入西京，其時弘忍已死三十四年了，神秀已死二年了，玄賾必已是很老了。　楞伽人法志成於神秀死（七〇六）後，大概作於七〇八年左右。

　　玄賾所記弘忍傳，有一點最可注意，就是弘忍臨死時說他的弟子之中有十人可傳他敎法，那十人是：

（1）神秀

（2）資州智詵（死在七〇二，敦煌本歷代法寶記有傳，見大正大藏經二〇七五）

（3）白松山劉主簿

（4）華州惠藏

（5）隨州玄約

（6）嵩山老安

（7）潞州法如

（8）韶州惠能

（9）揚州高麗僧智德

（10）越州義方

如果這段記載是可靠的，它的重要性是最可注意的。　因爲這十一人（加玄賾）之內，我們已見着資州智詵和韶州慧能的名字了。　智詵是成都淨衆寺和保唐寺兩派的開山祖師，又是馬祖的遠祖。　慧能是曹溪"南宗"的祖師，後來他的門下神會和尙擧起革命的大旗，推翻了神秀一宗的法統。　當玄賾著入法志的時候，曹溪，淨衆，保唐三派都還不曾大露頭角，法統之爭還不曾開始，所以玄賾的記載應該是最可信的。　大曆（七六六──七七九）以後，保唐寺一派所作歷代法寶記（大正大藏經二〇七五，頁一八二）有弘忍傳，全採楞伽師資記的材料，也有這傳法弟子十一人，但因時代不同，曹溪一宗已佔勝利，故法寶記把這十一人的次第改過了，成了這個樣子：

> 又云：吾一生教人無數，除慧能，餘有十爾：神秀師，智詵師，智德師，玄賾師，老安師，法如師，惠藏師，玄約師，〔義方師〕劉主簿，雖不離我左右，汝各一方師也。

這裏把慧能提出，是巳承認慧能眞是傳衣得法的冢子了。

我們看八世紀初年玄賾的記載，至少可以承認這一點：當八世紀之初，楞伽宗的大師神秀在北方受帝王和民間的絕大崇敬的時候，楞伽宗的玄賾在他的楞伽入法志裏，正式記載韶州慧能是弘忍的十一個大弟子之一。　但我們同時也可以承認：在那時候，並沒有袈裟傳信的法統說，也沒有神秀與慧能作偈明心，而弘忍半夜傳衣法與慧能之說。

*　　*　　*　　*　　*　　*　　*　　*　　*

淨覺所記，除全引玄賾的弘忍傳之外，他自己還有幾句話值得我們的注意。　淨覺說：

> 其忍大師蕭然靜坐，不出文記，口說玄理，默授與人。　在人間有禪法一本，云是忍禪師說者，謬言也。

這是很謹嚴的史家態度。　續藏經（第二編，第十五套，第五册）有弘忍的最上乘論一卷；巴黎所藏敦煌寫本中有"靳州忍和尙道凡趣聖悟解脫宗修心要論一卷"，卽是最上乘論。　這大概就是淨覺在八世紀所否認的忍大師"禪法一本"了。

（七）　神秀

弘忍死在高宗咸亨五年（六七四）。　這時候，蘄州黃梅雙峯山的一門，有道信弘忍兩代大師的繼續提倡，已成爲楞伽禪法的一個大中心，人稱爲“東山淨門”，又稱爲“東山法門”。　弘忍死後，他的弟子神秀在荆州玉泉寺（天台大師智顗的舊地）大開禪法，二十五六年中，“就者成都，學來如市”。　則天皇帝武后的久視元年（七〇〇），她下詔請神秀到東京；次年（大足元年，七〇一）神秀到了東京。　宋之問集中有“爲洛下諸僧請法事迎秀禪師表”，可以使我們知道神秀在當時佛教徒心目中的崇高地位。　表文中說：

> 伏見□月□日勅遣使迎玉泉寺僧道秀（卽神秀）。　陛下載弘佛事，夢寐斯人；諸程指期，朝夕詣闕。　此僧契無生至理，傳東山妙法，開室巖居，年過九十，形彩日茂，弘益愈深。　兩京學徒，羣方信士，不遠千里，同赴五門；衣鉢魚頒於草堂，菴廬雁行於邱阜。　雲集霧委，虛往實歸。　隱三楚之窮林，繼一佛而揚化。　栖山好遠，久在荆南，與國有緣，今還豫北。　九江道俗戀之如父母，三河士女仰之猶山嶽。　謂宜緇徒野宿，法事郊迎；若使輕來赴都，退迴失望。　威儀俗尚，道秀所忘；崇敬異人，和衆之願。　……謹詣闕奉表，請與都城徒衆將法事往龍門迎道秀以聞。　輕觸天威，伏深戰越。

> （全唐文卷二四〇）

看這表文，可見神秀名譽的遠播，和北方佛教徒對他的熱誠歡迎。　張說的大通禪師碑銘說：

> 久視年中，禪師春秋高矣，詔請而來，趺坐覲君，肩輿上殿；屈萬乘而稽首，洒九重而宴居。　傳聖道者不北面，有盛德者無臣禮。　遂推爲兩京法主，三帝（武后，中宗，睿宗）國師。　仰佛日之再中，慶優曇之一現。　……每帝王分座，后妃臨席，鵷鷺四匝，龍象三繞；時熾炭待礦，故對默而心降；時診飢投味，故告約而義領。　一雨溥霑於衆緣，萬籟各吹於本分。

這是帝后宮廷方面的隆禮。　其實這時候的神秀已是太老了。　碑文中說他“久矣衰憊，無他患苦；魄散神全，形遺力謝”。　他北來才六年，就死在神龍二年（七〇六）。

張說碑文中說：

> 蓋僧臘八十矣。　生於隋末，百有餘歲，未嘗自言，故人莫審其數也。

張說也曾拜在神秀門下，故他撰此碑文，很用氣力。　他叙述神秀是陳留尉氏人，

> 少爲諸生，游問江表。　老莊玄旨，書易大義，三乘經論，四分律儀，說通訓
> 詁，音參吳晉。　逮知天命之年（五十歲），自拔人間之世。　企聞蘄州有忍
> 禪師，禪門之法胤也。　自菩提達摩東來，以法傳慧可，慧可傳僧璨，僧璨傳
> 道信，道信傳弘忍，繼明重跡，相承五光。　乃不遠退阻，翻飛謁詣。　虛受
> 與沃心懸會，高悟與眞乘同徹。　盡捐妄識，湛見本心。　……服勤六年，不
> 捨晝夜。　大師歎曰，“東山之法盡在秀矣！”命之洗足，引之並坐。　於是
> 涕辭而去，退藏於密。　儀鳳中（六七六——六七八），始隸玉泉，名在僧
> 錄。　寺東七里，地坦山雄，目之曰，“此正楞伽孤峯，庶門蘭若，蔭松藉
> 草，吾將老焉。”

他雖屬玉泉寺，而另住寺東的山上，這也是頭陀行的“阿蘭若處”的生活。　宋之問
表文中也說他“開室巖居”，與此碑互證。　因爲他住在山巖，來學的人須自結茅菴，
故宋之問表文有“菴廬雁行於邱阜”之語。

張說的碑文說達摩以下的師承世系，只是神秀自叙他的蘄州東山一派的師承。
我們看了續僧傳的達摩，慧可，法沖各傳，應該明白達摩以下，受學的人很多，起自
東魏北齊，下至初唐，北起鄴下，南至嶺南，東至海濱，西至成都綿梓，都有達摩
慧可的後裔。　單就慧可的弟子而論，人名可攷者已有十二三人。　僧璨一支最少記
載，而他的派下道信與弘忍兩代繼住黃梅，就成爲一宗派。　神秀所述世系只是這僧
璨道信弘忍一支的世系。　而後來因爲神秀成了“兩京法主，三帝國師”，他的門下普
寂義福玄賾等人又繼續領衆，受宮廷與全國的尊崇，——因爲這個緣故，天下禪人就
都紛紛自附於“東山法門”，就人人都自認爲僧璨道信一支的法嗣了。　人人都認神
秀碑文中的法統，這正是大家攀龍附鳳的最大證據。　南北朝的風氣，最重門閥，故
碑傳文字中，往往叙門第祖先很詳，而叙本身事蹟很略。　和尚自謂出世，實未能免
俗，故張燕公的大通禪師碑的達摩世系就成了後來一切禪宗的世系，人人自稱是達摩
子孫，其實是人人自附于僧璨道信一支的孫子了！

張說的碑文中有一段說神秀的敎旨：

> 其開法大略，則慧念以息想，極力以攝心。　其入也，品均凡聖；其到也，行
> 無前後。　趣定之前，萬緣皆閉；發慧之後，一切皆如。　持奉楞伽，遞爲心
> 要。　過此以往，未之或知。

此段說的很謹愼，在這裏我們可以看見道宣所述達摩敎旨的大意還都保持着。　這種
禪法，雖然已很簡單了，但仍然很明顯的是一種漸修的禪法。　楞伽一宗旣用楞伽經
作心要，當然是漸修的禪學。　楞伽經（卷一）裏，大慧菩薩問：

> 世尊，云何淨除一切衆生自心現流？　爲頓爲漸耶？

佛告大慧：

> 漸淨，非頓。　如菴羅果，漸熟非頓，如來淨除一切衆生自心現流，亦復如
> 是，漸淨非頓。　譬如陶家造作諸器，漸成非頓，如來淨除一切衆生自心現
> 流，亦復如是，漸淨非頓。　譬如大地漸生萬物，非頓生也，如來淨除一切衆
> 生自心現流，亦復如是，漸淨非頓。　譬如人學音樂書畫種種伎術，漸成非
> 頓，如來淨除一切衆生自心現流，亦復如是，漸成非頓。　（用宋譯本）

這是很明顯的漸法。　楞伽宗的達摩不廢壁觀，直到神秀也還要“慧念以息想，極力
以攝心”，這都是漸修的禪學。　懂得楞伽一宗的漸義，我們方才能夠明白慧能神會
以下的“頓悟”敎義當然不是楞伽宗的原意，當然是一大革命。

　　楞伽師資記有神秀傳，也是全採玄賾的楞伽人法志，大旨與張說碑文相同，但其
中有云：

> 其秀禪師，……禪燈默照，言語道斷，心行處滅，不出文記。

這也是重要的史料。　張說碑文中也不提起神秀有何文記。　後來宗密（死在八四一）
在圓覺大疏抄（卷三下）裏述神秀禪學，提起“北宗五方便法門”一書。　巴黎所藏
敦煌寫本中有“北宗五方便法門”兩本，卽是此書，大槪是八世紀中葉以後的作品，
不是神秀所作。

（八）　楞伽宗的被打倒

　　張說大通禪師碑文中的傳法世系，依我們上文考據，若單作僧粲道信一系的譜系

看，大致都有七世紀的史料作證明，不是沒有根據的。　此碑出後，這個譜系就成爲定論。　李邕作嵩岳寺碑和大照禪師（普寂）碑（全唐文卷二六二——二六三），嚴挺之作大證禪師（義福）碑（全唐文卷二八○），都提到這個譜系。　義福死在開元二十年（七三二），普寂死在開元二十七年（七三九）。　在八世紀的前期，這一系的譜系從沒有發生什麼疑問。

但普寂將死之前五年（七三四），忽然在滑臺大雲寺的無遮大會上，有一個南方和尚，名叫神會，出來攻擊這個譜系。　他承認這譜系的前五代是不錯的，但第六代得法弟子可不是荆州的神秀，乃是韶州的慧能。　神會說：

達摩……傳一領袈裟以爲法信，授與慧可，慧可傳僧璨，璨傳道信，道信傳弘忍，弘忍傳慧能，六代相承，連綿不絕。

這是新創的“袈裟傳法”說，自道宣以來，從沒有人提起過這個傳法的方式。　但神會很大胆的說：

秀禪師在日，指第六代傳法袈裟在韶州，口不自稱爲第六代。　今普寂禪師自稱第七代，妄竪和尚爲第六代，所以不許。

這時候，神秀久已死了，死人無可對證，只好由神會去捏造。　神會這時候已是六十七歲的老和尚。　我們想像一位眉髮皓然的老和尚，在那莊嚴道場上，大聲指斥那個“名字蓋國，天下知聞”的普寂國師，大聲的喊道：

神會今設無遮大會，莊嚴道場，不爲功德，爲天下學道者定宗旨，爲天下學道者辨是非！

這種驚人的控訴，這種大胆的挑戰，當然是很動人的。　從此以後，神秀一支的傳法譜系要大動搖了，到了後來，竟被那個南方老和尚完全推翻了。

這段很動人的爭法統的故事，我在我的“荷澤大師神會傳”（神會遺集卷首）裏已說的很詳細，我現在不用復述了。　簡單說來，神會奮鬥了二十多年（七三四——七六○）的結果，神秀的法統終于被推翻了。　八世紀以後，一切禪學史料上只承認下列的新法統：

達摩→慧可→僧璨→道信→弘忍→慧能

一千一百年來，大家都受了這個新法統史的迷惑，都不相信張說李邕嚴挺之幾枝大手

筆在他們的大碑傳裏記載的神秀法統了。

＊　＊　＊　＊　＊　＊　＊　＊　＊

我們這篇攷證，只是要證明神秀碑文內所記的世系是有歷史根據的楞伽宗的僧粲一支的道信一派的世系。　在我們現在所能得到的可靠史料裏，我們沒有尋到一毫證據可以證明從達摩到神秀的二百年中，這一個宗派有傳袈裟爲傳法符信的制度。　所以我們的第一個結論是：袈裟傳法說完全是神會捏造出來的假歷史。

神會攻擊神秀普寂一派“師承是傍，法門是漸”（用宗密的禪門師資承襲圖的話）。依我們的攷證，神秀是弘忍的大弟子，有同門玄賾的證明，有七世紀末年南北大衆的公認，是無可疑的。　至於慧能和弘忍的關係，我們也有玄賾的證明，大概在七世紀的末年，八世紀的初年，慧能的教義已在南方稍稍露頭角了，所以玄賾把他列爲弘忍的十大弟子之一。　所以我們的第二個結論是：神秀與慧能同做過弘忍的弟子，當日既無袈裟傳法的事，也沒有“旁”“嫡”的分別。　“師承是傍”的口號不過是爭法統時一種方便而有力的武器。

至於“法門是漸”一層，我們在七八世紀的史料裏，只看見達摩一宗特別注重楞伽經，用作本宗的“心要”。　這部經典的禪法，不但不曾掃除向來因襲的“一百八義”的煩瑣思想，並且老實主張“漸淨非頓”的方法。　所以我們的第三個結論是：漸修是楞伽宗的本義，這一宗本來“法門是漸”。　頓悟不是楞伽的教義，他的來源別有所在（看神會傳頁三四——六〇）。

最後，我們的第四個結論是：從達摩以至神秀，都是正統的楞伽宗。　慧能雖然到過弘忍的門下，他的教義——如果壇經所述是可信的話——已不是那“漸淨非頓”的楞伽宗旨了。　至於神會的思想，完全提倡“頓悟”，完全不是楞伽宗的本義。　所以神會的語錄以及神會一派所造的壇經裏，都處處把金剛般若經來替代了楞伽經。日本新印出來的敦煌寫本神會語錄（鈴木貞太郎校印本）最末有達摩以下六代祖師的小傳，其中說：

（1）達摩大師乃依金剛般若經，說如來知見，授與慧可。　……

（2）達摩大師云，“金剛經一卷，直了成佛。　汝等後人，依般若觀門修學”。

　……

（3）可大師……奉事達摩，經於九年，聞說金剛般若波羅經，言下證如來知見。
……

（5）璨禪師奉事〔可大師〕，經依金剛經說如來知見，言下便悟。 ……

（5）信禪師奉事〔璨禪師〕，師依金剛經說如來知見，言下便證無有衆生得滅度
者。 ……

（6）忍禪師奉事〔信大師〕，依金剛經說如來知見，言下便證最上乘法。 ……

（7）能禪師奉事〔忍大師〕，師依金剛經說如來知見，言下便證若此心有住則爲
非住。 ……

（8）能大師居漕溪，來住四十年，依金剛經重開如來知見。 ……

我們看這八條，可知神會很大胆的全把金剛經來替代了楞伽經。 楞伽宗的法统是推
翻了，楞伽宗的"心要"也掉換了。 所以慧能神會的革命，不是南宗革了北宗的命，
其實是一個般若宗革了楞伽宗的命。

一九三五，四，十二。

出自第五本第三分（一九三五年十二月）

三百年前的建立孔教論

——跋王啓元的清署經談——

陳　受　頤

（一）　清署經談的著者

民國二十年冬天，　傅孟眞先生得一書於北平書肆，　以其與明末中西教爭頗有關係，招我到靜心齋一看，並將書借給我回家細讀。　書名清署經談，凡十六卷，廣西馬平王啓元撰。　書中無標題頁，有自序一篇，作於乚天啓癸亥（三年西元一六二三）季春朔旦丁，　序前一行有乚清署經談一集丁六字，　著者當時是有意續寫下去的。^{（註一）} 書中有藏書章二：一個是朱文的乚池北書庫丁四字，一個是白文的乚光緒初書歸黃縣王氏海西閣丁十二字。　此書現藏國立中央研究院歷史語言研究所。

關於著者王啓元的生平，我們知道的很少。　馬平縣志卷七鄉賢，頁五十四云：

王啓元弱冠博通經史，登萬曆乙酉（十三年西元一五八五）科榜。　連上公車十三次，至天啓壬戌（二年西元一六二二）始成進士。　授翰林院檢討，以老告歸，猶著書不輟，其篤學如此。　弟啓睿，以明經授縣佐，不赴，隱於蟠龍崗，著蟠龍江志。　（參看同書卷之七選舉，頁八，頁二十二）。

據縣志卷七選舉，頁八，王啓元是王化的兒子，母計氏。　王化，明史卷二百二十二有傳附譚綸後，傳云：

王化字汝瞥，廣西馬平人。　父尚學，職方郎中。　化登鄉薦。　嘉靖四十年（一五六一）新置平遠縣，授化知縣，以擊賊檀嶺，有知兵名。　田坑賊梁國相旣降復叛，約三囤賊葛鼎榮分寇江西福建。　化寄妻子會昌，而身率鄉兵往擊。　賊連敗，乃縱反間會昌，言化已歿。　化妻計氏慟哭自刎。　化怒，追賊益急，獲國相於石子嶺。　遷潮州府同知，仍署縣事。　計被旌，官爲立祠。　化舉卓異，超擢廣東副使。　南贛巡撫吳百朋以貪黷劾之，削籍。　巡按御史趙淳薦其知兵，乃命以僉事飭惠潮兵備。　久之，考察罷。

馬平縣志卷七王化傳字句幾乎完全本諸明史，所不同者只有四點：（一）縣志明言王化登鄉薦事在嘉靖壬子（西元一五五二）。　（二）王化寄妻子於會昌的緣故，縣志說是「平遠初縣，城櫓未立」。　（三）縣志說王化「舉卓異，超擢廣東按察使」與明史異；然縣志卷三坊表頁十五，「貞烈坊」條下云：「在柳侯祠街右，爲副使王化妻計氏建」，足證明史是對的。　（四）王化入馬平縣的鄉賢，故縣志把吳百朋參劾之事刪去。

王啓元生卒年無考，但從他父親王化的傳裏，我們可以得到一點暗示，就是他當生於平遠置縣（一五六二）之前。　明史王化傳說平遠置縣事在嘉靖四十年，馬平縣志沿之，這是錯的。　明史地理志六（卷四十五）廣東潮州府平遠縣下云：

> 嘉靖四十一年五月，以程鄉縣豪居都之丼子營置，析福建之武平上杭，江西之安遠，惠州府之興寧四縣地益之，屬江西贛州府。　四十二年正月，還三縣割地，止以興寧程鄉地置縣來屬。

看明史王化傳，我們又可以約略推想王啓元幼年的情形，知道他離開了父親之後，不久便遭了母親自殺的慘事。　他喪母之後，成進士之前，幾十年間的事蹟，縣志只有寥寥數語。　據清署經談自序說：「先後留京二十年，其後又家居十年」乃成進士，則由一五八五至一六二二年間，他不但常到北京，而且曾在北京作過較久的居留的。　他大抵于天啓三年完成了他的大著作——清署經談——，不久便回故鄉去了。　縣志說他「以老告歸，猶著書不輟」，不知是否續寫清署經談的二集。　崇禎二年，（一六二九）馬平縣重修柳州府學的時候，他還健在，並撰重修府學碑記（見馬平縣志卷之八藝文，頁四十至四十二）他的年紀已在七十左右了。

清署經談一書，從來未經著錄，連馬平縣志都沒有提及。　牠雖曾一度入藏池北書庫，但王士禛在他的著述中，並沒提過這部書或其撰人。　漁洋山人的興味是比較地多方面的。　除了詩文掌故典籍書畫金石之外，他懂得西洋的算法（居易錄卷十），曾讀「西域」南懷仁的坤輿圖說（居易錄卷二十六），曾和南懷仁談及海外的大銅人（池北偶談卷二十四），曾欣想過西洋畫法（池北偶談卷二十六），曾注意香山嶴西洋人之聚居和風俗（池北偶談卷二十一，皇華紀聞卷四）又知道中國與西洋之交通，如意大利國（居易錄二十六），如傅而都嘉利國（卽葡萄牙，見池北偶談卷一），俄羅斯國（仝上），荷蘭國（精華錄卷六，　池北偶談卷三卷四，　皇華紀聞卷三）他都提及。　一個如此博聞的人，遇了一部奇書，反而沒有留下紀錄，這是頗可詫異的。到光緒初年，清署經談流到黃縣王氏海西閣時，當然更引不起人們的注意了。　（海西閣的主人不知是誰，待考）。

　　清署經談是一本衞道的書，主張糅合政教以建立理想的新儒家的宗教。　本來中國士夫著書立說來衞道護教，已成家常便飯，並沒有什麼可異之處。　清署經談之所以不能與普通衞道文章相提並論者：一則著者的思想自成系統，不大依傍前人：二則他的時代已到明朝晚年，西學已經東漸，爲衞道護教人們所隱憂者，不單是百家二氏了。

　　在他的近二十萬字，分卷分篇，系統整然的著作中，王啓元的基本工作，是從新建設一個整齊的儒教神學。　書中自然也有不少因襲前人見解的地方，自然也不免援引傳統儒學的經傳做骨格，然而統觀全書，的確跟宋元以來的道學家著述根本不同。他的思想內容，細讀原書便可清楚知道，不必在此複述。　我們所應該特別留心，不宜輕輕放過的，是他的幾個基本信仰和觀念。

（二）　王啓元與儒教的神道化

　　最要緊的是他把儒學來重新的神道化了，使儒教變成一個有機的默示的宗教，而不單是一個人生哲學或論理的系統。　本來漢代的儒家，　受了方士和民間宗教的影響，頗帶一點神祕和迷信的色彩；但經過王充的啓明思想，和魏晉間的自然主義兩重洗刷之後，神祕的宗教性，已經逐漸減少了。　唐代初期很像帝國時代的羅馬，爲接

受吸收外來宗教的時期，儒教未占特殊的地位。　七八世紀之交，韓愈李翱有意提倡了，然熱心有餘而理論不够充實。　宋朝二程朱熹革新儒學，側重問學，以理氣陰陽解釋天然和人事，而儒學的宗教性，幾等於零。　此後二百多年間，朱熹的道學變成正統，籠罩天下的耳目，甚於西洋中古後半的亞里士多德。

明朝初年的理學家，完全跟着朱熹的老路走去。　可是反動也快要來到了。　十五世紀後半，而學風一變。　陳獻章王守仁都是反對格式化的朱學，而提倡極端依自的所謂心學的，儒學的禪化，痕跡顯然。　然而心學所採取的，不過是佛教哲學中的比較空洞的部分，結果還不是默示的宗教。　王守仁的∟天植靈根⌝絕對不是 Visio Dei。　王守仁的弟子王艮王畿離開傳統的儒學愈遠，正像劉宗周所說，∟然學陽明之學者，意不止於陽明也，讀龍溪近溪之書，時時不滿其師說，而益啓瞿曇之祕而歸之師，漸躋陽明而禪矣⌝。（劉子文編卷七，答王金如三）(註一)　王學末流之狂禪，早爲時人所詬病，儒教復興，當然要另覓基礎了。

王啓元生當王學風靡之時，要把儒教神道化，要推孔子爲教主，不得不毅然擺脫漢唐以來的儒學，獨尊上帝與天。　他說：

天地有上下之定位，中外之位象，而提天地之大權者，則惟　上帝。　據經所言：郊祀后稷以配天，宗祀文王以配　上帝，則　天與　上帝似當有微異。以理推之，則無名無爲者宜屬　天，有主有權者宜屬　上帝，　然實一體而二名。　（卷二頁五）

蓋天上地下以爲體，日月中宮以爲用，四時四面以爲局，幽則治鬼神，明則生人物，而孰爲之統治者？　則　上帝也。（卷五頁二十六）

這個有知覺有意志具人格的上帝，除了自生和創世（卷二頁五至七）之外，最關心於儒教道統的傳授。　據王氏的見解，儒者的道統是得之於天的。　他說：

係［繫］詞又曰：∟河出圖，洛出書，聖人則之⌝。　自古立教，未有天人親相授受者，則此圖書者，非天所親授於聖人之秘密乎？　夫二氏百家，大抵與

(註一)　黃宗羲的明儒學案（卷三十二）曾採取劉氏這幾句話：「陽明先生之學，有泰州龍溪而風行天下，亦因泰州龍谿而漸失其傳。　泰州龍谿時時不滿其師說，益啓瞿曇之祕而歸之師，蓋躋陽明而爲禪矣」。

於中古之後耳，而肇於開闢之初，則爲儒者獨也。　故敍道統者，必推極於天地，而又實指天地之所親授，而後儒者之本原始定。　此統一定，豈惟二氏百家不能混，卽天地再闢，千聖復起，亦不可得而易矣。　（卷二頁二至三）而且道統之授受，不限於開闢時期的一次，後代的聖人君師，都由上天作主，以天下付給他們的。　換句話說，他們之維持道統，都是上天所感勳默示的：

後儒但以草木萬物屬　天，至于作君作師，則專屬之聖人。　不知君師之位，聖人能自盡其道，豈能自生其身哉？　且　天之所爲大德曰生，豈僅止於生物而不及生人，又不能於人之中生君師，　於君師之中生聖人，　於聖人之中生至聖，則亦無爲貴天矣。　此論　天之自生者不可不兼鬼神，而論天之生物者不可不先君師也。　（卷一頁八）

聖人君師旣由天生，孔子至聖也由天縱，（卷八天縱至聖篇）。　聖人之道在天子之上，固是天意；孔子位在各聖人之上，而爲萬世帝王師表，也是天意。

孔子所以稱萬世帝王之師，則有數義焉。　一元之數，自開闢以來，　從寅入巳，幾至午矣。　中天之運，此其正盛之時。　天將縱一人焉，以爲宇宙斯文之主，孔子應期而生，一也。　羣盛迭興，有以君道顯者，有以相道顯者，……獨師道未有著焉，亦宇宙一缺典也，孔子承前而起，二也。　（卷八頁二）

王氏繼續再舉出四個意義，都是說明孔子降生是有關天意的。　孔子不爲天子，終于下位，也是上天的擺佈。　由此推論，　孔子所刪定的史料，所自著的書籍，就是聖經。　所以王氏屢次在書中宣說：「孔子原自至神，聖經原自大備」。　又說：「經至孔子而後全，道至孔子而後神，教至孔子而後定，殆若天實有意於其間，非人之所能爲也。　嗚呼，盛哉」！（卷八頁二十二）　不單如此，聖經的傳授與保存，也有天意主宰的。　例如禮記中的月令，「所載與洪範五事庶徵之義正相表裏，其必爲天子法天之書無可疑者」。　但是爲什麼呂氏春秋裏頭也有牠呢？　「後儒以月令探於呂氏春秋，且以其中所引「太尉」爲秦官，遂以爲非周公之書」，王氏也有他自己的說法：

其寄於呂氏春秋，蓋亦有說。　嘗謂聖人神道之書，必有鬼神呵護，其爲人所祕藏以傳於世，有莫知所以然而然者。　如易之隱於卜筮而得不焚，月令寄於

呂氏春秋而得不缺。 安知非 天意默爲之曲全哉？ 且乚太尉冂不過差一字耳，更之爲乚太宰冂，則他無雜入者矣。…… 其書必不出於呂氏。 意爲有識之士，知有焚書之厄，特借呂氏以寄其傳耳。 （卷五頁三十六至三十七）秦不師古，固不知有敬 天之法，而其慘刻少恩，又安能行一敬 天之事？秦法甚嚴，呂氏知守秦法耳， 安能舍秦法之外而別尊周制？ 其乚太尉冂二字，安知非有識之士故訛一字以合秦法，而令其必傳也？ （仝上）

這固然是非常主觀專斷的見解，然古今中外那裏有客觀的宗教家？ 王氏自己也並非不知道說得有點牽強，所以旣說鬼神呵護，又說先知改字，更說乚安知非周公之神假手於呂氏而存之以傳於後世哉冂？ 無論怎樣，總逃不了是天意。 不但月令如此，就是孟子以後的儒者著述也關天意。 王氏說：

董生天人三策則中庸天人之至理也，昌黎原道一篇則孟子闢邪之大義也，邵子皇極經世大闡二天之蘊，周子太極通書深入十翼之精，小學家禮足當儀禮曲禮之約，通鑑綱目可繼春秋之公。 聖道衰微，世出偉人以輔翼之，使不爲二氏百家所亂，此天意也，聖人之靈也！ （卷十二頁二十一至二十二）

儒教的神道方面建設成功，則羣經自然成爲系統神學，無往而非證聖的資料了。 易經中的陰陽神秘，以至演禽太乙奇門六壬都與儒教有關了（卷十四象數輔易篇；占筮寄易篇）。 至於儒教以外各教的種種神奇異蹟， 孔子也可做到， 不過他以中庸設教，無假於飛昇天堂罷了，（卷九頁二十三）。 所以王氏又說：乚儒佛之神道，謂聖人能之而能不爲則可，謂聖人原不知有神道則不可冂（卷四頁三）。

在這個神道化的儒教之大前題之下，孔子之爲教主，孔子之至德高功宜爲天下萬法所法，是不待論的。 王氏貫串羣經，專尊孔子的話，不必複述了。 他的第二個特殊主張是政教不分，所謂乚道統冂乚治統冂不能分離。 清署經談卷三的總標題是乚聖教原尊天子冂。 他說明天子如何代天行道，乚天子之學定而天下之學皆定冂，孔子集道統之大成，而聖人無位，證明天地古今的道統治統都以天子爲主。 在卷十五恪遵王制篇裏他簡直以天子統治作爲人生的至善 Summum Bonum 了。 他說：

所貴於生人者，以有天子統治之也；而所貴於天子者，以其能修身齊家以治國平天下也；所貴乎臣民，以其能法天子以自治也。 以分言之，是代天理物之

責也；以功言之，是澤被天下之功也；以教言之，是生人必不可缺必不可廢之事也。　（卷十五頁三）

天子不單是整個物質宇宙的中心，而且是整個精神宇宙的中心。　他又說：

六經之義，總之爲正天子而設耳，天子正而天下定矣。　（卷四頁一）

王氏這種類于西漢經生的說法雖然有點新奇，這種乚天降下民作之君作之師冖，和乚奉天以正王，奉王以正天下冖的思想，本來也是老調子了。　（卷三聖教原尊天子，卷六，聖統原宗帝王）。　然而王氏着眼之點，不是抽象的帝王，而是明室的君主。這是明明白白地想理論變爲實行希望天子做 poatifex mnximus（教皇）了。　所以本書卷一的第一篇便是恭頌聖祖篇，說太祖爲天下得人，專尊孔子，功同堯舜。　第二篇便是恭紀聖政篇，說太祖以下人君之施政，怎樣合經，並舉出合經之處三十六點，來證明明朝君主之超越漢唐。　其中當然有許多是硬湊的，勉强恭維的。　如第四項乚睿宗獻皇帝之稱皇考，世宗獨斷行之冖，王氏以爲合經，以爲乚惟孝子能饗其親冖的一個好例。　又如第七說明代君主視朝之外復有召對，譽爲乚君臣相孚，上下一體冖。在一六二三年，經過神宗三十年間不視朝，不御經筵，不看章疏，不補缺官的時代，又經過了幾年客魏勢力膨脹，不容正人的時代，這話幾乎帶點譏諷了。

當時的君主之不足以有爲，王氏身住北京多年，是不會不知道的。　明知主上昏庸暴亂，而仍作乚奉王以正天下冖之想，正是個熱誠的宗教家所應有的態度。

（三）　王啓元與儒教之原始化

這種宗教化的儒學觀念，是最不合時人脾胃的。　王啓元固然不依附弊竇已多的王學，他也不正面去反對王學。　他的目標，集中於恢復原始的儒教。　他雖然不表同情於王學，但他與普通反王學的人意見並不相同。　他著書的宗旨，並非如陳建之作學蔀通辨，一意爲朱熹鳴寃。　人家反王學，如後來的陸世儀（一六一一———六七二）張履祥（一六一一———六七四）陸隴其（一六三〇———六九二）等大多數是要恢復朱熹的權威，他却要恢復孔子的權威，　主張乚孔子原自至神，聖經原自大備冖。　他在書中時時透露不少菲薄近儒的意思，以求恢復他所崇拜的想像的原始儒教。　無論討論的是什麼問題，機會一來，他便辨明近儒和他自己立塲之同異，因爲

他以爲近儒是原始儒教的大障礙。　所以他說到近儒的驚講學，談心性，立門戶，標宗旨，他都不表同情。　他以爲講學談性，本身自然不是壞事；而專談心性，則天下大事反沒時間精力去思索，有失六經之旨了。　所以王氏自己也並非不講學，不過講學的目的與方法跟人不同罷了。　他說：

或曰：乚世之講學者，人人皆以孔子爲宗，子乃謂孔子所以可宗，別有正義，與前之講學者不同，豈有說耶Ꞁ？　曰：乚此甚易知，但儒者不察耳。　夫孔子旣曰萬世帝王之師，乃世之儒者專以性命爲言，而不及經濟，固已失六經之旨矣。　曷亦反而思之：孔子之教，必非如佛家之專了一心以求超度，易知也；必非如道家之性命雙修以求長生，易知也。　然則如訓蒙之家，求解於字句之微乎？　亦非矣。　然則如文章之家，求富於詞華之勝乎？　亦非矣。　不然，則日談性命，令人反身而體驗乎？　似矣，而未盡也。　不然，則日談德行，令人實踐而躬行乎？　似矣，而未盡也。……　合而言之：不爲仙，不爲佛，不爲教讀，不爲文章，且不止性命，不止躬行；則不以一身一家起念，而以天下爲任，可知矣。　欲行周公之道，奉天以正王，奉王以正天下，則不以一官一職爲限而以宰相自期，可知矣。　必如今之講學，專以性命爲言，則是一身一家之計也。　縱至精至詳，亦不過爲一教讀先生而已，安所關於成敗之數，而以爲發明孔子齊治均平之道哉？　（卷四頁七至八）

他所要大聲疾呼的是叫人認識和恢復原始的無所不備的儒教。　談心講學止是儒教的片面，此外還有更重要的乚立乎其大Ꞁ的方面，是治平的道理，是乚經濟Ꞁ的事功。是君相的大業。　這是他的建立孔教論中的中心觀念和信條。　所以他不修正王學，不反對王學，而超越王學。　而且不止超越王學，簡直超越一切以心性爲儒學重心的後儒，直返孔子的門庭。　這是何等卓識！　他繼着說道：

……今考之四書而孔子之品如此，考之六經而孔子所欲爲之事如彼，乃講學者專講性命而不及天下國家，使孔子僅爲教讀先生，豈不爲二氏所撫掌而笑，又安能免賦詩退虜之譏耶？　（卷四頁七至八）

他這話似乎帶點沉痛，大約他也正隱憂着虜的問題，知道賦詩退虜的悲劇不久又須重演了。　晚明思想學術的空疏懶惰，絕對不能應付時局的大紊亂。　王學以至程朱之

學，都顯得自身沒有力量了。　一身一家之學，於天下安危何補？　經世致用的思想於時乎逐漸的滋長起來，而王啓元就是其中的一個信仰很堅的先驅者。　其後黃宗羲（一六一〇———一六九五）顧炎武（一六一三———一六八二）王夫之（一六一九——一六九二）和費經虞（一五九九———一六七一）費密（一六二五———一七〇一）父子以及時代更後一點的顏元（一六三五———一七〇四）李塨（一六九五———一七三三），思想上都表現經世致用的傾向。　二費顏李尤爲顯明。　ㄥ不爲仙，不爲佛，不爲教讀，不爲文章，且不止性命，不止躬行，不以一身一家起念，而以天下爲任ㄱ的精神，居然在思想界上占了重要的地位。

　王啓元的清署經談流通得很有限，對於黃顧諸家固不能說有任何的直接暗示或影響；然他們處相類的環境，受相類的刺激，經相類的體驗，想相類的問題，故無意相同，而自然達到相類的見地。　王啓元與費氏父子思想系統中類似之點尤多(註一)。如王啓元標舉原始儒教的ㄥ君相之大業ㄱ，費氏父子也說：

　　二帝三王皆以事業爲道德，典謨訓誥記錄彰明。　戰國分爭，始以攘奪爲事
　　業。　謂之變，可也。　非事業外又有所謂道德。　以言無，言天，言心性，
　　言靜，言理爲道德，以事業爲霸術，則後儒竄雜謬誕而非聖門之舊。　（弘道
　　書卷上頁十）

又如王啓元超越後儒的空談，以爲ㄥ孔子之教所重在事，事既不可定，則當求所以踐其實；ㄱ費密也說：

　　君統于上，文武臣僚奉令守職，自上古至今，無有蹠此而可以致治者。　後儒
　　以靜坐談性辨理爲道，一切舊有之ㄥ實ㄱ皆下之，而聖門大旨盡失矣。　……
　　言道而舍帝王將相，何以稱儒說？　（弘道書卷上頁十五）

費氏父子也正是糾正後儒的以一身一家爲起念之性命之談的。

　儒者以一身一家爲主，原因在不善讀經。　王啓元假借或人的口氣，指出世之讀經者之不對，以爲ㄥ舉業家採文辭，不必論其理，爲得其皮；古文家考事實，不必採其蘊，爲得其肉；史乘家模書法，不必究其精，爲得其骨；理學家拈其義，不必求其

（註一）　看胡適文存二集卷一頁七五至一三八，費經虞與費密——清學的兩個先驅
　　　　者。

局，爲得其髓┐。　他主張一種出乎四家之外，得其全體的讀經法，就是└合而觀之┐的方法。

> 惟合而觀，故可聚之一身；惟合而觀，故可聚之一家；惟合而觀，故可聚之一堂；惟合而觀，故可聚之天下；惟合而觀，故可留之六經；惟合而觀，故可傳之萬世。　洋洋乎！　宇宙之大觀也哉！　（卷十三頁二十三）

儒者不能合而觀之，故宋儒以下各立門戶，各標宗旨，└反令孔子寄空名於杏壇之上┐，原始儒教因此受了種種的誤解，層層的蒙蔽。　王氏的意思，以爲打破各家的門戶，專尊孔子也不難。　他並且提出一個方案：

> 剖諸儒之門戶不難，要當使其欲各立而不可得耳。　何也？　世儒之意，蓋謂孔子稱└儒┐，老氏稱└道┐，釋氏稱└佛┐，彼已先分門戶。　而佛之中有五宗，道之中有五派，則儒之中何獨不然？　故宋儒自分爲門戶，近儒又與宋儒各分門戶，紛紛角立，總之求勝一念爲之耳。　此蓋睹其末流之分，而未考其原初之合也。　且第從人之所立分之，而未嘗遡天之所統合之也。　（卷三頁二十）

往後他又繼續說明儒者各立門戶的毛病，總因在於不明白儒教本來是要合一道統與治統的。　因爲六經爲天子而設，孔子自己也不以爲私有，故孔子也不自立門戶而自以爲名，一切歸之天子。　後儒好立門戶，私小節而遺大體，實在是與孔子相悖的。

後儒的流弊不但立門戶，而且拈宗旨，這也是王氏所痛心的。　└後儒所謂宗旨，拈定二字，更不許學之者別立一言，第惟其宗旨之是從，甚有寧悖孔子而不敢悖其師說者┐。　王氏說到這裏，情感不能無動於中了，繼續着說：

> 惟好拈宗旨，故不得不分門戶；惟分門戶，故不能合六經，覩天地聖人之大全；惟不覩天地聖人之大全，故二氏百家得與之互相爭勝。　前有負孔子立教之旨，後有悞學者入道之門，是將爲聖門之罪人，又安得以儒自命哉？　然則拈宗旨分門戶者，試思　太祖盡黜二氏，專尊　孔子，其意謂何？　乃生今反古，一至於是，即不爲聖門生報本之思，亦當爲　王制戮身之恐矣。　可不慎哉！　可不慎哉！　（卷二頁二十四）

儒教的中心觀念，既以天子爲主，則儒者不應該有私；道統治統既由天子掌握，

則立門戶指宗旨等於思想上的造反。　王氏反覆申明這個道理，隨在而是，不必逐條徵引了。　他最不高興的是後儒的陽儒陰佛的言論。　在卷十五聖教原立正坊的諸儒公論篇裏，他把孟子以後的儒者分爲八種。　其實是分爲八等。　這篇文章，可以看作王氏思想的一個極有意思的橫剖面。　第一等是乚卽聖經以闡天道丁。　止有邵雍一個人。　王氏說他的乚先天之學，使易道得與四聖並傳，　中興之功，　直繼孟子之後，一人而已矣丁。　第二等是乚因聖經以發正見丁。　人物是周敦頤程顥程頤朱熹；功勞是太極通書，表章四書，通鑑綱目，乚亦聖門之功臣也丁。　第三等是乚合經文以尊皇極丁。　人物是眞德秀丘濬；功勞是大學衍義和大學衍義補。乚自有此二書而後世知有天子之學，又知有聖人之敎，原係以天子爲主丁。　第四等乚是托文章以衞聖道丁。　代表的人物是董仲舒韓愈歐陽修；功勞是三策原道和本論。　乚孟子所謂能言距楊墨者，聖人之徒也丁。　第五等是乚據己見以擬聖經丁——如楊雄的太玄，王通的中說，已經是於聖道無所脅，於聖經無所補的；但比之近世儒者守師說而悖聖經的，仍覺好些。　故此雖然無功於聖門，亦不失爲諸子百家之類。　第六等是乚借聖言以博名高丁。　這是一般人云亦云的理學家，乚人曰尊聖，吾亦曰尊聖，試問其聖之所以爲聖，與吾之所以當尊者安在，則茫然而無對矣。　然於聖人無損，置之勿論可也丁。　第七第八兩等便不同了。　陽儒陰佛，便於聖人有損了。　先看第七等：

> 七曰撥聖經以附巳見。　如宋末之儒某某者——姑無指其名——以彼其才，超然遠覽，卓然高步，儘有大過人者。　徒以未能深入聖經，遂以佛氏之說先入爲主，牢不可破。　凡聖經有與佛說相似者，改頭改面，說向儒家，遂紐合而爲一。　夫聖經大義未及大明，　使人皆合佛說以混聖經，則其勢必且聖經日輕，佛說日重，其究將使佛超聖人之上，聖人反居於佛之下，如近臣〔世〕之儒，敢於輕毀聖人而略無忌憚者矣。　昔人有言：王何之罪，深於桀紂；近世輕聖人者，無不以某某爲宗，律以王何之義，是亦聖門之罪魁耳。

乚宋末之儒某某丁大抵是指陸九淵。　陸氏的援佛入儒，本不甚顯，但他的影響到明朝中葉便擴大起來了，所以王啓元罵爲乚聖門罪魁丁。　乚近世之儒丁大抵指陳獻章王守仁和他們的弟子輩。　然而這一輩子的人，還未敢乚明言毀聖丁，依然够得上第七

等。　到李贄（一五二七───一六〇二）焦竑（一五四一───一六二〇）等便明明白白的菲薄孔孟，不再└改頭換面，說向儒家┐了。

八曰悖聖經以肆已意。　宋儒之學，雖亦有陽儒陰佛者，然未敢明言毀聖，而敢於背本者也。　不意我　太祖專尊孔子，聖教大行，乃不幸有叛聖之徒，見於當世儒者著書之中。　一人倡之於前，一人復和之於後。　彼所據者，不過佛氏廣大之語，信以爲眞，其於聖人之經，曾未窺其毫末。　即有一二未盡，古人尚爲賢者諱，況聖人乎？　且彼之聰明才辨，視顏孟何如？　以顏孟之去聖一間，猶心悅而願學焉。　乃由聖人出身，敢悖逆而無忌憚如此，是誠何心哉？　于　王制爲不忠，於家傳爲不孝，於悖聖爲不義，於陷後學爲不仁，此其滔天之罪，與亂賊何異？　語云：亂臣賊子，人人皆得而誅之；願與天下有志之士，共鳴鼓而攻由聖人出身復背本而叛聖人者！　孟子所謂聖人之徒，庶幾無負乎！

（四）　　王啓元與百家二氏

王氏對於後世之儒，雖然態度十分嚴厲，但是他評論百家二氏的時候，態度卻是很寬大的。　他自己曾下過幾個解釋：

或曰：└子於諸儒則論之嚴，於諸子顧取之恕，得無有未當乎┐？　曰：└諸子自爲一家，於吾爲客，即有譏刺，是門外之戈也。　諸儒業已究心聖經，即聖經之主矣。　乃反從而斥小之，所謂入室操戈者非乎？　春秋之法，責備賢者，……然則嚴於論諸儒者，蓋亦竊取春秋之義哉┐。　（卷十五頁三十五）

除了主客觀念之外，還有一種信心。　儒教是包含一切，高出一切的。　儒教的長處，諸子百家想學也學不來，除非是盡棄所學而接受儒教。　辟而闢之，反爲自昧其本。　儒教的障礙不在二氏百家，而在於不崇奉正信的儒者。　所以他在諸子公論篇又設爲問答來解釋他的不必闢不暇闢不當闢的意思：

或曰：└前儒尊孔子者必闢二氏百家，子獨專尊聖經，無一言旁及，何也？┐

曰：└大舜有大焉，樂取諸人以爲善，自耕稼陶漁無有遺者，此聖德之大也。

二氏百家具在，豈無一言之可與耕稼陶漁比者？　以樂取之量容之，固不必關也。　且春秋之義，先自治而後治人：聖經尚未深考詳究，而且旁及乎？　固不暇關也。　況天地間之理，不可易與不可缺者，儒者既亦悉取之矣。　所處既高，所得已多矣。　所謂大者先立，小者不能奪也。　卽補所未足，發所未盡，不妨兼聽並觀，以天下之用爲用。　何至自貶其高，與之爭勝，必欲盡出於已而後快乎？　何示人以不廣也？……　夫聖教本明，而不知其本明，是自昧其本也。　聖品本尊，而與二氏百家爭勝，自生一敵國，是自貶其尊也。

（卷十五頁二十四至二十五）

正惟天地之理不可易與不可缺者，儒教都完全具有了，所以儒者之本務在乎講明與體驗儒教的綱常，而無須與方外爭談性命。　所以王氏的態度，不單是不積極地去攻擊佛老，而且反對後儒之斤斤與二氏爭長短。　再進一步，他簡直以爲闢二氏並不算衞道的重要工作。　他說：

故區區性命之談，在方外爲專門，亦在方外爲無礙。　儒者身處人倫之中，乃舍所重所長所本，而與方外專門者爭勝負，一何不智之甚耶？　所以然者，儒者未嘗深究聖經，過疑綱常之外，別有性命；而聖經之談性命又甚略而弗詳，不得不就彼專門者求之，求之而不勝其疑似，則爭之耳。……　倘聖經所無，而向彼求之，兼聽並觀，亦不失樂取諸人之量。　乃考之聖經之中，則性命之全局原無一不具焉，顧自忘其有，而屑屑乎於彼爭之，彼中具眼者，已掩口而竊笑矣。　矧降尊以角卑，舍大而趨細，不公之是急而私之是營，是豈忠臣孝子之心，亦豈卓識大觀之士哉？　故惟儒者之計，決當以綱常爲重，而綱常之主決當以天子爲尊，正不必如後儒之見，首以闢二氏爲衞道功也。　（卷二頁十七至十八）

他不贊成後儒之與方外爭談性命，因爲他們舍大趨細，匚不公之是急而私之是營┐，因爲他們所談的性命在儒教的思想系統裏地位並不重要。　一談性命，儒教的立乎其大的意義，便會消失了。　這話他多次提起，例如：

後世儒者但知談心談性，不復知有君相之大業，與儲君儲相之大用，故師道卑微。　區區與方外爭勝，而宇宙之大觀，用行之懷抱，反忽而不察，晦而不明

　　矣。　（卷八頁三十七）

正如後來聲密所說的「欲正道統，非合帝王公卿，以事爲要，　以言爲輔不可」。

（弘道書卷上頁五）

　　王氏對於百家二氏以爲不必闢，不暇闢，　而且不當闢，　因爲他站在新儒教的立

場，根本上不把二氏百家看重，不把牠們與儒教平排的。　所以他提倡首先整飭儒教

的內容，堅定儒門的信仰，此後可以樂取諸人。　他看得道家最低：

　　三教之混，至今日而極矣。　然日流於下，未有若道家之甚者也。　何也？

　　今之道者，論外則先爐火，論內則先彼家。　夫爐火近利，彼家近欲，世俗自

　　好者且不屑談，而道者乃自以爲得意，方且秘之而不輕授受。　宜高禪之掩口

　　而笑也。　（卷十五頁二十一）

他也承認原始的道家爲後世的道教所誣，也說明老子五千言並不是專談命宗，而有若

干點類似儒家的，

　　然而首廢禮法，不貴仁恩。　遂使高明之士，蔑棄紀綱，脫略名分，爲東晉之

　　風流；殘忍之徒，芻狗視人，土苴視事，爲申韓之慘刻。　其至於今，則一味

　　專言命宗丹道，既不知有虛靜極篤以養其神，又不知清靜無欲以治天下。　其

　　視道德之書，不啻天淵懸殊。　彼之失傳，方且得罪於道，尙不足掛高禪之齒

　　頰，又何敢與儒並論哉？　（仝上頁二十三）

　　比起道教，佛教高明多了。　一般人以爲佛教談出世，儒門談經世，故不及佛氏

的超脫。　明朝的佛教雖然走上衰微之路，沒有中興的能力，一般的影響，總不算很

小。　太祖微時，曾爲皇覺寺僧，且不深論。　至於文士，則自宋濂以下，好與佛僧

來往的人數很多；而王門弟子更好用佛理來附會儒學。　王啓元的清署經談刊行的時

候，聲氣偏東南的祩宏才死了七八年。　所以王氏評論佛教，態度並不菲薄及苛刻。

他暗地承認出世不是一件壞事，　但世人以爲儒家單懂得經世，　而不知道出世是不對

的。　他說：

　　謂佛氏談出世，則有之矣，謂吾儒只有經世而無出世，則未然也。　且子謂出

　　世，將身出世耶？　抑心出世也？　如謂身出世也，則着相修行，禪家之小乘

　　耳；如謂心出世也，則在喧不亂，在寂不昏，寧獨禪家有耶？　曰：「出世」

└世間┐儒者故所未言，六籍具在，不可得而掩也。　答曰：謂之未言則可，
謂無其理則不可。　且禪家固云性一而已。　凡夫之性卽是佛性。　如謂禪者
能之而儒者不能，是二姓〔性〕也。　豈儒之聖尙不及佛氏之凡夫耶？　旣合
聖凡爲一性，復分儒佛爲二途，得無自相矛盾耶？　（卷十五頁三一）

└出世┐└世間┐之理，儒者何以有之而未言呢？　王氏說：

大抵人之常情，遠有所慕，必近有所遺。　儒者至常之中，原自具至神之道，
以其大近，故反忽之。　心中無主，安得不爲佛氏之所搖惑哉？

照王氏的講法，這是近代儒者自已的糊塗，並不是儒教本身的缺憾。　儒生不知道六
經無所不備，斤斤與二氏較短長；及乎談心說性旣久，愈弄愈精細，愈精細愈忘掉治
平的大道，結果是上了人家的當。　儒者的最大使命——治平之道，君相之業——不
知不覺間反爲消失了！　這是王氏所痛心的，所以他遏抑宋儒，獨標韓愈：

聖人立教，以有形爲顯仁，以無形爲藏用。　顯者民可使由，故聖人誨而不
倦；藏者民不可使知，故聖人略而不言。　非聖人無出世法也。　韓子得其
顯，反足以彰聖人之大；宋儒辨其隱，適足以混二氏之深。　蓋不知卽顯仁而
寓藏用者，是儒者之出世也；離顯仁而言藏用者，是二氏之出世也。　聖人復
起，不易吾言矣。　（十五頁三二）

他以爲宋儒的剖折毫芒，反不如韓愈的粗技大葉，這眞卓識，看穿宋元以來於國家大
計無補絲毫的道學。　後來顏元也說：└道之亡也，亡其粗也┐，正與王氏同意。
顏氏所謂└粗┐卽王氏所謂└顯┐。　專門與方外養└隱┐競└精┐，天下必至紊
亂，儒學等於蹋台，正如費密所說，└此時『心在腔子』『卽物窮理』『致良知』有
何補於救世？　豈古經之旨哉？┐　（弘道書卷上頁十五）

王氏以爲儒者先要懂得「顯仁┐，才够資格以餘閒去談藏用。　他更進一步說明
儒教本來是心身治平的道理都全備的。　甚至於出世的道理，也無待於佛學；而且儒
家出世觀的超脫的程度可與佛家相比，而其不忘經世，則且駕佛家而上之。　至於佛
書中的三十三天等說，王氏也不辯難，以爲└佛書無誑語而有寓言，如易之大象天在
山中之說耳┐。　└佛書無誑語┐，這話出於衞護儒教者的口中，王氏對待佛教的寬
容，可見一斑。　王氏持論是很一貫的，他痛心讀書人虛騖佛學，佛學的精蘊未必懂

得透，而自身倒已變成一隻四不像了。　所以他不怕詞費，仍然以爲

　　儒者之道，亦先自正而已。　儒之不正，而規規與二氏辨；未窺彼之藏用，而

　　先已失吾之顯仁也，是烏乎可！　（卷十五頁三三）

　　然而近儒於佛理仍然覺得有兩件道理是六經所沒有的：一件是頓悟——∟當下卽

悟，一悟卽了，不假修習，頓證頓圓」；一件是竟空——∟一切萬有，畢竟歸空，言

語道斷，心思路絕」。　王氏解答這兩個問題，態度依然是一致的。　他首先提出一

個事來做標準，他說：∟先民有言，聽言之道，必以其事觀之，則言者不敢妄言。

孔子之教，旣以天子爲主，　請先言天子之事」。　接着他便數出天子之事：——修

身，齊家，治國，平天下。　假如一切空之，則天子的身極，家法，朝綱，天下，都

不能成立了。　∟孔子之教，所重在事；事旣不可定，則當求所以踐其實矣」。　從

事看來，不但儒者不能空，非但入不能空，就是天也不能空。　假如所謂空者單是空

其心之累，而不是空其事之實，則儒家也有空的說法：

　　∟洗心退藏於密」，∟秋陽以暴，江漢以濯，皜皜乎不可尚已」，空耶不空

　　耶？　∟勞而不伐，有功而不德」，∟毋意，毋必，毋固，毋我」，空耶不空

　　耶？　∟無思無爲，寂然不動，感而遂通天下之故」，空耶不空耶？　∟有若

　　無，實若虛」，∟有不善未嘗不知，知之未嘗復行也」，空耶不空耶？　空其

　　心之累，而不空其事之實，儒者之所爲兩得也。　若並事以爲幻妄，爲空華，

　　而一切空之，則旣無其事矣，心自然無慮，不待空也。　且旣無其事矣，卽空

　　其心，又將何處用之耶？　世儒但喜其言之超脫，而不察其事之何如，其於聽

　　言之法，已自中無所主矣。　又安得不爲其所駭，一折而入其中哉？　（卷十

　　五頁三五至三六）

同樣的以事爲標準，則儒家亦有∟不假修習頓證頓圓」之理：卽易傳的∟不疾而速不

行而至」，中庸的∟不見而見不動而變無爲而成」，但都是卽事而言的。　如照佛家

所言，便流於無所用之了。　王氏說：

　　以此推之：一悟卽子〔了〕，以心言也；頓證頓圓，以心言也；畢竟歸空，以

　　心言也。　必兼以事言，則有必不能了者矣，有必不能圓者矣，有必不能空者

　　矣。奈何人之弗深思而密察也！　（卷十五頁三七）

　　王氏論二氏雖甚寬容，　而對於會通三教的主張則反對頗力，　不是泛泛的並蓄彙收。　　他說宋儒雖知尊經，總是舍大體而尋細節，無怪爲近儒所譏。　　但近儒的趨向，也多不正，所走的歧途，除了乚張大佛氏斥小孔子冂和乚陽尊孔子陰用佛氏冂兩條之外，尚有兩條：一條是會通三教調停爲一，一條是超出三教尊崇天主。　天主之說，往後再談。　現在先看他反對會通三教的論調：

> 至於調停之說，尤爲害道之甚。　　使孔子而非也，固不能援二氏以爲高；使孔子而是也，亦不待藉二氏而後重。　　必待二氏而後備，則聖經之理反有未完者耶？　　必待二氏而後備，則二氏未與之先，孔子之道又何所藉以完耶？　　夫依傍人之門戶，高禪以爲恥，而況聖人之徒，　乃待二氏以足之乎？　　所以然者，正爲留心者求之弗深，考之弗詳，先有佛氏之說橫於胸中爲主，而又彙於背孔子以附籍於聖門耳，不亦心勞而日拙哉！　　（卷十五頁三九至四十）

　　王氏指斥三教匯通之說，態度較爲嚴厲，原因是不難明白的。　　他並不反對乚樂取諸人冂的儒教中心主義，他自己也讀佛書道書的，但把三教平排，則乚孔子原自至神，聖經原自大備冂的道理便消失了。　　所以他接着便說明儒家以天地爲祖，故聖道必不可易；以天子爲主，故聖道必不可缺；以六經爲徵，故聖道必不可疑；以修身爲本，故聖道必不可假；以天子爲局，萬世爲量，故聖道必不可陋；以王政爲公，故聖道必不可私。　　爲了上述的要素，聖教必不可混；六經載前王列聖的德行，而孔子不自居其德，故聖品必不可及。　　他雖嚴詞厲色地反對匯通三教，他心境的寧靜却沒有動搖。

　　他對於百家，對於技術，態度都是很寬大的。　　在諸子公論篇裏，開頭便說儒者不必以闢百家爲先務，因爲百家的見解不完不全，比之無所不備的儒教，相差是很遠的。　　百家與儒教略相仿佛的地方，止有天地爲宗的一點。　　此外儒教的重要特色和教條，——人倫爲大，天子爲主，帝王爲法，事親爲本，由事親達到事天，由修身達到平天下——這些都是百家所缺的。　　至於名分經制等等也是儒家所獨備的。　　最要緊的是儒教的道統和事功，雜牌的百家斷斷不能混亂。　　道統自乚三皇帝王冂而後，至孔子而定，至孟子而尊；事功自天地開闢，至堯舜而盛，至孔子而全，這都是百家所不能攘爲己有，而令儒教成爲獨尊的。　　百家學說無論如何超卓，總是一技之微，

必不能與儒教爭正統。

　　他評論諸般技術的時候，依然保持着態度上的寬容。　他以爲象數可以輔易，故└太乙┐└奇門┐└六壬┐└演禽┐可以幫助人家懂得兵事；易經的道理隱於占筮，而且爲凡民着想的神道設教，必須從俗，（卷十四占筮寄易篇）。　至於曆數堪輿星官各家，他也沒有積極的攻擊，止說明他們與儒家經典的不同而已。　他說天文家專門根據曆數，星象家單說天而不說地，與易不同；他們談吉凶是根據天象之已形，而不注意到人事之先著，與洪範不同；一個象只說一件事，不能合無數象而成一局以求一個貫通的說法，與月令不同；言顯仁不言藏用，得粗迹而不得精微，與圖書八卦不同；知到吉凶而不能變凶爲吉，與易傳之能暗示人們以轉移的方法者不同；修禳修救，都在事後，就是後天的辨法，與└先天而天不違者┐不同。　他當然不是迷信，然而對於所謂技術，也不作正面的攻擊，他止教人多讀聖經罷了。　他說：

　　聖經自有因果，求之於幽不若求之於明，求之於人不若求之於己，用之於私不若用之於公，用之於險不若用之於平。

（五）　王啓元與天主教

　　二氏百家之不能僭越儒教，王氏都一一說明了。　他的中心思想是：他們都各有寸長，各有所偏，不能與└孔子原自至神聖經原自大備┐的儒教抗衡，所以他的詞色一致都是比較地溫和的。　他止有不高與於陽儒陰佛的論調，和會通三教的主張，然而他對於這兩種異端，都鄭重辯駁了，證明是不能成立的。　最後要討論天主教了，他的態度便突然變爲極端的嚴厲了，└於諸儒則論之嚴於諸子顧取之恕┐的標準也不能施用了。　他不但辟而闢之，而且採用祈禱的方式，昭告上帝了。　他在禱詞中說：

　　茲有人焉，從大西之國來，以爲　　上帝降生於民間，別號曰天主，所傳有經，所立有教。　茲其人欲以天主之教，行於中國，盡闢舊時三教之說而駕其上，其稱號甚尊，其理論甚實，且謂天主卽中國所稱　　上帝。　信如其言，卽天子猶將讓尊焉，彼三教之說，固有不待攻之而不敢並立者矣。　（卷十六昭告上帝篇頁一）

王氏看清了天主教自有牠的∟修齊治平¬，∟其理論甚實¬（註一）不能與二氏百家等量齊觀，因此在清署經談裏的護教論調與精神，完全側重攻擊於天主教。

王氏書成的時候（天啓三年一六二三），天主教由耶穌會士重新傳入中國已經四十多年了。　王氏∟先後留京二十年¬，準備著書的時候，耶穌會士已經有相當勢力，廣交中國士夫，著書立說了。　一六二三年以前天主教在中國流行的進步和傳佈的成績，有與王啓元的思想相關者，值得我們覆看一次。

耶穌會士方濟各 (Francis Xavier) 在日本南洋等地傳教多年之後，決心要入中國。　一五五二年他卒之到達廣東的上川島，不久便在島上病死了，始終未曾登陸，然而他所留給同會修士的影響很大。　先後願意繼着來華傳教的人，雖然有四五個之多，但是都不能深入內地。　或僅到廣州便遭官吏拒絕，或終身居留澳門而無施展。直到萬曆八年（一五八〇）羅明堅 Michel Ruggieri 東來，才享到一年到廣州兩次的權利，才慢慢地學會中國語言文字，才開始用中文著書——聖教實錄。　其後再進一步，才能在肇慶府城外的天寧寺長住，被稱爲∟西僧¬。　開山的工作，到此才算完一段落，而西教與中國社會，可說是未曾發生重要的接觸。

羅明堅正要把教會的基礎奠定，利瑪竇 (Mathaeus Ricci) 已到中國來了。　遠西的天主教，也可以說跟中國的老文明發生關係了。　利瑪竇到中國是在一五八三（萬曆十一）年，下距王啓元清署經談刊成的時候，（一六二三）恰好四十年。　在這四十年中，天主教在中國進展的歷史，方面旣多，頭緒又頗複雜，無須在此複述。但我們似乎應該看清幾個問題的大致，再回頭去看王啓元所說的隱憂，到底有什麼根

（註一）　楊廷筠代疑編頁三十五論西洋典籍云：「西國……　最重者爲聖學。……　其次爲人學，皆格物窮理之事。………　其次則憲典，其次則曆法，其次則醫理，其次則兵事。　大都非說理則記事，所其有益民生，可資日用。　其詩賦詞章，雖亦兼集〔習?〕，上不以此取士，士不以此自見也」。

徐光啓答鄉人書云（增訂徐文定公集卷一頁十三）「佛入中國，千八百年矣。　人心世道，日不如古，成就得許人？　若崇信天主，必使數年之間，人盡爲賢人君子，世道視唐虞三代且遠勝之。　而國家更千萬年永安無危，長治無亂。　可以理推，可以一鄉一邑試也」。

據，是否虛驚。

　　第一，天主教教士跟中國傳統文明，了解和接近到什麼程度？　羅明堅初到中國時，穿的還是僧服，到利瑪竇便改穿儒服了。　羅明堅開始學習中國語言文字，利瑪竇便匸淹留肇慶韶州二府十五年，頗知中國古先聖人之學，於凡經籍亦略誦記，粗得其旨匸了。　利瑪竇由江西至南京，匸又淹五年匸，所交的士夫，所看的中國文化實況，所讀的中國書籍更多了。　一六〇〇（萬曆二十八）年他到北京之後，再進一步了。要向中國人傳教，先要習華語，順國俗，以了解中國文明，這本來是到中國的耶穌會士的共同信仰，在利氏指導之下，更爲切實施行。　他死於一六一〇（萬曆三十八）年，他的繼承者龍華民 (Nicholas Longbardo)（註一）雖然見解和他有點出入，而會士大體仍然跟從着利瑪竇所留下的榜樣，介紹西洋科學，交結中國士夫，勤習中國經典，努力用中文著書。　利氏來華之後，萬曆四十八年之前，跟着到中國傳教的耶穌會士已有三十多人，都以學中國文字語言爲先務，其後能用中文著書傳世的：有郭居靜蘇如望龍華民羅如望龐迪我費奇規王豐肅熊三拔陽瑪諾金尼各艾儒略畢方濟等十二人。　這些教士的中文著述，雖然大部份刊行於一六二〇年之後，然而王啓元作清署經談的時候，耶穌會士的中文著述已不少了。

　　這時候著述最多的，還是利瑪竇自己：（一）天主實義（南昌初刊一五九五；北平重印一六〇一，一六〇四；杭州重印一六〇五或一六〇六）（二）交友論（南昌一五九五，南京一五九九，北京一六〇三）（三）西國記法（南昌一五九五）（四）二十五言（北京一六〇四）（五）畸人十篇（北京一六〇八，南京一六〇九）（六）幾何原本（北京一六〇五）（七）同文算指（北京一六〇四）（八）渾蓋通憲圖說（北京一六〇七）（九）西字奇蹟（北京一六〇五）（十）辨學遺牘（北京一六一〇）（十一）齋旨（十二）萬國輿圖（肇慶一五八四，南京一五九八）。　利瑪竇在肇慶時，還著有一本畸人十規，後來沒有傳本，大抵流行不廣。　利氏死後，遺著繼續出版的尚有：（一）測量法義（二）句股義（三）圓容較義（四）乾坤體義等書，王氏都有寓目的可能。　除了利氏之外還有（一）羅明堅的天主聖教實錄（肇慶一五八四）（二）龐迪我的七克大全（北京一六一四）（三）熊三拔的簡平儀說（北京一六一一）和泰

　　（註一）　舊作 Longobardi, 此從耶穌會裴化行司鐸 (Henri Bernard,) 說。

西水法（四）陽瑪諾的天問略（北京一六一五）。

假如西士著述和天主教義不受中國士夫的相當歡迎，則王氏的隱憂，仍不過是神經過敏罷了。　無如當時教士的勢力，是並不可輕侮的。　　舉最顯著人所共知的例來說：一六〇二年馮應京奉教了，一六〇五年徐光啓也奉教了，一六一〇年利瑪寶逝世之前，李之藻也奉教了。　再後一年，因李之藻的影響，和佛教頗相接近的楊廷筠也奉教了。　據教史的紀載，南昌教區在一六〇五年已有教徒五百人，內有建安王多節的家人親戚若干人；南京教區擴張於上海杭州兩處，　一六一二年共有教徒五百人；北京爲耶穌會士人才集中的地方，教徒的數目，總不會比南京南昌爲少。

教徒中的知識分子如徐光啓李之藻等，固然和教士們往來很密，討論教義，譯述書籍的工作，常常參加。　卽未曾奉教或無意奉教的士夫，也與教士們質疑送難，見解雖不見得完全相同，感情甚爲融洽。　利瑪寶死後，朋友們替他請葬地，御賜阜城門外滕公柵官地和房屋。　順天府尹王應麟爲撰碑記，歷數利氏和中國人士往還的情形，其中一段說道：

> ……上命禮部賓之，遂享大官廩餼。　是時大宗伯馮公琦討其所學，則學事天主，俱吾人祗躬繕性，據義精確，因是數數疏義排擊空幻之流，欲彰其教。
>
> 嗣後李冢宰，曹都諫，徐太史，李都水，龔大參諸公間答，　勒板成書。　　至於鄭宮尹，彭都諫，周太史，王中秘，熊給諫，楊學院，彭柱史，馮僉憲，劉茂宰同文甚都，見於敍次。　　搢紳秉翰墨之新，　槐位賁行館之重，班班可鏡已。

利氏的中文著述，也爲教外人士所稱賞。　例如他的交友論（註一）和二十五言，都被王肯堂採入他的筆塵（一六〇二），並說：「利君遺余交友論一編，有味哉，其言之也！　病懷爲之爽然，勝枚生七發遠矣。　利君又貽余近言〔卽二十五言〕一編，若淺近，而其旨深矣」！　交友論又見收於陳繼儒的寶顏堂秘笈，小叙說：

（註一）　　此書亦題友論。　除寶顏堂秘笈與鬱岡齋筆塵外，又翻刻於一瓻筆存，廣百川學海，小窗別記，山林經濟藉，續說郛，堅瓠秘集。　據陳援菴先生說。　看北平圖書館館刊八卷二號陳垣的從教外典籍所見明末清初之天主教。

四倫非朋友不能彌縫，不意西海人利先生乃見此。　先生精於天地人三才圖，其學惟事天主為教，凡震旦浮屠老子之學，勿道也。　夫天孰能舍人哉？人則朋友其最耦也。　檇李朱銘常於交道有古人風，剡此書真可補朱穆劉孝標之未備，吾曹宜各置一通於座隅，以告世之烏合之交者。

朱廷策（銘常）的題詞（萬曆三十五年—一六〇七）也說：└蓋自陳雷蔑聞，而公叔絕交始有激論，以予所視利山人集，友之益大哉，胡言絕也┐！　楊廷筠在他的代疑編（一六二一）裏說：└利氏入貢已五十年。……　乙卯（萬曆四十三年—一六一五）以前，朝貴咸尊利氏學，以序贊相贈，如同文紀所載，推許揚詡，且擬於聖，何曾有疑┐？　這話大概是紀實的。

　　第二，王氏著書的時候，天主教的教士和教徒，尤其是耶穌會士，對於中國舊有的宗教，所持的是什麼態度？　這個問題性質頗為複雜，我們現在只將他略說一個大概。　利瑪竇的態度，顯然是接近儒教，排斥佛老的。　他在天主實義裏託為中士西士的問答，說明三教的比較的可信：

中士曰：└……吾中國有三教，各立門戶。　老氏謂物生於無，以無為道。　佛氏謂色由空出，以空為務。　儒謂易有太極，故惟以有為宗，以誠為學。　不知尊旨誰是┐？　西士曰：　二氏之謂，曰└無┐曰└空┐，於天主理大相剌謬，其不可崇向，明矣。　夫儒之謂曰└有┐曰└誠┐，雖未盡聞其釋，固庶幾乎。

（天學初函本天主實義卷上頁十二）

明朝的道教雖經君主的糊糊塗塗地去信奉，在士夫階級裏勢力甚微，這是教士們早已看清楚了的。　所以利氏雖時常把佛老並提，而他所側重的郤是佛教。　如天學實義下卷的第五篇（頁一至十六），是完全辨正佛教的輪迴之說和戒殺生的不當的。　又如第七篇有一大段（頁五一至五五）是專門指斥佛經的虛誕和偶像的荒謬的。　又如教徒徐光啟的護教著作是闢釋氏諸妄，而楊廷筠的代疑篇針對佛教的地方不少，卻沒有跟道教論是非。　然利瑪竇雖覺佛老之非，却不心恨佛老，居然與王啓元有點暗合。　天學實義說：

中士曰：└吾國君子亦痛斥二氏，深為恨之┐。　西士曰：└恨之不如辯之，

以言辯之，不如折之以理。　二氏之徒並天主大父所生，則吾弟兄矣。　譬吾弟病狂，顚倒怪誕，吾爲兄之道，恤乎恨乎？　在以理喩之而已。　余嘗博覽儒書，往往慽疾二氏，夷狄排之，謂斥異端，而不見揭理以非之。　我以彼爲非，彼亦以我爲非，紛紛爲訟，兩不相信。　千五百餘年，不能合一。　使互相執理以論辨，則不言而是非審，三家歸一耳。　（卷上頁十二至十三）

但是我們趕着要說明利氏所說的三家歸一，並不是停調三教或匯通三教。　他對於雜碎式的「三函教」也如王啓元後來一般的反對：

西士曰：「……夫前世貴邦三教各撰其一，　近世不知從何出一妖怪，一身三首，名曰三函教。　庶民所宜駭避，高士所宜疾擊之，而乃倒拜師之，豈不愈傷壞人心乎」？　中士曰：「曾聞此語，然儒者不與也，願相與直指其失」。

西士曰：「吾且具四五端實理以證其誣」。　一曰，三教者或各眞全，或各僞缺，或一眞全而其二僞缺也。　苟各眞全，則專從其一而足，何以其二爲乎？苟各僞缺，則當竟爲却屏，奚以三海畜之哉？　苟惟一眞全，其二僞缺，則惟宜從其一眞，其僞者何用乎？　一曰，三門由三氏立也，　孔子無取於老氏之道，則立儒門；釋氏不足於道儒之門，故又立佛門於中國。　夫三宗自意已不相同，而二千年之後，測度彼三心意，强爲之同，不亦誣歟？　（卷下頁五五至五六）

利氏對於儒教的態度，　親善多了。　然而他一開始便很鄭重的說明太極不是天主。　天主實義中的中士問道：「吾儒言太極者是乎」？

西士曰：「吾雖末年入中華，然竊視古經書不怠。　但聞古先君子敬恭於天地之上帝，未聞有尊奉太極者。　如太極爲上帝萬物之祖，古聖何隱其說乎」？中士曰：「古者未有其名而實有其理，但圖釋未傳耳」。　西士曰：「凡言與理相合，君子無以逆之。　太極之解，恐難謂合理也」。　（卷上頁十四至十五）

西士接着便詳細的說明太極之說如何不合理。　中士也心折了，說道：

吾國君臣自古迄今惟知以天地爲尊，敬之如父母，故郊社之禮以祭之。　如太極爲天地所出，是世之宗考妣也，古先聖帝王臣祀典宜首及焉。　而今不然，

此之太極之解非也。　先生辯之最詳，於古聖賢無二意矣。

這簡直有類於王啓元之揚棄後世之儒，而回到原始的正信的路上去了。　重要的根本的問題來了，六經中的「上帝」是不是天主教的上帝呢？　天主實義有個很長的分析和答案：

西士曰：「雖然，天地爲尊之說，未易詳也。　夫至尊無兩，惟一焉耳。　曰天曰地，是二之也。　吾國天主，卽華言上帝，而與道家所塑玄帝玉皇之像不同，彼不過一人修居於武當山，俱亦人類耳，人惡得爲天帝皇耶？　吾天主乃古經書所稱上帝也。

利瑪竇研究中國書藉的苦功，至此有用了。　西士繼着說道：

中庸引孔子曰，「郊社之禮，以事上帝也」。　朱註曰：「不言后土者，省文也」。　竊意仲尼明一之不可爲二，何獨省文乎？　周頌曰：「執競武王，無競維烈，不顯成康，上帝是皇」；又曰「於皇來牟，將受厥明，明昭上帝」。商頌曰：「聖敬日躋，昭假遲遲，上帝是祇」。　雅云「維此文王，小心翼翼，昭事上帝」。　易曰：「帝出乎震」。　夫帝也者，非天之謂，蒼天者抱八方，何能出於一乎？　禮云「五者備當，上帝其饗」；又云「天子親耕粢盛秬鬯以事上帝」。　湯誓曰：「夏民有罪，予畏上帝，不敢不正」；又曰「惟皇上帝，降衷於下民，若有恒性，克綏厥猷惟后」。　金縢周公曰：「乃命于帝庭，敷佑四方」。　上帝有庭，則不以蒼天爲上帝可知。　歷觀古書，而知上帝蓋與天主，特異以名也。

接着利氏再給西士一個否認後儒程朱的講法的機會：

中士曰：「世人好古，惟愛古器古文，豈如先生之據古理也，善教引人復古道焉！　然猶有未諭者，古書多以天爲尊，是以朱註解帝爲天，解天爲理也。程子更加詳曰：以形體謂天，以主帝謂帝，以性情謂乾，故云奉敬天地。　不識如何」？　西士曰：「更思之，如以天解上帝，得之矣。　天者，一大耳，理之不可爲物主宰也，昨已悉矣。　上帝之稱甚明，不容解，況妄解之哉？蒼蒼有形之天，有九重之析分，烏得爲一尊也？　上帝索之無形，又何以形之謂乎？　（卷上頁二十至二十一）

　　這真是史實上的諷刺！　利氏也與王啓元的菲薄近儒，猶尊孔子有點類似了。
六經的上帝，便是西洋的天主，天主教的義諦，不特與儒學不相衝突，而且可以補儒
學的所未備，這種議論，不但教士們所共信，而且爲教徒們所宣傳。　一六一二年
（萬曆四十年）徐光啓泰西水法序中的幾句話，很可作爲代表：

　　泰西諸君子以茂德上才利賓於國。　其始至也，人人共歎異之。　及驟與之
　　言，久與之處，無不意消而中悅服者，其實心實行實學誠信於士大夫子。　其
　　談道也，以踐言盡性欽若上帝爲宗。　所教戒者，人人可共由，一軌於至公至
　　正，而歸極於惠迪吉從逆凶之旨，以分趨避之路。　余嘗謂其教必可以補儒易
　　佛。

楊廷筠爲龐迪我的七克作序，更說得顯白了：

　　夫欽崇天主，即吾儒∟昭事上帝┐也。　愛人如已，即吾儒∟民吾同胞┐也。
　　而又曰一曰上，見主宰之權至尊無對，一切非鬼而祭皆屬不經，即夫子所謂
　　∟獲罪於天無所禱也┐。　其持論可謂至大至正而至實矣。

　　除了教徒之外，普通人士凡與教士稍有交遊的，大體都覺得西洋的天主教跟中國
六經的事天之說很多相同之點。　如劉胤昌序利瑪竇的畸人十篇說：∟此吾儒之藩
籬，百世利而無害者也┐；周炳謨作重刻畸人十篇引說：∟西學與二氏不同，其指
玄，其功實，本天之宗，與吾聖學爲近┐；王家植題畸人十篇小引說：西士所習的崇
善重倫事天∟往往不詭於堯舜周孔┐。　甚至張瑞圖贈利瑪竇的詩，也說∟著書相羽
翼，河海互原委。　孟子言事天，孔聖言克己，誰謂子異邦，立言乃一揆！　方域豈
足論，心理同者是。　詩禮發塚儒，操戈出弟子，口誦聖賢言，心營錐刀鄙，門牆堂
奧間，咫尺千萬里┐。

　　第三，利瑪竇到中國以後，有沒有反對派，有什麼影響？　這也是跟清署經談寫
作的背景有關的。　楊廷筠的代疑篇說：

　　乙卯以前，朝貴咸尊利氏學，以序贊相贈，如同文紀所載，推評揚詡，且擬於
　　聖，何有於疑？　疑之自南疏始。　然賴南中之疏，而諸士之不緇不磷，若益
　　顯焉。　至於受疑受侮，人以爲絕異，彼以爲尋常。　（頁三十四）

楊氏所指乙卯（一六一五）以後的南疏，發生於一六一六（萬曆四十四）年的教史中

所謂南京教難的事情。　然而南京教難發作之前，早有已經有對於西教作懷疑的表示
了。　此於天學初函中的辯學遺牘可見。　辯學遺牘裏包含兩項往復辯論的文件：一
項是虞淳熙給利瑪竇的信，勸利氏不要輕口攻擊佛教，應該先看點佛書；利氏的復書
說明他所以「自入中國以來，略識文字，則是堯舜周孔而非佛，執心不易，以至於
今」的原故。　另外一項是袾宏和尚竹窻三筆（刊於一六一五萬曆四十三年時利瑪竇
已經死了五年）對於天主教的攻擊，及天主教中人的答辯。　（舊說以為答辯是利瑪
竇所作，是不對的，此從陳援菴先生說，參看一九一九年鉛印本重刊辯學遺牘序）。
遺牘是天主教和佛教理論上的爭辯，影響還不算很重大。

　　南京教難牽涉大了，然而到底還是政爭。　發難的人是南禮部侍郎沈㴶，做內應
的是大學士方從哲，目標在排斥李之藻徐光啓等所極力主張的採用西洋曆法，攻擊的
範圍當然也反對天主教的思想教士和教徒的本身。　然而並不是辨學或護教的文章。
如沈㴶的參遠夷疏，用意只想將教士教徒嚴屬取締，「今後再不容許此輩闌入，違者
炤照大明律處斷，庶乎我之防維旣密，而彼之踪跡難詭」。　沈㴶的目標本來是對
人而並非辯學，他對於奉教的中國士夫責備也很深，參遠夷疏說道：

　　　臣初至南京，聞其聚有徒眾，營有室廬，卽欲修明本部職掌，擒治驅逐。　而
　　　說者或謂其類寔繁，其說浸淫人心，卽士君子亦有信向之者，況於閭左之民，
　　　驟難家喻戶曉。　臣不覺喟然長歎，則亦未有以聲中國大一統人心風俗之關係
　　　者告之耳。　（破邪集卷一頁五）

再參遠夷疏又說：

　　　若使士大夫峻絕不與往還，猶未足為深慮，然而二十年來潛住旣久，結交亦
　　　廣，不知起自何人何日。　今且習以為故嘗〔常〕，玩細娛而忘遠略，比比是
　　　矣。

　　因為南京教難到底是政治的鬥爭，宗旨只在使「平素究心曆理之人」不能「與同
彼夷開局繙釋」，只在把教士教徒擒治驅逐。　故此大獄一興，教士教徒二十六人被
捕之後，目的便算達到了。　「遠夷闌入都門暗傷王化」的事，遠西宗教何以應該排
斥的原故，全無詳盡的說明。　當時比較客觀地辨學的文章，反要先數教徒徐光啓的
辨學疏。　（見民國二十二年增訂的徐文定公集卷五頁一至七）

　　至於一六二一（天啟元）年南禮部部員余懋享徐如珂等參勳徐光啓李之藻楊廷筠爲邪教首領，則更是純粹的政爭，志在迎合沈潅，反對維新派之利用西銃來應付東事的策略了。　這次西士差不多被逐的乾淨，然天啓二年沈潅死後，全段風波便算平息了。　牽涉雖然廣大，延續雖然一共有六年，這次的教爭，對於一般思想上可以說是影響不大。　拿儒家護教的立場來辯明天主教的是非，就更談不到了。

　　如上所言，萬曆天啟之間，西洋教士已懂得中國文明的大概，又主張積極採取儒經﹂事天﹁﹂敬天﹁之說以爲符合天主教義。　除了科學奇器之外，他們更有一套西洋的治平的道理。　中土士夫大體接受他們的說法樂與交遊。　反對西教的人，不是爲佛教申辯，便是修曆治兵的政治作用。　純以儒家宗教思想爲立場，去跟西教爭辯而自成家言的，就怕只有王啓元了。（註一）

　　王氏排斥﹂天學﹁的意見，散見清署經談各卷中，而卷十五聖教原立正坊的天主公論篇(頁四三至四七)最可代表他的思想。　他先以人事六項證明天主教義之不當：天主不應降生於開闢四千多年之後；天主未降生前，天地不當無主；如說降生前後各有天主，則天地不應有二本；　天欲均愛世人，故不當親自降凡，生於猶大；　上帝最尊，惟天子才有祀天的資格，　凡人不應以妄干之；　中國並非不知天，不應求之於西教。　他何以對天主教攻擊則特別嚴厲呢？　他自己也有說明：

　　　或曰：﹂子之論寬於佛而嚴於天主，何也﹁？　　答曰：﹂佛之教雖自以爲尊
　　　於　上帝，然　上帝與佛爲二，人猶能辨之也。　天主自謂　上帝矣，與中國
　　　者混而爲一矣，人將奉中國原有之　上帝耶，抑奉彼之天主耶？　吳越之僭王
　　　號，春秋猶嚴辨之，而況混　上帝之號者哉？　以帝號論之，不可不辨者一
　　　也。

第二，以鬼神論之不可不辨：因爲天主教的百神，與中國的百神不同。　假如天主教入中國，則中國的百神，便不能安於其位了。　第三，以教學論之不可不辯：因爲多一教又多一書，辯論二氏也就够麻煩了，﹂奈何又添一敵哉﹁！　第四，以事幾論之不可不辨：

（註一）　天主教十六世紀重來中國以後，中國士夫反對的不爲不多，但反對的言論，
　　　　　大都散見於文集筆記，沒有系統的著述。　已另爲一文述之，載北京大學
　　　　　國學季刊五卷二期，此不贅。

> 且佛與儒爭敎，其兆在下：天主與　上帝爭名，其兆在上。　　旣欲斥小中國之
> 儒宗，又欲混淆　上帝之名號，此其志不小，其兆亦不小。　　竊恐有識者之所
> 隱憂，不止世道人心而已！

天主敎與中國傳統文明之接近，王氏是看得非常清楚，而且覺得是可憂的，所以
他又說：

> 天主之敎首先闢佛，然後得其入門；次亦闢老亦闢後儒。　尙未及孔子者，彼
> 方欲交於薦紳，使其敎伸於中國，特隱忍而未發耳。　愚以爲佛氏之說易知，
> 而天主之敎難測，有識之士，不可不預爲之防也。　（卷十六頁三十三）

王氏也暗知虞淳熙釋袾宏沈榷一班人已往的工作是不夠的，所以在天主公論篇
後，他又做了一篇公請任道篇。　他說：

> 當今之世，有能尊　上帝以辯天主，將功高二氏，董仲舒韓愈無不及焉。　非
> 中原豪傑，孰能勝其任而愉快乎？　豈惟遠方之士拭目俟之，將　太祖在　天
> 之靈，實式臨之，惟　高明留意，天下幸甚。　（卷十五頁五一）

然而王啓元一面雖然鼓勵中原豪傑向天主敎宣戰，而持論還很公平，沒有謾罵，
而且在昭告上帝篇裏明明白白的說：「天主之敎……其稱號甚尊，其理論甚實」。
昭告上帝篇是一篇禱告詞，最足以表現宗敎家的王啓元。　他覺得鼓勵豪傑還不夠，
所以不得不昭告上帝。　他直將天主敎的敎條向上帝申訴，自稱爲臣。　他特別放寬
佛老，然而也沒有決斷天主敎的是非，他只願得上帝的判斷和默示。　禱詞最後的幾
句是他著書經過的自述：

> 臣不勝憤，又不勝懼，乃盟心自誓，專取十三經一意深硏，蓋數年而後得其大
> 概。　竊謂孔子之功有不可忘，　孔氏之德有不可及，考之於經，一一皆有實
> 據，又皆人所易知，非駕空以誇大其說者。　臣非惟感　孔氏之私恩，亦將以
> 明萬世之公論耳。　茲請爲　上帝誦之，伏望
> 天慈俯垂鑒焉。

他的尊崇孔子非爲私恩，所以他又大膽提議一個儒敎的三位一體，以爲全書殿尾。
他說：

> 倘合　天之全局，以按孔子之全局，　冀見其一一符合而無所遺，　且無所異

也，則雖世世帝王之祀　　天，以其中牽　　　上帝，左以奉孔子爲師，右以奉

祖宗爲君，是謂陟降在　　帝左右，豈不愈爲郊社之光也哉！　（卷十六頁六

十七）

於是 L聖道原本天地 ㄱ，L聖教原尊天子 ㄱ，L聖品原集大成 ㄱ 幾個中心思想，都得

到充分的象徵了。

（六）　餘　論

王啓元的著書並非偶然的，也並非隨便的。　他著書的宗旨，在於報國而不在於

爭名。　此意他在聖經約義篇說明：

或曰：L漢唐以前無論矣。　自宋迄今，儒者少有所見卽有語錄，或有文集。

子固留心聖人之經，且有年矣，而著述不少槪見，何哉 ㄱ？　曰 L非敢廢著

述也，特著述之本意，欲藉聖人之經以爲報國之具，不願與諸儒爭名耳。

先正固云：凡學當知用力處，旣學當知得力處。　遠方之士，何與任道？　第

先臣世受國恩，弗敢忘報，發心之初，卽已一念在此矣。　已而用力在此，久

而得力在此，則卽妄有所著述，亦豈能舍其用力之久得力之深者而他有所旋學

旋論也？　（卷十三頁二十三）

他並不菲薄自己的心得。（註一）　他知到他所注意的問題和觀點跟普通讀書人不一

樣。　他說：L……聖經之傳於世非一日矣，或資之爲聞見，或採之爲詩文，或藉之

爲舉業，所取於聖經者淺而且小，故大義終隱而不明。ㄱ　他的看法便不同了：

元初發心，卽思　　天子所以治天下，與人臣所以對天子者，其載於聖經者謂

何。　蓋道理原活，彼數者所取，亦足供數者之用；則元以報　　國爲主，安

知　不足爲報國之藉耶？　今之幸有所悟，或亦其初念之與衆不同也。　儒者

之學聖經，亦非一人，然偶有所見，卽高自標榜，各立門戶，斥小諸儒，罷黜

百家，攻擊二氏，接引生徒；而元獨不以爲然。……　故諸儒不敢謗也，百家

不敢斥也，二氏不敢排也，雖一節之士，一卷之書，苟可以明　先聖之道，與

闚聖人之經，亦必發於眞誠，虛心謙已拜而求焉。　即有所聞，然未敢遽以爲
信，猶必反之自身，驗之人事，徵之物理，印之聖經。　果其俱無違礙　然後
筆而記之。　其專而且勤，一至於此。　（卷十二固爲約用篇頁二十五）
在本篇中他自述用功的方法：

然元之得力者妙在有圖又妙在先卽現在世間之事以立數圖　，　然後以聖經填實
之。　故一開卷而大義瞭然，此先儒所未有也。　（卷十二頁二十八）

他的圖學用得很普遍（卷四頁二十四，卷五頁二十八，　卷八頁二十六，　卷十頁二十
一，卷十二頁二十八）無怪乎他自己覺得是獨出的心裁了。

王氏的反復體驗，王氏的精細繪圖，工作雖多，不以爲煩，究竟不過代表他的宗
教精神的幾個片面而已。　王氏傷大道之不明，孔學之失眞，恨士紳誦法孔子，得志
的時候便悖違儒學，於是不能不準備著書了。

於是取十三經正文朝夕焚香危坐，反復百思。　先後留京二十年，誓欲成此一
事。　當其立志之專用功之篤，雖有家不顧，雖貧不悔，寧遲進取，不負聖經
者。　積日旣久，亦若甕有入焉，豈　天憐其一念之愚，殆陰有以啓之耶？
然未敢遽信也。　家居十年，細心密體，而後乃知孔子原自至神，聖經原自大
備，人自求之弗深，考之弗詳耳。　因隨其所入，敍爲數集，以俟請正　大
方。　（序）

書成而王啓元乚謬叨一第冂，請正大方的機會到了。　天啓三年，書也匆匆印行
了，連許多錯字錯頁都不及校改，然而當時的朝政，當時的士風，那裏會注意到王氏
的言論，那裏會給這樣的書以一個流通的機會。　王氏雖然有宗教家的熱誠，雖然有
另寫別編的願望，（見卷十三頁三）然亦不過空存願望而已。

　　　〔此文初稿寫成後，曾請胡適之先生一看，得他指正的地方很多，書此誌
　　　謝。〕

出自第六本第二分（一九三六年七月）

誰是「齊物論」之作者？

傅 斯 年

一 述 題

今本莊子，爲向秀郭象所編定者，計有內篇七，外篇十五，雜篇十一。 按，內外雜之分，一憑主觀，既無邏輯爲之差別，又無遺說爲之依據，可謂注者之私識，無關莊生一書之弘旨，讀者如不局促於西晉二君之藩籬，斯不當據爲典要。 卽如齊物一篇，在莊書中獨顯異采，以文詞論，徘徊幽忽，不似他篇之昭朗翱翔也。 以思想論，決然無主，不似他篇之睥睨衆家也。 再以標題言之，莊子一書中，此篇之外無以論名者，自愼到荀卿呂不韋之前，亦不聞以論名篇，則此篇之可疑滋甚，此題之待證孔殷。 無惑乎自北宋人發揮批評精神，此事遂爲經籍批評學中一問題。

疑此篇名者自王安石始，（王說引見後代人書，原文今不可考見。）而王應麟等暢其說。 因學紀聞（卷十）云：

齊物論，非欲齊物也，蓋謂物論之難齊也。 是非毀譽，一付於物，而我無與焉，則物論齊矣。 邵子詩謂乚齊物到頭爭，丁恐誤。 張文潛曰，乚莊周患夫彼是之無窮，而物論之不齊也，而託之於天籟丁。 （下略）（按，今本柯山集不載此語。）

又，錢大昕養新錄十九云：

王伯厚謂莊子齊物論，云云（同上文所引，不重錄。）按，左思蜀都賦，乚萬物可齊于一朝丁，劉淵林注云，乚莊子有齊物之論丁。 劉琨答盧諶書云，乚遠慕老莊之齊物丁。 文心雕龍論說篇云，乚莊周齊物，以論爲名丁。 是六朝人已誤以齊物兩字連讀，唐人多取齊物兩字爲名，其誤不始康節也。

究竟誰誤誰不誤，今可考定，而本書作者亦可借此推求焉。

二　今本莊子爲向郭所定與古本大不同

欲解此題，宜先究今本莊子爲何如書。

世說新語文學章云：

> 初，注莊子者數十家，莫能究其旨要。　向秀於舊注外爲解義，妙析奇致，大暢玄風。　惟秋水至樂二篇未竟，而秀卒，秀子幼，義遂零落。　然猶有別本。　郭象者，爲人薄行，有儁才。　見秀義不傳於世，遂竊以爲己注。　乃自注秋水至樂二篇，又易馬蹄一篇，其餘衆篇，或定點文句而已。　後秀義別本出，故今有向郭二莊其義一也。

又晉書向秀傳云：

> 向秀……雅好老莊之學。　莊周著內外數十篇，歷世方士雖有觀者，莫適論其旨統也。　秀乃爲之隱解，發明奇趣，振起玄風，讀之者超然心悟，莫不自足一時也。　惠帝之世，郭象又述而廣之，儒墨之迹見鄙，道家之言遂盛焉。

又陸德明經典釋文莊子序錄云：

> 然莊生宏才命世，辭趣華深，正言若反，故莫能暢其弘致，後人增足，漸失其眞。　故郭子玄云，乚一曲之才，妄竄奇說，若閼奕意脩之首，危言游鳧子胥之篇，凡諸巧雜，十分有三。丁　漢書藝文志莊子五十二篇，卽司馬彪孟氏所注是也。　言多詭誕，或似山海經，或類占夢書，故注者以意去取。　其內篇衆家並同，自餘或有外而無雜。　唯子玄所注，特會莊生之旨，故爲世所貴。

據此，莊子一書後來以郭注爲定本。　前此諸家雖崔譔注二十七篇，向秀注二十六篇，司馬彪注五十二篇，並箸錄于釋文，向秀注二十卷，（原注「今闕。」）　司馬彪注十六卷，（原注，「本二十一卷，今闕。」）　並箸錄于隋志，崔向司馬三家亦並箸錄于兩唐書志，然崇文總目卽已不載，陳振孫謂乚向義今不傳丁，知先郭諸家均亡于唐世，或唐宋之際矣。　今以現存各家莊子注對勘，不特篇卷無殊，卽文字之差異亦復至少，知郭注旣爲定本，諸家從此淪沒，今固不能見莊書面目於郭本之前。

類書等所引莊子有在今本外者，必由唐人猶見司馬本之故。 （御覽雖編于宋初，然實抄襲有類書。）

然郭本實刪定本也。 釋文序錄所引郭子玄語不見今本莊子注，意者當為莊子注後序，或郭氏他文，今不可考。 此文謂し凡諸巧雜十分有三ㄱ，是郭氏本對司馬氏本所刪除者， 十居其三。 按釋文敍錄載司馬本五十二篇（漢志同），郭本三十三篇，郭本正當司馬本百分之六十三餘，與郭氏刪芟什三之數相合。 所謂し閼奕意脩之首，危言（或係卮言之誤）游鳧子胥之篇ㄱ，今皆不可見，是皆刪之矣。 且向郭二氏實魏晉玄風之中堅，文辭清華，思致玄邈，而考訂之學，則非所論也。 故上之不如漢儒之質拙，雖欲改竄而不能掩其跡，下之不如宋世樸學諸賢，如朱熹蔡沈王應麟，疑古辯偽可得其正。 乃竟指揮由心，牽爾編定，其失多矣。 恐向郭之本不特篇章有選擇，即詞句亦有所刪改耳。 又按史記莊子列傳云：

> 莊子者……其學無所不闚，然其要本歸于老子之言，故其箸書十餘萬言，大抵率寓言也。 作漁父・盜跖，胠篋，以詆訿孔子之徒，以明老子之術。 畏累虛亢桑子之屬，皆空語，無事實。

按，亢桑，及庚桑當並是空桑之轉。 張守節正義以為亢桑子即今本庚桑楚，張守節生當司馬本未亡時，此說當不興。 其畏累虛一名，則司馬貞索隱云，し按，莊子畏累虛，篇名也ㄱ，是太史公所特為標舉者，亦有為向郭所刪落者矣。 莊子一書・誠非盡莊子所著，然內外雜之分既不可據，向郭又非考定之才，其所去取，自是憑一家之愛憎而已。

今更進而論齊物論一篇之思想。 齊物一篇，所論者甚多曲折，其文詞又復張皇幽眇，誠不可以一言歸納之。 然郭注頗得其要旨，其言曰：

> 夫自是而非彼，美己而惡人，物莫不皆然，故是非雖異，而彼我均也。

此正天下篇謂慎到し舍是與非ㄱ也。 天下篇所云し決然無主，趣物而不兩ㄱ者，齊物反覆言之，盈數百言，以多方作喻，其歸則「至於莫之是莫之非而已矣ㄱ」。 し萬物皆有所可有所不可ㄱ，而し辯也者有不見也ㄱ，正天下篇所謂し大道能包之而不能辯之也ㄱ。 齊物論更詳申其義曰，し是不是，然不然。 是若果是也，則是之異乎不是也，亦無辯。 然若果然也，則然之異乎不然也，亦無辯。ㄱ し是非之彰也，

道之所以虧也」。　　至于「棄知去己」之義，齊物論中齧缺問乎王倪一節，所釋最爲明白。　　所謂ㄴ棄知」，並己之不知亦不知，並物果無知否亦不知。　　所謂去己，則罔兩與景皆無所謂己，人之所美，則ㄴ魚見之深入，鳥見之高飛」者也。　　凡此相同之點，無待列舉。　　細以天下篇所述彭蒙慎到田駢所持義與齊物論比勘，自當覺其互爲注脚耳。

　　儒家曰：ㄴ夫物之不齊，物之情也」。　　非儒者務反是，以爲物本齊也，乃有妄人儒墨者，自以爲聖智，立是非，辯人我，於是乎不齊矣。　　以不齊齊其齊也，不齊，猶莊子曰ㄴ以不平平其平也，不平」。

　　齊物論一書，在莊子三十三篇中，ㄴ塊然獨處，廓然獨居」。　　文詞旣絕與他篇不同，思想亦不類，今以天下篇莊子所以自述者爲準，知逍遙秋水諸篇最爲莊子之本旨，所謂ㄴ外死生無終始」者，外篇雜篇所載轉多勝義。　　齊物論者，猶不免以齊爲心，以齊喩齊，不若以非齊喩齊也，如是安得「上與造物者遊」乎？　　故齊物論雖能ㄴ與物輆轉」，而莊子猶以爲ㄴ慎到田駢不知道」耳。

　　齊物論詞句與莊子他篇偶同者，一見於庚桑楚，再見于寓言，皆抄襲齊物，無關旨要，蓋後人敷衍成文者，此不足爲齊物屬于莊子著書之證，適足爲齊物論混入莊學頗早之證。　　時至漢初，反儒墨用世之義及其認眞之態度者，幾皆託庇于黃老，於是乎莊子中甚多篇頗似爲五千言作注脚者，而莊老之分乃不易見。　　慎到之學，當至戰國末而微，以儒墨爲對，自覺其近于莊氏，其混入亦復近情。　　今幸猶存天下篇，可據以探其異源耳。

　　莊子之學，在漢僅附老子而行，至魏晉則轉以老子釋莊子。　　吾嘗以爲老學凡三變，而陰陽養生神仙術數之比附者不與焉。　　其一曰關老，其義流行于戰國末，乃道術之一派，如天下篇所述者是也。　　其二曰黃老，其義流行于盛漢，乃用世之學，君相南面之術也。　　其三曰莊老，其義流行于魏晉，乃與時俯仰之見解，衰代聰明自私之人之避世術也。　　（干寶晉紀總論，「學者以莊老爲宗」，明莊學比老學在當時更居前列，魏晉玄談，實以老釋莊耳。）　　莊書雖稱老子，並非老學，天下篇所論者可證。　　時至漢初，九流相混，莊義難行于盛時，遂成老子之附庸。　　太史公所見，乃當時之景象，壹如班志敍墨家所釋貴儉，兼愛，尙賢，明鬼，非命，尙同，諸義，皆

漢代墨者之羨，非戰國時墨學之眞。　自莊書之要義觀之，此爲莊學之衰微，然莊書正恐緣此而不失耳。　在一派學術衰殺之日，其名猶盛，其理則識之者少，一切相干不相干者，從此附入，亦事理之恆然。　人皆知莊子之名，而不識莊子之實，他家名稍遜者，若與莊義相鄰，在無別擇之時人觀之，即爲莊子書矣。　然則漢志著錄莊子五十二篇，其中正可有他家書之混入，漢晉名賢，無以識別之也。

三　齊物論作者爲愼到

今日考訂古籍，僅可有莊子一書之問題，不可有莊子一人之問題，僅可以一篇爲單位，不可以一書爲單位。　古者諸子著書，自呂劉諸家之外，多以篇爲單位，集衆篇以爲一書者，後人之作爲，每非著者及生可見之事。　功出後死之人，或竟隔遠數代，不能起古人而問之，即不能辨何者爲原書，何者爲後錄矣。　莊子事跡，可考者少，其曾遊稷下否，今不可斷言，（其不遊稷下爲章氏太炎臆說）其眞終身不仕否，今無術證明（見史記）。　今日可得議而不辯者，只莊書之思想系統耳。

欲明此事不可不立一標準，標準惟何，天下篇所論者是也。　莊子內篇七，固爲魏晉名賢所重，然太史公所重者，乃在漁父盜跖胠篋。　此由魏晉玄風，逍遙爲勝，盛漢百家，老氏爲先　各從其時，不關莊書之本。　天下篇雖未必爲莊生自作，然所舉六派十一家恰與荀子非十二子篇，天論篇末，呂子不二篇，及孟子所論者，大體相合，明其所述者爲戰國末諸子之形態，非如劉安司馬談所說爲漢人之見識也。　此天下篇早成之外證也。　關老一派，愼到田駢一派，莊子一派，自後人觀之，若不易分，而莊老之混，不特漢儒多作此想，即莊書本身亦每現此象。　然五千文具在，不同厄言，道德義可據，無關逍遙。　今莊書多篇竟若混同之水，而天下篇所示，乃爲涇渭未合之上游，從此可知天下篇所示者，莊生之元意，雖胠篋盜跖，亦爲後起之書矣。　此天下篇早成之內證也。　持天下篇爲準，以別關老與莊氏，即可出齊物論于莊書矣。

天下篇述愼到田駢之方術曰：

公而不當，（崔本作黨，）易而無私，決而無主，趣物而不兩，不顧於慮，不謀於志，於物無擇，與之俱往。　古之道術有在於是者，彭蒙田駢愼到聞其風

而悅之。　齊萬物以爲首。　曰，天能覆之而，不能載之，地能載之，而不能覆之，大道能包之，而不能辯之。　知萬物皆有所可，有所不可。　故曰，選則不徧，教則不至，道則無遺者矣。　是故慎到棄知去已，而緣不得已，泠汰於物，以爲道理。　曰，知不知，將薄知而後鄰傷之者也。　謑髁無任，而笑天下之尚賢也。　縱脫無行，而非天下之大聖。　椎拍輐斷，與物宛轉。　舍是與非，苟可以免。　不師知慮，不知前後，魏然而已矣。　推而後行，曳而後往。　若飄風之還，若羽之旋。　若磨石之隧，全而无非。　動靜无過，未嘗有罪。　是何故？　夫无知之物，无建己之患，无用知之累。　動靜不離於理，是以終身无譽。　故曰，至於若無知之物而已，无用賢聖。　夫塊不失道。

豪桀相與笑之，曰，慎到之道非生人之道，而至死人之理，適得怪焉。

田駢亦然。　學於彭蒙，得不教焉。　彭蒙之師曰，古之道人，至於莫之是莫之非而已矣。　其風窢然，惡可而言。　常反人不見觀，而不免於魭斷。

其所謂道非道，而所言之韙不免於非。

彭蒙田駢慎到不知道。　雖然，概乎皆嘗有聞者也。

據此文，則慎到著書，曾以齊物一篇爲首也。　所謂「首」者，謂首章，猶國語云「以邠爲首」。　又，史記孟子荀卿列傳云：

慎到，趙人，田駢，接子，齊人，環淵，楚人。　皆學黃老道德之術，因發明序其指意。　故慎到著十二論，環淵著上下篇，而田駢接子皆有所論焉。

據此文，則慎到著書，以論名篇，其數凡十二也。　合此兩事，知齊物論者：慎到所著十二論之首篇也。

齊物論一篇中，僅末段見莊子名，然此段陳義乃與前文相反。　此段中有云，「周與胡蝶則必有分矣」，前文乃云，「分也者，有不分也」。　試取古卷子本看其款式，卷尾最易爲傳寫者追加，此段之來源正常如是。

此篇除末節外，分作數章，皆爲對語。　最先最長之一章爲南郭子綦與顏成子游之對語，此兩人皆無可考。　據下文南郭子綦名丘，顏成子游名偃，字子游。　夫師名丘，而徒名偃，更字子游，儼然影射孔子與言偃。　戰國時，孔子與言偃，在儒家

中最知名，荀子所謂∟仲尼子游爲茲厚于後世冂也。 今乃仿其名號，改其主義，以
爲論議，甚矣慎到之弔詭，穀下先生之好事也！

四 前章所持論之旁證

慎到之學見引於晚周諸子者，皆與前說吻合。 茲列舉如下。

荀子非十二子篇云：

尚法而無法，不循（從王念孫改）而好作。 上則取聽於上，下則取從於俗。
終日言成文典，反紃察之，則倜然無所歸宿。 不可以經國定分。 然而其持
之有故，其言之成理，足以欺惑愚衆，是慎到田駢也。

又天論篇：

慎子有見於後，無見於先。 老子有見於詘，無見於信。 墨子有見於齊，無
見於畸。 宋子有見於少，無見於多。 有後而無先，則羣衆無門。 有詘而
無信，則貴賤不分。 有齊而無畸，則政令不施。 有少而無多，則羣衆不
化。

呂覽不二篇：

老聃貴柔：孔子貴仁：墨翟貴廉： 關尹貴清： 子列子貴虛：陳駢貴齊。（高
注：「貴齊，齊生死等古今也。」）

今按：所謂尚法者，解見下章。 所謂「不循而好作」者，僅謂其著書陳義，自我作
古，是泛語，未能據以審斷慎子思想。 其謂∟上則取聽於上，下則取從於俗冂者，
疑謂在上位者，一任所憑之勢以爲治，無待乎辯賢與不肖，正如韓非子難勢篇所引慎
到語∟無以是知勢位之足恃，而賢智之不足慕也冂。 齊物之思想，若以之應用於人
事，自必去是非，泯賢愚，而專用勢，∟上則取聽於上冂者，似指居上者當取其力於
其自身所憑之勢，∟下則取從於俗」者，既不辯是非，等而齊之，自可順俗爲治。

所謂∟有見於後無見於先冂者，但據本文顏不可解，觀下文云，∟有後而無先，則羣
衆無門冂，則易解矣。 由荀子觀之，慎子不能探本追源，以定是非，乃雜然並陳，
以爲萬物皆可皆不可，羣衆對此，猶治絲而棼之， 何所適從？ 故曰，∟有後而無
先，則羣衆無門冂也。 後者，衆說之比肩，先者，原始之一貫也。

　　上文所釋，誠非唯一可能之解。　吾在此處所祈求辯證者，僅謂荀子此語與齊物論爲愼子義之一說不相違悖，非謂其相互證明，此中分際，不敢逾越。　愼子書既號稱十二論，齊物之外至少猶有十一篇，齊物固爲道體之言，此外必有用世之論。　以齊物之道論，自可有匚無所歸宿冂之人事論，用勢而不尙賢之政治論耳。

　　至于呂覽所載，乃大可爲吾解齊物論之證。　陳駢卽田駢（見漢志），田駢卽與愼子同道齊名之人，莊荀論此一派，皆以二者並擧。　此語中所謂柔，仁，廉，淸，虛，皆指抽象之德，不關政治之用，則所謂齊者，當亦如是。　高誘注以貴齊爲匚齊生死，等古今冂，不以爲齊貴賤，甚得其旨。　田駢既貴齊，愼到亦必貴齊，貴齊之義，正託于齊物論以傳于今耳。

五　論今本愼子不足據

　　如此解齊物論，吾深覺其渙然冰釋矣。　然有一類事實，表面與吾說不合者，卽漢志著錄愼子四十二篇在法家，而今本愼子思想與齊物論既不相干，文詞更絕不類，是也。

　　求解此謎，並非難事。　由莊子天下篇荀子非十二子篇所示，愼到田駢乃一派之學，今漢志以田子二十五篇列之道家，愼子四十二篇列之法家，明二子之後世，學有變化矣。　戰國諸子，相反相生，一傳之後，本師之名號未改，此學之內容乃變，是以讀其書者不可不論其世也。　據史記始皇本紀太子扶蘇語，孔子爲神仙方士所宗，據非十二子篇，子思孟子造爲五行，據漢志語，墨家以養三老五更爲兼愛，以順四時而行爲非命。　此豈所以論其朔耶？　凡此持論者，皆據當時所見言之，既不可以爲探本之談，亦不便以爲僞造之證。　愼到田駢，在始本爲一家之學，天下篇所著者其道論也。　其用世之旨，政治之論如何，雖可略窺其端，究不能詳考其說，惟既以絕是非摒知慮爲說，自易流爲任勢尙法之學。　意者十二論中先開其端，其弟子所記乃衍而暢之。　道家之流爲法家，本自然之勢也。　（漢志所謂道家者，雖以五千文爲宗，實乃關尹老聃，愼到田駢，莊周列禦寇之總名。）凡此愼田二子之支流，鄰于法家引于韓非者，正是荀子所謂匚尙法而無法冂，漢志所以列四十二篇于法家者也。猶之自文子以降引老子言多出五千文之外者，因當時五千文之外，復有託名老子之傳

記，其書後世不傳耳。　且學風之變，動于時尚，成于利祿之途。　在慎子田子時，世變未至其極，大國猶可安居；稷下先生開第康莊之衢　不治而議論，窮年淸談，塊然可以爲生，下逮戰國末，交爭之風更熾，利國之要求尤著，承師說者，自不能不遷就時尙，以寫新書，而資啜飯，於是解老子者，爲申韓張目，承愼到者，助法家揚波矣。　儒墨在漢皆嘗如此不變，愼學在戰國末容亦不免耳。　然則韓呂所引，愼子後世書也。　果漢志著錄之四十二篇不絕，吾說當得直接證明。　今幸道家猶著錄田子二十五篇，高注以爲∟齊生死，等古今⌐，此中得其消息矣。　（凡此所論，詳見拙著「變化的諸子」，未刊。）

至于今本愼子，不足深論。　今行世著者二本·愼懋賞本最多，亦最不可據，其內篇已雜採羣書，外篇乃純係僞造，世有定評。　守山閣本最謹嚴，然實輯佚之書，校以羣書治要　多出者甚少，是此書之全佚久矣。　凡此佚文，當在四十二篇中，吾所謂後世宗愼子者所寫錄也。

二十五年，五月，六日。

附記：　余之蓄此說也，幾近十年矣，人事鞅掌，東西南北，每思寫出，而逡巡不果。　本年五月二日，余與李濟董作賓梁思永諸先生聚談一室，涉及此事，乃發憤曰，∟今晚回家寫成，⌐于是盡二夜之力，成此一文。

此文寫成後，　同事陳鈍先生爲我鈔錄，　因擧∟國學論文索引第三編⌐所刊山東大學勵學社所刊之∟勵學⌐中王先進一文，名∟莊子考證⌐，子目有∟齊物論之作者問題⌐一項示余。　適研究所無此書，立函山東大學索之。　越一週，董作賓先生謂有此書，取而讀之，知王先進先生所持之論與余說全合，卽謂齊物論爲愼到作，以天下篇爲證也。　（勵學自題出版于二十二年十二月，　惟首頁有趙校長序，題一月十日，故知此書出版期當在二十三年一月，或其後。）

余之初爲人道此說也，始于民國十六年春，在中山大學教書時。十七年春，訪胡適先生于其滬寓，談中國古代哲學史之再版重寫，

因及此事。　　適之先生甚喜此說，勉以速寫，哲學史再版時當引入
也。　　其後適之先生見輒催之，如是二年之久，直至其返居北平之
後，猶以爲言。　　此外余又向同好者道之，如顧頡剛，馮友蘭，羅
膺中，羅莘田，丁山，容元胎及其他甚多友人同事，皆習聞吾說。
在北大授中國古代文學史課，亦每爲諸生言之。　　其將此說寫布
者，則爲顧頡剛先生。　　顧先生于所著└從呂氏春秋推測老子之成
書年代┐一文中云。　　（載于史學年報第四期，民國二十一年六月
出版，並轉載于古史辨第四册，二十二年三月出版）：

> 關于慎到，傅斯年先生有一很重要的發見。　他覺得天下篇中
> 所云「棄知去己┐，└舍是與非┐，└塊不失道┐等義均與莊
> 子齊物論相合，而└齊萬物以爲首」一語，簡直把齊物論的篇
> 名也揭了出來了。　這是四年前他在談話中所發表的。　那時
> 容肇祖先生亦舉一證以證成之。　他說，『史記孟子荀卿列傳
> 中說└慎到，趙人……著十二論，┐齊物名└論」，卽是十二
> 篇之一』。　他們的見解都是極精確的。

按：王先進君文，未注明寫於何時，然└勵學┐出版　旣在史學年
報第四期及古史辯第四期之後，再按以編者之└編後┐，王君必預
讀顧文無疑，因「編後┐引王君來信　自稱└其材料是本諸黃方剛
老子年代之考證一段，在古史辨第四册三五七——八頁，和羅根澤
老子及老子書的年代一段，同書四四九頁┐。　古史辨第四册刊于
二十二年三月，而王文自謂用其材料，則其寫彼一文必不在二十二
年之前可知也。　古史辨第四册旣爲王君自認所熟讀，所依據，而
王君發揮齊物論爲慎到書之一義，竟全不引同書中顧先生論此事之
原文！　然此亦不足深論也。

　　　　　　　　　　　　　　　　　同年月十九日。

此意蓄之十年，以爲不移之論，一旦寫成，轉覺可疑。　莊子雜篇
中與齊物論之思想相應者甚多，不可以爲偶合，然則齊物論之思想

與莊生後學者相混久矣，天下篇所論，僅見其始耳。 甚矣治學之宜毋意毋必也。

同年六月廿一日。

出自第六本第四分(一九三六年十二月)

由說書變成戲劇的痕迹

李　家　瑞

說書與戲劇無論在那一方面看都有截然不同的鴻溝，　說書的本子是敍述體的話本，　戲劇的本子是代言體的劇本。　　說書的出演是說書人用自己的口氣唱說一段故事，常用一人說唱，間有用兩人者；戲劇的出演是表演人用劇中人的言行搬演一段故事，用的人數常多於一人，間亦有用一人者。　　說書和戲劇雖然這樣的不同，但說書往往會變成戲劇，因為說書人要人理會得他所說的故事的神情，所以也常常設身處地的形容書中人的語言動作，那就近乎表演了。　　陶庵夢憶記柳敬亭的說書說：

> 余聽其說景陽岡武松打虎，白文與本傳大異，其描寫刻畫，微入毫髮，然又找
> 截乾淨，並不嘮叨，哱夬聲如巨鐘。　說至筋節處，叱咤叫喊，洶洶崩屋，武
> 松到店沽酒，店內無人，驀地一吼，店中空缸空甓皆甕甕有聲。

這是說書人仿作書中人的聲音行動，已經近乎搬演了，若再一化裝傳神，那就和戲劇差不多了。　　山東人的說唱鼓書有用兩人合說一段故事的，甲的擔任說關於故事中主要人物的詞句，乙的擔任關於配角的敍述，兩人說唱起來，有問有答，看去似乎是在表演故事，其實兩人都是敍述故事，　所以仍然是說書。　　川滇黔的戲劇裏，開戲之初，每用一個『登場人』，或唱或說，將本日所演的劇本向觀衆敍述一次，這又是說書混雜在戲劇中了。　　然而這種情形，與其說是戲劇採用了說書，不如說是說書變成戲劇後遺留下的痕迹。　　因為在古劇本中，或首或尾，常常發現與戲劇體裁不相合而實是說書的體裁的材料，如明代無名氏的尋親記的第一折：

> （滿庭芳）（末上）文墨周生，糟糠郭氏，家道蕭然，因官差役，無錢使用，
> 遣妻張郎告債，張郎見色，將賣契盧塡，信僕奸謀，殺人性命，屈把周生陷極
> 邊。　單身婦因財被逼，此際實堪憐。　節婦貞堅，遺腹孩兒要保全，剛刀立

志，毁傷花面，詩書教子，喜中靑錢，棄官尋父，旅館相逢話昔年，歸來日冤

仇已報，夫妻子母再團圓。

　　張員外爲富不仁，　　厲維翰因妻陷身，　　背生兒棄官尋父，　　守節婦敎子尋

　親。　（見六十種曲本）

這是將尋親記的故事很槪括的敍述一過，完全是說書的體裁。　又如白仁甫的墻頭馬

上雜劇，最後是這樣：

　　（孤）今日夫妻團圓，殺羊造酒，做慶喜的筵席。　（雜劇卷終。）　一人有

　慶安天下，雨順風調賀太平。

　　遊春郊彼此窺望，　動關心兩情狂蕩，　　李千金守節存貞，　　裴少俊墻頭馬

　上。

　　題目：　千金守正等兒夫，　正名：　裴少俊墻頭馬上。（見元明雜劇本）

『雜劇卷終』以後還有一聯一詩，這當然不在戲劇本文之內，很明顯的如同章回小說

最後的『正是……』一聯，都是由說書變化下餘的尾巴。　而說書人在書已說完時拍

一聲響木，念四句散場詞，則直至今日猶流行。

　　上面說的只是很簡單的說明元明人的戲曲裏留有說書的痕迹，我們還可以舉出許

多古今各種戲劇，牠們的前身是說書，後來纔變成戲劇的例子：

（一）　諸　宮　調

　　諸宮調是用各種不同的宮調連合敍述一件故事的唱本，這種唱本，現在還存留着

的有金章宗時董解元的西廂記(註一)，　俄人科某在蒙古得的宋版劉智遠諸宮調(註二)，

以及元代王伯成作的天寶遺事諸宮調數十段（註三）。　我們細看這些材料，很容易的

知道牠們不是供人搬演的劇本，而是可以說唱的話本；換一句話說，就是這些書不是

代言體的戲劇，而是敍述體的說書。　我們爲要明瞭這種體裁起見，也可以舉一段較

短的例子：

（註一）　董西廂爲諸宮調，見觀堂外集卷一董西廂條。

（註二）　詳見東方雜志二十四卷十五號俄國科氏在外蒙古發現紀略文。

（註三）　分見雍熙樂府南北九宮大成譜北詞廣正譜三書。

天寶遺事

八聲甘州：　中華大唐，四海衣冠，萬里梯航，太平有象，玉環選入昭陽，梧桐樹邊舞羽衣，天寶年中侍玉皇，取媚倚新粧，偏寵恩光。　（混江龍）自九齡免相，君王盤樂失朝綱，巢玉樓翡翠，鎖金殿鴛鴦，揚子江南取荔枝，廣寒宮裏舞霓裳，誰承望樂極鳳闕，兵起漁陽。　（六么篇）馬嵬坡上楊妃喪，龍壤劍閣，鹿入宮牆，妖氛掃蕩，皇基再昌，海晏河清迥天仗，三郎歸來，剗地哭香囊。　（元和令）將繁華夢一場，都挽在筆尖上，編成遺事潤文房，仗知音深贄賞，敲金擊玉，按宮商，剔胡倫，儁四行。　（后庭花煞）煥星斗新樂章，燦珠璣古錦囊，據此段風流傳奇，喧傳旛旐鄉，判興亡，諸宮調説唱，便是太眞妃千古返魂香。（見雍熙樂府卷四）

這段諸宮調唱詞，因爲他要用很短的字句敍述很長的故事，所以只能很槪括的説點節目，又因爲這是選本，所以把其中的話白删了，但是這種體裁是説書而不是戲劇，那還可以看得出來。　董西廂完全還存在，開頭就是『此本話説唐時這個書生，姓張名珙字君瑞，西洛人也』，其爲説書體的話本，不待詳證始可知矣。　莊岳委談説：『西廂雖出金董解元，然猶絃唱小説之類』。　西河詞話説：『金章宗朝董解元，不知何人，實作西廂撧彈詞，則有白有曲，專以一人撧彈並念唱之』。　可知明淸人也有認諸宮調的本子是説書的底本的，從來一題金元人的雜劇，就先數董西廂，實在是錯誤的。

我們不但在諸宮調的書本上可以證明諸宮調是説書，我們還可以從古書中記載説唱諸宮調的情形裏説明牠確是説書。　碧鷄漫志説：『澤州孔三傳者，首創諸宮調，古傳士大夫皆能誦之』。　夢粱錄説：『説唱諸宮調，咋汴京有孔三傳，編成傳奇（註四）靈怪，入曲説唱』。　據東京夢華錄卷五，孔三傳是東京瓦舍的技藝人，就是首先以説唱諸宮調爲業的人，他旣是一人操作，又是以説唱爲主，則其爲説書體，可想而知。　又洪邁夷堅志説：『余守會稽，有歌宮調女子洪惠英，正唱詞次，忽停鼓白曰：……』由此可知唱諸宮調者須自擊鼓也。　又古今雜劇三十種有風月紫雲亭一劇，乃敍述歌諸宮調女子之苦情，其正名有云：『象板銀鑼可意娘，玉鞭嬌馬畫眉

（註四）宋之『傳奇』，與今之彈詞相似，見綠曲餘談。

郎』，這也是自擊板鑼。　從來只有說書必須自擊鼓板，若演戲則無需矣。　又風片
紫雲亭劇中，旦唱：

> （點絳唇）怎想俺這月館風亭，竹溪花逕，變得這般嘿光景。　我每日撇嵌爲
> 生，俺娘向諸宮調裏尋爭竟。　（混江龍）……我唱的是三國志先饒十大曲，
> 俺娘便五代史績添八陽經。

以一人而唱三國志五代史，只有說書人能辦，　戲劇上則不可能也。　她這裏所說的
『大曲』，也是敍事體的說書（註五），可見這劇中所述的女子是以說書爲業的，而她
所唱的諸宮調，也是說書中之一種。　我們既認定諸宮調是一種說書了，我們再看永
樂大典裏戲文張協狀元一種的劇文：

> （末再白）暫息喧譁，略停笑語，試看別樣門庭，教坊格範，耕綠可同聲，醉
> 酢詞源譚砌，聽談論四座皆驚，渾不比乍生後學，謾自逞虛名。　狀元張叶
> 傳，前回曾演，汝輩搬成，這番書會，要奪魁名，占斷東甌盛事，諸宮調唱，
> 出來因斷羅響，賢門雅靜，仔細說敎聽。……　似恁唱說諸宮調，何如把此話
> 文敷演。　後行腳色，力齊鼓兒，饒個擴掇末泥色，饒個踏場。……

這口氣仍是敍述的口氣，但以下就變成生，末，淨，丑，旦，外各角正式合演的戲劇
了。　可知此時的諸宮調，已混雜在戲劇裏分不開了。　我們在前面說過，夷堅志記
着諸宮調在南方曾經發現過，而此種由諸宮調變來的戲文，也是南方的戲劇，也許這
種變化是諸宮調傳到南方以後纔有的事。　莊岳委談說：『西廂戲文之祖也』，這意
思是說戲文是從西廂變化出來的，因爲他已經知道西廂是『絃唱小說之類』（見前），
所以他這句話不能解爲『西廂是戲文的最先一種』，換過來說，就是諸宮調（西廂）
是戲文所由變出的東西，而非是戲文之最先一種；　再換過來說，　就是說書變成戲劇
了。

　　輟耕錄院本名目一條說：『金有院本，雜劇，諸宮調』。　此則諸宮調與院本雜
劇平列而非一類也。　但下列院本名目中，則有『諸宮調』一本，此蓋已變成院本
（戲劇）之諸宮調也，否則一個人在一條書中怎麼能有如此矛盾呢？

　　總之：許多人把諸宮調的本子認成是雜劇，並不是諸宮調的體裁和雜劇不能分，

（註五）　見觀堂外集董西廂條。

而是有許多諸宮調的材料混雜入雜劇中了；也可以説由諸宮調變成的戲劇，往往留有多少原來的面目，所以使人難得分清楚了。

（二）　打連廂

打連廂是用一人説唱一段故事，而另以若干人扮演故事中人的舉動，實在就是説書人用人做傀儡以表現他所説的書裏的人物。　西河詞話説：

> 金作清樂，仿遼時大樂之製，有所謂『連廂詞』者，則帶唱帶演，以司唱一人，琵琶一人，笙一人，笛一人，列坐唱詞，而復以男名末泥，女名旦兒者，幷雜色人等，入勾欄扮演，隨唱詞作舉止，如『參了菩薩』，則末泥祗揖；『只將花笑撚』，則旦兒撚花類。　北人至今謂之『連廂』，曰『打連廂』，『唱連廂』，又曰，『連廂搬演』，大抵連四廂舞人而演其曲，故云。

他又説：『司唱者在坐間不在場上』，可知説唱的人，站在故事以外；扮演的人，雖站在故事以內，但仍不開口代故事中人説話。　司唱者可以離開扮演的人而説唱，而扮演的人不能離開司唱者而搬演，故仍以司唱者爲主。　可知此種遊藝，仍是説唱故事之一種。　至於他所用的話本，則完全是敘事體的説書本子，毛西河在康熙時還仿做了兩本，一曰賣嫁連廂，二曰放偷連廂，現在節錄賣嫁一種的説白一段，唱詞一段，以見連廂詞之一斑：

> （司唱一人，司笙笛琵琶三人，先演吹彈畢，司唱者云：）已過亂離日，難禁老病身；堪憐小兒女，不嫁奉雙親。　試問看官每你道這四句詩説在那裏？只因孟子上説得好，『男女居室，人之大倫』，又言，『男子生而願爲之有室，女子生而願爲之有家』，所以古禮『男子三十而娶，女子二十而嫁』，若過此期者，每年到二月間，艷陽天氣，夭桃穠李開發的時候，把民間男女，叫他齊會郊外，不須媒妁，自行婚配，卽有私奔，亦不禁止。　可知自婚自嫁，在古人原有此禮，倘若依禮而行，又有父母之命，便出門求嫁，未爲不可。但女子從人，一生大節，比子士君子之出身，自媒自衒，終隣自賤，所以舊來有木蘭河利哥不肯賣嫁的故事，流傳人間，今試連廂搬演，與在坐一看。　那時大金天會年間，有個里頤夫婦，是小木蘭河人氏，老年無子，單留下一個女

兒，名喚利哥，生來一十八歲，未經許人，這小木蘭河有個風俗，乃是大戶人家，都則從幼下定的，到男大女長，先把女壻贅在屋里，然後娶去，若窮家下戶，沒人下定，女兒到十六歲後，把自己家世庚年，技藝容色，捏就一個小曲兒，把女兒梳裹的俏，沿路唱着，有中意的，聽憑收取，這叫做賣嫁故事。里顏不合也將這事要利哥做，利哥不肯，惱願奉侍雙親，到老不嫁，可憐這小小兒女，有此志節，正是：幾番濁浪相推去，惟有清泉不共流。　說話間你看里顏夫婦與利哥三人早上來也。　（扮里顏夫婦扶杖，利哥扶侍上，分立，雜演吹彈等，司唱云：）里顏開口便向老婆說：……那里顏唱詞呵：

〔仙呂憶王孫〕則為我衰年夫婦病郎當，因此上苦勸你年少家生赴路傍，常言道『早歲婚姻日月長』，比似我鎮老去沒斟量，恰纔見朝陽又夕陽。

這雖是他一人的仿作，但他自說是根據連廂詞例來的，所以也可以代表普通的連廂詞。　我們看他這唱本，很容易明白牠是說書體的。　在各段唱詞之前，都有『婆兒道』，『利哥道』等句，要是代言體的戲劇，則絕無此例也。

　　這種連廂詞，是金人根據遼時的大樂作的，而遼史樂志記大樂是屬於『坐部』樂的，也只有說書才能坐着說唱，演戲是不能始終坐定的。

　　據毛西河的意思，以為金時這種連廂詞，後來就變成元人的雜劇，但他的話近於推想，我們不以為據。　我們從別方面知道連廂詞的本身不久就變成戲劇了，就是以前替說書人做傀儡的人，後來就自己開口說唱人。　搬演連廂的人既然可以自己說唱，那戲場外的司唱者就自然要取消了。　乾隆時萬壽慶典裏的連廂武曲，就不有司唱者而扮演的人自己唱了。

連廂武曲（三段第三）

〔剪靛花〕旗開得勝，馬到成功，忠心赤膽把烟塵掃，報答聖明，（重）。　衆國聞旨祝萬壽，各備壽儀來供奉，須秉虔誠，（重）。　路途遠又遙，夜住曉行，加鞭頓轡，整整齊齊，鬧鬧烘烘，奔都京，怎敢消停，（重）。　越府又過縣，一程又一程，則見中華處處錦繡，人烟湊集，衣帽堂堂，與外邦大不相同，盛世興隆。

　　右小人四名，行裝打扮，進貢式樣，合唱。

　　　後場：　琵琶，　鼓板，　絃子，　胡琴，　老八板開場煞尾。　（見霓裳
續譜）

　　這是選本，我們不能看到原來的面目，但爲扮演者自唱，且後場已無司唱者，則
已甚是明瞭。　可知打連廂到乾隆時，已經就變成戲劇了。　以後日下看花記，明僮
續錄，菊部羣英等書所記打連廂，無一不是戲子唱了，直到現在，這種戲劇還存留在
北平，但是牠原來是一種說書，恐怕很少有人知道了，因爲牠已經成爲一種正式戲劇
了。

（三）　燈　影　戲

　　燈影戲雖名爲戲，但最早的燈影戲，也是敘述故事的說書。　事物紀原說：

　　宋朝仁宗時，市人有能談三國事者，或採其說加緣飾，作影人，始爲魏吳蜀三
　　分戰爭之象。

這記載很重要的是先有談說三國故事的，然後才有人加上影人，那影人的功用，也如
同打連廂之用人做傀儡，不過補助說唱故事而已。　夢粱錄說：

　　有弄影戲者，元汴京初以素紙彫簇，自後人巧工精，以羊皮彫形，用以紅色裝
　　飾，不致損壞。　杭城有賈四，王昇，王閏卿等，熟於擺布，立講無差，其話
　　本與講史書者頗同。

假如燈影戲是代言體的戲劇，他何以能說『立講』？　何以能稱其書本爲『話本』？
又說他話本和講史書者頗同？　講史書是甚麼呢？　夢粱錄又說：

　　講史書者，謂講說通鑑，漢唐歷代史書文傳，與廢戰爭之事。

可見兩者都是講說故事，都是很道地的說書。　據顧頡剛先生調查：以前演影戲的，

　　只有一個和尙念經用的木魚，隨着念誦。　那時已不叫『唱影戲』，叫做『宣
　　卷』，就是宣講卷中意義之謂。　因此直到現在，他們內行見面，有時還互相
　　問：『你們宣的甚麼卷』？　不說『你們唱的甚麼戲』。　（見文學二卷灤州
　　影戲）

我們得的校經山房影詞二十一種，書前繪圖，有許多標着『馮凌韓增評演』，『王化
坤韓增評演』字樣，『評演』與『立講』『宣講』同意。　通常的說書，也是稱『評

書』，可知燈影戲在宋以後幾百年還是以說書體裁演出。

　　現在的燈影戲，已經完全變成戲劇了，演唱的方面，分生，旦，淨，丑等角，配
合音樂至十餘種之多；劇本方面，也已經成爲代言體，演唱的人組織班子，一切情
形，過去是崑曲化，現在是皮簧化，其爲戲劇也無疑。但說書的痕迹，終久沒有去
淨，如修北京影詞：

　　　　（龍王夫人唱）暫壓龍宮之事，（忠臣高亮唱）再說爲國忠良。（據抄本）

又如鑌鐵劍影詞：

　　　　（王）女兒隨我來！（旦）來了。父女同入後帳去，（下）散去大小衆魁
　　　　元。秦營慶賀不用表，下回再把劉心言。（茂記書局石印本）

這類口氣，仍是說書敍事體裁。因爲牠是從說書變來的戲劇，只要你細心的尋找，
總有這類的痕迹在今存影詞之中。

　　燈影戲劇本裏常常留有說書話本的痕迹，所以我們要斷定現存的影詞，就爲古
本，就爲今本，都還可以看其中話本的痕迹多寡而定。如較古的校經山房本陳巧雲
討封：

　　　　（出陳巧雲）『夢中得歡非眞樂，帳內無人自己空。奴家陳巧雲，前日得了
　　　　兩個使女，十分的伶俐，白日他倆在我左右扶侍，夜晚有馬二姐與奴作伴，馬
　　　　大姐自己在外間床上去睡。五月中間，我爹爹被慶福寺長老邀會，望桃花嶺
　　　　裏去了，就得數日才回，每逢明月皎潔，敎習兄弟的刀槍弓箭』。（上陳強
　　　　岡）『姐姐走哇！月亮出來咧』。……（陳巧雲內唱）巧雲小姐步輕移，
　　　　忽聽房中人說話。……

又茂記書局石印本瓊林宴：

　　　　（出正生坐）『秋色凋零夜正長，舒開黃卷伴寒窗；擧頭詩懷蟾宮影，丹桂繽
　　　　紛有異香。（白）小生范鵬，字是仲羽，本貫陝西延安府的人氏，父母雙
　　　　亡，終鮮兄弟，娘子蘆氏，所生一子，名喚范錦，今年一十四歲，可喜他賦性
　　　　天才，十二歲進學入泮，今當中秋大比之年，不免喚出娘子商議，打發吾兒上
　　　　京應試，有何不可，娘子那里？』（內白）『來了！（正旦小生同上詩
　　　　白）金堂水湄鴛鴦伴，繡戶風開鸚鵡和。（旦白）相公萬福』。（錦白）

『孩兒拜揖』。　（仲白）『罷了，你母子二人，坐下講話』。　（旦）『相公呼喚妾身，有何家務商議？』　（仲）『娘子聽了。　（唱）到有一宗家務事，一傍靜坐聽我說』。……

從形式方面看：上本（出陳巧雲），（上陳強剛），（陳巧雲內唱），猶是說書的遺迹；下本（出正生坐），（正旦小生同上詩白），已是戲劇的式樣。　又從詞句方面看：上本『巧雲小姐步輕移，忽聽房中人說話』，是敘述的口氣；下本『到有一宗家務事，一旁靜坐聽我說』，是代言的體裁。　上本的時代比下本較早，也可以從此推想而知了。

我們對於燈影戲的演變，只要知道牠以前是一種說書就可以了，至於現在燈影戲已經變成戲劇，那只要聽過燈影戲或是看過影詞的人都可以明白的。

(四)　彈　詞

彈詞是從宋金時代的撥彈詞演變來的（註六），所以最古的彈詞是沒有的，明代彈詞存下來的，現在也才有幾種，最早的仍是楊用修的廿一史彈詞。　有人說楊書是前無所承的一種創體，但我們知道文人是不會創一種俗曲的，不過是仿作而已。　宋鳳翔序廿一史彈詞說：

夫世之刪史者，不過節約其文與事，備勸戒，便觀覽而已；用修不然，先之以聲歌，繼之以序說，雜以俚語街談，鹽括參差，自然成韻。

張三異的序也說：『……止借俚謠巷詠，以抒其弔古談今之懷』。　可知廿一史彈詞，多少可以代表明代早年的俚俗彈詞。　而且他這書所用的體裁，書中自稱爲『攢十字』，這『攢十字』的名詞，更不是自己創作的。

今將歷代史書大略，編成一段攢十字詩詞，雖然言語粗疎，僅可略知大概，少資談論，以奉知音。

盤古王，一出世，初分天地。　至三皇，傳五帝，漸剖乾坤。　天皇氏，定干支，陰陽始判。　地皇氏，明氣候，序列三辰。　……（廿一史彈詞卷一）

以下通體都是敘事，大概終明一代，所有彈詞，無不敘事，直至清雍正乾隆時之彈

（註六）　見本刊六卷一號拙文說彈詞。

詞，還是敍事體裁。　現在舉乾隆時蘇州刻的陶朱富一段爲例：

> 且說花中王與賭中精二人，乃是一等不守恆業，游手好閒之徒，專爲誘片（騙）良家子弟，嫖賭游蕩，他二人于中取利。　其時聞得鄧相國家公子，年少靑春，每日在外游閒浪蕩，揮今（金）如土，二人商議定當，投在蘭生門下，希圖趁塊□□。　憑着那伶牙利口，巧語花言，哄得鄧蘭生十分快活。　更彖鄧太師一連幾日朝堂有事，不得歸家，故而公子更外放膽了。

> 日日同行閒蕩走，　花街柳巷樂心情，　油頭粉面多多少，　不中蘭生公子心。　蔑（？）片（騙）二人開口說，　有個蘭花院子門，　內有拾珠趙氏女，天姿國色世難尋，　許多鄉官官家子，　費了今（金）艮（銀）不見人，　大爺乃是風流客，　必然中得拾珠心。　蘭生聽說心歡悅，　明日相同一起行。

這種敍事體的彈詞，　到甚麼時候變成代言體呢？　我想也是在乾嘉時代才開始變起的。　因爲在這時期有許多半敍事半代言的彈詞發現，想必就是這種轉變當中過渡時期的產品。　今舉十玉人傳爲例：

> （攢十字）盤古出，天地分，初開草昧。……　明洪武，托日月，累葉相承。到武宗，幸豹房，遊遷無度。　宗室內，小寧王，覬覦神京。　那其間，有一段，話文墊表。　把彈詞，來細敍，唱與人聽。

> 一切閒文收拾起，　詞中單表出場人，　其人家住蘇州府，　長洲縣內一書生。　『世緒靑門已種瓜，　少年心事亂如麻；恪遵慈母三遷訓，　何日宮袍慰幔紗？小生姓張名介圭，字信伯，年方十七，乃江南長洲縣人也，先君曾爲縣宰，不幸蚤亡，母親羅氏，今已四十有九，膝下單丁，堂前暮齒，小生雖幼年入泮，奈家貧壁立，度日如年。　咳！　想起來耕讀難兼，但有和九之母；婚姻未合，曾無提甕之妻；好不傷感人也』！

前半敍事，後|又是代言，全書都是如此，忽而敍事，忽而代言，想必是後代代言體彈詞最初出的本子。　彈詞何以在乾嘉時轉變成代言體？　我們想因爲那時是中國戲劇最發達的時期，彈詞受了戲劇的影響而起變化，乃在敍事體的話本裏，夾雜着代言體的劇詞。從此以後，純粹代言體的彈詞，才漸漸的多起來。　我們要是不聞牠的彈唱情形，只看牠的話本，很容易把牠當成可以搬演的劇本。　這種體例的彈詞，在現

在是已經多得很，但我們因爲要和前面敍事的彈詞作比較，也鈔一段在下面：

> （小生引）春光明媚，蝶穿□花，游蜂成隊，紅紫芬芳翠。　　正是：韶華最美，動人情，燙貼得心如醉。　　（時白）映日初花隔檻明，春風嬝嬝透寒輕；傷心忙聽枝頭鳥，莫向王孫歸路鳴。　　（白）小生姓文名美，表字必正，祖貫洛陽人氏，先君建章，向日官居元輔，拜授中堂，不幸去世，只存萱親馬氏，誥封一品，單生小生一人，年交二八，至於家業，堪勝小康，奈乏佳人，朱陳未結，博覽詩書，幸假膠庠之福；終鮮親房，安有連理之歡？　　惟一叔父平章，素性乖張，爲人慳吝，所以疎于親近，不甚往來，這也不在話下。　　只爲當年有個計文生，與故父同年，曾在京中借去本銀三千兩，至今本利全無，旋聞他解任還鄉，以致母親命我到着南陽，一來探望，二來取賬，不想到得此間，他却起伏（復）去了，好不湊巧也。　　（唱）我是遠步而來撇故鄉，豈知年伯往他方，因聞陽郡風光好，不妨玩玩這春光。　　與文來就擱招商店，閑行各處覽芬芳。　　（雙珠鳳第一回）

這種彈詞的本子，你要拿到舊戲裏去搬演，簡直不用修改牠。　　形式方面，內容方面，無一不與現在的劇本相似，要和明代彈詞比較起來，已經成了兩樣面目。

　　彈詞彈唱的情形，雖至今猶未失去説書的形式，但因爲話本變成劇本了，彈唱起來，都是作故事中人的言談，且摹仿各人的聲調，所以很彷彿清唱的戲劇。　　若彈唱的人再能表情傳神，則與戲劇只差一化裝而已，所以彈詞之變成純粹戲劇，只是時間問題了。

（五）　灘簧

　　灘簧在現在已經是搬上舞臺上表演的戲劇了，但以前也是一種坐着彈唱的説書。杭俗遺風説：

> 灘簧者以彈唱爲營業之一種也，集同業者五六人或六七人，分生，旦，淨，丑角色，惟不加化裝，素衣，圍坐一席，用絃子，琵琶，胡琴，鼓板，所唱亦係戲文，維另編七字句，每本五六齣，歌白並作，間以諧謔，猶京師之樂子，天津之大鼓，揚州鎮江之六書也，特所唱之詞有不同，所奏之樂有雅俗耳，其以

手口營業也則一。

這裏舉以相比的『樂子』，『大鼓』，『六書』，都是說書，那當時的灘簧，也是同樣的一種說書。　牠用五六人彈唱，而絃子，琵琶，胡琴，鼓板，各去一人，則唱者僅一二人耳，且又不化裝，圍坐一處，其非搬演故事也明矣。　但因爲牠話本裏有許多代言體的詞句，所以才說，『所唱亦係戲文』。　我們且舉似戲文的一段：

王命親喞，來尋小蔣涵，聽得潛藏賈府，此話有人談，誰說沒相干。　咱乃忠順王府長史官是也，奉王爺鈞旨，前往賈府索取優人蔣涵，左右打道。

任他龍潭虎穴好深藏，用手拈來容易等探囊，縱使妖狐狡兔營三窟，怕不連忙獻出小雲郎。

已到賈府了，門上有人麼？　什麼人？　請煩通報一聲，　說忠順王府差官要見。　請少待，老爺有請。　稟老爺，忠順王府差官要見。　（外）奇呀！無端勞過訪，有事起猜疑。　下官平日與忠順王府並無往來，差官爲何到此？　有請。　吓！老先生！　（外）不敢，大人！　（末）下官此來，非敢擅造，因奉王命，有事相求，仰仗老先生做主。　（外）大人奉王命前來，不知有何見諭？　望大人宣明，學生好遵辦。　（末）老先生也不必辦得，只用一句話就完了。　我們府裏有個小旦琪官兒，名喚蔣涵，一向好好在府，如今竟三五日不見回去，各處找尋不着，聞得人說，他近日和喞玉的那位令郎相厚，下官聽了，尊府不比別家，可以擅來索取，因此啓明王爺，王爺說：『若別個戲子呢，也就罷了，這琪官兒甚合我心，　是斷斷少不得的』。　故此請老先生轉達令郎，將琪官放回，　一則可慰王爺之心，　二則下官等也免訪求之苦。　（外）哎呀呀！　這畜生要死，這還了得，叫寶玉來！……　（紅樓夢灘簧）

這是灘簧裏已經變成戲劇的部分，但是牠終久變化得不純淨，下面又是夾着說書了：

……（末）『如此嚜，一定是在那里了，我且去找一回，找到便罷，若沒有，再來請教，下官就此告辭』。　（外）『不敢，請』。　賈政起身相送，便吩咐道：『寶玉不許動，回來有話問你』。　寶玉知道事不好了，怎能遞個信兒裏邊去才好，『賠茗！鉏藥！怎麼一個小厮也不在？　如何是好？　好

了，來了個老婆子了。　　你快些進去告訴老太太，太太，說老爺要打我呢，要緊！　要緊』！　老嬤嬤聾着耳朵，未曾聽清『要緊』二字，便認成金釧兒跳井之事，說道：『跳井吓，讓他跳去，怕什甚？』　寶玉着急說道：『出去叫我的小厮來』。　『哎，什麼不了的事，老早就完了』。　（生）『呀呸，　苦呀！……』

總之：這種早一點的灘簧本子，全書都是敍事代言互用的，大概用敍事方便的時候，就用敍事；用代言方便的時候，就用代言；因此這種話本，卽成爲說書與戲劇混雜的本子了，就是說書變成戲劇過渡時期的本子。　這種本子在說書上是可以用的，若在戲劇上是不可以用，因爲說書人偶爾可以替書中人言談歌詠，演劇者就不能用劇外人的口氣來講述一段事由了，所以這種話本，還是灘簧以說書的形式出演時的本子。

請再看敍事多於代言的一段，就可以明白了：

……（正旦）『如此甚好，我就出題了。　適才我來時，　看見他們抬進兩盆白海棠來，倒是好花，也就是好題，　相應就大家做一做。　菱洲你就限了韵兒』。　『是』。　于是，走到書架前，隨手抽出一本詩來，却是一本七律，隨卽遞與衆人看了，體就是七言律了，　卽將詩本掩過，　又向一個小丫頭道：『你隨口說一個字來』。　那丫頭正倚門立着，便說了過『門』字，隨又取了韻牌匣子，抽出十三元一屜，　命丫頭隨拿了四塊，　却是『盆』『魂』『痕』『昏』四字，大家見有了韻脚，便都思索起來。

也有的托腮獨坐欹欹想，也有的手作『推』『敲』兩字形，也有的踱來踱去在迴廊上，背手埋頭緩緩行。　惟有黛玉者不經意，或則是撫弄梧桐窺日影，或則是摩挲蕉葉聽秋聲。　一霎時，探春改抹都停當，一箋兒雙手遞迎春。　隨後寶釵也拂花箋寫，沒多時，四韵又書成。

這段書只是正旦說的幾句是代言，其餘都是敍事體的說書，恐怕近來的灘簧本子，就沒有這種敍事的詞句了，　因爲灘簧實在已變成正式戲劇了。　據大公報上最近調查說：

以前的灘簧，登臺的只限於生旦二人，卽所謂『左口』與『右口』，絕少有第三個脚色加入，自始至終，由左口與右口對唱，間有須用第三人處，卽由敲板

　　鼓的，或拉胡琴的接口幾句。　　右口的服裝，是普通男子的便衣，手裏執着一把摺扇，左口由男子假扮，每到處卽在本地人家借一套合適的衣裙，穿着，梳上一個流行的髮髻，載上耳環，與尖口帽子，緊逼着喉嚨，發出摹傲女人而其實並不類似的尖銳清脆的音調，沒有後臺，也不分場。　左口在臨近人家裝扮就緒以後，就由臺側的梯子，走到臺上，與右口互唱對白，直到終止下臺。……　現在的灘簧，有後臺，有上場下場，登場的人物，生，旦，淨，丑各色都有，各角的裝扮，完全借用着大戲裏的服飾，　不過簡單一點，　其他如臺步場面，以及各種像徵的動作，如上船，騎馬，登車，　開門等等，　也都傚效着大戲。　（五月十九日第十版）

這裏所說的前一種灘簧，是開始要變戲劇的灘簧；後一種是已經變成功戲劇的灘簧。現在上海出的灘簧本子，有餘姚灘簧，寗波灘簧，無錫灘簧，蘇州灘簧，上海灘簧，差不多都是劇本了。　我在北平俗曲略裏舉了一本較短的斷橋相會，我們看來，已經和戲劇沒有分別了。

　　上面舉的這五種以外，如嘣嘣戲稱爲『評戲』，而戲詞中確留有評書（卽說書）的句調；十不閑由蓮花落變來，而蓮花落有許多是說唱故事，什不閑却已拿到戲臺上搬演了。　中國戲劇裏，能够找到牠前身是說書的，　恐怕不在少數。　　況且從古至今，無論那一種戲劇，開頭都是念兩句引子，或念一首上場詩，這就是說書前頭的致語（又稱入話）的遺迹。　又劇中人自表姓名，且自言自語的自述來歷，這等地方，不能不說是受了說書的影響。　初看中國戲的人，往往以這種戲劇體裁爲奇怪，但要知牠是從說書轉變來的，那就不覺得奇怪了。

　　中國說書變成章回小說，說的人已不少了，但說書變成戲劇，似乎還沒有人提到過。　我們希望對於說書和戲劇有興趣的人，參加這種討論。　我覺得比前人所說的中國戲劇原於『八蜡』（東坡志林），近人所說中國戲劇原於『儺』的說法，比較着實一點。

　　　　　二十五年十月二十九日，作於南京北極閣下本所。

敦煌石室寫經題記彙編序

陳 寅 恪

許雨新先生國霖以所輯敦煌石室寫經題記彙編來徵序於寅恪，寅恪受而讀之，以爲敦煌寫本之有題記者不止佛教經典，而佛教經典之有題記者此編所收亦尚未盡，然卽取此編所收諸卷題記之著有年月地名者與南北朝隋唐之史事一參究之，其關繫當時政治之變遷及佛教之情況者，約有二事，可得而言：一則足供證明，一則僅資談助，請分別陳之。

此編所收寫經題記之著有年號者，上起西晉，下迄北宋，前後幾七百年，而其中屬於楊隋一朝及唐高宗武則天時代者，以比例計之，最居高位。隋書叄伍經籍志佛經類總序通鑑壹柒伍陳宣帝紀太建十三年條同。云：

> 開皇元年高祖普詔天下，任聽出家，仍令計口出家，營造經像，而京師及相州洛州等諸大都邑之處並官寫一切經，置於寺內，而又別寫藏於祕閣。 天下之人從風而靡，競相景慕，民間佛經多於六經數十百倍。

案，楊氏有國不及四十年，而此編所收寫經題之著有開皇仁壽大業之年號者凡三十有六種，故知史氏謂當時民間佛經多於六經數十百倍，實非誇大之詞，李唐開國，高祖太宗頗不崇佛，唐代佛教之盛，始於高宗之世，此與武則天之母氏家世信仰有關，武周革命時，嘗藉佛教教義以證明其政治上特殊之地位，蓋武曌以女身而爲帝王，開中國有史以來未有之創局，實爲吾國政治史中一大公案，寅恪昔已詳論，見中央研究院歷史語言研究所集刊第五本拙著武曌與佛教。茲不復贅。 今觀是編所收寫經題記著有唐高宗武則天之年號者若是之衆，亦可徵當時佛教之盛，所謂足供證明者是也。

又是編所收寫經題記共著有中國南方地名或南朝年號者，前後七百年間僅得六卷，

敦煌本古逸經論章疏並古寫經目錄倘載有天監十一年寫廬訶般若波羅蜜經爲此編所
未收，吳越錢氏捨入西關磚塔之實際印陀羅尼經寶出現在南方，不應與其他西北
出土諸經並列，故不置論。　又是編所收倘有其他西北諸地如吐峪溝等所出經卷，
若嚴格論之，亦非「敦煌石室」一名所能概括，然則是編之題「敦煌石室寫經」者，
蓋就其主要部分北平圖書館所藏者言之耳。　恐讀者誤會，特爲申明其義於此。除
南齊武帝永明元年所書之佛說普賢經一卷外，此編誤題爲妙法蓮華經。其餘諸卷皆
書於梁武帝之世，而其中天監五年所寫之大涅槃經特著明造於荊州。　論者謂永明
之世佛教甚盛，梁武尤崇內法，而江左篇章之盛亦無踰梁時，見廣弘明集卷阮孝緒
七錄序。　則齊梁時代寫經必多。南朝寫經可因通常南北交通之會，流入北地，其
事固不足異。　又後梁爲西魏周隋之附庸者三十餘載，荊州之地既在北朝西部統屬
之下如是之久，則南朝寫經之因以輾轉流入西北，亦非甚難也。　寅恪以爲此說雖
是，然猶有未能盡解釋者，蓋如論者之說，南朝所寫諸經既可因通常南北交通之會，
流入北地，又經後梁闕境轉至西北，亦非難事，則南朝帝王年號之在梁武以後者，與
夫隋唐統一時代南方郡邑之名何以幾全不見於此編所收寫經題記之中？是編惟仁壽
元年所寫攝論疏有辰州崇敬寺之語，可指爲隋代南方地名之題記，但此題記殘缺不
完，尚有疑義，亦未能斷定也。　夫陳及隋唐中國南方佛教依然興盛，其所寫經卷
竟不因通常南北交通之會流至西北，是何故耶？且後梁君臨荊土三十餘載，祖孫三
世佛教信仰未嘗少替，則其封內所寫佛經自應不抄，何以其三世之年號此編有天保
一年所寫妙法蓮華經一卷，當是北齊之天保非後梁之天保也。與其封內地名連文
者，亦不於此編少留跡象耶？由此觀之，恐尚別有其故也。茲姑妄作一假設，以解
釋之。續高僧傳壹壹吉藏傳云：

　　王雪王，即隋煬帝。又於京師置日嚴寺，別教延藏，往彼居之。　欲使道振中
　　原，行高帝壤。既初登蓆，道俗雲犇。中略。　在昔陳隋廢興，江陰凌亂，道俗波
　　迸，各棄城邑，乃率其所屬，往諸寺中，但是文疏，並皆收聚，置於三間堂內，
　　及乎定後，方洮簡之，故目學之廣，勿過於藏，注引宏廣，咸由此焉。

又同書壹陸僧實傳云：

　　逮太祖字文泰。平梁荊後，益州大德五十餘人各懷經部，送像至京。　以眞諦妙

宗，條以問實，旣而慧心潛運，南北疏通，卽爲披抉，洞出情外，並神而服之。

廣弘明集貳貳隋煬帝寶臺經藏願文云：

至尊隋文帝拯溺百王，混一四海，平陳之日，道俗無虧，而東南愚民餘潛相煽，

爰受廟略，重淸海濱，役不勞師，以時寧復。　深慮靈像尊經多同煨燼，結褾縕

墨湮滅溝渠，是以遠命衆軍，隨方收聚，未及朞月，輕舟總至。　乃命學司，依

名次錄，並延道場義府，覃思證明，所由用意推比，多得本類，莊嚴修葺，其

舊惟新，寶臺四藏將十萬軸。因發弘誓，永事流通，仍曹願文，悉連卷後。頻屬

朝覲，著功始畢，今止寶臺正藏，親躬受持，其次藏以下，則慧日法雲道場，日

嚴弘善靈刹，此外京都寺塔，諸方精舍，而梵宮互有大小，僧徒亦各衆寡，並隨

經部多少，斟酌分付，授者旣其懇至，受者亦宜殷勤，長存法本，遠布達摩，必

欲傳文，來入寺寫，勿使零落，兩失無作。

隋書壹煬帝紀上云：

（開皇）八年，冬大舉伐陳，以上爲行軍元帥，及陳平，中略。復拜幷州總管，

俄而江南高智慧等相繼作亂，徙上爲揚州總管，鎮江都。詳見隋書貳高祖紀下及

肆捌楊素傳等。

案，南北朝政治雖爲分隔對立，而文化則互相交流影響，佛教經典之由私人往來

攜取由南入北者，事所常有，其例頗多，不勞舉證。　但此類由南朝輸入北國之佛

經，若在平時，僅經一二私人攜取或收聚，其數量不能不遭限制，蓋有貲力及交通法

禁等困難也。　故衆多數量之收聚及輸送其事常與南北朝政治之變遷有關，如吉藏

因陳亡之際，得大收經卷，其後入京，則所洮簡之南朝精本當亦隨之入北，五十餘蜀

僧各懷經部北至長安，使僧實得通南朝佛教之新義，此二例雖爲私人之收聚及輸送，

然非值南北朝政治之變遷，則難以致此。　至若隋煬帝因江南高智慧等之亂，悉收

南朝之經卷，而輸之北方，其措施非私人貲力之所能，且與南北朝政治之變遷有關，

固不待言也。

據此，可知南朝經卷之輸入北方其數量較多者，如吉藏之所收，隋煬之所藏，皆

在陳亡之後，故其中至少有寫在陳時及造於吳地者，又歷李唐一代迄於北宋，更四

百年，其間佛教流行旣南北相同，則南方寫經之數量亦應不大異於北土，而今檢

此編題記，其有南方地名或南朝年號者，僅南齊武帝永明之一卷梁武帝時之五卷及尚有疑義不易斷定之隋仁壽時辰州崇敬寺所寫一卷而已。　是敦煌經卷之寫於南朝或南方者當非復吉藏蜀僧及隋煬所收送之餘，恐亦無李唐五代北宋時南方所造者在也。

　　夫經卷較多數量之自南入北，既如前述大抵由南北朝政治變遷所致，而敦煌寫經題記之著有南朝年號或南方地名者，除仁壽時辰州所寫一卷尚有疑義未易斷定，可以不論外，則又俱屬於齊梁之世，依此二點，故頗疑天監五年造於荊州之一卷及其他寫於齊梁時之諸卷乃梁元帝承聖三年江陵陷沒時北朝將士虜獲之戰利品，後復隨凱旋之軍以北歸者。　考西魏所遣攻梁諸大將中惟楊忠即後來隋之太祖武元皇帝，其人最為信佛。　詳見拙著武曌與佛教中楊隋皇室之佛教信仰條周書壹玖楊忠傳北史壹壹隋本紀略同。　云：

及于謹伐江陵，忠為前軍，屯江津，遏其走路。中略。及江陵平，朝廷立蕭詧為梁王。中略。（保定）四年乃拜總管涇幽寅恪案幽當依趙明誠金石錄叁貳肆肆六茹忠茲諸鼓作幽。靈雲鹽顯六州諸軍事涇州刺史。中略。天和三年以疾還京師。

據此，西魏之取江陵，楊忠既參預其事，後又為涇州總管，居西北之地凡五歲之久，則此梁武之世荊州寫造之佛典殆為楊忠當日隨軍所收，因而攜往西北，遂散在人間，流傳至於今日，按諸舊史，徵以遺編，或亦有可能耶？此則未得確證，姑作假設，以供他日解決問題之參考，所謂僅資談助者是也。

　　足供證明者別見他篇，可不詳論，僅資談助者聊書於此，以寄遐想而已。　若此僅資談助之假設而竟為史實也，則此編所收南朝數卷之佛典者，蓋當年江陵圍城之內蕭七符拔劍擊柱文武道盡之時，不隨十四萬卷圖書而灰飛煙滅者，是誠可幸可珍，而又可哀者矣！嘗謂釋迦氏之教其生天成佛諸奧義殊非凡鄙淺識所能窺測，今此寫經題記竟得以殘闕之餘，編輯搜羅成於一人之手，頗與內典歷刦因緣之說若相冥會，然則貝多葉中果有真實之語，可以信受不疑者歟？質之雨新先生，以為何如？

形影神詩與東晉之佛道思想

（陶詩箋證之二）

逯　欽　立

陶集詩文，率明白易曉。昭明太子稱其「語時事則指而可想」（昭明太子陶淵明集序）者，誠是也。然間有難解者，如述酒詩及此詩是。關於述酒詩，欽立曾作述酒詩題注釋疑，闡明陶公之誅斥桓玄劉裕，及其撰作之動機。茲則復就此詩，論其對於當時佛道思想之見解，及其本人之思想或人生觀。蓋淵明詩文，其「頗示己志」之語，雖屬屢見，而皆因事託心，偶爾及之，求其專篇發揮其思想者，實唯此形影神之作也。今將原詩列左，然後分「解題」，「釋義」，「論人」三章，試為論之。

形影神：（并序）
貴賤賢愚，莫不營營以惜生，斯甚惑焉。故極陳形影之苦，言神辨自然以釋之。好事君子，共取其心焉。

形贈影：
天地長不沒，山川無改時，草木得常理，霜露榮悴之。謂人最靈智，獨復不如茲！適見在世中，奄去靡歸期。奚覺無一人，親識豈相思？但餘平生物，舉目情悽洏。我無騰化術，必爾不復疑。願君取吾言，得酒莫苟辭。

影答形：
存生不可言，衛生每苦拙，誠願遊崑華，邈然茲道絕。與子相遇來，未嘗異悲悅；憩蔭若暫乖，止日終不別。此同既難常，黯爾俱時滅；身沒名亦盡，念之五情熱。立善有遺愛，胡為不自竭？酒云能消憂，方此詎不劣？

神釋：
大鈞無私力，萬理自森著。人為三才中，豈不以我故？與君雖異物，生而相

依附；結托旣喜同，安得不相語。三皇大聖人，今復在何處？彭祖愛永年，

欲留不得住。老少同一死，賢愚無復數。日醉或能忘，將非促齡具？立善常

所欣，誰當爲汝譽？甚念傷吾生，正宜委運去。縱浪大化中，不喜亦不懼；

應盡便須盡，無復獨多慮。

（一）解題

　　取形影神三物，總爲一題，此可注意者一。以自然二字，揭出生之眞諦，此可

注意者二。後者於下章論之，茲先就前者論此詩與當時佛敎之關係。

　　考形神對擧，以詮人生，此在周漢諸子，如莊子（天地篇），文子（道原、精

誠守虛、符言、下德等篇）。呂氏春秋（盡數篇），淮南子（原道訓，俶眞訓，精

神訓等篇），桓譚新論（弘明集五引桓君山新論），荀悅申鑒（雜言、俗嫌等篇），

已有其例。讀者可參案，茲不列擧。迨及魏晉，玄學新盛，內外有無思辨之下，而

此義益張，如嵇康養生論云：

> 精神之於形骸，猶國之有君也。神躁於中，而形喪於外，猶君昏於上，國亂
>
> 於下也。
>
> 是以君子知形恃神以立，神須形以存。（略）故修性以保神，安心以全身。
>
> （略）又呼吸吐納，服食養身，使形神相親，表裏俱濟也。

而郭象莊子注，亦據爲疏證之用。如莊子齊物論，郭注有云：

> 夫神全形具，而體與物冥者，雖涉至變，而未始非我，故蕩然無蔕介於中
>
> 也。

又莊子大宗師篇，郭注有云：

> 夫理有至極，外內相冥，未有極遊外之致，而不冥於內者也。故聖人常遊外
>
> 以弘內，無心以順有。故雖終日揮形，而神氣不變，俯仰萬機，而淡然自
>
> 若。夫見形而不及神者，天下之常累也。（略）而莊子之書，故是超俗蓋世
>
> 之談矣。

郭注此義尙多，不煩悉擧。又當時名士文人，亦多以形神爲口實者，茲略擧數例於

此。世說新語文學篇云：

衛玠總角時問樂令夢，云是想。衛曰：形神所不接，而夢豈是想耶？樂云：因也。未嘗夢乘車入鼠穴，持䵃噉鐵杵。（略）

又云：

郭景純詩云：「林無靜樹，川無停流」。阮孚云，（略）每讀此文，輒覺神超形越。

又任誕篇云：

王佛大歎言：三日不飲酒，覺形神不復相親。

又陸雲集歲暮賦云：

神尋路而窘逝兮，形嗁蹙乎其所。

又逸民賦云：

神居形而遺我。

又逸民箴云：

形爲寵放，神爲利淫。

又藝文類聚二十六引陸機懷土賦云：

神何寢而不夢，形何興而不言。

又藝文類聚三十四引陸機大暮賦云：

忽呼吸而不振，奄神徂而形斃。

欽立案形神二字之用以辨理遣辭，魏晉以來，雖益大行，惟專以發爲文章，視作一種教派之思想理據，而震撼一時風行閱數世者，則爲釋慧遠之形盡神不滅論。此論爲慧遠沙門不敬王者論之一章，（全論共分五章，計在家第一，出家第二，求宗不順化第三，體極不兼應第四，形盡神不滅第五。）作於晉安帝元興三年，乃對桓玄論沙門應敬王者而發。（沙門不拜俗事卷一，載桓玄與桓謙等書，論沙門應敬王者，卽慧遠論中所稱桓玄與八座書，玄此舉係仿庾冰爲成帝出令沙門致敬詔事也。慧遠論中曾及之。）然如觀其內容，則此形盡神不滅論，實兼就佛門要義，卽報應說，爲之設一理論根據，而不限於沙門應敬王者一事也。桓玄慧遠比以佛法而有文字之爭，如勸罷道論如明報應論，如料簡沙門以及沙門應敬王者，皆玄有所難而遠辨之。此試閱弘明集所載各文卽知，而此沙門不敬王者論一篇，乃當時護法之總

匯，故篇中所列五章，各有專指，並不限致敬王者一事也。形盡神不滅論之何以有關報應論，試請具證於此。弘明集五慧遠形盡神不滅論云：

問曰：夫稟氣極於一生，生盡則消液而同無。神雖妙物，故是陰陽之化耳。既化而爲生，又化而爲死。因此而推，故知形神俱化，原無異統，精麤一氣，始終同宅。宅全則氣聚而有靈，宅毀則氣散而照滅，散則反所受於大本，滅則復歸於無物，皆自然之數耳，孰爲之哉！若令本則異氣數合則同化，亦爲神之處形，猶火之在木，其生必並，其毀必滅，形離則神散而罔寄，木朽則火寂而靡託，理之然矣。

答曰：神也者，圓應無主，妙盡無名，感物而動，假數而行。感物而非物，故物化而不滅，假數而非數，故數盡而不窮。有情則可以感物，有識則可以數求，數有精麤，故其性各異，智有明闇，故其照不同。推此而論，則知化以情感，神以化傳，情爲化之母，神爲情之根，情有會物之道，神有冥移之功，但悟徹者返本，惑理者逐物耳。論者不尋方生方死之說，而惑聚散於一化，不思神道有妙物之靈，而謂精麤同盡，不亦悲乎？請爲論者，驗之以實。火之傳於薪，猶神之傳形，火之傳異薪，猶神之傳異形，前薪非後薪，則知指窮之術妙，前形非後形，則悟情數之感深，惑者見形朽於一生，便以爲神情俱喪，猶覩火窮於一木，謂終期都盡耳。此曲從養生之談，非遠尋其類者也。假令神形俱化，始自天本，愚智資生，同稟所受；問所受者爲受之於形邪？爲受之於神邪？若受之於形，凡在有形，皆化而神矣。若受之神，是爲以神傳神，則丹朱與帝堯齊聖，重華與瞽瞍等靈，其可然乎？如其不可，固知冥緣之著，著於在昔，明闇之分，定於形初，雖靈鈞善運，猶不能變性之自然，況降茲以還乎？

欽立案：慧遠以薪火爲喩，雖本莊子，而其形神論，則在推闡報應說之原理，何者？弘明集五遠法師明報應論答桓南郡（玄）云：

問曰：佛經以殺生罪重，地獄斯罰，冥科幽司，應若影響。余有疑焉。何者？夫四大之體，即地水火風耳。結而成身，以爲神宅，寄生栖照，津暢明識，雖託之以存，而其理天絕，豈惟精麤之間，固亦無受傷之地，滅之既無

害於神，亦由滅天地間水火耳。

又問：萬物之心，愛欲森繁，但私我有己，情慮之深者耳。若因情致報，乘感生應，自然之道，何所寄哉！

答曰：意謂此二條是來問之關鍵，立言之津要。（略）當爲傍依大宗，試敍所懷。推夫四大之性，以明受形之本，則假於異物，託爲同體，生若遺塵，起滅一化，此則惠觀之所入，智刃之所遊也。於是乘去來之自運，雖聚散而非我，寓羣形於大夢，實處有而同無，豈復有封於所受，有係於所戀哉！（略）若然者，方將託鼓舞以盡神，運干鍼而成化，雖功被猶無賞，何罪罰之有邪？若反此而尋其原，則報應可得而明，推事而求其宗，則罪罰可得而論矣。嘗試言之：（略）無明爲惑網之淵，貪愛爲衆累之府，二理俱遊，冥爲神用，吉凶悔悋，惟此之動。無明掩其照，故情想凝滯於外物，貪愛流其性，故四大結而成形，形結則彼我有封，情滯則善惡有主；有封於彼我，則私其身而身不忘，有主於善惡，則戀其生而生不絕。（略）惡極則天殃自至，罪成則地獄斯罰，此乃必然之數，無所容疑矣。（略）心以善惡爲形聲，報以罪福爲影響。（略）然則罪福之應，唯其所感，感之而然，故謂之自然；自然者，卽我之影響耳。（略）請尋來問之要，而驗之於實。難旨全許地水火風，結而成身，以爲神宅，此則宅有主矣。問主之居宅，有情耶無情耶？若云無情，則四大之結，非主宅之所感，若以感而不由主，故處不以情，則神之居宅，無情無痛癢之知。神旣無知，宅又無痛癢以接物，則是伐卉剪林之喻，無明於義。若果有情，四大之結，是主之所感也。若以感由於主，故感必以情，則神之居宅，不得無痛癢之知。神旣有知，宅又受痛癢以接物，故不得同天地間水火，明矣。因茲以談，夫形神雖殊，相與而化，內外誠異，渾爲一體。自非達觀，孰得其際哉！（略）形聲旣著，則影響自彰，理無先期，數合使然也。

欽立案：桓玄以桓溫孽子，襲爵南郡公，太元隆安之際，閒居荆楚。至元興元年，舉兵內犯，始以平元顯功，改封豫章郡公。凡此皆可驗之晉書玄傳。慧遠明報應論署答桓南郡，知必作於元興以前，而元興三年所作之形盡神不滅論，自在其後。又

此報應論之言形神關係者，形盡神不滅論適與之同，此試校上舉兩論之文，即可洞曉。如報應論言：「形神精粗」，又言：「聚散起滅，同於一化。」而形盡神不滅論則曰：「論者惑於方生方死之說，而惑聚散於一化，不思神道有妙物之靈，而謂精麤同盡，不亦悲乎？」如報應論言：「形爲神宅，感必以情，形神雖殊，相與而化。」而形盡神不滅論則亦曰：「形神俱化，始終同宅，化以情感，神以化傳，」云云，皆其顯例。是形盡神不滅論，實慧遠爲報應說所設之理論根據；蓋若人死神滅，即無來生，則三報之論，等於虛言。欲申報應之義，勢必有此神不滅之論調也。

慧遠既以形神論，爲罪福報應之理據，是以後之辨報應者，無論其爲護法抑係貶佛，即均以形神以爲言，如鄭道子神不滅論，及范縝神滅論（參看弘明集及梁書范傳）爲雙方之代表。然則此震撼一時風行數世之形神論，其與遠公比鄰之淵明，固當有甚大之影響，而形影神詩之有涉報應論，斷可知也。

又明報應論，桓玄問曰：「若因情致報，乘感生應，自然之道，何所寄哉！」慧遠答云：「罪福之應，唯其所感，感之而然，故謂之自然。自然者，即我之影響耳。」此「報應」「自然」同異之爭也。而形影神詩，固顯然以「自然」者，釋感應之苦。又慧遠護法諸論，曾有兩段文字，重複見於各篇。即：「達患累緣於有身，不存身以息患，知生生由於稟化，不順化以求宗。」及「反本歸宗者，不以生累其神，超落塵封者，不以情累其生。不以情累其生，則生可滅，不以生累其神，則神可冥。」是也。兩段文字重見各篇，自慧遠得意之宗旨。（此宗旨與淵明相反，後當附論。）然其謂「化」，「情」，「生」，「神」，以至於「滅」，形影神詩，又統曾言之。是則此詩題之標出，及詩句之安排，俱針對此佛門故實而發，不可略也。抑尤有進者，慧遠晉義熙九年立佛影，作佛影銘，其序云：

是故如來，或晦先跡以崇基，或顯生塗而定體，或獨發於莫尋之境，或相待於既有之場。獨發類乎形，相待類乎影，推夫冥寄爲有待也！爲無待也！自我而觀，則有間與無間矣。求之法身，原無二統，形影之分，孰際之哉。

而銘詞則云：

廓矣大象，理玄無名，體神入化，落影離形。

是慧遠不特爲佛義而論神形，抑且因此佛影，而銘中兼及形影神。慧遠稱：「銘石之曰，道俗欣感，揮翰之賓，僉焉同詠」。並遣道秉遠道邀謝靈運撰作銘文，此事之糾師動衆聞於遠近者，可以想見。影之與神形發生因緣，始於此時此事，淵明形影神之命題，必針對此事爲之。而此詩之撰作年代，似亦可定，即必在義熙九年以後是也。

（二）釋義

以形影神三物，命一新題，乃淵明取慧遠法論字眼，有意合之者。使果如上述，則此詩宗旨與慧遠之論點，若非從同，即必有異。此同或異，且至關淵明之思想。故此復就題中自然之一義，及詩中較要之辭旨，作成此章，爲上文作進一步之推闡。

（甲）論此詩之爲反報應說

案老莊自然一義，盛行於兩晉，每爲當時名士之言論中心。淵明持爲全詩宗旨，自無足異。惟此自然二字之提出，顯係針對上文「營營惜生」一事而發，此則甚堪注意者。檢慧遠曾作明報應論及三報論，皆報應之說也。著論年代，當在太元元興之際。（詳前）又慧遠元興元年與劉遺民等於精舍無量壽佛前，建齋立誓，共期西方，（遺民著誓願文有云：「維歲在攝提格，七月戊辰朔，二十八日乙未。」云云。案元興元年爲壬寅，七月朔值戊辰。可參看陳垣二十史朔閏表。）乃怵於罪福報應之威，而有此舉。（建齋立誓諸人，如宗炳，嘗謂沙門慧堅曰：「死生之分，未易可達，三復至教，方能遣哀。」[宋書炳傳]。如雷次宗與子姪書曰：「夫生之惰短，咸有定分。」又云：「棲誠來生之津梁，專意暮年之攝養。」[宋書次宗傳]。足見報應之說，諸人均服膺之。）而於元興三年，復著形盡神不滅論，亦以佛門報應之說而有此闡述。（見前）佛子執拘於報應說，而汲汲見之於言行者，皆營營惜生之事也。夫惜生者情，營營則爲情累，流連忘反，蓋不至傷生不止；與夫任情逐性自然無爲者，固爲大異其趣。王坦之沙門不得爲高士論，（世說新語輕詆篇注）嘗云：

高士必在於縱心調暢，沙門雖云俗外，返更束於教，非性情自得之謂也。

性情自得，卽任心遂性，卽自然也。束於敎故違返自然。又如前引桓玄之駁報應論云：

　　若因情致報，乘感生應。自然之道，何所寄哉！

而戴逵釋疑論之論報應，亦云：

　　匹夫之細行，人事之近習，一善一惡，皆致冥應。欲移自然之彭殤，易愚聖

　　於朱舜，此之不然，居可知矣。

則共認報應之說，乖反自然。淵明據自然一義，以斥營營惜生之非是，實卽針對慧遠主張報應說之行事而發。慧遠旣以形神之論爲報應說之理據，而淵明遂以茲平反之也。

　　此詩之爲反報應說，且可驗諸詩之本文。形贈影云：「但餘平生物，舉目情悽洟。」影答形則云：「身沒名亦盡，念之五情熱。」此皆惜生，此皆情累之也。唯形雖有情累，形亦已有遣情之方，所謂「得酒莫苟辭」卽以酒忘情是也。則此形所喩者，已非常人之所可及。（魏志鍾會傳附王弼傳，注引何劭爲弼傳云：「何晏以爲聖人無喜怒哀樂。弼與不同。以爲聖人茂於人者神明也，同於人者五情也；神明茂故能體冲和以通無，五情同故不能無哀樂以應物。」云云，形雖有情而知所以遣之，自非常人可知。淵明以神釋情，並有五情之語。本此。）以酒忘情，爲淵明生平得力之處。故此義陶集中屢見之。如云：「試酌百情遠」（連雨獨飲詩）。如云：「何以稱我情，濁酒且自陶。」（乙酉歲九月九日詩）。如云：「汎此忘憂物，遠我遺世情。」（飲酒詩）。如云：「止酒情無喜」（止酒詩）。皆其例。則形之所行，正淵明之以服膺者可知也。而影則異是。其言云：

　　立善有遺愛，胡云不自竭？酒云能消憂，方此詎不劣？

則旣惜生，又欲圖名，且有懼乎遣情之酒。千思百慮，自傷其生矣。考酒名並擧，終捨名取酒者，東晉人率如此。如張翰云：

　　使我有身後千載名，不如當前一杯酒。（世說，任誕篇。）

而淵明亦然，如飲酒詩云：

　　道喪向千載，人人惜其情，有酒不肯飲，但顧世間名。所以貴我身，豈不在

　　一生；一生復能幾，倏如流電驚。鼎鼎百年內，持此欲何成。

又如雜詩云：

> 丈夫志四海，我願不知老，（略）觴弦肆朝夕，樽中酒不燥，（略）百年丘
> 壠中，用此空名道。

據此，則知影之所言，正淵明之所不取，詩雖並言形影之苦，然所謂營營惜生者，實指此影而不指此形也。神釋有云：

> 三皇大聖人，今復在何處？彭祖愛永年，欲留不得住。老少同一死，賢愚無
> 復數。

此卽針對影言而詰之也。蓋三皇最能立善者。彭祖善養生又必不以酒害其身。然皆不免於一死。影獨猶豫於酒名之際，固無謂也。神於影之猶豫於此，又狀之曰：

> 日醉或能忘，將非促齡具？立善常所欣，誰當為汝譽？

言影方欲以酒遣情，而又恐促齡，方欲立心為善，而又悲不為人譽，忽此忽彼，為狀至慘，營營惜生之情，至此瀕於極境，乃至於患得患失矣。於此神始釋之曰：

> 甚念傷吾生，正宜委運去。縱浪大化中，不喜亦不懼；應盡便須盡，無復獨
> 多慮。

「甚念傷吾生，正宜委運去。」此直斥影之慮此慮彼，營生而致傷生，因示之以委運之道。不喜不懼者，卽不喜於得不懼於失，乃反責影於酒名之得失見解也，神釋之言，不過上舉數語，而淵明所謂「自然」，此數語殆足以盡之矣。

欽立又案：影之所以皇皇酒名間，而患得患失者，質言之，苦於生死報應之說也。夫酒能傷人，醉深至死，此固因果報應，無足再辨。至於立善說之攸關報應，此則當時名士致疑佛法之一般觀點，且適與慧遠之言論有涉。在此須略為述之。廣弘明集十戴逵釋疑論云：

> 安處子問於玄明先生曰：蓋聞積善之家，必有餘慶，積不善之家，必有餘
> 殃。（略）此則行成於己身，福流於後世，惡顯於事業，獲罪乎幽冥。然聖
> 人為善，理無不盡，善積宜歷代皆不移行。行無一善，惡惡相承，亦當百世
> 俱闇，是善有常門，惡有定族，後世修行，復何益哉？又有束脩履道，言行
> 無傷，而天罰人楚，百羅備嬰，任性恣情，肆行暴虐，生保榮貴，子孫繁
> 熾。推此而論，積善之報，竟何在乎！

先生曰：（略）積善積惡之談，施於勸教耳。（略）設禮樂以開其大朦，名法以束其形跡。(略)背之則爲失道之人，譏議以之起，向之則爲名教之士，聲譽以之彰。此則君子行己處心，豈可須臾而忘善哉，何必循名責實，以期報應乎！

欽立案戴氏此論，嘗致之慧遠。慧遠答書，並遺之以三報論。關此可參閱廣弘明集所載各文，茲不具引。今卽據上引之文，亦足證戴氏之致疑佛法，故有此否定立善有報之論也。而在淵明，與達正同，如飮酒詩云：

　積善云有報，夷齊在西山；善惡苟不應，何事立空言。

其反對報應之說，足與影詩一章，互相發明。然則淵明設影之言，而獨貶之。其爲有心駁斥慧遠等之報應說，殆無疑矣。

（乙）論此詩之爲反形盡神不滅說

　淵明旣不滿於佛法之報應說，故於慧遠爲此說所作之理論根據，卽所謂形盡神不滅論，亦並反之。形贈影云：

　天地長不沒，山川無改時，草木得常理，霜露榮悴之。謂人最靈智，獨復不知茲！適見在世中，奄去靡歸期。（略）我無騰化術，必爾不復疑。

又影答形云：

　存生不可言，衛生每苦拙，誠願遊崑華，邈然茲道絕。與子相遇來，未嘗異悲悅；憩蔭若暫乖，止日終不別。此同旣難常，黯爾俱時滅。

此皆肯定形之必盡也。又神釋云：

　縱浪大化中，不喜亦不懼；應盡便須盡，無復獨多慮。

縱浪大化，應盡便盡，卽歸去來辭「聊乘化以歸盡」之意，此又肯定神之必滅也。據此淵明本謂形神俱化，所謂「反復終窮，自然之數。」而與慧遠形盡神不滅之論，適爲相反。又形神俱化，不惟與佛義相反，抑且不同於東晉之丹鼎派道家。此有關詩中文字之解釋，似不妨附爲論之。考東晉葛洪講鍊丹長生之術，著爲專書，卽抱朴子是也。以爲神仙可學，松喬可期，而此亦淵明所不信者。如連雨獨飮詩云：

　運生會歸盡，終古謂之然，世間有松喬，於今定何間？

又歸去來辭云：

富貴非吾願，帝鄉不可期。（略）聊乘化以歸盡，樂復天命復奚疑。

皆致疑於神仙之說，而以乘化樂天以自期也。道士學仙，志在形之可以長存，王該日燭（弘明集十三）曾譏之云：

> 逮乎列仙之流，練形之匹，熊經鳥伸，呼吸太一。夕餐榆陰與素月，朝挹陽霞與朱日。赤斧長生於服丹，涓子翻飛於餌朮。安期久視於松毫，豐人輕舉於柏實。彼和液之所染，足支年而住實，中不夷而外猗，徒登雲而殞卒。俱括囊以堅卵，固同門而共出，理未升於顏堂，永封望乎孔室。貴乎能飛，則蛾蝶高翬，奇乎難老，則龜蛇修考。存形者不足與論神，狎俗者未可與言道。

道教重形，佛門重神，彼此適爲相反。於此並知慧遠形盡神不滅之論，不特爲佛教張目，抑且爲暗斥道家；淵明形神俱滅之說，則兼就當時之佛道兩家而一切反之也。故此詩影答形云：「存生不可言，衞生每苦拙，誠願遊崑華，邈然茲道絕。」而神釋亦云：「彭祖愛永年，欲留不得住。」皆言形之無以長存，而道士之服食煉丹，亦徒然也。（赤松子崑崙得仙，脩羊公呼子先俱曾在華陰山脩行。可參看列仙傳。）

夫沙門主神主報應，道士重形重長生，彼此之觀點雖異，而其束於教惑於物者，則無不同，徒託名俗外，非自然無爲之道也。稽康養生論有云：「越名教，任自然。」自此魏晉名士，凡言道儒之分，率以「名教」「自然」爲口實，出則服食煉丹之道，沉空住寂之佛，其束於教役於物者，較之儒家，尤爲更甚。此淵明自然之論，所以爲拘束於教，而營營惜生之道佛而發者乎？唯稽康於自然之外，復重養生，淵明則於所謂養生，亦不之屑（如飲酒詩云：「客養千金軀，臨化消其寶」。卽其此旨。），則彼此又有不同也。

（三）論人

淵明之見解宗旨，試觀前論，已足見其大體，似不煩贅論矣。然惟此公之樂天委運，所以有此高情遠識者，固出於天性之自然，然其愛母系家風之薰染，及東晉高士之影響，亦大有可言者。茲故重爲論之，以見其風格之全。

淵明以自然一義，斥營營惜生者之爲惑。非徒爲反駁佛道之論文，抑且爲本人思想之自白。其歸園田居詩云：

　　少無適俗韻，性本愛丘山，誤落塵網中，一去三十年。（略）開荒南野際，守拙歸園田。（略）久在樊籠裏，復得返自然。

又歸去來兮辭序云：

　　彭澤去家百里，公田之利，足以爲酒，故便求之。及少日，眷然有歸歟之情。何則？質性自然，非矯厲所得；飢凍雖切，違己交病。常從人事，皆口腹自役。於是悵然慷慨，深媿平生之志。

云云，俱見自然一義，實淵明安身立命之所在，其於此義，固爲久得之勝解也。查淵明外王父爲武昌孟嘉，淵明曾爲之傳，其文略云：

　　君諱嘉字萬年，江夏鄂人也。曾祖父宗，以孝行稱。仕吳司馬。宗葬武昌新陽縣，子孫家焉，遂爲縣人也。君少失父，奉母二弟居。娶大司馬長沙桓公陶侃第十女。閨門孝友，人無能間，鄉閭稱之。沖默有遠量。弱冠，儔類咸敬之。始自總髮，至於知命，行不苟合，言無夸矜，未嘗有喜慍之色。好酣飲，逾多不亂。至於任懷得意，融然遠寄，傍若無人。（桓）溫常問君：酒有何好，而卿嗜之！君笑而答曰：明公但不得酒中趣爾。又問聽妓，絲不如竹，竹不如肉。答曰：漸近自然。淵明先親，君之第四女也。凱風寒泉之思，實鍾厥心。謹案採行事，撰爲此傳。（陶集晉故征西大將軍長史孟府君傳。）

欽立案嘉之此傳，旣屬實錄。而傳中所稱嘉者，如曰：「沖默有遠量」，如曰：「行不苟合，言無夸矜」，如曰：「好酣飲」，如曰：「至於任懷得意，融然遠寄，傍若無人」云云。則恍如淵明之自述，此驗之顏延之靖節誄，宋書陶傳卽知。而嘉弟孟陋，晉書隱逸傳稱其「少而貞立，淸操絕倫，布衣蔬食，以文籍自娛」，「時或弋釣，輿輿孤歸，雖家人亦不知其所之」，亦正與淵明之質性相合。而此一相合，決非偶然。尤應注意者，卽傳所稱之「任懷得意」及「孤輿獨歸」。皆任情遂性之自然境界，而孟嘉之答桓溫又適有「漸近自然」之勝語。足徵孟氏兄弟，俱爲「自然」之崇尚者。陶孟世昏，自血統以至家世風習，皆易混合，則淵明之性行宗旨，

其爲秉受外祖輩之遺傳，固灼然見也。

　　且淵明言行，有有意憲章其外祖輩者，於此不妨略例述之。如孟嘉傳云：

　　　　桓溫嘗問君，酒有何好，而卿嗜之！君笑而答曰：明公但不得酒中趣爾。

而淵明飲酒詩則云：

　　　　悠悠迷所留，酒中有深味！

此其例一，又晉書孟陋傳稱會稽王命陋爲參軍，陋不應命，而桓溫遂亦不敢辟之，

陋聞之曰：

　　　　桓公正當以我不往故耳。億兆之人，無官者十居其九，豈皆高士哉！我疾病

　　　　不堪恭相王之命，非敢爲高也。

而梁昭明太子作陶傳錄淵明之答檀道濟，亦曰：

　　　　潛也，何敢望賢，志不及也。

又晉書九十四陶傳載淵明之不見王弘，自釋其意，語人云：

　　　　我性不狎世，因疾守閑，甚非潔志慕聲，豈敢以王公紆軫爲榮耶？夫謬以不

　　　　賢，此劉公幹所以招謗君子，其罪不細也。

則與孟陋之宗旨口吻，大體符同，此其例二。由此二例，足徵淵明之存心處世，頗

多追倣其外祖輩者，則其自然一義，亦孟門世傳之說，而淵明特能宗之，於此益見

矣。

　　宗主自然，自一方言之，可免傷生。但自另一面言之，卽是得生。淵明於此詩

旣力斥惜生者之違返自然，而於他篇，則又嘗發揮其歸返自然之得生樂趣。就此點

言，又與當時一般高士之言行有甚同者，故復論之。

　　淵明飲酒詩第五首云：

　　　　結廬在人境，而無車馬喧，問君何能爾？心遠地自偏。采菊東籬下，悠然見

　　　　南山。山氣日夕佳，飛鳥相與還，此還有眞意，欲辨已忘言。

此淵明自述於自然能得其勝義奇趣之詩也。請依次明之。此詩結句云：「此還有眞

意」，眞者何？案莊子漁父篇云：

　　　　眞者所以受於天也，自然不可易也，故聖人法天貴眞，不拘於俗。

知眞者，卽自然。「法天貴眞」，卽老子「天法道道法自然」之義。淵明此詩前四

句明示「不拘於俗」，其所謂眞，自屬自然一義。其以眞爲自然，並可驗之他作，
如始作鎭軍參軍經曲阿作詩云：

　　　望雲慚高鳥，臨水愧遊魚，眞想初在襟，誰謂形迹拘。

則爲飛魚潛者，即爲眞。而其歸園田居詩則云：

　　　羈鳥戀舊林，池魚思故淵，久在樊籠裏，復得返自然。

是魚鳥之眞樸處，亦即自然。而此詩以「此還有眞意」作結語，正淵明自示其爲宗
主自然之專篇也。

　　此宗主自然之專篇，若分兩節觀之，其關乎自然者，前後又各有別。「結廬在
人境，而無車馬喧，問君何能爾，心遠地自偏。」此四句爲一節，乃淵明稱述其於
自然所知解之勝義，蓋遺去俗累，心遠意靜，而自然可返也。「采菊東籬下，悠然
見南山，山氣日夕佳，飛鳥相與還，此還有眞意，欲辨已忘言。」此六句爲一節，
則淵明述其於自然所挹取之奇趣。蓋欣於所遇，偶有會心，故自然可樂也。前者爲
平時陶養之所得，爲抽象之哲理，後者爲當下感發之所得，爲具體之境界焉。

　　自一方言之，淵明於自然具此勝解，自不至滯於情累而傷其生。自另一方言
之，淵明於自然享此奇趣，顯然入於物我兩忘之境，中情欣樂，此即得其生者也。
抑尤有進者，飲酒詩中本別有稱述得生之篇，而其章法辭旨，與此適同。飲酒詩第
七首云：

　　　秋菊有佳色，裛露掇其英，汎此忘憂物，遠我遺世情。一觴雖獨進，杯盡壺
　　　自傾。日入羣動息，歸鳥趣林鳴，嘯傲東軒下，聊復得此生。

欽立案此自述得生之篇也。其起首四句，與前詩起首四句，同言靜遠之境。蓋「秋
菊有佳色，裛露掇其英」，與「結廬在人境，而無車馬喧」二句，同其靜。「汎此
忘憂物，遠我遺世情」，與「問君何能爾，心遠地自偏」二句，同其遠。又末四句
與前詩之末六句，則又同述其所得自然之奇趣。一則言夕山之中，飛鳥相與而還，
遂至融然而得意，一則云：日入晚林之中，歸鳥趣之而鳴，遂至傲然而得生；其俱
以鳥之歸息，悟此眞樸自然之境界，則又完全相同也。嘯傲東軒，聊復得生之爲眞
樸自然之境界者，復可於淵明其他詩文中見之。如勸農詩云：

　　　悠悠上古，厥初生民，傲然自足，抱樸含眞。

欽立案此「傲然自足」四字，不啻嘯傲東軒聊復得生之縮寫，蓋生民之能傲然自足者，「抱樸含眞」，實爲之本。又感士不遇賦亦有「常傲然以稱情」之句，夫「稱情則自然」向子期曾言之，（詳下）亦可以爲之證。然則上擧二詩，皆淵明自述其宗主自然而能得其勝義奇趣，遂富於先民眞樸之生機者也。

　　於此尚有一事，須特爲指明者，即淵明於上擧二詩，悉以鳥之歸息，與發其眞意或生機者是也。前詩云：「山氣日夕佳，飛鳥相與還，此還有眞意，欲辨已忘言。」後篇則云：「日入羣動息，歸鳥趨林鳴，嘯傲東軒下，聊復得此生。」二者感興述物之同，若合符節，此果何以故乎？尋淵明常以歸鳥，喩其個人。如飲酒詩第四首略云：

　　栖栖失羣鳥，日暮猶獨飛，因値孤生松，歛翮遙來歸。勁風無餘木，此蔭獨不衰，託身已得所，千載不相違。

又如詠貧士詩云：

　　朝霞開宿霧，衆鳥相與飛。遲遲出林翮，未夕復來歸。量力守故轍，豈不寒與飢？知音苟不存，已矣何所悲。

又如歸去來兮辭云：

　　鳥倦飛而知還。

皆其顯例。此外且有四言一篇，則歸鳥詩也，而全詩四章，反復比擬其出處之迹。文繁茲姑不錄。惟詩中有云：「日夕氣佳，悠然其懷。」又云：「顧儔相鳴」，景庇清陰。」質之上述飲酒二詩，情景極爲相類。以此知淵明於歸鳥之起興，實別有領會之妙也。竊謂魚鳥之生，爲最富自然情趣者，而鳥爲尤顯。夫日出而作，日入而息，推極言之，鳥與我同。鳥歸以前，東啄西飲，役於物之時也，役於物故微勞。及歸以後，趨林歡鳴，遂其性之時也，遂其性故稱情。微勞無惜生之苦，稱情則自然而得其生，故鳥之自然無爲而最足表現其天趣者，殆俱在日夕之時。既物我相同，人之能挹取自然之奇趣者，亦惟此時。則山氣之所以日夕始佳，晚林相鳴之歸鳥始樂，固爲人類直覺之作用始然，要亦知此直覺之所以有此作用，即合乎自然無爲之哲理也。

　　至此吾人試回顧上擧二詩而略釋其義，則可灼然而益著。就「結廬在人境」一

詩言之。日夕氣佳，相與而還，此爲鳥瀕於逐性之時也。由鳥相與之還，而悟得生之理，故曰：「此還有眞意」。於鳥旣悟其得生之理，於我亦適值得生之時，中懷欣然，物我兩忘。故曰：「欲辨已忘言」。更就「秋菊有佳色」一詩言之。歸鳥歡鳴於林，逐性稱情之時也。由鳥之逐性稱情之入息，悟我逐性稱情之入息，逐不禁嘯傲軒下，自欣其能得其生也。

　　此種境界，率出於偶然之會心，而不出栖栖之營求，故其來之也暫，其得之也奇。淵明與子儼等疏云：

　　　少學琴書，偶愛閑靜。開卷有得，便欣然忘食。見樹木交蔭，時鳥變聲，亦
　　　復歡然有喜。常言：五六月中，北窗下臥，遇涼風暫至，自謂是羲皇上人。

開卷有得者，有所會意也。（參看五柳先生傳）以此類推，則如見樹木交蔭，時鳥變聲，如北窗下臥，遇涼風暫至，皆以偶有會意，逐歡然有喜，逐自謂爲羲皇上人也。檢飲酒詩第二十首云：「羲皇去我久，舉世少復眞。」則此所謂羲皇上人云云者，卽得其眞意也，此眞意之得，全出偶然，故稱之曰暫，如涼風暫至者是。此種境界，東晉名士，頗多有之。世說新語容止篇云：

　　　或以方謝仁祖不乃重者。桓大司馬曰：諸君莫輕道仁祖。企腳北窗下，彈琵
　　　琶，故自有天際眞人想。

有天際眞人想，與「自謂是羲皇上人」，爲同一境界，蓋以企腳北窗下彈琵琶，始有此眞意之獲得。又王羲之蘭亭序云：

　　　夫人之相與俯仰一世，或取諸懷抱，晤言一室之內，或因寄所託，放浪形骸
　　　之外。雖趣舍萬殊，靜燥不同，當其欣於所遇，暫得於己，快然自足，曾不
　　　知老之將至。

「欣於所遇，暫得於己，快然自足」云云，尤與淵明旨趣符同。蓋上舉淵明二詩，其所值於景物之描繪，皆此「欣於所遇」之謂。而其所稱此還有眞意，及聊復得此生者，又卽此「暫得於己，快然自足」之謂也。又世說新語言語篇云：

　　　簡文云：一入華林園，直覺魚鳥來親人。會心處，都不在遠，翳然林木，便
　　　爾有濠濮間想。

欽立案：直覺魚鳥來親人，卽魚鳥之自然或眞樸處，而我感之，故覺其可親也。此

感之而覺其可親，卽是會心。會心而得其眞意自然之趣，故曰「便覺有濠濮間想」。而此得意之境界，俯拾卽是，不必置身世外，故曰「會心處，都不在遠」。此亦「心遠地自偏」之謂。又俯拾卽是，匪出營求，亦卽「欣於所遇，暫得於己」之謂也。

　　又案此種自然之奇趣，固營營惜生如佛子道士者所不能得，然如前期重視養生之自然派，亦復於此無分。茲並附而論之。嵇中散集三養生論云：

> 脩性以保神，安心以全身，愛憎不栖於情，憂喜不留於意，泊然無感而體氣和平。又呼吸吐納，服食養生，使形神相親，表裏俱濟也。

> 清虛靜泰，少思寡欲。（略）外物以累心不存，神氣以醇白獨著。曠然無憂患，寂然無思慮。又守之以一，養之以和，和理日濟，同乎大順。然後蒸以靈芝，潤以澧泉，晞以朝陽，綏以五絃，無爲自得，體妙心玄。忘歡而後樂足，遺生而後身存。

欽立案：「呼吸吐納，服食養生」，縱能齊壽彭祖，終歸一死。營營於此，仍屬惜生而背自然，此淵明之所不屑，固不俟言。然卽如所謂泊然無感，寂然無思慮，期乎遺生而後身存。此種宗旨，雖能超然物外，然以遺生求長生，則仍屬有待，此與沙門寂守求佛而束縛於教者，若異實同，蓋皆反乎自然也。是以向秀難之曰：

> 夫人受形於造化，與萬物並存，有生之最靈者也。異於草木，殊於鳥獸，有動以接物，有智以自輔，若閉而默之，則於無智同，何貴於有智哉！有生則有情，稱情則自然。若絕而外之，則與無生同，何貴於有生哉！

> 今若離親棄歡，約己苦心，欲積塵露以望山海，恐此功在身後，實不可冀也。縱令勤求，少有所獲，則顧影尸居，與木石爲鄰，所謂不病而自炙，無憂而自默，無喪而疏食，無罪而自出，追虛微幸，功不答勞，以此養生，未聞其宜。故相如曰：必若長生而死，雖濟萬世猶不足以喜。言背情失性，而不本天理也。長生且猶無歡，況以短生守之耶？（嵇康集三，節錄。）

據此則以遺生養生者，實基於惜生之心，故仍可歸入「營營惜生」之類。惜生而至於「閉默勤求」，「追虛微幸」，此背情失性，不合天理（自然），亦傷生也；亦反自然也。是則養生如嵇康者，固未曾獲得自然之勝義奇趣。徒曰得生，未見其能

得也。

　　淵明則不然。平日「躬耕自資」，以營衣食。（其詩有云：「人生歸有道，衣食固其端，孰是都不營，而以求自安。」然身勞心閒，非營營惜生之比。迨所事既畢，靜居多暇，則頗欣然於此「生」之美。平時既不傷生，偶遇又能得生之趣。保生全眞，於是乎在。稽康殆無此境界也。

　　論淵明爲人既竟，茲復取上引慧遠之重要論據，商略二賢，著其異同，以爲此章之殿。

　　（一）達患累緣於有身，不存身以息患，知生生由於稟化，不順化以求宗。此義見答桓玄書（弘明集十二），沙門不敬王者論出家章及求宗不順化章。又答何無忌沙門祖服論。（以上皆見弘明集五）

　　（二）反本求宗者不以生累其神，超落塵封者不以情累其生，不以情累其生則生可滅，不以生累其神則神可冥。此義見沙門不敬王者論求宗不順化章。又答何無忌沙門祖服論。（文字稍異）

　　案遠公此二義，分見各論，自其素日宗旨，其於遠公之思想上之重要，自不待言。然此二義，皆與淵明相反，此不妨約言比較之。如云：「不以情累其生，則生可滅」。此滅生以絕情之論，與淵明主稱情以得生者異。如云：「不以生累其神，則神可冥」，此息神桎生之論，與淵明神釋自然以逐生者又異。又如云：「知生生由於稟化，不順化以求宗」，此不順化之說，則與淵明縱浪大化，不喜不懼之旨趣，抑又相反也。

　　據此淵明之見解宗旨，與慧遠適得其反，形影神詩，實此反佛論之代表作品。此詩關係淵明個人及當時思潮者，自非本文之所能罄，姑發一解，以俟君子。至於此詩之應用莊老列子文者，如存生、衞生、營營以惜生等典據，則不煩矣。

　　　　　　　　　　　　　　　　民國三十五年六月十五日脫稿。

說 文 筆

逯 欽 立

一、引論

二、文筆說的起來

三、文筆說的演變

四、附論詩筆

（一）引論

文心雕龍總術篇云：

今之常言，有文有筆。以爲無韵者，筆也，有韵者，文也。夫文以足言，理
兼詩書；別目兩名，自近代耳。

以有韵無韵分文筆，這是一條最早的完整記載。劉勰謂文筆別目，始於近代，他所
謂近代，指的是劉宋時代，（文心雕龍定勢篇云：自近代辭人 ，率好詭巧 ，原其
爲體，訛勢所變，厭黷舊式，故穿鑿取新。而通變篇云 ：宋初訛而新。 又物色篇
云：自近代以來，文貴形似，體物爲妙，功在密附。明詩篇云：宋初文詠，體有因
革，莊老告退，而山水方滋，情必極貌以寫物，辭必窮力以追新，此近世之所競。
俱證近代卽指宋初，故才略篇云：宋代逸才，辭翰鱗萃，世近易明，無勞甄序。）
文筆分目是否卽始於宋？關此，我們以後要詳論，此處且從略。但自劉宋以降，南
北朝史籍；凡記錄某人的製作，敍述某人的才能 ，而應用文筆兩字的 ，就非常之
多。現在可把這些例子，次列於後：

高祖登庸之始，文筆皆是記室參軍滕演。北征廣固 ，悉委長史王誕。 自此
後，至於受命，表策文誥，皆亮辭也。（宋書四十三傅亮傳）

宋文帝問延之諸子才能。延之曰：竣得臣筆，測得臣文。（南史顏延之傳）

所著內外文筆數十卷。（南齊書四十竟陵文宣王子良傳）

陸離儒雅，照爛文筆。（文苑英華九十一梁簡文帝悔賦）

近張新安又致故，其人文筆弘雅，亦足嗟稱。（梁書二十七到洽傳昭明太子與晉王綱書）

自是府中文筆，皆使草之。（梁書三十五蕭子範傳）

兼有文筆。（梁書三十鮑泉傳）

後主所製文筆，卷軸甚多。乃別寫一本，付察，有疑悉令刊正。（陳書二十七姚察傳）

察每製文筆，勅便素本上，曰：我於姚察文章，非唯翫味無已，故是一代宗匠。（同上）

其所製文筆，多不存本。（陳書三十四陸琰傳）

所著文筆十五卷。（陳書三十四江德藻傳）

博涉書傳，工文筆。（陳書十六劉師知傳）

年十五以文筆稱。（陳書三十四徐伯陽傳）

或清文贍筆，或強識博古。（陳書三十四杜之偉傳）

好爲文章詩賦銘頌，有大文筆。（北史三魏高祖紀）

有文筆百餘篇。（魏書六十五邢虯傳附于臧傳）

臺中文筆，皆子昇爲之。（魏書八十五溫子昇傳）

張皋寫子昇文筆，傳於江左。（北史八十三溫子昇傳）

子昇卒，宋游道集其文筆，爲三十五卷。（同上）

使張皋寫溫侍讀文筆，傳於江外，後太尉長史宋游道集其文筆爲三十五卷。（魏書九十八蕭衍傳）

孝莊初奔蕭衍，文筆駁論，多有遺落，時或存於世焉。（魏書九十三徐紇傳）

所爲文筆數十篇。（魏書四十七盧玄傳附道生傳）

懋詩諫賦頌及諸文筆，見稱於時。（魏書五十五劉芳傳附懋傳）

高祖因以所製文筆，示之。（魏書五十九劉昶傳）

所作文筆二十卷，別有集。（魏書六十八高聰傳）

義雲集其文筆十卷，託魏收爲之敍。（北齊書四十五李廣傳）

於時袁翻與范陽祖瑩位望通顯，文筆之美，見稱先達，以邵藻思華贍，深共疾之。（北齊書三十六邢邵傳）

自有晉之季，文章競爲浮華，遂成風俗，太祖欲革其弊，因魏帝祭廟，羣臣畢至，乃命綽爲大誥奏行之（略），自是之後，文筆皆依此體。（周書二十三蘇綽傳）

所著文筆數十篇，頗行於世。（周書三十七蘇亮傳）

所著文筆二十餘卷，行於世。（周書三十八薛寘傳）

兼善文筆。（周書四十二劉璠傳）

魏收嘗對高隆之謂其父曰：賢子文筆，終當繼溫子昇。（隋書四十二李德林傳）

（陸）卬云：已大見其文筆，浩浩如長河東注。（同上）

河東薛道衡才高當世，所爲文筆，必先以草呈構而後出之。（隋書六十六高構傳）

所有文筆，恢廓閑雅，有古人之深致。（隋書六十六房彥謙傳）

（楊）素因令更擬諸雜文筆十餘條，又皆立成。（隋書七十六杜正玄傳）

除了史傳用文筆一語以外，這一時代的文章評論家，也往往用文筆兩個字作爲評文的類別。譬如文心雕龍及文筆式（文鏡祕府論引）都是如此的。卽下及李唐，這種傳統的文筆分目，仍然相當的流傳着。所以劉子玄史通自序云：「余初好文筆，頗獲譽於當時，晚談史傳，遂減價於知己」。而朝野僉載：有「杜景佺文筆宏贍」的話。不但此也，卽是宋明人所稱爲「古文」之韓愈的製作，在當時還仍然稱筆而不稱文。趙璘因話錄云：

韓文公與孟東野友善，韓公文至高，孟長於五言，時號孟詩韓筆。

算是一條明證。但自唐中葉以後，漸漸的多以詩文對舉（參看馮班鈍吟雜錄四），而北宋時代，由於歐陽修等盛倡所謂[古文]，結果，韓柳的[筆]，進而成爲正統的「文」。於是宋人提及文章製作的時候，無不詩文並稱，無形中是以[詩文]代替了[文筆]。（徐度卻掃篇云：唐庚云：作文當學司馬遷，作詩當學杜子美。又陸游老

學菴筆記云：宋白尚書玉津雜詩有云：坐臥將何物，陶詩與柳文。）因此陸游便以
爲南朝所謂詩筆，卽宋時所謂詩文，南朝的［筆］，就是宋時的［文］。他的老學菴筆
記云：

> 南朝詞人謂文爲筆，故沈約傳云：謝玄暉善爲詩，任彥昇工於筆，約兼而有
> 之。又庾肩吾傳梁簡文與湘東王論文章之弊曰：詩旣如此，筆又如之。又
> 曰：謝朓沈約之詩；任昉陸倕之筆。任昉傳又有沈詩任筆之說。老杜寄賈至
> 嚴武詩云：賈筆論孤憤，嚴詩賦幾篇。杜牧之云：杜詩韓筆愁來讀，似倩麻
> 姑癢處抓。亦襲南朝語耳。往時諸兒謂詩爲詩筆，亦非也。

宋人以［文］代替了［筆］，由此可以洞明了。宋明以降，史家雖時而「古訓是式」，
在傳記中襲用文筆，如宋史楊億傳有「文筆雄健」的話，元史歐陽元傳有「得其文
筆以爲榮」的記載，但究覺寥若晨星了。

至於明代，一般文人更「不知筆一語爲何物」（馮斑鈍吟雜錄卷三語），當然
更不懂文筆的義界。到了淸代，阮元纔正式的把文筆問題提出來，同他的子弟們作
集體的研究。

阮元在廣州開學海堂，曾以文筆策問課士。他先用這個題目命其子阮福擬對。
阮福的所作，載揅經室三集五卷，題目叫作學海堂文筆策問。而其他課士的文筆
攷，則見學海堂初集七卷，作者有劉天惠梁國珍侯康梁光釗四人。阮門這五篇文筆
論，論調大致相同。綜合他們的主張，約有下列三項：

一、孔子文言以比偶用韵，是［文］的始祖。

二、漢代稱［文］的多指詩賦，所以［文］須有韵，六朝詩筆對舉，可證筆是無
　　韵的製作，無韵的製作不能稱作［文］。

三、凡屬沈思翰藻而與經史子不同者，纔能叫作［文］。宋明所謂［古文］，是
　　經子史一流的著作，重在立意記事，所以不能叫作「文」。

讀者可就阮福劉天惠等各作，加以覆案，我們此地不把原文一一列舉了。案此次的
文筆專論，雖出學海堂後輩之手，而實皆一依阮元的主張及作風。而阮福的文筆
對，曾經阮元的潤色，自尤足代表阮元本人的說法。阮元的這種主張，在他的其他
文章中，也曾時時提及。我們不妨舉出來加以參證。揅經室三集卷二文言說云。

孔子於乾坤之言，自名曰文，此千古文章之祖也。爲文章者，不務協音以成韵，修詞以達遠，使人易誦易記，而惟以單行之語，縱橫恣肆，動輒千言萬字，不知此乃古人所謂直言之言，論難之語，非孔子之所謂文也。（略）然則千古之文，莫大於孔子之言易，孔子以用韵比偶之法，錯綜其言，而自名曰文，何後人之必欲反孔子之道，而自命曰文，且笑之曰古也。

這與上舉他們第一項文筆的主張相合。又同書同卷與友人論古文書云：

元謂古人於籀史奇字，始稱古文。至於屬辭成篇，則曰文章。（略）昭明選序，體例甚明，後人讀之，苦不加意。選序之法，於經子史三家，不加甄錄，爲其以立意紀事爲本，非沈思翰藻之比也。今之爲古文者，以彼所棄，爲我所取，立意之外，惟有紀事，是乃子史正流，終與文章有別。

這又與上舉他們第三項文筆的主張相合。又同書同卷書梁昭明太子文選序後云：

或曰：昭明必以沈思翰藻爲文，於古有徵乎？曰：事當求其始。凡以言語著之簡策，不必以文爲本者，皆經也，子也，史也。言必有文，專名之曰文，自孔子易文言始。（略）孔子文言實爲萬世文章之祖。（略）專名爲文，必沈思翰藻而後可也。（略）自唐宋韓蘇諸大家，以奇偶相生之文，爲八代之衰而矯之，於是昭明所不選者，反爲諸家所取，故其所著者，非經卽子，非子卽史；求其合於昭明序所謂文者鮮矣。（略）然則今人所作之古文，當名之爲何？曰凡說經講學，皆經派也。傳志記事，皆史派也。立意爲宗，皆子派也。惟沈思翰藻，乃可名之爲文也。非文者固不可名爲文，況名之曰古文乎？

這一段說法，且又兼合他們的第一第三那兩項主張。至於他們的第二項主張，則在阮福文筆對中，明言是芸臺的素旨。其言云：

按福讀此篇（指金樓子與文選序）相證無異，呈家大人，家大人甚喜，曰：足以明六朝文筆之分，足以證昭明序經子史與文之分。而與余平日著筆不敢名曰文之情益合矣。

據上所述，足見阮門這五篇文筆論，都是爲阮元的主張作注脚，有意的向桐城古文派攻擊，而爲當時的所謂[選學]張目。至於這幾篇文章之搜取例證，排列綜合，以

定文筆的區別和內容，這與阮元的性命故訓一文，作風又極相類。所以我們可以說
阮門下這五篇文筆論，實在就是阮元的個人主張了。阮氏憑依正名主義，對於一個
問題的解決，往往取當時的例，以證當時的義，此種實事求是的作風，在治學態度
上，所給與後學的影響，實匪淺鮮。但是，他這次的主張，因囿於攻擊「古文」派
的成見，又誤以文選選史的特例，作爲文選的全書通例（詳後），所以武斷的斷定六
朝所謂筆，不能稱文。結果，他們集體合作的幾次論文，並沒有解決了他們要解決
的問題。我們且把上擧阮氏的三項意見簡單的加以批駁：

一、劉勰說：「今之常言，有文有筆。」又說「別目兩名，自近代耳。」所以
　　文筆分目，決不會在孔子時代。

二、劉勰作文心雕龍其中有文有筆，（黃侃文心雕龍札記云：自明詩以至諧
　　隱，皆文之屬。自史傳以至書記皆筆之屬。）蕭圓肅撰文海其中兼取詩
　　筆。（詳後）所以六朝的文筆，合之都算是文，分之始曰文筆。

三、事出於沈思，義歸乎翰藻，是昭明選史文的體例，不是文選的全書通
　　例。看選序自然明白。而且六朝人所謂筆與經史子等專門著述也並不
　　同。關此我們下面都要仔細的加以說明。

所以阮元在文筆的辨論上，雖然費了很大的苦心，但實在未能捉到這個問題的核
心。我們不妨再就阮氏未結的這段公案，搜求更多的證據，來平心靜氣的加以重
斷。

（二）文筆說的起來

（甲）文筆分目的開始時代

南史三十四顏延之傳：

　　[文]帝嘗問以諸子才能，延之曰：竣得臣筆，測得臣文，㷭得臣義，躍得臣
　　酒。何尙之嘲曰：誰得卿狂，答曰：其狂不可及。

又宋書七十三顏延之傳。（南史三十四顏延之傳略同）

　　先是子竣爲世祖南中郞諮議參軍。及義師入討，竣參定密謀，兼造書檄。
　　[元凶]劫召延之示以檄文，問曰：此筆誰所造？延之曰：竣之筆也，又問：

何以知之？延之曰：竣筆體臣不容不識。劭又曰：言辭何至乃爾，延之曰：
竣尙不顧老父，何能爲陛下。劭意乃釋，由是得免。

延之答宋文帝旣然文筆分舉，答劉劭又不稱文體　，而稱筆體。而且劉劭問作檄的
人，也說「此筆誰所造」了。可見文筆別目的事實，在劉宋初年，已經非常的普遍。
文心雕龍總術篇說：

今之常言，有文有筆。以爲無韵者筆也，有韵者文也。夫文以足言，理兼詩
書；別目兩名，自近代耳。顏延年以爲筆之爲體，言之文也；經典則言而非
筆，傳記則筆而非言。

這又見延之不但分別文筆，而且曾爲筆體下過定義。進一步說，他恐怕還爲「文」
下過定義，所以劉勰論文筆纔把他的說法，舉出這麼一段。案延之生於晉孝武帝太
元九年，卒於宋孝武帝孝建三年（三八四——四五六），是晉末宋初的大文學家，
他與陶淵明謝靈運是同時代的人。他旣然分別文筆，而且加以解說，那麼文筆別目
的時代，最低限度要推到劉宋初年卽四世紀的時候。

顏延之「文章之美，冠絕當時」（見宋書本傳），他又「精於論文」（詩品）常
圈寄情興（見南齊書五十一史臣論）似乎文筆的別目，說是他一個人創出來的，所
以劉勰纔說文筆的「別目兩名，自近代耳。」但是歷史上一個新問題的出現，必有
其發展的長久過程，絕不是一個人可以向壁虛造的。所以顏延之爲文筆下定義，怕
仍承前代的說法，而僅是有意的加以解釋。我們如果要尋出文筆別目的開始時代，
仍須在劉宋以前的典籍上，再作一番歸納分析的工夫。

第一，要決定文筆別目的開始時代，先須尋文筆並舉的實例：　案文筆並舉，
始於王充論衡，後來魏武帝的選舉令　，閬人牟準的衞覬碑文　，都曾連用過文筆兩
字。至晉書列傳，文筆並稱的例子，就越法多了。現在且把這些材料，纘列於後。
王充論衡超奇篇云：

〔周〕長生死後，州郡遭憂，無舉奏之吏，以故事結不解，徵詣相屬，文軌
不尊，筆疏不續也；豈無憂上之吏哉，乃其中文筆不足類也。長生之才，非
徒銳於牒牘也。作洞歷十篇，上自黃帝，下至漢朝，鋒芒毛髮之事，莫不紀
載，與太史公表紀相類。上通下達，故曰洞歷。

又太平御覽二百十五引魏武帝集選舉令云：

國家舊法，選尚書郎取年未五十者，使文筆眞草有才能謹愼，典曹治事，起草立義。又以草呈示令僕訖，乃付令史書之耳。書訖共省讀，內之事本來臺郎統之，令史不行知也。書之不好，令史坐之。至於謬誤，讀省者之責。若郎不能爲文書，當御令史，是爲牽牛不可以服箱，而當取辯於繭角也。

又古文苑一聞人牟準魏敬侯碑陰文（嚴可均輯三國文作魏敬侯衞覬碑陰文）云：

所著述注解故訓及文筆等甚多，皆已失墜。所注孝經固（此上有脫誤）而倉頡碑大篆書，在左馮翊利陽亭南道旁。及華山下亭碑，增算狀，殷叔時碑，魏大饗羣臣上尊號奏，及受禪石表文，並在許繁昌。尊號奏，鍾元常書，受禪表覬並金針（一作錯）八分書也。太祖文帝等臨詔令雜駁議上封事一百餘誡子等，散在門人，及碑石可見。樹碑人郡國縣道姓名具如於後。（案此文多衍誤）

又晉書九十二袁宏傳：

桓溫重其文筆，專綜書記。（隋志，晉東陽太守袁宏集十五卷，梁二十卷錄一卷。）

又晉書七十一王鑒傳：

少以文筆著稱。

又晉書八十二習鑿齒傳：

鑿齒少有志氣，博學洽聞，以文筆著稱。（隋志，晉滎陽太守習鑿齒集五卷。）

又晉書四十五侯史光傳：

光儒學博士，歷官著績，文筆奏議，皆有條理。

又晉書七十七蔡謨傳：

文筆論議，有集行於世。（隋志，晉司徒蔡謨集十七卷，梁四十三卷。）

又晉書三十八楊方傳：

著五經鉤沈，更撰吳越春秋，並雜文筆皆行於世。（隋志梁有高涼太守楊方集二卷亡。）

又晉書七十五范堅傳及子啓傳：

> 父子並有文筆傳於世。（隋志，梁有黃門郎范啓集四卷亡。）

又晉書八十三袁喬傳：

> 注論語及詩並諸文筆，皆行於世。（隋志，梁有益州刺史袁喬集七卷亡。）

又晉書六十二張翰傳：

> 其文筆數十篇行於世。

又晉書六十二曹毗傳：

> 凡所著文筆十五卷傳於世。（隋志，晉元勳曹毗集十卷，梁十五卷，錄一
> 卷。）

又晉書九十二成公綏傳云：

> 著詩賦雜筆十餘卷行於世。

觀上列各條，王充論衡不但[文筆]並舉，而且有筆賦的話，而且以牒牘與洞歷的著
述，相提並論，似乎東漢時代文筆已經「別目兩名」，而分了家。但是我們若從論
衡中歸納另外幾條例證，便覺得王充所謂文筆，是汎指製作，而與顏延之說的，實
在迥乎不同。論衡超奇篇云：

> 自君山以來，皆為鴻渺之才，故有嘉令之文。筆能著文，則心能謀論。(略)
> 意舊而筆縱，文見而實露也。

又佚文篇云：

> 文人之筆，獨已公矣。聖賢定意於筆，筆集成文，文具惰顯。

又知實篇云：

> 口出以為言，筆書以為文。

又自紀篇云：

> 口則務在明言，筆則務在露文，（略）口無擇言，筆無擇文。

由這幾條例子看來，似乎王充所謂文筆，本汎指製作，即「筆能著文」，「筆集成
文」，「筆書以為文」的簡稱。所以文筆的別目，仍然不能推到東漢去。至於魏武
帝令，閭人牟準的碑文，所謂[文筆]究竟還是汎指製作，或者已經分指兩類文體，
儻無別的佐證，頗難遽為斷論。不過魏武帝用「文筆眞草」四個字，連成一句，眞

草指兩類書法，文筆也或許是分指兩類的文體。而關人牟準又把注解故訓與文筆分述，所以至少在曹魏以後，是用文筆兩字，代表與注解故訓不同的製作名稱了。至於晉書所稱的［文筆］，是否與顏延之所說的文筆相同，我們在這裏須先有三項說明：

（甲）上列各傳所謂文筆，蕭梁時候已經以文集來記錄，不再留存文筆的名目。試看上列各傳記載下所附的隋志目錄，便可曉然。所以我們先斷定這些［文筆］的名稱，仍沿用晉人作的晉書舊文。

（乙）晉人所謂文筆，與經史等專門著述不同，（如五經鉤沈，吳越春秋等，皆不在文筆範圍內。）與經子注疏不同。（如關人牟準以文筆別於注解訓詁等，又上舉袁喬傳論語詩等注不在文筆範圍內。）

（丙）有些以議論或奏議與文筆雜稱的例子，如蔡謨傳稱「文筆論議」，侯史光傳稱文筆奏議。這是著錄家行文的隨便，義例的不純，在文筆說通行以後，還仍然可以有這種現象。（如後魏書徐紇傳稱文筆駁論，可為一例。）我們不能因此即說晉人所謂文筆，不包括論議奏議那些製作。（奏議屬於筆詳後）

在這三項說明以後，那麼要問晉人所謂文筆，是否分指兩類文體呢？我們說：是的。請在此地證成這個說法。晉書蔡謨傳稱「文筆論議有集行於世」。而隋志注稱：梁有晉司徒蔡謨集四十三卷，似乎所謂文筆論議都編在這個文集中了。然隋志又別有一記載，在書林十卷，雜逸書六卷下曰：

應璩書林八卷，夏赤松撰。抱朴君書一卷，葛洪撰。蔡司徒書三卷，蔡謨撰。前漢雜筆十卷，吳晉雜筆九卷。（略）

可證蔡謨傳所謂筆，即此三卷別行的書，與前漢雜筆為同類的製作。那麼，至少可說［筆］是書札一類的製作了。又晉書九十二成公綏傳云：

詩賦雜筆十餘卷，行於世。

這是詩賦與筆有別的好證據。又同書同卷李充傳云：

詩賦表頌等雜文二百四十首，行於世。

袁宏傳云：

詩賦誄表等雜文凡三百首，傳於世。

這又是詩賦等製作專目爲文的好證據。筆與詩賦不同，詩賦又專稱文，（劉天惠文筆考云：漢書賈生傳云：以能誦詩書屬文聞於郡中。終軍傳云：以博辨能屬文聞於郡中。司馬相如敍傳云：文艷用寡，子虛烏有。楊雄敍傳云：淵哉若人，實好斯文，至於賈子工於對策，而敍傳但稱其屬書，司馬遷長於敍事，而傳贊但稱其史才，皆不得捃能文之譽焉。蓋漢尙辭賦，所稱能文，必工於賦頌者也。）可證晉人所謂文筆，已經分指兩類的製作，與東漢汎指製作的意義，確有不同。既有雜文，又有雜筆，那麼上舉楊方傳稱：［方雜文筆行於世］，雜字的含義，也可以迎刃而解了。

總括上述各端，我們斷定一：晉傳中的文筆，已經分指兩類製作，與東漢以來汎指製作的意義不同。二，文指詩賦類的製作，筆指書札類的製作。三，由聞人牟準及晉書各例，可證文筆說的起來，至晚當在東晉的初年。

第二要決定文筆別目的開始時代，須再求單舉筆字的例子：文筆別目的形成，應當在筆體獨立以後。因爲文章稱文，自古而然，本是不成問題的。我們爲著辨明文筆別目的起源，必須再去考查以筆字簡稱製作的例子。請先舉與筆與其他字並稱的例子。有稱爲筆札的，漢書樓護傳云：

谷子雲筆札，樓君卿喉舌。

又後漢書章帝紀云：

建武詔書又曰：堯試臣以職，不直以言語筆札。

又論衡量知篇云：

文吏筆札之能。

所謂筆札似指章奏一類的製作，所以論衡效力篇又有這樣的說法：

谷子雲章奏百上，筆有餘力。

但漢書司馬相如傳云：

諸爲天子游獵之賦，上令尙書給筆札。

又後漢書曹褒傳云：

寢則懷抱筆札，行則誦習詩書。

又後漢書賈逵傳云：

> 帝敕蘭臺給筆札，使作神雀頌。

所謂筆札，仍是文具的名稱。旣是文具，自然可以製作各種文章，譬如谷子雲善作章奏，以筆札著稱，賈逵作神雀頌，也要須用筆札。所以筆札二字，與刀筆二字，（參看史記蕭何世家，及漢書張釋之張湯賈誼等傳，魏志張旣傳注引魏略）可說大同小異，都是以文具的名稱，代表製作的名稱，而並不代表筆體這一類的文章。又有所謂手筆的，太平御覽二百三十一引東觀漢記曰：

> 陳寵爲廷尉，有疑獄，輒手筆作議，所活者甚衆。

又後漢書江肱傳注引謝承後漢書云：

> 靈帝手筆詔曰：（略）

魏志二文帝紀注引魏略曰：

> 王自手筆令曰：（略）

又魏志七張邈傳注引英雄記曰：

> 初天子在河東，有手筆版書召〔呂〕布來迎，布軍無畜積，不能自致。

又魏志十三王朗傳云：

> 夫忠至者辭篤，愛重者言深，君旣勞思慮，又手筆將順，三復德音，欣然無量。

又吳志八諸葛瑾傳注引江表傳曰：

> 瑾之在南郡，人有密讒瑾者。此語頗流聞於外。陸遜表保明瑾無此，宜以散其意。權報曰：（略）孤前得妄語，卽封示子瑜，並手筆與子瑜。卽得其報，論天下君臣大節一定之分。

以上所謂手筆，卽手書的意思，但也有作代名詞用的，如後漢書八十三申屠蟠傳云：

> 幕府初開，特加殊禮優而不名，申以手筆，設几杖之坐。

魏志三明帝紀注引魏略曰：

> 帝旣從劉放計，召司馬宣王，自力爲詔。（略）先是燕王爲帝畫計，以爲關中事重，宜便道遣宣王從河內西還，事以施行。宣王得前詔，斯須得後手

筆，疑京師有變，乃馳到，入見帝。

吳志八張紘傳注引孔融遺紘書曰：

前勞手筆，多篆書。每舉篇見字，欣然獨笑，若見故人矣。

蜀志十李嚴傳云：

亮具出其前後手筆書疏本末，平（即李嚴）違錯章灼。平辭窮情竭，首謝罪
負。

又晉書六十一苟晞傳云：

懷帝復苟晞討東海王越詔，（略）桓文之績，一以委公，其思盡諸宜，善建
弘略。道澀，故練寫副手筆示意。

由上各例來看，凡章表書札都可稱爲手筆，其實辭賦誄讚也都可以叫作手筆，如陸
雲集八雲與兄平宗書云：

令（當作今）送君苗登臺賦，爲佳手筆，云復更字復勝，不知能愈之不？

又如晉書六十五王珣傳云：

珣夢人以大筆如椽與之，旣覺，語人曰：比當有大手筆。俄而帝崩，哀册謚
議，皆珣所草。

都是很好的證據，旣代表章表書札，又代表辭賦誄議，可見手筆二字，即使代表著
作，也只是汎指文章，而不是拿來作爲某一類製作的名稱的。又有稱爲辭筆的，如
續漢書律歷志注引蔡邕戍邊上章曰：

（上略）非臣辭筆，所能復陳。（略）無心復能操筆成草，致章闕庭。

伯喈上章，不說［文辭］，或［言辭］，而說辭筆，似此辭筆二字，專指章表這個體
裁。但上面說，［非臣辭筆］，而下面說，「無心復能操筆成草」，那麼所謂辭筆的
筆，顯然是操筆成草的筆，並非把筆視爲一類的製作的。總之，漢魏以來所謂筆
札，所謂手筆，所謂辭筆，至多只能代表文章的製作，雖然與筆字連成兩個字，卻
絕對不含後來所謂筆體的意義。但是這裏有一點要注意的，我們所以把這三種習語
提出來討論，除了爲得這些習語，都與筆字並舉，曾代表過製作，而爲筆體獨立的
濫觴以外，還有三項理由：第一，我們已經知道，東晉人所謂筆，是專指書札那類
製作而言，所以我們要檢取漢魏時代的所謂筆札，重新作一考查，看看所謂筆札是

否與後世之筆體有關，而結果漢魏人所謂筆札，卻與筆體之筆並不相合。可是劉宋時候，筆卻與筆札已經完全相同了。例如顏延之說「竣得臣筆」，而沈慶之卻說「顏竣但知筆札之事」（南史沈慶之傳）。第二，漢魏時所謂手筆，汎指文章製作，而不專指某一類的文章，但在宋初范曄就已經把手筆認作無韵的一類文章了。宋書范曄傳，曄獄中與甥姪書自序曰：

> 手筆較易，文不拘韵故也。

試想西晉時，陸雲還把手筆汎指文章製作，到了范曄，就有了這等的變化，這是萬不容忽視的事件。第三，辭筆一語，漢與六朝，也像有點不同。南齊書四十八孔稚珪傳云：

> 太祖為驃騎，以稚珪有文翰，取為記室參軍，與江淹對掌辭筆。

齊人所謂辭筆，專指書札一類的製作，與蔡邕的辭筆，已經不同。南齊書四十八劉繪傳云：

> 後北虜使來，繪以辭辯，敕接虜使。事畢，當撰[語辭]，繪謂人曰：無論潤色未易，但得我語，亦難矣。

上面所謂辭筆的辭，如果卽是這種[語辭]的辭，那麼南齊時的辭筆，似乎已專指書記類的文章，與漢人所謂辭筆已經大有差異了。這也是一件令人注意的大變化，所以我們如果要檢尋[筆]體的成立，是不得不把這三種習語加以討論的，而且筆札手筆辭筆等含義的變化，同時還為[筆]體產生之時代，無形中指出一個斷限，卽：[筆]體的產生，必在曹魏以後，而劉宋以前，也就是說，必在兩晉的時候了。

　　現在要問：[筆]體的獨立，是否就在兩晉的時候呢？我們此地須拿出實證來，作為上段論斷的根據。北堂書鈔六十引謝承後漢書云：

> 劉祐字伯祖，補尚書郎，祐才辨有大筆，自在臺閣，陳國家故事，每有奏，決於口筆，為羣僚所服。（劉祐書鈔誤作劉裕）

才辨有大筆，卽兼長口才筆才的意思。所以下面又說：每有奏決於口筆。此種以口才筆才對舉的例子，漢魏以來，很有一些。書鈔六十又引謝承後漢書曰：

> 樊鯈字巨卿，拜尚書郎，性敏達，彌綸舊章，深識典故。每入奏事，朝廷所問，應對甚捷，桓帝嘉其才，臺閣有疑事，百僚議不決，遂常擬古典，引故

事，處當平決，口筆俱著。

所謂口筆俱著，也是稱述口才筆才的。又史通十八雜說篇云：

　　昔魏史稱朱異有口才，摰虞有筆才，故知喉舌翰墨，其事本異。

又世說新語文學篇，太叔廣甚辨給條，注引王隱晉書曰：

　　〔摰〕虞與廣，名位略同。廣長口才，虞長筆才，俱少政事。衆坐，廣談虞
　　不能對，虞退筆難廣，廣不能答。於是更相蚩笑，紛然於世。廣無可記，虞
　　有所錄，於斯勝也。

這種口才筆才的對舉，與漢書樓護傳喉舌筆札的對舉，是一樣的。所以上述各條之所謂筆，仍是筆札的意思。有大筆即是有大手筆，即是擅長筆札。後漢書稱劉祐文札強辨，可見即與謝書才辨有大筆的話，是語異意同的。而所謂筆才，亦卽謂筆札之才，或者翰墨之才（看上舉史通）。筆才的名稱，旣然普遍了，所以有時分用才筆兩字，來作記載。如魏志二十一王粲傳注引魚豢魏略曰：

　　（路）粹爲軍謀祭酒，與陳琳阮瑀等典記室。及孔融有過，太祖使粹爲奏，
　　承旨數致融罪，（略）後人視粹所作，無不嘉其才，而畏其筆也。

魚豢此處所謂筆，仍是筆札的意思，畏其筆，無異說畏其筆札，或者畏其刀筆。並非把某一類的製作，專門的叫作筆，不過我們歸納上述魏晉史家筆字的各例，有兩個要點，須要說明。第一：上舉擅長筆的人物，如劉祐龔遂摰虞路粹等他們所製作的，不過奏表以及論議。那麼魏晉史家稱述他們擅長表奏論議時，不說有文章，（如後漢書桓譚傳，稱：譚能文章，王隆傳，稱隆能文章等。）而說有大筆。不說有文才，（如後漢書鄭炎傳，張超傳，皆稱：有文才等。）而說有筆才。不說畏其文，而說畏其筆。可說無形中有了表奏論議等，屬筆而不屬文的意識。所以在表面上，雖然沒有把某類的製作叫作筆。骨子裏，已經把某一類的屬辭，認定是筆了。第二，普通都是手筆刀筆辭筆或筆札等，兩個字連舉的。而上述各例，卻單用一個筆字。單用一個筆字，來代表屬詞，筆字就獨立的成爲一個專名詞，這至少是把某一類的製作叫作筆的濫觴。但假如只有以上這幾條例子，則筆體的獨立（卽把某類製作叫作筆），我們還不能說起於魏吳（謝承時代），而且也不能說起於西晉（魚豢及王隱時代），因爲這些例子，並沒有顯明的把某一類製作，正式的叫作

筆。

真正把某一類的製作，叫作筆的，這裏有兩三條很好的例。晉書四十三樂廣傳云：

> 累遷侍中河南尹。廣善清言，而不長於筆，將讓尹，請潘岳爲表。岳曰：當得君意。乃作二百句語，述己之意。岳因取次比，便成名筆。時人咸云：若廣不假岳之筆，岳不取廣之旨，無以成斯美也。

此事又見世說新語文學篇，文字略同，今錄在下方：

> 樂令善於清言，而不長於筆。將讓河南尹，請潘岳爲表。潘云：可作耳，要當得君意。樂爲述己所以爲讓。標位二百許語。潘直取錯綜，便成名筆，時人咸云：若樂不假潘之文，潘不取岳之旨，無以成斯美。

這算正式的用[筆]字，稱呼章表一類的文章了。又世說新語自新篇云：

> 戴淵少時，遊俠不治行檢。嘗在江淮間，攻掠商旅。陸機赴假還洛，輜重甚盛，淵使少年掠劫，淵在岸上據胡牀指麾。（略）機於船上，遙謂之曰：卿才如此，亦復作劫耶？淵便泣涕，投劍歸機，辭厲非常。機彌重之，定交，作筆薦焉。

這又是以筆字稱呼章表的例子。劉義慶的世說新語，原是就郭頒世語，孫盛晉陽秋，郭澄之郭子，裴啓語林等書，照抄的，此可用三國志注，唐宋類書所引上列四家佚文，比較劉書而知。那麼關於戴淵的這條記載，自是晉人文字的原樣，足以斷定筆體的獨立，是發生在兩晉之間。又高僧傳二鳩摩羅什傳，羅什常歎（晉書九十五什傳略同）曰：

> 吾若著筆，作大乘阿毗曇，非迦旃延子比也。今在秦地，深識者寡，折翮於此，將何所論！乃悽然而止。惟爲姚興著實相論二卷。

又世說新語文學篇云：

> 太叔廣甚辨給，而摯仲治長於翰墨，俱爲列卿，每至公坐，廣談仲治不能對。退著筆難廣，廣又不能答。

所謂著筆，都是說作筆，與後世著筆爲文的意思不同，陳僧慧達夾科肇論序所謂「自古及今，著文著筆」可爲上二例的好註腳。（南齊書五十四顧歡傳云：歡口不

辨，善於著筆　，著三名論甚工　，鍾會四本之流也。也可以作爲注脚。）以上都是
兩晉時候的例子，足證「筆」的獨立　，必然發生這個時代了。　又世說新語排調篇
云：

　　魏長齊雅有體量，而才學非所經。初宦當出，虞存嘲之曰：與卿約法三章，

　　談者死，文筆者刑，商略抵罪。

這是虞存用約法三章的老套子，把［談］（清談），［商略］，和［文筆］換進去，給
魏長齊開玩笑，乃是針對長齊不擅長這三種把戲而發。［談］和［商略］旣是魏晉名
士的時髦玩藝，可見［文筆］也是當時的口頭禪。虞存是兩晉之際的人物，又可證文
筆之分至晚發生在晉人南渡的時候。

　　從單稱筆字的例子，以討論文筆說的開始，至此宣佈完結。我們可以說：用一
個筆字作爲文章製作的代名，至晚起於東晉的初年，與西晉初用手筆來稱呼文章的
著作，大致相同。不過當時的所謂手筆，代表詩賦和表奏類所有的製作，而筆則僅
包括奏（如潘岳爲樂廣作的讓河南尹表），牋（如世說注引陸機薦戴淵於趙王倫，
此屬牋類）　，論，議（如摯虞難太叔廣）的製作　，絕找不出一條用筆稱詩賦的例
子。換言之東晉時已經把表牋論議一類的製作，簡稱作筆，而所謂筆體，這時候已
經另成一類了。那麼我們回顧上一段的斷論，把初期文筆說，列以下三條結論：

　　一、文筆說的起來，在東晉初年。

　　二、文指有韵的詩賦頌誄等一類的製作，筆指無韵書論表奏等一類的製作。

　　三、經子史等專門著述，不入單篇的文筆範圍。

　　　　　　　　　　　（乙）文筆分目的來由

　　在上節，我們的結論是，文筆二字作爲屬辭的代名，始於東漢的時候。文筆分
類作爲兩類文體的代名，始於東晉的時候。文筆二字，先有汎指屬辭的含混意義，
而後有分指文體的區別意義。那麼，要問：汎指製作的文筆兩字，爲什麼能變爲後
來的意義呢？我們以爲文筆兩字，所以能成爲兩類製作的代名，是應乎文章新分類
的需要。

　　兩漢以來，文章的體裁，漸漸的多了。每個體裁，有每個體裁的專門名字，譬
如，銘有銘的名字，也有銘的所以爲銘的特色。箴有箴的名字，也有箴所以爲箴的

特色。至於銘、賦、祝、盟、誄、碑、哀、弔、史傳、詔、策、檄、移、章、表、奏、啓、議、對、書、札等等的文體，又無一不是如此的。有這麼繁多的體裁的出現，舊分類的類名，如像劉歆詩賦略的所謂〔詩賦〕，已經不能賅括。而無論在敍錄上或評論上，都須要一個新分類的類名了。所以譬如荀勗著中經新簿，仍然承襲七略，在詩賦的名目下，著錄各製作的題目和言數。（參看隋書經籍志一序）但他又著文章敍錄，卻另用文章二字作名稱。又譬如因襲荀錄而重作四部的李充，他在論文時，也得另取個翰林論的名字。而摯虞也有了文章志的稱謂。似皆因詩賦的名目，不能徧賅衆製，所以他們纔應用文章或翰林等含混的名稱，有意的來作出一個替身，再上推到漢魏史家，他們對於東漢人製作的著錄，竟不得不逐類的列舉出來，姑以後漢書爲例，（汪輯，七家後漢書，無關於著述的著錄。殊可惜。）如：

1　所著賦誄書奏，凡二十六篇。（六十八桓譚傳）

2　所著賦誄銘說問交德誥愼情書記說自序官錄說策五十篇。（同上馮衍傳）

3　又作詩頌誄書連珠酒令，凡九篇。（七十六賈逵傳）

4　所著碑誄說書，凡二十一篇。（六十七桓榮傳附桓麟傳）

5　所著七說（後漢書集解引沈欽韓，以爲七說應作七誤。）及書，凡三篇。（同上桓彬傳）

6　所著賦論書記奏事，合九篇。（七十班彪傳）

7　所著典引賓戲應譏詩賦銘誄頌書文記論議六言，在者凡四十一篇。（同上班固傳）

8　詔告中傅，封上蒼自建武以來章奏，及所作書記賦頌七言別字歌詩，並集覽焉。（七十二東平憲王蒼傳）

9　所著詩賦銘頌箴弔，及諸解詁，凡二十二篇。（七十八胡廣傳）

10　所著詩賦銘頌書記表七依婚禮結言達旨酒警，合二十一篇。（八十二崔駰傳）

11　所著賦碑銘箴頌七蘇南陽文學官志嘆辭移社文悔祈草書勢七言，凡五十七篇。（同上崔瑗傳）

12　所著詩賦銘七言靈憲應間七辨巡誥縣圖，凡三十二篇。（八十九張衡傳）

13　所著賦銘碑誄書記表奏七言琴歌對策遺令，凡二十一篇。（九十馬融傳）

14　所著詩賦碑誄銘讚連珠箴弔論議獨斷勸學釋誨敍樂女訓篆勢祝文章表書記，凡百四篇。（九十蔡邕傳）

15　所著碑誄表記，凡六篇。（九十四盧植傳）

16　所著賦銘碑讚禱文弔章表敎令書檄牋記，凡二十七篇。（九十五皇甫規傳）

17　所著頌碑文論議六言策文表檄敎令書記，凡二十五篇。（一百孔融傳）

18　所著賦碑誄書記連珠九憤凡十餘篇。（一百九服虔傳）

19　所著賦誄弔書七言女誡及雜文，凡十八篇。（一百十杜篤傳）

20　著詩賦銘書，凡二十六篇。（同上王隆傳）

21　著頌誄復神說疾，凡四篇。（王隆傳附史岑傳）

22　著賦頌詩勵學，凡二十篇。（同上夏恭傳）

23　著詩賦誄頌祝文七激連珠，凡二十八篇。（同上傅毅傳）

24　所著賦牋奏書，凡五篇。（同上黃香傳）

25　著詩誄頌論數十篇。（同上李尤傳附李勝傳）

26　所著詩賦銘誄頌七歎哀典，凡二十篇。（同上李尤傳）

27　所著賦論誄哀辭雜文，凡十六篇。（同上蘇順傳）

28　著誄書論四篇。（同上蘇順傳附曹衆傳）

29　著誄頌連珠凡七篇。（同上劉珍傳）

30　著文賦碑誄書記，凡二十篇。（同上葛龔傳）

31　著賦誄書論及雜文，凡二十一篇。（同上王逸傳）

32　所著賦頌銘誄箴弔論九咨七言，凡十五篇。（同上崔琦傳）

33　著詩頌碑銘書策，凡十五篇。（同上邊韶傳）

84　著賦誄頌碑書，凡六十篇。（同上張升傳）

35　著賦頌箴誄書論及雜文十六篇。（同上趙壹傳）

36　著賦頌碑文薦檄牋書謁文嘲，凡十九篇。（同上張超傳）

37　所著賦頌銘誄問注哀辭書論上疏遺令，凡十六篇。（百十四曹世叔妻傳）

這三十七條著錄，差不多都是逐類列舉的。我們稱之爲「類列式」的著錄法。這是漢魏史家最普遍的一種著錄慣式。（見行後漢書雖爲范曄撰成。然此種著錄，當是仍承舊漢史文。請具二證：一，後漢書稱桓麟所著碑誄說書，凡二十一篇。劉昭注引摯虞文章志云：麟文見在者，十八篇。有碑九首，誄七首，七說一首，沛相郭府君碑一首，此見摯志篇數，與漢傳不同。摯虞荀勗同爲西晉人，則荀之中經新簿，如照見在篇目著錄，自與漢傳亦異。二，逐類列舉，三國志多如此[詳後]證此種類列法，亦不始於劉宋。）案後漢書對於亡佚的製作，常常用籠統的文章二字作記錄。如高彪傳稱文章多亡。彌衡傳，稱其文章多亡。但是對於上述各家的製作，卻不憚煩的列舉出來，可證完全因爲當時的文體，已經繁多了，又沒有新的簡單標目，所以他們不得不一類一類的列出來。這種類列的著錄，晉代史家還大體沿用不改，請把三國志和晉書的例子，舉出來看：（湯氏九家舊晉書輯本，無關於著述的著錄。殊可惜。）如：

38　錄植前後所著賦詩頌銘雜論，凡百餘篇。副藏內外。（魏志十九陳思王植傳）

39　著詩賦論議，垂六十篇。（華陽國志十一，常寬傳，凡所著述詩賦論議二十餘篇，與此著錄相仿。）。（魏志二十一王粲傳）

40　郤所著述詩論賦之屬，垂百篇。（蜀志十二郤正傳）

41　紘著詩賦銘誄十餘篇。（吳志八張紘傳）

42　凡所著詩賦難論數萬言，名曰私載。（吳志八薛綜傳）以上三國志。

43　答兄詩書及雜賦頌數十篇，並行於世。（晉書三十一左芬傳）

44　所著詩賦論難數十篇。（同上四十四盧欽傳。華陽國志十一，任熙傳詩誄論難皆燦豔，與此略仿。）

45　所著詩賦誄頌論難甚多。（同上五十一皇甫謐傳）

46　又撰列女後傳七十二人雜論議詩賦碑頌駁難十餘萬言。（同上五十一王
　　接傳）

47　所造詩賦表奏皆傳於世。（同上五十六江統傳）

48　凡所著述詩賦牋表數十篇。（同上六十八紀瞻傳）

49　所作詩賦誄頌亦數萬言。（同上七十二郭璞傳）

50　著魏氏春秋晉陽秋並造詩賦論難，復數十篇。（同上八十二孫盛傳）

51　所著述及詩賦文論，皆行於世。（同上李充傳）

52　所著詩賦碑誄論難數十篇。（同上虞預傳）

53　詩賦奏議數十篇，行於世。（同上八十三江逌傳）

54　章奏詩賦數十篇，行於世。華陽國志十一，文立傳：凡立章奏集爲十
　　篇，詩賦論頌亦數十篇。蜀志譙周傳注云：華陽國志：文立章奏詩賦論
　　頌，凡數十篇。）。（同上九十一文立傳）

55　詩賦誄表等雜文，凡三百首傳於世。（同上九十二袁宏傳）

56　所著詩賦論四十五首遇亂多亡失。（同上棗據傳）以上晉書。

三國志晉書，此種例子，我們僅舉以上十九條。這十九條例子，都是魏晉史家對於
類列法的應用。把作者的製作，逐類地列舉出來。但魏晉史家另一方面，卻又改創
了新的記錄辦法，舉例如下：有稱文賦若干的，如：魏志九曹爽傳云：

　　何晏作諸文賦，著述凡數十篇。

又魏志二十一王粲傳稱：徐陳應劉等，「著文賦數十篇」。又劉劭傳稱蘇林韋誕夏
侯惠孫該等，「著文賦頗行於世。」都是顯例，有稱文論若干的，如：魏志二十一
王粲傳注引嵇喜爲嵇康傳曰：

　　善屬文論。

而同傳注引魏氏春秋就稱：

　　嵇康所著諸文論六七萬言。

又魏志六劉表傳，注引摯虞文章志曰：

　　〔周〕不疑文論四首。

又有稱文翰的，魏志十四劉放傳，謂：「放善爲書檄，三祖詔命，有所招諭，多放

所爲。」評曰：（魏志十三華歆傳注引晉諸公贊曰：〔華〕廙有文翰。晉書六十九劉隗傳云少有文翰。）

　　劉放文翰，孫資勤慎，並管喉舌，權聞當時。

又吳志六孫資傳注引孫惠別傳曰：

　　惠文翰凡數十首。

文賦文論文翰以外，如晉書上的文筆各例，也是此時應運而生的。這種用兩個字著錄製作的標目，我們稱之爲〔兩類式〕的著錄法。〔兩類式〕的著錄，是後漢書所沒有的。（文章二字不算）所以我們斷言這種新分類的〔兩類式〕，始於魏晉，而不起於東漢。其次，兩類式的著錄法，是著錄家有意的要用兩個具有分類作用的字，來賅括所有體裁的製作的廣弘明集三阮孝緒七錄序云：

　　〔向〕子歆探其指要，著爲七略，其一篇，卽六篇之總要。故以撮略爲名。
　　次六藝略。次諸子略。次詩賦略。次兵書略。次數術略。次方技略。王儉七
　　志改六藝爲經典次諸子。次詩賦爲文翰。次兵書爲軍書。次數術爲陰陽。次
　　方技爲術藝。以向歆雖云七略，實有六條，故立圖譜一志，以全七限，（略）
　　今所撰七錄，斟酌王劉。王以六藝之稱，不足標榜經目，改爲經典。今則從
　　之。故序經典錄，爲內篇第一。劉王並以衆史，合於春秋。劉氏之世，史書
　　甚寡，附見春秋，誠得其例。今衆家記傳，倍於經典，猶從此志，實爲繁
　　蕪。且七略詩賦，不從六藝詩部，蓋由其書旣多，所以別爲一略。今依擬斯
　　例，分出衆史，序記傳錄，爲內篇第二。（略）王以詩賦之名，不兼餘製，
　　故改爲文翰。竊以頃世文詞，總謂之集，變翰爲集，於名尤顯。故序文集錄
　　爲內篇第四。

王儉把詩賦略改爲文翰志，意在文翰志字，可以兼賅衆製，免去詩賦略偏而不全的毛病。而文翰二字分明是襲自魏晉人的，所以魏晉人文翰的意義，可以推知。魏晉人的文賦文論文筆的意義，也同樣可以推知。質言之，文翰文賦，文論文筆，都是應用兩個可以兼賅衆製的字，造成我們所謂〔兩類式〕的著錄名目。而上述四目中任何一目的兩個字，都具有分類作用的機能。（文賦二字是從詩賦二字中把詩換爲文，而以文包括詩及其他衆製。文代表一類，賦代表一類。文論二字，則是將所有

製作，分爲文及論，文代表一類，論一類。文筆代表兩類更不必言。又文翰與文筆約相當，因爲翰就是筆。後漢書王逸傳附子延壽傳，謂：蔡邕欲作靈光殿賦見延壽作，輟翰而止。此翰卽筆之證。）

　　其次我們上擧後漢書三國志晉書那五十三條類列的記錄，自一方面說，這種分類法，是因爲舊的標目，不實用了。而新的標目，還沒產生，所以不得不一類一類的列擧出來。但自另一面說，這種［類列式］的記錄，乍看像十分的繁亂，仔細看，則在繁亂中，卻暗含極一致的分類作用，卽大都把有韵的詩賦等，放在前面，把無韵的書奏等，放在後面，（以上諸條，僅第七第八第四十五，略爲例外。）前後兩截，實在區分兩類了。　所以這種［類列式］的著錄，已經有了走到［兩類式］著錄的傾向，唯其如此，所以到了晉葛洪纔能把有韵和無韵的製作，彼此分爲兩集，使製作的類別，更爲顯然，抱朴子卷五十，自序（又晉書七十二葛洪傳，略同。）云：

　　　洪年二十餘，乃計作細碎小文，妨棄功日，未若立一家之言。乃草創子書。
　　　會遇兵亂，流離播越，有所亡失，連在道路，不復投筆。十餘年，至建武中
　　　乃定。凡著內篇二十卷，外篇五十卷，碑頌詩賦百卷，軍書檄移章表箋記三
　　　十卷。（略）別有目錄。

這種把有韵的製作，與無韵的分開，足見是一種必然的趨勢，不能不有的事實。文論文賦文翰文筆等［兩類式］的著錄，遂繼之成爲簡單的新目，而文筆二字，所以由東漢人汎指製作的意義，變爲分指兩類製作的意義，以及有韵爲文無韵爲筆的觀念，可見其都肇始於此了。

　　如果要問，文論文賦，及文翰文筆，旣然都是［兩類式］的著錄新目，何以後來只有文筆二字，爲文論家所應用而文論文賦文翰等，漫漫的無聲無息了呢？這也有其道理。第一、文賦文論，仍不能槩賅衆製。譬如就嵇康說，世傳的嵇康集中，有詩，有賦，有論，有箴，有誡，是無法用，文論二字賅括的。而魏氏春秋稱嵇康著文論六七萬言，自然名不符實。又譬如何晏，他的製作計有詩（世說新語箴規篇注引），有賦（見文選），有奏（見魏志本傳），有議（通典五十引），有論（通典九十二，藝文五十九，史記白起傳集解，晉書王衍傳，列子仲尼篇注等，所

引），及頌（藝文九十八引），及銘。（藝文六十引）若用文賦二字來賅括，則文所包的又未免太雜。所以魏志稱何晏著文賦若干，也是不通的。舉一反三，其他稱文論文賦的，也可以知道了。至於文翰一目，雖略與文筆相當，但自來沒有把某種製作，單稱爲翰的。所以也不能與文筆相爭了。（文筆的稱謂比文翰的歷史長久。也是重要原因。）

（三）文筆說的演變

漢魏人合用文筆二字，來汎指文章的製作，兩晉人區別文筆二字，來分指兩類文體的製作，這是文筆二字含義的演變。有此演變，文筆說方纔成立。關此我們在上節已經詳爲論證了。現在，我們再就文筆說成立以後的演變情形，作進一步的推論。

文筆說的研究，當以文筆說的演變，爲其核心。譬如晉宋以後，文體與文體觀念的變化，以及各體製作的消長等重要問題，都可由文筆說的演變，就其相互的關係上，闡發南朝文學的嬗變大勢，及其所以如此之故。但近代各學者文筆的論著，率僅注意於文筆的區分。他們沒有分期的歷史觀念，對於文筆說的成立，旣不曾加以深究，而對於文筆說的演變，又少有討論。即有討論的，也是游疑其辭，毫無定見。中國學報第一册，有劉師培文筆詞筆詩筆考一文，他這篇論著，以「阮氏文筆對爲主，特所引羣書，以類相從，各附案詞。」以明文筆詞筆詩筆的區別。他列出晉書宋書魏書齊書陳書北史上九條文筆例子，便下案詞云：

據上九證，知古云文筆，猶今人所謂詩文詩詞，確爲二體。

又列了金樓子文心雕龍三條文筆的例子，便下案詞云：

據上三證，是詞語韵詞謂之文。凡非偶語韵詞，概謂之筆。蓋文以韵詞爲主，無韵而偶，亦得稱文。金樓所詮，至爲昭晰。

他又就漢至唐各史書舉例證筆，又就陳書南史舉例證辭筆。又據梁書北史及唐人詩文舉例證詩筆。（從略）而最後的結論是：

合前列各證觀之，知散行之體，概與文殊。唐宋以降，此誼弗明。散體之作，亦入文集，若從孔子正名之誼，則言無藻韵，弗得名文。以筆冒文，誤

孰甚焉。又文苑列傳，前史僉同。唐宋以降，文學凌遲，僅工散體，恆立專傳，名實弗符，萬民喪察，因幷辨之。

劉氏的總結論，本是袒護駢體文一種偏見。與阮元，可說是聲氣相通的。我們試看他的上面兩證，姑無論是非當否，起碼可以見得劉氏只注意於文筆的區分，而不注意於文筆的演變的。假定他注意文筆說的演變，便決定不至於把有韻無韻說，與金樓子的說法混在一塊兒。而且劉氏之說，大體本之阮元，阮元研經室續集三文韻說云：

福問曰：文心雕龍云，今之常言，有文有筆。以爲無韻者，筆也。有韻者，文也。據此，則梁時恆言，有韻者乃可謂之文。而昭明文選，所選之文，不押韻脚者甚多，何也？曰：梁時恆言，所謂韻者，固指押韻脚，亦兼謂章句中之音節，卽古人所言之宮羽，今人所言之平仄也。福曰：唐人四六之平仄，似非所論於梁以前？曰：此不然。八代不押韻之文，其中奇偶相生，頓挫抑揚，詠歎聲情，皆有合乎音韻宮羽者。(略)非謂句末之押脚韻也。（原注：卽如雖霓連蜷，霓字必讀側聲，是也。）是以聲韻流變，而成四六，亦祇論章句中之平仄，不復有押脚韻也。四六乃有韻文之極致，不得謂之爲無韻之文也。昭明所選，不押韻脚之文，本皆奇偶相生有聲音者，所謂文也。

莛臺這篇設問，把有韻無韻的文筆說，勁去配合昭明文選的選例，支離牽強，讀之令人捧腹。文筆僅是製作的分類，何嘗是把筆逐出文章的範圍。而且劉勰書文心而其中有文筆，蕭圓肅撰文海，其中兼取詩筆。昭明選文也本來兼取文筆的，阮氏定要說昭明文選，篇篇都有聲律，是文而不是筆，這種見解實在錯了。（譬如庾亮的表也算有韻的嗎！）太不注意文筆義界的演變了。又黃侃文心雕龍札記云：

今案：文筆以有韻無韻爲分，蓋始於聲律說旣興之後，濫觴於范曄謝莊，（原注：詩品引王元長之言云：惟見范曄謝莊，頗識之耳。）而王融謝朓沈約揚其波。以公家之言，不須安排聲韻，而當時又通謂公家之言爲筆，因立無韻爲筆之說。其實筆之名非從無韻得也。然則屬辭爲筆，自漢以來之遙言，無韻爲筆，自宋以後之新說。要之聲律之說不起，文筆之別不明，故梁元帝謂古之文筆，今之文筆，其源又異也。

又云：

> 有韵爲文之說，托始范謝，而成於永明。以謂文者，卽指句中聲律而言。沈
> 約旣云：詞人累十載而未悟，則文筆之別，安可施於劉宋以前耶？愚謂：文
> 筆之分，不關體製，苟愜聲律，皆可名文，音節粗疏，通謂之筆，此永明以
> 後聲韵大行時之說，與專指某體爲文某體爲筆之說，又自不同。然則以有韵
> 爲押韵脚者，隘矣。

又云

> 今謂，就永明以前而論，則文筆世俗所分之名，初無嚴界，徒以施用於世俗
> 與否爲斷，而亦難於晰言。就永明以後而論，但以合聲律者爲文，不合聲律
> 爲筆。（略）

黃氏反復申論，爲說甚繁，總其要點，不外兩端：

一　永明以前，文筆分界不明，大概施用於世俗的公家之言，叫作筆。

二　聲律論發生以後，纔有了有韵爲文無韵爲筆的界說。有韵者就是合乎聲
　　律的意思，而不是具有韵脚的意思。

他的這種論斷，表面上是就文筆說的演變上立論，實際上並不合乎此一演變的事
實。譬如顏延之曾經爲文筆下過界說，那能說永明以前，文筆的分界不明呢？反
之，永明時代的聲律論者，也並沒有涉及文筆的記載。文心雕龍文筆的分類，又明
明以有無韵脚爲標準。又那能專斷的說，「有韵」者卽是合乎聲律的意思，而強說
「聲律之說不起，文筆之說不明」呢？所以黃氏論來論去，無怪乎他自己也覺得「文
筆之辨，繳繞糾纏。或從體裁分，則與聲律論，有時牴牾。（原注：永明以前，雖
詩賦，亦有時不合聲律，休文明云：張蔡曹王，曾無先覺。潘陸顏謝，去之彌遠
矣。）或從聲律分，則與體裁或致參差。（原注：章表奏議，在筆之內，非無高文。
封禪書記，或時用韵）」了。

　　以上三家，都是研究文筆問題的代表。阮劉是駢體文的祖護者，有意的與桐城
「古文」派爭正統。他們當然抹煞史實，只憑私見作出那種的文筆界說。黃氏的論
斷，比較阮劉，算是注意文筆說的演變了。但是因爲囿於一方面，也並不能合乎當
時的演變事實，所以我們想在這裏，再把此問題討論一番。

（１）初期的文筆義界

　　劉勰既然說：有韵爲文，無韵爲筆，是「今之常言」。又說文筆的「別目兩名」，始於近代，所謂近代，既未明言。所以很容易惹起後人的誤會。黃侃把文筆的有韵無韵說，定在齊永明以後，就是這個緣故。那麼，有韵無韵的文筆說，究竟始於何時呢？我們說文筆以有韵無韵來分，本是初期的文筆義界。

　　在第二節裏，我們已證明文筆說起於晉。文指詩賦頌誄一類的製作，筆指書表奏論一類的製作。在第三節裏，我們又論定文筆二字，所以由汎指製作的意義，變而爲分指兩類製作的意義，是應乎文章新分類的要求而然的，假使讀者承認我們第二第三兩節的論證，那麼，文筆說既然起於晉，則有韵爲文，無韵爲筆的義界，也自然是晉人規定的了。此其一。

　　范曄自序（宋書六十九本傳），除了「手筆差易，文不拘韵故也。」的說話以外，他又說「至於循吏以下，及六夷諸序論，筆勢縱橫，天下之奇作。（略）贊自是吾文之傑思，殆無一字空設，奇變不窮，同含異體，乃自不知所以稱之。」可見范曄已然把序論稱作筆，把贊叫作文，則他所謂筆不拘韵的韵，當然指韵脚的韵。又顏竣作的檄，劉劭顏延之都稱作筆（見前引），可見當時把檄叫作筆，也因爲它是無韵脚的製作。更進一步說，顏竣作的檄，是篇很好的駢文，如果說駢麗音節者不是筆，那麼這篇檄便不能叫作筆了。我們且把檄文，略舉兩段：

　　　　先帝聖德在位，功格區宇，明照萬國，道洽無垠。風之所被，荒隅變識，仁
　　　　之所動，木石開心。而賊劭乘藉家嫡，凤蒙寵樹，正位東朝，禮絕君后。凶
　　　　慢之情，發於齠齔，猜忍之心，成於幾立。賊濬險躁無行，自幼而長，交相
　　　　倚附，共逞奸回。先旨以王室不造，家難亟結，故含蔽容隱，不彰其釁，訓
　　　　誘啓告，冀能革音。何悟狂慝不悛，同惡相濟，肇亂王蠱，終行弒逆，聖躬
　　　　離荼毒之痛，社稷有剪墜之哀。

　　　　傳檄三吳，馳軍京邑，遠近俱發，揚旆萬里。樓艦臨川，則滄江霧咽，銳甲
　　　　赴野，則林薄摧根。謀臣志士，雄夫毅卒，畜志須時，懷憤待用。先聖靈
　　　　澤，結在民心，逆順大數，冥發天理。（宋書九十九之凶劭傳）

　　試看這兩段文字，可說辭藻音節，都很講求，如果以永明聲律論者來分類，這當然

得歸到文一類裏。然而劉宋的初年，卻明明白白的把這篇檄叫作筆，又可見當時所謂筆，並不管牠合不合聲律，而是看牠有沒有韻脚。有這一條佐證，更見其爲鐵案了。顏延之范曄顏竣都是宋初人，那麼宋初的所謂文筆，由此確證是以有韻脚沒有韻脚作爲區別的了。此其二。

　　所以我們說：以有韻無韻來作區分，是晉代文筆的本來說法，也可說是文筆說的初期義界。劉勰於文心雕龍的撰述，論文敍筆，囿別區分，把有韵的詩至諧隱一類，與無韵的史傳至書記一類，分作兩部而各別的來討論，原是沿用晉人的這種初期的文筆說。

（２）後期的文筆說

　　以有韵無韵分的文筆說，自從晉人建立以後，雖爲後代的文評家評文的恆式（如文心雕龍，文筆式，文鏡祕府等），但文筆範圍的伸縮，和文筆界說的演化，卻自宋以後，無時不顯示此說之在變動着。文筆說在變動着，各時代的文人，對於文的觀念主張，也就各有不同。假如用一成不變的目光作論斷，把南朝時的文筆說，認爲只有一種界說。那麼，便不免犯了阮元黃侃等的錯誤了。

　　後期的文筆說可分爲兩大派：一可稱爲傳統派；一可稱爲革新派。

（甲）傳統派

　　所謂傳統派，他們大體仍沿用晉人的文筆說，不過在文筆範圍上，卻有時有點差異。這一派可以顏延之劉勰和梁昭明太子來代表。

　　顏延之　在第二節，我們曾經說：晉代的所謂文筆，不包括經子史等專門的著述。所以像五經鈎陳，論語注，吳越春秋，都不在筆的範圍以內。可是到了顏延之，便有了一點差異。文心總術篇，延之云：「經典則言而非筆，傳記則筆而非言。」延之把記傳的製作，也歸在筆一類，比較晉人所謂筆，算又擴大了範圍。這種擴大，對於後來的文評和文選，有很大的影響。我們知道，晉人把有韻脚的詩賦等，和無韵脚的書奏等，析爲文筆兩類，這只是一種分類法，並不以文筆分優劣。換言之，無韵的筆，他們仍然是目爲篇翰的。（二字借用文選序語）試觀潘岳爲樂廣造表的記載，便可曉然。但是像述經的記（如禮記亦述經之作），傳（文心總術：述經曰傳。指左傳類），分明是子史等專門的著述，與五經鈎沈，論語注

吳越春秋等，爲同一類，晉人本不納入文筆的範圍的。而顏延之此時把它歸入筆類，筆的義界，遂在無形中大變，在先前僅包括書奏那種[篇翰]的筆，此時便幾乎變爲包括一切無韵製作或著述的類名了。這樣以來，一方面筆的屬性加雜，所謂筆漸有退出文的範圍的傾向。梁元帝金樓子，把文的義界加嚴，把筆視爲非文，大概就受了顏說的影響。而另一方面，筆的範圍加大，非筆的無韵之文，也進來了。劉勰文心雕龍，把史傳諸子，同樣納入筆的範圍，又未必不基因於顏氏之說。所以顏說的第一個重要性，是文筆範圍的擴大。（傳記亦或專指史傳，但與經典對言，似以指左傳禮記兩種爲得。故今從范文瀾說。）

其次，延之又給文筆以理論的根據。這是比較晉人進步的一點。我們知道，晉人的區分製作，雖然以有韵無韵爲準，可是並沒有把取名文筆的理由，加以申述。所以晉人的文筆說，僅具有分類的作用，而不大具有文評的作用。延之接受了這種文筆說，除了把文筆二字，作爲談資以外（如答宋文帝），卻又爲文筆立了界說，而把言筆文分爲具有等級的三類了。譬如他說「筆者，言之文也。經典則言而非筆，傳記則筆而非言。」他的意思，是說：「直言事理，不加彩飾者爲言，如禮經尙書之類是。言之有文飾者爲筆，如左傳禮記之類是，其有文飾而又有韵者爲文。」（范文瀾文心雕龍注）言外有「文者筆之文也。」的意界。這種具有等級性的文筆說，一方面說明了三類製作的體性，而另一方面，又暗合了各體製之本身的發達階程。譬如五言詩，「斜徑敗良田，讒口亂善人，桂樹華不實，黃爵巢其顚，昔爲人所羨，今爲人所憐。」這首漢成帝時候的民謠，合乎所謂「發言爲詩」。是屬於言的階程。到了東漢，「班固詠史，質木無文」（鍾嶸詩品），這屬於筆的階程。「及至建安，五言騰踊，晉世羣才，稍入輕綺。」（文心明詩）這又屬於文的階程了。我們可再借文心雕龍的敍述，加以說明。文心詮賦篇：

> 鄭莊之賦大隧，士薦之賦狐裘，結言短韵，詞自己作，雖合賦體，明而未融。秦世不文，頗有雜賦。

> 漢初詞人，順流而作，陸賈扣其端，賈誼振其緒，枚馬同其風，王揚騁其勢。皋朔以下，品物畢圖，繁積於宣時，校閱於成世，進御之賦，千有餘首。討其源流，信興楚而盛漢矣。

試看上舉三段賦的敍述，是不是合乎言筆文的三類呢？又章表篇：

> 周監二代，文理彌盛，再拜稽首，對揚王休。承文受册，敢當丕顯，雖言筆
> 未分，而陳謝可見。

> 前漢表謝，遺篇寡存。及後漢察舉，必試章奏，左雄奏議，臺閣爲式，胡廣
> 章表，天下第一，並當時之傑筆也。

> 逮晉初筆札，張華爲儁，（略）及羊公之辭開府，（略）庾公之讓中書，（略）
> 序志顯類，有文雅焉。劉琨勸進，張駿自序，並陳事之美文也。（上有云：
> 曹公稱：爲奏不必三讓，又勿得浮華。所以魏世表章，指事造實，求其靡
> 麗，則未足美云云。此云美文，可知須靡麗是美者。）

又書記篇：

> 春秋聘繁，書介彌盛。繞朝贈士會以策，子家與趙宣以書，巫臣之遺子反，
> 子產之諫范宣，詳觀四書，辭如對面。

> 漢來筆札，辭氣紛紜，（略）並抒柚乎尺素，抑揚乎寸心。

> 逮後漢書記，則崔瑗尤善，魏之元瑜，號稱翩翩。（略）嵇康絕交，實志高
> 而文偉矣。

又可見章表書記等體製的發展，都合乎所謂言筆文三階程的開架。依此類推，其他
的製作，也同樣要具此三級性。那麼顏氏文筆之說，可謂恰合文翰的生長史實。是
一種創獲，一種發明，對於文筆的理解，不能不說更進一步了。

劉勰　文心雕龍這部傑作，在編纂上及評論上，都顯然承用晉宋以來的文筆
說。作爲論說的開架。他把明詩到諧隱這十種有韵的文，列在一起，又把從史傳到
書記，這十種無韵的筆，列在一起，而分別的從事討論和敍述，都是有意的囿別區
分。這在他的序志篇裏說得很明白：

> 蓋文心之作也，本乎道，師乎聖，體乎經，酌乎緯，變乎騷文之樞紐，亦云
> 極矣。若乃論文敍筆，囿別區分，原始以表末，釋名以章義，選文以定篇，
> 敷理以舉統，上篇以上，綱領明矣。

文心一書，顯然以文筆爲開架，等於一部文筆論，所以評論方面，他當然要兼顧到
文筆的兩種製作，譬如體性篇云：

是以筆區雲譎，文苑波詭。

又風骨篇云：

藻耀而高翔，固文筆之鳴鳳也。

又章句篇云：

裁章貴於順序，文筆之同致也。

又總術篇云：

文場筆苑，有術有門。

又才略篇云：

孔融氣盛於爲筆，彌衡思銳於爲文，有偏美焉。

都是顯例。劉勰兼舉文筆以外，有時在論敍筆體的製作，又時常常提到筆的字眼，
譬如檄移篇云：

鍾會檄蜀，徵驗甚明，桓公檄胡，觀釁尤切，並壯筆也。

又封禪篇云：

孝武禪號於肅然，光武巡封於梁父，誦德銘勳，乃鴻筆耳。

又表啓篇云：

夫奏之爲筆，固以明允篤實爲本，辨析疏通爲首。

劉勰之承用文筆說，已如上舉。他對於舊的文筆說，有沒有修改呢？我們已經知
道，晉人所謂文筆，不包括子史等專門著作，到了顏延之，才把子史類加入筆體。
而文心雕龍有諸子史傳，在這方面說，劉勰是接受了顏說，而對於晉人的文筆舊
義，算是有了改革。又晉人所謂文筆，僅是把各體的篇章，分爲兩大類，而於文筆
並無軒輊之見。到范曄才以爲文難筆易，有了重文輕筆的傾向。劉勰此書，兼賅衆
體，文筆並重，在這一方面說，他又是承用晉人的舊義，對於范說算是一點沒有接
受。這種不囿一說，古今洽通的態度，正是他序志篇所謂「同之與異，不屑古今，
擘肌分理，唯務折衷」了。但是文心雕龍旣然以文筆爲綱領，從事於文筆的論述，
像雜文篇把典、誥、誓、問、覽、略、篇、章、曲、操、弄、引、吟、諷、謠、
詠、這種有韵的文，都列在文類。這還不違背古人的文筆說，然而他在書記篇裏把
譜、籍、簿、錄、方術、占試、律令、法制、符契、券疏、關刺、解諜、狀列、辭

諺，都一概納入「述理於心，著言於翰」的筆體，卻迥異乎晉宋以來的文筆範圍。一部文心雕龍，算是反映了劉勰個人廣義的文筆說了。（總術篇云：昔陸機之賦，號爲曲盡。然汎論纖悉，而文體未該。據此知劉勰自以羅縷衆體，爲能事了。）

劉勰有了這種廣義的文筆說，他對於文筆的義界，有沒有改正呢？我們須要加一考查。劉勰在總術篇曾有涉及文筆的討論，他說：

今之常言，有文有筆。以爲無韵者，筆也。有韵者，文也。夫文以足言，理兼詩書；別目兩名，自近代耳。顏延年以爲：筆之爲體，言之文也；經典則言而非筆，傳記則筆而非言。請奪彼矛，還攻其楯矣。何者？易之文言，豈非言文。若爲（原作不，誤。）言文，不得云經典非筆矣，將以立論，未見其論立也。予以爲：發口爲言，屬筆曰翰，常道曰經，述經曰傳，經傳之體，出言入筆。筆爲言使，可強可弱。六（原作分，誤。）經以典奧爲不刊，非以言筆爲優劣也。

這段文字，是劉勰對於言、筆、文、的全盤主張。所謂「文以足言，理兼詩書。」表示他兼重文筆，把無韵的筆，與有韵的文，都叫作文。而所謂「發口爲言，屬筆曰翰，常道曰經，述經曰傳，經傳之體，出言入筆。」這又表示他對於顏說的反駁，案顏說極善，劉勰不能深知，而遽加譏誚，這不但不能修正顏說，反而顯出自己的錯誤。第一，周易所謂文言，與顏延之「言之文也。」取義並不相同。那麼，舉出文言一語，批駁顏說，可說牛口不對馬嘴。第二，顏氏以經爲言，以傳爲筆，是以體製分，而非以內容分，劉勰用「常道曰經，述經曰傳，」的話。來反駁顏氏的說法，也是不對的。而且劉勰也有自相矛盾的地方，譬如：既然說「經傳之體，出言入筆。」則以爲經傳的體裁相同。那麼爲什麼不把經跟史傳同放在筆類裏來討論呢？此其一。又劉勰敍述章表的體變，謂：「周監二代，文理彌盛，再拜稽首，對揚王休。承文受册，敢當丕顯，雖言筆未分，而陳謝可見。」可見他本來也有言筆區分的意思，而對於顏氏區分言筆的說法，大加攻擊，也是自相矛盾的。此其二。所以劉勰的文筆新論，實難自圓其說，我們僅能稱文心雕龍一書所能表現的特色，僅是把文筆的範圍擴大，把文筆的義界拓廣，如此而已。

梁昭明太子　昭明太子與晉王綱書，曾以「文筆弘雅」四字許張新安（梁書

到洽傳），可證他是一個文筆說的接受者。可是文選序論到選文的凡例，浩浩千言，並沒有文筆兩個字，似乎昭明選文時，「未嘗有文筆之別」（黃侃文心札記語），而阮元辨論文筆，常常拉着文選序，似乎有點勉強。但是我們如果用晉宋以來的文筆說，比較文選序關於選例的文字，便知道昭明在選文時，實在有他對於文筆說的意見。文選序云：

> 若夫姬公之籍，孔父之書，日月俱懸，鬼神爭奧，孝敬之準式，人倫之師表，豈可重加芟夷，加之翦截。老莊之作，管孟之流，蓋以立意爲宗，不以能文爲本，今之所撰，又以略諸。若賢人之美辭，忠臣之抗直，謀夫之話，辨士之端。（略）所謂坐狙丘，議稷下，仲連之卻秦軍，食其之下齊國，留侯之發八難，曲逆之吐六奇，蓋乃事美一時，語留千載，概見墳箱，旁出子史，若斯之流，又以繁博，雖傳之簡牘，而事異篇章，今之所集，亦所不取。至於紀事之史，繫年之書，所以襃貶是非，紀別同異方之篇翰，亦已不同。若其讚論之綜緝辭采，序述之錯比文華，事出於沈思，義歸乎翰藻，故與夫篇什，雜而集之。

昭明不選經，不選子，不選史，這與東晉不把經史等專門著作，列文筆範圍，是同樣的意思。昭明不選載言的「旁出子史」，這與顏延之把言與文筆分開，又是一樣的意思。所以昭明的選文凡例，大體承襲晉宋人舊的文筆說，而與劉勰廣義的文筆說，稍爲不同。但這裏有兩件事，是須要注意的。第一，昭明雖不選史，可是史傳中的讚論序述，卻破例的加以選集，這是昭明的卓越見地。因爲這四種製作，前兩種是有韵的文，後兩種是無韵的筆，應該從史傳中拉出來放在文選中的。這是一種新主張，所以昭明不得不用「事出於沈思，義歸乎翰藻」兩句話，作爲他選輯論贊序述的特例。選輯的特例，自非一部文選的選文通例了。在這方面，阮元曾經鬧出錯誤，不妨附帶的說一說。阮氏在與友人論文書裏（研經室三集卷二）說：

> 昭明選序，體例甚明，後人苦不加意。選序之法，於經史子三家，不加甄錄，爲其以立意紀事爲本，非沈思翰藻之謂也。

又在書梁昭明太子文選序後（同上）說：

> 昭明所選名之曰文，蓋必文而後選也。（略）必沈思翰藻，始名爲文，始以

入選也。

阮氏竟把昭明選史的特例，認作是一部文選的通例了，（章太炎國故論衡文學總論‧曾以文筆問題，涉及文選，亦誤以沈思翰藻二語爲昭明選文通例。）這種錯誤，也許有人爲他辯護，以爲這種選史特例，未必不可視爲全書的通例，我們說：這種辯護，我們是無法承認的。又朱自淸先生，有篇專論事出於沈思義義歸乎翰藻的大作（北大文科研究所油印論文之九），朱先生根據文選中的史論史贊的用詞，反覆推斷，證明事義，卽是用事用比。事出於沈思，義歸乎翰藻，卽是善於用事，善於用比的意思。朱先生的這篇論辨，詳盡明確，讀者可以覆案。我們知道，昭明所選的詩文，不用事用比的，爲數甚多。譬如庾亮的讓中書表徐敬業的古意酬到長史詩，都是顯明的例子。諸如此類，不可枚舉。那麼，這種選史論史贊的特例，如果就是全書的通例的話，則上舉這兩首不用事用比的詩文，昭明便應該置之不選了。所以「事出於沈思，義，歸乎翰藻」，這兩句話，並不得視爲昭明的選文通例。阮說的錯誤，實在無法隱藏的。

第二，昭明述用篇章篇翰篇什的話，以別於經史子筆的專門著述，則所謂篇章，大概指單篇的製作，我們知道，把子史類的專門著述，與文筆類的詩賦書表分開，晉人已有前例。那麼，昭明所謂篇章等，卽兼指晉人所謂文筆類的製作而言。所以昭明文選，文筆雜集，而並不把筆排斥於[文]之範圍以外。阮元強謂文選選文不選筆，這不但不懂得昭明的選例，而且是不懂得正統派的所謂筆。

總上面敍述的幾條來看，我們可以說：顏延之劉勰昭明太子，這三家的文筆說，都是承用舊說的。不過每個人都加上一點自己的斟酌和修改，所以與晉人的文筆義界，多少顯示些異彩。然而最與晉人的舊說相異的，是革新一派的新說。

（乙）革新派

在晉宋以後，最能代表一新異之文筆說的，要推梁元帝。他在金樓子立言篇說：

古之學者有二，今之學者有四。夫子門徒，轉相師受，通聖人之經者，謂之儒。屈原宋玉，枚乘長卿之徒，止於辭賦，則謂之文。今之儒，博窮子史，但能識其事，不能通其理者，泛謂之學。至如不便爲詩如閻纂，善爲章奏如

伯松，若此之流，泛謂之筆。吟詠諷謠，流連哀思者，謂之文。（略）筆退
則非謂成篇，進則不云取義。神其巧惠，筆端而已。至如文者，須綺縠紛
披，宮徵彌曼，脣吻遒會，情靈搖蕩。而古之文筆，今之文筆，其源又異。
我們知道，晉宋以來，傳統派的文筆說，都是以有韵脚的爲文，無韵脚的爲筆。而
梁元帝把閨纂的詩，也歸到筆裏去，至此文筆的區分，便不用有韵脚無韵脚作標準
了。（文鏡祕府論南卷引梁朝湘東王［卽元帝］詩評曰：「作詩不對，本是孔文，
不名爲詩」，亦足徵元帝之此種主張）這是第一點。又前人的所謂［文］，只重其
有韵脚，所以詩賦誄頌銘箴等，都算是［文］。而梁元帝認爲［文］，應具備的條件，
已不限於所謂韵脚，而要「綺縠紛披，宮徵彌曼，脣吻遒會，情靈搖蕩」了。這是
第二點，這兩點與傳統派的文筆說，有天地的懸隔。阮元乃以爲梁元此說，與劉勰
昭明太子俱無差異。（見阮福文筆對）未免失之疏忽了。

　　梁元帝這種含有兩大異彩的文筆說，也並非出於獨創，而是有他的來源的。第
一，梁元帝把不便爲詩的閨纂的詩，排到文外去，降到筆裏來。而且說明［文］，要
宮徵彌曼，脣吻遒會，簡言之卽［文］要「和體抑揚」（·文心聲律篇語），「有韵
無韵」說，變而爲「韵與不韵」的新義了。「韵與不韵」說，是從永明聲律派得來
的。沈約答陸厥書（南齊書陸厥傳）云：

　　　自古辭人，豈不知宮羽之殊，商徵之別；雖知五音之異，而其中參差變動，
　　　所昧實多。故鄙意所謂，此祕未覩者也。（略）士衡雖云：炳若縟錦，寧有
　　　濯色江波，其中復有一片，是衡文之服。此則陸生之言，卽復不盡者矣。韵
　　　與不韵，復有精麤，輪扁不能言，老夫亦不盡辨此。

這裏所謂韵與不韵，韵指合乎聲律，不韵卽是不合聲律的意思，那麼，沈約所謂文
的韵，雖然沿用晉宋有韵爲文的韵，而卻把韵的含義改變了。因之有韵爲文的說，
變而爲文須聲律的新義，於此可知，梁元帝的新文筆說，是接受了永明派的論調，
所以大胆的把閨纂的詩，排斥到文的範圍以外。

　　第二，梁元帝所謂：「綺縠紛披，宮徵彌曼，脣吻遒會，情靈搖蕩」，這種
［文］所應備的條件，就是陸機文賦所「詩緣情而綺靡」一句話的翻譯，「綺縠紛
披」卽是綺。「宮徵彌曼，脣吻遒會」就是靡。而「情靈搖蕩」，又卽是情。合而

言之，是聲律情采了。文心雕龍有聲律篇有情采篇，劉勰在情采篇裏道：

> 故立文之道，其理有三。一曰：形文，五色是也。二曰：聲文，五音是也。三曰：情文，五性是也。五色雜而成黼黻，五音比而成韶夏，五情發而爲辭章，神理之數也。

劉勰這種說法，與金樓子文筆論，正可互相印證。又知梁元帝的立論，完全沿用晉代以來的文章評論，並不是他個人的向壁虛造。梁元帝這種文筆說，雖然把文的範圍縮小了，把筆漸漸推到[文]圍之外，違背了歷代的傳統說法。但是，他放棄以體裁分文筆的舊說，而開始以製作的技巧，重爲文筆定標準。（他說：筆退則非謂成篇，進則不云取義，神其巧惠，筆端而已。這是爲筆定標準。）可說是一種化古成新的文筆說。宋齊以後，文筆說的大家，雖常常能爲文筆下定義，分等級，而不止像晉人似的僅視爲一種分類法，然而能眞正把文筆的閞架，與晉宋以來的文章評論，鎔爲一爐而鑄成一種新文論的，實不得不推之梁元帝，在這一點說，金樓子的文筆說，尤其重要了。

（四）附論詩筆

齊梁以降，當文筆說正在流行的時候，何以又有了詩筆並稱的記載？阮元劉師培都僅是與文筆說相附會，而不能說明，所以又有此說的緣故。現在我們把文筆說弄清楚了，這個小問題，也就可以迎刃而解。特在此附帶加以闡明。南齊書晉安王子懋傳云：

> 文章詩筆，乃是佳事。

又梁書劉潛傳云：

> 潛字孝儀，祕書監孝綽弟也。兄弟相勵，勤學並工屬文。孝綽常曰：三筆六詩。三卽孝儀，六卽孝威也。

又南史五十七沈約傳云：

> 謝玄暉善於詩，任彥昇工於筆，約兼而有之，然不能過也。

又南史五十九任昉傳云：

> 旣以文才見知，時人謂任筆沈詩。昉聞甚以爲病。晚節轉好著詩，欲以傾

沈，用事過多，屬辭不得流便，自爾都下士子，慕之，轉爲穿鑿，於是有才盡之歎矣。

文苑英華七五十四陳何之元梁典總論云：

世祖聰明特達，才藝兼美，詩筆之麗，罕與爲匹。

又周書四十二蕭圓肅傳云：

撰時人詩筆，爲文海四十卷。

詩筆並稱的記載，並不甚多。但旣然出現在文筆說盛行的時候，我們卻不可輕易的放過去。上述幾例，最應注意的是，劉潛傳和蕭圓肅傳。劉潛傳說：孝儀兄弟並工屬文，而孝儀善爲筆，孝威工於詩。蕭圓肅傳稱：圓肅纂文海四十卷。而其中爲時人詩筆，可見所謂詩筆，與文筆同。詩筆代替文筆，依然分指篇章的兩類。換言之，是以有韵的詩，代替了有韵的文了。但是爲什麼當時會發生這種以詩代文的事實呢！這也是勢所必至，有其所以如此的原故。齊梁時代，詩詠一道，成爲士大夫競鶩的目標。大家「終朝點綴，分夜呻吟」，風氣所趨，無不以詩爲口實，所以當時專文論詩的著作，如鍾嶸詩品，便應運而興。詩品序對這種風尙情形，記載得很清楚：

今之世俗，斯風熾矣。纔能勝衣，甫就小學，必廿心而馳騖焉。於是庸音足曲，人各爲容。至使膏腴子弟，恥文不逮，終朝點綴，分夜呻吟。（略）觀王公縉紳之士，每博論之餘，何嘗不以詩爲口實，隨其嗜慾，商榷不同，淄澠並泛，朱紫相奪，喧議競起，準的無依。近彭城劉士章俊賞之士，疾其淆亂，欲爲當世詩品，口陳標榜，其文未遂，感而作焉。

齊梁人偏尙詩詠的風氣，舉此一段，已見一斑。相同的材料，我們不煩逐條列出了。這裏僅把梁簡文帝與湘東王書，刪取如左：

又時有效謝康樂裴鴻臚文者，亦頗有惑焉。何者？謝客吐言天拔，出於自然，時有不拘，是其精粹。裴氏乃是良史之才，了無篇什之美。是爲學謝則不屆其精華，但得其冗長。師裴則蔑絕其所長，惟得其所短。是以握瑜懷玉之士，瞻鄭邦而知退，章甫翠履之人，望閩鄉而歎息，詩旣若此，筆又如之，甚矣哉，文之橫流，以至於此！至如近世，謝朓沈約之詩，任昉陸倕之

筆，斯實文章之冠冕，述作之楷模。張士簡之賦，周升逸之辯，亦成佳手，
難可復遇。（梁書庾肩吾傳）

有這條記載，再取前述的任昉傳，參合觀看，便知道齊梁時，所以發生詩筆的名
稱，完全是一時的風氣使然。至於當時爲什麼有這種新的風氣，以非本篇的範圍，
姑且從略好了。（阮福文筆對的詩筆說，及劉師培的詩筆考，茲亦從略。）

出自第十六本（一九四八年一月）

述酒詩題注釋疑

（陶詩箋證之一）

逯　欽　立

述酒一詩，在陶集中最爲特異。旣通篇用典，極其離奇之致，而本文與題，且似郢書燕說，漫無頭緒之可尋。故其詮解之難，殆遠在玉溪生錦瑟一詩之上，此其使宋代學人如宋庠黄庭堅等所以謂其必有脫誤者也。湯漢注陶詩引宋本曰：

> 此篇與題非本意，諸本如此誤。

欽立案湯注所謂宋本，卽宋庠之本，日人橋川時雄曾有詳論，玆不具引。（見橋川時雄陶集版本源流考）宋庠「非本意」云者，乃謂此篇與題實非陶潛本人之作也，此可以其私記之語見之。陶集引宋丞相私記曰：

> 右集按隋經籍志，宋徵士陶潛集九卷。又云，梁有五卷，錄一卷。（略）余前後所得本僅數十家，（數十當作十數）卒不知何者爲是。晚獲此本，云出於江左舊書，其次第最若倫貫。又五孝傳以下至四八目，子注詳密，廣於他集。惟篇後八儒三墨二條，此似後人妄加，非陶公本意。（略）故今不箸，輒別存之，以俟博聞者。廣平宋庠記。

據此以照上文，知宋庠視述酒一題以及此篇，並後人所竄入，而非淵明之原作也。次則湯注引黄庭堅曰：

> 述酒一篇蓋闕。此篇有其義而無其辭，似是讀異書所作，其中多不可解。

欽立案：宋庠謂題與詩篇，非淵明本意。實以題詩間之難於融通，而有是語。山谷此上云云，則又依據宋說推究其致誤之故耳。要之，宋黄俱致疑此題不屬此詩，而世傳陶集之有脫誤也。尋先唐各集之傳世者，陶集最爲完好。自經昭明太子陽休之編錄以後，兩本並傳，經唐至宋，俱無殘闕。則謂述酒一題，已佚其辭，實有未嘗。宋庠旣知諸舊本皆如此，又何得遽謂之誤乎？以此解詩，宜乎其終不可解也。

揭發詩題間之關係者，始於湯漢陶詩注。其言曰：

按晉元熙二年六月，劉裕廢恭帝為零陵王。明年以毒酒一甖授張褘使酖王，
褘自飲而卒。繼又令兵人踰垣進藥，王不肯飲，遂掩殺之。此詩所為作，故
以述酒名篇也。詩辭盡隱語，故觀者弗省。獨韓子蒼以山陽下國一語，疑是
義熙後有感而賦。予反復詳考，而後知決為零陵哀詩，因疏其可考者，以發
此老未白之忠憤。

欽立案：湯氏以史實證明此詩所以以酒名篇之故，可謂獨具隻眼，發千百年莫覩之
祕。劉克莊後村詩話續集卷一曾推崇之曰：

淵明有述酒詩，自注云：儀狄造杜康潤色之。而終篇無一字及酒。（略）韓
子蒼因山陽歸下國一語，疑是義熙以後，有感而作。　至湯伯紀，始反覆詳
考，以為零陵哀詩。又謂淵明歸田，本避易代之事，而未詳明言之。至此主
弒國亡，其痛疾深矣。雖不敢言，而亦不可不言，故若是夫詞之廋也。湯箋
出，然後一篇之義明，其間如「峽中納遺薰」，「朱公練九齒」之句，（略）
伯紀闕疑，以質於余，余亦不能解。

由劉氏此一記載，足徵湯漢箋注陶詩之辛勤，及其此說之為當時學人所推重，而推
重之者，蓋不止克莊一人已也。然淵明於述酒題下，自注「儀狄造杜康潤色之」一
語，究為此題之何種含義而發，又篇中詩句有無可以暴白此注文之用意者，湯尚未
及深切論之，似後學者所應補直其闕略而發揮其所未盡者。　故擬以此篇，更辨
釋之。

湯注於「儀狄造杜康潤色之」注下，曰：

儀狄杜康，乃自注。故為疑詞耳。

欽立案淵明此詩，率用廋詞，既已領會為難，必無再為疑詞之說。湯氏此一推測，
恐為適得其反。然自湯氏此說以後，言陶詩者遂無一人研析此重要注文者；故近人
之於論證此詩，雖皆廣徵曲申，然題注不講，則題意莫詳，分章析句，仍多失誤。
徒事依傍於湯說，尚屬一間之未達也。茲擬就鄙見，試釋此注。請先將湯注陶詩迻
錄於下：

述酒（儀狄造杜康潤色之。按晉元熙二年六月劉裕廢恭帝為零陵王。明年以
毒酒一甖授張褘使酖王，褘自飲而卒。又令兵人踰垣進藥，王不肯飲，遂掩

殺之。此詩所爲作，故以述酒名篇也。）

重離照南陸，鳴鳥聲相聞，衆草雖未黃，融風久已分。素礫皛修渚，南嶽無餘雲。（司馬氏出重離之後，此言晉室南渡，國雖未末，而勢之分崩久矣。至于今，典午之氣數逐盡也。素礫未詳。修渚疑指江陵。）豫章抗高門，重華固靈墳，流淚抱中歎，傾耳聽司晨。（義熙元年，裕以匡復功封豫章郡公。重華謂恭帝禪宋也。裕既建國，晉帝以天下讓而猶不免于弑，此所以流淚抱難，夜耿耿而達曙也。又按義熙十二年丙辰，裕始改封宋公。後以宋公受禪，故詩言其舊封而無所嫌也。）神州獻嘉粟，西靈爲我馴。（義熙十四年，鞏縣人獻嘉禾，裕以獻帝，帝以歸于裕。西靈當作四靈。裕受禪文有四靈效徵之語。言裕假符瑞以姦大位也。）諸梁董師旅，芊勝喪其身。（沈諸梁葉公也，殺白公勝。此言裕誅翦宗室之有才望者。羊當作芊。而梁孝王亦有羊勝之事，或故以二事相亂，使人不覺也。）山陽歸下國，成名猶不勤。（魏降漢獻爲山陽公，而卒弑之。諡法不勤成名曰靈。古之人主不善終者，有靈若厲之號。此正指零陵先廢而後弑也。曰猶不勤，哀怨之詞也。）卜生善斯牧，安樂不爲君。（魏文侯師事卜子夏，此借之以言魏文帝也。安樂公劉禪也。丕既篡漢，安樂不得爲君矣。）平王（從韓子蒼本，舊作生。）去舊京，峽中納遺薰，雙陵（一作陽。）甫云育，三趾顯其文。（裕廢帝而遷之秣陵，所謂去舊京也。峽中未詳。雙陵，當是言安恭二帝。三趾，似謂鼎移于人。四句難盡通。）王子愛清吹，日中翔河汾，朱公練九齒，閒居離世紛。（王子晉好吹笙，此託言晉也。朱公者陶也。意古別有朱公修練之事。此特託言陶耳。晉運既去，故陶閒居以避世，明言其志也。河汾亦晉地。）峩峩西嶺（一作四顧。）內，偃息常所親，天容自永固，彭殤非等倫。（西嶺當指恭帝所藏。帝年三十六而弑，此但言其藏之固，而壽夭置不必論，無可奈何之辭也。夫淵明之歸田，本以避易代之事，而未嘗正言之，至此則主弑國亡，其痛疾深矣。雖不敢言，而亦不可不言，故若是乎辭之庾也。嗚乎，悲夫。）

欽立案，湯注此篇，大體明確。而其以劉裕遺張禕酖恭帝事，說明述酒名篇之意，

尤卓絕不刊之論。顧徇不知此儀狄杜康之注文，正與題目表裏相成以示其詩之爲兼斥桓玄劉裕而哀東晉之兩次篡禍也。夫東晉之亡，亡於兩次之篡奪。蓋桓玄啓之，劉裕成之，典午一朝遂告壽終。而此兩次篡奪，又莫不有關於酒。如桓玄酖殺道子，劉裕酖弑安恭二帝，俱以酒取人天下。此略觀晉書安恭紀贊，會稽王道子傳，宋書王韶之傳及晉書張褘傳，卽可洞知。淵明所以設此題注，卽以此也。何以知此注文之具有此意，請列舉篇中之隱喻桓劉者以證成之。

　　（一）釋「素礫晶脩渚南嶽無餘雲」二句

　　儲皖峯君，箸陶淵明述酒詩注一文，（見輔仁學志八卷一期。）於素礫句下引晉安帝紀，謂「桓玄得志，在白石戰後」。因言：「素礫云者，當指玄謀篡之事」，其言似矣。然經細繹，此句實指桓玄之坐大於荆州，因有問鼎之事，而與下句南嶽無餘雲之言東晉王氣衰竭者（古直陶靖節詩箋：晉元帝卽位，詔云，遂登南嶽，「受終文祖」。雲者紫雲，數術家所謂王氣也。藝文類聚引庾闡揚都賦注曰：建康宮北十里有蔣山，元皇帝未渡江之年，望氣者言：蔣山上有紫雲，時時晨見云云。而元帝升大位有紫雲，則王氣猶存。無餘雲，則王氣盡矣。欽立案，桓玄內犯，司馬道子禱祠蔣山，正坐此望氣之說。）正表裏爲義，說明東晉第一次篡局也。其證有二。

　　（一）古人凡以玉礫並舉，皆以玉指忠賢，礫指奸邪。楚辭惜誓曰：

　　放山淵之龜玉兮，相與貴夫礫石。

又後漢書黨錮傳贊曰：

　　涇以渭濁，玉以礫貞，蘭蕕無並，消長相傾。

皆其顯例。此詩上文，旣以鳴鳥相聞，隱喻王導等諸賢之共贊中興，（吳正傳詩話曰，書，我則鳴鳥不聞，指鳳皇。此謂南渡之初，一時諸賢猶盛也。古直箋曰，王導諸人，先後渡江，共贊中興，實爲朝陽鳴鳳。）故此又以「礫石晶脩渚」者，暗示奸邪之盤據要地，以逞其逆圖。而吾人並知其專指桓玄者，則以下列二故：

　　（甲）脩渚者，假渚宮之名，示其地爲江陵。（此從湯注。）江陵當時有西郊之稱，與建康東西對峙，南朝禍亂，多基此地。然在東晉據此地而覆晉祚者，則惟桓玄一人。

（乙）桓玄盤據江陵以後，一再表請東討孫恩，保衛京邑。（見玄本傳。）及其興師內犯，亦以淸除君側匡弼安帝爲口實。假仁假義，合「㠯石似玉」（見抱朴子。）之喩。

（二）言桓玄謀逆，所以必用此喩而譬此端者，抑且與桓玄依讖增洲之事，大有關係。蓋陶潛於此一句，不特應用古典，亦且附會今事也。太平寰宇記一百四十六荊州枝江縣下曰：

> 百里洲，荊州圖云：其上寬廣，土沃人豐，波潭所產，足積僮歲，特宜五穀。洲首派別，南爲外江，北爲內江。荊南志云：縣界內，洲大小凡三十七，其十九有人居，十八無人居。盛弘之荊州記云：縣南自上明東及江津，其中有九十九洲，諺遂云，洲不滿百，故不出王者。桓玄有問鼎之志，乃增一爲百，以充百數。僭號旬時，身屬宗滅，及其傾覆，洲亦消毀。至宋文帝在藩，忽生一洲，果龍飛江表，斯有驗矣。三洲洲中最大者，號曰陽洲，麗洲，泂洲，是百洲之數。（太平御覽六十九引盛弘之荊州記，與此所引略同。）

桓玄依讖增洲之事，當時在江陵一帶傳聞必廣。則以脩渚素礫指明桓玄之攘地謀叛，可謂巧於取譬。至此句不曰洲而曰渚者，則除以渚宮隱喩江陵以外，而此九十九洲，當時亦曾有渚字之名也。吳志潘璋傳：

> 魏將夏侯尙等圍南郡。分前部三萬人，作浮橋，渡百里洲上。

而魏志董昭傳述此事則曰：

> 征南大將軍夏侯尙等，攻江陵不拔。時江水淺狹，尙欲乘船將步騎入渚中安屯，作浮橋南北往來。

可見橫亘百里之九十九洲，本名曰渚，則此脩渚云云者，固知捨此莫屬矣。大逆起於渚宮，東晉之王氣以盡，故此正可以「素礫晶脩渚南嶽無餘雲」以隱喩之，與下文「豫章抗高門重華固虛墳」之言劉裕弒君簒位者，以次推測東晉之兩次簒局也。

（二）論「諸梁董師旅芊勝喪其身」二句

古直陶靖節詩箋，以芊勝比司馬休之，以諸梁比沈田子兄弟。謂「姚秦之敗，由于二沈，休之竄死，由于秦亡。故曰：諸梁董師旅，芊勝喪其身」云云，以發揮湯注「劉裕誅翦宗室之有才望者」之義。然尋芊勝以簒位致死，司馬休之以復仇敗

亡，雖同爲宗室，而其人不類，此其一。諸梁救楚惠王，故帥師誅芊勝，沈田子兄
弟則是從軍伐秦，雖同爲興師，其地位與目的皆不類，此其二。則謂此二句乃言休
之之死，似有不倫。案諸梁誅芊勝事，史記楚世家載其始末曰：

> 白公勝因劫惠王于高府，欲弒之。從者屈固，負王走昭王夫人宮。白公自立
> 爲王。月餘，會葉公來救，惠王之徒與共攻白公，殺之，惠王乃復立。

此事本末，若細推之，與劉裕之誅桓玄，乃甚仿佛：芊勝桓玄皆以篡得位，而爲時
俱不久，相似一也。芊勝桓玄皆篡位而未弒其君。相似二也。葉公誅芊勝，惠王復
位。劉裕誅桓玄，而安帝返輿。相似三也，然則此二句實指桓玄篡國覆滅之事，與
下文「山陽歸下國」等句之言劉裕奪位者，又分述前後之兩次篡局也。

以芊勝比桓玄，謝靈運詩中似並有之。其隴西行曰：

> 胡爲乖往，從表方圓，耿耿僚志，懔懔丘園。

黃節謝康樂詩注，於此云：

> 案後漢書崔駰傳，駰祖父篆，自以宗門受莽僞寵，臨終作慰志賦曰：豈無僚
> 熊之徵介兮，悼吾生之歼夷。僚志用左傳白公勝爲亂，說熊宜僚不動事。

欽立案：謝有初去郡詩云：「牽絲及元興，解龜在景平」。檢晉書安帝紀，桓玄興
兵內犯，其年即改元元興。靈運旣仕於元興，自以世家勳廕而事桓玄。則此耿耿僚
志云云者，當即指此。蓋其從劉裕篡晉室，已在屈隨「桓詔」以後，此歌若爲宋時
作，不得有此「胡爲乖往」之語也。然則謝氏之以芊勝喻桓玄，適與淵明符同，豈
芊勝桓玄之相擬，爲當時一般之見，故陶謝能有若是之同乎？未可知也。

　　（三）論「雙陽甫云育三趾顯奇文王子愛清吹日中翔河汾」四句

太平御覽九百二十，引晉諸公贊曰：

> 世祖時，西域獻三足烏。遂累有赤烏，來集此昌陵後縣。案昌字重日，烏
> 者，日中之烏，有託體陽精，應期曜質，以顯至德者也。

詩中所謂雙陽三趾，當即襲此所謂重日三足。顧重日三足，彼此發生關涉，成爲晉
朝受命之符，實遠在晉武之世。陶潛取此，果何所喻乎？斯爲一意味深長之問題，
不可不細爲推尋也。

赤烏累集昌陵，當時蓋實有其事。晉諸公贊以爲應期曜質，晉室受命之符，此

本之周武伐紂亦烏降祥之舊義，無足異者。惟其解昌字爲重日及以烏託爲陽精之
祥，則顯爲針對司馬氏出自火正重黎，而此以重日陽精者擬之，作一有意之附會。
是則甚可注意。蓋述酒詩所謂重離，所謂雙陽，似卽循此一說而爲之者也。案以昌
字析爲兩日，此本讖緯家託爲禪代符瑞者，魏志八公孫瓚傳，袁紹韓馥議，以爲少
帝制於姦臣，天下無所歸心，【劉】虞宗室知名，民之望也，遂推虞爲帝。注引吳
書曰：

> 是時有四星會于箕尾。馥和讖云 ；　神人將在燕分。又言濟陰男子王定得玉
> 印，文曰，虞爲天子。又見兩日出代郡，謂虞當代立。

此後漢末以兩日言禪代之符者。又魏志文帝丕紀注引獻帝傳載禪代衆事太史丞許芝
條魏代漢見讖緯於魏王曰：

> 易期運讖曰，言居東，西有午，兩日並光，日居下。其爲主，反爲輔，五八
> 四十，黃氣受，眞人出。言午許字，兩日昌字。漢當以許亡，魏當以許昌。

又曰：

> 故白馬令李雲上章曰，許昌氣見於當塗高 。當塗高者，當昌於許。當塗高
> 者，魏也。象魏者，兩觀闕是也。當道而高大者魏，魏當代漢，今魏基昌於
> 許，漢徵絕於許，乃今效見如李雲之言許昌相應也。

此太史丞根據圖讖以重日昌字爲符瑞，以成漢魏之禪代者。而吳志孫堅傳有曰：

> 會稽妖賊許昌，起於勾章，自稱陽明皇帝。

疑此妖賊之取名許昌及其稱陽明者，亦並有關於此符瑞之說 。且孫權以赤烏見於
鄂，因改鄂曰武昌，並以赤烏紀元，尤見襲此讖文昌字而取其瑞應。而此重日三足
之相涉，亦可與是中見之。夫累代之惑此說者，旣如是之紛紜，而以重日擬重黎，
又可作成一極爲切合之附會。則晉諸公贊三足重日云云者，正當時之一代表說也。
顧晉室取此昌字爲興徵，而亦以昌字爲亡符，此則又一至有意味之事。晉書孝武帝
紀曰：

> 初簡文見讖云：晉祚盡昌明。及帝之在孕也，李太后夢神人謂之曰：汝生男
> 以昌明爲字，及產東方始明，因以爲名焉。簡文帝後悟，乃流涕。

又安帝紀曰：

初讖云：昌明之後有二君，劉裕將爲禪代，故密令王韶之縊帝。

似此圖讖中之昌字，竟至命定典午一朝之終始矣。至於晉諸公贊以三足烏託爲陽精之祥，此亦本諸讖緯家言。史記龜策傳孔子曰：

日爲德，而君于天下，辱於三足之烏。月爲刑，而相佐見食于蝦蟆。

又太平御覽九百二十引春秋元命包曰：

日有三足烏者，陽精其僂呼也。

又同書同卷引張衡靈憲曰：

日陽精之宗，積而成烏。烏有三距，陽之類數奇。

此三足烏義合陽精數奇之舊解也。同書同卷七引春秋元命包曰：

火流爲烏，烏孝鳥陽精。天意烏在日中，從天以照孝也。

又引尙書緯曰：

火者陽也，烏有孝名，武王卒大業，故烏臻瑞。

又引薛綜赤烏頌曰：

赫赫赤烏，惟日之精。朱羽丹質，希代而生。

此又赤烏與陽精相關之舊說也。夫烏者陽精，故曰三足。而昌爲重日之合文，故爲雙陽。則此詩之雙陽三趾者，其爲循此一說之義，固灼然可見矣。惟陶潛此句，自非寓言晉室之興。今經細繹，知實兼取重日三趾及昌明之讖而反用之，以言晉室之第一次篡局也。蓋「雙陽甫云育」者，言孝武生子而晉祚得未斷於昌明。下文以「三趾顯奇文」明禪代之別一說法復熾，終有桓玄之篡，此則與晉諸公贊之取義，又有不同焉。

次則王子愛清吹，日中翔河汾二句，乃以神仙故事隱喩晉恭帝由讓位至於被害之事，以斥劉裕之第二次篡局，此可於下列各節證之。

湯注曰：

王子晉好吹笙，此託言晉也。

欽立案，湯說是矣，然有未盡。王子晉事見佚周書太子晉解，其文略曰：

晉平公使叔譽于周，見太子晉與之言，五稱而三窮，逡巡而退，其言不遂。

歸告公曰：太子晉行年十五，而臣不能與言。師曠見太子晉先稱曰：吾聞王

子之語，高於泰山，不遠長道，而求一言。王子應之曰：吾聞汝知人年長
短，告吾。師曠對曰：汝聲清汗，汝色赤白火色，不壽。王子曰：吾後三
年，當賓于帝，汝無言，殃（據御覽補此字，）將及汝。師曠歸，未及三
年，告死者至。（注云：未及三年，幷歸之年爲三年。則王子年十七而
卒也。）

欽立案劉裕義熙元年誅桓玄，至元熙二年篡位，其間存晉祚者一十七年。晉恭帝在
位僅二年，而翌年六月，被弒而崩，則此「王子愛清吹日中翔河汾」云云，若下句
隱含禪位之意，則此上句蓋適能以王子之壽齡十七，以喻劉裕存晉之年。而「未及
三年告死者至」又可以比喻恭帝自卽位以至崩逝，其間不出三載也。然「日中翔河
汾」者，果有禪位之義乎？湯注僅謂：河汾亦晉地。此未盡陶之心。尋此河汾云
者，乃借莊子堯游汾水之文，取其喪天下之義，以示晉恭讓位之事。莊子消遙游
曰：

堯治天下之民，平海內之政。往見四子藐姑射之山，汾水之陽，窅然喪其天
下焉。

欽立案：若依郭注，此固與禪位之說無關。然斷章取義，古人率習爲之，如梁書武
帝紀上，禪位梁王策有云：「一駕汾陽，便有窅然之志，暫適箕嶺，卽動讓王之
心。」顯以此文，託言禪代。是則此詩王子河汾之言，固正取此義，以哀恭帝之以
身殉國也。

　總上三端觀之，此詩旣通篇兼斥桓劉，且先桓後劉，敍說有次。是則題注儀狄
杜康云云者，分別以喻桓劉之兩次篡奪也。夫桓玄啓釁於前，此如酒之始造。劉裕
結禍於後，此如酒之重釀。酒經重釀，其味益烈，晉經兩篡，而禍益慘，至使典午
一朝，初則僅爲亡國，次則求爲匹夫而不可得。陶潛撰此詩而設此注，正使讀者據
題徵詩，用詩切題，而不致因離奇之辭泯其主旨者，可知也。

　若就鄙說，此詩大體略分三段。自起首至「傾耳聽司晨」爲一段。自「神州獻
嘉粟」至「安樂不爲君」爲一段。自「平王去舊京」至於末尾則又爲一段。而三段
之中，每先敍桓玄，次述劉裕，再三反復，以痛斥之。夫章段明析，則辭句易曉，
提綱挈領，此之謂也。而自來注此詩者，率僅於辭句中求之，是以終不得其竅要。

姑舉一事，以明其弊。

　篇中有云：「卜生善斯牧，安樂不爲君」。此二句若依吾人分章之法，應屬於第二段，而爲總述東晉篡局之語。然湯注及儲文則俱未究及此種章法。湯注曰：

　　魏文侯師事卜子夏，此借之以言魏文帝也。安樂公，劉禪也。丕旣篡漢，安樂不得爲君矣。

欽立案：湯注以安樂釋爲劉禪，此尙可通。然以卜生說爲師事子夏之魏文侯，又轉而定其託言魏文帝，此則失之穿鑿，未足置信。儲君注此詩，則又曰：

　　皖案峯：陶注（案卽陶澍陶淵明集注）謂湯注以卜生善斯牧爲魏文侯事卜子夏事，牽附無義。吳注（案卽吳瞻泰陶詩彙注。）黃注（案卽黃文煥陶詩析義。）引莊子牧乎君乎之語，而意不甚明。實則前人釋此詩，範圍只限於零陵，至此處無論如何解釋，均不可通。余因創爲新說，其理由有二：一、就詩句論，自「豫章抗高門，至成名猶不勤」十句，是說安恭遭廢殺事，正陶澍所謂「流淚抱中歎」以下，乃再三反復以痛之，已屬應有盡有，下文不必復贅。二、就事實論，淵明本晉功臣後，對故國舊君，不無關懷留戀。對當代新主之憤恨，亦情見乎辭。故於「卜生善斯牧」至「三趾顯奇文」六句，暗言劉裕諸子廢立事，益見裕雖足制安恭之死命，乃享年不永，骨猶未寒，諸子便遭殘殺，遺謀不臧，大業幾墜。據此以觀，前十句爲淵明對安恭致慨之語，後六句乃對裕洩憤之語也。

儲君旣立新說，因於「卜生善斯牧」二句之下，引宋書少帝紀，證此乃喻宋少帝失國之事，而爲斷論曰：

　　卜卽卜筮之卜，左傳閔二年，成季之將生也，使卜楚丘之父卜之，曰：男也。昭五年傳，穆子之生也，莊叔以周易筮之，遇明夷之謙，以示卜楚丘。觀少帝紀，武帝晚無男，及帝生悅甚，則卜其將來可畀大任，善牧斯民，不料其一味耽於安樂，不足爲君也。論語子無樂乎爲君。當卽此句所本。稽此次主謀廢少帝者，爲徐羨之，傅亮，謝晦。預謀者，爲檀道濟，王弘。二人先後爲江州刺史，均與淵明有舊，檀曾饋以梁肉，王曾攜酒遊飲，淵明此句，殆亦有觸而發歟？

儲君並謂「平王去舊京」以下四句，乃喻宋文帝自荆峽入篡大統之事，平王者指文帝，納遺薰者謂其被逼卽位有似越王子搜之事，雙陵者爲宋之興寧陵，（宋武帝母）及熙寧陵。（宋文帝母）又文帝本武帝第三子，「三趾顯奇文」之句，當卽隱括此等事實云云。其說較繁，茲不具引。欽立案，各家舊說，誠多牽誤，然儲君新創之論，亦似仍有可疑。尋宋書少帝紀，雖有武帝生男甚悅之文，然無卜其可畀大任善牧斯民之事。此其一，又尋宋文帝之入京篡統，亦非出於迫逼，且「峽中納遺薰」一句，釋爲艾薰王子搜事，亦未必的。不如舊注之較爲平實也。此其二。則此詩是否元嘉以後之作，及陶潛有無對新主洩憤之心，質之上述二事，殆可疑矣。

竊謂卜生云云者，本以卜式牧羊之事，託言強臣篡奪之手段，與下文「安樂不爲君」一句，正分述君弱臣強，終至禪代之局勢，而爲桓劉之篡奪作一結語也。漢書五十八卜式傳曰：

> 初式不願爲郎。上曰：吾有羊在上林中，欲令子牧之。式旣爲郎，布衣草蹻而牧羊。歲餘羊肥息。上過其羊所，善之。式曰：非獨羊也，治民亦猶是矣。以時起居，惡者輒去，毋令敗羣。上奇其言，欲試以治民。（此傳乃取史記平準書爲之。輒去史記作輒斥去。）

卜式善牧一事，顯爲此詩「卜生善斯牧」一句之所本。然式之善牧，而武帝所以奇其言者，必以「惡者輒去」之一語，蓋此語足括治民之術，而最能動人聽聞者也。考「惡者輒去」，此本術數家視爲受禪君主所取之必要手段，且此在東漢，卽已成爲傳統之說。魏志文帝紀注引獻帝傳載禪代衆事太史丞許芝條魏代漢見讖緯於魏王曰：

> （上略）京房作易傳曰：凡爲王者，惡者去之，弱者奪之，易姓改代，天命應常，人謀鬼謀，百姓與能。伏惟殿下，體堯舜之盛明，膺七百之禪，當湯武之期運，值天命之移授，河洛所表，圖讖所載，昭然明白，天下學士，所共見也。臣職在史官，考符察徵，效見際會之期，謹以上聞。

則據太史丞條奏所引京房易傳，可知此詩「卜生善斯牧」一句，正取「惡者去之」之義，隱喻桓玄劉裕皆以武力誅除當時才望，（如桓玄害殷仲堪司馬道子。劉裕害劉毅謝混諸葛長民，逐司馬休之等。）而善於易姓改代之奪取手段，此上句旣言桓

劉之善於篡奪手段，故下文又以「安樂不爲君」一句以承之，以言安恭二帝之酷似劉禪，而無爲君之能，晉室所以頻嬰篡禍，而終於覆滅也。（抱朴子君道篇云：滅牧羊之多人，反不酖之至醇。與此篇兼言酒與羊者，可相發明。）

　　欽立又嘗疑此「安樂不爲君」，與上文「山陽歸下國」一句，似本借漢昌邑王與其相安樂之事爲之。上句託喻晉君之被廢，而下句託喻晉臣無匡弼之道，故使晉室終被傾覆之禍。此說似亦可通，今略說之，聊備一解。漢書六十三昌邑王賀傳略曰：

　　昭帝崩無嗣。大將軍霍光，徵王賀典喪。其日中賀發，餔時至定陶，行百三十里。賀到濟陽，求長鳴雞，道買積竹杖。過弘農使大奴善以衣車載女子。使者以讓相安樂，安樂入告（龔）遂，遂入問賀。（略）卽位二十七日，行淫亂。大將軍霍光與羣臣議白昭皇后，廢賀歸國。國除爲山陽郡。宣帝卽位，心內忌賀，遣使賜山陽太守張敞璽書。敞於是條奏賀居處著其廢亡之效。

同書八十三龔遂傳略曰：

　　會昭帝崩無子，昌邑王賀嗣立。官屬皆徵入，王相安樂遷長樂衞尉。遂見安樂流涕謂曰：王立爲天子，日益驕溢，諫之不復聽。君陛下故相，宜極諍王。王卽位二十七日卒以淫亂廢。

今就兩傳中昌邑國除爲山陽郡之文，及龔遂屬託昌邑故相安樂之事，以照此詩「山陽歸下國」及「安樂不爲君」二句，則陶潛此句之爲本此掌故，實有可能。尋六朝以前之以臣廢君者，率以伊霍自居，而被廢之君，又率以昌邑王故事遣令歸國。而此在魏晉兩朝，尤爲顯著。魏志高貴鄉公紀曰：

　　太傅孚，大將軍文王、太尉柔，司徒沖稽首言：伏見中令，故高貴鄉公悖逆不道，自陷大禍，依漢昌邑王罪廢故事，以民禮葬。

又晉書海西公紀曰：

　　（桓）溫因諷太后以伊霍之擧。己酉，百官於朝堂，宣崇德太后令曰：今廢奕爲東海王，以王還第。供奉之儀，皆如漢朝昌邑故事。

俱見魏晉時代，凡以臣廢君，莫不承襲昌邑故事。而尚無應用漢獻故事之習慣。（漢獻之退爲山陽公，本襲昌邑故事，故有此封號。）此詩既前有山陽，後有安

樂，似本以昌邑被廢，及安樂不能匡輔之事，以喻晉君失國，及晉臣之不忠也。要之卜生以下二句，乃陶潛於此詩第二段末，對桓劉篡奪之總評，藉以敍其哀憤之懷，固非別開生面，於此另起一段，以述宋朝廢奪之事也。

至陶潛作此詩之意旨，則篇末數句且明白言之，然亦注陶者之所略。請列各句，略以明之。

（一）「朱公練九齒，閑居離世紛」。

朱公託言陶，乃淵明自喻。練九齒，言高隱以養生。各家注釋，類能言之。惟「閑居離世紛」句，則各家注尚未盡此公之心也。晉室之亡，亡於桓劉。淵明於安帝隆五年辛丑仕於桓玄，於元興三年甲辰仕於劉裕。（關此，朱佩弦師陶淵明年譜中之諸問題一文，曾詳辨之。）然皆於二人篡奪之前，見機引退，以守志潔身。「閑居離世紛」云云，淵明自幸之語也。

（二）「峨峨西嶺內，偃息常所親」。

今案西嶺即西山，指夷齊所隱之首陽，二句乃自述其追效夷齊，恥仕異代之心。且似申明桓劉興滅，本屬以暴易暴，而為此詩作一總結也。史記伯夷列傳云：

> 武王已平殷亂，天下宗周，而伯夷叔齊恥之，義不食周粟，隱於首陽山，采薇而食之。及餓且死，作歌曰：登彼西山兮，采其薇矣，以暴易暴兮，不知其非矣。神農虞夏忽焉沒兮，我安適歸矣。于嗟徂兮，命之衰矣。遂餓死於首陽山。

「峨峨西嶺內，偃息得所親」，即本此典，以結此詩。陶潛追踪夷齊之心，又嘗見於他篇，如飲酒詩云：

> 積善云有報，夷齊在西山。（略）不賴固窮節，百世當誰傳。

又擬古詩云：

> （略）飢食首陽薇，渴飲易水流。（略）此士難再得，吾行欲何求。

皆與此二句，旨趣略同。而其讀史述九章述夷齊云：

> 二子讓國，相將海隅，天人革命，絕景窮居。采薇高歌，慨想黃虞，貞風凌俗，爰感儒夫。

所謂天人革命，絕景窮居，尤足與此詩相發明。蓋此詩前半痛述桓劉之篡奪，所謂
「天人革命」。後半則深斥桓劉以暴易暴之非，獨以夷齊之行自勵，所謂「絕景窮
居」者也。

　　　　民國三十三年八月下旬重訂於西川之栗峯。

出自第十八本（一九四八年）

周易參同契考證

王　明

（一）、小引

朱子語類卷一百二十五云：

參同契爲艱深之詞，使人難曉，其中有千周萬遍之說，欲使人熟讀以得之也。

大概其說以爲欲明言之，恐泄天機，欲不說來，又卻可惜。

按魏伯陽作參同契，隱括焦京易說，圖緯之學，黃老之辭，以明鍊丹之意，其中以易說參雜天文厤數，故卒讀之，有「艱深」之感，其辭多取譬喻，故「使人難曉」。然參同契文章甚美，多駢儷諧偶，誦之順口而過，容或忽其大義。以後日道教之常例言之，金丹屬於外丹，胎息呼吸屬於內丹，參同契中有包元精氣之理，使人嫌疑魏伯陽兼道內外丹說，因有男女媾合之辭，又令人疑其中有房中之祕，猜疑愈切而本義愈晦。竊謂參同契之中心理論只是修鍊金丹而已。因魏伯陽學識該博，不能以尋常方士目之，欲明其書之內容，當悉漢代學術流變之梗概。魏伯陽非道士，而其論金液還丹，在道教丹鼎思想上不能不推爲首要之代表。因其綜合漢代若干流行之學術，以華美之篇什，描寫金丹之修鍊及其效用，故須「熟讀以得之也」。魏公之書題曰周易參同契，並非偶然，蓋以周易而會通其他經典，故在漢代學術上有其特殊面目，有其獨立價值。至朱子云：「欲明言之，恐泄天機」，魏公亦自承「寫情著竹帛，又恐泄天機」。就後日之道書觀之，顯言金丹之理論實少，有之亦多推衍參同契爲說，古之學者既不能如今日科學家純然從事理論化學之分析，自不能不比附當時已流行之學說，以闡明其所抱之中心思想。魏氏真契，負萬古丹經之名，事出

沈思，義歸翰藻，不逕列方訣及以丹藥示人，迄於今日，仍有研討之價值也。

（二）　周易參同契解題

周易參同契，東漢魏伯陽撰（註一）其書名蓋倣圖緯之目，猶易緯稽覽圖孝經授神契之類也。五代彭曉周易參同契通真義序云魏伯陽「博贍文詞，通諸緯候」。明陸深曰：「魏伯陽作參同契本之緯書」，（經義考卷九）朱子云：「周易參同契魏伯陽所作，魏君後漢人，篇題蓋放緯書之目，詞韻皆古，奧雅難通」（參同契考異），朱孝宗淳熙四年秘書監陳騤編中興館閣書目，與朱子同說，（玉海三十五），並可為證。魏君既通諸緯候，其論作丹，何以不采尚書春秋，而獨冒周易為稱，蓋亦有故。黃氏日鈔（卷五十七）參同契條云：「煉丹取子午時為火候，是為坎離，因用乾坤坎離四正卦於鼎篇之外。其次言屯蒙六十卦以見一日用功之早晚，又次言納甲六卦，以見一月用功之進退，又次言十二辟卦以分納甲，六卦而兩之，要皆附會周易以張大粉飾之」，（參閱中興書目），又宋俞琰參同契發揮序云：「易之為書，廣大悉備，有天道焉，有人道也，有地道焉，仁者見之謂之仁，智者見之謂之智，千變萬化，無往不可」，又云：「以天道言，則曰日月，曰寒暑；以地道言，則曰山澤，曰鉛汞；以人道言，則曰夫婦，曰男女」，凡此日月鉛汞男女等，無非辟喻而已。要其義不外陰陽之變化也，陰陽二元素之配合變化，正是參同契用之以說明作丹者。所謂周易參同契，字各有義，茲逐一詮釋如下：

周係朝代名，相傳三代易名，夏曰連山，殷曰歸藏，周曰周易，易因代以題周，猶周書周禮題周以別於餘代也。或謂周有普遍之義：「周易者，言易道周普，无所不備」，（鄭康成說）。儒者又兼取兩說，旣指周代之名，亦是普徧之義，孔穎達以為「未可盡通」（周易正義八論）。今取前說，以周為代號。無名氏註周易參同契（兩卷本）云：「周者乃常道也」，「言造大還丹運火皆用一周」，其說失之鑿，茲不從。

「易」字說法不一，參同契言易，尤形複雜，為後日學者聚訟之問題，不可不論。茲先述易字之古義，隨而陳說參同契「日月為易」之由來及其真謠。易乾鑿度曰：「易者，易也，變易也，不易也」，鄭康成易論亦曰：「易一名而合三義：易

簡一也，變易二也，不易三也」，按此三義，不第自相矛盾，卽亦未可盡通。不易
變易，自相矛盾之辭，易簡更非周易之本義。原易爲蟲，（說詳下），象形，以其善
變，因爲凡物變易之稱。後日簡易之易，係由引申而來，非易之本義也。三義之
中，簡易之說，由穿鑿而成，不易之說，由衞道而設，所謂「君南面，臣北面，父
坐子伏，此其不易也」，若求易字之本義，唯變易一說耳。說文解字云：「易，蜥
易，蝘蜓，守宮也，象形」、元吾邱衍哥居錄（學津討原本）曰：「按說文舊頭易
字、象蜥易形，蜥易善變，則知古人托之以喻其變，不疑也。或言日月爲易，按易
字無從日月之說，而伏羲畫卦時，但云八卦，重卦之後，以其變化無盡，故有變易
之名，不可以日月爲惑也」。清初，黃宗炎撰周易尋門餘論，云易者取象于蟲，其
說尤爲透闢，晦木之言曰：

> 上古樸直，如人名官名，俱取類於物象。如以鳥紀官，及夒龍稷契朱虎熊羆
> 之屬是也。易者取象于蟲，其色一時一變，一日十二時改換十二色，卽今之
> 析易也，亦名十二時，因其倏忽變更，借爲移易改易之用。易易之爲文，象
> 其一首四足之形，周易卦次俱一反一正，兩兩相對，每卦六爻，兩卦十二
> 爻，如析易之十二時，一爻象其一時，在本卦者象日之六時，在往來卦者，
> 象夜之六時，取象之精確，不可擬議。

徐灝說文解字注箋亦云：「易卽蜴之本字。鐘鼎文作易，乃古象形文。易四足鋪張，
此象其側視形也」。又云：「陸佃埤雅曰，蜴善變，周易之名，蓋取乎此，李時珍
本草綱目曰，蜴卽守宮之類，俗名十二時蟲，嶺南異物志言其首隨十二時變色，蓋
物之善變者莫若是，故易之爲書有取焉」。十二時蟲卽名避役 Chameleon Vulgaris
一名變色龍，（見商務動物學大辭典二二一五頁） 由 此 可 見 許 愼 吾 衍 黃 宗 炎 徐 灝 諸 家 所
說。易之本義，乃取象析易之善變，殆無疑義。周易所以名易，正用其變化之意，
與不易簡易二者，猶方枘圓鑿之不相入也。

　　以上討論易之本義爲變易旣竟。然周易參同契曰：「日月爲易，剛柔相當」，
陸德明周易釋文易字下曰：「虞翻注參同契云，字從日下月」，由參同契日月爲易
說及陸氏釋文引虞注所生之問題有三：

　　（１）釋文引虞翻注，注周易歟？注參同契歟？

（２）說文祕書說與參同契之關係

（３）參同契日月爲易說之由來及其意義

釋文引虞仲翔注，措詞頗嫌兩疑，虞氏注易，專門名家，人多知之，依釋文，可云虞翻注周易，援引參同契之言。然虞注久亡，散見於李鼎祚周易集解者有「日月爲象」（學津討原本卷十三「易之象也」引虞注）及「易謂日月」（卷十五「易者象也」引虞注）之文，皆不稱引自參同契，於是轉疑虞翻曾注參同契，故陸德明引之以釋周易。宋俞琰已言虞翻曾注參同契矣（見席上腐談，寶顏堂祕笈本卷下），張惠言周易虞氏義云：

參同契云：「日月爲易」，虞君注云：「易字從日下月」。

胡適之師以爲張氏始更正舊說，似得釋文原意（參同契的年代）。惠棟易例亦云：

參同契曰：「日月爲易」，虞翻註云「字从日下月」，

虞翻參同契注，雖史無明文記載，然玩索陸氏釋文，謂虞注參同契，蓋義亦允當。若必謂虞氏引參同契注易，則「字從日下月」句究竟見于今本參同契何章？抑認此即係「日月爲易」之句乎？

復次，說文易字下云：「祕書說曰，日月爲易」，關於祕書二字，清代小學家多以爲緯書，如段玉裁說文注桂馥說文解字義證王文焯說句讀是也。有以爲祕書即參同契者，如惠棟讀說文記云：「所謂祕書者，參同契也」，（惠氏九經古義論說文云：「所謂祕書者參同之類也、而惠氏易例則云：「祕書在參同之先，魏伯陽蓋有所受之也」）、徐灝說文解字注箋云：「參同契曰，日月爲易，剛柔相當，許引祕書本此」。此亦言祕書即參同契也。杜昌蘇日月爲易云：「按說文所引祕書，乃參同契坎離二用文章也」。凡此諸說，有疑祕書爲緯書，更疑祕書爲參同契，丁氏福保則以爲說文凡引各家之說，當用「說」字，因斷祕書說即賈祕書賈逵之說，（說文解字詁林第九下易字條，丁梧梓先生以爲許書凡引各家之說，不一定用說字）按三說之中，以緯書說及賈逵說之可能性爲多。（按賈逵似應只能稱賈侍中，則緯書說之可能性更多）。蓋漢代慣稱讖緯爲祕書，後漢書（卷六十上）蘇竟傳云：「孔丘祕經，爲漢赤制」，唐李賢注：「祕經，幽祕之經，即緯書也」，又楊厚傳：「祖父春卿，善圖讖學，爲公孫述將，漢兵平蜀，春卿自殺，臨命戒子統曰，吾綈袠中有先祖所傳祕記，爲漢家用，爾其修之」！統感父遺言，學習先法，作家法章句及內讖二卷，統生厚，厚少學統業，精力思述。安帝永初二年，

太白入北斗，洛陽大水，朝廷以問統，統對年老耳目不明，子厚「曉讀圖書，粗識其意」、後董扶與鄉人任安俱事楊厚學圖讖。還家講授。（參看後漢書，卷百十二下董扶傳）可見楊厚家傳之祕記卽圖讖也。祕經祕記，統係讖緯之書，因其隱藏禁祕、故曰祕書。說文所謂祕書，殆此之謂也。至于丁福保氏云，說文中祕書說爲賈祕書卽賈逵說，果如其言，竊疑賈氏說，蓋有所本，非獨創也，范史賈逵傳逵雖爲古學，然兼通讖緯，章帝時，逵具條奏曰：

臣以永平中上言左氏與圖讖合者，先帝不遺芻蕘，省納臣言，寫其傳詁，藏之祕書（中略）光武皇帝奮獨見之明，與立左氏穀梁，會二家先師，不曉圖讖，故今中道而廢（中略），又五經家皆無以證圖讖明劉氏爲堯後者，而左氏獨有明文，五經家皆言顓頊代黃帝，而堯不得爲火德，左氏以爲少昊代黃帝，卽圖讖所謂帝宣也。

光武之世，桓譚以不善圖讖，觸帝之怒，叩頭流血，謫爲郡丞，鬱鬱病卒。鄭興亦以不爲讖緯，遜辭僅免於死。時君如此重讖緯，風尙自爲一變，故至賈逵，兼習圖讖。且以內書牽合古學，余疑許愼所引祕書說日月爲易，卽如丁福保氏指爲賈祕書說，蓋亦受自易緯，按讖緯解字，往往只推衍文義，不作平實之訓詁，如春秋元命苞云：「兩口衝士爲喜」。又云：「八推十爲木」。太平經卷三十九解師策書訣云：「十一者士也」蓋道經亦取緯書，（說文：「孔子曰，推十合一爲士」，疑亦引自緯書），春秋元命苞云：「十夾一爲士」，（夾字或作加，或作從）緯書說字，往往類此，則知賈逵云日月爲易，豈非與其生平附會圖讖如出一轍乎？「日月爲易」說，雖出自賈逵，正因其酷似緯書中解字，故易令人疑說文稱祕書，卽係緯書之別名也。逵以章帝建初元帝入講北宮白虎觀，越三年，（建初四年）詔太常將大夫博士議郎郎官及諸生諸儒會白虎觀，講議五經同異，其總報告卽今白虎通義，書中參雜圖緯頗多，白虎通五經篇云：「日月之光明則如易矣」，是卽日月爲易之義也。

　　說文祕書說日月爲易係讖緯說或賈逵說，逵說蓋受之於易緯，已如前述。則參同契云：「日月爲易，剛柔相當」，其由來何若？按魏伯陽文詞贍博，通諸緯候，參同契書名，亦仿緯書之目，疑魏君日月爲易之說，直取之於易緯，與賈逵許愼輩並無干係。至參同契曰：

坎戊月精，離己日光，日月爲易，剛柔相當。

此所謂「日月爲易」，並非訓釋「易」之字體構造，乃指陰陽二物之消長變化而言，與剛柔坎離天地水火雌雄龍虎男女夫妻等相對名稱同其意義。並非眞有夫妻，眞有龍虎。總之，不外陰陽之異名耳、易繫辭傳曰：「懸象著明，莫大乎日月」。參同契更發揮曰：「易者，象也，懸象著明，莫大乎日月。窮神以知化，陽往則陰來、輻輳而輪轉」，又曰：「乾剛坤柔，配合相包。陽稟陰受，雌雄相須，須以造化，精氣乃舒，坎離冠首，光耀垂敷，玄冥難測，不可畫圖」。此二文可爲參同契日月爲易說之義證爾。

　　上文周易二字辨釋既竟，今盍解說參同契三字。彭曉參同契通眞義序曰：

　　參同契者，參，雜也，同，通也，參，合也。謂與諸丹經理通而契合也。

黃震日抄卷五十七周易參同契條亦云：「參，雜也，同，通也、契，合也，此方士煉丹之書謂與諸丹經理通而義合也」。朱子參同契考異黃瑞節附錄前序云：

　　參，雜也。同，通也，契，合也，謂與周易理通而義合也。

此解參同契三個單字，與彭曉同、惟曉震並謂魏氏眞契理通於丹經、朱子則謂理通於周易，稍有別耳。道藏太玄部容字號下無名氏周易參同契注卷上云：

　　參，雜也。雜其水土金三物也。同爲一家，如符若契，契其一體，故曰參同
　　契。

按參同契三字，彭眞一朱子及無名氏所解，俱未審諦。參非雜意，契非合義，宋俞琰參同契發揮卷九第十三葉（道藏太玄部止字號）云：「參，三也」，所解甚是。同，通也，彭說是矣。契，書契也，猶孝經援神契之契，謂三道相通之書契，亦卽三道相通之經典也。參謂三，三者何？大易，黃老，鍊丹是也。（註二）參同契曰：

　　大易情性，各如其度。黃老用究，較而可御。爐火之事，眞有所據：三道由
　　一，俱出徑路。

魏君又云：「羅列三條，枝莖相連，同出異名，皆由一門」，俱言參同契三道相通，宋陳顯微周易參同契解卷下云：

　　大矣哉，道之爲道也，生育天地，長養萬物。造化不能逃，聖人不能名，伏
　　義由其度而作易，黃老究其妙而得虛無自然之理，爐火盜其機而得燒金乾汞

之方。（中略）雖分三道，則歸一也。

此解頗合魏君之意，宋俞琰亦采用之。惟所謂三道，亦有異說，如彭曉則言金木火，無名氏周易參同契註（見道藏太玄部映字號下卷下，與前引無名氏注本各異）亦同彭說、殷言之，三道者，非金木火之謂、應援魏君本文，指爲大易黃老爐火之事（鍊丹）也。

（三）　參同契與漢易學之關係

易本筮書，卦辭爻辭，只供占筮之用而已。至彖象文言繫辭傳出，始有義理可言。其論天道人事，類多儒者之言。漢興言易，本之田何，自田何而後，章句傳說紛出。唯京氏易最盛，其書尚存，以陰陽占候爲主，正統儒者每視爲術數之流，不與聖人之道相提並論、然兩漢易學，因一時風尚所被，實以京氏易傳最爲盛行，不可不注意也。漢書儒林傳云：

> 京房受易梁人焦延壽，延壽云嘗從孟喜問易，會喜死，房以延壽易卽孟氏學、……至成帝時，劉向校書考易說，以爲諸易家說皆祖田何楊叔丁將軍，大誼略同，唯京氏爲異黨。焦延壽獨得隱士之說，託之孟氏，不相與同。……房授東海殷嘉，河東姚平，河南乘弘，皆爲郎博士，繇是易有京氏之學。

儒林傳又云孟喜嘗「從田王孫受易，喜好自稱譽，得易家候陰陽災變書」，由此可知京房受易焦延壽（註三），延壽從孟喜問易。喜嘗從田王孫受易，又得陰陽災變書，是京房易學，再傳受自孟喜。京氏易中納甲卦氣諸說，不託之孟氏，卽源于孟氏陰陽災變書也。孟氏焦氏易說，今並莫能詳，唯京氏易傳尚存，有足考者，欲知參同契與焦京易學之關涉，不可不先明焦京易學在漢代之風行及其流布。茲約舉兩漢學者研習京氏易之情形，亦可見魏伯陽假當時易說敷陳金液還丹之意也。京氏易兩漢皆立爲博士，漢興，陰陽感應之理，爲經學說法之大宗，所謂「幽贊神明，通合天人之道者，莫著乎易春秋」，漢時推陰陽言災異者，「元成則京房翼奉劉向谷永」，（參看漢書卷七十五傳及贊）京氏以易名家，班書五行志五卷，記陳古今大小災變，紛至疊出，其中多引京房易傳以解之。雖假經設誼，依託象類，然漢代經學之

致用在此，毋足怪也。成帝時，谷永數上疏言災異，史稱永於經書，泛爲疏達，唯「於天官京氏易最密，故善言災變」，（漢書卷八十五本傳）可闚京氏易傳與災異感應說之關係矣。至光武中興，仍西京舊風，盆以讖緯之學相與表裏，故京氏易更形發達，光武時，汝南戴憑習京氏易，年十六郡舉明經，徵試博士，曾對光武曰：「博士說經皆不如臣」，拜爲侍中，京師爲之語曰：「解經不窮戴侍中」，同時南陽魏滿亦習京氏易敎授。（後漢書卷一百九上戴憑傳）光武子沛獻王輔「好經書，善說京氏易」及圖讖等，作五經論，時號之曰沛王通論。（後漢書卷七十二光武十王列傳）安帝時，南陽樊英「習京氏易，兼明五經，又善風角算河洛七緯，推步災異」，並以圖緯敎授。與英同時有李郃，亦習京氏易，又豫章唐檀習京氏易，好災異星占。（並見後漢書方術傳）北海郎宗，亦安帝時人，「學京氏易，善風角星算六日七分」。宗子顗，少傳父業，隱君海畔，延致學徒，常數百人，晝研精義，夜占象度，順帝時，陳說災異，多據易義。（參看後漢書卷六十下郎顗傳及卷一百十二上樊英傳註），桓帝時，平原襄楷善天文陰陽之術，上疏陳災異，亦援引京房易傳爲言，當時宮中黃老浮屠並祀，與京氏易同爲應時之道術也（後漢書襄楷傳）。靈帝時，濟陰孫期習京氏易，從者甚衆，黃巾賊起，過期里陌，相約不犯孫先生舍（後漢書卷一百九上本傳）。又鄭康成初亦「通京氏易」，建安元年，自徐州還高密道遇黃巾數萬人，見玄皆拜，相約不敢入縣境（後漢書六十五本傳）。范史方術傳廣漢折像「通京氏易，好黃老言」，常璩華陽國志卷十中廣漢士女云，折像「事東平虞叔雅，以道敎授門人，朋友自遠而至」，凡此所引，終漢之世，習京氏易者，往往兼善圖緯及黃老之言，京氏易本多與緯候相通之處，大易（包括京氏易及易緯）黃老二者，正魏伯陽用以論爐火之事。大易，黃老，鍊丹卽參同契所謂「三道由一，俱出徑路」也。今舉參同契與漢易學有關者，一曰納甲說，二曰十二消息說，三曰六虛說，四曰卦氣說，逐一討論於下：

（1）納甲說　納甲之說，京氏易傳魏氏參同契皆有之，而虞翻易注較備，蓋虞氏說易，祖于孟喜，朱子語類卷六十六云：「納甲乃漢焦贛京房之學」。夫焦京易學，亦源于孟。故虞氏納甲說，多與京氏易同也。周易參同契曰：

三日出爲爽，☳震庚受西方。

八日☱兌受丁，上弦平如繩。

十五☰乾體就，盛滿甲東方。

蟾蜍與兔魄，日月无雙明。

蟾蜍視卦節，兔者吐生光。

七八道已訖，屈折低下降，

十六轉受統，☴巽辛見平明。

☶艮直於丙南，下弦二十三。

☷坤乙三十日，東方喪其明。

節盡相禪與，繼體復生龍。

壬癸配甲乙，乾坤括始終。

所謂「壬癸配甲乙，乾坤括始終」，京氏易傳乾卦云：

> 甲壬配外內二象，

吳陸績註：「乾爲天地之首，分甲壬入乾位」，此言乾納甲壬也。京氏易傳卷下又云：

> 分天地乾坤之象，益之以甲乙壬癸，震巽之象配庚辛，坎離之象配戊己，艮兌之象配丙丁。

陸註云：「乾坤二象，天地陰陽之本，故分甲乙壬癸，陰陽之始終」。虞翻注易歸妹曰：

> 乾主壬，坤主癸，日月會北。（見李鼎祚周易集解卷十一）

此言乾納甲壬，乾納乙癸，故曰「壬癸配甲乙」。干始甲乙，終於壬癸，故曰「乾坤括始終」，夫納甲者，以甲爲十干之首，舉一干以該其餘，故謂之納甲，魏君以一月三十日分爲六節：三日，八日，十五日，十六日、二十三日，三十日。晦朔之間，月之盈虧，取象于陰陽卦畫之消長。陳顯微周易參同契解卷中第五葉云：

> 魏君以一月之間月形圓缺，喻卦象進退，自初三爲一陽，初八爲二陽，十五則三陽全而乾體就，十六則一陰生，二十三則二陰生，三十日則三陰全而坤體成。

此言乾坤往復由陰陽之升降也。納甲於八卦之中，唯乾坤各納二干，餘卦只納一干，卽乾納甲壬，坤納乙癸，震納庚，巽納辛，坎納戊，離納己，艮納丙，兌納

丁，朱子參同契考異（卷中）所謂「乾納甲壬，坤納乙癸，震庚，巽辛，坎戊，離己，艮丙，兌丁」是也。胡渭易圖明辨卷三有參同契納甲圖及新定月體納甲圖，頗爲明晰，可資參覽。黃宗羲胡朏明皆謂參同契因京氏易傳而以月象附會之。（見黃氏易學象數論卷一及胡氏易圖明辨卷三）。魏伯陽論鍊大丹，以納甲言一月火候之進退，納甲果西漢京氏易中之一說，是參同契與漢易學之關係一也，

（2）十二消息說　十二消息者，謂十二卦之消息也。十二卦之消息，視陰陽之升降而定。魏伯陽論金液還丹，以十二卦通一歲之火候（羣詳后）、一年十二月，月各一卦，十二卦消息亦係漢代通行之易說也。參同契曰：

　　變易更盛，消息相因，終坤始復，如循連環。

自復卦至坤卦，雖只十二卦，而陰陽相變，循環不息，易繫辭傳：「往來不窮謂之通」，後漢荀爽易注（見李鼎祚周易集解卷十四）曰：

　　謂一冬一夏，陰陽相變易也。十二消息，陰陽往來无窮巳，故通也。（註四）

虞翻注繫辭傳「剛柔相推，變在其中矣」（李氏集解卷十五）曰：

　　謂十二消息，九六相變，剛柔相推，而生變化。

九六相變，卽謂陰陽相變化。蓋陽爻稱九，陰爻稱六。九六相變，十二消息見矣。

虞氏注繫辭傳「變通配四時」（李氏集解卷十三）又曰：

　　變通趨時，謂十二消息也。泰、大壯、夬、配春；乾，姤，遯，配夏；否，
　　觀，剝，配秋；坤，復，臨，配冬、謂十二月消息相變通而周於四時也，

按泰卦陽在九三，正月之時；大壯陽氣在四，二月之時 ；夬卦陽在九五，三月之時；乾卦陽在上九，四月之時；姤卦陰氣在初，五月之時；遯卦陰氣在二，六月之時；否卦陰氣在三，七月之時；觀卦陰氣在四，八月之時；剝卦陰氣在五，九月之時；坤卦陰在上六，十月之時；復卦一陽復生，陽在初九，十一月之時；臨卦陽在九二，十二月之時；是謂十二月之消息也。漢書京房傳，房以元帝建昭二年上封事曰：

　　辛酉以來，蒙氣衰去，大陽精明，臣獨欣然以爲陛下有所定也，然少陰倍力
　　而乘消息，……

顏注引孟康曰：「房以消息卦爲辟。辟，君也，息卦曰太陰，消卦曰太陽，其餘卦

曰少陰少陽，謂臣下也，抖力雜卦于消息也」，宋祁曰：「注文當作息卦曰太陽，消卦曰太陰」、按宋說是矣、夫周易以陰陽之錯綜變化，得六十四卦，其中十二卦曰消息卦，十二消息卦皆辟卦也，辟者・君也，言此十二卦總統餘卦，猶君主領袖臣下也。十二卦中息卦六曰太陽，卽復，臨，泰，大壯，夬，乾是也。消卦六曰太陰，姤，遯，否、觀、剝、坤、是也。周易乾鑿度（卷下）曰：

> 復表日角；臨表龍顏；泰表載（與戴同）干；大壯表握訴龍角大辰（古辰字）；
> 夬表什骨履文；姤表耳參漏，足履，王知多權；遯表日角連理；否表二好
> 文；觀表出準虎；剝表重童（與瞳同）明歷元。此皆歷運期相，一匡之神也，
> （括弧內小字依惠棟易漢學卷一注入）

復，臨，泰，大壯，夬，姤，遯，否，觀，剝，爲十辟卦，十二辟卦，除乾坤純陽純陰無變化不計外，適爲十卦。易乾鑿度又曰：「二卦十二爻而朞一歲」。鄭康成注云：

> 十二消息爻象之變，消息於雜卦爲尊，每月者詧一卦而位屬焉，各有所繫。

六十四卦中以十二消息卦爲尊、每月詧一卦，如泰卦當正月之時，遯卦當六月之時，復卦當十一月之時也。魏伯陽論修大丹，以十二消息通一歲之火候，正與京氏易虞氏易乾鑿度之說相符合。參同契曰：

> 朔旦爲復䷗，陽氣始通，出入無疾，立表微剛，黃鍾建子，兆乃滋彰，播施柔暖，黎烝得常。（1）
> 臨䷒爐施條，開路正光，光耀漸進，日以益長，丑之大呂，結正低昂。（2）
> 仰以成泰䷊，剛柔並隆，陰陽交接，小往大來，輻湊於寅，運而趨時。
> （3）
> 漸歷大壯䷡，俠列卯門。楡莢墮落，還歸本根，刑德相負，晝夜始分。（4）
> 夬䷪陰以退，陽升而前，洗濯羽翮，振索宿塵。（5）
> 乾䷀健明威，廣被四鄰，陽終於巳，中而相干。（6）
> 姤䷫始紀緒，履霜最先，井底寒泉，午主踐賓。賓服於陰，陰爲主人。（7）
> 遯䷠去世位，收歛其精，懷德俟時，棲遲昧明。（8）
> 否䷋塞不通，萌者不生，陰神陽屈，沒陽姓名。（9）

觀☰其權量，察仲秋情，任畜微稚，老枯復榮‧薺麥芽蘖，因冒以生。(10)

剝☰爛肢體，消滅其形，化炁旣竭，亡失至神。 (11)

道窮則返，歸乎坤☰元，恆順地理，承天布宜。 (12)

以上十二消息卦，代表一年十二月，亦喻一日十二辰，運陰陽進退之陽火及陰符可知也。凡卦之六爻，五陰一陽，以陽爲主；五陽一陰，以陰爲主，其發展程序由下而上，多以少爲主。第一，復卦五陰一陽，陰氣已極，陽氣復生，一日之中，當夜半子時火候初起也，一年之中應十一月‧蓋周以十一月爲正息卦，以夜半爲朔也。第二，臨卦四陰二陽，陽氣漸進，丑時進二陽火候也，應十二月。第三，泰卦三陰三陽，陰陽相承，寅時進三陽火候也，應正月。第四，大壯卦二陰四陽，陽氣雖盛，陽中猶含陰氣，卯時進息符候也，應二月。第五，夬卦一陰五陽，陽升陰退，陽氣已盛，而尚餘些微陰氣，辰時進五陽火候也，應三月‧第六‧乾卦純陽，巳時進六陽火候也，應四月‧第七，姤卦五陽一陰，陰生陽退，以陰爲主，午時退陰符候也，應五月。第八，遯卦四陽二陰，陰氣漸盛，陽氣漸衰，未時退二陰符候也，應六月。第九，否卦三陽二陰，陰陽二氣，不相交通，申時退三陰符候也，應七月。第十，觀卦二陽四陰，陰氣已盛，酉時息符候也，應八月。第十一，剝卦一陽五陰，陰盛陽衰，純陰將至，戌時退五陰符候也，應九月。第十二，坤卦六爻純陰，亥時退六陰符候也，應十月。夫姤卦以前，皆爲陽火之候，姤卦以下，則爲陰符之候，陽火主進，陰符主退，陰陽進退，十二消息，循環不已‧周易乾鑿度曰：「文王因陰陽，定消息」。十二消息說，漢易道其規模，魏伯陽用之，演爲鍊丹之火候，此參同契與漢易學之關係二也。

（3）六虛說 易繫辭傳曰：「變動不居，周流六虛」，漢律歷志京氏易皆引以爲言，虞翻注易，其說尤詳。參同契亦用之以論爐火之事，是「六虛」爲漢易通行之說也。京房易傳卷上乾卦曰：「降五行，殖六位」，按六位卽六虛也。卷下又曰：

八卦分陰陽，六位五行，光明四通，變易立節，天地若不變易，不能通氣，

五行迭終，四時更廢，變動不居，周流六虛，上下無常，剛柔相易，

漢書律歷志曰：「天中之數五，地中之數六，而二者爲合。六爲虛，五爲聲，周流

於六虛，虛者爻律」。虛者爻律，言地之中數六，六爲律也。據易繫辭傳，天之
數：一三五七九。地之數：二四六八十。地之數二四在上，八十在下，六爲中數
也。參同契曰：

> 天地設位，而易行乎其中矣，天地者，乾坤之象也，設位者，列陰陽配合之
> 位也。易謂坎離，坎離者，乾坤二用，二用無爻位，周流行六虛。往來既不
> 定，上下亦無常。

參同契所云，與京氏易律歷志同爲漢代通行之易說也。魏伯陽所謂「二用」，文中
已明言爲坎離二卦，毋庸曲解。但朱子則謂用九用六，（見參同契考異卷上及朱子語類卷
百二十五）無名字注參同契，所說與朱同，（道藏太玄部映字號下）宋陳顯微（周易參同契解
卷上）俞琰（參同契釋疑）清惠棟（易漢學卷三）輩皆主坎離爲乾坤二用，以用九用六說爲
非，其言是矣。又所謂「周流行六虛」，朱子云：「六虛者，即乾坤之初，二、
三、四、五、上、六爻位也」，蓋沿用九用六而來，其說未允。陰長生參同契註及
無名氏參同契註（道藏容字號下）皆爲四方上下爲之六虛，覈之漢代通常說法，亦未
審諦。虞翻注易繫辭傳「周流六虛」（李氏集解卷十六）云：

> 六虛、六位也，日月周流，終則復始，故周流六虛，謂甲子之旬，辰巳虛。

> 坎戊爲月，離己爲日，入在中宮，其處空虛，故稱六虛。五甲如次者也。

虞氏此注，謂六虛即「六甲孤虛」之簡稱。六甲孤虛法，漢人已通用之。六甲亦即
六旬，有甲子之旬，甲戌之旬，甲申之旬，甲午之旬，甲辰之旬，甲寅之旬，茲先
列六甲之旬於下，隨而討論六虛之說爲何如也，

六甲之旬：

	甲	乙	丙	丁	戊△	己△	庚	辛	壬	癸
（一）	子	丑	寅	卯	辰○	巳○	午	未	申	酉
（二）	戌	亥	子	丑	寅○	卯○	辰	巳	午	未
（三）	申	酉	戌	亥	子○	丑○	寅	卯	辰	巳
（四）	午	未	申	酉	戌○	亥○	子	丑	寅	卯
（五）	辰	巳	午	未	申○	酉○	戌	亥	子	丑

（六）甲　乙　丙　丁　戊△己△庚　辛　壬　癸
　　　　寅　卯　辰　巳　午○未○申　酉　戌　亥

史記龜策列傳：「日辰不全，故有孤虛」，裴駰集解云：

　　案甲乙謂之日，子丑謂之辰。六甲孤虛法：甲子旬中無戌亥，戌亥即爲孤，
　　辰巳即爲虛；甲戌旬中無申酉，申酉爲孤，寅卯即爲虛；甲申旬中無午未，
　　午未爲孤，子丑即爲虛；甲午旬中無辰巳，辰巳爲孤，戌亥即爲虛；甲辰旬
　　中無寅卯，寅卯爲孤，申酉爲虛；甲寅旬中無子丑，子丑爲孤，午未即爲
　　虛。

漢代六甲孤虛法盛行，漢書藝文志五行家有風后孤虛二十卷，後漢方術之士，往往
亦習孤虛，如桓帝時琅琊趙彥嘗陳孤虛之法以討賊（後漢書方術傳），孤虛由于日辰不
全，天干爲日，地支爲辰，六旬之中，各有所缺，是爲孤，對孤爲虛，虞翻謂「甲
子之旬辰巳虛」，其餘五甲，依次相推，則甲戌之旬寅卯虛，甲申之旬子丑虛，甲
午之旬戌亥虛，甲辰之旬申酉虛，甲寅之旬午未虛、是爲六虛。參覽上列六甲圖，
可見此六虛之辰，皆隨戊巳二干。依納甲說，坎納戊，離納己、其他六卦，乾納甲
壬，坤納乙癸，震納庚，巽納辛，艮納丙，兌納丁，皆有定位。唯坎離二卦，納入
戊己之中宮（參看胡渭易圖明辨卷三新定月體納甲圖）。其處空虛，故稱爲「虛」。參同契
云：「坎離者，乾坤二用，二用無爻位，周流行六虛」，就納甲言，是坎離二用，
離爲日，坎爲月，胡渭云，日生於東，故離位乎東，月生於西，故坎位乎西。但
「至望夕，則日西月東，坎離易位，其離中一陰，即是月魄；坎中一陽，即是日
光，東西正對，交注於中，此二用之氣所以納戊己也」。坎離二卦，既納于中宮，
故其位空虛，而仍周流於餘六卦之間。就六甲孤虛言，戊己二干，在每旬之中心，
亦即在六旬之中心，與六虛之辰配合不離，故上下周流於六位也。

　　（4）卦氣說　卦氣者，分六十卦更直日用事。餘四卦坎震離兌主二分二至，六
十卦，卦有六爻，爻主一日，凡主三百六十日，餘五日四分日之一，每日八十分計
之，總得四百二十分，均分於六十卦之中。每卦得六日七分，故六日七分法，亦即
所謂卦氣，所謂「氣」者，其法以風雨寒溫爲候也。張惠言周易虞氏消息云：「六
日七分出易稽覽圖是類謀，其傳有孟氏有京氏，劉向所謂易家，惟京氏爲異，則孟
氏之傳田何本學也。孟氏章句亡，其說見於新唐書一行卦議、故採其語焉。卦議

云，十二月卦出于孟氏章句，其說易本於氣，而後以人事明之，京氏又以卦爻配期，坎離震兌，其用事自分至之首皆得八十分日之七十三。頤、晉、井、大畜、皆五日十四分，餘皆六日七分」。參同契采用卦氣說，大體與孟京易易緯相合。漢書京房傳曰，房治易，事梁人焦延壽，延壽字贛，

　　其說長於災變，分六十卦更直日用事，以風雨寒溫爲候，各有占驗，房用之尤精，

論衡寒溫篇云：

　　易京氏布六十四卦於一歲中，六日七分。一卦用事，卦有陰陽，氣有升降，陽升則溫，陰升則寒，由此言之，寒溫隨卦而至，不應政治也。

是六十卦直日用事者，卽六日七分法。顏師古注班書京房傳引孟康曰：

　　分卦直日之法，一爻主一日，六十四卦爲三百六十日，餘四卦震離兌坎爲方伯監司之官，所以用震離兌坎者，是二至二分用事之日。

沈欽韓漢書疏證（卷三十二）云：「易緯稽覽圖甲子卦氣起中孚，六日八十分之七，而從四時卦。注云，六以候也，八十分爲一日，之七者，一卦六日七分也。四時卦者，謂四正卦離坎震兌四時方伯之卦也」。所謂四正卦，易緯是類謀亦云，冬至日在坎，春分日在震，夏至日在離，秋分日在兌，以此四正之卦，卦有六爻，爻主一氣，餘六十卦，卦主六日七分（引見易稽覽圖下）。所謂六日七分者，六日旣盡，七分便爲來日之始，非必取足八十分而自爲一日也。茲節錄黃宗羲易學象數論六日七分圖如下，俾覽者得一清晰之概念焉。

六日七分圖：

坎初六冬至十一月中	中孚六日七分
	復十二日十四分
九二小寒十二月節	屯十八日二十一分
	謙二十四日二十八分
	睽三十日三十五分
六三大寒十二月中	升三十六日四十二分
	臨四十二日四十九分

六四立春正月節　　　　　　小過四十八日五十六分

蒙五十四日六十三分

益六十日七十分

九五雨水正月中　　　　　　漸六十六日七十七分

泰七十三日四分

上六驚蟄二月節　　　　　　需七十九日一十一分

隨八十五日十八分

晉九十一日二十五分

震初九春分二月中　　　　　解九十七日三十二分

大壯一百三日三十九分

六二清明三月節　　　　　　豫一百九日四十六分

訟一百十五日五十三分

蠱一百二十一日六十分

六三穀雨三月中　　　　　　革一百二十七日六十七分

夬一百三十三日七十四分

九四立夏四月節　　　　　　旅一百四十日一分

師一百四十六日八分

比一百五十二日十五分

六五小滿四月中　　　　　　小畜一百五十八日二十二分

乾一百六十四日二十九分

上六芒種五月節　　　　　　大有一百七十日三十六分

家人一百七十六日四十三分

井一百八十二日五十分

離初九夏至五月中　　　　　咸一百八十八日五十七分

姤一百九十四日六十四分

六二小暑六月節　　　　　　鼎二百日七十一分

豐二百六日七十八分

	渙二百一十三日五分
九三大暑六月中	履二百一十九日十二分
	遯二百二十五日十九分
九四立秋七月節	恆二百三十一日二十六分
	節二百三十七日三十三分
	同人二百四十三日四十分
六五處暑七月中	損二百四十九日四十七分
	否二百五十五日五十四分
上九白露八月節	巽二百六十一日六十一分
	萃二百六十七日六十八分
	大畜二百七十三日七十五分
兌初九秋分八月中	賁二百八十日二分
	觀二百八十六日九分
九二寒露九月節	歸妹二百九十二日十六分
	无妄二百九十八日二十三分
	明夷三百四日三十分
六三霜降九月中	困三百一十日三十七分
	剝三百十六日四十四分
九四立冬十月節	艮三百二十二日五十一分
	既濟三百二十八日五十八分
	噬嗑三百三十四日六十五分
九五小雪十月中	大過三百四十日七十二分
	坤三百四十六日七十九分
上六大雪十一月節	未濟三百五十三日六分
	蹇三百五十九日十三分
	頤三百六十五日二十分

上圖四正卦坎震離兌主二至二分，統二十四氣。自中孚卦始，直六日七分，至頤卦

恰得三百六十五日二十分。莊存與所謂「卦氣始中孚，終於頤，渾蓋之象，包括始終也」（卦氣解，見清經解續編）。按易通卦驗鄭康成注云，冬至坎始用事而主六烝，初六爻也。小寒於坎直九二，大寒於坎直六三，立春於坎直六四，雨水於坎直九五，驚蟄於坎直上六，春分於震直初九，清明於震直六二，穀雨於震直六三，立夏於震直九四，小滿於震直六五，芒種於震直上六。夏至於離直初九，小暑於離直六二，大暑於離直九三，立秋於離直九四，處暑於離直六五，白露於離直上九，秋分於兌直初九，寒露於兌直九二，霜降於兌直六三，立冬於兌直九四，小雪於兌直九五，大雪於兌直上六。鄭氏之言，核以上圖二十四氣，一一相合。所謂六日七分者，以六十卦主三百六十五日四分之一，故卦主六日七分，蓋言其平均數也。若精算之，其數或多或少，豈易遽斷？而六十卦配入二十四氣，其間排此，規律若何，亦難碻論。總之，卦氣之氣，一部分與歷數有關，一部分與當時災異理論相涉。吾人凡感其牽強之處，不可妄事推求，致穿鑿之失（註五）。余所以不憚辭費，述六日七分者，以明乎此理論之間架，則參同契之卦氣說可解。魏君卦氣說，不在章明歷法，而在乎一年之運氣，順協與否，與易緯京房谷永等論卦氣之驗應相合。參同契云：

> 二至改度，乖錯委曲，隆冬大暑，盛夏霜雪。二分縱橫，不應刻漏，風雨不節，水旱相伐，蝗蟲湧沸，羣異旁出。天見其怪，山崩地裂。孝子用心，感動皇極，近出己口，遠流殊域。或以招禍，或以致福，或興太平，或造兵革，四者之來，由乎胸臆。

按卦氣說以坎震離兌主二至二分，今二至乖錯，二分縱橫，當至不至，不當至而至，則寒溫失度，災變應矣。易通卦驗（小殘石山房刻七緯卷六）云：

> 凡易八卦之氣驗應，各如其法度，則陰陽和，六律調，風雨時，五穀成熟，人民取昌。此聖帝明王所以致太平法。故設卦觀象，以知有亡，夫八卦繆亂，則綱紀壞敗，日月星辰失其行，陰陽不和，四時易政，八卦氣不效，則災異氣臻，八卦氣應失常，（疑本句下有缺文）

此言卦氣失效，災異薦臻，與參同契所謂四正卦縱橫錯度羣異旁出者，理通而義合。京房所占之卦氣，即以風雨寒溫為候。漢書本傳載房上封事曰：

乃丙戌小雨，丁亥蒙氣去，然少陰幷力而乘消息，戊子益甚。到五十分，蒙
氣復起，此陸下欲正消息，雜卦之黨幷力而爭，消息之氣不勝，彊弱安危之
機，不可不察，已丑夜，有還風，盡辛卯。

丙戌，丁亥，戊子，已丑四日相連，雜卦用事，少陰幷力與消息相爭。是言臣黨勢
盛，侵凌君上，不可不戒。京氏條陳災異，類用此法。後谷永習京氏易最密，善言
災變，成帝元延元年，永對帝問曰：

王者躬行道德，承順天地，博愛仁恕，恩及行葦，……則卦氣理效，五徵時
序，百姓壽考，庶少蕃滋，符瑞幷降，以昭保右。失道妄行，逆天暴物，窮
奢極欲，淇湎荒淫，婦言是從，誅逐仁賢，離逖骨肉，羣小用事，峻刑重
賦，百姓愁怨，則卦氣悖亂，咎徵著郵，上天震怒，災異婁降，日月薄食，
五星失行，山崩川潰，水泉踊出，妖孽並見，茀星耀光，飢饉荐臻，百姓短
折，萬物夭傷。（漢書八十五本傳）

是言羣災大異，交錯蠡起，皆由卦氣悖亂所致，與夫通卦驗參同契所言，正相符
合。京房所陳，尤重於日辰之計算，故史稱六日七分法，房用之尤精也。至後漢張
衡上疏稱：「律歷卦候，九宮風角，數有徵效」。（後漢書八十九本傳）郎宗郎顗父
子，皆學京氏易，善六日七分，能占候吉凶（後漢書郎顗傳樊英傳）。魏伯陽之用六日
七分，說卦候乖錯，則災異荐臻，亦感受漢易學一時之風尚也，

復次，參同契又有言者，（說見下）亦與六日七分有關。而魏伯陽稍變卦氣說，
以適用於金丹火候之意，周易參同契云：

乾坤者，易之門戶，衆卦之父母，坎離匡郭，運轂正軸，牝牡四卦，以爲橐
籥，覆冒陰陽之道，猶工御者準繩墨，執衡轡，正規矩，隨軌轍，處中以制
外，數在律歷紀，月節有五六，經緯奉日使，兼幷爲六十，剛柔有表裏，朔
旦屯直事，至暮蒙當受，晝夜各一卦，用之依次序。

所謂牝牡四卦，顯指上文之乾坤與坎離。而朱子考異乃云：「牝牡謂配合之四卦震
兌巽艮是也」。按參同契各註本皆云四卦爲乾坤坎離，唯朱子獨異。黃宗羲並據
「牝牡四卦以爲橐籥」一段文字以爲卽魏伯陽之卦氣說，其言有曰：「有以乾坤坎
離四卦爲橐籥，餘六十卦依序卦一爻直一時，一月有三百六十時，足其數者，又以

十二辟卦，每卦管領一時，魏伯陽之法也」。（易學象數論卷二卦氣二）按黃說乾坤坎離爲四卦是矣，所謂六十卦直一月，蓋係魏君據舊法而變更之。夫漢代通行之卦氣說，率以四正卦主二至二分，餘六十卦主三百六十五日（參看前列六日七分圖）。所謂氣者，以風雨寒溫爲候，如卦氣繆亂，則寒暑顚倒，風雨不調，卽前述參同契二至故度二分縱橫之現象是也，原夫六日七分說之應用，在于占驗善惡與否，善則太平致福，惡則災變招禍，今參同契牝牡四卦以爲橐籥云云，乃以六十卦分布爲三十日，晝夜各一卦，以象一月，亦化三百六十時足其數者，蓋套用六日七分圖之間架，以喩鍊丹一月之火候而已。俞琰易外別傳（道藏太玄部若字號中）曰：

> 參同契以乾坤爲鼎，坎離爲藥，因以其餘六十卦爲火候，一日有十二時，兩卦計十二爻，故日用兩卦，朝屯則暮蒙，朝需則暮訟，以至旣濟未濟一也：（中略）夫以六十卦分布爲三十日，以象一月，然遇小盡，則當如之何，蓋比喩耳，非眞謂三十日也。

此說旣簡且明，平實允當。俞氏於參同契發揮（卷一）又謂非眞以六十卦布於一月三十日之內，告世人毋必執泥卦象也。

（四）　參同契之中心想思

當述參同契之中心思想以前，有似是而非二說，一曰內丹，二曰房中，易令人誤解亦爲參同契之思想也，故先論之，蓋祛其疑似而眞相白矣，所謂內丹，指胎息呼吸而言，參同契云：「呼吸相含育，佇思爲夫婦」，又云：「二氣玄且遠，感化尙相通，何況近存身，切在於心胸」。或以爲此卽言呼吸食氣，實乃不然，所謂「呼吸相含育」，承上文「子午數合三」而言。子水一，午火二，數合爲三，卽喩水火二者上下相呼吸，魏君非眞述呼吸行炁之理也。所謂二氣玄且遠云云，亦承上文「陽燧以取火，非日不生光；方諸非星月，安能得水漿」而言，陰長生註云：「二氣謂日月在天，水火在地，相去三十餘萬里，感化咫尺之間，卽明陰陽相通非遠近能隔也。繫辭曰，近取諸身，遠取諸物，近取者金水之道，遠取者日月之精，雖陰陽幽微，而不脫於人意也」。此解甚是。書中論氣，不外元氣或陰陽二氣而已，參同契並無內丹之說也。其次，參同中陰陽之辭，男女之喩，屢見不鮮，如曰

「乾剛坤柔，配合相包、陽稟陰受，雌雄相須，須以造化，精氣乃舒」，又曰：
「觀夫雌雄交媾之時，剛柔相結而不可解，得其節符，非有工巧，以制御之。若男
生而伏，女偃其軀，稟乎胞胎，受氣元初」，凡此所謂雌雄男女者，與乾坤陰陽坎
離水火等同為辟喻之辭，一言以蔽之曰，「陰陽相須」而已。魏伯陽云：「物無陰
陽，違天背元，牝雞自卵，其雛不全」。假使「二女共室，顏色甚姝，令蘇秦通
言，張儀結媒，發辨利舌，奮舒美辭，推心調諧，使為夫妻。繫髮腐齒，終不相
知」，言陰陽不可不相配也。書中所論陰陽相配，取喻甚繁，其宗旨則在於陰陽變
化而成大丹，非真道男女之事房中之祕也。魏伯陽不特無內丹及房中之論，且斥彼
二者為左道旁門，乖違自然之理。參同契曰：

是非歷藏法，內視有所思，履行步斗宿，六甲以日辰。陰道厭九一，濁亂弄
元胞。食氣鳴腸胃，吐正吸外邪。晝夜不臥寐，晦朔未嘗休。身體日疲倦，
恍惚狀若癡。百脈鼎沸馳，不得澄清居。累土立壇宇，朝暮敬祭祠，鬼物見
形象，夢寐感慨之。心歡意喜悅，自謂必延期，遽以夭命死，腐露其形骸。
舉措輒有違，悖逆失樞機。諸術甚眾多，千條有萬餘，前卻違黃老，曲折戾
九都，明者省厥旨，曠然知所由。勤而行之，夙夜不休。服食三載，輕舉遠
遊。跨火不焦，入水不濡，能存能亡，長樂無憂。

是魏君將其所主張及所反對統括無遺，按反對凡七項，可歸併為五：

(一)內丹　內丹包舉(1)是非歷藏法，內視有所思。陰長生註：「謂胎息之
道，視五藏而存思也」。(2)履行步斗宿，六甲以日辰。陰註：「履行星，
步北斗，服六甲之符，吞日月之炁也」。(3)食氣鳴腸胃，吐正吸外邪。俞
琰發揮云：「食氣者以吐故納新為藥物，而使腸胃之虛鳴」，蓋吐身中之正
氣吸身外之邪氣故也。

(二)房中　所謂「陰道厭九一，濁亂弄元胞」，陰道見漢志方技略，有容成
陰道，堯舜陰道等，九一之義，未能曉然，俞琰云：「行陰者以九淺一深為
火候，而致元胞之攪亂」，陰長生註：「一者元炁，九者陽道，為房中之
術，則元炁陽道亂濁而將亡也」。魏君以為房中之道，攪亂元氣，故力斥其
妄。

（三）服符　陰長生註六甲以日辰云：「服六甲之符」。按符書之造作，始于後漢順帝時之張陵，此或以簡單之篆文，書六甲之神名，如太平經中複文之類，道敎將符與氣藥相提並論，視爲功術之祕者，於後日道典常觀之（參看杜光庭墉城集仙錄卷上靈笈七籤卷四十五祕要訣法，又卷九十二衆眞語錄）。服符療病，起源較早，故魏君辭而闢之。

（四）晝夜運動　此處所謂運動，兼指體力運動及腦力運動而言，上擧參同契：「晝夜不臥寐，晦朔未嘗休」云云，俞琰發揮曰：「坐頑空則苦自晝夜不眠，打勤勞則不顧身體疲倦，或搖頭撼腦，提擧努力，於是百脈沸馳而變出癲疽者有之」，蓋其時有人連旬累月，晝夜不寐，忽而頑坐，思念未歇，忽而提擧運動，血脈沸騰，以致身體疲倦，精神恍惚，疾病生焉。

（五）祭祀鬼神　累土立壇宇，朝暮敬祭祠，鬼物見形象，夢寐感慨之。彭曉註：「外立壇墠，祭祠羣鬼，欲希遇道，乞逐延齡，致使鬼氣傳於精魄，邪風起於心室，或交夢寐，或見形聲，自謂長生可期。不知我命在我，乃致促限，棄腐形骸」。按古之神仙家，皆不乞靈於鬼神祭祀，蓋人之吉凶，莫大於生死，死生之命，若操諸鬼神，則人力胡爲？操之在我，則我之命，可以人爲之術使之延續，故有黃白金丹之說也。抱朴子黃白篇引龜甲文曰：「我命在我不在天，還丹成金億萬年」。西昇經（卷五）曰：「我命在我，不屬天地」，後漢仲長統言衞生，亦注重藥石，斥非禮之祭。昌言曰：「和神氣，懲思慮，避風濕，節飲食，適嗜欲，此壽考之方也，不幸而有疾，則鍼石湯藥之所去也，（中略）諸厭勝之物，非禮之祭，皆所宜急除者也」，抱朴子於禱祀鬼神，乞靈巫祝，斥之尤力，道意篇云：「祭禱之事無益也，當恃我之不可侵也，無恃鬼神之不侵我也」，基此觀念，養生之道，在於人爲，太清經曰：「長生之道不在祭祀事鬼神也，不在導引屈伸也，不在呪呵多語也，不在精思自勤苦也，長生之道，要在神丹。」（陰長生周易參同契註卷上引，案太清經今缺）。繇此觀之，長生之道，在乎人力。世俗所傳雜法衆多，皆非正道。唯金液還丹爲至上至妙也。

上述內丹，房中、服符、晝夜運動，禱祀鬼神五項，不過擧其犖犖大者，其餘「諸

術甚衆多，千條萬有餘」。但皆違背黃老之道，自然之法，唯「明者省厥旨，曠然知所由」。所由者何？大丹是也。所謂「勤而行之，夙夜不休，服食三載，輕舉遠遊」。修大丹，服大丹，參同契之中心思想，如此而已矣。

復次，作丹之三變及金丹對於人身之特效，魏伯陽亦有說焉，參同契曰：

> 以金爲隄防，水火乃優游，金數十有五，水數亦如之。臨爐定銖兩，五分水有餘，二者以爲眞，金重如本初。其三遂不入，水二與之俱，三物相含受，變化狀若神。下有太陽炁，伏蒸須臾間，先液而後凝，號曰黃輿焉。

朱子考異云，此言丹之第一變也。參同契曰：

> 歲月將欲訖，毀性傷壽年。形體爲灰土，狀若明窗塵。

此言丹之第二變也。參同契又云：

> 擣治幷合之，馳入赤色門。固塞其際會，務令致完堅，炎火張於下，晝夜聲正勤。始文使可修，終竟武乃陳。候視加謹愼，審察調寒溫。周旋十二節，節盡更親觀，炁索命將絕，休死亡魄魂。色轉更爲紫，赫然成還丹。粉提以一丸，刀圭最爲神。

此第三變也。三變而成金液還丹，丹藥入口，令人長生，其餘草木之藥，僅能卻病延年，遠不如還丹生於眞金，服之令人長生久視也。抱朴子引黃帝九鼎神丹經曰：「雖呼吸道引及服草木之藥，可得延年、不免於死也。服神丹令人壽無窮已，與天地相畢」。（內篇金丹）參同契說金丹之妙效曰：

> 金砂入五內，霧散若風雨。薰蒸達四肢，顏色悅澤好。髮白皆變黑，齒落生舊所。老翁復丁壯，耆嫗成姹女。改形免世厄，號之曰眞人。

按丹家以爲還丹生於眞金，眞金是天地元氣之祖，永不敗朽、所謂「金砂入五內，霧散若風雨」。卽金丹入口，變爲元氣以補人身中固有元氣之不足（註六）。參同契曰：「人所稟軀，體本一無，元精雲布，因氣託初」，蓋謂人體稟元氣而生，若「元氣去體」則亡矣。（後漢書六十九趙壹傳）太平經鈔乙部興帝王法曰：「元氣有三名：太陽，太陰，中和。形體有三名：天，地，人」。人稟中和之氣而成也，中和之氣屬人，亦名精氣。參同契云：「須以造化，精氣乃舒」。河上公注老子「抱一能無離乎」：「一者，道德所生，太和之精氣也」。荀悅申鑒政體篇云：「陰陽以

統其精氣，剛柔以品其彙形」。凡此所謂精氣，皆指人體中之元氣，故醫家以滑石
紫芝等主「益精氣」（見神農本草經）。黃帝內經諸論亦重視精氣之說。（如素問上古天
眞論及通評虛實論）元氣之說，漢代甚盛，爲當時宇宙論之中心問題，影響道教顏鉅。
因其與本文無涉，茲不具論。我人所宜知者，人稟元氣而生，爲漢儒通行之說法。
參同契承受其言，以人體中之元氣，有限而易敗，惟有服食金丹大藥，化爲無窮不
朽之元氣，以續有限易敗之形軀，故得長生不死也。

（五）　參同契思想之淵源及其流變

　　周易參同契者，其於易多資焦京易緯之說，並假諸黃老之辭以論金液還丹之旨
也。金液還丹之論，至魏伯陽而成立，前此點金鑄金之事有之，而服餌金丹之說，
殆未有也。夫古之人者，鄭重文字，每忌創說招怪，是以立言之際，往往尋度來
源，以爲古已有之，述而不作也。魏伯陽作參同契，亦復如是。參同契曰：

　　金來歸性初，乃得成還丹。吾不敢虛說，倣效聖人文：古記題龍虎，黃帝美
　　金華，淮南鍊秋石，王陽加黃芽。（註七）賢者能行持，不肖毋與俱，古今道
　　由一，對談吐所謀，學者加勉力，留念深思惟。至要言甚露，昭昭不我欺。

魏君自承所述，仿效古聖之文，聖人不我欺，明今之所論，亦非妄說。繫言之，伯
陽所舉古聖之文，或渺茫難知，或係鑄造黃金之傳說，不可遽視爲金丹之論也。論
製餌金丹，蓋自魏伯陽始。所謂古記龍虎，非今之古文龍虎上經也，今之龍虎經，
係後人假名冒託，在參同契之後，後當細論，茲不贅述。古記龍虎，周易乾卦文言
曰：「雲從龍，風從虎」，龍虎二字，在後日丹經中，指金水或砂汞而言。於黃帝
淮南王等鍊丹傳說以前，一則史無龍虎丹經之明文紀載，二則揆諸學術思想之發生
及其發展，亦決無類似龍虎之丹經出現。故其事渺茫難知，今姑弗論。所謂「黃帝
美金華」，漢初黃老之學盛行，漢書藝文志託名黃帝之書甚多，道家兵家陰陽天文
歷譜五行雜占醫經醫方中神仙諸家皆有之。而黃帝鍊丹之傳說，見於史記封禪
書，武帝時，李少君言上曰：

　　祠竈則致物，致物而丹沙可化爲黃金。黃金成以爲飲食器則益壽，益壽而海
　　中蓬萊僊者乃可見。見之以封禪則不死，黃帝是也。

此言黃帝作金以爲飲食器不死，而齊人公孫卿言黃帝朵首山銅，鑄鼎於荊山下，鼎既成有龍垂胡髥，下迎黃帝升天（亦見封禪書）。二說不同，魏君顯采前說。所謂「淮南鍊秋石」，又謂「八公擣鍊，淮南調合」。按漢書（卷四十四）云，武帝時，淮南王安，「招致賓客方術之士數千人，作內書二十一篇，外書甚衆，又有中篇八卷，言神仙黃白之術，亦二十餘萬言」。又劉向傳云：是時宣帝「復興神仙方術之事，而淮南有枕中鴻寶苑祕書，書言神仙使鬼物爲金之術，及鄒衍重道延命方，世人莫見，而更生父德，武帝時治淮南獄得其書，更生幼而讀誦，以爲奇，獻之，言黃金可成，上令典尙方鑄作事，費甚多，方不驗」。（參看漢書卷二十五下郊祀志）是言淮南鴻寶苑祕書之方有爲金之術。按此祕書已佚，就今所見淮南萬畢術之輯本觀之，書中所言，莫非關於一般奇罕之方術耳，實無黃白變化之事。御覽九百九十八引萬畢術曰：「朱沙爲澒」，證以淮南地形訓所言，可知梗概。地形訓曰：「赤天七百歲生赤丹，赤丹七百歲生赤澒，赤澒七百歲生赤金」。赤丹卽丹沙，丹沙成澒，澒成金，然篇中所論，實指鑛物自然之生成，非人工化煉所得也。所謂七百歲，許愼云：「南方火，其色赤，其數七，故曰七百歲」。同理，「黃澒五百歲生黃金」，取其中央數五也。「青澒八百歲生青金」，取其東方數八也。凡此率以五行五色五方相配合，悉係想像之辭，非實驗所推之理。尤有奇者，所謂「黃金千歲生黃龍」，「青金八百歲生青龍」，「赤金千歲生赤龍」，金生龍，豈有其事乎？若無其事，顯係五行家言，非鍊丹之說也。然則「書言神仙使鬼物爲金之術」，劉向亦云「黃金可成」，金成將何用之？蓋此黃金果成，殆亦李少君所謂「以爲飲食器則益壽」歟？（註八）抱朴子金丹篇云：「以此丹金爲盤椀，飲食其中，令人長生」。舊題抱朴子神仙金汋經（卷上）亦云：「以丹金作盤椀，飲食其中，長生不死」，皆與古神仙家鑄金作飲食器之意相合。漢志神仙家著錄泰壹雜子黃冶三十一卷，郊祀志谷永說：「黃冶變化」。晉灼曰：「黃者，鑄黃金也，道家言冶丹砂令變化可鑄作黃金也。」（註九）凡此冶丹砂鑄作黃金，黃金果成，亦不過爲飲食器耳，非後日所謂製餌金丹之事也。至於「王陽加黃芽」，其傳說更與大丹無涉。漢書（卷七十二）王吉傳云：

　　自吉至崇（按崇，吉之孫），世名清廉。然材器名稱，稍不能及父，而祿位彌

　　隆，皆好車馬衣服，其自奉養，極爲鮮明。而亡金銀錦繡之物，及遷徙去

處，所載不過囊衣，不畜積餘財，去位家居。亦布衣疏食，天下服其廉而怪

其奢。故俗傳王陽能作黃金。

俗傳王陽自作黃金以給用，與製餌金丹，本不相涉，西京雜記：戚姬以百鍊金爲彄

環，照見指骨，上惡之，以賜侍兒。拾遺記云，軒轅皇帝以神金鑄器，凡所建造，

咸刊記其年時（卷一）。又云，方丈山有池，泥色若金而味辛，百鍊可爲金，色青。

照鬼魅猶石鏡，不能藏形（卷十）。凡此所載，鍊金則在於製物造器，亦方術家之事

也。總之，上述四者，古記龍虎，有無其事，渺茫難知，黃帝淮南，固有爲金之傳

說；卽使金成，亦不過爲飲食器以益壽耳，非服餌金丹以求仙也。至傳王陽作金，

苟有之，無非自己給用，與製餌金丹，異其旨趣。之四者，魏伯陽借之以爲金液還

丹之來源，冀以自重，取信於人。實言之，魏君不無託古之嫌，蓋金丹思想，始於

參同契正式成立也。

　　所謂金丹思想，指論修鍊金丹服餌金丹而言，欲明金丹思想正式成立於參同

契。最簡便之法，莫如證說參同契以前無成熟之金丹思想，有之亦似鑄金之事黃冶

變化之類，未可遽認爲金液還丹之祖也。魏伯陽以龍虎黃帝淮南王陽四者爲金丹之

前史，其事與史籍所載不符，強爲牽合，已如前論。今更略論諸書之涉及丹藥者，

察其眞僞，訂適當之成書年代，以明其與參同契有無淵源：（1）舊題漢劉向撰之列

仙傳，固紀服食丹藥之事（如任光、主柱、赤斧等），但此書自宋以來，疑者甚多，四

庫提要疑係魏晉間方士爲之託名於劉向，余嘉錫先生作四庫提要辨證，以此書蓋明

帝以後順帝以前人之所作，彼所據者，惟爲順帝時王逸楚辭章句於天問篇引崔文子

事與應劭所引（見漢書郊祀志注）字句略合，應劭所引，固明言出自列仙傳，但王逸之

註，並無指明書名。按王逸楚辭章句多明著所引書名，而此獨無。可見崔文子事或

係當時一種流行傳說，未必見止於列仙傳也。古今著述徵引此書者，莫早於應劭

（應劭所引崔文子事不見于今本列仙傳中）劭獻帝時人，徵以此書之內容，疑當作

於桓帝至靈帝之間（147—189）也。（2）圖緯之部，如詩含神霧河圖玉版等，固言

服白玉膏玉漿而成仙者，但玉膏玉漿，非人工化鍊之寶，與金丹不類，又御覽藥部

一引孝經援神契曰：「仙藥之上者丹砂，次則黃金，次則白金，次則諸芝，次則五

玉」云云，按此條統見抱朴子仙藥篇，御覽引作緯文、淸趙在翰疑為（見七緯）。明
綦趙君所見甚是。茲錄抱朴子原文，並加辨如下，仙藥篇曰：

> 孝經援神契曰：「椒薑禦濕，菖蒲益聰，巨勝延年，咸喜辟兵」。皆上聖之
> 至言，方術之實錄也；明文炳然，而世人終於不信，可歎息者也。仙藥之上
> 者，丹砂，次則黃金；次則白金；次則諸芝，次則五玉。……

玩索抱朴子上下文氣，自「椒薑禦濕」句起至「咸喜避兵」為孝經援神契文。自
「皆上聖之至言」至可歎息者也」係葛稚川自加按語。至於「仙藥之上者丹砂」云
云，係抱朴子敍述之辭，與上文孝經援神契言已截離為二。纂輯御覽時，倜不謹
愼，併引其辭，實則未可視為緯文也。况抱朴子所述丹砂黃金等，莫非自然生成之
礦藥，與金丹亦不類。（３）有仙人唐公房者，傳言服食神藥成仙。仙人唐公房碑
云：（隸釋三，金石萃編十九，全後漢文一百六，房神仙傳誤作昉）

> 君字公房，成固人。……耆老相傳，以為王莽居攝二年，君為郡吏，（缺四字）
> 士域啖瓜。旁有眞人，左右莫察。而君獨進美瓜，又從而敬禮之，眞人者遂
> 與期絳谷口山上，乃與君神藥曰，服藥以後，當移意萬里，知鳥獸言語，是
> 時府在西成，去家七百餘里，休謁往來，轉景卽至，……其師與之歸，以藥
> 飲公房妻子曰，可去矣。……於是乃以藥塗屋柱飲牛馬六畜，須臾有大風玄
> 雲來迎，公房妻子，屋宅六畜，倏然與之俱去。

陸耀遹金石續編仙人唐公房碑陰下云：「是其繕廟刻石，皆當後漢。繕廟者為郭芝
倡義，而刻石不著撰書之人，固卽碑陰題名之舉義為郭君揚譽矣。」是必唐公房成
仙之故事，相傳甚久，碑文所謂「耆老相傳，以為王莽居攝二年，君為郡吏」，在
未泐石紀辭以前，口耳相傳，事之有無，誰能決之？至後漢時，耽好神仙之徒，為
之繕廟刻石，所根據者亦無非「耆老相傳」而已。既經繕廟刻石，廟之所在，香火
膜拜，不乏其人；石之所處，文士儒生，傳誦不絕。一以廟為實物，石為眞言者，
或以之入神仙之傳，或以之注山川之文。其間增損文意，變易字句，以訛滋訛者有
之，如原碑刻辭只說「神藥」，神藥可能是金丹，但亦可能為玉石草木之藥。至神
仙傳（李八百）後魏酈道元水經之注（水經注卷二十七沔水條）並謂合丹服之仙去。此相
傳之說，由渾括而分明也。又神仙李八百傳略去公房六畜升天之說，增益八百授公

房丹經一卷，此後人以意增損之也。總之，此碑立於後漢，究竟屬於何年何月，今莫能詳。縱謂神藥卽金丹，依金丹思想之發展觀之，此碑似當刻於東漢中葉金丹思想盛行以後。蓋前乎此，實未易見如是理想之故事也。（註十）（4）後漢有太平清領書，卽今道藏中之太平經也。順帝時，琅邪宮崇曾獻之於朝，（後漢書襄楷傳）此書不作於一時一人之手，然至順帝時，當已成書，原書一百七十卷，現存者僅五十七卷。另有太平經鈔十卷，係節錄太平經文而成，以甲乙丙丁等爲部，太平經中無外丹之說，惟鈔甲部有「服華丹」「服華水」云云，似乎太平經亦有外丹思想。然細覈之，太平經鈔甲部係後人僞撰，取材於上清金闕靈書紫文上經及上清後聖道君列紀等書，不可認爲太平經之本文（註一一）。由此可知太平經鈔甲部不可信，太平經無外丹之說也。

以上略言列仙傳大約作於桓帝迄靈帝之間，讖緯之書無金丹思想；仙人唐公房之碑，疑立於東漢中葉以後；太平經中無外丹之說。繇此以觀，則神丹理論之成立，當自參同契始，然其初非成熟之金丹傳說，似亦有之。陰長生自敍（見神仙傳四，太平廣記八，全後漢文一百六）云：

漢延光元年，新野山北子受仙君神丹要訣，道成去世。付之名山，如有得者，列爲眞人，行乎去來，何爲俗閒，不死之要，道在神丹，行氣導引，俛仰屈伸，服食草木，可得延年，不能度世，以至乎仙，子欲聞道，此是要言、積學所致，無爲合神。上士爲之，勉力加勤，下愚大笑，以爲不然，能知神丹，久視長安。於是陰君裂黃素，寫丹經，一通封一文石之函，置嵩高山；一通黃縕之簡，漆書之，封以靑玉之函，置太華山；一通黃金之簡，刻而書之，封以白銀之函，置蜀綏山；一封練書，合爲十篇。付弟子，使世世當有所傳付。

按後漢安帝延光元年（西元一二二）當二世紀初期。陰君謂不死之要，道在神丹。餘如「行氣導引，俛仰屈伸，服食草木，可得延年，不能度世，以至乎仙」。參同契云：「食氣鳴腸胃，吐正吸外邪」。又云：「巨勝尚延年，還丹可入口，金性不敗朽，故爲萬物寶，術士服食之，壽命得長久」。彼此重金丹輕呼吸導引及服食草木之意，先後皆相合。陰君又著詩三篇，以示將來。其一曰：

惟余之先，佐命唐虞，爰逮漢世，紫艾重紆。予獨好道，而爲匹夫。高尚素志，不仕王候，貪生得生，亦又何求？超跡蒼霄，乘龍駕浮，青雲承翼，與我爲仇，入火不灼，蹈波不濡，逍遙太極，何慮何憂，傲戲仙都，顧愍群愚。年命之逝，如彼川流。奄忽未幾，泥土爲儔，奔馳索死，不肯暫休。

其三章曰：

惟余束髮，少好道德。棄家隨師，東西南北，委放五濁，避世自匿，三十餘年，明山之側，寒不逼衣，饑不暇食，思不敢歸，勞不敢息。奉事聖師，承歡悅色。面垢足胝，乃見哀識。遂受要訣，恩深不測，妻子延年，咸享無極，黃白已成，貨財千億，使役鬼神，玉女侍側。今得度世，神丹之力。

抱朴子金丹篇亦謂新野陰君合此太清丹得仙，著詩及丹經讚并序，述初學道隨師本末。則陰長生自敍及詩，自必相傳已久。詩云：「棄家隨師」，據雲笈七籤一百六馬明生陰眞君二傳，陰長生師事馬明生得金液神丹之法，馬明生隨安期先生受九丹之道，道教師弟傳授，往往系統釐然，未可深信。而陰君自敍及詩，尙無甚荒誕之語。按諸金丹思想之發生，此時前後，殆亦相當。然則陰長生(註一二)者，其爲魏伯陽之前輩歟？詩三篇，其爲參同契之嚆矢歟！魏君以爲古記龍虎黃帝淮南王陽爲修丹之前史，據今所考，陰君自敍及詩，蓋爲參同契思想之淵源乎？

以上論參同契思想之淵源旣竟。今更述其流變。所謂流變者，係指承受前源而變爲其他性質相似之作品。參同契影響後來金丹思想極大。自漢以後，論還丹者，罕有軼其範圍，今將簡其要者，分述於下：

（1）僞古文龍虎經 經學上有僞古文尙書，道典中有僞古文參同契，而所謂古文龍虎經，根本無其書，乃僞冒他篇而得之名也。夫歷史訂先後，事實辨眞僞。自來認龍虎經與參同契具有莫大之關係，或信其在參同契之先，或疑其在參同契之後，從未發覺本無其書也。余讀參同契，處處有「演易以明之」之感，書題周易參同契，蓋名副其實也。及讀古文龍虎經，只覺「龍虎」二字，無着落處，何以書名龍虎，蓄疑旣久，後讀雲笈七籤卷七十三金丹金碧潛通訣，覺此訣卽龍虎經文之所自出，且末分章夾注，顯係原篇，校讀之下，僅有訛異之文，無出入之句，訣之下文云：

自火記不虛作巳下，重解前文。丹術既著，不可更疑焉。故演此訣以輔火記
焉　庶使學者取象。下文云，文字鄭重說，與世人豈不熟思，是其義也。

此節文字，至古文龍虎經中頗有刪略，雖曾削足，仍難適履，愈彰其作僞之跡也、
原來金丹金碧潛通訣」，係響應參同契而作。今道藏闕經目錄卷下著錄「參同契金
碧潛通訣」或卽係金丹金碧潛通訣也。參同契曰：

火記不虛作，演易以明之。偃月法鼎爐，白虎爲熬樞。汞日爲流珠，青龍與
之俱。舉東以合西，魂魄自相拘，上弦兌數八，下弦艮亦八，兩弦合其精，
乾坤體乃成。

此魏伯陽自謂爐火之記，並不虛說，故演易以明之，金碧潛通訣云：「自火記不虛
作巳下，重解前文」，正指參同契而言、至龍虎經乃改爲「火記不虛作，鄭重解前
文」，損去「巳下」二字，益以整齊句法，巧弄之間，不知「火記」二字何所指，
於是註釋之人，空猜懸想，一以古有龍虎經者。今正統道藏收古文龍虎上經註及宋
王道古文龍虎經註疏兩種，查經文無發揮龍虎之句，（所謂「三日月出庚，龍虎自
相尋」，亦準參同契「三日出爲爽，震庚受西方」句法而來）。只見字裏行間，紬
繹參同契而言，金碧潛通訣曰：「下文云，文字鄭重說，與世人豈不熟思，是其義
也」，所謂「文字鄭重說，世人不熟思」，正是參同契「火記不虛作」巳下之文句。
考金碧潛通訣之作者，爲唐元陽子，（見宋董思靖道德眞經集解序說小注、雲笈七
籤一百四有元陽子傳，稱注黃庭經，唯未言作潛通訣，或另係一人。晁氏郡齋讀書
志載金碧潛通一卷，長白山人元陽子解、未詳何代人，不知其撰人姓氏），原爲發
揚參同契而作，故敍述與參同契關係如此坦白，龍虎經欲冒濫古文，爭奪參同契之
歷史，故不得不刪去「文字鄭重說，世人不熟思」幾句，以隱藏其作僞之跡。但作
僞者仍未能彌縫其罅漏，予後人以可疑之際，卽龍虎經之末句「故演此訣以附火記
焉」，此「訣」字係一極重要之證據，因此文原名「金丹金碧潛通訣」，故稱演此
「訣」，倘此篇原名古文龍虎經，理宜稱「經」，又參同契嘗自說「演易」以明金
丹之道，若此篇原名龍虎經，何不直稱「故演龍虎以附火記焉」。不然，書名龍
虎，毫無意義，如道藏太玄部唱字號龍虎還丹訣頌，則處處提及龍虎，處處以龍虎
爲喻。方是文與題合，大約唐五代間，好事之徒，始造龍虎經之名，彼見參同契中

有龍虎之句，如云「古記題龍虎」，「龍呼於虎，虎吸龍精」；「龍陽數奇，虎陰
數偶」；「龍西虎東」，以及青龍處房六分白虎在昴七分，龍虎二字，原無定義，或
謂水銀朱砂有龍虎之號，故朱砂曰赤龍，汞曰白虎，或謂太陽之精爲青龍，太陰之
精爲白虎。或謂龍虎，金水也。無論砂汞金水太陽太陰，皆喻鍊丹必需之二物，唐
書藝文志神仙家有龍虎通元訣一卷，龍虎亂日篇一卷，龍虎篇一卷（青羅子周希彭，少
室山人蕭登同注），及還陽子大還丹金虎白龍論一卷（隱士，失姓名），率係修煉大丹之
書而題名龍虎者。古文龍虎經之名，龍虎二字，一則係參同契中常用之文，再則亦
唐人通常用之以題丹經者。至于「古文」二字，係受參同契「古記題龍虎」句之啓
示，故意僞造，儼然在參同契問世以前，已有其書，實言之，古記龍虎，幽渺難
知，迄無令人相信爲古記之理由在（見說在前）。唐五代間，好事之徒，既以古文龍虎
經之空名，冒濫金丹金碧潛通訣之實錄，五代彭曉置信其事，曉序參同契通眞義
云，魏伯陽「得古文龍虎經，盡獲妙旨，乃約周易譔參同契三篇」。曉註又云：
「魏公所述，殆無虛詐。乃託易象及古文龍虎經而論之」，註中每引龍虎經，蓋其
信之篤也。宋朱熹始疑之，朱子語類（並見考異附錄）卷百二十五云：

> 義剛問曾景建謂參同本是龍虎上經果否？曰、不然，蓋是後人見魏伯陽傳有
> 龍虎上經一句，遂僞作此經，大概皆是體參同而爲。故其間有說錯了處，如
> 參同中云，二用無爻位，周流行六虛。二用者，即易中用九用六也。乾坤六
> 爻，上下皆有定位。唯用九用六無位，故周流行於六虛，今龍虎經卻錯說作
> 虛危去，蓋討頭不見，胡亂牽合一字來說。

是說用九用六爲二用，固未見其是（參前第三章第三節），但辨龍虎上經爲僞作，實具
慧眼。朱子又云：

> 世有龍虎經，云在參同契之先，季通亦以爲好，及得觀之。不然，乃隸括參
> 同契之語而爲之也。

朱子疑於先，俞琰續又辨之。俞氏參同契釋疑云：

> 今人相傳皆謂魏伯陽因龍虎經而作參同契，故不得不祖龍虎經之說，殊不知
> 龍虎經乃是隸括參同契之語，實出於魏公之後，晦菴朱子云、後人見魏伯陽
> 傳有龍虎上經一句，遂僞作此經，大概皆是體參同契而爲之，其間蓋有說錯

了處。愚向者未得其說，亦弗敢便以朱子此論爲然。後來反覆玩味，以參同契相對，互考其說。乃覺龍虎經之破綻旁出，而眞是隱括參同契之語也。蓋魏公之作參同契，乃是假借周易爻象，發明作丹之祕，非推廣龍虎經之說，若果推廣龍虎經之說，則當曰龍虎參同契，不得謂之周易參同契也。

此言參同契非推廣龍虎經之說，已甚透闢，然朱子俞琰只疑龍虎經晚出，未見龍虎經本無其書，緣好事者揑造書名，冒替已成之篇什。作僞之年代，約當唐五代間、故僞古文龍虎經，雖瞞過後蜀彭曉，而金丹金碧潛通訣之眞名，仍保存於北宋張君房之雲笈七籤中。但從此僞古文龍虎經，日漸盛行，南宋王道推衍其義爲之註，又申註意自爲之疏，至孝宗淳熙十二年而成古文龍虎經註疏三卷。（見道藏太玄部映字號上）惠棟易漢學（卷三）云：「案龍虎經似宋初人僞撰，如圓照東方甲，坤生震兌乾、皆不知漢易者也」，惠氏已善疑矣，然仍未考龍虎經之原身爲金丹金碧潛通訣，金碧潛通訣之冒受假名龍虎經，至晚，五代後蜀時已可掩飾大部分人之耳目，故彭眞一註參同契，引金碧潛通訣之文爲古文龍虎經曰，可見其時潛通訣之名已沈晦，而龍虎經僞書已大行矣。由今所考，則古文龍虎經非特後出，純係張冠李戴，幷其書而無之，自今以後，理宜正名：消除古文龍虎經之僞名，恢復金丹金碧潛通訣之眞名也。（註一三）

（2）一般傾慕丹鼎之徒，每乏歷史觀念，或故意添造參同以前一段金丹歷史，以爲龍虎經在先，參同契在後，故仿作丹書，多題龍虎之目，而內容仍沿參同之意，摭伯陽之辭，易其文體，或爲歌，或爲詩，或爲詞，或爲論，或添列藥品，或附麗圖說，旣論且歌，要不外爲參同契之流變也。玆舉例如下：（甲）古龍虎歌，陰眞人註，（雲笈七籤卷七十三）歌曰：「鉛爲匡郭，周遭祜昉，青瑤爲使，能調風雨，白液金花，水生龍虎。三一昇騰，必定規矩，赫然還丹，日月光顧，星辰透明，雲中見路」。此言還丹，與參同無異。（乙）龍虎精微論（道藏正乙部鼓字號）詩云：「識汞知鉛辨火金，還丹深旨杳難尋」，其中又論曰：「從子至巳，純陽用事，而進陽符，乃內陰而求外陽也。自午至亥，純陰方興而退陽火，乃外陽而附內陰焉。周流六虛，往來上下」，此言從子至巳卽參同契「朔旦爲復，陽氣始通」及「乾健盛明」「陽終於巳」之謂也。自午至亥者，卽參同契自姤至坤陰符之候，陽

極則陰生，陰極則陽生，陰陽交相進退，鍊丹之火候，悉在其中。參同契言之先，龍虎精微論續推演之耳。（丙）龍虎還丹歌訣，李眞人述。其中望江南詞云：「丹砂道，學者亦如麻，不識鉛中含白虎，競燒糞穢覓金華，爭得跨雲籬」。又龍虎還丹訣頌，谷神子注。所言亦係「考定坎離，指歸鉛汞」而已。又有龍虎元旨。開端卽云「龍虎者，鉛汞是也。汞者是龍，鉛者是虎。母藏子胎，子隱母胎。知白守黑，神明自來。白者金之精，黑者水之基」。所謂龍虎，坎離，金水、鉛汞。皆參同契中用以喩還丹者。以上三篇中，其他處就魏君眞契變易句法，敷演文義，不勝枚舉。（註一四）（丁）龍虎還丹訣（金陵子述。道藏洞神部闕字號上）龍虎手鑑圖（洞眞部闕字號下）及九還七返龍虎金丹析理眞訣（程昭述，洞眞部珠字號上）三編皆顯係發揚參同之旨。龍虎還丹訣云：「其還丹無方，金碧經及參同契是其方也」。金碧龍虎經本卽金丹金碧潛通訣，囊括參同契而作，前已言之。則還丹訣所祖唯參同契耳。龍虎手鑑圖云：「參同契參合易象，立成大道之術，易中備設天地之象，極變化之要。觀其成形之始，卽一陰一陽交感之所生、太陽萬物之父，太陰萬物之母、還丹不依天道，必無成理」，是不啻爲參同契說明所以假借易象之意也。龍虎金丹析理眞訣云：「余於道門，酷於留意。曾覽仙經，至於爐火百家，粗曾披閱。因看洞元記，總途經，混元訣，金碧經，玉盞龍胎鳳翅及太一參同等文，分析火候」。按自來論爐火之事者，莫不以參同爲祖，程君雖廣覽丹經，未嘗例外。彼眞訣中析辨金液還丹之理，或隱或顯，多用魏伯陽之義，其爲參同之流裔也無疑。（註一五）

（3）金碧五相類參同契（陰長生註、洞神部似字號）分三卷，十八章，大體演魏君參同契而作，參同中雖有以金丹續補元氣可得長生之理，但不主用食氣胎息之法，此編參雜黃庭內丹，頗能發揮養精鍊氣之義，如云「名號九域須知訣，變轉神炁盈髓血，添精補髓益筋皮，夜化遍身白乳徹」，又云：「存神養炁彩靈機，萬化身中改度移，息能自閉經千數，五行眞炁鎮相隨」，凡此注重閉口胎息鍊精化氣咸非魏君之惜，是書蓋係參同之變體也。

（4）參同契五相類祕要（洞神部似字號下），舊題太素眞人魏伯陽演，宣德郎權發遣提舉淮南西路學事借緋魚袋臣盧天驥上進，是編分本文一篇，讚一篇，歌一篇，盧天驥似係宋人，或卽五相類祕要之譔者，不然，或盧君見參同契五相類祕要，佚

譔人名氏，姑題魏伯陽演以進於朝，其成書年代，當在金丹金碧潛通訣之後，蓋五相類祕要云：張翼飛虛危，此乃一變也？正用金碧潛通訣之文，大旨本參同契「故復作此，命五相類」句而演，依陰陽五行之性，辨定石藥之同類，分君臣佐使之用，以鍊金丹，是亦參同契之流變也。

（５）唐宋人論金丹，俱有先後淵源，一祖於魏伯陽，此事在太極圖授受說中，得一佐證，朱彝尊太極圖授受考（曝書亭集卷五十八）云：

> 陳搏居華山，曾以無極圖刊諸石，爲圜者四，位五行其中，自下而上，初一曰玄牝之門，次二曰煉精化氣，煉氣化神，次三五行定位，曰五氣朝元，次四陰陽配合，曰取坎填離，最上曰煉神還虛，復歸無極，故謂之無極圖，乃方士修煉之術爾，相傳搏受之呂嵒，嵒受之鍾離權，權得其說於伯陽。

陳搏與呂嵒（洞賓）之關係，宋史（卷四百五十七）陳搏傳記載云：「關西逸人呂洞賓有劍術，百餘歲而童顏，步履輕疾，頃刻數百里，世以爲神仙，皆數來搏齋中，人咸異之」，是陳搏之學蓋受諸呂洞賓，呂洞賓又問學於鍾離權，宋王常集眞一金丹訣（洞眞部珠字號上）云：

> 昔荆湖北路草澤大賢處士鍾離權，泊遊於雲水，至魯國鄒城東南嶱嶧山玉女峯居之，至大唐（高宗）顯慶五年庚申歲正月一日壬寅朔遇之仙賢，引入洞中，授之丹訣，……麟德元年三月二十五日舉場選試有鄂州進士呂洞賓，因解名場，訪見鍾離，……眞一金丹鍊形之道付呂青牛受之，因從終南修鍊功成。（註一六）

此述鍾呂關係，殆亦可信，今道藏（洞眞部李字號上）有鍾呂傳道集記鍾呂問答之辭，其論還丹篇云：

> 呂曰，小還丹旣已知矣。所謂大還者何也？鍾曰，龍虎相交而變黃芽，抽鉛添汞而成大藥、玄武宮中而金精纔起，玉京山下而眞氣方升，走河車於嶺上，灌玉液於中衢，自下田入上田，自上田復下田，後起前來，循環已滿，而曰大還丹也。奉道之士，於中起龍虎而飛金精。養胎仙而生眞炁，以成中丹，良由此矣。

鍾離權論還丹，於致意爐火外，幷雜內丹，當是參同之變體，鍾授呂洞賓，呂有沁

園春丹詞，傳誦甚盛，道藏洞眞部成字號下有全陽子（卽宋俞琰）註解，並收入太玄部唱字號下龍虎還丹訣中·詞曰：

> 七返還丹，在人先須，煉已待時·正一陽初動，中宵漏永，溫溫鉛鼎，光透簾帷，造化爭馳，虎龍交媾，進火功夫牛斗危。曲江上，見月華瑩淨，有箇烏飛。當時自飲刀圭，又誰信無中養就兒，辨水源清濁，木金間隔，不因師指，此事爭知。道要玄微，天機深遠，下手速修猶太遲。蓬萊路仗，三千行滿，獨步雲歸。

詞中所謂「中宵漏永」，中宵卽夜半子時，參同契云：「舍元虛危，播精於子」，是也。所謂「造化爭馳，虎龍交媾」，參同契云：「龍呼于虎，虎吸龍精」，與此同旨。所謂「牛斗危」，乃指火候之方位，謂進火功夫，自子而發端至寅而搬運。參同契云：「始於東北箕斗之鄉，旋而右轉，嘔輪吐萌」，是其義也。單就此詞觀之，純陽眞人論還丹，處處與參同相合，可無疑矣。呂純陽授學陳摶，宋史稱「摶好讀易，手不釋卷，常自號扶搖子，著指玄篇八十一章，言導養及還丹之事」，指玄篇今不見，道藏洞眞部成字號上有陰眞君還丹歌，原辭論金丹，而希夷陳摶則以內丹注之，幷涉及陰道，蓋亦參同之流變也。以上所述，自鍾離權而呂洞賓而陳圖南，交相傳授，（其中或係間接傳授者，亦未可知）上繼伯陽之學，下啓劉海蟾張紫陽輩之金丹論，所謂「數千年間，有伯陽以導其流，有鍾呂以揚其波」（宋黃自如金丹四百字序）。俞琰序參同契發揮，自述研索參同之經歷云：「遂感異人指示先天眞一之大要，開後天火候之細微，決破重玄，洞無疑惑，歸而再取是書讀之，則勢如剖竹，迎刃而解，又參以劉海蟾之還金，張紫陽之悟眞，薛紫賢之復命，陳泥丸之翠虛，但見觸處皆同而無有不契者矣」（註一七）。總之，自漢而唐而宋，論金丹者，代不乏人，溯流尋源，大要如爾：魏伯陽導其源，鍾呂衍其流，劉（海蟾）張（紫陽）薛（紫賢）陳（泥丸）揚其波。參同契洵千古丹經之祖也。

（六）　古文周易參同契

古文參同契之造作，始于明杜一誠，同時楊愼失于信古，致蒙不白之譴，（四庫提要卽以爲楊愼始出參同古本）俞曲園九九消夏綠（卷五）僞古本條云：

明楊升庵稱南方掘地得石函，有古文參同契上中下三篇，敍一篇；徐景休箋
注亦三篇，後敍一篇；淳于叔通補遺三相類上下二篇，後序一篇；合爲十一
篇，與舊傳止三篇者不合，餘姚蔣一彪爲作集解，此參同契有古本也，殆儒
家諸古文有以啟發之乎？

俞氏疑儒家諸古文有以啟發古本參同，固具一部分理由、然其主要原因，以參同契
相傳三篇，與魏伯陽徐從事淳于叔通三人皆有密切關係，且眞契中前後設施群喩之
辭，似詩非詩，似散文而非散文、或疑其作者不止一人，故文體不一律，此事傳說
原委頗古，至明杜一誠始出「古本」，使空言成爲事實。五代彭曉曰：（見參同契通眞
義卷下）：

> 曉按諸道書或以眞契三篇，是魏公與徐從事淳于叔通三人各述一篇，斯言甚
> 悞，且公於此自述五相類一篇云，今更撰錄補塞遺脫，則公一人所撰明矣。
> 況唐時蜀有眞人劉知古者，因述日月玄樞論進於玄宗，亦備言之。則從事箋
> 註，淳于傳授之說，更復奚疑？

當時道書雖有三人各述一篇之說，然彭曉已力辨其謬、俞琰於諸道書或說，初則信
疑參半，繼則稍稍信之，周易參同契發揮卷九云：

> 愚嘗紬繹是說（按指諸道書及彭曉說），竊歎世代寥遠，無從審定，是耶非耶，皆
> 不可知。忽一夕於靜定中，若有附耳者云，魏伯陽作參同契，徐從事箋注，
> 簡編錯亂，故有四言五言散文之不同，旣而驚悟，尋省其說，蓋上篇有乾坤
> 坎離屯蒙，中篇復有乾坤坎離屯蒙，上篇有七八九六，中篇復有七八九六，
> ……文義重復如此，竊意三人各述一篇之說，未必不然。而經註相雜，則又
> 不知孰爲經孰爲註也。愚欲以四言五言散文，各從其類，分而爲三，庶經註
> 不相混殽，以便後學參究。然書旣成，不復改作。

是俞琰欲改編參同契爲四言五言及散文三類，而仍未果，至杜一誠始依俞旨而作
成。明徐渭青藤書屋文集（海山仙館叢書）卷三十書古本參同契誤讀云：

> 此本爲姑蘇雲巖道人杜一誠（字運復）者，當正德丁丑八月所正而序之者也。
> 分四言者，爲魏之經；五言者，爲徐之註；賦亂辭及歌爲三相類，爲淳于之
> 補遺；並謂已精思所得也。而不知欲分四言五言者各爲類，乃俞琰之意也，

一誠殆善繼俞志者乎？渭細玩之，如此分合，乃大乖文理。俞琰蓋幸而徒興
是念耳，使果爲之，其罪不在杜之下矣。成都楊愼爲之別序此書，乃云，近
晤洪雅楊印崍憲副云，南方有掘地得石函古文參同者，正如杜所編者，借錄
未幾，乃有吳人刻本而自序妄云精思所得。夫愼之序既如此，而一誠有別
序，則又云竊弄神器，以招天譴。其從父號五存者，跋其書又云，書未出而
爲人竊去冒托。觀此則愼之所聞於楊憲副者，乃他人竊得於一誠而托以石函
者也。愼不玩其理，乃輕信，而訾一誠，反以一誠爲竊盜。夫一誠之可訾，
乃特在妄編耳，豈竊盜於石函者哉？乃若謂一誠之竊盜，直謂其盜竊琰之
意，而以爲出己意則可也。一誠失於信人，愼失於信古，務博而不理，述書
多至八十種，誠如此類，豈可盡信哉？

此辨甚精核，徐氏又引王圜山人序云，嘉靖癸已秋作，中有故人自會稽來貽善本而
己捐俸以刻之之語，余嘉錫先生云，嘉靖癸已「是爲嘉靖十二年，而愼序末題嘉靖
丙午仲秋長至後十日，則嘉靖之二十五年，在王圜刻書後十三年，杜一誠序題正德
丁丑・其從父五存跋題正德己卯，則更遠在楊愼作序之前二十餘年，是杜一誠書先
成，刻本亦先出，而楊愼本後出，愼特指一誠之書爲即石函中之古本，而非愼所
僞作也」（四庫提要辨證子八古文參同契集解條）。繇是觀之，杜一誠書先出，楊愼本後
出，作僞之罪，應歸之杜。愼亦失於「輕信」，宜乎招疎妄之譴也。四庫提要
曰：

今考其書（指古文參同契）於舊文多所顚倒，以原本所有讚一篇，則指爲景休
後序。原本補塞遺脫一章，亦析出爲叔通後序，（中略）其讚序一首，朱子嘗
謂其文意是註之後序，恐是徐君註而註不復存。今此本乃適與相合，豈非因
朱子之語而附會其說歟。

是杜一誠專本前人臆想之辭，以爲改編參同之準繩，不惜分割附會，冒托古本。幸
辨之者衆，古文參同契之爲晚出僞書，迺昭然大白於天下矣。

（七）餘論

丹砂爲自然之礦物，味甘（或云苦），可爲藥療病，此一事也。神仙家言以人工

化鍊丹砂，服之長生，又一事也。丹砂之被發見可爲藥用，由來尚矣。以人工鍊
丹，服餌崇仙，其言晚出。中間似又有一過渡之說，因丹爲石之精者，服天然之丹
砂，不特可以消邪却病，且能令人延年不老。天然之丹砂，人間易得，自不足奇，
故須人工祕製之還丹金液，服之方能長生。自來丹經祕訣，隱深玄奧，明師不易
遇，丹方不易傳，眞汞眞鉛不易得，作丹卒無成就，此大丹所以可貴，神仙所以令
人虛慕而不可卽也。參同契者，論人工鍊丹服餌成仙之書也。與前此記述服食天然
之丹砂者有別，至於點金鑄金，目的在用而不在食，又是一事，不宜混爲一談。魏
伯陽作參同契，承京氏易易緯黃老自然之道，描寫金液還丹之旨。漢人學京氏易易
緯，只能推究天人講說災異與占候吉凶而已。魏君假周易以論作丹，成一家言，開
一說之先河，爲「萬古丹經之祖」，是其特色（註一八）。四庫提要京氏易傳條云，
「其書雖以易傳爲名而絕不詮釋經文，亦絕不附合易義」。按周易經文，應指卦辭
爻辭爲限，彖象文言等形式上爲章句之學，其實所詮釋多非經之本義，誠如朱子所
云，易爲著筮作，非爲義理作，爻辭如籤辭耳，憑如籤辭之卦爻辭，人人皆得發揮
爲義理，以成其一家言。儒者之說易，固成一家言，百家之論易，何嘗不可成爲一
家言，古人欲發明聖賢經傳，皆自爲一書，不以相附。十翼之作，原亦不雜於經
文。魏伯陽作參同契，亦自成書，其言有曰：「若夫至聖，不過伏羲，始畫八卦，
效法天地，文王帝之宗，結體演爻辭，夫子庶聖雄，十翼以輔之，三君天所挺，迭
與更御時，優劣有步驟，功德不相殊。制作有所踵，推度審分銖。有形易忖度，無
兆難慮謀」。所謂「制作有所踵，推度審分銖」，卽踵接前聖有形之論（人事之理），
推度未來無兆之謀，（還丹之道），伯陽之制作在此，其特殊面目在此，故古易（卦爻）
有古易本來之意義，先秦儒者有先秦儒者之易說，漢儒有漢儒之易說，魏伯陽有魏
伯陽之易理，凡言之成理，持之有故，不必強求其同，更無勞是非優劣之分也。

三十二年一月寫於四川南溪李莊板栗坳

（註一）周易參同契二卷，唐書經籍志始著錄。今道藏太玄部收注本八種，宋
　　　　俞琰參同契發揮九卷，五代彭曉通眞義、宋朱熹註（朱子遺書本稱考異，不
　　　　分卷，定爲上中下三篇）、陳顯微解、陰長生儲華谷及無名氏六箇注本皆作
　　　　三卷，又無名氏註作二卷。其成書年代，約當東漢順帝至桓帝之間（四

元一二六至一六七）。晁公武郡齋讀書志曰，參同契魏伯陽撰，唐陸德明經
典釋文解易字云，虞翻注參同契言字從日下月，今此書有日月爲易之
其爲古書明矣。按作者魏伯陽，不見於後漢正史，惟抱朴子內篇及神
文，仙傳稱之。魏君作參同契，向無持異議者，可弗論。然其成書之
年代，渾然未定，傳受參同契之淳于叔通與魏君同郡，桓帝時曾爲洛
陽市令，史傳記載較詳，由此可推知參同契成書之約略年代也。彭曉
序云，魏伯陽約周易譔參同契「密示青州徐從事，徐乃隱名而註之，
至後漢孝桓帝時，公復傳授與同郡淳于叔通，遂行於世」。真誥卷十
二稽神樞第二云：「定錄府有典柄執法郎是淳于斟字叔顯，主試有道
者，斟會稽上虞人，漢桓帝時作徐州縣令，靈帝時大將軍辟掾，少好
道，明術數」，原注云：「易參同契云：桓帝時上虞淳于叔通受術於
青州徐從事，仰觀乾象，以處災異，數有效驗，以知術故郡舉方正，
（正，一譌作士），遷洛陽市長，如此亦爲小異」，曉序謂伯陽以參同契
密示青州徐從事，至桓帝時復以授同郡淳于叔通，而真誥謂叔通受術
於徐從事，二說不同，余嘉錫先生四庫提要辨證以爲曉誤也，然二書
皆稱叔通於桓帝時傳道受經，則無可疑，清顧懷三補後漢書藝文志引
會稽典錄云，淳于斟亦名翼，字叔通，除雒陽市長，桓帝即位，有大
蛇見德陽殿上，翼占曰，蛇有鱗，甲兵之應也（見開元占經卷一百二十引）
後漢書卷二十七五行志注引干寶搜神記曰：「桓帝即位，有大蛇見德
陽殿上，雒陽市令淳于翼曰，蛇有鱗，甲兵之象也，見於省中，將有
椒房大臣受甲兵之誅也，乃棄官遁去，到延熹二年，誅大將軍梁冀，
捕治宗屬，揚兵京師也」，袁宏後漢紀卷二十二云，（度）尚字博平，
初爲上虞長，縣民故洛陽市長淳于翼學問淵深，大儒舊名，常隱於田
里，希見長吏。余氏四庫提要辨證(子八)云：「案後漢書孝女曹娥傳言
元嘉元年縣長度尚改葬娥爲立碑，元嘉元年爲桓帝即位後之五年，則
度爲上虞長，正在翼棄官遁歸之後，故隱於田里，不見長吏」。緣此
觀之，傳受參同契之淳于叔通，係桓帝時人，則魏伯陽作參同契，蓋

當在順帝迄桓帝之間也。又宋曾慥道樞卷三十四云：「雲牙子（原注：
魏翱，字伯陽漢人自號雲牙子云）游於長白之山而遇眞人，告以鉛汞之理，
龍虎之機焉」，此注謂魏翱字伯陽云云，不知何所據，

（註二）參同契中言易及黃老之辭甚多，如云「乾坤者，易之門戶」，「大易
性情，各如其度」，「易者象也」，「歌敍大易」，「演易以明之」，
其他敷陳易說，以明爐火之事，不勝枚舉，又云：「前卻違黃老」，
「黃老自然」，蓋言以金丹養生，爲黃老自然之道，書中老氏之言尤
多，如穀軸，橐籥，動靜，有無，上德，下德等是。後世有易老同源
之說，以彼二者有相通之理在。漢時，黃帝常附於老子，故有黃老
之名；至魏晉之際，莊子取黃帝而代之，故有老莊之稱，參同契讚揚
黃老自然之道，係漢人之風習也。至於淸朱駿聲刻參同契序（傳經室文
集卷四）云：「參者，三也，天地人三才也，同者，合會也，契者，大
凡也，言人身與天地二而一，是書約舉其要最也」，（此條承丁梧梓先生
告知）其言無稽證，且不合理，可弗置辨。

（註三）焦延壽字贛，其易說今莫能詳，唯漢書卷七十五京房傳言「其說長於
災變，分六十卦更直日用事，以風雨寒溫爲候，各有占驗」，至於易
林，道藏續集亦收有此書，舊題漢焦延壽撰，張之洞書目答問云，依
徐養原牟庭相定爲漢崔篆撰，篆於東京建武初著周易林六十四篇，隋
志始著錄，余季豫先生四庫提要辨證子部三有考。

（註四）後漢書卷九十二荀淑傳淑子爽（一名諝），著有易傳等，荀悅漢紀謂其
叔父爽著易傳，據爻象承應陰陽變化之義，以解說經意。後虞翻奏上
易注云，至孝靈之際，潁川荀諝，號爲知易，臣得其注，有愈俗儒。
（吳志虞翻傳注引翻別傳）自是荀氏易學遂行於世。

（註五）卦氣之說，淸儒論之衆矣。往往仁智之見，不可盡從。如桂馥札樸卷
一卦氣值日條云：「京氏易以卦氣值日，其法精密，余考之易軌而得
其說，蓋以坎震離兌四卦，卦別爻，爻主一氣，主二十四氣，其餘六
十卦，三百六十爻，爻主一日，餘五日四分之一以通閏餘」，是謂一

卦直六日，并焦京易說失其傳也。

（註六）服餌金丹，補續身中之元氣，與食氣呼吸說，並不相侔，不可混淆。

（註七）黃芽即是真鉛，秋石亦是真鉛，汞入鉛中吐花名曰金華，故金華黃芽秋石三者悉係化鍊大丹之物，亦代表修丹之意，

（註八）神仙傳淮南王安有八公，其中「一人能煎泥成金，疑鉛爲銀，水鍊八石，飛騰流珠，乘雲駕龍，浮於太清之上，……安乃日夕朝拜，供進酒脯，……遂授王丹經三十六卷，藥成，未及服，……」按此與正史傳記不符，蓋其時未有丹經，不可輕信。

（註九）揚子法言學行篇：「或問世言鑄金，金可鑄歟」？李軌注：方術之家言能銷五石化爲黃金，故有此問。此所謂鑄金，殆亦谷永所謂黃冶變化之類也。抱朴子黃白篇引桓譚新論云，傅太后「聞金成可以作延年藥」，按桓子新論亡佚已久，無完本對勘，未知抱朴子引文有無經後人改竄也。

（註一〇）神仙傳卷四劉安傳云：「時人傳八公安臨去時，餘藥器盤在中庭，雞犬舐啄之，盡得昇天，故雞鳴天上，犬吠雲中也」，按此不見於漢書淮南王傳，疑晉人仿效唐公房故事而增飾之也。又錢大昕潛研堂金石文跋尾卷一仙人唐公房碑：「碑立於東漢之世」云。

（註一一）關於太平經鈔甲部之僞，問題甚爲複雜，余已有文辨證，茲不贅論。

（註一二）此陰長生與註周易參同契金碧五相類參同契及古龍虎歌之陰真人不同。作註之陰君，似係宋人，當分辨之。

（註一三）文獻通考卷二百二十四云：金碧古文龍虎上經一卷。陳氏（書錄解題）曰，不著名氏，麻姑所錄本無金碧字。明案金碧二字，或原本有之，與「金丹金碧潛通訣」之金碧字。似亦有關，後日丹經中每見「金碧」與「參同」並舉，竟以金碧二字爲僞龍虎經之簡稱。

（註一四）龍虎還丹訣，龍虎還丹訣頌及龍虎元旨三篇，統在道藏太玄部唱下。

（註一五）道藏洞真部珠字號上有真龍虎九仙經（羅葉二真人註）及龍虎中丹訣二篇，雖書名龍虎，然皆論內丹，鍊五臟之氣，欲成胎仙，奉持黃庭，

與參同異趣。龍虎九仙經云：「當修其事，若衆患起，以氣理之」，又云：「鍊五臟之精，各滿九九數，金鼎收其氣，身騰而昇天」，參同契中無此意也。龍虎中丹訣云：「惟精，一身之主；惟氣，一身之眞；惟神，一身之靈。精氣神三者，惟心可以動合變化也」，其法以胎息爲主，一年二年三年而至九年，爰脫凡骨而化「胎仙」矣。訣中胎靈頌云，「與功修此志，莫倦讀黃庭」。黃庭經頗詳胎息之言，如云：「閉口屈舌食胎津」，「琴心三疊舞胎仙」，悉 參同契還丹之說不合。

(註一六)呂洞賓生卒之正確年代未詳，迨經神話渲染，益難究詰。據向覺明先生唐代長安與西域文明附錄二整屋大秦寺略記云，洛陽某氏有新出土呂洞賓之父呂讓墓志。讓凡兄弟四人，以溫恭儉讓排行。讓有五子，行三者名煜，據新安呂氏家乘，則洞賓行三原名煜，後改名巖。其父名讓，所誌官階履歷，與新出土墓誌正合。按歷世眞仙體道通鑑卷四十五呂嵒傳，嵒字洞賓，讓之子，讓父渭，有四子、曰溫，曰恭，曰儉，讓其季也，亦與呂讓墓誌所載相符。唯未知新安呂氏家乘有無洞賓生卒年月否？

(註一七)劉海蟾張紫陽薛紫賢陳泥丸皆宋人。劉玄英號海蟾，其還丹賦見道藏太玄部唱字號下內丹祕訣中。張伯端號紫陽，其悟眞篇一本見洞眞部律字號，又本見洞眞部李字號下奈字號上。薛道光，號紫賢，其還丹復命篇見太玄部婦字號上。陳楠字泥丸，翠虛篇亦見太玄部婦上，參閱洞眞部李字號修眞十書本。

(註一八)參同契之歷史價值，係參用大易黃老描述金丹思想，至於實際金丹之服餌，鮮有不喪其身者矣。

出自第十九本（一九四八年十月）

浮　屠　與　佛

季　羨　林

民國二十二年(一九三三年)胡適之先生寫了一篇討論四十二章經的文章：四十二章經考（胡適論學近著，第一集，卷二，頁一七七——一八六），論到四十二章經的眞僞問題，附帶討論「浮屠」與「佛」兩個名詞成立的先後。陳援菴先生(垣)寫信給胡先生商榷這兩個譯名。除了承認「浮屠」一名詞的成立先於「佛」以外，胡陳兩先生在幾點上意見不能一致。最主要的一點就是陳先生說：

范蔚宗所搜集之後漢史料，實未見有「佛」之名詞及記載。（胡適論學近著，頁一七九）

他又說：

後漢詔令奏議，皆用「浮屠」，不用「佛」，具如前函。三國志裴注引魏略天竺國一段，凡八用「浮屠」，亦未嘗一用「佛」。其中兩稱「浮屠」經，亦不稱「佛」經。至陳壽始以「佛圖」與「佛」參用。(范書陶謙傳採三國志劉繇傳文，亦「浮屠」與「佛」參用。)至袁宏始純用「佛」，並以「佛」釋「浮屠」。至范蔚宗於漢詔議仍用原文，於自述則用「佛」。（胡適論學近著，頁一八九）

根據這些史料，他於是立下了下面的標準：

一，後漢至魏中葉，尚純用「浮屠」。

二，三國末至晉初，「浮屠」與「佛」參用。

三，東晉至宋，則純用「佛」。

根據這標準，他「逐推論到牟子理惑論，及現存漢譯諸經，皆不能信爲漢時所譯撰」。（胡適論學近著，頁一九〇）但是胡先生却不承認「范蔚宗所搜集之後漢史料，實未見有「佛」之名詞及記載」這一條結論。

　　我現在也來討論「浮屠」與「佛」兩個譯名，並不敢說有什麼了不得的新發現，我只是試着從另一個觀點上來看這問題。胡陳兩先生討論的是這兩個譯名的先後問題。我在這裏想探一探他們的來源。倘若來源問題弄清楚，對胡陳兩先生所討論而未決的問題也許有點幫助。

　　我們都知道，釋迦牟尼成了正等覺以後的名號梵文叫做 Buddha。這個字是動詞 budh （覺）加上語尾 ta 構成的過去分詞。在中文裏有種種不同的譯名： 佛陀，浮陀，浮圖，浮頭，勃陀，勃馱，部多，部陀，毋陀，沒馱，佛馱，步他，浮屠，復豆，毋馱，佛圖，佛，步陀，物他，馨陀，沒陀，等等，都是音譯。我們現在揀出其中最古的四個譯名來討論一下，就是：浮屠，浮圖，復豆和佛。這四個譯名可以分為兩組：前三個是一組，每個都由兩個字組成；第四個自成一組，只有一個字。

　　我們現在先討論第一組。我先把瑞典學者高本漢 (Bernhard Karlgren) 所構擬的古音寫在下面：

浮　*b'jôg / b'iĕu / fou (Bernhard Karlgren: Grammata Serica, reprinted from the Bulletin of the Museum of Far Eastern Antiquities, Stockholm, number 12, 1940, 頁四四九，1233 l)

屠　* d'o / d'uo / t'u （全上，頁一三六——一三七，45 i')

圖　* d'o / d'uo / t'u （全上，頁一四三——一四四，63 a)

復　* b'jôk / b'iuk / fu（全上，頁三九八，1034 d)

豆（註一）* d'u / d'ĕu / tou （全上，頁一五八·118 a)

「浮屠」同「浮圖」在古代收音都是 -o，後來纔轉成 -u；「復豆」在古代收音是 -u，與梵文 Buddha 的收音 -a 都不相當。梵文 Buddha，只有在體聲，而且後面緊跟着的一個字第一個字母是濁音或元音 a 的時候，纔變成 Buddho。但我不相信「浮屠」同「浮圖」就是從這個體聲的 Buddho 譯過來的。另外在俗語(Prakrta)和巴利語裏，Buddha 的體聲是 Buddho。（參閱 R. Pischel, Grammatik

---

（註一）焦竑竑略作「復立」。世說新語文學篇注作「復豆」。酉陽雜俎， 卷二玉格，作「復立」。參閱胡適論學近著，第一集，上，頁一八〇；湯用彤，漢魏兩晉南朝佛教史，上，頁四九。

der Prakrit-Sprachen, Grundriss der Indo-Arischen Philologie und Aitert-umskunde, I. Band, 8. Heft, Strassburg, 1900, § 363 及 Wilhelm Geiger, Pāli Literatur und Sprache 同上 I. Band, 7. Heft, Strassburg 1916, § 78) 在 Ardhamāgadhi 和 Māgadhi 裏 ， 陽類用 -a 收尾字的體聲的字尾是 -e ， 但在 Ardhamāgadhi 的詩歌裏面有時候也可以是 -o 。我們現在材料不夠，當然不敢確 說「浮屠」同「浮圖」究竟是從那一種俗語裏譯過來的；但說牠們是從俗語裏譯過 來的，總不會離事實太遠。

說到「復豆」，這裏面有點問題。「復豆」的古音既然照高本漢的構擬應該是 b'iuk-d'əu，與這相當的梵文原文似乎應該是 *bukdu 或 *vukdu（註二）。但這樣 的字我在任何書籍和碑刻裏還沒見到過。我當然不敢就斷定說沒有，但有的可能總 也不太大。只有收音的 -u 讓我們立刻想到印度俗語之一的 Apabhraṃśa，因為在 Apabhraṃśa 裏陽類用 -a 收尾字的體聲和業聲的字尾都是 -u。「復豆」的收音 雖然是 -u ，但我不相信牠會同 Apabhraṃśa 有什麼關係。此外在印度西北部方 言裏，語尾 -u 很多，連梵文業聲的 -aṃ 有時候都轉成 -u （參閱 Hiän-lin Dschi （季羡林），Die Umwandlung der Enduny -aṃ in -o und -u im Mittelindis-chen, Nachrichten ivon der Akademis der Wissenschaften in Göttingen, Philoly. Hist. lce. 1944, W. 6.）「復豆」很可能是從印度西北部方言譯過去 的。

現在再來看「佛」字。高本漢曾把「佛」字的古音構擬如下：

* b'iwət⁷/ b'iuət / fu (Grammata Serica, 頁二五二，500 i)

一般的意見都認為「佛」就是「佛陀」的省略。宗輪論述記說：「佛陀」梵音，此云 覺者。隨舊略語，但稱曰「佛」。佛教字典也都這樣寫，譬如說織田得能，佛教大 辭典，頁一五五一，上；望月信亨，佛教大辭典，頁四四三六上。這彷彿已經成了 定說，似乎從來沒有人懷疑過。這說法當然也似乎有道理，因為名詞略寫在中文裏 確是常見的，譬如把司馬長卿省成馬卿，司馬遷省成馬遷，諸葛亮省成葛亮。尤其

（註二）參閱 Pelliot, Meou-Tseu on les dontes leve's. T'oung Pao （通報）vol. XIX, 1920，頁四三〇。

是外國譯名更容易有這現象 。 英格蘭省爲英國，德意志省爲德國，法蘭西省爲法國，美利堅省爲美國，這都是大家知道的。

　　但倘若仔細一想，我們就會覺得這裏面還有問題，事情還不會就這樣簡單。我們觀察世界任何語言裏面外來的假借字 (Loanwards, Lehn wörter)， 都可以看出一個共同的現象：一個字，尤其是音譯的，初借過來的時候，大半都多少還保留了原來的音形，同本地土產的字在一塊總是格格不入。誰看了也立刻就可以知道這是「外來戶」。以後時間久了，總漸漸改變了原來的形式，同本地的字同化起來，終於讓人忘記了牠本來不是「國貨」。這裏面人們主觀的感覺當然也有作用，因爲無論什麼東西，看久了慣了，就不會再覺得生疏。但假借字本身的改變却仍然是主要原因。「佛」這一個名詞是隨了佛教從印度流傳到中國來的。初到中國的時候，譯經的佛教信徒們一定想法完全保留原字的音調，不會就想到按了中國的老規矩把一個有兩個音節的字縮成一個音節，用一個中國字表示出來 。 況且 Buddha 這一個字對佛教信徒是何等尊嚴神聖，他們未必在初期就有勇氣來把牠腰斬。

　　所以我們只是擩情度理也可以想到「佛」這一個字不會是略寫。現在我們還有事實的證明。我因爲想研究另外一個問題，把後漢三國時代所有的譯過來的佛經裏面的音譯名詞都搜集在一起，其中有許多名詞以前都認爲是省略的。但現在據我個人的看法，這種意見是不對的。以前人們都認爲這些佛經的原本就是梵文。他們拿梵文來同這些音譯名詞一對，發見她們不相當，於是就只好說，這是省略。連玄奘在大唐西域記裏也犯了同樣的錯誤，他說這個是「訛也」，那個是「訛也」，都不見得眞是「訛也」。現在我們知道，初期中譯佛經大半不是直接由梵文譯過來的，拿梵文作標準來衡量這裏面的音譯名詞當然不適合了。這問題我想另寫一篇文章討論，這裏不再贅述。我現在只把「佛」字選出來討論一下。

　　「佛」字梵文原文是，Buddha，我們上面已經說過。在焉耆文（吐火羅文 A）裏 Buddha 變成 Ptäñkät 。這個字有好幾種不同的寫法： Ptäñkät, Ptäñkte, Ptamñkte, Ptäñäkte, Ptäñikte, Ptäññakte, Pättäñakte, Pättäññakte, Pättañkte Pättämñkte Pättämñakte。 (參閱 Emil Sieg, Wilhelm Siegling und Wilhelm Schulze, Tocharische Grammatik. Göttingen 1931, § 76 116.

122, a. 123. 152, b. 192. 206. 207. 363, c.）這個字是兩個字組成的，第一部分是 ptā-，第二部分是 -ñkät。ptā 相當梵文的 Buddha，可以說是 Buddha 的變形。因為吐火羅文裏面濁音的 b 很少，所以開頭的 b 就變成了 p。第二部分的 ñkät 是「神」的意思，古人譯為『天』，相當梵文的 deva。這個組合字全譯應該是「佛天」。「天」是用來形容「佛」的，說了「佛」還不夠，再給牠加上一個管銜。在寫者文裏，只要是梵文 Buddha，就譯為 Ptañkät。在中文大藏經裏，雖然也有時候稱佛為「天中天（或王）」(devātideva)（註三），譬如妙法蓮華經，卷第三，化城喻品第七：

　　聖主天中王

　　迦陵頻伽聲

　　哀愍衆生者

　　我等今敬禮　　（大正大藏經，第九卷，頁二三，下）

與這相當的梵文是：

namo 'stu te apratimā maharṣe devātidevā kalaviṅkasusvarā ¦

vināyakā loki sadevakasminvandāmi te lokahitānukampñ ‖

　　　　（Saddharmapuṇḍarika, edited by H. Kern and Bunyiu Nanjio,

　　　　Bibliotheca Buddhica X, St.-Pétersbouy 1912，頁一六九，行十二，

　　　　十三）

但「佛」同「天」連在一起用似乎還沒見過。在梵文原文的佛經裏面，也沒有找到 Buddhadeva 這樣的名詞。但是吐火羅文究竟從那裏取來的呢？我現在還不能回答這問題，我只知道，在迴紇文（Uigurisch）的佛經裏也有類似的名詞，譬如說在迴紇文譯的金光明最勝王經（ Suvarṇaprabhāsottamarājasūtra ）裏，我們常遇到 tngri tngrisi burxan 這幾個字，意思就是「神中之神的佛」，與這相當的中譯本裏在這地方只有一個「佛」字。（參閱 F. W. K. Müller, Uigurica, Abhandlungen der Königl. Preuss. Akademie der Wissenschaften, 1908，頁二八，二九等等；Uigurica II, Berlin 1911，頁一六等等。）兩者之間一定有密切的關係，也許是

（註三）參閱釋氏要覽，中，大正大藏經，卷五十四，頁二八四，中——下。

抄襲假借，也許二者同出一源；至於究竟怎樣，目前還不敢說。

我們現在再回到本題。在 ptañkät 這個組合字裏，表面上看起來，第一部分似乎應該就是 ptä-。 但實際上却不然。在焉耆文裏，只要兩個字組合成一個新字的時候，倘若第一個字的最後一個字母不是 a，就往往有一個 a 加進來， 加到兩個字中間。譬如 aträ 同 tampe 合起來就成了 atra-tampe，käsu 同 ortum 合起來就成了 käswa-ortum，kälp 同 pälskäm 合起來就成了 kälpa-pälskaṃ，pär 同 prase 合起來就成了 pärra-krase，pältsäk 同 pāṣe 合起來就成了 pälska-pase，. präkar 同 pratim 合起來就成了 präkra-pratim，brähmaṃ 同 puro-hitum 合起來就成了 brähmna-purohitum，spät 同 koṃ 合起來就成了 säp-ta-koñi。（參閱 Emil Sieg，Wilhelm Siegling und wilhalm Schulze, Tocha-rische Grammatik，§ 363, a）中間這個 a 有時候可以變長。譬如 Wäs 同 yok 合起來就成了 Wsä-yok，Wäl 同 ñkät 合起來就成了 wlä-ñkat。（同上 §363, c）依此類推，我們可以知道 ptä 的原字應該是 pät；據我的意思，這個 pät 還清清楚楚地保留在 ptañkät 的另一個寫法 pättañkät 裏。就現在所發掘出來的殘卷來看， pät 這個字似乎沒有單獨用過。但是就上面所舉出的那些例子來看，我們毫無可疑地可以構擬出這樣一個字來的。我還疑心， 這裏這個元音沒有什麼作用，牠只是代表一個更古的元音 u。

說 ä 代表一個更古的元音 u，不是一個毫無依據的假設，我們有事實的證明。在龜茲文（吐火羅文 B），與焉耆文 Ptañkät 相當的字是 Püdñäkte。（Pudñäkte，puḍñikte，見 Sylvain Livi，Fragments des Textes Koutchicus, Paris 1933；Udänavarga，(5) a 2; Udänälaṃkara，(1) a 3; b 1, 4; (4) a 4; b 1, 3; Karmavibhaṅga，(3) b 1;(8) a 2, 3; (9) a 4; b 1, 4; (10) a 1 ; (11) b 3）我們毫無疑問地可以把這個組合字分拆開來，第一個字是 püd 或 pud，第二個字是 ñäkte。püd 或 pud 就正相當焉耆文的 pät。在許多地方吐火羅文 B（龜茲文）都顯出比吐火羅文 A（焉耆文）老，所以由 püd 或 pud 變成 pät，再由 pät 演變成 ptä，這個過程雖然是我們構擬的，但一點也不牽強，我相信，這不會離事實太遠。

　　上面繞的彎子似乎有點太大了，但實際上却一步也沒有離開本題。我只是想證明：梵文的 Buddha ，到了龜茲文變成了 pūd 或 pud，到了焉耆文變成了 pät，而我們中文裏面的「佛」字就是從 pūd，pud（或 pät）譯過來的。「佛」並不是像一般人相信的是「佛陀」的省略。再就後漢三國時的文獻來看，「佛」這個名詞的成立，實在先於「佛陀」。在「佛」一名詞出現以前，我們沒找到「佛陀」這個名詞。所以我們毋寧說：「佛陀」是「佛」的加長，不能說「佛」是「佛陀」的省略。

　　但這裏有一個很重要的問題：「佛」字古音 but 是濁音，吐火羅文的 pūd，pud 或 pät 都是清音。 爲什麼中文佛典的譯者會用一個濁音來譯一個外來的清音？這個問題倘不能解決，似乎就要影響到我們整個的論斷。有的人或者會說：「佛」這個名詞的來源大概不是吐火羅文，而是另外一種濁音較多的古代西域語言。我以爲，這懷疑根本不能成立。在我們截止到現在所發現的古代西域語言裏，與梵文 Buddha 相當的字沒有一個可以是中文「佛」字的來源的。在康居語裏，梵文 Buddha 變成 pwty 或 pwtty（見 Robert Gauthiot, Le Sūtra du religievse ongles-Lougs, Paris 1912 頁三）在于闐語裏，早期的經典用 balysa 來譯梵文的 Buddha 和 Bhayavat，較晚的經典裏，用 baysa，或 beysa。（見 Sten Konow, Saka Studies, Oslo Etuografiske Museum Bulletin 5, Oslo 1932，頁一二一；A. F. Rudoef Hoerule, Manuscript Remains of Buddhist Literature found in Eastern Turkestan, Vol. 1, Oxford 1916，頁二三九，二四二）。至於組合字 (samāsa) 像 buddhaksetra 則往往保留原字。 只有在迴紇文的佛經曾借用過一個梵文字 bud，似乎與我們的「佛」字有關。在迴紇文裏，通常是用 burxan 這個字來譯梵文的 Buddha。但在金光明最勝王經的譯本裏，在本文上面有一行梵文：

　　Namo bud o o namo drm o o namo sang

　　　（F. W. K. Müller, Uigurica, 1908 頁十一）

正式的梵文應該是：

　　Namo buddhāya o o namo dharmāya o o namaḥ saṅghāga 在這部譯經

裏常有 taising 和 sivsing 的字樣。taising 就是中文的「大乘」，sivsing 就是中文的「小乘」。所以這部經大概是從中文譯過去的。但 namo bud o o namo drm o o namo savy 這一行却確是梵文，而且像是經過俗語借過去的。為什麼梵文的 Buddha 會變成 bud，這我有點說不上來。無論如何，這個 bud 似乎可能就是中文「佛」字的來源。但這部迴紇文的佛經譯成的時代無論怎樣不會早於唐代，與「佛」這個名詞成立的時代相差太遠，「佛」字絕沒有從這個 bud 譯過來的可能。我們只能推測，bud 這樣一個字大概很早很早的時候就流行在從印度傳到中亞去的俗語裏，和古西域語言裏。牠同焉耆文的 pät，龜茲文的 pūd 和 pud，可能有點關係。至於什麼樣的關係，目前文獻不足，只有闕疑了。

除了以上說到的以外，我們還可以找出許多例證，證明最初的中譯佛經裏面有許多音譯和意譯的字都是從吐火羅文譯過來的。所以，「佛」這一個名詞的來源也只有到吐火羅文的 pät, pūd 和 pud 裏面去找。

寫到這裏，只說明了「佛」這名詞的來源一定是吐火羅文。但問題並沒有解決。為什麼吐火羅文裏面的清音，到了中文裏會變成濁音？我們可以懷疑吐火羅文裏輔音 p 的音值。我們知道，吐火羅文的殘卷是用 Brāhmī 字母寫的。Brāhmī 字母到了中亞在發音上多少有點改變。但只就 p 說，牠仍然是純粹的清音。牠的音值不容我們懷疑。要解決這問題，只有從中文「佛」字下手。我們現在應該拋開高本漢構擬的「佛」字的古音，另外再到古書裏去找材料，看看「佛」字的古音還有別的可能沒有：

　　毛詩周頌敬之：「佛時仔肩」。釋文：「佛，毛符弗反(b'iwət)鄭音弼」。

　　禮記曲禮上：「獻鳥者佛其首」。釋文佛作拂，云：「本又作佛，扶弗反，戾也。」

　　禮記學記：「其施之也悖，其求之也佛」。釋文：「悖，布內反；佛，本又作拂，扶弗反」。

　　（案廣韻，佛，符弗切(b'iwət)，拂，敷勿切(p'iwət)）。

上面舉的例子都同高本漢所構擬的古音一致。但除了那些例子以外，還有另外一個「佛」：

儀禮既夕禮鄭注云：「執之以接神，爲有所拂拭也」。釋文云：「拂拭，本又作仿佛；上芳味反；下芳丈反」。

禮記祭義鄭注：「言想見其仿佛來。」釋文：「仿，孚往反；佛，孚味反 (p'iwəd))」

史記司馬相如傳子虛賦：「縹乎忽忽，若神仙之仿佛。」（漢書，文選改爲髣髴。）

漢書楊雄傳：「猶仿佛其若夢」。注：「仿佛卽髣髴字也」。

漢書李尋傳：「察其所言，仿佛一端」。師古曰：「仿讀曰髣，佛與髴同」。

後漢書仲長統傳：「呼吸精和，求至人之仿佛」。

淮南子原道：「叫呼仿佛，默然自得」。

文選潘岳寡婦賦：「目仿佛乎平素」。李善引字林曰：「仿，相似也；佛，不審也」。

玄應一切經音義：「仿佛，聲類作髣髴同。芳往敷物二反」。

玉篇佛，孚勿切。萬象名義，芳未反。

從上面引的例子看起來，「佛」字有兩讀。「佛」古韻爲脂部字，脂部的入聲韻尾收 t，其與入聲發生關係之去聲，則收 d。「佛」字讀音，一讀入聲，一讀去聲：（一）扶弗反(b'iwət)（二）芳味反或孚味反(p'iwəd)。現在吐火羅文的 pūd 或與 pud 芳味反或孚味反正相當。然則，以「佛」譯 pūd 正取其去聲一讀，聲與韻無不吻合。

把上面寫的歸納起來，我們可以得到下面的結論：「浮屠」「浮圖」「復豆」和「佛」不是一個來源。「浮屠」「浮圖」「復豆」的來源是一種印度古代方言。「佛」的來源是吐火羅文。這結論看來很簡單；但倘若由此推論下去，對佛教入華的過程，我們可以得到一點新啓示。

在世界史上，中國史上，佛教輸入中國都可以說是一件大事情。中國過去的歷史書裏關於這方面的記載雖然很不少，但牴牾的地方也很多，（參閱湯用彤，漢魏兩晉南北朝佛教史，上，頁一至十五）我們讀了，很難得到一個明確的概念。自從十九世紀末年二十世紀初年歐洲學者在中亞探險發掘以後，對這方面的研究有了很

大的進步，簡直可以說是開了一個新紀元。根據他們發掘出來的古代文獻器物，他們向許多方面作了新的探討，範圍之大，前無先例。對中國歷史和佛教入華的過程，他們也有了很大的貢獻。法國學者烈維(Sylvain Lévi)發現最早漢譯佛經所用的術語多牢不是直接由梵文譯過來的，而是間接經過一個媒介。他因而推論到佛教最初不是直接由印度傳到中國來的，而是間接由西域傳來。（參閱 Sylvain Lévi, Le "Tokharien B"）Langue de Koutcha, Journel Asiatique 1913, Sept.-oct. P.311-38。此文爲承鈞譯爲中文：所謂乙種吐火羅語卽龜茲國語考，載女師大學術季刊，第一卷，第四期。同期方壯猷論文，三種古西域語之發見及其考釋，有的地方也取材於此文）。這種記載，中國書裏當然也有；但沒有說得這樣清楚。他這樣一說，我們對佛教入華的過程最少得到一個清楚的概念。一直到現在，學者也都承認這說法，沒有人說過反對或修正的話。

我們上面說到「佛」這名詞不是由梵文譯來的，而是間接經過龜茲文的püd 或 pud（或焉耆文的 pät）。這當然更可以助成烈維的說法。但比「佛」更古的「浮屠」却沒有經過古西域語言的媒介，而是直接由印度方言譯過來的。這應該怎樣解釋呢？烈維的說法似乎有修正的必要了。

根據上面這些事實，我覺得，我們可以作下面的推測：中國同佛教最初發生關係，我們雖然不能確定究竟在什麼時候；但一定很早，（註四）（參閱湯用彤，漢魏兩晉南北朝佛教史，上，頁二二）而且據我的看法，還是直接的；換了話說，就是還沒經過西域小國的媒介。我的意思並不是說，佛教從印度飛到中國來的。牠可能是先從海道來的，也可能是從陸路來的。卽便從陸路經過中亞小國而到中國，這些

（註四）魏書釋老志說：「及開西域，道張騫使大夏。還，傳其旁有身毒國，一名天竺。始聞浮屠之敎」。據湯先生的意思，這最後一句是魏收臆測之辭；因爲後漢書西域傳說：「至於佛道神化，與自身毒；而二漢方志，莫有稱焉。騫雖但著地多暑濕，乘象而戰」。據我看張騫大槪沒有聞浮屠之敎。但在另一方面，我們仔細研究魏收處置史料的方法，我們就可以看出，只要原來史料裏用「浮屠」，他就用「浮屠」；原來是「佛」，他也用「佛」；自敍則純用「佛」。根據這原則，我們再看關於張騫那一段，就覺得裏面還有問題。倘若是魏收臆測之辭，他不應該用「浮屠」兩字，應該用「佛」，所以我們雖然不能知道，他根據的是什麼材料；但他一定有所本的。

小國最初還沒有什麼作用，只是佛教到中國來的過路而已。當時很可能已經有了直接從印度俗語譯過來的經典。四十二章經大概就是其中之一。「浮屠」一名詞的成一定就在這時候。這問題我們留到下面再討論。到了漢末三國時候，西域許多小國的高僧和居士都到中國來傳教，像安士高，支謙，支婁迦讖，安玄，支曜，康巨，康孟詳等是其中最有名的。到了這時候，西域小國對佛教入華纔眞正有了影響。這些高僧居士譯出的經很多。現在推測起來，他們根據的本子一定不會是梵文原文，而是他們本國的語言。「佛」一個名詞的成立一定就在這時期。胡適之先生說：「所以我可以大膽的猜想：「佛」之名稱成立於後漢譯經漸多信徒漸衆的時期」。（胡適論學近著，頁一八一）這話是非常對的。

　　現在我們再回到在篇首所提到的四十二章經眞僞的問題，和「浮屠」與「佛」這兩個名詞應用的時代問題。關於四十二章經，胡適之先生和湯錫予先生已經論得很精到詳明，用不着我再來作蛇足了。我在這裏只想提出一點來討論一下，就是湯先生所推測的四十二章經有前後兩個譯本的問題。湯先生說：

　　現存經本，文辭優美，不似漢譯人所能。則疑舊日此經，固有二譯。其一漢譯，文極樸質，早巳亡失。其一吳支謙譯，行文優美，因得流傳。（漢魏兩晉南北朝佛敎史，上，頁三六）

胡適之先生贊同這個說法（胡適論學近著，頁一七八）據我自己的看法，也覺得這個解釋很合理。不過其中有一個問題，以前我們沒法解決，現在我們最少可以有一個合理的推測了。襄楷上桓帝疏說：

　　浮屠不三宿桑下，不欲久，生恩愛，精之至也。天神遺以好女，浮屠曰：「此但革囊盛血」，遂不盼之。其守一如此。（後漢書，六十，下）

四十二章經裏面也有差不多相同的句子：

　　日中一食，樹下一宿，愼不再矣。使人愚蔽者，愛與欲也。（大正大藏經，卷十七，頁七二二，中）

　　天神獻玉女於佛，欲以試佛意。佛觀道，佛言：「革囊衆穢，爾來何爲？以可誑俗，難動六通。去，我不用爾」！（全前，頁七二三，中）

我們一比較，就可以看出來，襄楷所引很可能卽出於四十二章經。胡適之先生（胡

適論學近著，頁一七一．）和湯錫予先生（漢魏兩晉南北朝佛教史，上，頁三三一

三四）就這樣主張。陳援菴先生却懷疑這說法。他說：

　　樹下一宿，革囊盛穢，本佛家之常談。襄楷所引，未必即出於四十二章經。

　　（胡適論學近著，頁一七九）

他還引了一個看起來很堅實的證據，就是襄楷上書用「浮屠」兩字，而四十二章經

却用「佛」。這證據，初看起來，當然很有力。連胡先生都說：

　　陳先生指出後漢人稱「佛」皆言「浮屠」，或「浮圖」，而今本四十二章經稱

　　「佛」。此是甚可注意之一點。（胡適論學近著，頁一八〇）

湯先生也說：

　　舊日典籍，唯藉鈔傳。「浮屠」等名，或嫌失眞，或含貶辭。後世展轉相錄，

　　漸易舊名爲新語。（漢魏兩晉南北朝佛教史，上，頁三六）

　　我們現在旣然知道了「浮屠」的來源是印度古代俗語，而「佛」的來源是吐火

羅文，對這問題也可以有一個新看法了。我們現在可以大膽地猜想：四十二章經

有兩個譯本，第一個譯本，就是漢譯本，是直接譯自印度古代俗語。裏面凡是稱

「佛」，都言「浮屠」。襄楷所引的就是這個譯本。（參閱胡適論學近著，頁一八

〇）但這裏有一個問題。中國歷史書裏，關於佛教入華的記載雖然有不少牴牾的地

方；但是理惑論裏的「於大月支寫佛經四十二章」的記載却大概是很可靠的。旣然

這部四十二章經是在大月支寫的，而且後來從大月支傳到中國來的佛經原文都不是

印度梵文或俗語，爲什麼這書的原文獨獨會是印度俗語呢？據我的推測，這部書從

印度傳到大月支，他們還沒來得及譯成自己的語言，就給中國使者寫了來。一百

多年以後，從印度來的佛經都已經譯成了本國的語言，那些高僧們纔把這些譯本轉

譯成中文。第二個譯本就是支謙的譯本，也就是現存的。這譯本據猜想應該是譯自

某一種中亞語言。至於究竟是那一種，現在還不能說。無論如何，這個譯文的原文

同第一個譯本不同；所以在第一個譯本裏稱「浮屠」，第二個譯本裏稱「佛」，不

一定就是改易的。

　　現在我們再看陳援菴先生所定的三個標準，就覺得這似乎有點難成立了。陳先

生著眼於「浮屠」與「佛」兩個名詞成立與應用先後的問題。根據我們上面討論

的，先後當然也有點關係；但所以產生了這兩個名詞，主要的是因為來源不同，而不是因為時間不同。所以我們不能因為看了現在的後漢譯經稱「佛」，不稱「浮屠」，就說：「沒有一部可信為漢譯的。假定其中有眞是漢譯的，就可以說是都已經過後世佛徒的改竄，絕不是原來的譯本了」。（胡適論學近著，頁一九〇）

　　談到范蔚宗所搜集的史料中沒有「佛」之名詞及記載，我覺得胡適之先生已經說得很清楚：

　　魚豢司馬與范皆是教外史家。其用「浮屠」而或不用「佛」，或偶用「佛」，
　　皆未必即可證明其時佛徒尚未用「佛」為通稱。（胡適論學近著，頁一九五）
「浮屠」這名稱從印度譯過來以後，大概就為一般人所採用。當時中國史家記載多半都用「浮屠」。其後西域高僧到中國來譯經，纔把「佛」這個名詞帶進來。范蔚宗搜集的史料內所以沒有「佛」字，就因為這些史料都是外書。「佛」這名詞在那時候還只限於由吐火羅文譯過來的經典中。以後纔漸漸傳播開來，為一般佛徒，或與佛教接近的學者所採用。最後終於因為牠本身有優越的條件，（見胡適論學近著，頁一八〇）戰勝了「浮屠」，並取而代之。

　　（附記）寫此文時，承周燕孫先生幫助我解決了「佛」字古音的問題。我在這裏謹向周先生致謝。　　　　　　　　　　　　　　　三十六年十月九日

出自第二十本上（一九四八年六月）

黃庭經考

王　明

一　引言

漢志云：「醫經者，原人血脈經絡骨髓陰陽表裏，以起百病之本，死生之分」。而神仙之道，亦「所以保性命之眞，而游求於其外者也」。醫術仙道，均所謂却病延年者，其旨相近，取塗則殊。原仙道網羅自古相傳之巫術，而爲道敎中重要方術之一種。上古巫醫不分，巫術與醫道混而爲一。如素問移精變氣論云，往古之人，祝由可以已病，當今之世則不然。是言醫學首與巫術分塗。（註一）泊道敎成立，彼修道之士，養生之人，又有將醫學與巫術混而爲一。歷代道門高士中，習醫者頗不乏人，道敎經典中頗多醫書，窮其學爲醫藥，探其源每與巫術相密合。蓋古人信向疫癘由於魔鬼作祟。如周禮載方相氏帥百隸而時難（難即儺），以索室毆疫。相傳顓頊氏有三子，死爲疫鬼，此等傳說，可覘初民之一種宗敎思想，認疾病之來源，由於惡鬼。太上感應篇卷二十六李傳云：「嶺南風俗，病不服藥，惟禱於鬼」。迄今諸蠻野民族之愚夫賤婦，其信念仍復如是。彼巫者，旣能事鬼降神，禳災祈福，厥術多端，或以歌咒，或以符水，不一而足，道敎幷采納之，以爲消災却病延齡益

（註一）俞樾廢醫論醫巫篇第三云：「上古之醫，不用藥石，止以祝由治人之疾，是故古無醫也，巫而已矣。及乎澆漓滋醴之用廣，而巫與醫始分。然在古書，巫醫猶爲通稱，世本稱巫彭作醫，山海經海內西經曰，開明東有巫彭巫抵巫陽巫履巫凡巫相，郭璞注曰，皆神醫也。大荒西經曰，大荒之中有靈山，巫咸巫卽巫盼巫彭巫姑巫眞巫禮巫抵巫謝巫羅十巫，從此升降，百藥咸在。郭璞曰，羣巫上下此山，采藥往來也。屈原天問曰：化爲黃熊，巫何活焉？王逸注曰，言鯀化爲黃熊，入於羽淵，豈醫巫所能復生活也？稱醫爲巫，古之遺語也。夫醫字亦作毉，古之遺文也。夫周公制周禮，巫醫已分矣。是故醫師在天官，而司巫在春官，然男巫之職，主招弭以除疾疫，則亦古意之未泯者也」（見春在堂全書俞樓雜纂第四十五）。按周官所述之事，或古或近，不必繫之周公可矣。論語子路篇：「子曰，南人有言曰，人而無恆，不可以作巫醫」。是亦巫醫聯稱，古之遺語也。

壽之方也。原上古巫醫不分，爲先民非自覺之自然觀念及原始知識；巫醫分途，由於人工技巧精進，醫家自覺有獨立發展爲學之必要；日後自覺之宗教思想，復將醫學與仙道巫術混一，以爲養生延命之術。黃庭內景經者，蓋卽自覺之宗教思想與醫學糅合之道書也。黃庭經云：「是曰玉書可精研，詠之萬遍昇三天，千災以消百病痊，不憚虎狼之凶殘，亦以却老年永延」。是經之功用，能消災祛病，駐景延年，寧非自覺之宗教思想耶？故梁丘子序云，誦經一遍，即神靜意平，百痾以除。「讀之萬遍，目見五臟腸胃，及天下鬼神，役使在己」（修眞十書本黃庭內景玉經註）。是編以七言韻語，描述人身藏府器官之大凡及其作用，每與醫經相通；而言五臟六腑各有司主之神，彼此相扶朋助，以保氣鍊精，存養丹田，是又糅雜巫術仙道於醫學。蓋醫經之理，似是實非，稍一引申，便成巫道，時代使然，初不足怪也。

臟腑之論，古醫經已具。五臟神之說，始見於東漢道書之太平經。厥後醫經與道教，各有發展。至魏晉之際，黃庭經出，擴充五臟神象，而有五臟六腑五官諸神名，廣至全身八景神及二十四眞。黃庭內景經所謂「敎化五形變萬神」是也。人若恆誦玉書，呼神存眞，能使六腑安和，五臟生華，返老還童，此道教所謂內丹說之驗也。

黃庭分內外景經，內景經先出，外景經後出（詳見第三章）。國史中著錄黃庭經，首見於舊唐書經籍志，道書中抱朴子遐覽篇已見之。自晉以降，黃庭之書風行。王羲之書黃庭外經換鵝，播爲佳話。眞誥記許穆研習黃庭內經，穆子玉斧手繕黃庭，父子並爲精勤學道之人，登眞隱訣又具誦黃庭內景經法。至唐，黃庭之學彌昌，如玄宗時梁丘子白履忠，並注內外玉景篇。宣宗時見素女子胡愔，著黃庭五藏六府圖，杜光庭亦記華原姚生，持誦黃庭經奔亂避難之靈驗（道教靈驗記卷十二）。據胡愔敍黃庭內景五臟六腑補瀉圖云：「諸氏纂修，異端斯起，遂使後學之輩，罕得其門」。可見當時纂注黃庭，家數已衆，唯未有佳本耳。至宋，歐陽修亦好黃庭，并隱其名，自號無仙子，删正黃庭外景經。序云：「今家家異本，莫□考正」。（註二）自晉迄宋，黃庭之學，暢行人間，傳本繁蕪，研誦不絕。北宋王堯臣

等誤崇文總目，著錄有關黃庭經撰述凡八種：醫書類二，道書類六。南宋鄭樵作通志，其藝文略道家類黃庭門著錄都三十部五十七卷。其餘各代，不乏詮解之士。清乾隆中，會稽四峯山人元眞子董德寧撰黃庭經發微（道貫眞源本），釋文曉暢，深得黃庭經義。董氏云：「道書之古者，道德參同黃庭也」。以道德經爲玄教經典之皋祖，下分參同論外丹，黃庭說內丹，並爲古典，甚可寶也。茲所稽證，欲明黃庭經之撰者，成書之年代，學說之源流，并論王羲之黃庭換鵝之問題。

二　釋題

黃庭分內外玉景經，黃庭一辭，東漢晚期之文籍中已用之。桓帝延熹八年（西元一六五）邊韶老子銘云：「出入丹廬，上下黃庭」（隸釋三）。列仙容成公傳讚云：「壁壁容成，專氣致柔。得一在昔，含光獨游，道貫黃庭，伯陽仰疇」。余疑列仙傳大體作於後漢桓靈之間（註三）然其各傳讚，時代更後，非與傳爲並世之作也。至於內景外景之稱，所見尤早。荀子解蔽篇曰：「濁明外景，淸明內景」。唐楊倞注：「景，光色也。濁謂混跡，淸謂虛白」。俞樾據大戴記曾子天圓篇云：「天道曰圓，地道曰方，方曰幽而圓曰明，明者，吐氣者也，是故外景。幽者，含氣相也，是故內景。故火日外景，而金水內景」。以爲楊注所說，未盡其旨。按淮南子天文訓亦云：「天道曰圓，地道曰方，方者主幽，圓者主明。明者，吐氣者也，是故火日外景。幽者，含氣者也，是故水曰內景」。洪頤煊讀書叢錄卷十六淮南子條云：「張衡靈憲日譬猶火，月譬猶水。火則外光，水則含景。此本作火日外景，水月內景。兩曰字是俗人所改」。黃庭經所分內景外景，是否取義於火日與水月，未可知也。有之，似以內景含氣外景吐氣之說爲近歟。黃庭注家解題，彼此大同小異。道藏推字號下黃庭內景玉經卷上梁丘子註云：

黃者，中央之色也。庭者，四方之中也。外指事，即天中人中地中。內指事，即腦中心中脾中，故曰黃庭。內者，心也。景者，象也。外象諭即日月星辰雲霞之象，內象諭即血肉筋骨臟腑之象也。心居身內，存觀一體之象色，故曰內

譯引元精經一卷」中，作雙行細字，未知有無舛誤否？

（註三）詳見拙撰周易參同契考證，茲不贅述。

景也。（參校道藏棻字號下修眞十書卷五十五黃庭內景經梁丘子注序及優字號
上雲笈七籤卷十一黃庭內經釋題）

李千乘注太上黃庭中景經（道藏典字號下）云：

黃者，是中正色也。庭者，四方之中也。外取在天中地中雲霞之上，內取於腦
中心肝脾之間。爲道者莫不煉存形神，剋成羽化，以致長生，超出圖羅之表，
故曰黃庭者也。

又務成子註黃庭外景經序（道藏優字號上）云：

黃者，二儀之正色。庭者，四方之中庭，近取諸身，則脾爲主。遠取諸象，而
天理自會。然谷神不死，是謂玄牝，是以寶其生也。

董德寧黃庭經發微則云：「黃庭者，黃乃土之色，庭乃家之中，是三才各有之中
宮也」。按黃庭三宮，上宮腦中，中宮心中，下宮脾中，黃爲中央之色，庭爲四方之
中，並具中義。內景者，含氣養精，內視神象：似義取雙關。黃庭內景經第二十四
章云：「隱景藏形與世殊，含氣養精口如朱」。此兩句可爲內景二字註腳。又按是編（黃
庭內景玉經）初只有黃庭經一名，抱朴子遐覽篇著錄僅「黃庭經」三字，最爲翔實。
舊唐志著錄，雖冠「老子」二字，仍稱爲黃庭經耳。嗣黃庭外景篇問世，於是有黃
庭內景經之名，從而更有中景經等書。因別於外景中景二篇，黃庭內景經之名，始
漸確立。眞誥記述黃庭內景經，多云黃庭而已。如卷十八握眞輔第二載：「經云：
主諸關鎮聰明始」。尋此句見黃庭內景經肝部第十一章。眞誥又有「朱畫朱書」圖，
云是許長史穆「自讀黃庭遍數也」。再如眞誥卷十九翼眞檢第一云：「王與先爲孔
（默）寫，輒復私繕一通，後將還東修學，始濟浙江。便遇風淪漂，唯有黃庭一篇
得存。」卷二十翼眞檢第二記許掾「抄魏傳中黃庭經，幷復眞授數紙「。凡此所謂
黃庭或黃庭經，概指黃庭內景經而言。顧亦有另署爲內景篇者，如眞誥卷九協昌期
第一記六月一日夜淸靈眞人言：「山世遠受孟先生法，暮臥，先讀黃庭內景經一過
乃眠，使人魂魄自制鍊」。竊疑黃庭外景篇問世，約當晉成帝咸和中（參第三章列
表）。自外景經出，黃庭內景之名立。猶歐陽修唐書問世，乃稱劉昫等所撰之唐書
爲舊唐書，歐陽氏所撰唐史爲新唐書，因係外景經晚出，雖時人別用黃庭內景經之
名代替往舊所稱黃庭經者，然仍有保守人士，沿用黃庭經舊名，以黃庭外景篇傳

世，距內景經時代不遠，衆皆了然「黃庭經」仍謂黃庭內景篇也。眞誥記錄，非出一人手筆，守舊之人，仍用黃庭經名，喜新者乃采黃庭內景經之號。所謂黃庭經，實卽黃庭內景經也。（註四）

三　黃庭經之撰者及其成書年代之推測

黃庭內景篇之出世，傳說荒誕，有視爲唐虞以上文字。宋謝守灝混元聖紀：帝嚳時老君降世，號錄圖子，談黃庭之妙言。元趙道一歷世眞仙體道通鑑錄圖子傳云：

錄圖子，在帝嚳時，降於江湄，說黃庭經，教以淸和之道。……授帝嚳以九天眞靈，三天寶符。上以奉天，使二儀無違，下以營人，使年命無墜。……錄圖子是時傳道與赤松子被衣子王倪齧缺，一云作黃庭經五十卷。

帝嚳時，云有錄圖子講撰黃庭經，當無稽而不可信。黃庭內景經首章云：

上淸紫霞虛皇前，太上大道玉晨君。閑居蘂珠作七言，散化五形變萬神，是爲黃庭曰內篇。

是謂太上大道玉晨君作黃庭內篇。言玉晨君者，蓋示神授之意耳。至於黃庭外景經，自妄人竄改首句爲「老子閑居作七言」（說詳下文），則太上玉晨君變爲老子或老君，至少，老子其人，歷史較有着落。故務成子注黃庭外景經序云：「黃庭經者，蓋老君之所作也」。是以有老子黃庭經或老君黃庭經之名。實則，黃庭與老子無關，黃庭經之上，初無老子或老君二字也。黃庭內景經之問世，當於晉魏夫人傳考其來歷，太平廣記卷五十八魏夫人傳曰：

魏夫人者，任城人也。晉司徒劇陽文康公舒之女，名華存，字賢安，幼而好道，靜默恭謹，讀老莊三傳，五經百氏，無不該覽，志慕神仙，味眞耽玄，欲求冲舉，常服胡麻散茯苓丸，吐納氣液，攝生夷靜，親戚往來，一無關見。常

（註四）唐王松年仙苑編珠卷上云：「道學傳女眞錢妙眞，幼而學道，居句曲洞山，年八十三，誦黃庭經數滿，乃與親友告別。」按錢氏與梁陶宏景同時，御覽六六六錢妙眞，晉陵人也，手裁書幷詩七章與陶隱居。宋陳葆光撰集三洞羣仙錄（卷八）云：「茅山記女眞錢氏二姊妹，依止茅山陶隱居，誦黃庭經，積三十年，一日告別。」陶宏景撰集眞誥，率以黃庭經指黃庭內景經，同時錢妙眞，據仙傳記載，亦云伊誦黃庭經，是皆可見早期遺習，以黃庭經指謂黃庭內景篇也。

欲別居閑處，父母不許。年二十四，強適太保掾南陽劉文（雲笈七籤卷四上清
經述文作乂）字幼彥，生二子，長曰璞，次曰瑕、幼彥後爲修武令，夫人心期
幽靈，精誠彌篤、二子巋立，乃離隔宇室，齋於別寢、將逾三月，忽有太極眞
人安度明，東華大神方諸青童，扶桑碧阿陽谷神王景林眞人，小有仙女，清虛
眞人王褒來降，褒謂夫人曰，聞子密緯眞氣，注心三清，勤苦至矣。扶桑大帝
君勅我授子神眞之道。青童君曰，清虛天王，卽汝之師也。……景林眞人曰，
虛皇鑒爾勤感，太極已注子之仙名於玉札矣，子其勗哉！……於是景林又授夫
人黃庭內景經，令晝夜存念，讀之萬遍後，乃能洞觀鬼神，安適六府，調和三
魂，五臟生華，色反嬰孩，乃不死之道也。

又曰：

其後幼彥物故，值天下荒亂，夫人撫養內外，旁救窮乏，亦爲眞仙默示其兆，
知中原將亂，攜二子渡江，璞爲庾亮司馬，又爲溫太眞司馬，後至安成太守。
退（瑕）爲陶太尉侃從事中郎將，夫人自洛邑達江南，盜寇之中，凡所過處，
神明保祐，常果元吉。二子位旣成立，夫人因得冥心齋靜，累感眞靈，修眞之
益，與日俱進，凡住世八十三年，以晉成帝咸和九年，歲在甲午，……乃託劍
化形而去。

初，王君告夫人曰：學者當去疾除病，因授甘草穀仙方，夫人服之。夫人能隸
書，小有王君，並傳事甚詳悉。又述黃庭內景注。……夫人令璞傳法於司徒瑯
瑘王舍人楊羲，護軍長史許穆，穆子玉斧，並皆昇仙。陶貞白眞誥所呼南眞，
卽夫人也。以晉興寧三年乙丑，降楊家。謂楊君曰：修道之士，不欲見血肉，
見雖避之，不如不見。（下文從略。參御覽卷六百七十八南嶽魏夫人內傳）。

魏夫人父名舒，晉書卷四十二有傳，略云：魏舒字陽元，少孤爲外家甯氏所養。年
四十餘，郡上計掾察孝廉，舒對策升第，官至司徒。娶三妻皆亡。子混，年二十
七，先舒卒，舒甚哀慟。武帝太熙元年薨，年八十二。按魏舒曾娶三妻皆亡，未知
魏夫人出於何姓母氏。舒寄居外家，中年仕進，妻早亡，子先歿，是則夫人於母
家，了無溫情樂趣，哀痛備受。旣幼而好道，志慕神仙，二子稍長，更求神書祕
笈。雲笈七籤卷四上清經述云，魏夫人對清虛眞人王褒等曰：「自入劉門，修道日

廢。須者少閒，內外乖隔。容得齋思，謹按道法，尋求經方入室之制，爲欲靜護五藏，辟諸疾病耳」。是夫人久儲尋方養生之願矣。故竊疑當時有黃庭草本，夫人得之，所謂景林眞人授以黃庭內景經是也。歐陽修云：「黃庭經者，魏晉間道士養生之書也」（刪正黃庭經序，集古錄跋尾卷十）。俞琰席上腐談（卷下）云：「黃庭經恐是魏晉間文章」。二人先後識見正同。但歐陽公以爲三十六章內景經係黃庭外景篇之義疏（參下文第五章），顚倒黃庭內外經先後之歷史，未免繆失。案黃庭思想，魏晉之際，已漸流行，修道之士，或有祕藏七言韻語之黃庭草篇，夫人得之，詳加研審，撰爲定本，幷予注述；或有道士口唉，夫人記錄，詳加詮次。綜覽黃庭思想之發展，殆非魏夫人始創此經也。

　　次言黃庭經之成書年代，黃庭經首見於晉葛洪之抱朴子內篇，初著錄於國史舊唐書經籍志、玄宗時，梁丘子白履忠已作注解（見舊唐書卷一百九十二本傳）。其書已古，無容置疑。但列仙傳朱璜篇云：

　　朱璜者，廣陵人也。少病毒瘕，就睢山上道士阮丘，丘憐之，言卿除腹中三屍，有眞人之業，可度敎也。璜曰，病愈，當爲君作客三十年，不敢自還。丘與璜七物藥，日服九丸，百日，病下如肝脾者數斗。養之數十日，肥健，心意日更開朗，與老君黃庭經，令日讀三過，通之，能思其意。丘遂與璜俱入浮陽山玉女祠，且八十年，復見故處。……如此至武帝末故在焉。

此所謂武帝，作傳者當指漢武，漢武時，云有道士阮丘授朱璜老君黃庭經，其事無稽，同前述帝嚳時圖錄子講撰黃庭經，如出一轍。案列仙傳大抵作於後漢桓靈之際，然其中仍不無後人改竄增益之處，老君黃庭經一名，疑無太早之理。蓋黃庭內篇在先，外篇在後，黃庭內篇，尙不過謂太上玉晨君作七言耳。至黃庭外景經首句，經妄人增竄，始云：「老君閑居作七言」，繼而務成子注敍則云：「黃庭經者，蓋老君之所作也」。黃庭與老君之關係，其淵源如此。卽是以觀，理論上「老君黃庭經」一名，亦應僅指黃庭外景經而言。何以晚出之黃庭外景篇，先見於列仙傳中，殊令人滋疑。竊嘗思之，自來列仙傳，迭經傳抄改竄，歧誤百出。如御覽六六三引劉向列仙傳，所載蜀人李意期廬江左慈鄉瑯琊葛玄，皆三國時人；又葛洪及洪師鄭隱，皆晉代人，列仙傳竟網羅如此時代較晚之人，其爲後人傳寫改竄之誤也無

疑。此等情形，宛似鮑刻御覽六六六引嚴寄之等十五人小傳爲太平經文，其間包括晉之郄愔王右軍，齊梁之蔣負芻陶隱居等，粗有常識者，即喩其謬。中央研究院史語所近收藏抄寫本太平御覽一種，其第六百六十六卷中並無嚴寄之等九人小傳，獨自濮陽以下六人有傳，承上文南真傳皆標作「又曰」，當係南真傳文，非太平經文也彰彰明甚。可見歷代典冊（尤其道書，向爲史家所忽視），數經抄寫，以今側古，以訛傳訛者，不知凡幾。所謂差之毫釐，謬以千里，偶失稽檢，即貽大錯。上舉列仙朱璜傳所稱老君黃庭經，案御覽卷三百七十三人事部引作老子黃庭經云，與舊唐志著錄之名相同。是御覽撰時所根據之列仙傳，「老君」二字當作「老子」。舊唐志著錄與御覽徵拨黃庭經書之名相符合，其事殆非偶然。余疑朱璜傳載老君黃庭經一名，殆經改竄，非真面也。舊唐志著錄老子黃庭經一卷，殊堪玩昧。是指黃庭內景經乎？抑指黃庭外景經乎？文選陸士衡詩君子有所思行云：「宴安消靈根，酖毒不可恪」。唐呂延濟注：「黃庭經云：『玉池清水灌靈根』，『靈根堅固老不衰』。然靈根，喻身也」。案呂注所引者，見於黃庭外景經。案前述真誥中所謂黃庭經，皆指黃庭內景經。呂延濟乃以黃庭外篇句直指爲黃庭經。此中原因，自晉至唐，黃庭外景經流行已久，內外篇歷史先後之觀念漸晦，此其一；文人誦習道書，只欣鑒其詞章，未必考究其來歷，此其二。迨劉昫等修唐史，沿犯斯病，故著錄經籍，不別黃庭內篇與與外篇，舊唐書經籍志云：

　　　　老子西昇經一卷

　　　　老子黃庭經一卷

　　　　老子探真經一卷

以上三書次序連載，皆冠稱老子。前列老子西昇經，可略名西昇經，後列老子探真經，可簡稱探真經。中列老子黃庭經，蓋原無是名，復其舊，號曰黃庭經，其名益正：以黃庭內容，原無涉老子事也。所以冠稱老子者，唐室自以李氏，與伯陽同姓，尊崇道教，追號老子爲太上玄元皇帝，擢爲上聖。故當時道書多冠名老子，實則唐代誕者始牽合老子與黃庭之名也。今檢道藏修真十書本（梁丘子注）黃庭外景玉經云：「老子閑居作七言」，雲笈七籤本（務成子註）黃庭外景經作「老君閑居作七言」。晁公武郡齋讀書志（卷十六）云，黃庭外景經三卷，「銓謂老子所作，

與法帖所載晉王羲之所書本正同，而文句頗異：其首有老子閒居作七言，解說身形及諸神兩句；其末有吾言畢矣勿妄陳一句；且改淵爲泉，改治爲理，疑唐人誕者附益之」。是晁氏疑黃庭外景篇首兩句爲唐人附益之文句，孫星衍廉石居藏書記內編卷上亦云：「今外景經有老子閒居作七言，解說身形及諸神，在上有黃庭下關元之前，證之法帖所傳王羲之書，文字互有異同」。是孫氏亦證外景經首兩句有異文矣。按今見絳帖卷三王羲之書黃庭經，正無「老君閒居作七言，解說身形及諸神」兩句，其他文句，並有異同及省略。（參照附圖）又道藏人字號上太上黃庭外景玉經白文之首句爲「太上閒居作七言」，並無「老子」或「老君」字樣，乾隆丙子年鑴版之黃庭經闡註本作「道君閒居作七言」，楊任芳曰：「道君，道之主也。玉晨大道君自謂也」是囘復內景經爲說。足見黃庭外景篇首兩句可能爲唐人增竄也。既明外景經首兩句爲唐人增竄，則知列仙朱璜傳所謂老君黃庭經，殆亦係李唐時增竄之文。流傳既久，習焉不察。至舊唐志著錄老子黃庭經，蓋沿抄唐俗本之名也。

　　辨證列仙傳老君黃庭經，唐志老子黃庭經，兼論黃庭外景篇與老子問題，已如上述。今返觀魏夫人傳所敍黃庭內景經事，推測於下：

　　（１）魏晉之際，黃庭經似已有祕藏草本。

　　（２）魏夫人生於魏廢帝嘉平四年，晉武帝咸寧元年，二十四歲，父母抑而出嫁，生二子。武帝太康九年，三十七歲，約當是年左右，夫人得黃庭內景經。

　　（３）晉成帝咸和九年，夫人卒，年八十三。疑當是年左右，黃庭外景經出。

　　（４）先是，魏夫人又嘗述黃庭內景經注，其子璞傳法於楊羲。至哀帝興寧三年，夫人降神於楊羲壇唆經。

魏夫人既得祕藏之黃庭草稿，撰爲定本，自是黃庭內景經日漸流行。抱朴子外篇卷五十自敍云：

　　洪年二十餘，乃計作細碎小文，妨棄功日，未若立一家之言，乃草創子書。會遇兵亂，流離播越，有所亡失，連在道路。不復投筆十餘年。至建武中，乃定。凡著內篇二十卷，外篇五十卷。

案元帝建武前後僅二年，是抱朴子遐覽篇著錄黃庭經，當在建武元年已定，時葛洪

三十五歲也（註丑）。據眞誥卷十八握眞輔第二及卷二十翼眞檢第二，知許長史穆誦黃庭經，約當晉成帝咸康七年左右。穆子玉斧抄黃庭經，約當哀帝興寧元年左右。唐張懷瓘書斷引羊欣筆陣圖云，王羲之年三十七，書黃庭經（註六）。由是推知，黃庭外景經傳世，似當成帝咸和九年左右。據眞誥末附眞胄世譜言，楊羲生於成帝咸和五年，永和六年就魏夫人長子劉璞受靈寶五符。楊羲死年似當太元十一年丙戌（歷世眞仙體道通鑑卷二十四本傳作十二年丙戌），或云恐早逝，不必丙戌也。胡適之師云：「東晉晚期，有兩大組道教新經典出現於江左，其一組爲葛洪的後人葛巢甫所傳出的靈寶經，眞誥敍錄中所謂『葛巢甫造構靈寶，風教大行』是也。另一組爲楊羲與許家父子祖孫所傳出的上清大洞眞經及附屬的符籙圖經等。楊羲自稱是南嶽魏夫人下降親嗳與他的」（陶弘景的眞誥考）。按魏夫人卒於咸和九年，傳中所謂以晉興寧三年乙丑降授楊君諸經，上距夫人之死，已三十餘年，則必係楊羲扶鸞，魏夫人降神嗳經。後人或誤以爲晉興寧中，黃庭始降於世（如宋黃伯思東觀餘論所說，詳第六章）。是未明黃庭內景經成書之歷史也。陶翊華陽隱居先生本起錄云，眞誥一秩七卷，「並是晉興寧中衆眞降授楊許手書遺迹」（雲笈七籤卷一百七）。據墉城集仙錄，興寧三年乙丑，先後降眞人楊羲家者，尚有南極王夫人，太微玄清左夫人，紫微王夫人等女仙也。茲以上述事實爲綱，列表於下，以見晉代黃庭內外篇之傳世情形及有關人物之概況焉。

（註五）御覽卷三二八載：「昔太安二年，京邑始亂，三國舉兵攻長沙王乂，小民張昌反於荊州，奉劉尼爲漢主，乃遣石冰擊定揚州，屯於建業，宋道衝誘冰求爲丹陽太守，到郡發兵以攻冰，召余爲將兵都尉，余年二十一」云云，張昌造亂，事詳晉書惠帝紀太安二年。鮑氏刻本御覽作太康二年，誤。由此推知建武元年，葛洪三十五歲，晉書本傳，洪卒，時年八十一。至於黃庭經閩註羽谷古齊子序說黃庭，「迨乎晉成之紀，始授於南嶽夫人」，是妄言也。

（註六）唐張懷瓘書斷引羊欣筆陣圖云，王羲之「三十三書蘭亭序，三十七書黃庭經」。宋歐陽修删正黃庭經序：「有黃庭經石本者，乃永和十三年晉人所書「（歐陽文忠公文集卷六十五）。修子棐撰集古錄目，乃云晉黃庭經，永和十二年山陰縣寫。宋董逌廣川書跋卷六別本黃庭經亦云：「黃庭經永和十二年書也」。按晉穆帝永和止十二年，明年春正月改元升平。是二說相差一年，論時代，懷瓘唐人，羊欣晉宋間人，去右軍之世尤近，其說較爲可信，惟永和止十二年，越州刻石，寫於永和十二年，殆亦無疑義。二說未審孰是，茲姑從前說，定羲少三十七歲書黃庭經。

漢獻帝建安十四年	西元二〇九	魏舒生
魏廢帝嘉平四年	西元二五二	魏舒四十四歲，女魏夫人華存生（一說嘉平三年生）。此時前後，疑已有黃庭草本。
晉武帝咸寧元年	西元二七五	魏夫人年二十四，適南陽劉幼彦。
晉武帝太康三年	西元二八二	抱朴子葛洪生。
晉武帝太康九年	西元二八八	魏夫人三十七歲，殆當是年左右，夫人得黃庭內景經。
晉武帝太熙元年	西元二九〇	魏舒卒，年八十二。
晉惠帝永興二年	西元三〇五	許穆生。
晉元帝建武元年	西元三一七	魏夫人六十六歲，葛洪三十五歲，抱朴子內外篇寫定，遐覽篇著錄黃庭經。
晉元帝太興四年	西元三二一	王羲之生。
晉成帝咸和五年	西元三三〇	楊羲生。
晉成帝咸和九年	西元三三四	魏夫人卒，年八十三。疑當是年左右，黃庭外景經出。
晉成帝咸康七年	西元三四一	許穆三十七歲，小男玉斧生。約當是年左右，許穆勤誦黃庭內景經。
晉穆帝永和六年	西元三五〇	楊羲二十一歲，就魏夫人長子劉璞受寶靈五符。
晉穆帝永和九年	西元三五三	王羲之三十三歲，書蘭亭集序。
晉穆帝升平元年	西元三五七	王羲之三十七歲，書黃庭外景經換鵝。
晉哀帝興寧元年	西元三六三	抱朴子卒，年八十一。約當是年左右，許玉斧抄黃庭內經。
晉哀帝興寧三年	西元三六五	楊羲三十六歲，魏夫人降神授經。
晉廢帝太和五年	西元三七〇	許玉斧卒，年三十。
晉孝武帝太元元年	西元三七六	許穆卒，年七十二。
晉孝武帝太元四年	西元三七九	王羲之卒，年五十九。
晉孝武太元十一年	西元三八六	楊羲卒，年五十七。（？）

上表係參斟羣籍紀載，測知衆家生卒之年代先後與黃庭內外景經之行世情形如此。

四　黃庭經之主義

黃庭經爲道教內丹派養生之書，注重五臟六腑，固精錬氣，以靳神仙。五臟有神，先是太平經及河上公老子章句皆有說，老子河上公章句成象第六篇曰：

> 人能養神則不死，神謂五藏神也。肝藏魂，肺藏魄，心藏神；脾藏意，腎藏精與志。五藏盡傷則五神去。

五藏神簡稱五神，河上公章句又云：

> 懷道抱一，守五神也。（安民第三）

> 人能保身中之道，使精氣不勞，五神不苦，則可以長久。（守道第五十九）

是言人能攝理五臟，養五臟神，則可以久壽。河上公所謂「神」，初尚對「形」而言。太上老君內觀經所謂「五藏藏五神」也。至於太平經言五藏神，更具神靈之義，有懸象以資崇拜，其宗教色彩尤稠。太平經卷七十二齋戒思神救死訣云：

> 此四時五行精神，入爲人五藏神，出爲四時五行神精。

五藏神像，各依五行顏色及方位畫之，言「東方之騎神持矛，南方之騎神持戟，西方之騎神持弓弩斧，北方之騎神持鑮楯刀，中央之騎神持劍鼓」。湯錫予師以爲「漢代之宮闕（如甘泉宮）廟宇（如老子廟）或早有此類畫像或石刻，且開流行於民間，而方士或得此類之祕本，造太平經者，根據此項圖畫，而寫出神之狀貌！」。（註七）是項畫像，東漢時或已普遍流行，懸諸室內，「思之不止，五藏神能報二十四時氣，五行神且來救助之，萬疾皆愈」（太平經鈔乙部）。存思五藏神，可以愈病，可以不死。由此發展而爲黃庭經，詳論五臟六腑諸神，廣及二十四眞。五藏爲心肝肺脾腎，各有專章陳說。六腑之說不一，或謂胆、胃、大腸、小腸、膀胱、三焦爲六腑；或謂胆、胃、膀胱、大腸。小腸、臍（一作命門）爲六腑。黃庭內景經心神章第八云：

> 心神丹元字守靈，肺神皓華字虛成，肝神龍煙字含明，翳鬱道煙主濁清，腎神玄冥字育嬰，脾神常在字魂停，膽神龍曜字威明，六腑五臟神體精。

經中又云：「胆部之宮六府精」。夫六府之神，只及胆部。「以其爲六府之首，亦

（註七）見北京大學國學季刊第五卷第一號讀太平經書所見。

能藏魂而出威斷，故及之」。（太上洞玄靈寶黃庭內景令經第九章楊任芳闡註）至

於五藏神名，各家亦有異說。如雲笈七籤卷五十二五帝雜修行乘龍闥略云：

肝神在東方，姓礬，字君明，衣青衣。又名青龍，字葱龍子方。

心神在南方，姓張，字巨明，衣赤衣。又名藜丘，字陵陽子明。

肺神在西方，姓文，字元明，衣白衣。又名方長宜，字子元。

腎神在北方，姓玄，字子真，衣黑衣。又名韞以，字林子。

脾神在中央，姓巳，字元巳，衣黑衣。又名黃庭，字飛黃子。

此五藏各神名，與下述二十四真中之五藏神名，又不相同。此五藏神方位及顏色，

係準往舊之五行學說：東方甲乙木，木色青；南方丙丁火，火色赤；西方庚辛金，

金色白；北方壬癸水，水雖黑；中央戊己土，土色黃，此理論素無異說，惟五藏神

名，各扣一辭，未相符合。從五藏神擴大，而有所謂八景神二十四真。黃庭內景經

治生章第二十三云：

兼行形中八景神，二十四真出自然。

八景神二十四真，黃庭經雖間見之，而未嘗細論，真誥卷九協昌期第一云：

三八景二十四神，以次念之，亦可一時頓存三八，亦可平旦存上景，日中存中

景，夜半存下景，在人意為之也。若外身幽嚴，屏絕人事，內念神關，攝真納

氣，將可平旦頓存三八景，二時又各重存一景，益當佳也。但人間多事，此煩

難常行耳。事不得常，為益自薄，西城王君桐柏上真，皆按此道也。按苞元玉

籙白簡青經云，不存二十四神，不知三八景名字者，不得為太平民，亦不得為

後聖之臣。（元小注云：此答諸二十四神經中修存之意）

可見當時已有二十四神經說三八景修存之法。今檢道藏亦字號有洞玄靈寶二十四生

圖經一卷（註八），雲笈七籤卷三十一有太微帝君太一造形紫元內二十四神囘元經

（以下簡稱囘元經，亦見續道藏），又卷五十二有二十四神行事訣暨卷八十有洞玄

靈寶三部八景二十四仕圖（以下簡稱二十四仕圖），皆說三部八景二十四真事，或

是古說之遺者。茲撮錄其要如下：

（註八）抱朴子遐覽篇著錄二十四生經一卷，又地真篇云有二十四生法。道藏闕經目錄有靈寶三部八景

　　　　二十四生錄（有符）。雲笈七籤卷八十洞玄靈寶三部八景二十四仕圖，疑仕或係生字之誤。

腦神名覺元子，字道都，形長一寸一分，白衣。

髮神玄父華，字道衡，長二寸一分，玄衣。<small>回元經及二、四神行事訣父皆作交。</small>

皮膚神名通衆仲，字道連，長一寸一分，黃衣。

目神名靈監生，字道童，長三寸五分，青衣。<small>二十四神行事訣靈作神，回元經及二十四生圖經靈作盡，又回元經形長作三寸六分。</small>

項髓神名靈謨蓋，字道周，長五寸，白衣。<small>二十四神行事訣項髓神作項神，二十四生圖經作項髓神。</small>

脊神名益歷輔，字道柱，長三寸五分，白玉素衣。<small>二十四生圖經輔作轉。</small>

鼻神名仲龍玉，字道微，長二寸五分，青黃白色衣。<small>回元經及二十四神行事訣仲作沖，二十四生圖經玉作王。</small>

舌神名始梁峙，字道歧，長七寸，色赤衣。<small>二十四神行事訣作耳神名梁峙。</small>

是謂上部八景神，鎮在人身上元宮中。緯書龍魚河圖云：髮神名壽長。龍虎河圖云：耳神名嬌女，目神名朱映。又與上述不同。次述中景八神：

喉神名百流放，字道通，長八寸，九色衣。<small>回元經作形長八寸八分。</small>

肺神名素靈生，字道平，長八寸一分，白衣。

心神名煥陽昌，字道明，長九寸，赤衣。

肝神名開君童，字道清，長六寸，青衣。<small>回元經云，色青黃。</small>

膽神名德龍拘，字道放，長二寸六分，青黃綠色衣。<small>回元經長作三寸六分。</small>

左腎神名春元眞，字道卿，長三寸七分，衣五色無常。<small>二十四神行事訣眞作直。</small>

右腎神名象他无，字道玉，長三寸五分，衣白或黑。<small>二十四生圖无作元，玉作主、二十四生圖經玉作王。回元經他作地，玉作生。</small>

脾神名寶元全，字道籛，長七寸三分，正黃色。<small>二十四住圖元作籛，二十四生圖經元作无。</small>

是爲中部八景神，鎮在人身中元宮中。藏府神長，登眞隱訣間有異同。楊任芳黃庭內景金經闡註心神章第九云：「學道之士，若能存神於心，則元神得守，而靈求自產，存神於肺，則眞息得調，而元氣自生。存神於肝，則慧眼得明，而神光自現。存神於腎，則元精得育，而眞鉛自成。存神於脾，則百穀得化，而精神自旺。存神於膽，則威斷得出，而魔障自卻。所以結丹成胎，不外此中部八景之形神精氣也」。是雜言爐鼎，失本經之宗旨矣。最後爲下部八景神：

胃神名同來育，字道展，長七寸，衣黃衣。<small>二十四住圖來作夫。</small>

窮腸神名兆膝康，字道還，長二寸四分，黃赤衣。_二 ^{四神行事訣膝作勝。回}
^{元經作窮腸中神名兆膝康。}

大小腸神名蓬送留，字道廚，長二寸一分，赤黃衣。^{二十四佳圖蓬作逢。}
^{回元經腸下有中字。}

胴中神名受厚勃，字道虛，長七寸一分，九色衣。

胸膈神名廣英宅，字道中，長五寸，衣白衣。^{回元經英作瑛，中作仲。二十四生}
^{圖經英作瑛，中作冲。二十四佳圖英作瑛，中作}
仲。

兩脇神名辟假馬，字道成，長四寸一分，赤白衣。^{二十四神行事訣辟作臂，}
^{二十四佳圖馬下有超字。}

左陽神名扶流起，字道圭，長二寸三分，青黃白衣。^{二十四神行事訣左陽神作陰左卽}
^{神，疑陰係陽之誤。陽左卽神似}
係左陽神之別名。回
元經作左陰左陽神。

右陰神名包表明，字道生，長二寸三分，青黃白衣。^{二十四神行事訣右陰神作右卽}
^{神，回元經作右陰右陽神。}

是下部八景神，鎮在人身下元宮中（註九）。道家以爲人若存思三部八景二十四眞，
則能通靈達神，洞觀自然，養精補氣，練髓凝眞，身中光明，乘雲飛仙者矣。

　　按上述三部八景二十四神，中景五藏六府神見於黃庭經而名號不同。又黃庭內
景經至道章第七云：

　　髮神蒼華字太元，腦神精根字泥九，眼神明上字英玄，鼻神玉龍字靈堅，耳神
　　空閑字幽田，舌神通命字正倫，齒神崿鋒字羅千。

此所謂面部七神，登眞隱訣及道藏夙字號上黃庭遁甲緣身經并著各神身長幾寸幾
分，查耳神齒神不見於前擧上部八景神中，若依二十四神行事訣有耳神，則亦缺舌
神，上景八神與面部七神所以異同之故，猶未曉然。總之，自漢代相傳之五藏神，
擴充爲八景二十四眞，是爲黃庭經要義之一。

　　其次，與八景二十四神關涉至切者，爲黃庭宮及三丹田。黃庭二字之來歷，解
見上文釋題中。丹田之說，黃庭內景經云：「上有魂靈下關元」，「三關之內精氣
深」，「迴紫抱黃入丹田」，「三田之中精氣微」。按黃帝內經素問擧痛篇云：
「衝脈起於關元」。靈樞寒熱篇：「臍下三寸，關元也」。桓譚仙賦云：「天矯經
引，積氣關元」（藝文類聚七十八），申鑒俗嫌篇：「膌臍二寸謂之關」。關卽關
元。關元之名，起源較古。至黃庭經，三關三田之說悉備。人有三丹田，上丹田，

　　（註九）青陽子陳攖補黃庭經內景形神圖說言三部八景神名字，又與上述不同，尤其下部八景神，并名
　　　　　目亦異。

腦也，亦名泥丸；中丹田，心也，亦名絳宮；下丹田，臍下三寸，氣海也，亦名精門。三田之中，各有司主之神。至於黃庭三宮，上黃庭宮腦中，中黃庭宮心中，下黃庭宮脾中，黃庭與丹田，上部同爲腦，中部同爲心，下部一爲脾，一爲氣海或精門。茲並列表於下，益予說明。

	黃 庭 宮		三 丹 田	
（一）	上黃庭宮	腦	上丹田	腦
（二）	中黃庭宮	心	中丹田	心
（三）	下黃庭宮	脾	下丹田	氣海 精門

上表（一）爲腦，黃庭內景經云：「腦神精根字泥丸」，「泥丸百節皆有神」，「一面之神宗泥丸」（至道章第七）。腦爲丹田之宮，黃庭之舍，精髓之所薈萃、梁丘子解：「腦中丹田，百神之主」。素問五藏生成篇：「諸髓者，皆屬於腦」。靈樞經海論亦云：「腦爲髓之海」。春秋元命苞曰：「人精在腦」。蓋人身之眞精神，皆上聚於腦，腦足則諸髓自足，故曰腦爲精根也。且精足則腦充而髮盛，故黃庭經膽部第十四云：「腦髮相扶亦俱鮮」。黃庭至道章云：「泥丸九眞皆有房」。是謂頭顱有九宮，皆有司主之神，大洞經云，眉間卻入一寸爲明堂，左明童君，右明女君，中明鏡神君；眉間卻入二寸爲洞房，左無英君，右白元君，中黃老君；眉間卻入三寸爲丹田，亦名泥丸宮，左有上元赤子君，右有帝卿君；又卻入四寸爲流珠宮，有流珠眞君居之；又卻入五寸爲玉帝宮，玉清眞母居之；又當明堂上一寸爲天庭宮，上清眞女居之；又洞房直上一寸爲極眞宮，太極帝君居之；又丹田直上一寸爲丹玄宮，有中黃太乙君居之；又流珠直上二寸爲太皇宮，太上君居之。因頭腦結構複雜，萬方輻湊，故司主之神亦獨衆也。（二）爲心，心爲臟腑之元，即五臟六腑，皆以心爲主宰。黃庭內景經論心之處甚夥，心神章心部章靈臺章若得章呼吸章心典章宅中章，或專章講論，或兼帶述義。心神名丹元，字守靈。心部章第十云：

　　心部之宮蓮含華，下有童子丹元家。主適寒熱榮衞和，丹錦衣裳披玉羅，金鈴
　　朱帶坐婆娑。調血理命身不枯，外應口舌吐五華。

云「心部之宮蓮含華」者，一切經音義卷二引白虎通云：「心者，禮也，南方火之精也，象火色赤，銳而有瓣，如未敷蓮華形」（參劉師培白虎通義斠補卷下情性

篇）。黃庭此章謂心臟之生理作用有三：（1）調血脈，（2）適寒熱，（3）和榮衞。素問五藏生成篇：「諸血者，皆屬於心」。又宣明五氣篇：「五藏所主，心主脈」。六節藏象論亦云：「心者，生之本，神之處也，其華在面，其充在血脈」。以心能養血，血輸脈內，循環不息，故身不枯竭。又素問宣明五氣篇云：「五藏所惡，心惡熱」。唐王冰注：「熱則脈瀆濁」。如何調適寒熱，保衞身體，亦心之事也。素問痺論曰：榮者，水穀之精氣也；衞者，水穀之悍氣也。王冰注：悍氣謂浮盛之氣。靈樞衞氣篇亦云：「其浮氣之不循經者爲衞氣，其精氣之行於經者爲榮氣」。榮氣行於脈內，和調五藏六府。衞氣行脈外，循皮膚之中，分肉之間。心能調血理氣，故曰和榮衞也。黃庭內景篇心神章云：

　　六腑五臟神體精，皆在心內運天經。

又心典章曰：

　　心典一體五藏王。

按心藏血液，周流全身，故爲五藏之主。管子心術上：「心之在體，君之位也」。素問靈蘭祕典論云：「心者，君主之官也，神明出焉」。淮南原道訓：「夫心者，五藏之主也。所以制使四支，流行血氣」。白虎通義五祀篇：「心者，藏之尊者也」。太平經鈔辛部說：「心則五臟之王，神之本根，一身之至（主）也」。黃庭外景篇承襲內篇之旨，亦曰：「心爲國主五藏王」。黃庭內景五臟六腑補瀉圖（道藏國字號上）更綜合古醫經及黃庭舊說等而論之曰：「心重十二兩，南方赤色，入通於心，開竅於耳，在形爲脈，心脈出於中衝，心者，生之本，神之處也。且心爲諸臟之主，主明運用生。是以心臟神，亦君主之官也」。則心在全身地位之重要可知矣。

　　以上述說腦心二神，爲上中黃庭宮及上中丹田之所同。茲言下黃庭宮之脾，舊說脾藏能消融食物，營養全身。人身總名肉體，而五藏所主，脾主生肉。（參見素問宣明五氣篇，五運行大論篇）肌肉覆藏筋骨，通行血脈，營衞全軀，故脾爲五藏之樞也。黃庭內景經脾部章第十三云：

　　脾部之宮屬戊己，中有明童黃裳裏。消穀散氣攝牙齒，是謂太倉兩明童。坐在金臺城九重，方圓一寸命門中。主調百穀五味香，辟卻虛羸無病傷。

又隱藏章亦明脾宮之事云：

> 脾神還歸是胃家。躭養靈根不復枯，閉塞命門保玉都，萬神方胙壽有餘，是謂脾建在中宮，五臟六腑神明主。上合天門入明堂，守雌存雄頂三光，外方內圓神在中，通利血脈五藏豐，骨青筋赤髓如霜，脾救七竅去不祥，日月列布設陰陽。……子丹進饌肴正黃，乃曰琅膏及玉霜。

脾之本家爲胃臟，舊說脾胃功能相似，故每聯稱。素問靈蘭祕典論云：「脾胃者，倉廩之宮，五味出焉。」黃庭內景經云：「脾長一尺掩太倉」，「治人百病消穀粮」。梁丘子注：「中黃經云：胃爲太倉君。元陽子曰：脾正橫在胃上也」。云脾胃容納五穀，故爲倉廩之官。素問六節藏象論曰：「脾、胃、大腸、小腸、三焦、膀胱者，倉廩之本，營之居也，名曰器，能化糟粕，轉味而入出者也。其華在唇四白，其充在肌」言食物入口，納於脾胃，脾胃轉磨，食物消化，而爲營養元素。百脈九竅，皮膚肌肉，皆得華榮。是下黃庭宮所以爲人體之根本也。

脾爲黃庭宮之一，已如前述，今言下丹田：氣海或精門，又名關元或命門，黃庭內景經中池章第五云：「橫津三寸靈所居，隱芝翳鬱自相扶」，是言存神下丹田，固守精氣也。脾長章第十五云：

> 或精或胎別執方，桃孩合延生華芒。

梁丘子註：「桃孩，陰陽神名，亦曰伯桃。仙經曰，命門臍宮中有大君，名桃孩，字合延，衣朱衣」。桃孩爲下丹田命門之神，兼具陰陽二性，按雲笈七籤卷四十二存思大洞眞經三十九眞法，桃孩君即爲其中之一，混合生宮，守護命門也。梁丘子曰：「玉曆經云，下丹田者，人命之根本，精神之所藏，五氣之元也。在臍下三寸，附著脊，號爲赤子府。男子以藏精，女人以藏胎，主和合赤子，陰陽之門戶也。其丹田中氣，左青右黃，上白下黑」。（按玉曆經即係太上老君中經，見道藏退字號下及雲笈七籤卷十八。）是言下丹田爲男子藏精，女子藏胎（太上老君中經胎作月水），故曰「生宮」。其位置或謂在臍下一寸（黃庭中景經說，見道藏典字號下），或謂在臍下二寸（荀悅申鑒說），或謂在臍下二寸四分（抱朴子地眞篇說），或謂在臍下三寸（靈樞經及老君中經說），衆說差池，莫衷一是。董德寧黃庭經發微則曰：「關元者，臍下之穴名，在少腹之間，不必拘於分寸，即丹書所謂

氣穴是也」。我國古之解剖之術，對於人體內生理器官之部位，無由實驗證明，故渾然言之。老君中經云所以在臍下三寸者，法天地人故。是僅假設形上學之理論根據耳。此黃庭宮及三丹田說爲黃庭經要義之二。

五臟六腑八景二十四眞，總以三丹田及黃庭宮爲樞紐。存思黃庭，鍊養丹田，則以積精累氣爲要訣。人能呼吸元氣，可以鍊精，鍊精化氣，鍊氣化神，是爲長生之道。素問上古天眞論云：「黃帝曰，余聞上古有眞人提挈天地，把握陰陽，呼吸精氣，獨立守神，肌肉若一，故能壽敝天地」，是黃庭內經所謂「呼吸元氣以求仙」也。黃庭經天中章云：「出靑入玄二氣煥，子若遇之昇天漢」，謂善事吐納陰陽二氣，則成天仙，是與靈樞根結篇：「調陰與陽，精氣乃光，合形與氣，使神內藏」之義相符合。呼吸元陽之氣，有飲日氣吞月精二法，黃庭內景經高奔章曰：

高奔日月吾上道，鸞儀結璘善相保。乃見玉淸虛无老，可以迴顏塡血腦。

按鸞儀爲奔日之神，結璘爲奔月之仙，吞飲日氣月精，二仙來相保佑，則還精煉形，以塡補腦，黃庭內景經曰：

三田之中精氣微（黃庭章第四）。

三氣徘徊得神明（隱藏章第三十五）。

琴心三疊舞胎仙，九氣映明出霄間（上淸章第一）。

是謂三丹田之氣，惟精惟妙，徘徊上下，周流全身，存三丹田者，則九氣炳煥，光照內外，可致胎息之仙。黃庭內景經第二十八章云：

仙人道士非有神，積精累氣以爲眞。

若分言之，累氣爲一次事，積精又爲一次事。（Ａ）累氣由於服氣，服氣必先辟穀絕粒，終至胎息成仙。莊子逍遙遊篇言藐姑射之山有神人居焉，不食五穀，吸風飲露。淮南子地形訓云：「食氣者神明而壽，食穀者知慧而夭」。（參大戴禮記易本命篇）是休粮食氣，庶爲不死之道。黃庭內景經第三十章云：

百穀之實土地精，五味外美邪魔腥，臭亂神明胎氣零，那從反老得還嬰。三魂忽忽魄糜傾，何不食氣太和精，故能不死入黃寧。

是說百穀腥味，能臭亂神明，欲求長生，須服太和之氣，唐王懸河三洞珠囊卷四引太平經第一百二十云：「是故食者命有期，不食者與神謀，食氣者神明達」。又經

第一百四十五云：「問曰：上中下得道度世者，何食之乎？答曰：上第一者食風氣，第二者食藥味，第三者少食裁通其腸胃」。斷穀食氣，以漸修鍊。「服氣藥之後，三日小飢，七日微飢，十日之外爲小成無惑矣，已死去就生也」（太平經鈔辛部）。然食氣者，若僅吐故納新，因氣以長氣，不能視爲鍊氣之上乘，鍊氣則重胎息，黃庭經所謂「琴心三疊舞胎仙」是也。得胎息者，如嬰兒在母腹中，不以鼻口噓吸，能自服內氣，則道成矣。（Ｂ）積精由於愛精，勿妄施泄，還精補腦，是謂長生久視之道。唐釋法琳辯正論云：「寶髓愛精，仙家之奧旨」（廣宏明集十三），黃庭內景經曰：

　　閉塞三關握固停。（脾長章第十五）

　　方寸之中念深藏，不方不圓閉牖牕，三神還精老方壯。（上覩章第十六）

　　結精育胞化生身，留胎止精可長生，三氣右迴九道明，正一含華乃充益。（呼
　　　　吸章第二十）

下關元係陰陽之門戶，男子以藏精，女人以藏胎，止精留胎，可使還精鍊形，填滿腦宮。先是，河上公作老子章句，已示愛精護身之意。曰，「固守其精，使無漏泄」（守道章第五十九）；「愛精重施，髓滿骨堅」（安民章第二）；又曰：「治身者卻陽精以糞其身」（儉欲章第四十六）。是故抱朴子亦云：「善其術者，則能都走馬以補腦」（內篇微旨）。走馬蓋指泄精而言，卻走馬者，固精而不泄。精不妄泄，則筋肉堅強，骨髓充盈，還精補腦，亦長生不死之道。累氣積精，雖爲二事，然總歸於還丹養生之一體。所謂「固精者先全其氣，固氣者先還其精」（道藏位字號下固氣還神論）。氣之與精，二者交輝互映。是積精累氣說爲黃庭經要義之三。

　　總之，累氣積精，係修丹之方術。修丹在於精誠專一，積學工夫，非賴自然以得之也。黃庭五行章云：「能存玄眞萬事畢，一身精神不可失」。雲笈七籤卷四十二載有存思黃庭元王法，爲臻仙心祕訣。詠思玉書，亦是苦行工夫。黃庭經紫淸章云：「晝夜七日思勿眠，子能行此可長存，積功成鍊非自然，是由精誠亦由專」。此云學道鍊丹，由於苦行漸修，長生可以力致。古之道家，原崇自然，道教則思以人爲制馭自然而求長生，故近乎科學精神，然此幼稚之科學精神，仍往往不免與巫術相糅雜也。

復有一事，有關黃庭經書之學說體系，不可不辨。黃庭內景經肝氣章云：

閉目內眄自相望，使心諸神還相崇。七玄英華開命門，通利天道存玄根，百二
十年猶可還，過此守道誠獨難，唯待九轉八瓊丹。

案黃庭經屬內丹派學說，最重呼吸胎食，固精鍊氣，至於金液還丹之道，則屬外丹
學說，黃庭經中僅有「九轉八瓊丹」一句，注家率引抱朴子九丹論解之（道藏位字
號下九轉瓊丹論亦從金丹發揮），以八瓊丹爲丹砂、雄黃、雌黃、空青、硫黃、雲
母、戎鹽、消石等物，望文生義，指謂金丹，似若可通，然細覈黃庭經義，獨此九
轉瓊丹一語，釋爲外丹，甚與全書思想不協。關於八瓊丹一辭，黃庭內景經又有
說，可資內證。隱藏章云：「太上隱環八素瓊，溉益八液腎受精」。梁丘子注：
「謂絳宮重樓十二環，卽喉嚨也，中有八素之瓊液也」。是八素瓊丹卽謂咽喉之津
液，所謂「閉口屈舌食胎津，使我遂鍊獲飛仙」者是。又瓊室章云：「瓊室之中八
素集」，是八素亦卽八素瓊液，自鼻中運氣，下與腎連，周繞藏府，總謂精氣之所
化。可見八瓊丹者，係八素之瓊液，爲胎食咽津之丹法，瓊爲狀詞，以喻美也，非
實有其物。董德寧黃庭經發微云：「九轉者，烹鍊火候之度也。八瓊者，朱砂雄黃
空青硫黃雲母雌黃戎鹽硝石之類，然皆外物之比喻。而內丹之八瓊者，乃貞一之
水，卽還丹之玉液是也」。按董氏雖仍執九轉八瓊爲外丹之名詞，然能明察八瓊爲內
丹，誠具卓見。竊謂八素瓊與八瓊丹，卽爲內丹之津液，則九轉者，不過爲內丹漱
嚥法之節次耳，不必以金丹爐鼎釋之也。唐釋法琳辯正論云：「陽氣黃精經云，流丹
九轉，結氣成精，精化成神，神變成人。陽氣赤，名曰玄丹。陰氣黃，名曰黃精。
陰陽交合，二氣降精，精化爲神，精神凝結，上應九天，九天之氣，下於丹田。與
神合凝，臨於命門，要須九漏，是爲九丹」（廣宏明集卷十三）。是陽氣黃精經所
謂九轉，顯非外丹說法。故黃庭經九轉瓊丹，應擬似流丹九轉，謂爲調氣咽津之節
次，何爲遽援抱朴子九轉金丹以釋之乎？

五　黃庭經學說之來源及其衍變

道家言治生之術，在乎全形保神。生之成形也，必資於五臟，形或有廢而臟不
可缺；神之爲性也，必稟於五臟，性或有異而氣不可虧。至於九竅施爲，四肢動

用，骨肉堅實，經脈宣行，莫不導源於五臟，分流於百體也。修鍊之術，或養精氣，或吞藥物，或用符圖。精氣爲天地之元陽，陰陽之和粹；藥爲五行之華英；符爲三光之靈文，此三者皆爲致道之要機，求仙之所寶也。黃庭內景經爲古道書之一，上承前修之緒風，下啓後學之衍波，其間經歷，可約而言焉。茲舉其犖犖大者，尤着重於黃庭學之衍變，分述如下：

（甲）五臟六腑圖說　五臟六腑之說，由來尙矣。古醫經如素問靈樞，已詳論五藏六府之生理病徵及其治療。淮南地形訓言人體之生成，有四支五藏九竅三百六十六節，而五藏者，人之精也，血氣者，人之華也。道家如河上公注老子，亦云人能養神則不死，五藏盡傷則五神去。原始道教之經典如太平經（卷一百一十二）七十二色死屍誡曰：「五藏有病，其去有期。愼飲食，無爲風寒所犯，隨德出入，是竟年之壽」。可見無論古醫家道家及原始道教學者，皆重視五藏之調攝。若藏府失理，至於病傷，需經方以注之。漢書藝文志著錄：

　　　五藏六府痺十二病方三十卷。

　　　五藏六府疝十六病方四十卷。

　　　五藏六府癉十二病方四十卷。

又有五藏傷中十一病方三十一卷，客疾五藏狂顚病方十七卷，皆量疾病之淺深，假藥味之滋，以通閉解結者。三國魏志華陀傳載，樊阿從佗學，佗授以漆葉靑黏散，「言久服，去三蟲，利五藏，輕體，使人頭不白」。華佗之醫術，下距黃庭經之成書年代尤近，其思想之影響較深。所謂通五藏，亦爲黃庭之主旨所在，經中分章論之備矣。黃庭脾長章云：「遂至不飢三蟲亡」，三蟲卽三尸，抱朴子微旨篇引易內戒、赤松子經及河圖記命符皆言人身中有三尸，欲使人早死云。原三尸能伐人五臟也。漆葉靑黏散去三蟲，黃庭除三尸，其術雖異，其旨則一。史記扁鵲倉公列傳記長桑君有禁方書，扁鵲得之，透視隔牆病人，「盡見五藏癥結」。又西域三藏安世高譯㮈女祇域因緣經，言祇域精通方藥針脈諸經，嘗逢一小兒擔樵，「望視悉見此兒五藏腸胃，縷悉分明，祇域心念，本草經說有藥王樹，從外照內，見人腹臟，此兒樵中得無有藥王耶」？卽往購之，便解兩束樵以試，最後有一小枝，裁長尺餘，試取以著小兒腹上，具見腹內，祇域大喜。按桓帝建和二年（西元一四八），安世

高自安息國來洛陽，爲東漢晚期西域譯經師初來中土之人也。其所譯佛經中，有藥
王樹透視五藏腸胃說法，影響方書道典，當匪淺鮮。舊題葛洪撰西京雜記卷三云，
高祖初入咸陽宮，見府庫中「有方鏡，廣四尺，高五尺九寸，表裏有明，人直來照
之，影則倒見，以手捫心而來，則腸胃五臟，歷然無破，人有疾病在內，則掩心而
照之，則知病之所在」。此等傳說，俱於醫術上別開生面。扁鵲之禁方書，釋典之
藥王樹，其說並在黃庭經成書之前，卽西京雜記所載咸陽宮庫之寶鏡事，諒亦有所
本。凡此奇物妙術，皆能洞徹藏府，啓示『黃庭』思想，助莫大焉。隋書經籍志醫
方著錄五藏決一卷，五藏論五卷；舊唐書經籍志著錄五藏訣一卷，五藏論一卷；崇
文總目醫書類著錄五藏論一卷。原釋云：「張仲景撰」，仲景，後漢人也。總目又
著錄黃庭五臟論一卷，趙業撰。按杜光庭道教靈驗記卷十一有趙業者，定州人，唐
文宗開成中爲晉安縣令，或卽係其人。同時唐女子胡愔，爲黃庭學者之巨擘。唐書
藝文志著錄女子胡愔黃庭內景圖一卷，總目醫書類有黃庭內景五臟六腑圖一卷，女
子胡愔撰；總目道書類又著錄黃庭外景圖一卷，亦胡愔撰；又有黃庭內景圖一卷，
金錫鬯云：「唐志通志並作胡愔撰，考醫書類三有黃庭內景五臟六腑圖一卷，亦胡
愔所撰，或是一書」，道藏國字號上有黃庭內景五臟六腑補瀉圖一卷，題太白山見
素（女）子胡愔述，其自序作於唐宣宗大中二年（西元八四八），又道藏榮字號下
修眞十書卷五十四黃庭內景五藏六腑圖一卷，題太白山見素女胡愔撰。二書論旨相
同，惟文字互見訛異，間有增損處，前本（國字號上）五臟六腑之神各有圖像，後
本（榮字號下）無圖，而於膽臟說獨詳悉，疑爲同書之異本耳。五臟六腑圖之次
序，先圖說，次修養法，次相病法，次醫方，次治臟腑六氣法，次月禁食忌法，次
導引法。是論析五藏六腑之生理及病態，以藥物治其標，行氣導引固其本，所言絕
少神祕之宗教性質，庶爲實際攝生之醫經。黃庭經原理醫學與宗教思想糅合而爲
一，今乃蠲滌宗教色彩而復歸於醫術。對黃庭經義，發明實多。是黃庭內景五臟六
腑補瀉圖（或黃庭內景五藏六腑圖），可謂黃庭學之一大衍變也（註十）

（註十）崇文總目道書類三又著錄黃庭五藏圖一卷，老子黃庭內視圖一卷，黃庭經訣一卷，黃庭五臟導
引圖一卷，均不詳撰人名氏。五臟道引圖或是胡愔撰五臟六腑圖中之五臟導引法，而單行撮錄
者。黃庭五藏圖或是五臟六腑圖中之五藏圖說而無修養法以下各節者。黃庭經訣或是雲笈七藏

（乙）符圖說　符圖者，亦爲道教祕術之一種。自後漢張陵始作符書，繼而張衡張角因有符水以療病。後漢書方術傳載，汝南費長房從一賣藥翁入深山學道，長房得符而歸，遂能醫療衆病，鞭笞百鬼，後失其符，爲衆鬼所殺云。又，河南有麴聖卿，善爲丹書符劾，厭殺鬼神而使命之。迄晉，據抱朴子遐覽篇著錄，大符合近六百卷之多●其餘小小，不可具記。可見符籙興盛之一般。此與天師道之流布，攸關甚密。黄庭內景經承漢魏之遺風，彙綜符圖之說。黄庭內景經常念章云：

存漱五牙不飢渴，神華執巾六丁謁。

梁丘子注：「六丁者，謂六丁陰神玉女也。老君六甲符圖云，丁卯神司馬卿，玉女足曰之；丁丑神趙子玉，玉女順氣；丁亥神張文通，玉女曹漂之；丁酉神臧文公，玉女得喜；丁未神石叔通，玉女寄防；丁巳神崔巨卿，玉女開心之。言服鍊飛根，存漱五牙之道成，則役使六丁之神也」。又黄庭經仙人章曰：

黄童妙音難可聞，玉書絳簡赤丹文，字曰眞人巾金巾，負甲持符開七門。火兵符圖備靈關，前昂後卑高下陳，執劍百丈舞錦幡。

所謂負甲持符之神，梁丘注引老子六甲三部符云：「甲子神王文卿，甲戌神展子江，甲申神扈文長，甲午神衞上卿，甲辰神孟非卿，甲寅神明文章。存六甲神名，則七竅開通，無諸疾病」。所謂火兵符圖者，梁丘子注引衞靈神咒曰：「上有赤精，開明靈童，總御火兵，備守三官」。又注：「符者，八素六神陽精玉胎鍊仙陰精飛景黄華中景內化洞神鑒乾等諸符也。圖，謂太一混合三五圖，六甲上下陰陽圖，六甲玉女通靈圖，太一眞人圖，東井沐浴圖，老子內視圖●西昇八史圖，九變含景圖，赤界等諸圖，可以守備靈關。靈關即三關四關等，身中具有之」。可見修

卷十一謠黄庭經訣，或卽道藏夙字號上黄庭遁甲緣身經附錄之謠黄庭經訣，俱未可知。至於老子黄庭內視圖，蓋係黄庭符圖之一種，殆似黄庭內景經仙人章梁丘子注所謂老君內視圖也。抱朴子地眞篇云，有「思見身中諸神，內視令見之法」。又遐覽篇著錄內視經一卷，是亦有關黄庭說之古者乎？謹案道藏傷字號下及優字號下（雲笈七籤卷十七）各有太上老君內觀經一卷，內容亦涉黄庭經義。

道藏與字號下有太上黄庭五藏六府眞人玉軸經一卷，不著撰人名氏，設元始天尊與黄帝答問之辭，又雜引抱朴子語，具載五藏六府圖文。其圖形與道藏國字號黄庭內景五臟六腑補瀉圖略同。各圖說大致似節錄五臟六腑補瀉圖及修眞十書本黄庭五藏六府圖而成。每圖之後，首兩節文字，間有較多者，是書或係唐女子胡愔所撰黄庭五藏六府圖之節略本而復經增竄歟。

鍊黃庭，尚須借助於六甲六丁之符圖。原箓者，三光之靈文，天之信眞，能致神，助祝術，亦爲養生度世之一法。黃庭內景經對於符圖說，含蘊而未詳，有黃庭養神經者，宋鄭樵通志略著錄，元劉大彬茅山志（卷九）列入上清大洞寶經篇目中，明正統道藏典字號上有上清黃庭養神經一卷，內有符圖。以爲書符帶佩，若入山林．可辟鬼魅虎狼；在入軍陣險難之處，可辟兵刀水火。平旦誦咒，兼服六甲神符，可以消災度厄，增福長存。是綜合神符與咒術行之。黃庭養神經又云：

> 六甲三金五龍六石室九百六十卷，以此卷爲訣。知者度世，立致行廚，萬邪不干，神無敢當，所以行攻破房廟，收鬼治邪，救療百病，服六甲神符，役使萬靈。

按抱朴子遐覽篇著錄諸大符合近六百卷，其中有六甲通靈符十卷，厭怪符十卷，治百病符十卷，皆與黃庭養神經所謂六甲神符收鬼治邪救療百病有關。抱朴子又云：「六陰行廚龍胎石室三金五木防終符，合五百卷」。此已爲龐大符書之總集，然猶不及養神經「六甲三金五龍六石室九百六十卷」之鉅。三金，抱朴子與養神經二書並有；六石室，抱朴子有其一；六陰，是否即六甲玉女神，尚未可知；抱朴子所謂行廚，養神經雖未明標行廚爲書名，然云：「知者度世，立致行廚」，則亦可囊括其意。道藏是字號有太上說五廚經一卷，言存養元氣，則五臟充滿，五神靜正，爲保生之要訣也。龍胎，或係五龍之一胎歟。可見黃庭養神經所言，皆有來歷，是養神經引申黃庭符圖說，而爲專論神圖符咒之一枝。又道藏果字號上有太玄八景籙一卷，具載三部八景二十四符圖甚備。亦係敷陳黃庭經義而成之書也。

　　（丙）黃庭遁甲緣身經　六甲者，甲子甲戌甲申甲午甲辰甲寅。遁甲之說，緣六甲而生。後漢書方術傳注云：「遁甲，推六甲之陰而隱遁也」。其法東漢寖已流行。方術傳記光武帝時，汝南高獲「素喜天文，曉遁甲，能役使鬼神」。又桓帝延熹三年，琅邪賊勞丙與太山賊叔孫無忌反，五陽官兵到，琅邪趙彥推遁甲教以時進兵云。至晉葛洪博覽仙經，勤習道術。抱朴子登涉篇云：「余少有入山之志，由此乃行學遁甲書，乃有六十餘卷，事不可卒精，故鈔集其要，以爲囊中立成」。葛洪所撰有關遁甲書，見隋志著錄者，有遁甲肘後立成囊中祕一卷，遁甲返覆圖一卷，遁甲要用四卷，遁甲祕要一卷，遁甲要一卷；見於兩唐志者，又有三元遁甲圖三

卷。按黃庭六甲符圖之說，爲存想鍊神，黃庭內景經啓示端倪，養神經爰推演其論，旣如上述。復有黃庭遁甲緣身經一卷，正統道藏收兩箇本子：一在夙字號上，洞神部方法類；一在太玄部，雲笈七籤卷十四。並不著撰人名氏。夙字號黃庭遁甲緣身經，前述吞符呼神，可辟鬼賊，愈疾病，約見於黃庭養神經；幷解釋黃庭外篇「上有黃庭下關元，後有幽闕前命門」二句，爲黃庭緣身義。次老子分形識，次黃庭義疏，次太極眞人服四極雲牙神仙上方，次魏夫人讚，最後殿以誦黃庭訣。是彙纂衆說，合爲一書，非別出心裁之創製也。而雲笈七籤本則不同，此編前三紙所述，與黃庭養神經所論相同。下文所說，悉見於黃庭五臟六腑眞人玉軸經，幷有臟腑神像圖，惟文辭略有刪節耳。其上下文相接處，頗不倫類，顯有脫闕。疑係黃冠者流，輯錄養神經及玉軸經二本爲一，間引內景祕要六甲緣身經文，題以今名；張君房等偶爾不察，采入雲笈七籤歟。原夫道書隱藏民間，經師學士，目爲異方奇術，未嘗加意。迨時日遷移，於是散亡者有之，殘缺者有之，凌亂蕪雜者亦有之。黃庭遁甲緣身經因前人遁甲說而作，亦係黃庭學之一派。疑上述兩箇本子，均非其舊文之全也。

（丁）黃庭中景經　黃庭除內外玉景篇外，又有黃庭中景經，鄭樵通志略及宋史藝文志均著錄，歐陽脩集古錄跋尾卷十（行素草堂金石叢書本）黃庭經四首續跋云：「中景一篇，尤爲繁雜，蓋妄人之所作也」。道藏典字號下有太上黃庭中景經一卷，上淸元命眞人李千乘注。通志又著錄李子乘注太上黃庭外景經三卷，未知子乘係千乘之譌否？抱朴子祛惑篇言蔡誕晝夜持誦黃庭太清中經，太清中經是否與中景經有關，事亦未明。今道藏本黃庭中景經，原標題爲「黃老黃庭經」，李千乘注頗詳悉。全書所言，先頭面腦髮，眼耳口鼻，次則氣管喉舌，兩乳雙肺，而至心肝膽胃脾腎，依次形容，辭意醇朴，蓋參酌黃庭內外經義而自成一篇。厥堪注目者，是編並重胃脾二臟，前述胃，後述脾，與內景經偏言脾臟者不同，可謂黃庭中景經之一特色。據今所知，脾臟爲血腺之一，屬液管系統，有發生白血球之作用，於食物之消化，殆無甚關係。以其迫著胃部，古醫經咸謂脾有裨助消化之功能。囿於時代，醫學未精，無足深怪。中景經雖未明脾之眞實作用，然不以胃臟爲脾臟之附庸，而分章論述，係其特點。是書亦係黃庭學之一衍變也。（註十一）

（戊）太淸境黃庭經　道藏日字號下太上三十六部尊經中，有太淸境黃庭經一種，未著撰人名氏。是書論理縝密，層次井然，擺脫舊說五藏六府之形像及神名，呵成一文。首論「神以氣爲母，氣以形爲舍，錬氣成神，錬形成氣」。次言宇宙間水氣雲霧雨露，循環變化而靡定。「天地之內，上下之氣，惟人以精爲母，以氣爲主。五臟各有精，精中生氣。五臟各有氣，氣中生神，神能生壽，長生保命」。次言「養命養其五臟，五臟爲根，根固葉自茂矣。養形養其五氣，五氣爲源，源深流自長矣」。故養五臟存元氣，爲保命全形之道，總稱爲錬內丹。按是書中有偈，仿釋氏教法。又有符，示道門祕訣。是撰人爲一兼通佛典之黃庭學者，緣我國佛教，自晉以降，日浸昌盛，僧徒多通醫術。呼吸胎息之道，尤與禪學有關。如隋志載釋曇鸞撰論氣治療方一卷，唐書藝文志載菩提達磨胎息訣一卷。郡齋讀書志亦云：胎息祕訣一卷，唐僧導化撰，論達磨胎息，總十八篇，歌二十三首。是皆僧徒嫺習養生之經者。新唐志載道士司馬承禎坐忘論一卷，又修生養氣訣一卷。前書所謂坐忘，卽釋氏之言宴坐也。後書言修錬形氣，與天隱子略同。可見僧徒亦明養生；孫士習道，兼通佛理，如司馬子微者，其所著述，雖側重論道，然不免沾佛氏之風。坐忘論之取法釋氏，太淸黃庭經之用偈語（如云：思道出家，接引衆生；今得離苦，得聞道法），均爲類似情形下之製作。太淸境黃庭經又爲黃庭學之一別派也。

（己）黃庭外景經　崇文總目道書類云：「黃庭外景經一卷，記天皇氏至帝嚳受道得仙事」。晁公武撰郡齋讀書志，彼所見黃庭外景經本子，云無其事。明正統道藏所收黃庭外景經白文一卷，梁丘子注黃庭外景玉經註三卷，及務成子註太上黃庭外景經一卷，三箇本子，雖互有異文；然俱無所謂天皇氏至帝嚳受道得仙之事者。今見黃庭外景經者，殆係東晉能文之士，本黃庭內經之旨，綴纂成篇，文彩可觀，運思遣詞，則無殊於內經也。內篇文章，渾樸典奧，理致隱深，設喻譬之，猶如莊子內篇。外經則力減內篇之臟腑色像神名，袪除原有豐偉奧密之形容部分，而爲簡明平易之重述，詞淸而義暢，譬如莊子外篇。蓋黃庭外景經之問世，距內篇之

（註十一）道藏退字號下有太上老君中經二卷（雲笈七籤卷十八至十九名老子中經，一名珠宮玉曆），共分五十五神仙，諸神各居人身之某部位，其名氏身量及服飾，皆有著明。是編性質，類似黃庭中景經，就存念五臟神外，更擴大範圍述之。

成書，相去不甚遠，而文詞清新，尤易傳誦，兼之王羲之書以換鵝，播爲美談，自
此黃庭內篇外經，並行不頗。唐人注書，援引外景經文句，直標爲黃庭經曰，可以
知矣。而厥論最堪驚者，乃有將前後倒敍，反流爲源。如歐陽修集古錄跋尾黃庭經
四首云：

> 今道藏別有三十六章者，名曰內景。而謂此一篇爲外景。又分上中下三部者，
> 皆非也。蓋內景者，乃此一篇之義疏爾。

又周必大益公題跋（卷十一）題向薌林家所藏山谷書南華玉篇亦云：

> 黃庭外景一篇，世傳魏晉時道家者流所作。自王逸少以來，高人勝士，皆善書
> 之。此三十六篇，乃其義疏，名曰內景，蓋養生之樞要也。

是並謂三十六章內景篇爲黃庭外景之義疏矣。明案黃庭外經非精約之創論，黃庭內
篇非爲敷繹經說之義疏。二公皆昧於黃庭內外經之成書年代也無疑。歐陽永叔又
云：「余嘗患世人不識其眞，多以內景三十六章爲本經。因取永和刻石一篇，爲之
注解。余非學異說者，哀世人之惑於繆妄爾」。按歐公固非好立異說，然實迷於
「集古」。因晉永和刻石，爲黃庭外景經，在相傳之黃庭經刻石中，雖屬古品，但
不能因黃庭外篇有古刻石，卽妄斷未曾刻石之黃庭內篇爲晚出之「義疏」。古道書
未經刻石者多矣，詎概斷爲晚出乎？羲之書黃庭外經，而見刻於石，事屬偶然；與
先外景經而有黃庭內篇，當爲二事。易言之，不能以黃庭外篇有刻石之故，遂妄測
其成書年代，亦早於內景經也。雖然，歐公肌說，流病已頗深矣。前舉周必大說是
一例，又如宏一子楊任芳撰黃庭經闡註（乾隆丙子年鐫版），矯名黃庭外篇爲「黃
庭內景玉經」，命內篇爲「黃庭內景金經」，以爲金經自玉經申演而來。又淸光緒
中，有鄞郡秋齋主人撰黃庭經箋註（光緒十七年刻於保定府署），亦云：「內景經
當由黃庭（外景）經推演而出」。實皆無根之談也。惟會稽四峯山人董德寧雖未明
「老子閒居作七言」句爲後人增竄，然謂黃庭外景經，係「隱括內篇之旨，重爲解
說人身之諸神，以暢達修鍊之微義」，所見甚碻。是黃庭外景經乃係內景篇之一簡
明重演也。

　　最後，道藏闕經目錄有上淸黃庭二景三皇內譜，以書缺莫詳其內容。二景者，
疑指日月之二景，黃庭內經所謂「高奔日月吾上道，鬱儀結璘善相保」，係說吞日

氣月精之法。道藏國字號上有太上玉晨鬱儀結璘奔日月圖一卷，卽言存日月二景
法。三皇者，殆謂天皇地皇人皇，因黃庭外指事，卽天中人中地中，內指事卽腦中
心中脾中故也。二景三皇內譜，蓋亦爲黃庭學之一衍變歟。

六　王羲之黃庭換鵝問題

自黃庭外景經繼踵黃庭內篇問世，黃庭之學，流風益盛。東晉王羲之書黃庭外
景經換鵝爲藝林韻事，然亦聚訟紛紜，各執一是。歸納衆說，可分三派：有主王逸
少書黃庭經者，有主逸少書道德經而未書黃庭經者，有主逸少曾書道德經又寫黃庭
經者。此案滋疑已久，學者辨論紛紜。不明道經歷史之人，每混淆黃庭內外景成書
先後之觀念，據片面紀載，妄議整個史實，猶不得絲緒，絲愈治而愈棼也。然細覈
史事，疑竇庶可冰消。茲援前人諸說，分類論述如下：

（１）主王逸少書黃庭經者　陶宏景與梁武帝論書啓云：

> 逸少有名之迹，不過數首，黃庭、勸進、像讚、洛神，此等不審猶得存不？

（見陶貞白集，唐張彥遠法書要錄卷二）

梁武荅書，陶貞白又啓云：

> 逸少學鍾，勢巧形密，勝於自運，不審此例復有幾紙？垂旨以黃庭像讚等諸
> 文，可更有出給理？自運之迹，今不復希，請學鍾法（陶貞白集法作妙），仰
> 惟殊恩。

逸少有名之蹟，以黃庭爲第一，然眞迹難求，因羲之妙學鍾繇書法，故陶隱居請梁
武直學鍾法。唐初，褚遂良撰晉右軍王羲之書目，計正書都五卷，其中：

第一樂毅論　四十四行
　　　　　　書付官奴

第二黃庭經　六十行與
　　　　　　山陰道士（法書要錄卷三）

是明謂黃庭經六十行與山陰道士矣。又武平一徐氏法書記稱武后曝太宗時法書六十
餘函，別有一小函，可有十餘卷，是樂毅告誓黃庭。又徐浩古蹟記云：「臣奏直集
賢，令求書畫，元宗開元五年十一月五日，收綴大小二王眞迹，得一百五十八卷，
大王正書三卷」。內有：「黃庭經第一，畫讚第二，告誓第三。臣以爲畫讚是僞
迹，不近眞」（法書要錄卷三）。可見此次搜求天下散逸書畫，倘得右軍正書黃

庭，唐初褚氏右軍書目樂毅論列第一，緣樂毅論亡失於武后長安神龍之際（見法書
要錄卷四唐韋述敍書錄），故至開元時黃庭得列第一。徐氏又云：「及潼關失
守，內庫法書皆散失。初收城後，臣又充使，搜訪圖書，收獲王書二百餘卷，訪黃
庭經眞蹟，或云張通儒將向幽州，莫知去處」。經天寶之亂，黃庭眞迹旣失，故求
之者視若國寶。張懷瓘書估云：「至如樂毅、黃庭、太師箴、畫讚，累表、告誓
等，但得成篇，卽爲國寶」（法書要錄卷四）。蓋張氏估法書之貴賤，以王右軍爲
標準也。

　　按陶貞白，齊梁時人，言逸少有名之迹，黃庭爲首。其餘張彥遠法書要錄所載
褚遂良武平一徐浩張懷瓘諸記錄，悉係唐人所撰。謂王羲之書黃庭經，所見皆同。
故宋程大昌洪邁諸氏，並信王羲之換鵝經是黃庭也。程氏考古編卷八黃庭經條云：

　　晉書謂換鵝者，道德經也。世或用爲黃庭，人輒笑之。按褚遂良武平一記當時
　　親見，皆是黃庭。遂良仍列正書五卷之二，且曰六十行，與山陰道士者。以是
　　驗之，知爲黃庭不疑。大令書其最爲後世貴重者三，蘭亭樂毅與黃庭也。蘭亭
　　旣入昭陵，樂毅論開元間已亡，惟黃庭非太宗所甚慁意，故更太平不取，得在
　　御府。至潼關失守，眞跡爲張通儒持向幽州，不知何在。

程氏於演繁露卷十二換鵝是黃庭經條又云，王羲之本傳以書換鵝者道德經也，文士
用作黃庭，人皆謂誤；張彥遠法書要錄載褚遂良右軍書目，武平一徐氏法書記及徐
浩古跡記，只舉黃庭經，不聞道德經，則傳之所載卻誤。洪邁容齋四筆（卷五黃庭
換鵝條）亦謂皆不云有道德經，則知乃晉傳誤也。案晉傳紀載道德經換鵝，是否有
誤，乃係一事。王羲之曾否寫黃庭經，又係一事，二者不必混爲一談。稽諸古籍，
不特齊梁唐宋諸賢，先后證說王右軍曾書黃庭經，晉宋之際，有人已知逸少書黃庭
矣。唐張懷瓘書斷引羊欣筆陣圖云，王羲之「三十三書蘭亭序，三十七書黃庭經」。
是晉永和九年，逸少書蘭亭集序，越四年，升平元年，又書黃庭外經（或當永和十
二年）。尋羊欣，晉宋間人，宋書卷六十二有傳，言其沉覽經籍，尤長隸書。時年
十二，王獻之爲吳興太守，甚知愛之。按獻之字子敬，羲之少子，幼學於父，尤工
草隸。旣雅愛羊欣，則欣所聞見於子敬父子法書之事者，當翔實不誤。欣又撰古來
能書人名，稱右軍特善草隸，古今莫二。（見法書要錄卷一）綜此以觀，王羲之書

黃庭經，斷有其事也。

（2）主逸少書道德經而未書黃庭經者　晉書王羲之傳云：

山陰有一道士養好鵝，羲之往觀焉，意甚悅，因求市之。道士云，爲寫道德

經，當舉羣相贈耳。羲之欣然寫畢，籠鵝而歸，甚以爲樂。

梁中書侍郎虞龢論書表云：

羲之性好鵝，山陰曇䃤村有一道士養好鵝廿餘。王淸旦乘小船故往，意大願

樂，乃告求市易。道士不與，百方譬說，不能得。道士乃言性好道，久欲寫河

上公老子，縑素早辦，而無人能書。府君若能自屈書道德經各兩章，便合羣以

奉，羲之便住半日爲寫畢，籠鵝而歸。（法書要錄卷二）

按持逸少書道德經之說者，惟據虞表及晉傳爲理由。否認逸少書黃庭經者，除執晉

傳虞表爲片面理由外，又因黃庭眞迹亡於天寶，後世所傳黃庭法書，率係唐宋搨撫

本，不復睹其眞迹，故斷所傳者，悉爲僞作，并以爲逸少未書黃庭。馮武書法正傳

述名迹源流云，黃庭爲逸少正書第一，「其刻於石者，在宋已有二三本，多從唐搨

本上石，今之翻本甚多，收藏家得宋石刻，已是絕頂矣」。又近人歐陽輔言：宋刻

則有祕閣續帖本，潭帖本，寶晉齋本，越州石氏本，閱古堂本；明刻則餘淸齋本，

停雲館本，秀餐軒本，而穎上井底本，最有名，其餘各刻，不勝枚舉（集古求眞卷

一黃庭經）。後人見搨撫本是惡札，故一意斷爲僞造。彼等謂逸少唯書道德經者，

蓋知其一而不知其二。因世傳黃庭諸摹刻本，新舊混淆，不得其眞，而遽斷言逸少

未寫黃庭，蓋見其近而未明其遠也。宋米芾書史云：

黃素黃庭經一卷，是六朝人書，絹完，並無唐人氣格，雖有書印字，是曾入鍾

紹京家。……陶穀跋云：「山陰道士劉君以羣鵝獻右軍，乞書黃庭經，此是

也。此書乃明州刺史李振景福中罷官。過浚郊，遺光祿卿，卿名友文，卽梁頵

之子，後封博王，王薨，余獲於舊邸，時貞明庚辰秋也。晉都梁苑，因重背

之。中書舍人陶穀記」……余跋云：「書印字唐越國公鍾紹京印也。晉史裁

爲寫道德經，當舉羣相贈。因李白詩送賀監云，鏡湖流水春始波，狂客歸舟逸

興多；山陰道士如相見，應寫黃庭換白鵝。世人遂以黃庭經爲換鵝經，甚可笑

也。此名因開元後，世傳黃庭經多惡札，皆是僞作。唐人以書贊猶爲非眞，則

黃庭內多鍾法者，猶是好事者爲之耳」。

米氏據晉傳，謂逸少寫道德經，未寫黃庭經。按道藏設字號上宋陳葆光集三洞羣仙錄卷十四云：「晉書羲之愛鵝，時山陰道士好養鵝，羲之往觀焉，意甚悅，因求市之。道士云，爲我寫黃庭，舉羣相贈耳。羲之欣然寫畢，籠鵝而歸」。是乃說晉史載羲之寫黃庭換鵝矣，余欲聲言者，頃舉三洞羣仙錄之紀載，非圖推翻唐房玄齡等所撰晉傳王羲之寫道德經換鵝之說，是冀論者毋偏執晉書以否認逸少寫黃庭經事。若從容博觀，知晉書王羲之傳及虞表所載，固不紕繆，而未備全；謂逸少曾寫黃庭經，亦正有理據也。此其一。況晉宋間之羊欣，齊梁之陶宏景，唐之褚遂良武平一徐浩張懷瓘輩，去晉不遠，皆稱逸少書黃庭，先後諸賢，豈悉嚮壁虛構耶？雖不能據此卽謂王右軍僅書黃庭，至少除相傳右軍寫道德經換鵝外，又有寫黃庭經一事。此其二。米氏又言，因李白送賀監詩，世人遂以黃庭經爲換鵝經。其實，「當時褚河南已云黃庭換鵝矣」（馮武書法正傳）。可見後人不以太白詩而誤傳也。此其三。所謂六朝人書黃素黃庭經者，歐陽輔云：「趙文敏所稱爲楊許舊跡者，乃黃素寫本。明言與石本字體絕不相類，大小亦殊，不得因絹本爲楊（羲和）書，遂謂石本亦楊書。更不得以楊有此書，遂謂右軍無此書」。其言甚辯。按黃素黃庭經係內景經，右軍所書係外景經，二者迥別。此其四。宋黃伯思東觀餘論跋黃庭經後云：

> 黃庭世有數本，或響搨，或刊刻，皆正書。蓋六朝及唐人轉相摹放，所以不同。此卷臨學殊工，字勢原放歐陽率更，固自合作，殊可佳嘆。世傳黃庭眞帖爲逸少書，僕嘗考之，非也。按陶隱居眞誥翼眞檢論上清眞經始末云，晉哀帝興寧二年南嶽魏夫人所授弟子司徒公府長史楊君，使作隸字寫出，以傳護軍長史許君及子上計掾，掾以付子黃民，民以傳孔默，後爲王興先竊寫之。始濟浙江，遇風飄淪，惟有黃庭一篇得存。蓋此經也。僕按甲子歲，逸少以晉穆帝升平五年卒，是年歲在辛酉。後二年卽哀帝興寧二年，始降黃庭於世，安得逸少預書之？又按梁虞龢論書表云，山陰曇礫村養鵝道士謂羲之曰，久欲寫河上公老子，縑素早辦，而無人能書，府君若能自屈書道德經兩章，便合羣以奉，於是羲之便停半日爲寫畢，攜鵝去。而晉書本傳亦著道士云，爲寫道德經，當舉羣相贈耳。初未嘗言寫黃庭也。以二書考之，卽黃庭非逸少書無疑。

按逸少卒於晉孝武帝太元四年，非升平五年也，其所書係黃庭外景篇。道藏優字號
上黃庭外景經務成子註序云：「後晉有道士好黃庭之術，意專書寫，常求於人，聞
王右軍精於草隸，而復性愛白鵝，遂以數頭贈之，得乎妙翰」。黃氏援真誥爲證，
申說黃庭經之出世與傳授，其事須析辨者二：真誥中所云黃庭，率指黃庭內景經而
言，前文釋題中已詳，其與逸少所寫之黃庭外景篇不同，此其一。南嶽魏夫人卒於
晉成帝咸和九年（西元三三四），下距哀帝興寧三年（作二年，非，西元三六五），
已歷三十二年之久。真誥一書，本緣扶鸞而來，是興寧三年，楊羲扶鸞，魏夫人降
神噯經，非此年黃庭始降於世也。此其二。而黃伯思竟將黃庭內外篇混爲一談，黃
庭內經之出世與楊羲扶鸞魏夫人降神授語又混爲一談。是未明黃庭經之歷史，誤解
真誥之文義，且泥守虞表晉傳，妄斷黃庭非逸少書，「甚可笑也」。黃氏又云：

> 陶隱居與梁武帝啓云，逸少有名之蹟，不過數首。黃庭，勸進，告誓等，不審
> 猶有存否？蓋此啓在著真誥前，故未之考證耳。至唐張懷瓘作書估云，樂毅黃
> 庭，但得幾篇，即爲國寶，遂悞以爲逸少書。李太白承之作詩，「山陰道士如
> 相見，應寫黃庭換白鵝」，苟欲隨之耳，初未嘗考之。而韓退之第云，「數紙
> 尚可博白鵝」，而不云黃庭，豈非覺其謬歟。

按陶貞白與梁武帝啓，所言是也。真誥記扶鸞事，興寧三年，魏夫人降神楊家噯
語，所載亦是也，蓋黃氏誤解，非陶隱居未之考證。張懷瓘書估之說亦是，張氏又
作書斷，引羊欣筆陣圖云，逸少「三十七書黃庭經」，豈其唐人皆諢，晉宋齊梁之
人亦誤耶！由是知太白詩，亦非苟欲隨之耳。

清葉奕苞金石錄補卷七晉黃庭經條，附和黃伯思說，以爲黃庭經非王逸少書，
所舉例證，無過黃伯思所論，不復贅辭。宋袁文甕牖閒評卷五云：

> 世稱李白詩云，「山陰道士如相訪，爲寫黃庭換白鵝」。夫王羲之換鵝乃寫道
> 德經，晉史載之甚詳。後人遂以爲李白之誤，然李白集中自有「山陰遇羽客，
> 要此好鵝賓；掃素寫道經，筆精妙入神」之詩，而李白初不誤也。又黃太史作
> 玉樓春詞末句云，「爲君寫得黃庭了，不要山陰道士鵝」。太史似不免有承誤
> 之譏。然太史集中，亦有「頗似山陰寫道經，雖與羣鵝不當價」之詩，而太史
> 亦不誤也。以此知太史玉樓春詞與太白前詩相似，恐必爲後人贋作。

袁氏雖爲李白辯護，但並非了解太白所以詠兩詩之原意，先後二詩，一說黃庭換鵝，一說老子換鵝，自係兩事，概無後人贗作，黃詩承太白之意而作，白不誤，黃詩亦不僞。

（3）主逸少曾書道德經又寫黃庭經者　宋董逌廣川書跋卷六黃庭經條云：

世疑黃庭經非羲之書，以傳考之，知嘗書道德經，不言寫黃庭也。李白謂黃庭換鵝，其說誤矣。然羲之自寫黃庭授子敬，不爲道士書，此陶貞白曰，逸少有名之蹟，不過數首，黃庭爲第一，貞白論書最精，不應誤謬。

是董彥遠信晉傳所載，知逸少嘗寫道德經。又欽佩陶隱居卓識，謂逸少有黃庭之蹟。道德黃庭，王右軍既兼寫之。唯云黃庭授子敬，不爲道士書也。按董氏說逸少先後寫老子黃庭，誠持平之論，不可易也。其言黃庭授子敬，歐陽輔撰集古求眞，隨之亦云：「黃庭經後，有付官奴三字者，右軍書也。官奴是子敬小字」。然褚遂良右軍書目明言「黃庭經六十行，與山陰道士」。是付官奴（子敬）者，原爲樂毅論而非黃庭經矣。綜覽諸家所論，似不如南宋張淏說之察辨，淏著雲谷雜記，其卷一中先擧黃伯思東觀餘論（大意略如前引）而駁之云：

伯思之論，似若詳悉矣。以予考之，其說非也。蓋黃庭經換鵝與道德換鵝，自是兩事。伯思謂黃庭之傳，在右軍死後二年，此最失於詳審也。道家有黃庭內景經，又有黃庭外景經及黃庭遁甲緣身經黃庭玉軸經，世俗例稱爲黃庭經。內景經乃大道玉晨君所作，扶桑大帝君命暘谷神王傳魏夫人，凡三十六章，即眞誥所言者。外景經三篇，乃老君所作，即右軍所書者，凡六十行，末云，永和十二年五月二十五日在山陰縣寫，以歐陽集古錄目校之，與文忠所藏本同，則右軍之寫黃庭甚曉。然緣諸公考之未詳，故未免紛紜如此。

是張氏分辨黃庭有內外景經之先後，以破伯思之妄說，二人識見之崇卑，相去何止千萬里？雲谷雜記又云：

黃伯思謂與梁武啓在著眞誥之前，此又曲爲之辨也。予又嘗於道藏中得務成子注外景經一卷，有序云：晉有道士好黃庭之術，意專書寫，嘗求於人，聞王右軍精於草隸，而性復愛白鵝，遂以數頭贈之，得其妙翰；右軍逸與自縱，未免脫漏，但美其書耳。張君房所進雲笈七籤亦載此序，最爲的據也。蓋道德經是

偶悅道士之鵝而寫，若黃按是道士聞其善書且喜鵝，故以是爲贈，而求其書，此是兩事，頗分明，緣俱以寫經得鵝，遂使後人指爲一事，而妄起異論。唯李太白知其爲二事，故其詩右軍一篇云：「右軍本淸眞，瀟灑出風塵，山陰遇羽客，邀此好鵝賓；掃素寫道德，筆精妙入神，書罷籠鵝去，何曾別主人」。此言書道德經得鵝也。送賀賓客歸越一篇云：「鏡湖淸水漾淸波，狂客歸舟逸興多；山陰道士如相見，應寫黃庭換白鵝」。此言書黃庭經得鵝也。太白於兩詩各言之，初未嘗誤，乃後人自誤也。

張氏明辨太白兩詩爲二事，一爲寫道德經得鵝，一爲書黃庭經換鵝，所見甚卓。按唐初房玄齡與褚遂良受詔重撰晉書，與其事者，有許敬宗來濟陸元仕劉子翼令狐德棻李義府薛元超上官儀等八人，分功撰錄，太宗自著宣武二帝紀及陸機王羲之二傳之四論，於是總題云御撰（見舊唐書卷六十六房玄齡傳），唐太宗旣爲王羲之作傳論，房玄齡褚遂良奉命主修晉史，雖不必躬撰，然揆情度事，褚房二公對王羲之傳自無不覽之理，今晉書王羲之傳云逸少寫道德經換鵝，而褚遂良撰王右軍書目，則云正書黃庭經與山陰道士，是王羲之傳及右軍書目，褚氏一係躬覽，一係親撰，所以各存而不廢者，因寫黃庭換鵝爲一事，書道德經得鵝又係一事，其理昭然。至於晉史王羲之傳何以獨著道德經換鵝事，似因唐崇老子，故以道德經爲尊，況「黃庭非太宗所甚愜意」（見程大昌考古編），史官撰錄列傳，或迎合帝王心理，故舍黃庭而著道德經歟。至於王右軍書目，所以標載黃庭經者，蓋褚遂良目睹逸少眞蹟如此，無容抹殺焉。

事愈辨而愈明，張溟之說，殆爲信而有徵，故明郎瑛七修類藁卷二十換鵝經條云：「羲之書經換鵝事，張溟雲谷雜記辯之甚明，但文多而難備錄，蓋以羲之兩次事也。今予略具辯直，著其義於左：一書道德經，是偶悅山陰道士之鵝，求而不得，因爲之寫換也，此出傳中所謂『寫畢欣然籠鵝而歸』；一書黃庭經，亦山陰道士好黃庭，又知羲之愛白鵝，遂以數頭贈之，得其妙翰（出張君房雲笈七籤）。俱緣以寫經換鵝，故後人指爲一事，辯之紛紛也」。獨褚遂良明知爲兩次事，一備於晉傳，一存於右軍書目，李太白亦知之，故賦兩詩，各其其事，有識者所見略同。則王羲之寫道德經得鵝，又書黃庭經換鵝，並有其事，殆無疑義矣。

絳帖王羲之書黃庭經，承勞貞一先生告知。此係黃庭外景經文，與今所見本文字頗有異同。帖本首無「老君閑居作七言，解說身形及諸神」兩句，末無「大道渺渺心勿煩，吾言畢矣慎勿傳」兩句，其中文句，並多省略。另有鬱岡齋墨妙第二黃庭經，係黃庭內景經文，首題「晉王羲之黃庭經」七字，字體特大，筆迹與本帖不類，殆係後人妄加。末有萬曆丁未延陵王肎堂跋，云：「此絹本若非楊君始寫之本，卽是許掾書」。是米芾所謂黃素黃庭經並無唐人氣格，或是六朝人書歟。

　　　　本篇承胡適之師曁勞貞一先生賜閱一過，並予指正，均此誌謝。

附圖：絳帖卷第三黃庭經

黃庭經

上有黃庭下有關元前有幽闕後有命門噓吸廬外出入丹田審能行之可長存黃庭中人衣朱衣關門壯籥蓋兩扉幽闕俠之高巍巍丹田之中精氣微玉池清水上生肥靈根堅志不衰中池有士服赤朱橫下三寸神所居中外相距重閉之神廬之中務脩治玄膺氣管受精符急固子精以自持宅中有士常衣絳子能見之可不病橫理長尺約其上子能守之可無恙呼翕廬間以自償保守

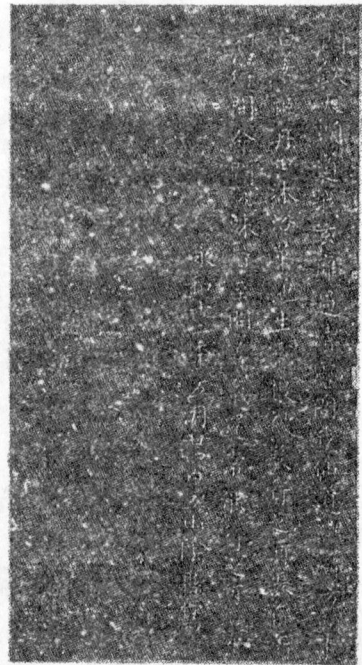

出自第二十本上（一九四八年六月）

鵝湖之會朱陸異同略說

黃　彰　健

鵝湖之會，朱陸二公之異同，當由大學了解之，此義人鮮知者。

象山年譜淳熙二年乙未記云：

> 鵝湖之會，論及敎人，元晦之意，欲令人泛觀博覽而後歸之約；二陸之意，欲先發明人之本心，而後使之博覽。朱以陸之敎人爲太簡，陸以朱之敎人爲支離，此頗不合。先生更欲與元晦辨，以爲堯舜以前何書可讀，復齋止之，趙劉諸公拱聽而已。

二公所言，多本諸孟子。孟子謂，「此之謂失其本心」，此象山本心二字之所自出，孟子謂，「博學而詳說之，將以反說約也」，此朱說之所本；孟子謂，「先立乎其大，則小者不能奪」，此象山先發明本心之所本。惟孟子之意，究先發明本心，抑先博覽，頗不易斷。今以朱子之思想系統證之，知二公之所以爭執其先後，蓋由對大學之了解有岐異故也。

朱子之思想系統，據朱子年譜引李方子所言，係「主敬以立其本，窮理以致其知，反躬以踐其實」。其標舉伊川「涵養須用敬，進學則在致知」二語，見於己丑所撰已發未發說，亦在乙未鵝湖之會前。今鵝湖之會，論及敎人，乃言先博覽，而不言主敬，此誠可注意者。

朱子己丑作已發未發說，論中庸未發之中，主先涵養而後察識，此爲朱子皈依伊川主要之關鍵，其說另詳，今姑不論。要之，其先涵養之論，與其釋大學敎人之始於格物，中庸敎人之始於明則誠者不合。惟中庸又云，「誠者物之終始」，故朱子得依此意，據伊川之說，於大學補一敬字。以大學未言敬，故謂敬係小學功夫，小學失傳，故於大學帶補。其補一敬字，由今考之，亦見於庚寅辛卯間與胡廣仲書，其說亦正在乙未鵝湖之會前也。

朱子之系統，既係主敬一貫，敬係成始而成終者。今鵝湖之會，論及敎人，乃主先博覽而後歸之約，由今觀之，其次序與其釋大學之「物格而後知至，知至而後意誠」者合。其不言主敬，當以所論係大學敎人之次序，敬既係小學功夫，故可以不言耳。

朱子之論，既取決於大學，余考陸子之敎人，主先發明本心，其說蓋亦如是。象山文集卷一與胡季隨書云：

> 學未知止，則其知必不能至，知之未至，聖賢地位，未易言也。

其所謂知止，據文集卷一與趙監書云：

> 道塞宇宙，非有所隱遁，在天曰陰陽，在地曰柔剛，在人曰仁義。故仁義者人之本心也。孟子曰，「存乎人者，豈無仁義之心哉」，又曰，「我固有之，非外鑠我也」。愚不肖不及焉，則蔽於物欲而失其本心；賢者智者過之，則蔽於意見而失其本心，故易大傳曰，「仁者見之謂之仁，智者見之謂之智，百姓日用而不知，故君子之道鮮矣」。徇物欲者既馳而不知止，徇意見者又馳而不知止，故道在邇而求諸遠，事在易而求諸難。道豈遠而事豈難，意見不實，自作艱難耳。深知其惑，蔽解惑去，而得所止矣。道本自若，豈如以手取物，必有得於外，然後爲得哉！鄧丞於此，深知端緒，幸與進而圖之。

文集卷一與鄧文範書，與姪孫濬書，意均略同，均先言知本心而後得所止，則其釋知止，蓋謂止於至善之本心。學未知止於此，則其知必不能至，此其所以先發明本心也。

象山之釋格物，據文集卷二十格矯齋說云：

> 格，至也。與窮字究字同義，皆研磨考索以求其至耳。

又語錄（文集卷三十五）云：

> 伯敏云，「無個下手處」。先生云，「古之欲明明德於天下者，先治其國，欲治其國者先齊其家，欲齊其家者先修其身，欲修其身者先正其心，欲正其心者先誠其意，欲誠其意者先致其知，致知在格物，格物是下手處」。
>
> 伯敏云，「如何樣格物」？ 先生云，「研究物理」。
>
> 伯敏云，「天下萬物不勝其繁，如何盡研究得」？ 先生云，「萬物皆備於我，只要明理，然理不解自明，須是隆師親友」。伯敏云，「此間賴有季繹時相勉勵」。

其釋格物爲研究物理，與朱子之意同。語錄此則謂，「只要明理，然理不解自明，須是

隆師親友」，其語意頗難曉，今以文集卷七與詹子南書證之。

> 此心之靈，此理之明，豈外鑠哉？明其本末，知所先後，雖由於學。及其明
> 也，乃理之固有，有何加損於其間哉！

則明理非研究物理，而係明心之理，亦卽知止之意。蓋其意，此理本具於心，特吾人
非生知，爲積習所蔽，故其心之理不克自明。其明之，有待於學，有待於隆師親友耳。

此明理卽知止，又在格物之前，故陸之釋大學，係知止而後格物。此其說，正與
其敎人先發明本心而後博覽者合矣。

語錄此則釋格物爲研究物理。然余考語錄又謂：

> 格物者，格此者也。伏羲仰象俯法，亦先於此盡力焉，不然，所謂格物者，
> 末而已矣。

其謂必先於此盡力，蓋仍學未知止，則其知必不能至之意。其釋格物爲格此者，蓋其
意，「此理(指心之理)充塞宇寅」(語錄)，「典禮爵刑，莫非天理，古所謂憲章法度者
皆此理也」(文集卷十九荆公祠堂記)。其釋格物爲格此，又係格心之理，亦卽明理知
止之意，今由答伯敏問，「只要明理」，在「研究物理」之前證之，則其釋大學之格物，
究以研究物理爲其正解，而格此，格心之理，則其引伸義也。其答伯敏問言萬物皆備
於我，余考朱子注孟子此言，亦云萬物之理具於吾身，此則又朱陸二公之所同者矣。

陸之格物，有本義，有引伸義，余考語錄又記：

> 或問，「介甫比商鞅何如」？先生云，「商鞅是脚踏實地，他亦不問王霸，只
> 要事成，却是先定規模。介甫慕堯舜三代之名，不曾踏得實處，故所成就
> 者，王不成，霸不就，本原皆因不能格物，模索形似，便以爲堯舜三代如此
> 而已，所以學者先要窮理」。

此格物窮理，均係其引伸義，係言格心之理，亦卽知止義。蓋荆公之失，在象山視
之，仍係學未知止。荆公未明心之理，故其於堯舜三代，皆模索形似也。

語錄又記：

> 所謂讀書，須當明物理，揣事情，論事勢。

> 人謂某不敎人讀書，如敏求前日來問，某敎他讀旅獒太甲告子牛山之木以
> 下，何嘗不讀書來，只是比他人讀得別些子。

此所謂讀書，明物理，揣事情，論事勢，係研究物理義。其教人讀得別些子，此無他，先發明本心，先教人知止耳。

象山年譜淳熙十五年條記云：

> 毛剛伯必疆云，「先生之講學也，先欲復本心以爲主宰，既得其本心，從此涵養，使日充月明，讀書考古，不過欲明此理，盡此心耳。其教人端緒在此，故聞者感動」。

此其意，正與象山之釋大學合符，其發明本心，係知止義，而讀書考古，則其格物義也。格物義有二解，一研究物理義，一卽知止義。不求之大學本文，定其孰爲正解，孰爲引伸義，則上引諸語錄，有未易解者矣。

毛剛伯謂，「其教人端緒在此」，前引與趙監書，亦謂「鄧丞深知端緒」，余考象山文集卷一與邵叔誼書云：

> ……學問固無窮矣，然端緒之得失，則當早辨。……物有本末，事有終始，知所先後，則近道矣。於其端緒，知之不至，悉精畢力，求多於末，溝澮皆盈，涸可立待，要之，其終本末俱失。學未知至，自用其私者，乃至於亂原委之倫，顛萌蘗之序，窮年卒歲，靡所底麗，猶焦焦然思以易天下，豈不謬哉！

此書卽引大學本末先後之文，明其言端緒，係依據大學也。文集卷十九武陵縣學記云

> 若迷其端緒，易物之本末，謬事之終始，雜施而不遜，是謂異端。

蓋孔子時，佛未入中國，且孔孟未聞其闢老子（見語錄），故象山於論語異端二字，有此新解。此與上書，蓋皆針對朱子而言者也。

二公之論教人，據上所分析，其端緒皆依據大學。今較其同異，其於大學之知止，陸則釋爲止於至善之本心，朱則釋爲「至善則事理當然之極，止於至善之地而不遷」，其所著重互異；其釋大學教人之次序，陸則知止而後格物，「學未知止，則其知必不能至」，朱則物格而後知至，「物格知至，則知所止矣」。其說亦正針鋒相對也。從朱之說，大學言物格而後知至，象山不先物格，而先知止，則未免太簡；從陸之說，知止而後格物，朱子言先格物，而不言本心，則自不免支離也。朱子首格物，重讀書，此象山之所以言堯舜以前有何書可讀也。

今日求之大學本文，以斷其優劣，則朱子之說似較勝，蓋大學雖述知止在格物等八條目之前，然並未言欲格物在知止，此實陸說之致命傷也。陸之釋格物，忽謂其研究物理，忽謂其係格心之理，其言頗不明白易曉，意者亦求之大學原文有不合，故其教人遂含渾其解歟？象山高弟慈湖，卽不尊信大學，與師說異，其故正可深長思也。

陸之釋大學，雖不如朱子，然其說固有言之成理者，「天下萬物不勝其繁，如何盡研究得」？苟必「今日格一件，明日格一件」，然後可言心之理，則誠恐頭白可期，成功無日也。且未先立本，卽言格物，「溝澮皆盈，涸可立待」，陸說亦非無理。朱子雖言主敬以立其本，然如此重要之敬字，聖門何致於遺漏，其說亦誠有不易自圓者。後之陽明，祖述象山，而小變其說，其謂「大學功夫始於誠意，以誠意爲主，卽不需補一敬字」（見傳習錄），正可以正朱子之失，亦可以解大學未言欲格物在知止之譏，其說誠有後勝於前者。惟朱子之釋大學，其謂始於格物者，蓋有取於中庸明則誠之意，其釋中庸，自誠明與自明誠對舉，天道與人道對舉，說雖可商，然文從字順，頗有理致。陽明於此無說，則其釋大學，恐猶不足以釋朱學之疑也。

且從陽明之說，「大學功夫始於誠意，以誠意爲主，卽不需補一敬字」，是誠意仍有敬字之意，然則陽明之說，僅可以糾正大學補一敬字之失，而不足以推翻主敬以立其本之系統。此誠意係敬之事，而所以誠意，係發明本心之事，教人敬，抑先教人察識本心乎？敬，涵養之意味重，發明本心，察識之意味重，究先涵養乎，究先察識乎？究先行乎，究先知乎？此又牽涉中庸之首章，爲朱子昔年所面臨之問題，惜乎陽明雖言及知行，於此亦無說也。

朱子之釋中庸，自誠明與自明誠對舉，余考象山語錄，則謂「誠則明，明則誠，此非有次第也」，其言亦正針鋒相對。惜其言之太簡，今求之中庸上下文義，其說亦恐不如朱子之密合也。

如何貫串學庸，以定程朱陸王之同異，拙說另詳，今姑不論。昔賢論朱陸鵝湖同異者，類皆鈔錄年譜此則，及復齋象山朱子所唱和三詩，鮮有知其爭執之故者，今謹釋其同異於此。

一九五〇年三月十日，時寓楊梅。

孟 子 性 論 之 研 究 ^(註)

黃 彰 健

目 錄

(一) 釋<u>孟子</u>「養性」「知性」「性善」「忍性」之性字

對<u>孔孟</u>哲學之解釋、有<u>漢宋</u>等學派之異。其爭端之解決、有繫於<u>孟子</u>人性論之再分析。

首先分析<u>孟子</u>「養性」「知性」「性善」「忍性」之性字，究竟指人生而稟賦的甚麼。

<u>孟子</u>說：「口之於味也，目之於色也，耳之於聲也，鼻之於臭也，四肢之於安佚也，性也，有命焉，君子不謂性也」。<u>孟子</u>又說，「君子所性，仁義禮智根於心」。由這幾句話看來，仁義禮智，係君子所認以爲性者，至如食色安佚之爲性，則是世俗人所公認的。

仁義禮智根於心，心係大體；食色安佚之性，根於耳目口鼻四肢，耳目口鼻四肢係小體。<u>孟子</u>曾說，「體有貴賤，有大小，無以小害大，無以賤害貴，養其小者爲小人，養其大者爲大人」。<u>孟子</u>又說：

耳目之官，不思而蔽於物，物交物，則引之而出矣。心之官則思，思則得之，不思不能得也。此天之所予我者，先立乎其大，則小者不能奪也。此爲大人而

(註) 本文原名孔孟哲學之眞相，此僅其前六章。

已矣。

所養者應係大體，「先立乎其大，則小者不能奪」，則孟子所說：「盡其心者知其性也，知其性則知天矣。存其心，養其性，所以事天也。夭壽不貳，修身以俟，所以立命也」，此「養其性」，係養其仁義禮智之性，不包括食色在內。如包含在內，那就是「養其小體爲小人」，而不是「先立乎其大」了。

此「知其性」亦然，亦只指仁義禮智，不包括食色在內。如包含在內，則「知性則知天」，天豈不是食色了嗎？故知其不可。

由「毋以賤害貴」及「養其小體爲小人」看來，此食色之性係賤小，則「孟子道性善」，此性字亦當指仁義禮智。而孟子也正是由人之惻隱之心等論證以證仁義禮智之爲人性，而言人之性善的。

此「養性」「知性」「性善」之性字，指人性中之仁義禮智。至於食色之爲人性，孟子也並不能否認，故孟子之性字有只能以食色之性釋之者。如「天之將降大任於斯人也，必先苦其心志，勞其筋骨，餓其體膚，空乏其身，行拂亂其所爲，所以動心忍性，曾益其所不能」，此動心，承上文「苦其心志」言，忍性則承上文「餓其體膚」等說，此正係食色安佚之性，不包括仁義禮智在內。如包括在內，忍仁義禮智之性，這是不通的。（註一）

此仁義禮智，「君子所性」，今名之爲特殊義。食色之性，世所公認，今名之爲世俗義。孟子一書中的性字，如上所舉的，是應該追究其係特殊義抑世俗義，亦卽所稟賦的甚麼，而予以不同的界說的。

朱子對「孟子道性善」「知性養性」之性字，其注解是：

性者，人所稟於天以生之理也。

性者，心之所具之理。

對「動心忍性」之性字，其注解是：

動心忍性，謂竦動其心，堅忍其性也。然所謂性，亦指氣稟食色而言耳。

前一性字釋爲理，指仁義禮智。後一性字釋爲氣，指氣稟食色。同是一性字，朱子正

（註一）　本文第四章引荀子非十二子篇：「忍情性，綦谿利跂，苟以分異人分高」，又儒效篇：「行忍情性，然後能修」，荀子此「忍性」之性字亦指食色之性。荀子此處言「行忍情性，然後能修」，很可與孟子此處相參證。

是予以不同的界說的。

（二）　釋孟子「生之謂性」之性字

知性養性忍性，有特殊義世俗義之別。然孟子一書中的性字，不止此數，是否其餘的性字也應該追究其係特殊義抑世俗義呢？

我的答覆是，「知性」「養性」「忍性」孟子已確定其指人生而稟賦的某一部份，所以應作不同之界說。至其與告子辨論時之性字，此既與人爭論人生而稟賦的爲甚麼，則此性字自不必追究其係特殊義抑世俗義，只需以生而有的稟賦釋之卽可。（註一）此卽告子所謂「生之謂性」是也。

告子「生之謂性」一語，本極含混，自來有許多異說，今由孟子告子篇上下文連貫講來，朱子語類卷五十九釋爲「生來底之謂性」，這是對的。現在我且連貫講孟告論性這四章，以證明朱子這一解釋爲最好。

孟子告子篇：

告子曰：「性猶杞柳也，義猶桮棬也，以人性爲仁義，猶以杞柳爲桮棬。」

孟子曰：「子能順杞柳之性而以爲桮棬乎？將戕賊杞柳之性，而後以爲桮棬也？如將戕賊杞柳而以爲桮棬，則亦將戕賊人以爲仁義歟？率天下之人而禍仁義者，必子之言夫！」

此杞柳，據趙岐注，卽柜柳。桮棬，據禮記玉藻，「桮圈不能飲焉」，鄭注：「圈，屈木所爲，謂卮匜之類」。焦循孟子正義說：

柜卽櫸，……寇宗奭本草衍義云，櫸不堪爲器，嫩枝取以緣栲栳與箕唇。

由「嫩枝緣栲栳與箕唇」看來，鄭注所謂「屈木所爲」之屈字，當係動詞，而非形容詞，係彎屈之，亦卽矯揉之意的。桮棬既係「屈木所爲」，係矯揉杞柳而製成，則杞柳桮棬之喻，是當如朱子所釋，含有矯揉人性以爲仁義之意，是近於性惡說的。

劉寶楠論語集註附考頁四（國粹學報第八十期）說：

其比之杞柳者，以其生而自然條達，正見性無善無不善之意。

（註一）　程氏遺書二十四：「生之謂性，與天命之謂性，同乎性字，不可一概論。生之謂性，止訓所稟受也。天命之謂性，此言性之理也……」程說爲拙說所本。

劉氏言「生而自然條達」，與「屈木所爲」之意牴觸，而且桮棬係以杞柳製成，也非自然條達的。劉說不足取。

告子如謂，人之爲仁義需矯揉而成，則人之爲仁義將很勉强，而事實，人之爲仁義，有時却異常自然的。譬如見孺子入井，卽有惻隱之心，看電影至悽慘處，卽灑同情之淚，此並無絲毫虛僞矯揉之處。可見矯揉人性以爲仁義，這種說法，就克治食色之性而言，是對的。而就同情心之自然流露言，則是不對的。而矯揉人性以爲仁義，這種說法，也容易使人畏懼矯揉而怯於爲仁義，孟子之駁斥之，也就從這點入手。

孟子之駁斥，不說矯揉杞柳之性，而說戕賊杞柳；不說戕賊人性，而說戕賊人，也正因桮棬是戕賊杞柳而成。其用戕賊二字，無非是使其更容易明瞭其說之流弊罷了。

在這一章中，孟子事實上僅指摘告子譬喻之有流弊。由第二章告子之改變其譬喻看來，顯然告子也認爲杞柳桮棬之喻是不妥的。在這章孟子並未以惻隱之心等論證以證人之有仁義禮智之性，故告子仍可謂仁義非人性。仁義非人性，使他不能言性善，而「戕賊人」一言，又使他不能言性惡，於是他說「性猶湍水，性無分善不善」了。

告子曰：「性猶湍水也，決諸東方則東流，決諸西方則西流，人性之無分於善不善也，猶水之無分於東西也」。

孟子曰：「水信無分於東西，無分於上下乎？人性之善也，猶水之就下也。人無有不善，水無有不下。今夫水，搏而躍之，可使過顙，激而行之，可使在山。是豈水之性哉？其勢則然也。人之可使爲不善，其性亦猶是也。

告子說，「人性之無分於善不善，猶水之無分於東西」，水字底下當承上文省略了一個性字。此章下文說，「人性之善也，猶水之就下也」，這其實也就是「人性之善也，猶水性之就下也」，也承上文省掉一個性字。此章下文說，「是豈水之性哉」，明係論水性，此章人性水性相對立論，則拙釋這兩水字省略掉性字，其說當不誤的。

孟子說，「人性之善也，猶水（性）之就下也」，其理由卽在「人無有不善，水無有不下」。就人與水的行爲來說，人的行爲是有不善的，於是孟子就提出水之「搏而過顙」「激而在山」而予以解釋了。

就水性來說，「水無有不下」。其向下，係其本身自然的行爲。至其「搏而躍之，可使過顙，激而行之，可使在山」，其向上，係搏激之勢使然。當搏激之勢一去，水

立刻向下。這可見其向上，決非水之本性如是，這只是勢使之然耳。我們不能根據這一勢使之然的行為而說水性向上的。

就人性來說，見孺子入井，而有惻隱之心。此惻隱之心，並未受孺子意志之所控制，因為孺子入井，他並未存心要人去惻隱他的。人之惻隱之，「非所以納交於孺子之父母也，非所以要譽於鄉黨朋友也，非惡其聲而然也」，這只是人本性之仁之自然流露而已。

人雖有仁性，但「富歲子弟多賴，凶歲子弟多暴」，凶年衣食不足，也有人陷溺其良心，「放僻邪侈，無所不為」。難道我們就根據「凶歲子弟多暴」「饑寒起盜心」「無恒產則無恆心」這種行為就說人性係惡嗎？當饑寒之勢一去，衣食足而知榮辱，倉廩實而知禮節，這可見其所行不義，決非本性，這只是勢使然耳。

人性具於內，我們只能由人之行為予以推測。我們由人性之自然流露以了解人性，其結論才正確，假如由其勢使然之行為以了解人性，則其例證將如水之搏而過顙激而在山一樣，將影響其結論之正確的。孟子論性，分別人之行為，那些係天性的自然流露，那些係勢使之然的行為，正是非常的精闢的。

分析至此，再看告子的性論。告子以湍水喻性，其大意如下。水決之東則東，決之西則西，因此由用以識體，水性是不分東西，假若水性向東，那決之西則不西的。人教之善則善，教之不善則不善，因此由用以識體，人性亦不分善與不善，假若人性是善，那教之不善，亦不致於不善的。告子性無分善不善之論，又正是針對性善論者說的。告子不過是見水之可流東流西，人之可以為善為惡，遂謂人性無善無惡而已。

告子這段話，如與孟子的反駁比較，就可以發現其論性所舉的例證，如決之東則東，教之不善則不善，皆非人性水性之自然流露，皆係人決之人教之勢使然的行為。這一勢使然的行為，由孟子水之激而在山那一譬喻看來，是不可以據而論性的。告子不知人之性善，此固由其不知人之有惻隱之心，而其觀察人之行為，忽略性與勢之分，自然與使然之分，也當係其致誤之因素之一。

告子以湍水喻性，還有一不妥之處。水誠然決之東則東，決之西則西，而人則不一定教之不善則不善。孟子說過，豪傑之士，無文王而猶興，周濂溪說，蓮出汙泥而不染。人之良知具存，難道教之不善就一定不善嗎。

　　孟子在這章雖分別性與勢，但並未提出惻隱之心等論證以證人之性善，而其言「人之性善，其爲不善係由於勢」，這也得先證明人之性善才可。由「水之性下」，並不可以證明人之性善。苟未證明人之性善，則其分別性與勢，在告子看來，未嘗不可說不分善惡係其性，而爲善爲惡則係勢的。因此告子仍可與孟子繼續辨論。

　　告子曰：「生之謂性」。

　　孟子曰：「生之謂性也，猶白之謂白與」？曰：「然」。

　　「白羽之白也，猶白雪之白；白雪之白，猶白玉之白與」？曰：「然」。

　　「然則犬之性猶牛之性，牛之性猶人之性與」？

告子說：「生之謂性」，其意頗難解。焦循孟子正義說：

　　荀子正名篇云，「生之所以然者謂之性」，春秋繁露深察名號篇云，「如其生之自然之資謂之性」，白虎通性情篇云，「性者生也」，論衡初禀篇云，「性、生而然者也」，說文心部云，「性人之陽氣，性善者也，從心生聲」，性從生，故生之謂性。

焦氏之言，亦極含混。現在看來，荀子所言，「生之所以然者謂之性」，此性字指生之所以然的那個道理，亦卽所以生之理，此詳本文第四章考證，此性字決非「性猶杞柳」之性，告子之言性，由上下文連貫看來，是不會有這個含義的。郭沫若十批判書說，「告子此性字，係就萬物一體觀出發」，今由上下文連貫看來，告子的性字也不會有這個含義。告子之言「生之謂性」，不過因性字從生，遂謂性係生而然者，生而有者耳。

　　告子之言「生之謂性」，其意如謂「生來底」「生而有者之謂性」，此當然不錯。因爲討論人性，正是要討論人生來就有的，不包括後天習得的在內的。他以此界說性，由上章連貫看來，也正是想對他以前的性說予以解釋。性係指生來底，因此他才以性喻杞柳，義喻桮棬的。性指生來本有的，而仁義則係後起，因此他才說人性無分善不善的。孟子對杞柳湍水二性說之攻擊，事實上只旁敲側擊指摘了告子譬喻之不當，並未提出惻隱之心等論證以證人性之係善。因此，在告子看來，孟子是不懂何謂人性的。他之說「生之謂性」，正一方面用以解釋其立說之主要根據，一方面也用以提醒孟子，反駁孟子，「生而有者之謂性，仁義並不是人生來就有的呀」！

　　正因其含有此義，仁義非人性，而「生之謂性」一言，就性字字義說，恰可以解釋人性物性之性字，因此孟子遂就人禽之辨提醒他，使他了解仁義係人性。

　　孟子問他：生而有者卽謂之性，是不是猶如白的卽謂之白呢？告子說：「是的」。

　　孟子又問他，「白羽之白是不是猶如白雪之白白玉之白呢」？就均係白而言，告子說：「是的」。

　　此白羽白雪白玉之白，就其白而言，誠然皆係白。然而其白之程度可能不同，而白羽白雪白玉其性質亦不同，這正如犬性牛性人性，就其性字言，皆係生而有者，而就其內含言，其程度與性質亦均不同的。於是孟子又問他，「然則犬之性是不是就是牛之性，牛之性是不是人之性呢」？假如承認人禽之異，人類有其自尊心，那告子是應該說仁義係人性的了。

　　　　告子曰：「食色性也。仁、內也，非外也；義、外也，非內也。」

　　　　孟子曰：「何以謂仁內義外也」？

　　　　曰：「彼長而我長之，非有長於我也，猶彼白而我白之，從其白於外也，故謂之外也。」

　　　　曰：「異於（二字衍文）白馬之白也，無以異於白人之白也。不識長馬之長也，無以異於長人之長與？且謂長者義乎，長之者義乎？」

在這章告子沒有說仁義係人性，而說「食色性也，仁內義外」，其言又極含混。此所謂仁內義外，究竟說的仁係人性，抑說的仁義係人之行爲，人有此行爲就與禽獸異了呢？

　　由其言義外看來，「彼長而我長之，非有長於我也，猶彼白而我白之，從其白於外也」。其所以言義外，其理有二。第一，彼白而我白之，是別人白，而不是自己白，此白係在外的。第二，彼白而我認其爲白，我之白之，是從其白於外的。由「從其白於外」看，我是本無白之之心的。

　　同樣的，長長之爲義外，也正如此。彼長而長之，是別人年長，而非我年長，此長者是在外的。我之長之，是從其長於外，我也非本有長之之心的。

　　告子這句話，「彼長而我長之，非有長於我也」，由「彼白而我白之」這一段話予以推測，其含義當係如此。

　　就「彼長而我長之」此「彼長」二字看來，此「非有長於我」之長字，焦循孟子正義釋爲「非我年長」，自不誤。而就「從其白於外」說，朱子釋「非有長於我」，爲「非我有長之之心」，也是對的。

　　由「從其白於外」看，非我有白之之心，我之白之，是受外界之影響，故告子以此而言「義外」，則其言「仁內」，當係我本有愛之之心，我之愛之，是行吾心之愛，係出乎內心，而未受外界的影響的。一個舉動，假如自始即不受外界之影響，則只有出乎其性才可。這樣看來，那仁內就含有認仁爲性的意思了。

　　釋仁內爲行吾心之愛，這還有一個旁證。孟子告子篇：

　　　孟季子問公都子曰：「何以謂義內也」

　　　曰：「行吾敬故謂之內也。」

義內既然是行吾敬，則仁內自然是行吾愛了。

　　孟子言.「仁義禮智根於心」，於浩然之氣章又言義內，則告子所謂仁內，亦當係認仁爲人性。管子戒篇，「仁由中出，義由外作」，此「仁由中出」，當即仁內之確詁。對「義外」「義由外作」而言，此「仁內」「仁由中出」，只能解釋爲「其行爲之仁(愛)，出乎人性之仁」，亦即仁係人性之意的。

　　墨子經說篇：

　　　仁，仁愛也；義，利也。愛利，此也；所愛所利，彼也。愛利不相爲內外，
　　　（俱內），所愛利亦不相爲外內（俱外）。其爲仁內也，義外也，舉愛與所利也，
　　　是狂舉也。

此處釋內爲己，以與外相對，與拙釋仁內爲人性者異。墨子經說篇說仁內義外係狂舉，也正是批評仁內義外說的。告子之言仁內義外，其理由是

　　　彼長而我長之，非有長於我也，猶彼白而我白之，從其白於外也。

　　　吾弟則愛之，秦人之弟則不愛也，是以我爲悅者也，故謂之內；長楚人之長，
　　　亦長吾之長，是以長爲悅者也，故謂之外。

此依經說篇視之，我愛與我敬，此「我」係內；所愛與所敬之「彼」係外。我愛與我敬，不相爲內外，所愛與所敬亦不相爲內外。今告子舉「我愛」之「我」而言仁內，所敬之年長者(彼)係外，而言義外，假若顛倒過來，舉我敬之「我」而言義內，舉我

所愛之弟之係外而言仁外，則告子將何辭以對呢？故經說篇斥之爲狂舉的。

經說篇之所言，初看亦言之成理，細思之，亦不足以服告子。因爲如以弟之在外而言仁外，則「食色性也」，由人之甘食悅色，此已可證愛之心係內的。至如以我敬之我而言義內，此敬雖係我敬，但非我本有恭敬長之之心，我之長之，係「從其長於外」，告子是以此而言義外的呀！

現在看來，孟子之反駁比較針鋒相對。孟子的反駁是，白馬之白，與白人之白，其白之之時，其內心可以相同，若長馬長人，其長之之時，其內心則不同的。「長馬則是口頭道箇老大底馬，若長人則此時有一恭敬之心」，由其不同，此可證長長恭敬之心係人本有，其流露並非是純然「從其長於外」的。長人長馬，其長之之不同，此正係吾心隨事之宜而有所裁制，此正可證義係內在的。人之年長，與馬之年長者，誠然在外，但此長並非義，知其長而長之，這才是義呀！

此長之才是義，但告子仍申其「從其白於外」之說，認此「長之」仍係由於外。

告子曰：「吾弟則愛之，秦人之弟則不愛也，是以我爲悅者也，故謂之內。長楚人之長，亦長吾之長，是以長爲悅者也，故謂之外」。

孟子曰：「嗜秦人之炙，無以異於嗜吾炙，夫物則亦有然者也，然則嗜炙亦有外歟？」

告子的意思是，吾弟則愛之，秦人之弟則不愛。是我的弟弟才愛，其愛悅與否，由我決定，故仁在內。長楚人之長，亦長吾之長，其悅敬與否，由其是否年長而定，故義在外。於是孟子以食色之性來譬況，長楚人之長，亦長吾之長，嗜秦人之炙，亦嗜吾之炙，此在事物亦有如是的。其嗜之與否，也有繫於其所炙之味美與否，但嗜炙仍然爲吾人之性，而出乎內的。此事物（如年長及所炙之味）雖在乎外，但所以裁制而得其宜，決定其嗜與否，其長與否的，則仍在內。正以吾心有義，所以能長之嗜之皆合乎宜了。由食色之性也可以了解義內。告子已經說過「食色性也」，因此孟子也就「因其所明，而通其所蔽」了。

孟子在這章僅反駁告子之義外說，可證仁內之說孟子也係同意的。此既係孟告論性，則釋仁內爲「仁係人性」，當屬不誤。

朱子集註釋仁內：

　　告子以人之知覺運動者爲性，故言人之甘食悅色者卽其性。故仁愛之心生於

內，而事物之宜由乎外，學者但當用力於仁，而不必求合於義也。

朱子對仁內的解釋，卽嫌不够分明。四書大全引朱子語錄說：

　　告子先云仁義猶桮棬，其意本皆以仁義爲外，皆不出於本性。旣得孟子說，方

略認仁爲在內，亦不以仁爲性之所有，但比義差在內耳。

又引雙峯饒氏的說法：

　　觀告子前面數章之意，則謂性中仁義都無，到這裏又却有仁而無義。

我的說法，是與雙峯饒氏相同的。

　　告子言仁內，此已與杞柳湍水說之不承認仁義係人性者，大大不同。劉寶楠論語

集註附考（頁五）說：「告子言性無善無不善，自始至終，皆堅持一說，未嘗屢變其

說」，劉氏卽未將仁內說與杞柳說比較。

　　孟子與告子論性，這四章連貫講，暫且止此，由這四章連貫講，告子「生之謂性」

是只能作「生來底之謂性」這一解釋的。

　　關于「生之謂性」，有許多異說。先儒見孟子以「白之謂白」反問告子，逐謂告子

「生之謂性」，當作「性之謂性」，或「生之謂生」。

俞曲園羣經平議說：

　　性與生，古字通用。荀子禮論篇，「天地者生之本也」，大戴禮禮三本篇生作

性，戰國策秦策「生命壽長」，史記范雎傳生作性，並其證也。生之謂性，猶

云性之謂性，故孟子以白之謂白破之。上字作生，下字作性，猶公孫丑篇「有

仕於此」作仕，「夫士也」作士，彼仕士同字，此生性亦同字。告子此說，卽

所謂無善無不善者，其意若曰，「所謂性者，止是而已矣，論者但當就性言性，

其善其不善，皆非性中所有，不必論也」。此是告子論性之本旨，故公都子曰，

「告子曰，性無善無不善也」，上文杞柳湍水之喩，皆從此出。

健按俞氏釋杞柳章爲無善無不善，卽忽略掉矯揉這一層含義，不足取。其釋「生之謂

性」爲「性之爲性」，是不如朱子「生來底之謂性」其意思較醒豁的。

　　傅孟眞先生性命古訓辨證上卷 p35（商務本）說：

　　「生之謂性」之性字，原本必作生，否則孟子不得以「白之謂白」爲喩也。

傅先生考證先秦性字，原本作「生」，然又謂荀子正名篇之生字讀爲性，且謂「後人所謂性者，至孟子，此一新義始充分發展」。今孟告論性，正是討論仁義是否人性，討論人生而稟賦了甚麼，此既係論性，則「生之謂生」，由上下章連貫講來，是只能依朱子「生來底之謂性」這一解釋的。

　　孟子與告子論性，見於孟子告子篇者，凡四章。皆編次在一起。照道理說，此四章其辨論之時間，必非同時，必有先後之分。其所爭論在仁義是否人性，故仁內義外這一章，無論如何，其次序是應居第四的。我還想不出理由說這四章是次序凌亂顛倒的。

　　照道理說，當辨論的時候，雙方都得檢討其立論之得失，以決定下一回合所採之行動，因此對這四章是應該連貫講的。

　　一連貫講，正是判斷對「生之謂性」之注釋之是非的最好標準。(註一)郭沫若十批判書對此四章，每章孤立解釋，這是不對的。

　　朱子對此四章正一連貫講，朱子孟子或問說：

　　　或問「子以告子論性數章，皆本乎生之謂性之一言，何也」。曰：「告子不知理之爲性，乃卽人之身而指其能知覺運動者當之，所謂生者是也。始而見其但能知覺運動，非教不成，故有杞柳之譬。既屈於孟子之言，而病其說之偏於惡也，則又繼而爲湍水之喻，以見其但能知覺運動，而非有善惡之分。又以孟子爲未喻已之意也，則又於此章極其立論之本意而索言之，至於孟子折之，則其說又窮，而終不悟其非也。其以食色爲性，蓋猶生之云爾，而公都子之所引又湍水之餘論也。以是考之，凡告子之論性，其不外乎生之一字明矣。但前此未有深覺其弊者，往往隨其所向，各爲一說，以與之辯，而不察其所以失之之端，獨在於此，是以其說雖多，而訖無一定之論也」。

其中言「告子以孟子爲未喻其意」，卽爲余說之所本，其中言「知覺運動所謂生者是

(註一)　戴東原原善中說，『告子所謂無善無不善也者，靜而自然，其神沖虛，以是爲至道，及其動而之善，之不善，咸目爲失於至道，故其言曰，「生之謂性」』，健按，戴氏之說，不知何所見而云然。是不能夠用來連貫講的。
　　　　頃讀民主評論六卷三期錢賓四先生性命一文，釋告子生之謂性爲生命之謂性。這一解釋也不能用來連貫講。

也，食色爲性，蓋亦生之云爾」，如據語類改作「知覺運動所謂生來底是也」，「食色爲性，蓋亦生來底云爾」，則意思就清晰一點。

集註對這四章之解釋，也不夠明晰。集註於「性猶杞柳也」，注云：

性者人生所稟之天理。

其實這乃係孟子性字之定義，告子性猶杞柳之性，只是生來底之謂性而已。注此性字並不需指出係世俗義抑特殊義，只需「訓性爲所稟受」，卽文從字順了。

生之謂性章，朱子集註云：

性者、人之所得於天以生之理也；生者、人之所得於天之氣也。性、形而上者也；氣、形而下者也。人物之生，莫不有是性，亦莫不有是氣。然以氣言之，則知覺運動，人與物若不異也；以理言之，則仁義禮智之稟，豈物之所得而全哉！此人之性所以無不善，而爲萬物之靈也。告子不知性之爲理，而以所謂氣者當之，是以杞柳湍水之喻，食色無善無不善之說，縱橫謬戾，紛紜舛錯，而此章之誤，乃其本根。所以然者，蓋徒知知覺運動之蠢然者，人與物同，而不知仁義禮智之粹然者，人與物異也。孟子以是折之，其義精矣。

在這裏突然言理氣，亦不容易令人看懂。其實應該先就「生之謂性」此一含義，討論人性究竟包含仁義沒有，然後再分析孟子的性字是否更有其特殊的含義，再進一步說明孟告性論的同異的。前引或問說，告子之弊端卽在只知生之謂性，這一點也只有分析到那裏才能夠予以解釋。集註的敍述是不夠明晰的。（註一）

朱子對這一章的解釋，牽涉及理氣，宋明儒者以理氣釋此數章，還有一些異說，在這裏無法討論。

告子生之謂性一言，自然不錯（註二），因爲人性正是生來就有的。孟子說，「不學而知者良知，不慮而能者良能」，孟子的性字自然亦含有「生之謂性」此一含義。

孟子對告子「生之謂性」之反駁，不過利用人禽之異，當時人的這一信念，逼迫告子說出仁義係人性而已。這正是孟子辯論的技巧。不過，真正要說服人，就得提出人性善的具體論證，朱子語類卷五十九批評道：

（註一）　朱子語類百五 p7，『敬之問：「要指不取杞柳一章」，曰：「此章自分曉，更無可玩索，不用入亦可，卻是生之謂性一段難曉，說得來反恐鶻突，故不編入」』。朱子也知道集註這一段是難懂的。

（註二）　語類卷59：「告子說生之謂性，二程都說他說得是」。

孟子辨告子數處，皆是辨倒着告子便休，不曾說盡道理。

孟子答告子生之謂性，與孟季子敬叔父敬弟兩段，語終覺得未盡。却是少些子直指人心，見性成佛底語，空如許勞攘，重復不足以折之也。只有「長者義乎，長之者義乎」，此二語折得他親切。

朱子的批評可謂中肯。不過，我們現在分析這四章，却覺得性與勢之分，其辨難也有其警闢處。「只就他言語上拶將去，己意却不曾詳說」，才可以引起這一辨難，這一辨難也是不可少的。而且古人說，爲學如撞鐘，小叩則小鳴，大叩則大鳴，告子未繼續辨論，則也就無從說起了。

孟子告子篇：

公都子曰：『告子曰：「性無善無不善也」。或曰：「性可以爲善，可以爲不善，是故文武興則民好善，幽厲興則民好暴」。或曰：「有性善，有性不善，是故以堯爲君而有象，以瞽瞍爲父而有舜，以紂爲兄之子且以爲君，而有微子啓王子比干，今曰性善，然則彼皆非歟？

這兒又提到告子的性論。告子說「性無善無不善也」，這句話可提出四種不同的解釋。

A. 告子之言此，在杞柳說之前。

B. 此說卽杞柳說。

C. 此說卽湍水說，趙岐卽如此解釋。前引朱子或問亦說，「此係湍水說之餘論」

D. 告子此說在仁內義外說之後。告子承認仁義皆係內，也未嘗不可說人性無善無不善的。朱子語類百零一：『胡氏知言云，「凡人之生，粹然天地之心，道義全具，無適無莫，不可以善惡辨，不可以是非分」，卽告子性無善無不善之論』。胡氏已經說道義全具，然而却又說不可以善惡辨，則告子自然也可如此。明代的王陽明，言「心卽理」，然而却又說「無善無惡心之體」的。

現在看來，A說不妥，如謂告子此言在杞柳說之前，則由無善無惡說一變而爲杞柳說，又復變而爲無善無惡說，其轉變之理由不易解釋。

B說卽前引劉寶楠兪曲園的說法，前面已指摘其非是。

C說卽湍水說，駁斥此說，只需指出人有仁義禮智之性卽可，而孟子也正是以惻隱之心等論證以證人之有仁義禮智之性的。

D說則當如是駁斥。人性旣有仁義，則當說人性善，因爲仁義禮智本身就是善。今如認仁義禮智之性爲未發，爲無善無惡，而合乎仁義禮智的行爲係已發，可以爲善，則體與用不相關，這是不通的。（註一）如認仁義禮智爲無善無惡，則甚麼是善呢？難道善之本質是利，應以利來辨別善惡嗎？如果仁義禮智之性不是善，則善的行爲又何從而有呢？（註二）再看孟子對公都子的答問：

> 孟子曰：「乃若其情（註三），則可以爲善矣，乃所謂善也。若夫爲不善，非才之罪也。惻隱之心，人皆有之；羞惡之心，人皆有之；恭敬之心，人皆有之；是非之心，人皆有之。惻隱之心，仁也；羞惡之心，義也；恭敬之心，禮也；是非之心，智也。仁義禮智，非由外鑠我也，我固有之也。……。

此僅由情之善，亦卽人之行爲（惻隱恭敬之心）之善，以證人性之善。對於以仁義爲人性，而又言人性無善無惡的，孟子並沒有很明顯的說其不妥。這樣看來，對告子性無善無不善的了解，還是以C說爲較好。公都子在此不過述所聞而已。並不一定是告子說仁內義外之後，仍主張性無善無不善的。朱子集註於此謂胡氏之說有同於此，其實在這兒仍當釋爲「卽湍水說」的。

公都子引或曰，「性可以爲善，可以爲不善，文武興則民好善，幽厲興則民好暴」，末二句與湍水章「決之東則東，決之西則西」，語意相同。故朱子集註謂此亦湍水說。不過，「性可以爲善，可以爲不善」，與「性無善無不善」，其措辭畢竟不同，故公都子仍可引或說，與告子性無善無不善之說，合在一起，向孟子請益的。

（註一）. 羅氏澤南姚江學辨卷一頁五說：「夫體用一致者也，有是體而後有是用，有是用遂知其有是體。覩禾苗之暢茂，斯知其所播之種；覩枝葉之榮盛，斯知其所植之根。今（陽明）謂（性之）本體爲無善，又謂發用上可以爲善，（見傳習錄卷下 p. 42），是體與用原不相關，卽此以詰，已知其說之難通矣」。又方氏東樹漢學商兌（卷中之上 p. 27）說『陽明以無善無惡爲心之體，則「心卽理」尤說不去……』（方書據同治十年望三益齋刊本）。

（註二）末二句，朱子語類卷 101 評胡氏知言之說卽如此。後人評王說者，蓋從此處悟出。

（註三）朱注「情者性之動也」。戴東原釋「情」爲「實」。戴氏釋「情」「才」之誤，說詳拙著孔孟哲學之眞相第七章。

(三) 釋孟子口之於味章並論孟子之命字

前章考釋「生之謂性」，係「生來底之謂性」。就「生之謂性」說，食色亦係人性。然則孟子何以說「口之於味也，目之於色也，……性也，君子不謂性」呢？

孟子盡心篇：

> 口之於味也，目之於色也，耳之於聲也，鼻之於臭也，四肢之於安佚也，性也有命焉，君子不謂性也。

> 仁之於父子也，義之於君臣也，禮之於賓主也，知之於賢者也，聖人之於天道也，命也，有性焉，君子不謂命也。

討論這一章，顯然得分析孟子一書的命字。

在本書第一章中，由於孟子說「口之於味，性也，君子不謂性」，「君子所性仁義禮智根於心」，已推論孟子的性字有世俗義與特殊義之分。今此章言「命也，君子不謂命」，與「性也，君子不謂性」又相對稱。則孟子之命字也應有世俗義與特殊義之別。

孟子盡心篇：孟子曰：「莫非命也」。又禮記祭法篇，「大凡生於天地之間者皆曰命」。就命字之字義說，凡天所與及天所令，是都可以叫做「命」的。

然而君子所謂命，就所稟言之，則係仁義禮智。孟子說：

> 盡其心者知其性也，知其性則知天矣。存其心，養其性，所以事天也。夭壽不貳，修身以俟，所以立命也。

前章已解釋此「知性」「養性」之性字係指仁義禮智，故「知性則知天」，天亦係仁義禮智。天既係仁義禮智，故君子「以仁存心，以禮存心」，養其仁義禮智之性，亦即所以事天。天既賦與（亦即命與）吾人以仁義禮智，則君子「以仁存心，以禮存心」，「夭壽不貳，修身以俟」，亦正是所以樹立此天之所命之仁義禮智的。（註一）

(註一) 墨子非命上：「今用執有命者之言，是覆天下之義。覆天下之義者，是立命者也」。非儒下：「儒者立命而怠事，不可使受職」，此「立命」與孟子「立命」之義有別。儒者信有命，然而言「盡其道而死者正命也」，何怠事之有？墨子殆只知俗儒之信命，而忽略掉論語之命字係正命義，此可參看傅先生辨證。論語：「不知命無以為君子」，劉寶楠論語正義引韓詩外傳『子曰，「不知命，無以為君子」，言天之所生皆有仁義禮智順善之心，不知天之所以命生，則無仁義禮順善之心，謂之小人』，健按，韓詩外傳釋論語此命字，即指出天所命之仁義禮智之性。關於論語性命字之解釋，朱子皆本孟子立說，說詳拙著孔孟哲學之真相論論語處。（待刊）

孟子此章立命之命字，正需指出天所命的甚麼，意思才清楚。大學說：『康誥曰，「克明德」，太甲曰：「顧諟天之明命」，帝典曰，「克明峻德」，皆自明也』，此明命，亦正指其上下文所言之「明德」的。（註一）中庸「天命之謂性，率性之謂道」，中庸此命字，此處亦正須指出天所命之仁義禮智的。（註二）

我釋孟子之「立命」，爲樹立天所命之仁義禮智，與朱注不同。朱子集註說：

> 立命，謂全其天之所付，不以人爲害之。

四書纂疏引輔廣說：

> 天所賦爲命，物所受爲性，命與性，其實一也。事天，全其理也，立命，全其身也。曾子臨終而啓手足，曰，「吾知免夫」，兩全其極也。徇私以賊理，縱欲以傷身，皆所謂以人爲害之也。

朱子之釋立命，沒有指出所命的甚麼，而此在輔氏則謂爲全身，其釋立字爲「全」，與中庸不合。中庸說：

> 惟天下至誠爲能經綸天下之大經，立天下之大本。

朱子中庸章句說：

> 大本者，所性之全體也。（註三）惟聖人之德，極誠無妄，故於人倫，各盡其當然之實，而皆可以爲天下後世法，所謂經綸之也。其於所性之全體，無一毫人欲之僞以雜之，而天下之道，千變萬化，皆由此出，（健按即皆由此仁義禮智之性而出），所謂立之也。

中庸之「大本」既指所性之仁義禮智，則此處之立字，其義訓是應該相同的。

就孟子本書來說，此「立命」之「立」，亦卽孟子「先立乎其大」之立。孟子說：「心之官則思，思則得之，不思則不能得也。先立乎其大，則小者不能奪，此爲大人

（註一）　參看朱子大學章句。
（註二）　參看下文評戴氏之說，並參看本文第四章。
（註三）　中庸鄭注：「大經……春秋也，大本，孝經也」。蓋有取於緯書「志在春秋行在孝經」之言。其言孝經爲大本，似有合於有子「孝弟爲仁之本」，但以此釋中庸，則未免太膚淺了。朱子以中庸上文言「喜怒哀樂之未發謂之中，中也者天下之大本」，故於下文「立天下之大本」此「大本」均指吾人仁義禮智之性。以本書證本書，文意連貫，其解釋就深刻正確多了。戴氏震中庸補注（見國粹學報六十九期）仍從鄭注，其說非是。此「大經」即中庸所言「九經」之經。大戴禮曾子大孝篇：「夫孝者天下之大經也」，然則鄭注釋孝經爲大本，無寧釋爲大經的。

而已矣」。此先立其大，其方法卽在思，一思則就立乎其大，而小者不能奪了。孟子說，「夭壽不貳，修身以俟，所以立命也」，其立命，也正在於修身，一修身，則天所命之仁義禮智也就樹立了。孟子說：「仁，人心也；義，人路也。舍其路而弗由，放其心而弗求，哀哉，學問之道無他，求其放心而已矣」。孟子曾說：「操則存，舍則亡，出入無時，莫知其鄉，其心之謂歟」？心一操卽存，故「收放心，並不是在外面求個心來放，只要一志於仁，則此心便存在腔子裏了」。孟子敎人「收放心」，敎人「思」，皆欲人「存心」，以求其所行能合乎仁義禮智之性而已。然則拙釋孟子「立命」爲樹立此天命之仁義禮智，正是求之全書均脗合的。

此立命之命字，旣指所命之仁義禮智。前已考釋此章知性養性之性字亦指仁義禮智。此仁義禮智，係君子所性，則我們很可以確定此章立命之命，亦係「君子所命」。此仁義禮智，君子認爲係天命與吾人的。

君子所謂命，就所稟言之，係指仁義禮智。然就所值言之，則當係正命。孟子說：

> 莫非命也，順受其正。知命者不立乎巖牆之下。盡其道而死者正命也，桎梏死者非正命也。

孟子的意思是，盡仁義禮智之道而死，此乃眞正的命(註一)。孟子曾說，「莫之致而至者命也」，也正只有盡其道，盡其仁義禮智之性之所遭遇，這才是眞正「莫之致而至」，而非咎由自取，「自作孽，不可活」的。也正只有這樣所遭遇，才眞正是命該如此，可以委之於命，而逆來順受的。

就命字字義來說，「莫非命也」，凡所遭遇皆爲命(註二)。此桎梏而死，也未嘗不可說是此死者之命，也是天之所命的。但其所遭遇之死，也可能是由於其一己之過失，未見得他本來的命是該如此的。

人本來的命，究竟如何，其所行所爲，其所遭遇之吉凶禍福，究竟如何，誰也不得而知。但是，命是出於天的，命雖不可知，天却可知。「知性則知天」，天卽理，則依理而行，其所遭遇，應無非天意。旣係天意，而依理而行，又非自取，則其所遭

(註一)　自來注家，於正命之正字，多不加注釋。Legge 譯爲 "correct"。
(註二)　荀子正名篇：「節遇謂之命」，節猶適也。

遇，正可說是他本來的命是如是的了。

　　天卽理，故孟子說：「盡其道而死者，正命也」。故殺身成仁，如比干文天祥之所遭遇，依孟子之學說視之，此皆係天意，而且係比干與文氏之正命。至如那些貳臣如洪承疇之流，則是偷生，已非其本來的命了。

　　孟子說：「盡其道而死者正命也」，「順受其正」。也正只有盡其道之所値，此正命才爲君子所順受。故「義當死而營謀以得生，義當窮而營謀以得達，義可以不死而自致於死，義可以不窮而自致於窮」，皆非君子所取。君子之所重視者，係盡其道，「惟義之所在」而已。君子之所順受者，係盡其道之所遭遇。君子以道義而順受安命，至衆人之安命，此則無可奈何而後安之，與聖人之安於道義，是不同的。(註一)

　　就「莫非命也」說，孟子並未否定命，所以孟子可以說：「五百年必有王者興」，也相信所謂命運。孟子雖相信有命，但却沒有一切諉之於命，任命運之自然。孟子說，「盡其道而死者正命也」，正命論者所主張的却是那樣勇往直前，「壁立萬仞」。「殺身成仁」，「捨生取義」，「志士不忘在溝壑，勇士不忘喪其元」。

　　而且「盡其道而死者正命也」，我們也很不容易確定一己之所爲已經盡合乎道。故孟子說：「不怨天，不尤人」，「君子創業垂統，爲可繼也，若夫成功則天也，君如彼何哉，彊爲善而已矣」。孟子又說：「動容週旋中禮者，盛德之至也。哭死而哀者，非爲生者也；經德不囘，非以干祿也；言語必信，非以正行也；君子行法以俟命而已矣」。君子之所行，只求其合乎仁義禮智，道則責成於己，至於成敗利鈍，夭壽禍福，此則一俟天之所命而已。

　　君子所重者道，故伊川引伸之說，「君子不必言命」。(參江永近思錄集註卷七)

　　「盡其道而死者正命也」，盡其道，其所値之死，係其正命。引伸來說，則天下人之正命亦有繫於吾人之盡其道。只有盡其道而天下人未得救，這才是天下人之命該如此的。苟置生民之疾苦於不聞不問，亦不得言盡其道。孟子說伊尹「匹夫匹婦不被堯舜之澤，若已推而納諸溝中」，孟子說其抱負，「如欲平治天下，當今之世，捨我其誰也，吾何爲不豫哉！」其自任天下之重有如此者。孟子不遇於時，他只好著書，「正人心，息邪說，距詖行，放淫辭」，以「閑先聖之道」。他「道性善」，教人「立

（註一）　程氏遺書卷二十三：「君子以義安命，小人以命安義」。

命」，也正所以「正人心」的。他的學說也正是「以天下為己任」的表現。

孟子這一種匡濟天下之精神，全是內在的仁義禮智之性之產物。其所表現積極進取的精神，其浩然之氣，這一種大勇，也全是重視道德的結果。孟子說，「是集義所生者也」。孔子也說，「仁者必有勇」。

這樣看來，正命論者與定命論之異，即在乎所行之「盡其道」，亦即盡其仁義禮智之性。其對「命」的看法也不同，「盡其道而死者正命也」，世俗之信命者，是沒有這一層的。其所以能說「盡其道而死者正命也」，也得了解孟子的性論與天論。「知性則知天」，其性論與人異，因此他的天論命論，都與世俗人不同了。

「盡其道而死者正命也」，判斷其為正命與否，完全視其是否盡其道，是否合乎仁義禮智，並不是以其所遭遇之吉凶禍福來判斷的。趙岐孟子章句注此章云：

> 命有三名，行善得善曰受命，行善得惡曰遭命，行惡得惡曰隨命。惟順受命，為受其正也。

禮記祭法篇孔疏引孝經援神契說與此同。孔疏說：「隨命謂隨其善惡報之」。趙氏謂「行善得惡曰遭命」，焦循孟子正義評趙氏此注，謂非孟子之恉，這是對的。因為據上所分析，行善得善，固係正命；行善得惡，也係正命的。如行善得惡係遭命，而非正命，則因成仁而殺身，亦當非正命。孟子說，「順受其正」，那就不能說「捨生取義」了。

就人而言，凡行善之所值，固皆正命。然就天而言，天即理，則依理而言，行善應得善，而行惡應得惡的，而且天既賦與吾人以仁義禮智之性，則似乎亦應使吾人之所值為吉為福，但行善而得惡，此人間之所恒有，則就天即理之觀點言之，亦未嘗不可說此行善得善係其正，而行善得惡則係非正的。四書纂疏引朱子語類說：

> 問：有當然而或不然，不當然而或然者如何？
>
> 曰：如孔孟老死不遇，須喚做不正之命始得。在孔孟言之，亦是正命。然在天之命，卻自有差。

這樣看來，趙氏只以行善得善為正命，由「知性則知天」「天即理」這一系統看來，也不能說他完全錯誤的。

孟子說，「順受其正」，「知命者不立乎巖牆之下」，此不立乎巖牆之下，正所謂盡

其道，故朱子注「知命」之命，謂指正命，這是不錯的。盡其道而死者正命也，盡其
道，也正所以爲君子。而其所以盡其道，也正由於其知命。而其知命，也正由於其知
性的。

　　就所禀言之，孟子認爲，此天所命之仁義禮智是與聖人同的。孟子告子篇：

　　　公都子問曰「……今曰性善，然則彼皆非歟」？孟子曰：「乃若其情，則可以爲
　　　善矣，乃所謂善也。若夫爲不善，非其才之罪也。惻隱之心，人皆有之；羞惡
　　　之心，人皆有之；惻隱之心，仁也，羞惡之心，義也；……仁義禮智非由外鑠
　　　我也，我固有之也。……」

孟子此才字訓爲材質，然由其下文擧惻隱之心而言，則此材質實指人性中之仁義禮
智。此才字亦可訓爲才能（亦卽本能之能），然人之有此才能，也正因人性係仁義禮智
的。孟子說，「富歲子弟多賴，凶歲子弟多暴，非天之降才爾殊也，其所以陷溺其心
者然也」，孟子此章亦討論人是否有仁義禮智之性。此章接着說，「心之所同然者，何
也，謂理也，義也，聖人先得我心之同然耳。」可證此章「非天之降才爾殊」之「才」
字，亦只指仁義禮智而言。此仁義禮智之材質，是與聖人同的，而且是「非天之降才
爾殊」的。（註一）

　　此天之所命之仁義禮智，是與聖人同的，故孟子說：「堯舜與人同」，「舜何人也，
予何人也，有爲者亦若是」。

　　此仁義禮智之禀賦，雖與聖人同，但堯舜仍與吾人之禀賦有不同。孟子說：

　　　堯舜性者也，湯武反之也。（盡心篇）（註二）

孟子說：「由堯舜至於湯，五百有餘歲，若禹皐陶則見而知之，若湯則聞而知之」，則
堯舜與湯武，當有生知學知之異。朱子注「堯舜性者」章說：

　　　性者得全於天，無所汙壞，不假修爲，聖之至也。反之者，修爲以復其性，而
　　　至於聖人也。

堯舜與湯武，其仁義禮智之性並不異，至其資質則是可有差異的。

　　（註一）　對於才字的解釋，詳拙著孔孟哲學之眞相第七章。
　　（註二）　「堯舜性者也」，此性字卽中庸「自誠明謂之性」之「性」。此意宋儒已言之。莊子繕性篇「無以反其
　　　　　　性情而復其初」，錢穆莊子纂箋 p. 126『孟子，「湯武反之也」，與此反字同義』，健按，錢說是也。惟
　　　　　　道家之性字與儒家之性字，其性字則一，而其所指目則不同，說詳本文第五章。

孟子離婁篇：

居下位而不獲於上，民不可得而治也。獲於上有道，不信於友，弗獲於上矣。信於友有道，事親弗悅，弗信於友矣。悅親有道，反身不誠，不悅於親矣。誠身有道，不明乎善，不誠其身矣。是故誠者天之道也，思誠者人之道也，至誠而不動者，未之有也，不誠未有能動者也。

孟子這段話也正見於中庸，中庸說：

誠者天之道也，誠之者人之道也。誠者不勉而中，不思而得，從容中道，聖人也，誠之者擇善而固執之者也。

由中庸孟子看來，聖人係誠者，吾人係誠之者，亦卽思誠者，此誠是不異於聖人，惟由中庸看來，聖人與吾人有生知學知困知之異；由孟子看來，有不思與思之異而已。孟子曾說，「萬物皆備於我矣，反身而誠，樂莫大焉」，假若吾人稟賦之仁義禮智與聖人異，那無異說吾人之性是未備的了。(註一) 吾人之性如有未備，那孟子就不能勸人反身而誠了。假若吾人之仁義禮智之性，有與聖人不同處，則孟子就不能說「人皆可以為堯舜」了。

孟子說，「誠者天之道也」，中庸說，「誠者聖人也」，則孟子口之於味章「聖人之於天道也，命也」，此天道正指誠而言。故朱子集註釋此章，也正說「聖人之於天道，純亦不已」的。集註釋此章，又引或說，「聖人之於天道也」，此「人」字係衍文，我看或說是不對的。(註二)

「聖人之於天道也」，此天道既指誠而言，則「聖人之於天道也，命也」，當指聖人係誠者，吾人係思誠者，此正係命之不同的。「智之於賢者也，命也」，賢者係智，吾人係愚，此正亦命之不同的。此稟賦之不同，自然亦係命，然而有仁義禮智之性焉，係稟賦與聖人同的。君子所謂命，却是指仁義禮智所稟賦之相同的。

此「智之於賢者也」之智字，與「君子所性仁義禮智」之智，其意不同。前者係指智力，人與人可以不同的。後者則指理性，由上文所分析，是「非天之降才爾殊」的。(註三

(註一)　參傅先生辨證上卷第七章。
(註二)　段氏玉裁經韻樓集聖人之於天道說與集註所引或說同。
(註三)　仁義禮智之智與智愚之智不同，此分別戴氏東原卽不知之。戴氏疏證卷中說：「孟子言性，舉仁義禮智四端，與孔子之舉智愚有異乎？曰：……無異也」。健按，此二智字，有理與氣之別，一與多之別，非殊與可殊之別。

此「仁之於父子也，義之於君臣也，禮之於賓主也，命也」，依此，亦應與「君子所性之仁義禮」不同，此在程朱卽名之爲氣禀之清濁厚薄。

此「仁之於父子也，義之於君臣也，……命也，有性焉，君子不謂命也」，此「有性焉」之性字，指君子所性之仁義禮智，係性字之特殊義，因此，「口之於味也，目之於色也，……性也，有命焉，君子不謂性也」，此有命焉之命字，亦常係命字之特殊義，指君子所命之仁義禮智而言。

此章之意思，可以簡釋如下：

口之於味也，目之於色也，耳之於聲也，鼻之於臭也，四肢之於安佚也，此誠然是性，然而有天命之仁義禮智焉，故君子不謂「食色爲我性之所有，而求必得之」。仁之於父子也，義之於君臣也，禮之於賓主也，智之於賢者也，聖人之於天道也，此所禀賦之「清濁厚薄」「智愚誠與思誠」，誠然係命，然而有仁義禮智誠之性焉，故君子不謂「此差異爲命，而自暴自棄」。

君子所性，君子所命，均指仁義禮智所禀賦與聖人同的。君子道則責成於己，言立命，言正命，孟子之性命論，其異於世俗者如此。

此立命之命字，性也有命焉之命字，係命字之特殊義，指所命之仁義禮智而言，故孟子書中的命字，有只應以特殊義釋之的。如孟子公孫丑篇：

孟子曰：『仁則榮，不仁則辱，……今國家閒暇，及是時盤樂怠敖，是自求禍也。禍福無不自己求之者，詩云，「永言配命，自求多福」』。

又孟子離婁篇：

孟子曰，『愛人不親反其仁，治人不治反其智，禮人不答反其敬，行有不得者，皆反求諸己，其身正而天下歸之，詩云，「永言配命，自求多福」』。

此皆上文言仁義禮，而下文言配命，故此命字仍指所命之仁義禮智。此所謂「永言配命自求多福」，其意蓋謂吾人應長配合乎天之所命之仁義禮智，以自求多福的。此命字注釋時，如指明所命的甚麼，則意思就清楚了。（註一）

（註一）　程子釋天命之謂性爲理也。朱子注孟子「性也有命焉」之命字，指理說，見下引語類。朱子註大學「顧諟天之明命」，謂指明德。故朱門後學，多引伸其說。如元儒朱公遷四書通旨卽釋此配命之命字，謂「略兼天理而言之」。

「永言配命，自求多福」，此福之得與不得，仍有天命。然而仁義禮智，則是求之
必得的。孟子盡心篇：

> 求則得之，舍則失之，是求有益於得也，求在我者也；求之有道，得之有命，
> 是求無益於得者也，求在外者也。

此求在我者，指仁義禮智，此性中所具，只要求之，就可獲得。此求在外者，指富貴
福祿食色等等，此是「得之有命」的。此「得之有命」之命字，僅釋為有天命即可，
不能釋為「立命」之命，與「知命」之命。

孟子萬章篇：

> 孟子曰『……彌子謂子路曰：「孔子主我，衛卿可得也」，子路以告。孔子曰，
> 「有命」，孔子進以禮，退以義，得之不得曰有命，而主癰疽與瘠環，是無義無
> 命也』。

朱子集註說：

> 在我者禮義而已，得之不得，則有命存焉。

傅先生性命古訓辨證中卷 p. 52 云

> 孟子之言命，字面固為天命，其內含則為義為則，不盡為命定之訓也。其為義
> 者，「孔子進以禮，退以義，得之不得曰有命，而主癰疽與瘠環，是無義無命
> 也」，此雖聯義與命言，亦正明其相關為一事也。……

健按，此處言有命，僅釋為有天命，即已文從字順，朱子所釋不誤。由其言有命，而
又言「進以禮，退以義」，與孟子之「盡其道而死者正命也」相合。則傅先生說孔子
之命論亦係正命論，這也是對的。

孟子既然說，「得之有命」，因此朱子即以此釋「性也有命焉」之命字。朱子集註
說：

> 程子曰：「五者之欲，性也。然有分不能皆如其願，則是命也。不可謂我性之
> 所有，而求必得之也」。

其釋「仁之於父子也，命也，有性焉」之性字，則說：

> 程子曰：「仁義禮智天道，在人則賦於命者，所稟有厚薄清濁，然而性善，可
> 學而盡，故不謂之命也」。

又係性字之特殊義，這樣就與「有命焉」之命字，解釋不對稱了。孟子曾說，「惟義之所在」，「君子經德不回，非以干祿也」，則其不以食色爲我性之所有，而求必得之，並非怕「有分不能如其願」，不過是重視天所命之仁義禮智而已。這樣看來，釋「有命焉」爲有天命之仁義禮智，其意思是要深刻些(註一)。

朱子語類所釋與集註不同，語類說：

> 有命焉，有性焉，此命字與性字，是就理上說；性也。君子不謂性也，命也，君子不謂命也，此性字與命字是就氣上說。

此所謂理，指仁義禮智。此所謂氣，指食色氣禀之不同。正如拙文所釋。我上文所釋不過是替語類此處做了一個新的疏釋而已。

趙順孫四書纂疏(卷十四頁十三)引朱子語錄曰：

> 口之於味五者，此固性之所欲，然在人則有所賦之分，（此分，指不能皆如其願言，參集註），在理則有不易之則，皆命也，是以不謂之性，付命於天。仁之於父子五者，在我則有厚薄之禀，在彼則有遇不遇之殊，是皆命也，然有性焉，是以君子不謂之命，而責成於己。須如此看，意思方圓，無欠闕處。

朱子此處釋有命焉之命字，又綜合集註與上引語類爲說。其釋「仁之於父子也，命也」，謂「在我則有厚薄之禀。在彼則有遇不遇之殊」，又兼所禀所值言，與集註語類之只指所禀言者不同。就義理來說，的確這一解釋最好。古人行文，言簡而意賅，也只有分析到這裏，才能欣賞朱子這一解釋。

漢末趙岐孟子章句對這一章的注釋，如釋「有命焉」爲「有命祿，人不能皆如其願」，其說與集註合。其釋「仁之於父子也……命也」，爲「命祿遭遇，乃得居而行之」，亦即朱子語錄「在彼則有遇不遇之殊」之意。朱子所釋，是已包括趙岐所釋在內的。清儒阮元程瑤田釋這一章仍本趙注爲說，這裏不必一一討論了。

戴東原孟子字義疏證(卷中頁二十三指海本)釋此章云：

> 人之血氣心知，原於天地之化者也，……欲根於血氣，故曰，性也，而有所限而不可踰。則命之謂也。仁義禮智之懿，不能盡人如一者，限於生初所謂命也，而皆可以充之，則人之性也，謂猶云藉口于性耳。君子不藉口於性以遂其

（註一）　參傅先生辨證中卷。

欲，不藉口于命之限之而不盡其才。後儒未詳審文義，失孟子立言之指。不謂

性，非不謂之性， 不謂命非不謂之命， 由此言之， 孟子之所謂性，即口之於

味，目之於色，耳之於聲，鼻之於臭，四肢於安佚之爲性。所謂人無有不善，

即能知其限而不踰之爲善，即血氣心知能底於無失之爲善，所謂仁義禮智即以

名其血氣心知，所謂原於天地之化者，能協於天地之德也⋯⋯

此所謂「有所限而不可踰」，依疏證卷上頁十四云：

口之於味也，⋯⋯此後儒視爲人欲之私者，而孟子曰「性也」。繼之曰「有命

焉」，命者限制之名， 如命之東則不得而西，言性之欲之不可無節也。 節而不

過則依乎天理，非以天理爲正，人欲爲邪也。天理者節其欲而不窮人欲也，是

故欲不可窮，非不可有，有而節之，使無過情，無不及情，可謂之非天理乎？

係節制之使無過情之意，此其言實不如「節制之無使違乎仁義禮智」之醒豁的。

戴氏說，「昔儒妄解文意，不謂性，非不謂之性」，這一段係批評程朱的。今按孟
子此章「君子不謂性也」「君子不謂命也」，本可有兩解。

> A. 君子不謂之爲性，不謂之爲命。如程朱謂「論氣不論性不明」，橫渠謂「氣
> 質之性，君子有弗性者焉」，皆係此意。在程朱看來， 食色之性，資質之
> 差別，皆係性， 如只知仁義禮智之爲性， 而不知食色與資質之差別亦係
> 性，那就是「論性而不及氣則不備」。 此食色資質雖係性，但「知性則知
> 天」， 只有仁義禮智才是性，才是天。如僅就食色資質等氣質之性論性，
> 那就是「論氣而不及性則不明」。 在程朱看來，性即天，即理，是只指仁
> 義禮智而言的。

> B. 君子不藉口於性，不藉口於命。此戴氏疏證之說。其實朱子集註之釋此章
> 亦正此意。集註說：
>
> 「不可謂我性之所有，而求必得之也」。
>
> 「然而性善，可學而盡，故不謂之命也」。

與戴氏「不遏其欲，欲人盡其才」之語意全合。戴氏只取程朱之B說，而否定其A說
而已。

現在看來，ＡＢ二說，頗不容易決定其優劣。即令這章從Ｂ說，而Ａ說本身也並

未因戴氏之攻擊而搖動，因爲程朱對這章之解釋也是從Ｂ說的，則其作Ａ說解釋，必不止此一根據。戴氏說，「孟子所謂性，即口之於味，目之於色等」。這是與孟子所說，「君子所性，仁義禮智根於心」相牴觸的。而且食色等根於耳目口鼻四肢，而仁義禮智則係根於心，顯然的是兩個不同的物事。

戴氏說，「理也者，存乎欲者也」。健按大學說，「如好好色，如惡惡臭」，此固亦屬於誠意，亦合乎義，而孟子也曾以嗜炙證義內，並勸人「與民同欲」的，就這一點說，理誠然存乎欲，理也可以表現於食色上，人有仁義禮智之性，有食色之性，人性仍然是善的。但詳玩孟子之性論，其論人之性善，仍在根於心之仁義禮智，因爲仁義禮智之性才是善，並不是因人有食色之性而說人性善的。假若因人有食色之性而性即善，則孟子也就不會有大體小體貴賤之分，而說「養心莫善於寡欲」的了。

孟子說，「養心莫善於寡欲，其爲人也多欲，則其存焉者寡矣」，一個人多食色之欲，則其仁義禮智之存於心者自然要少了。理與欲既然對立，「此盈則彼絀，此絀則彼盈」，則人自然是最好一依乎理而無欲了。一依乎理，則雖其甘食悅色，只要係理（仁義禮智）之所當爲，仍可謂爲無欲的。孔子說：「君子無終食之間違仁，造次必於是，顛沛必於是」，則雖於飲食起居之際。也是合乎仁義禮智的。

孔子說：「仁者必有勇」，「棖也慾，焉得剛」。孟子說：「其爲氣也，至大至剛，是集義所生者也，非義襲而取也」。孟子集義，故其氣至剛。「棖也慾」，則理（仁）之存乎心者寡，自然就談不上剛了。

陳乾初與戴氏見孟子係言寡欲，而非言無欲，遂駁宋儒無欲之說，這是未詳玩孟子此章的文義的。陳氏見「欲之不能無」，遂謂「當於人欲恰好處求天理」，其實，據上所分析，理可表現於欲，然而理非欲，「必從欲之恰好處求天理，則終身擾擾，不出世情，所見爲天理者，恐仍是人欲之改頭換面」而已。（註一）

聖人也未嘗不「體民之情，遂民之欲」，然而「欲不可縱」，故孟子也教人「存理」「寡欲」。此欲是不可無的，故孟子也欲制民之產，有其一套王政。孟子曾說，民有恒產，斯有恒心，如使民之有菽粟，如水火之易得，則民焉有不仁者乎，則孟子也是願人豐衣足食，庶幾所行合乎仁義的。孟子之憂世憂民，也正其內在的仁義禮智之

（註一）此黃氏梨州之說，見黃氏與陳乾初論學書，此據清儒學案卷二轉引。

性的表現。假如見其欲民「養生送死無憾」，「與民同欲」，遂以爲理欲無別，那是將孟子根於心根於耳目口鼻之辨，養心莫善於寡欲這些話都忽略了。(註一)

戴氏昧於理欲之辨，不知二者有根於心根於耳目口鼻之別，有大體小體貴賤之分，故於經典中的性命字，未追究其係世俗義抑特殊義，戴氏疏證卷中說：

> 孟子曰，「如使口之於味也，其性與人殊」，……又言，「動心忍性」，是孟子矢
> 口言之，無非血氣心知之性，孟子言性，曷嘗自岐而爲二哉？二之者宋儒也。

健按，此忍性之性字係指食色安佚之性，此由孟子本文可以體會得出，此可以參看本文第一章所考釋。至於知性養性的性字，由「知性則知天」天卽性看來，此性字是不能包含食色在內的。

這由中庸所說更可以看得出，中庸說：

> 天命之謂性，率性之謂道，修道之謂敎。道也者，不可須臾離也。

戴氏疏證(卷中 p. 19) 說：

> 中庸天命之謂性，謂氣稟之不齊，各限於生初，非以理爲在天在人異其名也。

戴氏於此駁朱子「性卽理」之說。今按中庸下文說，「率性之謂道」，如依戴氏所釋，係指氣稟之不齊，則吾人之賦性係庸愚，豈亦將率此愚性而亦謂之道嗎？中庸下文說，「道也者不可須臾離也」，此不可須臾離，正指仁義禮智，而不是指氣稟之不齊與食色安佚之欲的。中庸下文又說，「君子尊德性而道問學」，此仁義禮智正係吾人之德性，所以須尊，而率之也就是道了。戴氏以氣稟之不齊釋中庸「天命之謂性」，求之中庸原文卽不合。在戴氏生時，彭氏紹升曾寫信與戴氏，彭氏說：

> 命有自分，卽性有所限，其可率之以爲道耶？率有限之性以爲道，遂能「位天
> 地育萬物」耶？(見彭氏二林居集)

可惜戴氏未虛心玩味彭氏此言，假若戴氏由「率性之謂道」而追問中庸「天命之謂性」此性字應指所稟賦的甚麼，則他對經典與孟子的解釋，就不會與程朱立異了。

朱子語類卷六十二：

(註一)　易傳，「義者利之和也」，墨子經說篇，「義，利也」，然而孔子卻說，「君子喻於義，小人喻於利」孔孟嚴義利之辨。義利之辨，有似於理欲之別。易傳又說，「乾始能以美利利天下，不言所利，大矣哉」易傳究係儒家言，與墨說不同的。

天命之謂性，是專言理⋯⋯，若云兼言氣，便說率性之謂道不去。

健按，朱子此言是對的。朱子曾說，「作用是性，然目須明，耳須聰始得，在口談論，及在手足之類，須是動之以禮始得」，此食色之性雖不能無，然率之須合乎仁義禮智才可。由「道也者不可須臾離」看來，此「率性之謂道」之性字是只能指仁義禮智的。

易傳說，「繼之者善也，成之者性也，成性存存，道義之門」。此性字也只指仁義禮智，而不包含食色在內的。

戴氏之後，焦循作性善解，他說，「性善之說，儒者每以精深言之，非也，性無它，食色而已」。這是與理也與孟子所論不合的。

戴氏之後，阮元作性命古訓，以孟子「口之於味」章之性命字及召誥「節性」之性字，泛釋羣經。今按召誥云：

節性惟日其邁，王敬作所不可不敬德。

禮記王制：

司徒修六禮以節民性。

由「修六禮」看來，則此「節性」的性字很明顯的係指根於耳目口鼻之食色安佚之性。(註一)呂氏春秋重己篇曰：

是故先王不處大室，不為高臺，味不衆珍，衣不燀熱。燀熱則理塞，理塞則氣不達。味衆珍則胃充，胃充則中大鞔。中大鞔而氣不達，以此長生可得乎？昔先聖王之為苑囿園池也，足以觀望勞形而已矣。其為宮室臺榭也，足以辟燥濕而已矣。其為輿馬衣裘也，足以逸身暖骸而已矣。其為飲食酏醴也，足以適味充虛而已矣。其為聲色音樂也，足以安性自娛而已矣。此五者聖王之所以養性也，非好儉而惡乎費也，節乎性也。

此節性亦正是節其食色安佚之性的。

召誥「節性」，此性字指食色安佚之性，再看易傳中庸這些性字：

一陰一陽之謂道，繼之者善也，成之者性也。⋯⋯成性存存，道義之門。

窮理盡性以至於命。

（註一）　說本朱氏一新無邪堂答問。

　　天命之謂性，率性之謂道。

　　君子尊德性而道問學。

這些性字都是指仁義禮智之性而言的。然而阮氏却說：

　　中庸之率性，猶召誥之節性也。（阮氏節性齋主人小像跋，揅經室再續集卷一）

他沒有分別這些性字指所稟賦的甚麼，所以就有這些誤謬了。

　　前引孟子盡心篇，「知其性則知天矣，存其心，養其性，所以事天也」。阮氏對養

性的解釋是：

　　養其性，即召誥所說節性也。（性命古訓）

按本文第一節已考釋養性之性字係指仁義禮智之性，而阮氏謂爲即節性之性，這是錯

誤的。阮氏沒有追究性字之特殊義與世俗義，我不知他對「知性則知天」作何解釋，

他引孟子這章，這句話是省略了的。

　　漢學一派對於經典的性命字未追究這是指的甚麼，至傅先生性命古訓辨證才對孟

子的命字予以不同的界說，傅先生辨證中卷 p.52 釋孟子「口之於味」章說：

　　口之好美味，目之好好色，耳之樂音聲，鼻之惡惡臭，四肢之欲安佚，皆生而

　　具焉者也，告子所謂「食色性也」。然此亦得之於天者，「天生蒸民，有物有

　　則，民之秉彝，好是懿德」，天命固有其正則焉，故君子不徒歸口耳等於生之

　　稟賦中，故不言「食色性也」。仁者得以恩愛施於父子，義者得以義理施於君

　　臣，好禮者得以禮敬施於賓主，聖者得以智慧明於天道，此固世所謂天命之正

　　則也，然世人之能行此焉，亦必由於生而有此稟，否則何所本而行此？仁義禮

　　智，非由外鑠我也，我固有之，故君子不取義外之說，不徒言「義自天出」（原

　　注，墨義），而忘其亦自人出也。

　　故此一章，亦是孟子與墨家及告子及他人爭論中之要義，而非憑空掉換字面以

　　成玄渺之說。

他批評趙岐章句的解釋，他說：

　　孟子此一節的命字，乃命正之義，非命定之義，趙解失之。

他又說：

　　趙岐解此章，阮芸臺盛稱之，然趙氏釋命字係命定之義，遂全不可通。趙云，

……「尊德樂道，不任佚性。治性勤禮，不專委命。君子所能，小人所病」，此
眞漢儒之陋說，於孟子所用性命二字，全昧其義。至以性爲性欲，且曰，治性
佚性，豈孟子道性善者之義乎？……

按趙所云，「不任佚性」，此性字正指口之於味等，相當於孟子「忍性」之性字，與
「孟子趙性善」之指仁義禮智者不同。趙氏謂，「不任佚性」，此與孟子「養心莫善於
寡欲」相合，與孟子並不牴觸的。

傅先生謂「性也有命焉」，此命字係指「天命之正則」，此正則卽仁義禮智，此與
前引朱子語類所釋一樣。不過，其釋「仁之於父子也，命也」，則是與朱子不同的。

朱子釋此命字，指所稟之清濁厚薄，係氣。傅先生此命字，指天所命的仁義禮
智，僅外在的理則，却又與所稟無關。

傅先生的說法，頗爲巧妙。頗不容易辨別此二說之高下。我詳玩再四，還是暫從
朱子。其理由如下。

此章既然以「性命二字相對相連而言」，則此命字恐不能只釋爲天令之引伸義，
與所稟無關的。如指所稟之義理說，則此處「仁之於父子也，命也」，又只能指資質
之差別，而不能釋爲天命之正則，因爲仁義禮智，據上文所分析，正是君子所認爲命
的。如釋此章「仁之於父子也，命也」，此仁義禮智爲天命之正則，則下文「君子不
謂命」就不好講了。

傅先生認爲「仁之於父子也」一段，係批評墨子「義自天出」之說。如依朱子之
解釋，則我認爲是批評那些主張「有性善有性不善的」。（註一）

（註一）　荀子榮辱篇曾說：

　　材性知能，君子小人一也。……小人莫不延頸擧踵而願曰，「知性材性，固有以賢人矣」，夫不知其
　　與已無以異也，則君子注錯之當，而小人注錯之過也。
　　小人委罪於其知性材能之不如人，故荀子提出人之知性材能如一。而孟子之提出仁義禮智之性，聖人
　　與吾人同一，其用意也正如此。不過，荀子此性字却是指的食色之性，與孟子之性字指仁義禮智而言
　　者，是不同的。荀子此知能二字的含義，係「所以知之在人者謂之知，所以能之在人者謂之能」。此
　　一知字與孟子之智字，其含義亦不盡同。孟子之智字指理性，而荀子之知字則似指知覺而言。此可由
　　荀子所說「人有知有義，禽獸有知無義」可證，僅相當於孟子「心之官則思」。荀子此材字亦與孟子
　　「非天之降才爾殊」之才字不同，此二材字皆訓爲材質或才能，（本能之能），但孟子「非天之降才爾
　　殊」之才字，是指的仁義禮智之性，而荀子的材字雖亦「君子小人一也」，但不指仁義禮智，這是應
　　該分別的。

此章還有待於詳細的探討。

朱子對這一章的解釋，牽涉及理氣，宋學一派對這一章還有一些異說，（如熊先生十力語要卷二頁七四），在本文這節我們不能討論。

現在再將孟子命字的特殊義與世俗義列表比較於下。

特　殊　義	世　俗　義
就所稟言之，指所命之仁義禮智。	「仁之於父子也，命也」
如「立命」之命字	「智之於賢者也，命也」（賢者係智，吾
「配命」之命字	人係愚）
「性也有命焉」之命字	
「非天之降才爾殊」	「聖人之於天道也，命也」（聖人係誠者，
就所值而言之，「盡其道而死者正命」	吾人係思誠者）智愚聖凡，是可殊的。
「知命」之命字	「莫非命也」。「得之有命」。
「永言配命，自求多福」	
「行法以俟命」，「修身以俟」	
「立命」	

本表所列，僅與性命論有關者，至如王命君命之命字，不在討論之列。表中世俗義，君子亦承認，不過君子更有其特殊義，這就與世俗人不同了。

（四）　釋「知性則知天」「誠者天之道」並釋
　　　荀子「生之所以然者謂之性」之性字

在上一章中，已提到口之於味章之「君子不謂性也」可有兩種解釋。

A說：君子不謂此為性。君子所性，只指仁義禮智之根於心者。

B說：君子不藉口於此係人性。

而程朱與戴氏東原都是作B說解釋的。

程朱雖作B說解釋，但程朱仍謂「論氣不論性不明」，仍只承認仁義禮智才是性，朱子集註引橫渠說：

張子曰：「形而後有氣質之性，善反之，則天地之性存焉。故氣質之性，君子有弗性者焉」。

趙順孫四書纂疏引朱子或問說：

> 天地之所以生物者，理也。其生物者氣與質也。……其本然之理，則純粹至善
> 而已，所謂天地之性者也。孟子所謂性善，程子所謂性之本，所謂極本窮源之
> 性，皆謂此者也。

均謂孟子性善之性字，係指天地之性。程朱之所以這樣說，現在看來，是根據孟子說
「知性則知天」而推出來的。（註一）

其釋「知性則知天」，此一性字只指仁義禮智，不包括食色之性在內，此因仁義
與食色有根於心根於耳目口鼻之別，有大體小體貴賤之分，這可以參看本文第一章所
考釋。

孟子說：「知性則知天」，此性字只指仁義禮智，則「知性則知天」，天即理。孟
子之言性，欲從人性以了解宇宙根源，則其論性，只從仁義禮智立說，其於食色之
性，不重視之（如B說），甚或不名之謂性，（A說），這自然也可能的。

孟子說，「知性則知天」，則其性論顯然的與本體論宇宙論有關。這一點如由易傳
與中庸看來，更可予程朱的A說一有力的支持。

易文言說，乾之四德。

> 元者善之長也，享者嘉之會也，利者義之和也，貞者事之幹也。君子體仁足以
> 長人，嘉會足以合禮，利物足以和義，貞固足以幹事（註二），君子行此四德者，
> 故曰，乾元亨利貞。（註三）

這一點是與孟子之言仁義禮智相合的。

易繫辭說，「一陰一陽之謂道，繼之者善也，成之者性也。……成性存存，道義
之門」，此處亦正言善言性的。而且此性也正是善，也正是道，所以他才能說「成性
存存，道義之門」的。

中庸「天命之謂性」，由「率性之謂道」及「自誠明謂之性」看來，此性是善的。
中庸說：

> 唯天下至聖為能聰明睿知，足以有臨也。寬裕溫柔，足以有容也。發強剛毅，
> 足以有執也。齊莊中正，足以有敬也。文理密察，足以有別也。

朱注：

（註一）　語類卷四：「孟子性善，是極本窮源之性。……孟子分明是於人身上，挑出天之所命者說與人，要見
　　　　　得本原皆善……。」此即孟子「知性則知天」之意。

（註二）　朱子語類卷68頁九，『孟子以「知斯二者弗去」為「知之實」，弗去之說，乃貞固之意』。

（註三）　朱子易本義說：「此以申彖傳之意，與春秋傳所載穆姜之言不異，疑古者已有此語，穆姜稱之」。

聰明睿知，生知之資。臨謂居上而臨下也。其下四者，乃仁義禮智之德。

中庸說，「誠者天之道也」，這一段也正見於孟子。

我們如承認易傳與中庸之性論與形而上學有關，則也就不可將孟子「知性則知天」「誠者天之道也」這些與易傳中庸有關的話也忽略掉。(註一)

孟子說，「知性則知天」，「誠者天之道」。孟子又說，「天之生物也」，「天之生斯民也」，則由這幾句話綜合，性卽天，亦卽所以生斯民的。此在中庸亦然，中庸說：「誠者天之道」，又說，「其爲物不貳，則其生物不測」的。

「誠」自然應釋爲眞或實，然而就其生斯民，以及成己成物而言，則誠顯然也含有成字之意。此「理」是眞實的，而且也是成己成物的。命名爲誠，自然較成字爲好。(註二)

性卽天，亦卽所以生斯民的，則對孟子的性字，似可下此一定義，卽性者所以生之理。荀子正名篇「生之所以然者謂之性」，正係此義。我對荀子這句話的解釋與前人不同，在這裏是應該附以考證的。因爲這一性字的了解，對於古代儒家形而上學的了解是有點幫助的。

荀子正名篇說：

> 生之所以然者謂之性。性之和所生，精合感應，不事而自然謂之性。性之好惡喜怒哀樂謂之情。情然而心爲之擇謂之慮。心慮而能爲之動謂之僞。慮積焉能習焉而後成謂之僞。正利而爲謂之事，正義而爲謂之行。所以知之在人者謂之知，知有所合謂之知(智)。所以能之在人者謂之能，能有所合謂之能。性傷謂之病(註三)，節遇謂之命。是散名之在人者也。

仔細玩味這一段話，就可以發現荀子界說這些名詞是一氣呵成緊密銜接的。如「性之好惡喜怒哀樂謂之情」，此性字卽上文「不事而自然謂之性」的性字。「情然而心爲之擇謂之慮」，此情字也卽上文「性之好惡喜怒哀樂謂之情」之情字。「情然而心爲之擇」也正是說「性之好惡喜怒哀樂如是而心爲之擇」而已。這一個與上文銜接的情字，其意義正是正名篇上文已經界說了的。同樣的，「所以知之在人者謂之知，知有所合謂

(註一)　J. A. Richards, Mencius on the Mind, p. 66, "It is time that since A. D. 1200, When Chu Hsi, the great Sung philosopher, reinterpreted Mencius, hsing (性) has had deep metaphysical significances attached to it, but our business is with Mencius." 健按 Richards 氏卽忽略孟子與中庸易傳之相通處，故未能欣賞朱子之解釋。

(註二)　莊子大宗師篇：「使我乘成以隨」。馬其昶曰，『成誠同字，徐無鬼篇「乘天地之誠」』。

(註三)　「性傷謂之病」，楊注：「傷於天性，不得其所」。健按天論篇說：「其行曲治，其養曲適，其生不傷」，當以天論篇此意釋之。

之智。所以能之在人者謂之能，能有所合謂之能」，此第三個知字能字，也承上文而言，此第二三兩知字能字亦係同一含義的。同樣的，「正利而爲謂之事，正義而爲謂之行」，此「爲」字亦卽承上文之僞字而言，故郝懿行曰，「此二爲字讀若僞」。

假若這一觀察不錯，則「性之和所生」之性字亦當承上文「生之所以然者謂之性」而言，此二性字係同義，則「性之和所生」這句話也就等於說「生之所以然者之和所生」了。

現在再看「生之所以然者之和所生」這一句話是甚麼意思。荀子天論篇說：

> 列星隨旋，日月遞炤（炤與照同），四時代御，陰陽大化，風雨博施，萬物各得其和以生，各得其養而成，不見其事而見其功，夫是之謂神。皆知其所以成，莫知其無形，夫是之謂天。唯聖人爲不求知天。

禮論篇也說：

> 天地合而萬物生，陰陽接而變化起。

則此和字是指陰陽二氣之和，是無問題的。

現在再看「生之所以然者」與陰陽二氣的關係，易傳說：

> 易有太極，是生兩儀。

> 一陰一陽之謂道

> 二氣感應以相與，……天地感而萬物化生。

老子道德經說：

> 大道氾兮，其可左右，萬物恃之以生而不辭。

> 萬物得一以生。

> 道生一，一生二，二生三，三生萬物，萬物負陰而抱陽，沖氣以爲和。

呂氏春秋覽冥訓：

> 至陰飂飂，至陽赫赫。兩者交接成和而萬物生焉。

淮南天文訓：

> 道始於一，一而不生，故分而爲陰陽，陰陽和合而萬物生。故曰，「一生二，二生三，三生萬物」。（註一）

（註一） 朱文公文集卷37 p.38答程泰之書云：「道生一，一生二，二生三，熹恐此道字卽易之太極，一乃陽數之奇，二乃陰陽之偶，三乃奇偶之積，其曰「二生三」者，猶所謂「二與一爲三」也，若直以一爲太極，則不容復言道生一矣」。十力語要卷三頁十三亦同朱子此解。

則此「生之所以然者」是指的「道」，指的「太極」而已。

就「易有太極，是生兩儀」，及「道生一，一生二」看來，太極與道，並非陰陽，而是所以一陰一陽者，此宋儒所謂理先氣後。然而就「一陰一陽之謂道」而言，則此一陰一陽又卽太極（道）之顯現。氣寓焉，而道亦在是，此卽宋儒所謂理氣不離。

此「一陰一陽之謂道」，則謂人係陰陽二氣之和所生，或者是「道所生」，這都是可以的。此在莊子天地篇卽說「形非道不生」的。

人係「生之所以然者之和」所生，此「生之所以然者」旣係道，則荀子所言「生之所以然者謂之性」，也只是說「生之所然的那個道理」，或者是「所以生之理」謂之性而已。（註一）古代的性論本與道論有關，此「生之所以然者謂之性」並未外在於吾

（註一）　此處用理字，亦有根據。荀子解蔽篇說：

　　　　凡人之患，蔽於一曲，而闇於大理。

同篇又說：

　　　　墨子蔽於用而不知文，……莊子蔽於天而不知人。故由用謂之，道盡利矣；由天謂之，道盡因矣；此數具者皆道之一隅也。夫道者體常而盡變，一隅不足以舉之。曲知之人，觀於道之一隅，而未之能識也。

則此「大理」，卽指的「道」。（此處楊注王先謙集解均未釋）

解蔽篇又說：

　　　　虛壹而靜謂之大淸明。萬物莫形而不見，莫見而不論，莫論而失位。坐於室而見四海，處於今而論久遠，疏觀萬物而知其情，參稽治亂而通其度，經緯天地而材官萬物，制割大理，而宇宙裏矣。（楊注：「裏當爲理」，于省吾荀子新證：「恒侯鼎，裏作里，里理古字通」）

此處又提到大理。此制割二字，見於韓非子難二：

　　　　晉平公問叔向曰，昔者齊桓公九合諸侯，一匡天下，不識臣之力也，君之力也？叔向對曰，「管仲善制割，賓胥無善削縫，隰朋善純緣，衣成，君擧而服之，亦臣之力也」。

制，裁也，制與割義近。荀子解蔽篇說，「夫微者至人也，至人也，何彊何忍何危。故濁明外景，淸明內景，（楊注，「淸謂虛白」是也，說詳第五章）聖人縱其欲，兼其情，而制焉者理矣」。此「制割大理」，當卽「制焉者理」，亦卽制割於大理之意。

此制割二字，亦見於老子道德經第二十八章：

　　　　復歸於樸，樸散則爲器，聖人用之則爲官長，故大制無割。

此樸卽「道」。道散而爲器。此道係「母」係本，而器則係「子」係末，聖人執本而御末，故聖人貴「樸」，而此正所以爲民物之君長的。聖人雖有所制割，而就其依乎天理而言，仍無所裁割，此卽無爲而無不爲之意。無爲，而無不爲，這也可以說是最會制割的了。莊子養生主篇記庖丁解牛，說「良庖歲更刀，割也，族庖月更刀，折也」。（制與折通，見說文解字詁林）。而庖丁解牛，則「依乎天理」，「枝經肯綮之未嘗」，「十九年而刀刃若新發於硎」，其刀無割折之患，庖丁正可以說得上「大制無割」的。老子大制無割，係就體常及無爲而無不爲言，荀子此處說制割大理，則係依乎大理（道），而有所裁割，其措辭雖與老子異，而其意則相合的。

荀子說，「道者體常而盡變，一隅不足以舉之」，此卽老子「大方無隅」之意。莊子天下篇亦批評百家，「各得一察焉以自好，道術將爲天下裂」。老子之所論，正爲荀卿所本，不過荀子也就根據此而批評老子「有見於詘，無見於伸」，批評莊子「蔽於天而不知人」，荀子這一批評是非常中肯的。

人，儒道二家，就這一點說，是並沒有甚麼不同的。

　　前引孟子「知性則知天」，天卽係吾人之性。中庸說「誠者天之道」，然而却又說「率性之謂道」的。易傳也說，「窮理盡性以至於命」，由孟子「知性則知天」看來，此理卽性卽命，窮理正所以盡性，盡性也正所以至命，與天合一的。性卽理卽命卽天，而天係生萬物的，亦卽太極，故朱子說，易有太極，此「太極只是一個理字」。

　　儒家如是，道家亦然。老子道德經說：

　　　萬物得一以生。

管子心術篇說：

　　　德者，道之舍，物得以生。

則就「德者道之舍」看來，此「道」是內在於人的。莊子天下篇說：

　　　古之所謂道術者，果惡乎在？曰，無乎不在。曰，神何由降，明何由出，聖有
　　　所生，王有所成，皆原於一。不離於宗，謂之天人。不離於精，謂之神人。不
　　　離於眞，謂之至人。以天爲宗，以德爲本，以道爲門，兆於變化，謂之聖人。

莊子知北遊篇說：

　　　道惡乎在？莊子曰：「無所不在，……在螻蟻，……在稊稗，……在瓦甓」。

道既無所不在，不離萬有而獨在(註一)，則莊子自然可以說「以天爲宗」「以德爲本」的。「以天爲宗，以德爲本」，顯然道體是內在於人的。此既內在於人，此卽神明之所由降，聖王之所由成了。天下篇說：「皆原於一」，此「一」卽指的「道」。

　　此道是內在的。老子道德經說：

　　　不出戶，知天下。不闚牖，見天道。其出彌遠，其知彌少。是以聖人不行而
　　　知，不見而名，不爲而成。

此「道」本內在，因此能「不行而知，不見而名」。此道本內在，因此向外求道，也就「其出彌遠，其知彌少」了。莊子逍遙遊批評列子，御風而行，猶有所待於風，而莊子則無待，此因道係內在於吾人，所以莊子能無待了。道既內在，因此他要講坐忘心齋了。

　　此生之所以然之理，亦可名之謂性。此一解釋，係認「性之和」之性字係承上

　　(註一)　參看十力語要卷二 p. 25，（十力叢書本）

文而言，更參考古代性論與道論之關係，而得此一解說。其實只看荀子本文，也得如此解釋。「生之所以然者」，正係追問生之所以然。此然字係指事代名詞，卽指上文的「生」字。「生之所以然者謂之性」，也無異於說「所以生者之謂性」而已。

前人注釋荀子者，其心目中之性字，僅係稟賦義，並無此一玄義。因此解釋荀子這句話，就得增字解書了。楊倞注曰：

人生善惡，固有必然之理，是所受於天之性也。

人生來的，其行爲之善惡，其所以如是者，謂之性。再看楊氏對「性之和所生」之注釋：

和，陰陽冲和氣也。事，任使也。言人之性，和氣所生，精合感應，不使而自然，言其天性如此也。精合，謂若耳目之精靈與見聞之物合也。感應謂外物感心而來應之。

王先謙荀子集解說：

先謙案，「性之和所生」，當作「生之和所生」。此「生」字與上「生」字同，亦謂人生也。兩謂之性，相儷。「生之所以然者謂之性」，「生之不事而自然者謂之性」，文義甚明。若云性之不事而自然者謂之性，則不詞矣。此傳寫者緣下文「性之」而誤，注：「人之性」，性當爲生，亦後人以意改之。

此「性之和所生」之性字，楊氏講的不好，王氏又無法解釋，於是他就改性字爲生字了。

誠然，古代生性通用，而且根據傅先生性命古訓辨證，荀子這些性字都原本作生，不過，在古代生字作動詞者讀「生」，作名詞者讀去聲，仍然是有分別的。(見辨證上卷)

在原本既作生，則王氏改字似乎無妨。但是，我總覺得，由正名篇文例來說，其中「性」「情」「慮」「爲」「知」「能」等字皆緊承上文而言，則此處性字讀爲生，恐怕與荀子文例不合的。而且「性之和所生」，據我所考釋，等於「生之所以然者之和所生」，此並無不詞。如依王氏作「生之和所生」，恐怕是仍不好講的。

楊注對「精合」二字的解釋，恐亦不合荀卿原意。荀子天論篇說：

萬物各得其和以生，……夫是之謂天。……天職既立，天功既成，形具而神生，好惡喜怒哀樂藏焉，夫是之謂天情。

楊注：

> 言人之身，亦天職天功所成立也。形謂百骸九竅。神，精魂也。天情，所受於
> 天之情也。

此處於喜怒哀樂之情之前，講到人之生，則正名篇「性之和所生」「所以生者之和所
生」相當於此處形具，而精合則相當於神生了。管子內業篇：

> 凡人之生也，天出其精，地出其形，合此以爲人，和乃生。
> 凡道，無根無莖，無葉無榮，萬物以生，萬物以成。……定心在中，耳目聰
> 明，四枝堅固，可以爲精舍。精也者，氣之精者也。氣，道乃生。

內業篇所言亦可與此處相參證，則「精合」當是指的精神與形體相合了。人係生之所
以然者之和所生，有精神與之合（註一），因此就能有感有應，其感應之不使而自然者，
荀子也謂之性。

這一感應不事而自然之性，據荀子性惡篇：

> 若夫目好色，耳好聲，口好味，心好利，骨體膚理好愉佚，是皆生於人之情性
> 者也。感而自然，不待事而後生之者也。

是指的食色之性，與生之所以然者謂之性是不同的。以荀子正名篇來說：

> 所以知之在人者謂之知，知有所合謂之智。（原本作知字）
> 所以能之在人者謂之能，能有所合謂之能。

此第二第四兩知字能字，其意思是不同的。則「生之所以然者謂之性」，與「不事而
自然謂之性」，此性字字形相同，而其意義各別，自無足異。

荀子正名篇說：

> 性之好惡喜怒哀樂謂之情。

此性字係承上文「不事而自然謂之性」而言，也是指的食色之性，與「生之所以然
者」之「性」字其含義是不同的。

此「生之所以然者謂之性」，就其所以生者而言，此性即天。天論篇說，「唯聖人
爲不求知天」，因此荀子很少論及。荀子一書中的性字，如

> 不富無以養民情，不敎無以理民性。（大略篇）

（註一）　此亦「二與一爲三」之意。

材性知能，君子小人一也。(榮辱篇)

縱情性，安恣睢，禽獸行。(非十二子篇)

忍情性，綦谿利跂，苟以分異人爲高。

以橋飾其情性。(儒效篇)

人無師法則隆性矣，有師法則隆積矣。

注錯習俗，所以化性也。

縱情性，而不足問學，則爲小人矣。

行忍情性，然後能修。

人倫竝處，同求而異道，同欲而異知，生也。(王念孫曰，生讀爲性)

不能以僞飾性(正論篇)

一之於情性，則兩喪之矣(禮論篇)

性者本始材朴也，……性僞合而天下治。

性不得，則若禽獸，性得之則甚雅似者歟？(賦篇)

大體皆係不事而自然的食色之性的性字，與「生之所以然者謂之性」是不同的。

此感應不事而自然之性，係食色之性，此荀卿所恒言，而此在孟子，則曰，「口之於味也，性也，君子不謂性也」，「君子所性，仁義禮智根於心」。「孟子道性善」，係指的人之仁義禮智之性。

此生之所以然者之謂性，此荀卿所不言，所不求知者，「惟聖人爲不求知天」。而此在孟子則「知性則知天」，「誠者天之道也」，此生之所以然者之性卽仁義禮智，此孟荀二子論性之大不同處。

此生之所以然者之性，荀子很少論及，這很有點像論語「夫子之言性與天道，不可得而聞」，而其言不事而自然之性，却又像孔子之言性相近。不過，論語「性與天道」的性字，其含義却當由易傳中庸孟子去了解，此「性與天道」之性字卽孟子「知性則知天」之性字。如以荀子之性字去了解論語，則將與論語的思想牴觸，這一點留待後面再討論了。

荀卿沒有肯定此生之所以然者之性係仁義禮智，就這一點說，其形而上論是與儒家不同，反屬於道家的了。因爲道家的「道」也是「不可說」的，是「强名之」，而不

是指仁義禮智的。

其形而上論雖屬於道家，但荀卿天論篇所謂，

　　唯聖人爲不求知天。

　　大天而思之，孰與物畜而制之。從天而頌之，孰與制天命而用之。……願於物

　　之所以生（此指道，亦卽生之所以然者之性），孰與有物之所以成。故錯人而思天，則

　　失萬物之情。

解蔽篇所謂：

　　莊子蔽於天而不知人……

　　由天謂之，道盡因矣。……

道家貴因，而荀子則講「制天命而用之」，仍與道家異趣。熊子眞先生曾說：

　　荀卿由道而歸儒，其形而上之見地，猶道家也。（學原三卷一期胡批甫正韓所引）

這一議論，可以說是先獲我心的。

　　此生之所以然者之謂性，此性字係指所以生的那個道理。前人釋古代的性字，作

如此的解釋者，爲朱子，朱子語類說：

　　性者生之理。

近人則有熊先生。熊先生十力語要（卷三頁三十六）答鄧子琴書說：

　　孟子所謂性者，「天命之謂性」也。……其無聲無臭，無所待而然，則謂之天。

　　以其流行不已，則謂之命。以其爲吾人所以生之理，則謂之性。

熊先生此書復謂，「董（仲舒）荀所謂性，實非孟子之所謂性，性字同，而兩性字之所

指目，確不爲一事」。此亦與拙論相同，我在這裏僅作一補充說明，更在荀子中找到

一個文證而已。

　　清代漢學家對於古代性字所下的解釋，如戴氏孟子字義疏證：

　　性者，分於陰陽五行，以爲血氣心知，品物區以別焉。

其對「天道」二字之解釋：

　　道，猶行也，氣化流行，生生不息，是故謂之道。……陰陽五行，道之實體

　　也。血氣心知，性之實體也。

性之實體與道之實體不同，他名爲疏證孟子，然而却把孟子「知性則知天」「誠者天

之道也」這些話都忽略了。而且性之實體，孟子是指的仁義禮智，而戴氏謂指血氣心

知，也與孟子不合。

孟子說：「知性則知天」，我們不能說天亦是甚麼所生的，故天卽太極，亦卽是理。此由易傳之言「性善」，言「窮理盡性以至於命」，與孟子相合，可證程朱這一解釋是非常正確的。程朱對易傳「易有太極，是生兩儀」，此太極二字釋爲理，其根據卽在其對孟子之了解，戴氏對孟子的了解與程朱異，因此其對易傳「太極」二字的解釋也就不同了。戴氏說：

> 孔子以太極指氣化之陰陽。(疏證卷中)

戴氏蓋僅有見於易傳「一陰一陽之謂道」，而將易傳「窮理盡性以至於命」那些與孟子相合的語句都忽略了。

阮元作性命古訓，與程朱立異。其揅經室再續集卷一節性齋主人小像跋說：

> 余講學不敢似學案立宗旨，惟知言性則溯始召誥之節性，迄於孟子之性善，不立空談，不生異說而已。性字之造於周召以前(此誤，可參看傅先生辨證)，從心則包仁義禮等在內，從生則包味臭色聲等在內。……

這倒與程朱「論性不論氣不備」的說法相合。至如性命古訓所說：

> 晉唐人嫌味色聲臭安佚爲欲，必欲別之於性之外，此釋氏所謂佛性，非聖經所言天性。梁以後言禪宗者，以爲不立文字，直指人心，乃見性成佛，明頓了無生，試思以此言性，豈有味色？此與李習之復性之說又遠，與孟子之言更遠。
>
> 惟孟子直斷之曰「性也」，且曰「君子不謂性」，則召誥之節性，卷阿之彌性，西伯戡黎之虞天性，周易之盡性，中庸之率性，皆範圍曲成，無不合矣。

阮氏忽略了節性之性指食色安佚之性，而盡性率性之性則指仁義禮智之性。性字雖同，而其所指目則是不同的。阮氏只見孟子之言「口之於味，性也」，而將孟子「知性則知天」中庸「天命之謂性」之性字不包括食色在內的也忽略了。借用程朱的話，阮氏對經典的解釋，可以說是「論氣不論性不明」。

傅先生性命古訓辨證上卷說：

> 性，所生也。
>
> 作平讀(生)者，動詞之正格，表動作者也。作去讀(性)者，緣動詞而成之名詞，表動作之所成者也。

生之本義爲表示出生之動詞，而所生之本，所賦之質亦謂之生，（後來以姓字
書前者，以性字書後者）。

傅先生所言不誤，現在可以補充一條，「性，所以生者也」，這也是緣動詞而成的名詞
的。

　　孟子論性，其謂「口之於味，性也，君子不謂性也」，如由「知性則知天」「誠者
天之道也」等句去了解，則孟子性善之性字當有「生之所以然者」此一含義。就其
爲吾人之稟賦而言，此生之所以然者之謂性與「生之謂性」相同。然就性者生之理
此一玄義而言，則是與告子之只說「生之謂性」「生來底之謂性」是不同的（註一）。前
引朱子孟子或問謂，告子弊端在只知「生之爲性」，朱子這一說法是當從這兒去了解
的。

（五）　釋孟子「天下之言性也則故而已矣」章，
並釋孟子此章所批評之性論

　　「知性則知天」，「誠者天之道」，孟子之言性已與告子之只言「生之謂性」者不
同。分析至此，謹進而考釋「天下之言性也則故而已矣」章，因爲這章也正是孟子批
評他人的性論，由這章可以比較出孟子之性論與道家之性論之同異的。

　　孟子離婁篇：

　　　孟子曰：「天下之言性也，則故而已矣，故者以利爲本。所惡於智者，爲其鑿
　　也，如智者若禹之行水也，則無惡於智矣。禹之行水也，行其所無事也。如智
　　者亦行其所無事，則智亦大矣。天之高也，星辰之遠也，苟求其故，千歲之日
　　至，可坐而致也。

此章難講就在「天下之言性也則故而已矣」這一故字。此章下文說，「苟求其故」，這
兩故字應同義，故註家多根據「苟求其故」的故字而推測「故而已矣」這一故字的含
義。

　　此章說，「天之高也，星辰之遠也，苟求其故，千歲之日至，可坐而致也」，推算

　（註一）　告子論性，只從「生之謂性」立說，後人講告子，往往講深了，前引戴氏原善之說卽如此，宋明語錄
　　　　　中也有類似情形，此不具引。孟子之性論與形上學有關，講告子則可不必。

日至，顯需研求觀察星辰過去的運行，故趙歧釋「苟求其故」之「故」爲故常之行，

趙氏孟子章句說：

> 天雖高，星辰雖遠，誠能推求其故常之行，千歲日至之日，可坐知也。

此故字既釋爲故常之行，故趙氏釋「天下之言性也則故而已矣」這一故字也爲故

常（註一），趙氏章句說：

> 言天下萬物之情性，當順其故則利之也。改戾其性則失其利矣，若以杞柳爲桮
> 棬，非杞柳之性也。惡人欲用智而妄穿鑿，不順物之性而改道以養之。禹之用
> 智，決江疏河，因水之性，因地之宜，引之就下，行其空虛無事之處。如用智
> 者，不妄改作，作事循理，若禹行水於無事之處，則爲大智也。

又章指說：

> 能修性守故，天道可知。妄智改常，必與道乖。性命之旨也。

此故常也就是指萬物本來的性。順萬物本來的性則有利。惡人穿鑿妄爲，「妄智改常」，

不順物之性，則就失其利了。

朱子受趙氏的影響，而小變其說。朱子孟子集註說：

> 性者人物所得以生之理也。故者其已然之迹，若所謂天下之故者也。利猶順
> 也，語其自然之勢也。言事物之理，雖若無形而難知，然其發見之已然，則必
> 有迹而易見，故天下之言性者，但言其故而理自明，猶所謂善言天者必有驗於
> 人也。然其所謂故者，又必本其自然之勢，如人之善，水之下，非有所矯揉造
> 作而然者也。若人之爲惡，水之在山，則非自然之故矣。

> 天下之理，本皆順利。小智之人，務爲穿鑿，所以失之。禹之治水，則因其自
> 然之勢而導之，未嘗以私智穿鑿而有所事，是以水得其潤下之性而不爲害也。
> 天雖高，星辰雖遠，然求其已然之迹，則其運有常。雖千歲之久，其日至之
> 度，可坐而得。而況於事物之近，若因其故而求之，豈有不得其理者，而何以
> 穿鑿爲哉！

趙氏釋故爲「故常之行」，朱子釋爲「已然之迹」，「故常之行」也正是「已然之迹」

（註一）　朱子孟子精義卷八引伊川說曰，「故者以利爲本，故是本如此也」，「故者舊也」，則伊川釋此章故字與
　　　　　趙氏說同。

的。由人之已然之迹，始可明人之天性爲何，故孟子說「言性則故而已矣」，此亦卽朱注所謂「善言天者必有驗於人」了。由已然之迹以言人之性，則又必「本其自然之勢」，亦卽順其自然之勢，如人之爲善，水之就下，此皆自然而然，始可據此而論性。至如人之爲惡，水之激而在山，此皆勢使之然，非其自然之「故」，非其自然的已然之迹，是不可據此言性的，因此孟子說，「故者以利爲本」。言性以利爲本，而天下之理，本係順之則利，小智之人，務爲穿鑿，則就失其利了。

趙氏與朱子釋此故字爲「故常」爲「已然之迹」，順其故則利，此係增字解經，求之孟子原文，卽不够文從字順。而且由此章文勢看來，「天下之言性也，則故而已矣，故者以利爲本」，此正謂天下人之言性係「故者以利爲本」，如依趙氏與朱子之解釋，則又僅孟子之言性能以利爲本，顯與此章文勢牴觸。孟子正惡人言利，則此章言「故者以利爲本」，當係指斥他人之性論係「以利爲本」，此利字卽「何必曰利」之利，是不能如朱子釋爲「順」，而同時又釋爲利害之利的。

象山語錄對孟子此章亦有所解釋，語錄說：

　　天下之言性也，則故而已矣，此段人多不明其首尾文義。中間所惡於智者，至智亦大矣，文義亦自明，不失孟子本旨。據某所見，當以莊子「去智與故」解之。觀莊子中有此故字，則知古人言語文字，必常有此字。易雜卦中「隨無故也」，卽是此故字。當孟子時天下無能知其性者，其言性者，大抵據陳迹言之，實非知性之本，往往以利害推說耳，是反以利爲本也。夫子贊曆明易，治曆明時，在革之象。蓋曆本測候，常須改法。觀革之義，則千歲之日至，無可坐致之理明矣。孟子言「千歲之日至，可坐而致也」，正是言不可坐而致，以此明不可求其故也。

象山卽認爲孟子此章係批評他人之性論，卽未釋利爲順，僅釋爲利害之利。象山釋此章故字卽易雜卦「隨無故也」之故，莊子「去智與故」之故，由孟子此章言「故者以利爲本」及「所惡於智者」看來，此正亦「去智與故」，則象山認孟子此故字卽莊子去智與故之故，這是對的。不過象山仍釋故爲陳迹，其意與朱子「已然之迹」相近，這就有問題，因爲莊子「去智與故」之故，並非訓爲已然之迹的。

　　欲明瞭故字及孟子此章之含義，不妨先探討一下孟子所批評的是那一學派的性

論。此可以參看呂氏春秋本生篇。呂氏春秋係其賓客「人著所聞」，其成書雖在孟子後，而其中言論是可能在孟子以前就有了的。

呂氏春秋本生篇說：

始生之者天也，養成之者人也。能養天之所生而勿攖之，(高注，攖猶戾也)，謂之天子。天子之動也，以全天為故也。(高注，全猶順也；天，性也；故，事也)

此官之所自立也，立官者以全生也。今世之惑主，多官而反以害生，則失所為立之矣。(孫鏘鳴曰，「官謂耳目鼻口，……多官謂縱欲不節，適以害生」)……

夫水之性情，土者抇之，故不得清；人之性壽，物者抇之，故不得壽。物也者所以養性也，非所以性養也。今世之人惑者，多以性養物，則不知輕重也(高注，輕，喻物；重，喻身)不知輕重，……則每動無不敗，以此為君悖，以此為臣亂，以此為子狂，三者國有一焉，無幸必亡。

今有聲於此，耳聽之必慊已，(慊，快也)，聽之則使人聾，必弗聽。……是故聖人之於聲色滋味也，利於性則取之，害於性則舍之，此全性之道也。

世之貴富者，其於聲色滋味也，多惑者。日夜求，幸而得之則遁焉。(遁，流逸不能自禁也)，遁焉，性惡得不傷。……

萬物章章，以害一生，生無不傷。以便一身，生無不長。故聖人之制萬物也，以全其天也。(高注，「天，身也」。許維遹曰，「注天身者，疊韻為訓，亦高之常詁，天訓身，猶天訓性也，淮南原道篇云，「故達於道者不以人易天」，高注「天，性也。一說曰，天，身也」，是其比。三國志吳質傳注「上將價性肥，中領軍朱爍性搜」，性肥性搜即身肥身搜，尤為明顯)天全則神和矣，目明矣，耳聰矣，鼻臭矣，口敏矣，三百六十節皆通利矣。若此人者，不言而信，不謀而當，不慮而得，精通乎天地，神覆乎宇宙，其於物無不受也，無不裹也，若天地然，上為天子而不驕，下為匹夫而不惛，此之謂全德之人。……

貴富而知道，適足以為患。……故古之人有不肯貴富者矣，由重生故也。……

這一篇說，「此全性之道也」，此正言性。其言「以全天為故也」，正係「故而已矣」。其言「利於性則取之」，以求「生之不傷」，正係「以利為本」。則孟子言「天下之言性也則故而已矣，故者以利為本」，很明顯的係批評本生篇這一派人的言論的。

這一派人雖說「全天」「全性」，「以全天為故」，「利於性則為之」，而其實所全者

係生，所重者係生，亦卽「人之性壽」之壽而已。

呂氏春秋貴生篇說：

聖人深慮天下，莫貴於生。夫耳目口鼻，生之役也。耳雖欲聲，目雖欲色、鼻
雖欲芬香，口雖欲滋味，害於生則止。在四官者不欲，利於生者則爲。由此觀
之，耳目鼻口，不得擅行，必有所制，譬之若官職，不得擅爲，必有所制，此
貴生之術也。……

此「利於生者則爲」，很可與本生篇「利於性則取之，害於性則舍之」相參證。古書
性生通用，則本生篇所論是不是僅係生，而與性論無涉呢？

在現在看來，生是生，性是性，所謂性只是指人天生的稟賦，不牽涉到生，更
想不到身體亦屬於人性的。古人則不然，性字從生，告子說，「生之謂性」，生而有的
卽謂之性。則就「生之謂性」說，食色固係性也，而生命亦係人生而有的，亦可謂之
性，人之身體亦係生而有的，亦可謂之性的。呂氏春秋重己篇說：

倕至巧也，人不愛倕之指，而愛己之指，有之利故也。人不愛崑山之玉，江漢
之珠，而愛己之一蒼璧小璣，有之利故也。今吾身之爲吾有，而利我亦大矣。
論其貴賤，爵爲天子，不足以比焉；論其輕重，富有天下，不可以易之；論其
安危，一曙失之，終身不復得。此三者有道之所慎也，有慎之而反害之者，不
達乎性命之情矣。不達乎性命之情，慎之何益。……夫弗知慎者，是死生存亡
可不可，未始有別也。未始有別者，其所謂是，未嘗是；其所謂非，未嘗非。
是其所謂非，非其所謂是，此之謂大惑。若此人者，天之所禍也。……以此治
身，必死必殃。以此治國，必殘必亡。

此處說慎「性命之情」，而所全所重者實係身，此可證身亦可謂之性。此處言「慎性
命之情」，「有之利故也」，此正亦「言性」，「故而已矣」，「故者以利爲本」的。

淮南子氾論訓說：

全性葆眞，不以物累形，楊子之所立也，而孟子非之。

高誘注：

全性葆眞，謂拔骭毛以利天下弗爲，不以物累己身形也。

又韓非子顯學篇：

今有人於此，義不入危城，不處軍旅，不以天下大利，易其脛一毛，世主必從
而禮之，貴其智而高其行，以爲輕物重生之士也。

此「拔骭毛以利天下弗爲」是指的楊朱。孟子也說，「楊子取爲我，拔一毛以利天下
弗爲」。此骭毛脛毛，雖一毛之微，亦係天之所生，亦係性，亦當全之，故淮南子說
「楊朱全性」。呂氏春秋說「陽生貴己」，此正亦「不以物累形」之意。此「全性」「重
生」均見於呂氏春秋本生篇，則呂氏春秋本生貴生重己諸篇當係楊朱後學之所述，而
孟子此章又當係針對楊朱一派之性論而說的了。

楊朱一派之所謂性，由本生諸篇看來是指的生，身，及身上之一毛，而此在孟子
則不然，孟子說，「君子所性，仁義禮智根於心」，孟子所性則指的仁義禮智。孟子
說：

形色，天性也，惟聖人然後可以踐形。

此形色亦係天之所生，而爲吾人之性。此形色雖亦可貴，然惟聖人能實踐其根於心之
仁義禮智之性，才弗愧於有此人形，則君子所性，畢竟係仁義禮智，而非指形色的。
在孟子之時，「楊朱墨翟之言盈天下」，孟子形色天性章又當是針對楊朱一派而說的
了。

孟子形色天性章，朱子集註釋此章云：

人之有形有色，無不各有自然之理，所謂天性也。踐如踐言之踐。蓋衆人有是
形而不能盡其理，故無以踐其形。惟聖人有是形，而又能盡其理，然後可以踐
其形而無歉也。

其釋踐形，爲拙說所本。其釋形色天性之「性」爲理，則與拙說不同。陽明傳習錄卷
三說：

形色天性也，這也是指氣說。

陸稼書問學錄(光緒刊平湖全書本卷三頁十)說：

愚謂，孟子言形色天性也，未嘗不言氣質。

陽明此言之含義，此不能論列。陸清獻平生最尊敬朱子，此處所釋卽與朱子不同的。

就孟子形色天性章原文來說，此性字已明指形色，自與「孟子道性善」「知性則
知天」之性字之指仁義禮智者不同，拙釋此形色指氣而非理，自不誤。然就形色之可

貴來說，就「理寓於氣」「理氣不離」及「色卽是空」來說，朱子釋形色天性之性字
爲理，此亦不誤。就這一點說，孟子之言性善，是可以包含形色在內的。論世知言，
詳玩孟子此章之含義，是應該先如拙釋，然後再依朱注以進窺孟子性論之全的。(此詳
本文第九章)

實踐此理，則有此形色而無愧，故儒學亦未嘗不言全性。禮記祭義篇：

樂正子春下堂而傷其足。……門弟子曰，「夫子之足瘳矣，數月不出，猶有憂
色，何也」。樂正子春曰，『吾聞諸曾子，曾子聞諸夫子曰，天之所生，地之所
養，無人爲大。父母全而生之，子全而歸之，可謂孝矣。不虧其體，不辱其
身，可謂全矣。故君子頃步而弗敢忘孝也。今予忘孝之道，予是以有憂色也』。

又論語泰伯篇：

曾子有疾，召門弟子曰，「啓予足，啓予手。詩云，戰戰兢兢，如臨深淵，如
履薄冰。而今而後，吾知免夫」！

此卽謂全受全歸，身體髮膚，不敢毀傷。然以論語泰伯篇所載曾子之言證之：

曾子曰，「士不可以不弘毅。任重而道遠。仁以爲己任，不亦重乎！死而後
已，不亦遠乎！」

則曾子所戰兢恐懼而欲保全者仍係(人性中之)仁而已。

孟子離婁篇：

孟子曰：「事孰爲大，事親爲大。守孰爲大，守身爲大。……失其身而能事其
親者，吾未之聞也。……」

朱注：

守身，持守其身，使不陷於不義也。一失其身，則虧體辱親，雖日用三牲之
養，亦不足爲孝矣。

孟子此言亦可與上引禮記祭法篇之言孝互證。

孟子說，「守身爲大」，「生，亦我所欲也」，其持守身，也正係全義（仍係以義一
貫），如使生與義二者不可得兼，則孟子是捨生取義。孟子之所行，「惟義之所在」而
已。

孟子所全者，係指人性中之仁義禮智，而楊朱拔一毛而利天下弗爲，其所全之

性，僅係生與身而已。在孟子之時，楊朱之言盈天下，孟子捨生取義章又當係針對楊朱一派而說的了。

在孔子之時，卽有「隱居而廢大倫」之荷蓧丈人，此其人似爲楊朱一派之先導。論語殺身成仁一章，又當非無感而發的了。(參看馮友蘭中國哲學史第七章)

儒學所全者係仁義禮智，也未嘗不言全生，則楊朱全生一派是不是也可以有捨生取義的說法呢？呂氏春秋貴生篇說：

> 子華子曰，全生爲上，虧生次之，死次之，迫生爲下。故所謂尊生者，全生之謂，所謂全生者，六欲皆得其宜也。所謂虧生者，六欲分得其宜也。虧生則於其尊之者薄矣，其虧彌甚者，其尊彌薄。所謂死者，無有所以知，復其未生也。所謂迫生者，六欲莫得其宜也，皆獲其所甚惡者，服是也，辱是也，辱莫大於不義，故不義，迫生也，而迫生非獨不義也，故曰，迫生莫若死。奚以知其然也，耳聞甚惡，不若無聞。……凡六欲者，皆獲其所甚惡，而必不得免，不若無有所以知。無有所以知者，死之謂也，故迫生不若死。嗜肉者，非腐鼠之謂也，嗜酒者非敗酒之謂也，尊生者非迫生之謂也。

由其說「辱莫大於不義，不義，迫生也，……迫生莫若死」，則似乎貴生一派也主張捨生取義，故高注於「無有所以知，復其未生也」，注云：

> 死君親之難，義重於生，視死如歸，故曰，「無有所以知，復其未生也」

然由其言「迫生非獨不義也，……迫生莫若死」看來，此非不義之迫生，難道也應該去死嗎？則此所謂「迫生莫若死」，僅只是言迫生，生活得不舒服，凡「六欲皆獲其所甚惡」，不如死之爲愈而已。這樣看來，與其說貴生篇主張捨生取義，無寧說他不欲「生而受辱」，欲生得舒舒服服而已。

這一點由其言「全生爲上」「全生者六欲皆得其宜」可以看得出。此全生爲上，其含義應參證本生篇，呂氏春秋本生篇說：

> 立官者，以全生也……今有聲於此，耳聽之必慊(快也)已，聽之則使人聾，必弗聽。……是故聖人之於聲色滋味，利於性則取之，害於性則舍之，此全性之道也。

則其全生，也只是全其生命。六欲皆得其宜，也只是非獲其所甚惡，利於生而已。

此六欲，「高注謂指生死耳目口鼻」。以死爲欲，大非人情，且與貴生篇之命名不合，高注恐不可信。范耕研呂氏春秋補注說：

> 春秋公羊傳及白虎通義均以喜怒哀樂愛惡爲六情。情與欲本可通。下情欲篇正以情解欲，六欲殆卽六情。

范說蓋可信。今按呂氏春秋情欲篇說：

> 故耳之欲五聲，目之欲五色，口之欲五味，情也。此三者貴賤愚智賢不肖欲之若一。……聖人之所以異者，得其情也。由貴生動，則得其情矣。……

則此所謂六欲皆得其宜，也正是欲其六情皆得其宜，利於生而已。

呂氏春秋情欲篇說：「由貴生動，則得其情矣」，此與貴生篇之命名相合。其言：

> 古人得道者，生以壽長，聲色滋味，能久樂之。

此卽貴生篇「全生爲上」「六欲皆得其宜」之說。

情欲篇說：

> 尊（酒也）酌者衆則速盡。萬物之酌大貴之生者衆矣。……非徒萬物酌之也，又損其生以資天下之人，而終不自知。功雖成乎外，而生虧乎內。耳不可以聽，目不可以視，口不可以食，胸中大擾。……臨死之上，顚倒驚懼。……用心如此，豈不悲哉。
>
> 世人之事君者，皆以孫叔敖之遇荆莊王爲幸，自有道者論之則不然，此荆國之幸。荆莊王……盡傳其境內之勞與諸侯之憂於孫叔敖，孫叔敖日夜不息，不得以便生爲故，故使莊王功迹著乎竹帛。……

其言孫叔敖功成而身受損，此卽虧生之說。

情欲篇說：

> 其於物也，不可得之爲欲，不可足之爲求，大失生本。民人怨謗，又樹大讎，……德義之緩，邪利之急，身以困窮。……以此君人，爲身大憂。耳不樂聲，目不樂色，口不甘味，與死無擇（高注，擇，別也）

其言德義是緩，爲身大憂，此卽辱莫大於不義，不義殆生之說。

貴生篇與情欲篇所論，雖未主張「德義是緩」，然由其言「由貴生動，則得其情矣」，「天下莫貴於生」，則仍以生爲重，此與孟子之言「惟義所在」，其着重點仍是不

同的。

高注：「死君親之難，義重於生」，這可能係據呂氏春秋季冬紀士節篇所說：

　　士之爲人，當理不避其難，臨患忘利，遺生行義，視死如歸。

又仲冬紀誠廉篇所說：

　　（忠臣）……苟便於主，利於國，無敢辭違，殺身出生以徇之。

然士節篇誠廉篇所說與情欲篇譏孫叔敖爲嗇生是牴觸的。呂氏春秋本非出乎一手，其中議論有未劃一處，此不足異。

貴生篇說「全生爲上」，全生假若又要生得光榮不恥辱，則這一派自然也可有捨生取義的主張，莊子讓王篇首言不以天下之故而傷其生，此其文卽見於呂氏春秋貴生篇，然篇尾却又記枯槁赴淵之士，其文却又與上引呂氏春秋誠廉篇有相同者。士節篇說，「遺生行義，視死如歸」，而讓王篇也說，「此二士之節也」，此士節二字亦相同。莊子讓王篇的作者亦係全生貴生一派，其思想與呂氏春秋有關，其文章相同處，究竟是誰抄誰，就很難說了。

全生貴生一派，由莊子讓王篇看來，可以主張捨生取義。假如他只貴生，其他不管，則是可以不捨生取義的。韓非子六反篇說：

　　畏死遠難，降北之民也，而世尊之曰貴生之士。

前引韓非子顯學篇也提到貴生之士，不處危城，不處軍旅，以生爲重，這就是孟子捨生取義章所批評的那一派了。

同是全生一派，對於生與義的輕重，其看法可以不同。後文論全生一派，對於欲的看法也有節欲縱欲之不同，其情形正有類於此。

全生貴生一派，以生爲重，輕物重生，其理由很簡單。「有聲於此，聽之使人聾，必不聽」，「害於生則止，利於生則爲」，這可見身體與生命是較色聲滋味等外物爲重要了。呂氏春秋審爲篇說：

　　韓魏相與爭地。子華子見昭釐侯，昭釐侯有憂色。子華子曰，『今使天下書銘於君之前，書之曰，「左手攫之則右手廢，右手攫之則左手廢。然而攫之必有天下」，君將攫之乎，亡其不與？』昭釐侯曰：「寡人不攫也」。子華子曰。「甚善，自是觀之，兩臂重於天下也，身又重於兩臂，韓之輕於天下遠。今之所

爭者，其輕於韓又遠，君固愁身傷生以憂之戚之不得也」。昭釐侯曰：「善……

……」。子華子可謂知輕重矣，知輕重故論不過。

這就是身重於天下的實例。

　　身是重於天下的，審爲篇說，「知輕重則論弗過」，本生篇也說：「不知輕重，則動無不敗，以此爲君悖，以此爲臣亂」，因此呂氏春秋貴生篇就說：「天下重物也，不以害其生，又況於它物乎？惟不以天下害其生者也，可以託天下」。不以天下害其生，這種人是知道輕重，是可以託他以天下的。

　　這一派人是視身體生命重於天下的。引伸來說，脛上一毛也重於天下。而此在墨子却正相反，視天下重於身。(註一)孟子盡心篇：

　　孟子曰：「楊子取爲我，拔一毛而利天下，不爲也。墨子兼愛，摩頂放踵利天下，爲之。子莫執中，執中爲近之，執中無權，猶執一也。所惡執一者，爲其賊道也，舉一而廢百也。

(註一)　楊墨之說，針鋒相對。由其爲兩極端及「舉一廢百」看來，則拙釋墨子之說係天下重於身，於文義當不誤。莊子天下篇批評墨子，「以此自行，固不愛己」，荀子正名篇說；「見侮不辱，聖人不愛己，殺盜非殺人，此惑於用名以亂名者也」，「聖人不愛己」，王先謙仍從楊倞，註云：「未聞其說，似莊子之意」，馮友蘭中國哲學史謂爲係墨家說，其言是也。

　　拙釋墨家視天下重於身，然考之墨子貴義篇：

　　　子墨子曰：「萬事莫貴於義，今謂人曰，予子冠履，斷子之手足，子爲之乎？必不爲，何故，則冠履不若手足之貴也。又曰，予子天下而殺子之身，子爲之乎？必不爲，何故，則天下不若身之貴也。爭一言以相殺，是貴義於其身也，故曰，萬事莫貴於義也」。

　　此又謂義重於身，身重於天下，與拙釋不合。此固然可能由於學派不同，當時典籍傳播不易，無從了解對方思想的全部，故孟子等書，斷章取義，予墨說以攻擊。然也可能由於他人之攻擊，而墨子後學於此有所修正，墨子貴義所引「必去六辟」那一大段，吳毓江墨子校注卽認爲這一節不似墨子語的。

　　墨子這一派是主張「愛無差等施由親始」的，其愛是無差等，愛所親與他人一樣，但其施則由親始。墨子大取篇說：「義可厚，厚之，義可薄，薄之」，則就其先施及有厚薄言，則其愛無差等，其實是有差等，其云「愛無差等，施由親始」，宋儒已指摘其牴牾難通了。

　　此姑不論其立說之牴牾，然就其施由親始及義可厚薄而言，則其言身貴於天下，亦無足異。就其「身貴於天下」「施由親始」而言，則墨子似爲其所攻擊之「別士」，然就其愛無差等及貴義看來，則墨子又係「兼士」。

　　此身雖貴於天下，然施由親始，其學仍主愛人，故大取篇說，「諸聖人所先，愛人」又說，「不爲己之可學」也。大取篇雖說，「聖人不外己，己在所愛之中」，但畢竟愛人之意味重，則「聖人不愛己」，其爲墨家言，亦無足異。

　　現存墨子一書，多係墨子後學所述。就其「相謂別墨」而言，墨子後學所言，已有不同。對於身與天下孰貴，是可以有不同的說法的。

　　對於這問題，現存材料不够，姑誌所疑於此。

楊墨子莫，其意見不同，而孟子的意見却又與楊墨子莫不同的。

　　討論身與天下孰輕孰重，這使我想起孟子禮與食色孰重的辨論(註一)。孟子告子篇
任人有問屋廬子曰，「禮與食孰重」？曰，「禮重」。「色與禮孰重」？曰，「禮
重」。曰，「以禮食則饑而死，不以禮食則得食，必以禮乎？親迎則不得妻，不
親迎則得妻，必親迎乎？」，屋廬子不能對。明日之鄒，以告孟子。孟子曰：「於
答是也何有。不揣其本而齊其末，方寸之木，可使高於岑樓，金重於羽者，豈
謂一鉤金與一輿羽之謂哉。取食之重者，與禮之輕者而比之，奚翅食重？取色
之重者與禮之輕者而比之，奚翅色重」。(朱注，禮食，親迎，禮之輕者也。饑而死，以滅
其性，不得妻而廢人倫，食色之重者也) 往應之曰：「紾兄之臂而奪之食則得食，不紾則
不得食，則將紾之乎？踰東家牆而摟其處子則得妻，不摟則不得妻，則將摟之
乎？」(朱注，此二者……以之相較，則禮爲尤重也)
就禮食親迎來說，「此禮之輕者也，饑而死以滅其性，不得妻而廢人倫，此食色之重
者也」，此處食色爲重。就紾兄踰牆來說，此則「禮爲尤重」。則孟子對於身與天下之
輕重其看法可能也正如此。當天下大亂，義當保身的時候，明哲保身，此時身重於天
下；當天下危難的時候，義在乎捨身以救天下，則捨生而爲天下，此則天下爲重。君
子固未嘗「枉尺而直尋」，亦未嘗「膠柱而調瑟」，其所行「惟義之所在」而已。

　　這樣看來，孟子所說，能集楊墨二家之所長而去其短。楊朱只知身重於天下，而
不知天下亦可重於身；墨子只知天下重於身，而不知身亦可重於天下，此皆舉一而廢
百，是不如孟子立說之周備的。楊墨未揣其本(仁義禮智)，而齊其末(身，天下)，是
以僅知其一偏。「舉一而廢百」，結果也就不能權衡事物之輕重。「執一無權」，其所行
也就不合乎時措之宜了。

　　儒學敎條中，本有針鋒相對之兩面(註二)。譬如說，「親親而仁民，仁民而愛物」，
然而却又說，「大義滅親」。大體說來，前者係正，後者係變；前者係經(經常)，後者
係權(權宜之權)，所謂權，也可以說是「反經以合道」，此係人之大不得已的。

(註一)　「禮者天理之節文，人事之儀節」。君子所性仁義禮智根於心，此禮字指天理之節文說。至禮食之禮，
　　　　指人事之儀則說，此卽所謂禮與儀之別也。人世現有之儀則，未必合乎天理之節文，故孟子曰，「非
　　　　禮之禮，君子弗爲」。
(註二)　此例很多，如言「言忠信，行篤敬」，又言「言不必信，行不必果，惟義所在」；如言「吾黨有直躬者」，
　　　　「孝子慈孫百世莫能改」，又言「父爲子隱，子爲父隱」。

在昔亡國者，大體只知愛己親親，而不知仁民。而今日之共產中國，則又侈言「大義滅親」，而不知親親爲何物。「於所厚者薄，而於所薄者厚，未之有也」，（此言亦見於孟子）儒學這一道理，如不能知其全，而生民也就塗炭了。

權衡這一些敎條，權衡事物之輕重而決定其所行，其權衡之標準即孟子所指之仁義禮智。孟子重義，「惟義之所在」，所以也就不至於膠柱調瑟了。

義之所在，物(身，天下)之輕重有時而變，則似乎事物本身並無輕重之分，這使我想起莊子秋水篇之所言：

以道觀之，物無貴賤。以物觀之，自貴而相賤。以俗觀之，貴賤不在己。

莊子所言與陽明傳習錄「物無善惡」之言，有其近似之處。不過莊子欲以此而齊是非貴賤而此在孟子則仍欲以仁義禮智辨別事物之輕重善惡是非，而決定其所行。其所行有經有權，「惟義之所在」的。

孟子說，「孔子聖之時」，「無可無不可」。就敎條之可針鋒相對，應求時地之宜而言，誠然是應該「無可無不可」，不可以執一無權的。不可以「執一無權」，但仍「惟義之所在」，此義仍係一，仍應執之。此雖執一，但需知仁義禮智亦即權衡事物輕重善惡是非之標準，此即是「權」(稱錘也)。

莊子之所謂道，並非指仁義禮智，(詳後)。因此其所見僅至於齊是非，而不能有所是非。其流於放曠，異於孟子，其故即在此。莊子所論已較楊朱爲高明，但以之與孔孟比較，仍然是不如的。

分析至此，再看當時楊墨二派之相互辨駁，列子楊朱篇說：

楊朱曰，「伯成子高不以一毫利物，舍國而隱耕。大禹不以一身自利，一體偏枯。古之人損一毫利天下，不與也。悉天下奉一身，不取也。人人不損一毫，人人不利天下，天下治矣」。

禽子問楊朱曰：「去子體之一毛以濟一世，汝爲之乎」？

楊子曰：「世固非一毛之所濟。」

禽子問曰：「假濟爲之乎」？楊子弗應。

禽子出，語孟孫陽。孟孫陽曰：「子不逹夫子之心，吾請言之。有侵若肌膚獲萬金者，若爲之乎」？

曰：「爲之」。

孟孫陽曰：「有斷若一節得一國，子爲之乎？」禽子默然有間。

孟孫陽曰：「一毛微於肌膚，肌膚微於一節，省矣。然則積一毛以成肌膚，積肌膚以成一節，一毛固一體萬分中之一物，奈何輕之乎」？

禽子曰：「吾不能所以答子。然則以子之言問老聃關尹，則子言當矣。以吾言問大禹墨翟，則吾言當矣」。

孟孫陽因顧與其徒說他事。

由身重於天下引伸，楊朱遂說「拔一毛而利天下不爲」，而此也正是這一派學說之缺點，所以禽子就以此質問楊朱，不過，禽子說理是不如孟子之精闢的。

莊子天下篇說：

今墨子獨生不歌，死不服。……以此敎人，恐不愛人。以此自行，固不愛己。……其生也勤，其死也薄，其道大觳。使人憂，使人悲。其行難爲也。恐其不可以爲聖人之道。反天下之心，天下不堪。墨子雖能獨任，奈天下何！離於天下，其去王也遠矣。墨子稱道曰，昔者禹之湮洪水，……腓無胈，脛無毛。…禹大聖也，而形勞天下也如此。使後世之墨者，多以裘褐爲衣，以跂蹻爲服，日夜不休，以自苦爲極。曰，不能如此，非禹之道也，不足爲墨。……墨翟禽滑釐之意則是，其行則非也。將使後世之墨者，必自苦以腓無胈脛無毛，相進而已矣，亂之上也，治之下也。雖然，墨子眞天下之好也，將求之不得也，雖枯槁不舍也，（盦曲園曰，卽摩頂放踵利天下爲之意。）才士也夫。

墨子的學說，其弊也正在「腓無胈脛無毛」，强人所難，故莊子也就以此攻擊墨子了。

楊朱墨翟的說法，係相反的的兩極端，故子莫欲執中。就其非兩極端欲執中而言，此其說近乎道。而就其「執中無權」而言，則非道，與論語中庸之言執中不合的。論語堯曰篇說：

堯曰，「咨爾舜，天之曆數在爾躬，允執其中。四海困窮，天祿永終」。

中庸也說：

子曰，「舜其大知也歟！舜好問而好察邇言，隱惡而揚善，執其兩端，用其中於民，其斯以爲舜乎」？

論語中庸之言執中，由中庸「舜好問而好察邇言」看來，舜之「執其兩端，用其中於民」，顯係經過了權衡，是執中有權之中的。

　　子莫之執中，係「執中無權」，故係執此兩端之間的一定之中。而孔孟則執中有權，故能時中。蓋「時有萬變，事有萬物，物有萬類，而中無定體」，當隨時逐事以取中，此權猶如稱錘一樣，當「因事物之輕重，而前却以取平」，並非固定不移的。

　　此稱錘非固定不移，而其使槓杆取平也則一；人之措施，可以因時因地而不同，而其求合乎仁義禮智則一。孟子說，「禹稷顏回，易地則皆然」，其理卽在此。

　　欲明瞭孔孟之所謂中，當了解儒學之性論，中庸說，「天命之謂性，率性之謂道」，中庸又說，「喜怒哀樂之未發謂之中，發而皆中節謂之和」，正因仁義禮智之性之在中，所以能有「發而皆中節之謂和」的。此所謂中節，也正是合乎仁義禮智之性之意。義當捨生取義，則捨生取義卽是中，義當明哲保身，則明哲保身卽是中。假如認孔孟之所謂中，係指中間路線，則此乃子莫之執中無權，則是誤解了中庸的。

　　朱子集註引楊氏曰：

　　禹稷三過其門而不入，苟不當其可（合乎仁義禮智），則與墨子無異。顏子在陋巷，不改其樂，苟不當其可，則與楊氏無異。子莫執「為我」「兼愛」之中而無權，鄉鄰有鬥而不知閉戶，同室有鬥而不知救之，是亦猶執一也，故孟子以為賊道。禹稷顏回，易地則皆然，以其有權也，不然則是亦楊墨而已矣。

論語也說：

　　　可與共學，未可與適道。可與適道，未可與立。可與立，未可與權。

孟子一書論權最精，這裏不能一一列舉了。

　　呂氏春秋說：「知輕重則論不過」，「惟不以天下害其生者也，可以託天下」，由儒家的觀點看來，這簡直是不知輕重的。

　　「知輕重則論不過」，其所論正係治天下之方術。管子輕重篇之所論雖與呂氏春秋不同，但其以輕重名篇，其意也正同此。管子輕重第十一揆度篇說：「燧人以來，未有不以輕重為天下也」，其語氣正是非常近似的。昔人釋管子之輕重為錢，史記貨殖列傳，「管仲設輕重九府」，正義曰：「輕重謂錢也」。張氏爾田答德國顏復禮博士問管子輕重書（史學雜誌一卷六期）說：「輕重非錢也，乃指以幣制平衡物價而言」。健按，管

子輕重第十一揆度篇說：「輕重之法曰，自言能爲司馬，不能爲司馬者，殺其身以釁鼓」，這一大段卽與平衡物價無關。時代不同，他們對於輕重這一名詞在先秦時的含義，已經領略得不同了。

這一派入說：「惟不以天下害其生者也，可以託天下」，這可以與論語所言相比較，論語泰伯篇：

> 曾子曰：「可以託六尺之孤，可以寄百里之命，臨大節而不可奪也，君子人與，君子人也』。

曾子以仁爲己任，死而後已，如曾子其人，才眞正是可以天下託他的。

這一派人講全生重身，「天下重物也，而不以害其生。惟不以天下害其生者也，可以託天下」。此其說不僅見於呂氏春秋貴生篇莊子讓王篇，亦見於莊子在宥篇及老子道德經。老子道德經說：

> 寵辱若驚，貴大患若身。何謂寵辱若驚，寵爲下，得之若驚，失之若驚，是謂寵辱若驚。何謂貴大患若身，吾所以有大患者，爲吾有身，及吾無身，吾有何患。故貴以身爲天下，若可寄天下，愛以身爲天下，若可託天下。(老子第十三章)
>
> (健按吳澄曰：『寄卽「可以寄百里之命」之寄，託卽「可以託六尺之孤」之託』，其言是也。)

老子這章，自來異說紛紜，今據友人周法高敎授之說，略釋於此。老子這一章「貴以身爲天下，若可託天下」，莊子在宥篇引作「則可以託天下」，因此王引之經傳釋詞卷一卽釋老子這一「若」字爲「則」。這一章的若字似乎應該同義，因此周氏更據此而釋「寵辱若驚，貴大患若身」之「若」字也爲「則」，他並舉國語楚語爲證，「聞一善若驚，得一士若賞」，此「若」亦則也。寵辱若驚，貴大患若身，其意思是「受了寵受了辱就要驚，所寶貴的所大患的就是身」。

至於「貴以身爲天下」，莊子在宥篇引作「貴以身於爲天下」。有些人認爲這一於字是衍文，(如蘇輿，見王氏莊子集解)，而王引之則認爲這一「爲」字，係後人依老子「旁記爲字，而寫者因誤合之」。友人周法高先生說，「敦煌秘籍留眞新編本老子作「故貴以身於天下」，景龍本老子作「貴身於天下」，與王氏所改莊子之文相近」。他釋老子這一段，「爲」猶「於」也，「貴以身爲天下」，卽以身貴於天下，「愛以身爲天下」卽

以身愛於天下。景龍本老子作「貴身於天下」，周氏舉墨子耕柱篇爲證：

> 巫馬子謂子墨子曰，我不能兼愛，我愛鄒人於越人，愛魯人於鄒人，愛我鄉人
> 於魯人，愛我家人於鄉人，愛我親於我家人，愛我身於吾親，以爲近我也。

這正是「愛」後用「於」字表示比較的例子。健按，墨子貴義篇「貴義於身」，也正
是貴後用於字表示比較的例子。

老子這一文句結構頗奇特，他釋「若」爲「則」，「爲」爲「於」，還有一些證據，
這裏不能一一列舉了。

這一解釋與呂氏春秋貴生本生篇之所言相合，與淮南子道應訓所釋也相合，(註一)
這一解釋是應該可信的。

老子這章說：「寵爲下，得之若驚，失之若驚」，自世俗人觀之，寵爲上，然自有
道者觀之，「福兮禍之所伏」，寵爲患本，有道者得寵則驚，而辱也非所欲，失寵也驚
的。

身體是很可貴的，然有身斯有患，則身體也可說是人的大患。

身體雖是人的大患，但知「道」者則當貴愛其身，而使之勿罹於患。「故貴以身
爲天下，則可寄天下，愛以身爲天下，則可以託天下」，那些以身貴於天下，愛身甚
於愛天下的人，是可以寄託他治天下的。

老子這一章「及吾無身，吾有何患」，有些人根據莊子「吾喪我」，逐釋爲忘身，
認爲忘身較貴身更好。這一解釋似不妥，因爲老子上文言吾所以有大患者爲吾有身，
則此「及吾無身」之「無」字，明係有無之無，是不能釋爲忘的。朱子文集卷四十五
答丘子服書對老子這一段曾有所解釋：

> 老子言，「道之眞以治身」，又言「身與名孰親」，而其言「外其身」「後其身」
> 者，其實乃所以先而存之也，其愛身也至矣，此其學之傳，所以流而爲楊氏之
> 爲我也。蘇子由乃以忘身爲言，是乃佛家夢幻泡影之遺意，而非老氏之本眞
> 矣。

由朱子所舉文證，明老子也係貴身。如釋此無身爲忘身，則上文「貴大患若身」及下
文「貴以身爲天下」，這些都不好講了。

（註一）　參看楊遇夫先生老子古義。

對於那些沈溺於「五音」「五色」「難得之貨」的人，老子告訴他「五色令人目盲，五音令人耳聾，……難得之貨令人行妨」，五色五音只是人們的患害。老子說「名與身孰親，身與貨孰多，得與亡孰病」，人是應該知道身體之重要的。

對於那一些知道貴身的人，老子則告訴他「後其身而身先，外其身而身存」，「夫唯無以生爲者，是賢於貴生」，「夫唯無私，故能成其私」。其「後身」「外身」「無以生爲」，也只是其貴生愛身的一種手段而已。

貴身之說，既見於老子，則其說當與道家無爲之論有關。分析至此，再看莊子在宥篇之所論：

> 聞在宥天下，不聞治天下也。在之也者，恐天下之淫其性也。宥之也者，恐天下之遷其德也。天下不淫其性，不遷其德，有治天下者哉！
>
> 昔堯之治天下也，使天下欣欣焉人樂其性，是不恬也。桀之治天下也，使天下瘁瘁焉人苦其性，是不愉也。夫不恬不愉，非德也，而可長久者，天下無之。人大喜邪，毗於陽，大怒邪，毗於陰，陰陽並毗，四時不至，寒暑之和不成，其反傷人之形乎？使人喜怒失位，居處無常，思慮不自得，中道不成章，於是乎天下始喬詰卓鷙，而後有盜跖曾史之行。故舉天下以賞其善者不足，舉天下以罰其惡者不給，故天下之大，不足以賞罰。自三代以下者，匈匈焉，終以賞罰爲事，彼何暇安其性命之情哉！
>
> 而且說（悅）明邪，是淫於色也；說聰邪，是淫於聲也；說仁邪，是亂於德也；說義邪，是悖於理也；說禮邪，是相於技也；說樂邪，是相於淫也；說聖邪，是相於藝也；說知邪，是相於疵也。天下將安其性命之情，之八者，存可也，亡可也。天下將不安其性命之情，之八者乃始臠卷獊囊而亂天下也。而天下乃始尊之惜之，甚矣，天下之惑也。豈直過也而去之邪，（宣穎曰：「豈但過時便任其去乎」）。乃齊戒以言之，跪坐以進之，鼓歌以儛之。（宣穎曰：「乃奕世欣奉不能已如此」）。吾若是何哉！
>
> 故君子不得已而臨涖天下，莫若無爲，無爲也而後安其性命之情。故貴以身於爲天下，則可以託天下，愛以身於爲天下，則可以寄天下。故君子苟能無解其五藏，無擢其聰明，尸居而龍見，淵默而雷聲，神動而天隨，從容無爲，而萬

物炊累焉，吾又何暇治天下也哉！

莊子這一段話當與老子相參證。老子道德經說：

> 大道廢，有仁義。慧智出，有大偽。六親不和，有孝慈。國家昏亂，有忠臣。
> （老子第十八章）
> 絕聖棄智，民利百倍。絕仁棄義，民復孝慈。絕巧棄利，盜賊無有。此三者以爲文不足，（健按，此「文」字即論語「文王既歿，文不在茲乎」之文，此亦可見儒道之針鋒相對處。）
> 故令有所屬。見素抱樸，少私寡欲。（老子第19章）

在宥篇所說「於是乎天下始喬詰卓鷙，而後有盜跖曾史之行」，此即老子「大道廢，有仁義，智慧出，有大偽」之意。其言「天下之大，不足以賞罰」，即老子「以爲文不足」之意。其言「不得已而臨蒞天下，莫若無爲，安其性命之情」，即老子「故令有所屬，見素抱樸，少私寡欲」之意了。在宥篇所謂「尸居而龍見，淵默而雷聲，神動而天隨，從容無爲，而萬物炊累焉」，此則言其「見素抱樸，少私寡欲」，此內在之道體（神）所發揮之妙用，雖齋居而能龍見於外，雖淵默而有雷聲，神動而天亦隨順，無爲而無不爲了（註一）。在宥篇所述，「故貴以身爲天下，則可以託天下」，其貴身，由其上文「無爲也而後安其性命之情」看來，以其貴身，非治天下，故係無爲，係安其性命之情；由其下文言「尸居而龍見，淵默而雷聲，神動而天隨」看來，因其貴身，安其性命之情，此內在之神能發揮其妙用，「修之身其德乃眞」而已。

安其性命之情，自然無爲，可以神動天隨，無爲而無不爲。苟不安性命之情，自然無爲，則就「淫其性，遷其德」，舉天下之大，不足以賞罰，而天下也大亂了。

治天下是應該安其性命之情，自然無爲的。彼拔一毛而利天下，既非安其性命之情，而且係有所爲，因此也就非其所欲了。治天下在貴身無爲，遂一毛不拔，則其流弊所至，當然是孟子所批評的「楊朱爲我，是無君」，韓非子所批評的「義不入危城，不處軍旅」了。老子貴身。楊朱爲我。爾雅釋詁，「身，我也」。楊朱爲我，明係老子一派。

此貴身貴生，係安其性命之情，與道論有關。前引淮南子氾論訓：

（註一）　莊子漁父篇，「眞在內者神動於外也」，此雖神動，仍係無爲，道家的無爲，並不是說凝滯不動的。此神動而天隨，即「動而以天行」「先天而天弗違」之意。老子此處言「見素抱樸」，恐亦與養神有關。莊子天地篇「明白入素，无爲復樸，體性抱神」，又刻意篇「純素之道，唯神是守」，皆其證。

全性葆眞，不以物累形，楊子之所立也，而孟子非之。

此所謂眞，雖訓爲眞實眞誠眞常，而其實也正是指的「道」。莊子天下篇：

不離於眞，謂之至人。

田子方篇：

其爲人也眞，人貌而天，虛緣而葆眞。(成疏：虛心順物，而恆守眞宗，動而常寂)

此處卽言葆眞。莊子漁父篇：

禮者世俗之所爲也。眞者所以受於天也，自然不可易也。故聖人法天貴眞，不

拘於俗。

成疏：

眞實之性，(健按此就「受於天」而言，故下一性字)，禀乎大素，自然而然，不可改易

也。法效自然，寶貴眞道，故不拘束於俗禮也。

大宗師篇：

亡身不眞，非役人也。

郭注：

自失其性，……受役多矣，安能役人乎！

此所謂眞，就其「人貌而天」說，此眞卽天，亦卽道。就其「所以受於天」而言，此

眞卽性，郭注成疏之釋眞，有時指性，有時指眞道，這都是對的。

全性葆眞，係楊朱之所立，旣與道論有關，則其拔一毛而利天下不爲，旣係全

性，也正係葆守其眞宗了。

全性所以葆眞，葆眞卽在於全性，此眞卽性卽天。但此在孟子則不同，「知性

則知天」，此性係指仁義禮智，而非指生及身上之一毛，孟子是可以捨生而爲天下

的。

莊子論性有較楊朱一派爲高明處，莊子德充符篇：

魯有兀者叔山無趾。……無趾曰：「吾唯不知務而輕用吾身，吾是以亡足。今

吾來也，猶有尊足者存，(此指道)，吾是以務全之也」。……

申徒嘉，兀者也。……申徒嘉曰「……人以其全足笑吾不全足者，衆矣。……

吾與夫子遊十九年矣，而未嘗知吾兀者也，(郭注，忘形故也)。今子與我遊於形骸

之內，（內以德言），而子索我於形骸之外，（外以足言），不亦過乎？

道誠然較足爲尊，但莊子講養生主，「可以全生，可以盡年」，莊子仍係楊朱一派的。

　　道家之全性，其全身上之一毛，正係全其自然，故道論中之全性係指全自然之性，如莊子繕性篇：

　　　古之人，……莫之爲而常自然。……及唐虞始爲天下，澆淳散朴，離道以善，
　　　險德以行，然後去性而從於心。心與心識知而不足以定天下。然後附之以文，
　　　益之以博。文滅質，博溺心，然後民始惑亂，無以反其性情而復其初。

成疏：

　　　離虛通之道，捨淳和之德，然後去自然之性，從分別之心。

繕性篇上文言「莫之爲而常自然」，故成疏釋「去性」爲「去其自然之性」，這是對的。

　　道家之性論，係全其自然。儒家就其「知性則知天」說，此性卽天，故亦係自然。然就此性指仁義禮智而言，則儒學所貴者更在其當然，這一點是與道論不同的。

　　繕性篇言「無以反其性情而復其初」，此言「反性」，正與孟子「堯舜性之也，湯武反之也」之言「反之」相合。但孟子之「反之」，其復性指復其仁義禮智之性，而莊子繕性篇則指復其自然之性，這是不同的。（註一）

　　莊子人間世篇：

　　　葉公子高將使於齊，問於仲尼曰，『……吾甚慄之，……子嘗語諸梁也，曰「……事
　　　若不成，則必有人道之患。事若成，則必有陰陽之患，（郭注，人患雖去，然喜懼戰
　　　於胸中，固已結冰炭於五藏）」……爲人臣者，不足以任之，子其有以語我來』。仲尼
　　　曰：「天下有大戒二，其一，命也，其一，義也。子之愛親，命也，不可解於
　　　心。臣之事君，義也，無適而非君也，無所逃於天地之間，是之謂大戒。是以
　　　夫事其親者，不擇地而安之，孝之至也。夫事其君者，不擇事而安之，忠之盛
　　　也。自事其心者，哀樂不易施乎前，知其不可奈何而安之若命，德之至也」。

此處言「人之事君，義也，無所逃於天地之間」，則所行未嘗不合乎義。但此所謂義，據成疏其意係「分義相投，非關天性」，此與孟子「君子所性仁義禮智根於心」之

（註一）　朱子於論語首章，於大學在明明德，皆以復其初爲言。戴氏疏證駁之，說「復其初之云，見莊周書」，
　　　　　舉繕性篇爲證。戴氏卽不明孟子此意。戴氏僅見朱子注釋字面與莊子同，而不知朱子所言實與孟子
　　　　　合，而與莊子是不同的。

認義係性者，是不同的。莊子此處言，「人之事親，命也，不可解於心」，成疏，「此
之性命，出自天然，中心率由，故不可解」，此雖認仁係天性，但亦不認仁係道體，
莊子此處也只是因任自然之性，「乘物以遊心」，「所遇斯乘」而已。

　　因應自然，所行合乎仁義，而道體却只是自然，而並非仁義的。莊子天運篇說：

　　　　仁義，先王之蘧廬也，止可以一宿，而不可以久處。

同篇又說：

　　　　孔子見老聃而語仁義。老聃曰：「夫播穅眯目，則天地四方易位矣。蚊虻噆
　　　　膚，則通昔不寐矣。夫仁義憯然乃憤吾心，亂莫大焉。吾子使天下無失其朴，
　　　　吾子亦放風而動，總德而立矣，又奚傑然若負建鼓而求亡子者邪？……」

道家之所行，是可以合乎仁義禮智，而道體本身則係素朴自然而非仁義禮智的。前引
莊子在宥篇，「悅仁邪，是亂於德也……」，那一大段也正是主張因任自然，而不標舉
仁義的。

　　因任自然，而不着重仁義禮智，則其所見，就容易以利為本，即以道德經而論：

　　　　是以聖人處無為之事，行不言之教，萬物作焉而不辭，生而不有，為而不恃，
　　　　功成而弗居，夫唯弗居，是以不去。(老子第二章)

　　　　天長地久，天地所以能長久者，以其不自生，故能長生。是以聖人後其身而身
　　　　先，外其身而身存，非以其無私邪，故能成其私。(老子)第七章

　　　　夫唯不爭，故天下莫能與之爭 (老子二十二章)

　　　　以其終不自為大，故能成其大 (老子三十四章)

此處即以利為本。「我獨愚人之心也哉」，而「頑似鄙」，「反者道之動」，其以退為進，
其貴柔，正其手段之厲害處。後世刑名兵權謀家與道論有關，正非無因的。

　　莊子駢拇篇說：

　　　　彼正正者不失其性命之情。……鳧脛雖短，續之則憂。鶴脛雖長，斷之則悲。
　　　　故性長非所斷，性短非所續，無所去憂也。意仁義其非人情乎。彼仁人何其多
　　　　憂也。……

　　　　且夫待鈎繩規矩而正者是削其性也。待繩約膠漆而固者，是侵其德也。屈折禮
　　　　樂，呴俞仁義，以慰天下之心者，此失其常然也。……

　　　　夫小惑易方，大惑易性，何以知其然邪？自虞氏招仁義以撓天下也，天下莫不

奔命於仁義，是非以仁義易其性歟？故嘗試論之，自三代以下者，天下莫不以
物易其性矣。小人則以身殉利，士則以身殉名，聖人則以身殉天下。……其於
傷性，以身爲殉，一也。……若其殘生損性，則盜跖亦伯夷已，又惡取君子小
人於其間哉！……

且夫屬其性乎仁義者，雖通如曾史，非吾所謂臧也。……吾所謂臧，臧於其德
而已矣；吾所謂臧者，非仁義之謂也，任其性命之情而已矣。

莊子此處言性，就其「性長非所斷」而言，此性明指自然之性。此自然之性本係已有，
故曰「臧於其德而已矣」。其率其自然之性，得其自然之得，也就是彼所謂道了。

就其自然及外名利而言，其胸襟高絕。然就其批評聖人以身殉天下係殘生損性而
言，則仍與孟子不同。聖人以身殉天下，並非爲利，而係「惟義之所在」。孟子之所
性係指仁義禮智，更非指生，更非指名利的。孟子曰：「廣土衆民，君子欲之，所樂
不存焉；中天下而立，定四海之民，所性不存焉。君子所性，雖大行不加焉，雖窮居
不損焉，分定故也。君子所性仁義禮智根於心……。」此已言名利非所性。

孟子「知性則知天」，「誠者天之道」。此性係生而稟賦之理，亦卽生之所以然之
理。此性係體，而生係用，性與生是仍有體用之別的。

莊子駢拇篇批評儒學殘生損性，此性字不指仁義，而指自然之性。其言殘生損
性，則仍未忘情於生，仍係以生爲貴，「以利爲本」的。

道家以生爲重，而「形非道不生」。道係生之所以然之理，則體道應可長生，故
道論常論及長生。老子道德經：

治人事天莫若嗇。夫惟嗇，是以早服。早服謂之重積德。重積德則無不克。無
不克則莫知其極。莫知其極，可以有國。有國之母，可以長久。是謂深根固柢
長生久視之道。(老子五十九章)

此處卽提到長生久視。又莊子在宥篇：

至道之精，窈窈冥冥。至道之極，昏昏默默。無視無聽，抱神以靜，形將自
正。必靜必清，無勞女形，無搖女精，乃可以長生。目無所見，心無所知，女
神將守形，形乃長生。愼女內，閉女外，多知爲敗。我爲女遂於大明之上矣，
至彼至陽之原也。爲女入於窈冥之門矣，至彼至陰之原也。天地有官，陰陽有

　　藏，慎守女身，物將自壯。我守其一(道，神)，以處其和(陰陽之和，指形)，故我修

　　身千二百歲矣，吾形未嘗衰。

此處卽提到壽千二百歲。正因重生，所以後世神仙家言就與道論有關了。

　　就儒學來說，「生，亦我所欲也」，非不欲長生。但其所重視者畢竟係仁義禮智，

「惟義之所在」。道論之論及長生，類皆荒謬不經的。

　　道論言長生。前引老子道德經說，「治人事天莫若嗇，……是謂深根固柢長生久

視之道」，健按呂氏春秋情欲篇有一段係述老子此章之意：

　　古人得道者，生以壽長。聲色滋味，能久樂之。奚故，論早定也。論早定則知

　　早嗇，知早嗇則精不竭。

又韓非子解老篇釋老子此章說：

　　所謂事天者，不極聰明之力，不盡知識之任。苟極盡則費神多，費神多則盲聾

　　悖狂之禍至，是以嗇之。嗇之者，愛其精神，嗇其智識也。故曰，「治人事天

　　莫如嗇」。

韓非解老釋上德不德章說：

　　上德不德，言其神不淫於外也。神不淫於外則身全，身全之謂德。德者得身

　　也。凡德者，以無爲集，以無欲成，以不思安，以不用固。爲之欲之，則德無

　　舍。……故曰，上德不德，是以有德。

則其長生全身也正有繫於愛養其精神，此與莊子在宥篇之言「抱神以靜」壽千二百歲

正相合的。

　　莊子在宥篇言及「抱神以靜」，健按莊子內篇亦言養生主，係「以神遇，不以目

視，官知止而神欲行」的。莊子逍遙篇言，藐姑射山的神人，「其神凝」，不僅肌膚綽

約如處子，而卽其「塵垢粃糠，將猶陶鑄堯舜」，推其緒餘，猶足成唐虞之治的。莊子

天地篇說：

　　吾聞之吾師。有機械者必有機事。有機事者必有機心。機心(功利機巧之心)存於

　　胸中，則純白不備。純白不備，則神生不定。神生不定，道之所不載也。

同篇又說：

　　執道者德全。德全者形全。形全者神全。神全者聖人之道也。

這可見道家係養神一路了。（參看陳建學蔀通辨卷四）

天地篇所言，「純白不備，則神生不定」，此純白又當與莊子人間世篇之言互證。莊子人間世篇說：

> 唯道集虛，虛者心齋也。……聞以有知知者矣，未聞以無知知者也。（下文謂外於心知，故知道家係以無知知），瞻彼闋者，虛室生白，（司馬彪曰：「闋，空也，心能空虛，則純白獨生也」），吉祥止止。……夫徇耳目內通，而外於心知，鬼神將來舍，而況人乎？

此耳目內通，外於心知，此卽齊物論「形如槁木，心如死灰」之說。其「虛室生白」，純白能備，這只是其「心齋」之後，靜極之所見。這僅是心之虛明靈覺所生之幻像，而非孟子所性之仁義禮智的。

此虛室生白，並非向外見知，而係靜極無知之所知。見此幻影，以爲卽係見道，卽能把柄在手，所行無不合乎道。則其所行，只見其荒唐恣肆而已。

人之心係虛明靈覺的，道論中以明鏡爲喻，如莊子天道篇：

> 水靜則明燭鬚眉，平中準，大匠取法焉。水靜猶明，而況精神。聖人之心靜乎，天地之鑒也，萬物之鏡也。夫虛靜恬淡，寂寞無爲者，天地之平，而道德之至。……夫虛靜恬淡，寂寞無爲者，萬物之本也。明此以南面，堯之爲君也。

荀子解蔽篇亦言：

> 治之要在於知道。人何以知道，曰心。心何以知，曰，虛壹而靜。……虛壹而靜，謂之大清明。萬物莫形而不見，莫見而不論，莫論而失位，……夫惡有蔽矣哉！心者形之君，而神明之主也。……故人心譬如槃水，正錯而勿動，則湛濁在下，而清明在上，則足以見鬚眉而察理矣。微風過之，湛濁動乎下，清明亂於上，則不可以得大形之正也。心亦如是矣。……

此其言卽大體相同，荀子言「虛壹而靜而謂之大清明」，此清明亦正與莊子之言「純白」意近。純白亦正係鏡像，心如明鏡，後世禪宗亦言心如明鏡臺的。

心如明鏡，虛明靈覺，但此以孟子之學說視之，「心之官則思」，其能靈妙不測，正由於仁義禮智之性根於心之故。仁義禮智之性係體，而其靈覺則係用，性係理，係

所以靈覺而非覺的。以靈覺爲性 ， 這正是程朱一派所批評的「有見於心而未見於性」了。

　　孟子說：

　　　君子所過者化，所存者神。上下與天地同流，豈曰小補之哉！

朱注：

　　　所存者神，心所存主處，便神妙不測。

此可與莊子一書中之言神比較。孟子之所存者神，係共「以仁存心，以禮存心」，「心之官則思」，「先立乎其大」，盡其心之功能，盡其仁義禮智之性，所顯現於外之神妙不測而已。君子所性，仁義禮智根於心。性係仁義禮智，係所以神而非神的。

　　孟子之言「所存者神」，與莊子之言「其神凝」，其欲神則一。但其所以神，則是不同的。莊子此凝字，卽中庸「苟不至德，至道不凝」之凝，但其如何凝，則是與中庸不同的。

　　莊子天地篇：

　　　泰初有無，無有無名。一之所起，有一而未形。物得以生謂之德。未形者有分，且然無間謂之命。留動而生物，物成生理謂之形。形體保神，各有儀則謂之性。性修反德，德至同於初。同乃虛，虛乃大。合喙鳴。喙鳴合，與天地爲合。其合緡緡，若愚若昏，是謂玄德，同乎大順。

成疏：

　　　率此所稟之性，循復生初之德，故至其德處，同於太初。

錢賓四先生莊子纂箋云：

　　　形載神而保合之，視聽言動各有常然之則，乃所謂性也。朱子曰：「各有儀則之謂性，比之諸家差善。」

健按就其「各有儀則謂之性」言，與孟子「天生蒸民，有物有則，民之秉彝，好是懿德」其言「則」相合。但就其形體保神而言，則其保神之方法係「形如槁木心如死灰」，「耳目內通，外於心知」，與儒學是不同的。我們不要以其語句字面之相同，而忽略其實際之不同的。

　　孟子說：「知性則知天」，孟子又說，「有本者若是」，今再看莊子天下篇之言論：

　　　古之所謂道術者，果惡乎在？曰，無乎不在。曰，神何由降，明何由出？聖有

所生，王有所成，皆原於一。不離於宗，謂之天人。不離於精，謂之神人。不
離於眞，謂之至人。以天爲宗，以德爲本，以道爲門，兆於變化，謂之聖人。

在莊子看來，人之所以有此神明，係原於道的。此道卽天，以天爲宗，不離於此，卽
爲天人。此道內在而爲人之精神神明，不離於此，謂之神人。此道是眞實永恒的，不
離於此，卽爲至人。而聖人呢，就其以天爲宗言，卽天人；就其以德爲本，不離於精
而言，卽神人；就其以道爲門，兆（見也）於變化而言，（註一）卽謂之聖人。此「天」
卽道，道是不可須臾離的，天、德、道、其實是一事，不過就其出於天而言謂之天，
爲人所稟而言謂之德，爲人所行之路謂之道而已。天人神人至人聖人，凡此四名，僅
係「所自言之異」，並無優劣高下之分的。

　　莊子天下篇贊莊子之道術，其言曰：

寂寞無形，變化無常。死與生與，天地並與，神明往與。芒乎何之，忽乎何
適。萬物畢羅，莫足以歸。古之道術有在於是者，莊周聞其風而悅之。以謬悠
之說，荒唐之言，無端崖之辭，時恣縱而不黨，不以觭見之也。以天下爲沈
濁，不可與莊語。以巵言爲曼衍，以重言爲眞，以寓言爲廣。獨與天地精神往
來，而不敖倪於萬物。不譴是非，以與世俗處。其書雖瓌瑋而連犿無傷也，其辭
雖參差而諔詭可觀。彼其充實不可以已，上與造物者遊，而下與外死生無終始
者爲友。其於本也，宏大而闢，深閎而肆。其於宗也，可謂調適而上遂矣。雖
然其應於化而解於物也，其理不竭，其來不蛻。芒乎昧乎，未之盡者。（註二）

此中言，「其於本也，宏大而闢，深閎而肆」，此係「以德爲本」。「其於宗也，可謂調
適而上遂矣」，此係「以天爲宗」。「其應於化而解於物也，其理不竭，其來不蛻，芒乎
昧乎，未之盡者」，此係「以道爲門，兆於變化」。則莊子殆以聖人自居了。

　　莊子天下篇說，「以天爲宗」，「以德爲本」，這有點近似孟子之「知性則知天」。
莊子之「獨與天地精神往來」，這也類似孟子之「上下與天地同流」。其言以德爲本，
這也類似孟子之「有本者如是」，及中庸「中也者天下之大本」的。

　　字面論，非常近似，但其所指不同。「以德爲本」，此在中庸孟子指人之仁義禮智

（註一）「以道爲門，兆於變化」，朱駿聲說文通訓定聲釋兆爲逃，與下文言應化解物不合。
（註二）「芒乎昧乎，未之盡者」，此昧卽老子「明道若昧」之昧，又上引天地篇亦言，「若愚若昏，是謂玄德」。

之性。「道也者不可須臾離也」，亦指人之仁義禮智之性。而此在莊子，其「以德為本」，只是有見於人心之精神。其「不離於真」，此所謂真亦只是指恍兮惚兮那一物事而已。

「以道為門，兆於變化」。「道也者不可須臾離者也」。苟道體係不可須臾離，這也只能說是仁義禮智才可。（註一）

儒道二家之所論，本有極近似處。故自來注儒書有用道家言者，如王弼之注周易論語。注道書有用儒家言者，如范應元老子道德經注。其實我們不可因其所用之名詞，如道德性命等字形相同，遂以為無別。（註二）我們應該追問這一些名詞究竟指的甚麼，仔細的比較這些異同的。詳細的比較這些異同，「析之極其精而不亂，合之盡其大而無餘」，這也就可以看得出，在先秦百家競爽時，這一些學派之相互影響處，這對於了解古代儒家的思想是將有所幫助的。

就「知性則知天」「誠者天之道」說，其「以天為宗」是相同的。就「率性之謂道」「有本者如是」說，其「以德為本」是相同的。但孟子的性指仁義禮智，係所以生而非生。可以捨生取義。性與生有體用之別。

孟子的性指仁義禮智而非身。「仁義禮智根於心」，心與身有大體小體之別。

孟子的性，就其天生而言，亦係自然。但就其指仁義禮智而言，更指的當然。

孟子的性，就其「仁義禮智根於心」「所存者神」而言，此性係所以神而非神。道家就其言心言德言神而忽略仁義禮智之性而言，我們可以說道家之言道體，僅有見

（註一）　金岳霖道式能一文，既言「居式由能，莫不為道」，而他之所謂道，却不是仁義禮智，却是 x，這是近於道家而異於儒學的。馮友蘭新原道以新統自居，對於「理」，並未肯定是指的甚麼，這也是近於老莊而異於孔孟程朱的。

（註二）　王弼注易，朱子謂其「巧而不明」。儒道所言本有近似亂真之處，王氏以道家言比傅儒書，本甚巧妙，故朱子稱其巧。然王氏實不明儒道之區別，故朱子斥之為「不明」。程氏遺書卷一評楊雄之說曰：
　　　如楊子看老子，則謂言道統則有取。至如摧提仁義，絕滅禮學則無取。若老子「剖斗折衡」，「聖人不死，大盜不止」，為救時反本之言為可取，尚有可恕。如老子言「失道而後德，失德而後仁，失仁而後義，失義而後禮」，則自不識道，已不成言語。却言其言道德則有取，蓋自是楊子已不見道，豈得如韓愈也。
同卷又評王弼之學曰：
　　　王弼注易，元不見道，但却以老莊之意解說而已。
健按，楊雄王弼卽僅見道德字形之相同，而忽略其所指之異，故為程子所斥。
　　莊子齊物論說：「庸也者，用也。用也者，通也。通也者，得也。適得而幾矣。」錢先生莊子纂箋說：「穆按，中庸之書卽本此。」健按，錢說卽可商。

於心之精神而未見於性 (仁義禮智) 的。

其理論體系也不同。孟子「知性則知天」，其天論是建立在其性論上的。孟子是由人之惻隱之心等論證以證人之有仁義禮智之性，由人之有仁義禮智之性，誠者天之道，以推測天亦係仁義禮智的。孟子的天論政論均建立在其性論上。

而此在道家則不然，道家的天僅係自然的天，其所行僅係法天道，並未以性論爲其主要根據。

道家就其「以天爲宗」「以德爲本」言，也可說是天人一貫，但其所以一貫則是不同的。由人性去了解上帝，「知性則知天」，則道體是可說，而不需要談空說有心齋坐忘的。(註一) 政論有性論爲其根據，則其所言是確鑿可行的。道家如果接受這些，則其理論體系也就不如改依孟子的了。

對於性論天論，其看法不同。所以其論道，一個是「常道」，一個是「非常道」。一個是「可名」，一個是「非常名」。(常有二義，恆常平常)

儒家的道，卽指仁義禮智。因此「非仁不爲也，非義不爲也」，嚴義利之辨。而此在道家則仍不免於「以利爲本」。(見前)

分析至此，請進論「去知與故」「故而已矣，故者以利爲本」此一故字的含義。此章既係批評道家一派之性論，則此章故字之解釋，自然是只能如呂氏春秋本生篇「以全天爲故也」高注之釋爲事的。

莊子刻意篇說：

> 聖人之生也天行。其死也物化。靜而與陰同德，動而與陽同波。不爲福先。不爲禍始。感而後應。廹而後動。不得已而後起。去知與故，循天之理。

成玄英疏：

> 內去心知，外忘事故，如混沌之無爲，順自然之妙理也。

又管子心術篇：

> 是以君子不怵乎好，不廹乎惡，恬愉無爲，去智與故。其應也，非所設也。其動也，非所取也。過在自用，罪在變化。是故有道之君，其處也若無知，其應物也若偶之，靜因之道也。

(註一)　熊先生新唯識論第一章談到本體的實證，其議論近於道家，與孟子不同，與程朱所言亦異。熊先生於余爲太老師，在中學時卽曾讀其書，惜未能奉手請益也。

尹知章注：

故，事也。既忘智則事自去，自用不順理則生過。

則舊說均釋「去知與故」之故爲事的。郭慶藩莊子集釋說：

故，詐也。晉語「多爲之故，以變其志」，章注曰，謂多作計術以變易其志。
呂覽論人篇「去巧故」，高注「巧故，僞詐也」。淮南主術篇：「上多故則下多
詐」，高注，「故，巧也」，皆其例。管子心術篇「去知與故」，尹知章注：「故，
事也」，失之。

又劉師培莊子斠補說：

秋水篇：「無以故滅命」，故卽巧故之故。……郭注云，「不因其自爲而故爲之」，
非也。知北遊篇云，「眞其實知，不以故自持」，故亦巧故。猶管子心術篇所
云「去智與故」也。

健按，此「故者以利爲本」之「故」卽本生篇「以全天爲故」之「故」，高注，「故，
事也」，如釋故爲巧爲詐，則呂氏春秋及孟子下文「苟求其故」之故，均不好講了。

「以全天爲故」，以全天爲事，其全天也正是其有所事的原故，因此故字又可訓爲
原故。說文：「故，使爲之也」。段注：「今俗云原故是也，凡爲之，必有使之者，使
之而爲之，則成故事矣」。前引呂氏春秋重已篇說，「愼性命之情」，「有之利故也」，竊
謂孟子此章係批評這一派人的性論，此「有之利故也」之故卽可訓爲原故的。(註一)

莊子說，「去智與故，循天之理」。管子心術篇說，「過在自用」。孟子亦說，所惡
於智者爲其鑿也，如智者行其所無事，則智亦大矣。由莊子此言看來，孟子亦正是欲
人循乎本心之天理。禹之治水，係循乎本心之天理，非有所事，非有某原故使之而爲
之的，故係行其所無事。因係行其所無事，一依乎天理之當然，故其表現於治水之智
也就大了。如禹之治水，係有所爲 (去聲)，有所事，則就「過在自用」，而對本心有所
穿鑿，這樣水就不會治好了。

故而已矣，係有所事，有所穿鑿。追究其有所事的原因，則因其「以利爲本」，故
孟子說，「故者以利爲本」。以利爲本，則也就不知仁義禮智之爲性，故孟子說，「天
下之言性也，則故而已矣」。

孟子這一段話，今簡釋如下：

(註一) Richards, Mencius on the Mind 譯孟子此故字爲 causes，頗好。

天下之言性者，都不是有見乎天理，都是有所事的，有所事的人，完全以利爲本。這一些言性的聰明人，其智之可惡，就在於其穿鑿本心。如這些智者亦如禹之治水，則其智亦就不可惡了。禹之治水，行其所無事，完全循乎天理之當然，如智者亦能循乎天理之當然，則其智也就大了。假如能夠這樣，則天之高也，星辰之遠也，苟研求其事，則雖千歲之日至，也可以算出來的。

這一「所惡於智者」之智，與「君子所性仁義禮智根於心」之智字不同。前者係世俗所謂「智謀之士」之智，才智之智，而「君子所性仁義禮智根於心」之智，則係天理，亦卽理性，與前者是不同的。依乎天理，則其智是至善。至如世俗之智謀才智與智者，其智就不一定是善的了。孟子所以惡於這一些智者，正因世俗人之所譽爲智者，多係穿鑿本心，而非合乎天理的。

　　莊子應帝王篇：

　　无爲名尸，无爲謀府，无爲事任，无爲知主，體盡无窮，而遊无朕，盡其所受乎天，而无見得，亦虛而已。至人之用心若鏡，不將不迎，應而不藏，故能勝物而不傷。南海之帝爲儵，北海之帝爲忽，中央之帝爲渾沌。儵與忽時相遇於渾沌之地，渾沌待之甚善。儵與忽謀報渾沌之德，曰，人皆有七竅，以視聽食息，此獨无有。嘗試鑿之，七日而渾沌死。

健按，此「无爲事任，無爲知主」，卽去智與故之意。其言「日鑿一竅，七日而渾沌死」，此鑿卽孟子「爲其鑿也」之鑿，此渾沌指「本體之眞，渾沌如未形之樸」，而此在孟子，其被鑿受損者則指仁義禮智所根之心，這是不同的。

　　此心合乎天理，則雖爲而猶如無爲。雖有所事，（如治水）而實係行其所無事。就這一點說，孟子之言行其所無事，與道家之言無爲，是並沒有甚麼不同的。

　　合乎天理，此「天理」之內在相同。但此天理，所指目却並不是一事。莊子刻意篇說，「去智與故，循天之理」，成疏：

　　內去心知，外忘事故，如混沌之無爲，順自然之妙理。

在莊子指渾沌之至道，而此在孟子則指根於心之仁義禮智，這是不同的。

　　莊子知北遊篇：

　　果蓏有理。

又則陽篇：

> 萬物殊理。道不私，故無名。

此「萬物殊理」之「理」，相當於程朱所謂「在物爲理」之「理」。

莊子繕性篇：

> 夫德，和也。道，理也。德無不容，仁也。道無不理，義也。

此道亦卽所以理物者，故道亦卽理。莊子一書中如「可以語於大理矣」，此大理卽指的道。前引荀子解蔽篇「闇於大理」，此大理亦指的道。(參看本文第四章)。道卽理，就其可行而言，名之曰道，就其內在及所以理物而言，則謂之曰理。道與理，異名同實，所從言之異而已。

孟子說：

> 孔子之謂集大成。集大成也者，金聲而玉振之也。金聲也者，始條理也。玉振之也者，終條理也。始條理者智之事也。終條理者，聖之事也。

朱注：

> 條理，猶言脈絡，指衆音而言也。

就「條理」指脈絡衆音而言，此「理」字相當於萬物殊理之理，此理係外在者。就其始終條理之，聲之振之而言，則此「智」也正所以條理之，亦可謂之爲理的。孟子說：

> 心之所同然者何也，謂理也義也。聖人先得我心之所同然耳。故理義之悅我心，猶芻豢之悅我口。

此謂理義爲人性之所同具，故人心同悅此理義，明此理係內在的。人性所同者孟子指仁義禮智，明仁義禮智亦卽理了。戴東原孟子字義疏證釋理字僅條理肌理腠理文理分理，而不知仁義禮智之爲理。戴氏引養生主篇「依乎天理」之理爲證，其實莊子此「依乎天理」之理，就其「以德爲本」而言，明指內在之道體(神)，而非僅戴氏所謂分理的。成疏釋爲「依天然之腠理」，其實這僅解釋了原文下文的「因其固然」，而忽略了上文之言「以神視」，其說似失之不備的。傅先生性命古訓辨證對戴說有一很明快的答辯：

> 樂記云，「人生而靜，天之性也。感於物而動，性之欲也。物至知知，然後好惡形焉。好惡無節於內，知誘於外，不能反躬，天理滅矣。夫物之感人無窮，

而人之好惡無節，則是物至而人化物也。人化物也者，滅天理而窮人欲者也。」
夫理者以其本義言之，固所謂分理肌理文理條理也。然表德之詞皆起於表質，
抽象之詞皆原於具體，以語學之則律論之，不能因理字有此實義，遂不能更爲
玄義（玄字之本義亦爲細微，然老子之玄字，不能但以細微爲訓）。既曰天理，且對人欲爲
言，則其必爲抽象之訓，而超于分理條理之訓矣。必爲「如有物焉」，而非但謂
散在萬物之別異矣。故程朱之用理字，與樂記相校，雖詞有繁簡，義無殊也。
（鄭氏注天理云：「理猶性也」。康成漢儒、戴氏所淑，亦未以理爲分理也）。夫曰不能反躬則天理
滅，明天理之在內也。⋯⋯（下卷 P9）

健按樂記以天理與人欲對舉，與孟子「養心莫善於寡欲」仁義禮智之性與食色之欲對
舉相合，明此天理卽指人性中之仁義禮智。樂記鄭注：「理猶性也」。此正與程朱「性
卽理也」相合的。

　　莊子刻意篇所云：「依乎天理」，就理之外在者而言，其處理之，正「因其固然」，
不違乎其文理條理腠理，儒道所言無不同。就理之內在者言，孟子說：「始條理者，
智之事也，終條理者，聖之事也」，其所以能始終條理之者，仍係本性之仁義禮智。
儒學之所謂理，其內在者是指仁義禮智，是與道家不同的。道家就其「德無不容，道
無不理」說，體道，是可以合乎仁義禮智，而道本身則是「道不私，故无名」的。

　　孟子盡心篇：

　　孟子曰：「萬物皆備於我矣，反身而誠，樂莫大焉。強恕而行，求仁莫近焉」。
朱子集註：

　　此言理之本然也，大則君臣父子，小則事物細微，其當然之理，無一不具於性
　　分之內也。
四書纂疏引朱子孟子或問說：

　　萬物之生，同乎一本。其所以生此一物者，卽其所以生萬物之理也。故一物之
　　中，莫不有萬物之理也。所謂萬物皆備云者，亦曰有其理而已矣。
又引輔氏曰：

　　理之本然，卽所謂性也。理之本然，一而已。然於應事接物之際，則其分限品
　　則，各自不同。故極其大者言之，則如君臣父子，總其小者言之，則如事物之

細微，其當然之理，無一不具於性分之內。蓋雖有萬之不同，然其理之本然則一而已。

孟子於此更謂萬物之理皆具於我。萬物之理皆具於我，此只能由「知性則知天」予以解釋。因為仁義禮智之性卽天，而天却是生萬物的，故萬物雖殊，而其本然及當然之理，無不具於心了。萬理皆備於我，故反諸身而不誠，則此心終覺歉然。由心之不樂，此心之終覺歉然，此可證萬物之理係內在於吾心的。

莊子徐無鬼篇有一段可與孟子此處比較。徐無鬼篇說：

夫大備矣，莫若天地。然奚求焉而大備矣。知大備者，無求無失無棄，不以物易已也。反已而不窮，循古而不摩 (滅也)，大人之誠。

陸長庚南華眞經副墨說：

天地奚求焉而大備也，無心自然而已。知大備者，無求也，無失也，無棄也。何者？性分之中，萬物皆備，何假於外而曰求，何所遺忘而曰失，何可舍置而曰棄。故知大備者，不以物喪已，反之身而各足也，循乎邃古而不摩也，此大人之誠也。

此道體具於心，故曰「大備」，故曰「反已而不窮」。但此道體，在孟子則指仁義禮智，而此在莊子則不如是的。

這一章論去智與故，其去智與故，係儒道所同，但孟子僅厭惡世俗智者之穿鑿，而對於根於心之仁義禮智，則正是要人盡其性的。孟子說：

伯夷，聖之清者也。伊尹，聖之任者也。柳下惠，聖之和者也。孔子聖之時者也。孔子之謂集大成。集大成也者，金聲而玉振之也。金聲也者，始條理也。玉振之也者，終條理也。始條理者，智之事也。終條理者，聖之事也。智譬則巧也，聖譬則力也。由射於百步之外也。其至，爾力也。其中，非爾力也。

孔子之所以能超過伊尹柳下惠等人，正因其盡仁義禮智之性，其智識之有以勝之，故能時中。孟子對於智識，又是很注重的。(智識，智卽其智大矣之智，識指才識知識)

智識的重要，道家未嘗不知之。道家也說，「知不知上矣」，「有眞人然後有眞知」，對於此眞知，老莊也不反對，此與孟子並無不同。但其所以能有此眞知，道家的方法係「絕聖棄智」，「致虛極，守靜篤」，「坐忘心齋」，而此在孟子則講「知言」「博

學」「反身而誠」，此儒道之迥然不同處。

　　就孟子來說，人是具有仁義禮智之性的。此仁義禮智之性，正是人事業之根本。此仁義禮智之性，雖「百姓日用而不知」，「終身由之而不知其道者衆」，但苟能知之，「以仁存心，心禮存心」，立其大本，「源泉混混，不捨晝夜，盈科而後進」，則是可以有所成就的。

　　此仁義禮智之性，雖爲人所具，但人畢竟非生知，有「性之」「反之」之別，有生知學知困知之別。有些事，人固然可因反身而不誠，此心覺有所歉然，而力求改進，以求所行合乎仁義禮智，但有時事物之來，馬上要應，錯誤一鑄成，是不容許再挽救的，假若先有此一事物之智識，則何至於此，這樣看來，智識之重要，並非因爲人之仁義禮智之性有所欠缺，而是由於人之非生知，時乎時乎不再來的。正因智識之重要，而學者也就容易忽略性德之重要，立本之重要了。

　　人是有仁義禮智之性的，故孟子教人立本，使其不自暴自棄，如源泉混混，不似溝澮之涸可立待。此仁義禮智是根於心的，故告子「不得於言，勿求於心」，孟子卽以爲不可。人是有仁義禮智之性與食色之性的，此二者此盈則彼絀，彼盈則此絀，故孟子教人寡欲。人之性非生知的，故孟子教人「知言」「博學」。孟子教人立本，反身而誠，而又言知言博學，此與中庸教人以誠一貫，而又言「尊德性而道問學」，誠明交修，其意思一樣。

　　「始條理者，智之事也。終條理者，聖之事也」。智之重要如此。其重智，正有其性論作其根據。反觀老莊之言絕聖棄智，其議論固新奇動聽，然實忽略人性之非生知。是不可以因噎癈食的。

　　就政論來說，「悖乎人性，災必逮夫身」，政論是應該以性論爲其根據的。道家對於人性的分析，不如孟子，其政論也未顧及人性之各方面。由性論可以說明其政論之所以不同，而性論也正是判斷其政論是非高下之標準。這裏不能多說了。

　　以上對孟子此章的解釋，固由於象山語錄之啓示，但拙釋「故而已矣」之故，並非訓爲「陳迹」，而對「苟求其故」這一段的解釋，則是與朱子同，而異於象山的。

　　朱子文集卷六十一答林德久書林氏原信中曾提到此故字很似莊子「去智與故」之故，並提到龜山楊氏及蘇氏子由的說法。今按，楊說見於龜山集卷六，蘇說見於其

所著孟子解，均未引莊子「去智與故」之言，楊蘇二說之謬誤，朱子孟子或問已指
出，這裏不必引了。

　　清代漢學一派對此章亦有解釋，焦循孟子正義引毛奇齡四書賸言補云：

　　「天下之言性也，則故而已矣」，觀語氣自指汎言性者，與「人之爲言」，「彼所
　　謂道」語同。至「以利爲本」，然後斷以己意。因是時俗尚智計，多用穿鑿。
　　「故」原有訓智者，淮南原道訓，「不設智故」，謂不用機智穿鑿之意，正與全文
　　言智相合。是以孟子言，天下言性，不過智計耳，顧智亦何害，但當以通利不
　　穿鑿爲主。夫所惡於智者，爲穿鑿也。如不穿鑿，則行水治曆，智亦大矣。

毛氏釋故爲智，則下文「苟求其故」之故字就不好講了。既係批評他人之性說，則利
字也不能訓爲通利的。

　　焦循自己的說法是：

　　孟子此章，自明其道性善之恉。……易雜卦傳云，「革，去故也，鼎取新也」，
　　「故」謂已往之事。……孟子獨於故中指出利字，利卽周易「元亨利貞」之利，
　　繫辭傳云，「變而通之以盡利」，象傳云，「乾道變化，各正性命，保合太和乃
　　利貞」，利以能變化，言於故事之中，審其能變化，則知其性之善。

焦氏認爲此章係孟子自明其道性善之恉，這是與原文的語氣不合的。其引易以釋孟子
此章，其說迂曲不足取。

　　裴學海孟子正義補正 (國學論叢第二卷第二號) 卽不取焦說，惟裴氏訓故爲固，固、陋
也，利讀爲書多方篇「愼厥麗乃勸」之麗，其說也不可取。

　　俞曲園羣經平議三十三釋此章故字爲「本」，以荀子爲證，其說亦誤，今不具引。

　　焦氏正義引白珽湛淵靜語云：

　　莊周有云：「吾生於陵而安於陵，故也。長於水而安於水，性也。」此適有故與
　　性二字，疑戰國時有此語。

白氏所舉的例證，也不如象山所舉的恰當。

　　拙釋孟子此章係批評楊朱一派之性論，也由於傅先生性命古訓辨證之啓示。辨證
中卷 (商務本 P68) 說：

　　孟子以爲楊朱之言性 (生)，徒縱口耳之欲，養其一體，卽忘其全也，遂惡養小

以失大，且以爲性中有命焉。……

傳先生謂楊朱一派縱口耳之生，然予前引呂氏春秋本生篇則乃係節耳目口鼻之性的。今按全生一派仍可有縱欲的學說，列子楊朱篇之所說，今不引，今錄呂氏春秋審爲篇之言於下：

> 中山公子牟謂詹子曰，「身在江海之上，心居乎魏闕之下，奈何」。詹子曰：「重生，重生則輕利」。中山公子牟曰：「雖知之，猶不能自勝也」。詹子曰：「不能自勝則縱之，縱之，神無惡乎？不能自勝而強不縱者，此之謂重傷，重傷之人，無壽類矣」。

不能自勝，已經傷生。強制之不縱，則此心戚戚然更要傷生，所以他們就要縱欲了。管子立政九敗解說：

> 人君唯無好全生，則羣臣皆全其生，而生又養。生養何也，曰滋味也，聲色也。然後爲養生，然則縱欲妄行，男女無別，反於禽獸。然則禮義廉恥不立，人君無以自守也。故曰，全生之說勝，則廉恥不立。

又荀子非十二子篇說：

> 縱情性，（此性字指食色之性），安恣睢，禽獸行。不足以合文通治。然而其持之有故，其言之成理，足以欺惑愚衆，是它囂魏牟也。

詹何魏牟均係全生一派，全生一派是可以有縱欲之說的。

此章係批評楊朱一派之性論。然詳玩孟子所說，「天下之言性也則故而已矣」，由天下二字看來，所批評者應不止楊朱一派，告子當亦在內。告子杞柳說，湍水說，義外說，此皆不了解人性，則人之爲仁義，豈非有所事，而係以利爲本嗎？

此是不是批評墨子一派呢？墨子經說篇：「生，形與知處也」，墨子並未說仁義係人性。墨子法儀篇說：

> 當皆法其父母奚若？天下之爲父母衆，而仁者寡。若皆法其父母，此法不仁也。

則似乎墨學一派主性惡的。然由所染篇看來，「染於蒼則蒼，染於黃則黃，……行理性（生）於染當」，則似乎又主張人性無善無惡。其性論究如何，今不可知，然決不主性善。墨子教人是言天志，欲人效法天之兼愛的。墨學從未教人盡性。墨子兼愛中篇說：

仁人之所以爲事者，必興天下之利，除去天下之害，以此爲事者也。……

凡天下禍篡怨恨，其所以起者，以不相愛生也。……

既以非之，何以易之？……

以兼相愛交相利易之……

乃若兼則善矣，雖然天下之難物于故也。

子墨子曰，天下之士君子，特不識其利，辨其故也。

這是不是說人性不相愛，故生此禍亂，而欲人效法天志呢？此處雖只能作生講，但古書性字也是作生字。墨子說，「仁之所以爲事者，必興天下之利，除去天下之害，以此爲事者也」，「天下之士君子，特不識其利，辨其故也」，此處恰提到「事」、「利」、「故」，其說正「故者以利爲本」。墨子說「上利天，中利鬼，下利人」，其說全以功利爲本，此近人治墨學者已言之了。其說以利爲本，因此也就不識仁義禮智之爲性，而其政論也就大有可非議之處了。

（六） 總論孟子的性字，並論漢宋學派 對孟子性論的解釋

上五章已將孟子論性諸章疏釋了一大部份。第一章說，孟子之性字如追究其所稟賦的甚麼，則有特殊義與世俗義之分，今再列表比較說明之如次：

特 殊 義	世 俗 義
君子所性	「性也，君子不謂性也」
指仁義禮智	指「口之於味也，目之於色也，耳之於聲也，鼻之於臭也，四肢之於安佚」
根於心	（根於耳目口鼻四肢）
心係大體（據「毋以小害大」故知）	（耳目口鼻四肢係小體）
貴（據「毋以賤妨貴」故知）	賤
「養其大體爲大人」	「養其小體爲小人」
「孟子道性善」	
「養心莫善於寡欲」（此欲指食色之性）	「食色性也」

「非天之降才爾殊也」(此材質指人性中之仁義禮智)

告子性猶杞柳說湍水說，性無善無不善說，(其所謂性，指食色而已。)

又「動心忍性」之性字亦指食色之性

「堯舜性之也，湯武反之也」。(堯舜與湯武仍有資質之差別)(「有性善，有性不善」，此性亦指人之資質之差別，說詳第九章)

「存心養性所以事天」

「形色天性也，惟聖人然後可以踐形」。

(世俗人所養者，生、身及形色而已)

「知性則知天」
「誠者天之道」
(性即天)(生之所以然者謂之性)

「生之謂性」

此中「形色天性」之性，因指形色，而非指仁義禮智，故列入世俗義內。其中「性之」「反之」因其指資質之差別，與「君子所性仁義禮智根於心」之無差別者異，故亦列入世俗義內，因為世俗人也正是藉口於「仁之於父子也，命也，智之於賢者也，命也，聖人之於天道也，命也」，其資質環境之不同，而自暴自棄的。表中所列世俗義，孟子亦承認，不過孟子更有其特殊義，這就與世俗人不同了。

表中所列，其中如「形色天性也」，在現代人論性，很少認為這也是性的。第五章謂身及生也是性，在現代人也很少這樣說的。現代人所謂性，只是指理性之性，食色之性，再加上資質之差別 (如天性愚笨之性，如性急急緩之性) 而已。「知性則知天」，「誠者天之道」，性即天，「生之所以然者謂之性」，這些玄義在現代很少人這樣說了。我們不要以我們現在人的觀點去了解古代。而就是在古代呢，告子也就只言「生之謂性」，而無這些玄義。道家雖有這些玄義，但其所謂「全性葆真」，此所謂「性」「真」仍非指仁義禮智，仍然是與孟子不同的。

正因為時代不同，因此了解古人之思想，就很不容易得其精意。漢宋學派對孟子哲學之解釋之有岐異，其原因即在於此。

漢學一派如戴氏東原力駁義理之性氣質之性之別，這是忽略掉孟子「知性則知天」「動心忍性」此二性字之別的。

　　漢學一派，僅承認孟子是一倫理學家，而不欲牽涉到形而上學，這是忽略掉「知性則知天」「誠者天之道」這些語句是與中庸易傳有關的。

　　漢學一派認爲程朱對於孟子哲學之解釋，係受佛老之影響，而非孟子之原意，這是不明程朱所謂「佛老彌近理而大亂眞」之意，僅見程朱所釋之近似，而忽略其區別所致的。本文第五章正是着重此點。舉儒道近似之處，而比較其異同。由其類似處，可證此係時代思潮，有其相互影響處。對孟子一書是不能如漢學一派那樣淺之乎釋之了。(註一)

　　本文論列，正係依照此一次序，逐一疏釋。追究孟子的性字究竟指所稟賦的甚麼，這可以解釋宋學程朱一派對於經典之了解何以與漢學不同，由經典原文之相合與否，可以斷其解釋之是非，同時也將理學之淵源於經典處予以簡介，這對於經典及理學的了解或將有所幫助的。程子說，「孟子死，聖人之學不傳」，「(明道) 得不傳之學於遺經」，明道也說，「予學雖有所受，然天理二字却是自家體貼出來」，其「自家體貼」而得於遺經者何在，這也就不難了解了。程朱說，「性即理也」，其分氣質之性與義理之性，對性字予以不同之解釋，係根據孟子的。其言理氣，此係根據易傳，而其對易傳太極之了解也係根據其對孟子之解釋，因此伊川就說「觀孟子可以觀易」了。朱子對論語性命天仁諸字之解釋，也大體以孟子一書爲其根據。我們只要比較其對論孟性論之解釋之異於前修處，其論性之異於佛老處，就可以了解其得力於遺經者何在。其以承孔孟之道統自許，並非狂妄。關於這點還有一些可以論列的，這裏不說了。

　　漢宋學派對孟子性論之解釋，其是非，所論暫止於此。清代學人對於漢學一派的答辯，如方東樹漢學商兌夏炘景紫堂文集朱一新無邪堂答問，其中很有一些警語，讀者可以參看。漢學家所論，如與朱子語類所言比較，還有一些可討論處，這裏也不多說了。

　　朱子對論語的解釋係根據其對孟子一書之了解，故本文先論列孟子。對論語之解釋，其爭執容後再詳。

　　孟學明，則論語明。由孟子之「知性則知天」以進窺論語「性與天道」之性字，

　(註一)　宋學一派，其釋經典，有援儒入佛，所釋全非者。此亦不明朱子所說「佛老彌近理而大亂眞」之所致。
　　　　此留待後面再討論。

則可以了解論語之深邃處。對孔子之思想，可以把握其核心，講得一貫，而不致於支離破碎，這都留待後面再解釋了。

　　論孟明，這可以了解孔孟之思想之淵源於經典處，孔子之集大成處。這也留待後面再解釋。

　　前已言之，孟子之天論政論均以性論爲其基礎。孟子謂人有仁義禮智之性，此爲當時世俗人所不言，孟子對性善之論證，下面卽接着討論。

　　（本文承陳槃庵先生賜閱一過，謹致謝忱）

一九五五年三月二十九日於南港舊莊

出自第二十六本（一九五五年六月）

易 卦 源 於 龜 卜 考

屈 萬 里

引 言

漢書藝文志說：

> 易曰：『宓戲氏仰觀象於天，俯觀法於地，觀鳥獸之文，與地之宜，近取諸
> 身，遠取諸物，於是始作八卦，以通神明之德，以類萬物之情。』至於殷周之
> 際，紂在上位，逆天暴物。文王以諸侯順命而行道，天人之占，可得而效，於
> 是重易六爻，作上下篇。孔子為之彖、象、繫辭、文言、序卦之屬十篇。故
> 曰：易道深矣；人更三聖，世歷三古。

根據這段記載，可知周易這部書，班孟堅認為是：(一)宓戲(卽伏犧)畫八卦；(二)周
文王重為六十四卦，並作上下經；(三)孔子作十翼。

其實，十翼並非一人一時的作品。在歐陽修所作的易童子問裏，就認為繫辭、文
言、說卦而下，都不是孔子所作。據近人李鏡池的易傳探源(見古史辨第三冊)，和梁
啓超的古書眞僞及其年代，以及拙著易損其一考(見山東圖書館季刊第二期)等文考證
的結果，知道十翼大致是戰國中晚年到西漢中葉這一段時期的作品。上下經（卽卦爻
辭），我以為當著成於周武王的時代(見拙著周易卦爻辭成於周武王時考，刊臺灣大學
文史哲學報第一期。)；這個說法，到現在還沒看到反駁的文章。只是八卦究竟是什
麼時候的作品？六十四卦和八卦，是不是同時的產物？似乎還沒有人根據着可信的材
料給以論證。本文的目的，就是專討論這一個問題。

關於畫卦人及重卦人的傳說

漢書藝文志以為伏犧畫八卦、周文王重為六十四卦，這只是許多傳說中的一說。

伏犧作八卦之說，是出於周易的繫辭傳。這所謂『曾經聖人手』的繫辭傳之說，在古人看來，自然不會錯的。因而，關於始作八卦的人，後世沒有異說。至於重卦的是什麼人，那就『羣言淆亂』而無法子質諸聖了。周易正義論重卦之人說：

> 然重卦之人，諸儒不同；凡有四說：王輔嗣等，以爲伏犧重（重，諸本作畫；此據盧文弨校本。）卦；鄭玄之徒，以爲神農重卦；孫盛以爲夏禹重卦，史遷等以爲文王重卦。

而周易正義，則主張伏犧重卦之說；它以爲（見論重卦之人）：

> 其言夏禹及文王重卦者，案繫辭，神農之時，已有蓋取『益』與『噬嗑』；以此論之，不攻自破。其言神農重卦，亦未爲得。今以諸文驗之，案說卦云：『昔者聖人之作易也，幽贊於神明而生蓍。』凡言作者，創造之謂也；神農以後，便是述修，不可謂之作也。則幽贊用蓍，謂伏犧矣。……上繫論用蓍云：『四營而成易，十有八變而成卦。』既言聖人作易十八變成卦，明用蓍在六爻之後，非三畫之時；伏犧用蓍，卽伏犧已重卦矣。說卦又云：『昔者聖人之作易也，將以順性命之理。是以立天之道，曰陰與陽；立地之道，曰柔與剛；立人之道，曰仁與義。兼三才而兩之，故易六畫而成卦。』既言聖人作易、兼三才而兩之，又非神農始重卦矣。又上繫云：『易有聖人之道四焉：以言者尙其辭，以動者尙其變，以制器者尙其象，以卜筮者尙其占。』此之四事，皆在六爻之後。何者？三畫之時，未有彖繇，不得有尙其辭；因而重之，始有變動，三畫不動，不得有尙其變；揲蓍布爻，方用之卜筮，蓍起六爻之後，三畫不得有尙其占。自然中間以制器者尙其象，亦非三畫之時。今伏犧結繩而爲罔罟，則是制器：明伏犧已重卦矣。

這種議論，在我們今天看來，覺得着實有些可笑。因爲說卦傳所說的聖人，本來是含混之辭，並沒指明是誰。孔穎達等卻抓住一個『作』字，便一口咬定那聖人就是伏犧，固屬牽強。而繫辭傳的十三個『蓋取』，本來就是信口開河；孔穎達等，卻根據這些說法，再咬文嚼字地加以推論，所得的結論，自然是靠不住的。不過，這也難怪他們。他們生在既不敢懷疑聖人之言，而又不能鑒別史料的時代，自然不免有許多使我們覺得可笑的議論。

畫卦、重卦和繫辭當出於同時

周禮春官說：

> 太卜，……掌三易之法：一曰連山，二曰歸藏，三曰周易。其經卦皆八，其別
> 皆六十有四。

鄭康成注周禮的時候，引用了杜子春的說法，說是：『連山，宓戲；歸藏，黃帝。』可是，當他作易贊和易論時，却又說：『夏曰連山，殷曰歸藏。』（見周易正義）孔穎達等，更因世譜等書說農神一曰連山氏，黃帝一曰歸藏氏；於是把連山易屬之神農，而把歸藏易仍舊還給黃帝。連山和歸藏，都已不傳（今傳的是偽本），不知兩書究竟作成在什麼時候。但，它們出於周易之後，却是不爭的事實。因爲：神農、黃帝等人物之出現，是在東周的中葉之後；『神農一曰連山氏，黃帝一曰歸藏氏。』這說法，照理應該更晚。連山、歸藏之不得前乎周易，這是第一個理由。其次，由故書中所引之連山、歸藏的文辭看來，決不會是西周或西周以前的作品，這是第二個理由。不過，從周禮這段記載裏，却可以證明兩件事，卽：（一）由國語、左傳所記述的占筮看來，知道在春秋的時候，除周易之外，的確還有其他不同的算卦本子；那麼，作周禮的人（約戰國時），見到或知道有三種易，是可能的。（二）這三種易，都是八個卦，又都是重爲六十四卦。

既然都是八個卦，就知道它們同是三畫之卦；既然其別皆六十有四，就知道它們同是把八個三畫之卦，又重爲六十四個六畫之卦。換句話說：就是連山和歸藏之卦的形式，和周易完全相同。也就可以證明，它們是同出一源。連山和歸藏，既產生於周易之後，自然，用八卦和六十四卦占筮的卦本，就沒有比周易更早的了。

畫卦的目的，是爲了占筮，這是任何人都不能否認的。但三畫之卦，不能變動，根本沒法子占筮；只有六畫之卦，才能用以揲蓍布爻，這又是不能否認的道理。如此說來，八卦和六十四卦，必然是同時的產物。

不但八卦和六十四卦，是同時的產物；卽卦辭和爻辭，也必然是和卦畫同時產生的。因爲易筮和龜卜不同；人們有了疑問去問卜龜，怎樣是吉，怎樣是凶，只要看卜龜被灼後的兆紋是什麼樣子，就可以明白了（兆紋的吉凶，自然有公認的樣式。）。而

卦爻却只有陰爻和陽爻兩種。陰爻之與陰爻，陽爻之與陽爻，其本身是相同的。它們所以有吉凶悔吝……之不同者，乃是由於此卦（指六畫之卦；下卦字同。）和彼卦不同；並且在同一卦中的爻位不同。因此，六十四卦，三百八十四爻，就各有不同的立場；如果不每爻都繫以爻辭（卽注明各爻的吉凶悔吝……），勢必吉凶莫辨。每卦如不繫以卦辭，人們也不會只看卦畫，就能够瞭解了那卦的性質。如此說來，畫卦和繫辭，也必定出於同時了。

我在周易卦爻辭成於周武王時考一文裏，曾經舉出了三個證據，以證周易卦爻辭當作成於周武王的時代。這說法卽使不成定論，而卦爻辭之作於西周初年，則是絕無疑問的。那麼，畫卦和重卦，也應該都在這個時候了。但，只憑這樣推論，還不能够使人們信於理而愜於心。所以本文再據甲骨卜辭之和卦畫有關的證據推論，看它們（八卦和六十四卦）到底產生在什麼時候。

卦畫上下的順序和甲骨刻辭的順序

中國文字的順序，是自上而下。歐西的文字，雖然是自左而右，但一行寫完之後，到二行三行……，也都是依次而下。可知文字的書寫，自上而下，是方便的，是順乎自然的。但易卦的六爻，却和這自然的習慣相反；它的卦畫之順序，乃是由下而上的。這裏姑舉乾坤兩卦為例：

乾　　　　　　　　**坤**

▆▆　上九　　　　　▆　▆　上六
▆▆　九五　　　　　▆　▆　六五
▆▆　九四　　　　　▆　▆　六四
▆▆　九三　　　　　▆　▆　六三
▆▆　九二　　　　　▆　▆　六二
▆▆　初九　　　　　▆　▆　初六

這現象不能不使人奇異；為什麼卦畫的順序，這樣地反乎常道呢？然而，這奇異的現象，却又無獨有偶。

董彥堂先生，在大龜四版考釋（見安陽發掘報告第三册）裏，論到貞卜的先後次序，曾經歸納出下列的五個例子：

先右後左；若一事兩貞，則皆在對稱處。

先外後內。

先下後上。

先中部，後四隅。

先疏後密；有時爲塡滿空隙，而上下內外錯落。

在這五個例子中，最可注意的是『先下後上』之例。我們知道，殷人之用龜卜，有一件事情卜問許多次的。甲骨刻辭常常記載着卜問次數的數字。從數字來看，可知灼兆刻辭，往往是由下而上。這現象，在龜甲的刻辭裏，還不太顯著；在牛骨的刻辭裏，其例子之多，就幾乎俯拾卽是了。以下且舉兩個例子：

（甲）　　　　　　　　（乙）

以上兩個例子，都是刻在牛骨上的，也都是第二期祖甲時的卜辭。甲辭的一至四，乙辭的二至五，都是由下順序而上。

　這由下順序而上的現象，不但一事數卜的情形是如此；在卜旬的刻辭裏，這現象尤爲顯著。試看下面的例子：

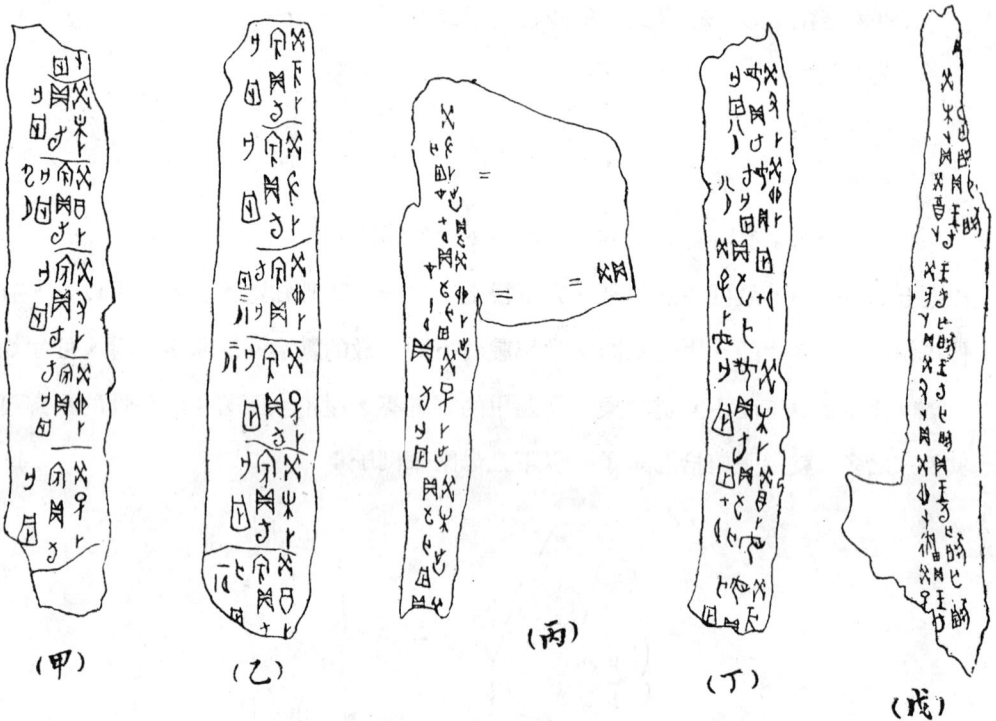

（甲）　　　　（乙）　　　　　　（丙）　　　　　　　（丁）　　　　　　（戊）

上舉的五個例子，甲、乙同見於殷虛書契續編卷四（甲見四十四葉，乙見四十五葉。）；丙、丁、戊則同見於殷契粹編（丙見一四三〇，丁見一四四〇，戊見一四五五。）。甲、乙都是第一期的刻辭，丙屬於第二期，丁是第三期，戊是第五期。它們都是刻在牛骨上的。從記日期的干支看來，它們刻辭的順序，都是由下而上。現在所見到的卜旬之辭，刻在龜甲上的較少，刻在牛骨上的較多。而刻在龜甲上面的，其由下而上的順序，則不如刻在牛骨上面的顯得秩然無紊。大致說來，刻在牛骨上面的卜旬之辭，在早期，其順序間或有不由下而上的；但到第五期的時候，就千篇一律地都由下而上了。

　　除了卜旬之辭以外，貞卜他事的刻辭，其順序也多由下而上；這是可以就貞卜的日期斷定的。而且，這現象，到第五期的時候，也幾乎成了定例了。自然，這也以牛骨刻辭，表現得最爲顯著。下面且信手舉兩個第五期的、日期比較顯著些的例子（甲辭見殷虛書契前編卷二第八葉，乙辭見戰後平津新獲甲骨集中元嘉造像室所藏甲骨文字第250片。）：

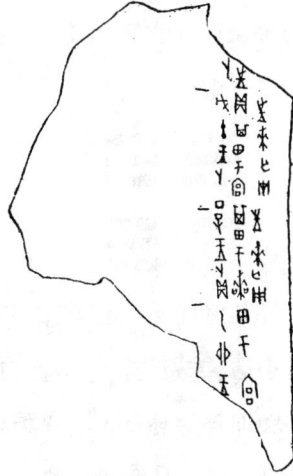

（乙）

（甲）

　　從上面所舉的各種例子看來，甲骨刻辭，其順序之由下而上的不順乎自然之習慣，是和易卦爻畫的順序一樣的。尤其是卜旬之辭，六旬簡直地就像似易卦的六爻。試看：

	上爻	癸亥
	五爻	癸丑
右易卦六爻	四爻	右六旬干支　癸卯
	三爻	癸巳
	二爻	癸未
	初爻	癸酉

龜卜和易卦，既同是占卜的物事；而它們這不順乎自然的習慣，又恰恰如出一轍：這能說是偶合嗎？

易卦反對的順序和甲骨刻辭的左右對貞

試打開周易一看，就會發現它那六十四卦中間，有五十六卦，都是以反對為順序的。譬如屯卦倒轉過來即是蒙卦，而蒙卦就次於屯卦之後；泰卦倒轉過來即是否卦，而否卦也就次於泰卦之後。它們的爻畫，是這樣子：

五十六卦的情形，都是這樣。只有乾（☰）、坤（☷）、頤（☲）、大過（☵）、坎（☵）、離（☲）、中孚（☲）、小過（☵）八卦，因為反正都是一樣，沒法子以反對為序，才只得以相對為序。即乾卦和坤卦的卦爻，陰陽相對，於是坤卦就次於乾卦之後；頤卦和大過的卦爻相對，於是大過就次於頤卦之後……等。但，不管是反對也罷，相對也罷；那安排易卦的人，總是在對待的意義上着想，則是無可否認的。

　　龜卜的左右對貞，表現這對待的意思，尤為顯著。卜龜的鑿灼和兆紋，都是左右相對；其卜辭也往往是左右對貞：這恰和易卦相似。茲將董彥堂先生在大龜四版考釋文中所摹的第一大龜的反正兩面，縮摹如下（正面只摹兆紋，未錄刻辭。）：

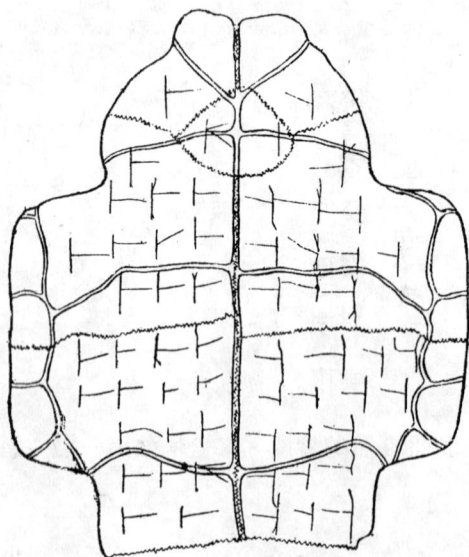

正面

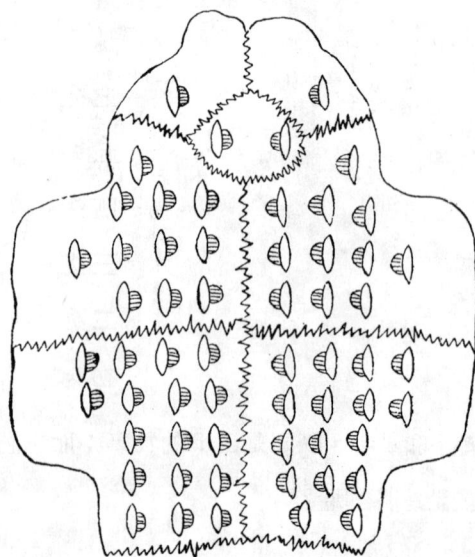

反面

從這一龜版的反面，知道它的那些鑿孔和灼痕，都是左右兩兩相對；兆紋是由於鑿灼而得，自然，它正面的那些兆紋，也同樣地兩兩相對了。

然後，我們再看龜版上刻辭的情形。就完整的龜腹甲來看，它的刻辭，往往是左邊問某事吉否，而右邊便問不吉否；或右邊問吉否，而左邊問不吉否。也有右上角和左中、或左上角和右中對問的。舉例如下：

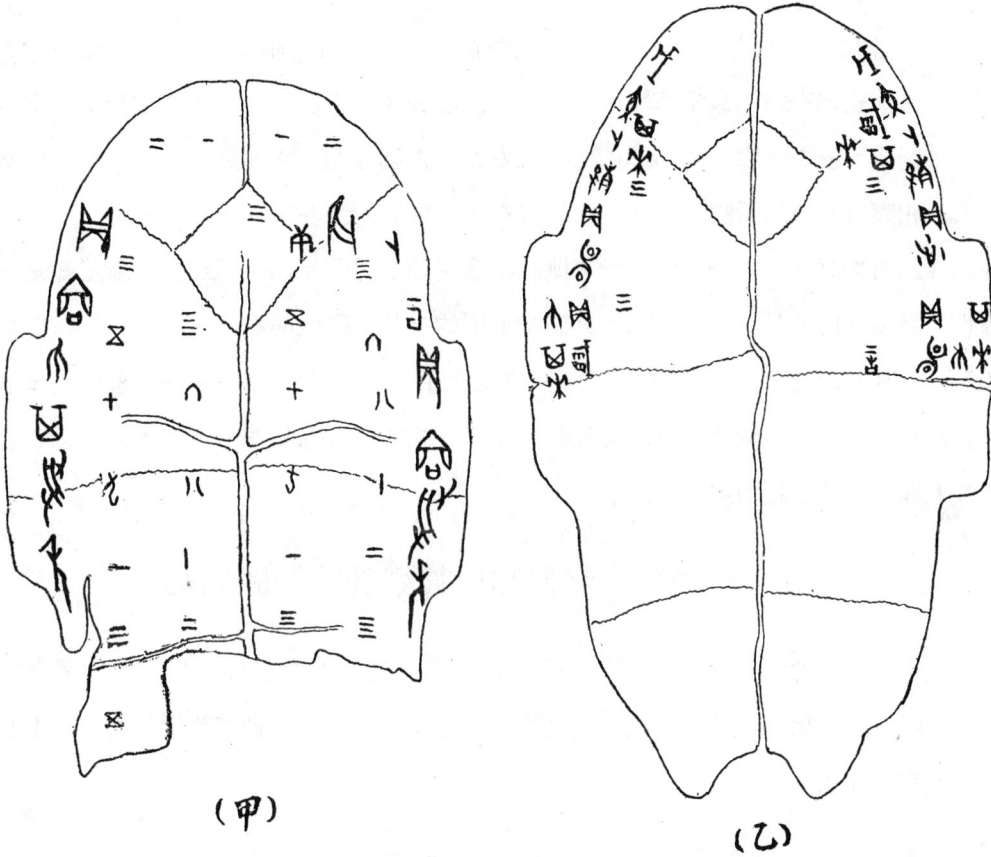

（甲）　　　　（乙）

上舉甲乙兩例，同見於殷虛文字乙編下冊；甲例見7672，乙例見6877。這不過是信手舉兩個簡而易曉的例子。卜辭中若此類者，真是指不勝屈。

刻在龜甲上的卜辭是這樣；刻在牛骨上面的，這樣的例子也很多。胡厚宣的卜辭雜例（見中央研究院歷史語言研究所集刊第八本第三分）中，曾有專章論它。現在把胡君所舉武丁時代的一個例子轉錄如下：

　　戊子卜，貞；羽己丑其雨。右

戊子卜，袁；羽己丑不雨。左

己丑卜，袁；羽庚寅其雨。右

己丑卜，羽庚寅不雨。左

庚寅卜，袁；羽辛卯不雨。右

羽辛卯雨。左

這片牛骨刻辭，著錄於殷契佚存（第五十二片）。胡君說：

一辭在右，貞己丑雨，文右行；二辭在左，貞己丑不雨，文左行：兩辭相對
貞。三辭在右，貞庚寅雨，文右行；四辭在左，貞庚寅不雨，文左行：兩辭相
對貞。五辭在右，貞辛卯不雨，文右行；六辭在左，貞辛卯雨，文左行：兩辭
相對貞。一二兩辭在上，三四兩辭在中，五六兩辭在下。

像這樣左右對貞、一正一反的情形，雖然不能說是卜辭的定例，但至少可以證知是一
般性的習慣。而凡是一事數卜的，其記載卜問的次數，龜版的右面和左面，都是各自
起訖——在右面的，其順序是右行而下；在左面的，則左行而下。——（參看上頁甲
例）兩兩相對：也儼然和易卦兩卦反對、或兩卦相對的意味相同。這些，都可以說明
了龜卜和易卦是息息相關的。

易卦爻位的陽奇陰偶和甲骨刻辭的相間爲文

復次，易卦的六爻，其初、三、五三爻，叫做陽爻；二、四、上三爻，叫做陰
爻。一陽一陰，相間而成卦。而卜辭也恰恰有這種現象。殷虛書契前編卷一第二十七
葉有這樣一片：

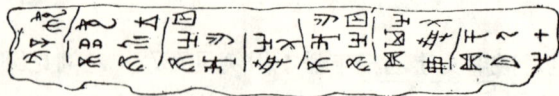

吳其昌的殷虛書契解詁（第一八二條。見武漢大學文哲學報五卷四期。）解釋本片說：
『本片自下而上，每節相間爲文，文意正負相反。如「弗其受屮又」，與「受屮又」相
反；「不隹我屮乍囚」，與「隹我屮乍囚」相反；「屯」，與「不屯」相反。卜辭若此例
者，殆不可勝舉也。』

卜辭若此例者，眞是多得不可勝舉。下面再舉兩個比較有趣的例子：

甲(一)　　　　　甲(二)　　　　　　乙

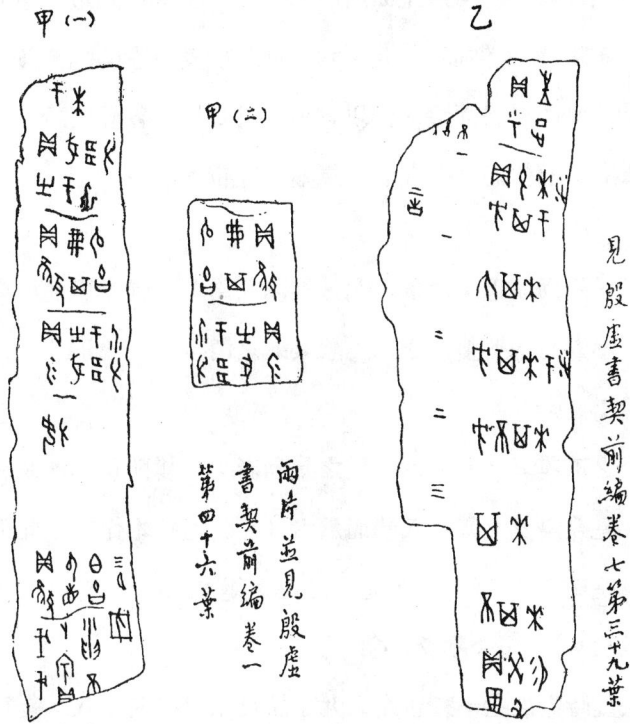

兩片益見殷虛
書契前編卷一
第四十六葉

見殷虛書契前編卷七第三十九葉

以上三條，都是第一期的卜辭。甲(一)和甲(二)，當是一骨的左右兩邊；兩片合起來看，知道它旣『相間爲文、正負相反』，而且又左右對貞。乙例則自上而下，一正一反；雖和甲例的相間爲文有別，但它們的意境，却是相似的。

相間爲文的，雖然語氣正負相反，但所卜的則爲一事；這和易卦的一、三、五同爲陽爻，二、四、六同爲陰爻的意境相似。上下正負相反的，又和易卦上下兩爻位陰陽相反的意境相似。相間爲文，正負相反，是有意的安排，而不是自然的形態。而易卦却和它相同。這現象，也決非「偶合」二字所能解釋的。

易卦九六之數和龜紋

九，代表陽爻；六，代表陰爻：這是盡人皆知的。但是，有一個重要的問題，却被人們忽略了；那就是在周易的爻辭裏，只說九六，而不談什麼陰陽。中孚卦的爻辭，雖然有『鶴鳴在陰』一句話，但這『陰』字是指隱暗的地方說；和十翼中所說的，

可以代表許多物事的陰陽二字之義，並不相同。十翼中最早的部分，其著成時代，也不會前於戰國中葉（說見前）。照上面所說的情形看來，可知最初這九、六兩字，其意義就等於後世所謂陰陽。然而，九、六爲什麼能具有陰陽的意義呢？解說這兩個字的，就現在所能見到的材料而論，當以乾鑿度爲最早。乾鑿度說：

> 一變而爲七，七變而九；九者，氣變之究也。

又說：

> 陽動而進，陰動而退；故陽以七、陰以八爲象。陽動而進，變七之九，象其氣之息也。陰動而退，變八之六，象其氣之消也。

鄭康成的注解說：

> 象者，爻之不變者。九、六，爻之變動者。一變而爲七，是今陽爻之象；七變而爲九，是今陽爻之變。八變而爲六（八，通行本作二；此從姚配中說改。姚說見周易姚氏學贊元第一），是今陰爻之變；二變而爲八（二，今本作六；此從姚配中說改。），是今陰爻之象。

這是說：陽爻未變時謂之七，變後謂之九；陰爻未變時謂之八，變後謂之六。周易是用變爻來占的，所以用九、六，而不用七、八。

後來，崔憬又根據這個說法，而創了陰陽老少之說。李氏易傳乾卦裏引崔憬的話說：

> 九者，老陽之數，動之所占，故陽稱焉。

毛奇齡的仲氏易（卷三）說：

> 按老少之說，起於崔憬。謂乾爲老陽，數九；震爲少陽，數七；坤爲老陰，數六；巽爲少陰，數八。……惟老少之解，則唐一行以著策四十九數核之：老陽十三，餘策三十六，爲四九；少陽二十一，餘策二十八，爲四七；老陰二十五，餘策二十四，爲四六；少陰十七，餘策三十二，爲四八。……撰蓍者，占卦之事；老少八九者，動靜之分耳。

俞樾的羣經平議（卷一）又說：

> 陽之數以三而奇，陰之數以二而偶。周書武順篇曰：『男生而成三，女生而成

兩。』是其義也。說卦傳曰：『三天兩地而倚數。』正義引鄭注曰：『三之以天，兩之以地。』竊謂九、六之數，起於是矣。乾卦三陽，陽之數三，三其三則爲九；故九者，乾之數也。坤卦三陰，陰之數二，三其二則爲六；故六者，坤之數也。以是推之：震、坎、艮，皆一陽二陰，其數七；巽、離、兌，皆一陰二陽，其數八。易用九、六，不用七、八者，用老不用少，統於尊也。

以上姑且引述了這幾種說法；此外，紛淆的說法尚多，不再具引。上舉的幾種說法，以乾鑿度之說，最爲支離。因爲一變何以不爲三、不爲五、而必爲七？陽動爲什麼一定進？陰動爲什麼一定退？而且，在還沒有占筮之前，卦爻並沒有動；何以各爻不稱七、八，而乃稱九、六？凡此，都是說不通的。一行著策的說法，其不可信，和乾鑿度相似。俞樾之說，看來似乎較爲近理；但用老不用少之說，仍是用的崔憬的說法。老少之說，是根據九、六變七、八不變的理論，而左傳（襄公九年）記穆姜之筮：『遇艮之八。史曰：「是謂艮之隨。」』艮之隨，初、三、四、五、上等爻都變了，而左傳却說是『艮之八』。照此看來，又怎能證明七、八不變呢？所以各家的說法，都成問題。

這問題如果求之於龜卜，倒有一個很有趣的答案。龜殼是雙層的：外面一層薄而柔韌的外皮，叫做盾板；盾板裏面的骨殼，叫做龜甲。盾板上面和龜甲上面，各有花紋；但二者的花紋，却各異其趣。龜卜，通常的是用龜的腹甲；偶爾也用背甲，但，那是非常之少的。殷人貞卜所用的龜（多半是所謂『安陽田龜』，但也有遠處進貢來的。），它那腹部盾板的花紋，是正中間一線直下，再橫分爲六排，左右兩兩相對。腹甲的花紋雖然也是一線中分，但因爲靠近腹甲的上端，在正當中，有一塊「內腹甲」，因而把這條直線給隔斷了。內腹甲之外，共分成了八塊，每邊四塊，左右對稱。與內腹甲合計，總共是九塊。其式如下（甲圖是腹甲、乙圖是盾板。腹甲的花紋較細，而且它的線條是鋸齒狀的，所以用單的曲線表示它。盾板花紋的線條較粗，所以用雙線來表示它。）：

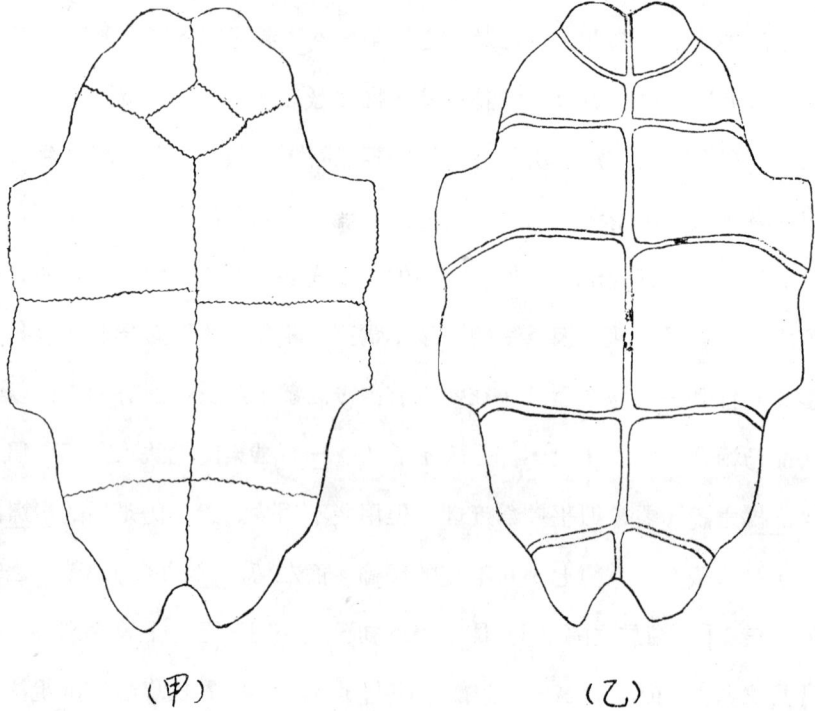

（甲）　　　　　　　　　（乙）

照上圖看來，那盾板的花紋，六排平列，不儼然像似坤卦（☷）嗎？周書武順篇說：
『人有中曰參，無中曰兩。……男生而成三，女生而成兩。』這是說：有中的是陽性，
無中的是陰性。腹甲有中，而其數爲九；盾板無中，而其數爲六：這不是和易卦代表
陰陽的九、六之數恰恰相合嗎？盾板是膠皮，是柔輭的；龜甲是骨質，是剛硬的：這
不是也正合陽剛陰柔之道嗎？如此說來，易卦九六之數，大概也是由於龜卜而起了。

內 外 往 來

　　易卦的六爻，是兩個三畫之卦合成的。在下面的三畫之卦，叫做內卦；在上面的
三畫之卦，叫做外卦。前面說過，易卦的順序，是兩兩互相反對的。甲卦反轉過來，
就變成了乙卦，於是甲卦外卦的卦爻，就變成了乙卦內卦的卦爻（但卦畫都倒轉了）；
自然甲卦內卦的卦爻，也就變成了乙卦外卦的卦爻（當然卦畫也都倒轉了）。這樣，內
卦的爻畫，倒轉到外卦去，叫做『往』；外卦的爻畫，倒轉到內卦來，叫做『來』。譬
如前文曾經舉過的泰否兩卦的例子，泰卦固然是反轉的否卦，否卦也就是反轉的泰

卦。泰卦的卦辭說：『小往大來；』否卦的卦辭就說：『大往小來。』陽，象徵大；陰，象徵小。乾，是陽卦；坤，是陰卦。站在泰卦的立場來說，是否卦內卦的坤（小），反轉為泰卦的外卦，否卦外卦的乾（大），反轉為泰卦的內卦。所以說：『小往大來。』站在否卦的立場來說，正和泰卦的情形相反。所以說：『大往小來。』易卦的內外往來，這是最顯著的例子。

甲骨文字的構成，在內外往來的意境上，也和易卦一樣。譬如甲骨文的陟字作㿟，陟是登高的意思，它的字形，就象兩足向上，活現出爬坡的樣子。降字作㿟；降是下來的意思，它的字形，就象兩足向下，表現出下坡的樣子。這種表現字義的方法，是很自然的；因為字形的上下、和實物的上下，完全一致。但甲骨文又把足趾向上當作往外，足趾向下當作往內。譬如：㞢（往）、㞢（出）兩字，都是往外走去的意思，它們的足趾，都是向上；㝱（復）是返回來的意思，它的足趾是向下。這情形，就不是很自然的了。因為上下左右四面，都可以用來象徵往或返；何必一定把足趾上來象徵往，把足趾向下來象徵返呢？可是，它這不很自然的辦法，却又和易卦內外往來的意思完全一樣。

固然，我們不敢說，這往、出、復等字，都是殷人才造出來的。而且，我們也不敢說，造字的人和畫卦的人，在這一意境上，絕不會人同此心、心同此理。但，我們也絕不能肯定的說，它們兩者，絲毫沒有因襲的關係。

結　論

從上述的論證看來，可知：(一)卦畫上下的順序和甲骨刻辭的順序，(二)易卦反對的順序和甲骨刻辭的左右對貞，(三)易卦爻位的陽奇陰偶和甲骨刻辭的相間為文，(四)易卦九六之數和龜紋（內外往來，姑置不論），那些意境雷同的情形，都決不會是偶合。這四條之中的任何一條，都不容易有偶合的可能；何況乃達四條之多！那麼，易卦和龜卜，必定有因襲的關係，是很顯然的事了。

然而，二者到底是誰因襲誰呢？我以為是易卦因襲龜卜。這，有以下的證據：

(一)　甲骨刻辭的順序，最初或由上而下、或由下而上，並沒有一定的通例；但愈到晚期，則由下而上的習慣愈顯著；到第五期，就幾乎成了通例了。這說明了甲骨

刻辭之由下而上，是漸變的結果。而易卦爻位之自下而上的順序，則是一蹴而成的。如此說來，這顯然是易卦因襲龜卜，而不會是龜卜因襲易卦。

（二）　卜龜的腹甲，既因中間一線（雖然被內腹甲隔斷了一小部份，但無礙大體。）而分爲左右兩方，則它的左右對貞，是很自然的。而易卦的順序，本可以任意排列，而不必一定以反對爲序的。易卦既以反對爲序，那顯然是因襲龜卜，而不會是龜卜因襲易卦。

（三）　龜腹甲和盾板的花紋，是天然的；易卦九、六之數，是人爲的。那麼，易卦九、六之數是因襲龜卜，而不會是龜卜因襲易卦，更不用說。

（四）　卜筮是相類的物事，所以後世之書，卜筮連言的語句很多。但甲骨文裏，既沒見到筮字（爯、閻等字，或釋爲筮，非是。），也沒見到八卦或六十四卦的影子；甚至連乾、坤等六十四卦的卦名（指用於卦名之意義的而言），也沒見到一個。這顯然地是，在殷代，八卦和六十四卦，還沒有出世。

（五）　就我國考古學方面的材料看，用龜貞卜的習俗最早（黑陶時代就有）；從傳統的習慣來看，龜卜也最被人重視（左傳有『筮短龜長』的話）。用蓍草作爲占筮之具的，在早却只有周易一家（連山、歸藏、都在周易之後，前面已說過了。）。論衡卜筮篇說：『子路問孔子曰：「猪肩羊膊，可以得兆；藿葦藁芼，可以得數；何必以蓍龜？」孔子曰：「不然，蓋取其名也。夫蓍之爲言耆也，龜之爲言舊也；明狐疑之事，當問耆舊也。」』白虎通（蓍龜篇）也有類似的話語。蓍，是多年生的草本植物；龜的年壽很長：所以得到了耆舊之名。而龜卜和易筮，所用的工具，同向『耆舊』方面打主義，也顯然地有因襲之嫌。但龜卜是普遍性的（而且從黑陶時代就有），易筮是獨特性的（此指早期言）。二者如果有因襲的關係，照理說，也必然是易筮因襲龜卜。

（六）　卜辭順序之由下而上，其成爲通習，既在殷代末年；而易卦爻畫已依此順序。則易卦之產生，自以在殷代末年或周初爲近理。

（七）　前面說過：不但八卦和六十四卦，是同時的產物；就是卦爻辭，也應該和八卦及六十四卦出於同時：因爲它們是一整套的東西，而不能够個別的獨立存在的。卦爻辭無疑地是西周初年的作品；那麼，八卦和六十四卦，也應該產生在這個時候。

（八）　殷人的王畿之地，在黃河下游，距江淮之間較近，交通也比較便利（山

少），所以得龜也較容易。周人僻處西陲，距江淮之間既遠，交通又甚不便利（多山），自然得龜甚難（周地產龜必不會多）。周人發明用蓍策以濟龜卜之不足，就地理環境說，是有其需要的。龜卜的手續繁瑣，筮策的手續簡便；由繁瑣趨於簡便，就事物演化的通例說，是順乎自然的。從這兩個觀點上看，也正和上文第七條的論證相合。

基於上述的理由，可知易卦（八卦和六十四卦）乃源於龜卜，它和卦爻辭同是西周初年的產物。

一九五五年十一月三十日夜十時寫訖；時客臺北。

本文中縮摹大龜四版之一之正面圖，係煩友人潘實君先生摹錄，謹此誌謝。

頃以本文求正於李濟之、石璋如兩先生。濟之先生云：『古人穴居，出穴必陟而上，入穴必降而下。故甲骨文往出等字之足趾向上，即爲表示往外；復字之足趾向下，即爲表示歸內。王靜安謂陟降有往來之義；陟降所以能有往來之義者，蓋亦由穴居之故也。』璋如先生謂：『由今陝西諸周代遺址覘之，文王以前之遺址中，未見有龜卜之痕迹。是知周人之用龜卜，乃學自殷人者。又因卜龜之來源不易，不得不過「克難」生活，遂乃發明蓍策之法也。』語精識卓，謹附識之。十二月七日又識。

本文既付排，承張秉權先生檢示明義士（Jámes, M. Menzies）所著柏根氏舊藏甲骨文字考釋，其引首云：『甲骨卜辭，………其文或旁行左讀，或旁行右讀，亦不一律。惟各段先後之次，率自下而上爲序，幾爲通例；而於卜旬契辭，尤爲明顯。蓋一週六旬，其卜皆以癸日，自下而上，與周易每卦之六爻初二三四五上之次，自下而起者同。而周易爻辭，亦爲六段，與六旬之數尤合。疑周易爲商代卜辭所衍變，非必始於周也。』明義士此書，成於二十餘年前，已知周易爲商代卜辭所衍變，可謂獨具隻眼。惟謂周易非必始於周，則與予說有間耳。又勞貞一先生亦以爲：易筮之術，雖完成於周初；而由龜卜變爲易筮，當需一長時間之演變，非一人、一時、一地之事。其說與明義士之說暗合。謹併著之，且以謝張、勞兩先生之厚意。一九五六年元月二十八日再識。

論「浮屠與佛」(註一)

周　法　高

近讀季羨林先生浮屠與佛一文，季先生是國內有數的東方語文專家，他的意見值得我們注意，本人對此問題有一點意見，寫了出來想請專家指敎。

季先生認爲「浮屠」與「佛」的來源不同，『浮屠的來源是一種印度古代方言，「佛」的來源是吐火羅文。』(註二) (前引文p.101)『一般的意見都認爲「佛」就是「佛陀」(Buddha) 的省略』，(前引文p.95) 季先生則認爲『中文裏面的「佛」字就是從吐火羅文 pūd, pud (或 pät) 譯過來的』(前引文p.99)，一般認爲「佛」字具有濁音聲母，季先生則認爲『以「佛」譯 pūd 正取其去聲一讀』，『芳味反或孚味反 (p'i̯wəd)』(前引文 p.101)。我們試看季先生否定舊說的理由是怎樣的？他說：

> 我們觀察世界任何語言裏面外來的假借字，都可以看出一個共同的現象：一個字，尤其是音譯的，初借過來的時候，大半都多少還保留了原來的音形，同本地土產的字在一塊總是格格不入。誰看了也立刻就可以知道這是「外來戶」。以後時間久了，牠漸漸改變了原來的形式，同本地的字同化起來，終於讓人忘記了牠本來不是「國貨」。這裏面人們主觀的感覺當然也有作用，因爲無論什麼東西，看久了慣了，就不會再覺得生疏。但假借字本身的改變却仍然是主要的原因。「佛」這一個名詞是隨了佛敎從印度流傳到中國來的。初到中國的時候，譯經的佛敎信徒們一定想法完全保留原字的音調，不會就想到按了中國的老規矩把一個有兩個音節的字縮成一個音節，用一個中國字表示出來。況且 Buddha 這一個字對佛敎信徒是何等尊嚴神聖；他們未必在初期就有勇氣來把牠腰斬。

(註一)　季羨林浮屠與佛，中央研究院歷史語言研究所集刊第二十本，民國三十七年，pp. 93-105。

(註二)　吐火羅文，包括吐火羅文A，文中又稱爲焉耆文；吐火羅文B，文中又稱龜茲文。

所以我們只是揣情度理也可以想到「佛」這一個字不會是略寫。現在我們還有事實的證明。我因爲想研究另外一個問題，把後漢三國時代所有的譯過來的佛經裏面的音譯名詞都搜集在一起，其中有許多名詞以前都認爲是省略的。但現在據我個人的看法；這種意見是不對的。以前人們都認爲這些佛經的原本就是梵文，他們拿梵文來同這些音譯名詞一對，發見她們不相當，於是就只好說，這是省略。………現在我們知道初期中譯佛經大半不是直接由梵文譯過來的，拿梵文作標準來衡量這裏的音譯名詞當然不適合了。(前引文 p. 96)

我覺得須要討論一下。

一、誠然，『就後漢三國時的文獻來看，「佛」這個名詞的成立，實在先於「佛陀」。在「佛」一名詞出現以前，我們沒找到「佛陀」這個名詞。』(前引文 p. 99) 可是季先生又說：

「浮屠」這個名詞從印度譯過來以後，大概就爲一般人所採用。當時中國史家記載多半都用「浮屠」。其後西域高僧到中國來譯經，纔把「佛」這個名詞帶進來。范蔚宗搜集的史料內所以沒有「佛」字，就因爲這些史料都是外書。「佛」這名詞在那時候還只限於由吐火羅文譯過來的經典中。以後纔漸漸傳播開來，爲一般佛徒，或與佛教接近的學者所採用。最後終於因爲牠本身有優越的條件，戰勝了「浮屠」，並取而代之。(前引文 p. 105)

那麼，他已經承認「浮屠」這名稱早於「佛」。的確，事實上也是如此。由兩個字的「浮屠」『誰看了立刻就可以知道這是「外來戶」』(前引文 p. 96)，變成一個字的「佛」，『終於讓人忘記了牠本來不是「國貨」』(前引文 p. 96)，這和季先生的想法，並不違背。至於爲什麼不把「浮屠」省作「浮」字，一者如胡適之先生所說，『有通行之本義不可單行』(註一)，再看又因爲「佛」字爲入聲字，可以兼對次一音節的輔音；同時「佛」字從「人」「弗」聲，也合乎漢語造字的原則。

二、季先生說：

中國同佛教最初發生關係，我們雖然不能確定究竟在什麼時候；但一定很早，而且據我的看法，還是直接的；換句話說就是還沒經過西域小國的媒介。我的

(註一) 胡適四十二章經考，胡適論學近著第一集，卷二。

意思並不是說佛教從印度飛到中國來的。牠可能是先從海道來的，也可能是從陸路來的。卽使陸路經過中亞小國而到中國，這些小國最初還沒有什麼作用，只是佛教到中國來的過路而已。當時很可能已經有了直接從印度俗語譯過來的經典。四十二章經大概就是其中之一。「浮屠」一名詞的成立一定在這時候。……到了漢末三國時候，西域許多小國的高僧和居士都到中國來傳教，像安世高、支謙、支婁迦讖、安玄、支曜、康巨、康孟詳等是其中最有名的。到了這時候，西域小國對佛教入華纔眞正有了影響。這些高僧居士譯出的經很多。現在推測起來，他們根據的本子。一定不會是梵文原文，而是他們本國的語言。「佛」一個名詞的成立一定就在這時期。胡適之先生說：「所以我可大膽的猜想：「佛」之名稱成立於後漢譯經漸多信徒漸衆的時期。」這話是非常對的。

(前引文 p. 102, 103)

誠然，早期佛經的原本大多是從西域來的，而不是直接傳自印度，可是西域也會流行梵文（或其他印度文）的原本；縱使是用從印度譯過去的西域語文佛經，其專門名詞也仍可保留原形，早期翻譯佛經的西域僧徒，也未見得不能了解印度語文，正如在現代中國語裏有不少名詞是從外國文譯過來的，可是懂得外國文的中國人，儘可照原文讀法，而不照譯名的讀音。姚秦鳩摩羅什是龜茲人，其所譯妙法蓮華經就用龜茲本。隋闍那崛多添品妙法蓮華經序說：

昔敦煌沙門竺法護於晉武之世譯正法華，後秦姚興更請羅什譯妙法蓮華。考驗二譯，定非一本，護以多羅之葉，什以龜茲之文。余檢經藏，備見二本，多羅則與正法符會，龜茲則共妙法允同。

唐窺基金剛般若經贊述曰：

當爾積代梵本，並付三藏，尋討諸本，龜茲梵文，卽羅什譯同；崛崙之本，與眞諦翻等。

羅什法華經中的音譯也和梵文大都切合，可見所據之本雖出龜茲，而仍爲梵文，卽其一例。又宋高僧傳卷三論云：

三，亦胡亦梵：如天竺經律傳到龜茲，龜茲不解天竺語，呼天竺爲邱特伽國者，因而譯之；若易解者猶存梵語，如此胡梵俱有者是。

可見專門名詞仍可保留原形。所以早期佛經雖然傳自西域，不一定就與印度語文絕
緣。如季先生假定四十二章經漢譯本的原本是在大月支寫的，而其譯名「浮屠」却根
據印度俗語，也就是這個意思。那麼，我們據梵文（或其他印度語文）來討論一些初
期譯經中和梵文譯音相當切合的名詞，也並不能算是錯誤吧！「佛」便是其中的一例。

　　三，根據對音的慣例，往往利用漢字的韻尾輔音聲兼對梵文（或其他語文）的末
一音節的輔音而略去其元音不譯，我們在後漢和三國的譯經中，也可以找到不少的例
子，如：

　　　　梵　Brahmā；

　　　　禪　dhyāna；

　　　　恒水　Gaṅga；

　　　　偈　gāthā；

　　　　迦旃延　Kātyāna；

　　　　摩訶薩　mahā-sattva；

　　　　涅槃　nirvāna；

　　　　波羅密　paramita；

　　　　羅云　Rāhula；

　　　　釋迦文　Śākyamuṇi；

　　　　舍利弗　Śāriputra；

　　　　兜術　Tuṣita.

又如烈維氏說：

　　　「沙門」梵文爲 śramaṇa 龜茲語爲 samane, 中國之譯音與前者遠後者近也。

　　　又如「沙彌」梵文作 śramaṇera 龜茲文爲 samir。(註一)

就算如他所說，前一字末的 e 和後一字末的 r 還沒有翻出來。拿兩個性質大不相
同的語文互譯，縱使是初期的翻譯，多少也要有一點省變才行。如後漢康孟詳譯的
舍利弗摩訶目連游四衢經 (註二)，一經之中，「摩訶目乾連」和「大目連」互見；吳

(註一)　Sylvain Lévi, Le Tokharien B, Langue de Koutcha, Journal Asiatique, 1913, Sept.–Oct. 此據
　　　　馮承鈞譯文所謂乙種吐火羅語即龜茲國語考，女師大學術季刊一卷四期，民國十九年，p. 26。

(註二)　大正藏第二卷 p. 860。

支謙譯弊魔試目連經 (註一)，「大目乾連」和「目連」互見，可見省略是免不了的。而且譯佛經中「梵」，「偈」，「魔」諸名都是單字，和「佛」的情形也相似。所以拿「佛」對譯 Buddha 或 Buddho，並不足奇。

四，季先生文中曾經舉出在中文裏有種種不同的譯名：佛陀，浮陀，浮圖，浮頭，勃陀，勃馱，部多，部陀，佛馱，步他，浮屠，復豆，佛圖，步陀，馞陀，毋陀，沒馱，毋馱，物他，沒陀 (前引文 p. 94) (註二)。其前一字沒有一個不是具有濁音聲母的。在現代方言中，有一些方音的聲母能够分別清濁或是用陰陽調來分別的，當「佛陀」講的「佛」字大都可以看出一個濁聲母的來源來。而「彷彿」的「彿」(古作佛)則可以看出有一個清聲母的來源。義各有當，不可相混。(註三) 所以從譯名和方言上看，「佛」字都具備一個濁音聲母。既然佛教徒「未必在初期就有勇氣來把 Buddha 腰斬」(前引文 p. 96) 那麼他們更不會連清濁音聲母都不注意的。

根據以下討論的結果，我覺得「佛」字具有濁音聲母，和可以對譯 Buddha 或 Buddho 等兩個音節的字，對於這兩點，我們現在尚無充足的理由來把牠否決。

現在我們再看季氏認為「佛」字具有輕音聲母，和對譯吐火羅文 pūd, pud（或 pät）的說法如何？季先生說：

就現在所發掘出來的殘卷來看，pät 這個字似乎沒有單獨用過。(前引文 p. 98)

在焉耆文(吐火羅文A)裏，只要是梵文 Buddha，就譯為 Ptāñkät。(前引文 p. 97)

在龜玆文(吐火羅文B)，與焉耆文 Ptāñkät 相當的字是 Pūdñäkte。(前引文 p. 98)

ptā 相當梵文的 Buddha，可以說是 Buddha 的變形……第二部份的 ñkät 是

(註一)　大正藏第一卷 p. 867。

(註二)　用明紐（或微紐）的「沒」「毋」「物」等對譯字 b 的現象，乃是唐代中葉以後不空學派譯音的慣例。參抽著古音中的三等韻兼論古音的寫法，歷史語言研究所集刊第十九本，民國三十七年，p. 225。

(註三)　方言中「佛」(佛陀) 和「彿」·(彷彿) 的讀音如下：

　　　吳音：佛 botɛi，彿 hotɛi；

　　　浙江溫州：佛 vaiˑ，彿 faiˑ；

　　　上海：佛 veˑ，彿 feˑ；

　　　江蘇東臺，如皋：佛 fəˑ (陽入)，彿 fəˑ (陰入)；

　　　福建福州：佛 huk (陽入)，彿 houk (陰入)；

　　　廣東中山：佛 fat (陽入)。

　　　前三例的方言，聲母分清濁，後三例的方言聲母不分清濁，但聲調分陰陽，陽調屬於古代濁聲母的字，陰調屬於古代清聲母的字。

「神」的意思，古文譯為「天」，相當梵文的deva。這個組合字全譯應該是佛天。
（前引文 p. 97）

首先我們要問：既然就現存的材料看，pät 似乎沒有單獨用過，和梵文 Buddha 相當的是 Ptänkät 等組合字。我們有什麼證據證明在後漢，吐火羅文用 pät 或 pūd 而不用這個組合字呢？假使後漢時吐火羅文使用這個組合字，初期的佛教徒「未必就有勇氣來把牠腰斬」。烈維氏考證龜茲語（吐火羅文 B）流行的時代為唐初。假使後漢有梵文 Buddha 相當的單字，也未必就是 pät 或 pūd 的形狀。

其次，季先生說：

「佛」字有兩讀。「佛」古韻為脂部字，脂部的入聲韻尾收 t，其與入聲發生關係之去聲，則收 d。「佛」字讀音，一讀入聲，一讀去聲：（一）扶弗反（b'įwət）；（二）芳味反或孚味反 (p'įwəd)。現在吐火羅文的 pūd 或 pud 與芳味反或孚味反正相當。然則，以「佛」譯 pūd，正取其去聲一讀，聲與韻無不吻合。（前引文 p. 101）

當「彷彿」講的「佛」有去，入聲敷紐二讀。在季先生所舉的例中就有玄應音義：佛，敷物反：玉篇，佛，孚勿切二條，廣韻未韻敷紐芳未切下有「髴」。物韻敷紐敷勿切下有「髴，彿」，乃「彷彿」之「彿」。物韻奉細符弗切下有「佛」，乃「佛陀」之「佛」。可知「佛」字一形有三讀，並非二讀。再說，季先生所舉古音脂部去聲收 d 的說法，乃是根據高本漢構擬的周秦的音讀。而這種韻尾在後漢時恐怕已經遺失了。如後漢譯名「比丘」的「比」，「優婆夷」的「夷」，都隸屬上古音脂部，也看不出有一個舌尖音韻尾輔音來。所以「佛」字去聲一讀，根本不適宜拿來和 pūd 相對。我們再看「敷勿切」一讀如何呢？牠雖然可以對 pūd，可是一方面在方言中當「佛陀」講的「佛」，都表現一個濁音的來源，而作「彷彿」講的「佛」，却表現一個清音的來源，兩者的意義和用法不同；另一方面，在「佛」的許多譯名中，都保留一個濁音的發聲。假使我們說在後漢有一個清聲母當「佛陀」講的「佛」字，而到後來却失傳了，這未免是一個危險的假定。何況這個 pūd 或 pät 的原形尚且不明呢？

根據以上所講，我覺得季先生的新說，在其所包含的假定未能充分證實以前，似乎還不能使我們相信。而「佛」字對譯一個具有濁音發聲 b，而有兩個音節的原名，

如 Buddha, Buddho 等，此說在沒有找到充分的反證以前，我們還不能把牠否決。

此外，尚有一點需要附帶討論的。「浮屠」和「浮圖」，也許對譯<u>印度</u>俗語和<u>巴利</u>語裏的 Buddho，<u>陳寅恪</u>先生已經說過 (註一)。又尤，侯韻的字在古代雖然多數譯 u 音，可是有時候也可對譯 o 音。如「摩甕羅他」的「甕」(奴侯反)，「佉樓書」的「樓」，「摩睺勒」的「睺」，「摩休勒」的「休」，「賓頭盧」，「輪頭檀」的「頭」，都是對譯梵文的 o 音的。(註二) <u>魏略</u>的『復豆』，<u>伯希和</u>還原作 Bukdu 或 Vukdu (註三)，這是不必需的。復字本有去，入二讀，<u>廣韻</u>屋韻房六切下有復 (b'i̯uk)，又宥韻扶富切下有復 (b'i̯əu)，和「浮」字聲母韻母相同，只有聲調平，去之異。所以「復豆」應採去聲一讀。

一九四九年十月寫於<u>楊梅</u>

本文承<u>李方桂</u>先生賜閱一過，有所指正，謹誌謝忱。

(註一)　參<u>羅常培</u>先生古音研究講義 p. 3，<u>西南聯合大學</u>油印本，<u>民國</u>三十年。又參<u>季文</u> p. 94。又梵文
　　　　Buddha 的單數主格 Buddhas, 在濁輔音和短 a 前變爲 Buddho (參 W. D. Whitney, Sanskrit
　　　　Grammar 175 節)。這和 namas 音變爲 namo 譯作「南無」相似。
(註二)　參拙著切韻魚虞之音讀及其流變，歷史語言研究所集刊第十三本，<u>民國</u>三十七年，pp. 145, 146。
(註三)　參 T'oung Pao (通報) Vol. XIX, 1920, p. 430。

出自第二十七本(一九五六年四月)

論　夫　子　與　子

李　宗　侗

　　童年時讀孟子，習以爲「夫子」卽老師之尊稱，及長而溫讀左傳，頗感覺兩書中「夫子」用法的不同。乃雜校各書，更覺因年代的先後，「夫子」用法頗有變化。久蓄藏此義於心中，欲爲一文，遲遲未寫。茲先就左傳國語論語孟子四書中「夫子」與「子」的用法及其演變，統計而觀，得結論如下：卽在前二書中，「夫子」爲第三位稱謂，「子」爲第二位稱謂，無一條例外。而在孟子中，則「夫子」與「子」同屬第二位稱謂，夫子較尊而子較低。其演變的痕迹似可在論語中獲得。此其大綱，至於研究結果，將於歷舉四種書中「夫子」各條以後，再作詳細的結論。

（一）　左傳中的「夫子」與「子」

　　左傳中「夫子」二字初見於僖公二十三年，其文若下：

　　（1）僖負羈之妻曰：「吾觀晉公子之從者皆足以相國，若以相，夫子必反其國；反其國，必得志於諸侯；得志於諸侯而誅無禮，曹其首也。子盍蚤自貳焉。」夫子在此處是指晉公子重耳，子是指僖負羈。「夫子」是第三位稱謂，「子」是第二位，在文句中是非常清楚的。以下按左傳中次序列於後：

　　（2）殽之役，晉人旣歸秦帥。秦大夫及左右皆言於秦伯曰：「是敗也，孟明之罪也。必殺之。」秦伯曰：「是孤之罪也。周芮良夫之詩曰：『大風有隧，貪人敗類。聽言則對，誦言如醉，匪用其良，覆俾我悖。』是貪故也，孤之謂矣。孤實貪以禍夫子。夫子何罪？」復使爲政。（文公二年。）按此節所記是秦穆公與秦大夫的問答，所討論的是孟明，兩次用「夫子」字者指孟明而言。

　　（3）晉陽處父聘于衞，反過甯。甯嬴從之，及溫而還。其妻問之。嬴曰：「以剛。商書曰：『沈漸剛克，高明柔克。』夫子壹之，其不沒乎！」……（文公五年）甯嬴

自溫反篛與其妻的談話，陽處父當然不在場，而「夫子」所指的是他。

（4）　賈季奔狄。宣子使臾騈送其帑。夷之蒐，賈季戮臾騈。臾騈之人欲盡殺賈氏以報焉。臾騈曰：「不可。吾聞前志有之曰：『敵惠敵怨，不在後嗣。』忠之道也。夫子禮於賈季，我以其寵報私怨，無乃不可乎？介人之寵，非勇也；損怨益仇，非知也；以私害公，非忠也。釋此三者，何以事夫子？」（文公六年）前言趙宣子使臾騈送賈季之帑，所以說「夫子禮於賈季」。又文公十二年晉秦河曲之戰時，秦伯問士會曰：「若何而戰？」對曰：「趙氏新出其屬曰臾騈，必實爲此謀，將以老我師也。……」是時臾騈新佐上軍，他是趙盾的舊屬，所以他對他的部下說：「何以事夫子？」這兩個「夫子」皆指趙宣子。

（5）　他年，其二子來。孟獻子愛之，聞於國。或譖之曰：「將殺子。」獻子以告季文子。二子曰：「夫子以愛我聞，我以『將殺子』聞，不亦遠於禮乎？遠禮不如死！」（文公十五年）這是孟獻子的祖父公孫敖在莒國所生的二子。「夫子」是指孟獻子。

（6）　巫臣盡室以行。申叔跪從其父將適郢，遇之。曰：「異哉！夫子有三軍之懼，而又有桑中之喜，宜將竊妻以逃者也！」（成公二年）這是申叔跪對其父申叔時私下議論巫臣的話，「夫子」指巫臣。

（7）　欒黡曰：「晉國之命未是有也。余馬首欲東。」乃歸。下軍從之。左史謂魏莊子曰：「不待中行伯乎？」莊子曰：「夫子命從帥，欒伯吾帥也，吾將從之。從帥所以待夫子也。」（襄公十四年）此處兩用「夫子」皆指荀偃（中行伯），這是魏絳（莊子）對左史的話。

（8）　樂王鮒見叔向曰：「吾爲子請。」叔向弗應；出，不拜。其人皆咎叔向。叔向曰：「必祁大夫。」室老聞之曰：「樂王鮒言於君，無不行。求赦吾子，吾子不許。祁大夫所不能也，而曰『必由之。』何哉？」叔向曰：「樂王鮒從君者也，何能行！祁大夫外擧不棄讎，內擧不失親，其獨遺我乎？詩曰：『有覺德行，四國順之。』夫子覺者也。」（襄公二十一年）此節對我的研究極重要，因爲他包括「子」、「吾子」、「夫子」三種具全。樂王鮒親見叔向，觀下文「出，不拜」可知。而他說「吾爲子請」，子是面稱叔向無疑。室老與叔向問答，「求赦吾子，吾子不許。」「吾子」當然亦指

叔向。左傳下文說：「於是祁奚老矣，聞之乘馹而見宣子曰……」可見叔向與室老談
話時，祁大夫不只不在場，甚而不在晉國都城中，則「夫子覺者也」的「夫子」是指
第三者，且第三者亦不在當場可見，而「子」、「吾子」與「夫子」的分用法尤爲明
顯。

（9）（觀起）謂八人者曰：「吾見申叔夫子，所謂生死而肉骨也。知我者如夫子
則可；不然，請止。」（襄公二十二年）上言申叔夫子，下言夫子，皆指申叔豫甚明。

（10）己卯，孟孫卒。公鉏奉羯立于戶側。季孫至，入哭而出，曰：「秩焉在？」
公鉏曰：「羯在此矣。」季孫曰：「孺子長。」公鉏曰：「何長之有！唯其才也，且
夫子之命也。」遂立羯，秩奔邾。（襄公二十三年）杜預注「夫子之命」下謂「遂誣孟
孫」，是「夫子」指已卒之孟孫。

（11）穿封戌囚皇頡，公子圍與之爭之，正於伯州犁。伯州犁曰：「請問於囚。」
乃立囚。伯州犁曰：「所爭君子也，其何不知？」上其手曰：「夫子爲王子圍，寡君
之貴介弟也。」下其手曰：「此子爲穿封戌，方城外之縣尹也。誰獲子？」（襄公二十
六年）左傳中言「夫子」者凡31處，皆二人對語時指第三者而言，且多數爲不在當場
或已卒之第三者，只此處王子圍似亦在場。雖然如此，伯州犁的話仍係對鄭人而被楚
俘的皇頡說的，則「夫子」指王子圍仍係第三者而非對面稱謂。

（12）子木問於趙孟曰：「范武子之德何如？」對曰：「夫子之家事治，言於晉國
無隱情，其祝史陳信於鬼神，無愧辭。」（襄公二十七年）「夫子」是指晉國已卒的士
會。

（13）文子告叔向曰：「伯有將爲戮矣。詩以言志，志誣其上，而公怨之以爲賓
榮，其能久乎？幸而後亡。」叔向曰：「然。已侈，所謂不及五稔者，夫子之謂矣。」
（襄公二十七年）這是叔向答趙文子的話，「夫子」指伯有。

（14）成與彊怒，將殺之。告慶封曰：「夫子之身亦子所知也，唯無咎與偃是
從，父兄莫得進矣。大恐害夫子，敢以告。」……他日又告。慶封曰：「苟利夫子，
必去之。難，吾助女。」（襄公二十七年）崔杼之子成、彊欲殺棠無咎及東郭偃而告
慶封，問答的話中兩用「夫子」，皆指崔杼。

（15）（季札）自衛如晉，將宿於戚，聞鍾聲焉，曰：「異哉！吾聞之也，辯而不

德，必加於戮。夫子獲罪於君以在此，懼猶不足，而又何樂？夫子之在此也，猶燕之巢於幕上。君又在殯，而可以樂乎？」（襄公二十九年）孫文子卽孫林父，入于戚以叛在襄公二十六年，「夫子」卽指彼。

（16）子產歛伯有氏之死者而殯之，不及謀而遂行，印段從之。子皮止之。衆曰：「人不我順，何止焉？」子皮曰：「夫子禮於死者，況生者乎！」遂自止之。（襄公卅年）此子皮對衆人說話，以「夫子」稱子產。

（17）宣子遂如齊納幣。見子雅，子雅召子旗使見宣子。宣子曰：「非保家之主也，不臣。」見子尾，子尾見彊。宣子謂之如子旗。大夫多笑之。唯晏子信之曰：「夫子，君子也。君子有信，其有以知之矣。」（昭公二年）此晏子對衆大夫語，「夫子」指韓宣子。

（18）豎牛曰：「夫子疾病，不欲見人。」使實饋于個而退。（昭公四年）這時叔孫豹疾病，豎牛欲「禍叔孫氏，使亂大從。」（昭公五年左傳語）不使進食人見叔孫，使其絕糧而卒。「夫子」當然是對進食人語中指叔孫豹的。

（19）杜洩將以路葬（叔孫豹），且盡卿禮。南遺謂季孫曰：「叔孫未乘路，葬焉用之？且冢卿無路，介卿以葬，不亦左乎？」季孫曰：「然。」使杜洩舍路。不可，曰：「夫子受命於朝而聘于王，王思舊勳而賜之路。復命而致之君。君不敢逆王命而復賜之，使三官書之。吾子爲司徒，實書名；夫子爲司馬與工正，書服；孟孫爲司空以書勳。今死而弗以，是棄君命也。書在公府而弗以，是廢三官也。若命服生弗敢服，死又不以，將焉用之？」乃使以葬。季孫謀去中軍，豎牛曰：「夫子固欲去之。」（昭公四年）

（20）五年春王正月，舍中軍，卑公室也。……以書使杜洩告於殯曰：「子固欲毀中軍，既毀之矣，故告。」杜洩曰：「夫子唯不欲毀也，故盟諸僖閎，詛諸五父之衢。」受其書而投之，帥士而哭之。（昭公五年）

以上兩條對「夫子」與「子」的分別尤爲明顯。杜洩對季孫所說「夫子受命於朝而聘于王」的「夫子」是指已卒的叔孫豹，他在襄公二十四年曾聘于周，左傳的記載說：「穆叔如周聘，且賀城。王嘉其有禮也，賜之大路。」杜預注亦說：「夫子謂叔孫。」杜洩對季孫說話，所以用第三位的稱謂稱叔孫曰「夫子」，下句「夫子爲司馬

與工正，書服。」亦同。（杜預注亦曰：「謂叔孫也。」）而對季孫面稱則用「吾子」。（「吾子爲司徒，實書名。」杜預注：「謂季孫也。」）再下文豎牛所說：「夫子固欲去之。」亦指叔孫，杜注所謂「誣叔孫以媚季孫」甚是。(20)節中使杜洩以舍中軍告於叔孫豹之殯，豹雖已卒，但等於面告生人，所以亦用「子」字。（子固欲毀中軍，既毀之矣，敢告。」）杜洩的答語是對季孫派去的人說的，所以稱叔孫曰「夫子」。（夫子唯不欲毀也。）這亦是左傳中對「夫子」與「子」的分用法的重要文獻。

(21)　晉人來治杞田。季孫將以成與之，謝息爲孟孫守，不可，曰：「人有言曰：『雖有摯餅之知，守不假器，禮也。』夫子從君而守臣喪邑，雖吾子亦有猜焉。」（昭公七年）杜注：「夫子謂孟僖子，從公如楚。」對季孫言，故以第三位「夫子」稱孟僖子，而以第二位「吾子」稱季孫。這節的謝息與前二節的杜洩與豎牛皆是家臣，這可證家臣稱貴族第三位用「夫子」，面稱曰「吾子」或「子」。

(22)　孟僖子病不能相禮，乃講學之，苟能禮者從之。及其將死也，召其大夫曰：「……臧孫紇有言曰：『聖人若不當世，其後必有達人。』今其將在孔丘乎！我若獲沒，必屬說與何忌於夫子，使事之，而學禮焉，以定其位。」故孟懿子與南宮敬叔師事仲尼。（昭公七年）孟僖子告其家臣的話，前稱孔丘，後稱夫子，所指仍是一人。這是第三位稱謂的「夫子」，而非若戰國以後所用的第二位稱謂的夫子。

(23)　子皮盡用其幣。歸，謂子羽曰：「非知之實難，將在行之。夫子知之矣，我則不足。書曰：『欲敗度，縱敗禮。』我之謂矣。夫子知度與禮矣，我實縱欲而不能自克也。」（昭公十年）晉平公卒時，子皮欲多攜帶幣，以爲朝見新君之用。子產阻攔而他不聽從。至晉後晉新君以非禮辭見，子皮歸後對行人子羽逐有若是的談話。「夫子」指子產，是第三位的稱謂。

(24)　子產歸(自平丘)，未至，聞子皮卒，哭，且曰：「吾已，無爲爲善矣！唯夫子知我。」（昭公十三年）「夫子」指子皮。前節夫子在子皮的話中指子產，此節在子產的話中指子皮，可見貴族互稱既用「子」，互指亦用「夫子」。

(25)　晏子曰：「日宋之盟，屈建問范會之德於趙武，趙武曰：『夫子之家事治，言於晉國，竭情無私；其祝史祭祀陳信不愧。其家事無猜，其祝史不祈。』建以語康王。康王曰：『神人無怨，宜夫子之光輔五君以爲諸侯主也！』」（昭公二十年）范會郇

范武子，這與(12)襄公二十七年左傳所記是一件事，「夫子」皆指范武子。楚康王所說「宜夫子之光輔五君以爲諸侯主也」可證君稱貴族亦可用「夫子」。

（26）　太叔爲政，不忍猛而寬。鄭國多盜，取人於崔苻之澤。太叔悔之曰：「吾早從夫子，不及此。」（昭公二十年）太叔卽游吉，他接子產而執鄭國之政。子產嘗告他爲政寬難，不若猛，所以太叔悔不聽他的話。「夫子」指子產。

（27）　叔孫婼聘于宋。桐門右師見之，語卑宋大夫而賤司城氏。昭子告其人曰：「右師其亡乎！君子貴其身而後能及人，是以有禮。今夫子卑其大夫而賤其宗，是賤其身也，能有禮乎？無禮必亡。」（昭公二十五年）昭子卽叔孫婼，他與他屬下的人談話，稱桐門右師爲夫子。

（28）　齊侯賞犂彌。犂彌辭曰：「有先登者，臣從之，哲幘而衣貍製。」公使視東郭書。曰：「乃夫子也。」（定公九年）這是犂彌看見東郭書後回答齊景公的話，「夫子」指東郭書。

（29）　及晉圍衞，（邯鄲）午以徒七十人門於衞西門，殺人於門中，曰：「請報寒氏之役。」涉佗曰：「夫子則勇矣；然我往必不敢啓門。」亦以徒七十人，且門焉，步左右皆至而立如植。日中不啓門乃退。（定公十年）「夫子」指邯鄲午，涉佗對他人說話時所用的第三位稱謂。

（30）　左師每食，擊鐘。聞鐘聲，公曰：「夫子將食。」旣食，又奏。（哀公十四年）「夫子」指向巢，宋左師也。此宋公對其臣下的話。

（31）　子贛曰：君其不沒於魯乎！夫子之言曰：『禮失則昏，名失則愆。失志爲昏，失所爲愆。』生不能用，死而誄之，非禮也；稱一人，非名也。君兩失之。」（哀公十六年）「夫子」指孔子，是時孔子方卒，「夫子」用法仍是第三位稱謂。

以上共三十一條，兩見者八條，三見者一條，「夫子」共於左傳中凡四十一見，皆用作第三位稱謂，無一處面語作第二位稱謂者。以地域言，則曹秦吳宋各一條（曹（1）秦（2）吳(15)宋(20)），齊三條((14)(17)(28))，鄭四條((16)(23)(24)(26))，楚五條((6)(9)(11)(12)(25))，晉七條((3)(4)(7)(8)(13)(29)(31))，魯八條((5)(10)(18)(19)(20)(21)(22)(27))，由西方之秦至東方的齊魯，北方的晉至南方的吳楚，中原的鄭宋，莫不有同類的稱謂，不可謂爲不普遍。且魯晉曹鄭及吳皆屬姬

姓；齊、姜姓；楚、羋姓；宋、子姓；秦、嬴姓；姓各不同。而以較早的文化言，魯秉周禮，晉以戎索，楚直出祝融，亦不無異同之處，而稱謂相同，更不可謂爲不普遍。至於論及等級，則諸侯稱大夫者二條（（２）（30））家臣稱貴族者四條（（18）（19）（20）（21））餘除(31)以外，皆貴族稱貴族者。第(31)條爲子贛稱引孔子的話，已與論語中弟子對語用第三位稱謂的「夫子」指孔子相似，其詳細當於論語篇中來細討論。

第二位對面稱謂用「子」，與第三位稱謂「夫子」在左傳中不只顯然有別，並且前後一致。若統計起來，「子」字約百見，而無一例外。因其過多，不能遍舉，茲只舉前幾卷中數條爲例。

(32)　(鄭莊)公曰：「姜氏欲之，焉辟害？」對曰：「姜氏何厭之有！不如早爲之所，無使滋蔓。蔓，難圖也。蔓草猶不可除，況君之寵弟乎？」公曰：「多行不義必自斃，子姑待之。」（隱公元年）這是莊公與祭仲的談話，「子」是面稱祭仲。

(33)　宋穆公疾，召大司馬孔父而屬殤公焉，曰：「先君舍與夷而立寡人，寡人弗敢忘。若以大夫之靈，得保首領以沒，先君若問與夷，其將何辭以對？請子奉之以主社稷，寡人雖死，亦無悔焉。」對曰：「羣臣願奉馮也！」公曰：「不可。先君以寡人爲賢，使主社稷。若弃德不讓，是廢先君之舉也，豈曰能賢？光昭先君之令德，可不務乎？吾子其無廢先君之功。」（隱公三年）此處「子」及「吾子」皆是宋穆公面稱孔父，當然是第二位稱謂。

以上二條皆是諸侯稱大夫的。第(８)條樂王鮒見叔向曰：「吾爲子請。」「子」稱叔向，是大夫稱大夫的例。可以說，凡可面稱用第二位稱謂「子」者，方他不在場時，皆可用第三位「夫子」稱他。

（二）　國語中的「夫子」與「子」

國語與左傳的關係，各家所假設的雖不相同，但兩書關係的密切則爲衆所共認。以「夫子」與「子」用法的不同，兩書果然亦一致。茲列國語中「夫子」各條若下：

(34)　(單)襄公有疾，召頃公而告之曰：「必善晉周，周將得晉國。其行也文，能文則得天地。天地所祚，小而後國。夫敬、文之恭也，……此十一者，夫子皆有焉。天六地五，數之常也。經之以天，緯之以地，經緯不爽，文之象也。文王質文，故天

祚之以天下 。 夫子被之矣。」（周語下）單襄公對其子頃公的談話，晉悼公周是第三人，故以第三位的「夫子」指稱他。

（35）　敬王十年，劉文公與萇弘欲城周，爲之告晉 。 魏獻子爲政 ， 悅萇弘而與之。衞彪傒適周聞之，見單穆公曰：「萇劉其不沒乎！……若劉氏，則子孫實有禍。夫子而棄常法以從其私欲，用巧變以祟天災，勤百姓以爲已名 ， 其殃大矣！」（周語下）「夫子」指第三位的劉文公。

（36）　士蔿曰：「戒莫如豫，豫而後給，夫子誠之。抑二大夫之言，其皆有焉。」（晉語一）此節前段史蘇語諸大夫驪姬必禍晉國。 里克問其原因， 史蘇郭偃更加細解釋。韋昭原註：「夫子 ， 郭偃也。」「二大夫，史蘇郭偃也。」按韋註是；王引之以爲「夫子謂里克也。……故謂里克曰：『夫子誠之。』」則「夫子」變爲第二位稱謂，與國語其他各條皆不合。

（37）　丕鄭之自秦也，聞里克死，見共華曰 ：「可以入乎？」 共華曰：「二三子皆在而不及；子使於秦，可哉！」丕鄭入，君殺之。共賜謂共華曰：「子行乎？其及也。」 共華曰：「夫子之入， 吾謀也， 將待也。」（晉語二）此間「夫子」指第三人的丕鄭甚明。

（38）　范宣子與和大夫爭田，久而無成。宣子欲攻之。……問於籍偃。籍偃曰：「偃也以斧鉞從於張孟， 日聽命焉。 若夫子之命也，何二之有！釋夫子而舉，是反吾子也。」（晉語八） 韋註：「夫子、張孟。」

（39）　叔向見司馬侯之子而泣之，曰：「自其父之死，吾蔑與比而事君矣。昔者其父始之，我終之；我始之 ， 夫子終之，無不可。」（晉語八）先說「其父」，後說「夫子」，指司馬侯甚明顯。

（40）　莊王使士亹傅太子箴。辭曰：「臣不才， 無能益焉 。」……王卒使傅之。問於申叔時，叔時曰「……夫子踐位則退，自退則敬 ， 否則赧。」（楚語上）韋註：「夫子 ，太子也。」此申叔時對士亹的話，太子當然是第三人。

（41）　屈到嗜芰。有疾，召其宗老而屬之曰：「祭我必以芰。」及祥，宗老將薦芰。屈建命去之。宗老曰：「夫子屬之。」子木曰：「不然。夫子承楚國之政，其法刑在民心而藏在王府……」（楚語上）韋註：夫子，屈到也。」

（42）　子木愀然曰：「夫子何如，召之其來乎？」對曰：「亡人得生，又何來爲？」子木曰：「不來則若之何？」對曰：「夫子不居矣，春秋相事，以還軫於諸侯。若貪東陽之盜使殺之，其可乎！不然，不來矣。」子木曰：「不可。我爲楚卿而略盜以賊一夫於晉，非義也。子爲我召之，吾倍其室。」乃使椒鳴召其父而復之。（楚語上）末言使椒鳴召其父，其父卽椒擧，則子木對蔡聲子的話中「夫子」卽指椒擧。

（43）　及白公之亂，子西子期死。葉公聞之曰：「吾怨其棄吾言而德其治楚國。楚國之能平均以復先王之業者，夫子也。以小怨而寘大德，吾不義也。將入殺之。」（楚語下）韋註：「夫子，子西。」是時子西已被殺，當然稱謂用第三位。

　　以上共十條，皆作第三位稱謂用，無一條作第二位用的。晉共佔四條（（36）、（37）、（38）、（39）），楚亦佔四條（（40）、（41）、（42）、（43）），這皆是左傳中已見的國別；至於第（34）條屬於周，（35）條屬於衞，這是左傳中未錄入的國別。於是兩書中的國別遂增至十國，卽曹秦吳宋鄭楚晉魯衞周是。各條皆屬貴族指稱貴族者。至於「子」，國語亦甚常見，皆屬第二位稱謂，與左傳同。

（三）　論語中的「夫子」與「子」

　　論語中兩種字的用法，似可代表過渡時代。在前十篇中用法與左傳國語兩書完全相同，只在後十篇中，有三處用法改變。因爲書中兩字並不太多，茲詳列於下，然後再比較觀察。

（44）　子禽問於子貢曰：「夫子至於是邦也，必聞其政。求之歟？抑與之歟？」子貢曰：「夫子溫良恭儉讓以得之，夫子之求之也，其諸異乎人之求之與！」（學而）子禽據鄭康成註卽陳亢，他與子貢談話，故以第三位的「夫子」稱孔子。

（45）　儀封人請見，曰：「君子之至於斯也，吾未嘗不得見也。」從者見之。出曰：「二三子何患於喪乎？天下之無道也久矣，天將以夫子爲木鐸。」（八佾）從者，包咸以爲是「弟子隨孔子行者。」儀封人的話是對弟子們說的，所以面稱他們用第二位稱謂「二三子」，而用第三位的「夫子」稱孔子，明顯可見。

（46）　子曰：「參也！吾道一以貫之。」曾子曰：「唯。」子出，門人問曰：「何謂也？」曾子曰：「夫子之道，忠恕而已矣！」（里仁）曾子對他的弟子說話，故用

第三位「夫子」稱孔子。

（47）　子貢曰：「夫子之文章可得而聞也；夫子之言性與天道不可得而聞也。」（公冶長）這亦是子貢對人說的話，故用第三位。

（48）　冉有曰：「夫子爲衞君乎？」子貢曰：「諾。吾將問之。」入曰：「伯夷叔齊何人也？」曰：「古之賢人也。」曰：「怨乎？」曰：「求仁而得仁，又何怨？」出曰：「夫子不爲也。」（述而）在未入見孔子以前及已見孔子而出，皆用第三位稱謂「夫子」，在此章中尤極明顯。

（49）　太宰問於子貢曰：「夫子聖者歟？何其多能也！」子貢曰：「固天縱之將聖又多能也。」子聞之曰：「太宰知我乎！吾少也賤，故多能鄙事。君子多乎哉？不多也！」（子罕）上文記太宰與子貢的談話，下文言「子聞之曰」，可見談話時孔子並不在旁邊，故以第三位「夫子」稱他。

（50）　顏淵喟然嘆曰：「仰之彌高，鑽之彌堅，瞻之在前，忽焉在後，夫子循循然善誘人！博我以文，約我以禮。欲罷不能，既竭我才，如有所立卓爾。雖欲從之，末由也已！」（子罕）顏淵獨自嘆息，並非在孔子面前，故以第三位稱孔子。

以上七條皆與左傳國語的用法相同。

（51）　顏淵死，門人欲厚葬之。子曰：「不可。」門人厚葬之。子曰：「回也視予猶父也，予不得視猶子也！非我也，夫二三子也！」（先進）「夫二三子」指門人，這是第三位「夫子」的多數。

（52）　子路曾晳冉有公西華侍坐。子曰：「以吾一日長乎爾，毋吾以也。居則曰：『不吾知也。』如或知爾，則何以哉？」子路率爾而對曰：「千乘之國攝乎大國之間，加之以師旅，因之以饑饉，由也爲之，比及三年，可使有勇且知方也。」夫子哂之。「求，爾何如？」對曰：「方六七十，如五六十，求也爲之，比及三年，可使足民；如其禮樂，以俟君子。」「赤，爾何如？」對曰：「非曰能之，願學焉。宗廟之事，如會同，端章甫，願爲小相焉。」「點，爾何如？」鼓瑟希，鏗爾，舍瑟而作，曰：「異乎三子者之撰！」子曰：「何傷乎？亦各言其志也！」曰：「莫春者，春服既成。冠者五六人，童子六七人，浴乎沂，風乎舞雩，詠而歸。」夫子喟然嘆曰：吾與點也！」三子者出，曾晳後。曾晳曰：「夫三子者之言何如？」子曰：「亦各言其志也已

矣。」曰：「夫子何哂由也？」曰：「爲國以禮，其言不讓，是故哂之。……」（先進）此章中「夫子」與「子」的用法甚亂，與前各章中不同。比如論語中多用「子曰」或「孔子曰」（少數），而此處則旣用「子曰：『以吾一日長乎爾……』」，「子曰：『何傷乎？』」，又用「夫子喟然嘆曰……」，「夫子哂之」。「三子者出」則三人已經不在旁邊，曾晳說「夫三子者之言何如？」這是第三位用法；但又說：「夫子何哂由也？」這是在孔子面前用第三位，本來應該用第二位的。在一篇中兩種雜用，這是論語中最長又最怪的一篇。除此以外，只有陽貨篇中子之武城章及佛肸章有同類的現象，餘皆無。

（53）棘子成曰：「君子質而已矣，何以文爲！」子貢曰：「惜乎夫子之說君子也，駟不及舌！」（顏淵）按鄭康成曰：「舊說云，棘子成，衛大夫。」正義：「『子貢曰：惜乎夫子之說君子也，駟不及舌』者，夫子指子成也。」因爲子成是衛大夫，是貴族，所以子貢以第三位的「夫子」稱他。

（54）樊遲問仁。子曰：「愛人。」問知。子曰：「知人。」樊遲未達。子曰：「舉直錯諸枉，能使枉者直。」樊遲退，見子夏曰：「鄉也吾見於夫子而問知。子曰：『舉直錯諸枉，能使枉者直。』何謂也？」子夏曰：富哉言乎！舜有天下選於衆，舉皋陶，不仁者遠矣！湯有天下選於衆，舉伊尹，不仁者遠矣！」（顏淵）樊遲退而與子夏稱述孔子的話，當然以第三位稱孔子。

（55）南宮适問於孔子曰：「羿善射，奡盪舟，俱不得其死然。禹稷躬稼而有天下。」夫子不答。南宮适出，子曰：「君子哉若人！尙德哉若人！」（憲問）此章旣用「夫子不答」，又用「子曰」，與子路曾晳侍坐章旣用「夫子哂之」，又用「子曰」相同。

（56）子問公叔文子於公明賈曰：「信乎夫子不言不笑不取乎？」公明賈對曰：「以告者過也。夫子時然後言，人不厭其言；樂然後笑，人不厭其笑；義然後取，人不厭其取。」子曰：「其然，豈其然乎？」（憲問）孔子與公明賈談公叔文子的話，所以皆以第三位「夫子」稱他。

（57）陳成子弒簡公。孔子沐浴而朝，告於哀公曰：「陳恆弒其君，請討之。」公曰：「告夫三子。」孔子曰：「以吾從大夫之後，不敢不告也。君曰：『告夫三子

者。』」之三子告，不可。孔子曰：「以吾從大夫之後，不敢不告也。」（憲問）「夫三子」指孟孫叔孫季孫三家，這是「夫子」的多數用法。魯哀公及孔子的話仍用的是第三位稱謂。

（58）　蘧伯玉使人於孔子，孔子與之坐而問焉，曰：「夫子何爲？」對曰：「夫子欲寡其過而未能也。」使者出，子曰：「使乎！使乎！」（憲問）孔子與蘧伯玉的使人談伯玉，所以稱他爲「夫子」。

（59）　子曰：「君子道者三，我無能焉！仁者不憂，知者不惑，勇者不懼。」子貢曰：「夫子自道也。」（憲問）子貢這句話可能不是在孔子面前說的，所以稱「夫子」。若與憲問篇的另一章，子曰：「莫我知也夫！」子貢曰：「何爲其莫知子也？」當面稱「子」相較，就能明顯知道其異處。

（60）　公伯寮愬子路於季孫。子服景伯以告曰：「夫子固有惑志於公伯寮，吾力猶能肆諸市朝。」（憲問）孔安國在「夫子固有惑志」下註曰：「季孫信讒恚子路。」正義亦曰：「夫子謂季孫。」，則「夫子」指季孫，在子服景伯對孔子的說話中爲第三位稱謂無疑。

（61）　季氏將伐顓臾，冉有季路見於孔子曰：「季氏將有事於顓臾。」孔子曰：「求，無乃爾是過與？夫顓臾，昔者先王以爲東蒙主，且在邦域之中矣，是社稷之臣也，何以伐爲？」冉有曰：「夫子欲之，吾二臣者皆不欲也。」……（季氏）在「夫子欲之」下孔安國註曰：「歸咎於季氏。」按前既稱季氏將有事於顓臾，則「夫子」指季孫無疑，仍屬第三位稱謂。

（62）　子之武城，聞弦歌之聲，夫子莞爾而笑曰：「割雞焉用牛刀！」子游對曰：「昔者偃也聞諸夫子曰：『君子學道則愛人，小人學道則易使也。』」子曰：「二三子，偃之言是也，前言戲之耳。」（陽貨）此章與侍坐章及下佛肸召章是論語中面稱孔子爲「夫子」的三處，與其餘處皆不同。這是由第三位稱謂向第二位尊稱的演變的過渡。

（63）　佛肸召，子欲往。子路曰：「昔者由也聞諸夫子曰：『親於其身爲不善者，君子不入也。』佛肸以中牟畔，子之往也如之何？」……（陽貨）這與前章同用「夫子」爲第二位尊稱，而「昔者偃也聞諸夫子曰……」「昔者由也聞諸夫子曰……」兩句的結

構極相似，可能寫出的時間相近。

（64）　長沮桀溺耦而耕。孔子過之，使子路問津焉。……子路行以告，夫子憮然曰：「鳥獸不可與同羣，吾非斯人之徒與而誰與？……」（微子）此處用「夫子憮然曰」，又與侍坐章之「夫子哂之」及子之武城章之「夫子莞爾而笑曰」相似。但阮元論語註疏校勘記說：「漢石註無『行』字，『夫』字」。是東漢時尚作「子路以告，子憮然曰」。然則夫字爲東漢以後人所加，據此，則「夫子哂之」「夫子莞爾而笑曰」兩「夫子」字，安知漢時亦不作「子哂之」「子莞爾而笑曰」嗎？

（65）　子路從而後，遇丈人以杖荷蓧。子路問曰：「子見夫子乎？」丈人曰：「四體不勤，五穀不分，孰爲夫子？」植其杖而耘。（微子）這是子路與丈人的談話，所以用第三位「夫子」稱孔子。

（66）　曾子曰：「吾聞諸夫子，人未有自致者也，……」

（67）　曾子曰：「吾聞諸夫子，孟莊子之孝也，……」這二章的結構相同，當係同時所記。不過阮元論語註疏校勘記對（66）說：漢石經作「吾聞諸子，人未有自致也者」，無「夫」字。若是則（67）之「夫子」，在漢時恐亦作「子」。

（68）　衛公孫朝問於子貢曰：「仲尼焉學？」子貢曰：「……夫子焉不學，而亦何常師之有？」（（66）至（68）皆子張）這是公孫朝與子貢的問對，所以用第三位「夫子」稱孔子。

（69）　叔孫武叔語大夫於朝曰：「子貢賢於仲尼。」子服景伯以告子貢。子貢曰：「譬之宮牆，賜之牆也及肩，闚見室家之好；夫子之牆數仞，不得其門而入，不見宗廟之美，百官之富，得其門者或寡矣！夫子之云，不亦宜乎！」（子張）子貢與子服景伯的對語中，前以「夫子」稱孔子，後以「夫子」稱叔孫武叔（包曰：「夫子謂武叔」註在「夫子之云，不亦宜乎！」下。）皆屬第三位稱謂。

（70）　陳子禽謂子貢曰：「子爲恭也，仲尼豈賢於子乎？」子貢曰：「君子一言以爲知，一言以爲不知，言不可不愼也！夫子之不可及也，猶天之不可階而升也。夫子之得邦家者，所謂立之斯立，道之斯行，綏之斯來，動之斯和，……」（子張）這與（44）同屬子禽問於子貢，而子貢答語用第三位稱謂的「夫子」稱孔子。按子張這篇，所記皆弟子之語：子張三章，子夏八章，子游二章，曾子四章，子貢六章。雖有

轉述孔子的話，但無孔子直接說的，足證爲弟子的門人所記。可見孔子卒後，弟子相語仍用第三位稱謂的「夫子」稱孔子。

　　至於論語中以「子」爲第二位稱謂，弟子或他人與孔子面語時用的共十五條，意義一望而知與「夫子」用作第三位稱謂者不同，其中並無例外。除「子曰」不算外，茲詳列於下：

　　　（71）　或謂孔子曰：「子奚不爲政？」（爲政）

　　　（72）　顏淵季路侍。子曰：「盍各言爾志？」……子路曰：「願聞子之志。」子曰：「老者安之，朋友信之，少者懷之。」（公冶長）

　　　（73）　冉求曰：「非不說子之道，力不足也。」子曰：「力不足者，中道而廢；今女畫。」（雍也）

　　　（74）　子路曰：「子行三軍則誰與？」子曰：「暴虎馮河，死而無悔者，吾不與也。必也臨事而懼，好謀而成者也。」（述而）

　　　（75）　顏淵死，子哭之慟。從者曰：「子慟矣！」曰：「有慟乎？非夫人之慟而誰與？」（先進）

　　　（76）　子路問聞斯行諸？子曰：「有父兄在，如之何其聞斯行之？」冉有問聞斯行諸？子曰：「聞斯行之。」公西華曰：「由也問聞斯行諸？子曰：『有父兄在。』求也問聞斯行諸？子曰：『聞斯行之。』赤也惑，敢問。」子曰：「求也退，故進之；由也兼人，故退之。」（先進）

　　　（77）　子畏於匡，顏淵後。子曰：「吾以女爲死矣！」曰：「子在，回何敢死！」（先進）

　　　（78）　季子然問仲由冉求可謂大臣與？子曰：「吾以子爲異之問，曾由與求之問！」（先進）孔安國謂季子然季氏子弟，則他亦是貴族，所以孔子以「子」面稱他。

　　　（79）　季康子患盜，問於孔子。孔子對曰：「苟子之不欲，雖賞之不竊。」（顏淵）

　　　（80）　季康子問政於孔子曰：「如殺無道以就有道何如？」孔子對曰：「子爲政，焉用殺！子欲善而民善矣。君子之德風，小人之德草，草上之風必偃。」（顏淵）按以上兩章中的「子」皆孔子面稱季康子。

　　　（81）　子路曰：「衛君待子而爲政，子將奚先？」子曰：「必也正名乎！」子路

曰：「有是哉，子之迂也！奚其正？」……(子路)

　　(82)　子曰：「莫我知也夫！」子貢曰：「何爲其莫知子也？」……(憲問)

　　(83)　陳亢問於伯魚曰：「子亦有異聞乎？」……(季氏)此陳亢問伯魚的話，「子」指魚伯。

　　(84)　子曰：「予欲無言！」子貢曰：「子如不言，則小子何述焉？」……(陽貨)

　　(85)　柳下惠爲士師，三黜。人曰：「子未可以去乎？」……(微子) 此或人對柳下惠的話，「子」是面稱他。

　　除(52)(62)(63)條外，論語中「夫子」是第三位，「子」是第二位稱謂與左傳國語中同。孔子既卒後，弟子對門人(弟子的弟子)，或門人對他們的弟子(孔子三傳弟子)述說孔子的言行，習慣仍用第三位稱謂「夫子」，聞者寫於竹簡上，有時仍而不改，遂造成這三條的例外。亦就因此漸使人相信「夫子」是弟子們對老師孔子的尊稱，遂演變爲普遍的弟子對老師的尊稱，其原因卽由於此。

(四)　孟子中的「夫子」與「子」

　　孟子書中這兩字的用法與左傳國語中完全不同，與論語中的一大部份亦不相同。在以上各處，「夫子」是第三位稱謂而「子」是第二位稱謂。吾人可稱爲Ａ類。在孟子書中，「夫子」及「子」皆是第二位稱謂，而「夫子」之稱較尊於「子」。吾人可稱爲Ｃ類。這不同的用法代表兩個時代。茲先列孟子中各條然後再加以討論。

　　(86)　王說曰：「詩云：『他人有心，予忖度之。』夫子之謂也。夫我乃行之，反而求之，不得吾心。夫子言之，於我心有戚戚焉。此心之所以合於王者何也？」

　　(87)　王曰：「吾惛不能進於是矣；願夫子輔吾志，明以敎我。吾雖不敏，請嘗試之。」(以上皆梁惠王上)
以上兩節中「夫子」皆是齊宣王面稱孟子。以齊王而面尊稱孟子爲「夫子」，爲少見，餘多弟子面稱其師的。

　　(88)　公孫丑問曰：「夫子當路於齊，管仲晏子之功，可復許乎？」曰：「子誠齊人也，知管仲晏子而已矣！」(公孫丑上) 此公孫丑面稱其師。

　　(89)　公孫丑問曰：「夫子加齊之卿相，得行道焉，雖由此霸王不異矣。如此則

動心否乎？」孟子曰：「否。我四十不動心。」曰：「若是則夫子過孟賁遠矣！」曰：
「是不難，告子先我不動心。」曰：「不動心有道乎？」曰：「有。……孟施舍似曾
子，北宮黝似子夏。夫二子之勇未知其孰賢，然而孟施舍守約也。昔者曾子謂子襄
曰：「子好勇乎？吾嘗聞大勇於夫子矣，……」按公孫丑的前兩句問，「夫子」皆面
尊稱孟子，屬於Ｃ類。而「夫二子之勇」仍係舊用法，屬Ａ類。子襄據趙岐注係曾子
弟子，夫子指孔子，則仍屬Ａ類，因爲這是曾子在與子襄的談話中指第三人而言。以
下這章的文字如下：「敢問夫子惡乎長？」曰：「我知言，我善養吾浩然之氣。」……
「然則夫子既聖矣乎？」曰：「惡，是何言也！昔者子貢問於孔子曰：『夫子聖矣乎？』
孔子曰：『聖則吾不能，我學不厭而教不倦也。』子貢曰：『學不厭，智也。教不倦，
仁也。仁且智，夫子既聖矣。』」（「矣」字下各本有「乎」字，茲據阮元校勘記刪。）
夫聖、孔子不居，是何言也！……」……曰：「敢問其所以異？」曰：「宰我子貢有若智
足以知聖人，汙不至阿其所好。宰我曰：『以予觀於夫子，賢於堯舜遠矣！』子貢
曰：『見其禮而知其政，聞其樂而知其德，由百世之後，等百世之王，莫之能違也。
自生死以來未有夫子也！』有若曰：『豈惟民哉！……自生民以來，未有盛於孔子
也！』」（公孫丑上）最前兩句仍係面稱孟子，屬Ｃ類。子貢及宰我的話皆係孟子所引
用，而「夫子」或非面稱，與論語先進篇者相似，容後細論。

　　（90）　陳臻問曰：「……前日之不受是，則今日之受非也；今日之受是，則前日
之不受非也，夫子必居一於此矣。」（公孫丑下）趙注：「陳臻，孟子弟子」，所以面
尊稱「夫子」。

　　（91）　孟子去齊，宿於畫，有欲爲王留行者，坐而言，不應，隱几而臥。客不悅
曰：「弟子齊宿而後敢言，夫子臥而不聽，請勿復敢見矣。」曰：「坐，我明語子。
……」（公孫丑下）

　　（92）　孟子去齊，充虞路問曰：「夫子若不豫色然。前日虞聞諸夫子曰：君子不
怨天，不尤人。」曰：「彼一時此一時也。……」（公孫丑下）

　　（93）　公都子曰：「外人皆稱夫子好辯，敢問何也？」孟子曰：「予豈好辯哉，予
不得已也！」（滕文公下）趙注：「公都子，孟子弟子。」

　　（94）　（淳于髡）曰：「今天下溺矣，夫子之不援何也？」曰：「天下溺援之以道，

嫂溺援之以手，子欲手援天下乎？」（離婁上）淳于髡齊人，非孟子弟子，此以「夫子」面尊稱孟子，等於(86)(87)兩節中之齊宣王。

（95）　鄭人使子濯孺子侵衞，衞使庾公之斯追之。子濯孺子曰：「今日我疾作，不可以執弓，吾死也夫！」問其僕曰：「追我者誰也？」其僕曰：「庾公之斯也。」曰：「吾生矣！」其僕曰：「庾公之斯、衞之善射者也。夫子曰『吾生』，何謂也？」曰：「庾公之斯學射於尹公之他，尹公之他學射於我。夫尹公之他端人也，其取友必端矣。」庾公之斯至，曰：「夫子何爲不執弓？」曰：「今日我疾作，不可以執弓。」曰：「小人學射於尹公之他，尹公之他學射於夫子。我不忍以夫子之道反害夫子。雖然，今日之事君事也，我不敢廢。」抽矢叩輪，發乘矢而後反。（離婁下）此節極重要，可以證明僕對主人尊稱『夫子』，弟子或弟子的弟子（門人）亦然。

（96）　公都子曰：「匡章通國皆稱不孝焉，夫子與之游又從而禮貌之，敢問何也？」（離婁下）

（97）　儲子曰：「王使人瞷夫子，果有以異於人乎？」孟子曰：「何以異於人哉！堯舜與人同耳！」（離婁下）趙注：「儲子，齊人。」

（98）　屋盧子喜曰：「連得間矣。」問曰：「夫子之任見季子，之齊不見儲子，爲其爲相與？」（告子下）

（99）　淳于髡曰：「先名實者爲人也，後名實者自爲也。夫子在三卿之中，名實未加於上下而去之，仁者固如此乎？」（告子下）下有孟子答語，此係淳于髡面稱無疑。

（100）　齊饑。陳臻曰：「國人皆以夫子將復爲發棠，殆不可復。」孟子曰：「是爲馮婦也。……」（盡心下）

以上「夫子」皆他人面尊稱孟子，由第三位稱謂至是遂變爲第二謂尊稱。第二位稱謂的「子」這時仍與前時同通用，但地位似不如「夫子」之尊。比如孟子對他的弟子多面稱「子」，不似論語中孔子對弟子稱「女」或名字。孟子中用「子」爲第二位稱謂者如(88)孟子語公孫丑說「子誠齊人也！」即是。另外如：

（101）　孟子之平陸，謂大夫曰：「子之持戟之士，一日而三失伍，則去之否乎？」（公孫丑下）

（102）　孟子謂蚔鼃曰：「子之辭靈丘而請士師，似也，爲其可以言也。今既數月矣，未可以言與？」（公孫丑下）

（103）　愼子勃然不悅曰：「此則滑釐之所不識也。」曰：「吾明告子。……」（告子下）

（104）　（曹交）曰：「交得見於鄒君，可以假館，願留而受業於門。」曰：「夫道若大路然，豈難知哉？人病不求耳，子歸而求之，有餘師。」（告子下）

（105）　白圭曰：「丹之治水也，愈於禹。」孟子曰：「子過矣。禹之治水，水之道也。……吾子過矣。」（告子下）

（106）　孟子謂宋句踐曰：「子好游乎？吾語子游，人知之亦囂囂，人不知亦囂囂。」（盡心上）

以上皆非孟子弟子，而孟子亦以「子」稱之，雖仍舊時用法，但與「夫子」相較，則不如後者的尊敬。

書中以「子」稱孟子而不稱「夫子」者只有一處，卽：

（107）　不得已而之景丑氏宿焉。景子曰：「內則父子，外則君臣，人之大倫也。父子主恩，君臣主敬，丑見王之敬子也，未見所以敬王也。」（公孫丑下）

（五）　結　　論

由以上各條觀之，至孟子時，「夫子」變爲較「子」高的尊稱，而非若以前「夫子」屬第三位而「子」爲第二位稱謂。但是這種現象若何而生的呢？我以爲這完全在孔子卒後。彼時弟子相與語或弟子對門人（弟子的弟子）稱述孔子的事，仍照孔子生前的習慣用第三位稱謂「夫子」稱他。比如左傳（31）子貢引孔子之言：「禮失則昏，名失則愆，失志爲昏，失所爲愆。」而稱「夫子之言曰」。這與（19）豎牛所說「夫子固欲去之。」及（20）杜洩所說「夫子固不欲毀也，」相似，「夫子」皆指已卒的叔孫豹。（12）（25）子木問范武子之德，答語亦稱「夫子」，時隨會卒已久，亦同。這是春秋時的習慣。更後，弟子的弟子或再傳的弟子習聞其師（七十子）稱「夫子」，有時亦寫在記載中，遂有論語侍坐章（52）及武城章（62）佛肸召章（63）之當面稱「夫子」，（89）孟子轉記子貢問孔子之言「夫子聖矣乎？」亦同。於是在孔門後學中「夫子」初變爲老

師孔子的尊稱，更變爲弟子對他的老師的稱謂，孟子書中可作此階段的代表。於是由A類：「夫子」是第三位稱謂而「子」是第二位，(左傳國語論語前十篇及後篇中若干篇(卽除(54)(62)(63)章以外)爲代表) 經過B類：弟子口中稱述孔子的故事 (左傳哀公十六年一條，論語(52)(62)(63)三條爲代表) 而變至C類：「夫子」與「子」同爲第二位稱謂，而「夫子」較尊 (孟子爲代表)。這就是A類至C類的演變。至於年代亦約略可言，A類在孔子未卒以前，卽魯哀公十六年(西前479年)，B類在此以後逐漸演變；至於C類則至晚當孟子時。孟子生年因難確定，然與梁惠襄齊宣同時則不誤。梁襄王元年爲西前318。此據竹書理年而非據史記。是則由A類的「夫子」變到C類的，其開始在西前479年以後，而至晚到西前318年，已變爲孟子中的C類，其時代略可推知，當在這一百五十年間，卽由西前479至318年。

以上的演變及其時代既已可知，現更論其對鑑定古書年代的幫助。茲因篇幅關係，只舉二書爲例，其餘當留待續篇中討論。

(一) 周書牧誓

開始卽說：「時甲子昧爽，王朝至于商郊牧野，乃誓。王左杖黃鉞，右秉白旄以麾，曰：「逖矣！西土之人！」王曰：「嗟！我友邦冢君、御事、司徒、司馬、司空、亞旅、師氏、千夫長、百夫長及庸、蜀、羌、髳、微、盧、彭、濮人，稱爾戈，比爾干、立爾矛、予其誓。」這明顯的是當面誓衆。可是在最後誓中說：「……今日之事，不愆于六步七步乃止齊焉，夫子勗哉！不愆于四伐五伐六伐七伐乃止齊焉，勗哉夫子！尚桓桓，如虎、如貔、如熊、如羆于商郊，弗迓克奔，以役西土。勗哉夫子！爾所弗勗，其于爾躬有戮！」誓中三言「夫子」，明是當面第二位稱謂，(僞孔註：「夫子謂將帥」。)並且是多數。這與春秋史料中「夫子」爲第三位單數稱謂不同。(夫二三子，告夫三子，見論語，方是多數，夫子是單數。)若非西周初與春秋時「夫子」的用法不同，則牧誓中文字雜有較後的改定。

(二) 五帝德

五帝德及帝繫姓兩篇，昔儒頗疑爲戰國時作品。若以「夫子」的用法來證定，至少其改定時間必在戰國。對於「夫子」，其中有如下二節：宰我曰：「昔者予也聞諸夫子曰：『小子無有宿問。』」又篇末：他日，宰我以語人。有爲道諸夫子之所。孔子

曰：「吾欲以顏色取人，於滅明邪改之；吾欲以語言取人，於予邪改之；吾欲以容貌取人，於師邪改之。」宰我聞之，懼不敢見。

五帝德言及黃帝，而論語只言堯舜，似爲較後寫定者，這與用「夫子」證明時代亦頗相合。

夫子非直接稱謂，閻潛邱、崔東壁亦曾道及，但語焉不詳，又未作統計，本文不敢云越過前賢，只敢說將之引申而已。其餘先秦諸子中與「夫子」有關者，當於續篇中討論。

出自第二十八本上（一九五七年五月）

PRIMA INTRODUZIONE
DELLA
FILOSOFIA SCOLASTICA IN CINA*

(1584, 1603)

PASQUALE M. D'ELIA

SOMMARIO In questo studio si presentano al lettore i due primi libri di apologetica cristiana e cattolica, a base di filosofia scolastica, editi in cinese, l'uno da Michele Ruggieri 羅明堅 nel 1584 sotto il titolo di 天主實錄 e l'altro da Matteo Ricci 利瑪竇 nel 1603, sotto quello di 天主實義. Del primo, che nel 1596 fu distrutto, non si conoscono oggi che due esemplari conservati in Roma, e della prima edizione del secondo non si conosce che un unico esemplare conservato parimenti in Roma. Di ambedue, ma specialmente del secondo, si descrivono la genesi, le prime ristampe, il contenuto e il successo presso i letterati.

L'opera del Ricci tratta dell'esistenza e della natura di Dio, della spiritualità e dell'immortalità dell'anima umana, dell'etica naturale e della sanzione efficace ed eterna per i buoni ed i cattivi; accenna infine al peccato dei progenitori e quindi all'incarnazione e ai miracoli dell'Uomo-Dio.

Esposta la dottrina positiva, l'autore sferra, con argomenti irrefutabili, forti attacchi contro il buddhismo e il taoismo, l'idolatria, la metempsicosi, il panteismo, il monismo e il razionalismo cinese dei secoli XI-XII.

Tutti questi punti poggiano sopra una solida base razionale: sulla divisione dell'essere in sostanza e accidenti col relativo albero di Porfirio; sulla natura delle quattro cause efficiente, formale materiale e finale; sulle tre anime, vegetativa, sensitiva e intellettuale, e le tre potenze di questa ultima; sull'esistenza e la natura degli spiriti; sulle nozioni di bene e di male morale; e su tante altre questioni filosofiche.

In questa occasione si traducono per la prima volta in una lingua occidentale la prefazione di Feng Ying-ching 馮應京 (1601), quella di Matteo Ricci (1603), quella di Li Chih-tsao 李之藻 (1607), quella di Ku Feng-hsiang 顧鳳翔 (1609), e l'epilogo di Wang Ju-shun 汪汝淳 (1607).

Finalmente in appendice si pubblica per la prima volta la traduzione latina, fatta dal Ricci nel 1603-1604 e da lui mandata a Roma nel 1604, delle due prime prefazioni.

---

* La romanizzazione dei nomi cinesi di persone è quella delle *Fonti Ricciane*, che è a base dell'alfabeto italiano, ma la prima volta che s'incontra un nome simile, essa viene accompagnata dalla romanizzazione di Wade, che è la più diffusa, in cui le consonanti sono inglesi e le vocali italiane. La romanizzazione dei nomi geografici è quella della *Guida Postale*, che è inglese.

L'insigne studioso che l'*Academia Sinica* intende onorare con la presente pubblicazione, è conosciuto in Cina e nel mondo specialmente come filosofo. Husce [Hu Shih] 胡適 parlando di sé ha detto: "La filosofia è il mio mestiere; la letteratura, il mio riposo". Questo c'informa sul valore che egli stesso attribuisce nella sua vita all'una e all'altra.

A un perfetto conoscitore dell'antica filosofia cinese e della moderna filosofia occidentale, apprese l'una nello studio privato e l'altra specialmente nell'Università di Columbia in New York, non dovrebbe essere senza interesse il rifare qui il quadro storico del modo come fu introdotta in Cina alla fine del secolo XVI e nei primissimi anni del secolo XVII quella "philosophia perennis" che è la filosofia scolastica, e che tanta meraviglia e tanto interesse suscitò in tutti i sommi letterati di quel tempo, particolarmente avidi di sapere.

Il bisogno di una esposizione di questo genere è tanto più sentito, in quanto che questo punto, come ho rilevato altrove[1], è completamente 'sfuggito al dott. Fomieulan [Feng Yu-lan] 馮友蘭, autore della grande *Storia della Filosofia Cinese* 中國哲學史, Shanghai 1934, e al suo traduttore inglese Derk Bodde, *History of Chinese Philosophy*.

Sarà dunque scopo del presente studio il presentare i due principali personaggi, Michele Ruggieri e Matteo Ricci, che nel 1584 e molto più nel 1603, stamparono in cinese i due primi libri di apologetica cristiana e cattolica, a base della filosofia scolastica, e di rintracciare l'impressione che questi primi libri occidentali in veste cinese produssero sui letterati di allora.

* *

Michele Ruggieri 羅明堅, proveniente dall'India e prima da Roma, arrivò a Macao verso il 20 luglio 1579. Tra il 3 aprile 1580 e l'aprile-maggio 1582 egli si recò quattro volte a Canton 廣州 nella provincia del Kwangtung 廣東 insieme con i mercanti portoghesi, all'occasione delle fiere che ivi si tenevano per gli scambi tra Cinesi e Portoghesi. Di là due volte egli si spinse fino a Shiuhing 肇慶 durante l'anno 1582.

Il 7 agosto di questo stesso anno, vivamente richiesto dal Ruggieri, arrivò a Macao Matteo Ricci 利瑪竇, anch'egli proveniente dall'India e prima da Roma. Il 10 settembre 1583 ambedue si stabilirono nella città di Shiuhing ed ivi fondarono le moderne missioni cattoliche.

---

(1) PASQUALE M. D'ELIA, *Una Storia della Filosofia Cinese*, in *Studia Patavina*, Padova 1954, I, pp. 425-460, in particolare, pp. 434-444.

Fin dalla metà del 1581, il Ruggieri, coadiuvato da un altro gesuita che risiedeva a Macao, redige una specie di storia sacra, in forma di dialogo, da mettersi poi in veste cinese. Il risultato dovette essere un abbozzo del testo latino[2], il quale, così come è, è posteriore al testo cinese di tre anni, come lo prova l'anno della creazione del mondo che nel latino è 5547 mentre nel cinese è 5550 a. C. Questo testo latino, tra il 25 ottobre e il 12 novembre 1581, fu dettato dal Ruggieri ad alcuni suoi interpreti, che lo misero alla meglio in cinese. Esso dovette essere considerato come la prima edizione della *Solida Esposizione su Dio, secondo la dottrina dell'India Occidentale*, cioè dell'Europa[3] 西〔天〕竺國天主實錄, e circolò manoscritto tra i più illustri mandarini di Canton e di Shiuhing.

Benché il visitatore, Alessandro Valignano, prima del 31 dicembre 1582 avesse dato il permesso di stamparlo e avesse insistito perché ciò fosse fatto quanto prima, il Ruggieri, durante tutto l'anno seguente, indugiò a farlo. Verso il maggio del 1584 esso fu messo nelle mani di un baccelliere del Fukien, forse un certo Ieuppuo [Yu P'o] 游朴, o il figlio di lui, probabilmente oriundo di Cheyang 柘洋, a un centinaio di *li* 里 al nord-est di Fuan 福安, il quale il 21 novembre di quello stesso anno sarà uno dei due primi Cinesi battezzati e prenderà il nome di Paolo. Questi, aiutato dal Ruggieri, e ora anche dal Ricci, ritoccò a fondo l'operetta. Essa poi uscì alle stampe nell'ultima decade di novembre 1584, con l'approvazione, se non con la prefazione, di Uamppan [Wang P'an] 王泮[4], di recente promosso da prefetto 知府 della città di Shiuhing alla carica di intendente 嶺西道 delle regioni occidentali delle due provincie del Kwangtung e Kwangsi 廣西. Pregato infatti dai due missionari di voler aggiungere una sua prefazione al libriccino che gli consegnarono già stampato ma senza il primo foglio, egli "si rallegrò molto di vederlo, dicendo che stava molto buono e pieno di buone ragioni; ma pure non volse né lui farli tal compositione, né gli parve che nessun altro la facesse, dicendo che non ne haveva bisogno, e che lo dessimo al popolo così come stava"[5].

---

(2) Cf. PIETRO TACCHI VENTURI, *Opere Storiche di Matteo Ricci*, Macerata 1913, II, pp. 498-540.—In seguito questa opera sarà citava con la sigla TV.

(3) In quei tempi, i missionari non trovarono in cinese nessuna parola che potesse significare Europa. Essi quindi ebbero ricorso alla parola "India" 天竺, che per i Cinesi era il paese più occidentale di cui avevano inteso parlare. Qui dunque "India", significa certamente "Europa". Cf. PASQUALE M. D'ELIA, *Fonti Ricciane*, Roma, I, 1942, p. 180, n. 5. In seguito quest'opera, che comprende finora 3 volumi, verrà citata con la sigla FR.

(4) Su di lui, cf. FR, I, p. 176, n. 2.

(5) Cf. TV., II, p. 54.

Era il primo libro stampato da Europei in Cina. Esso portava per fronte-spizio il titolo *Testo esatto della Solida Esposizione su Dio* 天主實錄正文[6], il vero titolo del libro essendo però 天主實錄, come si vede sui titoli correnti. Esso era considerato come una nuova edizione 新編 dell'opera già menzionata. La prima tiratura fu di 1200 esemplari, di cui dopo meno di un anno, alla data del 20 ottobre 1585 "presso de mille"[7] erano già stati distribuiti. In relativa-mente breve tempo se ne sparsero in tutta la Cina più di 3.000 esemplari.

Oggi si conoscono di questa pubblicazione due sole copie, ambedue in pos-sesso dell'Archivio Romano della Compagnia di Gesù. L'opera di cm. 25×18, contiene 39 fogli cinesi, cioè 78 pagine, oltre il foglio del titolo. In ciascuna pagina, ossia mezzo foglio, ci sono caselle per 9 linee di 20 caratteri per linea. Essa contiene 16 capitoli con un totale di 13.016 caratteri, oltre la pagina del titolo, le indicazioni delle pagine e i titoli correnti.

La prefazione del Ruggieri, il quale in tutto questo libriccino, si dà per "bonzo del regno dell'India" 天竺國僧, cioè dell'Europa, porta la data del 21 settembre 1584. La critica interna del libretto mostra che esso fu stampato proprio in quell'anno. Infatti, a proposito della legge cristiana, per opposizione alla legge mosaica e alla legge naturale, si dice: "Da quel tempo fino ad ora ci sono 1584 anni" 彼時至今，有一千五百八十四年矣 (f. 26 *a*). E a proposito dell'incarnazione vi si legge: "Dio veramente si è fatto uomo ed ha insegnato a tutte le nazioni, chiamandosi Gesù. Dopo di essere restato 33 anni nel regno dell'India [=in Occidente], è salito al Cielo. Dall'incarnazione di Dio fino ad ora si contano 1584 anni" 自天主降世至今，計有一千五百八十四年 (f. 28 *b*).

L'opera, nell'intenzione del suo autore, non era né voleva essere un'opera di filosofia, ma un'opera apologetica della religione cattolica, da mettere nelle mani di coloro che avessero voluto istruirsi sulla dottrina professata e predicata dai due Occidentali: ma la dottrina religiosa postulava per base la "philosophia perennis"

Eccone brevemente il contenuto.

Prima si viene a parlare dell'esistenza e degli attributi di Dio. Che ci debba essere un Dio nel mondo, lo provano prima di tutto la necessità di avere un Governatore Supremo dal quale dipendano tutti gli altri governatori secondari, poi la produzione di tutte le creature e finalmente l'ordine che regna tra loro. Questo Dio è infinito nelle sue perfezioni, dotato di somma bontà verso gli uomini, capace di agire senza niente, e finalmente invisibile agli occhi umani.

---

(6)   Cf. FR., I. p. 196, Tav. X.
(7)   Cf. TV., II, p. 55.

Ciò fatto, l'autore confuta brevemente gli errori contro Dio, vale a dire il politeismo, il buddhismo, l'idolatria e il caso; in particolare egli respinge la dottrina che il cielo materiale possa produrre gli esseri e quindi venir preso per Dio.

Si viene allora a parlare della creazione del mondo, accaduta secondo l'autore, "5550 anni fa" (f. 12 a); creazione dell'acqua, del cielo empireo e degli angeli, dei nove cieli, del fuoco e dell'aria, della terra resa abitabile, degli astri, degli animali e finalmente di Adamo 啞噹 e di Eva 也㘉 (f. 14 b). Tutte le creature vengono allora classificate in tre categorie; esseri senza corpo, cioè gli angeli; esseri con anima e corpo, cioè l'uomo, e esseri con corpo senza anima, cioè gli oggetti inanimati. A questo proposito si viene a parlare della caduta degli angeli e dei protoparenti e della trasmissione del peccato originale in tutti i discendenti di Adamo.

Poi si passa alla differenza tra l'animale e l'uomo e quindi si fa una vaga allusione alle tre anime: anima di grado infimo 下品之魂 che è quella delle piante, anima di grado medio 中品之魂 che è quella delle bestie, e anima di grado sommo 上品之魂 che è quella dell'uomo (f. 19 a). Poiché le due prime dipendono dalla materia nel loro operare, nella loro crescita e nella sensazione, col perire della materia, periscono anche esse. Ma poiché l'anima intellettiva invece non dipende dalla materia nelle sue operazioni, atti di intelligenza e di volontà, essa ed essa sola è immortale. Essa infatti non è composta di elementi destinati a separarsi, ma è una sostanza semplice; essa inoltre, dovendo subire la sanzione delle sue azioni, deve sempre continuare ad esistere; la sua immortalità inoltre è postulata dall'esercizio della virtù e dalla preoccupazione dell'avvenire dopo la morte, ciò che non si incontra che nell'uomo.

Viene allora spontanea la domanda del quadruplice luogo dove potrà trovarsi l'anima umana dopo la morte, l'inferno 咽啡諾, il limbo 㘉膜, il purgatorio 布革多略 e il paradiso 巴喇以所. All'inferno sono destinati "tutti quegli uomini, dall'antichità fino adesso, che hanno violato la legge di Dio e non hanno voluto convertirsi"; al limbo, i bambini morti col peccato originale prima di essere battezzati; al purgatorio quei cattolici 天主教門之人 che morendo avevano dei peccati leggieri; in paradiso, invece, dimorano "Dio, gli angeli e le anime degli uomini del mondo, pure e senza peccati" (f. 23 a-b).

Ora per salvarsi bisogna osservare la legge di Dio; essa può essere legge naturale, che, senza essere scritta, inculca l'amore di Dio e l'amore del prossimo; legge mosaica, data a Mosè 2450 anni dopo la creazione, quella che inculca il culto di Dio, l'osservanza del decalogo e un buon governo dei popoli; legge cristiana, data 1510 anni dopo della precedente, cioè 1584 anni fa, da Dio fatto uomo, legge che ci rende relativamente facile l'osservanza dei dieci comandamenti e ci apporta l'aiuto della grazia, ottenuta mediante i sette sacramenti.

Viene perciò a parlarsi dell'incarnazione, cioé del concepimento verginale e della nascita di Gesù da "una donna perfetta 一道女, di nome Maria 媽利呀, che concepì per opera del Santo Spirito 聖神 e dopo nove mesi partorì Gesù 嗦所, restando pura come prima, proprio come una [donna] che non ha mai conosciuto le cose del l'uomo" (f. 29 a). Questo Uomo-Dio parlava, sorrideva, dormiva, mangiava come gli altri uomini. Ma "poiché gli uomini del mondo intero, disubbidendo alla legge [di Dio], avevano agito male, e non c'era nessuno che potesse redimerli da questi peccati, allora Dio s'incarnò 天主化身降世 e soffrì 受其苦難 per togliere i peccati degli uomini del mondo intero e salvare le anime di tutti" (f. 29 b). `Salvarsi vuol dire intraprendere un viaggio per l'eternità. Ora per intraprendere un viaggio così lungo e così arduo, ci vogliono tre cose: bisogna avere la volontà ferma e decisa di voler arrivare alla mèta, bisogna ben conoscere la strada che vi mena, e finalmente bisogna avere le forze necessarie per intraprendere un simile viaggio. Fuori metafora, per ciò che riguarda la salvezza dell'anima, bisogna credere fermamente i misteri della fede, bisogna osservare i dieci comandamenti di Dio, e bisogna ricevere i sacramenti.

Gli articoli di fede da credere sono: Dio solo è grande e degno di essere adorato; è lui che ha creato il cielo, la terra, gli angeli e gli uomini tutti; egli può perdonare i peccati; egli premia i buoni e punisce i cattivi; egli è stato concepito verginalmente da "un'ottima giovane di nome Maria"; la quale lo partorì senza contrarre "la minima macchia, ma restando integra di corpo come prima, proprio come una vergine 室女" (f. 31 a); Gesù volle spontaneamente patire e soffrire sopra una croce 自願在於十字架上忍痛受苦 per salvare le anime del mondo intero" (f. 31 a); dopo la morte scese al limbo per liberare i giusti dell'Antico Testamento; il terzo giorno risuscitò da morte; quindi "in corpo ed anima 魂魄 salì al cielo dove siede sul trono di Dio 居天主之位" (f. 32a); di là, alla fine del mondo, tornerà per giudicare tutti gli uomini distribuendo premi e castighi.

I comandamenti di Dio si dividono in due classi: i primi tre riguardano il culto di Dio, gli altri sette riguardano l'amore del prossimo. Quanto al culto di Dio, bisogna onorarlo di cuore (1°) e di bocca (2°), santificando i giorni di festa (3°), evitando le superstizioni, l'incredulità, i falsi giuramenti ecc. Quanto all'amore del prossimo, bisogna amare i parenti e onorare i superiori (4°), non uccidere nessuno illegalmente (5°), non commettere azioni oscene (6°), non rubare

(7°), non mormorare dei difetti degli altri (8°), non desiderare né la moglie (9°),
né la roba altrui (10°). Oltre i comandamenti, che obbligano tutti, vi sono anche
i consigli evangelici che vengono proposti alle anime generose, ma che non
sono di obbligo per tutti; essi si riassumono nei tre voti religiosi di povertà
contro l'avarizia, di castità contro la lussuria, e di ubbidienza contro la superbia,
come fanno i sacerdoti cattolici.

Per i sette sacramenti bisognerà aspettare la pubblicazione di altri libri.
Qui si parla soltanto del sacramento del battesimo 呀呧喥曘, della sua necessità
e dei suoi effetti. Chi vuol entrare nella religione cattolica 天主之敎門, deve
pregare il sacerdote di conferirgli il battesimo; il quale cancella tutti i peccati
passati e mette sulla strada che conduce alla salvezza; chi invece non viene
battezzato, dopo la morte se ne andrà all'inferno. (f. 38b–39a).

"L'ospite a mani giunte e prosternandosi ringrazia dicendo: Adesso io
credo sinceramente che veramente c'è un Dio. Tanto più che Lei, nobile
maestro, è venuto da lontano per comunicarci questo messaggio e fare in modo
che il nome di Dio sia sempre più conosciuto nel Regno di Mezzo, che tutti
gli uomini siano buoni e che nessuno sia cattivo, e che dopo la morte le anime
salgano al cielo, ciò che rappresenta davvero la più grande felicità di noi uomini
del mondo. Se inoltre Lei, nobile maestro, ci permette di entrare con fervore
e con sincerità nella religione, senza respingerci, allora grande sarà la felicità
che noi riceveremo. Grazie! Grazie!" (ff. 38b–39b).

Con queste parole si chiude questo primo libro di apologetica cattolica.

Il Ricci dice che in esso "si confutavano alcuni punti delle sette della Cina
e si dichiaravano i principali capi della santa fede, specialmente quelli che si
potevano più facilmente intendere col lume naturale". Stampato che fu, a dire
dello stesso Ricci, "tutti i più gravi" letterati, e in modo particolare l'intendente
Uamppan, ne ebbero "grande allegrezza e contento". Perciò se ne distribuirono
"molte centinaia e migliaia" di copie, che fecero conoscere più presto e più
lontano la religione cattolica[8].

Una delle cose che procurarono al Valignano "grandissima allegrezza" negli
anni 1585–1586 fu proprio la pubblicazione di questo libretto[9].

Esso ebbe un grande merito. Paolo Ieuppuo, tornando nel Fukien per poi
recarsi a Pechino dove doveva ricevere un posto mandarinale, portò con sé
varie copie di questa opera per i membri della sua famiglia e per altri man-

(8) Cf. FR., I, N. 253.
(9) Cf. FR., I, N. 275.

darini[10]. Essendo passati per Shiuhing nel 1585 gli ambasciatori della Cocincina che si recavano a Pechino per il consueto tributo, essi andarono alla residenza dei missionari, i quali regalarono loro molte copie di questa opera "per dare e mostrar in Pechino e portare a sua terra"[11], cioè nel Tonchino e nel Vietnam di oggi. Altri documenti ci dicono che il libretto penetrò perfino in Corea e nel Giappone[12]. Il libro era conosciuto nel Kiangsi[13] e veniva studiato sia *dal capitano* 總兵 *sia dal tesoriere* 布政司 *della* provincia del Kwangtung che dimoravano in Canton[14]. Verso il 30 novembre 1584 il Ricci ne mandò al generale dell'ordine a Roma una delle due copie che oggi, come si è detto, sono in possesso dell'Archivio Romano della Compagnia di Gesù[15].

Col tempo apparvero però i difetti dell'opera pubblicata. Esso era troppo piccolo e per di più i missionari vi venivano presentati come "bonzi" 僧 occidentali, titolo che essi avevano accettato in un primo momento di inesperienza, ma di cui nel 1593–1594 essi volevano disfarsi a ogni costo, ciò che riuscì loro di fare nel maggio 1595. Parlando dei fatti degli anni 1594–1596, il Ricci ci dice che "già molto tempo aveva che i Nostri non usavano più di questo libro, né si dava a nessuno". Anzi nel 1596 se ne ruppero perfino le forme da stampa, affinché l'opera non potesse mai più essere ristampata[16].

* * *

Sembra infatti che nella seconda metà del 1593, se non anche prima, il Valignano incominciasse a suggerire al Ricci di riprendere questa opera, di correggere le espressioni cadute in desuetudine, di ampliarne la parte apologetica

---

(10)　Cf. FR., I, p. 197, n. 1. Alcune copie di questo libro, quelle evidentemente apportate colà dal notro Paolo Ieuppuo 游朴 prima del luglio 1589, furono poi portate a Manila da alcuni Cinesi del Fukien, a testimonianza di Fra Juan Cobo, O. P., che nel settembre 1588 venne incaricato della cura spirituale dei cristiani cinesi di Manila. Cf. BENNO BIERMAN, O. P., *Chinesische Sprachstudien in Manila*, in *Neue Zeitschrift für Missionswissenschaft*, Schöneck 1951, VII, p. 19. Col tempo questi Cinesi di Manila andarono sempre aumentando, di modo che prima del 1604 erano più di 40.000, come appare da una dedica di un piccolo quaderno sino-spagnolo che si conserva nella Biblioteca Angelica di Roma (ms., fondo antico, orient. 60) e che contiene alcuni caratteri o alcune espressioni cinesi tradotte in lingua spagnola. La dedica è del seguente tenore: "Dictionarium Sino-Hispanicum quo P. Petrus Chirino S. I. linguam sinensem in Filipinis addiscebat ad convertendos eos Sinenses qui Filipinas ipsas incolunt et quadraginta millium numerum excedunt, quod Rev. ᵐᵒ D. Mons. Sacristae obsequii ergo ipsemet Petrus suppliciter obtulit prid. cal. apriles [=31 marzo] 1604. Petrus Chirino".

(11)　Cf. TV., II, pp. 56-57.

(12)　Cf. FR., I, p. 379, n. 4.

(13)　Cf. Lettera di Eduardo de Sande 孟三德 al generale Claudio Acquaviva, in data del 4 novembre 1596, conservata in Archivio Romano della Compagnia di Gesù (*Jap. Sin.* 13, f. 24*v*)

(14)　Cf. TV., II, p. 56.

(15)　Cf. TV., II, pp. 50-51.

(16)　Cf. FR., I, N. 493.

e la confutazione dell'idolatria, e di ritoccarne lo stile cinese. Se ne ha già un primo accenno in una lettera di Eduardo de Sande al generale Claudio Acquaviva in data del 15 novembre 1593. In essa egli ci informa che i mandarini domandavano con gran desiderio e con somma curiosità il libro di cui abbiamo parlato sopra. Quindi, pur essendosi fatte tante tirature, i volumi erano stati tutti distribuiti. "Però il visitatore vuole che se ne faccia un'altro più abbondante in argomenti di confutazione delle sette della Cina". Pochi giorni dopo, il 10 dicembre 1593, è il Ricci stesso che ci informa, che quell'anno il visitatore Valignano l'aveva spinto a tradurre in latino i *Quattro Libri* 四書 per così allenarsi a fare in cinese un'altra opera di apologetica cattolica, di cui si sentiva grande bisogno, perché quella del 1584 non·era riuscita così bene come avrebbe dovuto essere[17].

Quindi è che nel 1594 il Ricci prese un maestro di cinese "per vedere se poteva cominciare a comporre alcuna cosa" in questa lingua. I primi esercizi furono assai incoraggianti, poiché, aggiunge il Ricci, "mi riuscitte assai bene". Udendo dal maestro due lezioni al giorno, e componendo qualche cosa da solo, prese animo di poter d'ora in poi andare innanzi da sé nello scrivere qualche libro. Perciò, prima del 12 ottobre 1594, egli incominciò a scrivere "un' libro delle cose della nostra fede, tutto di ragioni naturali", vale a dire un libro di apologetica cattolica, basato sopra argomenti di filosofia scolastica[18].

Il Ricci non voleva però basare l'opera sua unicamente su quanto dicevano gli Occidentali; per fare un'opera più interessante per i Cinesi, egli voleva poter servirsi anche di quello che gli antichi classici della Cina avevano detto in riferimento agli argomenti che egli intendeva trattare. Quindi è che, se nel 1594 già da parecchio tempo lavorava alla traduzione dei *Quattro Libri*, li doveva allora possedere abbartanza bene. Inoltre verso questo tempo, se non anche prima, egli volle studiare con "buoni maestri" anche i *Cinque Libri Classici* 五經, ed annotare tutti quei passi che potevano servirgli per l'opera che andava progettando. Così infatti scriveva il 4 novembre 1595: "Come noi vogliamo provar le cose della nostra santa fede per suoi libri ancora, in questi anni passati mi feci dichiarare da buoni maestri, oltre il *Tetrabiblio* 四書, anco tutte le *Sei Dottrine* 六經[19] e notai molti passi in tutte esse, che favoriscono

(17)   Cf. TV., II, p. 117.
(18)   Cf. TV., II, p. 122.
(19)   Originariamente i classici cinesi erano sei, vale a dire: il *Libro dei cambiamenti* 易經, il *Libro degli Annali Storici* 書經, il *Libro delle Odi* 詩經, *Le Memorie sui Riti* 禮記, la *Primavera e l'Autunno* 春秋 e il *Libro della Musica* 樂書. Quando quest'ultimo fu perduto, nel III secolo prima dell'èra cristiana, restarono i *Cinque Classici* 五經 i quali sono sufficientemente arrivati fino a noi.

alle cose della nostra fede, come della unità di Dio, della immortalità dell'anima, della gloria dei beati ecc."[20].

Dal 18 aprile al 28 giugno del 1595, il Ricci fu occupato in lunghi e spossanti viaggi da Shiuchow 韶州 nel Kwangtung a Nanchino 南京 e da Nanchino di nuovo a Nanchang 南昌; poi, durante tutta la seconda metà di quello stesso anno, egli dovette trattare con i letterati dell'ultima città e specialmente con i due principi di sangue che ivi facevano la loro dimora. Si capisce dunque perché durante quell'anno il suo manoscritto "stette in silentio", almeno per ciò che riguardava il lavoro diretto, poiché invece, come abbiamo visto, il lavoro indiretto andava sempre innanzi, accumulando testi ricavati dai classici che potrebbero servirgli.

Anzi apprendiamo che a questa epoca, già parecchi capitoli erano stati redatti e che egli li aveva fatti vedere ad alcuni letterati che lo incoraggiarono a stamparli. Egli stesso nel 1596 li andava rivedendo e ritoccando, nella speranza che l'opera sua potesse essere "molto migliore" di quella del 1584[21]. Quindi è che il 16 dicembre di quell'anno il Valignano annunziava che il Ricci stava facendo un'opera di apologetica che sarebbe migliore e meglio ordinata di quella che si era fatta precedentemente[22].

Prima però di stamparla, bisognava, secondo le regole canoniche e quelle della Compagnia di Gesù, far esaminare il manoscritto da revisori competenti, i quali, per ciò che riguarda la dottrina, non potevano essere che europei. Ma siccome si trattava di un'opera in lingua cinese che questi europei non conoscevano, il Ricci dovette fare una traduzione latina dal cinese per sottometterla al giudizio di tre revisori. Questi erano il vescovo del Giappone e della Cina, Luigi Cerqueira S. I., allora di passaggio a Macao, il visitatore Alessandro Valignano arrivato nel possedimento portoghese il 20 luglio 1597 prima di ripartire pel Giappone insieme col sullodato vescovo, e il P. Eduardo de Sande, antico professore di teologia e già prefetto degli studi allo scolasticato di Goa. I revisori suggerirono dei perfezionamenti e non poche correzioni, ciò che domandò un rifacimento di tutta l'opera. Probabilmente il Ricci, occupato nel lungo viaggio da Nanchang a Nanchino e da Nanchino a Pechino 北京, non ricevette il suo manoscritto latino e le osservazioni dei revisori che dopo il gennaio 1601, vale a dire dopo il suo arrivo definitivo nella capitale della Cina.

---

(20) Cf. TV., II, p. 207.
(21) Cf. TV., II, pp. 225-226.
(22) Cf. FR., I, p. 379, n. 4.

Nel frattempo però il manoscritto cinese continuava a circolare non solo tra i missionari gesuiti[23], ma anche tra i letterati. Verso il 10 gennaio 1603, esso venne messo a Nanchino nelle mani del catecumeno Siücoamcchi [Hsü Kuang-ch'i] 徐光啓 (1562–1633)[24] che lo divorò in una sola notte, e così si dispose al battesimo che dovette ricevere verso il 15 di quel mese[25]. Alla fine del 1600 o almeno al principio del 1601, il manoscritto cinese arrivò fino a Wuchang 武昌, nel Hukwang 湖廣, e cadde nelle mani di Fomimchim [Feng Ying-ching] 馮應京[26], il grande amico del Ricci, che già il 3 febbraio 1601, dettò una prefazione di cui parleremo più sotto, mentre era segretario del giudice provinciale di quella provincia. Avendo osato resistere al potente Ccemfom [Ch'eng Feng] 陳奉, ispettore della gabella nel Hukwang, e accusarlo presso l'imperatore, egli, accusato a sua volta dal suo rivale, fu condannato al confino nel febbraio 1601 e quindi mandato a Pechino dove venne battuto e gettato in prigione, donde non uscì che nell'ottobre 1604. Mentre stava in prigione rilesse l'opera del Ricci negli anni 1601–1602 e ne ritoccò lo stile per renderlo sempre più accetto ai letterati, ciò che fece anche Licezao [Li Chih-tsao] 李之藻[27], ancora pagano[28]. Al dire di Fomimchim, la Cina con i suoi "peccati molto gravi" era come un ammalato in grande pericolo di morte e solo questo libro avrebbe potuto salvarlo. Perciò appena vide il manoscritto, fece dolci ed amichevoli pressioni sul Ricci affinché lo stampasse immediatamente[29].

Ma il Ricci, da una parte voleva sempre più limare l'opera sua, e dall'altra era sempre in attesa del permesso di stampa da parte degli inquisitori di Goa. Il permesso finalmente arrivò, probabilmente negli anni 1602–1603, almeno per questo libro e per un altro che sarà stampato nel 1605.

* *

Cosi dunque nel 1603, certamente dopo il 22 agosto, probabilmente in ottobre-

(23) "Usavano tutti i Nostri scritto di mano". Cf. FR., I, N. 709.

(24) Su di lui, cf. FR., II, p. 250, n. 3.

(25) Cf. FR., II, N. 682.

(26) Su di lui, cf. FR., II, p. 162, n. 1.

(27) Su di lui, cf. FR., II, p. 168, n. 3.

(28) Cf. GUERREIRO F., *Relação Anual das coisas que fizeram os Padres da Companhia de Jesus nas suas missões*, Coimbra 1931, II, pp. 95-98, 107; FR., II, p. 292, n. 1.

(29) Cf. FR., II, N. 710.

novembre, uscì la prima edizione del *Solido Trattato su Dio* 天主實義[30]. Che esso sia uscito nel 1603, oggi la cosa è assolutamente indubbia. Ho ritrovato un manoscritto autografo del Ricci che accompagnava una copia dell'opera stampata, mandata nel 1604 al generale Acquaviva a Roma, e tuttora esistente, in cui egli attesta: "litteris sinicis typis excudimus anno 1603", e ancora: "primam hanc…partem anno praeterito 1603 typis edendam curavimus, et hoc anno Romam ad patrem generalem transmittimus"[31]. Anche la critica interna del libro porta alla stessa conclusione, poiché l'incarnazione ebbe luogo "1603 anni fa" 於一千六百有三年前 (II, f. 62 *b*)[32].

L'autore ci assicura che egli non aveva intenzione di scrivere un libro religioso che servisse unicamente ai cristiani, bensì un libro di apologetica, dove cristiani e non-cristiani vi trovassero quelle verità di ordine naturale che facessero cadere le obiezioni degli infedeli e servissero di preliminari agli spiriti colti, i quali desideravano istruirsi maggiormente sulla dottrina apportata dagli Occidentali alla Cina.

Il 10 maggio 1605 ecco come il Ricci ne scriveva al suo conterraneo e confratello, il p. Girolamo Costa: "Pretendetti in esso insegnare, con dichiarare, le cose principali della nostra santa fede, e dilettare con molti esempi, detti dei nostri dottori, *e varie cose di filosofia, mai udite nella Cina*, e di [com]movere con proporre la necessità che l'uomo tiene a ricercare le cose della sua salvatione, e la speranza che la fede christiana dà all'altra vita"[33]

Quattro anni dopo egli ritornava sullo stesso argomento per dichiarare che in questa opera, egli non intendeva trattare "di tutti i misteri di nostra santa fede, che solo si hanno da dichiarare ai catecumeni e ai cristiani, ma solo di

---

(30)　Ex Il vero titolo della prima edizione è certamente 天主實義 Solo più tardi, forse dopo il 1615 quando 天學 incominciò a significare "cristianesimo", invece di 天主實義 si scrisse 天學實義 sulla sola copertina, e la scritta era incollata non stampata sul libro, lasciando intatto il testo nel corpo dell'opera Cf. FR., II, p. 293, n. 1. L'esemplare 天學實義 che trovasi nell'Archivio Romano della Compagnia di Gesù (*Jap.-Sin.*, I, 46) è stato stampato 梓 nella chiesa "Adorate l'Unico" 欽一堂 del Fukien 閩中, ed ha come epilogo 跋 la prefazione di Cufomsiam [Ku Feng-hsiang] 顧鳳翔 di cui si parlerà più sotto (pp. 36-39). Questo esemplare non può essere anteriore al 1625, quando l'Aleni penetrò pel primo nel Fukien.

(31)　Qui e nelle pagine seguenti cito sempre la prima edizione del 1603, di cui a Roma si ha un esemplare, che deve essere unico al mondo. Per i documenti posteriori al 1603, mi servo, se non indico altra fonte, dell'edizione 天學初函 che è del 1629.

(32)　Se in questa prima edizione, la data dell'incarnazione è la data della stampa, non segue che anche le altre edizioni venute dopo, dove parimenti si legge la stessa data, siano dello stesso anno: il testo infatti venne riprodotto nelle edizioni successive quale era stato stampato nel 1603.

(33)　Cf. TV., II, p. 277. Fin dal 1596 egli faceva chiaramente prevedere quello che sarebbe stato il suo costante metodo di apostolato con i dotti cinesi e quello che egli mise in pratica in questo libro. Cf. TV., II, p. 225.

alcuni principali, specialmente quelli che di qualche modo si possono provare con ragioni naturali e intendere con l'istesso lume naturale; acciocché potesse servire ai cristiani e ai gentili e potesse essere inteso in altre parti remote dove non potessero così presto arrivare i Nostri, aprendo con questo il cammino agli altri misteri che dipendono dalla fede e scienza rivelata. Come sarebbe a dire: di esser nell'universo un Signore e Creatore di tutte le cose che continuamente conserva; esser l'anima dell'uomo immortale ed essergli dato il pago delle buone e delle male opere sue nell'altra vita da Dio; esser falsa la trasmigrazione delle anime in corpi di altri uomini e anche di animali, ciò che molti qua seguono, ed altre cose simili[34]. E tutto questo provato non solo con molte ragioni e argomenti cavati dai nostri santi dottori, ma anche con molte autorità dei loro libri antichi, che il padre [Ricci] aveva notato quando li leggeva, ciò che diede grande autorità e credito a questa opera"[35].

Il libro, secondo l'autore, non voleva confutare direttamente tutti gli errori delle sette della Cina, ma confutò radicalmente quelli che erano opposti alle verità ivi esposte, p. es. l'idolatria, il politeismo ecc. Quanto a Confucio e alla sua scuola, l'autore cercò di darne una interpretazione benigna in alcuni punti lasciati dubbi, come sarà meglio spiegato più sotto. Con ciò egli si guadagnò l'appoggio e la simpatia dei letterati.

Alla fine si accenna in brevi tratti alla venuta di Gesù Cristo al mondo per salvarlo, e si esortano i Cinesi a chiedere ai missionari i libri in cui è contenuta la dottrina che essi professano e insegnano[36].

L'opera era dunque essenzialmente apologetica e in essa si fondevano armoniosamente la cultura cinese e la cultura europea. In fondo essa rappresentava e riassumeva le più importanti discussioni avute dal Ricci coi principali esponenti del pensiero cinese verso l'anno 1600. Questi erano p. es. il Primo Ministro 閣老 Iéttaescian [Yeh T'ai-shan] 葉臺山[37], il Ministro degli Uffici Civili 吏部尚書 Littae [Li T'ai] 李載[38], il Ministro della guerra 兵部尚書 Sciiao-

---

(34) Se si fosse sempre prestato attenzione a queste parole dell'autore dell'opera di cui qui si tratta, mai gli scrittori cattolici sarebbero restati delusi di non trovarvi ciò che il Ricci non volle mettervi, vale a dire i misteri specificamente cristiani, che dipendono dalla rivelazione, e che erano destinati ai catecumeni e ai cristiani, p. es. la passione e morte in croce del Salvatore Gesù Cristo. Non altrimenti aveva agito S. Paolo. Con gli Ebrei egli si serviva della Scrittura per provare che Gesù era Messia, e con i pagani si serviva della rivelazione naturale, vale a dire della legge della coscienza, del sospetto del vero Dio, e del desiderio naturale di Lui, scagliandosi contro l'idolatria e i vizi dei gentili.
(35) Cf. FR., II, N. 709.
(36) Cf. FR., II, N. 709.
(37) Su di lui, cf, FR., II, p. 42, n. 1.
(38) Su di lui, cf. FR., II, p. 157, n. 3.

tahem [Hsiao Ta-heng] 蕭大亨[39], il Sottosegretario di Stato al Ministero di Grazia e Giustizia 刑部侍郎 Uamgiuscioen [Wang Ju-shun] 王汝訓[40], il Censore 給事中 di Nanchino Ciuscelin [Chu Shi-lin] 祝石林 o Ciuscelu [Chu Shih-lu] 祝世祿[41], il Censore metropolitano Zzaoiüpien [T'sao Yü-pien] 曹于汴[42], il Segretario al Ministero di Grazia e Giustizia 刑部主事 di Nanchino Uzoohae [Wu Tso-hai] 吳左海[43] e probabilmente l'Assistente del Governatore civile del Kwangtung Comtaoli [Kung Tao-li] 龔道立[44], oltre il già sullodato Licezao, l'Accademico 翰林院 Hoamhoei [Huang Hui] 黃輝[45] e il famoso bonzo Hoamsanhoei [Huang San-hui] 黃三淮[46].

Prima della morte dell'autore (1610), l'opera ebbe almeno quattro edizioni o ristampe, come si vedrà più sotto[47]. Da allora in poi e fino ai giorni nostri le edizioni non si contano più. Nel secolo XVII l'imperatore Cchienlom [Ch'ien Lung] 乾隆 la farà annoverare tra i migliori libri cinesi, nonostante che personalmente egli fosse persecutore dei cristiani e che il libro fosse chiaramente cattolico.

Questo è il capolavoro del Ricci e in esso egli profuse e fuse armoniosamente tutte le sue conoscenze di filosofia scolastica e quelle di sinologia. Per questo fu gradito da tutti i letterati cinesi, eccetto naturalmente dai buddhisti che si vedevano fortemente attaccati e vittoriosamente smascherati.

* *

Il libro si apre con la prefazione di Fomimchim, la quale, come tutte le altre che seguiranno, non sembra essere stata mai tradotta in una lingua occidentale. Il Ricci però negli anni 1603–1604, di questa come della sua propria, aveva fatto una traduzione latina che è restata finora inedita, e che viene pubblicata qui in appendice, per la prima volta.

Ecco la prefazione di Fomimchim:

(39) Su di lui, cf. FR., II, p. 155, n. 3.
(40) Su di lui, cf. FR., II, p. 155, n. 2.
(41) Su di lui, cf. FR., II, p. 46, n. 2.
(42) Su di lui, cf. FR., II, p. 133, n. 3.
(43) Su di lui, cf. FR., II, p. 58, n. 3.
(44) Su di lui, cf. FR., III, p. 11, n. 9.
(45) Su di lui, cf FR., II, p. 180, n. 6.
(46) Su di lui, cf. FR., II, p. 75, n. 5.
(47) Il Ricci attesta che, mentre scriveva il capitolo II del Libro V della sua *Storia dell'Introduzione del Cristianesimo in Cina*, dunque nel 1609, "era già stato ristampato questo libro in diverse provincie quattro volte", di cui due non da cristiani, ma da pagani, senza dubbio Fomimchim [Feng Ying-ching] 馮應京, e Licezao [Li Chih-tsao] 李之藻, sembrando loro che esso fosse loro utile per "il ben vivere". Cf. FR., II, N. 710.

(f. Ia) PREFAZIONE AL "SOLIDO TRATTATO SU DIO"

(f. Ia) Il *Solido Trattato su Dio*[48] è un'opera di domande e risposte, tra il dott. Ricci del Grande Occidente insieme con i suoi concittadini e confratelli da una parte, e i nostri concittadini cinesi dall'altra.

Chi è questo Signor del Cielo? E' il Supremo Dominatore[49].

La voce "solido" significa "non vuoto".

I Sei Classici[50], i quattro dottori[51], e tutti i *santi*[52] e i sapienti del nostro regno dicono: "Temere il Supremo Dominatore", "Aiutare il Supremo Dominatore", "Servire il Supremo Dominatore", "Avvicinarsi al Supremo Dominatore"[53]. Chi mai penserà che tutte queste espressioni sono parole vuote di senso?

[Di questo Dio], [l'imperatore] Mim [Ming] 明 della dinastia Han 漢 apprese

---

(48)　E' questa l'esatta traduzione dell'opera del Ricci 天主實義 e non "Vero Senso del Signor del Cielo", come alle volte si vede presso alcuni autori. Ne abbiamo per garante lo stesso Ricci che traduce in latino: *De Deo Verax Disputatio*. Ma il "verax" ci viene spiegato meglio da Fomimchim poche linee più sotto quando dice che 實 significa "non vuoto", quindi solido. Infatti sopra la copertina di due antichi esemplari che si conservano in Roma, una stessa mano, che sospetto essere quella di Filippo Couplet, S. I., il quale dovette portarli nella città eterna alla fine del 1684, ha scritto: *Dei Solida Ratio*.

(49)　Di somma importanza è questa identificazione, fatta da Fomimchim che non arrivò mai al battesimo, tra l'espresione cristiana "Signor del Cielo" 天主, trovata nel luglio-agosto 1583 da un giovane catecumeno di Shiuhing di cognome forse Ccem [Ch'eng] 陳, che il 21 novembre di quell'anno fu battezzato col nome di Giovanni (FR., I, p. 186, n. 1), e l'espressione "Supremo Dominatore" 上帝 degli antichi libri classici della Cina.

(50)　Cf. sopra, n. 19.

(51)　I quattro dottori sono gli autori veri o supposti dei *Quattro Libri*, vale a dire, Confucio (551–479 a. C.), autore dei *Discorsi* 論語, Mencio 孟子 (c. 468-c. 376 a. C.), autore del libro che porta il suo nome 孟子, Zenzzan [Tseng Ts'an] 曾參 (505-437 a. C.), supposto autore della *Grande Scienza* 大學 e Ccomchi [K'ung Chi] 孔伋 (483-402 a. C.), supposto autore della *Dottrina del Punto Medio* 中庸.

(52)　Per un Confuciano è santo colui che fin dalla nascita ha raggiunto il più alto grado di scienza e di virtù. Nella letteratura cinese sono stimati *santi* i seguenti personaggi: i due imperatori semimitici Iao [Yao] 堯 e Scioen [Shun] 舜 che avrebbero regnato rispettivamente l'uno dal 2145 al 2041 a. C. e l'altro dal 2042 al 1990 a. C.; il loro successore Iü [Yü] il Grande 大禹 fondatore e primo sovrano della prima dinastia, i cui anni di regno andrebbero dal 1989 al 1979 a. C.: poi Ttam [T'ang] il Vittorioso 成湯, fondatore e primo re della seconda dinastia, i cui anni di regno vanno dal 1558 al 1547 a. C.; poi ancora il re Uen [Wen] 文王 del secolo XI a. C. e i suoi due figli, il re U [Wu] 武王, primo re della terza dinastia, che regnò dal 1050 al 1045 a. C., e suo fratello il duca di Ceu [Chou] 周公; finalmente Confucio 孔夫子 e Mencio, chiamato il "secondo santo" 亞聖, dopo Confucio.

(53)　Queste espressioni si trovano rispettivamente: la prima in *Annali Storici*, 書經 III, 1²; la seconda in Mencio I, B, 3⁷, e in *Annali Storici* IV, 1, A⁷; la terza in *Annali Storici* IV, 19³; la quarta in *Annali Storici*, III, 8, C¹⁰; l'ultimo testo non è però 格上帝, ma il suo equivalente 格于皇天.

qualche cosa dall'India 天竺[54]. Gli amatori di novità affermarono che quando Confucio disse: "Nei luoghi occidentali c'è il *santo*"[55], probabilmente voleva parlare del Buddha. A destra e a sinistra diffusero con rumore questo dire e

---

(54)　Il Ricci in questa sua opera riferisce la tradizione cinese, secondo la quale l'imperatore Mim [Ming] 明 dei Han Posteriori 後漢 (58-75 d. C.) avrebbe mandato dei messi in India per riportarne la religione cristiana, mentre essi invece riportarono in Cina il buddhismo. Cf. più sotto pp. 28-29 e FR., I, p. 122, n. 1. Qui 天竺 è veramente l'India e'non l'Europa.

(55)　Liéze [Lieh Tzu] 列子 dovrebbe essere un filosofo taoista che avrebbe dovuto vivere verso il 398 a. C. Altri mettono in dubbio la sua stessa esistenza e lo ritengono un personaggio leggendario, introdotto da Cioamze [Chuang Tzu] 莊子 (c. 369-c. 286 a. C.) nella sua opera. A Liéze venne più tardi falsamente attribuita l'opera che porta il suo nome. Ora in questa opera si riferisce il seguente dialogo tra il Primo Ministro di Som [Sung] 商 e Confucio. "Il Primo Ministro di Som, vedendo Confucio, gli domandò:

　　——Lei, Confucio, è un *santo*, non è vero?

　　——Se io fossi un *santo*, come mai oserei affermarlo? [Quello che posso dire] è che ho studiato molto e ho acquistato mòlte conoscenze.

　　——I tre re [dell'antichità] furono *santi*, non è vero?

　　——I tre re furono dei buoni amministratori, prudenti e coraggiosi. Se poi fossero dei *santi*, io, Confucio, non saprei dirlo.

　　——I cinque imperatori [dell'antichità] furono *santi*, non è vero?

　　——I cinque imperatori furono dei buoni amministratori, filantropi e giusti. Se poi fossero dei *santi*, io, Confucio, non saprei dirlo.

　　——I tre augusti [dell'antichità] furono *santi*, non è vero?

　　——I tre augusti furonò dei buoni amministratori che seppero accomodarsi ai tempi. Se poi fossero dei *santi*, io, Confucio, non saprei dirlo (vedi più sotto, n. 60).

Profondamente meravigliato, il Primo Ministro di Som disse perciò:

　　——Ma allora chi è *santo*?

Confucio, commosso di volto, rispose scandendo le parole:

　　——Gli uomini dell'occidente hanno dei *santi*. Lì c'è gente che, anche se non c'è nessuno che la governi,.non si ribella; anche se non.parla, si guadagna la fiducia degli altri; anche se non si converte, agisce da sé. Quasi quasi il popolo non sa darle un nome. Io inclino a credere che questi tali siano i *santi*. Però non so se essi siano veri *santi* o no.

Il primo Ministro di Som si diceva in silenzio tra sé e sé: Confucio mi ha giocato un brutto scherzo!" (WIEGER, *Taoisme*, II, pp. 118-119, C)

In questo testo Confucio fa l'elogio di *santi* imaginari, dicendo che essi facevano tutto il contrario di quello che faceva il primo Ministro. Ma il testo, come abbiamo detto, si trova in un libro fantastico, attribuito a un autore fantastico, e forse leggendario. Quindi, sotto l'aspetto storico, non c'è niente da cavarne.

Però nel decorso dei tempi, il testo che, se autentico, farebbe allusione a dei *santi*—il contesto infatti porta a vederci il plurale—è stato leggermente modificato ed è diventato 西方有聖人 (vedi più sotto, p. 38) che può tradursi così: "Nell'occidente c'è il santo", o ancora 西方聖人 come qui, cioè "il santo dell'occidente". Di là si passò a vedere in questo testo una profezia di Confucio che, secondo i buddhisti, avrebbe mirato al Buddha vivente nell'India, paese che si trova all'occidente della Cina. Quando poi arrivarono in Cina i missionari cattolici, alcuni Cinesi simpatizzanti della dottrina apportata da essi, vollero applicare questo detto a Gesù e al cristianesimo.

L'una e l'altra interpretazione è tendenziosa e non poggia su nessun argomento positivo. A ragione il Wieger avverte: "Il ne faut pas vouloir tirer de ce texte un renseignement géographique ou historique, qui n'y est pas contenu" (*Taoïsme*, II, p. 119, n. 3); e ancora: "Il ne faut pas donner ce texte comme une prophétie de Confucius annonçant que le Christ viendrait de l'Occident" (*Textes philosophiques*, 2e éd., 1930, p. 288, S.).

accesero questa fiamma al punto di sembrare come se mettessero [il Buddha]
al di sopra dei nostri *Sei Classici.* Chi avrebbe mai sospettato che, se l'In-
(f. I*b*) dia è all'occidente del Regno di Mezzo, il Grande Occidente è all'occi-
dente della stessa India"?[56]

I buddhisti da una parte, in Occidente, si sono appropriati un detto di
Pitagora—nome di persona—fatto per esortare il popolo ignorante, e spingendolo
ad oltranza ne hanno fatto la metempsicosi[57]; dall'altra parte, in Cina, si sono
appropriati questo detto di Laoze [Lao Tzu] 老子: "Tutte le cose sono come
cani di paglia"[58], e spingendolo ad oltranza hanno tentato di annientare e di
polverizzare questo mondo, secondo loro, polveroso e insignificante[59]. Essi
hanno voluto veramente disfarsi [di questo mondo] per innalzarsi. I *santi* del
Regno di Mezzo sono già lontani e i loro detti sono già sepolti. Rari sono
coloro che possono sottomettere l'orgoglio [di questi buddhisti] e opporsi alla
loro influenza.

Di più alcuni, per ciò che riguarda l'interno, si rallegrano della comodità
di una perpetua quiete e di una vuota tranquillità, e per ciò che riguarda
l'esterno, desiderano l'eccellenza della grandezza e della magnificenza; per ciò
che spetta il presente, aborriscono la fatica della corsa agli onori e ai vantaggi
[=alle cariche], e per ciò che spetta l'avvenire, hanno paura d'immergersi
nelle sofferenze delle sei vie [della metempsicosi].

Nell'antichità coloro che versavano in gravi difficoltà, invocavano il Cielo,
ora invece invocano il Buddha. Nell'antichità si sacrificava al Cielo- (f. II*a*)
Terra, e [agli spiriti] della nazione, dei monti, dei fiumi e degli antenati, ora
invece si sacrifica al Buddha. Nell'antichità i dotti conoscevano il Cielo e
ubbidivano al Cielo, ora invece pregano il Buddha e vogliono diventare tanti
altri buddha. Nell'antichità i funzionari meditavano e illustravano le opere
del Cielo, non osando darsi all'ozio e ai piaceri personali per non lasciar orfano
il popolo affidato loro dal Cielo, ora invece i grandi eremiti, pur abitando alla
Corte, s'immergono nel *dhyāna* e vivono fuori del mondo.

Il Buddha è un principe e un maestro dell'India. Anche il nostro regno

---

(56) L'autore vuol dire che se il supposto testo di Confucio si vuole applicare al Buddha, perché
l'India è all'occidente della Cina, molto più in questo caso si dovrebbe applicare a Gesù,
perché il Grande Occidente è all'occidente della stessa India.

(57) Il Ricci ha sempre pensato che i buddhisti avevano preso la metempsicosi da Pitagora.

(58) Al cap. IV di Laoze 老子 N. 46 si legge: "L'universo manca di filantropia e tutte le cose
sono come tanti cani di paglia" 天地不仁，以萬物爲芻狗。Questi cani di paglia venivano bruciati
nei sacrifici.

(59) Hanno polverizzato questo mondo, come si polverizzano i cani di paglia al sacrificio.

ha i suoi principi e i suoi maestri, quali p. es. i tre augusti, i cinque imperatori, i tre re[60], il duca di Ceu [Chou] 周公, Confucio e tutti gli imperatori della presente dinastia dal fondatore di essa in poi. Quel principe e quel maestro [dell'India] insultò il Cielo e pretese mettersi al di sopra di lui, mentre i nostri principi e maestri, continuando l'opera del Cielo, misero perfino il [Sommo] Estremo sotto di lui[61].

Che quel regno segua lui, non spetta a me di farne la critica. Ma che tu ed io [entrambi Cinesi] abbandoniamo quello che abbiamo appreso per seguire lui, che significa? Il filosofo Ccem [Ch'eng] 程 (fIIb) dice: "Il Confucianesimo si fonda sul Cielo", i buddhisti invece si fondano sul proprio cuore[62].

Ora prendere il proprio cuore per maestro e imitare il Cielo, queste due cose sono opposte tra loro come tutto fondare su me stesso e niente fondare su me stesso. Questo basta per sapere quale scopo si propongono queste due scuole[63].

Questo libro adduce l'uno dopo l'altro i testi dei nostri *Sei Classici* per provare la verità e per confutare a fondo l'errore che parla del vuoto [= il buddhismo]. Con [gli argomenti] occidentali raddrizza gli Occidentali e con [gli argomenti] cinesi converte i Cinesi.

(60)　I tre augusti sarebbero, secondo una certa interpretazione, Fusci [Fu Hsi] 伏羲, Scennom [Shen Nung] 神農 e Hoamti [Huang Ti] 黃帝, I cinque imperatori sarebbero, sempre secondo una certa interpretazione, Ttaehao [T'ai Hao] 太皞, Ienti [Yen Ti] 炎帝, Hoamti [Huang Ti] 黃帝, Sciaohao [Shao Hao] 少皞 e Cioamsiü [Chuan Hsü] 顓頊; i tre re sono i tre fondatori delle prime tre dinastie, quindi Iü [Yü] il Grande 大禹, Ttam [T'ang] il Vittorioso 成湯 e il re Uen [Wen] 文王, rispettivamente fondatori della prima, della seconda e della terza dinastia.

(61)　In questo mi scosto dell'interpretazione del Ricci che traduce: "Legis nostrae opus maximum erexere". Cf. più sotto. p. 42.

(62)　Il senso sembra essere questo, mentre il confucianesimo impernia tutto il suo insegnamento sul Cielo=Dio, il buddhismo invece l'impernia sul cuore che qui significa "mente". Ecco infatti un riassunto del sistema di Bodhidharma che fu in Cina dal 486 al 536: "The heart of every man is in communion with all that was in all times and in all spaces. This heart is the Buddha. There is no Buddha outside the heart. Enlightenment and *nirvāṇa* are also in the heart. Outside the reality of the heart, everything is imaginary. To search for something outside the heart is to try to seize emptiness. The heart is the Buddha and the Buddha is the heart. To imagine a Buddha outside the heart is madness. So it is necessary to turn one's looks not outside but inside. It is necessary to concentrate on self and to contemplate on the Buddha-nature of the self". Siccome dunque tutto è Buddha e fuori del cuore non vi è altro Buddha, ogni dualismo viene soppresso. Non si tratta più di salvare altri o di essere salvato da altri. Non si tratta più di pregare o di adorare altri. Siccome il Buddha è il cuore, ciò che conosce ogni cosa è il cuore, cioè il vero se stesso. Se uno vede il Buddha in se stesso, egli si sbarazza di tutto il resto, egli è già nel *nirvāṇa*. I suoi atti sfuggono qundi a qualunque distinzione tra bene e male, tra ciò che è meritorio e ciò che è peccaminoso. Cf. PRABODH CHANDRA BAGCHI, *Indian Influence on Chinese Thought*, in *History of Philosophy Eastern and Western* under the Chairmanship of Sarvepally Radhakrishnan, London 1952, I. pp. 578-579.

(63)　A ragione dobbiamo ammirare tanto corraggio a scrivere contro il buddhismo da parte di un letterato, che non ancora aveva fatto il passo decisivo verso il cristianesimo.

Vedendo che ci sono di quelli che dicono che bisogna abbandonare la vita sociale e lasciare gli affari, vociferando di non impigliarsi e di non macchiarsi [di questi affari] per desiderio di sfuggire alla metempsicosi, [questo libro] molto chiaramente spiega l'inganno di questa metempsicosi.

Siccome essi esauriscono tutte le forze dell'intelligenza per ciò che riguarda il corpo, mirando a tracciar delle distinzioni perfino sopra un piccolo pezzo di pelle, volendo trattar da parenti solo i loro parenti e trattar da figli solo i loro figli, [questo libro] spiega ancora molto chiaramente che il Padre Celeste 乾父 è un [Padre] universale.

Parlando della natura [umana], [questo libro spiega pure] che l'uomo grandemente differisce dagli animali.

Parlando (f. IIIa] dello studio [della virtù], riduce [tutto] alla filantropia 仁 e incomincia con la repressione delle passioni.

I nove decimi [di questo libro] sono delle cose che il nostro regno forse non ha mai sentite, o, se le ha sentite qualche volta, non le ha mai messe in pratica energicamente.

Il dott. Ricci ha fatto un viaggio di 80.000 *li*. In alto egli ha misurato i nove cieli e nelle profondità ha misurato i nove abissi [=il mare], il tutto senza nemmeno l'errore di una punta di capello.

Poiché egli ha indagato con fermezza e con solidità cose visibili che noi non avevamo mai indagato, [bisogna ammettere] che anche i suoi ragionamenti sugli spiriti debbono essere ben fondati e senza errori.

Da noi si dice che ci sono delle cose da "ammettere senza disputarne" e altre "da disputarne senza pronunziarsi"[64]. Ma di quelle cose di cui noi abbiamo sentito parlare qualche volta senza averle mai messe in pratica energicamente, è mai possibile di non applicarci ad esse quasi come svegliandoci da un sonno e di non pensarci con timore?

Io sono un letterato ignorante, che però infaticabilmente ammucchio dei piani nella mia mente; io non ho percorso coi piedi nemmeno la parte interna [della mia casa]; le mie conoscenze non (f. IIIb) vanno al di là [di colui che guardava] il cielo attraverso l'apertura di un pozzo[65]. Pure con gli occhi [dell'intelligenza] ho sempre combattuto l'errore di chi parlava del vuoto [=il buddhismo] e mi rallegro che questo uomo parli [invece] di solidità.

---

(64) E' Cioamze [Chuang Tzu] 莊子 che ha detto: "Il *santo* ammette (certe cose) senza disputarne" 聖人存而不論 e "disputa (di altre) senza pronziarsi su di esse" 聖人論而不議 (c. 2). Cf. Wieger, *Taoïsme*, II, p. 220.

(65) Abbreviazione del proverbio 坐井觀天, cioè "seduto in fondo a un pozzo, mettersi a guardare il cielo" attraverso la piccola apertura del pozzo; naturalmente di là si vede ben poco, donde il senso di avere delle conoscenze limitate.

Con riverenza ne ho parlato al principio [di questo libro, in questa prefazione] per rifletterci insieme con i dotti e le persone intelligenti.

Il 3 febbraio 1601, io, Foṁimchim, cristiano[66], con rispetto ho scritto questa prefazione.

Possiamo ora capire perché il Ricci trovava che in questa prefazione, il suo amico "con alto stile e molta erudizione" diceva molto male del buddhismo e invece molto bene della religione cristiana, e che perciò una tale premessa "diede e dà sinora [1609] molta autorità a questa opera"[67].

Subito dopo lo scritto precedente, veniva l'introduzione di Matteo Ricci, autore dell'opera. Eccola:

(f. Ia) INTRODUZIONE AL "SOLIDO TRATTATO SU DIO"

Il modo ordinario di ben governare è quello che fa finalmente capo ad uno[68]. Ecco perché i sapienti e i *santi* hanno [sempre] esortato i sudditi alla fedeltà [verso il loro unico sovrano]. Ora chi dice fedeltà, dice assenza di doppiezza. La prima delle cinque relazioni[69] [sociali] è quella [che vige tra il suddito] e il sovrano e il primo dei tre legami[70] [è quello che riguarda] il sovrano verso il suddito. Questo è quello che capiscono [con la mente] e praticano [con le opere] gli uomini retti e giusti.

Nell'antichità, quando in altri tempi il mondo era sconvolto e che i potenti si disputavano [con le armi], prima che fosse deciso chi era il vero signore [=il vero re], tutti coloro che avevano a cuore la giustizia, facevano accurate ricerche [per sapere] dove era il legittimo capo, e [trovatolo] gli dedicavano la propria vita fino alla morte, senza mai lasciarsi da esso rimuovere.

---

(66)　L'espressione 後學 significa originariamente "alunno" o "discepolo" e per sé l'usa colui che parla, nel senso di "io, vostro discepolo". Ma essere discepolo del Ricci voleva dire in fondo mettersi alla sua scuola, adottare la sua dottrina, abbracciare la sua religione, darsi per cristiano e cattolico. Alcuni anni dopo, perfino qualche sacerdote e missionario prenderà questo appellativo. Tale è il caso del p. Francesco Sambiasi, S. I., che, nell'agosto-settembre 1624 firmerà la prefazione al suo *Trattato Sul'anima* 靈言蠡勺 chiamandosi 泰西後學 cioè "cattolico dell'Estremo Occidente". L'espressione quindi di cui si serve qui Foṁimchim è tanto più degna di nota, in quanto che, quando egli così firmava, non era nemmeno battezzato.

(67)　Cf. FR., II, N. 626.

(68)　Volendo parlare in questa introduzione della necessità di ammettere un solo Dio, come creatore e ordinatore del mondo, il Ricci incomincia a disporre il suo lettore col dire che c'è bisogno nelle cose umane di avere un governo che faccia capo a un solo sovrano.

(69)　Le cinque relazioni 五倫 della società cinese sono quelle che esistono: 1) tra il sovrano e i sudditi 君臣; 2) tra il padre e il figlio 父子; 3) tra il fratello maggiore e il fratello minore 兄弟; 4) tra il marito e la moglie 夫婦; 5) tra un amico e l'altro 朋友.

(70)　I tre oggetti del dovere 三綱 sono: 1) il sovrano per rapporto al suddito 君臣; 2) il padre per rapporto al figlio 父子; 3) il marito per rapporto alla moglie 夫婦.

Se le nazioni hanno il loro signore, solo il mondo non avrebbe nessun signore? Se ogni regno è governato da un solo, l'universo avrebbe invece due signori? Ecco perché, quando si tratta dell'Iniziatore del cielo e della terra 乾坤之原 e del Cardine della creazione 造化之宗, il galantuomo 君子 (f. I*b*) non può fare a meno di conoscerlo e di preoccuparsene.

Ora non c'è peccato che l'audacia degli uomini perversi[71] non commetta. Non ancora soddisfatti di strappare abilmente i regni [temporali], essi sono giunti fino a voler usurpare il posto del Dominatore Celeste 天帝之位 e a volersi mettere al di sopra di lui.

Ma il Cielo è troppo alto per poter salire a lui con le scale; nemmeno la cupidigia umana potrebbe mai arrivarci. Ecco perché, caduti nell'errore, diffondono false teorie, ingannando il popolo minuto, per far sparire qualunque traccia di Dio 天主, e temerariamente promettono alla gente felicità e vantaggi, affinché gli uomini li onorino e offrano loro sacrifici. Tutti questi offendono il Supremo Dominatore 上帝. Perciò le calamità [mandate] dal Cielo sono di generazione in generazione sempre più gravi, senza che gli uomini riflettano alla causa di tutto ciò.

Ahimé! Ahimé! Non è questo riconoscere il ladro pel padrone? I *santi* più non sorgono. Le cattive opinioni soffiano le une sulle altre. E la dottrina vera e solida (f. II*a*) va verso la rovina.

Io, Matteo, uscito da giovane dal mio paese, ho percorso il mondo in lungo e in largo, [e mi sono così accorto] che non c'è angolo [di questo mondo], dove non sia arrivato questo terribile veleno.

Io avevo pensato che il Regno di Mezzo, il popolo di Iao [Yao] 堯 e di Scioen [Shun] 舜, i discepoli del duca di Ceu 周公 e di Confucio, i quali avevano sempre seguito la ragione data dal Cielo e si erano sempre dedicati allo studio del Cielo, non si sarebbero, cambiando, lasciati macchiare [da questi errori]. Eppure anche tra di loro ci sono di quelli che non hanno saputo evitarli.

Avrei voluto apportarvi qualche rimedio [scrivendo qualche libro], poi riflettei: Io sono un viaggiatore che, solo, son venuto da lontano e ho una lingua parlata e scritta diversa dalla cinese; quindi non posso né aprir bocca, né muovere un dito. Quanto più che, essendo così poco intelligente, c'è pericolo che, volendo chiarire la cosa, io la renda invece sempre più oscura.

A lungo conservai dentro di me queste esitazioni. Per più di 20 anni, mattina e sera, con gli occhi rivolti al Cielo, pregai con lagrime, affinché Dio.

---

(71)　Nell'espressione 人流 bisognerà leggere piuttosto 人下流, come appare dalla traduzione del Ricci Cf. più sotto, p. 44) e dal contesto.

avesse compassione delle anime dei viventi e perdonasse loro[72]. [Avevo fiducia] che verrebbe il giorno della illuminazione e della correzione [di questi errori].

Frattanto due (f. IIb) o tre amici miei mi hanno espresso la loro opinione dicendo: Anche se uno non conosce la retta pronunzia, se però vede un ladro e non grida, questa è una cosa che non va, [perché può darsi che] nelle vicinanze ci siano persone buone, compassionevoli, rette e intrepide, che, sentendo le grida, si levino per attaccare [il ladro].

Io, Matteo, ho scritto il senso delle risposte che noi altri abbiamo fatto alle seguenti domande dei letterati cinesi, e così ho composto questo libro.

Ahimé! Gli stolti credono, che tutto ciò che non si vede con gli occhi, non esiste. Essi somigliano ai ciechi, che, non potendo vedere il cielo, non credono che nel cielo ci sia il sole. Eppure la luce del sole è dinanzi ai loro occhi, e se [i ciechi] non la veggono, che ragione hanno essi di lagnarsi che il sole non esista?

Ora la legge di Dio è insita nel cuore dell'uomo, e l'uomo né vuole accorgersene né vuole esaminarla. Egli non sa che il Sovrano celeste 天之主宰, benché sia immateriale, pure è tutto occhi e quindi non c'è niente che egli non vegga, è tutto orecchie e quindi non c'è niente che egli non senta, è tutto piedi e quindi (f. IIIa) non c'è posto dove non vada. Per i buoni figli egli è come l'amore dei genitori, e per i cattivi è come il terrore del giudice.

Tutti coloro che fanno il bene, certamente credono che c'è un Venerando Supremo 上帝, il quale regge il mondo. Se uno dicesse che non c'è questo Venerando, o che, se c'è, egli non si occupa degli affari degli uomini, come mai questo non sarebbe un chiudere la porta del far il bene, e uno spalancare la strada del far il male?

Quando, allo scroscio del tuono, l'uomo vede che [il fulmine] tocca soltanto un albero secco e non arriva fino all'uomo che manca di filantropia 不仁之人, egli allora mette in dubbio che vi sia in alto un Signore 主. Egli non sa che la vendetta del Cielo verso i colpevoli è talmente completa che nessuno potrà sfuggire ad essa, e che quanto più tarda a venire tanto più severa sarà.

Quanto poi al culto che noi uomini dobbiamo rendere a questo Venerando Supremo, esso non consiste soltanto nel bruciare incenso [in suo onore] e nell'offrirgli dei sacrifici, ma nell'avere costantemente presente alla mente il

---

(72) Siccome il Ricci era arrivato a Macao il 7 agosto 1582, il 22 agosto 1603 egli poteva dire con esattezza che queste sue preoccupazioni per la salvezza della Cina erano durate "per più di 20 anni". Queste preghiere incessanti rivolte a Dio dal Ricci durante tanti anni, gli fanno grande onore e ne rialzano la figura morale.

Primo Padre di tutte le cose 萬物之原父 (f. III*b*) e la grande opera della creazione, rendendosi conto che egli è sapientissimo, poiché ha ideato [tutto questo];
potentissimo, poiché lo ha compiuto; e ottimo, poiché ha preparato le cose in
modo che tutti gli esseri in genere, e ciascuno di essi in specie, avesse tutto
ciò di cui ha bisogno, senza che niente gli mancasse.   Allora incominceremo
a conoscere questo Grande Ordinatore 大倫者.

Però la sua essenza è nascosta e difficilmente si lascia penetrare, è immensa
e difficilmente si lascia esaurire; perfino quello che si arriva a conoscere di
lui, difficilmente si può manifestare a parole.   Eppure ecco un soggetto che
non è lecito trascurare.   Anche se poco arriviamo a sapere di Dio, quel poco
supera ancora il molto che si può arrivare a sapere delle altre cose.

Vorrei pregare chi desidera leggere questo *Solido Trattato* di non farsi
un piccolo concetto di Dio, a causa della rozzezza dello stile.   Se Dio non può
essere contenuto nell'Universo, come mai potrebbe essere contenuto in un
piccolo fascicolo [come questo]? (f. IV*a*)

Data: 22 agosto 1603.

Scritto da Matteo Ricci.

***

Ecco come si presenta la 1ª edizione, quella del 1603.

L'opera comprende due parti.   La parte I va da f. 1*a* a f. 52*a* e la parte
II va da f. 2*a* a f. 65*b*, quindi complessivamente abbiamo 111 ff., di cui 52
per la 1ª e 64 per la 2ª, oltre le due prefazioni di cui si è parlato sopra.   Tutta
l'opera è divisa in 8 capitoli, di cui 4 nella p. I e 4 nella p. II, ripartiti in
questo modo:

         Cap.   1   I, ff. 1*a*–11*a*
         Cap.   2   I, ff. 11*a*–20*b*
         Cap.   3   I, ff. 20*b*–33*b*
         Cap.   4   I, ff. 33*b*–52*a*
         Cap.   5   II, ff. 2*a*–14*b*
         Cap.   6   II, ff. 14*b*–33*a*
         Cap.   7   II, ff. 33*a*–51*a*
         Cap.   8   II, ff. 51*a*–65*b*

I più lunghi capitoli dunque sono il 4°, il 6° e il 7°, che occupano quasi una
ventina di ff. ciascuno.

Ogni f. ha naturalmente due pp. e ogni pagina ha 10 linee di 20 caselle
per linea.   Se la pagina è piena, come è il caso costante; eccetto al principio

o alla fine dei capitoli, in ogni pagina ci sono 200 caratteri, ciò che farebbe un totale di 20,800 caratteri per la p. I e di 25,600 per la p. II. Ma nella p. I dobbiamo trascurare il f.39b, dove vi è una specie di albero di Porfirio che non si presta al conteggio, e due altre pagine, invece di contenere 400 caratteri, ne hanno appena 194. Parimenti nella p. II, una pagina, invece di avere 200 caratteri, ne ha 137. Di più non tutte le linee hanno 20 caratteri, ma 22 di esse che dovrebbero avere complessivamente 440 caratteri, ne hanno invece in tutto 239. Tenendo conto di tutte queste circostanze, noi possiamo dire che il testo della p. I contiene 20,297 caratteri, ai quali bisognerebbe aggiungere i 1662 caratteri delle due prefazioni, e la p. II contiene 23,273 caratteri. Abbiamo dunque un totale di 43,570 caratteri pel testo e di 1662 caratteri per le due prefazioni, perciò 45,232 caratteri per tutto l'insieme, a esclusione del titolo generale sopra ogruno dei due volumi, dei titoli correnti a ogni foglio e dell' *explicit* alla fine di ciascun volume.

Questa edizione al principio non contiene che il nome dell'autore: Matteo Ricci della Compagnia di Gesù 耶穌會中人利瑪竇述. Non vi figura quindi nessun altro letterato cinese.

Il metodo seguito è sempre la forma del dialogo. Il letterato cinese 中士 pone una questione, generalmente breve, e il letterato occidentale 西士, cioè il Ricci, risponde abbastanza lungamente.

La prima questione di cui il Ricci voleva trattare, quella che è il fondamento di tutto il resto, è l'esistenza di Dio e di un Dio unico. Per arrivarci, egli ha bisogno di istruire il suo lettore sopra certe nozioni filosofiche che riguardano le cause.

Egli prende in prestito dai fratelli Ccem [Ch'eng] 程 (1032–1108) l'espressione cinese per causa 所以然. Questi fratelli infatti avevano già detto: "Colui che studia a fondo l'essenza delle cose, certamente risale alle cause: se il cielo è alto, se la terra è spessa, se i mani appariscono e spariscono, certamente ci deve essere una causa" 窮物理者窮其所以然也. 天之高地之厚, 鬼神之幽顯, 必有所以然者 (二程粹言 f. 59b)[73].

Ciò fatto, egli è il primo che spiega ai Cinesi le quattro cause: efficiente 作者, formale 模者, materiale 質者 e finale 爲者. Ciò gli permette di conchiudere che Dio è la causa efficiente e finale, non la causa formale o materiale del mondo, e che Dio è la causa degli esseri universalissima e principalissima, mentre le altre sono cause prossime e particolari e quindi secondarie.

---

(73)   Cf. A. FORKE, *Geschichte der neueren chinesischen Philosophie*, Amburgo 1938, p. 100, n. 5.

Gli argomenti che egli adduce per provare l'esistenza di Dio sono gli argomenti classici in teodicea occidentale.

Viene innanzi tutto il consenso universale: chi si trova in difficoltà, invoca questo Dio e ne spera aiuto; chi ha fatto il male, si batte il petto e ne ha timore.

Poi l'argomento del primo motore; se non vi fosse un Venerando Signore 尊主 che presiedesse al moto degli astri e lo regolasse, come mai sarebbe possibile di evitare ogni collisione tra loro?

Perfino l'istinto delle bestie prova che c'è una Intelligenza che li fa agire in modo che sembrerebbe quasi intelligente.

Siccome nessuno può essere causa efficiente di se stesso, questo mondo postula un Creatore.

L'ordine che regna nel mondo, negli astri, negli animali, nelle piante, nell'uomo specialmente, postula allo stesso modo una Intelligenza che abbia causato questo ordine.

Tutta questa dottrina viene poi confermata da ben undici testi dei classici cinesi. Ne cita uno dal *Libro dei cambiamenti* (易經, V), quattro dal *Libro delle Odi* 詩經 (C, I, 2^3; D, I, 9^1; D, II, 1^2; D, V, 4^3), due dalle *Memorie sui riti* 禮記 (IV, 5^9; XXIX, 24), tre dagli *Annali Storici* 書經 (III, 1^2; III, 3^2; IV, 6^7) e uno dalla *Dottrina del Punto Medio* 中庸 (19)[74].

Ciò gli permette di conchiudere da una parte che "Il Signor del Cielo è quello che i nostri paesi occidentali chiamano *Deus*" 夫即天主，吾西國所稱陡斯是也 (I, ff. 2*b*–3*a*) e dall'altra che "il Signor del Cielo dei nostri regni corrisponde al Supremo Dominatore della lingua cinese" 吾國天主即華言上帝 (I, f. 18*a*) e che "il nostro Signor del Cielo è quello che gli antichi classici chiamavano Supremo Dominatore" 吾天主乃古經書所稱上帝也 (I, f. 18*a*). Per questo, "se si esaminano gli antichi libri l'uno dopo l'altro, è evidente che il Supremo Dominatore non differisce dal Signor del Cielo che soltanto di nome" 歷觀古書而知，上帝與天主特異以名也 (I, f. 28*b*). Parecchi sinologi moderni, europei e cinesi, protestanti e cattolici, pagani e materialisti, in questi ultimi tempi hanno raggiunto la stessa conclusione del Ricci[75].

---

(74)　Queste abbondanti citazioni dai classici qui e nelle parti seguenti, come si dirà, prova la grande padronanza del Ricci nel maneggiare gli antichi libri della Cina.

(75)　Nel mio articolo *Contributo alla storia del monoteismo dell'antica Cina*, apparso in *Rivista degli Studi Orientali* dell'Università di Roma, XXVI, 1951, pp. 128–149, ho citato (pp. 134–138) alcuni testi di G. Legge, di E. Chavannes, di Herbert A. Giles, di A. Forke, di B. Karlgren, di L. Wieger, di Sun Yat-sen 孫逸仙; nell'altro articolo *Una Storia della Filosofia Cinese*, pubblicato in *Studia Patavina*, Padova 1954, I, pp. 425–460, vi ho aggiunto i testi di Fomieulan [Feng Yu-lan] 馮友蘭 e di Liamcchicciao [Liang Ch'i-ch'ao] 梁啓超 (pp. 444-446).

Su questo punto particolare del nome cinese da dare al vero Dio, l'esperienza del Ricci, fondata sullo studio sempre più approfondito dei classici e sulle sue relazioni con i più grandi letterati, era andata sempre completandosi durante questi primi venti anni del suo soggiorno in Cina (1583–1603). Negli anni 1583–1587 egli si servì esclusivamente dell'espressione *Signor del cielo* 天主. Nel 1588 per la prima volta, a mia conoscenza, alla prima espressione timidamente ma in un documento che avrebbe dovuto essere quanto mai ufficiale, affiancò l'altra di *Supremo Dominatore* 上帝. Nel supposto Breve che Sisto V avrebbe dovuto mandare all'imperatore della Cina insieme con i suoi legati, Breve composto dal Ricci aiutato da un letterato cinese nel 1588, troviamo dodici volte *Signor del Cielo* 天主 e una sola volta *Supremo Dominatore e Signor del Cielo* 天主上帝[76]. Nel *Trattato sull'Amicizia* 交友論 che è del 15 dicembre 1595, ma di cui l'edizione più antica arrivata fino a noi è di c. 1601, in due massime, la 16ª e la 56ª, Dio è chiamato *Supremo Dominatore* 上帝[77]. Nel *Trattato dei Quattro Elementi* 四元行論 che è del 1599–1600, Dio viene chiamato una volta *Signor del Cielo* 天主 e un'altra volta, *Creatore* 造物者[78]. Nei *Venticinque Paragrafi* 二十五言, opera composta parimenti negli anni 1599–1600 benché fosse stampata soltanto nel 1605, accanto al *Signor del Cielo* 天主 che ricorre tre volte (nei paragrafi I, V, XII), troviamo una volta ciascuna di queste espressioni: *Dominatore Sovrano* 后帝 (XIII), *Cielo* 天 (XIII), *Creatore* 造物者 (XIV), e ben quattro volte *Supremo Dominatore* 上帝 (VIII, XIII, XIII, XIII). Nelle *Otto Canzoni per clavicembalo occidentale* 西琴曲意八章, composte nel 1601 per l'imperatore, per i cortigiani e in genere per i letterati pagani, ma stampate al principio del 1608, Dio non viene mai chiamato *Signor del cielo* 天主, ma *Supremo Dominatore* 上帝 (I, III), *Supremo Sovrano* 上君 (III), *Dominatore Sovrano* 后帝 (IV), *Cielo* 天 in una citazione dai classici (IV), *Creatore* 造物者 (VI), oltre che *Massima Maestà* 至威 (IV), e *Intelligenza Divina* 神明 (IV)[79]. Nel *Mappamondo* 萬國輿地全圖, 3a. edizione del 1602, Dio viene chiamato due volte *Signor del cielo* 天主 (III–IV, Dc; XIX–XX, Df; una di queste due volte è il "Creatore" 造物者 del *Trattato dei Quattro Elementi* che è stato cambiato in "Signor del cielo" 天主), una volta *Cielo* 天

---

(76)　Cf. TV., II, in fine.

(77)　Cf. P. M. D'ELIA, *Il Trattato sull'Amicizia*, in *Studia Missionalia*, Roma, 1952, VII, pp. 476, 491.

(78)　Questo "Creatore" 造物者 dell'originale è stato cambiato in "Signor del Cielo" 天主 nella citazione che ne è fatta sulla 3a edizione del Mappamondo (1602).

(79)　Cf. P. M. D'ELIA, *Musica e canti italiani a Pechino* (marzo-aprile 1601), in *Rivista degli Studi Orientali* dell'Università di Roma, 1955, XXX, pp. 131–145.

(XVII–XVIII, Fe, lin. 17), una volta *Celeste Dominatore* 天帝 (*ibid.* lin. 18) e una volta *Supremo Dominatore e Signor del cielo* 天主上帝 (XXIII–XXIV, Ed., lin. 3)[80].

Quindi è che nell'opera presente, la cui composizione va dal 1593 al 1603, data della 1ª edizione, per Dio noi troviamo promiscuamente *Signor del cielo* 天主, *Supremo Dominatore* 上帝, *Supremo Dominatore del cielo e della terra* 天地之上帝, *Signore del cielo e della terra* 天地之主, *Supremo Dominatore e Signor del cielo* 天主上帝 e quella che possiamo considerare come l'abbreviazione della precedente cioè *Celeste Dominatore* 天帝; poi ancora *Dominatore Sovrano* 后帝, *Celeste Supremo Dominatore* 天上帝, *Cielo* 天; oltre le circonlocuzioni o espressioni comuni, come *Grande Ordinatore* 大倫者, *Primo Signore* 原主, *Iniziatore del cielo e della terra* 乾坤之原, *Cardine della creazione* 造化之宗, *Sovrano celeste* 天之主宰, *Signore* 主, *Signore Primo Padre di tutte le cose* 萬物原父, *Gran Padre Universale* 大公之父, *Padre Sovrano* 君父, *Sovrano* 主宰, *Gran Principio* 大元, ed altre intorno a *Venerando* o *Venerabile* 尊, seguito o preceduto da qualche aggettivo, come *Venerando Supremo* 上尊, *Venerando Universale* 達尊 e 公尊, *Sommo Venerando* 至尊, *Venerando Estremo* 尊極. Sempre però egli evitò di servirsi di 世尊 *Lokajyeṣṭha*, titolo del Buddha, che significa: *il piu venerando del mondo*. La religione cattolica, in questa opera, viene quasi sempre chiamata *La religione del Signor del cielo* 天主之教, senza o con qualche aggettivo, come *universale* o *cattolica* 天主公教, *santa* 天主聖教 o *retta* 天主正教, raramente la *Religione del Supremo Dominatore* 上帝之教 o la *Retta Legge del Supremo Dominatore.* 上帝正道.

Dopo di aver esposto la vera dottrina, l'autore esamina i tre principali sistemi filosofico-religiosi della Cina del suo tempo: taoismo, buddhismo e confucianesimo. Il taoismo, che sosteneva che le cose sono prodotte dal non-essere come da causa efficiente, e che tutta l'etica si riassume nel non-agire 物生於無, 以無爲道, viene senz'altro scartato. Con maggiore vigore ancora viene scartato il buddhismo, che da una parte sosteneva che il vuoto è il principio delle cose, e che il primo dovere era di fare il vuoto 色由空出, 以空爲務, e dall'altra insegnava la sciocca proibizione di cibarsi di carne di animali, la possibilità di redimersi dall'inferno ed altre inammisibili dottrine. Nel confucianesimo invece l'autore ritrovava l'antico monoteismo, una certa sopravvivenza dell'anima umana, le virtù dell'etica naturale e tanti altri punti che gli facevano

---

(80) Cf. P. M. D'ELIA, *Il Mappamondo cinese del P. Matteo Ricci* S. I., Cíttà del Vaticano, 1938.

credere che i confuciani, correggendo pochi errori, p. es. la poligamia, potevano abbracciare la dottrina che egli apportava in Cina, pur restando confuciani.

Proprio in quest'opera il Ricci spinse il suo buon cuore fino ad interpretare benignamente alcuni pochi testi di Confucio o della sua scuola che non erano molto chiari[81]. Così egli interpretò nel senso di "materia prima", secondo la scolastica, il famoso Sommo Estremo 太極, di cui si parla nei testi cinesi fin dal V o IV secolo a. C., con grande soddisfazione di un "vir primarius et maximae auctoritatis"[82], che lo incoraggiò a pubblicare questa sua interpretazione pel più gran bene della Cina.

La seconda grande questione che premeva al Ricci di trattare era quella della natura dell'anima umana.

Per trattarla convenientemente, egli aveva bisogno innanzi tutto di far conoscere la divisione dell'essere in sostanza e accidenti e di disporre gli esseri secondo una specie di albero di Porfirio ma molto più sviluppato, "quae res", ci assicura il Ricci, "est nova et Sinis iucundissima, ex qua magnum aliquid concipiunt de nostris scientiis".

Ecco come egli presenta la sostanza e gli accidenti.

"Le categorie degli esseri sono due: ci sono le sostanze e ci sono gli accidenti. Quell'essere che non si appoggia a un'altra entità per fare da essere, ma che sussiste da sé, appartiene alla categoria delle sostanze 自立者. Quello invece che non può sussistere, ma si appoggia a un'altra entità per essere quello che è,.... appartiene alla categoria degli accidenti 依賴者" (I, f. 14a). Come esempio di sostanza, vengono il cielo, la terra, gli spiriti, l'uomo, l'animale, i metalli, le pietre ecc. e come esempio di accidenti, i colori, i sapori, le emozioni ecc. Nel "cavallo bianco", bianco è un accidente, perché ha bisogno del cavallo, ma cavallo è una sostanza perché sussisterebbe anche se non fosse bianco. Nell'entità di un essere, una è la sostanza ma gli accidenti sono molti.

L'albero di Porfirio, o piuttosto una divisione generale dell'essere, sostanza e accidenti, è poi presentato in questo modo: "I letterati del suo nobile paese", dice l'Occidentale al Cinese, "per ciò che riguarda la distinzione degli esseri hanno detto: alcuni sono fatti di materia, come il metallo e la pietra; altri hanno in più lo spirito vitale 生氣 che li fa crescere, come le piante e gli alberi; altri ancora hanno la sensazione 知覺, come gli animali; altri più affinati hanno

---

(81) Cf. P. M. D'ELIA, *Ermeneutica Ricciana*, in *Gregorianum*, Roma, 1953, XXXIV, p. 675, n. 16.
(82) Cf. FR., II, p. 296, n. 2.

delle potenze intellettuali 靈才, come l'uomo. I letterati delle nostre scuole occidentali vi hanno aggiunto altri particolari, che si possono vedere sulla figura qui appresso [=l'albero di Porfirio], però moltissime sono le specie di sostanze, né tutte possono essere elencate sulla figura, dove si mettono soltanto i nove principali generi" (I, f. 39a-b)

Viene allora questa specie di albero di Porfirio 物宗類圖, molto sviluppato.

Volendo trattare la questione dell'anima umana, l'autore ha bisogno di riprendere e di approfondire la distinzione delle tre anime, appena toccata quasi di volo dal Ruggieri[83], "quae doctrina etiam nova est apud Sinas", dice il nostro autore.

L'anima vegetativa 生魂 fa che la pianta cresca e si sviluppi; quindi, quando la pianta si secca, anche questo principio vitale si dissolve.

L'anima sensitiva 覺魂 fa che l'animale possa servirsi dei suoi sensi, occhi, orecchie ecc. ma non gli permette di ragionare; quindi, quando l'animale muore, essa cessa di esistere.

L'anima intellettiva 靈魂 invece, non soltanto fa crescere e sviluppare l'uomo e gli permette di servirsi dei suoi sensi, ma fa che egli possa distinguere il bene dal male, il giusto dall'ingiusto, il sì e il no, in una parola lo fa ragionare; quindi essa non dipende essenzialmente dal corpo e perciò alla morte, gli sopravvvive.

Nei capitoli 3, 4, 15, ritroviamo gli argomenti classici della psicologia occidentale per provare la spiritualità e quindi l'immortalità dell'anima umana. 'Essi possono riassumersi così: l'uomo è capace di reagire contro le passioni del suo corpo; egli sente in sé una doppia tendenza, verso la materia e verso lo spirito; egli si compiace dei colori, dei suoni, della salute—e in ciò non si distingue da qualunque altro essere sensitivo—ma anche della virtù e del bene, e si pente del male e del peccato, ciò che la bestia non può fare; anche le cose materiali egli le capisce spiritualizzandole in qualche modo; egli tende al vero e al bene attraverso due potenze necessariamente spirituali, la volontà e l'intelligenza. Ora ciò che è spirituale non è composto da elementi che potrebbero corompersi o separarsi, e quindi è immortale. Anche colui che si affatica per lasciare un buon nome di sé dopo la morte, prova a suo modo che egli è immortale, perché, se l'anima non è immortale ma perisce alla morte, "affaticarsi per andare alla ricerca del buon nome, sarebbe come far vedere una bellissima pittura a un cieco, o far sentire una bella melodia a un

───────────────

(83) Cf. sopra p. 5.

sordo". Il culto dei morti, quale si pratica in Cina, sarebbe una commedia se
le anime dei defunti non esistessero più. Solo l'uomo anela all'immortalità e
il suo cuore non può essere soddisfatto che da una felicità eterna. Finalmente
la sanzione del bene e del male postula l'immortalità dell'anima che ne deve
essere per sempre il soggetto.

Tutta questa dottrina dell'esistenza degli spiriti, e. in particolare della
sopravvivenza dell'anima umana dopo la morte, viene confermata, come fu
fatto per l'esistenza di Dio, da parecchi testi antichi della Cina, affermando
l'autore di "aver largamente esaminato gli antichi classici" cinesi (f. 34*a*).
Egli quindi cita sette testi, di cui uno dal *Libro delle Odi* 詩經 (C, I, 1¹) e sei
dagli *Annali Storici* 書經 (III, 7, B,¹¹; III, 7, B¹⁴; III, 10²; IV, 6⁶; IV, 6¹³;
IV, 12¹⁰). E conchiude: "Che uomini, questo duca di Ceu 周公 e questo duca di
Sciao [Shao] 召公!. Essi in questi testi affermano che Ttam [T'ang] il Vittorioso
成湯 e il re Uen [Wen] 文王, dopo la morte, stavano ancora in cielo, donde
scendevano e dove salivano, e che potevano proteggere ancora la nazione.
Dunque pensavano che l'anima umana, dopo la morte, non viene né dispersa,
né annientata. Ora la Cina ritiene questi uomini per *santi*. Ed è mai possibile
che essa crederebbe che le loro parole sono ingannatrici?" (I, f. 34*b*).

Esposta la vera dottrina, non riesce difficile confutare allora i vari errori che
riguardano l'anima umana. L'autore quindi rigetta la dottrina di coloro che
pensano che le anime dei buoni si coagulano nella bontà e perciò non periscono,
mentre quelle dei cattivi si disperdono e sono annientate dopo la morte. Né
maggiore consistenza ha la dottrina di coloro che dicono che l'anima umana è
aria la quale a poco a poco si dilegua, o che la bestia e l'uomo si distinguono
secondo il più o il meno. In modo ancora più energico egli rigetta tanto il
monismo panteista, quanto il monismo di tutte le creature tra di loro.

Tutto il capitolo 5 è consacrato alla confutazione della metempsicosi, che
il nostro autore credeva fosse derivata ai buddhisti dell'India dal filosofo
Pitagora. Egli prova che essa va contro la ragione. Se fosse vero, dice egli,
che la mia vita attuale è condizionata da un'altra vita che avrei vissuto prima,
me ne dovrei pure ricordare, eppure non me ne ricordo per niente. Se un tale,
a causa del male che aveva fatto prima, è stato oggi cambiato in bestia, la
bestia di oggi avrebbe un'anima intellettiva, mentre quelle di prima avrebbero
avuto un'anima semplicemente sensitiva. Una sanzione che consisterebbe ad
obbligare il cattivo a diventare bestia, non sarebbe una sanzione veramente
efficace; quanti uomini perversi, per poter meglio seguire le loro passioni brutali,

sarebbero ben contenti di non essere più uomini e di essere cambiati in bestie!

Dalla metempsicosi l'autore passa alla stolta usanza dei buddhisti di non cibarsi di carne degli animali e di non uccidere le bestie, ciò che gli dà l'occasione di precisare lo scopo e la natura del digiuno presso i cattolici.

La terza questione dell'apologetica, secondo il Ricci, versava sopra la moralità delle azioni e quindi sopra la sanzione eterna, e a queste questioni egli consacra i capitoli 6 e 7.

Egli prende lo spunto dalla questione della natura umana, di per sé buona o cattiva, questione eternamente discussa tra i filosofi della Cina. "Io che ho letto i libri dei letterati, so che parlano continuamente della natura e delle sue proprietà" (II, f. 33b). Per procedere con ordine, egli dà prima la definizione della natura e della natura umana. "La natura non è altro che la propria essenza di ciascuna specie" (II, f. 33b). "I letterati occidentali parlando dell'uomo lo definiscono: un essere vivente, sensibile, capace di ragionare" (II, ff. 33b-34a). Definisce pure il bene "ciò che può essere amato e desiderato" e il male "ciò che può essere odiato e respinto" (II, f. 33b). La risposta alla questione suddetta è questa: La natura umana, siccome proviene da Dio, è fondamentalmente buona, ma l'uomo, dotato di libertà, può servirsene pel male. Il male però non è un essere positivo, ma è la privazione del bene, a somiglianza della morte che è la privazione della vita (II, f. 35a).

Del resto altra è la bontà naturale, che proviene dalla natura ed è innata in essa, altra la bontà acquisita, che proviene dall'esercizio della virtù. "I nostri dotti occidentali dicono che la virtù è un prezioso abito della natura spirituale" (II, f. 36b).

Come il corpo possiede i cinque sensi per restare in contatto con gli oggetti esterni, così lo spirito possiede tre potenze per capire questi oggetti; queste tre potenze sono la memoria 司記含, l'intelletto 司明悟 e la volontà 司愛欲 (II, f. 38b). L'oggetto dell'intelletto è il vero e l'oggetto della volontà è il bene. Quindi quanto più è vero quello che io capisco, tanto più l'intelligenza è perfetta e soddisfatta, e quanto più è buono quello che io amo, tanto più la volontà è perfetta e contenta. Il gran lavoro dell'intelligenza è la giustizia, e il gran dovere della volontà è la filantropia 司明之大功在義, 司愛之大本在仁 (II, f. 39a). Queste le principali virtu da acquistare. Ora "la virtù nel popolo è argento, nel pastore del popolo è oro, e nel sovrano è pietra preziosa" (II, f. 39b).

E qui il Ricci nota giustamente: "Alcuni studiano proprio per sapere, e questo è scienza pura. Altri, per vendere il loro sapere, e questo è un lusso ignobile. Altri, perché vogliono che la gente lo sappia, e questo è fatica sprecata. Altri, per insegnare ad altri, e questo è amore. Altri, per correggere se stesso, e questo è sapienza. Perciò ho detto che lo scopo principale della scienza è solo questo, perfezionare se stesso per conformarsi alla santa volontà di Dio" (II, f. 39*b*).

Per arrivarci, conviene di fare l'esame di coscienza ogni giorno e di camminare sempre alla presenza di Dio. Tutto in fondo si riassume in questo: "Amare Dio per se stesso al di sopra di tutto, e per Dio amare il prossimo come se stesso" (II, f. 42*a*). Chi pratica queste due virtù, possiede tutte le altre nella loro integrità. Anzi queste due virtù si riducono ad una sola, l'amore di Dio, di quel Dio che "mi ha creato, mi ha fatto nascere, ed ha disposto che io sia uomo e non animale, capace quindi di virtù" (II, f. 42*a*). Insieme con l'amore di Dio, deve andare di pari passo anche la fede nei suoi misteri nascosti.

Segue allora un attacco a fondo contro l'idolatria e contro coloro che dei tre sistemi, taoismo, buddhismo e confucianesimo, volevano farne uno solo nel senso sincretista.

Ora la virtù deve essere premiata e il vizio deve essere punito. Viene dunque a proposito la trattazione della sanzione e della sanzione efficace. Che sia lecito praticare la virtù per la speranza di un premio e evitare il vizio per timore di un' castigo, questo è quello che inculcano non pochi testi dei classici cinesi, come p. es. gli *Annali Storici* 書經 (I, 2^{11}; I, 2^{27}; I, 4^6; I, 5^8; III, 7, A^{16}; III, 7, B^{16}; IV, 1, C^4; IV, 2^{10}; IV, 9^{16}; IV, 14^{24}; IV, 18^{29}). Ora i premi e i castighi di questo mondo sono brevi e di poca entità; la sanzione efficace non può quindi consistere in essi. Essa deve consistere nella vita futura, felice o infelice. Solo il paradiso potrà appagare tutti i desideri dell'uomo e solo il timore dell'inferno può ritenere l'uomo dal fare il male. Anche i classici cinesi parlano della gloria dei beati, dopo la morte, p. es. il *Libro delle* Odi 詩經 (C, I, 1^1; C., I., 9^1) e gli *Annali Storici* 書經 (IV, 12^{10}). Che se i buoni sono premiati, i cattivi dovranno necessariamente essere puniti, perché il paradiso 天堂 e l'inferno 地獄 sono due termini correlativi. Coloro invece che muoiono in grazia di Dio, senza aver ancora completamente soddisfatto alla pena dovuta ai loro peccati, vanno al purgatorio. Il paradiso è il luogo dove tutti i beni sono riuniti e l'inferno il luogo di tutti i tormenti.

Ma non dobbiamo dimenticare che l'opera del Ricci era un'opera di apologetica cattolica, un'opera cioè che voleva a provare col lume della ragione quelle verità fondamentali su Dio, sull'anima, sul bene da fare e sul male da evitare, le quali mirano a disporre il lettore a ricevere più tardi l'insegnamento religioso e ad abbracciare eventualmente la religione cattolica.

Quindi non ci meraviglieremo se di qua di là egli introduca delle verità non più d'ordine naturale ma d'ordine soprannaturale. E' così che, non soltanto egli parla dell'esistenza di Adamo 亞黨 e di Eva 阿襪 "prodotti" da Dio al principio del mondo (II, f. 28b), ma accenna per ben due volte, del resto con molta discrezione, alla loro caduta e quindi al peccato originale.

La prima occasione che se ne offre è quando egli vuole spiegare perché, alcuni esseri, come gli insetti velenosi, i serpenti, i lupi, ecc. sembrano non soltanto inutili ma nocivi agli uomini. "Quando Dio al principio fece che il mondo fosse, egli dispose le cose dell'universo in modo che tutte ci servissero, sia nutrendoci, sia mettendosi a nostra disposizione; nessuna cosa ci era nociva. Ma a partire dal momento in cui ci ribellammo al Supremo Dominatore, anche gli esseri si ribellarono contro di noi. Perciò le cose nocive non erano nel primo piano di Dio; noi ce le siamo procurate da noi stessi" (II, f. 8b).

La seconda volta la questione viene ancora più a proposito, dato che l'interlocutore vuol sapere perché Dio stesso non è venuto in persona a togliere il male che regna in questo mondo. A cui il Ricci risponde che, quando Dio creò il cielo, la terra, gli uomini e le cose, il mondo era diverso da quello di oggi. Non c'erano allora le miserie nelle quali si dibatte adesso l'uomo, le malattie, la morte ecc. "Tutti i disordini e i mali provengono dall'uomo, in quanto che, contro la ragione, ha infranto il precetto di Dio. Poiché l'uomo si è ribellato contro Dio, tutte le creature a loro volta si sono ribellate contro l'uomo; in tal modo l'uomo da sé si è attirato tutti i mali". Dato che "il progenitore degli uomini ha corrotto la natura umana nella sua radicce", tutti i suoi discendenti "fin dalla nascita portano una macchia" (II, f. 62a-b).

Ed ecco allora che Dio, il quale non aveva mai cessato di mandare i suoi profeti, finalmente "mostrando in modo grandioso la sua benevola compassione, venne in persona a salvare il mondo". Quindi "1603 anni fa, il terzo giorno dopo il solstizio d'inverno [=25 dicembre], l'anno *chen-scen* [*ken-shen*] 庚申, secondo anno del periodo Iüansceu [Yüän-shou] 元壽 dell'imperatore Nghae [Ai] 哀 della dinastia Han 漢[84], dopo di essersi scelto una Vergine 貞女 per Madre, la quale concepì senza unione maritale, s'incarnò 降生 prendendo il nome di Gesù 耶穌 che significa Salvatore. Egli stesso insegnò e fece molte

---

(84) Corrisponde all'anno 1 a. C.

conversioni in Occidente. Dopo 33 anni, con l'Ascensione, fece ritorno al Cielo" (II, ff. 62b-63a).

Gesù Cristo ha provato al mondo che egli era vero Dio, sia perché in lui si sono avverate le profezie dei profeti fatte tanti secoli prima, sia perché egli stesso ha operato numerosi miracoli, guarendo i ciechi, i sordi, i paralitici, facendo persino risuscitare i morti, come lo hanno scritto i quattro Evangelisti. Allora l'Occidente si convertì al cristianesimo. Anche la Cina ne sentì parlare e l'imperatore Mim [Ming] 明 degli Han 漢 mandò degli ambasciatori in Occidente per introdurre in Cina questa religione. Ma questi ambasciatori credettero per sbaglio che si trattava dell'India e del buddhismo. Perciò, invece di portare in Cina i libri cristiani, vi apportarono i libri buddhistici. Così la Cina "venne ingannata e non poté venire a conoscenza della retta religione" (II, f. 64b).

Qui l'interlocutore cinese domanda se, volendo "ricevere la vera dottrina cattolica" 領天主眞經, e essendosi purificato con un bagno, il Ricci consentirebbe a riceverlo per discepolo.

A cui il missionario risponde che ben volentieri lo riceverebbe, pur facendogli notare che il bagno esterno non farebbe che purificare il corpo, mentre è l'anima che deve essere purificata per mezzo del santo battesimo. "Tutti coloro che desiderano abbracciare questa religione, dopo di essersi pentiti dei peccati passati ed essersi convertiti sinceramente al bene, ricevono questa santa acqua, e Dio ne fa subito l'oggetto della sua compiacenza e perdona loro le colpe passate, facendo che essi diventino come tanti neofiti" (II, f. 64b).

* * *

Dopo questa prima edizione del 1603, il Ricci, prima della sua morte nel 1610, vide almeno tre altre edizioni o ristampe dell'opera sua[85].

Una di queste fu curata 較梓 da un certo Ieńittam [Yen Yi-t'ang] 燕貽堂 del quale non so altro che quello che l'autore del libro scrisse sopra un pezzetto di carta da me ritrovato, dove dice che era un uomo il quale "adiuvit Patrem [Ricci] in eo opere", cioè nell'opera di cui qui si tratta[86]. L'edizione da lui curata fu fatta *ex novo*, cioè intagliando altre tavole da stampa, ma il testo non era diverso da quello della edizione del 1603. Potrebbe ben darsi che questa fosse l'edizione di Foṁimchim che egli avrebbe curato dopo la sua prigionia, quindi molto probabilmente negli ultimi due mesi del 1604.

---

(85) Cf. sopra, n. 47.
(86) Cf. FR., II, p. 292, Tav. XVIII.

L'anno seguente siamo informati dal Ricci dell'impressione prodotta dal suo libro sul lettore cinese. In genere esso fu ben accolto: "Ci riuscitte più che mediocremente". Solo i buddhisti "si risentirono molto" per veder smascherati i loro "falsi commenti" e le "finzioni loro" sulla metempsicosi ed "altre falsità". Fino allora (10 maggio 1605) non avevano però fatto altro che dir male degli Occidentali e coprirli di immeritate ingiurie[87].

Verso lo stesso tempo, certamente prima del 20 gennaio 1606, data della sua morte, Alessandro Valignano, il grande visitatore, vedendo che la provincia del Kwangtung, troppo lontana da Pechino, avrebbe difficilmente potuto ricevere copie delle edizioni fatte nella capitale, e che la missione del Giappone non aveva ancora un'opera simile, ne fece fare un'altra ristampa "nella provincia di Cantone" 廣東[88]. molto probabilmente a Shiuchow 韶州. A quel tempo, tutto ciò che arrivava in Giappone dalla Cina era altamente apprezzato dai Nipponici. Perciò non fu difficile di farne arrivare copie attraverso Macao.

Sappiamo infatti che alcuni esemplari vi dovettero arrivare durante l'anno 1605 o al massimo nella prima metà dell'anno seguente, poiché in una disputa che ebbe luogo nel collegio dei gesuiti a Miyako, cioè Kyoto 京都, il 22 luglio 1606 tra il fr. Fabiano Fuu 不干, allora ancora gesuita, e il celebre neoconfuciano Hayashi Razan 林羅山, chiamato pure Dishun 道春 (1583-1657), questi a un certo momento citò un brano dell'opera del Ricci.

E' probabile che questa edizione non differisse dalle altre precedenti.

L'anno seguente, 1607, anno degli esami di dottorato a Pechino, si stornò abilmente un pericolo che avrebbe potuto diventar grave, sempre a proposito di questa opera del Ricci. Si trattava infatti di un'opera di apologetica cattolica, in cui non soltanto si attaccava di petto e vigorosamente il buddhismo, ma anche si raddrizzavano parecchie dottrine false che circolavano in mezzo agli stessi confuciani di quel tempo, i quali, se sfuggivano—ma non tutti[89]—all'idolatria del buddhismo, cadevano facilmente, e in buon numero, nell'ateismo[90].

Un letterato quindi, forse uno dei neo-dottori di quell'anno, scrisse un articolo che avrebbe dovuto essere stampato "in un libro pubblico de' dottori", libro "molto grave", in cui abilmente egli era venuto a parlare della religione cattolica e dell'opera apologetica del Ricci, dicendo molto male dell'una e dell'altra. Per fortuna, se ne accorse a tempo il Presidente degli esami, il dott.

(87)   Cf. TV., II, p. 277.
(88)   Cf. TV., II, pp. 335, 360; Cf. *ibit.*, pp. 343.
(89)   I mandarini idolatri erano molti al tempo del Ricci. Cf. FR., II, N. 633.
(90)   Cf. FR., I, N. 170.

Iamchimien [Yang Ching-yen] 楊荆巖[91], che almeno dal febbraio 1599 era amico del grande missionario, e che, all'epoca di cui si tratta, era stato a Pechino prima Sottosegretario di Stato 右侍郎 e poi Ministro interino al Ministero dei Riti 禮部. Egli quindi, non meno abilmente dell'autore dello scritto acerbo, "gli mutò tutto quanto diceva", di modo che non si parlò affatto del cattolicesimo, anzi gli "fece ponere altre cose che dicevano tutto il contrario di quello che il letterato aveva voluto dire"[92], poiché, cambiando pochi caratteri, fece in modo che tutto il male che diceva contro i cattolici ricadesse invece sopra gli adoratori degli idoli, dei quali l'autore dello scritto "pareva amicissimo". Per mezzo di Paolo Siücoamcchi, il Ricci stesso poté vedere l'originale e la correzione fatta di esso[93].

* * *

Ma verso la fine del 1607, a cura di Licezao e del suo amico Uammonppuo [Wang Meng-p'o] 汪孟樸, che deve essere identico a Uamgiuscioen [Wang Ju-shun] 汪汝淳, questo libro fu ristampato a Hangchow 杭州 nel Chekiang. Il 22 agosto 1608 il Ricci scriveva al generale dell'ordine: "Un altro nostro amico [Licezao] sebene gentile, lo fece ristampare nella sua provincia di Cechiano 〔浙江〕 di molto bella lettera"[94]. Né solo lo fece ristampare, o piuttosto aiutò l'amico suo a ristamparlo, ma egli vi premise una bella prefazione, che gli fa grande onore.

Benché non ancora battezzato, egli firma "discepolo" del Ricci, in altri termini, cristiano o simpatizzante con i cristiani. Partendo dal principio, che egli attribuisce senz'altro a Confucio, che la vita morale consiste nella pietà filiale verso i genitori e nel riconoscere e servire Dio, con un coraggio ammirabile, egli si scaglia contro il Buddha che invece né ha servito i suoi parenti, né ha riconosciuto Dio, anzi si è messo al posto di lui. Quindi rimprovera quei letterati confuciani che hanno abbandonato la dottrina del maestro sul Cielo=Dio, così chiaramente espressa nei classici, e specialmente nel *Libro dei cambiamenti* 易經, per abbracciare il buddhismo. Poi viene a parlare della dottrina del Ricci in questo libro. Egli vi prova, dice la prefazione, l'esistenza e la natura di Dio, come anche l'esistenza di una sanzione efficace e quindi eterna. Con ciò egli vuole che l'uomo domi le sue passioni, segua la via della

---

(91) Su di lui, cf. FR., II, p. 43, n. 3.
(92) Cf. FR., II, N. 620; TV., II, p. 345.
(93) Cf. TV., II, p. 360.
(94) Cf. TV., II, 360; Cf. *ibit*, pp. 334, 343.

giustizia, cresca in filantropia, tema lo sguardo di Dio, onori la sua Maestà, si penta dei suoi peccati e non l'offenda mai più. Quando venne in Cina, egli non conosceva ancora i filosofi cinesi dei secoli XI-XII, perciò non li ha seguiti nelle loro spiegazioni. Piuttosto egli si è basato sull'insegnamento dei nostri antichi classici, con i quali la sua dottrina concorda perfettamente. Personalmente, è un uomo di una condotta illibata; forse nessuno dei confuciani, anche dei migliori, potrebbe contendere con lui. In questo libro poi egli ha fuso insieme la cultura occidentale con la cultura cinese.

Ecco dunque la prefazione di Licezao:

(f. Ia) PREFAZIONE ALLA RISTAMPA DEL "SOLIDO TRATTATO SU DIO"

Quando il nostro [Con]fucio parlò della "cultura della propria personalità"[95], [egli voleva dire] che essa incomincia col servire i parenti, e va fino alla conoscenza del Cielo. Quando poi si giunse a Mencio, che parlò della "custodia [del cuore] e della formazione [del carattere] con cui si serve il Cielo"[96], allora la dottrina dei nostri doveri [verso Dio] fu assolutamente completa. Infatti, appena uno conosce [il Cielo], subito si mette al suo servizio, e d'altronde servire i parenti e servire il Cielo è la stessa cosa, perché è il Cielo che è la grande ragion d'essere del servire i parenti.

Quando si tratta del Cielo, nessun testo è più chiaro di quelli che si trovano nel *Libro dei cambiamenti* 易經, che è il più antico libro della letteratura [cinese]. Ora questo libro dice: "L'Urano[97] è sublime! Penetra tutto il Cielo"[98].

(95) Confucio parlò della cultura della propria personalità 修身 nel testo della *Grande Scienza* 大學 4, 5, 6. L'autore di questa prefazione interpreta cristianamente questi passi, quando dice che Confucio voleva parlare in questo non soltanto del servizio dei parenti, ma anche della conoscenza del Cielo nel senso di Dio.

(96) Allusione a questo testo di Mencio (VII, A, 1): 存其心, 養其性, 所以事天也 "La custodia del cuore e la formazione del carattere, ecco ciò con cui si serve il Cielo".

(97) Traduco il carattere 乾 con Urano, dal greco οὐρανός = cielo, per riservare la voce "Cielo" al carattere 天.

(98) Allusione a questo passo del *Libro dei cambiamenti*: 大哉乾元, 萬物資始, 乃統天. Lo ZOTTOLI (*Cursus Litteraturae Sinicae*, Shanghai 1926, III, p. 525) ne dà questa traduzione: "Quam ampla coeli capacitas! Omnia entia ei innixa oriuntur, estque summa coeli". Una traduzione più comprensibile ci viene data da WIHELM-BAYNES (*The I Ching or Book of Changes*, New York 1952, II, p. 2): "Great indeed is the sublimity of the Creative, to which all beings owe their beginning and which permeates all heaven". La voce "Creative" viene spiegata dagli stessi autori in questo modo: "The Creative causes the beginning and begetting of all beings, and can therefore be designated as heaven, radiant energy, father, ruler. It is a question whether the Chinese personified the Creative, as the Greek conceived it in Zeus. The answer is that this problem is not the main one for the Chinese. The divine-creative principle is suprapersonal and makes itself perceptible only through its all-powerful activity. It has, to be sure, an external aspect, which is heaven, and heaven, like all that lives, has a spiritual consciousness, God, the Supreme Ruler. But all this is summed up as the Creative" (II, p. 4, n.7). Questo ci aiuta a capire perché Licezao vi abbia visto Dio, il Dio annunziato dal Ricci.

Ne fa dunque un Sovrano, e ne fa un padre. Dice ancora: "Il Dominatore viene fuori nel segno che significa destarsi"[99]. Spiegando questo testo, Ciusci [Chu Hsi] 朱熹[100] pensò che il "Dominatore era il Sovrano Signore del Cielo"[101]. Ma allora l'idea del Signor del Cielo non ha incominciato col Sig. Ricci[102].

(f. Ib) Il mondo volgare pretende che, siccome il Cielo è misterioso e lontano [da noi], non abbiamo il tempo di occuparcene.

Quando sorse l'Urano indiano[103] [=il Buddha], egli non servì i suoi parenti, ciò che era già una enormità, ma inoltre osò andare fino a contraffare il Cielo, a disprezzare il Dominatore, e a dare se stesso pel Venerando 尊 [=Dio]. E dei letterati hanno abbracciato la sua [religione]! Se essi che erano abituati a sentir parlare di "mandato celeste", di "ragione celeste", di "legge celeste", di "virtù celeste"[104], pure vi ci sono immersi piano piano, che meraviglia allora che uomini volgari, i quali né conoscono né temono [il Cielo], [abbiano fatto lo stesso]?"[105]

---

(99) Quest'altro testo si legge nella Glossa al *Libro dei cambiamenti* 說卦傳 (II, 5) e fa allusione alla carta degli otto trigrammi secondo il re Uen, nella quale i trigrammi si seguono con questo ordine, come se fossero disposti sopra un quadrante di orologio, cominciando da sinistra: *cen.*震, *suen* 巽, *li* 離, *ccoen* 坤, *toei* 兌, *cchien* 乾, *ccam* 坎, e *chen* 艮 (cf. WILHELM-BAYNES, II, p. 288, fig. 2). Il testo cinese dice dunque: 帝出乎震, 齊乎巽, 相見乎離, 致役乎坤, 說言乎兌, 戰乎乾, 勞乎坎, 成言乎艮. La traduzione dello *Zottoli* (III, p. 605) è, con la romanizzazione francese dei trigrammi, delseguente tenore: "Dominator prodit in *tchen*, ordinat in *suen*, mutuo occurrit in *li*, promovet usum in *k'oen*, recreat res in *toei*, pugnat in *k'ien*, requiescit in *k'an*, complet res in *ken*". WILHELM-BAYNES (I, p. 287), traducendo anche il senso dei trigrammi, ne dà invece questa traduzione: "God comes forth in the sign of the Arousing; he brings all things to completionin the sign of the Gentle; he causes creatures to perceive one another in the sign of Clinging (light); he causes them to serve one another in the sign of the Receptive. He gives them joy in the sign of the Joyous; he battles in the sign of Creative; he toils in the sign of the Abysmal; he brings them to perfection in the sign of Keeping Still". Più sotto gli stessi autori spiegano: "The year begins to show the creative activity of God in the trigram Chen, the Arousing, which stands in the east and signifies the spring. The passage following explains more fully how this activity of God proceeds in nature" (I, p. 288).

(100) Siccome Ciusci [Chu Hsi] 朱熹 abitava vicino a una sala chiamata 紫陽, egli stesso viene qui chiamato in questo modo.

(101) Per questo testo, cf. LE GALL, S. I., *Le Philosophe Tchou Hi*, p. 39.

(102) Ciò rilevando, l'autore della prefazione, voleva difendere il Ricci, dinanzi ai suoi amici cinesi, di aver voluto introdurre una novità, chiamando Dio il "Signor del Cielo" 天主; prima di lui, così lo aveva chiamato persino Ciusci!

(103) L'espressione 竺乾氏 sta per 天竺乾氏, dove l'autore sostituisce 乾 a 天, certamente a bella posta. Cf. sopra, n. 97.

(104) Espressioni frequenti nei libri dei confuciani, p. es. 天命 in *Discorsi di Confucio* 論語 II, 4; 天理 in *Memorie sui riti* 禮記 XVII, 1¹¹; 天道 in *Discorsi di Confucio*, V, 3; 天德 in *Dottrina del Punto Medio* 中庸 XXXII, 3.

(105) Terribile sferzata data da Licezao ai letterati del suo tempo, che, abbandonando la dottrina confuciana relativa al Cielo, si erano fatti buddhisti.

La dottrina del Sig. Ricci è tutta fondata sul "servire il Cielo"[106]. Egli parla molto chiaramente di ciò che fa che il Cielo [=Dio] è Cielo [=Dio]. Vedendo che il mondo disprezza il Cielo e adula il Buddha, egli confuta [questo errore] con parole dirette, e facendo ritorno al Maestro ha composto il *Solido Trattato su Dio* in dieci capitoli[107], per esortare al bene e porre una diga al male.

(f. II.*a*) Ecco le sue parole[108]: L'uomo conosce e serve suo padre e sua madre e non conosce che Dio è il grande padre-madre. L'uomo sa che ogni nazione ha un legittimo capo e non sa che solo il Dominatore che pervade l'universo è il legittimo Capo Supremo. Se chi non serve i propri parenti non è degno di essere considerato come figlio, chi non riconosce il legittimo capo non è degno di essere considerato come suddito; dunque chi non serve Dio. non è degno di essere considerato come uomo.

Egli insiste con maggiore diligenza sulla distinzione tra il bene e il male e sulle conseguenze della felicità e dell'infelicità. Egli sostiene inoltre che non si può chiamare perfettamente buono un essere in cui non sono riuniti tutti i beni, e che anche ammettere un minimo male che aderisca alla natura sarebbe un fomentare il male. Chi fa il bene è come se salisse, egli infatti sale all'aula celeste della felicità [=paradiso]; chi invece fa il male, è come se scendesse, egli infatti scende alla prigione terrestre delle tenebre [=inferno].

Per farla breve, egli fa in modo che l'uomo si penta delle sue colpe, segua la giustizia, domi le sue passioni, (f. II*b*) perfezioni la sua filantropia, pensi alla sua Vera Origine 本始 [=Dio], tema il suo sguardo, onori la sua maestà e nel timore si purifichi [diventando bianco] come la neve, nella speranza che non si renda colpevole verso il Supremo Dominatore e Augusto Cielo 皇天上帝.

Egli ha dato la scalata ai monti ed ha traversato i mari per venire ad offrire il suo tributo.

Siccome [il suo paese] fin dall'antichità non aveva mai avuto relazioni col Regno di Mezzo, al principio egli non aveva sentito dire che esistesse ciò che si chiama la dottrina di Fusci [Fu Shi] 伏羲, del re Uen [Wen] 文王, del [duca

---

(106) Cf. sopra, n. 96.

(107) Qui si è introdotto un errore, probabilmente per colpa dell'incisore che avrà scritto 十 invece di 八. Né è probabile che Licezao abbia confuso con *I Dieci Paradossi* o *I Dieci Capitoli di un Uomo Strano* 畸人十篇, i quali non uscirono alle stampe che al principio dell'anno che seguì questa prefazione.

(108) L'autore non fa nessuna citazione diretta del Ricci, ma ne riassume soltanto il pensiero espresso qua e là.

di] Ceu 周公 e di Confucio 孔子[109]. Perciò, ancora all'inizio, egli non si conformò alle spiegazioni del[Maestro] di Lien[chi], di quello di. Lo[yang], di quello di Kwan[chung] e di quello di Ming[chung][110], ma si attenne unicamente alla grande idea di "conoscere il Cielo" e di "servire il Cielo"[111], nel che concordava con quello che era contenuto nei classici e nelle cronache[112], tanto bene quanto due pezzi di uno strumento contrattuale[113].

Solo per ciò che riguarda il paradiso e l'inferno alcuni di intelligenza limitata non vi credono[114]. Eppure in genere "render felici i buoni e rendere infelici i cattivi"[115] è una cosa di cui i confuciani parlano e che studiano continuamente nel mondo; questo è naturalmente conforme alla sana ragione.

Voler abbandonare il bene per andare in cerca del male, non sarebbe forse come (f. IIIa) chi, stufo della strada maestra, si arrampicasse sopra la cima delle montagne o si lanciasse in aperto mare? All'infuori del caso di correre in aiuto di un sovrano o di un padre che si trova nella necessità, all'infuori di cose importanti come la fedeltà [verso un sovrano] o la pietà filiale [verso un padre], non sarebbe una .cosa bestiale e per niente intelligente, di non voler credere a chi forse ci avverte dei pericoli da parte di tigri, di lupi, di coccodrilli e di alligatori, e di voler mettere la propria vita a repentaglio per farne

---

(109) Cf. sopra, n. 60.

(110) Questi Maestri, che qui vengono designati dal nome del luogo dove essi nacquero o abitarono, sono tutti dei secoli XI-XII. Il Maestro di Lienchi 濂溪 è Ceutoñi [Chou Tun-i] 周敦頤 (1017-1073); quelli di Loyang 洛陽 sono i due fratelli Ccemhao [Ch'eng Hao] 程顥 (1032-1085) e Cceñi [Ch'eng I] 程頤 (1033-1108), quello di Kwanchung 關中 è Ciamzae [Chang Tsai] 張載 (1020-1077) e quello di Mingchung 閩中 è Ciusci [Chu Hsi] 朱熹 (1130-1200). Su tutti essi cf. DERK BODDE, *A History of Chinese Philosophy* by Fung Yu-lan, Princeton 1953, II, pp. 434-571.

(111) Queste due espressioni alludono al testo di Mencio 盡其心者, 知其性也, 知其性, 則知天矣. 存其心, 養其性, 所以事天也. (I, A, 1$^{1-2}$), oioè: "Colui che esercita a fondo la sua mente, conosce la sua natura; ora colui che conosce la sua natura, conosce il Cielo. Con la custodia del proprio cuore, e con la formazione del proprio carattere, ecco con che si serve il Cielo". In altri termini, partendo dalla conoscenza della propria natura ragionevole e pensante, l'uomo arriva a conoscere Dio ed a sapere come servirlo, mediante lo sviluppo delle sue facoltà e l'osservanza della legge naturale.

(112) Per i classici, cf. sopra, n. 19. Per le cronache, qui certamente si fa allusione in modo particolare alla *Cronaca di Zuocchieumim* [Tso K'io-ming] 左邱明 che va sotto il titolo di 左傳.

(113) Lo strumento contrattuale dei Cinesi consiste in un pezzo di legno, di ferro o di giada, spesso in forma di animale, p. es. di pesce nei secoli X-XII, XIV-XVII, e con sopra una iscrizione, che viene diviso in due parti eguali, ciascuna delle quali è data a uno dei due contraenti. Esso si chiama "unione comparativa" 勘合, o "documento di comparazione" 勘契 o ancora "strumento che la lede per mezzo dell'unione comparativa" 勘合信符. E' il *kangō* 勘合 o *kaugōfu* 勘合符 dei Giapponesi. L'autenticità dello strumento è provata dal fatto che le due parti combaciano perfettamente. Questo paragone riviene spesso sotto il pennello dei letterati cinesi coevi del Ricci per dire che le due civilizzazioni o culture, l'occidentale e la cinese, o le due dottrine, quella della Cina e quella apportata dal Ricci, concordano perfettissimamente.

(114) Proprio su questo punto, quasi nello stesso tempo, Licezao redigerà una specie di Epilogo che sarà aggiunto all'opera sullodata *I Dieci Capitoli di un Uomo Strano* del Ricci.

(115) Testo cavato da un capitolo degli *Annali Storici* 書經 III, 3^3, che non è ritenuto autentico dalla critica moderna.

la prova?[116] La solida scienza della natura psicologica consiste veramente in questo: "[Il Supremo Dominatore] è con te; non dubitare"[117], senza che vi sia bisogno di imbarazzarsi di questioni d'infelicità o di felicità[118]. Se poi si tratta di punire gli ignoranti e di scuotere i pigri, allora la giustizia consiste nella riunione di queste tre cose provenienti dal mandato [celeste]: punizione, degradazione e promozione[119]. [Il Ricci] ha certamente molto sofferto per istruire il mondo e fondare la religione [in Cina].

Quando, tempo fa, lessi i suoi libri, spesso mi accorsi che non somigliavano a quelli dei confuciani moderni, ma che concordavano senza previa intesa con i libri dell'alta antichità, quali p. es. "Il dialogo [di Hoamti], "Lo Gnomone", "Le arti e i mestieri", "Il parco della vernice". (f. III*b*).[120] Egli veramente non sofistica sulla verità.

Quanto poi alla custodia di se stesso e al governo del suo cuore, egli è serio, attento e alieno dalla pigrizia. Forse nemmeno coloro che si chiamano i primi tra i confuciani lo sorpassano [in ciò][121].

Davvero! Tanto la mentalità quanto la ragione è la stessa in Oriente e in Occidente, mentre l'unica cosa diversa è la lingua e la scrittura.

Con l'apparizione di questo libro, [il Ricci] è diventato il pioniere della fusione delle lingue e delle civilizzazioni. Con questo libro, egli eccita allo splendore [della virtù], promuove la dottrina e riforma i costumi. Se non è

(116) Il senso è sufficientemente chiaro, benché la frase, forse apposta, resti incompiuta. Licezao vuol dire che chi non vuole ammettere la sanzione del bene e del male, è simile a colui che, stufo di camminare sulla strada maestra, preferirebbe azzardarsi a passare attraverso montagne scoscesi o immensi oceani. Che dire poi di colui che, eccettuato il caso di correre in aiuto di un sovrano o di un padre nell'estremo bisogno, per solo suo gusto, benché avvertito dei gravi pericoli che ci sarebbero a passare per una strada infestata di bestie feroci, non ci volesse credere e s'inoltrasse sopra di essa per farne l'esperienza personale? L'uno e l'altro di questi personaggi sarebbe uno stupido matricolato!

(117) Il testo completo è questo: 上帝臨女 Il Supremo Dominatore è con te! 無貳爾心 Non dubitare nel tuo cuore. (*Libro delle Odi* 詩經, C, I, 2⁷).

(118) Si direbbe che qui Licezao inviti il suo lettore ad agire, nella sua vita morale, piuttosto per motivo di amore di Dio e sotto il suo sguardo sempre presente, che per timore di pene o speranza di premi.

(119) Qui è questione della giustizia umana.

(120) Il primo 黃帝素問 sarebbe il più antico trattato di medicina, scritto parecchi secoli prima dell'èra cristiana, in cui si contiene un sommario della tradizione medica in Cina fin dalla più alta antichità. Il secondo 周髀算經 è il più antico trattato di matematica; secondo alcuni autori, esso dovrebbe risalire a prima dell'anno 1000 a. C.; altri invece lo fanno risalire a poco tempo prima dell'èra cristiana. Il terzo 考工 sembra essere un libro dei dintorni dell'èra cristiana. Il quarto potrebbe essere il 漆園集 di Licehan [Li Chih-han] 李之翰.

(121) Licezao è veramente ardito di mettere la virtri di uno straniero al di sopra di quella dei primi tra gli stessi confuciani.

per caso, come mai sarebbe inutilmente? Certamente egli non deve essere riguardato [da noi] come uno dei tanti filosofi![122].

Siccome il mio amico Uaṁmomppuo [Wang Meng-p'o] 汪孟樸 ha ristampato [questo libro] in Hangchow 杭州, io mi sono arrogato il diritto di premettervi queste poche parole, senza per questo (f. IV*a*) avere la pretesa di voler illustrare un libro venuto dall'estero, quasi che io avessi già sentito ciò che finora non avevo mai sentito. Mi son detto con sincerità: Siccome tutti siamo ricoperti dallo [stesso] Augusto Cielo 皇天, abbiamo il dovere obbligatorio di adorarlo.

Potrebbe darsi pure che alcuni abbiano già sentito [queste cose], ma essi non vi ci sono applicati con tutta la loro energia. Ne facciano l'esame di coscienza. La scienza della "custodia del cuore e della formazione del carattere"[123] se ne troverà avvantaggiata.

Io, Licezao, cristiano[124], dopo di essermi lavato le mani, ho scritto con diligenza questa prefazione nel Chekiang Occidentale, il 21–22 maggio 1607.

Questa ristampa di Hangchow conteneva anche un epilogo di Uamgiuscioen, colui che ne aveva curato il lavoro. Eccolo in veste italiana.

(f. I*a*) EPILOGO ALLA RISTAMPA DEL "SOLIDO TRATTATO SU DIO"

Fin dall'antichità, la vita dei *santi* e dei savi ha avuto sempre per preoccupazione [principale] la salvezza del mondo. Ci sono infatti [coloro che dicono] che i minimi influssi delle azioni nascoste ci fanno costantemente salire fino al cammino dell'illuminazione, continuando l'opera del cielo e della terra nel massimo grado.

Nei dintorni delle [prime] tre dinastie, il nostro confucianesimo occupava il primo posto. Ma dacché la religione delle immagini [=il buddhismo] si è diffusa nel [nostro] Oriente, è questa dottrina che si è messa a risplendere.

Se il mondo è in decadenza, se la moralità si assottiglia, se si arriva perfino a cercare le occasioni d'ingannarsi per nuocersi e derubarsi l'un l'altro, non è forse questo l'effetto del desiderio di possedere [i beni della terra] fino al sacrificio della propria vita?

---

(122) Egli è dunque al di sopra dei filosofi ordinari.
(123) Cf. nn. 96, 111.
(124) Nel 1607 Licezao non era battezzato, ma egli era già convinto della verità cattolica, perciò qui firma come solevano allora firmare i cattolici e i filo-cattolici, cioè "discepolo" del Ricci. Cf. sopra, n. 66.

I laici buddhisti, volendosi concedere la retta illuminazione, sono saliti nelle altezze con la speranza di non cadere così nell'errore; essi hanno infatti mutato la realtà in cose vuote, volendo che tutti gli uomini (f. I*b*) si elevino al di sopra delle preoccupazioni di questo mondo. Con ciò non voglio dire che questo non abbia giovato alla moralità del mondo.

I letterati incominciarono ad entrare [in questa religione] e poi s'immersero in essa. Oggi le chiacchiere sul vuoto [=buddhismo] e sul mistero [=taoismo] hanno talmente penetrato [gli animi], che si pensa che questa è la vera dottrina. Gli uomini di scienza più non vanno alla ricerca della sapienza, ma vanno in cerca di cose vuote e imaginarie. Gridando e schiamazzando[125] vanno con la testa alta, tenendo in mano un formulario di preghiere e guardano a destra e a sinistra. Forse che non dicono che in questo consiste la corretta sensazione dell'oggetto contemplato[126]? Che fantasticherie!

Móssone a compassione, il Sig. Ricci ha pubblicato il *Solido Trattato su Dio.*

Infatti "il Supremo Dominatore ha dato il senso morale; una tale natura è costantemente [retta]"[127]. "Col decorrere delle stagioni, gli esseri sono prodotti"[128]. Sia la dottrina sul Cielo, sia la dottrina sulla morale rappresentano un altissimo insegnamento. All'infuori delle [cinque] relazioni sociali[129], delle [cinque] virtù costanti[130], della natura e delle leggi[131], di che altro c'è bisogno?

Ciò che [il Ricci] scrive sulla cultura [della propria personalità] concorda, anche senza strumento contrattuale, con la dottrina della perfetta rettitudine dei nostri confuciani, quale viene descritta nella *Grande [Scienza]*[132] e nella [*Dottrina del Punto*] *Medio.*

(125) Correggo 棒 in 噪, come lo domanda il contesto, venendo dopo 喝.
(126) Cf. SOOTHILL-HODOUS, *A Dictionary of Chinese Buddhist Terms*, London, 1937, p. 67, col. 1.
(127) Il testo integro degli *Annali Storici* 書經 III, 3² è del seguente tenore: 惟皇上帝降衷于下民, 若有恒性; 克綏厥猷惟后; cioè: "Questo Augusto Supremo Dominatore ha dato il senso morale al basso popolo; chi ci si conforma, acquista una natura costantemente [retta]. Affinché possa poi seguire il suo corso, c'è il Sovrano". Il testo viene citato dal Ricci (I, f. 18*b*).
(128) Abbreviazione di questo testo dei *Discorsi di Confucio* 論語 XVII, 19³: 天何言哉, 四時行焉, 百物生焉, 天何言哉, cioè: "Che bisogno c'è che il Cielo parli? Le quattro stagioni seguono il loro corso e tutte le cose sono prodotte. Che bisogno c'è che il Cielo parli?". Questo testo non è riferito dal Ricci; perciò non sembra che l'autore voglia mettere al conto dello scrittore del libro questi due testi dei classici.
(129) Sono le cinque relazioni sociali, di cui si è parlato sopra, n. 69.
(130) Sono queste cinque virtù: 仁 filantropia, 義 rettitudine, 禮 urbanità, 智 sapienza e 信 fiducia.
(131) Allusione rapida a questo testo del *Libro delle Odi* (C., III, 6¹): 天生烝民, Il Cielo produce tutti gli uomini, 有物有則 Dotati di natura, dotati di legge.
(132) Cf. sopra, n. 95.

Infatti quando la moralità è sublime, anche coloro che la seguono sono sublimi, ma quando la moralità è sporca, anche coloro che la seguono sono sporchi.

Se qualcuno oggi volesse avere un po' d'influsso sulla salvezza del mondo, non potrebbe arrivarci se non col rigettare il vuoto (=il buddhismo) per tornare alle cose reali.

Coloro che stavano fuggendo lontano dal taoismo e dal buddhismo, appena hanno sentito il fruscio' dei passi [del Ricci che si avvicinava], se ne sono rallegrati, pur avendo un certo timore[133]. Non è forse vero una volta di più che quanto più uno si allontana da qualcuno, tanto più profondamente gli fa piacere? Ora la santa legge da molto tempo è sparita. Ma appena si è sentita la parola del Sig. Ricci, non soltanto la voce dei nostri fratelli e dei nostri parenti, [ma anche quella degli altri] ha avvertito ciascuno di noi, mettendosi al nostro fianco.

Io, Uamgiuscioen, benché indegno, pure sento profondamente la mia responsabilità. Perciò ho ristampato questo volume e lo diffondo.

Scritto da Uamgiuscioen, alunno cristiano, nato a Hsintu 新都, un giorno di ottobre[134] 1607.

Questa ristampa del 1607 aiutò non poco a far conoscere la religione cattolica nel Chekiang, "dove fioriscono molto le lettere", poiché fece nascere il desiderio di avere nella regione un compagno del Ricci che potesse spiegare "tutto più minutamente".

Né solo questo, ma, effetto imprevisto e non sperato, persino i musulmani che possedevano in Hangchow una bella e grande moschea, vedendo che in quel libro si parlava di Dio meglio che in altri libri della Cina, ne comprarono parecchi esemplari[135]. Si sa che una sessantina di anni dopo, il domenicano siciliano Domenico Sarpetri parla di un'opera cinese che non sarebbe altro che un rifacimento del libro del Ricci in veste musulmana[136].

D'altra parte probabilmente fu proprio questa ristampa che, insieme con l'altra opera del Ricci, *I Dieci Capitoli di un Uomo Strano* 畸人十篇[137], scatenò una forte polemica contro il missionario italiano da parte del letterato

---

(133) Interpreto questo carattere introvabile nei dizionari come essendo 恐

(134) La luna VIII che corrisponde a 仲秋 cominciò nel 1607 il 21 settembre per finire il 20 ottobre.

(135) Cf. TV., II, p. 360.

(136) Cf. P. PELLIOT, *The Arabian Prophet, a life of Mohammed from Chinese and Arabian sources*, in *T'oung Pao*, XXI, 1922, p. 415, n. 2.

(137) Sopra quest'opera, cf. FR., II, p. 301, n. 3; p. 302, n. 1.

Iüteiüen [Yü Te-yüan] 虞德園 e del famoso bonzo Scenciuhom [Shen Chu-hung] 沈袾宏, ambedue del Chekiang.   Qui ci basti questa rapida allusione a questa controversia che versava sull'essenza di Dio, sul buddhismo, sull'uccisione degli animali viventi, sul culto del Buddha e sulla metempsicosi[138].

* * *

Tra la fine del 1609 e i primi mesi del 1610, un letterato dei dintorni di Shanghai 雲間, chiamato Cufomsiam [Ku Feng-hsiang] 顧鳳翔 e sul quale non ho trovato nessuna informazione, ci dice quello che egli pensava di questo libro del Ricci, che aveva scoperto pochi mesi prima a Shiuchow 韶州 nel Kwangtung. Il suo scritto che ci viene presentato come una prefazione, e altrove come epilogo, ci è stato conservato dal dott. Iamttimiün [Yang T'ing-yün] 楊廷筠[139], che nel 1611 sarà battezzato in Hangchow e prenderà il nome cristiano di Michele; esso viene come epilogo 跋 nell'edizione del Fukien 天學主義, che si conserva nell'Archivio Romano della Compagnia di Gesù (*Jap. Sin.*, I, 64), la quale non può essere anteriore al 1625 ed è probabilmente posteriore a quella del 1629.

Cufomsiam dunque, forse ancora pagano, si rallegra di vedere che l'alta società di Pechino ha accolto così bene il libro del Ricci. Siccome in questo libro l'autore spazza via il buddhismo e il taoismo, c'è speranza che la Cina si liberi dell'uno e dell'altro, e trovi la retta via che conduce alla verità. Il Ricci ricondurrà i Cinesi prima di tutto al puro confucianesimo, quello che vede Dio nel "Dominatore" 帝, nel "Supremo Dominatore" 上帝 o nel "Cielo" 天 personale degli antichi, e che inculca di seguire in tutto la legge naturale che Dio ha scolpito nel cuore dell'uomo. Ma egli farà vedere allora che anche la dottrina di confucio non conduce l'uomo alla perfezione. Il confucianesimo ha bisogno di essere completato, integrato e sublimato dalla "vera legge di Dio".

Grato di averla scoperta egli in questo libro, segnalatogli da un cattolico di Shiuchow, un certo Sig. Ttan [T'an] 譚[140], e regalatogli dal missionario di quella stessa città, Nicolò Longobardo, egli si dichiara soddisfatto, contento e ripieno di estatica ammirazione!

---

(138) Cf. FR., II, p. 306, n. 1.

(139) Su di lui, FR., III, p. 13, n. 3. Egli ci ha conservato lo scritto di Cufomsiam [Ku Feng-hsiang] 顧鳳翔 nella sua opera *Documenti sui lontani stranieri* 絕微周文記, che non può essere anteriore al 1617. Cf. FR., III, p. 3.

(140) Non so dir niente di questo Signore, che non va confuso con quello che il Ricci chiama "Tansiohu" (FR., I, NN. 238, 241), il quale invece si trovava a Shiuhing nei primi anni del soggiorno del Ricci in quest'ultima città.

Ecco come si esprime Cufomsiam:

(f. 17*a*) PREFAZIONE AL "SOLIDO TRATTATO"

Dopo di aver accompagnato il viceré nell'estate del 1609, passai per Shiu-chow, dove sentii dire che un letterato occidentale, il Sig. Longobardo, da più di 20 anni[141] stava lì per convertire la Cina alla religione cattolica 以天主之敎, 行化中國.

Era un uomo strano[142], perciò andai a fargli visita. Appena lo vidi, mi accorsi che aveva l'aria di una persona che già da molto tempo praticava una virtù sublime, aveva gran cuore, e comandava rispetto.

Mi misi dunque a parlare con lui. Non è né buddhista, né taoista; sembra confuciano, pur non essendo confuciano. Fin da principio, vidi che la sua grande dottrina era estesa e talmente vasta che non se ne vedevano i limiti.

In seguito gli domandai la sua vera intenzione. Essa è molto semplice e molto facile, e fin da principio non è né troppo alta né troppo difficile a mettersi in pratica; essa consiste nell'occuparsi di cose che frenano le passioni e allontanano dal mondo.

Perciò mi condusse a vedere il quadro del Salvatore[143], dicendomi donde proveniva, e tirò fuori il *Solido Trattato su Dio* che io mi misi a studiare.

La dottrina ivi contenuta è compendiata ma non reca'noia, e tutte le parole vanno al solido; tutto finisce con lo spazzar via le siepi delle due scuole, il buddhismo e il taoismo, e col far salir dritto al santuario dei nostri confuciani. Ma quando uno poi scende ai particolari, (f. 17*b*) si accorge che anche il confucianesimo [paragonato al cattolicesimo] è una feccia[144].

La religione cattolica infatti da una parte è meravigliosamente grande[145] e al par dell'universo non può essere misurata col metro, e dall'altra è misteriosamente profonda e al par del mare non può essere prosciugata goccia a goccia. Allora mi ritirai insoddisfatto e scontento di me. Per parecchi giorni restai [in ammirazione] con la bocca aperta senza poterla chiudere e con la lingua fuori senza poterla ritirare[146].

---

(141) Il Longobardo era arrivato a Shiuchow il 28 dicembre 1597; quindi nell'estate del 1609, si poteva dire che egli stava lì da più di 10, ma non da più di 20 anni.

(142) Nello stesso senso nel quale anche il Ricci fu "strano" agli occhi dei Cinesi. Cf. FR., II, p. 301, n. 3.

(143) Letteralmente "l'imagine del Signor del Cielo 天主像 che in quei primi tempi rappresentava il Salvatore. Cf. FR., I, p. 230, n. 5.

(144) Su questa espressione presso il Ricci e presso i suoi cristiani o simpatizzanti, vedi il mio articolo, *Presentazione della prima traduzione cinese dell'Euclide*, in *Monumenta Serica*, Tokyo, XV, 1956, p. 190, n. 74.

(145) Correggo 莽 in 漭

(146) Tutto questo modo di esprimersi mostra una grande ammirazione.

Quando in altri tempi Confucio vide Laoze [Lao Tzu] 老子, disse che gli sembrava come se fosse stato un dragone[147], perché difatti c'era di che impressionarlo in questo senso. [Così anche adesso, io mi son persuaso] che realmente "in Occidente c'era il santo"[148]; solo che i Cinesi non ne avevano mai sentito parlare, perché ne erano separati dall'oceano[149].

Io penso che Dio, avendo compassione delle anime di noi Orientali, ha ispirato al Sig. Longobardo di venire a convertirci col suo insegnamento, di modo che noi Orientali potessimo ascoltare i suoi discorsi e convertirci alla vera religione! Altrimenti, perché il Sig. Longobardo avrebbe affrontato i marosi e traversato immensi oceani, avrebbe guardato solo da lontano le più piccole isolette[150], sarebbe passato per i buchi dei pesci e dei dragoni, e per i luoghi infestati dagli spiriti, avrebbe fatto un viaggio di cento mila *li* nello spazio di parecchi anni, per venire qui?[151].

Questo Signore veste alla cinese e parla la lingua cinese ma segue una religione occidentale. Se questa religione venisse praticata, allora il politeismo (f. 18a) sparirebbe e le migliaia e diecine di migliaia di libri buddhistici diventerebbero come acqua che trabocca da una coppa già piena. Colui che venera solo Dio, è molto al di sopra delle tre sette[152], indica le superstizioni [da evitare], dà buone istruzioni e illumina tutte le generazioni. Come mai i suoi meriti avrebbero dei limiti?

C'era a Shiuchow un certo Sig. Ttan 譚 che da molto tempo aveva abbracciato la religione cattolica; egli aveva ceduto la sua propria abitazione per farne una chiesa cattolica, affinché ivi si continuasse sempre questo culto spirituale. Egli mi venne raccomandato. Io credo che fosse un discepolo del Sig. Longobardo.

---

(147) Allusione a un passo delle *Memorie Storiche* 史記 di Semazzien [Ssu-ma Ch'ien] 司馬遷. Dopo il supposto incontro di Confucio con Laoze, il primo avrebbe detto ai suoi discepoli: 鳥, 吾知其能飛; 魚, 吾知其能游; 獸, 吾知其能走; 走者, 可以爲罔; 游者可以爲綸; 飛者, 可以爲矰. 至於龍, 吾不能知其乘風雲而上天. 吾今日見老子, 其猶龍邪 cioè: "Gli uccelli, io so bene che essi possono volare; i pesci, io so bene che essi possono nuotare; i quadrupedi, io so bene che essi possono camminare. Ma gli esseri che camminano possono esser presi al laccio; quelli che nuotano possono venir presi in una rete; e quelli che volano possono essere saettati. Ma quanto al dragone, io non so rendermi conto come mai egli possa cavalcare il vento e le nuvole e salire al cielo. Ora oggi io ho visto Laoze; egli mi ha dato l'impressione di essere come un dragone" (*Memorie Storiche* 史記 Monografie 列傳, 3; ediz. della Commercial Press, III, c. 58, p. 36).
(148) Cf. sopra, n. 55.
(149) Applica al cristianesimo il supposto detto di Confucio e spiega che la distanza e l'oceano avevano impedito che il cristianesimo fosse conosciuto prima dalla Cina.
(150) Si legge 鳥嶼, isolette per uccelli, forse talmente piccole che solo gli uccelli vi possono abitare. Ma forse si potrebbe leggere 島嶼 nel senso di isole in genere.
(151) Perché avrebbe egli fatto un così lungo viaggio e sarebbe andato incontro a tanti pericoli, se non fosse per lo zelo che lo ha spinto a venire a salvare le anime nostre?
(152) Confucianesimo, buddhismo e taoismo.

[Al principio] il Sig. Longobardo [cercava] di convertire i Cinesi [regalando loro] i prodotti dei paesi occidentali; perciò la propagazione della religione era allora molto difficile. Ora invece il Letterato Ttan si serve dei letterati cinesi per la propagazione [della religione] nell'interno del paese. Se uno si serve degli elementi indigeni[153], che difficoltà c'è di propagare la religione?

Inoltre ho sentito dire che Matteo Ricci, amico del Sig. Longobardo, ha già presentato la sua religione all'imperatore, e che molti personaggi dell'alta società di Pechino hanno adottato il suo *Trattato* [*su Dio*][154] e lo esaltano. Ciò mi convince che questo mondo non finirà col cadere in una di queste superstizioni, buddhismo o taoismo.

Per fortuna io ho scoperto la vera legge di Dio. Perciò la vasta benevolenza del gran Maestro Longobardo e i meriti del letterato Ttan come mai sarebbero piccoli?

* * *

Il libro del Ricci che abbiamo descritto finora, ebbe sul lettore cinese di quel tempo—e dei tempi successivi fino a noi—parecchi e diversi effetti.

Tutti indistintamente si persuasero che questi "barbari" occidentali non erano dei "barbari" come gli altri. Se le brevi e piccole pubblicazioni cinesi, edite fino allora dai missionari, avevano aperto gli occhi dei Cinesi su questi stranieri, e ne avevano rialzato la stima nella loro opinione, questo libro del Ricci cambiò totalmente il loro atteggiamento verso di essi. Fondato come era su ragioni filosofiche inoppugnabili, esso mostrava che gli Occidentali sapevano ragionare, avevano una erudizione non comune, ed erano ben versati negli argomenti che trattavano.

I cattolici cinesi che, verso il 1609, dovevano di poco superare i due mila, con questo libro, si sentirono confermati nella religione che avevano abbracciata; essi vedevano che in esso il cattolicesimo sapeva ben difendersi e sapeva vittoriosamente attaccare le sette che ad esso si opponevano.

Coloro che già sentivano in sé i primi tocchi della grazia che li portava ad abbracciare una dottrina così nuova, ma così saldamente fondata e così sublime, si sentirono incoraggiati a continuare per questa strada sicura, e capirono meglio le verità della fede.

Molti pagani, che non erano ancora sulla strada della conversione, ma che erano desiderosi di conoscere la verità, i confuciani p. es., lessero il libro con avidità e ne fecero le più grandi lodi.

---

(153) Letteralmente: 回枝傳葉 cioè "rami ricurvi producono foglie".
(154) Prendo 義 nel senso di 天主實義

Solo i buddhisti, e senza dubbio anche i taoisti ma in misura minore, vedendosi smascherati nei loro errori filosofici e religiosi, quali l'idolatria, la metempsicosi, la proibizione di nutrirsi di carne di animali, le superstizioni ecc., e smascherati con argomenti inoppugnabili e invincibili, non con insulti e invettive come fino allora si era fatto da altri, si alienarono dai missionari e ne fecero allontanare altri, e non seppero sempre contenere la loro collera e il loro sdegno.

E' il Ricci stesso che ci informa sopra questi effetti, quali egli li aveva costatati tra il 1603 e il 1609, pochi mesi prima della sua morte[155]. Quello che egli non poteva dire allora, ma che possiamo aggiungere noi, è che questi effetti hanno perdurato fino ai giorni nostri e durano ancora. Tradotto in mancese, in coreano, in tonchinese, in mongolo, in altre lingue ancora, esso ha fatto durante tre secoli e mezzo e fa tuttora le delizie dei più fini letterati dell'Asia Orientale. Un autore domenicano, Domenico Sarpetri, nel 1667 era di parere che un libro di questa fatta non avrebbe mai potuto essere scritto "senza rivelazione divina e senza un aiuto speciale di Dio"[156]. Un secolo più

---

(155) Ecco come il Ricci riassumeva il suo pensiero: "Fece questo libro diversi effetti. Percioché, per quei che volevano esser cristiani fu di grande aiuto a far loro intendere meglio le nostre cose, e per i cristiani per confermarsi con esso ogni giorno più nelle cose della santa religione. Ma per i seguaci della setta degli idoli [=i buddhisti] fu cosa molto odiosa e fece alienare molti dai Nostri, per la molta libertà con che il libro scopre le falsità di questa setta, non con ingiurie come altri Cinesi anche fecero, o con ragioni frivole, ma con argomenti cui loro né possono né sanno rispondere. Ma non mancano anche molti gentili, desiderosi di sapere la verità, che lo leggono e lodano. E tutti ben intendono che la nostra gente di Europa non è gente ignorante che non intende le cose e non le tratti con ragioni" (FR., II, N. 710).

(156) La Biblioteca Angelica di Roma possiede un volume di Miscellanea (M. 15. 14) in cui nelle due prime pagine si legge:
R. P. FR. DOMINICI MARIAE SARPETRI TESTIMONIUM DE LIBRO SINICO P. MATTHAEI RICCII QUI INSCRIBITUR TIEN-CHU XE-Y.
Ego infraecriptus Fr. Dominicus Maria Sarpetrus, ordinis Praedicatorum lector, cum saepius atque attente legerim librum P. Matthaei Riccii e Societate Jesu, quem is Sinice conscripsit, *Tien-chu Xe-y* dictum, hoc est *Coelorum Domini vera ratio*, quo quidem libro potissimum de Deo agit: testor quod dictus Pater materias quas ibi tractandas suscepit, adeo docte simul et feliciter exhausit, ut Missionariis qui post illum deinde in hac Sinensi vinea laboraverunt, parum vel etiam nihil relictum fuerit circa dictas materias, quod dictus Pater partim explicite fuseque, partim implicite et compendio non sit complexus.
Testor item mihi crebro venisse in mentem, quod dictus liber opus esset eiusmodi, ut sine revelatione divina aut speciali Dei auxilio non potuerit ab authore perfici.
In quorum fidem hisce manu mea subscripsi.
Ex Quang-cheu 〔廣州〕 Metropoli Provinciae Sinarum Quang-tung 〔廣東〕 dictae, 9 Maij 1667.
Fr. Dominicus Maria Sarpetrus, alias a Sancto Petro, testificor, ut supra, et quatenus opus fuerit, juramento confirmo".
Questo giudizio e questo giuramento fu da lui ripetuto il 4 agosto 1668, quando aggiunse "non alterius precibus vel suasu, sed solo veritatis amore, impulsus feci".
Queste ed altre simili affermazioni che possono leggersi ivi stesso, in netto favore del Ricci e dei suoi confratelli, sono tanto più significative e importanti, in quanto che il Sarpetri, palermitano, apparteneva a quell'inclito ordine di S. Domenico che nell'insieme, nella questione dei riti cinesi, militò nel campo avverso ai gesuiti.

tardi, il 31 luglio 1778, l'ex-gesuita Francesco Bourgeois si meravigliava della "forza di ragionamento, della chiarezza e dell'eleganza di questo libro" che chiamava senz'altro "un capolavoro"[157]

*
* *

E' questo libro che nel 1603 ha introdotto la filosofia scolastica in Cina!

APPENDICE

Aggiungiamo qui la traduzione latina fatta dal Ricci a Pechino nel 1603–1604 delle due prime prefazioni, quella di Foṁimchim e la sua propria, traduzione da lui mandata al generale dell'Ordine a Roma nel 1604 e restata finora inedita. Delle due prefazioni il missionario scriveva che le aveva tradotte "quasi ad verbum". Noi qui abbiamo leggermente ritoccato la punteggiatura, l'uso delle maiuscole o minuscole, abbiamo sostituito i a j e abbiamo aggiunto qua e là le virgolette.

In opus cui titulus: *De Deo Verax Disputatio*

[I. Prefazione di Foṁimchim]
Proëmium Externum

Veracis Disputationis de Deo au[c]tor est e Maximo Occidente Doctor Riccius, cuṁ sociis eiusdem patriae et societatis, ex iis quae rogati responderunt nostratibus.

Quid "Dei" 天主 nomine significatur?—"Supernus Rex" 〔上帝〕.

"Verax" 〔實〕 dicitur, quia nihil falsi vel inanis continet.

Nostri regni *Sex Doctrinae Libri*, *Quatuor Doctores*, omnes sapientes et *sancti* dicunt: "Reverere Supernum Regem", "Adiuvemus Supernum Regem", "Superno Regi servito", "Supernum Regem cognoscito". Quis dicat inane aliquod hisce verbis subesse?

Tempore Hano 〔漢〕, Minus 〔明〕 Rex aliqua accepit dogmata e regno Tiencio 〔天竺〕; rerum novarum cupidi Confutium dicentem: "in occidentali plaga viget vir quidam sapientissimus et sanctissimus"[158], interpretati sunt de Idolofaeis[159], et flammam hanc undique accendentes et insufflantes, eo venere

---

(157) "C'est un chef-d'oeuvre. Il s'est trouvé des lettrés qui le lisaient sans cesse pour se former le style....On ne conçoit pas comment un homme....ait pu mettre dans un livre tant de force et de raisonnement, tant de clarté et tant d'élégance" (P. François Bourgeois, in *Lettres édifiantes et curieuses*, Parigi, 1781, XXIV, p. 481).

(158) Cf. sopra, n. 55.

(159) Neologismo latino, composto dal Ricci, probabilmente da "idolum" e da Fu 佛, nome del Buddha, dandogli il senso sia di Buddha, sia di buddhista.

loci, ut Idolofaeorum sectam nostris *Doctrinae Sex Libris* anteponant. Cuinam venisset in mentem, ad sinici regni occidentalem plagam positum quidem esse regnum Tiencii, et ad Tiencii regni occidentalem partem adhuc posita esse alia occidui solis maxima regna?

Idolofaei furtim ex Pythagora mutuati ad adhortandam rudium plebem dictum, idque extendentes, commenti sunt animorum de corpore in corpus transmigrationem. E Sina furtim imitati Laotii 〔老子〕 dictum: "Omnia quae in mundo sunt, esse ad instar canum e palea contectorum ad sacrificii ornamentum"(160), atque hoc extendentes, in nihilum redigere et quasi paleam et pulverem Universi huius machinam nisi sunt. Nihilque prae oculis aliud habuere, quam se in altum extollere et sublimare. Sinae sapientes viri iam diu est ut nulli cernuntur; eorum verba iam abolita sunt. Pauci sunt qui valeant istorum fastus comprimere, et florentem iam factionem perfringere.

Itaque alii interne gaudent de perpetuae quietis et vacuae tranquillitatis commoditate; externe suspiciunt illam celsitudinis et amplitudinis excellentiam. Ex iis quae ante oculos sita sunt, abborrent a labore captandorum honorum et magistratuum; ex iis quae post mortem ventura sunt, pertimescunt incidere in sex generum transmigrationum animorum calamitates.

Olim in aliquas aerumnas incidentes, illico Caeleste Numen implorabant: nunc Idolofaeos vocant. Olim Universitatis Numini sacrificabant, et spiritibus regni, montium, fluminum, et propriae familiae: at nunc idolofaeis tantum sacrificant. Antiqui philosophi Caeleste Numen cognoscebant, Caelesti Numini parebant: huius tempestatis vero, Idolofaeos precantur, idolofaei fieri volunt. Olim magistratum gerentes, opus Caelestis Numinis meditabantur et efformabant, neque se quieti et inertiae audebant tradere, ne populum, caelestem prolem, veluti parentibus orbem facerent: nunc in regia curia manentes delitescunt et idolofaeorum meditationibus ex hominum conversatione recedunt.

Idolofaei sunt Tiencii regni reges et magistri. Nostrum regnum suos habet reges et magistros, nempe tres Hoamos 〔三皇〕, quinque Tiyos 〔五帝〕, tres Guamos 〔三王〕, Ceucomum 〔周公〕, Confutium 〔孔夫子〕, usque ad huius familiae primum regem(161) cum regibus qui postea subsequuti sunt; omnes huc spectant. Illorum reges et magistri Superno Regi fecere iniuriam, et super illum se verbis evexere. Nostri reges opus Divini Regis prosequuti sunt et infra illum se collocantes, Legis nostrae opus maximum erexere(162).

---

(160) Cf. sopra, n. 58.
(161) Cf. sopra, n. 60.
(162) Cf. sopra, n. 61.

Illorum regni homines, si illos sequantur, nostrum non est illos arguere. Nobis nostram legem abiicientibus et illos sequentibus, quaenam est mens? Cintius 〔程子〕, ait: "Litteratorum secta e Caelesti Numine ducit originem". Idolofaeorum vero secta e semetipsorum cordibus. Habere cor suum pro magistro, et Caeleste Numen sequi, nihil aliud differt, quam nihil seipsum facere, et omnia seipsum facere. Hoc satis est ad utriusque sectae intentionem conficiendam.

Hic liber ordine affert nostrarum *Sex Doctrinarum* dicta ad veritatem confirmandam, et acutissime confutat inanitatis commentum[163]. Armis Occidentis, occidentalis illius regni dogma oppugnat; sinicis libris, Sinas revocat ad veritatem. Videns eos dicentes fugiendum esse ab omni hominum commercio, et omnia dimittenda negotia quasi nolint capi et infici, ut possint animorum sex transmigrationes effugere, clarissime demonstrat vanam esse harum transmigrationum fictionem. Cum illi omnes ingenii sui vires exerant, ut carnem a carne disiungant, solis quibusdam pelliculis distinctam, ut solum curent parentes proprios, filios proprios; hic clarissime comprobatur, unum esse Caelestem omnium Parentem. Cum disserit de hominum natura, hominum genus maxime ab animantium genere secernit. Cum de actionibus loquitur, omnes eas ad pietatem unam refert, et a coërcendis pravis animi motibus facit initium. Hic si quando aliqua affert, quae ad nostrorum aures nunquam antea pervenere, et aliqua quae licet antea pervenerint, nunquam in his vires adhibuimus nostras, haec sane ex decem partibus novem.

Doctor Riccius triginta milliorum millia[164] itineris percurrit. Et quod spectat ad superna, novem caelorum altitudinem est dimensus: quod ad inferna, novem terrarum orbis profunditates est perscrutatus: et ne latum quidem unguem unquam a veritate aberravit. Et quod Nostri nunquam percipere potuerunt, ipse percepit et dilucidavit maxima firmitate et validissimis rationibus. Quare si quid affert de caelestibus rebus et spiritibus, credendum est pariter ipsum e firmissimo loco hausisse, et nullum iis subesse errorem.

Dictum est apud nostros quod ait: "aliqua sunt quae debemus conservare in monumentis et de illis non disputare, aliqua sunt de quibus debemus disputare, sed non illa impugnare". At ea quae nos antea audivimus, neque diligentiam et vires in eis intendimus, nonne necesse est nunc cum pavore ea considerare, et maxima cum animadversione de illis cogitationem suscipere?

---

(163)　"Inanitatis commentum" è il buddhismo.
(164)　Dunque pel Ricci 30.000 miglia corrispondono 80.000 *li* 里. Cf. FR., I, p. 255, n. 4; II, p. 22, n. 19.

Equidem ipse rudis et imbecillis sum, pedibusque adhuc nec quae intra internae domus meae limina sunt, percurri, et quod oculis cerno, tantum "id caeli est quantum ex imo putei fundo cerni potest". Verum adversatus sum semper illud de inanitate commentum, et gaudeo de hoc homine qui de soliditate loquitur.

Maxima cum reverentia eo haec principio proposui, quo sapientes et sollertes una mecum haec reputarent.

Anno 29 regis Vanliëi 〔萬曆〕, principio veris 〔孟春穀旦〕.

E grege discentium 〔後學〕 Fumus 〔馮〕 Inchinus 〔應京〕 maxima cum veneratione proloquutus.

[II Prefazione dell'autore]
Au[c]toris Proëmium.

Praeclarae gubernationis ea semper habita est optima ratio, quae pendet ab uno. Propterea sapientes et sancti viri subditos ad fidelitatem regum suorum hortantur. Fidelitas tunc datur cum duplex abest animus. In quinque ordinibus principem locum obtinet "princeps et subditus". Trium praecipuarum rerum in republica "princeps et subditus" caput est. Recti viri et iusti hoc nituntur mente cognoscere, hoc opere exequi.

Olim cum accidebat aliqua regni perturbatio, et fortium virorum multitudo inter se armis dissideret, neque facile legitimus rex posset dignosci, iustitiae et officii memores, nihil prius habebant quam ut indagarent, cui iure regia dignitas devolvenda esset. Hunc usque ad mortem sequebantur, neque ulla vi ab eo se sinebant avelli.

Regna habent regem, Universum hoc non habeat? Regnum continetur uno, Universum hoc duos habeat Dominos! Quare caeli et terrae Procreatorem, ortus et interitus Dominum, bonus vir nunquam facit quin cognoscat iuxta et veneretur.

Verum enim vero, impiorum hominum audacia nullum iam facinus est quod non aggrediatur. Iam non contenta est in mundo regna et imperia usurpare; eo devenit stultitiae, ut Caelestis Regis locum et dignitatem meditetur occupare, et supra illum sese extollere. At Caelum altissimum est, eo scalis perveniri non potest: humana cupiditas desiderii nequit effici compos. Hinc fit ut disseminent falsa dogmata, ad rudem decipiendam plebem, quibus Caelestis Regis quae in mundo sunt obruet vestigia; temereque bona et divitias pollicentes mortalibus, curant ut se venerentur et colant, sibique sacrificia offerant. Atque adeo hi et illi adversum Deum peccantes, calamitates e Caelo in dies acerbiores evocent, neque homines huius causam sciant. Heu heu miseri! Heu heu miseri! Nonne hoc est furem loco domini habere? Prophetae nulli exoriuntur, faedae opiniones sibi invicem flammam addunt. Ratio veritatis et soliditatis iam non longe abest ab interitu.

Equidem ipse Matthaeus cum ab ineunte aetate patria decedens, longe lateque orbem terrarum percurrerim, nullum terrae angulum adii, quo non pestis haec dira pervaserit. Arbitrabar Sinarum regnum, Jai 〔堯〕 et Xuni 〔舜〕 populum, Ceucomi 〔周公〕 et Confutij 〔孔夫子〕 discipulos, qui olim consuessent semper caelestem rationem 〔天理〕 omnino sequi, certe loco moveri non posse. Verum neque ipsi penitus effugere.

Diu mecum ipse cogitavi aliquid huic malo adhibere remedii, sed enim ad me reversus, mecum caepi supputare! E longinqua regione vir advena solus, lingua et litteris a sinicis valde diversis, neque os aperire neque manus movere potero. Quid, quod cum ingenio sim natus hebete, verendum ne dum studeo rei huic claritatem aliquam afferre, contra, eam magis obscurem. Hinc factum est ut diu cogitationes meae haererent. Viginti et eo amplius annos diu noctuque ad Caelum oculos intendens, cum lachrymis Deum obsecrabam, ut mortalibus parceret miseris, et eorum misereri vellet. Profecto dies veniet cum hoc clarescat et dirigatur!

Interea a duobus vel tribus sociis meis admoneor dicentibus: "licet rectum idiomátis non calleas sonum, videntem latrones non inclamare, iniquum certe est; forte, fortes et pii viri e vicinia clamorem audientes, consurgent et accurrent eos oppugnatum". Quapropter collegi ea quae Sinarum litteratis (qui ob suam animi modestiam nos licet indoctos rogavere) respondimus; et librum hunc confeci.

Miserum! Stulti ea quae oculis non cernunt, non esse in rerum natura arbitrantur. Similes sunt caecis qui caelum intueri cum nequeant, in caelo esse solem credere nolunt. Attamen solis claritas vere in eorum oculis est. Qui dolere possint solem non extare?

Ratio etiam divina in hominum animis insita est; homines ipsi nolunt illam inspicere, et nolunt hac de re curam assumere, et eam inquirere. Nesciunt miseri Rectorem Caeli 〔天之主宰〕, licet corpus non habeat, cunctum tamen esse oculos, atque adeo nihil esse quod non videat: cunctum esse aures, atque adeo nihil esse quod non audiat: cunctum esse pedes, atque adeo nullibi esse quo non pervadat. In bonis viris est tanquam patris amor in filiis, in malis est tanquam iudicis terror in reis.

Quicunque recte vivit, procul dubio credat necesse est, esse in universo Supremum Numen 〔上尊〕 qui [*sic!*] hanc mundi machinam regat. Si dicas non esse, vel mortalium facta non curare, recte vivendi portam obstruxisti, et ad malum amplissimum iter aperuisti. Cum vident homines magno excito tonitru, fulgura e caelo erumpere, et solum aliquam siccam arborem eo tangi, et non illico impiorum capita elidi, dubitare solent num in caelo sit aliquis Gubernator. Nesciunt caelestem malorum vindictam esse maximam, et malum nullum posse ab ea effugere, tarditatemque suam gravitate compensare.

Porro cum loquimur de veneratione Supremi Numinis, non tantum dicimus adolere incensa, sacrificia offerre, sed dicimus maxime mente recolendum Procreatorem rerum, et maximum eius opus in rebus quae in hoc mundo fiunt, et intelligere eum esse sapientissimum qui haec sit machinatus, esse praepotentem qui haec effecerit, esse optimum qui haec praestiterit, ut omne genus rerum affluenter hic inveniret quidquid eorum natura postulabat, et nihil omnino deesset. Tunc dicemus hoc maximum rerum Principium et Ordinatorem cognoscere.

Eius tamen naturae ratio maxime abscondita est, et difficile intelligitur: longe lateque patet et difficile eam penitus percipit homo: et quod perceperit, difficile verbis enunciat. Nihilominus tamen necesse est hoc ediscere. Licet enim pauca de Deo sciamus, horum tamen paucorum scientia longe utilior est, quam multa de reliquis scire.

Quisque hanc de Deo disputationem legerit, hunc rogatum velim, ne, ex compositionis inelegantia et humilitate, aliquid de Deo rude et humile concipiat. Caeli et terrae universa machina capere Deum non potest, is qua ratione parvo libello contineatur?

Anno 31 Vanliëi 〔萬曆〕, qui vocatur *queimao* 〔癸卯〕, septima luna, post plenilunium.

Riccius Matthaeus scripsit.

ENGLISH SUMMARY OF THE PRECEDING ARTICLE

In this article the reader is presented with the first two books of Christian and Catholic Apologetics, based on Scholastic Philosophy, ever edited in Chinese, the first being published by Michael Ruggieri in 1584 under the title 天主實錄 and the second by Matthew Ricci in 1603 under that of 天主實義. Of the first book, the printing-block of which were broken in 1596, only two copies, both preserved in Rome, are known to-day, and of the first edition of the second, only one copy is known, and this also is preserved in Rome.

The author of the article describes here the genesis, the first reprints, the tenor of both those books, and especially of the second, and the good impression they made upon the literati of that time. Ricci's work treats of the existence and the nature of God, the spirituality and the immortality of the human soul, natural ethics and the efficacious and eternal sanction for the good and the bad; also gives some hints of original sin and consequently of the Incarnation and the miracles of the God-Man. Having exposed the whole doctrine, Ricci then strongly and irrefutably attacks Buddhism, Taoism, idolatry, metempsychosis, pantheism, monism, the Chinese rationalism of the XI-XII centuries, and other errors.

All these points find their logical basis on the division of being into substance and accidents and the relative "tree of Porphyrius"; on the nature of the four causes: material, formal efficient and final; on the three souls, vegetative, sensitive, and intellectual and the three powers of the latter, memory, intellect and will; on the existence and the nature of the spirits; on the notions of moral good and evil, and on many other philosophical questions.

Given the present occasion, here are translated for the first time in an Occidental language Feng Ying-ching's 馮應京 (1601), Matthew Ricci's (1603), Li Chih-tsao's 李之藻 (1607) and Ku Feng-hsiang's 顧鳳翔 (1609) prefaces together with the epilogue of Wang Ju-shun 汪汝淳 (1607).

Lastly here is published for the first time in the final Appendix the Latin translation, made by Ricci in 1603-1604, and sent by him to Rome in 1604, of the first two prefaces, Feng Ying-ching's and his own.

	ERRATA	CORRIGE
ɔ. 141, lin. 6	**SOMMARIO** In	**SOMMARIO**. In
141, lin. 9 from the bottom	cause efficiente, formale materiale	cause, efficiente, formale, materiale
142, current title	Introduzione Della	Introduzione della
149, lin. 7 from the bottom	abbartanza	abbastanza
152, n. 30, lin. 1	Ex Il	Il
152, n. 30, lin. 7	(pp. 36–39)	(pp. 186–188)
152, n. 32, lin. 1	dell'incarnazione	dall'incarnazione
155, lin. 2	(f. Ia) Il *Solido*	Il *Solido*
156, n. 54, lin. 4	pp. 28–29	p. 174
156, n. 55 lin. 11 from bott	p. 38	p. 187
157, n. 56 lin. 1	se il supposto testo di Confucio si vuole applicare	se si vuole applicare il supposto testo di Confucio
158, n. 60, lin. 2	I cinque	i cinque
158, n. 61, lin. 2	p. 42	p. 191
159, n. 64, lin. 2	pronziarsi	pronunziarsi
159, n. 64, lin. 3	Wieger	WIEGER
160, n. 66, lin. 6	*Trattato Sul'aniuma*	*Trattato sull'anima*
161, n. 71, lin. 2	p. 44	p. 193
164, lin. 13	ogruno	ognuno
164, lin. 13	dell'-	del-
164, lin. 14	*explicit*	l'*explicit*
169, lin. 21	3, 4, 15	3, 4, 5
169, n. 83	p. 5	p. 145.
172, last line	voleva a provare	voleva provare
173, lin. 10 from bottom	radicce	radice
175, n. 88	*ibit.*, pp.	*ibid.*, p.
176, n. 94	*ibit.*	*ibid.*
178, n. 99, lin. 7	delseguente	del seguente
178, n. 99, lin. 11	completionin	completion in
180, lin. 2	quello di Lo [yang]	quelli Lo [yang]
180, n. 110, lin. 2	Ceutòni	Ceutoeni
180, n. 113, lin. 5	che la lede	che fa fede
181, n. 121, lin. 1	la virtri di	la virtù di
182, lin. 11	cara-	carat-
182, lin. 12	ttere	tere
184, lin. 8	fruscio'	fruscío
185, lin. 6 from bottom	confucio	Confucio
189, n. 156, lin. 5	infraecriptus	infrascriptus
192, lin. 11 from bottom	ad superna	ctat ad superna
192, lin. 10 from bottom	ctat terrarum	terrarum
195, lin. 3 from bottom	printing-block	printing-blocks
196, lin. 13	formal efficient	formal, efficient

姿　與　Gesture

——中西文藝批評研究點滴——

陳　世　驤

　　陸士衡文賦中間一段，起首四句曰：

　　「其爲物也多姿，其爲體也屢遷；其會意也尚巧，其遣言也貴妍。」(1)
後二句對仗極工，每個字義詞類，都抵當無閡。　前二句也是字字皆然，但乍看好像
「姿」只是名詞，而「遷」是動詞或至多是動名詞。不過這恐怕只是照我們今日的語法觀念
和讀文習慣說。其實推原起來，「姿」字向來涵義所指的也是動態。古人的語法，不能
以我們今日的辭類形式觀念———特別是受了西洋本質不同的字例文法影響的———來衡
量。尤其因爲古來的字，經過長時的應用，和各種複詞的結合，常失掉其本身原來單
獨的意義。大概漢魏六朝，古人的駢儷，在嚴格時，雖然不能以後代辭類來排比而見
其字字屬對，但其基本概念中，必有「同氣相求處。」劉勰在當代似乎已經看出此點，
所以文心雕龍『麗辭篇』曰：「雖句字或殊，而偶意一也。」文賦中「姿」與「遷」對。
「遷」字的基本觀念，自然是一種活動狀態；但「姿」字，以下照字源分析，和正規用
法統計，證出也是一種特殊活動狀態。　而此所表之活動狀態，又常是用在審美 (aes-
thetic) 經驗裏，特示一種物色的形容，和文學及藝術品的鑑賞。這樣我們把「姿」字
當作中國傳統文藝批評中一個術語來研究，　就發現和現代英美文藝批評中　gesture
一個新術語的涵義和用法極其相似。　關於「姿」與 gesture 兩個字的研究，就是本文
主題。但要先敍些背景。一個新術語的產生，自然是隨着一個新意念的發現。　ges-
ture 一個字用作新術語。就代表西洋對文藝的一種新意念。反過來把中國的「姿」字
一個舊詞，對照着來研究一番，對中國傳統的文藝思想，也許可以暗示一個新的看法。

　　三國以來，是中國純文藝批評開始建樹的時期。集初期之大成的當然要推文賦。
「鋪采摛文」的賦體，後世讀來，容易只覺音調鏗鏘，色澤繁縟，其中如有精湛思想，

反而忽略。「麥」之一字所涵的重要觀念，因爲出現在賦裏，所以也容易湮沒。但是商周銅器的精美花紋，繁複圖案，治古史的學者用另副眼光看，無碍於實事的發現。賦體的雕飾，也該無妨於我們對理境的探索。賦早成了一種倔立化石的文體，但它曾有過活潑潑的生命，而且對中國文學有悠久深遠的影響。在英國文學中，也正有這樣一種文體，和賦的狀貌性質極相似，歷史上的地位影響也相等，而命運也極一致。這就是十六世紀的所謂「優敷」體 (euphuism)，和賦體處處相同，講排偶，工對，用典，造字，諧韻，一種專事舖張的文體。在伊利莎白皇朝盛極一時，同時的莎士比亞在愛力徒勞 (Love's Labor Lost) 一劇中曾譏笑之，但人人承認莎翁藝術實大受其影響。後來風氣轉變，到十八九世紀間，浪漫主義盛行時，司哥德 (Sir Walter Scott) 在修道院 (The Monastery) 一部小說中，借其中人物沙佛頓 (Shafton) 做「優敷」體創始人李萊 (John Lyly) 的化身，極盡嘲罵之能事，但近來公正的治文學史者[2]又責備司哥德的歪曲失眞，無理取鬧了。到今日，學者們明白治史必須破除自己本時代的愛憎偏見，要把每個歷史現象恢復到它原來的時代環境去求了解。治文學史因更難免個人趣味好惡，或一時另有所爲而借題發揮，故此種紀律尤爲重要。最近出版的牛津文學史大系內，劉易士 (C. S. Lewis) 的十六世紀英國文學一書，有一段講到當時散文和「優敷」體，正可以幫助我們對賦的眼光。譯述如下文：

> 「加裝飾的散文，卽如德國人所謂 kunstprosa 者。要公道的對待它，我們必須對自己嚴加紀律。在文學中再沒有像體式化的散文那麼『可慘的命天』。可是那些專注意說事情，寫來只求可懂的作者的文章，反倒，很不公道的，越過時越得勢。其中原是平庸的詞句，漸變作古意盎然可喜：當時普通話中的俗諺習語，使後來無經驗的讀者看來，便常作個人的天才明證。甚至原來本文內質的疵謬，最壞也似有新鮮意味樣的，和我們現時的疵謬總不一樣看待。這種種誤斷的總因以外，還得加上說我們這個時代的大偏見，嚴格的以用爲美，而特別不信修辭。……所以我們這裏雖然不是要把我們自己的偏見，換成第十六紀的偏見，但是我們要把自己移近些到理想的公正地位。我們要學着對加裝飾的文章特意放寬看，而對平舖直敍的文章特要嚴加評判。……「優敷」體的努力，也許有過方向錯誤，但是作這一體的人的信念，以爲那時我們的文體需要

　　提高，增色，而且要『力加緊練』，("strongly trussed up")那是不錯的。」(3)
中國的賦，末流濫調不算，(其實什麼文體沒有惡化濫調！)對中國的文章也同樣盡了
「提高、增色」和「力加緊練」的歷史任務。因為它是特別「有意為文」的文體，所以賦的描
寫與說理，在未成濫調以前，文字特別修鍊。早期賦中的描寫，如子虛、上林，常造
新辭以名景物，而顯示人對世界的新感覺。所以到現在留下研究「文字學」(philology)
與「意義學」(semantics) 的寶貴材料。文賦雖然在賦史上不是早期的作品，但以賦論
文，還是最早，甚至可說是唯一的作品(4)。它所用的詞也是特別精鍊，經心選擇，
以表現深遠的文學見解。因此我們摘出其中的「姿」之一詞，和現代文學批評中所用
的 gesture 一詞，比較研究。所提到賦的問題牽涉極大，但這裏的研究只作點滴。

　　「姿」與 gesture 看來都是普通的字，但用做專詞，特有所指的，則是文藝思想
上的發現。我們先講 gesture 一詞，近來在西洋文藝批評中的應用與涵義。這一專
詞，是經過美國兩位較新進的詩人，批評家，學者，種種理論的推闡，和對古代現代
——尤其是現代——的文藝繁徵博考，才成立而發生作用。這兩位，勃克 (Kenneity
Burke) 同布萊克謨 (R. P. Blackmur) 而且本都是詩人，所以精銳的目光，又自有時
憑着直覺。陸機特用「姿」字，則像是只憑直覺的，此外對這一字更無說明。但是就
文賦中一章內的上下文，也可看出他用此字時的思路與聯想，細按實與現代的意見，
本質暗合。至於現代西洋的推論辨析方法，及自然科學根據，當然是陸機時代所不能
有的。所以我們先講 gesture 這一現代名詞，回來再看「姿」字，可以比較明白。

　　由 gesture 一個專詞作基本觀念，建立成一個較有系統的文藝理論，在布萊克
謨的一篇論文裏講的最透澈。他的論文題名『語文姿態觀』("Language as Gesture")
(5)，參證勃克的幾部大書之主題(6)：「以詩的文詞作容止行動看待」(7)。但二氏
的中心思想，無疑受着科學發見的暗示。布氏論文的題名『語文姿態觀』卽是直接承
用培基特 (Sir Richard Paget) 的用語 language as gesture (8)。這句話就代表培氏
，據生物學和人類學研究語言的結果和信念。培氏的貢獻，在解釋語言的起源和本質
。他的論斷約略摭述是這樣：人和其他較高級的動物，原始都能發聲。但聲音如獸類
的吼嘯，人類的呼嚎，本來純是表現感情的。鳥獸的鳴聲不算語言，人類的哭聲笑聲
或感嘆也不是語言。語言的本質作用是傳達不帶感情(或加上感情)的「意念」(idea)。

但是人最初傳達「意念」不是用聲音，而是用全部肢體，尤其是手的動作。所以傳達「意念」的語言的先驅，是肢體活動姿勢，特別是手的姿勢。可是據人類的生理，手的活動和口部活動是有特別靈敏的相互感應關係，這是達爾文已經證明的(9)。所以人最初傳達「意念」，用肢體，特別是手的活動時，口腔各部器官肌肉也隨着活動。隨着傳達「意念」的肢體變動姿勢，口腔各部也起相應的活動時，隨着不自覺的發出各種不同，而和肢體所要傳達的「意念」恰恰適應的聲音，這種種聲音慢慢發現也可以獨立代表肢體姿勢本要傳達的「意念」，這就是語言的起源。但培氏特別加重說發為語言的聲音原是「不自覺的」，附隨的。換句話說，語言的本原，還是受意念支配的全肢體肌肉姿態活動，成為語言的聲音可說原只是副產物。成為語言的聲音所以恰恰和肢體姿態所要傳達的意見適應，也不是偶然，更不是因為有獨特創造的天才。這只是因為肢體為傳達意念作出姿態時，影響全身肌肉，口部各器官也隨着變動，舌，喉，口腔，顎各部都配合着姿態改變部位，（我們可以想像中國的雙簧戲），因此「不自覺的」發出各種不同的聲音，正配合外面的姿態的變化這就漸成了語言。（我們可以想像雙簧戲中前面做啞姿勢的人，如果「不自覺的」發出聲音來，自然也就是語言。）培氏且以為既然由配合姿態而生成的語言，起初是不自覺，必然有一個時期人類是一面做着肢體姿態，特別是手勢，而一面同時發着各種聲音以達意。但漸漸發現在黑暗中只有用這各種聲音就可以達意，而且手又時常需要做着別的事情，因此這種種聲音就單自發展，成了獨立，不假姿勢的語言。但是語言的來源既是姿態，則語言生成之後，本質上必帶姿態的特色。這是培氏學說中的重要結論，而給予現代一派文藝思想有力的暗示。

據培氏學的例證，人原始要表示向上的意念時，把手往上舉，頭往上抬時，同時舌尖自然也往上翹到上顎(這我們自己現在還是可以實驗的)。舌尖翹到上顎，如果兩旁自由送氣，發出來的聲音就如 al。舌尖上翹緊貼上顎閉氣時，發聲便是 t 或 d; 若同時把輭顎降低而前伸，發出鼻音所得的便是 n 的聲音。因此就舌的姿態而論，l, t, d, tl, dl 和 n，都是密切相關，由舌尖上翹所發的聲音，原始表示向上或上舉的意念。所以拉丁文裏 altus 的意思是「高」。閃族 (Semite) 語中 ale 意思是「上升」。美蘭尼西亞 (Melanesia) 和太平洋羣島 (Polynesia) 語中 al 是「攀登」之意。而世

界高山高原的名字如阿爾富士 (Alps)、安底士 (Andes)、阿爾丹 (Aldan)、阿爾天・塔 (Altyn Tagh) 等，都是由 l, t, d, n, 等音結合而來的，是舌尖上翹姿態的餘痕(10)。如果我們要找中國語中平行的例子，自然有「天」，「巔」，「上」各字，古音讀如 t'ien.tien 和 ʃiang。反之培氏舉出拉丁文的 ala 一個字，本是鳥翅膀的意思，象徵翅膀的上下閃動，舌尖向上得 al 的音，向下得 la 的音。此外舌尖前伸向下顎時，可得 k 或 g 的聲音。因此我們可以找到中國的「降」，「落」和「下」字，古音做 kǒng (klǒng?) 或 g'ǒng (g'lǒng) (分示「下降」或「降伏」)，及 glâk 和 g'â，都是由舌尖向下活動的姿態產生的。培氏理論所以受反對的，大概一是因為它的一元化的趨向，要以一種「姿態決定論」來解釋一切語言現象，而忽略其他因子。再則是因為他比較武斷的指出現行語言中有些字音不合姿態原理和不悅耳，而主張用人工方法廢除改造，例如提倡把英文中最通行的「無聲」(unvoiced) 的嘶音字 s, sh, th, f 等廢除，通換作「有聲」的 (voiced) z, zh, dh, 和 v (11)，而大遭譏笑 (12)。但是由於培氏的貢獻，一則一面可以至少部分的解釋許多不同語系中音同意同的字，不是偶合，而是因為口部器官示意的姿態相同；一面又可見各語系中根本意念相同的字，發音似極不同，而示意的姿態仍是大同。如上述閃族語中「上」之意是 ale，而中國的「上」是 ʃiang 音極不同，而同是翹舌姿勢。再則反過來可以解釋在同一種語言中，照表面意思極不同，甚至語源都差異的許多字，用起來常可同聲相感，而有「言外之意」的契合。如像培氏所舉英文中的 string, stretch, strain, stroke, strand, stream, street, strake, streak, stride 等字。這可以說是把培氏的理論反過來應用：因為原始受共同或相關的意念支配，發生肢體口部相關的姿態，而產出聲音共同或相關的字。現在這許多因用久而意義已各自固定不同的字，因為發聲的姿態同，集合運用起來，可以使人對某一特殊意念，在理解與感情上發生特別的敏感。

現時布萊克謨的文藝理論，就是受培氏的語言理論的啓示，以語言生成於姿態，生成後又帶姿態的本質，做理論的出發點。布氏十幾年前建立這一理論時，雖是根據培氏更早的科學發現，但運用到文藝上，布氏自己無疑的自喜為新奇。所以像故做神秘的樣子說：「我這個題目——『語文姿態觀』——內中有一個謎。」他為了闡明這個題目的基本觀念，先來解這個「謎」，便做了如下的論辨。他說：

「我的題目裏有一個謎，是因爲像艾略忒（T. S. Eliot）……（13）詩中的一句話『我跟您談話，可惜得用字』。這個謎只是字面兒上的，我們〔人類〕自做的把戲，不難猜透。語言是字造成的，姿態是由動作造成的。這只解了謎的一半。另外的一半也是一樣自然的明白……只要把同樣一句話倒轉過來說：字是行爲或反應之動作，無論隔幾層間接關係，所產生出來；而姿態則是由語言所產生——由隱在文字下，超出文字外，亦或依傍文字的語言所產生。當文字的語言不足時，我們就要求之於姿態的語言。我們若說到這裏就完事，這個謎也就算完事。可是我們若再進一步說，當施用文字的語言最成功時，則在其文字之中可成爲姿態，那我們就由解這一個謎而開了路子，窺見一切藝術的語言中（按卽包括所謂音樂語言，舞蹈語言等）所有的意味深遠的表情作用內之中心奧秘，或終極奧秘」(14)。

布萊克謨寫這段話時大概很自覺意見新鮮，所以繞頗玩弄筆調，而用猜謎的方式表達。在近年西洋文藝理論中，他的意見確也算是新鮮的。但看過這段話細想，其中最重要的兩句意思在悠久（也許太悠久了！）的中國文藝理論傳統中，是說得很熟的（也許太熟了！）。第一布氏所謂「當文字的語言不足時，我們就要求之於姿態的語言」，正令人想起詩經的所謂『大序』中論詩的話：「言之不足故嗟嘆之，嗟嘆之不足，故永歌之，永歌之不足，不知手之舞之，足之蹈之也。」這自然是舊日三家村學究都背熟的話，但今日的學生可能多不知道。也正壞在舊日學究背得太熟，而不求甚解，以至被看作無深解可求。我們現在和西洋文藝思想對照，正要重新求解。我們在這裏並不是說要證明現代西洋文藝新思想，中國古代都有。因爲只要如此的證明，不但不夠，而且也不對。近代意國最以審美學著名的哲學家克魯齊（Benedetto Croce）曾指出一種常有的錯誤觀念：就是以爲一個文化中留傳的思想是個結晶凝固的東西，像傳家的寶石，可以歷代相傳，隨時可以拿出來，照樣頂在頭上都一樣光彩。其實思想的留傳正不是這樣，非要加以不斷的努力，在新的應用中使它演化，才能維繫其生命(15)。上面所引詩『大序』的一段話，固然可以看出，確是可以和現代布萊克謨所謂「當文字的語言不足時，我們就要求之於姿態的語言」有平行的意義。但此一思想之新的應用，我們以下可以看出在布氏是要重新發現一切藝術的基本聯繫，及其所以用不

同之工具方法而產生之終極效果總有相同處，由此以建立一個新的文藝理論。詩『序』大概是成於漢朝 (16)，以上所引的一句話，也彷彿是普遍論詩。但其所謂詩，雖然不一定像孔子在論語每言詩都是指具體的三百篇，恐怕主要的也還是根據詩經說，所謂永歌之，舞蹈之，大概還是根據古代傳統，詩經各章演奏的事實而說。詩經中之『頌』是舞，經歷代探索，直到阮元，以文字學方法，證「頌」卽「容」，而「容」「養」「業」(卽樣)為一聲之轉，乃云「三頌各章皆是舞容」，始成定論。「頌」以外，詩經各章還有很多是舞曲，到近來學者，據人類學，及比較民俗學的發現，始力主之 (17)。但近年以來共斥為「荒唐不經」的詩『序』，却也保存着古代事實的陳說，而與今日之文藝理論、新建設聲氣相應。只是因古來的過份尊「經」，尊到過度就成了死偶象，人物皆然，而其眞價值意義反被忽略湮沒了。我們在這裏特別說明此點，就因為覺得中國文藝理論，雖向缺系統的發展，少見巨峡的著作，但古籍中不少凝鍊的事實觀察，與一言片語的精到見解。和近代西洋理論合觀，一面可作研究近代西洋文藝思想的佐證，反過來用西洋方法眼光辨析疏通，也許有把中國傳統文藝思想整理起來的希望。

第二、再看布萊克讜更進一步說的話，「當施用文字的語言最成功時，則在其文字之中成為姿態」。這也正是陸機文賦中「其為物也多姿」的意思。這句話的上文，士衡分言詩賦等十體，並揭出其理想的標準，正也就是「施用語言的文字最成功時」，然後「其為物」乃「多姿」，卽「在其文字中成為姿態。」因為布氏的話和文賦中的話，其見解用意，確是不假牽强，如此的吻合無間，我們才覺得可以對比，然後考按布氏這一意見的發揮，再囘來對陸氏這短短的一句話加以推闡。我們說過布氏的理論，是受了現代科學的暗示，和對近代文藝觀察的結果；而士衡所言概多發於直覺。布萊克讜藉科學背景，寫論理之散文所以顯得碻切而恢弘；士衡憑直覺而用賦體，要對他「公道」(上引路易士敎授語)，我們要注意他一二用字之精鍊。

布萊克讜從培基特的科學發現所得之暗示：是語言之來源，始於全肢體為示意而做成之姿態：至語言構成而獨立後，猶在本質上常含姿態性。這一基本觀念，先狹義的用在語言的藝術——卽詩文——上時，可以解釋許多明顯的和細微的詩文中技巧問題，以姿態原理做成功與失敗的標準。再推廣到其他種藝術上，因為一切藝術都不外表情達意，所以也各自有它的「語言」，也以姿態原理為準。舞蹈與雕像固然不用說，

連繪畫，建築，音樂也都一樣。而歸極起來講一切藝術、詩文、繪畫、音樂、舞蹈、雕像、建築等，所以常覺有共同性而可互釋互彰者，也是因爲都根據同一個姿態原理，同出於人類最原始的本能中特有的象徵示意「天才」。因此所謂一切藝術共同性的神秘也得到解釋。

　　「語文姿態觀」的論點，最能直接解釋的是詩的根本技術問題。無論任何種族語文中的詩，其根本技術都在音節，雙聲 (alliteration) 和押韻 (rhyme)，這是向來人皆知其當然的。但其所以然者，則當從姿態原理中得到解釋。詩和普通散文報告不同，就因爲它不只是用字面上的意思紀錄傳達意見，而通篇要有更嚴整的調合性，要透過字面，或超出字面以外，每個字與字之間有更深的相互關係，除了傳達，並且暗示和象徵更深的情意。因此詩中的雙聲疊韻不但聽來悅耳，而且加強詩的嚴密整鍊，並且，更重要的是使詩中各字有「言外之意」的契合。這是我們向所熟知的。但其所以然則可由語文姿態觀來得到滿意的解釋。一首詩和一部樂曲一樣，總要有一個基調，有個基本的情意，貫澈全章。無論用多少不同的字，來表達，或暗示或象徵，這個基本情意的多種方面，詩人自己時時深深的感覺着它，而也要他的讀者感覺着。根據姿態論來說，詩人深深的感到這個基本情意時，他不自覺的操持着或傾向着一種生理器官姿態。這姿態大概是不自覺的，下意識的。到他用字時上意識選擇意義，却受着下意識姿態的支配。因爲根本上是受着同一個姿態支配選出來的，所以各字雖然表面意思不同，而根本反應着同一姿態，乃發出聲音有「言外之意」的契合。這種契合最顯見的當然在疊韻與雙聲字。所以像培基特所舉的 string, stretch, stroke, strand, street, stream, stride 一類字，雖然字面意義極不同，常在同一首詩中發現，做爲雙聲，而有「言外之意的」契合。疊韻押韻（不只腳韻，連異位韻，隔句韻等等）也是一樣道理：由內心深感到要表達的情意，下意識的支配器官作成姿態，而所選的不同意義的字，乃自然有同一姿態，故而聲韻調協，並起出字面的意義亦妙諧，這是有心理和生理基礎的，可得證明。

　　和雙聲疊韻一樣道理，作爲詩爲基本技術的，要進一步還有習見的重言和同音異義雙關語。布萊克謭舉的例子有莎氏劇麥克貝斯 "Tomorrow, and tomorrow, and tomorrow" (18) 的和李耳王中的 "Never, never, never, never, never" (19)。照普通

修辭學說，或只認爲是加強語意，其實兩句在其所屬本段中，字面的意思，都無複說的必要。所以要把兩個極平常的字複說三次以至五次，都因爲劇中人心理上的憂懼和憤懣絕望到近似瘋狂，才把兩個極普通的字連說，以至使其超出原意，而和全段劇文的情意姿態相應。這兩句在各段對話中都顯得突兀支離出來，而又籠罩全段，也是因爲各自象徵精神的潰亂，而情感姿態泛濫到全段。凡是重言，雙聲，叠韻等等，其價值都不是在它本身，詩中不是有此便算好，而要看它使用時與全篇各部所生的有機 (organic) 作用，卽與貫澈全篇的基本情意「姿態」之適合。例如中國詩文中的重言，熟見用得最多的怕是李易安的聲聲慢詞，起有「尋尋覓覓冷冷淸淸淒淒慘慘戚戚」，好像是和以後全詩在文法上旣不聯貫，甚至有些字意，乍看也似與全詩無關。但愈是細讀愈覺其攏罩全篇，造成基本情意的姿態，與全篇相應。首句續續斷斷的叠字，其雙聲叠韻和以後全詩中許多字的諧聲同韻不用說，連此句堆積起這麼多片段的重言，連又斷，斷又連，所引起的感覺意象 (image) 與以後全詩中說出的實物意象也相生相應。全詩的基本情意，如果勉强用散文說出，可以說是一種淒苦零落而不斷，不可名又數不盡的哀愁。「尋尋覓覓冷冷淸淸淒淒慘慘戚戚」字意愈渾，所狀此種姿態愈眞。由此句感覺意象到下面實物意象，說時節是「乍暖還寒時候」固自難名，「三杯兩盞淡酒」更無心細數，又是「滿地黃花堆積」的無數，以至「梧桐更兼細雨到黃昏點點滴滴」的斷續無盡。最後才說「次第怎一個愁字了得。」這像是只接「點點滴滴」，但我們怎能不覺得立刻囘應到首句，七叠重言說了那麼多字都說不盡，自然眞是「怎一個愁字了得」。

　　如我們前面所說，一首好詩的生成，初由於詩人深深感到一種基本情意要傳達。受這種情意的支配，他在心理生理上起一種姿態。這種姿態在本質上，和原始人初要表達情意時全身肢體口部器官同時作成的姿態本是相同的。（甚至有人主張原始人初口便成詩的[20]。）但是後來人的神經自然越來越複雜，感覺世界的事物也愈益繁複，而且原是基於生理姿態任其發生便可成爲自然的語言，現在却要從極廣大的語彙中選擇構成藝術的語言方才成詩。於是本可簡單指爲生理姿態的，因爲人的神經與外界事物的交感關係變得極爲繁複精微，乃微妙的稱之爲心靈態度。但終極還是一種姿態，而成爲藝術語言的詩，終極還是要和這姿態的基本情意自然配合無間，無論是如何複

雜的，微妙的配合。因為姿態必須是由基本情意生成而支配才是有意義的活的姿態，在藝術中構成表現這姿態的技術，更不能離開基本的自然情意，而獨立成為純技術便算有價值。因此比如在詩中雙聲叠韻固然是重要的一部分，但若通篇都是雙聲叠韻，專顯賣弄這一點技術以為能事，便會失敗。所以像喬吉的天淨沙：

　　　鶯鶯燕燕春春，花花柳柳眞眞，事事風風韻韻，嬌嬌嫩嫩，停停當當人人。

便專事堆砌，顯得只是技術照公式排演，技術是空洞的表現，姿態便也失掉意義，成為機械的，缺乏生命的了。

　　藝術中的姿態雖是人為，但根本不能離開姿態的自然原理。卽姿態本是表達實感的情意。原始人的情意與姿態，自然發生，密合無間，用現代文藝術語說，是內容與形式的完全諧合統一。而現代文藝努力追求的標準之一，也是內容與形式之諧合統一。這絕不是說現代人要都學原始人，只是因為後來人生越複雜，為了生活實用中達到眼前一時目的之方便，表情動作大半公式化，習慣化，更無其他意義。藝術所以永久有存在價值，就是為其能為人永久保留一個超出目前一時實用的境界，把握着人的情意表現與行動而加以有意義的組織，並給予和現實實用間的距離，而可以有永久性供客觀的觀覽，作為生命多方的永恒之表現。這就是所謂美。克魯齊的審美哲學歸結到此種意味之表現而稱為表現派，也自有理由。我們是早已把實用生活和藝術生活分開了，所以才有藝術的獨立發展。原始人無論說如何不及現代人，但他的藝術生活和實用生活是比較不分的，只看他的器物和日常儀式便可知。所以我們現在講文藝本質常推原到原始生活中去找參考。

　　現在存留並發展的各種藝術中，最是帶人類原始性的，當說是舞蹈。而舞蹈的一切顯然可以說都是姿態。這裏所稱的姿態者卽是 gesture, 要做一個現代文藝批評的專門術語，經許多現代作家藝術家常常使用，而漸漸有了特殊意義，最後被布萊克謨一派人提出來，作為專義名詞。舞蹈所以成功而為姿態，第一當然是要有實感的情意，用有組織節奏的一舉一動表現出來。如果無此情意，自然便只成了亂動，或機板的空動。但所表達的情意及表達之結果，又必須完全配合，並充分使用了舞蹈藝術的工具——卽節奏活動的人體——而發揮出它形式上的最大可能性。如果所表達的只是代說話的一點動作，那便成了啞劇，而舞便全不成姿。換句話說，就是舞所特有的情

意內容，要和特以人體節奏活動為工具所決定的舞之特有形式完全配合一致。於是舞的生動，才處處有舞所特能表現的情意，才具備了舞的特有姿態，才是舞的成功。如此推到其他種藝術、音樂、雕像、繪畫、建築都是一樣的道理。雖各有工具的不同，決定其特有的內容形式之調合完成其姿態，但還可歸原照論詩的一句話：「當施用文字的語言最成功時，則在其文字之中成為姿態」——音樂，當施用音律的語言最成功時，則在其音律之中成為姿態 (21)；雕像，當施用塑鑄的語言最成功時，則在其塑鑄之中成為姿態……由此看來，姿態，即 gesture，作一個專詞用，在現代西洋文學理論中已經成了一個理想，作為批評審美的標準。在科學基礎上，它有心理和生理的根據。誠中形外，內心情意一動，要表現，便自然成姿，在原始階段上，語言及一切表情示意的動作，大概都是如此。情意之動與生理器官變化，幾乎是同時，所以可以說是一而二，二而一的均等，那麼生理器官的變化接着生成的姿態，自然也和情意完全一致，即原始內容與形式的一致。人到後來進步的階段，許多事都習慣化，公式化了，表情達意，便只須順應外在的，既成的公式，即可達到一時實用的傳達目的，甚至用數學符號都夠了，不一定要時時創造和自己實感的情意內容一致的形式，即不一定要造成顯然的姿態。但是藝術總要保留內容和形式一致的法則，成功的藝術，無論工具如何不同，所表現的進步到如何複雜，每一表現的部分，即使極細微處，也要和基的情意適應無間，合起來成為有機的形式，適合着有生命實感的內容，才成為一貫的藝術姿態，再者，說到姿態，我們想起動作。但是姿態與一般動作之不同，就是一則姿態之成形，必深含實感的情意，而曲盡為其表現；再則一般動作，常是一過即逝，不留印象，而姿態則各各凝成不可磨滅的印象。用到藝術上，在舞蹈中此事最為顯例。在雕像與繪畫中，最富情意的姿態，即是最生動的一剎那（無論是人的或人所感到自然界的）之永久的凝成。至於詩歌，尤其是音樂，說來都是時間的藝術，只是憑想像或聽官感受共效果的，但我們最受感動處，也即保留不可磨滅的印象中，更是或由字音意念結合成最生動的姿態，或純由樂音排比組織，感動我們的全身及內心最靈敏的部份所引起的姿態，即現今美國最明理論的作曲家，賽慎思 (Roger Sessions) 所謂音樂的極致乃「心靈姿態」(22)。

　　姿態，即 gesture，一詞，在現今二十世紀，美國文藝思想界，漸應用成專門術

語，代表文藝批評的一個新概念，作一個「關鍵字」。因爲它有現代科學基礎，和根據多種藝術的理論與實際觀察之結果，所以取精用宏，能闡明文藝中許多基本道理。現在我們轉來看早在第三世紀的最末一年(23)，中國文藝批評正在抬頭的時候，陸機選用了一個「姿」字。雖由賦體用字的提鍊，辭意常見融而未明，又加上這樣美術文的命運，最遭受時代的偏見，愛者固易只贊其表面之美，是忽略其涵義，憎者更多斥其爲造作，直抹煞其意義，但是現在我們把當時陸機選用的姿字，和現時西洋文藝界日漸專用的 gesture 一字來對照看，確是不只在字面上可以互譯，其所涵指者實根本相合。我們已經說到，布萊克謨所謂「施用文字的語言最成功時」乃「在其文字之中成爲姿態 (gesture)，」正如文賦先列擧詩賦等十體放言遣詞達到最高標準時，然後「其爲物」乃「多姿」。再則雖然 gesture 一字在現代文藝理論中之選用，是由語言科學之發現及各種藝術綜合研究觀察之結果，而「姿」則像是在一篇專論文學之賦中，大概憑着直覺的一字之提鍊，這似乎二者背景極其不同，但用意涵旨竟如此相合者，猶可進一步推究。gesture 一字，根據培氏的語言學之發現，用爲專詞，表示原始情意象徵的全肢體活動。擴而用在文藝理論上，則是文藝中一切實感的基本情意之生動的內容和形式的統一，爲每一件作品的涵意與外形的同時呈現。gesture 是動狀，但這動狀是意義的化身。一件成功的作品，用布萊克謨的話說，是「姿態在其最富意義時之完成」，是 "gesture compeleted at its moment of greatet significance" 是在其最富意義時「把握住的活動」(movement arrested)。我們轉看文賦中「姿」字所指，也絕不只是外表形貌，而所示乃爲動狀。「多姿」與「屢遷」相對互彰，這是我們在本文起首就說過的。而且文賦於此下句，緊接着是「其會意也尚巧」，可說是著明「姿」與「意」的關係。不但此也，如果我們對陸機選用的「姿」字，予以其應得的重視，稍加辨證，可以看出「姿」本身是動狀也卽是「意」，和我們以上所謂「gesture 之爲動狀乃意義之化身」，正相契合。

　　我們可以首先說明，「姿」字雖自然不是陸機所創，但當是他經心選用的，才予以確定的意義，值得我們重視。「姿」字不見於先秦典籍，大概流行語言中向來有此一詞，到漢代曾泛指人體美貌，所以劉熙釋名，卷二『釋形體』中有一條釋「髭」說：「口上曰髭。髭姿也，爲姿容之美也。」但到解釋「姿」字本意時，釋名卷三『釋姿容』，

却說:「姿資也，資取也。形貌之稟，取爲資本也」。「姿」一面是髭鬚，一面又是資本，可說是牽的太遠了。姿字一時定義之渺茫廣泛也可見。定義既然浮泛，一時寫下來用法也不固定。漢代文章裏，如張衡的七辨裏有「西施之徒，姿容修嫮」，是指形貌之美的意思，是「姿」而寫作「姿」。較後至於晉初，甚至和陸機幾於同時，陳壽的三國志『魯肅傳』中有謂「吾子姿材，尤宜今日」，此處「姿」本是資質材具的意思，(24)(漢書中時稱「資材」，卽是此意)，則「資」又寫作姿了。在這樣形義浮游的情況下，陸機選用「姿」字。我們已看出他是特用「姿」字，專說文章之美，而涵義指生動之狀。而且我們又進了一步說，不但他所用的「姿」字與下文句中之「意」字緊緊關聯，並且「姿」字本身是動狀也卽是「意」，和所謂「gesture 之爲動狀乃意義之化身」一個現代觀念相合。陸機於此是只憑了直覺，還是洞明字源典據，我們固然難定，但「姿」與「意」之淵源相關，在說文中還可尋到跡象。說文中載「姿」字，釋曰:「態也」。可是「態」字下則曰:「態，意也。」徐鍇注謂「心能於其事然後有態度」以爲是「會意」之類的字，忽略「能」之爲聲，固爲多人所駁。到段玉裁，把「意」下又補一態字而解曰:「有是意因有是狀，故曰意態。」徐段以及其他各家，無論怎樣分辨細節，總不脫以「態」爲心意之動而形狀於外。「姿，態也」，「態，意也」。「態」與「意」爲自然相表裏，「姿」與「意」亦自然相表裏。「態」爲先秦文章史籍中常用之字(離騷、荀子)，而「姿」字較新，陸機用之，借人體情狀意態之天然活動，以狀文章情意生動之美謂爲「多姿」，大概可說是創舉。我們又說過，gesture 一字用在現今文藝理論中，不但是情狀意態之天然一致的活動之表現，又須是這種活動「最富意義時」之把握，或說這種活動此時之「遏住」，或「控制」，卽布萊克謨所謂 "arrested" 或 "controlled" 之 "movement"。換句話說，天然情狀意態的活動，加以藝術的紀律支配而成型，這是極易了解的。我們再看「姿」字有沒有再加上這種涵義的可能。我們知道「姿」字在漢代直至到後來也常只是用來泛指形貌，而且我們自然也絕不是說陸機擇用此字時就有意識的想到後來能同二十世紀西洋的一個專名能如此處處相應，雖然天才的一時舉動，甚至下意識的夢想狂念，可昭驗於千載之下。我們這裏只是想再推求「姿」字是否可能有和以上所說進一步的涵義，而所謂天才，也不一定是說陸機一個人的天才，而可能是中國文字的天才。說文中保留着幾個相關的字，

這裏可以結成一組看：卽「姿」、「意」、「志」、「思」、「詞」、「次」。俱屬支部和寘部，古韻相通，義亦可互明。「志」字通解爲「心之所之」，爲意念之活動，說文謂「志，意也」，自甚易明。但說文謂「思，容也」則歧議無窮。還是章太炎先生的小學問答終於講得宏通，給人極大的啓示。節略徵引如下：

> 「問曰：說文思容也，今文尙書思心曰容，容誼不憭，當有說。
>
> 「答曰：容耤爲頌，相承不改。……頌本訓兒。引申象其兒則曰形頌（容）……思之訓頌，從繪事，曰圖畫，言則謂寫象也；從謀事，曰圖畫，言則所謂規度也。」（思、容、猶、圖、謀五字通訓，以楚辭爾雅連證。）

「思」字當然也是意念的活動。但如上所云，古釋曰容，亦意念活動之化身成形。工藝表象則爲圖畫，實用則爲圖謀。後世「思」字的意義大概專由「圖謀」一方面發展，其原爲意念活動表象爲圖畫之另一義，則實與「姿態」相近，可惜已被遺忘了。但無論爲圖畫爲圖謀，「思」字總又暗示有組織有紀律的意念支配活動。「思」與「姿」旣原本如此音近意合，我們可以看到「姿」字亦有同樣的暗示。再推究「姿」字的本身，是從「次」字得聲，「女」之偏旁大概是後加，以示人體生動之美，但字源本意，要求諸本聲，乃文字學工作中的常識。「次」現在還常用作「次第」卽「秩序」的意思，其所涵組織紀律之暗示，固猶可顯見。（陸機文賦在「其爲物也多姿」同節數句之後，卽說「苟達變而識次」，這或是巧合，也許就是照現代語文姿態原理說，是作文成功時，受基本情思意念在心理生理姿態上之支配，自然生出用字的契合。至於是否有意的用「姿」，「次」雙關，我們且不來斷定。）再進一步看「次」字古來用法，常作爲動詞。說文釋「次」字有謂「不進」不進。當然不是向來靜止，而是進程或進狀的活動中突然或暫時的遏住。如易『夬，九四』所謂「次且」解作「卻行不前」或「行不前進也」。又古代軍隊前進，中途止宿，也曰「次」。如左傳中所謂「再宿爲信，過信爲次」，這更是我們熟知的。大概現今猶有謂「旅次」，「客次」，表示行旅中暫時歇止的意思，也來自「次」字古意。「次」旣然表示進狀活動的暫時遏住，我們可以說正有如我們前面所講 movement arrested 或 controlled 的意義。動而暫停，則動狀猶在，動意猶存可。（可想像電影片的次第，所謂「靜片」stills。）如此結成「姿」字，泛指人體形貌，則爲生動之美姿，提用形容文藝，正如所謂 gesture 乃「活動最富有意義

時」之把握與表現，適應藝術的紀律與組織。

　　我們研究陸機文賦中的「姿」字，和現代文藝理論中 gesture 一字，不但用法和直接的示意，可見其相和，即其多面的涵義，推究「姿」字茫遠的淵源，與 gesture 在現代文藝中嚴刻的定義對照，尤見其契恰。只是兩個字的研求，可算真是點滴，但我們覺得許多處不算不值得注意。我們特別指出這兩個字的時代背景之不同，在中國古代賦體和西洋現代散文中，這個有價值的新觀念之推闡方法自然也大異，所以在承受與普徧實用的後果，自也不能比。gesture 一字現在西洋，至少在美國，成為專詞，不但在詩文理論上漸漸有重要地位，而且在他種藝術評鑒中，也漸可成為一明確觀念，作為「關鍵語」。但「姿」字經陸機一度提用後，未見其再有繼續闡揚的。即連最了解陸機的人，他的弟弟陸雲，當時也不過說了一句「文賦甚有詞。」(25) 後來更不見其寶貴了。再者文賦只是講詩文的，所以其中「姿」字，也只是用以形狀詩文，未有明顯的擴而論到其他藝術。但照我們所分析「姿」字在中國文字中的淵源中涵義之豐厚，和陸機用此字時之經心提鍊，以至它和現代 gesture 一字之使用能如此處處相應，則又可略想既然 gesture 現在如此自然的由詩文用到他種藝術上去，陸機在用「姿」字時，意識中(或下意識中)也許像想到他種藝術。如「其為物也多姿，其為體也屢遷，其會意也尚巧，其遣言也貴妍。」下句緊接便是「暨聲音之迭代，若五色之相宣」是聯想中至少涉及音樂和繪畫了。但這又是容易只看作賦中之連類引譬的修辭，其本文中既無意更加以恢擴闡發，人自然也忽視了。實際「姿」字的應用，固也常連及其他藝術上的。如阮籍詠懷詩「委曲周旋儀，姿態愁我腸」，是想舞姿。岑參詩有「世人學舞只是舞，姿態豈能得如此」(26)。早到傅毅舞賦中，已說「即相看而綿視，亦含姿而俱立。」嵇康琴賦曰：「既豐贍以多姿」，而全章又多以姿態形狀音樂，更是難得的妙悟。用到繪畫的，隨便舉例如樓鑰謝葉處士寫照詩：「人言姿態與真同，如照止水窺青銅」。又用在書法上，如韓愈石鼓歌：「羲之俗書趁姿媚」，以至宋人評書法，用「姿媚」一詞，幾乎成了慣語。但用只是用，習慣只是習慣，從無對「姿」字的明切解釋，更談不到系統的理論之建立。中國文藝思想固向來如此，不是沒有深見敏感，但只是一言片語了事。非無真理碻見，只是一二字不細闡明，用久便濫，失掉意義而反以為無意義了。我們把「姿」字和 gesture，合着講講，就為求

個細解。一面把西洋理論以中國觀點看，輝映之下，可更增加些理趣。一面對中國的歷來文藝思想，發掘一下，指出值得注意的地方，對照西洋方法與精神推求，也許是整理中國審美理論的小小一步。　　　　　　　美國加里佛尼亞大學、加州・柏克萊城

註

（1）　此四句通行善本中無異文。佩文韻府所引惟第二句作「其爲變也屢遷」。今從胡刻仿宋本文選及朱刊六臣註文選(四部叢刊本)。

（2）　參看 JOHN DOVER WILSON: *John Lyly*，第一章，"Euphuism"。

（3）　見原書，*English Literature in the Sixteehth Century*，第三章。

（4）　昭明文選中此賦獨佔一類，標曰『論文』。文選分類雖向稱煩碎，亦因以賦論文，此爲創例，惟獨無偶也。

（5）　收入一九四六年印 *Accent Anthology* 中。

（6）　勃氏著作與本題關係最切之書有：*The Philosophy of Literary Form* 與 A Grammar of Motive 及 A Rhetoric of Motives，第一書中第十二頁以下，直引培基特之語言學發現，助其文藝理論之基礎。

（7）　見上引布氏文中。

（8）　培氏闡明此意之著作有 *Human Speech* 與 *Babel* 二書，及 *The Society for Pure English (S. P. E) Tract* 第廿二號所刊之 "The Nature and Origin of Human Speech"。

（9）　見 CHARLES DARWIN: *The Expression of Emotions*.

（10）　見培氏：*Babel*.

（11）　見 *Babel* 及 "The Nature and Origin of Human Speech"。

（12）　反對培氏此項意見者，如 *S. P. E. Tract* 第廿四號中 "Notes and Correspondences"內 Sir Frederick Pollock 之抗議及後附另一滑稽通訊；及第三十九號中 H. S. WYLD: "The Best English"。

（13）　T. S. ELIOT: Fragment of An Agon"。

（14）　見『語文姿態觀』一文之首段。

（15）　見 B. CROCE: *The Philosophy of Giambattista Vico* 第廿章。

（16）　從羅根澤周秦兩漢文學批評史說。

（17）　見 M. GRANET: *Fêtes et Chansons Anciennes de la Chine* 及 A. Waley 所譯詩經 *Book of Songs* 中註。

（18）　*Macbeth* 第五幕第五景。

（19）　*King Lear* 第五幕第三景。

（20）　參看 C. DAY LEWIS: *The Poetic Image* 第一章，"The Nature of the Image"。

（21）　布氏特指出音樂作家 Roger Sessions 之主張爲據。Augusto Centeno 所編 *The Intent of the Artist* 中有 Roger Sensions: "The Composer and his Messege"。卽申此意。

（22）　見上註賽氏文中語。

（23）　文賦作於公元第三百年之考訂，見拙著北京大學五十週念紀念論文第十一號，*Literature as Light against Darkness* 及拙譯文賦美國版 *Essay on Literature* 附註。

（24）　六臣註文選中呂向註文賦「其文物也多姿」句曰「文體非一，故云多姿」；李善註則曰「萬物萬形，故曰多姿」。很注意了「多」字，未明「姿」字。迨呂言「姿質也，未妥帖故屢遷」，意實朦混。李引嵇康琴賦，「旣豐贍以多姿」，與此句「姿」意平行，雖未加理析，尙覺貼切。

（25）　見陸雲「與兄平原書」，在陸士龍文集內。(四部叢刊)

（26）　見岑參田使君美人舞如蓮花北鋋歌。

出自第二十八本上（一九五七年五月）

印章與摹搨的起源及其對於
雕板印刷發明的影響

李　書　華

一九二五年卡特 (Thomas Francis Carter, 1882–1925) 所著的中國印刷術源流史 (The Invention of Printing in China and Its Spread Westward) 初版出世，不久全部售罄。向達曾將原書許多章譯成中文，由民十五至民廿一，分別在圖書館學季刊及北平圖書館月刊發表(1)。一九三一年卡特的書再版發行，惟與初版不同處甚少。民廿七 (1938) 劉麟生依照該書再版本譯成中文，由商務印書館出版。柏希和 (Paul Pelliot, 1878–1945) 對於印刷術初期若干問題，曾加以訂正或說明。柏氏卒後，由何都爾 (Robert des Rotours) 整理柏氏遺稿，於一九五三年出版，名爲中國印刷術的起始 (Oeuvres Postumes de Paul Pelliot IV, Les Debuts de l' Imprimerie en Chine)。最近富路特 (L. Carrington Goodrich) 重編卡特原書，將卅年來與原書內容有關的新材料分別加入，同時將原書若干部分刪除。此修訂本已於一九五五年出版。

卡特原書及其修訂本第二章專講印章，第三章專講石碑搨片(或拓片)。卡特認爲印章與摹搨爲雕板印刷的先驅。但是敍述過於簡單；柏希和的訂正與說明，亦言有未盡，或間有誤解之處。本篇之作，就是爲加以補充或修正。

一、印　　章

璽印乃古代執以爲信之物。漢許慎說文(西元100年所著) "印執政所持信也(2)"。清段玉裁 (1735–1815) 說文解字注："古上下通曰璽"。漢蔡邕(133–192)獨斷："璽者印也，印者信也，天子璽以玉螭虎紐，古者尊卑共之(3)"。璽印原出自圭璧，僅爲佩帶，其後乃用以封檢署名，作爲眞實之證，或用以替代畫押或簽字。

後漢書：“論曰：至於三王，俗化彫文，詐僞漸與，始有印璽，以檢姦萌(4)”。唐杜佑(735-812)通典：“三代之制，人臣皆以金玉爲印，龍虎鈕，唯所好也(5)”。是三代時已有印章。夏代無文獻與實物可徵，吾人尙無法研究。周時印章的記載頗多，且有實物流傳至今，下文當再敍述。至於商殷，從前學者多疑其無印章。淸徐堅說：“〔印〕始於周，沿於秦，而法備於漢(6)”。羅振玉說：“古璽印之制，夏商以前，吾不能徵之，其可徵者，莫先於有周(7)”。王獻唐說“殷商無印(8)”。凡此皆因當時尙未聞有實物可徵之故。

民五，羅振玉發現“古璽文字有與古金文陶文及殷人卜辭合者(9)”。

民廿九，于省吾雙劍誃古器物圖錄載商殷銅璽摹本有三：（一）商（或殷）羋鈐（鈐卽古璽字），（二）商隼鈐，（三）商奇文鈐。（一）（二）爲陽文（字凸出），（三）可能是陰文（字凹入）。但（一）（三）字皆不可識，僅第二璽可能爲武丁時名將隼（參看第一圖）。此第二璽摹本亦載於董作賓中國歷史參考圖譜(10)，而此三個銅璽均見引於胡厚宣殷墟發掘一書中。董作賓說：“此三璽雖傳說爲安陽出土，得自古董商，然大致可信”。又說：“古璽中多象形圖畫字，亦可能爲商璽，今人多不能確證而已(11)”。

第一圖　商羋鈐
武丁時名將羋銅璽摹本
（採自于省吾雙劍誃古器物圖錄）

周時印章應用已頗普徧。秦漢應用益廣。左襄廿九年（西元前543年）傳：“璽書追而予之”。周禮：“職金揭而璽之(12)”。莊子外篇於屢稱“符璽”之後，說：“焚符破璽，而民朴鄙(13)”。呂氏春秋：“孟冬之月……固封璽(14)”。史記陳涉世家：“周文陳之賢人也，……陳王與之將軍印”。又“陳王使使賜田臧楚令尹印，使爲上將”。史記留侯世家：“〔漢王〕趣刻印”。前漢書韓信傳：“〔項羽對有功當封爵者〕刻印刓，忍不能予”。此類記載甚多，以上不過略舉幾個例而已。

漢衞宏（光武時人，卽西元一世紀上半期人）撰漢舊儀：“秦以前以金銀銅犀象爲方寸璽，各服所好(15)”。證以今世所流傳：周代私璽，百分之九十九爲銅製，亦有極少數之象、犀、石、或陶製；大不逾今尺一寸之半，卽古之所謂方寸。周代官璽以銅製或以玉製，偶有鐵者；大者倍於方寸，或再倍數倍之。其字古勁蒼秀，與鐘鼎彝器不盡相同，不識者尤多。其形或方或圓。文字皆以範鎔鑄，多陽文；亦有陰文，然不

過占十分之一或二。陰文偶有出自刻畫者(16)。

史記秦始皇（西元前246-209）本紀："長信侯〔嫪〕毐作亂而覺矯王御璽……"。正義引"崔浩云：〔璽〕李斯磨和氏璧作之，漢諸帝世傳服之，謂傳國璽"。又引："韋曜吳書云，〔璽〕文曰：受命於天，旣壽永昌。漢書云，文曰：昊天之命，皇帝壽昌。按二說不同"。 自秦以後，天子稱璽，臣下稱印。秦印大小同於周，文字與傳世權量銘相同。

按漢舊儀，漢代皇帝有六璽，皆白玉螭虎紐，文曰：

"皇帝行璽、皇帝之璽、皇帝信璽、天子行璽、天子之璽、天子信璽，凡六璽。以皇帝行璽爲凡雜；以皇帝之璽賜諸侯王書；以皇帝信璽發兵；其徵大臣以天子行璽；策拜外國事以天子之璽；事天地鬼神以天子信璽"。

漢印因秦制而變其篆法，平正莊嚴與隸相同，別具一格。流傳於今世者亦最夥。其制歷魏晉而不變。漢代無論官私印，以陰文爲主，陽文則頗罕見。（參看第二圖）漢印多爲銅製，間有銀牙玉石之屬。銅印多鎔鑄，亦有刻者。惟因軍中急於封拜，故軍中官印則多鑿刻，漢官印多方制，間有長方者。將軍，太守，御史稱章。章字見於古印始於漢(17)。

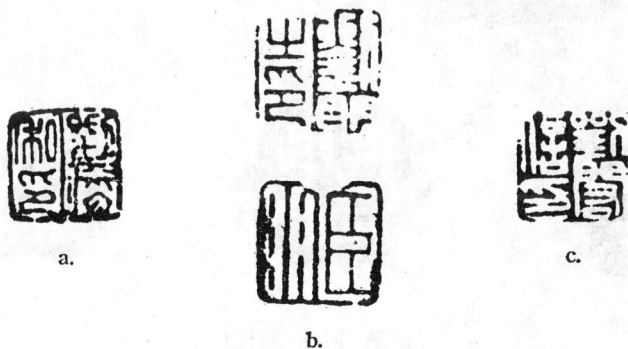

第二圖　漢印摹本

a. 中山靖王劉勝（漢景帝子）陽文印；

b. 濟川王劉明（漢景帝六年以梁孝王子立）陰陽文相間印；

c. 齊懷王劉閎（漢武帝子）陰文印。

（採自清吳大澂輯選周秦兩漢名人印考）

六朝以後，官印皆用陽文，皆鎔鑄。隋唐以來，印制漸大。後來乃以印之大小，而別官之尊卑。

　　在紙未發明以前，古代書籍與文書用竹簡木板與縑帛書寫。殷與西周時已用竹
簡。古代書牘的封緘法，王國維考證爲牘上再加一板名爲檢，用繩縛之，用泥封之，
泥上加蓋璽印，並在檢上署所予之人。王氏認爲"璽印創在簡牘之世"，與殷時已有
銅璽的事實相合[18]。封泥之名始見於續漢書百官志。因其制久廢，近世幾不知有此
事實。封泥出土不過近百年之事；當時或以爲印范，吳式芬（1796–1856）始定爲封
泥。呂氏春秋："若璽之於塗也，抑之以方則方，抑之以圓則圓[19]"；塗卽封泥。淮
南子："若璽之抑埴，正與之正，傾與之傾[20]"；埴亦是封泥。晉葛洪（卒於咸和年
間卽西元326–334，卒年八十一歲）西京雜記："〔漢朝〕中書以武都紫泥爲璽室[21]"，
則是皇帝所用的封泥。今周代封泥尙時或一見，秦漸多，兩漢最夥，魏晉較少[22]。
吾人細看封泥摹本[23]，猶能想見其遺制（參看第三圖）。

第三圖　漢封泥摹本

　　a. "皇帝信璽"封泥；　　　　b. "丞相之印章"封泥；
　　　　（以上 a. b. 採自吳式芬、陳介祺同輯封泥考略）
　　c. 齊都水印(內史屬)；　　　d. e. 齊鐵官印(內史屬)
　　（以上 c. d. e. 諸侯王屬官印；採自北京大學文史叢刊第二種，封泥存眞）

　　王國維以爲"古人璽印皆施於泥，未有施於布帛者"。並謂："周秦古璽多陽文，
漢印多陰文，故封泥之文亦有陰陽二種"。卽陽文印施於封泥，便成凹字；陰文印施
於封泥，却成凸字。

　　西元 105 年蔡倫發明了造紙。南北朝時封泥 與簡牘廢 而不用 ； 一切文書全改用紙；始用紅色印泥(即印色)在紙上蓋用朱印。南北朝時史書始有朱印的記載。北魏書(西元476–532)盧同傳："即於黃素楷書大字，……以朱印印之"。又北齊書(西元550–577)陸法和傳 "其啓文朱印名上自稱司徒"。這是正史上關於朱印最早的記載(24)。

　　漢代用封泥最盛。反字（或反文）陰文印施於封泥，呈正文凸字，而封泥凸字較凹字清楚，這是漢印以陰文爲主的原因。南北朝時封泥廢而不用，改用紅色印泥。反字陽文印，用紅色印泥，印於白紙上，則呈正文紅字，故又稱朱文。反字陰文印，用紅色印泥，印於白紙上，則呈正文白字，故又稱白文。朱文比白文醒目且美觀，這是六朝官印皆用陽文的原因。

　　紅色印泥使用以後，始有所謂朱文印與白文印。用封泥時代，僅有陽文印與陰文印，無所謂朱文與白文。固然現在所謂朱文卽指陽文而言，所謂白文卽指陰文而言，然而這是用紅色印泥以後的名詞，並非封泥時代的術語。

　　元吾邱衍 (1272–1311) 說："漢魏印章，皆用白文(25)"。明文彭(1498–1573)印章集說說："古印皆白文"；又說："朱文印上古原無，始於六朝(26)"。明甘暘印章集說也說："朱文印上古原無，始於六朝，唐宋倣之(27)"。清朱象賢 （十八世紀上半期人）印典："六朝印章，因時改易，漸作朱文白文，印章之變，始機於此(28)"。所謂 "朱文印始於六朝"，或 "六朝漸作朱文白文"，如解釋爲六朝時的印章，始用紅色印泥，則與南北朝史書記載正相符合。如認爲 "古印皆白文，朱文印始於六朝"，便是古印皆陰文，六朝時始作陽文印，則與事實大相逕庭 。 商隼鈢爲陽文 ； 周印陽文多於陰文；漢印雖以陰文爲主，然亦有陽文 。 並非古印皆陰文 ， 亦非六朝時始發明了陽文印。

　　柏希和遺著中僅述及漢代及漢代以後印章，並略稱：

　　　"中國漢印及六朝初期的印，刻陰文，普通施於印泥或施於蠟 ， 便成陽文。如施於平面，普通先塗以紅色印泥 (Vermilion)，則印上陰文呈現紅地白字。我們判斷在西元五〇〇年左右，始有人想起刻陽文印。如塗以紅色印泥，則印上陽文呈現白地紅字"。

　　最近富路特修改卡特原書中 "印章的使用" 一章，係依據柏希和的遺著。富氏並

且引申說：“印刷須刻反字陽文。 西元五〇〇年左右，有人想出刻陽文印，用紅色印泥得到白地紅字，這是印刷史以前重大而主要的進展”。

開始使用紅色印泥，約在西元五〇〇年左右，當大致不差。由此而陽文印能得到白地紅字，確是重要的進展。如果眞的古時只有陰文印，到了南北朝才有陽文印，却是由印章到雕板印刷很合乎邏輯的進步程序。但是事實上歷史並非如此簡單，陽文印並非西元五〇〇年左右的新發明。上文已經說過。這是柏希和的一個錯誤。大約柏氏看過吾邱衍、文彭、甘暘、朱象賢等一類的記載，發生了誤解，故有此錯誤。實在古代早有陽文印，中國記載很多。 其中黃賓虹古印概略與沙孟海印學概論(29) 兩文，亦均述及周秦古印有朱文與白文。竇丹 (Pierre Daudin) 於一九三七年將黃沙兩氏文，均譯成法文，收入其中越印章研究(Sigillographie Sino-Annamite) 一書中(30)。以柏氏的淵博，惜均未見及之。

在秦始皇統一天下以前百年，亞歷山大 (Alexander the Great，西元前356-323) 的勢力，已達到中亞及印度。因此卡特頗疑中國印章的使用，或受希臘的影響。卡特雖聲明其假定未必正確，但認爲“並非不可能”。 按照現在所有各種史料看來，印章爲中國固有的發明，絕無可疑。在秦始皇以前約一千餘年，中國已有印章，而且周代已頗普徧應用，絕無受外來影響的可能。

後漢書禮儀志：“仲夏之月以桃印長六寸方三寸五色書文如法，以施門戶。”後漢書所記的桃印應爲西元一或二世紀之物。 此桃印比普通印章尺寸大得多。 然印“文”係用“五色”所“書”，而非用刀刻者，其文當爲正文。此殆爲門戶所懸掛之符，雖稱爲印，然實非印。

晉葛洪抱朴子內篇：

“抱朴子曰：古之人入山者，皆佩黃神越章之印 ，其廣四寸，其字一百二十。以封泥著所住之四方各百步，則虎狼不敢近其內也。行見新虎跡，以順印印之虎卽去；以逆印印之虎卽還 。帶此印以行山林，亦不畏虎狼也 。不但只辟虎狼，若有山川社廟血食惡神 ， 能作福禍者 ， 以印封泥斷其道路，則不復能神矣(31)” 。

葛洪所述的越章印，大致爲西元三或四世紀之物。此印旣用以印封泥，印文自係

刻劃而成，且應爲反文，與後漢書所記的桃印爲五色書文者，便大不同了。

唐徐堅（659-729）初學記（西元725年著）：〔刻棗下注曰〕"黃君刺使虎豹法曰：道士當刻棗心作印方四寸也(32)"。格致鏡原曾引用此語(33)。

這是道士用木刻印，以印符咒，並且擴大印的尺寸。徐堅所述的棗心印，與葛洪所述的越章印大小相同。惟葛洪未說明用何木所刻，徐堅則明白指出用棗心所刻。

現在簡單的說一說印章對於雕板印刷發明的影響：印章是雕板印刷的縮小，而雕板印刷却是印章的擴大。如將反字陽文印，塗以黑墨，以代紅色印泥，仍施於白紙上，則呈白地正文黑字；這就是縮小的雕板印刷。雕板印刷本是在平面木板上，雕成反文陽文字，塗以黑墨，鋪白紙於木板上，稍施壓力，便成印刷品。所以反文陽文印，對於雕板印刷的啓發，是直接的，也是極自然的。

抱朴子所述的越章印，印文既係刻劃而成，且廣四寸有一百二十字之多，與雕板印刷一頁的大小，已較接近。這是由陽文印到雕板印刷中間的一個階斷。

卡特認爲印刷的起源，是由印章來的。他指出：印章的目標是證明眞實(Authenticaton)，印刷的目標是作成重複 (Reduplication)。這兩種目標雖然不同，然而印章之印，用印之印，印刷或印書之印，中文用同一個字，可以闡明中國印刷術的來源。卡特的看法，極爲正確。

柏希和談到南北朝時代陽文印用紅色印泥時，他說："從西元五〇〇年起，此路已通，印刷術應漸產生"，亦有至理。

紙業於印刷術的關係甚大。沒有紙便不能有印刷術。東漢時發明了造紙，南北朝時代紙已盛行全國。所以南北朝時代關於印刷術發明的途境及其條件，都已準備就緒了。

二、摹　　搨

石刻或木刻及銅器，陶器與磚瓦之有陰陽文字或花紋者，均可摹搨(亦作拓)，即以墨拓之於紙上。但以摹搨石刻爲最普徧。此爲中國所發明的特別技術，其開始使用的時期，應在紙的發明及其使用以後。

中國石刻文字現存於世之最早者爲石鼓。從前相傳爲周宣王時代的遺物。馬衡定

爲秦刻石，唐蘭認爲刻於秦靈公三年（西元前422）。

秦始皇東巡刻石凡六：始於鄒嶧，次泰山，次琅琊，次之罘，由碣石而會稽。今惟琅琊臺一刻，尙存諸城海仙祠內[34]。

漢靈帝熹平四年（西元175）爲正定六經文字，蔡邕(133-192)自書册於碑，使工鐫刻，立於洛陽太學門外，這是儒家經典最早的刻石，稱爲熹平石經。後來魏有正始石經（西元240），唐有開成石經（西元837）。再後西蜀孟氏，北宋嘉祐，南宋高宗，亦皆有石經之刻。今惟開成十二經（其第十三經之孟子，係淸時補刻），均尙存於西安碑林；雖其中有字，經後人剜改，然仍爲唐時原碑。此外熹平，正始及其他石經，祇存殘石或殘拓孤本而已[35]。

佛經刻石風氣，北齊（西元550-577）頗盛。山西太原西風峪與河南武安縣鼓山北響堂山，均有北齊時所刻石經。佛敎僧人有時恐經典被毀滅，因鑿石刻經，藏諸岩壑中，以度人刼。河北房山縣石經山各石洞所藏石經及西域寺南嶝下埋藏石經最多，目的卽爲保存經典。但所有石碑（卽石經板）數目，經名及所刻年代，各書著錄每多不同。民二四，余第二次遊石經山西域寺以後，曾就日下舊聞及日下舊聞考中所記，爲之統計。計石經山共碑二八七五塊，西域寺南塔下共碑四二六〇塊；兩處總計，共碑七一三五塊。至各碑所刻年代；其一爲隋唐時期，自隋大業元年至唐元和四年（西元605-809）；其二爲遼時期，自遼太平七年至大安十年(西元1027-1094)[36]。

至於老子道德經，唐，宋，元各代均有刻石。最早者爲唐景龍二年（西元708）道德經碑，今在河北易縣龍興觀；次爲唐開元二十六年（西元738）道德經幢，今亦在易縣龍興觀；再次則爲開元二十七年(西元739)道德經幢，今在河北邢臺縣龍興觀[37]。

搨碑始於何時？有人疑其始於熹平石經。後漢書蔡邕傳記熹平石經時說：

"於是後儒晚學，咸取正焉。碑始立其觀視及摹寫者車乘日千餘輛。"

有人以爲"取正"及"摹寫"，卽搨碑之意。孫毓修中國雕板源流考認係"摹搨"。卡特將"摹寫"譯作"Make exact copies"（制成準確本），並謂：相傳此卽搨碑之始。但聲明不知其是否正確。實在東漢時搨碑尙未開始。石經的建立，用意在規定六經標準文字，使免錯誤，並傳久遠。當時尙不知墨拓。所謂"摹寫"者，乃仿照抄寫，並非摹搨之意。

嶧山碑刻於秦始皇二十八年（西元前219），向稱李斯所寫。後爲野火所燒。唐封

演於西元八世紀後半期時，記嶧山碑經過甚詳：

　　“鄒山記云：鄒山蓋古之嶧山，始皇刻碑處文字分明 。 始皇乘羊車以上，其路
　　猶存。按此地春秋時邾文公卜遷之嶧地。始皇刻石紀功，其文字李斯小篆。後魏
　　太武帝 (西元424-452) 登山使人排倒之。然而歷代摹拓，以爲楷則。邑人疲於
　　供命，聚薪其下，因野火焚之。由是殘缺，不堪摹寫。然上官求請，行李登涉，
　　人吏轉益勞弊。 有縣宰取舊文勒於石碑之上，凡成數片 ， 置於縣廨，須則拓
　　取。自是山下之人，邑中之吏，得以休息。今間有嶧山碑，皆新刻之碑也。其
　　文曰：「刻此樂石」(此爲音樂之樂)學者不曉樂石之意。顏思古謂以泗濱磬石作
　　此碑。始皇於琅琊，會稽諸山刻石，皆無此語，惟嶧山有之，故知其然也(38)”。

司馬光(1018-1086)資治通鑑載宋太祖元嘉二十七年(西元450)“魏主至鄒山……
見秦始皇石刻，使人排而仆之”，證實封演記載正確。

　　封演的記載，極關重要。後魏太武帝使人排倒嶧山碑，既在西元四五〇年，可見
從西元前二一九年至西元四五〇年原碑均在原處。西元四五〇年原碑雖被排倒，然原
物似仍舊。所謂“歷代摹拓”之歷代，似應爲由後魏至唐各代。原碑因被燒而殘缺，
似應爲唐代的事。如是則西元五世紀時(或更早)，中國已知石碑摹搨方法。魏晉時墨
已進步而有墨丸，以漆烟和松烟爲之；南北朝時紙的應用，已普徧全國；所以墨搨石
碑便在此時發展了。

　　宋鄭文寶乃徐鉉 (卒於西元991) 門人。徐鉉晚年獲嶧山碑模本，自謂得思於天人
之際。鄭文寶以徐氏所授模本於淳化四年(西元993)刊石於長安國子學(39)。

　　葉昌熾 (1846-1917) 語石：則明白認爲嶧山碑唐時被燒，他說：

　　“嶧山唐時被焚於火，當時卽有摹本。……楊東里集論嶧山翻本次第 ： 長安第
　　一，紹興第二，浦江鄭氏第三 ， 應天府第四，青社第五， 蜀中第六，鄒縣第
　　七。所謂長安本者，宋鄭文寶得徐鉉重刻，今尙在西安府學”。

　　學古編謂：

　　“李斯嶧山碑直長者爲眞本，橫刊者皆模本。 徐氏門人鄭文寶依其本式長刊，
　　法度全備，可近於眞”。

但葉昌熾認爲鄭文寶重刊之碑，與泰山琅琊眞秦篆相較，“不僅優孟衣冠之誚”。

唐杜甫(712-770？)詩云："嶧山之碑野火焚，棗木傳刻肥失眞[40]"，則嶧山碑被燒後，碑文傳刻於棗木上，但字旣肥大且失眞。

唐竇臮撰，竇蒙注定，述書賦有"並世所傳搨者"之句。又其注稱：

"岐州雍城南有周宣王獵碣十枚，並作鼓形，上有篆文，今見打本。……〔李斯〕作小篆，書嶧山碑，後其石毀失，土人刻木代之，與斯石上本差稀。……蔡邕……今見打本三體石經四紙。石旣尋毀，其本最稀[41]"。

旣稱"並世所傳搨"，則當時傳搨已甚久。摹搨時舖紙於石面上必稍打，故"打本"卽"搨本"。柏希和誤解"與斯石上本差稀"爲〔木刻之字〕比李斯在石上所書之字較爲瘦小。按"差稀"應作"稍爲稀少"解，並非瘦小。差字意與"差強人意"之差相同。如與下文"最稀"對照，更爲明瞭。然旣稱〔搨〕本差稀，〔搨〕本甚稀，可知其定爲古搨[42]。竇蒙注所謂"後其石毀失，土人刻木代之"，正可與杜甫詩"棗木傳刻肥失眞"印證。

嶧山石刻與杜甫竇蒙所說的木刻，當然全是正字陰文可備摹搨，非反字陽文可用作印刷者，此層柏希和說得甚清楚。但富路特在卡特書修訂本第三章所加附注，似易令人誤解。富注大意：文獻指明唐太宗以前一百五十年，搨本不但來自石刻，而且自石刻的負文木刻 (Wooden negatives of stone slabs)。重要的是由負文木刻能直接得到正文 (Positives could be made directly from them)。這是印刷史以前的重要步驟云云。嶧山碑被毀後以木刻代之，大約係唐代的事，恐非唐太宗以前一百五十年的事。旣然石刻與木刻，全是正字陰文，而所得到的搨本(或拓片)應全爲黑地白字，似無正負之分。

唐時摹搨極爲普徧；搨本曾有保存在敦煌千佛洞藏書秘室者。一九〇七年三月斯坦因 (Aurel Stein, 1862–1943) 由該處得到歐陽詢(557–641)墨跡的搨本一冊五頁；一九〇七年十二月柏希和復得到歐陽詢墨跡的搨本其他兩頁[43]；又柏氏由該處得到唐太宗 (627–646) 墨跡的搨片，此搨片上並有人於西元六八四年所題之字[44]。

唐六典：門下省宏文館設搨書手三人，貞觀二十三年(西元649)置，龍朔三年(西元663) 館內法書九百四十九卷並裝進，其搨書手停，神龍元年(西元705)又置。此外集賢殿書院設搨書手六人；〔太子〕崇文館設搨書手二人[45]。

新唐書百官志亦有搨書手的記載[46]。

搨書手旣如此之多，則所搨必多。可見摹搨到了唐初極爲普徧。初僅搨石刻；後來有以木刻代石刻者，又用以搨木刻。

至於摹搨對於雕板印刷的影響如何？穆爾（A.C.Moule）認爲摹搨與印刷兩種方法根本不同。摹搨對於印刷的影響，似屬誇大之詞[47]。畢克（Cyrus Peake）亦同意穆爾的見解[48]。

卡特認爲印刷是由摹搨發展而來，柏希和亦認爲中國摹搨的歷史，大致不能與印刷無關。

我們同意卡特與柏希和的看法，不能贊成穆爾與畢克的見解。石碑所刻之字爲正字陰文（凹入），以紙墨摹搨碑文，卽得黑地白字的搨片。此與反字陽文的雕板印刷，結果得到白地黑字，在方法上自然不同。但石碑旣可代以木刻，而雕板則純屬木刻，其不同之點，不過印刷爲陽文，摹搨爲陰文。假如能將代替石碑之木刻縮小，而能得到白地黑字，那就是雕板印刷了。

島田翰在一九〇三年曾經說過："夫陰文刻石與陽文刻木，僅一轉之間耳[49]"，很有至理。而且照島田翰的意見，木刻嶧山碑的拓本，卽可稱爲雕板印刷。他說："夫嶧山碑非寥寥數言，則何以不可稱爲墨板乎？惟異其陰文與陽文而已"。因此我們可以說：摹搨爲雕板印刷的間接啓發，反面的啓發。

六朝時碑額有用"陽文"的，墓闕有用"反字"的。語石說：

> "唐以前石刻惟碑額兼用陽文。北朝造象有二通：一爲魏始平公造象，朱義章書；一爲〔北〕齊武平九年（九字恐有誤。齊武平元年卽西元570）馬天祥造象，皆陽文也"。

語石又說：

> "反文惟蕭梁（502-558）吳平忠侯神道闕。近又新出一殘闕，僅存「故散」二字[50]"。

民廿，余數次往觀南京附近甘家巷等處六朝古墓石刻，當時詳告南京友人，曾引起若干人士的注意。民廿四，中央古物保管委員會有六朝陵墓調查報告。民廿五，朱偰著有建康蘭陵六朝陵墓圖考。朱偰說：

“〔六朝陵墓〕墓闕〔一對〕，往往右鐫正文，左鐫反文；或左鐫右行文，右鐫左
行文（如<u>蕭續墓</u>）”。

“〔<u>南京棲霞山</u>附近<u>甘家巷</u>之<u>蕭景</u>（<u>梁吳平忠侯</u>）墓右〕闕，正書反刻「<u>梁</u>故侍
中中撫將軍開府儀同三司<u>吳平忠侯蕭</u>公神道」（反刻字由上向下由右向左讀）
三十三字”（參看第四圖）。

第四圖　<u>梁吳平忠侯蕭景</u>墓右闕神道碑
（採用<u>中央古物保管委員會六朝陵墓調查報告</u>附圖）

“〔<u>丹陽</u>〕<u>梁文帝蕭順之建陵</u>……墓闕卽神道碑，碑文一正書，一反書（文爲「太
祖文皇帝之神道」八字。其反書之字，由碑前面看，則由上向下，由左向右讀）
（參看第五圖）<u>清宣統</u>元年爲<u>丹陽</u>縣府取去，現存<u>丹陽</u>公園中”。

極可注意的，便是<u>蕭景</u>墓闕之“正書反刻”，及<u>蕭順之</u>墓闕之“反書”。如將<u>蕭順之</u>
墓闕之“反書”，墨印於紙上，則與雕板印刷完全相同。所以此類墓闕的反文，對於雕
板印刷，則是直接的啓發，正面的啓發了。

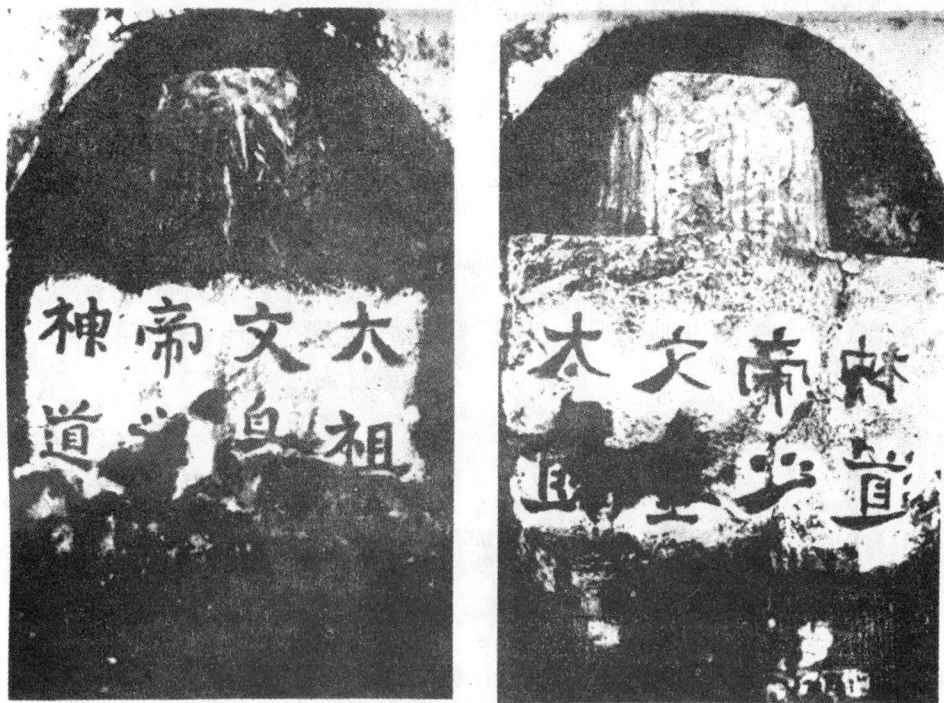

a.　　　　　　　　　　　　　　　　　　　b.

第五圖　梁文帝蕭順之建陵神道碑

a. 正刻　　b. 反刻

（採用中央古物保管委員會六朝陵墓調查報告附圖）

三、結　論

印章大概三千餘年以前殷商時代已經使用；周時應用已頗普徧；秦漢應用益廣。印章為反字，有陽文陰文之分；施於封泥之文，亦有陰陽兩種。西元五〇〇年左右南北朝時始用紅色印泥施於紙上，陽文成為朱文，陰文成為白文。古印普通大小不過寸許，但西元三或四紀時道士用作印符咒之木印，有廣四寸，刻字達一百二十字之多者。

摹搨大概起於南北朝。碑文殆全為正字陰文，但南北朝時亦有反字墓闕，且後來亦有用木刻代石刻者。

印章是雕板印刷的縮小，雕板印刷是印章的擴大。反字陽文印對於雕板印刷的啓發，是直接的。摹搨得到黑地白字，印刷則得到白地黑字。摹搨的方法雖似與印刷不同，但其不同之點，不過摹搨為陰文，印刷為陽文。摹搨對於印刷的啓發，是間接

的。然而六朝時的反文墓闕，對於印刷的啓發，也是直接的。

因爲有上述直接間接的啓發，加以文化方面的需要，所以到了唐代便有了雕板印刷的發明。

參　考　資　料

（ 1 ）　卡特著向達譯："土魯番囘鶻人印刷術"，圖書館學季刊，一卷四期(民十五)；"高麗活字印刷術"，該季刊二卷二期(民十七)；"中國雕板印刷術之全盛時期(宋元兩朝)"，該季刊三、四兩期合刊 (民廿)；"論印鈔票"，該季刊六卷四期 (民廿一)；"中國印刷術之發明及其傳入歐洲考"，北平北海圖書館月刊二卷二號(民十八)。

（ 2 ）　漢許愼說文第九上。

（ 3 ）　漢蔡邕獨斷，漢魏叢書"經籍"。

（ 4 ）　後漢書，卷19，祭祀志下。

（ 5 ）　通典63，禮23。

（ 6 ）　淸徐堅，西京職官印錄自序，乾隆十一年(1746)。

（ 7 ）　羅振玉，赫連泉館古印存序，民四(1915)。

（ 8 ）　王獻唐，臨淄封泥文字敍，民廿五(1936)。

（ 9 ）　羅振玉，赫連泉館古印續存序，民五(1916)。

（10）　董作賓，中國歷史參考圖譜，商三，民四二(1953)。

（11）　見董作賓民四五年三月七日覆余函中。

（12）　周禮，卷第九，秋官司寇第五。

（13）　南華經，第四卷，莊子外篇，胠篋第十。

（14）　呂氏春秋，孟冬紀第十。

（15）　漢舊儀，卷上，平津館叢書甲集。

（16）　同上(7)。

（17）　元吾邱衍，學古編(大德四年卽西元1300年撰)十九擧，學津討原第十五集；
　　　　　羅振玉，待時軒古印帥序，民十(1921)；
　　　　　黃賓虹，"古印槪論"，東方雜誌，第27卷，第2號，民十九(1930)；
　　　　　沙孟海，"印學槪論"，東方雜誌，第27卷，第2號，民十九(1930)；
　　　　　孔雲白，篆學入門，民廿四(1935)。

（18）　王國維，"簡牘檢署考"，海寧王靜安先生遺書，民廿九(1940)。

（19）　呂氏春秋，第十九卷，離俗覽第七，"適威"。

（20）　淮南子、鴻烈解卷十一，"齊俗訓"。

（21）　晉葛洪西京雜記，第四，四部叢刊子部。

（22）　同上(8)。

（23）　吳式芬、陳介祺同輯封泥考略，淸光緒卅年(1904)；
　　　　　北京大學文史叢刊封泥存眞，民廿三(1934)。

（24）　李書華，"紙發明以前中國文字流傳工具"，大陸雜誌九卷六期，民四三(1954)，

（25）　同上(17)。

（26）　明文彭，印章集說，叢書集成第1540。

（27）　明甘暘，印章集說，美術叢書初集，第八輯。

(28) 墨池編合刊(雍正刊)，附印典卷第六。

(29) 同上(17)。

(30) PIERRE DAUDIN, Sigillographic Sino-Annamite, Saigon, 1937.

(31) 晉葛洪，抱朴子內篇，登涉卷17，平津館叢書辛集。

(32) 唐徐堅，初學記，第二十六卷，服食部，印三，萬曆丁亥(1587)本。
　　　富路特謂初學記1587年本無該記載者不確。

(33) 格致鏡原卷四十，文具類，印章。

(34) 葉昌熾，語石卷一，"秦一則"，清光緒二十七年(1901)。

(35) 同上語石，卷三。

(36) 李書華，"房山遊記"，禹貢半月刊，五卷二期，民廿四(1935)。

(37) 王重民，老子考，民一六(1927)；
　　　何士驥，古本道德經校刊，國立北平研究院考古專報，一卷二號，民廿五(1936)。

(38) 唐封演，封氏見聞記，第八，"繹山"，光緒二十七年(1901)本。
　　　又唐李綽尚書故實(說郛第36)："千字文梁周興嗣編次而有王右軍書者，人皆不曉其始，乃梁武(502-
　　　549)教諸王書，令殷鐵石於大王書中搨一千字不重者，每字片紙雜碎無序。武帝詔周興嗣謂曰：「卿有
　　　才思，為我韻之」。興嗣一夕編綴進上，鬢髮皆白，而賞賜甚厚"。太平廣記(李昉等撰畢於太平興國
　　　三年)卷二百七，亦有同樣記載。胡適之先生指出：梁書及南史周興嗣傳均僅載有"次韻王羲之書千
　　　字"，並無"搨一千字不重者"之句，彼並指出所謂"搨一千字不重者"為不可能之事，故彼認為尚書
　　　故實及太平廣記的記載不正確。余以為"一夕編綴"，"鬢髮皆白"，似為戲劇性或小說性的記載，亦頗疑
　　　之，特附記於此。

(39) 宋鄭文寶題嶧山碑，墨池編，第十三卷。

(40) 唐杜甫，"李潮八分小篆歌"，全唐詩，第四函，第二冊，杜甫七。

(41) 唐竇臮撰篆蒙注定述書賦，法書要錄(西元九世紀中唐張彥遠撰)卷第五，津逮秘書(明崇禎年刊本)。

(42) 鄧嗣禹，"中國印刷術之發明及其西傳"，圖書評論，二卷十一期，1934，頁 42-43.

(43) AUREL STEIN, Serinda, Vol. II, 1291, p. 918.

(44) PAUL PELLIOT, Les Debuts de l'Imprimerie en Chine, 1953,
　　　(Oenvres Postumes de P. Pelliot IV.)

(45) 唐六典，亦稱大唐六典，(唐玄宗御撰，李林甫敕注)卷第八，卷第九，卷第二十六。

(46) 新唐書47，門下省；又新唐書49，東宮官。

(47) A.C. MOULE, "On the Invention of Printing in China by T.F. Carter", The Journal of the
　　　Royal Asiatic Society, 1926, p. 140-148.

(48) CYRUS H. PEAKE, Guttenberg Jahrbuck, 1935, p. 13.

(49) 島田翰，古文舊書考，卷二，"雕板淵流考"，民十六(1927)。

(50) 同上(34)語石，卷第九，"陽文""反文"條。

出自第二十八本上(一九五七年五月)

胡適思想與中國前途

殷　海　光

　　近半個世紀以來，中國人底思想很是複雜。雖然如此，最具廣泛影響力的思想，在基本上大致可分三個類型：第一是社會主義；第二是保守主義；第三是自由主義。當然，在這三個類型之中，每一個類型又可以作次級的劃分。例如，同是社會主義的思想，有溫和與激進之分。溫和的社會主義思想接近自由主義；激進的社會主義思想則演變成極權主義。同是保守主義，有國粹派與玄學派之別。至于自由主義的思想，更是多形多樣。

　　作者在此並不預備討論近半個世紀以來中國人底思想之演變史，因而也就不預備替這些思想做分類的工作。作者在此所要着重指出的，是保守主義與極權主義二者對自由主義構成的聯合打擊。『胡適思想』是中國自由主義底核心。所以，前述二者對自由主義的聯合打擊，在實際上就是對胡適思想的打擊。可不是嗎？來自左方的勢力，對于『胡適思想』，清算洗腦，迫害之不遺餘力，必欲剷除盡淨而後快。來自右方的勢力，提起『胡適思想』就消化不良，想盡種種方法把『胡適思想』從人們底記憶裏勾消。照這些光景看來，若干中國人底思想已經倒退五十年，與倭仁，徐桐之流爲伍了。

　　許多人對于左右這兩種勢力之聯合打擊『胡適思想』一定感到驚異。然而，這却又是很顯明地擺在大家眼前的事實。從表面看來，左右兩種勢力，來源不甚相同，形態多少也不一樣：一個激進，而另一個則保守。爲什麼都和『胡適思想』過不去呢？稍作深入一點的觀察，我們立刻可以發現：這是由于左右兩方面底思想在背後有基本的共同之點。作者現在將二者底思想之基本的共同點列舉在後面：

　　一、絕對主義的 (absolutistic)　堅持絕對主義的人，總自以爲所持是唯一的最後的『眞理』。絕對主義，在從前是『道統』；在今日則是獨斷，强天下以從同的『敎

條』。『道統』不二；『一條』則爲『統一思想』底準繩。

二、權威主義的 (authoritarianistic)　權威主義與絕對主義不可分離。權威主義以絕對主義作柱石；而絕對主義則靠權威主義來維護。依權威主義來說，是非眞假係靠一『長老』來決定，或以一『經典』爲準繩，或由置身于一個非自由的組織之上的少數分子來代辦，來配給。

三、只問目的，不擇手段　狂激分子之明目張膽標尙『只問目的，不擇手段』已是有目共睹的事實了。保守人物在這方面却也不免亦步亦趨地跟着他們走。狂激分子認爲只要是『主義好』，爲了實行這樣的『主義』，任何手段都可採取。同樣，泛道德主義的保守分子認爲只要是『行仁義』，克爾文式的 (Calvinian) 手段是可以採用的。他們都是『目的可以使手段成爲正確』這一種哲學底崇奉者。所以，在實踐的歷程中，他們輕易地合流了。

四、羣體至上，組織至上　狂激分子倡導羣體至上，組織至上的說法。依此說法，羣體是目的，個人是手段。價值只寓於羣體之中；個人沒有獨立存在的價值。於是，個人應當爲羣體犧牲。許多人以爲這種說法有什麼『哲學基礎』。其實，一句話說穿：這種說法是少數搏取權力的野心人物爲了從神經細胞的活動方面驅策人衆從事大規模的政治鬪爭而編造出來的。狂激分子口裏所說的『羣體』是非歷史性的橫斷面的羣體。保守分子更在這種橫斷面的羣體之上增加了歷史的因素。近來更有人鼓吹文化的『全體主義』。在文化的『全體主義』之下，個人底相對價值更形減縮。他們說：『汝實無物，文化實爲一切』。

五、自我中心的　以自我爲中心者，是把自己，自己所屬的團體，種族，文化，看作世界底中心；並且從這一中心出發，看人、看事、看世界；把自己以及自己所屬的團體、種族、文化、當作價值判斷底標準，和是非眞假底裁判者。於是，這種人所作的論斷，都是以自我爲中心的論斷 (ego-centric predicament)：言政治，只有自己底組織好；言文化，如果因衰落而內心深藏自卑感，便誇張自己底文化是世界最優秀的，要辦出口貨。

左右兩方面底思想在背後相同的基本之處至少有上述五點。我們現在再看『胡適思想』是怎樣的一種思想。

　　在『介紹我自己的思想』一文中，胡適先生說：『我的思想受兩個人的影響最大：一個是赫胥黎，一個是杜威先生。赫胥黎教我怎樣懷疑，教我不信任一切沒有充分證據的東西。杜威先生教我怎樣思想。教我處處顧到當前的問題，教我把一切學說理想都看作待證的假設，教我處處顧到思想的結果。這兩個人使我明瞭科學方法的性質與功用，……』這一段話，可以說是胡適先生對于『胡適思想』的開場白。從這一開場白作出發點，『胡適思想』展開如下：

　　一、主漸進的：『……達爾文的生物演化學說給了我們一個大教訓：就是教我們明瞭生物進化，無論是自然的演變，或是人爲的選擇，都由于一點一滴的變異，所以是一種很複雜的現象，決沒有一個簡單的目的地可以一步跳到，更不會有一步跳到之後可以一成不變。……』又說：『文明不是攏統造成的，是一點一滴的造成的，進化不是一晚上攏統進化的，是一點一滴的進化的，現今的人愛談「解放」與「改造」，須知解放不是攏統解放，改造也不是攏統改造。解放是這個那個制度的解放，這種那種思想的解放，這個那個人的解放：都是一點一滴的解放。……』

　　二、重具體的：『我這個主張在當時最不能得各方面的了解。當時(民國八年)承「五四」「六三」之後，國內正傾向於談主義。我預料到這個趨勢的危險，故發表「多研究些問題，少談些主義」的警告。我說：凡是有價值的思想，都是從這個那個具體的問題下手的。……』

　　三、反教條的：『一切主義，一切學理，都該研究。但只可認作一些假設的（待證的）見解，不可認作天經地義的信條；只可認作參考印證的材料，不可奉爲金科玉律的宗教；只可用作啓發心思的工具，切不可用作蒙蔽聰明，停止思想的絕對眞理。如此方才可以漸漸養成人類的創造的思想力，方才可以漸漸使人類有解決具體問題的能力，方才可以漸漸解放人類對于抽象名詞的迷信。』

　　四、個人本位的：『……你要想有益於社會，最好的法子莫如把你自己這塊材料鑄造成器。……』『把自己鑄造成器，方才可以希望有益於社會。眞實的爲我，便是最有益的爲人。把自己鑄造成了自己獨立的人格，你自然會不知足，不滿意於現狀，敢說老實話，敢攻擊社會上的腐敗情形，做一個「貧賤不能移，富貴不能淫，威武不能屈」的斯鐸曼醫生。……』『現在有人對你們說：「犧牲你們個人的自由，去求國家

的自由！」我對你們說：「爭你們個人的自由，便是爲國家爭自由！爭你們自己的人格，便是爲國家爭人格！自由平等的國家不是一羣奴才建造得起來的！」』

五、存疑的。胡適先生底思想與治學，常常不忘『疑』字。他早年致力介紹赫胥黎底思想。赫胥黎致金司萊的信，經胡適先生底摘譯，早已爲人熟知了，此處不贅。

六、重實證的：『……在這些文字裏，我要讀者學得一點科學精神，一點科學態度，一點科學方法。科學精神在於尋求事實，尋求眞理。科學態度在於撇開成見，擱起情感，只認得事實，只跟着證據走。科學方法只是「大膽的假設、小心的求證」十個字。沒有證據，只可懸而不斷；證據不夠只可假設，不可武斷；必須等到證實之後，方才奉爲定論。』

七、啓蒙的。如果說胡適先生是昏沉的中國之現代的啓蒙導師，這話並不爲過。胡適先生不是一個革命主義者；但却是一位十足的啓蒙主義者。無論就他底行誼看，就他底言論看，都很積極地表現了他在中國啓蒙運動中所起的創導作用。當然，最大的例證，要算白話文運動。對于作爲一位啓蒙運動人物的胡適先生之評斷，作者認爲羅素先生底評語最富睿智。羅素先生說：『談到中國現存人物中具有必要的才智者，就我親自接觸到的而論，我願意舉胡適博士爲例。他具有廣博的學識，充沛的精力，對于致力中國之改革則抱着無畏的熱望。他所寫的白話文鼓舞着中國進步分子底熱情。他願意吸收西方文化中的一切優點；但是他却不是西方文化之盲目的崇拜者。』(The Problem of China, Page 264) 直到目前爲止，就作者所知，在一切對胡適先生的評斷中，沒有比這更公正的了！

處於這樣緊要的關口上，我們所面臨的問題是：中國人今後究竟應須排除『胡適思想』呢？還是要採取『胡適思想』？對于這個問題的解答，不能訴諸任何種類底情感與情緒，必須訴諸經驗與理知。

有人將中國目前的禍亂歸咎於『五四運動』及『胡適思想』。在一切反對的論證之中，沒有比這一論證更經不起翻駁的了。中國那一套出自靜滯農業社會的政治，倫敎，文物制度之不能適應全世界走上科學文明的新形勢，遠自一八四二年鴉片戰爭開始卽已露其端倪。一百多年來，這一古老的大廈，站在科學文明的大流衝激之中，搖搖欲墜，破綻畢露，險象環生。到了『五四』時代，可謂『敗象大露』。『五四』運動

一起，不過是下個訃文而已。如其不然，幾千年古老而『堅强』的文教建構，那裏能夠被幾個書生一喊就垮？事實上是這樣的：古老的建構倒了，而强有力者們又不肯『自我適應』，走『五四』的道路，行科學與民主。他們一味地順着下坡路滾，所以釀出目前的禍亂。這怎能怪『五四運動』與『胡適思想』呢？所以，把中國目前的禍亂歸咎於『五四運動』與『胡適思想』，簡直是『倒果爲因』的不明事理之談。與其，情感用事，責怪『五四運動』與『胡適思想』，不如擦亮双眼，把古老中國底一套，與西方的科學文明比較比較吧！

近四十年來，中國國運底起伏隆替，幾乎可以拿『胡適思想』之消長作個記錄的寒暑表。在這四十年裏，中國人多容納並吸收『胡適思想』之時，正是中國比較和平、安定、進步、趨向開明之時。回頭說也是一樣：中國比較和平，安定、進步、趨向開明之時，正是中國人多容納並吸收『胡適思想』之時。反之，中國底國運乖違，禍亂如麻，趨向固蔽之時，也就是『胡適思想』橫遭排斥與嫉視之時。回過頭來說也是一樣：『胡適思想』橫遭排斥與嫉視之時，也就是國運乖違，禍亂如麻，趨向固蔽之時。從個中消息，我們不是可以看出中國是否需要『胡適思想』之薰陶嗎？

我們在前面說過，『胡適思想』是主漸進的，重具體的，反敎條的，個人本位的，存疑的，重實證的，與啓蒙的。這種思想，旣不堂皇壯觀，又非玄不可及，而是平實易行的。這種思想，就是『開放的社會 (open society)』裏『開放的自我 (open self)』所具有的思想。（關于這方面的論析，請參看 Charles Morris: The Open Self, Prentice-Hall, Inc., New York, 1948) 大致說來，整個的西方社會，就是浸潤在這種思想之中。所以，質實說來，整個的西方社會，大致生活在『胡適思想』中。或者說：『胡適思想』大致是從整個西方社會底實際生活中提鍊出來的。你要反，如何反得了？反了又有何益？

生活在這種思想氛圍裏的西方人，過着自由，平等，康樂，和幸福的日子。可是，生活在半神話半玄學氛圍裏的人，却長期爲貧困，動亂，和暴政所折磨。兩相對照，優劣之分，何其顯明！

作者不是預言家。作者底思想方式也不助長我作任何預言。現在的問題，並非『胡適思想』將來在中國是否會普及的問題，而是：必須『胡適思想』在中國普及，

中國人才有辦法，中國人才能坦坦易易地活下去，中國才有起死回生底可能。其他的思想路子，不是情感的發洩，就是歷史的浪費。一個國邦，豈能長期在情感的發洩和歷史的浪費之中存在下去麼？

作者提出這個問題，要求重理知的人士再思考。

出自第二十八本下（一九五七年五月）

THE NEO-CONFUCIAN SOLUTION OF
THE PROBLEM OF EVIL

by

WING-TSIT CHAN 陳榮捷

The problem of evil has always buffled philosophers. Chinese philosophers have had no more satisfactory solution than their Western counterparts. But the problem has, been a real one to them and persistent attempts have been made to solve it.

PRE-SUNG THEORIES OF EVIL

In Chinese philosophy the problem is closely tied up with that of human nature. Early Chinese thinkers, being primarily interested in government and morality, did not tackle the problem of human nature as a metaphysical one and whether human nature is originally good or not. They accepted it as a fact and were chiefly concerned with what to do with it for the benefit of the individual and society. They spoke of "regulating nature[1] 節性." Confucius (551–479 B. C.), too, directed his attention almost chiefly to practical affairs. As to human nature, he merely remarked that "By nature people are near one another, but through practice they have become apart[2]." This saying possibly makes Confucius the first in Chinese history to have formulated a definite proposition about human nature. But since his emphasis was on practice, the philosophical problem of good and evil was not taken into consideration. Of course, the passage in the *Book of Changes*, "What issues from the Way is good and that which realizes it is in the individual nature... The realization of nature... is the gate to truth and righteousness," points to the doctrine of original goodness, but the date of the book is uncertain[3]. At any rate, it is safe to say that early Chinese thinkers were first and foremost reformers and educators; their teachings were concerned with what to do

---

(1)　*The Book History*, "the Book of Chou," 尚書周書 Bk. 12, sec. 15; English translation by James Legge, *The Shoo King*, The Chinese Classics, Vol. III, London, Henry Frowde, 1865, p. 429.

(2)　*Analects*, 17/2.

(3)　*The Book of Changes, hsi-tz'u* I, 易繫辭 chaps 5 & 7. See English translation by James Legge, *Yi King*, Sacred Books of the East, Vol. XVI, Oxford, Clarendon Press, 1882, pp. 355 &359.

with man's nature but not with its metaphysical reality.

By the time of Mencius (371–289 B. C.?), however, the philosophical problem of good and evil could no longer be ignored. Confucius had taught what the good was and how to achieve it but did not explain why. It was now necessary to provide an explanation. Between the time of Confucius and that of Mencius, there was a vigorous religious development as evidenced by the religious nature of the *Doctrine of the Mean*[1] 中庸. This development makes an investigation of the moral nature of the individual imperative. Besides, at Mencius time, a variety of doctrines on human nature grew up[2]. There were those who believed that man's nature may be made to practice good and it may be made to practice evil[3]. There were those who believed that "the nature of some is good while the nature of others is evil[4]." And there was Kao Tzu who claimed that "man's nature is indifferent to good and evil[5]." Mencius had to face the issue and he blankly declared that "man's nature is naturally good just as water flows downward[6]." "When men suddenly see a child about to fall into a well," he said, "they all have the feeling of alarm and distress, not in order to gain friendship with the child's parents, nor to seek the praise of their neighbors and friends, not because they dislike the reputation [of being unvirtuous]." From this he concluded that "A man without the feeling of mercy is not a man; a man without the feeling of deference and complaisance is not a man; a man without the feeling of shame and dislike is not a man; and a man without the feeling of right and wrong is not a man. The feeling of commiseration is the beginning of love; the feeling of shame and dislike is the beginning of righteousness; the feeling of deference and complaisance is the beginning of propriety; and the feeling of right and wrong is the beginning of wisdom. Men have these four beginnings just as they have their four limbs." "These four, love, righteousness, propriety, and wisdom," he added, "are not drilled into us from outside. We are originally provided with them[7]."

These utterances are extremely important because they represent the

---

(1)　Traditonally attributed to Confucius' grandson, Tzu-szu 子思 (483–402 B. C.?). Some modern scholars have dated it later.

(2)　See *The Book of Mencius*, 6A/4–5.

(3)　*Ibid.*, 6A/6.

(4)　*Ibid.*, 6A/6.

(5)　*Ibid.*, 6A/2.

(6)　*Ibid.*, 6A/2.

(7)　*Ibid.*, 2A/6; 6A/6.

first philosophical approach to the problem of human nature in China. Equally significant is Mencius' conclusion that human nature is originally good. But since man's nature is basically good, he had to answer the question why man practices evil. His answer is typically Confucian and is entirely in line with ancient teachings, namely, that man himself is responsible. "If we follow our essential character," he said, "we will be able to do good....If man does evil, it is not the fault of his original endowment....Therefore it is said: Seek and you will find them [love, righteousness, propriety, and wisdom], neglect and you will lose them. Men differ from one another by twice as much, or five times, or an incalculable amount, because they have not fully developed their original endowment[1]." As to why man does not fully develop his original endowment, Mencius again turned to man himself. The failure is due to one's "losing the originally good mind[2]," "self-destruction and self abandonment[3]," "lack of nourishment[4]," "failure to develop one's noble and great elements in oneself[5]," "failure to preserve one's mind[6]," "lack of effort[7]," or simply lack of thought[8]. It is clear that man is the cause of his own downfall. Not that Mencius ignored the influence of environment. In explaining why water could be forced uphill, he said that it is not the nature of water but the force applied from outside that made it possible[9]. And to explain the inequality of products, he recongized the difference of the soil and the unequal nourishment afforded by the rains and dews[10]. Nevertheless, his emphasis on man's own responsibility is unmistakable.

But to hold man himself responsible for evil is no solution of the problem. To say that man does evil because he loses his originally good mind, for example, is to beg the question, for the act of losing one's originally good mind is itself an evil. To this question Hsün Tzu 荀子 (fl. 289–238 B.C.) offered a unique answer. To him, "Man's nature is originally evil and its goodness is the result of nurture"[11]. We need not go into his arguments,

(1) *Ibid.*, 6A/6.
(2) *Ibid.*, 6A/8.
(3) *Ibid.*, 4A/10.
(4) *Ibid.*, 6A/8.
(5) *Ibid.*, 6A/5.
(6) *Ibid.*, 4B/8; 6A/8.
(7) *Ibid.*, 6A/7.
(8) *Ibid.*, 6A/6.
(9) *Ibid.*, 4A/2.
(10) *Ibid.*, 4A/7.
(11) *Hsün Tzu*, ch. 23; cf. English translation by Homer H. Dubs, *The Works of Hsüntze*, London, Arthur Probsthain, 1928, pp. 305–308.

which center on the idea that natural desires, if unchecked, will result in excess and disorder. We may say that he was the first one in Chinese history to give a psychological explanation of evil. Unfortunately, he failed to account for it. Why should man's feelings inevitably result in strife and rapacity? His answer is no less begging the question than that of Mencius. Like Mencius, he was primarily interested in a good individual and a good society. He therefore stressed transformation through education, law, and the guidance of propriety and righteousness. As to his explanation of the nature of evil, it is psychological but not metaphysical.

As long as philosophers focussed their attention on practical affairs, they would not go beyond the practical aspects of the problem of evil. For a metaphysical solution of the problem, it is necessary to go beyond the world of human affairs, to the realm of reality itself. This important step was taken by Tung Chung-shu 董仲舒 (c. 179-c. 104 B. C.), who may be said to be the first Chinese philosopher to offer a reasonable though inadequate metaphysical explanation of evil. For this reason, Tung is far more important than Mencius or Hsün Tzu in the metaphysical question of human nature, for while they begged the question, Tung evolved a formula that is at least objective and definite. According to this formula, in man's nature there are both good and evil, just as there are the two cosmic forces in the universe, namely, the *yin*, or passive or negative force, and the *yang*, the active or positive force. He equates nature with *yang* and feelings with *yin*, thus making nature the source of goodness and feelings the source of evil[1]. He may have merely drawn an analogy. But good and evil are now correlated with the cosmic forces. In other words, good and evil are now traced to the realm of Nature. Man is still responsible for his deeds, but any solution of the problem of evil must be sought beyond practical human affairs. For the first time the problem is considered metaphysically and that is why Tung is exceedingly important in this matter. This fact should be stressed because it is not generally realized. It shoud be underlined that with him we have the beginning of a metaphysical deliberation on evil. Strangely enough, it was the Yin Yang philosophy that helped make the transition. Without it, the transition from evil as a practical problem to evil as a metaphysical one could not have taken place.

（1） *Ch'un-ch'iu fan-lu* ("Luxuriant Crown Gems of the *Spring and Autumn Annals*"), 春秋繁露(深察名號篇), ch. 35. *Szu-pu ts'ung-k'an* edition, 1929, 10/5a.

Viewed in this light, it is not incorrect to say that Tung's new approach practically forced later Confucianists to philosophize upon human nature as they did. Generally speaking, in the Western Han period (206 B. C.–9 A. D.) both Confucian and Taoist philosophers ascribed goodness to nature and evil to feelings. This dualistic theory remained the dominant one throughout the Western Han period and extended into the Eastern Han (25–220 A. D.). This can be seen that in the *Comprehensive Discussions in the White Tiger Hall* 白虎通 which sums up the prevailing opinions in the first century A. D. and immediately before, where it definitely says that "Nature is the application of *yang* while feelings are the transformations of *yin*," and, quoting a work now non-existent, "the material force of *yang* means love while the material force of *yin* means greed. Hence in feelings there are selfish desires while in nature there is love[1]" It is not enough to say that this dualistic theory is the result of an attempt to compromise or synthesize the two cardinal doctrines represented by Mencius and Hsün Tzu, as it is often said. The attempt was sure, but the philosophical force at work was even more significant, for the problem of evil was now discerned on a metaphysical level.

Similarly, the theories of human nature from the Western Han through the Wei (220–265 A. D.) and Chin (265–419 A. D.) times were not merely an effort to remove the conflict between Mencius and Hsün Tzu, but an attempt to find a philosophical solution to the problem of good and evil natures. Generally speaking, the controlling thought in these periods was that the nature of man may be classified into several categories, usually three. Take Wang Ch'ung 王充 (b. 27 A. D.) as the representative. According to Fu Szu-nien 傅斯年 (1896–1950 A. D.), Wang is the father of the three-grade theory[2]. In his *Lun-heng* 論衡 ("Balanced Inquiries") Wang Ch'ung wrote, "I believe that when Mencius said that human nature was originally good, he was thinking of people above the average; when Hsün Tzu said that human nature was originally evil, he was thinking of people below the average; and when Yang Hsiung 揚雄 (53 B. C.–18 A. D.) said that human nature was mixed with both good and evil, he was thinking of average people[3]." Clearly Wang Ch'ung

---

(1) *Po-hu t'ung* 白虎通, ed. by Pan Ku (32–92 A. D.) 班固, *Szu-pu ts'ung-kan* edition, 1929, 8/1a; see English translation by Tjan Tjoe Som, *Po Hu T'ung, The Comprehensive Discussions in the White Tiger Hall*, Leiden, E. J. Brill, 1949, Vol. II, 1952, p. 565.

(2) *Hsing-ming ku-hsün p'en-cheng* 性命古訓辯證 ("Critical Studies of *Classical Interpretations of Nature and Destiny*"), Shanghai, Commercial Press, 1940, 3/7b.

(3) *Lun-heng*, Bk. 3, ch. 4; cf. English translation by Alfred Forke, *Lun-heng, Millteilungen des Seminars für Orientalische Sprachen*, Vol. X (1907), p. 165; also *Lun-heng*, London, Luzac, 1907, p. 384.

was here trying to compromise Mencius and Hsün Tzu and to combine their theories with that of Yang Hsiung which is itself a compromise. What is more important, however, is that the theories of grades are all based on the proposition that goodness proceeds from nature and evil from feelings, thus essentially conforming to Tung Chung-shu's formula. The theory of grades reached its climax in the T'ang period (618–907 A. D.), notably in Han Yü 韓愈 (768–824 A. D.). As a matter of fact, he is generally credited with originating the theory. Actually that was not the case. It is true that he was the first to apply the term "three grade" (三品 san-p'in) to the theory of human nature. But the term is found in several places in the Classics, and Hsün Yüeh 荀悅 (148–209 A.D.) six hundred years before him had propounded the theory of three grades of human destiny[1]. The theory of three grades of human nature had been taught in Buddhism, specifically in the *Treatise on the Completion of Ideation-Only*, or the *Ch'eng wei-shih lun* 成唯識論 (*Vijñaptimātratāsiddhi*), which was translated into Chinese by Hsüan-tsang 玄奘 (596–664 A. D.) some 150 years before. In chapter five of that treatise it is stated that there are the good nature, the neutral nature, and the evil nature. This is not to suggest that Han Yü borrowed his idea from Buddhist Idealism, for there is no evidence that he had studied the Buddhist text. But the Buddhist doctrine was a very common one among the Buddhists whom Han Yü vigorously attacked. As Fu Szu-nien has suggested, the actual source of Han Yü's theory is Wang Ch'ung[2].

Whether this is the case or not, the significant thing to note is that as an effort to find a solution to the problem of evil, Han did not go beyond Tung Chung-shu. In his well-known essay *Yuan-hsing* 原性 ("An Inquiry on Human Nature") he said, "Nature comes into existence with birth, whereas feelings are produced when there is contact with things.... There are three grades of nature, namely, the highest, the medium, and the lowest. The highest is good, the medium may be led to be good or evil, and the lowest is evil. Nature consists in five virtues, namely, love, righteousness, propriety, good faith, and wisdom. Men of highest nature abide by the first and act according to the other four virtues. Men of medium nature do not possess much of the first but do not violate it, and are mixed in the other four. Men

---

(1)　*Shen-chien,* 申鑒 ("A Mirror Once More"), *Szu-pu pei-yao* edition, 1934, 5/2b.
(2)　*Op. cit.*

of lowest nature violate the first and oppose the other four[1]." Here the correlation between good and evil with nature and feelings is obvious. In his friend or pupil, Li Ao 李翺 (798 A. D.), this correlation is even more pronounced. In his treatise on recovering nature 復性篇, he said that "it is man's nature that enables him to become a sage and it is his feelings that leads his nature astray[2]."

From the above it will be seen that from the Western Han through T'ang, for a period of almost a thousand years, Confucianists adhered to the theory that human nature and human feelings form two separate levels and correspond to good and evil, respectively. In this they advanced further than ancient Confucianists who approached the problem of evil entirely within the framework of man himself. Instead, they correlated man's good and evil natures with the realm of Nature. This, as already pointed out, was forced upon them by Tung Chung-shu's theory of the correspondence of man and Nature. In short, the problem of evil was now raised to the metaphysical level.

It should be added that from the third through the ninth century, the Taoists, and then the Buddhists, seriously and extensively discussed the problem of the good and evil natures of man, and thus directly or indirectly reenforced the Confucian doctrine. In the case of Li Ao, for example, his utterances such as "When there is neither cognition nor thought, then the feelings will not arise" and "To stop feelings by means of feelings is to aggravate feelings" might well have come from the mouth of a Zen Buddhist.

But the solution so far is not a real one. In the first place, to ascribe evil to man's feelings is no more satisfactory than to ascribe it to man's self-neglect as did Mencius. If feelings are evil, then this evil itself needs to be explained. Secondly, to say that feelings are evil is to contradict human experience. Thirdly, the doctrine conflicts with the traditional Confucian doctrine that feelings are basically good, as taught in the *Doctrine of the Mean*[3]. Most serious of all, the doctrine does not offer any positive solution to the problem of evil. If it is solution at all, it is merely negative.

---

(1) *Yüan-hsing*, in *Han Ch'ang-li ch'üan chi* 韓昌黎全集 ("Complete Works of Han Yü"), ch. 11; cf. English translation by James Legge, "An Examination of the Nature of Man," *The Chinese Classics*, Vol. II, Oxford, Clarendon Press, 1895, pp. 89–91.

(2) *Li Wen-kung chi* 李文公集 ("Collected Works of Li Ao"), *Szu-pu ts'ung-k'an* edition, Shanghai, Commercial Press, 1929, 2/5a.

(3) *The Doctrine of the Mean*, ch. 1.

THE CONTRIBUTION OF
NEO-CONFUCIANIST CHANG TSAI 張載

There was no positive or logical answer to the question, "Whence comes evil," until the Neo-Confucian philosopher Chang Tsai (Chang Heng-ch'ü 張橫渠, 1020–1077 A. D.). According to him, evil arises with the emergence of physical nature, that is nature associated with Material Force 氣 (*ch'i*). He said, "Nature in man is never evil....With the existence of physical form, there exists the physical nature. If one skillfully recovers the Nature of Heaven and Earth [that is, the original, good nature before the endowment of Material Force], then it will be preserved. Therefore in the physical nature there is that which the superior man denies to be his original nature."[1]

For an explanation of the above statement, we must turn to an earlier passage in Chang's work, which reads, "In its original state of Great Vacuity 虛 (*hsu*, Void), Material Force is absolutely tranquil and formless. As it is acted upon, it engenders the two fundamental elements of *yin* and *yang*, and through integration gives rise to forms. As there are forms, there are their opposites. These opposites necessarily stand in opposition to what they do. Opposition leads to conflicts, which will necessarily be reconciled and resolved. Thus the feelings of love and hate are both derived from the Great Vacuity."[2] In other words, when the original state of being, the Great Vacuity, assumes form, differentiation necessarily follows. As it is expressed in his famous dictum, "Reality is One but it differentiates into the Many." In the state of differentiatedness, there is bound to be opposition, discrimination, and conflict, which give rise to evil. Furthermore, in the process of differentiation, our endowment often lacks harmony and balance, and this lack leads us to deviate from the Mean. This deviation is evil. Thus physical nature gives rise to two types of evil: first, setting the self against the other, and second, lack of harmony and balance. In the words of the greatest of all Neo-Confucianists, Chu Hsi 朱熹 (1130–1200 A. D.), "The Nature of Heaven and Earth is the Principle 理 (*li*). As soon as and where *yin* and *yang* and the Five Agents [of Water, Fire, Wood, Metal and Earth] operate, there is physical nature. Herein lie the differences between intelligence and beclouding, and the heavy and the light."[3] "The two forces [of *yin* and *yang*]," he said, "sometimes mutually supplement each other and sometimes contradict each other...."

---

(1) *Cheng-meng* 正蒙 ("Correct Discipline for Beginners"), *Cheng-i-t'ang ch'uan-chi* edition, 3/8a.
(2) *Ibid.*, 2/10a.
(3) Commentary on the *Cheng-meng*, 3/8a.

Sometimes their operation is even and easy but sometimes unbalanced. Hence there is evil and there is good."[1]

The process of differentiation itself is not to be regretted, for it is a matter of necessity. As Chang Tsai said, "The Great Vacuity of necessity consists of Material Force. Material Force of necessity integrates to become the myriad things. Things of necessity disintegrate and return to the Great Vacuity."[2] As Chu Hsi put it later, "Without physical forms, Principle [that is, the Great Vacuity] would have nothing to adhere to."[3] That is to say, Great Vacuity or Principle would be abstract and unreal unless and until it becomes concrete through its being differentiated into the many. This is the reason why the Ch'eng brothers, Ch'eng Hao 程顥 (also called Ch'eng Ming-tao 程明道, 1032–1085 A. D.) and Ch'eng I 程頤 (also called Ch'eng I-ch'uan 程伊川, 1033–1107 A. D.), say that "It will not be complete to talk about the nature of man and things without including the Material force, and it will be unintelligible to talk about the Material Force without including the nature."[4] It is important to note here that with Buddhism and Taoism the world of differentiation, the world of multiplicity with all its discriminations and conflicts, is to be ignored, forgotten, or transcended. With the Neo-Confucianists, on the contrary, it is not only to be accepted as fact but also as an essential aspect of the Ultimate Being. As to why in the world of differentiation there is lack of balance, lack of harmony, conflict, or inequality, the Neo-Confucianists went right back to Mencius, who declared that "It is the nature of things that they are not equal."[5] As Ch'eng Hao said, "Nature produces various things——some long, some short, some large, and some small."[6]

We should note that the Neo-Confucianists did not say that differentiation resulting from physical nature as such is evil. That would be following the Buddhist doctrine that the world is an illusion. What they meant is that in differentiation is the occasion for evil. Here we have a logical explanation of the emergence of evil. No wonder Chu Hsi said, "The doctrine of physical nature originated with Chang and Ch'eng. It made a tremendous contribution to the Confucian School and is a great help to us students. No one before

---

(1) *Chu Tzu ch'uan-shu* 朱子全書 ("Complete Works of Chu Hsi"), Palace edition, 1713, 43/4a.
(2) *Cheng-meng,* 2/3b.
(3) *Op. cit.*
(4) *Ts'ui-yen* 粹言 ("Pure Words"), in the *Erh-ch'eng ch'uan-shu* 二程全書 ("Complete Works of the Two Ch'engs"), *Szu-pu pei-yao edition,* Shanghai, Chunghua Book Co., 1933, 2/21b.
(5) *The Book of Mencius,* 3A/4.
(6) *I-shu* 遺書 ("Literary Remains"), in the *Erh-Ch'eng ch'uan-shu,* 11/6b.

this has ennuciated such a doctrine. Hence with the establishment of the doctrine of Chang and Ch'eng, the theories [of human nature] of all previous philosophers collapse."[1]

As already suggested, the Neo-Confucian attempt to find an explanation of evil is not only to provide an answer for the question but also to preserve Mencius' doctrine of original goodness. However, while the Neo-Confucianists generally remained true to Mencius, they did not agree with him that evil originated with man. To them, it originated with physical nature. This does not mean that to the Neo-Confucianists evil is a natural phenomenon and not a moral one. Although they confused natural evil and moral evil, there is no doubt that to them moral good and evil arise only in human society. This is the reason why Ch'eng Hao declared that "Nothing can be said about the state before birth."[2] The problem of good and evil becomes real only when one's moral life has begun, when in a man-to-man relationship one has to deal with physical nature which is unbalanced and therefore causes him to deviate from the Mean and which puts him in the position of isolation, discrimination, and opposition, thus setting himself against another. The moral problem, then, is what to do with our physical nature. Chang Tsai's answer is, "Transform it."

This phrase, "Transform the physical nature," has been hailed by Neo-Confucianists as an outstanding contribution and has remained a golden teaching in the Confucian School. To Chang Tsai, as already pointed out, nature to man is never evil. "It depends on whether or not man can skillfully recovers the Nature of Heaven and Earth."[3] If we can skillfully recover it, then physical nature will be transformed. For ways and means of transformation, he urged study. "There is a great benefit in study," he said, because it can transform our physical nature.[4] He also urged virtue. "When virtue does not overcome the Material Force, our nature is determined and controlled by the Material Force. But when virtue overcomes the Material Force, then our nature is determined and controlled by virtue....Only life, death, longevity, and premature death are due to the Material Force and cannot be transformed."[5] But the most important way to transform physical nature is what

(1)　Commentary on the *Cheng-meng*, 3/8a.
(2)　*I-shu*, 1/76.
(3)　*Cheng-meng*, 3/7b.
(4)　*Ibid.*
(5)　*Ibid.*, 3/9a.

he called "enlarging the mind." "When one enlarges his mind," he said, "one can embrace all things in the universe. As long as there is something not yet embodied by me, then there is still something outside my mind. The mind of a common man is limited to the narrowness of what he has heard and seen. The sage, on the contrary, does not allow his limited knowledge to restrict his mind, but regards all things in the universe as part of himself."[1]

This passage should call to mind Chang Tsai's famous essay, "Western Inscription," in which he declares that "Heaven is my father, Earth my mother, and all human beings my brothers." When all discriminations and oppositions and distinctions between the self and the non-self are eliminated, men and Heaven will become one body.

But what makes it possible for the mind to enlarge itself? To go back to Mencius' doctrine of native ability to do good is uselss, because such ability itself needs an explanation. In this respect, Chang Tsai offered only an unsatisfactory and what might even be called a negative explanation although philosophically it is very important. This is his concept of the Great Vacuity. Only when reality is a Vacuity can the Material Force operate, and only with the operation of the Material Force can things mutually influence, mutually penetrate, and mutually be identified. Thus the Great Vacuity is the necessary condition for the removal of oppositions and conflicts.

This doctrine of the Great Vacuity is very important because, unlike the Taoist Vacuity, which is pure Void in which individual things are transcended, it is the very thing that makes individual things possible and real, achieve harmony among themselves, and attain full being. Thus Chang Tsai's concept of the Great Vacuity is not a blind borrowing from the Taoist, as sometimes asserted. Rather, it is a conversion of the Taoist concept from something negative to something positive.

But so far as goodness of human nature is concerned, the doctrine of Vacuity is negative because it only provides the necessary condition for the transformation of physical nature but does not explain why human nature is good, what makes it good, and what makes it possible to grow and extend so as to overcome conflicts and restore balance. The answer to these questions lies in the Neo-Confucian concepts of *jen* and *sheng*, which were chiefly developed by the Ch'eng brothers.

(1) *Ibid.*, 3/11b.

THE CH'ENG BROTHERS AND THE CONCEPTS
OF JEN 仁 AND SHENG 生

It is not necessary to recite the whole history of the development of the central Confucian concept of *jen*. Suffice it to note that from its ancient meaning of kindness as a particular virtue, Confucius radically changed it to mean all-inclusive universal virtue. It denotes the general meaning of moral life at its best, or as Mencius put it, that by which "a man is to be a man."[1] In the next twelve hundred years, *jen* was understood as love, that is, love for all men.[2] With the Neo-Confucianists of the eleventh and twelfth centuries, the concept underwent another important development. We have already referred to Chang Tsai's "Western Inscription." It seems to be an insignificant piece, but it marks an important step in the advancement of Chinese thought. "Heaven is my father and Earth is my mother," it begins, "and such a small creature as I find an intimate place in their midst....All people are my brothers and sisters, and all things are my companions."[3] Although the inscription is very short, it exercised tremendous influence on the thinking of Chinese philosophers at his time and has ever since. Its primary purpose, as Yang Kuei-shan (楊龜山 1053–1135 A. D.) pointed out, is to urge the student to seek *jen*.[4] Here we have an important development, that is, that *jen* not only means the love of all people but the love of all things as well. In other words, love is truly universalized.

This doctrine received strong impetus in the Ch'eng brothers. In his famous treatise on *jen*, the *Shih-jen p'ien* 識仁篇 ("On Understanding the Nature of *Jen*"), which has been a *vade mecum* for many a Chinese scholar, Ch'eng Hao begins, "The student must first of all understand the nature of *jen*. The man of *jen* forms one body with all things comprehensively."[5]

---

(1) *The Book of Mencius*, 7B/16.

(2) For a detailed account, see my article "The Evolution of the Confucian Concept *Jen*," *Philosophy East and West*, 4/4 (January, 1955), pp. 295–305.

(3) *Hsi-ming* 西銘 ("Western Inscription"); cf. German translation by Werner Eichhorm. "Die Westinschrift des Chang Tsai, ein Bertrag zur Geistesgeschichte der Nördlichen Sung," *Abhandlungen für die Kunde Des Morgenlandes*, Vol. XXII (1937), pp. 33–73; French translation by Ch. de Harlez, "Le Si-ming, Traité philosophique de Tschang-tze, avec un double Commentaire," *Actes du Congrès International des Orientalistes* (1889), pp. 35–52; English translation by P. C. Hsü, *Ethical Realism in Neo-Confucian Thought*, Peiping, privately published, 1933, Appendix, pp. xi-xii.

(4) *Kuei-shan yü-lu* 龜山語錄 ("Recorded Conversations of Yang Kuei-shan"), *Ssu-pu ts'ung-k'an* edition, 1934, 2/18b, 3/28a.

(5) *I-shu* 遺書, (in the *Erh-Ch'eng ch'üan-shu*) 2A/3a.

Elsewhere he says, "The man of *jen* regards the universe and all things as one body."[1] His brother Ch'eng I also said, "The man of *jen* regards Heaven and Earth and all things as one body."[2] Their utterances have become so familiar that they have come to be regarded as the originators of the doctrine rather than Chang Tsai.

From the time of Chang Tsai, every Neo-Confucianist has elaborated or at least repeated the idea. Among them, Wang Yang-ming 王陽明 (also called Wang Shou-jen王守仁, 1472–1529A.D.),has been generally recognized as the strongest champion of the doctrine. He said, "The great man regards Heaven and Earth and the myriad things as one body. He regards the world as one family and the country as one person. As to those who make a cleavage between objects and distinguish between the self and others, they are small men. That the great man can regard Heaven, Earth, and the myriad things as one body is not because he deliberately wants to do so, but it is natural with the loving nature of his mind that he forms a unity with Heaven, Earth, and the myriad things."[3]

But what makes it possible for man to extend this love to cover the entire universe? As has been said before, Chang Tsai's theory of Vacuity only provides a negative condition. For a positive explanation, we have to go to a new concept of *jen*, namely, *jen* as a dynamic process of creativity. This new concept was chiefly developed by the Ch'eng brothers. This is what the elder brother has to say:

> "Books on medicine describe paralysis of the four limbs as absence
> of *jen*. This is an excellent description....If things are not parts
> of the self, naturally they have nothing to do with it. As in the
> case of paralysis of the four limbs, the vital force no longer pene-
> trates them,. and therefore they are no longer parts of myself. There-
> fore, to be charitable and to assist all things is the function of the
> sage."[4]

This analogy of paralysis may sound naive, but it contains an exceedingly significant idea, namely, that *jen* is a life force. If *jen* is merely something

---

(1) *Ibid.*, 2A/2a.

(2) *Ts'ui-yen*, 1/7b.

(3) *Yang-ming ch'uan-shu* 陽明全書 ("Complete Works of Wang Yang-ming"), *Szu-pu pei-yao* edition, Shanghai, Chunghua Book Co., 1934, 26/1b; cf. English translation by Frederick Goodrich Henke, *The Philosophy of Wang Yang-ming*, Chicago, Open Court, 1916, p. 107.

(4) *I-shu*, 2A/2a.

comparable to the feeling of pain in the case of illness, it would be nothing more than a state of mind. But what is in operation is not merely feeling, but the life force, the dynamic element behind all production and reproduction.

The idea of life force (*sheng*) goes back to the *Book of Changes* where it is declared, "The great virtue of Heaven and Earth is to give life."[1] But to make *jen* and life-giving synonymous was definitely an innovation of the Ch'eng brothers. Ch'eng Hao said, "The will to grow in all things is most impressive.... This is *jen*."[2] And according to Ch'eng I, "The mind is like seeds. Their characteristic of growth is *jen*."[3] And their pupil, Hsieh Liang-tso 謝良佐 (1050–1103 A. D.), said, "The seeds of peaches and apricots that can grow are called *jen*. It means that there is the will to grow. If we infer from this, we will understand what *jen* is."[4] To call the seeds of fruits *jen* and the dynamic creative moral force also *jen* is not just a pun. It means that whereas hitherto *jen* meant love or universal love, to the Ch'eng brothers the fundamental character of *jen* is to grow, to create, to produce and reproduce, to give life. All virtues spring from it. Because by nature *jen* is creative and therefore expansive and increasingly inclusive, it will not stop until it covers the entire universe. Let Chu Hsi elaborate on this idea of creativity:

> "[The Ch'eng brothers said], 'The mind of Heaven and Earth is to produce things.'[5] [They also said], 'In the production of man and things, they receive the Mind of Heaven and Earth as their mind.'[6] These sayings describe the moral qualities of the mind in a most comprehensive and penetrative manner and leave nothing to be desired. Nevertheless, one word will cover all, namely, *jen*. Let us explain. The Mind of Heaven and Earth has four characteristics, namely, Origination, Development, Adaptation, and Correction. But Origination covers them all. In its operation it becomes the sequence of spring, summer, autumn, and winter, but the vital force of spring penetrates them all. Similarly, the mind of man has four characteristics, namely, love, righteousness, propriety, and wisdom, but love embraces them

---

(1) *The Book of Changes, hsi-tz'u,* II, ch. 1; cf. Legge, *op. cit.,* p. 381.
(2) *I-shu,* 11/3a-b.
(3) *Ts'ui-yen,* 1/4b.
(4) *Shang-ts'ai yü-lu* 上蔡語錄 ("Recorded Sayings of Hsieh Liang-tso"), *Cheng-i-t'ang ch'üan-chi* edition, 1/2b.
(5) *Wai-shu* 外書 ("Additional Works"), in the *Erh-Ch'eng ch'uan-shu,* 3/12.
(6) This saying is not found in their extent works.

all....For the way of *jen* is that the Mind of Heaven and Earth is to give life....it is the source of goodness and the basis of all conduct."[1]

Elsewhere Chu Hsi said, "*Jen* as the principle of love is comparable to the root of a tree and the spring of water."[2] "Wherever *jen* is in operation the idea of righteousness becomes the reality....It is like the will to grow, like the seeds of peaches and apricots."[3] In other words, since the Mind of Heaven and Earth is to produce and reproduce, and man receives this Mind to be his mind, therefore his original nature is good because it is the original character of his mind to give life. *Jen* as the life-giving force is therefore natural to him. It is this dynamic, creative life-giving quality that makes the growth and extension of the good inevitable.

To sum up, evil is a natural fact, because in man's natural endowment there is the lack of balance which gives rise to a state of discrimination and also a state of opposition between the self and the non-self. But man has the ability to change this state of affairs. He can transform his physical nature, and he can do so because in his nature there is this *jen* which is a creative life-force and makes his goodness grow until it covers the entire universe.

SOURCES OF THE IDEA OF LIFE-FORCE (*Sheng*)

Where did this idea of *sheng* come from? The external evidence is that it came from the *Book of Changes*, as the above quotations already show. But why did this idea suddenly occur with the Ch'eng brothers after having been dormant for a thousand years? Of course it can be said that with Neo-Confucianists, the *Book of Changes* assumed special importance.[4] Ch'eng I himself wrote a commentary on the classic. It is understandable that the *Book of Changes* should receive special attention from the Neo-Confucianists, because faced with Buddhist epistemology and metaphysics, they found the Confucian prose and poetry of the T'ang period inadequate to meet the Buddhist challenge and had to resort to a book of philosophical nature to reconstruct the Confucian philosophy. The *Book of Changes* met this need.

---

(1) *Chu Tzu ch'üan-shu,* 47/22a-b.
(2) *Ibid.,* 47/37a.
(3) *Ibid.,* 47/3a.
(4) Chou Lien-ch'i 周濂溪 (1017-1073 A. D.) based his entire philosophy on the *Book of Changes.* Hu Yüan 胡瑗 (993-1059 A. D.), Ou-yang Hsiu 歐陽修 (1007-1072 A. D.), Szu-ma Kuang 司馬光 (1019-1086 A. D.), Wang An-shih 王安石 (1021-1086 A. D.), etc. all wrote commentaries on the classic.

But the emergence of the idea of *sheng* requires further explanation. Several factors can be offered. One is the influence of the personality of Chou Lien-ch'i 周濂溪 (also called Chou Tun-i, 周敦頤 1017–1073 A. D.) on the Ch'eng brothers. We are not here concerned whether the two Ch'engs were actually pupils of Chou Lien-ch'i. Ch'eng Hao did say that he studied under philosopher Chou.[1] But he also called him by name[2] and even called him "poor Buddhist fellow,"[3] an unlikely remark for a pupil to make. But there can be no doubt that through informal contacts, at least, Chou exercised marked influence on them. Ch'eng Hao himself recalled that when he was sixteen or seventeen, he had loved to hunt but after he saw Chou he no longer loved the sport.[4] Philosopher Chou was well known for his love of life, even to the point of refusing to cut the grass in front of his window. When Ch'eng Hao was asked about it, he said, "I feel the same way."[5] When he became an official and saw his people carrying sticks to strike birds in flight, he took the sticks and broke them.[6] Here we can see the personal influence of Chou at work.

It is inevitable that the love of life in Ch'eng Hao's personality also characterizes his outlook on life in general. It is only natural that he saw the universe in general, and *jen* in particular, as a life-giving process. His brother, too, had a similar conviction. He said, "It is the Way that spontaneously produces and reproduces without end."[7] Again, "In the transformation of the universe, production and reproduction naturally go on without end."[8]

Another factor that deserves attention is the Buddhist idea of "seeds". The concept that consciousness consists of "seeds", that is, generative forces, is a cardinal one in Buddhist Idealism. According to the school, the mind is divided into eight consciousnesses, the eighth of which is the "store-consciousness." It stores the "seeds" or effects of good and evil deeds which exist from time immemorial and become the energy to produce manifestations. This store-consciousness is forever in a state of instantaneous change and is influenced, or "perfumed", by external manifestations. At the same time it

---

(1) *I-shu*, 2B/ab.
(2) *Ibid.*, 3/1b; 2B/ab.
(3) *Ibid.*, 6/4a.
(4) *Ibid.*, 7/1a.
(5) *Ibid.*, 3/2a.
(6) *Wen-chi* 文集, ("Collection of Literary Works"), in the *Erh-Ch'eng ch'uan-shu*, 7/2b.
(7) *I-shu*, 15/5b.
(8) *Ibid.*, 15/4b.

endows the perceptions and cognitions coming from the external manifestations with the energy of the "seeds" which in turn produce manifestations.   This mutual process keeps on without cease, with "seeds", "perfuming", and the manifestations acting at once as cause and effect. Since all manifestations are results of "perfuming," which contains impure elements, the "seeds", which are absolutely pure, can be cultivated to overcome the impure aspects of the "store-consciousness". When that stage is reached, all manifestations will be seen as mere ideations and therefore illusory and the true nature of reality as Void will be revealed.

This Buddhist school was very active in the city of Loyang where the Ch'eng brothers lived. Furthermore, they both studied Buddhism. As Ch'eng I said, his brother "went in and out of Buddhist schools for almost a decade before he finally returned to Confucianism."[1] Both brothers had Buddhist friends. Their pupil, Hsieh Liang-tso, came very close to Buddhism and actually used the phrase "seeds of peaches and apricots that can grow," already quoted above. Ch'eng himself said that "the mind is like seeds," as cited before. The resemblance of these ideas to those of Buddhism is striking.

It can be argued, of course, that there is a fundamental difference between Buddhism and Neo-Confucianism in this respect. In Buddhism, the "seeds" mutually "perfume" one another and hence the process is circular, whereas in Neo-Confucianism *jen* is a continuous growth and hence the process is evolutionary. The result is that the Buddhist "seeds" are essentially agents for annihilation and quietude, for the external manifestations are reduced by them to the Void. In contrast, the Confucian *jen* has the character of development and fulfillment. Furthermore, both Ch'eng brothers and Hsieh were critical of Buddhism.[2] Most important of all, there is no evidence that they had derived the idea of "seeds" from any Buddhist text or Buddhist thinker. From all this it can be argued that the Neo-Confucian idea of *jen* as life-force has nothing to do with Buddhism.

However, it is a well-known fact that Neo-Confucianism was vastly influenced by Buddhism. In meeting the Buddhist challenge, Neo-Confucianists developed new thinking but returned to ancient Confucian Classics for orthodox expressions. For example, they were stimulated to speculate on the reality of the universe, and in opposition to the Buddhist negative Void, they evolved

---

(1) *Wen-chi*, 7/6a.
(2) *I-shu*, 15/5b, 15/7b, 18/10b, 18/11a; *Shang-ts'ai yü-lu*, 1/12-b, 1/12-b, 2/4b, 3/1a.

the doctrine of a positive, concrete, all-inclusive Absolute and found in the Classics the term *li* 理 for it. Is it not unlikely that they were similarly stimulated by the Buddhist idea of "seeds" but because the Buddhist doctrine was negative they evolved a positive theory and went to the *Book of Changes* for the term *sheng*, that is, production and reproduction, and made it syno‑nymous with *jen*? At least, this is a plausible hypothesis.

A third factor is Han Yü. In his epoch-making essay "An Inquiry on the Way" 原道 (*Yüan-tao*), a central idea is *sheng*.[1] By vigorously attacking Bud‑dhism, the essay helped to turn the rising tide of Buddhism and restore Confucianism as the Chinese way of life.

What is this Way? Because the essay begins with statements on love, righteousness, truth, and virtue, repeats them, and puts them in direct opposi‑tion to those of Taoism, it has been traditionally understood as a treatise on these vitures. But love, righteousness, truth, and virtue are merely qualities by which the Way can be demonstrated; they are not the Way itself.

What did Han understand to be the Confucian Way? It is none other than the Way of *sheng*.

In his strong attack on Buddhism, he sharply contrasted the Confucian Way, which, as he put it, was "the Way of giving life and supporting one another," while that of Buddhism was the "way of doing away with the process of giving life and supporting one another but one of reducing life to silence and annihilation."[2] This contrast runs through the celebrated essay. Other well known passages about "ordering the state and regulating the family" and about truth, virtue, love, and righteousness are but elaborations of this central theme of life-giving.

Did the Ch'eng brothers derive their idea of *sheng* directly from Han Yü? From the narrow point of view, we cannot say so. After all, Ch'eng Hao was silent on Han. As to Ch'eng I, in his several references to Han, he did not mention Han's idea of *sheng*.[3] Even in his comment on the essay itself he ignored the idea.[4] From the broader point of view, however, Han formed an important link in the development from ancient Confucianism to

---

(1) "Yuan-tao" 原道 ("An Inquiry on the Way"). See Herbert A. Giles, trans., *Gems of Chinese Literature: Prose* (London: Bernard Quaritch, 1923), p. 115, and French translation by Geroge Margouliès in his *Kou-Wen chinois* (Paris: Geuthner, 1926), p. 177.

(2) *Ibid.*

(3) *I-shu*, 1/3b, 18/36b, 18/37a, 19/4b, 19/11b-12a, 23/3b.

(4) *Ibid.*, 1/3a, 19/12a.

Neo-Confucianism. It is generally accepted that Han and his contemporary Li Ao were forerunners of the Neo-Confucian movement. In attacking the Buddhist way of annihilation and in propounding the Confucian way of life-giving, Han perpetuated and enhanced the Confucian emphasis on production and reproduction. Besides, Han's essay virtually turned the intellectual tide of the T'ang period. It is not unreasonable, then, to believe that his dominant thought of life-giving should constitute a logical step toward the Neo-Confucian idea that reality as such is characterized by life-giving.

From the above, it is clear that the long dormant idea of production and reproduction in the *Book of Changes* was given a new life and meaning in the Neo-Confucian outlook on reality in general and in the solution of the problem of evil in particular. This new life and new meaning were brought about by Chou Lien-ch'i's influence on the Ch'eng brothers, by the Buddhist influence on Neo-Confucianism, and by the long tradition of the Confucian Way of "life-giving and supporting one another" raised to new heights by Han Yü.

In sum, it may be said that the evolution of the Chinese philosophy of evil has gone through four stages. In the pre-Han era, it was tackled primarily as a practical problem. From Han through T'ang, it was correlated with Nature, chiefly due to Tung Chung-shu, thus entering upon the metaphysical level. In the third stage, Chang Tsai provided a philosophical explanation of evil, but his doctrine of "transforming the physical nature" was still philosophically negative in that it did not explain why this could be done. Finally, the Ch'eng brothers evolved the doctrine *jen* as *sheng*, thus providing the creative force which makes the transformation of evil possible and inevitable.

ICONOGRAPHIC NOTE

Amitāyus differs from the figure of Amitābha inasmuch as he wears all the ornaments of a bodhisattva: diadem, earrings, necklace, breast chain, armlets, bracelets. In addition to these, he wears green scarves and a red lower garment (*dhoti*), while Amitābha is represented simply as a buddha without any ornaments. Both are red, the color of the setting sun, indicating their connection with the Western Paradise. Amitābha usually holds on the palms of his hands a blue alms-bowl, while Amitāyus has a golden vase of long life with an Açoka tree. The nimbus of Amitāyus is very elaborate, and golden beams of light on a deep blue background shoot forth from his body. They are framed by a beautifully patterned, wide circle which in turn is surrounded by a narrow, rainbow-like halo. The head is framed with a bright green nimbus bordered in gold, from behind which usually two red lotuses emerge. In the foreground are represented two goddesses who with Amitāyus are implored often for the bestowing of long life. To his left is Ushnīsha-vijayā, and to his right is the White Tārā (See *Yhk*, I, p. 77, figure 8). This group is called in Tibetan *Tshe lha rnam gsum* "The three divinities of long life." Between them there is an elaborate bowl of fruit and flowers(?).

出自第二十八本下（一九五七年五月）

WU-LIANG-SHOU (無量壽)
A COMPARATIVE STUDY OF TIBETAN AND
CHINESE LONGEVITY RITES

F. D. LESSING

University of California, Berkeley

PREFATORY NOTE

In April, 1932, my daughter (Mrs. B. Körner, now of the Museum für Völkerkunde in Berlin) and I, who at that time were associated with the Scientific Expedition under the leadership of Dr. Sven Hedin, stayed as guests of the Sunit Wang (Te Wang 德王), Demcygdongrob (T. Bde mchog don grub), in his palace in Inner Mongolia. There I was received in audience by His Serene Holiness the Pan chen lama, who then sojourned in that same place. For some time this high dignitary of the Yellow Church of Tibet had lived as a "political refugee" and guest of the Chinese Nationalist Government in various parts of China where he felt himself protected from the intrigues of his confrère, the Dalai lama, and the latter's hostile entourage.

The Pan chen rin po che, to give him his more complete title ("Great and Precious Doctor", paṇ standing for S. paṇḍita "scholar"), knew of my studies in Tibetan Buddhism and was quite inclined to further them by assigning a learned lama to teach me. Unfortunately, because our enjoyable stay at the court was cut short, I was unable to make use of his instruction. However, thus through his favor, I had the unique opportunity of assisting at a High Service, celebrated by the Grand Lama when he performed the "Rite of Obtaining Long Life through Amitāyus (Immeasurable Life), the Buddha of Longevity. The service received a particularly solemn note since the Pan chen lama is believed to be an incarnation of Amitābha "Immeasurable Light," of whom Amitāyus is a special aspect.

This celebration was occasioned by the arrival of a number of Tangutian men, women, and children who had made that formidable trek from the distant Kukunor area, driving their sheep over perilous roads and bleak wastelands and carrying their silver to the blessed spot where the august ruler of their church happened to reside. They did all this for the single purpose of receiving his blessings, the most coveted of which was, of course, the prolongation of their life span.

I had neither the facilities nor was there time to make preliminary studies in order to prepare myself for the important performance I was privileged to witness. The following essay is merely a synthesis of my notes, jotted down after the celebration, and a subsequent study of pertinent Tibetan rituals. To these are added an introduction and some necessary notes.

Honoring the eminent scholar, my inspiring teacher and warm friend, to whom this study is dedicated—may it be an suspicious omen to him, even as my presence at the ceremony has been interpreted as a lucky event in my own life—I have added the analysis of an analogous rite contained in the Chinese Buddhist "canon" and drawn a few comparisons between the two rituals.

It goes without saying that the investigation here presented cannot be anything other than a preliminary essay. A thorough study would include an annotated, faithful translation of the basic texts, critical source research, and a technical vocabulary. It would also comprise all the different subsidiary rites connected with this ritual, that is to say, apart from the "creation" (S. *sādhana*, 成就), a "consecration" (S. *abhisheka*, 灌頂), "cosmogram" (S. *maṇḍala*, 曼陀羅), and burnt offering (S. *homa*, 護摩) rite. But such an undertaking would fill a book, and the fact that at present almost every hour of my working day is taken up with other urgent tasks makes it quite impossible to offer something more complete.

INTRODUCTION

Rites and ceremonies may be described as the mirror of a religion. They reflect, in part at least, the recognized dogma as well as popular beliefs, mythological and legendary traditions, and even, in a limited and fragmentary way, the history of a creed. The latter is particularly true of Lamaist rituals, with their long listings of spiritual lineages of lamas whose individual personalities are invoked as protectors of the various schools of thought and bestowers of "gifts of grace" (S. *siddhi*, 悉地).

Major Lamaist rites are called *sādhana*, that is to say, "perfection" or, more specifically, "evocation," namely of a deity. *Sādhanas* are often compared to dramas, acceptably so if we allow some latitude in the interpretation of that term. A *sādhana* shares the qualities of a drama as far as it presents a clearly organized structure leading to a climax and ending in a solemn consummation.　But the stage on which the drama unfolds is almost entirely limited to the internal experience of the officiant which has been purified and sublimated by long yogic training accompanied by appropriate consecrations or initiations.　His aim is to realize his body, speech, and mind, in a word, his whole personality, as idential with the body, speech, and mind of the Buddha himself.　This act is described as intuition (S. *abhi-samaya*, 現觀), namely of the Absolute in its hypostasis, the deity.

The ideal objective of Christian rites, as contrasted to the Lamaist rituals, has been characterized thus: the Catholic wishes to realize the actual presence of God in the sacrament, the Protestant tries to explore the will of God, while the Lamaist wishes to become God Himself, or, to put it the Buddhist way, to realize his virtual identity with the god and to make him subservient to his own wishes.　The vehicle by which he is able to reach this goal is the *sādhana*, to be discussed later on.

Lamaist ceremonies are often described as mysteries, but that statement cannot pass without restrictions.　What sets them apart from Greek mysteries is a certain lack of visible dramatic action in most of the ceremonies.　Only the religious dances (T. *ḥcham*) are an exception, but they, too, want the esoteric element necessary to make them real mysteries.

It cannot be denied that the ritual texts contain passages the full meaning of which is not revealed to the uninitiated.　I also have been assured that there do exist secret rites in the true sense of the word, but I have been unable so far to obtain definite information.

The chief means by which the phantasmagoric play of the ritual is kept moving are:　(1) Meditation on the creation of the deity invoked.　In the tripartition of the personality into body, speech, and mind, this corresponds to the mind of the Buddha.　(2) Recitation of the ritualistic texts with their "sacred spells" (*mantras* or *dhāraṇīs*).　This corresponds to the voice of the Buddha.　(3) "Hand seals" (*mudrā*, 手印) and other physical movements necessary for the performing of sacred acts.　They symbolize the body of the Buddha.　Correctly performed, these three items constitute the identity of the priest with the Buddha.

The construction of a *sādhana* or evocation ("creation") of a deity follows a traditional form.

The formularies used in Tibetan Buddhism contain instructions as to how the liturgic material is to be arranged.　The most widely used pattern is in seven members or branches.　It may suffice here to mention only one of

these patterns: Salutation to the buddhas, oblations, confession of sins,
sharing the joy over the merits acquired by others, request addressed to the
buddhas to continue turning the "Wheel of the Law" (that is, to preach),
prayer addressed to the buddhas to stay in this world until all beings are
saved, dedication of one's own merits to others for their salavation.

Among the various precepts concerning the preparation of the priest for
a solemn service, aside from purification, (ablutions, clean garment), medita-
tion is the most important. The priest concentrates on the god he wants to
invoke until he forgets his own ego and realizes himself identical with the deity.

Then there follows the meditation on the four "boundless things" (四無量):
boundless love for all living beings, boundless compassion, boundless joy over
merits acquired by others, boundless equanimity.

Other meditations, partly optional, concern the VOID, according to which
all *dharmas* ("elements," "essences") are empty (S. *çūnya*, "non-substantial").
They exist not through their own intrinsic nature (S. *svabhāva*) but merely
through interdependent relationship ("relationalism"). Neither the iconography
nor the cult of Buddhism can be fully appreciated without reference to this
basis, which we translate by the term VOID.[1]

---

(1) The Doctrine of the Middle Path (中道論) which is accepted by the Vajra-yāna teaches that
the *dharmas* ("elements of consciousness" 法) cannot be intrinsically real by themselves
(*svabhāvena* 自性), they are relatively real (*svabhāvena çūnya* 自性空). As this world is
supposed to be unreal, merely illusory, things do not exist as realities, but merely as relations,
so to speak ("relationism"). The term nihilism is categorically rejected by this school. To
discuss this highly controversial doctrine *en passant* is, of course, impossible. Explain simply:
The VOID means conceiving of the whole [universe] with all its [things], mobile and immobile,
as the revelation of the VOID [the absolute], the mind being free from such notions as: taker
and taken (*grāhya-grāhaka* "object and subject," "unfolding,") etc.
Goethe seems to have had something similar in mind when he writes (Faust, Part II):
　　"In solitude throne goddesses sublime,
　　"Round them no place is, and still less a time.
　　"Only to speak of them the brain doth swim"......
　　"Whither the way?"
　　"MEPHISTOPHELES
　　"No way! To the Unreachable,
　　"Ne'er to be trodden! A way to the Unbeseechable,
　　"Never to be besought! Art thou prepared?
　　"There are no locks, no latches to be lifted;
　　"Through endless solitude shalt thou be drifted.
　　"Hast thou through solititudes and deserts fared!"
　　"Naught will thou see in the ever empty Far,
　　"Not hear thy footstep where 'tis prest,
　　"Nor find firm ground whereon to rest."
　　　　　　　　　　　　　　　　　　(Bayard Taylor's Translation).
For a valuable contribution to the conception of VOID see A. Wayman, "Notes on the
Sanskrit Term *Jnāna*", JAOS, V. 75, p. 258 ff.

Gods and goddesses are evoked (S. *ākarshaṇa, āvāhana,* 召請, T. *spyan ḥdren pa*) from the "realm" of the VOID. They are its manifestations or hypostases. The VOID transforms itself into them according to the functions they are expected to discharge. This is what happens in the *sādhana,* the nucleus and axis of the ritual.

The *Sādhana-mālā* says that "by the fire of the VOID" the five "aggregates" (the phenomenal personality of the *sādhaka* [hierophant], the performer of a *sādhana*) are consumed.[2]

The reality of the self, then, is the deity to be invoked first. However this vision does not appear slowly like the gradual opening of a lotus flower but with lightning speed like the happenings in all great creative moments. It seizes the officiant with an ecstatic rapture which carries him away from his ego and his surrounding. Only a few elect, well-trained priests are capable of this psychological metamorphosis.

This is the fiirst step. It is called "self-realization" (T. *bdag-bskyed*).

Having thus risen to the dignity of a god, more specifically, the god he wishes to invoke, the officiant proceeds to the second great act, the "creation in front," T. *mdun bskyed.*

Here, it seems, the doctrine of a double truth asserts itself. In order to make its deepest ideas assimilable to the faithful, Buddhism made use of a dichotomy which is also found in other systems of speculations, namely that of a conventional truth (*samvṛtti-satya,* 世俗諦, T. *kun rdzobs bden pa*) and sublime truth (*paramārtha-satya,* 眞諦, T. *don dang poḥi bden pa*) which rules supreme in the realm of the superrational. Only this truth gives access to the deepest insight reserved for the elect. Accordingly, the god (or buddha) has, in a sense, a Janus face. We have on the one hand his *samaya-rūpa* (三昧形) or phenomenal aspect under which the Buddha has taken a vow to manifest himself to suffering beings in order to protect, comfort and rescue them. The emblems he carries, such as ornaments, flowers, weapons, are symbols of his activity. On the other hand the gods under their gnosic forms (S. *jnāna-rūpa*; I have so far been unable to discover the Chinese equivalent for this term) are beyond

---

(2) This is a large compilation dating from the 11th century. It consists of 312 *sādhanas* in Sanskrit, edited by Benoytosh Bhattacharyya. Vol. I (Baroda 1925), Vol. II (Baroda 1928). CLXXVII+623 pp.

all human conceptions and, strictly speaking, expressions of the inexpressible.[3]

Finally the mind of the *sādhaka* is sufficiently sublimated for the last creative act.　Now he realizes the identity of the phenomenal and noumenal, *saṃsāra* and *nirvāna*, in other words biunity *yuga-naddha* (雙運, T. *zung hjug*).　He conceives now the cosmos as a manifestation with its five hypostases.　Their names, locations and emblems are:

direction	name	*mudrā*	colour	throne	attribute
Centre	Vairocana	*dharmacakra*	white	lion	*cakra*
N	Aksobhya	*bhūmisparça*	blue	elephant	*vajra*
W	Ratnasambhava	*varada*	yellow	horse	*ratna*
S	Amitābha	*dhyāna*	red	peacock	*padma*
E	Amoghasiddha	*abhaya*	green	*kinnara*	*viçvavjra*

The officiant invites these buddhas to enter the holy water flask, to purify it and transform the water into *amṛta* (甘露), the potion of immortality and wisdom.　This double function of the water explains the juxtaposition of longevity and wisdom in the most frequent epithet of Amitāyus (*ayur-jñāna*, 壽智).[4]

The creation of the five "buddhas of consecration," who are usually called the five Tathāgatas (五如來; the term *dhyāni* buddha, not quite appropriate, seems not to be found in the scriptures) in the holy water flask (*kalaça*, 淨水瓶, T. *bum pa*) is called T. *bum bskyed*.

The idea of the identity between god and world in its extreme form leads, if not to the conception, at least to the elaboration of those more or less

---

(3)　The question whether the *samaya-rūpa* deities or the *jñana-rūpa* deities are the first to be created will be discussed in the forthcoming translation of Mkhas grub rje's General System of the Tantras (*Rgyud sde spyihi rnam par bzhag pa rgyas par bçad pa*) by the present writer and Alex Wayman.

　　In the *Shrīchakra-sambhāratantra* edited [and translated] by Kazi Dawa-Samdub [Tantrik Texts under the general editorship by A. Avalon, London 1919] we read (p. 34, n. 1): "The Deities created by the Mind are of two classes, viz.: Jñānī (Yeshes-pa) and Bhakta [sic!] (Damtshig-pa). *The latter are those first imagined and they invite the Jñānī-devatās, wait upon, serve, and worship them* [italics by the present writer]. At length the Jñānīs are absorbed in the Bhaktas; the latter in the Mantras; these into the Bīja and finally all disappear in Shūnyatā."

(4)　The Tibetan translation *tshe dang ye çes* shows that *āyur-jñāna* is to be understood as a *dvandva* compound. See the interesting stanza from the *Aparimitāyur jñāna-mandala-vidhi* (in *Bstan-hgyur, Rgyud;* TSI f. 210 a 4): "I bow to the Lord, whose bodily essence is boundless life, the Guide whose voice possesses the fivefold knowledge, whose mind preserves [us] with gracious compassion."

complicated cosmograms called *maṇḍalas* (曼陀羅, T. *dkyil ḫkhor*) which play such an important part in late Buddhist initiations.[5] The solemn act of entering the *maṇḍala* (*maṇḍala-praveça*) does not fall within the scope of this article.

These three acts—self-realization, realization of the deites in front (in their twofold aspect), and realization in the holy water flask—constitute three distinct levels in which the *sādhana*, like a stūpa, rises to its summit. The walls of this edifice, to continue the simile, are filled in by salutations, offerings, Confessions of sin, hymns, and prayers, as mentioned before. With the reaching of the climax, the "order of creation" (T. *bskyed rim*) of the *sādhana* is completed. More offerings, hymns, prayers and benedictions, bring the ceremony to an end in the second part, *rdzogs rim* or "order of consummation."

So far we have spoken chiefly of the internal acts of the officiant. But they alone would not suffice to establish that synchronization of his threefold activity with that of the deity. There are sacred texts to recite and bodily movements to perform in order to establish a complete parallelism or better identity of the personality of the priest and the godhead.

There exist minute instructions regarding the chanting (rhythm, intonation, and speed) of the sacred texts. They are noted down in a peculiar score which is said to reflect a very old tradition. The art of chanting has to be learned by young novices from a special instructor, who is often identical with the precentor (T. *dbu mdzad* "chief actor"). The exercises are called T. *sbyang sgra* "voice training."

But the most important passages in the texts are those which are termed *mantra* and *dhāraṇī* (咒, also 總持). Without entering upon a discussion of the subtle differences between the two, we want merely to point out that they are represented by (a) Sanskrit syllables (often meaningless to the uninitiated), such as OṂ, HŪṂ, and many others; (b) words, such as *āgaccha*, *ehi* meaning "come!" and *pratīccha* "accept!" "receive!"; (c) phrases, mostly a mixture of (a) and (b), as in the familiar OṂ MAṆI PADME HŪṂ "OṂ, the jewel in the lotus, HŪṂ," the famous evocation and invocation formula of the most popular deity in Mahāyāna, Avalokiteçvara. Syllables which serve to evoke a deity are called "germ syllables" (*bīja-mantra*, 種字).

---

(5) For *mandala* initiations see the very informative book by Giuseppe Tucci, *Teoria e Pratica del Maṇḍala con particolare riguardo alla moderna psicologia del profondo*, Rome, 1949. Also see Alexandra David-Neel, *Initiations lamaiques*. Paris 1930. The "System of the Tantras" deals extensively with the topic.

The functions of *dhāraṇīs* are very much diversified. They may be creative, destructive, invocatory, apotropaeic, etc. Their history can be traced back to Vedic times, but they are certainly much older. Their importance in the ritual cannot be overemphasized.[6]

The *dhāraṇīs*, even though correctly recited, would lose their efficacy if they were not accompanied by proper hand gestures ("seals", *mudrā*, 手印). This is the name for certain elaborate movements of the hand, especially the fingers, which are often very expressive. For instance, a closed right fist with the index and small fingers outstretched representing bull's horns, expresses a threat to evil spirits which disturb the lama while he is officiating. There exist about 150 seals, I believe. They, too, must be practised by young novices because, here as everywhere in the ritual, much depends on a precise execution. The ritualistic functions of body, speech, and mind of the *sacerdos* must be perfectly coordinated with those of the Lord Himself, and a complete identity between the two must be established.

These desultory notes will suffice to give the reader a general idea of the structure of major Lamaist rites. Some special points will be clarified in the footnotes.

PREPARATIONS

The rite here described was celebrated in a building erected in Chinese style. It was situated in one of the compounds on the sprawling palace grounds. The court of the building was reserved for the pilgrims. The improvised sanctuary was a Chinese reception room (正房).

Two open-work, frame-like partitions divided the hall into three compartments without, however, impairing the impression of an integrated single whole. Back in the center, there was a throne-like seat, between five and six feet high, with seven cushions on top. This was the accommodation prepared for the Grand Lama. In front of the throne, somewhat to the left, as seen from the entrance, an altar-table had been improvised by piling up several red

---

(6) For the distinction between *mantra* and *dhāraṇī*, see G. Tucci, "Notes on the Lankavatāra," Indian Historical Quartely IV (1928), No. 3 (not accessible to me at present), also Chou I-liang, "Chinese Tantrism," HJAS, Vol. VIII, pp 241–332, passim. The most recent work to deal with the subject is H. van Gulik, "Siddham," Sarasvati-Vihara Series, Vol. 36 [July 1956], 230 [240] pp, of which pp. 155–231 are excellent plates showing specimens of *siddham* writing. The essential part of the *dhāraṇī* is called *hṛdaya-dhāraṇī* (心咒). See the dictionary *Hobogirin*, Tokyo 1929, ff. p. 222a.

SKETCH OF THE IMPROVISED CHAPEL

(Out of scale)

```
                           PL
        1    2    3    AT    A    A          4    5    6
        1    2    3                          4    5    6
        1    2    3                  MI      4    5    6
        1    2    3                          4    5    6
        1    2    3                          4    5    6
        1    2    3                          4    5    6
        1    2    3                          4    5    6
        1    2    3                          4    5    6
   SA                     O
                        Entrance


                        COURT

                       (Pilgrims)
```

Legend: A = Abbots.

AT= Altar Table.

MI = Mongolian Incarnation.

O = Observer (author).

PL = Pan chen lama.

SA = Subsidiary altar.

1, 2, 3 = Seats of Tibetan Choir.

4, 5, 6 = Seats of Mongolian Choir.

cushions. Its front was hidden behind a shining-white piece of satin with a border in gold brocade. From it blazed forth a gold-embroidered crossed *vajra*,[7] the emblem of the Vajra-yāna. This particular form of the *vajra*, seen at a distance, looked like a Maltese cross with curved outlines. The altar-table was set with numerous ritualistic objects. Near its front edge there stood in a row seven small golden bowls, which in part were filled with water. Behind these bowls, there was another set of five offerings, and behind these were a row of seven and another of eight objects of gold and cloisonné, also used in ritual offerings. Besides, a framed painting of the Buddha of Longevity and a golden *vajra* were on display. Two silver flasks (one of them spoutless), hidden under a checkered silk cover, contained consecrated water, and two small gold vessels of exquisite workmanship, one filled with grains of uncooked rice to feed the demons and the other with mustard seeds to drive them away, completed the equipment on the altar-table. Its use will become clear from the text of the ritual.

In the left-hand corner of this improvised chapel, there was a subsidiary table raised to the level of the Pan chen lama's seat. On it was a silver tray with several golden tubes connected with a white strip of silk. My informants were reticent as to their use; possibly they contained libations for some minor deity. By the end of the service they had disappeared. My exposed position limited, of course, my range of observation. Another water-pot of silver was on this extra table. On its opening lay a small object of peculiar shape called in Tibetan *dung chos*. It too was of gold and looked like a halved sea-shell.

The number of lamas who took part in the ceremony was rather small. The preliminary formalities (*purvamga*, T. *sngon du gtong ba*) required for a successful performance of the rite, such as the quest for the site, the request made to the owner for the use of it, the preparation of the place (cleansing,

---

(7) In Vajra-yāna, Vajra-sattva, who represents the most abstract form of the buddha concept has taken a special development in as much as he is the most sublime hypostasis of the *vajra-dhatu*, the supreme notion of the absolute. He is regarded as the *ādi-*(original or primary) *buddha*, of whom all other buddhas are reflections and with whom the officiant while performing the creative act of the *sādhana* ("theurgy") enters into a mystic union. For certain aspects of Vajra-dhara see the present writer's *Yung-ho-kung*, Vol. I, pp. 111–113, and for his iconographical representation *ibid*, pl. XXIV, 3. This is the nearest approach made by Buddhism to monotheism. Vajra-dhara is, then, like Christ in the Colossians (III, 11) "all and in all," coextensive with the cosmos. By building up this ideology, Buddhism just followed a trend which was already prefigured in the Upanishads, and ancient Buddist tendencies.

purification from demons, dedication and consecration) had been completed privately. When I arrived, between two and three o'clock, the court in front of the sanctuary was already filled with a kneeling crowd, the women dressed in their best, wearing all their fineries, in contrast to the men, who wore their drab, untidy gowns. All chattered gaily away to overcome their tension while waiting for the great event for which they had paid with privations and hardship, and part of their most valuable property, their herds. Two lamas ushered me to my seat in the first row to the left, close to the entrance. The room began to fill with lamas. They filed, in touching the door frame with their foreheads, made three prostrations, and then, joining the palms of their hands in token of reverence, muttered the salutation which every follower of the Yellow Church remembers, the *dmigs brtse ma* (Mongolian *migjim*):

> Treasure house of grace and mercy, Avalokiteçvara, Guardian-god of deepest wisdom, Bodhisattva Manjuçri, Conqueror of the host of Tsong demons, Vajrapāni Powerful, Ornament of Tibet's Sages, Holy Teacher kha pa: Lying prostrate at thy feet, I pay Thee worship.

It is the invocation of Tsong kha pa, founder of the Reformed Church, and the three deities supposed to be incarnate in him, representing ego-free compassion (慈), super-wisdom (智), and mystic powers (力) respectively.

Thereupon the lamas with downcast eyes proceeded to the seats assigned to them according to their rank, the Tibetans to the left, the Mongols, facing them, to the right of the entrance. They sat down, bent their legs in "Buddha" posture, and arranged their gowns tightly over their knees so as to form a level square over their thighs, leaving no part of the body exposed.

The Mongolian lamas took no active part in the celebration of the rite. The priests were portly gentlemen, especially those who had chosen to follow the Pan chen lama from Tibet into exile. The most remarkable among them was the precentor (T. *dbu mdzad* "chief actor"), an elderly bearded man with sharply chiseled features. He occupied the first place in the first row, closest to the throne.

Meanwhile, more sacred objects were carried in and arranged in front of the seat of the Grand Lama. There were, among other items, a golden tray for the *mandala* offering (to be mentioned later), a golden *vajra* and a silver bell; a small bowl serving as a lamp, another very small *vajra* around which a thin cord spliced of five strands of various colors was wound. A lama unwound the thread and connected it with the afore-mentioned *dung chos* on the second altar-table, leaving the *vajra* in front of the Grand Lama. Thus a visible connection between the throne and the second altar was established.

On the throne there was another object, the presence of which was rather surprising here. It was a bowl made of a human skull (S. *kapāla*), such as has been used since times immemorable by "savages" as drinking vessels and in certain magic rites. In Tantric rites, skulls serve as cooking pots for preparing food for the so-called terrible deities (T. *drag-gçed*). Its use in the rite of mild Amitāyus will be explained later.

This specimen was mounted on a open-worked triangular stand (T. *thab* "hearth") made of gold and showing a flame pattern. Its lid, likewise of gold, and decorated with embossed scrolls indicating the steam rising from the food in the bowl, was surmounted by a golden knob in the shape of the end of a *vajra*.

We had to wait a long time before anything happened. The whispers of the pilgrims died down, the tension rose, the eyes of those who could see it were fixed on a curtain from behind which the god-priest was supposed to make his appearance. All of a sudden the curtain opened and he entered, escorted by two high lamas, clad in gorgeous canonicals. Slowly he ascended the seven steps of a movable stair. Now his benign face emerged from behind the throne, and solemnly he sat down in the same posture as the other lamas. Another surprise awaited us: in the bend of his right arm he cradled a pug-nosed, bright-eyed Peking dog, a breed much affected by lamas. Carefully he placed the pet on a cushion to his right. (Later I heard a comment from one of the worshipers that this dog was really an incarnation free from all defilement, both physical and mental).

Meanwhile a lama placed a small golden statue of Amitāyus, a sacred book wrapped in yellow silk, and a small golden *stūpa* (pagoda) before the priest. These three symbols represent the three mysteries (三密) of body (身), speech (口), and mind (心) of the Buddha. Now the two lamas who had escorted the Grand Lama to his seat stood immobile and tall at the sides of the Grand Lama's seat, forming an impressive group with the Priest enthroned above them—a triad often represented in Buddhist art.

In contrast to their stolid faces, the soft eyes of the Pan chen rin po che wandered with unconcealed curiosity over the congregation, greeted me with a fleeting smile, and, as the low entrance door (which remained of course open) obstructed his view, he bent his head to survey leisurely the motley crowd outside. Those worshipers who were able to see him were overawed by the *tableau vivant*.

A slight stir was created when a late-comer was ushered in by several lamas and given an extra seat to the left of the Pan chen close to his throne. He, too, wore the religious habit of a high lama, a bright yellow silk gown with a fur collar. He appeared to be a minor Mongolian incarnation. He turned his clean young face with its bright ecstatic eyes in mute devotion up to the Grand Lama, who smiled benignly down upon him. The precentor meanwhile waited anxiously for the signal, and then he intoned solemnly in a warm, rich bass:

NAMO GURU MANJUGHOSHAYA

Then he continued with salutation to the Guide Manjughosha:

> I offer prayers to Thee, incomparable Vajra-dhara.
> Who art self-originated *dharmadhātu* of unchanging great bliss,
> Who art the perfect enjoyment body shining like the rainbow.
> Who possessest the metamorphic body which dances in many aspects.

The choir of lamas joined him, and by now the whole chapel reverberated with their well-trained powerful voices. Mighty sound-waves traveled through the open doors and windows, hovered over the heads of worshipping pilgrims who zealously counted their beads and broke against the walls of the court.

I. THE TIBETAN RITUAL

"Ritual of Long Life"
Based on the *Tshe cho ka ḥchi med*
ḥdod ḥjo dbang gi rgyal po.

(4 plus 46 folios, 38 by 10.5 cms., five lines to the page in excellent Peking print, dated Ch'ien-lung 27, 12th month [1747]).

Self-realization (*bdag bskyed, Selbstverwirklichung*)

The body of the ritual is preceded by an Introitus (S. *purvaṃga*, T. *sngon du gtong ba*).

The ceremony begins with the familiar Refuge Formula, usually in a versified form, pronounced three times. It reads: [folios 1a–2a] "Until I shall have attained to enlightenment, I take my refuge in the Buddha, the Norm (S. *dharma*, 法, T. *chos*), and the Noble Assembly of the Monks (T. *tshogs mchog*), in order to benefit myself and others (S. *sva-parahita*, 自利利他, T. *bdag dang gzhan don sgrub slad du*)."

This vow is followed by the pledge to direct one's mind toward enlightenment. "Listen ye buddhas and bodhisattvas who abide in the ten regions: In order to attain complete enlightenment, I direct my mind from now on toward [this goal]."

In repeating these two vows, the lama approaches the most solemn moment in this part of the ritual. It is the creative moment in which he releases those hidden energies in his subconscious visualized as the form of the god he is invoking. (See Introduction.) This is what Faust feels when he inspects the "sign of the macrocosm": "Am I a god?—so clear mine eyes! In these pure features I behold Creative Nature to my soul unfold."

The officiant now lives through his first vision, namely the emergence of a moon disc, the symbol of enlightenment, in his heart. On it there appears suddenly the syllable HRĪḤ, emitting red beams which penetrate into the Country of Bliss.[8] There they evoke the Bhagavān Amitāyus, who is consubstantial with the *guru* Vajradhara (Vajrasattva), the Supreme Buddha. In this ritual Amitāyus appears as first of a group of nine. He is enthroned in his *maṇḍala*, that is to say, surrounded by his eight aspects.[9] Now he is

---

（8） Sukhāvatī (極樂 or 淨土), the Paradise of Amitābha-Amitāyus. Later, when this buddha was imagined to be one of the five "cosmic gods," in the center of a "cosmogram" (*mandala*), each of the four other buddhas who occupy the four quarters of the compass was given a paradise of his own. But Sukhāvatī the "Western Paradise" always eclipsed the other four in "popular" Buddhism.

（9） His spiritual father Amitābha "Infinite Light," here very appropriately called father "Lord of the World," is the absolute victor over untimelydeath and the refuge of all living beings who need his protection. As there are nine kinds of untimely death (*akāla-mrtyu*, 不時死), there are also nine Amitāyus in this rite. These nine kinds of untimely death are probably introduced to match the nine types of Amitāyus schematised to emphasize the "cosmic" character of this deity, with the original form of Amitāyus in the center and the emanations in the four cardinal and intermediate points of the compass. Three ways were found in order to bring the innumerable light emanations each of which transform themselves into apparitions of Amitāyus more palpalbly to the mind. One was to place one figure in the center and one on the eight basic lines of the *mandala* scheme (for which see F. D. Lessing, "The Eighteen Worthies Crossing the See," in Reports of the Scientific Expedition to the North-Western Provinces of China, No. 38, Stockholm 1954, p. 126), which would symbolize their omnipresence in the cosmos. Another was to draw a *mandala* with the whole background filled with miniature figures of Amitāyus. Finally temple walls were provided with small niches and each niche was filled with a miniature figure of the god made of clay.

imagined as revealing himself in Space in front of the officiant, who absorbs the beams of light in his own heart.

[f. 2b] The officiant praises Vajrasattva-Amitābha, the most sublime form of Vajradhara.

There follows the offering of eight oblations, the indispensable preliminary to the special offerings made later.[10]

After this the officiant renews his vow of refuge and his pledge to devote himself to striving toward enlightenment.

This part of the rite concludes with a meditation on the four "infinite things"[11] [fol. 3a] With the sentence, "May the deities of the conclave return to their places!" the officiant dismisses the deities.

A new act of realization is introduced with the *dhāraṇī*, OM SVABHĀVA ÇUDDHĀḤ SARVADHARMĀḤ SVABHĀVA-ÇUDDHO'HAM "OM. All *dharma* are intrinsically (*svabhāvena*, 自性) VOID." OM ÇŪNYATĀVAJRA SVABHĀVA-ĀTMAKO HAM "OM. I am the very essence of the *Çūnyatā-jnāna-vajra* (indestructible knowledge of the VOID)."

These two *dhāranīs* bring to the hierophant the certitude that all objective and subjective "data" (*dharma*) are VOID, that is to say, without substance. They are nothing but illusory, elusive relations. The recitation brings about the conditioning of the consciousness so that the dichotomy of the phenomenal and the transcendent disappears.

Now the officiant envisions within the VOID the syllable RAM which unfolds into a sun disc. On the sun disc appears a syllable HŪM out of which a crossed thunderbolt develops. Its nave is marked by a syllable HŪM which emits rays pervading the cosmos. The beams which descend create a *vajra* foundation (*vajra-bhūmi*, 金剛地), while those which spread horizontally create a *vajra* enclosure, and those which spread upward a *vajra* tent. The whole is surrounded with impenetrable fire, glittering in all colors. [fol. 3b] In the center of the enclosure a syllable PAM is seen.[12] It takes the shape of a

---

(10) The offering act itself is accompanied by formula; OM SARVA-TATHĀGATA-APARIMITA-ĀYUR-JNĀNA-SA-PARIVĀRA ARGHAM PRATĪCCHA, etc. "OM.! All ye Tathāgatas of Infinite Life and Wisdom, receive the water, etc."

(11) S. *catur-apramāna*, 四無量, T. *tshag med bzhi*. These four wishes are called "boundless" because they include all living beings. They are: (1) S. *maitri*, 慈, "joy-dispensing loving kindness," (2), *karuna* 悲, "compassion which saves from suffering," (3) *mudita* 喜," happiness after liberation from suffering," (4) *upeksa* 捨, "absolute equanimity free from bias."

(12) This is the first syllable (really the *anlaut*) of the word *padma*, but with a nasal *auslaut*.

full-blown double lotus (S. *viçva-padma*). Out of the lotus rises the syllable HŪM which changes into a crossed thunderbolt. On the nave of the thunder-bolt is. the white syllable BHRŪM which transforms into a palace (T. *gzhal yas khang*) with four walls and four gates.[13]

This is the end of the "self-realization."

Mdun bskyed

[fol. 4b] From the syllable PAM springs a white eight-petaled lotus flower. In its center there appears a syllable A, the mother of all phenomena.[14] It transforms into a moon disc, the symbol of enlightenment. [Fol. 5a] Again the officiant mutters the formula, OM SVABHĀVA, etc. as well as OM ÇŪNYATĀ, etc., both as quoted on fol. 3a. But here the result of the act is different. Now the officiant becomes aware of the truth that the absolute (S. *tattva*, T. *de yho na nyed*)[15] of his own ego from the standpoint of trans-cendent truth free from all phenomenalizations, *nishprapanca* (無戲論), is identical with the absolutenenss of the deity.[16] From the VOID resound the syllables of the *dhāraṇi* OM NAMO BHRŪM ĀYUR-JNĀNA-HRĪH-ĀROLIK HŪM HRĪH, thundering throughout infinite space.

The absolute of the god being identical with himself, the officiant now contemplates his mind as transformed into a moon disc.[17]

[fol. 5b] The *dharaṇi* changes into a flask filled with the water of im-mortality. Then the *dhāraṇi*, OM NAMO BHRŪM ĀYUR-JÑĀNA HRĪH ĀROLIK HŪM HRĪH, is repeated. From the moon, together with the *dhāraṇi*, there proceed colored rays of light, from the points of which issue innumerable bodies of the Blessed Lord Amitāyus, penetraing infinite space. There appear clouds of offering gifts for the five Tathāgatas (S. *jina*, T. *rgyal ba*). The clouds turn into torrents of *amṛta*, which extinguish the fires which burn those

---

(13) The interesting description of the "cosmic" palace had to be omitted here; cf. the analysis of the *mandala* of Çrī-cakra-samvara (or sambhāra) in *Yung-ho-kung*, Vol. I, p. 130 ff. For detailed description compare Kazi Dawa Samdub, *op. cit.*, 18 ff.

(14) See *Hōbōgirin*, pp. 1-5; also R. van Gulik, *op. laud.*, Frontispice for excellent illustration.

(15) On *tattva* see Paul W. O'Brien, S. J. "A Chapter on Reality from the Madhyānta-vibhāga-çāstra," translated and annotated. (*Monumenta Nipponica*. Tokyo, Sophia University. Vol. IX, Semi-annual. No. 1/2 [1953]; Vol. X, Semi-annual No. 1-2, [1954]. To be continued).

(16) This difficult *salto mortale* out of the officiant's ego is elaborately discussed in the treatise: "General Systm of the Tantras". See Note 3.

(17) The moon is the symbol of gradual enlightenment. Note the contrast to the momentariness (*eka-kshana*, 一刹) of the creative act at the beginning of the *Bdag Bskyed*.

who suffer in Hell. The *amṛta* satiates them, whereupon the light, together with the bodies of the gods, is reabsorbed.

[fol. 6a] After this introductory act, another sublime moment is reached. The officiant contemplates his own mind under the aspect of a moon disc, symbol of the mind of enlightenment, and, by making the corresponding seals and muttering the pertinent *dhāraṇis*, transforms himself into the Bhagavān Tathāgata -Amitāyus, the Well-determined One (T. *Çin tu rnam par nges pa*), King of Splendor (S. *tejas*, 威光). His radiant body has the color of red, as if framed by the light of 10,000 suns. His serene features show a faint smile. He has one face. His two hands, while making the seal of meditations, hold a flask filled with *amṛta* from which rises a jewel-bearing wish-granting tree.[18] The hair of the deity is tied in a chignon. He wears a precious diadem, earrings, a necklace, armlets, [fol. 6b] anklets, or a string of pearls. The god displays his body of glory (*sambhoga-kāya*, 報身)[19] adorned with all the marks of the great man (S. *mahā-puruṣha*). He wears a dress made of "divine" material[20], his feet are in *vajra* position.[21] On his vertex there is a white syllable OM, on his throat a red syllable ĀḤ, and in his heart a white syllable HRĪḤ. With the words, OM PADMA UDBHAVAYE SVĀHĀ, "OM, Lotus-born One," the officiant touches the six spots on his body.[22]

[fol. 7a] Here a short prayer, worded in stereotyped phrases, is offered to Amitāyus: "Thou who art protector of all beings, god who hast defeated the

---

(18) In other passages the tree in question in referred to as an Açoka tree (Jonesia Asoka, 無憂樹). Obviously the two are here considered identical.

(19) The second body ("aspect") of a buddha. For the three bodies (the metamorphic or apparitional body, *nirmāna-kāya*, 化身; the fruition body, body of beatitude or glory, *sambhoga-kāya*, 報身; and the absolute body *dharma-kāya*, 法身), see the article BUSSHIN, 佛身 in *Hōbōgirin*.

(20) On the marks of the *mahāpuruṣha*, see A. Wayman, "Contributions regarding the thirty-two characteristics of the Great Person," (in a volume dedicated to Dr. W. Liebenthal, published by the Santiniketam University). "Divine" (S. *divya*) material (T. *lha rdzas*) is a qualification applied to "divine" clothes, food, etc., which, being outside the limitations of *pratītya-samutpāda*, 十二因緣, are neither man-made nor produced by nature. and therefore imperishable. (See Note 26).

(21) The *vajra* position is the most restrained seat of a buddha, with both knees bent, both legs folded, and the soles of the feet turned upward, the traditional sitting posture of Çākyamuni under the Tree of Enlightenment.

(22) The *Sādhana-mālā* mentions only five spots. There are definite rules concerning self-consecration by touching the body and reciting *dhāraṇis*, analogous with the making of the sign of the cross with Christians. Self-consecration by muttering OM ĀH HŪM is performed by joining the palms of the hands, fingers outstretched, lightly touching the forehead, throat, and chest, thus purifying body, speech, and mind. This, at least, seems to be the popular way of explaining the *dhāraṇi* in Mongolia. The theological symbolry as found in the formularies for liturgies is more involved. So, for instance, OM ĀH HŪM is prescribed in the *Sādhana-mālā* for the realization of non-duality (OM ĀH HŪM *ity anen-anayor advaitam adhimuncet*).

irresistible host of *Māra*, who recognizes all things according to their essence, thou, blessed one, come to this place!"[23]

At this point the officiant has the vision that all these deities fill the space in front of him. He receives them with the ordinary eight offerings, as in the preceeding act.

Bum bskyed

Now the last and most solemn act begins, the preparation of the water used in consecration.

The first step is the recitation of the formula, JAḤ HŪṂ BAṂ HOḤ. Non-duality (S. *advaita*) is herewith established. Again the syllable HRĪḤ in the heart of the officiant emits rays which invite the five gods of concecration (S. *abhisheka*) with their retinue. They, too, are regaled with the eight offerings. The officiant prays for the bestowing of *abhisheka* upon him by all the *Tathāgata*. He begins with the famous formula of "baptism" which forms the basis of the liturgy: the Bath of the Buddha (*Buddha-snāna*). [fol. 7b].

"Even as the gods (*devas*) offered a bath [to the Buddha] when he was just born.

So I offer [to you] a bath of pure divine water."

OṂ SARVA TATHĀGATA ABHICEKATA SAMAYA [!] ÇRIYE ĀH HŪṂ OṂ.

"All [ye] Tathāgatas, consecrate [me] in the blessing of your vow. ĀH HŪṂ".

At this point the officiant feels that the consecrated water fills his whole body, purifying it from all defilements, and that the excess of the water issues from his vertex and is transformed into Amithābha, who becomes his head ornament. The officiant asperses the offerings with consecrated water (*amrta*) and dematerializes them. From the VOID emerge huge precious flasks which contain the eight offerings dissolved in a light originating from the syllable OṂ. They are described as non-material (S. *a-pratigha*, 無礙) and as filling the whole Space (S. *ākāça*, 虛空).

After this offertory, Amitāyus is saluted with a hymn of praise:

"Lord of the guides of the world, Conqueror of all kinds of untimely death, Refuge of all unprotected suffering beings, Amitāyus, I salute Thee"[24]

---

(23) This invitation is identical with the second stanza of the ritual called the "Bath of the Buddha" (T. *khrus gsol*), of which an annotated translation by the present writer awaits publication.

(24) This it another stereotyped phrase taken from the formularies. See note 23.

The officiant then meditates with utmost concentration.[25] He concentrates on the syllable HRĪH which rests on the moon disc in his heart. Around it, arranged in a circle, the syllables of the *dhāraṇī* revolve. The HRĪH in the center emits rays, which for the benefit of living beings purify, etc. the unclean liquid in the vessels.[26] The beings receive the blessings (S. *adhishthāna*, 加持 "sustaining power") of the body, speech, and mind of the buddhas and bodhi-sattvas. Briefly speaking, the noble qualities (*guna*, 功德) of *samsāra* and *nirvāna* are gathered and absorbed into the *dhāraṇī* garland.

Now the officiant mutters a number of the *hṛdaya-dhāraṇīs* beginning with OM NAMO BHRŪM ĀYUR-JNĀNA HRĪH AROLIK HRĪH HŪM, etc.

The sustaining power, or blessing prayed for is produced this way. In his heart the officiant has Amitāyus of the five mystic families, on his vertex Amitāyus of knowledge (S. *jnāna*, 智慧). With the light within his heart, he attracts the whole assembly of deities belonging to the retinue of Amitāyus, buddhas, bodhisattvas, *dākinīs*, and divine and human protectors of the doctrine. All these are absorbed by Amitāyus who resides on the vertex of the officiant. They are dissolved into the *amrta* of life, so that the officiant [fol. 9b] is com-pletely filled with it from the vertex to the soles of his feet. It becomes the support of his body and the substratum of his mind, and [through it] he obtains the *siddhi* of immortality. His three "gates" become the body, speech, and mind of Amitāyus.

If the officiant wants to present an offering cake (S. *bali*, 胡食), he purifies the white *bali* with *amrta* and dematerializes it with the formula SVABHĀVA, etc. Furthermore he imagines that the OM produces a precious vessel filled with heavenly offering substances (T. *lha rdzas*).

The *jnāna-rūpa* deities take now their seats in the space in front of him, and he invites them to partake of the meal, with the sacred formula, OM SARVA-TATHĀGATA A-PARIMITA-ĀYUR-JNĀNA-SA-PARIVĀRA IDAM BALIM KHA-KHA-KHĀHI KHĀHI, repeated three times. Then he pronounces the offering formula and recites a hymn in praise of the buddhas of consecration.

---

(25) S. *eka-citta, ekāgra*, etc., 一心.

(26) Unclean because it is subject to *pratītya-samutpāda* (see Note 20), the process of interde-pendent sequence. From the standpoint of absoluteness, all phenomena are conceived as (illusory) unfoldings (*prapanca*, 戲論) of the absolute in the sphere the *pratītya-samutpāda*. From the standpoint of phenomenalism, the phenomena are reflexes of the absolute in an illusory interdependence. The Tibetan word for "supporting power" in the next sentence is *byin gyis brlabs pa*. The Chinese terms vary: 神力, 願力, 加持力, 加被, 加持, of which the latter has found general acceptance, especially in Tantrism. In the Lankāvatāra Sūtra (p. 100–101 of the Sanskrit text [edited by Bun'yū Nanjō, Kyoto 1923]), it is set forth that bodhisattvas acquire their higher attainments and deeper insights only through the mystic power of the Buddha which he instills in them.

Thereupon he dismisses the *jñāna-rūpa* deities, dedicates his merits to his fellow-men, and renews his pledges.

If the officiant, while performing the consecration of bestowing long life, uses a *maṇḍala* of powdered colors, he must [fol. 10a] first make the necessary structural lines.[27] If he uses a *maṇḍala* painted on canvas, nothing else is needed but the flasks with consecrated water. If he wishes to go beyond this, five flasks with consecrated water and the *karma-kalaça*[28] or water flask are required. In the abbreviated procedure only a *vijaya-kalaça* and a *karma-kalaça* filled with offering substances and fragrant water are needed. Furthermore a ceremonial dress, a *dung chos*, and a *dhāraṇī* thread[29] are required.

(27) See Note 9.

(28) Two types of flasks for holy water (kalaça, 淨水瓶 T. *bum pa*) are constantly mentioned in the formularies, the *karma-kalaça* (T. *las bum*) "act flask" without a spout and the *vijaya-kalaça* (T. *rnam rgyal gyi bum*) "victory flask," with a spout roughly resembling an S. The form of the *kalaça* is standardized. Its importance in the ritual will justify a few words about its symbolry. The sprinkler, made of bright peacock's feathers represents the glory (*tejas*, 威光) of the buddha; the white umbrella-shaped "cap" symbolizes dome-shaped protecting heaven like the *harmikā* in a *stūpa* (塔); its long spout means longevity; its wide belly suggests increasing "gifts of grace" (*siddhi*), its firm foot stability in faith, the silk scarf around its neck is an offering to the five *tathāgata* (五如來) created during the *bum bskyed* section of the service.
The *flask* which Amitāyus holds on the palms of his hand, in his lap is called in T. *tshe bum*, "flask of longevity."

(29) The *dung chos* (see diagram) is made of copper (often gilt), or as here of pure gold. It has the shape of a round, shallow bowl with two projecting parts. Water is emptied over the longer projection. The shorter projection has eleven transversal grooves, corresponding to the six *pāramitās* and the "five roads" (T. *lam lnga*).

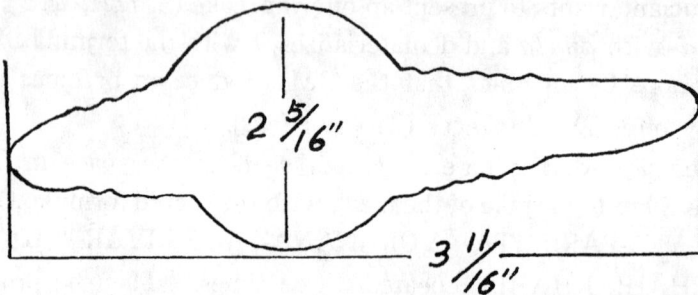

The *dung chos* is placed on top of the spoutless holy water flask in front of the officiant and partly filled with water. A small *vajra* (called *dhāraṇī vajra*, T. *gzungs rdor*) is placed on top of the *dung chos*, crossing it. It is attached to a thread twisted together of five strands of different colors symbolizing the five kinds of knowledge (*jñāna*). This thread is called called the *dhāraṇī* thread (S. *dhāraṇī-sūtra*, T. *gzungs thay*) because it is supposed to transmit the *dhāraṇīs* muttered by the officiant from his heart to the water he is consecrating. He seizes the free end of the *dhāraṇī-thread* and holds it against his heart.
A little water is poured from the "victory flask" (S. *vijaya-kumbha*, T. *rnam rgyal bum pa*) into the *dung chos*. It is blessed by recited *dhāraṇīs*. Then the *dhāraṇī-vajra* is removed, the *dhāraṇī*-thread is wound around the *vajra*, the consecrated water is poured from the *dung chos* into the flask upon which the *dung chos* rested. This is done in three times, while the syllables OM ĀH HŪM are muttered. The drops of consecrated water when swallowed secure longevity and expel diseases.

The offerings are to be blessed, purified with *amrta*, and dematerialized with the formula SVABHĀVA, etc.

The eight offerings are repeated.

[Instructions to the officiant. If nine flasks are used, the nine aspects of Amitāyus have to be evoked]. In the *vijaya-kalaça* there originates from the syllable PAM a red eight-petaled lotus. On each petal appears the syllable A, and from each of these syllables originates a moon disc. On each moon disc an elongated red HRĪH appears. All the HRĪH issue beams of light which make obeisance and offerings to the "saints" (S. *ārya*, T. *hphags-pa*). They free men from all sins and obscurations and raise them to the rank of Amitāyus. These beams are withdrawn and absorbed by the [eight] HRĪH. [fol. 11a].

The complete *maṇḍala* of Amitāyus is arranged in the following order:

NW	N	NE
Akshobhya-amitāyus.	Karma-amitāyus	Samanta-darçin-amitāyus.
W	C	E
Padma-amitāyus	Vairocana-amitāyus	Vajra-amitāyus.
SW	S	SE
Jnāna-amitāyus	Ratna-amitāyus	Guna-amitāyus.

All these deities are all coral-red, faintly smiling, and brilliant as if surrounded by millions of suns. Each has one face and two hands in the *dhyāna* position. On their hands rest treasure bowls (S. *bhadra-kalaça*) filled with the water of immortality, etc.

A new deity is introduced, often in multiple, simultaneous apparitions. [fol. 11b] In the *karma* flask is a syllable PAM from which develops a lotus, and on the lotus is the letter A which changes into a moon disc. On the moon disc appears a syllable HŪM which is transformed into a crossed thunderbolt marked by the syllable HŪM. This assumes the form of a two-armed *Amrta-kundalin* of green-blue color, with an angry-smiling expression. [fol. 12] With his right hand he presses a thunderbolt against his breast, and with his left hand he rests a bell with a *vajra* handle against his thigh. He is adorned with serpents and precious ornaments. His upper garment consists of silk, and he wears his apron of tiger skin. His left leg is stretched. He has a white OM on his vertex, a red ĀH on his throat, and in his heart on a seat which rests on a moon disk a red HRĪḤ marked by a green HŪM. From it issues light which attracts from Paradise the *gurus* (lamas), buddhas, and bodhisattvas, in the same way as the Buddha Amitāyus. Then follow the stanzas from the Buddha-snāna:

"Thou who art the Protector of all living beings, God, [fol. 12b] who hast defeated all the irrestible hosts of Māra, who hast perfectly realized the essence of all things in their entirety, Gloriously Perfected One, I pray thee, appear at this place with thy retinue."

They are greeted with stanzas from the ritual, "The Bath of the Buddha."

This section concludes with offering seats to the divine guests using the *dhāraṇī*, OṂ KAMALA-YESTVAM.

[fol. 14] Again a syllable HRĪḤ glows in the heart of the god-priest, inviting the five "families" of deities. Then the officiant implores the Tathāgatas to confer on him consecration, and once more he offers a bath in the same way as described above. Again the officiant feels his entire body filled with consecrated water as before.

The effect of this process differs from the previous ones inasmuch as the metamorphic body, not the enjoyment body, of Amitābha becomes the head ornament. [fol. 14b][30]. The officiant prays, "This sacrificial water, made of divine substances, which has become the *pratītya-samutpāda*, I offer to you, the buddhas and your sons.[31] Enjoy it and bestow the *siddhi* of long life."

Next the officiant lifts up a mirror as symbol of beautiful forms (*rūpa*, 色), a conch-shell, used as musical instrument in Lamaist ceremonies, for pleasant sounds (*çabda*, 聲), a fruit for sweet tastes (*rasa*, 味), a flower for fragrant smell (*gandha*, 香), and a silk scarf for soft touch (*sprashthavyam*, 觸), each time reciting: *pratīccha* "receive!" This is the offering made to please the five senses of the Buddha (*panca-kāma-guna-pūjā*, T. *mchod yon lnga*).

[fol. 15a] There follow the offerings to the nine Amitāyus, each of whom

---

(30) In ordinary rituals, as for instance at the conclusion of the *Buddha-snāna*, all the five "cosmic buddhas" (see Introduction, Table, page 6) are supposed to be seated as a crown on the head of the *sādhakas*, with Amitābha occupying the center. They are represented on the five-lobed crown or diadem (*panca-tathāgata-mukuta*, 五佛冠) worn by the lamas when celebrating such solemn rites as "consecration" (*abhisheka*, 灌頂) and "burnt offering" (*homa*, 護摩). Sometimes we find diadems with the seed-syllable instead of the picture of the buddha on each lobe.

(31) A son of the buddhas (*buddha-putra*) is a bodhisattva, "born from the buddha's mouth," destined to continue the Buddhist lineage. In a wide sense it means all of the buddha's disciples, which includes all of sentient beings.

is addressed with a stanza of four lines. For example:

> "Who turnest the mighty and great wheel of the LAW (i. e. preachest the Buddhist doctrine),
>
> "Who dispellest all sufferings of living beings in the fraction of a moment,
>
> "Thee I greet, Buddha Amitāyus."

At this time the officiant enters the following meditation: The syllable HRĪH in his heart emits light which coils around the *dhāraṇī* thread[32] and stimulates the five Buddhas of Consecration in the flask of consecrated water to send down a rain of *amṛta* which fills the container which is imagined to be coextensive with the universe.

[fol. 16b] The officiant recites, OṂ NAMO BHRŪM ĀYUR-JNĀNA-HRĪḤ ĀROLIK HŪṂ HRĪH. Then he recites one hundred times OṂ VAIROCANA-ĀYUR-JNĀNA-SIDDHI-SAMAYE HŪM.

All the remaining eight Amitāyus are invoked with the same words, except for certain substitutions required by their names.

With the formula, MAHĀ-SAMAYE-SATTVA ĀH HŪM PHAṬ, amendments are made for inadvertent omissions.

[fol. 17a] Now the water in the *duṅ chos* is consecrated by the formula, OṂ VAIROCANA ĀYUR-JNĀNA-SIDDHI-SAMAYE HŪṂ. It is the water of wisdom.

After performing some minor offerings the officiant charges[33] the Buddha with expelling all hindrances.

With all these acts the ritual passes its climax and now moves through the consummation order (*rdzogs rim*) to its end.

The important ceremony of "Entering the *Maṇḍala* of Amitāyus," to which I had been looking forward, was not solemnized for lack of time and space. The Pontiff had to perfom it mentally, by way of meditation, the lamas said.

CONCLUSION

A few remarks may be required to complete the description of the framework begun in the section called Preparations. The activities during

---

(32) See note 29.

(33) The Tibetan word is *bcol*, which implies that the *sādhaka* through performing the rite has won the authority to demand *siddhi* from the god he has evoked.

the ceremony were, as far as I was able to observe, not greatly varied, nor was it easy to relate them from memory to definite passages of the texts which I could consult. But before describing those acts which had a direct bearing on the performance, let me first report on an interlude.

There was an intermission during which the lamas and pilgrims relaxed and produced their eating bowls, while two novices threaded their way through the crowd distributing rice and tea. Another lama approached the throne, made nine prostrations before the Pan chen lama, thanked him solemnly for the entertainment, and pronounced a blessing (T. *ja mchod* "tea offering"). All partook of the meal and prepared for the next act.

When the chanting was resumed, a more direct participation of the Pan chen lama in the holy performance became noticeable. At one point he picked up the aforementioned, small, golden *vajra* with his right hand and held it over his heart. He now imagined that from the syllable HRĪḤ in his heart there issued five beams of light of different colors symbolizing the five-fold wisdom (*panca-jnāna*, 五智) represented by the five *tathāgatas*. He visualized this light as traveling through the *vajra* and the five-fold *dhāraṇī* thread and entering the water collected in the *dung chos*. The water now became *jnān-odaka* (智慧水), as mentioned in the text.

At another point the High Priest lifted up the tray withholding three offering cakes and, rotating it, pronounced a *dhāraṇī*. Another lama, his mouth covered with a scarf, received it reverently and carried it outside. The cakes were obviously an oblation for the god of the soil and other minor deities.

All of a sudden the lamas became silent. The Priest-god, closing his eyes, prayed for a long time for all whom he knew and also for the millions in all the worlds of which the Buddhists are conscious. Every being, be he friend or enemy, was included in the prayer. The Grand Lama now felt himself to be an omnipotent god. His education, environment, high office, personal experience, visions called forth by religious exercises, ecstasies as the fruit of trance-provoking rites had fostered this belief within him. Being lifted far above everything mundane, he felt like a bestower of blessings and happiness for all six classes of living beings.

Both the lamas and the noblemen who had permission to remain in the hall during the service approached the altar in single file and with downcast eyes received the saffron-colored "potion of long life" (T. *tshe chang*), which the Pan chen rin po che dispensed with a small golden spoon from the gold-lined skull bowl, mentioned above.   It was most touching to observe the expression of deep devotion on the weather-beaten faces of the nomads.

When I stepped up to the throne, there was a Tangut pilgrim in front of me so overawed that, absorbed in silent prayer, he did not dare raise his head. The Pan chen lama waited patiently for quite a while, then tapped the closely cropped head with the staff which he used to dispense blessings, in order to encourage him to receive the potion.   In addition to the drop of potion of long life, every one received a few white pills made of flour and sugar and wrapped in white paper.   These were the pills of longevity (T. *tshe ril*), the greatest treasure besides the consecrated amulet thread for the participants to carry home with them.

II. ANALYSIS AND PARTIAL TRANSLATION OF THE WU-LIANG-SHOU JU-LAI KUAN KUNG-YANG I-KUEI
無 量 壽 如 來 觀 供 養 儀 軌

(*Taishō Issaikyō* No. 930, V. 19, p. 67 ff.)

Translated into Chinese by Amoghavajra (eighth century),

Preparations

At that time Vajrapāni, in the great congregation of the Buddha Vairocana, rose from his seat, joined his hands in adoration, and spoke to the Buddha thus: "For the benefit of sentient beings, who are to live in the coming age of defilement, acquiring bad *karma*, I have preached the *dhāranī* of Amitāyus and the practice of the Three Secrets (of body, speech and mind), realizing the buddha vow and obtaining the rebirth in the Pure Land with the rank of a bodhisattva, which would not be possible with only little merit and without the means (*upāya*) of knowledge (*jnāna*).   Therefore, it follows that by means of this teaching and by right recollection [the seventh step in the Noble Path] and right practice certainly a rebirth as the highest being in the Land of Supreme Beatitude will take place. Anybody, be he layman or monk, who wants to be reborn in the Pure Land, must first enter the *mandala* (*mandala-praveça*) and obtain consecration. Then he must seek from a teacher (*guru*) [instruction in] reciting the ritual.

"Thereupon [he may proceed] to an exquisite place, or wherever he may sojourn in order to anoint and purify it and construct a mound [altar] there.

Above this place he spreads out an awning, and all around he suspends flags. On the altar he arranges eight *maṇḍalas*. He grinds white sandalwood into a perfume and smears it on the seat of the individual deities. To the west [of the place smeared with sandalwood powder] he places an image of Amitāyus.

"The officiant takes a seat east of the altar, facing the image in the west. He either spreads a straw mat or he takes up a seat on a low, little bench. Three times every day he strews all kinds of flowers, burns all kinds of incense and places there the two types of holy water [namely for the face and the feet, *argha* and *pādya*]. He may take bowls or cups made of gold, silver, copper, stone, or earthenware, which have never been used before, fill them with perfumed water, and place them on the altar. At the four corners of the altar he puts four "auspicious" flasks (*bhadra-kalaca*). He then prepares incense, lamps, perfumed ointment (*vilepana*), food, and drink, to the best of his ability. Each vessel he will bless individually and offer them up with reverence.

"The *sādhaka* bathes daily and dresses in new, clean garments, or he recites *dhāraṇis* in lieu of taking a bath. Now he [begins to] meditate until he realizes that all beings are by their very nature pure, but they are obscured by adventitious defilements (客塵) which prevent them from seeing the truth, but cause them to lose their insight (*bodhi*), submerge them in the *samsāra* and expose them to infinite calamities. He resolves, therefore, to explain to them the consecration of the Three Secrets [body, speech, and mind] so that he himself and they obtain purity.

"Thereupon [Vajrapāni] joined his hands together, forming a lotus, and recited three times the *dhāraṇī* which purifies the three actions [*dhāraṇī* omitted].

"Through the consecratory power of this *dhāraṇī*, the inner or spiritual bath of purification is accomplished.

"Each time when [the officiant] enters the sanctum, he assumes a respectful, dignified attitude in front of the main deity, joins his hands in the lotus shape, closes his eyes, transports his mind into Paradise, imagining himself standing in the presence of Amitāyus and his retinue of the bodhisattvas, prostrating himself, five parts of his body touching the ground, and worshiping in front of each buddha and bodhisattva while muttering the *dhāraṇī* of general salutation.

"Then [the officiant] touches the ground with his right knee, joins his palms against his breast, devoutly and sincerely confesses all his sins committed from beginningless time. He expresses his sympathy with all meritorious actions performed by the buddhas and bodhisattvas, the *çrāvakas*, the *pratyeka-buddhas*, and all living beings. Furthermore he visualizes in the various world systems (*lokadhātu*) of the ten quarters all the fully enlightened *tathāgatas* and prays to them to turn the Wheel of the Law. He also requests all *tathāgatas* who [are about to] offer the show of entering nirvana to remain in this world.

"Furthermore he takes a solemn pledge, saying, 'All the merits I have accumulated by worshiping the buddhas, confessing my sins, taking joy in the merits acquired by others, and praying to the buddhas [to stay in this world and save all living beings from suffering], this whole, immeasurable stock of merits I dedicate for the benefit of all living beings, so that they may be reborn in paradise beholding the Buddha and the *Dharma* ("LAW") and experience supreme enlightenment.'"

After the preparation the text continues (p. 69 a) with a description of the body of the rite, enumerating the individual acts to be performed. All of these follow a simple pattern. It therefore suffices to give only one, the first, in translation, omitting the explanation of the *dhāraṇis* and seals which would involve special study as well as drawings of the seals.

"[The officiant] takes up the *paryanka* ["Buddha"] seat, or the semi-*paryanka* seat, the right leg resting on the left thigh. Anointing his hand with fragrances [sandalwood], he first makes the "seal" of the *samaya* of the Buddha family [follows a description of the *mudrā*]. After that he contemplates the clear and well defined thirty-two major and eighty minor marks of the Buddha Amitāyus.

"Thereupon [the officiant] mutters the *dharāṇī* of the *samaya* of the Buddha family.......three or seven times. Then he places the "seal" on [his] vertex and releases it. By making the seal and reciting the *dhāraṇī*, he arouses all the buddhas of the Buddha family to come to the assembly and consecrate and protect [the officiant], so that he may speedily obtain purification of his bodily actions, destruction of sins, and increase of merits and wisdom."

The individual instructions and directions are contained in the following table in a condensed form.

No.	Name of Seal	Vision	Dhāranī	Movement	Purpose
1	*Samaya* of the buddha family	Major and minor marks of the Buddha.	*Samaya* of buddha family.	Placing seal on vertex.	Summoning of Buddha and bodhisattvas
2	*Samaya* of the lotus family	Avalokiteçvara with divinities of lotus family.	*Samaya* of lotus family	Placing seal to the right of vertex.	Arousing of lotus family for consecrate and protection
3	*Samaya* of the *vajra* family	Major and minor marks of Vajragarbha with retinue of *vajradharas*	*Samaya* of *vajra* family	Placing seal to left of vertex	Arousing of *vajra* family for consecrating and protection
4	Donning armor	All living beings clad in armor of compassion	Protecting the body	Sealing the five spots of his body	Self-protection.
5	*Vajra*stick of the earth.	Imagines self as occupying *vajra* seat.	—	Sealing ground three times	Purification and perfection of *dhātu*
6	*Vajra* walls	Bright flames from seal	—	Encircling self three times with seal	Creation of impenetrable *vajra* enclosure
7	Great Ākāça-garbha	Emanation of offering substances from seal	Ākāçagarbha	Tying seal	Making "real" the offering gifts
8	—	Syll. HRĪḤ shining in 10 quarters	—	—	Melting of "sin obstacles" of those of meeting light
9	Buddhafist	—	—	Tying seal, sealing the earth	Transformation of *dhātu*
10	Chariot	Proceeding to Paradise	Chariot	Turning thumb towards self	Making carriage for gods
11	Receiving deities	Gods ascending chariot	Reception	Waving	Obtaining *siddhi*
12	Horseheaded Avalokiteçvara	—	Expelling demons	3 circular movements to left, 3 to right	Expelling demons
13	Seal of *vajra* net	—	*Vajra* net	—	Keeping out deities
14	Fire "court"	Emanation of light from fire court surrounding walls (cf. 6)	—	Turning seals to right three times	Protection of sanctuary
15	Seal of perfumed water (*argha*)	Washing feet of deities	Producing *argha*	Lifting up water vessel 3 times	Self-purification
16	Flower seat	Innumerable lotuses in paradise	OM KAMALA SVĀHĀ	—	Obtaining *vajra* seat for officiant beyond the 10th stage
17	Wide, great, infallible jewel seal	Torrents of offering gifts raining upon Amitāyus and assembly	—	—	Obtaining of boundless accumulations of merits by officiant

The offering gifts produced by the actions described in No. 17 of the table bring to the officiant and those on whose behalf the rite is performed innumerable "accumulations of merits" (S. *punya-skandha*, 功德蘊), boundless as space.   From incarnation to incarnation they will be reborn from a lotus in the assemblies of all the buddhas and obtain the five magic powers (S. *rddhi-pada*, 神通).   [They will be able to] multiply their persons numberless times, so as to rescue all suffering beings and establish them firmly in their blessings, so that not only in their present lives they will enjoy boundless fruits, but also in their coming incarnation they will be reborn in the Pure Land.

A short hymn in Sanskrit is inserted here.   If the officiant each day regularly chants this hymn, praising the merits of the Buddha, urging Amitāyus to let his infinite light shine upon the officiant, then his *karma* obstructions will all melt away, and body and mind will become calm and clear, and his thoughts serene.   While he sits continuously, remembering and reciting without fatigue, his mind gains purity and speedily experiences *samādhi* ("concentration").   He will envision his body as completely filled with cleanliness and whiteness, as if a pure moon were reflected in his heart...

More instructions are given and concomitant visions are described.   This leads finally to the goal of the rite: rebirth in the paradise of Amitābha-Amitāyus.

The rest of the ritual contains nothing of interest in the context of this essay.

III. COMPARISON OF THE CHINESE AND TIBETAN RITUALS

One of the chief divergences between the Chinese and Tibetan rituals here presented is the greater simplcity of the former. Before starting upon a detailed study of the discrepancies, one should not lose sight of the different nature of the two texts. It is clear that the Chinese text is intended merely to give general directions, leaving most of the details to the officiant. The Tibetan text, on the other hand, guides the officiant through all the complicated acts which constitute the solemn rite. In the Chinese formulary, such important items as the entering of the *mandala* and the obtaining of consecration are merely mentioned as preliminaries while the identification of the officiant with the deity in its triple aspect of *samaya-rūpa*, *jnāna-rūpa*, and cosmic hypostasis (*bum bskyed*) is not even hinted. In this connection, it should be noted that the *Sādhana-mālā*, containing among its 400-odd *sādhanas*, pieces of quite different ages, has no such elaborate and complete liturgies as we find in the current handbooks of ritual used in Tibetan temples.

While most of the important steps present in the Tibetan liturgy are scatter ed through the *Sādhana-mālā*, they have not been brought into such a systematic order as the Tibetan liturgies present. Tibetan *sādhanas* may be compared in a restricted sense with a piece of music, say a sonata, with a more or less clear profiling. In the Chinese text the phantasmagorical interplay of letters born from the VOID, beams of light which condense into visions of persons and things as imaginary objectifications of the absolute, the dissolution of these visions and their return through intermediate stations into the VOID do not stand out with the same clarity.

Nevertheless, the elements from which the rituals are built are identical here and there. There are the same movements (seals or *mudrās*), the same recitations of powerful *dhāranīs*, the same visions, and so forth, but the strict rules controlling the offerings, their consecration, and their transformation are absent. While the obtaining of *siddhi* is parallel in the Chinese and Tibetan liturgies, the important role of the gnosic aspect of a deity seems to be something undeveloped in Chinese Tantrism, and the three steps of realization (*bdag bskyed*, *mdun bskyed*, and *bum bskyed*) are not mentioned either. The first and least likely possibility is that the elaborate form of the rituals developed in India at a time when *Vajrayāna* had already been transplanted to China (at the end of the seventh and beginning of the eighth centuries) and its development had more or less come to a standstill in that country. Another hypothesis would be that the forms we know from Tibet were originally developed in India but were lost in the original Sanskrit. I am inclined to believe, however, that the Tibetan liturgists themselves were responsible for the richer forms of which we have given an example here.

The Chinese ritual then distinguishes itself from the Tibetan basically by its general structure. Far from being an unfolding of internal dramatic action leading to some sort of climax, it is a concatenation of individual acts which lack psychological cohesion ond logical sequence. This, from an artistic point of view, seems rather to be a drawback. As has been pointed out, ritual is a product of art to which all the other arts cultivated by religion are made subservient: architecture, painting, sculpture, and——not to be forgotten—— play-acting. Here the arts of recitation and of gesturing, nay, even in certain cases, of dancing, are to be considered. And the dogma too, with its hair-splitting theories which sometimes appear to the uninitiated as idle logomachy, was woven into this highly esthetic tapestry and is exploited to give substance to the whole performance. If we take all this into consideration, we may say that, as far we are justified in taking this Chinese ritual as the archetype for other Tantric rituals in China, the Chinese performances are somewhat arid when compared with the clear structure and richer action, that is to say internal action, of the Tibetan. But this general statement may need modification after more texts have been subjected to comparative analysis.

In concluding, it may be pointed out that in general emphasis the two formularies also differ. While the Tibetan rite aims at the acquiring of *siddhis* and especially at the *unio mystica*, the Chinese formulary stresses rather the idea of *sukhāvatī*. That situation corresponds to the general religious attitude of the faithful. At the time when the Chinese text was translated from the Sanskrit, Chinese Buddhists had already been familiar with the ulterior vision of paradise for more than 500 years, a vision which in the Paradise School had all but eclipsed the notion of nirvana. In Tibet, on the other hand, the *fata morgana* of a paradise, though far from being unknown, had never taken such a firm hold on the religious imagination of the populace.

In other respects the coincidences and discrepancies reflected in the two types of ritual are so obvious that they hardly need further elucidation in this article.

出自第二十八本下（一九五七年五月）

續論夫子與子

李 宗 侗

常有人說檀弓寫作的時間與論語相似，茲先以檀弓爲續論的研究材料，一方面看他在夫子與子這一點上，是否確與論語同時；另一方面，更由是而更明確的推論「夫子」由A類演變至C類的時代。

檀弓中有「夫子」的稱謂者共卅四條，其中面稱者只二處，其餘皆係記述中所用，而非面稱。茲分列如下：

(檀1) 孔子哭子路於中庭，有人弔者而夫子拜之。既哭，進使者而問故。使者曰：「醢之矣！」遂命覆醢。

(檀2) 魯人有朝祥而莫歌者，子路笑之。夫子曰：「由！爾責於人終無已夫！三年之喪亦已久矣夫！」子路出，夫子曰：「又多乎哉？踰月則其善也。」

(檀3) 南宮縚之妻之姑之喪，夫子誨之髽曰：「爾毋從從爾！爾毋扈扈爾！蓋榛以爲笄，長尺而總八寸。」

(檀4) 孟獻子禫，縣而不樂，比御而不入。夫子曰：「獻子加於人一等矣！」

(檀5) 伯魚之母死，期而猶哭。夫子聞之曰：「誰與哭者？」門人曰：「鯉也。」夫子曰：「嘻，其甚也！」伯魚聞之，遂除之。

(檀6) 孔子之衞，遇舊館人之喪，入而哭之哀，出，使子貢說驂而而賻之。子貢曰：「於門人之喪，未有所說驂；說驂於舊館，無乃已重乎！」夫子曰：「予鄉者入而哭之，遇於一哀而出涕。予惡夫涕之無從也！小子行之。」

(檀7) 子夏問於孔子曰：「居父母之仇如之何？」夫子曰：「寢苫枕干，不仕，弗與共天下也，遇諸市朝，不反兵而鬭。」

(檀8) 夫子曰：「始死，羔裘玄冠者易之而已。」羔裘玄冠，夫子不以弔。

(檀9) 子游問喪具，夫子曰：「稱家之有亡。」子游曰：「有亡惡乎齊？」夫子曰：

「有毋過禮；苟亡矣，斂首足形，還葬，縣棺而封，人豈有非之者哉！」

　　(檀10)孟獻子之喪，司徒旅歸四布，夫子曰：「可也。」歸脤，曾子曰：「非古也，是再告也。」

　　(檀11)子夏問(聞)諸夫子曰：「居君之母與妻之喪，居處言語飲食衎爾。」

　　(檀12)賓客至，無所館。夫子曰：「生於我乎館；死於我乎殯。」

　　(檀13)二名不偏諱，夫子之母名徵在，言在不稱徵，言徵不稱在。

　　(檀14)孔子過泰山側，有婦人哭於墓者而哀。夫子式而聽之，使子路問之曰：「子之哭也，壹似重有憂者？」而曰：「然，昔者吾舅死於虎，吾夫又死焉，今吾子又死焉。」夫子曰：「何為不去也？」曰：「無苛政。」孔子曰：「小子識之，苛政猛於虎也。」

　　(檀15)孔子之故人曰原壤，其母死，夫子助之沐椁。原壤登木曰：「久矣，予之不托於音也」。歌曰：「貍首之班然，執女乎之卷然。」夫子為弗聞也者而過之。從者曰：「子未可以已乎？」夫子曰：「丘聞之，親者毋失其為親也，故者毋失其為故也。」

　　以上十六章有「夫子曰」處，當係記述以前的言語，其中必有若干是孔子卒後弟子轉述的，不過在論語中對於這種仍稱「子曰」而不稱「夫子曰」，因此檀弓這些章合於我所謂B類。似正在演變之中，尚未至孟子時代的面稱C類。至於以下若干章則確知是在孔子卒後弟子或他人談話中指孔子而說的：

　　(檀16)子夏喪其子而喪其明，曾子弔之曰：「吾聞之也，朋友喪明則哭之。」曾子哭，子夏亦哭，曰：「天乎！予之無罪也！」曾子怒曰：「商！女何無罪也！吾與女事夫子於洙泗之間，退而老於西河之上，使西河之民疑女於夫子，爾罪一也。喪爾親，使民未有聞焉，爾罪二也。喪爾子，喪爾明，爾罪三也。而曰女何無罪與？」子夏投其杖而拜曰：「吾過矣！吾過矣！吾離羣而索居，亦已久矣！」

這章中說子夏老於西河之上，子夏又說離羣索居，則其事必在孔子既卒以後，曾子稱孔子曰「夫子」，亦等於左傳哀公十六年子贛於孔子卒後稱「夫子之言曰」相似〔見「論夫子與子」引(31)〕

　　(檀17)孔子蚤作，負手曳杖消搖於門，歌曰：「泰山其頹乎！梁木其壞乎！哲人其萎乎！」既歌而入，當戶而坐。子貢聞之曰：「泰山其頹，則吾將安仰！梁木其壞，哲人其萎，則吾將安放！夫子殆將病也！」遂趨而入。夫子曰：「賜！爾來何遲

－758－

也？……」

子貢未趨而入以前稱夫子，仍是第三位稱法，所謂Ａ類，但下面又說「夫子曰」，與論語大部份稱「子曰」的不同。

（檀18）孔子之喪，門人疑所服。子貢曰：「昔者夫子之喪顏淵，若喪子而無服，喪子路亦然。請喪夫子若喪父而無服。」

（檀19）子路曰：「吾聞諸夫子，喪禮與其哀不足而禮有餘也，不若禮不足而哀有餘也；祭禮與其敬不足而禮有餘也，不若禮不足而敬有餘也。」

前章明在孔子既卒以後。子路先孔子而卒，有明證，但稱「聞諸夫子」，必然不在孔子面前所言，仍皆屬Ａ類。

（檀20）有子問於曾子曰：「問（或作聞）喪於夫子乎？」曰：「聞之矣：喪欲速貧，死欲速朽。」有子曰：「是非君子之言也。」曾子曰：「參也聞諸夫子也。」有子又曰：「是非君子之言也！」曾子曰：「參也與子游聞之。」有子曰：「然，然則夫子有爲言之也。」曾子以斯言告於子游。子游曰：「甚哉有子之言似夫子也！昔者夫子居於宋，見桓司馬自爲石槨，三年而不成。夫子曰：『若是其靡也，死不若速朽之愈也！』死之欲速朽，爲桓司馬言之也。南宮敬叔反，必載寶而朝。夫子曰：『若是其貨也，喪不如速貧之愈也！』喪之欲速貧，爲敬叔言之也。」曾子以子游之言告於有子。有子曰：「然，吾固曰『非夫子之言也！』」曾子曰：「子何以知之？」有子曰：「夫子制於中都，四寸之棺，五寸之槨，以斯知不欲速朽也。昔者夫子失魯司寇，將之荊，蓋先之以子夏，又申之以冉有，以斯知不欲速貧也。」

此章弟子的談話雖不敢確說在孔子卒後，但以語言的情形而論，不在孔子面前則可確知。若看「昔者」二字與下章用法相同，則在卒後更有理。「夫子」之用仍屬Ａ類。

（檀21）孔子之喪，有自燕來觀者，舍於子夏氏。子夏曰：「聖人之葬人與？人之葬聖人也。子何觀焉？昔者夫子言之曰：『吾見封之若堂者矣，見若坊者矣，見若覆夏屋者矣，見若斧者矣。從若斧者焉，馬鬣封之謂也。』今一日而三斬板而已封，尚行夫子之志乎哉！」

此章在孔子卒後，「夫子」仍屬Ａ類。

（檀22）國昭子之母死，問於子張曰：「葬及墓，男子婦人安位？」子張曰：「司徒

敬子之喪，夫子相，男子西鄉，婦人東鄉。」

（檀23）衛司徒敬子死，子夏弔焉，主人未小斂，絰而往。子游弔焉，主人既小斂出，絰反哭。子夏曰：「聞之也與？」曰：「聞諸夫子，主人未改服，則不絰。」
兩章中之司徒敬子想是一人，子夏子游談話時，孔子當在，但非談於孔子面前，則夫子仍屬Ａ類。以上八章皆屬Ａ類。以下二章雖然指孔子，但亦屬Ａ類：

（檀24）公叔文子卒，其子戍請諡於君曰：「日月有時，將葬矣，請所以易其名者。」君曰：「昔者衛國凶饑，夫子為粥與國之餓者，是不亦惠乎？昔者衛國有難，夫子以死衛寡人，不亦貞乎？夫子聽衛國之政，修其班制，以與四鄰交，衛國之社稷不辱，不亦文乎？故謂夫子貞惠文子。」
夫子是指已死的公叔文子，與前論（31）左傳子贛稱已卒的孔子及（24）子產稱已卒的子皮相同，皆屬Ａ類。

（檀25）陳子車死於衛，其妻與其家大夫謀以殉，葬定而后陳子亢至，以告曰：「夫子疾莫養於下，請以殉葬。」子亢曰：「以殉葬非禮也。雖然，則彼疾當養者孰若妻與宰？得已，則吾欲已；不得已，則吾欲以二子者之為之也。」於是弗果用。
「夫子」當然指已死的陳子車，與前章同屬Ａ類。

　　總上25章而論，夫子有作為敍述用處的，如「夫子曰」；有的是指不在面前的人。檀弓中面稱夫子者只有二條，可說屬於Ｃ類。有一條指孔子而另一條指的是曾子。

（檀26）孔子在衛，有送葬者而夫子觀之，曰：「善哉為喪乎，足以為法矣！小子識之。」子貢曰：「夫子何善爾也？」曰：「其往也如慕，其反也如疑。」子貢曰：「豈若速反而虞乎？」子曰：「小子識之，我未之能行也！」。

（檀27）曾子寢疾，病，樂正子春坐於牀下，曾元曾申坐於足，童子隅坐而執燭。童子曰：「華而睆，大夫之簀與？」子春曰：「止！」曾子聞之瞿然曰：「呼！」曰：「華而睆，大夫之簀與？」曾子曰：「然。斯季孫之賜也，我未之能易也。元起易簀。」曾元曰：「夫子之病革矣，不可以變！幸而至於旦，請敬易之。」曾子曰：「爾之愛我也不如彼！君子之愛人也以德，小人之愛人也以姑息。吾何求哉？吾得正而斃焉斯已矣！」舉扶而易之，反席未安而沒。
在這章中記有諸人所坐的部位及曾子與曾元相互的談話，則「夫子」係曾元面稱曾子無

疑，這與孟子中多章相同，固屬 c 類。前一章孔子與子貢對面談話而稱「夫子」，這與論語「子之武城」章中子游之面稱「夫子」相似。（前62）但檀弓中亦有數處稱孔子曰「子」的，如（檀15）「從者曰：『子未可以已乎？』」下接孔子答語，亦屬面稱。但亦有稱「子曰」者，如（檀26），一面子貢面稱「夫子」，另一面又有「子曰」，指孔子答語而不用「夫子曰」。而（檀15）原壞章有「夫子助之沐槨」又有「從者曰：『子未可以已乎？』」又是面稱孔子曰「子」。「夫子」與「子」相混雜，這些似皆在演變中的現象。

另亦有若干處面稱子者，然非指孔子，如（檀21）「子何觀焉？」的「子」是子夏面稱自燕來觀葬聖人者。又如：

（檀28）晉獻公將殺其世子申生。公子重耳謂之曰：「子蓋言子之志於公乎？」（鄭注：蓋皆當爲盍。）子是重耳面稱申生。

（檀29）文子辭曰：「子辱與彌牟之弟游，又辱爲之服，敢辭。」子游曰：「禮也。」文子退，反哭，子游趨而就諸臣之位。文子又辭曰：「子辱與彌牟之弟游，又辱爲之服，又辱臨其喪，敢辭。」子游曰：「固以請！」文子退，扶適子南面而立曰：「子辱與彌牟之弟游，又辱爲之服，又辱臨其喪，虎也敢不復位。」子游趨而就客位。
此處「子」是文子面稱子游的。

（檀30）公叔文子升於瑕丘，蘧伯玉從。文子曰：「樂哉丘也！死則我欲葬焉。」蘧伯玉曰：「吾子樂之，則瑗請前。」
蘧伯玉面稱公叔文子爲「吾子」。

（檀31）成子高寢疾，慶遺入請曰：「子之病革矣！如至乎大病，則如之何？」
慶遺入至寢室，「子」是他面稱成子高。

（檀32）晉獻公之喪，秦穆公使人弔公子重耳，且曰：「寡人聞之，亡國恆於斯，得國恆於斯。雖吾子儼然在憂服之中，喪亦不可久也，時亦不可失也！孺子其圖之！」
「吾子」是秦穆公的使者公子縶面稱重耳。

（檀33）工尹商陽與陳弃疾追吳師，及之。陳弃疾謂工尹商陽曰：「王事也，子手弓而可。」手弓。「子射諸！」射之，斃一人；韔弓。又及。謂之，又斃二人。每斃一人，揜其目，止其御曰：「朝不坐，燕不與，殺三人亦可以反命矣！」孔子曰：「殺人之中，又有禮焉。」

兩「子」字皆陳弃疾面稱工尹商陽。

（檀34）柳若謂子思曰：「子，聖人之後也。四方於子乎觀禮，子蓋（盍）愼諸！」柳若面稱子思爲子。

這些章中雖有面稱孔子夫子者一處，但其餘他人每互稱爲子，似已趨向於孟子時代。孟子中只稱老師爲夫子而其餘則仍面稱子；但檀弓中亦有面稱孔子爲子的，可以說檀弓作者尚未下至孟子同時。書中有曾子之卒。史記孔子世家說曾子小孔子四十六歲，子夏小孔子四十四歲，是孔子卒時曾子方二十六歲而子夏二十八歲。據傳說他們二人皆甚老壽。書中旣記曾子之卒，子夏老於西河之上，必已距孔子卒時相當遠，若說距孔子之卒（西元前479年）已約五十年，則二子皆已達七八十歲，似無過差。

更進一步，書中亦記有「魯穆公問於子思曰」，則書寫成年代應更晚。爲討論魯穆公的年代，先需解決魯悼公的年代。史記魯世家稱悼公在位三十七年，集解引徐廣說：「一本云悼公卽位三十年，乃與秦惠王卒，楚懷王死年合。」今姑定魯悼公爲三十年或三十一年，其子元公在位二十一年，其孫爲魯穆公。魯悼公與魯元公的在位年歲兩者相加，共得五十一年，再加孔子之卒至魯哀公之卒，共十二年，則孔子之卒距離魯穆公卽位共六十三年，這較曾子之死，更晚十一年，這也就是檀弓最晚篇章寫定的時代。據以上的研究，到這時代，「夫子」已經由第三位變爲第二位，與孟子書中相同。據胡適之先生的研究，檀弓篇中爾汝的用法不同，與論語近似，而與孟子不同，則檀弓的寫成必定早於孟子。胡先生的研究，與我前面所說恰相符合，但是稱謂（指夫子）的演變，不一定與文法的演變遲速相等，可能夫子稱謂由A類演變到C類是在孔子卒後五六十年之間。（由西元479至西元415年）但魯穆公與子思的問答不一定必在魯穆公卽位以後，亦可能在他爲世子的時候。果若此，則當說由西元479至420年，或更較合理。

另一種材料是晏子春秋，這部書當然不是晏子所作，用「夫子」稱謂的演變來研究的結果，其中有去晏子之卒不過遠的，亦有去晏子之卒已將及百年時方寫定的，茲錄有關「夫子」各條如後。

（晏1）少間，公出，晏子不起；公入，不起；交舉則先飲。公怒，色變，抑手疾

視曰：「曩者夫子之教寡人，無禮則不可也。寡人出入不起，交舉則先飲，禮也？」晏子避席，再拜稽首而請曰：「嬰敢與君言而忘之乎？臣欲致無禮之實也。君若欲無禮，此是巳！」公曰：「若是，孤之罪也。夫子就席，寡人聞命矣。」（內篇諫上第二）。這一條再用夫子，顯然是面對晏子的稱呼。

　　（晏2）公驅及之（晏子）康內，公下車從晏子曰：「寡人有罪，夫子倍棄不援，寡人不足以有約也，夫子不顧社稷百姓乎？夫子之幸存寡人，寡人請奉齊國之粟米財貨，委之百姓，多寡輕重，惟夫子之令！」遂拜於途。晏子乃返。（內篇諫上第五）。這條四用夫子皆是景公追及晏子在路上面稱的。

　　（晏3）公聞而怒曰：「何故而拘虞？」晏子曰：「以新樂淫君。」公曰：「諸侯之事，百官之政，寡人願以請子；酒醴之味，金石之聲，願夫子無與焉！夫樂何必夫故哉！」（內篇諫上第六）
此條中有一「子」，亦有一「夫子」，皆係面稱晏子的，且在同條中，容後論面稱用「子」時再討論。「夫樂」及「夫故」兩「夫」字皆是指定詞，不用此而用夫，仍沿自春秋時舊習慣。

　　（晏4）（晏子）遂鞭馬而出。公使韓子休追之，曰：「孤不仁，不能順教以至此極。夫子休國焉而往，寡人將從而後。」晏子遂鞭馬而返。其僕曰：「嚮之去何速？今之返又何速？」晏子曰：「非子之所知也！公之言至矣。」（內篇諫上第八）。
按韓非子外儲說左上有同類記載，但言「使騶子韓樞御之」，疑韓樞卽韓子休，則景公仍係自己前往，韓子休只是為他御車，稱晏子為「夫子」仍是面稱。下面晏子對其僕說：「非子之所知也」，稱僕為子，亦非春秋時習俗。

　　（晏5）公曰：「裔款以楚巫命寡人曰：『試嘗見而觀焉。』寡人見而說之，信其道，行其言。今夫子譏之，請逐楚巫而拘裔款。」晏子曰：「楚巫不可出。」公曰：「何故？」對曰：「楚巫出，諸侯必或受之。公信之以過于內，不知（智）；出以易諸侯于外，不仁，請東楚巫而拘裔款。」（內篇諫上第十四）
在兩人對話中，夫子當然是面稱晏子。

　　（晏6）公望見晏子，下車逆勞曰：「夫子何為遽？國家得無有故乎？」晏子對曰：「不亦急也，雖然，嬰願有復也。國人皆以為君安于野而不安于國，好獸而惡民，毋

乃不可乎？」公曰：「何哉！吾爲夫婦獄訟之不正乎？則泰士子牛在；……爲國家之有餘不足聘乎？則吾子存焉。……」（內篇諫上第二十三）。

這篇中既有「夫子」，又有「吾子」，這與（晏3）中有「夫子」亦有「子」者相類似。

（晏7）公喟然歎曰：「夫子釋之！夫子釋之！勿傷吾仁也。」（內篇諫上第二十五）。

前面說景公欲誅圉人，並云「是時晏子待前，左右操刀而進，晏子止之。」然後晏子責說圉人，公方有這段話。觀其前後文義，「夫子」仍是當面稱晏子。

（晏8）公謂晏子曰：「夫獄，國之重官也，願託之夫子。」晏子對曰：……景公不說曰：「勑其功，則使壹妾；勑其意，則比而焚。如是，夫子無所謂能治國乎？」（內篇諫下第一）。

（晏9）（晏子）歌終，喟然歎而流涕，公就止之曰：「夫子曷爲至此？殆爲大臺之役夫！寡人將速罷之。」晏子再拜，出而不言。（內篇諫下第五）

（晏10）（晏子）歌終顧而流涕，張躬而舞。公就晏子而止之曰：「今日夫子爲賜，而誡于寡人，是寡人之罪。」遂廢酒罷役，不果成長庲。（內篇諫下第六）。

以上三章皆是對話，「夫子」是面稱。（9）及（10）兩章意思相同，頗疑是一事分化爲二的。

（晏11）公曰：「善。非夫子，寡人不知得罪于百姓深也。」（內篇諫下第七）。

這是景公欲「爲鄒之長塗」，晏子諫而公當面回答的話。

（晏12）景公爲泰呂成，謂晏子曰：「吾欲與夫子燕。」對曰：「未祀先君而以燕，非禮也。」（內篇諫下第十二）。

（晏13）公下堂就晏子曰：「梁丘據裔款以室之成告寡人，是以竊襲此服與據款爲笑，又使夫子及（責及？）寡人，請改室易服而以聽命，其可乎？」晏子曰：「夫二子營君以邪，公安得知道哉！且伐木不自其根，則蘗又生也。公何不去二子者，毋使耳目淫焉！」（內篇諫下第十五）

以上兩章皆係面稱，文義甚明顯。（14）章有「夫二子」之稱，當係沿自春秋時習俗。

（晏14）公曰：「善。寡人自知，誠費財勞民以爲無功，又從而怨之，是寡人之罪也。非夫子之教，豈得守社稷哉！」遂下，再拜，不果登臺。（內篇諫下第十八）

（晏15）已歛（景公之嬖妾嬰子）而復曰：「醫不能治病，已歛矣。不敢不以聞！」公作色不說曰：「夫子以醫命寡人，而不使視；將歛，而不以聞。吾之爲君，名而已矣！」晏子曰：「……而內嬖妾于僇齒，此之爲不可。」公曰：「寡人不識，請因夫子而爲之。」（內篇諫下第二十一）

這是對面稱「夫子」，在問答中甚爲明顯。

（晏16）公曰：「寡人今欲從夫子而善齊民之政，可乎？」對曰：「嬰聞國有具官，然後其政可善。」（內篇問上第六）

（晏17）景公問晏子曰：「……今寡人亦欲存齊國之政於夫子，夫子以佐佑寡人，彰先君之功烈而繼管子之業。」晏子對曰……（內篇問上第七）

以上兩章似是一事的分化，皆是當面稱「夫子」。

（晏18）公曰：「寡人非夫子無以聞此，請革心易行。」（內篇問上第十）

這是景公疾病，欲使祝宗禱告上帝宗廟，晏子不以爲然，而景公面答的話。

（晏19）景公問晏子曰：「寡人持不仁其無義耳也。不然，北面與夫子而義（議）。」晏子對曰：「嬰人臣也，公曷爲出若言？」（內篇問上第十五）。

問晏子是當面問晏子，「夫子」是面稱。

（晏20）吳王曰：「寡人聞夫子久矣，今乃得見，願終其問。」晏子避席對曰：「敬受命矣。」（內篇問下第十）這是晏子使於吳，與吳王的對話。並且是問下篇中唯一的「夫子」稱謂。面稱「子」者反有五處。其詳看後面面稱「子」的統計。

（晏21）晏子遂起，北面坐地。（莊）公曰：「夫子從席。曷爲坐地？」（內篇雜上第五）

這顯然是莊公面稱晏子。

（晏22）晏子被玄端，立于門，曰：「諸侯得微有故乎？國得微有事乎？君何爲非時而夜辱？」公曰：「酒醴之味，金石之聲，願與夫子樂之。」晏子對曰：「夫布薦席陳簠簋者有人，臣不敢與焉。」公曰：「移于司馬穰苴之家。」前驅款門曰：「君至！」穰苴介胄操戟，立于門曰：「諸侯得微有兵乎？大臣得微有叛者乎？君何爲非時而夜辱？」公曰：「酒醴之味，金石之聲，願與夫子樂之。」穰苴對曰：「夫布薦席陳簠簋者有人，臣不敢與焉。」（內篇雜上第十二）

這兩處夫子皆係面稱。後者稱司馬穰苴原作「將軍」，王氏以爲春秋時無稱其臣爲「將軍」者，因據說苑及羣書治要改。不知春秋時亦無面稱夫子者。

（晏23）晏子既已有事于魯君，退見仲尼。仲尼曰：「夫禮登階不歷，堂上不趨，授玉不跪；夫子反此，禮乎？」（內篇雜上第二十一）

退見孔子，則孔子的話是當面說的，「夫子」是面稱。

（晏24）越石父怒而請絕。晏子使人應之曰：「吾未嘗得交夫子也。子爲僕三年，吾迺今日睹而贖之，吾于子尚未可乎？子何絕我之暴也！」……越石父曰：「吾聞之，至恭不修途，尊禮不受擯，夫子禮之，僕不敢當也。」晏子遂以爲上客。（內篇雜上第二十四）

前面晏子的使人稱越石父爲「夫子」，又稱「子」，甚爲雜亂。呂氏春秋觀士篇，新序雜事篇皆作「嬰未嘗得交也。」似較合理。

（晏25）景公謂晏子曰：「吾聞高糾與夫子游，寡人請見之。」（內篇雜上第二十八）

（晏26）高糾事晏子而見逐，高糾曰：「臣事夫子，二年無得，而卒見逐，何也？」晏子曰：「嬰之家俗有三而子無一焉。」（內篇雜上第二十九）

以上兩章「夫子」皆面稱晏子。

（晏27）晏子請見，公曰：「寡人有病，不能勝衣冠以出見夫子，夫子其辱視寡人乎？」晏子入……（內篇雜下第七）

觀當時的情形，晏子雖未入室，或已升堂，景公的話他在遠處亦能聽見，亦幾近於面稱。

（晏28）公曰：「然則曷以祿夫子？」晏子對曰：「君商漁鹽，關市譏而不征；耕者十取一焉；弛刑罰，若死者刑，若刑者罰，若罰者免。若此三言者，嬰之祿君之利也。」公曰：「此三言者，寡人無事焉，請以從夫子。」（內篇雜下第十六）

（晏29）公曰：「夫子之鄉惡而居小，故爲夫子爲之，欲夫子居之以慊寡人也。」晏子對曰：「……」卒復其舊宅。公弗許；因陳桓子以請，迺許之。（內篇雜下第二十二）

這顯然的是兩人的對話。後一章與左傳昭公三年文相似，但左傳中並未面稱夫子。

（晏30）公迺往燕晏子之家。飲酒，酣，公見其妻曰：「此子之內子耶？」晏子對曰：「然，是也。」公曰：「嘻！亦老且惡矣！寡人有女少且姣，請以滿夫子之宮。」（內篇雜下第二十四）

此章前稱「子」，後稱「夫子」，皆面稱。

（晏31）晏子朝，乘弊車，駕駑馬。景公見之曰：「嘻！夫子之祿寡耶？何乘不佼之甚也！」晏子對曰：「賴君之賜，得以壽三族，及國游士皆得生焉。臣得煖衣飽食，弊車駑馬以奉其身，于臣足矣。」晏子出，公使梁丘據遺之輅車乘馬，三返不受。公不說，趣召晏子。晏子至，公曰：「夫子不受，寡人亦不乘。」晏子對曰……（內篇雜下第二十五）

前一段在晏子出以前，後一段在晏子至以後，可證「夫子」皆是面稱。

（晏32）梁丘據謂晏子曰：「吾至死不及夫子矣。」晏子曰……（內篇雜下第二十七）

（晏33）公曰：「自吾先君定公至今用世多矣，未有老辭邑者。今夫子獨辭之，是毀國之故，棄寡人也，不可！」晏子對曰……公不許曰：「昔吾先君桓公，有管仲恤勞齊國，身老，賞之以三歸，澤及子孫；今夫子相寡人，欲爲夫子三歸，澤及子孫，豈不可哉？」對曰……（內篇雜下第二十八）

（晏34）晏子病，將死，其妻曰：「夫子無欲言乎？」晏子曰：「吾恐死而俗變，謹視爾家，毋變爾俗也。」（內篇雜下第二十九）

以上皆對面談話而稱「夫子」。

（晏35）公曰：「雍門之橨，寡人所甚愛也。此見斷之，故令夫子誅之，默然而不應，何也？」晏子對曰……公曰：「赦之，無使夫子復言！」（外篇同而異者第九）

（晏36）公曰：「然則夫子助寡人止之，寡人亦事勿用矣。」對曰：「讒夫佞人之在君側者，若社之有鼠也。……」（外篇重而異者第十四）

（晏37）高子問晏子曰：「子事莊公靈公景公，皆敬子。三君之心一耶？夫子之心三也？」晏子對曰：「善哉問！」（外篇重而異者第十九）

以上皆面談稱「夫子」。後一章先面稱「子」，後面稱「夫子」，與（晏31）例同。

（晏38）儐者諫曰：「高糾之事夫子三年，曾無以爵祿而逐之，敢請其罪。」晏子

曰：……。（外篇重而異者第二十三）

此雖儐者稱晏子爲夫子，然仍係面稱。

（晏39）景公謂晏子曰：「昔吾先君桓公予管仲狐與穀其縣十七，著之于帛，申之以策，通之諸侯，以爲子孫賞邑。寡人不足以辱而先君，今爲夫子賞邑，傳之子孫。」晏子辭曰：……（外篇重而異者第二十四）

（晏40）景公賜晏子狐之白裘，玄豹之茈，其賷千金。使梁丘據致之，晏子辭而不受。三反，公曰：「寡人有此二，將欲服之。今夫子不受，寡人不敢服。與其閉藏之，豈如弊之身乎？」晏子曰：「君就賜，使嬰修百官之政。……」（外篇重而異者第二十五）

（晏41）晏子相景公，布衣鹿裘以朝。公曰：「夫子之家若此其貧也？是奚衣之惡也？寡人不知，是寡人之罪也。」晏子對曰……（外篇重而異者第二十六）

以上除（40）外，皆係面稱。（40）又似令梁丘據轉告的，近於面稱。

以上41章中「夫子」皆係面稱，另外有二章確是第三位稱謂，就是：

（晏42）仲尼聞之曰：「語有之；言發于爾（邇），不可止于遠也；行孝于身，不可掩于衆也。吾竊議晏子而不中夫人之過，吾罪幾矣。吾聞君子過人以爲友，不及人以爲師。今丘失言于夫子，夫子譏之，是吾師也。」因宰我而謝焉，然（後）仲尼見之。（外篇不合經術者第四）

這章劉更生雖列爲不合經術，但以結構來說，似反較早。這是背後稱晏子爲「夫子」，合於第三人稱謂，與前41章皆不同。又以「吾」爲主格，亦較早的文法。至於下一章亦同：

（晏44）晏子對曰：「日宋之盟，屈建問范會之德于趙武，趙武曰：『夫子家事治，言于晉國，竭情無私；其祝史祭祀陳信不愧，其家事無猜，其祝史不祈。』建以語康王，康王曰：『神人無怨，宜夫子之光輔五君以爲諸侯主也。』」（外篇重而異者第七）

這章與左傳昭公二十年晏子的話完全相同，〔見前論引（21）〕必當出自同源，他仍保存着「夫子」第三位的用法。宋盟屈建（子木）問趙孟的話亦載於左傳襄公二十七年，見前前論引（12）。這件事是當時所艷稱的。

　　以上41章中「夫子」皆係面稱，另外有二章似是第三位稱謂，但另有三章仍是第二位稱謂，這二章如下：

　　（晏44）及晏子卒，公出屏而立（泣）曰：「嗚呼！昔者從夫子而游公阜，夫子一日而三責我；今誰責寡人哉！」（內篇諫上第十八）

　　（晏45）景公游于菑，聞晏子死，公乘侈輿服繁馹驅之。……至，伏尸而號曰：「子大夫日夜責寡人，不遺尺寸。寡人猶且淫佚而不收，怨罪重積于百姓。今天降禍于齊，不加于寡人而加于夫子，齊國之社稷危矣！百姓將誰告夫！」（外篇不合經術者第十六）

　　（晏46）晏子死，景公操玉加于晏子屍上而哭之，涕沾襟。章子諫曰：「非禮也。」公曰：「安用禮乎！昔者吾與夫子游于公阜之上，一日而三不聽寡人，今則孰能然乎？吾失夫子則亡，何禮之有！」免而哭，盡哀而去。（外篇不合經術者第十七）

　　（44）及（46）似是一事的兩種記載。（45）及（46）兩章的稱「夫子」雖在晏子卒後，初看似是第三位稱謂，然仍是第二位。因為景公說話的時候是在晏子的屍前，等於生前的面稱。觀叔孫豹卒後，季孫「以書使杜洩告於殯曰：『子固欲毀中軍，既毀之矣，敢告』」〔前論引（20）〕。告於殯等於面稱，而春秋時用「子」，則景公的說話用「夫子」，與以前的習俗已經不同。可以說仍是Ｃ類。

　　以上46章有41章（中共56處）是面稱；一條是述說沿自春秋的舊事，文字仍是原文（晏44稱范會），這與戰國的習俗無關；只有一條（晏43）孔子背後稱晏子為「夫子」。可見在晏子書中「夫子」作為面稱（ｃ類）的比例為 $\frac{44}{46}=\frac{22}{23}$，等於百分之九十五強，不為不多。另外亦有面稱用「子」之處，但次數的比例略少於「夫子」，茲舉一兩章為例，另列一表，以免篇幅的冗長。

　　（晏47）公曰：「昔吾先君桓公以管子為有力，邑狐與穀，以共宗廟之鮮。賜其忠臣，則是多忠臣者。子今忠臣也，寡人請賜子州款。」辭曰：「管子有一美，嬰不如也；有一惡，嬰不忍為也，其宗廟之養鮮也。」（內篇諫上第十二）

這章與前引（晏40）文相類，只此作「子」而彼處作「夫子」。因其文相類，劉更生乃列（40）入外篇重而異者類。

齊侯面稱晏子爲「子」者列表如下：

章　數	內諫上六	內諫上十二(即晏47)	內諫上十七	內諫下九	內諫下二十二	內雜上十六	內雜下十二(註一)
次　數	1	2	1	1	1	1	5

章　數	內雜下十八	內雜下二十一(註二)	外重而異者二	外重而異者七(註三)	外重而異者二十	外不合經術者十二	共十一章
次　數	1	2	1		7	1	共23次

晉楚的君稱晏子爲「子」，列表如下：

章　數	內篇問下十五晉平公問	內篇問下十六晉平公問	內篇雜下九楚王問	外重而異者十七吳王問	共　五　章
次　數	1（吾子）	1（吾子）	2	1（吾子）	共五次（內「吾子」三次）

其餘貴族稱晏子爲子者：

章　數	內問下十八叔向問	內篇問下十八叔向問	內問下二十九梁丘據問	內雜上一崔杼問	外雜上三崔杼謂晏子	內雜上二十四越石父稱	內雜下十二田桓子稱	內雜下十三田桓子稱	外重而異者十九高子稱	共八章
次　數	1	1	2	2	5	4	4	1	2	共22次

以上總共24章共50次，皆是面稱晏子爲「子」或「吾子」者，這仍是春秋時的舊用法。若與面稱「夫子」（C類）共41章56次相比，次數相差不過遠。晏子書之寫成絕對不能下至孟子時。孟子中面稱孟子爲「子」者只有一次，〔即景丑氏所稱，見前論引(107)〕，其餘無不稱夫子者。晏子或者可以與檀弓的寫成略同時。因晏子是「以其君顯」的人物，齊人對他與管仲同等看待，雖然他對內及對外的成就皆不能比及前者。他卒後就有種種故事流傳下來，傳說的時代不同，「夫子」遂與「子」雜用，大約直到檀弓篇寫定時，他方才寫成。我所說略與檀弓同時是指寫定的時代而非指每章最初傳說的時代。這其中有頗早的，比如以下各章極與左傳所記載的相類似：

（I）內篇諫上第十二「景公疥且瘧，期年不已」這一段頗與左傳昭公二年「齊侯疥遂痁」一事相類似。（杜預註「痁：瘧疾」，是兩事相同。）外篇重而異者第七亦記

(註一)　酌者代景公稱晏子。

(註二)　這章與左傳昭公三年相同，疑出自同源，仍用「子」爲第二位而不用「夫子」。

(註三)　這章與左傳昭公二十年相同，已見前引(晏44)，疑出同源。仍用子爲第二位，而第三位「夫子」則指已卒之晉國范會。

載同類的事。並且這兩章中景公皆面稱晏子爲「子」，不稱「夫子」。

（Ⅱ）內篇諫上第十八「景公出游于公阜」晏子論「和」與「同」與昭公二十年左傳相同，亦見外篇重而異者第五。又景公言古而無死，晏子所答語與外篇重而異者第四章相合，亦見昭公二十年左傳。

（Ⅲ）內篇問下第十七「叔向曰：齊其何如？」晏子曰：「此季世也，吾弗知，齊其爲田氏乎！」與昭公三年左傳相同。外篇重而異者第十亦有相類語。其中「踊貴而屨賤」亦見內篇雜下第二十一。

（Ⅳ）內篇雜下第十四欒氏高氏欲逐田氏鮑氏章亦見昭公十年左傳。

（Ⅴ）內篇雜下第十五「與晏子邶殿，其鄙六十，晏子弗受。」亦見襄公二十八年
　　　左傳。

（Ⅵ）內篇雜上第三十「晏子居晏桓子之喪」章亦見襄公十七年左傳。

（Ⅶ）內篇雜上第二「崔杼弒莊公章」亦見襄公二十五年左傳。

（Ⅷ）內篇雜上第三「崔慶盟諸大夫」章亦見襄公二十五年左傳。這章中屢用「子」稱晏子而不用「夫子」。

我們至少見有八章與左傳相同的，固然不敢說他們鈔自左傳，至少鈔自與左傳同類的史料，其時代必較早。

劉向說：「所校中書晏子十一篇，臣向謹與長社尉臣參校讎太史書五篇，臣向書一篇，參書十三篇，凡中外書三十篇，爲八百三十八章。除復重二十二篇，六百三十八章，定著八篇二百一十五章。外書無有三十六章，中書無有七十一章，中外皆有以相定。」由這說看來，他所校的各種本子來源頗爲複雜，亦就可以明瞭各章寫定的時代不一致。有的甚早，遠至晏子卒不久以後（晏子卒年見下）；有的甚晚，直至檀弓篇寫定的時代。因此亦就能明瞭「夫子」與「子」雜用的原因。

晏子卒於魯定公十年（西元 500 年）。史記管晏列傳及左傳皆未載，只齊世家說：（景公）「四十八年與魯定公好會夾谷。……是歲，晏嬰卒。」是晏子之卒與夾谷會同年。世家又說：「五十八年，秋，景公病，命國惠子高昭子立少子荼爲太子，逐羣公子，遷之萊。景公卒。」按是年爲魯哀公五年，春秋亦書：「齊侯杵臼卒。」是景公卒於晏子之後十一年，而晏子春秋外篇不合經術者第十八章則說：「晏子沒十有七年，

景公飲諸大夫酒。」足證書中雜有誣妄的記載。又如左傳記夾谷之會明言孔子「謂梁
丘據曰：『齊魯之故，吾子何不聞焉？……』」，而內篇諫下第二十二則說：「梁丘據
死，景公召晏子而告之曰：『據忠而且愛我，我欲豐厚其葬，高大其壟。』晏子曰：
『敢問據之忠與愛于君者，可得聞乎？』公曰……」固然夾谷之會春秋明言在夏，或
者梁丘據死於秋而晏子死於冬，不是絕對不可能，但終覺着過於巧合。若以前條例
之，恐亦是誣妄。蓋晏子書的寫成去晏子過遠，寫這章書的人對事迹已經有些記憶不
清。況今本晏子春秋明爲西漢末劉向所集，其中有去晏子之卒較近的，仍保有春秋語
法；亦有甚遠者，恐與檀弓不遠，若以上釋檀弓論之，則有距晏子卒已百年者，記憶
不清晰自是當然的。另有若干旁證亦可說明有些章是戰國時方寫定的。茲舉例若下：

　　（晏48）其子往晏子之家說曰：「負郭之民賤妾請有道於相國。」（內篇諫下第二）
相國之稱始於戰國，晏子時安得有此？

可見書中有較早者，亦有晚至晏子年後百年者，其實這是古書常有的現象。

　　我現擬進一步討論A類夫子與C類夫子性質是否相同。其用法的不同已在前篇中
說明，現更擬說明在文法上亦不相同。「夫」在古文字中是指定詞，他可以指一個人或
幾個人，亦可指一個國，或一件物或若干事。譬如夫子是指一個人，夫三子是指幾個
人；「夫許、太岳之胤也」（左傳隱公十一年）是指一個國；「夫寵而不驕，驕而能
降，降而不憾，憾而能眕者鮮矣」（左傳隱公三年）是指的這些事。

　　王伯申在經傳釋詞中亦說及此。他說：

　　　夫，指事之辭也。禮記檀弓曰：「予惡夫涕之無從也！」禮運曰：「是故夫禮。」
　　僖廿四年傳：「夫袪猶在。」宣二年：「公嗾夫獒焉。」周語曰：「然則夫支之所道
　　者，必盡天地之爲也。」是也。

這些皆是「夫」在名詞前的例，與「夫」在「子」（名詞）前同等。凡面稱曰「子」的貴
族，背後皆稱爲「夫子」，加指定詞於名詞前，這是孔子以前及孔子當時的慣例。若是
多數就將數目字加在指定詞與名詞的中間，如前篇所引的「告夫三子」（前57）等卽是。
有時不稱「夫子」而稱「夫人」，雖然有客氣與否的分別，但是指定詞夫後加一個名詞

「人」，在文法上則相同。譬如<u>僖公</u>三十年<u>左傳</u>：「微夫人之力不及此。」又<u>襄公</u>廿六年：「君淹恤在外十二年矣，而無憂色，亦無寬言，猶夫人也！」（「夫人」是<u>右宰穀</u>指<u>衞獻公</u>。）有時單用一個「夫」字，就等於「夫夫」，譬如<u>哀公</u>廿五年<u>左傳</u>：「彼好專利而妄，夫見君之入也，將先道焉」

　　因此我獲得結論如下：

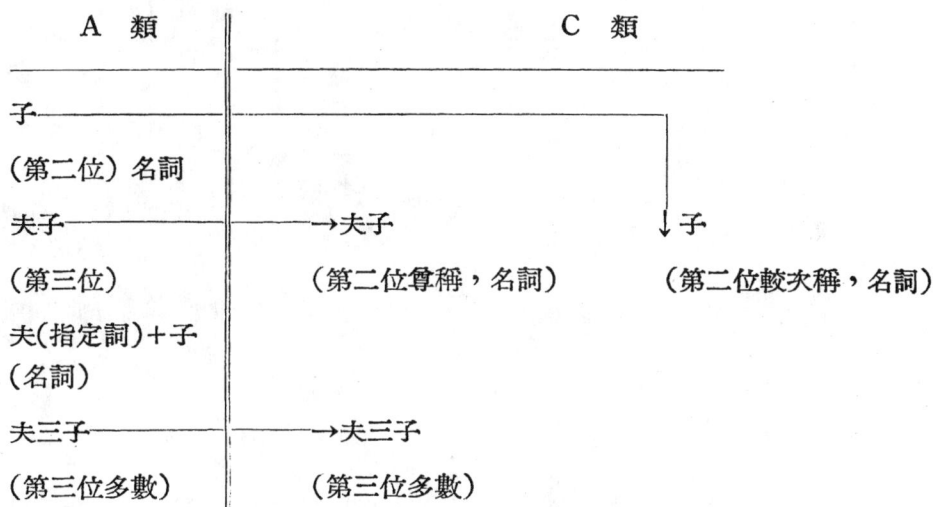

<pre>
　　　Ａ　類　　　　｜｜　　　　　　　Ｃ　類
─────────────┼┼────────────────────────
子──────────────┼┼─────────────┐
（第二位）名詞　　　｜｜　　　　　　　　　　　　│
夫子─────────────┼┼──→夫子　　　　　　↓子
（第三位）　　　　　（第二位尊稱，名詞）　（第二位較次稱，名詞）
夫(指定詞)＋子　　　│｜
（名詞）　　　　　　│｜
夫三子────────────┼┼──→夫三子
（第三位多數）　　　│｜（第三位多數）
</pre>

夫子由Ａ類變到Ｃ類，在文法上亦改變性質，即由指定詞＋名詞的第三位稱謂變爲名詞，同時亦變爲第二位稱謂。因爲「夫」原是指定詞，所以第三位多數仍舊保持不變。

出自第二十九本下（一九五八年十一月）

時間和律度在中國詩中之示意作用

陳　世　驤

我們這裏特別標出詩的示意作用 (poetic signification)，以別於普通所謂意義或意思 (meaning)。這個區別可以做爲一個觀點，以見出詩與非詩的分別；更深一層看，甚至可以見出好詩與壞詩的分別。而且，到最後，由這一觀點的建立，或者有些千古名篇，照意義上講，夙稱極爲難懂，但由其示意作用的成功，可以得到較滿意的解釋，解釋至少一部份這個謎：爲什麼這似乎意不可解的，還公認爲名篇佳制，而另有些不可解的便眞是夢囈。

我們在這裏由時間 (time) 和律度 (scansion) 兩個問題來討論這個觀點。時間和律度可以說是詩中最基本的成份。但正因其爲最基本，所以我們在普通講詩或讀詩的時候，倒常會把它們忽略。有點兒像物理界的原子，雖然是基本的成份，但日常生活中它雖常在，反注意不到它，除非有了特別發見又提起的時候。時間和律度，在詩中是常在的。但我們日常講詩或讀詩時，倒常把它們輕易看過，這是旣因爲"習而不察"，怕更是因爲我們所講出的常只是詩句的意義或意思，即用散文所能差不多——但只是差不多——同樣表出的意思。但時間和律度發生積極成效，而成爲示意作用時，正是散文所不能表達的。這才使詩有別於非詩，好詩不同於壞詩。

我們說時間和律度是詩中常在的基本成份，當然不是說詩中有之便算好，而是說等它們運用到發生積極成效，完成超乎散文意義的示意作用時才見功。好詩與壞詩的區別，也就可以看這些基本成份是否發揮到高度的積極示意作用。

以下多舉例證，逐步討論。也舉幾首英文韻文，旣表示這問題的普遍性，又借他山之助，觀點更可明瞭。並且所舉的中國詩，也都譯附英文。這是希望連帶着表示，詩是要嚴格的做爲詩來了解，而一般的翻譯工作，常是難免只把詩所能說出的散文意義，編成外國話，讀來自然覺得全不是原詩；即使再改裝一下，硬遷就了外國詩型，

也常變成另外一個東西。這個實際大困難不是任何一個理論所能解決的。但是我們想，既然時間和律度的示意作用伏在原詩的精髓裏，那麽翻譯時於此也至少常照顧到，而且儘可能試着表達出來些，那麽使透過翻譯對於原詩的了解，也許更可近一點。以下我們有幾首翻譯是這樣照顧到，並試着表達出的。結果決不足稱榜樣，只作或爲有用的提醒。至於所舉的英文詩例，也照同樣的宗旨，譯附中文，證明道理相通，而且也爲說明的方便。

我們方才說時間和律度是詩中常在的基本成份，但只含有這些成份，不一定就是好詩，而要看發揮到如何的示意作用。比如說，看以下這首英文俚諺，可算一個極端的例子：

>　　Thirty days hath November,
>
>　　April, June and September,
>
>　　February has twenty-eight alone,
>
>　　And all the rest have Thirty-one.

這要翻譯，也只能打油：

>　　十一月有三十天
>
>　　四六九也整齊全
>
>　　二月廿八特出奇
>
>　　其餘俱各三十一

若論時間成份，一年十二月都在；論律度也是排節齊整，音韻鏘鏘。我們翻譯出來的，也照顧到這一點，並且辨清前二句音較滑快，後二句略爲沉穩。但無論如何，只還是一個空的軀殼，時間和律度的成份有而且多，但決不能說是一首好詩，甚至不能說是一首詩。

再看一首舊傳顧愷之作的四句詩：

>　　春水滿四澤
>
>　　夏雲多奇峯
>
>　　秋月揚明輝
>
>　　冬嶺秀孤松

這首詩的來歷一向可疑，雖然陶淵明集，(四部叢刊本)卷三末首也是它，但全晉詩，卷五，列入顧愷之"神情詩"，注家或以爲顧詩"誤入彭澤集"（許彥周詩話），或揣測爲"顧作淵明摘出"的句子（劉斯之語，陶詩注引）。諸家多以爲不是全篇。但傳誦勉如一獨立絕句，來源爲或集或摘，翻譯也只好勉成"戲擬"(parody)，略微顧及韻脚：

> Spring waters fill all pools and ponds
>
> Summer clouds form many wondrous peaks
>
> The autumn moon its radiant luster ekes
>
> The lone pine stands beauteous on wintry mounds

按照一般傳誦的習慣，我們姑且把它當作全詩看。它自然是律度整齊，音韻調諧，而且一年四季都明明說全了。但這個較爲極端的例子，作爲一首詩看也還不能說好。我們想這決不是陶潛所作，像這樣專求對仗工整平排，陶詩向無此例，乃淵明所不屑爲的。每句分開看或猶可各稱秀句，評家（如劉斯之）尚有謂"警策"者，大約也就是照分句看來加以恭維。但若把各句合起來作一首詩看，決無生機脈絡可尋。從這一點上說，這和前首英文十二月的俚諺可屬一類。其時間成份明是很多，而且意思也清楚，但是此外談不到什麼作用。這裏的時間只是堆積起來的一些空名，平板的，浮面的，不關連，更不流動。而律度也只是外形。

　　由以上兩例，我們看出如何時間和節律俱在。但是不發生深刻作用，以下再論它們應該發生怎樣的作用。詩中的時間感是最能動人的，但其動人的力量，在於時間暗示的流動；又因爲時間可說是藏在人生一切事物的背後而推動的，所以在詩中也可說越是蘊蓄在事物之中越好。流動和含蓄，可以說是時間在詩中示意作用的兩個根本條件。律度容易只看成是外形，一句詩若只照意思看，這外形甚至常可像沒甚必要。"春水滿四澤"，若說成"春日之水，充盈於四澤"，或說"春天的水把四面的坑都流滿了"，意思還都是一樣。除了這五字句和其他三個五字句，配合整齊，平仄對稱，好像再沒有別的作用。四句中間組織如此鬆散，都變成散文說法，也像無妨的。但到一首或一段詩結構嚴密，各字息息相關，成爲一有機體時，其中的警句，便不是任何散文說法可以代替的。此時律度所顯示的，已不只是散文的意思，而是這詩句內在機

構的特有力量所示的詩意。像這樣律度的示意作用，不只在一般節奏外形的小心遵守，而常在遵守中予以靈變活用。雖似只由一字一音之妙，但可使全句有新生命，開新景界，並且和全段或全詩建立新的有機關係，發揮超出散文意義以上的情境。

時間和律度的示意作用，常在詩中發生相互的關係。為清楚起見，我們舉例分開來說，先講律度。英國伊利莎白時代，本·蔣森 (Ben Jonson) 的詩劇煉丹者 (Alchemist) 中有這麼一段，是他的劇中人物盛怒之下罵人的一段：

　　　Thou vermin, have I ta'en thee out of dung,
　　　So poor, so wretched, when no living thing
　　　Would keep thee company but a spider or worse?

這段譯成中文，大概要這樣：

　　　你蠹蟲，剛從糞裏捏出來麼？
　　　你卑鄙，寒傖，沒有東西肯來
　　　與爾為伍，只只有蜘蛛，要不還更毒！

這段原詩的律度，很清楚的是遵守着英詩傳統最習見的外形，輕重節 (iambic)，五步句 (pentameter)，一輕一重，絲毫不苟，但是到末尾，忽然加上兩個輕音的變化。我們懂得這段詩的好處，不在它幾句罵人的意思，而在劇中活靈活現的情景，越罵越氣，直到末後，緊張到心神顫抖，聲音喘急，說 "but a spider or worse：只只有蜘蛛，要不還更毒"。用別種話也可以說出同樣的意義，但是律度一換，便神情全失。律度示意，不是普通所謂意義，這裏便是一例。不信把原詩換上 but worse than spider 這樣還是一輕一重，平穩讀下去，或把譯文說成：除却蜘蛛（這是文言輕重與白話蜘蛛相反）或較更毒者，意思不變，但全無詩劇效果了。

再舉一首，意義大是難解，而從律度之示意作用的觀點上看，則詩意可明的，艾略武 (T. S. Eliot) 荒原 (Wasteland) 中之一段：

　　　Madame Sosostris, famous clairvoyante,
　　　Had a bad cold, nevertheless
　　　Is known to be the wisest woman in Europe.

三十多年前荒原新出後，是一首最難懂的詩。現在也不算難懂了。不是它的字句意義

變成易解，而是它形式所象徵的詩意，卽其音節律度的示意作用，經過多少批評發現，久而被人接受與理解。如果用翻譯表達我們的理解，不顧律度而只譯着字義，恐怕等把句句合起來終是不知所云的。我們現把它譯成這樣：

　　　瑟索兒夫人，著名"正法眼"，

　　　得了重傷風啦，嗯可是啊，

　　　無人不知曉，智慧甲(於)全歐。

這段原詩，很容易聽出來，首尾兩句，也都是很規矩的傳統輕重 (iambic) 五步 (pentameter)，但中間忽然加上一行完全反調的重輕 (trochaic) 句，並且以 "nevertheless" 一個前音極重，後拖幾個輕噪音 (th, ss) 的字收尾。爲表明這種律度的變化和對照，我們把首尾兩句，譯成中文傳統的五言句法，(原第三句的 "in" 字在 "-man" 之後讀時大概輕輕帶過，我們譯在"甲"字之後也加一個(於)字) 而把中間一句譯作響亮的，多帶虛字的白話句。並且因爲 "nevertheless" 一字，擬音(onomatopoeic)傳神的作用極爲重要（見下），我們也加個擬音字，"嗯可是啊"。

　　　這段原詩成了現代批評中有名的例子。其根本精神是絕望和諷刺。我們知道荒原全詩公認爲是象徵歐洲前次大戰後文化生活一度破產，社會價值標準喪失後，一切外表傳統的正經都是假的。在這裏一個走江湖攤牌算卦的女巫，得了虛名，成了最智慧神通的女人。但詩人在假裝說正經話中，要極力搗毀她的尊嚴。說什麼智慧呀，神通呀，她只是個傷風感冒的怪名字的女人！要是用這樣的散文說沒有任何力量，所以詩人像扮演出在極嚴肅的場合，用莊重的語調，說着正經話，忽然呵欠打了一個大嚏，弄得全場啼笑皆非，才知道這是諷刺的滑稽戲。"Nevertheless：嗯可是啊"，批評家們認爲在此重輕 (trochaic) 句中，正是先閉一口氣爆發出一串怪聲，象徵傷風打嚏。這可以說是律度之示意作用一個特顯的例子。因爲 nevertheless 一個字的意義概念在詩句中極不重要，只是一個虛字，但它超過了意義，在律度的示意中表示了全詩的根本精神。

　　　以下我們看中國詩的例子。因爲文字性質不同，中國詩律度的示意作用，道理雖然一樣，分析的方法上要顯不同。如果照西洋多數文字的詩律，只計算拍數或重音，中國詩的律度乍看可似簡單，因爲傳統中最普通的五言七言一看就知道。事實自然

不如此。詞曲和古詩的長短句變化多端姑且不論，即五七言詩律度，也不只在字數的平均整齊，而在乎平仄高低的抵對；而且平仄高低的配合又不只在一行之內，却在兩行中間的關係上，並可更進一步說，如是一首近體詩，四行之間的平仄關係都是律度規則。因為這字間行間平仄高低的複雜關係，一句中國詩，字數音數雖然不加不改，但是一字變了高低平仄，結果便有不同的律度。這種變化出了通認的正格，便叫做拗格。用拗音拗字，當然大可成為詩人在律度上示意的妙用。但中國詩的傳統大概是太長了吧，雖然說"拗"，也成了"格"。既成了"格"就不能太自由，還是有規矩管轄。比如上句有拗字，在下句同樣位置的字也得離格而拗。二拗相抵，乃稱為"救"。（董文渙，聲調四譜圖說講的詳細）。隨便舉例說，如王維兩句詩："落日鳥邊下，秋原人外閒。"因為第一句鳥字位置應平而用仄，第二句同處用人字，也是應仄而平。推求起來，我們可以欣賞第一句鳥字的拗。因為意境特別，所以律度也拗變，正是示意的妙用。試若照平常規則改成"落日天邊下，秋原世外閒"把平仄字換回正格，雖然也成詩句，但意境便比較平凡了。因為日在天邊下，是每日常見的景象，並無特別情致與感覺。但若說"落日鳥邊下"則像鳥是靜的而日是動的。鳥飛雖迅，而不覺其飛，因而落日似較鳥猶速，因此更感流光之駛，非常的意象觀感，以拗格的律度道出，所以鳥字拗的是示意作用。但第二句"秋原人外閒"的人字是說人世，拗用人字，除與鳥相對，以成拗句相救外，看不出什麼更特別的理由來。這就是拗格雖是可有自由的示意妙用，但已成了格，而有了規矩。我們並不是反對這規矩，只是說在中國舊詩律度中，即拗格的自由也是很有限的。但也可以說越是在規格嚴謹之中，運用有限自由發揮妙用，越是作詩藝術，而留心這微妙的地方，該是讀詩的責任。

　　我們以下要講的是中國詩律度的又一種示意作用。我們說過漢詩律度不只在一行之本身，尤其在各行之間的關係。各行配合起來，造成全詩律度的整體。我們知道在近體詩中，絕句詩的各行配合方式比較自由。我們現在看詩人在運用這種自由時，如何達到巧妙境地，完成示意作用。至於律詩，則詩句配合方式的自由很少，那我們就得看詩人在極少的自由中，如何於更細微的地方表現技巧。這要等我們在討論最後一首詩，李商隱的七律錦瑟詩，那時再說到。我們在這裏先看一首，也是王維的，極為熟讀的一首絕句。但為了試驗我們所提的律度之示意作用，做一個方法和觀點，把越

是讀熟的詩拿來加上一個新的看法，由新的技術基礎，而得到新的，我們以爲更較近情理的解釋，也許越可證明我們所提的方法和觀點不是無用。這首詩是：

> 君自故鄉來
>
> 應知故鄉事
>
> 來日綺窗前
>
> 寒梅著花末

此詩譯者甚多，但我們私下覺得譯成越近口語越好。理由在以下討論中希望可以明白，而且爲了做明顯的例證，我們力使它有重輕拍節和勉近乎通韻的韻脚。（原四實五末韻通。）

> From our hómetówn you've jùst cóme,
>
> Hómetówn néws you surely know sóme,
>
> Whàt abòut the wínter plúms,
>
> Bý my window, did théy blóssom?

細看原詩，可發見律度很特別，而其示意的妙用也在此。茲不憚煩瑣，標出之如下：

$$1\begin{cases}平仄仄平平\\平平仄平仄\end{cases}$$

$$2\begin{cases}平仄仄平平\\平平仄平仄\end{cases}$$

這四句的配合，前聯二句的平仄音節，和後聯二句的完全相同，一字不差！這貌似單調重複的音節，在絕句中可謂驚人的現象。絕句詩的起源說法不一，但最普通的一個說法，大約是歸納多數唐以來絕句現象而得的結論，成爲法度。就是說（如帶經堂詩話，峴傭說詩），絕句須是從八句律詩中截出來的，"或截首尾兩聯，或截前半首，或截中二聯而成。"事實上是或截律詩的首四句，或中四句，或首尾四句，也還有尾四句的（新出王力漢語詩律學特別補上最後一點。）但若照這個法度說，王維這首絕句便完全不合了。因爲若這樣分聯數從正格律詩中截四句，結果總得四句平仄不同的搭配。但我們這首詩截來截去，只截了兩句，而又把兩句重起來。這可以說拗變犯到極

點了。這類拗變雖也可另有他例，但像這樣二聯平仄完全抵對重複，一字不差的，可謂絕少見。但結果可以說這拗變是爲了達到一個更高的目的。根據這首詩的特別律度，我們可望更深的了解這首詩的情境。

一向註本解釋這首詩，怕都是太沖淡了。看見鄉人遠來，不問別的，只問寒梅。於是有人說別事漠不關心，可稱逸致；或愛花成癖，堪謂高雅。若只就字中意思講，確也只是問了寒梅，照此硬解，也無法反駁。但是我們若也顧到音節律度，聽聽他問寒梅是怎麼問的，用什麼口氣，表什麼心情，不在文字的意義，而在律度的示意，我們就得到全不同的結論。我們覺得它因節奏特別重複，而語氣加快，並且用字多重複，更顯情急，決不是萬事不掛心的樣子。情景倒是像這樣或者更近實些：人從故鄉來了，詩人一片鄉情，千思萬緒從何問起呢？鄉人之來把家鄉景色都喚起在記憶中了，覺得一腔子熱，什麼地點，事物，季節，都鮮明的閃現於腦際，所問的雖只是寒梅吧，實在故鄉情景，家園狀況，一萬件事都想一句問出。於是心中急切之至，這是只在字面的意義表示不出的。但一萬句話要併成一句說，所以節奏極快，而這情急語快的"示意"作用，就其變格律度之極快中表現了。這律度之快就在於上下二聯高低平仄完全不變，詩雖二聯，話如一句。而且全詩只二十字便重複了六個字，只聽見"故鄉，故鄉，來……來……"。雖只問了梅花，而"自故鄉來……故鄉事……來日……"，急遽連言，則詩之基調還是鄉情之切。如果眞如一般所謂這詩完全是閒情逸致，則該音調悠閒；像這樣急切連絮纏綿，這是情感濃摯而不是沖淡。所以摩詰此詩，雖不爲最偉大的篇章，若論單純技巧之運用，使情景語氣，活靈活現，也可謂藝術天成。

于此略微解釋此詩之翻譯。我們以爲該多用口語，以顯語氣之親切；又用白話中之 "you've" 和 "what about" 一類簡式語詞，以加速同樣情調；以原詩多相重之字音，故加用 come, plum, know some 和 blossom 一類近韻並近複韻之字。又四句都譯爲重輕式 (trochaic) 詩行，以加重急快之語氣。結果自然還不一定是成功的翻譯。但因爲附帶提到透過翻譯了解詩的問題，也略說明一下，做個參考。

但這裏又引起更深一層的問題，卽英詩中之一個重輕 (trochaic) 音步，一定比一個輕重 (iambic) 音步急促麼？或中國詩中一個平聲一定比一個仄聲長而重麼？這要分看每個單獨的音值，大概是不錯的。但若說每一詩的情調緩急，都可用一個個單音衡量，則又不如此簡單。詩的效果不在每個音孤立的音值，而在乎各音之間靈妙配

合或對照，使形式與所表現情感內容融合一致。而且律度更要和詩中其他的聲音部分，如韻腳，雙聲等，也發生極密切的關係，而結合着產生總效果，這就是我們前曾提起的所謂有機關係。這關係非常微妙複雜，所以律度雖是詩的基本條件之一，但常常他方面的一字之差，效果上可至毫厘千里。試比較下面兩首例子，一首是熟見的孟浩然的春曉：

> 春眠不覺曉
> 處處聞啼鳥
> 夜來風雨聲
> 花落知多少

譯文：

> In spring I slept past dawn all unaware,
> Until I heard the birds sing everywhere.
> Last night amidst the sounds of wind and rain,
> Who knows how many flowers perished there.

再一首是劉長卿的茱萸灣北答崔戴華問：

> 荒涼野店絕
> 迢遞人烟遠
> 蒼蒼古木中
> 多是隋家苑

譯文：

> Desolate, sequestered, here is a lodge in wilderness,
> Far away from where the family hearths send up smoke.
> Darkly, darkly, in the ancient woods
> Are most of the gardens of Sui in ruins.

這兩首詩讀原文，可以立刻覺着音節的效果極其不同。春曉讀來極覺明快緊湊；答問則像很閒散自由。因此為對照起見，我們把第一首譯成較整齊的韻文，第二首譯成較舒鬆的自由體。原文的效果這樣不同，甚至一時也許還覺不出來其實這兩首詩的

律度外形，若只照平仄講，根本上却是極其相同的！標出來許才看的清楚：

春曉 {
平平仄仄仄
仄仄平平仄
仄平平仄平
平仄平平仄
}

答問 {
平平仄仄仄
平仄平平仄
平平仄仄平
平仄平平仄
}

兩首詩第一句平仄完全一樣，其二三四句都是用同樣的近體律句配合。答問中這幾句都是律句的正格（其第二四兩句首字之稍變無傷正格，是人所其知的）。春曉中這幾句也是一樣的正格，但其中第三句的第一和第三字平仄互易，便成了"拗救"句，而發生很不同的影響。但最使這兩首律度外形大致相同，而效果之快慢如此極其不同的，還在另外一個字，以致生絲毫千里之差。這就是第一首詩的第一句末"曉"字和以下"鳥"，"少"都入韻；而第二首的"絕"字和"遠"，"苑"不入韻而且聲音相差極遠。中國韻文可說以一韻脚爲一單位，韻脚多，單位就短，自然節奏也就快起來。所以春曉可說四行中容納三個單位故緊湊，而另首第問，四行只有二單位乃從容，自然春曉就快的多了。

　　不信做個文章遊戲，把答問的二韻脚也改爲三韻脚，而且也改出一個"拗救"句來，卽把第一句"絕"字改爲"晚"字以入韻，把第三句一"蒼"字改爲"莽"以成拗，把"古"改爲"林"以成救，看結果如何：

```
荒 涼 野 店 晚*
迢 遞 人 烟 遠
莽* 蒼 林* 木 中
多 是 隋 家 苑
```

　　這念起來就和"春眠不覺曉，處處聞啼鳥……"一詩律度韻拗完全一樣，自然也覺緊快多了。這樣改來，詞句也可還算像一首唐詩，較之答問原詩的律度外形可謂無大變，意義也可說無大不同，但在我們所謂詩的示意作用上就大大失敗了。原詩答問和春曉的意境情趣根本不同。春曉是春夢乍醒，廻想夜來，刹那間的頓悟，自然詩調要極其明快；答問是荒村野宿，悠然懷古，地遠時長，自然詩調也要極舒緩。所以"荒

涼野店絕，迢遞人烟遠"，決不能說成 "荒涼野店晚*，迢遞人烟遠"。

　　在這兩首詩的討論中，我們已經說到時間作用，可以聯想到時間與節律之示意的相互關係。在這兩詩裏可以看出，時間感覺短的如春曉，則律度急湊明快；時間感覺悠長的如答問，則律度舒緩。換過來說，因律度之急促而更覺時間之暫速；因律度之舒緩，而更覺時間之悠久。但我們又說過，時間起示意作用時，須要含蓄在事物之中流動，須要以具體的事物充實着它，因而時間感覺像透入詩中一切事物而成為一種氣氛 (atmosphere)，或浸染如一種色澤。以至於一首詩內時間或全不說出來，或只說出一點來，但它還是籠罩充滿於全篇，構成一種境界。但時間的示意與律度的示意一樣，有時覺得，也常有時不覺得。但全不覺得的時候，於詩的鑒賞，總是一個損失。它有時蘊蓄的好，字句上不大說出，而實在詩的本體之中。若看不到它也不找，只就字面意義講下去，倒會離開詩之本體，乃至越講越遠或越難通。

　　在以上兩首詩中，時間的作用比較簡單容易看出。因為每詩中都說出一點來。春曉內說出 "春" 和 "夜"，答問裏點出一個 "古" 字來。但雖說出一點來，還不失為蘊蓄，浸潤在具體事物之中，而成為籠罩全篇的氣氛和色澤。春在鳥啼花落，暖帳遲眠中處處透出來，則春不僅是時間之空名，而成為聲香色以至體膚之感，而昨 "夜" 暗示着今朝時間是流邅生動的。在答問中 "古" 字和荒涼野色，林木蒼蒼。色澤調諧，則 "古" 之時間感亦是詩中氣氛；而具體說出一個 "隋" 字來充實它，立覺往日宮殿繁華，今則人烟斷絕，時光無窮流動，已是多少歲月過去了。我們可以回想顧愷之的 "四時詩"，雖然春夏秋冬都說出來，並沒有這麼多作用。甚至可說於詩意中無必要。因為 "春水滿四澤" 並無餘響，若只憑空做一個孤立的一時的事實說，那麼秋水無妨也滿四澤。而且我們記得詩有春江花月夜一首（張若虛的），可見不一定 "秋月揚明輝"，春月也可以揚明輝。尤其顧詩中之時間只是平板的形容詞，是靜止的，並不流動，全詩無脈絡，所以覺得只有字意，而缺乏示意作用了。

　　但更有一首詩，其中時間成份非常複雜，可說是多層的時間。其時間一部分說出，有一部分不說出。其說出的部分是所謂 "有限的時間" (finite time)，而不說出的部分是在 "無限" (the infinite) 中展開。其有限的是詩人對即身即世年光流轉，生活變化的直接感觸；而於此感觸中又擴大境界，以展至無限，自然造物中之一切無止境

的變遷幻化。這是一種了悟，但不是一種超脫，是詩人對生命的執着，而不是宗教家
所求的人生解放。所以雖由自己年華有限的時間擴到自然以及超自然的無限時間流動
變化，而一切終歸爲“情”所充滿，因而最後像歷盡輪廻萬刧，終歸以詩人主觀對情
之深切感覺結束。全詩因爲時間成分複雜，而且又深深的含蓄，所以在律度上更不容
易表出。因而全詩看來只嚴守着律詩規則，絲毫不苟，但只在最後二結句，極其細微
處，妙成一個巧變，顯出時間與律度的示意作用。這首詩就是我們所要討論的李商隱
錦瑟詩。這首詩無疑的是中國詩中極重要的名篇，而也向來以難懂著稱。一向聚訟，
或由歷史考證或由典引爭辯，精博固多盈帙，所證得的興趣也許常落在本詩之外。我
們在這裏試持時間和節律的觀點加以解釋，看可否增加一點於本詩的了解。

　　　　　錦瑟無端五十絃

　　　　　一絃一柱思華年

　　　　　莊生曉夢迷蝴蝶

　　　　　望帝春心託杜鵑

　　　　　滄海月明珠有淚

　　　　　藍田日暖玉生烟

　　　　　此情可待成追憶

　　　　　只是當時已惘然

以下譯文，我們先於此謹加聲明，還不是錘鍊工整的譒譯，此望待諸異日。爲了我們
目前的討論，這譒譯只是聊表我們自己對這首極繁複艱深的篇什在字句上的解釋和了
解。不過最後兩句中的“待”字和“已”字的位置，因爲是我們後來在討論律度時特
別要加重說明的，所以在譯句中也使譯詞“abide”和“already”居於第四和第五的
兩個和原來相對等的位置，並各作斜體，也表示和原文一樣，二字各在錯置的地位上
加重加長。

　　　　The inlaid psaltery for reasons unknown has fifty strings,

　　　　Each string and peg evokes precious years of life.

　　　　Chuang-chou, dawndreaming, lost himself incarnated as butterfly,

　　　　Wang Ti, each spring with heart pining, is transformed into a cuckoo.

In the vast sea under moon light pearls shed tears,

In the Blue Field where the sun is warm the jade yields smoke.

This feeling might *abide* until it becomes memory,

But at the time *already* one is in sorrow enmeshed.

此詩解釋甚多。一首極豐富偉大的詩篇，可有多種解釋，仁者見仁，智者見智，今也不想一一分辨。我們只可指出各結論之不同，常因方法及觀點之不同。大概說，各種觀點在中國舊傳統上多是政治或倫理的觀點；又可從詩人私生活的傳記觀點看，也有從典譬之似朦朧而作謎猜的。我們現在的討論，只望喚醒一個新的觀點，即詩中時間與律度之觀點。觀點可以越多越好，合起來可以都對，分起來無須爭執。此詩之時間與律度觀點或尚無人提過，現今提出，想當是有用的。

關於此詩本旨，最權威之解釋，可說有兩種。一說悼亡，一說自傷。馮浩集合歷來各家所論，以爲必是悼亡無疑；張孟劬先生則以年譜推度，並探索李詩古本，以爲是義山行近五十自傷之作（即四十七歲終年之作）。兩者各自言之成理，但若以悼亡而必求其悼者爲誰，則恐永難成定論；自傷必以爲是政治失意，而繫諸牛李各黨諸公，也太嫌狹窄了。我們看詩本身中沉重的悲哀，悼亡自傷都可說是詩中的成份，但不是詩本身生命之所在。如果必須於兩成份之中選擇輕重，可說自傷是基調，而以所悼之亡爲自傷經歷之一，以充實並發揚這一基調，但全詩的構合與精神則超出自傷與悼亡之上。如以時間及律度的觀點看，可見詩人由自己有限生命之經歷變化，而進觀自然無限時間內之生滅，以造成 "宇宙之悲哀"（cosmic sorrow）。全詩首二句以明說有限之時間起，中四句於奇事異象中，具體顯示大宇宙無限時間之幻化，而結尾又歸入小我主觀，明說出自己即身即目之時間感覺，統合以上使俱成爲直接的心靈經驗。所以最後二句，看似平淡，乃在最微巧的律度略變中，顯示了重要的作用。

現在分釋各句："錦瑟無端五十絃，一絃一柱思華年"，明說出有限時間。"五十" 照張孟劬先生說法，即詩人年近五十之隱示。那麼這就是個人在有限時間內之生命感。看這兩句詩內，時間示意作用的二條件具備：一是它蘊蓄在實物之中，由錦瑟樂器，象荒古無端的制作，如年命建立修短之不知所由；而二則是情態流動，無端五十絃柱之樂音交變動盪，明比五十年華，以象有限生命之流遷不斷。前人於錦瑟多所臆

測，有以爲是人名的，馮浩已原原本本，一駁再駁了。李詩常賦錦瑟，有時是指實物，但此處特言五十絃。據知錦瑟實在沒有五十絃的，此處蓋是用神話裏瑟的典故：“瑟五十絃，黃帝破爲二十五絃”（如世本所云）。然則“錦瑟無端五十絃”，乃寓指原始神話所傳創造之神秘，以象年命之未知孰定，令人迷惘，無法解釋，故“無端”兩字乃寓着人生迷津苦海之悲也。因此所明指的雖爲個人有限生命之流逝，錦瑟的神秘意象乃可緊緊和下四句，大自然及超自然無限時間內之神秘變化成爲一氣，而連起呼應。

　　下四句，“莊生曉夢迷蝴蝶，望帝春心託杜鵑。滄海月明珠有淚，藍田日暖玉生煙。”若是尋典故，做謎猜，好像只見藻語富麗，而得不到一個中心主旨的。但若以時間觀點作透視的構架，則意旨很明白。所指爲一切的無限變幻，自我與非我，滄海與良田，幻化無窮。如此看並且四句層次也極分明。其所指的變幻中，取譬之意象乃是漸漸展開的，由人與有生界動物之幻化迷惘，以推到無生界的變遷，而時間與空間的境界也無窮開展。這樣看來，則典意不必遠追，亦可近解，而且條理頗清。莊周以生人而有蝴蝶之夢，以晤寐間一刹那經歷變猶不變的永恒，但蝴蝶歟？莊周歟？是耶？非耶？雖似覺而仍“迷”。望帝雖死，亦無解脫，每到春來，化爲鵑鳥，而所謂“春”字自非某一年一歲有限之春，而是年年歲歲無限的季節流還往復，如同叔數，百歷而不止。以下連到滄海明月，暖日藍田，引起滄桑無盡之時間感，而且境界到天地懸隔，以空間之大，更見時間之遠。但這詩拓開無限的廣大時空，並不是空洞的，而在無窮變化中爲一個因素所瀰漫，此因素即是情。所以甚至蚌蛛雖已無生，因遙遠月明而成淚；玉雖堅石，亦由天邊日暖而融炙生烟。

　　此詩的境界擴到無窮的宇宙時空無限的變幻之後，終歸一個情字的直感，最後乃終於又是詩人自己直接的話：“此情可待成追憶，只是當時已惘然。”這兩句初看極覺平常，其語法質直簡顯，似與中四句之色調濃重正成對比。所以一般贊慕這四句的高華時，這最後兩句甚至可能輕易忽過。但是這兩句實際上作用並不簡單，以這樣的兩句足篇，發生特別的效果。其看似質直的語調，甚至似帶點戀氣的那樣不能自了，又呼應到起首兩句，和那頗帶天眞不能自解的語氣相通。在全詩結構上說，這兩句則正回到首二句的有限時間感，而更加深主觀的實覺。再略細講一點，可以說在這兩句中，

回到有限時間 finite time 以內，主觀上又感受人生所能達到的時間範圍，卽過去，現在與將來，都說出來而覺情終不能逃脫。在這裏我們以爲時間的示意和律度的變化緊相關聯。在這裏詩人的主觀是由現在看，以"待"示將來，以"已"示過去，而"惘然"顛倒。而這種顛倒惘然，在兩個字於律度中略微錯置而顯出來。我們說過律詩中自由運用的範圍更窄，只在細微處顯出妙用來。照普通讀七言句，按律度習慣，大約總是二‧二‧三。此兩句可能一般平板的讀作：

　　　此情‧可待‧成追憶

　　　只是‧當時‧已惘然

但這只是律度表面的機械讀法。它另有示意作用，各字合起來的關係，以及和全詩的有機關係，稍加理解，就迫使我們另用一種讀法。在分析過此詩之後，細讀吟哦幾次，我們立覺得上句"待"字要長重，而下句"已"字長重，爲：

　　　此情可待──成追憶

　　　只是當時已──惘然

這"待"字的加重拖長自像仍是七言的習慣讀法，但細讀全詩之後，不由得拖的特別長，是一則因爲隨在"可"字較輕音的助詞之後而更顯它長重，再則是經歷以上四句之色澤情調濃重，到這裏習慣上已應長的，非得更重更長，托不住以上的重量。但隨着讀到末句"只是當時"的"時"字，雖然地位與"待"字平行，但覺得在句法語氣上決不能一樣拖長讀。再才發現長重的份量是移到下一位的"已"字上去的。一個極自然的感覺是"只是當時"四字要連讀的快，尤其各爲兩字結成一詞，所以更覺要連讀輕速，而把長重的分量移到下面"已"字上去。這樣把位置不同的"待"和"已"字，一樣特別拖長加重來讀，在律度上就發生特別的效果。這雖只在一二字長短輕重部位之微，合全詩意旨看，我們認爲統合發生着時間和律度的示意作用。

　　再加結語說，末聯這樣讀法至少我們私下覺得對全詩有這樣的關係：卽覺詩人心靈由有限的時間年華變化，經歷擴大到宇宙無限時間感覺，終不離"情"，愛之情亦生之情。然後又回到主觀有限時間之頃，時空感覺擴大了，而執着於情的透視也擴大了。因而於將來之"待"意味越覺無盡的悠長；而對過去之"當時"，又更覺其流變之速，而長留一個永久"已惘然"之恨。因爲"已"字特別拖長，而上四字"只是當

時"要念的特別加速,更加重了水逝流光之感;但正因前四字加速,而"巳"字更顯得拖長,更復無限加深那不能解脫的"惘然"人生宇宙間"情"之顛倒。

這篇文章的材料,去年在日本京都人文科學研究所講演曾經用過些,隨後在臺灣大學又講過一次。現在加以補充寫出來爲元任先生壽。多年以前,元任先生發表國音新詩韻,第三章開頭說:"詩的所以爲詩,單就形式上論,有兩個特徵,一、詩句裏的用字要有節律〔本文換稱律度〕,要使得字字的輕重快慢、高、揚、起、降、促、念的順當;二、詩句和詩句呼應起來,有押韻的關係。"這書是民國十一年發表的。我在民國二十三四年間編選並英譯中國新詩,那時還有些風氣,以爲要做自由詩,什麼形式都不必講。我和一般做新詩的朋友談起來,覺得元任先生早說過的話,給我們印象很深。而且卽使是自由詩,雖然打破方塊或任何長短的定形,也還要有一定的拍節律度的。這意思元任先生在書中上段話內也特別加註提醒。過了這麼多年,寫這篇文章,更是覺得字的"輕重、快慢、高、揚、起、降、促",及"詩句和詩句的呼應"關係的配合,乃是"詩的所以爲詩"。這些是讀詩的出發點,而又是往深處了解詩本身之始終不可離的導線。這些既爲詩構成散文所無的形,用恰當後又可使詩示散文所不能示的意。元任先生編新詩韻序中客氣的說"字彙裏只取三千幾百個熟字,就有三千幾百個錯誤的機會。"但是這韻書在我的經驗中已證明大有"存在的理由。"我們這裏講了好幾首詩的多方面,自然"錯誤的機會"更會多。但我們說這根本只是把時間和律度的示意作用,提出來做個鑑賞詩的觀點。做爲一個觀點用,希望總也有存在的理由吧。

柏克萊加里佛尼亞大學

出自第二十九本下(一九五八年十一月)

CHINESE MEDICAL STELAE*

R. C. RUDOLPH

University of California, Los Angeles

Well over two hundred years ago there appeared in Paris a French translation of a 9th century Arabic manuscript on China and India which created considerable excitement in the learned world of that time. The Arabic work consisted of two parts alleged to have been written by two persons, a merchant named Sulaymān and one Abū Zaid Hasan. This paper is concerned with the first part, the date of which corresponds to A. D. 851, and is attributed to Sulaymān. It is composed of a number of observations of varying length on different aspects of Chinese life and culture in general, and purports to have been written by one who had lived and travelled in China.

Formerly it was believed that Sulaymān had compiled this account in India from reports gathered from travellers who had been to China, and that perhaps he himself had briefly visited that country. But a more recent and authoritative opinion has it that Sulaymān had never been to China, and that he probably did not even compile the work attributed to him.[1]

This Arabic manuscript was discovered in the library of the Comte de Seignelay by Eusèbe Renaudot (1646–1720), a Jesuit abbot and one of the leading Orientalists of the time. He published a translation of it in 1718 in Paris under the title of *Anciennes relations des Indes et de la Chine, de deux voyageurs mahometans, qui y allerent dans le neuvième siècle.*[2]

---

* I wish to express my thanks to the officials of Academia Sinica, Taipei, for their hospitality and for making available to me the excellent facilities of that institution during the academic year 1959-60; and I am grateful to the Guggenheim Memorial Foundation and the Fulbright Foundation in China for making it possible for me to spend the year in Taiwan.

(1) Paul Pelliot, *T'oung Pao*, vol. 21 (1922), p. 402, in his long review of Ferrand's translation; see the following note.

(2) There are two later translations: Joseph Toussaint Reinaud, *Relation des voyages faites par les arabes et les persans dans l'Inde et à la Chine dans le ix⁰ siècle de l'ère chrétienne* (Paris, 1845), and Gabriel Ferrand, *Voyage du marchand arabe Sulaymān en Inde et en Chine rédigé en 851 suivi de remarques par Abu Zayd Hasan (vers 916)* (Paris, 1922). Some English translations based on the translations of Renaudot and Reinaud have appeared in collections of travels such as John Pinkerton, *A General Collection of the best and most Interesting Voyages and Travels in All Parts of the World; many of which are now translated into English,* vol. 7 (London, 1811), which is based on Renaudot.

Eusèbe Renaudot, born in 1646, was educated by the Jesuits and entered the clergy. But "partly" owing to ill-health, as his biographers put it, he divorced himself from the Jesuits and never received more than minor orders. He was considered to be a brilliant man, however, and was given important assignments of various types by the government. He eventually became an important political adviser and one of the prominent figures of the reign of Louis XIV. He was an outstanding scholar of Oriental languages, especially Arabic, and was in many quarters regarded as the greatest Orientalist of his time. He was also a member of the Académie Française and the Académie des Inscriptions. A lively and popular dispute with the philosopher and critic Pierre Bayle, caused by Renaudot's *Jugement du public sur le dictionnaire de Bayle* (Rotterdam, 1697), was only one of the numerous political or religious controversies in which he seems to have been a willing, if not aggressive, participant. A voluminous writer, most of his works were prepared in defence of the Catholic church. He died in 1720, and in his latter years "assumed the unfriendly attitude of the Gallican and Jansenist."[3]

Renaudot's translation of the manuscript was published in book form, but the actual translation accounted for only one-third of the work; the rest was taken up with a wordy preface and equally wordy appendices on Christians in China, Mohammedans, Jews, and Chinese science, philosophy and government. The original manuscript contained numerous errors, but Renaudot added to these in many of his superfluous remarks. Moreover, controversial material extraneous to the translation which was introduced by Renaudot, such as the long appendix "Eclairissement touchant la prédication de la religion Chrétienne à la Chine," provided many opportunities for his critics to attack him.

A number of the Jesuit missionaries in China violently attacked Renaudot's work although their criticisms did not appear in print until some years after his translation was published. The most voluble of the critics were the Fathers Parrenin, de Prémare, and d'Entrecolles.[4] Their lengthy and caustic

---

(3) *Enciclopedia Cattolica*, vol. 10 (Firenze, 1953), p. 771, and *The Catholic Encyclopedia*, vol. 12 (New York, 1911), p. 770. A complete bibliography of his writings is given in *Nouvelle biographie générale depuis les temps les plus reculés jusqu'à nos jovrs*, vol. 41 (Paris, 1866), cols. 997-999. A detailed account of his part in numerous public controversies may be found in Antoine Villien, *L'abbé Eusèbe Renaudot, essai sur son vie et sur son oeuvre liturgique* (Paris, 1904).

(4) For bio-bibliographical details, see Louis Pfister, *Notices biographiques et bibliographiques sur les Jésuites de l'ancienne mission de Chine* (Variétés Sinologiques No. 59, Shanghai, 1932-34), pp. 516, 527, 548.

criticisms attacked not only the translation but also the original Arabic work, and many barbs were aimed at Renaudot personally. The general reason given for these attacks was that the work did an injustice to the Chinese and to China. In the words of the famous Orientalist Abel Rémusat:

"Ce livre célèbre, dont plusieurs passages ne dépareraient pas la collection des Contes arabes, a, de tout temps, excité l'indignation des missionaires de la Chine, à cause des fables et des absurdités dont sont chargées les *Relations* traduites de l'arabe par l'abbé Renaudot, et dont les notes et les additions du traducteur sont loin d'être exemptes. Plusieurs missionnaires se sont attachés à en relever les inexactitudes; mais la réfutation du P. Prémare est la plus compléte et la plus solide."[5]

This "réfutation....la plus complète et la plus solide" appeared in 1724, four years after Renaudot's death and six years after the publication of the *Anciennes relations*. This review attacks Renaudot in the most unfriendly manner, implies that he even may have forged the manuscript (and had made a poor translation of his own forgery), and refutes most of Renaudot's personal remarks and many of those in the original Arabic work.[6]

The missionaries were indeed justified in their critical attitude, for the Arabic work did contain much nonsense and many errors in fact, and Renaudot invited attack by not disclosing details about the manuscript and especially by the dogmatic and often belligerent attitude assumed by him in most of his own comments, many of which were unfavorable toward China and the missionaries there. But on the other hand, these attacks were so violent and personal, and the language so vitriolic, that one may well wonder if they may not have been engendered by personal or religious motives. Some of the criticisms are of a petty nature, and sometimes in themselves are at fault. One such criticism, which started the present inquiry, is directed against a passage in the translation concerned with medical stelae. This passage, as translated by Renaudot, reads as follows:

"Les Chinois ont une pierre de dix coudées de hauteur elevée dans les places publiques, sur laquelle sont gravez les noms de touts

---

(5) Abel Rémusat, *Nouveaux mélanges asiatiques*, vol. 2 (1829), p. 264; quoted by Pfister, *op. cit.*, pp. 527-528.

(6) This long review was written as a letter to a superior in France and was published, *inter alia*, in *Lettres édifiantes et curieuses écrites des missions étrangères, par quelques missionaires de la Compagnie de Jésus*, Nouvelle édition (Toulouse, 1811), vol. 21, pp. 145-188.

sortes de remèdes, avec la taxe de leur prix. Lors que les pauvres en ont besoin ils reçoivent du tresor, le prix que doit couster chaque remède."[7]

De Prémare has the following to say about this passage although Renaudot made no comment on it:

"Les lettres étaient donc bien menues, et la pierre d'une largeur bien énorme, car la liste des remèdes Chinois serait seul un juste volume; et je ne conçois pas comment on les eût pu lire a dix coudées de haut sans le secours d'une échelle."[8]

This remark, while not denying the existence of medical stelae in so many words, certainly implies by its petty sarcasm that such objects did not exist in China.[9] This implication is entirely wrong. Medical stelae not only existed in the 9th century when the Arabic work was composed, but also in de Prémare's time, and at least two exist at the present time.

Charitable help for the sick poor has been a common practice in China from ancient times, and Buddhism seems to have been one of the prime forces in this work after its introduction there.[10] The early Buddhist missionaries to China dispensed free medical aid as an act of charity, just as their later western counterparts did, in order to "mend bodies and heal souls," and to gain converts.[11] The oldest medical stelae that still exists in China was created in A. D. 575 as one manifestation of this type of charity.

---

(7) *Anciennes relations*, p. 36. This passage appears in the translations of Reinaud and Ferrand on pp. 46 and 62 respectively. They agree in general with Renaudot's version, but with one important exception: There is nothing in the two modern versions to correspond with Renaudot's "avec la taxe de leur prix."

(8) *Lettres édifiantes, loc. cit.*, p. 149.

(9) It is indeed ironical that an attempt by the Jesuits to introduce scientific anatomy into China met with similar sarcasm from the Chinese. Thus, in 1815, in the same Galenistic spirit of those ultra-conservative European medical men who opposed and rationalized the discoveries of the pre-Vesalian experimental anatomists, Yü Cheng-hsieh 俞正燮 in his *Kuei ssu lei kao* 癸巳類稿 ridiculed the work on anatomy, the *Jen shen t'u shuo* 人身圖說, compiled by the Jesuits, holding that traditional Chinese views were correct and that bodies of foreigners differed from those of the Chinese. This subject will be treated in detail in a forthcoming study, "The Rise of Anatomy in China."

(10) For a discussion of public medicine, actual or utopian, in pre-Buddhist China, and for a detailed account of Buddhist medical practices in China, see Paul Demieville, *Hōbōgirin: Dictionnaire encyclopédique du Bouddhisme d'après les sources Chinoises et Japonaises* (Paris, 1937), pp. 224-265. Cf. F. Hübotter, *Die chinesische Medizin zu Begin des XX. Jahrhunderts* (Leipzig, 1929), pp. 345-346.

(11) For a modern western exposition on this aspect of medicine and religion, see H. W. Boone, "How Can Medical Work be Made Most Helpful to the Cause of the Church in China?," *The China Medical Missionary Journal*, vol. vol. 8 (1894), pp. 13 ff.

Besides medical monuments in stone, there were probably countless numbers of less enduring efforts made to bring free medical advice to the needy public.[12] No less a person than the famous Sung dynasty poet and statesman Su Tung-p'o helped the poor in this manner. While serving in the Hangchow region, he had the more useful prescriptions for common ailments copied out in large characters and posted as magistrate's bulletins in the public squares of the town to make them better known to the common people who could not afford medical help. He also used his own and government funds to establish a public hospital for the poor which was probably the first public hospital in China.[13] Any edition of the *Hang chou t'ung chih* 杭州通志 will give lists of free medical dispensaries established there in the 11th century, and the *Te i lu* 得一錄 gives detailed accounts of the regulations of the Buddhist inspired free dispensaries and shelters for the sick poor and vagrant. According to this work, any needy patient could received free medicine for his ailments if he would submit to the conditions imposed. These included fasting, burning incense as a thanks offering to the God of Medicine, and subscribing to the twelve "commandments."[14]

As far as stone monuments created for the purpose of making medical prescriptions available to the public—the type mentioned in the work ascribed to Sulaymān—are concerned, the following have been noted in Chinese archaeological literature:

1. *Tu i shih tao hsing....fang* 都邑師道與....方, so-called.[15] It is carved on either side of the entrance to one of the caves at the Buddhist site of Lung-men, Honan, and bears a date corresponding to A. D. 575.[16] This long inscription is composed of a Buddhist preamble and one hundred

---

(12) "To give away medicine and sticking-plaster to the poor is merit, but it is reckoned still greater merit to give away good prescriptions, as these are often a legacy of ancestors.." from James Hutson, *Chinese Life in the Tibetan Foothills* (Shanghai, 1921), p. 59.

(13) Lin Yutang, *The Gay Genius* (New York, 1947), pp. 304-305.

(14) *Te i lu*, Ch. 3. Cf. F. Hirth's "Bausteine zu einer Geschichte der chinesischen Literatur," *T'oung Pao*, vol. 7 (1896), pp. 301-302.

(15) This inscription is transcribed and commented upon at length in the *Chin shih ts'ui pien* 金石萃編, ch. 35, pp. 12a-19a, where it is referred to as 都邑師道與造石像記並治疾方. Modern investigators say that the inscription shows no trace of such a title.

(16) This cave, commonly called *yao fang tung* 藥方洞 "Prescription Grotto," is referred to by Chavannes, *Mission archéologique dans la Chine septentrionale*, vol. 1, pt. 2 (Paris, 1915), pp. 461-467, as Cave V; by S. Mizuno and T. Nagahiro, *Ryūmon sekkutsu no kenkyū* 龍門石窟の研究 (Toyo, 1941), pp. 77-87, *et passim.*, as Cave No. 20; by Kuan Po-i 關百益, *I ch'üeh shih k'o t'u piao* 伊闕石刻圖表 (Kaifeng, 1935), pp. 71-74, as Cave No. 16.

and twenty prescriptions under forty headings.[17] The *Chin shih ts'ui pien* claims a similarity between this text and the prescriptions engraved at Yao-chou, Shensi, which are attributed to Sun Ssu-mo (see no. 3 below). But the *P'ing chin tu pei chi* 平津讀碑記 ch. 3, asserts that there is no connection between the two and that the Lung-meng prescriptions were derived from the 4th century *Chou hou fang* 肘後方 by Ko Hung 葛洪.[18] Mizuno and Nagahiro suggest that these remedies were compiled from various Chinese medical works available in the 6th century.[19] This is in agreement with Chavannes' opinion that these prescriptions are Chinese and do not reflect any Indian or Central Asian influence. Regardless of the sources used, this medical stele of 575 is the earliest one still in existence.

2. *Ch'u teng tsa yao fang* 褚澄雜藥方 A pre-T'ang inscription named after the physician Ch'u Teng and mentioned in the preface to his medical work *Ch'u shih i shu* 褚氏遺書. Because Ch'u flourished during the Chien yuan 建元 period of Southern Ch'i (479–483), this inscription, if it actually did exist, must have antedated the one at Lung-men by about one century.

3. *Sun ssu mo ch'ien chin fang* 孫思邈千金方. It was carved in the Sun Chen-jen shrine 孫眞人祠 on Wu T'ai Shan 五臺山 Yao-chou 耀州, Shensi. Sun Ssu-mo (601?–682), immortalized as Sun Chen-jen, was the Taoist author of the famous medical works *Ch'ien chin yao fang* 千金藥方 which was a large collection of prescriptions, *Yin hai ching wei* 銀海精微, the earliest Chinese work on ophthalmology, and others. The title of the medical inscription engraved in his shrine in Shensi indicates that it comes from the first of these two works. But this inscription and the one at Lung-men (no. 1) are identical in all details, even to missing characters, so it appears that a

---

(17) Chavannes, *op. cit.*, translates a number of these prescriptions which treat common ailments ranging from heart trouble to hemorrhoids. This translation shows his method of working, at least in this particular case: he relied upon che transcription given in the *Chin shih ts'ui pien* rather than the rubbing of the inscription which he published. The transcription is both inaccurate and incomplete as a comparison with the rubbing will clearly demonstrate. Mizuno and Nagahiro, *op. cit.*, pp. 295–298, provide a much more accurate transcription of the entire text; they sometimes depend upon the *Chin shih ts'ui pien* for the reconstruction of defaced characters, and sometimes they identify characters not given in this work. No transcription of the inscription is given by Kuan Po-i.

(18) On his work, see Hübotter, *op. cit.*, and K. Chimin Wong and Lien-teh Wu, *History of Chinese Medicine: Being a Chronicle of Medical Happenings in China from Ancient Times to the Present Period*, second edition (Shanghai, 1936), p. 82.

(19) Mizuno and Nagahiro, *op. cit.*, p. 81, where they enumerate some of the possible sources.

(20) *Op. cit.*, p. 81, n. 16.

(21) *P'ing chin tu pei chi*, ch. 3.

rubbing of the Lung-men prescriptions was the source of this later inscription in Shensi.[22]

4. *Ch'ih yao fang* 齒藥方 on Hua Shan 華山, Hua-yin 華陰, Shensi.[23]

5. *Lü wei k'o yang ch'i fang* 呂謂剗養氣方. Dated corresponding to A. D. 1122, this medical inscription was carved at Liu hsien yen 劉仙岩 in Kuangsi. It is still in existence.[24]

6. *Ch'en wen chung kung k'o yao fang* 陳文忠公剗藥方 This medical stele was erected at the post-house at Kuei-chou 桂州, Kuangsi, by Ch'en Yao-sou 陳堯叟 when he was an official there.[25]

7. *Fan min k'o liao ping fang shu* 范旻剗療病方書 When Fan Min became magistrate of Yung-chou, Kuangsi, in 960, he found that the common people there overindulged in lascivious and spiritual practices and had no respect for the use of medicine. He issued edicts prohibiting these practices and spent part of his own income to provide medicine for the poor. Later, he had a number of prescriptions engraved in a stone slab which was erected at his yamen.[26]

8. *Sun teng shih shih yao fang ¢ei* 孫登石室藥方碑 This stele contains 20-30 prescriptions and is said to have been found in a cave a short distance southwest of Anyang around 1070.[27]

Although the above list could probably be expanded, it is sufficient to prove that there is no question about the existence of medical stelae in China. The question which remains to be answered is: why did Father de Prémare fail to recognize the existence of these monuments?

The Jesuits in China in the 18th century were, on the whole, accomplished scholars in the sciences and humanities as well as theology, and they took a sincere and profound interest in all phases of Chinese culture. Much of Europe's early knowledge of things Chinese was due to the penetrating studies made by these missionaries who were well versed in the Chinese language. De Prémare, in casting doubt on the existence of medical stelae, certainly could not have been acting in the same spirit as John Barrow, secretary to the 1793 Macartney embassy to Peking, who made sweeping condemnations

---

(22) *Op. cit.*, and *Chin shih ts'ui pien*, ch. 35.
(23) *Yü shih*, 語石, ch. 5.
(24) *Op. cit.*
(25) *Ibid.*
(26) *Sung shih* 宋史, ch. 249, and *Ta ming i t'ung ming sheng chih* 大明一統名勝志, ch. 8.
(27) *An yang hsien chin shih lu* 安陽縣金石錄 ch. 2, p. 16a.

of Chinese painting and sculpture through lack of appreciation or experience.[28] Even if he had no personal knowledge of these prescriptions in stone, he could easily have determined the authenticity of the statement about these objects in the Arabic manuscript by consulting with Chinese scholars with whom the Jesuits freely associated. Why, then, did the scholarly de Prémare fail to approach this matter in an objective manner and use the resources at his disposal? And why did he resort to criticism which, in this instance, was petty, unjustified, and beneath the dignity of a man of his stature? It is not the purpose of this paper to investigate such questions in detail, but a tentative solution may be offered to explain this paradox.

As pointed out above, Renaudot's biographers all agree that he was an ardent supporter of Jansenism. This is the name given to the interpretation of the teachings of St. Augustine by Cornelius Jansen (1585–1638), Bishop of Ypres, and the resulting religious movement. He attacked what he considered to be three evils in the religious theory and practice of his time and this brought him into sharp conflict with the Jesuits and caused a violent storm in France which lasted for many years. The Jesuits eventually obtained a papal bull in 1713 which was designed to eradicate Jansenism, but it was not immediately successful. The movement had not been entirely suppressed when Renaudot's translation appeared in 1718, and there was much bitter feeling and disorder in religious circles in France long after the bull was published. Not only was Renaudot a confirmed Jansenist, he also took part in the celebrated Question of Rites by defending the priests of the Missions Etrangèrs against the Jesuits in this serious quarrel, and he made many bitter and unkind remarks about the latter.[29] He also expressed himself in the same manner in many of the unnecessary remarks appended to his translation. And, as stated before, he made many remarks in the same work that put the Chinese in an unfavorable light. Thus the Jesuits, especially those in China, had ample reason to cross swords with Renaudot.

For these reasons it is suggested that the animosity engendered by personal and religious motives caused de Prémare to become careless in his eagerness to refute Renaudot at every possible opportunity, and consequently to make his sarcastic comment on medical stelae in China without proper investigation.

---

(28) "With regard to painting, they can be considered in no other light than as miserable daubers." p. 323, and "In a country where painting is at so low an ebb, it would be in vain to expect much execution from the chissel..In the whole empire there is not a statue, a hewn pillar, or a column that deserves to be mentioned." p. 328 of his *Travels in China* (London, 1804).

(29) Antoine Villien, *op. cit.*, pp. 79 ff.

唐盧鴻草堂十志圖卷考

莊　申

壹、草堂十志圖卷的作者

國立北平故宮博物院（下簡稱故博）藏有紙本草堂十志圖一卷（下簡稱十志圖），長六〇〇・〇公分，高二九・四公分，傳係唐代盧鴻所繪。影本見中華美術圖集第一輯（註一）。按盧鴻於唐書卷一九二列傳一四二隱逸傳內有傳，茲錄如下：

盧鴻一，字浩然，本范陽人，徙家洛陽。少有學業，頗善籀，篆，楷，隸，隱於嵩山。開元初，遣幣禮再徵不至。五年，下詔曰：『朕以寡薄，忝膺大位，常恨玄風之替，淳化未昇，每用翹想遺賢，冀聞上皇之訓，以卿黃中通理，鈎深詣微，窮太一之道，踐中庸之德，確乎高尙，足侔古人，故比下徵書，佇諧善績，而每報託辭，拒違不至，使朕虛心引領，于今數年。雖得素履幽人之貞，而失考父滋恭之命，豈朝廷之故，與生殊趣耶？將從欲山林，不能反乎？禮有大倫，君臣之義，不可廢也。今城闕密邇，不足爲難，便勑齎束帛之貺，重宣斯旨，想有以翻然易節，副朕意焉。』鴻一赴徵。六年，至東都，謁見不拜，宰相遣通事舍人問其故，奏曰：『臣聞若君言：禮者，忠信之所薄，不足可依。山臣鴻一，敢以忠信奉見。』上別詔昇內殿，賜之酒食，詔曰：『盧鴻一應辟而至，訪之至道，有會淳風，擧逸人，用勸天下，特宜授諫議大夫。』鴻一固辭，又制曰：『昔在帝堯，全許由之節，緬惟大禹，聽伯成之交，則知

（註一）：見該書頁一至頁二十二。四十五年二月，中華叢書委員會在臺北出版。

天子有所不臣，諸侯有所不友，遯之時義大矣哉。嵩山隱士盧鴻一，抗迹幽遠，凝情篆素，隱居以求其志，行義以達其道，雲臥林壑，多歷年載，傳不之乎，「舉逸人天下之歸心焉」。是乃飛書巖穴，備禮徵聘，方佇獻替，式弘政理。而矯然不羣，確乎難拔，靜已以鎮其操，洗心以激其流，固辭榮寵，將厚風俗，不降其志，用保厥躬。會稽巖陵，未可名屈，太原王霸，終以病歸，宜以諫議大夫放還山。歲給米百碩，絹五十匹，充其藥物，仍令府縣送隱居之所，若知朝廷得失，見以狀聞。』將還山，又賜隱居之服，並其草堂一所，恩禮甚厚。

又新唐書卷一九六列傳一二一隱逸傳內，亦有盧氏小傳，再錄如下：

盧鴻，字顥然，其先幽州范陽人，徙洛陽。博學善書籍。廬嵩山。玄宗開元朝，備禮徵，再不至，五年，詔曰：『鴻有泰一之道，中庸之德，鉤深詣微，確乎自高，詔書屢下，每輒託辭，使朕虛心引領，于今數年。雖得素履幽人之介，而失考父滋恭之誼，豈朝廷之故，與生殊趣耶？將縱欲山林，往而不能返乎？禮有大倫，君臣之義，不可廢也。今城闕密邇，不足爲勞，有司其齎束帛之貝，重宣茲旨，想有以翩然易節，副朕意焉。』鴻至東都謁見不拜，宰相遣通事舍人問狀，答曰：『禮者，忠信所薄，臣敢以忠信見。』帝召升內殿，置酒，拜諫議大夫。固辭。復下制許還山，歲給米百斛，絹五十，府縣爲致其家，朝廷得失，其以狀聞。將行，賜隱居服，官營草堂，恩禮殊渥。鴻到山中，廣學廬，聚徒至五百人。及卒，帝賜萬錢。嗚所居自號寧極云。

據上引文，可知盧鴻是唐玄宗開元初年時代的一個不好名利，不求恩寵的隱士。不過關於此圖作者的姓名籍貫，新舊唐書的記載，却各不同。新唐書作盧鴻，字顥然，幽州范陽人，舊唐書則作盧鴻一，字浩然，本范陽人。不過新唐書既係宋人歐陽修等所改修，舊唐書則爲後晉劉昫所作，後晉去唐既較趙宋爲近，而且唐人張彥遠歷代名畫記內所述盧氏姓名，亦與舊唐書中記載全同。唐人記載唐事，自然比較可信，因此盧鴻的名與號，應以舊唐書爲準。然而新舊唐書都祇說他『少有學業』和『廣學廬，聚徒至五百人』，並沒有提到他的繪事。在成於唐代的著作之中，像朱景玄的唐朝名畫錄，雖是一部專門記述當代繪畫作家的著作，却未記有盧鴻。不過幸而我們還

能由張彥遠的歷代名畫記卷九找到一點簡短的記載，今按張氏書云：

> 盧鴻，高士也。工八分書，善畫山水樹石。隱於嵩山。開元初。徵拜諫議大
> 夫，不受。

這樣短短的幾句話，固然使我們感覺到有關的資料太少，但這已是有關浩然善畫的，最早的記錄了。張彥遠是唐代晚期的人，其書著於唐宣宗大中元年(847 A. D.)，盧鴻歸返既在開元六年(718 A. D.)，前後相距不過一百二十年。張氏生世雖較浩然為遲，但以唐人記述唐事，這簡短的幾句，已是相當可貴的，帶有真確性的原始史料了。張氏雖曾指出盧浩然的『善畫山水樹石』，惟其生前究有何等畫蹟，其書却未說明。這是美中不足的。這個遺憾一直到了宋徽宗敕編的宣和畫譜編成以後，方有一個最初的統計。今按津逮秘書本宣和畫譜卷十云：

> 盧鴻，字浩然，本范陽人。山林之隱士也。隱嵩少。開元間以諫議大夫召，固
> 辭還，賜隱居服、草堂一所，令還山。頗喜寫山水平遠之趣。非泉石膏肓，煙
> 霞痼疾，得之心，應之手，未足以造此。畫草堂圖傳世，以比王維輞川草堂。
> 蓋是所賜，一丘一壑，自己足了，此生今見之筆，乃其志也。今御府所藏三：
> 筸石圖一，松林會真圖一，草堂圖一。

宋徽宗本身既是一位能書善畫善畫的藝術家，而他對於古今有名畫家作品的搜集，也很費過一番苦心。據宣和畫譜卷首御製序文所說，宮中所搜集的，就有『晉魏以來名畫凡二百三十一人，計六千三百九十六軸』。從開元六年浩然返山教學那年開始，至宣和二年(1120A. D)敕編畫譜之時為止，其間相隔不過三百年。時間雖然不算太長，且以當時的一代帝王之財與力，想要搜集一點古代畫家的作品，也並不是什麼太困難的事，如在宣和畫譜中所著錄的唐人作品，像與浩然約略同時的王維的畫，就有一百二十六幅(見卷十)，而比他們兩人時代都早的閻立本的畫，為宋徽宗所搜到的，也還有四十二幅之多(見卷一)。可見盧浩然的畫，一定不是沒能搜到，而是沒能流傳下來。否則絕定不會到了宋代，只剩三幅畫的。

宣和畫譜既是宋代著錄歷代畫家作品的第一本目錄，而其編著時代，也是距離唐代最近的。可是宋徽宗時既然最多僅能搜到他的三件作品，足見能夠流傳至宋的盧鴻手蹟，實在很少。更可惜的是在宣和畫譜裏所著錄的這三件畫，除了現在我們所要討

論的，這本草堂十志圖，宋元以來曾經歷見著述而外，那兩本箕石圖與松林會眞圖，則自南宋以後，一直沒再見提起過，因之這兩幅山水畫的下落如何，是從南宋偏安後，久已不明的了。這是很不幸的。

這樣看起來，浩然傳世之作，雖然僅有一件草堂十志圖，但其善畫之美名，非但絲毫未因遺留作品過少，而遭受什麽影響，相反的，浩然也就僅僅憑着他這一卷畫，卽已奠定他在唐代畫壇上的崇高地位，而且使他名傳千古，永垂不朽。我們只要讀過下面所引的這首論畫詩，卽可看出後代畫家對於他的尊崇究竟如何。按清人金農論畫雜詩，其第一首所詠，卽係盧氏此卷，其詩如下（據美術叢書本）：

草堂一所君王賜，隱服還山送老資，十志居然千古事，自書自畫自題詩。

金農是清代有名的畫壇怪傑，所謂揚州八怪之一。其詩旣對草堂圖卷詠頌如此，足見他對盧鴻的爲人，一定也是極爲欽佩，極爲愛護的。箕木圖與松林會眞圖，大槪久已亡佚，而草堂圖在中國繪畫史上，却是源遠流長的，叫人摹了又摹，題了又題。至到目前，這卷飽享盛名的草堂圖的許多摹本之一，還保存在故博的臺中倉庫裏。

貳、草堂十志圖卷的眞僞

故博所藏此卷，號稱唐人眞蹟。且爲盧氏僅存之作。此圖摹本現據作者所知，凡十本（詳本文第肆章），但其圖旣由盧氏眞本臨摹而成，而且目前大多流落海外，故其眞僞，槪略不論。此節所謂眞僞，則專對故博所藏一卷而言。這是必須事先聲明的。至於這幅名畫的眞僞，我想以畫法、紙質、題字、和避諱等四方面來討論。

1. 畫 法 問 題

此圖卷後『隔水』內有清高宗乾隆帝之題跋兩段，在他第一次的跋語中，曾有下面這樣的幾句話：

因締觀其畫法，與李公麟山莊圖絕相似，是卷縱或倣作，亦非公麟不能。

可見高宗曾經懷疑盧鴻的草堂十景，有出自李公麟的手筆之嫌。在故宮所藏古代書畫上，乾隆的題跋，幾乎可說每件都有，雖然少有高見，但是關於上述一點，他的意見却是正確的。因爲董其昌在山莊圖的跋語中就曾說過：

龍眠山莊圖，絹本，余曾見二，一爲沈玄初明府，一爲吳康虞太學所藏，皆非

眞本。蓋龍眠自運，則用澄心堂紙，臨摹則用絹素也。惟余家蓮社圖，爲龍眠得意筆。又有盧鴻草堂圖，雖命之鴻，實龍眠以意造，及觀此信矣。

董其昌是明代藝壇最有地位的書畫家和鑑賞家，他所鑑定的東西，大致是可信的。董氏生世旣然遠在淸高宗之前，則乾隆御題中，認爲浩然此卷或爲李公麟之傲摹品的說法，是可以得到董其昌的跋語爲支持了。董其昌在書畫鑑定方面，原是一個權威，我們雖然不能完全無條件的信他，但他的意見，也就不失爲一個好的參考。今按李日華六硯齋三筆卷四曾云（據李竹嬾先生說部全書本）：

李伯時山莊圖一卷，共六幀，造境奇奧，命意高遠，丹青粉黑，沉森峭蒨，展閱之際，若坐龍湫、雁岩間，嵐光浮杖履，飛流濺衣袂，使人飄飄欲仙，所謂相如奏賦而漢武氣如凌雲，信繪事之神品乎？此卷行筆設色，與伯時平日之作不倫，大類馮太史家王維江干雪霽、項子京家盧鴻草堂、高典客家郭忠恕輞川三圖，蓋畫法相出入，乃知師心匠意，雖作者苦心，至於蹈襲希蹤，非集彼衆長，安足成一代之能事乎？

又按淸方士庶所著的天慵庵筆記卷上亦云（據仰視千七百二十九鶴齋叢書本）：

李伯時龍暝山莊圖，王叔明琴鶴軒圖、一梧軒圖、朱㬊仙松桂讀書堂圖，論者謂其出自唐徵士盧浩然。

李日華是明代晚年的一位鑑賞家，偶然也作些竹石之類的小景，聊以遣興的。方士庶則爲淸初世宗、高宗兩朝的山水畫家。其書固未說明伯時山莊圖何以出自盧鴻，據推想，他大槪是以鑑賞家的眼光，就畫面觀察而得到的結論罷。李日華雖曾因爲李伯時山莊圖的行筆設色，與其『平日之作不倫』而感到奇怪，但他終於找出了答案，認爲李氏此幅，是受了盧鴻草堂圖影響的關係。董其昌爲什麼要在看了李氏山莊圖之後，就要確信盧鴻的草堂圖是伯時所畫的呢？理由很簡單，不外是山莊圖的筆法，與草堂圖的畫法非常接近的關係。李伯時旣然摹過草堂圖，所以竟連作山莊圖時，所用的筆法，也與草堂圖的意味相近。這就足可證明草堂圖對李公麟的影響，實在很大。他的摹本雖不至於『亂眞』，但能盡得盧鴻的筆趣，卻無可疑。因此，董其昌旣然能够看出李伯時的山莊圖的畫法，源淵來自盧鴻的畫品，同時他又能辨出盧鴻之作，『雖命之鴻，實龍眠以意造』，亦卽出自龍眠的亂眞之筆。可見乾隆的意見，是可得到

董其昌的意見爲支持，和李日華與方士庶的意見爲例證的。

　　李氏山莊圖，原與草堂圖並藏清宮。宣統出宮之後，山莊圖劃歸於古物陳列所，二十二年古物陳列所又奉命將其庋藏，移交給現在的中央博物院。草堂圖則自宣統出宮後，就一直藏在故宮博物院的古物館。這兩個著名的卷本，雖然從清宮裏分了家，好在這兩大博物院的藏品，目前都集中保管在臺中的霧峯倉庫裏，所以儘管它們已經各屬一院，我們還能很慶幸的，同在一地，可將此兩卷古畫共相寓目。

　　細審盧氏草堂圖與李氏山莊圖，所畫的夾筆樹，在畫法與種類上，大致無甚差異，而圖中人物的造型、與筆觸，亦極相近。至於山石之皴擦，乍視雖覺各異，然經細玩，亦覺頗有同出一轍的筆意可尋。事實上，我們並不一定需要詳加比勘十志圖與山莊圖在何處相近，何處相異，我們只要認清楚這兩卷在畫法上的基本精神完全相同，基本筆法完全相同，就可以確定他們的作畫時代，大致相差不遠。這樣的論說，雖然似乎過於空洞，缺乏具體的證據，不過這種認識正如唐詩與宋詩的分野一樣，雖沒有什麼明確的界限，但是一讀就可分辨出來的。四十八年三月，我國著名畫家張大千先生自南美巴西國經日來臺時，作者亦曾以上述二卷在畫法上的略同一事，請教其意見於陽明山麓，而張氏之意亦覺故博此卷，就畫法上看，絕非唐畫而應是宋人手筆。

　　從另一個觀點來分析，十志圖卷的畫法也能讓我們發現故博所藏此圖，大概不是唐代的眞品。因爲時間的長久，現傳的唐畫的確很少，不過從古人的記載中考察，唐畫大致分爲青綠與水墨兩種。這樣的分類合理與否（註一），因爲不在本文範圍之內，這裏當然不宜再加討論，不過盧氏此卷旣非設色，我們只好歸入水墨類中。水墨畫的代表、因爲王維的作品留傳較多，大致可以他爲代表。然而王維的作品具有何等形態呢？卞永譽式古堂書畫彙考畫考卷九，載有董其昌在王維的名作江山雪霽圖後面的題語，其中有一段，提到王維在完成雪江圖時的筆法，原文如下：

　　　畫家右丞，如書家右軍，世不多見。余昔年於嘉興項氏大學士元汴所見雪江圖，多不皴染，但有輪廓耳。

此外，董氏在其畫眼一書中，於記載王維的另一作品時，又說：

　　　王右丞畫，余從檇李項氏見其釣雪圖，盈尺而已，絕無皴法。

────────────────────

（註一）：見拙作：論中國山水繪畫的南北分宗一文，載中國畫史研究第一編，頁七十七至頁一一五，四十八年六月，正中書局在臺灣出版。

　　王維的雪江圖的畫法是『多不皴染』，而『釣雪圖』的畫法，又是『絕無皴法』，可見王維的作品，正如董其昌所說的，是『但有輪廓』餘加渲染而已。這以故宮博物院所藏的王維山陰圖、江干雪意圖二卷為證，都可清楚的看出來（因為因為這兩卷畫，如果眞的視為唐畫，固然不無可議，但是如果視為宋人的摹本，大概比較可靠。不過卽以摹本而論，仍然可以看出原畫的輪廓大致如何）。

　　然而何以王維的畫，大多只具輪廓，而無皴法呢？這實在因為中國山水繪畫所使用的皴法，到宋代才發展深透，唐代還沒發展成熟。因為如此，所以唐代的皴法偏重結構，以立意為主，宋代的發展兼事裝飾，漸增華彩。換言之，唐代畫線只能鈎勒攝取物象的輪廓，宋代始兼顧壓、擦、而完成皴法中線面互濟的動作。王維的畫法以劃為主，壓、擦都不夠，線復多於面，因此只能以單純的線條鈎勒物象，皴皴還無法辦到。而王維的生年復在盧鴻之後，王維的時代還不能充分使用皴法，盧鴻的作品，可想而及，一定是與王維的畫法大同小異的。但就故博所藏此卷考察，皴擦，壓抹，運用自如，決不似故宮所藏王維山陰圖等二卷的只有輪廓，絕無皴法，那麼，盧鴻此卷自然無法信其為眞了（何況其他現存的唐代山水畫，也都是但有鈎勒，而無皴法的）。

2. 紙 質 問 題

　　故博所藏此卷，係用紙本，也許因為保存良好？迄今紙色猶新。十志圖之作畫質地旣係紙本，那麼，我們就不妨由現存的唐畫質地上，作一考察。如此我們就可以發現世界各地公私所藏其他唐人的眞蹟，幾乎一律是絹本。例如美國波士頓美術館（Boston museum of Fine Arts）所藏，閻立本的歷代帝王圖卷，日本京都仁王護國寺所藏李眞的不空金剛像、惠果阿闍梨像、原為兵庫縣阿部房次郎所有，現歸大阪市立博物館的王維伏生授經圖卷等等名蹟，都是絹底。而故宮與中央兩博物院所藏的唐人作品，除了吳道子的寶積寶伽羅佛像，與韓幹的洗馬圖，無論是軸是冊，是卷，也一律是絹本（註一）。由此可見唐人作畫的質地，大抵是以絹素為準，而罕用紙張的。

　　不過吳、韓兩家作品旣然皆為紙底，那麼，上面所說的，以絹為準的情形，當然也就有了例外。今按張彥遠所著歷代名畫記卷九韓幹條下曾云：

　（註一）：此據故宮書畫錄卷四，該書係故宮、中央兩博物院現藏書畫總目錄，四十五年五月，中華叢書委員會在臺北出版。

玄宗好大馬，御廐至四十萬，遂有沛艾大馬，命王毛仲爲監牧，使燕公張說作駉牧頌。天下一統，西域大宛，歲有來獻，詔於北地。置羣牧，筋骨行步，久而方全，調習之能，逸異並至，骨力追風，毛彩照地，不可名狀。號木槽馬聖人，舒身安神，如據床榻，是知異於古馬也。時主好藝，韓君閒生，遂命悉圖其駿。則有『玉花驄』、『照夜白』等。時岐、薛、寧、申王廐中，皆有善馬，幹並圖之，遂爲古今獨步。

張氏書中所說的照夜白圖，宋元以來，歷見著錄。民國以來，猶爲溥心畬先生所藏，現歸英人大衞德爵士夫婦 (Sir Percival and Lady David) 所有。韓幹的身世，今雖不詳，然據朱景玄唐代各畫錄中所說的：

　　明皇天寶中，召入供奉。

之語而觀，韓幹得畫玄宗御廐異馬，實在天寶以後。盧鴻旣爲開元初年隱士，則韓幹生年顯然係在浩然之後。但在另一方面，故博所藏的盧鴻之卷旣然紙質甚新，而大衞德所藏的照夜白圖亦一紙本，其圖筆者固然未曾寓目，但卽以照相影本而言，亦可見其畫面黯黮剝落，古意盎然，絕不似爲盧鴻時代以後之作。可見盧、韓二家的作品現況，正和他們的時代關係相反。時代早的畫，反較時代晚的畫之質料爲新，就情理言，皆不可能。則盧氏卷本所用紙質，是否果爲唐物，自然也是値得考慮的。

除了照夜白圖以外，清宮舊藏唐人周昉所畫之美人調鸚鵡圖一卷，惜於宣統十四年(民國十一年)十一月二十三日，因宣統藉賞溥傑之名而流出宮，迄今不知下落何在(註一)。但據清高宗乾隆帝在盧氏此卷後隔水上的題識，周昉所畫之圖，亦較盧浩然的草堂十志圖爲舊。乾隆雖未說明周氏此圖爲絹爲紙，但在乾隆之際，清宮所藏唐人畫卷，本不止上述現已分歸故宮、中央兩博物院的那六卷。乾隆旣對那些絹底的畫卷，避而不述，獨以周昉的美人調鸚鵡圖和韓幹的照夜白圖相提並論，而韓幹的照夜白圖，旣爲紙本，推想乾隆的原意，此卷已佚的美人調鸚鵡圖，必定亦係紙本無疑。

再按周昉之卒年今雖不詳，大略言之，則在唐憲宗元和五年左右(810 A. D.)，時距浩然應詔入京，已遲六十年。亦卽周昉之生年，旣然略在鴻一之後，則此美人調鸚鵡圖雖不知爲何年所畫，但可想像的，必亦晚於盧鴻作草堂十志圖之年。清高宗於盧

──────────────────────

(註一)：見故宮已佚書籍書畫目錄四種內之賞溥傑書畫目，二十三年八月，國立北平故宮博物院在北平出版。

氏卷後跋語末註丙申年，卽乾隆四十一年（1776）。草堂十志圖雖不知爲何年所畫，如定盧鴻氏畫成於開元六年至十六年之間（718～728），則至乾隆四十二年，二者相距至少已有一千又四十餘年之遙，周昉的美人調鸚鵡圖，假設定爲元和五年的作品，則至乾隆四十一年，二者相距則僅九百六十年。九百六十年前周昉的畫，反較一千又四十餘年前盧鴻的畫爲新，無論如何，這也是不可能的。以時代較晚的韓，周二氏之紙底作品爲例，其畫面均較時代在前的盧氏此圖紙底爲舊，所以盧氏此卷，就紙質一事而考察，究竟是否果爲唐本，固然也很值得專家愼重的研究，但就鄙見而論，這卷紙色很新的，盧鴻畫卷內的紙質，可能就是五代宣城李氏所造有名的澄心堂紙。在前面，我們已經斷定故博所藏號稱唐畫的這卷草堂十志圖，可能是北宋李公麟的手筆，而前引董其昌在李氏龍眠山莊圖後的跋語中，也說：

> 蓋龍眠自運，則用澄心堂紙，臨摹則用絹素也。

此外，宋人鄧椿所著畫繼一書，亦云（據津逮秘書叢書本）：

> 畫之六法，難於兼全，獨唐吳道子，本朝李伯時始能兼之耳。然吳筆豪放，不限長壁大軸，出奇無窮，伯時痛自裁損，只於澄心堂紙上運奇布巧，未見其大手筆，非不能也，蓋實矯之，恐其或近衆工之事。

又元人湯垕所著的古今畫鑑於宋畫條李伯時項下也說（據學海類編叢書本）：

> 李伯時宋人物第一，專師吳生，照映千古者也。畫馬師韓幹，不爲著色，獨用澄心堂紙爲之。惟臨摹古畫用絹素。

可見董其昌在李氏龍眠山莊圖後的跋語，又可得到宋、元兩代著述家對李氏作畫時所用質地的記錄，來做有力的證明。而事實上，李伯時畫品，所用的質地，雖然不是完全沒有例外（如卞氏所記公麟的赤壁圖卷，便是絹底的，但此卷並非李氏臨摹之作），但大部份都是臨摹的用絹素，親作的用澄心堂紙。就現存的李氏作品而言，如香港陳光甫氏所藏三馬圖殘卷（祇剩一馬），所用固是澄心堂紙，卽其有名的五馬圖卷，今雖失傳，但據項子京在此卷後的跋語（見式古堂書畫彙考畫部卷十二），所用亦是澄心堂紙。故博所藏李氏免冑圖卷，和中博所藏龍眠山莊圖卷，也都是這種紙。而他所臨的王維輞川圖，據記載（亦見式古堂書畫彙考畫部卷十二），則是絹底。我們旣已斷定故博這卷盧鴻的草堂十志圖，本是李公麟的手筆，而畫卷所用又爲紙底，所以我

們似乎可以根據鄧、湯、董三家對於伯時臨畫用絹素，自作用紙的說法，而斷定草堂十志圖的紙，大概就是五代時所造，又爲李公麟作畫所常用的澄心堂紙。

3. 避 諱 問 題

　　中國古代爲了表示對於君主宗室的尊敬起見，常對君主的姓名，避免直書，以示恭順。這種制度，就是後代所謂的『避諱』。陳援庵先生史諱舉例曾云：『民國以前，凡文字上不得直書當代君主或所尊之名，倘遇當代君主所用之名，必須用其他方法以避之，是之謂避諱。避諱爲中國特有之風俗，其俗起於周，成於秦，盛於唐宋，其歷史垂二千年。』(註一)。至於避諱的方法，據陳援庵先生的研究，共有改字，改音，空字，缺筆等四種。茲按其說各舉數例如下：

甲、避諱改字制

例一：史記秦始皇本紀：『二十三年，秦王復召王翦使將擊荆。』

　　　　正義曰：『秦號楚爲荆者，以莊襄王名子楚，諱之，故言荆也。』

例二：秦楚之際月表端月註，索隱曰：『秦諱正，謂之端』。

　　　　故瑯琊臺刻石曰：『端平法度，端直敦忠。』按秦始皇曰嬴政，政、正同音，故秦諱正字，凡端字皆以正字代之。

例三：通鑑玄宗紀云：『日向中，上猶未食，楊國忠自市胡餅以獻。』

　　　　胡三省注文：『胡餅，今之蒸餅。高似孫曰：「胡餅，言以胡麻著之也。」崔鴻前趙錄：「石虎諱虎，改胡餅曰麻餅。」』

按石虎爲羯人，後趙第二主，在位十五年。華稱羯爲胡，虎胡同音，羯既諱虎，亦諱言胡。是改胡爲麻。以避諱字。

乙、避諱空字例

例一：書金縢曰：『惟爾元孫某。』

　　　　孔傳：『元孫武王，某名，臣諱君，故曰某。』

例二：貞觀三年善慈寺塔記，稱王世充爲王充。顯宗四年大唐紀功頌，亦作王充。

　　　　申按唐太宗曰李世民，故空世字以避太宗諱。

(註一)：見燕京學報第四期，燕京大學，北平，十七年十二月。

丙、避諱缺筆例

史諱舉例：『避諱缺筆之例始於唐，唐以前刻石，字多別體，不能定何者爲避諱，北齊顏之推家訓風操篇言當時避諱之俗甚詳，亦祇云：「凡避諱者，皆須得其同訓以代換之。」可見當時尙無缺筆之例。』

例一：乾封元年贈泰師孔宣公碑，兩引『生民以來』，俱作『生人』。『愚智齊泯』中之泯字，則減筆爲『泜』。

例二：乾封元年于志寧碑中之世字，減筆爲卅。

丁、避諱改音例

避諱改音，亦始於唐，然所謂『因避諱而改之音，在唐以前者，多非由諱改，在唐以後者，又多未實行，不過徒有其例而已。』

例一：史記秦始皇本紀正義：『正音政，周正建子之正也。以始皇諱，故音征。』宋張世南游宦紀聞、孫弈示兒編二書，亦同此說。陳援庵先生則舉詩齊風：『終日射侯，不出正兮。』釋文正音征，小雅節南山正與平寧爲韻，及大雅雲漢正與星嬴爲韻，而證其非避秦諱。

我們旣然知道了避諱的來源，與避諱種類，現在就要以避諱學爲根據，而來觀察盧鴻草堂十志圖上的題跋，有無可疑。按唐代睿宗名李旦，其子玄宗名隆基。則唐代於此旦、隆、基三字，按理應係避諱直書的。小雙寂庵叢書本張惟驤歷代諱字譜卷下頁三十八云：

唐太宗名世民，諱世、金石文字缺筆作『丗』，『卋』。

又義字條下云（三十七頁）：

唐太宗名世民，貞觀中改富世縣爲富義。

同書卷下隆字條下又云（頁一）：

唐玄宗名隆基，諱隆，曰盛，又缺筆作『隆』。稱高宗永隆年號爲永崇，殤帝唐隆年號爲唐安。改隆慶宮、隆慶池皆爲興慶。唐隆縣爲唐安。隆山縣爲仁壽、隆州爲閬中。隆康縣爲普康。隆龜縣爲崇安。隆山縣爲彭山。昌隆縣爲昌明。化隆縣爲廣威。盈隆縣爲盈川。隆陽縣爲南川。隆化縣爲賓化。舊唐書經籍志有崇安志，本係隆安。晉安帝年號避唐諱改。帝弟岐王隆範、薛王隆業名皆去隆字。改隆昌公主爲崇昌公主。

同書卷上於『基』字下又云（頁十一）：

唐玄宗名隆基，諱基曰本。或曰根。又缺筆作基，或省作『其太一士』。神有

君基，臣基、民基，基，並改作萁。改大基縣爲河清。基城縣爲祐川。改鄭崇基爲崇業。豆盧承基爲承業。裴光庭祖名仁基，張九齡撰裴光庭碑曰：『大父仁』，古基子。

同書卷上『旦』字條下又云旦（見頁十五）、亶、但、坦（以上三字均見頁二十五）、量（頁十六）諸字：

唐睿宗名旦，書作旦。

同書卷上『怛』字條云：

唐睿宗名旦，怛字書作怛。

唐睿宗名旦，亶避嫌書作『亶』，又作『亶』，張仁亶改名仁愿。

唐睿宗名旦，此二字亦避書作『但』、『担』。

唐睿宗名旦，量字書作量。

據此，可見改字，空字，減筆等三避諱條例，於睿、玄二宗御名，皆須遵行。而盧鴻既爲玄宗時人，竟然直書不諱，這是絕不可能的。今考盧氏此卷『倒景臺』題詩有『及世人登焉』之句，『樾館』題詩有『基巓柘』及『臥風霄兮坐赮旦』之句（見圖版壹：1），而此『世』，『基』，『旦』三字既然完整無缺，顯然未因避諱而行減筆。再以陳氏所舉改字，空字，改音避諱三例以勘察，亦無一合。又按新刊監本冊府元龜卷三帝王部名諱條下云：

睿宗諱旦，初名旭輪。總章二年封冀王，單名輪，永淳三年，始改名旦。玄宗諱隆基，先天二年正月，詔改隆州爲閬州，自餘州縣等名，有與皇帝名同者，便令所司改定。至曆元年正月，太常寺禮院上言，玄宗諱准故事，祧遷後不當，更諱制，可之。

則世，旦，隆，基四字在唐代是必須避諱的。盧鴻既爲玄宗開元時人，對此避諱字例，必有所知無疑。據陳援庵和胡適之先生的研究，唐代既無臨文不諱的習慣（註一），而此卷內竟對太宗、睿宗、玄宗三帝之名，直書不諱，可見原圖十志詩必非出自盧鴻親筆。據我的推想，大概是五代或宋代的摹者，按體作書，忘記了事先查清唐人應避的名諱，只管按照盧氏原詩，一一謄錄，所以破綻明顯易見。從避諱學的立

（註一）：陳氏史諱舉例，已見前。太老師適之先生則著有兩漢人臨文不諱考，讀陳垣史諱舉例論漢諱諸條二文，並見新圖書季刊第五卷第一期，三十二年七月，重慶出版。申草此文時，面謁請益，又承以其研究水經注所撰多篇論文中之黃晟翻刻頁綱刻本水經注四十卷、及范曄怎麼成了范奕？等二篇未刊稿本賜予參考。謹致最高謝忱。

場上考察，又讓我們得到一項可以否定故博所藏原畫為眞蹟的根據了。

4. 字 體 問 題

據前述，盧鴻此卷每景之前，各有題詠及讚詩一段。每景之題語既然各異，而各段所用字體亦無一同。故在歷代著錄家的筆下，是向有『十體書』之美稱的。根據前揭唐書、新唐書，我們已經知道盧鴻是一位善於多種字體的書法家了。但在此卷之中，『期仙磴』景右的字體（見圖版貳：1），頗似顏眞卿體，而『滌煩磯』景右的字體，亦頗與柳公權體相同。現在就以盧、顏、柳三家的時代關係出發點，而對此卷之眞偽問題，作一討論。

今按顏眞卿為唐代著名書法家，唐書卷一二八列傳七八有傳：茲引其有關者如下：

> 顏眞卿，字淸臣，琅琊臨沂人也。五代祖之推，北齊黃門侍郎。眞卿少勤學業，有詞藻，尤工書。開元中舉進士，登甲科，事親以孝聞。

又新唐書卷一五三列傳八八，所述亦同：

> 顏眞卿，字淸臣，秘書監師古五世孫。少孤。母殷躬加訓導，既長，博學，工辭章，事親孝。開元中舉進士，又擢制科，調醴泉尉，再遷監察御史。

顏氏既於開元時方始中舉，則在盧鴻應詔入京時，眞卿年齡必然不大。新唐書曾記他享年八十八歲，據梁廷燦的推算（註一），他生於唐中宗景龍二年戊申，卒於唐德宗興元元年甲子(708～784 A. D.)。據姜亮夫的推算（註二），則其生卒年各在梁氏所推之後一年，卽生於唐中宗景龍三年己酉，卒於德宗貞元元年乙丑(709～785 A. D.)。然無論就上列二說任何一說而言，玄宗開元六年，盧鴻歸山時，眞卿都不過年方十歲而已。盧鴻作草堂十志圖及顏眞卿中舉的確切年代，史書雖然都沒有說明，但是我們不妨假定顏眞卿的中舉，是在他二十歲的弱冠時代。亦卽開元十六年之際。然盧鴻的草堂十志圖，無論如何，絕不會遲至開元十六年，卽當其辭官還山十年之後方才畫成。卽定他這卷畫就在開元十六年末畫成，那麼，顏氏中舉與盧氏作畫，應該是同一年。顏氏雖為唐代重要書法家之一，但其擅名，則在中舉以後。亦卽開元十六年以後。

（註一）：見梁廷燦歷代名人生卒年表，商務印書館出版，二十三年七月，上海。

（註二）：見姜亮夫中國歷代名人年里碑傳總表，商務印書館出版，二十年，上海。

按清人黃本驥編有顏書年編年錄二卷（見翠琅玕館叢書本二集），然所收僅限於玄宗天寶十一年(752 A.D)，真卿四十四歲以後的作品。此外日人青木正兒編有『顏書年譜』(註一)，曾對魯公作品的書成時代，列有一個很詳盡的作品繫年表，茲將黃氏及青木氏兩家表，合錄於此，並略以謝聞附註，藉以說明顏氏作品與時代先後之關係：

西紀	年　　號	歲	事　　　蹟	碑　　　　　　帖
709	中宗景龍3年	1	顏真卿生	
734	玄宗開元22年	26	進士及第	
736	24年	28	授秘書省著作局校書郎	
742	天寶元年	34	授醴泉尉，轉長安尉	○醴泉令張仁藹德政碑（見金石錄），齊處仲撰
752	11年	44	授武部員外郎判尚書	○工部尙書郭虛己碑，顏撰幷書。 ○河南府參軍郭揆碑，顏撰幷書。 ○千福寺多寶塔碑（見訪碑錄），岑勛撰。 ○夫子廟堂碑（見編年錄），程浩撰。
753	12年	45	出爲平原太守	
754	13年	46		○東方朔畫贊，晉夏侯湛撰。畫贊碑陰記（見訪碑錄）顏撰幷書。
755	14年	47	安祿山叛，顏真卿起兵討賊	
756	肅宗至德元年	48	拜工部尙書，御史大夫兼平原郡太守	○謝贈祖官表草稿（道光四年丹徒包氏刻） ○謝贈御史大夫表草稿（見編年錄）
757	2年	49	拜憲部尙書	○讓憲部尙書表草稿（同上）
758	乾元元年	50	三月除蒲州刺史 十月除饒州刺史	○祭姪季明文稿（真蹟在國立北平故宮博物院） ○祭伯父豪州刺史文稿 ○刻逍遙樓詩請御碑額表 ○謁金天王神祠題記（均見訪碑錄）
759	乾元2年	51	六月任昇州刺史，充浙西節度使	○與蔡明遠帖（見忠義堂帖）
760	上元元年	52	貶蓬州長史	
762	代宗寶應元年	54	五月拜利州刺史 十二月拜戶部侍郎	○鮮于氏離堆記（見藝風堂目），殘石現在四川南部。

(註一)：見書道全集第十卷青木正兒顏真卿の書學一文所附，昭和三十一年二月，日本東京，平凡社。

763	廣德元年	55	三月改吏部侍郎 十月轉尚書右丞	○顏允南父母贈告 ○贈太常卿韋鎮神道碑（獨孤及撰）
764	2年	56	正月除檢校刑部尚書 三月進封魯郡開國公	○贈太保郭敬之廟碑（見藝風堂目）在陝西長安。 ○與郭僕射書（見訪碑錄），在陝西長安。 ○送劉太冲序（毗陵潘氏刻） ○乞鹿脯帖（戲鴻堂帖）
765	永泰元年	57		○謝惠鹿脯帖（同上）
766	大曆元年	58	二月貶峽州別駕 三月移吉州別駕	○東林寺題名 ○西林寺題名 ○贈華州刺史顏顥甫碑 ○贈太子少保鮮于仲通摩崖碑
767	2年	59		○鮮于氏神道碑 ○靖居寺題名 ○祖關二大字（見編年錄），在江西吉安。
768	3年	60	除撫州刺史	○顏勤禮碑（民國初年在陝西長安出土，立石恐在大曆元年至三年間）
769	4年	61		○富平尉顏喬卿墓誌 ○紫虛元君南岳魏夫仙壇記
770	5年	62		○麗正殿學士殷踐猷碑 ○大文武令殷攝碑 ○國子司業□□碑 ○逍遙樓三大字（見訪碑錄）又見藝風堂目，蓋廣西臨桂，四川劍南各存一石。 ○臧懷恪碑（見金石萃編）
771	6年	63		○大字麻姑仙壇記，與下件並在江西南城。 ○小字麻姑仙壇記（見訪碑錄） ○大唐中興頌（見藝風堂目），元結撰。 ○顏含大宗碑 ○律藏院戒壇記 ○茅山玄靜先生李君碑（見訪碑錄）
772	7年	64	九月除湖州刺史（翌年正月至任地）。	○項王碑陰述 ○右丞相宋璟碑（在河北北沙，見藝風堂目） ○八關齋會報德記（在河南商邱，見訪碑錄） ○元結墓碑（在河南魯山，見金石萃編）
774	9年	66		○干祿字書（在四川潼州，見訪碑錄），顏元孫撰 ○乞御放生池碑額表，同碑碑陰記

				○太子太保顏杲卿碑
				○竹山連句（秋碧堂帖）
775	10年	67		○商州刺史歐陽琟碑
777	12年	69	八月爲刑部尚書	○射堂記
				○玄靖先生舍光碑（在江蘇句岩，見訪碑錄）。
				○太保昭武李抱玉碑（楊綰撰）。
				○梓州刺史杜濟碑
				○台州刺史康希銑碑
				○殷履直夫人顏氏碑（在洛陽王虛觀，以上均見鬱風堂目）
				○臧氏糾宗碑（見集古錄）
778	13年	70	進吏部尚書	○懷圓寂上人詩
				○宋璟碑碑側記（在河北沙河，見訪碑錄）
779	14年	71		○馬璘新廟碑（在陝西長安，見鬱風堂目），程浩撰
				○張敬因碑（見傳古錄）
780	建中元年	72	八月爲太子少師	○薛王友顏貞家廟碑（在陝西長安，見訪碑錄）
				○自書告身（眞蹟現在日本東京書道博物館，原爲清宮舊藏）
781	2年	73		○明州刺史王密德政碑（李舟撰）
782	3年	74	八月改太子太師	○朱巨川告身（三希堂潽帖）
				○華嚴帖（戲鴻堂帖）
783	4年	75	正月淮寧節度使李希烈叛，汝州陷。眞卿奉使赴宣慰。希烈囚眞卿於官舍，更拘送蔡州。	○元魯山墓碣（李華撰）
				○奉使帖（宋靖康元年重刻，在陝西同州府學，見金石萃編）
785	貞元元年		八月廿四日希烈與辛景臻等縊殺眞卿於龍興寺	

　　由上表可知顏氏中擧進士，係在開元二十四年，時距盧鴻自京辭還（開元六年），已隔十八年。卽使盧氏應詔入宗時，年齡亦與眞卿相若，卽同在二十六歲左右，但天寶元年，眞卿始爲人作書時，盧鴻已年五十。五十之齡，竟倣新擧進士之字體，書之草堂十志圖內，固不可能，亦不合理。何況盧鴻的山水畫卷，也決不會遲至天寶元年，卽其辭官還山廿七年之後始見繪成。然據顏氏所書『自書告身』（見圖版叁：1），

及顏勤禮碑(見圖版叁：2)之字跡，旣與『期仙礏』之題詩字跡全同，故就上述諸點觀之，盧鴻卷內的顏體題詩必定不眞，旣然舊傳十志圖的詩畫全出一人，寫旣不眞，畫的本身當然亦不可靠。

　　相同之一例，亦可見於十志圖卷『洞元室』一景的題識之中。今據東京書道博物館所藏精拓唐代柳公權之大達法師玄秘塔碑影印本，細審『洞元室』前盧氏題字（見圖版肆：2），亦頗與柳公權之字跡相近。而巴黎國家圖書館所藏柳氏所書金剛般若經（見圖版肆：4），字跡亦與『洞元室』之題字極爲相近。按柳亦唐代另一著名書法家。唐書卷一六五列傳一一五柳氏本傳云：

　　　　公權，字誠懸，幼嗜學，十二能爲辭賦，元和初進士擢第，釋褐秘書省校書
　　　　郎，李聽鎭夏州，辟爲掌書記。…

又於新唐書卷一六三列傳八十八亦有傳，傳文云：

　　　　公權，字誠懸，公綽弟也。年十二，工辭賦，元和初，擢進士。第李聽鎭夏
　　　　州，表爲掌書記。…咸通初，乃以太子太保致世，卒年八十八，贈太子太師。

　　再據前揭梁氏書之推算，柳氏生於唐代宗大曆十三年戊午，卒於懿宗咸通六年乙酉（778—865 A. D.），公權生年，已去盧鴻歸山之年六十年。即以草堂十志圖繪於盧鴻歸山十年以後的，開元十六年而論，公權生年與之亦已相隔五十年。何況公權擅其善書之名，本當在其成人中舉之後，亦即當在元和時代之後，公權何年中舉，新舊唐書皆未詳記，今假設公權中舉，是在元和元年(806 A. D.)，其年上距開元十六年，已有七十八年。那麼，盧鴻草堂圖卷之字蹟，自不可能與較其生世遲至七十年後的，柳公權的字體相同。盧鴻生世先於公權生世，爲時旣有七十餘年之久，反過來說，盧氏畫卷之中，實不應有柳體字蹟之存在。而此卷十體書中，與顏，柳二家字體相近之字，竟然各佔一體，當然不能避免我們認爲它有僞蹟之嫌了。

　　除了顏，柳字體可疑外，在字體方面，還有別的問題，也頗值得我們的懷疑。因爲舊唐書卷一九二列傳一四二的隱逸傳中曾說：

　　　　盧鴻一，字浩然，本范陽人，徙家洛陽，少有學業。頗善籀，篆，楷，隸。

又新唐書卷一九六列傳一二一的隱逸傳也說：

　　　　盧鴻、字顥然，其先幽州范陽人。徙洛陽，博學，善書籀，廬嵩山。

又唐張彥遠歷代各畫記卷九『唐朝上』條下也說：

盧鴻一，名浩然，高士也。工八分書，善畫山水樹石。隱于嵩山。

讀此，可知盧鴻除善楷書之外，又工籀，篆，隸諸體。在此卷中每節之前的題識，雖然十體無一相同，但却沒有任何一體，是新舊唐書與歷代名畫記裏所說的，籀、篆、隸。難道是盧氏畫後故意不寫他所善寫的籀、篆、隸，而特別改用其他各體的書法嗎？或者是因爲篆、隸、籀，諸體的不便題畫，而未寫嗎？按籀，篆之體題於畫上，雖然不便辨認，但隸書除用筆不同外，辨認程度實與楷書無異。

歷代名畫記既然特別著明盧鴻『工八分書』，而不提籀、篆二題，可見浩然一定常寫八分。這樣看來，上面所假設的，故意不常籀、篆、隸三體的解釋，顯然不能成立。何況米芾畫史於記劉子禮買錢家古畫一段之後，曾記盧氏的草堂十志圖內有：

小八分，詩句帶筆如行草，甚奇。今無此體。

等語，可見盧鴻原本題詩，確如前揭史書所記，是寫過他所善書的『八分』體的。今本十體皆爲楷書，足見其非米芾所記帶有盧氏八分眞蹟的那一個卷本。這樣，我們不難推想出來，現藏此卷字體不能與畫史相符，不出下面這兩個道理：一是後代摹寫者沒有查淸楚唐書隱逸傳裏盧鴻善書的記載，二是贋造者僅能楷書，所以對那些寫法較難，與工力較深的籀、篆、隸三體，就只好棄而不論，一律代以楷書了。

根據上面的推測，可見在本卷十種不同的書體之中，從正面說，盧鴻善書的幾種字體，卷中一種都沒有，從反面說，盧氏所不會寫的字體倒有兩種。正好是正誤倒置了。由盧、顏、柳三家的時代關係，和史書中所敍述的，盧氏善書的字體上着眼，我們得到了上面所說的結論。換言之，也卽故宮所藏此卷之非唐人眞蹟，又讓我們得到了紙質，與避諱之外的另一種證據了。

以上所述，是由十志圖內每景之前的題字而得的結論。不過還有若干在書畫鑑賞方面，可稱權威的專家，却喜歡用圖卷之後的，楊凝式的題跋來作旁證（見圖版伍：1）。他們的意見大致如此，楊凝式是盧鴻以後的書家，楊的題跋旣屬眞蹟，那麼，楊以前的原作必定亦眞。現在本文要對這一點，略有申論。

按楊凝式，陝西華陰人。生於唐懿宗咸通十四年，卒於後周世宗顯德元年（873～954 A. D.）。『形貌寢侻，然精神瞁然，要大於身，善文詞，出時輩右。唐昭宗時初登

進士第，終唐之世，爲秘書郎，直史館。仕梁，至考功員外郎。歷後唐至兵部侍郎。
於晉以太子少保分司西洛，至漢，遷太子少師，至周，遷太子少保，自晉迄周，朝廷
皆以元老大臣優禮之』。舊五代史卷一二六，五代史卷三十五有傳。文長不錄。凝式
『喜作字，尤工顚草，居洛下十年，凡琳宮佛祠，墻壁間，題紀殆遍，然揮灑之際，
縱放不羈，或有狂者之目。』歐陽修嘗跋其字云：『自唐亡道衰，四海困於兵戈，及或
宋興，天下復歸于治，蓋百有五十餘年，五代之間，有一楊凝式，建隆以後，有一李
建中，二人筆法不同，而書名皆爲一時之絕。』文見宣和書譜卷十九。宋時內府所
得，據前揭書，計有三件；草書古意帖，正書韭花帖，行書乞花帖。韭花帖凡六十二
字（見圖版伍：２），本爲清宮舊藏，後因溥儀設法盜運出宮變賣，現藏日京書道博
物館，茲錄其所書如下：

　　　晝寢乍興，輖（同調）饑正甚，忽蒙簡翰，猥賜盤飱，當一葉報秋之初，乃韭花
　　　逞味之始，助其肥羜，實謂珍羞。充腹之餘，銘肌載切，謹修狀陳謝，伏惟鑒
　　　察，謹狀。七月十一日。

　　楊氏又有神仙起居法帖一種，紙本，長二十七・九公厘，寬二十五・五公厘，本來
也是清宮舊藏，民國廿一年故博爲避日寇作亂，而將所藏重要古物南遷首都南京後，
該院留守人員才在北平發現的，可能抗日戰爭中爲其刼去，現藏日本東京書道博物
館，亦爲現傳名蹟之一（見圖版伍：３）：

　　　行住坐臥處，手摩脇與肚，心腹通快時，兩手腸下踞，踞之徹膀腰，背拳摩腎
　　　部，才覺力倦來，卽使家人助，行之不厭頻，晝夜無窮數，歲久積功成，漸入
　　　神仙路。乾祐元年，冬殘臘暮，華陽焦上人尊師處，傳楊凝式。

　　欵下有楊氏花押，書後復有：『右楊凝式書神仙起居法八行，臣米友仁鑒定眞蹟，
恭跋』等字二行。就此二帖所書字跡，以與故博所藏盧氏卷後楊凝式題的跋相較，韭
花帖『筆迹雄强』，筆力充沛，雍容端正，誠如舊論所謂深得二王之法。至於神仙起
居帖，雖然意態瀟灑，翩翩有致，然其體近狂草，又與韭花帖和盧氏卷後所題字跡不
類，古代有名的書法家，固然風格常有不同，如蘇東坡、與黃庭堅的法書就常如此。
可是，最重要的一點是，他們的筆蹟雖然不能件件相同，而且也還有早年作品與晚年
作品，在時間上的差異，但其基本格調，基本旨趣，也卽是他們作書的基本精神，卻

是一脈相承，變異不大的。惟就上述楊氏傳世的這三種墨蹟看來，其基本精神却又各自迥異，絕不相同。就自筆觸的起落和運用上看，也是各異其趣的。所以我們很難確定故博所藏盧氏卷後的楊跋，一定是眞蹟。

楊凝式的題跋旣然不是眞蹟，可能當楊氏作跋時，眞畫已失。或者他所看到的雖是眞畫，但是後來眞的畫和他的跋都被後人用摹本易去，而把贋品的楊跋，附裱在故博這一卷僞盧鴻的畫後，成爲現在的這個樣子。因此，儘管有些權威的專家，喜歡用楊跋來證明原畫爲唐人眞蹟，但我旣認爲畫是李公麟的摹本，楊跋又與韭花帖和神化起居法帖的字蹟不同，所以這一項論證，鄙意是不肯苟同的。

叁、草堂十志圖卷的流傳

本節所論，仍以盧鴻所作原畫爲限，其他諸家摹品，則於摹本一章中附述及之。今按嘉禾項德棻宛委堂校本宋人葉夢得石林避暑錄卷一有下語：

> 盧鴻草堂圖，舊藏中貴人劉有方家，余往有慶曆中摹本，亦名手精妙。猶記後載唐人題跋云：『相國鄒平段公家藏圖書』，並用所歷方鎭印記。『咸通初，余爲荆州從事，與柯古同在蘭陵公幕下，閱此軸。今所歷歲時，倏蹤二紀，洊罹多難，緗軸尙存，物在時遷，所宜興歎。丁未年駕在岐山，涿郡子蘩記。』又書：『己酉歲重九日，專謁太儀，遂載覽閱，累經多難，頓釋愁襟。子蘩再題。』鄒平公，段文公也。柯古，其子成式也。子蘩，不知何許人。涿郡，蓋亦盧氏望。蘭陵公，或云蕭鄴。其罷相出爲荆南節度使，咸通初，成式終太常少卿，則所謂太儀也。丁未，僖宗光啓二年(887 A. D.)，己酉，昭宗龍紀元年(889 A. D.)。此畫宣和庚子余在楚州，爲賀方囘取去不歸。當時余方自許昌得請洞霄，思卜築於此山之下，視圖中草堂、樾煙館、罨翠亭，渺然若不可及。今余東西兩巖，略有草亭十餘所，比年松竹稍環合，每杖策登山，奇石森叢，左右詰曲，行雲霞中，不知視鴻居爲如何，但恨水泉不壯，無雲錦淙、金碧潭耳。

又適園叢書本(五集)宋董逌廣川畫跋卷六『書別本草堂圖』條下亦云：

> 此畫本段鄒平公所收，流傳久矣。或者託其遺跡，又爲草堂，別出其後。跋書

自天復歲前者，皆揚字也。開寶以後，則人競書與此矣。共稱柯古者，成式也。太儀者，安節也。隨蘭陵於渚宮者，蕭道思也。然此圖所存，頗與書傳合。蓋本鴻之圖而爲之者，故可佳也。涿人子蓼題，當僖宗丁未年，卽光啟之三年矣。是歲三月甲申，車駕還京，次鳳翔，以宮室未完，李昌符請留鳳翔，俟畢，治此書，不著月日，知在四月後。題以己酉，知昭宗之改元，合在此後，傳摹失之。又有昇元三年題者，李昇之號也。熙載題者，韓文公也。

　二書所述，大致相同，可見盧鴻圖卷畫成後，現可知的最初收藏者，卽段平公父子兩人。段成式雖曾著有酉陽雜俎兩集，專記見聞，然於此畫，卻沒提到。因此目前只有暫以上引葉、董二氏書，作爲有關草堂圖流傳情形最早的記載了。至於董書所謂昇元三年韓題的韓熙載，本係南唐巨宦，昇元爲南唐烈祖李昇年號，三年當後晉高祖天福四年，卽西元九三九年。由此可知此圖於唐亡之後，曾入南唐，且經韓氏作跋。惟葉氏所錄子蓼二跋，及董氏所謂韓氏跋語，在故博現藏盧氏卷中皆無，想早亡佚。

　此圖經韓氏作跋之後，又九年，又有楊凝式之跋文。在故博所藏盧氏卷內，猶可見及。茲照錄其文如下（見圖版五：1）：

　　右覽前晉昌書記左郎中舊家傳盧浩然隱居嵩山十志，盧本名鴻，高士也。能八分書，善製山水樹石，隱于嵩山。唐開元初，徵拜諫議大夫不受。此畫可珍重也。丁未歲前七月十一日，老少傳弘農人題。

　此跋不書姓名與年號，但書別名與干支，幸在此跋之後，又有宋人周必大的跋文一段，把這兩點都考證得很清楚，這是很重要的。按周跋字跡與美國波士頓博物院所藏的，唐閻立本歷代帝王相卷後，周必大之跋語的字體完全相同，所以故博此卷上的周跋可以相信是眞蹟。茲錄其跋文如下：

　　右蒳林向氏所藏盧浩然草堂圖，後有老少傳弘農人題識，不記姓氏，而著爵里，不列紀年，而述甲子，且繫以時月，而用凝式之章，伯虎來爲盧林郡幕，相過欵曲，求爲訂之。蓋當石晉開運之四年，漢祖起於太原，復稱天福，是歲七月置閏，其所書『丁未前七月』者是矣。唐之六臣傳，一曰楊涉，附載其子凝式，早有證羊之直，而不能自安於義命，歷事梁、唐、晉、漢、周，晚以太子太保致其政，抑當晉漢之際，官尙少傅耶？且楊姓之望，出於弘農，卽以凝

式爲文。其爲斯人，夫復何疑！此畫歷歲旣久，是題也，上溯開運，下逮本朝之淳熙，凡閱五丁未，至於今，三百有餘年，其間經履世變，不爲不多，是可尙也已，因考其顛末，以證其卷尾而歸之，慶元己未春二月上日平園圭叟周必大書。

丁未歲旣爲後晉出帝開運四年，即後漢高祖天福元年（947 A. D.）。則董氏跋語所謂『天復歲前』，當即是天福之誤，而弘農人也經考爲曾仕六朝之臣的楊凝式，可見在韓氏作跋又九年之後，此圖又經凝式作跋。此後，盧鴻此卷的流傳情形如何，因爲缺乏記載，迄未可知，一直到葉氏著石林避暑錄時，才知此圖曾爲夢得所有，宣和庚子，又爲賀方囘取去不歸。按宣和庚子，即宣和二年，宣和畫譜的編製成帙，也在這年。因此下面這一件事，就很值得我們的懷疑；宣和畫譜旣然錄有盧氏窠石圖，草堂圖等三件作品，則其入宮，必在宣和二年之前。而葉夢得所藏的一卷，亦在這年爲人取去，則其獲得草堂之圖，必亦在宣和二年之前。何能同在宣和二年，竟有相同的二卷，分別各藏於宮中及葉氏之手內？草堂圖的原蹟只有一本，當然不會同時並存於二處。因此，我們可以知道，大概宣和御藏的是眞蹟，而葉氏所藏是摹本，這可以葉氏石林避暑錄中的：『余往有慶歷中摹本』一語爲證。

石林避暑錄除了記載草堂圖在唐代的流傳，還有『舊藏貴人劉有方家』之語。劉爲何人雖不可明，但按湖北先正遺書沔陽盧氏影印涵芬樓藏明嘉靖刻本米芾畫史云：

劉子禮以五百千買錢樞密家畫五百軸，不開看，直交過錢。錢氏喜。旣交畫，只一軸盧鴻自畫草堂圖，已直千百矣。其他常筆固多也。

可知盧氏所畫，曾爲劉子禮自錢樞密手購去。葉氏之語固見石林避暑錄，然據清楊恩壽眼福編二集卷十五所記古芬閣藏畫，此跋係題於盧氏卷子之上，而末繫紹興十年六月二十日之時日，按紹興爲宋高宗年號，十年，爲西元一一四〇年。米芾畫史，諸本雖皆未著刊版之年，但其卒年旣在徽宗大觀元年（1107 A. D.），較之葉氏在草堂圖上作跋的紹興十年，猶早三十餘年。故其所記浩然畫卷舊藏錢樞密家，後由劉子禮以五百金購去之說，自當又較葉氏所記爲可信。惟米、葉二家所記草堂圖之收藏者，均爲劉姓，可能葉夢得所說的劉有方，就是米芾所說的劉子禮。當然這一項假設，還須要別的材料來作證明的。不過前揭眼福編內又有下語：

此卷有南宮印章，或卽劉子禮所買者。

按楊氏所謂南宮印章，係『米芾審定』之朱文方印。但查米芾畫史曾記其所用印云：

　　余家最上品書畫，用姓名字印、『審定眞迹』字印，『神品』字印，『平生

　　眞賞』印，『米芾祕篋』印，『寶晉齋』印，『米姓翰墨』印，『鑒定法書之

　　印』，『米姓祕玩之印』。玉印六枚；『辛卯米芾』，『米芾之印』，『米芾氏

　　印』，『米芾印』，『米芾元章』印，『米芾氏』。已上六枚白字，有此印

　　者皆絕品，玉印唯著於書帖。其他用『米姓清玩之印』，皆次品也。無下

　　品者。其他字印有百枚，雖恭用於上品印也。自畫古賢，惟用玉印。

米芾於記劉子禮買得錢樞密所賣的草堂圖時旣說：『只一軸盧鴻自畫草堂圖，已直
千百矣』，他對這卷畫的喜愛，已可由這句話中很清楚的看出來。因此，米芾如果
得到這卷畫，一定是會視爲上品的。而所鈐印，必定也要和上引文中所說的：『用姓
名字印，「審定眞迹」字印，「神品」字印，「平生眞賞」印』。在楊氏眼福編中所記，僅
有『米芾審定』一印，未免不使我們覺得可疑了。而且楊氏曾經註明盧鴻此圖，爲古
芬閣之藏品。按古芬閣本爲淸人杜瑞聯之室名，杜字鶴田，太興人，官至貴州巡撫。
著有古芬閣書畫記十八卷，其書雖然未曾寓目，然據晚近學者研究所得，其『所著
錄魏晉唐諸蹟，駭人聽聞，決不可信。雖宣和書畫譜，以帝王之力得之者，猶遜其美
富，豈不大可異哉』(註一)。旣然杜氏所藏的原件已不可靠，那麼，楊恩壽的記載是
否可靠，自然也應值得考慮。因此，米芾是否確藏盧氏此卷，目前也就未便肯定。

米芾以外，據傳高希中曾藏此圖，前揭董氏廣川畫跋卷六『書盧鴻草堂圖』條云：

　　盧浩然在開元中，賞賜隱居服，官爲營草堂，逮還山，廼廣其學廬，聚徒肄

　　業。其居之室號寧極，則取所謂深根而反一者也。嘗自圖其居以見，共傳之，

　　其本嘗在段成式家，當時是山林勝絕，不知逮今存不？高希中嘗出此圖，考之

　　古本，則榱館等而已，無寧極者。又景物增多，致多煩碎，此後人追想勝槩而

　　浪爲之者也。

據廣川書跋卷首其子董弅序，董逌書畫二跋均刻於高宗紹興二十七年(1157 A.D.)，
而高希中之藏有此本，必當更在此年之前無疑。惟至董逌作書時，此圖已又不知下落

(註一)：見余紹宋書畫書錄解題卷六，二十一年六月，國立北平圖書館印。

何在，這由畫跋中『不知逮今存不』之語可以看出來的。米芾畫史曾記此卷在劉子禮家，董逌畫跋則又記在高希中家，畫史不知成於何年，但卽由米芾之卒年徽宗大觀元年(1107 A. D.)算起，至董逌畫跋發刊的高宗紹興二十七年爲止，中間相隔整整五十年。在這半個世紀之中，草堂圖也許曾經輾轉流傳過許多次，不過現在能知道的，僅只高希中一家而已。

高氏之後，曾經保有此圖的，則爲蓮林向氏。這在前引周必大的跋文中已提到了。周跋題於慶元己未，慶元爲宋寧宗年號，己未爲慶元五年，卽西元一一九九年。據此可知此圖於爲高希中所得四十二年之後，入於向氏之手。但向爲何人，已不可查。

盧鴻畫卷的流傳，從段氏父子初藏，經過子蘷的題記，傳到南唐韓熙載手裏，韓氏作跋後，又經過後晉楊凝式之跋，而到了宋代。先爲錢氏所藏，及劉氏自錢處買得，米芾爲之作記。其後經過一段空白，到了葉夢得手裏，又爲賀方回取去。以後先後入藏於高、向、兩家手，而在時間上，已經到了南宋的晚年。也許因爲當時的兵馬倥傯，社會秩序極不安寧，所以這卷著名的山水圖卷，自向氏作跋以後，便沒了下文。經過三百年的空白，到明世宗嘉靖元年 (1522 A. D.)，張孝思在此卷向氏跋後；再作跋語時，我們才又找到盧氏此本的下落。查故博所藏盧氏卷內的周氏跋後，又有張孝思之短跋一則，茲錄如下：

> 辛酉秋仲，丁南羽先生求觀此卷，捧而歎曰：『希世之寶，千金之玩也。』人
> 生會覿，實有往因，焚香拜而展之。壬午夏六月嫩逸張孝思識。

其跋既在周跋之後，則此壬午應合明世宗嘉靖元年 (1522 A. D.)，卽在周必大作跋三百七十五年之後，張氏又作此跋。但就跋中『丁南羽先生求觀此卷』之語而推測，可能浩然之卷，當時是歸張氏所有。再查故博所藏盧氏畫卷中又有張氏『張孝思鑒賞印』、『則之』、『張孝思』、『北墅』、『張則之』、『則之父』、『張覲宸』諸印，此圖如非張氏己有，何能鈐蓋如許印章？這樣看來，草堂圖曾經張氏收藏，似無可疑了。

此後又四年，大概這卷畫又自張孝思手轉入袁與之家。這一點，可以文嘉在謝時臣的摹本十志圖上的題語爲證。按謝氏摹本，石渠寶笈續編著錄，茲就該書引錄文嘉跋語如下：

米元章畫譜載長安富民以百千售五百軸，俱不開視，其中草堂圖一軸已值百

千，然烟雲過眼錄又載李伯時所臨宋諸名公及米氏父子所書者，又止八景而闕

其草堂、楲館二篇，則知元章所見，已非全物。後有楊凝式，周必大題語，行

筆布意，雖非浩然眞蹟，然亦五代以前所畫也。余友袁與之以數十金得之。

今思忠亦摹此，而請吳中善書者以寫諸作。

可知袁氏曾於嘉靖五年之前，得到盧鴻眞蹟。又一百二十年之後，卽至明神宗萬曆

三十四年(1606 A. D.)，張丑作淸河書畫舫，對於此圖流傳經過，才有另一段記載，

今按羣碧樓核鈔本淸河書畫舫卷四云：

> 范陽盧鴻一，字浩然，隱居嵩山間，淸眞絕俗，人倫師表。開元中，以諫議大
>
> 夫召，不就。喜寫山水，筆墨峥嵘，所作草堂十志圖，舊藏段成式家，下逮宋
>
> 元，顯晦不一。自後嚴分宜購得之。載之書畫跎。

張丑對草堂圖的流傳情形，既然上言段成式，下僅嚴分宜，可見宋元以來的流傳經

過，他還是不淸楚的。楊恩壽的眼福編裏曾記古芬閣所藏的盧氏卷本上，有趙子昂的

朱文卷首押角印、和印文爲『奎章閣鑒書畫博士印』的朱文卷尾押角印各一。趙子昂

卽趙孟頫，奎章閣印則爲柯九思印，蓋據夏文彦圖繪寶鑑卷五，柯氏曾任此職。趙、

柯二人皆係元代著名之畫家與鑒賞家。惟古芬閣之藏品既不足信，所以眼福編中所記

的二方元印，或亦不足徵爲趙、柯二家曾藏此卷的有關材料，因此到袁與之擁有此卷

之前的，草堂圖的流傳經過，仍如張丑所說的：『下逮宋元，顯晦不一』。

淸河書畫舫對於草堂圖在宋元時代的流傳情形，雖無隻字片言，但既告訴我們此

圖曾由嚴氏購得，也是很重要的。此圖何時購入嚴府，已不可查，不過嚴氏既在世宗

嘉靖四十四年(1565 A. D.)遭受籍沒，可見此圖之入分宜手內，必定是在籍沒那年之

前。淸世宗雍正六年(1728 A. D.)，周石林得到查封嚴宅時的籍沒冊一卷，雖已『缺

殘失次』，但仍『重錄成帙』，並經題爲天水冰山錄而重新刊行。今查知不足齋叢書本

第十四集第八冊該書『古今名畫手卷冊頁』條，果然記有『盧鴻草堂圖二卷』。

由嚴氏籍沒冊重編而成的天水冰山錄，固然爲我們確定了草堂圖一度果爲嚴氏所

有，但在該書中的數目却是二卷。這就叫人十分費解了。對於這一點，我們可有這樣

的兩種假設，一種假設是這兩卷都是摹本，一種假設是這兩卷一爲眞本一爲摹本。然

而事實上這兩種假設都有可能性。因爲明史卷三〇八嚴嵩傳內曾謂其：

> 好古尊彝、奇器、書畫。趙文華、鄢懋卿、胡宗憲之屬，所到輒輦致之，或索
> 之富人，必得然後已。

也許嚴氏初曾購得眞本，後來又由趙文華、鄢懋卿之輩，另由他處搜到別的摹本，阿諛獻呈，以博嚴嵩歡心。遂使其家共有兩本草堂圖，也未可定。然而嚴氏籍沒時，其所藏的書畫作品，曾由官方聘請文嘉爲之整理。並經編爲鈐山堂書畫記一卷。今按其書後有文氏跋語如下：

> 嘉靖乙丑五月，提學賓涯何公，檄余往閱官籍嚴氏書畫，凡分宜之舊宅，袁州
> 之新宅，省城諸新宅所藏，盡發以觀，歷三閱月始畢事。當時漫紀數目以呈，
> 不暇詳別，今日偶理舊篋得之，重錄一過，稍爲區分，隨筆箋記一二，傳諸好
> 事，明窗淨几，時一展閱，恍然神遊於金踶玉躞間也。隆慶戊辰冬十二月十七
> 日，茂苑文嘉書於文江草堂。

讀此可知鈐山堂書畫記是文嘉就其整理古物時的記錄，再加整理而改編成帙的。在此書中，果亦記有盧鴻草堂圖，惟在數目方面，文氏註明僅有一本。天水冰山錄是由嚴氏籍沒冊改編而成的，鈐山堂書畫記是由文嘉就其專門記載他所負責整理的，嚴氏所藏書畫作品的筆記改編而成的，二者性質雖然不同，然所記述的內容却無不同。那麼，何以前者說有二本，後者却說只有一本呢？何況凡是畫名相同、作者相同，而數在兩卷以上的作品，文嘉都在鈐山堂書畫記裏，著明他們的本數的，茲舉例如下：

> 李昭道明皇幸蜀圖二　俱摹本。

> 顧閎中寫韓熙載夜宴圖二　一眞本，上上。有宋之諸跋。一臨本。

可見無論是眞本、摹本，凡是文嘉可以鑒定的，他無不著明其來歷。因此，我們可以想像得到，如果盧鴻的草堂十志圖是一眞一摹，則文嘉的記載必和對顧閎中的韓熙載夜宴圖一樣。如果是二本俱摹，文氏的記載必定也和對李昭道的明皇幸蜀圖的記載一樣。但是文嘉在鈐山堂書畫記裏，除了註語之外，在草堂圖的下面只有一個『一』字。足見爲文嘉所承認的草堂圖絕非兩本。而氷水天山錄裏的記載又是兩本，那麼，爲文嘉所不承認的那一本到那裏去了呢？是不是文嘉沒有見到？不過文嘉既說『凡分宜之舊宅，袁州之新宅，省城諸新宅所藏，盡發以觀』，而且他又是奉檄整理的，他

當然不會這麼粗心的，遺忘了他應該看到的東西。因之，假定他只看到嚴氏兩本草堂圖的其中一本的說法，實不足以成立。後細讀文氏鈐山堂書畫記，見於李公麟之名下，記有草堂圖一本，下有註云：

> 卽吳中張氏所藏獨樂園圖也。舊題爲盧鴻草堂圖，今尙仍之。筆法旣精，設色尤妙。余嘗摹一過。

讀此可知舊題爲盧鴻所作的草堂圖，中有一本，原係李公麟的獨樂園圖。原來文嘉旣是精於鑑別的專家，所以他就把這兩幅草堂圖分開，眞本仍繫於盧鴻名下，而本名獨樂園圖的李公麟本，則另置於李氏名下，但因原作旣稱草堂圖，文嘉也就沒再更正，僅在註語之中予以說明而已。在另一方面，籍沒時的官員，對於書畫旣無鑑別的能力，推想一定是依樣畫葫蘆似的，但記圖名，不論內容，結果嚴氏就藏有兩本草堂圖了。其實爲嚴氏所藏的，僅有一本，天水氷山錄裏所說的兩本，是不正確的。

我們旣然交帶了嚴氏所藏兩本草堂圖的眞象，還得回過頭來討論盧鴻眞本的流傳情形如何。今按文氏鈐山堂書畫記於盧氏此本下註云：

> 十圖旣精妙，而詩詞又作十體書之，乃金陵楊氏物，後歸吾蘇門袁氏，又在丹陽孫氏。按米元暉諸公所錄，已逸其二，今十志皆全，又有楊凝式、周必大跋語，尤可寶也。

前揭石渠寶笈謝氏摹本內的文嘉跋文，旣稱盧氏原本曾爲袁與之以數十金購得，而其鈐山堂書畫記中又稱此圖『後歸吾蘇門袁氏』，則後者所述的袁氏，當卽前者所述的袁與之了。再看故博所藏此卷上，果然亦有『袁與之』、『與之父』等朱文方印二方。那麼，袁與之就是鈐山堂書畫記裏所說的袁氏，大概是無可疑的了。文氏整理嚴氏所藏書畫，據其跋語是在嘉靖四十四年乙丑(1565 A. D.)，而其鈐山堂書畫記之刊行則在三年以後的，穆宗隆慶二年(1568 A. D.)。三十八年以後，張丑始作淸河書畫舫，其書除引文氏鈐山堂書畫記在盧氏原作之下的註語外，又說：

> 或云十志旣逸其二，焉得復全？余得神物，離合自有數，子勿疑也。

再查述古叢鈔本張丑書畫見聞表，亦於『目睹』類下，列有盧氏此圖。張氏所謂『目睹』，根據他在書畫見聞表的說明，都是『確有』的，所以我們可以知道，在嚴氏籍沒廿餘年以後，盧鴻的草堂圖，就又轉到張丑的手裏。草堂十志在明代的流傳，文獻中

的記載，現在能够知道的，業經引錄如上。最後一項資料，則爲故博此卷上的項子京的許多鑑藏印章，茲按故宮書畫錄卷四所記述的，轉錄於此：

1. 神奇	2. 子京父印	3. 項墨林鑒賞章	4. 蘭雪齋
5. 項子京家珍藏	6. 神品	7. 檇李項氏士家寶玩	8. 項氏子京
9. 墨林山人	10. 項元汴印	11. 墨林項季子章	12. 墨林
13. 子孫永寶	14. 項叔子	15. 子京	16. 子京珍秘
17. 逸民	18. 退密	19. 桃花源裏人家	20. 世外幽賞
21. 鴛鴦湖長	22. 項墨林鑑賞法書名畫	23. 田疇耕疇	24. 墨林堂
25. 項元汴審定眞蹟	26. 平生眞賞	27. 寄傲	28. 沮溺之儔
29. 子京所藏	30. 惟心淨土	31. 墨林子	32. 忠孝之家

由此可知此圖必定曾入項手無疑。由楊氏、而袁氏、而孫氏、而嚴氏、而張氏、而項氏，這是草堂十志在明代流傳的一個大概。下面再要繼續的，就是它在淸代的流傳了。今按故博現藏此卷後幅有高士奇的跋及長詩各一，惟其詩旣爲對此畫卷讚美之作，故略不贅。今特錄其詩後題語如下：

余在京師，見盧徵君此卷，字法遒緊，其畫巖壑幽邃，樹木古鬱，非唐人不辦。五代楊少師、宋周益國公，皆有題識。二十年來，耐勞夢想。歸田後，得馮氏舊圖於平湖之北。翠竹蒼柯，清流環匝，亦旣足以娛老矣。甲戌秋，召蒙再入金門，仍於京師得之。乙亥長夏，退食閉門，時一臥遊，尙懷高士一世之蹤，益動故園之念，因爲長句。今年請養南歸，歲暮兀坐簡靜齋，偶展此圖，因書舊作於卷尾。時康熙丁丑嘉平廿六日，江邨藏用老人高士奇題並書。

除此跋外，圖卷中又有高氏印章十三方：

1. 士奇	2. 高澹人	3. 竹窗	4. 簡靜齋
5. 獨旦翁	6. 眞知此中之妙	7. 江邨秘藏	8. 高詹事
9. 高士奇	10. 澹人	11. 出則騎乘出則御前	12. 士奇圖書
13. 日講起居注官	14. 藏用老人		

按高氏於康熙三十二年(1693 A. D.)，刊有江村銷夏錄三卷，亦係專記古賢書畫之作。盧氏此卷旣於康熙三十四年方爲士奇所得，是以此跋但見原畫而不見其書。在

高氏之前，此卷何在，因罕記載，就不能知道得很詳細了。今按方士庶天慵庵筆記卷上曾云：

> 浩然嵩山草堂圖，凡十段，天然古逸，爲宇內之奇珍，客春得一再見。

此書卷首兩條註明爲乾隆二年十月及十一月，迄述盧氏此圖前，未見再言共他年月。則文中所謂『客春』，可能卽清高宗乾隆元年(1736)之春。這樣的推測，自然不一定正確，不過此書卷首所錄閔崋爲他所寫的傳文，方氏歿於乾隆十六年(1751)四月六日，卽以天慵庵筆記寫於其卒年而論，可見在乾隆十六年時，盧氏草堂十志圖，猶流傳於人間。可惜方氏不述他看到這一卷畫的時候，收藏者爲何人。又按盧鴻此畫之後幅，另有乾隆帝之御題一段，末書『丙申夏月上澣』。丙申爲乾隆四十一年(1776 A.D.)，則此卷必在十六年之後入宮。也卽此卷爲高士奇所得之後又八十年，中間又經過若干詳情不明的流傳，最後終入清宮，結束了它在世間千餘年來的輾轉與播遷。宣統出宮之後(民國十三年)，此卷又由清宮大內的收藏，改變成國立故宮博物院的藏品。自唐玄宗開元六年，盧鴻辭官還山，假設其年始作此畫之際算起，到了乾隆四十一年，已有千年之久，到現在更有一千二百又四十八年的歷史了。茲就本節所述各朝流傳經過，簡列一表如下，傳流順序，凡知其確，用直線劃出，關係不能確定的，則以虛線表示：

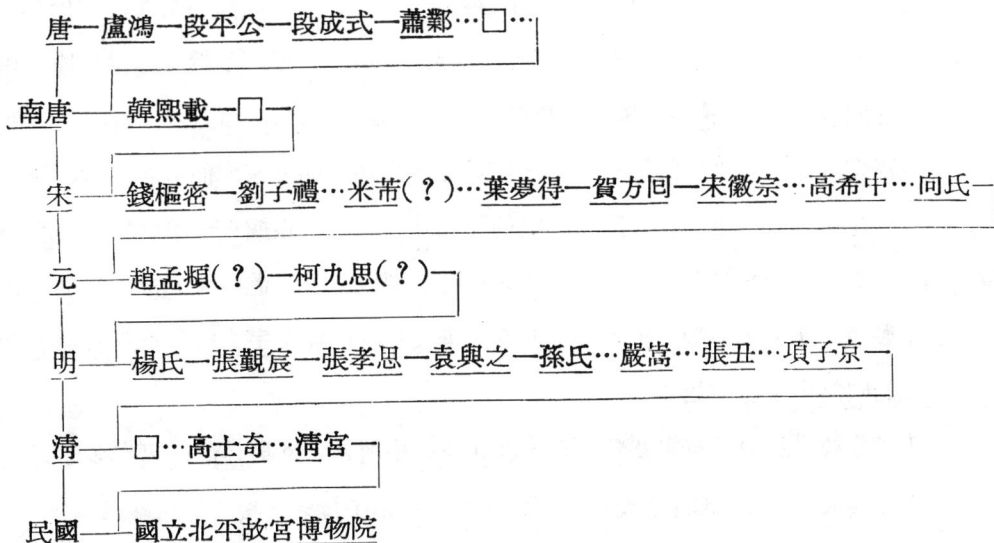

唐—盧鴻—段平公—段成式—蕭鄴…□…

南唐——韓熙載—□—

宋——錢樞密—劉子禮…米芾(？)…葉夢得—賀方囘—宋徽宗…高希中…向氏—

元——趙孟頫(？)—柯九思(？)—

明——楊氏—張觀宸—張孝思—袁與之—孫氏…嚴嵩…張丑…項子京—

清——□…高士奇…清宮—

民國——國立北平故宮博物院

肆、草堂十志圖卷的摹本

1. 李 公 麟 本

　　李公麟，字伯時，號龍眠，舒城人。宋神宗熙寧中登進士第。在宋代繪畫史上，他是很重要的一個代表作家。首先著錄他的草堂圖的，仍是宣和畫譜。據該書卷七所述，徽宗御府所藏其畫，凡一百零七幅。其中有寫盧鴻草堂圖一件。所謂『寫』，應該就是摹寫的意思。這個摹本畫成於何年，雖然還不知道，不過公麟既是北宋末期時人，可以算為盧鴻原作許多摹本中，時代頗早的一本。宋人周密雲煙過眼錄及志雅堂雜鈔二書，均錄米友仁在林氏摹本上的題識如下：

> 先子畫史載，劉子禮以五百緡買錢氏畫五百軸，初未嘗發，緘鎖美惡也。既得
> 之後，其間有盧鴻草堂圖一卷，已是數百年物矣。頃李伯時臨一本，仍自書卷
> 首歌一篇，次則秦少游、朱伯原先生書也。又其次陳碧虛、仲殊師和參寥子輩
> 繼之，餘亦一時之人。紹興己末仲春，余過蘇臺，石瑩中為長洲令尹，得宇文
> 季蒙所藏伯時本，屬林彥祥為模，迺亦手書其首，瑩中令輒俾余書先子所書一
> 篇，餘悉一時名士繼之。欸其雅尚不凡，因又跋于尾。是月二十七日米友仁元
> 暉。

　　按紹興係宋高宗年號，己未則當紹興九年(1139 A. D.)，如據小米『頃李伯時臨一本』之語而觀，李氏臨本恐在紹興八年或九年之間畫成。實則不然。因為根據王氏書畫苑裏的記載，李公麟生於宋仁宗皇祐元年，卒於宋徽宗崇寧五年（1049—1106 A. D.）。高宗則係偏安之後的第一嗣君，李氏是北宋晚期的畫家，他這卷摹本雖然不知道確在何年畫成，但絕不會是南宋以後的作品。我們如果根據小米跋語裏『頃李伯時一本』之句，而認為其摹本成於紹興八九年間，那就真的背道而馳，永遠無法得到合宜的繪製時間了。不過到了紹興九年仲春，李氏摹本已經由宇文季蒙轉入石瑩中之手。雲煙過眼錄中又有下語：

> 王子慶於毘陵得伯時畫草堂十志，即元暉跋中所言者。與林彥祥臨本多不同，
> 人物甚大。前有『奉華』大小印。向曾收入劉娘子位者。後有『閉關頌酒之裔』
> 一印，此雖用劉伯倫事，然於婦人恐不類耳。今錄其書人姓名於後：

響翠亭	龍眠山人李伯時書	洞元室	高郵秦觀書
草　堂	樂圃居士朱長文書	樾　館	吳郡周沔書
期仙磴	襄陽漫士米芾書	滌煩磯	碧虛子陳景元書
雲錦淙	太平閒人仲殊書	金碧潭	參寥子道潛書
倒景臺	靜常居士曹輔書	枕烟庭	縉雲胡份書

據此可知李氏摹本，除經宇文及石氏二家手外，又曾各爲王子慶及劉娘子所得。以後的流傳情形，固無記述，也就成了一段空白。直到明董其昌作宋元名蹟時，才說：

　　盧鴻草堂圖李龍眠臨本，今在京口張脩孫家。

　　董氏所畫的宋元名蹟册，在下面將要提到的董氏摹本一段之中，還要討論，這裏就不再說了。不過由此可以讓我們知道李公麟的摹本，在明代曾入張脩孫家。又五朝小說大觀卷二輯有『終南十志』詩一卷，細讀卽係盧氏『草堂十志圖』卷上之題詩（詳見本文第陸章）。然其卷末註語曾說：

　　盧鴻草堂圖眞蹟，尙在京口張氏，安得一見，一當臥遊。

　　這裡所說的京口張氏，大槪就是董其昌所說的，京口的張脩孫。這兩項記述雖嫌太簡略了，但已是僅有的記載了。自此以後，圖的下落，就沒再爲著錄家所提起。據日人原田謹次郎的記載（註一），此圖現爲阿部孝次郎所有。圖上並鈐有下述諸印章：

1. 如庵祕笈	2. 劉氏延伯	3. 景行維賢	4. 質蕭公孫翰題印長壽
5. 神品	6. 項元汴印	7. 墨林祕珍	8. 子京父印
9. 項叔子	10. 平生眞蹟	11. 項墨林鑑賞章	12. 子京
13. 神游心賞	14. 退密	15. 墨林外史	16. 虛朗齋
17. 墨林嬾叟	18. 墨林父	19. 子孫永寶	20. 天籟閣
21. 項元汴氏審定眞蹟		22. 子京珍藏	

除一、二、四印，固尙未悉爲何人印章外，第三方印則可能是清末滿籍收藏家景樸孫的鑑藏印。自第五以下諸印，則均爲項元汴的收藏印。有幾方且曾在故宮所藏的那一卷，號稱盧鴻眞本的畫上，同樣可見。由此可知此圖在明代至少前後曾爲張、項二家所有。項氏旣曾藏有浩然草堂圖的原蹟，而此李氏臨本亦曾歸其所有，眞是很有

（註一）：見原田謹次郎著日本現在支那名畫目錄，昭和十三年七月，東京大塚巧藝社發行。

趣的事。可惜有關此本的記錄太少，明代以後，曾歸何人，何時流至日本等等問題，也就不可知了。

附帶述及的，是阿部孝次郎所藏的這卷草堂十志圖的眞僞問題。

據原田謹次郎的意見，此圖爲李公麟的摹本，然阿部孝次郎在將其所收中國古畫編書影印行世時（註一），則列此圖爲無欵宋人。細審此圖用筆，雖然樹枝多用蟹爪法，近似北宋郭熙一派，然與故博所藏郭熙關山春雪圖、早春圖、寒林圖等眞蹟相較，便覺此圖纖弱無力，缺乏氣魄，恐是南宋以後的作品。使我們最感興趣的是，阿部孝次郎所藏的這一卷，不但畫法構圖，都與故宮所藏一卷完全不同，而且每景除了『草堂』、『枕館』之類的圖名之外，沒有一幅是寫着爲了說明每景由來之題詠與贊詩的。

事實上，李公麟的摹本，是盧鴻原畫繪成之後的第一個摹本，他絕不會改變原作的構圖與畫法的。而阿部所藏一卷，固然在構圖上，仍有不少地方，頗與原圖相似，不過這樣的相似，顯然可以看出，是摹者在改變構圖時，故意留下來的。要是眞的出自李公麟，他一定不會這樣做。畫法上，不少樹枝都用北宋的郭熙所獨創的『蟹爪法』，然而這也不足證明此卷之繪成時候果爲北宋。因爲就整個卷子來說，筆觸柔弱細微，不夠開朗，缺乏故宮所藏范寬谿山行旅圖等，那種北宋巨幛大幅的雄偉氣魄。

何況雲烟過眼錄裏早已告訴我們，李氏摹本之中的十志詩，每景都由不同的名士擔任。如果眞是李公麟的摹本，『滌煩磯』的題者應爲陳景元，『倒景臺』的題者應爲曹輔，而阿部所藏一卷，每景之前，只有景名，並無題詩。那就更可證明這個摹本，不是李公麟的手蹟了。原田謹次郎的說法，我們還有考慮的必要。

2. 林 彥 祥 本

林彥祥的摹本，係自李公麟的摹本再摹而成，因此可說是盧氏原作的間接摹本。李的摹本既在紹興九年以前，林的摹本則適在紹興九年之春；這是就小米的跋文而可知的。林本之筆意如何，諸家雖皆未言，但其最大遺憾則爲缺少十景中的『草堂』、『枕館』二景，按周密雲眼過眼錄卷下云：

　　盧鴻草堂十志圖，林彥祥臨伯時本。遺『草堂』、『枕館』，所存八景。

又周氏志雅堂雜鈔所述亦同，惟易『圖』字爲『詩』字，末加『必盧徵君所賦也』一

（註一）：見阿部孝次郎爽籟館欣賞第二輯，昭和十四年十一月，京都。現聞已歸日本大阪市立博物館。

語而已。這個殘本，也卽林氏的摹本，是宋代的第二種摹本。在李公麟的摹本中，十景詩是由秦觀等十人各題一詩而完成的，林氏摹本也請『一時名士繼之』，茲就周氏雲，志二書所記，列其題者姓氏如次：

曇翠庭	如如野叟林師心書	洞元室	江湖散人陳是書
期仙磴	家居道士米友仁書	滌煩磯	湧泉治祭酒道士翟耆年書
雲錦淙	吟雲庵慈賢書	金碧潭	無所住淨曇書
倒景臺	經堂孫焱書	枕烟庭	隱岳道士石昭問書

米友仁在林氏摹本上的題語，在介紹李氏摹本時，已經引述過了。其中有『瑩中令轍俾余書先子所書一篇』之句，所謂先子，當然是指其父米芾，在李公麟的摹本中，米芾所書的是期仙磴一景，所以在林氏的摹本中，米友仁所書的仍是此景。還有一點，應講附述於此的是，林彥祥按照李本畫成新圖之後，『殀亦手書其首』，就是自己親題草堂一景。因爲李氏摹本是以草堂爲首，而且自己親題的。草堂與樾館二景雖已遺失，但是我們仍可知道林本的一切格式都與李本無異，惜今不知樾館題於何人而已。雲烟過眼錄內又有下引一跋：

> 盧鴻草堂十志，今所存者八，而遺其『草堂』、『樾館』二紙。據小米所云，林彥祥臨伯時畫而自書其首，則夫二紙者，亡之久矣。書手意趣，有神游八極氣，歌語亦清峭凌厲，如酌沆瀣而挹浮邱者，若使親接盧處士，風度應不減識元魯山也。余友毛復公，小築林塘，自拔流俗，娛親養志，丙峯先生日徜徉於其間，天下至樂，無以逾此。而篋笥所珍亦奇古，試矚斯卷，特似錚錚者耳。往輩標矩，藐不可見，概想刻舟之痕，以求干將、青萍之劍，將無爲癡鬼笑乎？紹定辛卯，復父官布裕且一歲矣。丙峯先生讀書之眼，登山之脚，尚如少時，八十六翁見其子曖曖有位於朝，但恐林慚澗愧，草堂勒移，預爲君慮。正月十六日，汝陽被褐公徐逸。

紹定是宋理宗年號，辛卯爲紹定四年(1231 A. D.)。徐逸作跋時正是在林彥祥於紹興九年，摹成此本以後的九十二年。不過徐逸只是題識者，不是收藏者，收藏林氏摹本的，是他文中所說的毛復公。可惜此後流傳如何，又無下聞。元夏文彥圖繪寶鑑卷四（據津逮秘書叢書本）對於林彥祥雖有簡單的介紹：

林彦祥，紹興間人。嘗臨盧鴻草堂圖，小米跋其後。

但未說至其著書時，究爲何人所有。所以我們只能知道林氏摹本，曾傳至元，以後就沒有再見有別的記載了。

3. 燕 文 貴 本

清祚既移，民國成立，然在民國十年以前，廢帝溥儀仍然住在北平故宮之中。並用各種變相手段，將宮中所藏歷代古物，大批盜賣，典當贖金。根據賞溥傑書畫目（註一）；在『十一月十三日賞溥傑』條下，我們發現曾有如下之記錄：

　　燕文貴倣盧鴻草堂圖　一卷　　四十一號

由此可知燕氏亦曾摹有盧鴻草堂圖卷。這個卷子，我們可稱爲宋人摹本中最早的摹本。因據宋人劉道醇的聖朝名畫評二卷所記（據王氏畫苑叢書本）：

　　燕文貴，吳興人，隸軍中，善畫山水及人物。初師河東郝惠。太宗朝，駕舟來京師，多畫山水人物。

故燕氏實北宋初年的畫家。那麽他的草堂圖應該是根據盧鴻眞跡摹成的。其圖自民國十四年被盜出宮之後的流傳情形，固然無人能詳，但據藝壇最近的消息，此卷目前仍在神州大陸（註二）。惜不知其近況如何而已。

4. 其他宋人摹本

除了以上所述的四個作者可知的宋人摹本之外，還有幾個作者不明的摹本，彷彿也都畫於宋代。前引葉氏石林避暑錄卷一：

　　盧鴻草堂圖，舊藏中貴人劉有方家。余往有慶曆中摹本，亦名手精妙。

慶曆是宋仁宗年號，即自一〇四一年至一〇四八年。惜葉氏未註明究係何人所畫，畫於慶曆何年。這是作者不明的，草堂圖宋人摹本裏的第一種。

再按學海類編本之湯垕古今畫鑑唐畫條下亦云：

　　盧鴻一畫，傳世不多。余見數人摹其草堂圖，筆意位置，清氣襲人，眞蹟可知其妙也。

湯垕爲元人，其畫既未註明是元人所摹，想來必爲宋人摹本了。惟其書既謂見數

（註一）：見故宮已佚書籍書畫目錄四種，二十三年八月，國立北平故宮博物院在北平出版。

（註二）：見陳仁濤故宮已佚書畫目校註，四十五年孟夏，統營公司在香港出版。

人摹本，可能葉夢得所說的慶曆摹本亦在其中，惜無更多史料，以確此說。假定湯垕所見到的，共有三本，則連葉氏所說的慶曆本在內，一共應有四個無名的摹本了。再查故博排印本明人詹景鳳東圖玄覽卷一又云：

> 盧鴻草堂圖一卷，絹畫，似北宋人，却又非李伯時。

故博現藏此卷，既爲紙本，可見詹氏所指必非此卷。另一方面，詹氏所見一卷，既述未有缺景，一定是十圖俱全的。那麼這一卷一定也不會是林彥祥所摹的，僅存八景的那個本子。燕文貴既爲北宋畫家，而詹氏所見又似北宋人的手蹟，也許詹氏所見，卽係燕氏摹本。不過沒有詳盡的材料供作更精密的考訂而已。除了燕本以外，東圖玄覽編裏所說的，也可能是那四個無名的摹本之一。詹景鳳的記載固然太少，而我們已得的材料也太簡單，這樣我們便無法瞭解這些無名摹本究竟是什麼人的作品了。

5. 謝 時 臣 本

以上四節皆係有關草堂十志圖的，宋人摹本記載的討論。現在要說到明人的摹本了。明人摹本中，最早的一本，大概是謝時臣的本子。其畫石渠寶笈續編五函二冊乾清宮著錄。畫爲冊頁形式，共十幅，絹本，前書後畫，縱七寸五分，橫一寸五分。首有篆書『唐盧浩然隱居十志詞並畫』等十一字。末幅欵署『嘉靖甲申歲，吳門謝時臣臨』。嘉靖爲世宗年號，甲申則當嘉靖五年(1526 A. D.)。這個時代和作者都已可知的謝氏冊頁，我們算爲明摹的第一本。謝氏還有一段題語，很重要，應該照錄的：

> 盧浩然隱居十志圖珍世久矣。予敬摹其眞本，請敎於毛都憲礪石公，蓋儗公於盧也。夫唐宗以諫議徵盧，不屈，作是圖以鳴志，且題詞焉。今公不居寵，歸隱吳門，礪石草堂，樹石池館諸勝，不下於嵩，而奪庸之功勇退節，豈因隱者可逭哉？矧公文華翰染，並高於盧，予因興起將繪礪石草堂之高趣，以配嵩，安知明識者不珍今而珍古耶？予辱公門下契久，敢贅於此，時嘉靖甲戌臘月，晚生謝時臣。

又按石渠寶笈編者按語云：

> 謹按是圖乃時臣寫贈毛伯溫者。稱爲都憲，且云『不居寵利，歸隱吳門』，蓋當伯溫自右僉都御史，巡撫寧夏，以李福達獄，褫奪職歸起，發撫山西，而移順天皆不赴時也。

使我們知道謝摹冊本，是在嘉靖五年臘月，畫贈因李福達獄（註一）而被奪官的毛伯溫的。除了謝時臣的題記而外，圖冊中又有文嘉等人五跋，茲亦引錄於此：

雁門文伯仁在停雲館中觀謝時臣思忠所臨嵩山十志圖，既賞其墨妙，又復錄辭二紙，時歲在丙戌嘉靖五年秋八月哉生明越翌日。

米元章畫譜載長安富民以五千售五百軸，俱不開視，其中草堂圖一軸已值百千，然煙雲過眼錄又載李伯時所臨宋諸名公及米氏父子所書者，又止八景，而闕其『草堂』、『樾館』二篇，則知元章所見，已非全物。後有楊凝式、周必大題語，行筆布意，雖非浩然眞跡，然亦五代以前所畫也。余友袁與之以數十金得之，今思忠亦摹此，而請吳中善書者以寫諸作，固不及伯時所爲，而視元章所見，又加其二，則觀者必有所取矣。丙戌臘月堂後一日，文嘉書。

同書又錄陸治跋云：

草堂圖；予嘗觀於吳門袁氏，忽忽若有所得，至授筆臨楮則茫然矣。今見思忠所臨十紙，其筆墨蒼老，深得古人遺意，始知謝公之能過我也。丙戌冬日包山道人陸治識。

又錄王澮跋云：

右謝思忠臨盧浩然紙畫十紙，畫家以爲得其當時筆意。不知幾十年後，何人臨思忠筆也。丙戌冬末望日，呵凍書墨池，王澮。

由此可見謝時臣此本，係就袁與之所藏之盧鴻原本而摹成，摹後未加識題，嘉靖五年（1526A.D.）八月，文伯仁首題，其後陸治，文嘉，王澮相繼作題，至臘月末，謝氏方親作題。此後是否果卽贈給謝氏題語中所說的毛伯溫，現不可知。據石渠寶笈裏的記載，圖上鈐有『无咎』及僅存一半的『甘』字二印，未知是否卽係伯溫之印也。此圖以後的流傳經過如何不得而知，乾隆時代，入藏清宮，故圖上有乾隆帝之鑒藏字璽八方。

再查賞溥傑書畫目，於『十一月十四日賞溥傑』條下又記有：

謝時臣倣盧鴻十志圖　　一卷　　六十九號

之記載，可見謝氏所摹的盧鴻草堂圖，共有兩種，一種是冊頁本，一種是手卷

（註一）：按李獄事見明史卷一九八列傳八十六毛伯溫傳。

本。可惜這兩種摹本，我們現在都無法可以見到。

6. 董其昌摹本

除了謝、張二家摹本之外，明代的第三個摹本，是董其昌畫在宋元名蹟冊裏的一開，詳見清安儀周的墨緣彙觀錄卷三。後爲已故之收藏家龐萊臣所藏。據朱省齋的讀畫記所述（註一），此冊共十開，現在香港。第一開做李公麟，第二開做燕文貴，第三開做王蒙，第四開做倪瓚，第五開做李成，第六開畫楊用修雨中遣懷曲意，第七畫香山詩意，第八畫杜陵詩意，第九做趙大年，第十做趙孟頫，第一開內又有題語如下：

> 盧鴻草堂圖李龍眠臨本，今在京口張修孫家。余數得寓目，因做雲錦淙一幅於此，玄宰。

宋人和明人的摹本，完全都是卷的形式，董其昌在冊頁中單臨十景中之一段，這是很特別的。此開固不著年月，然第八開署辛酉，合爲明熹宗天啓元年（1621 A.D），第五、第七、第九、第十各開均署甲子，合當天啓四年，第四開欵署癸亥，合當天啓三年。以此推之，第二開大概也是天啓元年至四年（1621～1624）的作品。至於張修孫所藏的草堂圖，便是鴻一的眞本，詳情已見李公麟摹本一節。

7. 張洽摹本

在故宮已佚書畫目的賞溥傑書畫目中，於『十月二十七日賞溥傑』條下又記着：

> 張洽臨盧鴻草堂圖　　　一卷　　　靜字六百二十六號

今按清文宗咸豐三年刊印之蔣寶齡墨林今話卷四曾有關於張洽之簡介一則如下：

> 張月川洽，號青翁古漁。與竹初同里。山水得其家篁村先生法，中歲曾游藩邸，名噪京師。好作層巒疊嶂，枯筆焦墨，得蒼渾沉鬱之致。……有自寫嵩山圖，爲平生最得意筆，懸之壁間。

所謂篁村，卽其父宗蒼。宗蒼旣爲清高宗乾隆時的畫院畫家，而張洽之生年當在其後。惟據秦祖永桐陰論畫卷下所述，張洽的畫，『筆法秀逸，脫盡塵俗蹊徑』。蔣氏所謂嵩山圖，恐卽本文所說的草堂十志圖。此圖旣爲其得意筆，所以要被盜出宮了。

8. 王原祁本

草堂十志圖的另外一種摹本，出自清人王原祁。今按通行本清人張庚清朝畫徵錄卷

（註一）：見朱氏省齋讀畫記第二二頁，無出版年月。香港大公書局出版。龐氏所藏，多見其虛齋名畫記一書，惜今未獲得見其書，不能詳悉此冊龐氏究有何種記述耳。

下於王氏生平有一簡介，茲錄如下：

　　王原祁，字茂京，號麓臺，太倉人。奉常公孫。康熙庚戌進士。由知縣擢給
　　諫，改翰林，補春坊。天子嘉其畫，供奉清廷，鑒定古今名書畫，晉少司農，
　　充書畫譜總裁，萬歲盛典總裁官，卒年七十。

　康熙是清聖祖年號，庚戌爲康熙九年(1670 A. D.)。按王氏原祁本爲清初畫家，亦
卽繪畫史上習稱的四王之一。其摹本繪於何時，石渠寶笈未見言及，推之，應在十七
世紀末葉。原藏清宮寧壽宮。茲錄石渠寶笈續編第十八函第一冊所述如下引：

　　宣紙本，十幅。縱九寸一分。橫稱之。借盧鴻一草堂十志圖之名，而潑墨設色
　　錯出。運以諸家筆意。

　　第一欵：『草堂爲盧高士安神養性之地，寫右丞山莊圖擬之。王原祁。』
　　第二欵：『寫樾館，用黃鶴山樵丹臺春曉圖筆。麓臺。』
　　第三欵：『羃翠庭，山深處也，靜似太古，倣北苑設色，方表其意，王原
　　　　　　祁。』
　　第四欵：『人家在仙掌，雲氣欲生衣。倒景臺，倣大癡。麓臺。』
　　第五欵：『山峯枕煙，用筆位置，惟氣與神，此妙米家及之。茂京。』
　　第六欵：『地間心遠，山高水長，倣荊關遺意寫洞元室，茂京。』
　　第七欵：『筆墨奔放，水石容與，此江貫道得力處，以寫滌煩磯，庶幾近之。
　　　　　　石師道人。』
　　第八欵：『淙名雲錦，可借桃花春水之意，兼倣趙大年、松雪筆。麓臺。』
　　第九欵：『用梅道人關山秋霽圖法，寫期仙磴。王原祁。』
　　第十欵：『松翠楓丹，光涵金碧，斯潭爲十幅勝地，兼用趙承旨、千里筆。
　　　　　　王原祁。』

　　每幅分鈐印：王茂京、王原祁印、麓臺、陟偁、興與煙霄會、西廬老人諸印。

　此冊雖然題名仍爲草堂十志圖，但各景多用盧鴻以後的各家筆法畫成，而且『潑墨
設色錯出』，已大失浩然原作的本來面目了。同時在表畫出面之際所採取的形式，也
是冊而非卷。謝時臣的摹本雖在形式上改爲冊頁，但是畫法仍宗浩然而使用水墨。然
王原祁除在形式上與謝時臣一致外，更把水墨也改成設色，連最根本的畫法都取消
了。可見時間愈晚，變化愈多，清代的摹本，已使盧氏原本的精神內容俱失，王原祁

的草堂十志圖，不過徒存原畫之名而已。

9. 惲 正 叔 本

清代的摹本，除了王原祁的册本以外，在現知的紀錄之中，還有惲正叔的摹本一種。今據昭代叢書本張庚圖畫精意識一書，於『嵩山草堂圖』條下曾云：

盧鴻乙草嵩山草堂圖，見惲正叔摹本，乾筆瘦墨而膏潤無窮，已肇元人法矣。

申按惲生之南田先生家傳曾有下語：

翁名格，字正叔，一名壽平，別號南田，而南田筆墨之名特著。…工山水，咫幅千里，煙雲萬態，多倣黃鶴山樵。旣與虞山王石谷交，石谷筆意極相似，翁顧而嬉曰：『兩賢不相下，公將以此擅天下名，爲何爲事此？』乃作花卉寫生；含苞怒放，殘英半墮，重跗叠瓣，渲染皴裂，多出意匠。

南田山水之作，雖然退讓石谷一步，然其遺作，亦復不少。而其甌香館集卷十一（據別下齋叢書本），亦曾記有下引數語：

曾從吳門觀盧鴻草堂圖十二幀，其作樹渲染，正與此本相類，樸古之韻，逼眞唐人，五代以下，無此風骨。

此條不著年月，然同書此條之前兩條，却記着庚戌夏六月，與王翬同遊的事。惲格旣卒於清聖祖康熙二十九年庚午 (1690 A. D.)，則此庚戌應爲康熙九年 (1670 A. D.)，而他看到這本十二幀的草堂圖的摹本，大概也在康熙九年，或者略後。可惜他沒告訴我們這本十二幀的摹本，出自何人。至於張庚所記的惲南田的摹本，是否卽係此一十二幀本的再摹本，抑係按照前述諸家摹本再摹而成，因爲惲氏甌香館集旣未言及，而張庚之書亦無詳確之記載，所以惲氏此圖究於何時繪成，所畫是採用原圖的卷本形式，還是和董、王一樣的册本形式，現在旣沒有足夠的史料可以解釋，而十二幀摹本的摹者與由來，也向未見於著錄，這疑些問只好留待日後再來解決了。

10. 金 拱 北 摹 本

美人福開森所編中國繪畫一書(註一)，於唐代山水畫家之中，曾經述及盧鴻之名及其草堂十志圖。除於頁七十四並附有倒景臺，滌煩磯二景影本外，（申按此畫卽爽籟館欣賞第二輯所錄之宋人摹本，見本文圖版陸：1），並於七十五頁又云：『此十景常被臨摹，其最晚之摹本，則出自中國現代最著名之藝術家金拱北』。申按金氏拱北，

(註一)：見 John. C. Ferguson, "Chinese Painting", Chap. V, P. 75, PL. 15, The University of Chicago press. Chicago, 1927.

民國十五年歿於滬上，雖物故已久，然其族姪金勤伯教授今尚任教於臺灣省立師範大學藝術系。申草本文時，曾以此事過訪就教，惟據金氏見告：其先伯繪成此圖後極為珍重，寶不示人。故亦不知其畫本何據。三十年來，不聞久矣。故在上述數種不同之摹本中，金氏之畫，係以何者為準，而再重摹，誠不能知。特先誌此，以俟精鑒。

伍、草堂十志圖卷的順序

草堂十志圖的順序，也和圖上的十志詩一樣，在著錄這卷畫的十個本子裏，大多數是各不相同的。比較困難的是，十志詩的文句，各本雖亦互有出入，然而至少不失浩然原詩的風格與形式。而圖的順序則無論如何排列，十景終是十景。所以，因為盧氏原畫的失傳，就很難讓我們確悉在鴻一原卷之中，究以何景在先，何景在後了。

在比較十志詩時所提到的十個本子，這一節仍然都要用到。不過附帶要先聲明兩點；第一，王原祁的摹本畫冊，雖經石渠寶笈著錄，但是圖冊中並未題以十志詩，所以在校勘詩文那一節裏，可不提王本，本節則不可略。惟以謝時臣本，亦經石渠寶笈著錄，所以本節除將謝、王二本分開而外，並於書名之下，各冠其姓，以示區別。第二，志雅堂雜鈔在徐逸的跋文之前，又有李泰的題識與詩（註一），但因不註年月，故在圖的流傳一章之中，未加抄錄。其題語中十景之前後，又與他本所述不同，所以現亦按照二本石渠寶笈的方法，分別抄錄。

此外，在五朝小說大觀的卷二，輯有唐盧鴻的終南十志詩一卷。細核其詩雖與故博所藏盧氏原卷每景之前的題詩不一，而十景之先後順序亦稍有差異。然此二者當即是一，不過前者誤以終南為嵩山而已。這個錯誤固然不小，但仍不失其文獻上的價

（註一）：按雲眼過眼錄卷下首作『李參元居子曰，十志者』。志雅堂雜鈔則首作『元居十志者』。其文字亦互有異同。茲錄如下：

元居十志者草堂，以脩身蓄德之府也。樾館、以延賓閱禮之用也。元室，以談道衆妙之宗也。翠庭，以棲閒谷神之致也。期仙，以虛湛倣睨之適也。滌煩，以濯性潔已之謂也。錦澿，以沃志日新其德也。碧潭，以端形鏡清其色也。倒景，熙熙春臺以之樂也。枕烟，渺渺仙山之輿也。十者，蓋天地之成數，志者，即記述之總名，元居子道心惟微，幽賞亦異，可謂隱之奇絕，今昔所未聞，故脩書貼諸好事君子也。

甘泉建章空草莽，甲第紛紛誰復數，嵩岳微君一草堂，却有畫圖傳萬古，巑岏奧勝帶炯霞，曠望幽艇何處取，微茫短幅幾臨摹，便覺市朝如糞土。輞川別業王維畫，君陽山記希聲彼，胡將冰雪汙塵囂，規模雖勝非吾促。

值。因爲此書固係晚出，原來一定也有所本。所以這個版本裡所記載的十志詩，這一節和下一節都要有所徵取。此一立意，或不致爲時賢所笑罷。

至於這十圖排列的先後順序，也和下章所核校的詩文一樣，係以畫卷所述爲準。按照本文第二章考證的結果，故博所藏此卷固非唐代盧鴻眞蹟，但卽以北宋時代李公麟的摹本而論，仍是時代最早，最與原畫相近的，一個相當的標準。茲據上述十本，按其時代先後，再將各家所記的草堂十景之順序，排成一表如下：

書名 \ 各本順序/畫卷順序	(一)草堂	(二)倒景臺	(三)樾館	(四)枕煙庭	(五)雲錦淙	(六)期仙磴	(七)滌煩磯	(八)冪翠庭	(九)洞元室	(十)金碧潭
1. 雲煙過眼錄	無	冪翠庭	無	洞元室	期仙磴	滌煩磯	雲錦淙	金碧潭	倒景臺	枕烟庭
2. 志雅堂雜鈔(周)	無	冪翠庭	無	洞元室	期仙磴	滌煩磯	雲錦淙	金碧潭	倒景臺	枕烟庭
3. 志雅堂雜鈔(李)	草堂	樾館	洞元室	冪翠庭	期仙磴	滌煩磯	雲錦淙	金碧潭	倒景臺	枕烟庭
4. 石林避暑錄	草堂	挑煙館	冪翠庭							
5. 全唐詩	草堂	倒景臺	樾館	枕煙廷	雲錦淙	期仙磴	滌煩磯	冪翠庭	洞元室	金碧潭
6. 大觀錄	無	冪翠庭	無	洞元室	期仙磴	滌煩磯	雲錦淙	金碧潭	倒景臺	桃煙庭
7. 石渠寶笈(謝)	草堂	冪翠庭	雲錦淙	期仙磴	倒景臺	洞元室	樾館	枕烟庭	滌煩磯	金碧潭
8. 石渠寶笈(王)	草堂	樾館	冪翠庭	倒景臺	枕煙庭	洞元室	滌煩磯	雲錦淙	期仙磴	金碧潭
9. 河南通志	草堂	倒景臺	樾館	枕煙廷	雲錦淙	期仙磴	滌煩磯	冪翠庭	洞元室	金碧潭
10. 鐵網珊瑚	無	冪翠庭	無	洞支室	期仙磴	滌煩磯	錦雲淙	金碧潭	倒景臺	桃烟庭
11. 眼福編	草堂	倒景臺	樾館	沈煙庭	雲錦淙	期仙磴	滌煩磯	冪翠庭	洞元室	金碧潭
12. 五朝小說大觀	草堂	樾館	冪翠庭	洞元室	倒景臺	桃烟廷	期仙磴	滌煩磯	雲錦淙	金碧潭
13. 爽籟館欣賞	草堂	樾館	冪翠庭	期應磴	洞元室	滌煩磯	倒景臺	枕煙廷	雲錦淙	金碧潭

在這裏，我們可以得到一個初步的結論，就是原圖的第一景，大概是草堂，在這十三種不同的記錄之中，除了有三種係無此景以外，其他各本概以草堂爲首景。其餘九景，只有雲煙過眼錄和志雅堂雜鈔的順序相同，推其原因，也不過是因爲這兩部書的作者同爲周密一人而已。此外，據家大人慕陵先生賜告，清宮原藏有明文徵明所書的草堂十志詩一冊，石渠寶笈三編第四函第二冊乾清宮著錄。原項子京家所藏。可惜此冊亦於溥儀出宮前流出民間，現在不知下落何在。如能得到文氏此冊，對於圖的順序和詩文的內容，必又可多一項可資比較的新資料了。

陸、草堂十志圖卷的題詩

我們既已知道草堂十志圖和在每景之前的題詩，並非盧鴻眞蹟，但是詩文的內容是否有所變動，也就很難確定。現就謏聞而言，錄有這十首詩的書籍，雖可找到下面十種不同的本子：

1. 志雅堂雜鈔（宋周密著，據得月簃叢書本，刊於清宣宗道光
　　十年，1830）　　　　　　　　　　　　　　　　　　下簡稱志本

2. 雲煙過眼錄（宋周密著，據十萬卷樓叢書本，刊於清德宗
　　光緒五年光緒十三年，1887）　　　　　　　　　　　下簡稱雲本

3. 石林避暑錄（宋葉夢得著，著於宋高宗紹興五年，1135）　下簡稱石本

4. 全唐詩（清曹寅校閱刊刻本刊於清聖祖康熙四十六年，1707）下簡稱全本

5. 大觀錄（清吳升著，刊於清世宗雍正四年，1726）　　　　下簡稱大本

6. 石渠寶笈（清張照等合編，刊於清高宗乾隆九年，1744）　下簡稱笈本

7. 河南通志（清徐績等合編，刊於清高宗乾隆四十四年，1777）下簡稱河本

8. 鐵網珊瑚（清趙琦善著，刊於清高宗乾隆四十六年，1779）　下簡稱鐵本

9. 眼福編（清楊恩壽著，刊於清德宗光緒十一年，1885）　　下簡稱眼本

10. 五朝小說大觀（編者不詳，據掃葉山房叢書本，刊於民國
　　十五年，1926）　　　　　　　　　　　　　　　　　下簡稱五本

不過故博所藏盧氏圖卷之詩與畫，既皆五代以後的摹本，因此，儘管上述九本之文句互見異同，但是究應以何者為是，我們便很難找到一個可依據的可靠標準。這是很不幸的。現為便於校勘起見，仍以故博所藏圖卷上的題詩為主，再以其他各本，與之對校；相同的，不另註出，不同之處，則於次行一一註明。間附鄙見，評其孰是。

一、草　　堂

草堂者，蓋因自然之磎阜。

　　申按雲煙過眼錄、志雅堂雜鈔、大觀錄、鐵網珊瑚四本均無此詩。磎，全
　　本、河本皆作『谿』。五本作『溪』。

當塘汕，資人力之締構，復加茅茨，將以避燥溼，成棟宇之用。

　　燥，笈本作『暑』。五本無『以』字。『構』、『復』、二字各作『架』、『後』。

昭簡易，叶乾坤之德道，可容膝休閑，谷神同道，此其所貴也。

　　笈本無『同道』二字。五本無『之德道』三字。又『同』作『全』。

及靡者居之，則妄為靡飾，矢天理矣。

　　靡、矢、全本、河本、笈本悉作『剪』、『失』。

詞曰：

　　詞，大本、鐵本、五本作『歌』。以下九詩同此。

山爲宅兮草爲堂，芝蘭兮藥房，羅襪燕兮拍薜荔，荃壁兮蘭砌。

　　一、三兩句，五本均無兮字。又『芝』作『荃』，非是。第三句『羅』、『拍』二字，笈本作『夢』、『披』。末句笈本作『荃薜荔兮芝蘭砌』。

襪燕薜荔兮成草堂，陰陰邃邃兮馥馥香，中有人兮信宜長，讀金書兮飲玉漿。

　　五本四兮字俱無，且缺第二句。當是傳鈔遺落。末句金字，笈本作『經』字。

童顏幽操兮長不易。

　　五本無兮字。末三字笈本獨作『厐眉長』。

二、倒　景　臺

倒景臺者，蓋太室南麓，

　　太室，大本作『太靈』、笈本作『大顚』、鐵本作『太虛』。

天門右崖，傑峯如臺，氣凌倒景，

　　右崖，志本、大本、五本作『右厓』、鐵本作『岩崖』。峯，笈本作『封』。

登路有三處可憇，或曰三休臺，

　　有三處，鐵本作『有室處』。五本前四字同，下作『皆可少憇』。休，鐵本作『伏』。

可以邀馭風之客，

　　邀，志本、大本、鐵本、五本悉作『會』。馭，笈本作『御』。按下句復有會字，則此句或仍以『邀』字爲是。『馭風』，雲本作『御鳳』。

會絶塵之子，

　　會，志本、大本作『叛』、鐵本作『歸』。五本作邀。此字或可與上句『邀』字互易。絶，鐵本作『歸』。按連用二歸字，音義皆覺不穩。係誤。

超逸眞，盪遐襟，此其所絶也。

　　眞，志本、大本、鐵本、雲本皆作『興』。盪，志本、大本皆作『湯』，鐵本於眞字前多一『退』字。五本則獨作『超越眞神蕩滌塵襟』。並於絶字下多一『勝』字。

及世人登焉，則魂散神越，目極心傷矣。詞曰：

　　焉，鐵本作『之』。次句笈本作『目搖心蕩矣。』

天門谿兮仙臺聳，

　　志本、大本、鐵本悉無兮字。又仙，悉作『靈』。五本則但無兮字。

傑屹崒兮雺頹湧，

　　傑，大本無之。崒，鐵本作『峰』。雺，大本、河本、鐵本、五本悉作
『雲』。頹，大本、鐵本皆作『傾』。湧，鐵本作『澎』。笈本末三字作『浩
氣湧』。

窮三休兮曠一觀，

　　休，鐵本作『伏』。五本作『沐』，恐非。又無其後兮字。觀，大本、河
本皆作『睹』。

忽若登崑崙兮中期汗漫，

　　中字，志本、雲本、大本、鐵本均無之。五本作『終』。崑崙，志本作
『昆侖』。

仙聳天開兮倒景臺，

　　仙，鐵本作『山』。天開，雲本、大本、河本、鐵本皆作『天關』、志本
作『天閣』，五本作『雲間』，末二本又無兮字。

鯊頿氣兮軼囂埃，

　　鯊，志本、雲本、大本、河本均作『凌』，五本作『舒』，諸本悉無兮字。
鐵本作『淩』。頿，鐵本作『灝』。原句鯊字無解，故或以凌字爲是。

皎皎之子兮自獨立，

　　自，大本、鐵本皆作『曰』。或仍以自字爲是。

雲可朋兮赧可吸，

　　朋，鐵本作『服』。赧，志本、河本、鐵本均作『霞』。吸，笈本作『摘』。
無解。五本無兮字。

曾何榮辱之所及。

　　所，志本、大本、笈本、鐵本、五本均作『可』。

三、樌館

樌館者，蓋卽林取材，其巓柘，架茅茨，居不期逸，爲不至勞。清淡娛賓，斯
爲尙矣。及盪者鄙其隘聞，苟事宏湎，乖其賓矣。詞曰：

　　雲本、志本、大本、鐵本無樌館詩。三、四兩句，五本作『基巓柘架，以
加茅茨』。宏、笈本作『沉』、賓，五本、笈本並作『實』。非是。

紫巖隈兮青磎側，雲松煙蔦兮千古色，芳靂蘼兮陰蒙籠，

> 巖、蔭，五本作『嵒』、『隂』，又一、三兩句皆無兮字。靂，笈本作『䨓』。
>
> 籠，全本、河本並作『龍』（下同）。

幽人構館兮在其中，靂蘼蒙籠兮開樾館，臥風霄兮坐蘙旦，

> 構，五本作『架』次句靂、籠異同如上述。末句蘙字，全本作『䅆』、河
>
> 本作『䅆』、五本作『霞』。又第二句在第三句後，開作依，並無兮字。

粵有賓兮時戾止，樵蘇不爨兮清談已，永歲終朝兮常如此。

> 二三兩句五本均無兮字，『清談』下且多『而』字。

四、枕　煙　廷

枕煙廷者，

> 大本、笈本、鐵本、五本悉作『桃烟庭』。雲本、志本僅首字與原題同，
>
> 餘二字與大本同。

蓋特峰秀起，意若枕煙，秘廷凝虛，

> 虛，大本、鐵本並作『靈』。枕、煙、廷、三字，異同悉如上述，下同。
>
> 五本無末二字。則句不可讀矣。豈傳寫脫落耶！

窅若仙會，

> 窅，大本作『窈』、志本、鐵本作『窃』。

卽楊雄所謂愛靜神遊之廷是也。

> 楊，志本、笈本作『揚』，是也。按揚雄，字子雲，蜀郡成都人。漢書卷
>
> 八十七列傳五十七有傳。著有法言十三卷，又文選有其甘泉（見卷七）、
>
> 羽獵（卷八）、長楊（卷九）等三賦。（據四部叢刊六臣註本）。此作楊，
>
> 實誤。
>
> 神遊，全本、鐵本作『游神』。志本、河本作『神游』。雲本作『遊神』。
>
> 愛靜二字下，大本多『愛淨』二字。雲本則但作『愛淨』，而無『愛靜』。
>
> 二字上，五本多『愛清』二字。

可以超絕紛世，

> 超，鐵本無之。紛世，志本、五本作『世紛』。雲本作『超凡絕世』。

永絕潔精神矣。

> 雲本無絕、矣二字。大本、鐵本無潔、矣二字。笈本無潔字。志本、五本

　　　　無絕字。

　　及機士登焉，則寥聞懺恍，

　　　　懺恍，大本作『惝慌』、鐵本作『懺恕』、雲本作『懺慌』、志本、五本作
　　　　『懺悅』。

　　愁懷情累矣。詞曰：

　　　　首句前四字大本作『愍懷情累』、鐵本作『恕懷濟心』。五本作『裴懷情
　　　　累』，無解。臨泱㳄兮背青熒，

　　　　臨，志本作『聽』。泱、背，大本、鐵本並作『決』、『皆』。五本但『決』
　　　　與大本同。

　　吐雲烟兮合窅冥，

　　　　後三字大本作『含冥』，並少窅字。然合上下文以並讀，對仗難工，當是
　　　　脫字。志本，鐵本並作『含窈冥』。

　　悅欻翕兮沓幽藹，

　　　　悅，笈本作『恍』。大本、鐵本、雲本、志本皆無兮字。後者沓作『杳』。誤。

　　意縹渺兮羣仙會，

　　　　渺，雲本、大本、全本、鐵本均作『緲』，且無兮字。

　　窅冥仙會兮枕煙廷，

　　　　窅，大本作『窈』、雲本、鐵本作『窈』。志本無兮字。

　　竦魂形兮凝視聽，

　　　　雲本、大本、鐵本、五本均無兮字。魂，鐵本作『悅』。五本末四字作『凝
　　　　視聽聞』。

　　聞夫至誠必感兮祈此嶺，

　　　　必，大本作『心』。祈，笈本作『期』。雲本祈、期並存。鐵本全句作『開
　　　　大志，誠心誠』。

　　絜顥氣，養丹田，

　　　　絜，顥，雲本、志本各作『契』、『灝』。後者且於氣字下多一兮字。大本
　　　　無絜字。此字笈本作『飡』。五本作『潔』。鐵本全句作『靈氣養心田』。

　　終仿像兮覯靈僊。

仿，儦，全本、河本、志本並作『彷』、『仙』。像，志本獨作『佛』。『仿
像』，笈本作『恍預』。覿靈儦，大本作『靚云仙』、鐵本作『覼雲仙』，雲
本、志本、笈本作『覿靈仙』。五本作『覿羣仙』。

五、雲　錦　漴

雲錦漴者，蓋激溜衝攢，

漴、諸本皆作『淙』。五本獨作『漴』。次句衝攢二字，雲本、志本、五本
作『攢衝』，大本作『攢行』、鐵本作『攢衡』。

傾石叢倚，鳴湍叠溜，噴若雷風。

傾，大本、鐵本並作『碩』。鳴，志本作『鴻』。倚，鐵本作『猗』。溜，
志本作『躍』，雲本、大本、鐵本並作『浪』。雷風，上述三本及志本、五
本皆作『風雷』。

詭輝分麗，煥若雲錦，

詭，五本作『暑』，無解。輝、若，志本作『暉』、『如』。雲本則但若字作
『如』。首句四字，鐵本作『舒輝含麗』。

可以瑩發靈矚，幽玩忘歸，

大本、五本無『以』字。又後者發字作『徹』。大本矚字作『睡』。玩，全
本作『翫』。

及匪士觀之，則返曰：寒泉傷玉趾矣。詞曰：

匪，雲本、大本、鐵本均作『世』。志本亦作世，然無士字。返，志本，
大本、全本、河本悉作『反』。鐵本作『又』。趾，大本作『吐』。

水攢衝兮石叢聳，

攢衝，大本作『攢行』、鐵本作『攢衡』。又與五本並缺兮字。

煥雲錦兮噴沟湧，

大本、鐵本、志本皆於煥字下多一『若』字。沟，雲本作『汋』。

苔駁犖兮草寅緣，

駁，犖，大本、鐵本並作『殿』，『薰』，且缺兮字。五本駁作『駮』。寅，
全本、河本、雲本、五本、志本、笈本並作『寅』。鐵本作『廣』。緣，全
本、鐵本並作『綠』。

芳羃羃兮瀨濺濺，

　　瀨，志本作『水』。濺濺，大本、鐵本並作『淺淺』。

水石攢叢兮雲錦潀，

　　雲本、全本、河本、志本缺『水』字。五本、鐵本缺『兮』字。潀，異別同
　　上述。

波連珠兮文沓絳，

　　大本無兮字。沓，雲本、志本並作『杏』。申按杏字無解，當係傳抄致訛。
　　絳，志本、雲本、大本作『峯』，鐵本作『峰』。五本全句作『波跳珠，泉
　　結流』。

有潔冥者媚此幽，

　　潔，雲本、大本、鐵本、五本潔並作『潔』。

漱靈液兮樂天休，

　　大本、河本、志本五本並無兮字。漱、大本作『瀨』。液，雲本、鐵本作
　　『藥』，志本作『泉』。

實獲我心兮夫何求！

　　五本、鐵本、大本，志本皆無兮字。夫，雲本作『復』。後者全句爲『實獲
　　失何求』。想亦有脫文。

六、期　仙　磴

期仙磴者，蓋卷磴穹窿，逈接雲路，

　　笈本無接字，當是遺落。五本句尾並連下句『靈仙』二字於此。逈，大
　　本、鐵本並作『回』。均非是。

靈仙髣髴，若可期及，

　　雲本、大本、鐵本皆於若字上多一『想』字。五本全句作『彷彿可期』。髣
　　髴，此二本及志本並作『彷彿』。

儒者毀所不見，則黜之，

　　五本除將上句『及』字，置本句首，又以下句『矣』字置本句末外，並缺
　　下句前六字，想係傳抄遺落。黜，雲本作『斥』，鐵本作作『點』。

蓋疑氷之談信矣，詞曰：

> 大本於氷後無『之』字。疑，大本、鐵本皆作『凝』。

霏微陰霑兮氣騰虹，

> 大本無兮字。鐵本全句爲『微雲霑，上飛騰』。

迤邐危磴兮上凌空，

> 危，大本、鐵本、志本皆作『懸』，並無『兮』字。凌，前者作『清』，後
> 者作『青』。五本於本句後，獨多『咫尺雲路期仙磴，虛可憑，道可證』
> 等三句。

青霞抄兮紫雲垂，

> 青霞，大本作『青霞』，鐵本作『雲霞』。抄，全本、河本、志本、笈本、
> 五本、雲本並作『杪』。垂，鐵本作『乘』。雲，五本作『烟』。

鸞歌鳳舞兮吹參差，鸞歌鳳舞兮期仙磴，

> 大本、鐵本、志本皆無次句前五字。讀之失調，想亦誤失。五本前句無兮
> 字，並缺後句八字。

鴻駕迎兮瑤華贈，

> 大本、鐵本皆無『兮』字。駕，雲本、大本並作『雁』，後鐵本作『厓』。
> 華，鐵本作『草』。五本全句作『迎鴻駕，揖瑤軒』。

山中人兮好神仙，

> 大本、鐵本、志本、五本無兮字。

想像聞此兮欲升烟，

> 大本、鐵本、志本皆無兮字。升字並作『飛』字。五本『聞』作『於』，
> 亦無兮字。

鑄月煉液兮竚還年。

> 還，笈本作『延』，大本、鐵本皆無兮字。前者全句作『鑄日液，竚頹年』。
> 後者作『鍊日液，還頹年』。志本作『鑄玉液，還頹年』。竚，雲本減筆
> 作『竚』。五本作『佇』，又『月』字作『丹』。

七、滌煩磯

滌煩磯者，蓋窵谷峻崖，

穹，志本、雲本、全本、大本、鐵本、河本俱作『窮』。『峻崖』，鐵本作
『出崖』。志本作『巖厓』。雲本、五本作『峻厓』。

發地盤石，

　　大本、鐵本、志本皆無『發地』二字。非是。

飛流攢激，

　　鐵本無『流』字，攢作『積』。皆由傳抄致誤。五本『攢』作『噴』。

積漱成渠，澡性滌煩，

　　積，大本、鐵本並作『清』。後者又無『成』字。漱，五本作『散』。

迥有幽致，

　　迥，大本、鐵本、志本並作『實』。有，志本作『爲』。申按迥字恐爲盧鴻
　　原詩所用字也。

可爲智者說，難爲俗人言。詞曰：

　　全本、河本、大本皆同。鐵本無『說』字。『爲』字，鐵本、五本、志本
　　皆作『與』。

靈磯盤礴兮溜奔錯，漱泠風兮鎭幽壑，

　　後句大本，鐵本皆無兮字。幽，笈本作『冥』。溜奔錯，雲本作『奔溜
　　錯』，大本、鐵本並作『奔溜碤錯』。志本作『奔溜參錯』。五本作『噴浴
　　碏』，又『礴』、『泠』二字作『薄』、『靈』。幽，志本、雲本並作『冥』。

研苔滋兮泉珠潔，

　　珠，大本作『沫』，鐵本作『味』。二本及志本、五本並無『兮』字。雲本
　　於此句之下獨多『泠風兮鎭冥壑』一句。原必有所本，係未明其何據耳。

一飲一憩兮氣想滅，

　　氣，大本、鐵本、志本、雲本並作『氛』。二本皆無『兮』字。五本全句
　　作『一憩一飲塵鞅滅』。

磷漣清淬兮滌煩礴，

　　大本、鐵本無兮字。五本前四字增爲『磷磷瀉漣漪』等五字。

靈仙境兮仙智歸，

靈，笈本作『虗』。雲本作『是』。

中有琴兮徽以玉，

　　玉，大本作『王』。志本、五本無兮字。

峨峨湯湯兮彈此曲，

　　五本、大本、鐵本、志本無兮字。『此曲』，笈本作『妙曲』。

寄聲知音兮同所欲。

　　雲本、大本、鐵本、志本、五本均無兮字。

八、羃　翠　庭

羃翠庭者，蓋崖蠍積陰，

　　崖，大本、鐵本皆作『厓』。羃，志本作『幕』（以下此字皆同）。五本作『峰』。

林蘿沓翠，其上縣羃，其下深湛，

　　蘿，鐵本作『蘆』。縣，大本作『綿』，鐵本作『錦』。非是。

可以王神，可以冥道矣。

　　王，雲本、鐵本並作『谷』。冥，鐵本作『凝』。

及喧者遊之，則酣讋永日，

　　遊，大本、鐵本作『游』。笈本作『居』。

汨清薄厚。詞曰：

　　汨，志本作『泊』。鐵本全句作『陰晴薄原』。五本全句作『汨其清而薄其
　　垢矣』。

青崖陰兮月磵曲，

　　五本、大本、鐵本、志本無兮字。青，笈本作『清』。崖，志本、雲本、
　　五本並作『厓』。又後者『月』作『丹』。

重幽疊邃兮隱淪躅，

　　大本、鐵本、志本、五本均無兮字。

草拊縣羃兮翠蒙籠，

　　拊，四本均作樹。笈本作『柎』，五本作『跗』。縣羃，雲本、大本、鐵
　　本、雲本、志本皆作『綿密』，且皆無兮字。籠，志本、全本、笈本、河

　　　　本作『䰱』，鐵本作『龍』。

出其無兮庭在中，

　　　　大本、鐵本、志本皆無兮字。庭，並作『亭』。五本全句作『當其無，在
　　　　庭中』。

當其有用兮翯翠庭，

　　　　大本、鐵本均缺兮字。志本、雲本均無用字。五本用，兮二字並缺。

神可谷兮道可冥，

　　　　谷，冥，鐵本作『合』，『凝』。志本、五本無兮字。

有幽人兮張素琴，

　　　　兮，大本作『泣』。志本無張字，此字大本、鐵本、志本並作『彈』。前四
　　　　字鐵本作『幽冥有人』。五本作『幽有人兮』。

皇徽兮綠水陰，

　　　　皇，大本、鐵本、志本、雲本、笈本、五本並作『白玉』。『陰』，志本、雲
　　　　本、大本、鐵本、笈本並作『音』，綠，笈本作『流』。末三字五本易爲
　　　　『高山流水之清齊』。

德之愔兮澹多心。

　　　　德，兮二字，大本、鐵本、志本、雲本並作『聽』，『愔』。多，雲本、志
　　　　本並作『忘』。五本全句作『聽之愔澹冥是心』。

九、洞　元　室

洞元室者，蓋因巖作室，

　　　　元，巖，大本、鐵本作『玄』，『岩』。志本作『嵓』。五本作『嵒』。

卽理談玄，室返自然，

　　　　玄，笈本、五本作『元』。上句雲本、志本並作『析理談元』。下句返字，
　　　　雲本、大本作『反』，鐵本作『乃』。五本作『成』。

元斯洞矣，

　　　　志本無『元』字。大本無『洞』字。鐵本全句作『儼如洞天』。

及邪者居之，則假容竊次，

上句諸本皆同。下句鐵本作『假寐閑吟』，大本作『假容竊吟』。笈本作『假容窈吹』。

妄作虛誕，竟以盜言。詞曰：

竟，大本、鐵本悉作『境』。言，志本、雲本、大本、鐵本悉作『名』。後二本並缺『誕』字。志本缺『竟』字。次句五本作『竟生異言』。似晚出。

嵐氣肅兮崫翠冥，

崫，雲本、全本、河本、志本均作『巖』，五本作『嵒』，大本、鐵本作『岩』。冥，後二本悉作『沓』。

室陰盧兮戶芳迎，

室，迎，雲本、全本、河本均作『空』，『迎』。後三字，雲本作『戶芸迎』。大本、鐵本作『戶若迎』，志本作『戶苫匣』，並缺『兮』字。五本全句作『室陰盧兮矣芳迎』，當是傳鈔時，脫落顛倒原句，而使然也。

披蕙帳兮促蘿筵，

大本、鐵本、志本、五本無兮字。

談空空兮叞元元，

空，元，大本、鐵本作『陰』，『玄』。

蕙帳蘿筵兮洞元室，

大本、鐵本、志本、五本無兮字，前二本元字作『玄』。

秘而幽兮眞可吉，

大本、鐵本、志本、五本無兮字，後三字，雲本及前述四本悉作『貞且吉』。五本作『直且吉』。

返自然兮道可冥，

大本、鐵本兩本全句作『道可廣，神可冥』。志本與鐵本同，但神作『人』。

澤妙思兮草玄經，結幽門兮在黃庭。

澤字，大本、鐵本、志本作『繹』。妙，在二字，上述三本作『秘』，『存』。妙，雲本作『玅』。門字前二本並作『冥』字。玄，笈本、河本、五本作『元』。首句前三字五本作『妙思洞』。

十、金　碧　潭

金碧潭者，蓋水潔石鮮，

　　石，大本、鐵本作『若』。

光涵金碧，喦葩林蔦，

　　下句喦字，雲本作『岩』，全本、河本、志本作『巖』，五本作『嵒』。大
　　本、鐵本全句作『岩花林鶯』。笈本全句作『巖葩林夢』。

有助芳陰，鑒洞盧。道斯勝兮。

　　助，五本作『映』。下句全本、河本於『鑒』下多一『空』字。大本、鐵本、
　　志本於盧字上多一『靈』字。雲本靈字則在盧字下。五本盧字後有『徹』
　　字。

而世生纒乎利害，則未暇遊之。詞曰：

　　生，大本、鐵本、志本並作『世』，生世二字，雲本作『世士』。遊，前二
　　本作『存』，後二本作『游』。五本首句之末有『者』字。又次句『遊』字
　　作『存』。

水碧色兮石金光，

　　大本、鐵本、志本、五本無『兮』字。笈本無『石』字。

瀲熠熠兮淡湟湟，

　　淡，鐵本作『淡』。志本作『瑩』。湟，雲本、志本並作『煌』。

泉葩映兮煙蔦臨，

　　此句大本作『泉花映，烟蔦臨』，鐵本作『衆花暎，羣鶯臨』。志本作『泉
　　花映，柳陰臨』。並無兮字。五本、雲本『煙』字均作『烟』。前者且無兮字。

紅灼灼兮翠陰陰，

　　全本、河本無兮字。灼灼，大本、鐵本、志本作『的的』。本句及下句，
　　五本均缺，然多『嵒霏林翠積芳陰』七字。

翠相鮮兮金碧潭，

　　大本、河本、志本無兮字，此三本及雲本於翠字上皆多一『紅』字。

霜月洞兮煙景涵，

全本、大本、鐵本、志本、五本悉無兮字。月，雲本、全本、河本作
『天』。洞，大本作『動』。煙，涵，鐵本作『烟』，『含』。五本煙字同鐵本。

有幽人兮好冥絕。

雲本、志本存。五本作『幽有人兮』。他本無之。

炳其煥兮凝其潔，

五本、大本無兮字。鐵本全句作『炳其炳，潔其潔』。志本作『炳其輝，凝
其潔』。

悠悠千古兮長不滅。

長，大本、鐵本、志本、五本作『終』。且無兮字。

結　　語

討論到這裏，想要說的大致已經說完了。我想再把上述那六個小題目裏的結論，
一齊綜合如下：

第一，關於草堂十志圖卷的眞僞問題，我認爲故宮現藏的這一卷，並不是盧鴻的
眞蹟，理由是：

（1）就畫法言，有皴皴，少勾勒，旣非唐人法度，且與宋畫相近。

（2）就質地言，所用爲紙，與其他以絹爲質地的唐畫不同。或卽五代南
唐時所造的澄心堂紙。故與現存其他唐畫紙質不類。

（3）就避諱言，作者爲玄宗時人，不避太宗、睿宗、玄宗諸帝諱。於理
不合。

（4）就題字言：盧鴻身在顏、柳之前，卷中題詩則與此二家字跡全同。
故顏、柳二體題詩已可反證此圖係僞。其後雖有楊凝式跋，然此跋
又與楊氏現傳其他二帖之字蹟不同，可見楊跋本身的眞僞如何，也還
不無疑問。因此，以楊跋證明原畫必眞的說法，可以說是不足信的。

因此，我認爲故宮所藏號稱盧鴻的眞本，可能就是李公麟的摹本，而李公麟的摹本，
可能是時代更後的作品。因爲盧鴻此畫所用旣爲澄心堂紙，而其畫法又與李氏山莊圖
全同，所以這畫雖非盧氏眞蹟，但其爲五代至北宋之間的摹本，則大致無甚可疑。

第二，關於草堂十志圖的流傳經過，已見本文第三章所附流傳表，此不再贅。

第三，關於草堂十志圖的摹本，除故博此卷應爲李氏所摹外，其他各家摹本，現據謏聞，計有下列十種：

(1) 北宋李公麟摹本，卷本，十景（卽阿部所原藏者）。摹於十一世紀。

(2) 北宋燕文貴摹本，卷本，十景。摹於宋太宗朝內，卽十世紀末年。

(3) 北宋林彥祥摹本，卷本，八景。摹於宋高宗紹興九年(1139 A. D.)。

(4) 其他無欵宋摹本，三卷，一見石林避暑錄，爲宋仁宗慶曆中. (1041—1048A.D.)摹本一見古今畫鑑，一見東圖玄覽編。均十景。水墨。

(5) 謝時臣摹本，卷本，十景。水墨。摹於明世宗嘉靖五年 (1526 A. D.)。又摹冊本一種，詳情不明。

(6) 董其昌摹本，冊本，一景。水墨。大約摹於明熹宗天啓元年至四年 (1621—1624 A. D.) 之間。

(7) 張洽摹本，卷本，景數未詳(想係十景)。

(8) 王原祁摹本，冊本，十景。設色。大約摹於十七世紀末葉。

(9) 惲正叔摹本，形式爲卷爲冊不詳。可能摹於淸聖祖康熙九年 (1670 A. D.) 左右。

(10) 金拱北摹本，形式爲卷爲冊不詳。爲民國以來之摹本，摹於民國十五年 (1926 A. D) 以前，時代最晚。

第四，關於草堂十志圖的順序，已見第五章所列各本順序比較表。茲略。

第五，關於草堂十志圖的題詩詳細校勘，已見末章。現就本文所用十種版本而論，似以五朝小說大觀一本所錄者，最差。鐵網珊瑚一本次之。

本文所輯資料，遠在二年之前。近日始得排比衆說，草草寫成。脫稿後，蒙勞貞一先生審閱一過，指正多處。其中若干資料均由家大人慕陵先生賜給，尤不敢忘。謹書文末以誌衷心之感。四十七年七月一日莊申謹誌，時距金門戰地歸來，方四月也。

唐盧鴻草堂十志圖卷考後記

此稿送印之後，又看到馬叔平先生的關於鑒別書畫的問題一文(註一)，其中有一段說（四七八——四七九頁）：

盧鴻草堂十志卷書畫都精，是向來有名的巨蹟。然而按周密志雅堂雜鈔云：

(註一)：張菊生先生七十生日紀念論本集頁四七一至四八三，二十六年一月，商務印書館在上海出版。

『原蹟久已殘缺，只餘九段。』而故宮現藏者却首尾完具，筆墨一律，也絕無補全的痕跡。當然是發生問題了。況且盧鴻開元時人，而圖中一幅題字倣柳公權，時代也發生問題。按孫退谷跋李伯時九歌圖云：『龍眠收藏法書極多，留心書學。』此卷歷倣虞、褚、歐、柳諸家書法精妙，畫亦淳古，有人疑心是李伯時臨本，然而未得證據。後來在墨緣彙觀上見所著錄董文敏山水高冊云：『第一幅雲錦淙水墨山水，右行小行書題云：「盧鴻草堂圖李龍眠臨本，今在京口張秋羽家，余數得寓目，因倣雲錦淙一幅於此。」』那末董文敏是見過李伯時臨本的草堂十志了。京口張秋羽是誰呢？按丹徒縣志：『張覲宸，字仲欽，別號修羽，補太學，才不究用，惟以書史古物自怡。構閣城堦中，署曰培鳳閣，與董玄宰、陳遁公二先生為莫逆交。三山皆有別業，風日晴好，携尊往遊，瀟瀟有晉人風。精鑑賞，所藏法書名畫甚多，與嘉興項氏天籟閣相埒，識者以為項氏尚有贋物，張氏絕無云。』張修羽同董文敏為莫逆交，有同樣的嗜好，他的收藏，董文敏當然都見過，草堂十志是其中之一，所謂『京口張秋羽』恐怕就是張修羽，當時京口大收藏家，不會另有一個張秋羽了。而現在卷中正有張覲宸同他兒子張孝思的圖章，那末這一件東西，就是李公麟的臨本，還有什麼問題？又墨緣彙觀著錄李公麟醉僧圖，安麓村自題云：『余見白描畫卷不下十數，皆以龍眠呼之，惟高詹事所藏盧鴻草堂十志圖、瀟湘圖卷，與耿都尉家三馬圖，皆無疑義。』可見他們也都知道此卷是李伯時臨本，不過簽子上仍題舊稱。乾隆皇帝當然也不加深考，至今仍以盧鴻呼之。倘是盧鴻固然是神品了，是李伯時又何嘗不是神品？

　　叔平先生先用丹徒縣志裏的記載，證明張秋羽就是張修羽，然後再證明故宮所藏，蓋有張氏父子圖章的這個盧鴻的卷子，就是董其昌曾經倣作雲錦淙圖的李公麟的摹本，層次分明，關係緊密，這樣的證據真是十分合理，十分科學。叔平先生此文雖非專論盧鴻畫卷，然他所揭出故宮所藏一卷『就是李公麟的臨本』之說，實與鄙見，完全相同。既然我所堅持盧鴻此卷本係李公麟之摹本的說法，在現代學人之中，是可得到博雅如叔平先生的論說，來作為鄙見有力的支持。可見我的看法，並沒有錯誤，這是我在讀過叔平先生文章之後，最高興的一件事。

　　此外，我在討論盧鴻此卷真偽時，曾經在字體問題中，用滌煩磯一景之前的柳體字，來證明此卷必非出自盧手。這一點，叔平先生也注意到了。這些意見，雖是不謀而合（因為叔平先生作此文時，作者年方五歲），事實上這些相同的看法與證據，只

是說出我自己讀畫心得時的一次巧合，爲恐遭受掠美之嫌，特別聲明如上。

此外，本文在證明故博所藏盧氏此圖恐非唐代眞蹟的時候，曾經用避諱學作爲立論之一證。頃由家大人慕陵先生見示故宮博物院抗日戰前所影印的，該院藏品之一的唐人陸柬之所寫的文賦一種。其中有與本文有關避諱的之處甚多，茲錄如下：

> 一、『世』諱作『卅』：按文選卷十七晉陸機文賦有『詠世德之俊烈』，及『收百世之闕文，』等兩句（據四部叢刊六臣註本），陸氏本寫中，世皆作卅。
>
> 二、『民』諱作『氏』：文賦有『誦先民之清紛』一句，陸氏寫本民則作氏。
>
> 三、『淵』諱作『シ』：文賦有『浮天淵之瀝液』及『若遊魚銜鈎而出重淵之深』等兩句，陸氏寫本中，淵皆作『シ』。

按陸柬之旣貞觀時人，故淵字避高祖諱，世民避太宗諱，唐初旣已臨文行諱，則盧鴻生在開元時代，豈能不避太宗（世民），高宗（旦），玄宗（隆基）諸廟諱？所以陸氏的文賦寫本，也是可以否定十志圖題詩臨文不諱的，一件極重要的原始史料。雖然叔平先生的那篇短文，並沒有注意到避諱學方面的證據。

校稿中，頃自蘇東坡全集續集卷二，發現這樣的一首詩，詩題是：『題盧鴻學士圖』，詩文云（據陶齋尙書仿印宋本）：

> 昔爲太室花，盧岩在東麓，直上登封壇，一夜蠶生足。
>
> 經歸不復往，巒壑空在目，安知有千老，舒卷不盈軸！
>
> 一處一盧生，裘褐蔭喬木，方爲世外人，行止何須錄？
>
> 百年入篋笥，犬馬同一束，嗟予縛世累，歸未有茅屋。
>
> 千干百畝田，淸泉映脩竹，尙欲逃世名，豈須上圖軸！

東坡所謂盧鴻的學士圖，向不見於著錄，不過就其所詠內容看來，似乎所題的就是本文所討論的這卷草堂十志圖。因爲坡翁起首便說：『昔爲太室花，盧岩在東麓』，而草堂十志圖的『倒景臺』題詩中，開頭也有『倒景臺者，蓋太室南麓』之語，雖盧謂南麓，蘇謂東麓，所述不同，然東坡所詠，意或本此。惜不知其所見之圖，是否果爲眞本，以及當時收藏者爲何人，故雖見此詩，猶不能爲本文的叄、肆兩章另有所補。

叔平先生是我的太老師，卅七年我在南京還曾見過他。那時我不過剛入初中，絕沒想到十年之後，竟會醉心於中國畫史之探討，而且還讀到他的文章。最可痛惜的是本文草稿雖方完成，而叔平先生已於四十四年三月二十六日，病逝北平了(註一)。特於本文之末，附致後學深切的悲慟。一九五九年七月十五日，莊申誌於南港。

（註一）：此係友人楊君實先生自某處查得，並承見告，致誌於此。

對於中國雪景繪畫的幾種考察

莊　　申

〔上篇〕　畫法的分類與釋名

　　詩與畫雖是兩種不同的藝術；詩藉文字以詠懷，畫取景物以形象，惟就其功能的本質而論，却是十分近似的。關於這一點，宋人張舜民於其畫墁集卷一之跋百之詩畫一詩中(註一)，曾有下引很中肯的兩句詩：

　　　　詩是無形畫，畫是有形詩。

　　宋代另一位著名的文人蘇軾，於詠韓幹馬時(註二)，也有類似前引的逸詩：

　　　　少陵翰墨無形畫，韓幹丹青不語詩。

　　宋代的孫紹遠曾把唐、宋時代的題畫詩編成聲畫集(註三)，淸代的姜紹聲也曾把明代兩百多位畫家的傳記，編成無聲詩史(註四)。足見把詩與畫認爲是姊妹藝術的觀念，在中國是相當的流行。

　　西洋方面，據普羅太克 (Plutara) 雜文 (Moralia) 裏的，希臘人之文治與武功一文所載，希臘詩人西蒙尼台斯(Simonides of Coes, 556–468? B. C.)，也曾說過與張、蘇兩家相同的話(註五)：

(註一)　據知不足齋叢書本。

(註二)　見宋人趙德麟侯鯖錄卷八所引王直方詩話，據知不足齋叢書本(第廿二集)。

(註三)　孫紹遠，字稽仲，自署谷橋，孝宗淳熙時人。聲畫集甚罕見，此據揚州詩局刋本。

(註四)　姜紹聲，字二酉，江蘇丹陽人。無聲詩史有述古叢鈔本，翠琅玕館叢書本。

(註五)　『見 De gloria atheuiensium, 3, 又同書另一編 Quomodo adolessenns poetas audire debeat, 3,

詩是能言畫，畫爲不語詩。

此外，相傳出自西塞羅(Marcus Tullius Cicero, 106-43 B.C.)手筆的修詞論，在講二意相承而又相反的法則 (Commutatio) 的時候，所舉出的第四例 (註一)，亦與西蒙尼臺斯的意思完全一樣。可見在藝術領域中的詩與畫，不但應是一對姊妹，而且還是孿生的。因此，詩之所詠與畫之所象，其所選擇的對象，時見相同，本是很自然的。

但是從古代藝術品被保存的現況上看，西洋詠史的長詩，如荷馬 (Homer, F 1. ab. 9 th Cent. B. C.) 的伊利亞特 (Iliad) 與奧德賽 (Odyssey)，固然完整無缺，中國方面像三閭大夫澤畔行吟的悲歌楚辭，至今也全帙猶存。然而那些初期的繪畫作品，除了晚近才被發現的埃及古墓裏的壁畫，與其他若干保存在山頂洞穴中的原始藝術而外，已早亡佚不存。在孔子家語裏所描繪的周代明堂四墉，與楚辭章句裏所記載的楚國祠堂四壁註二)，雖然全部畫着『天地、山川、神靈、琦瑋及古賢聖、怪物』之圖，現在也已無法再見。因此，詩經中的詠雪詩，雖然還能找到不少(註三)，使我們對於那些因爲在雨雪之中，引起一片愁思，因而悲歎作歌的情景，固然不難想像，但是繪畫中最早的雪景圖象，究竟完成於何時何人，恐怕已經無法明確的指出來了。

從另一方面看，在人類直覺的觀感中，雪的種類，不外兩種；一種是在空中飛舞的雪花，另一種是在地上堆積着的積雪。前者屬於動態的，後者屬於靜態的。就詩經中所可見到的詠雪詩而言，都是指的動態的飛雪，而藝術家們對於雪景的表現，固於

亦引有此語，但未出西蒙尼臺斯名，僅謂是常言而已。』轉引錢鍾書中國詩與中國畫一文，載開明書局二十週年紀念集 pp. 155-172，冊六年三月，上海。

(註一)　見 "Auctor ad Herennium", IV, XXVIII, "Sipeema loguens pictura tacitum poema debet esse"，亦轉引前頁所揭錢鍾書中國詩與中國畫一文所引。

(註二)　申按孔子家語卷三記云：『孔子觀乎明堂，覩四門墉有堯、舜之容，桀、紂之像，而各有善惡之狀，與廢之誡焉。又有周公相成王抱之負斧扆，南面以朝諸侯之圖焉。』又王逸楚辭章句：『楚有先王之廟及公卿祠堂，圖天地、山川、神靈、琦瑋及古賢聖、怪物行事。』

(註三)　國風邶風北風篇：『北風其涼，雨雪其雱。北風其喈，雨雪其霏。』
小雅采薇篇：『昔我往矣，楊柳依依，今我來思，雨雪霏霏。』
小雅出車篇：『昔我往矣，黍稷方華，今我來思，雨雪載塗。』
大雅谷風之什信南山篇：『上天同雲，雨雪雰雰。』
大雅魚藻之什角方篇：『雨雪瀌瀌，見晛曰消，雨雪浮浮，見晛曰流。』

描畫的對象而言，也有動靜兩態的分別，但是根據我們現在所能得到的材料看來，早期的畫家們所描繪的雪景，大概都是靜態的。再就描畫的技法而觀察，又因時代的不同，而前後可分五種，繪畫裏的差異，可就比詩詠裏所描寫的更多了。

關於中國繪畫裏，雪景畫法的分類，在過去的論著之中，就謏聞所及，似乎還沒有人詳細討論過。因此想把每一種不同的畫法，各別賦予一個簡明而合宜的名稱，不能不說是一件比較困難的事。現在本文暫依它們使用時間的先後為序，而試作如下的分類：惟其名稱是否合適，涵義是否洽當，或尚有待各方通達之指正。茲列各類名目如下：

(一)敷粉法：即以鉛白為白，敷設於畫面，以表示積雪之存在的一種畫法。唐與唐以前的畫，在表示雪景的時候，都採用這種畫法。敷粉為雪的畫法，可說是各種雪景畫法之中，最有歷史性的一種。

(二)灑粉法：也可稱為『彈粉法』，即以鉛粉為白，彈灑於畫面，以表示雪花之飛舞的畫法。其使用似自第八世紀之中唐始。歷史僅次於敷粉法。

(三)留白法：也可稱為『借白法』，即留出或借用畫面質底的原白，代替鉛粉的敷染，以表示積雪的畫法。可能肇始於五代之末，使用於北宋之初。

(四)渲染法：所謂『渲』，根據宋人郭思的解釋，即『以水墨再三而淋』之意(詳中篇)，所以渲染法就是以淡墨和水，渲烘畫面空白，及景物陰黯之處，而以墨色較淺之所在來表示積雪的一種畫法。

(五)渲留法：也可稱為『綜合法』，即將三四兩法合用的一種畫法。先在畫面預行留出積雪所在地的空白，再以淡墨和水，渲染畫面空白及景物陰黯處，以墨色所不及的原白來表示積雪的存在。產生的時代最晚。

本來，中國繪畫所使用的技法，由它們發展的沿革上追溯，是可以根據時間的先後，而劃出幾個自然形成的大段落的，比如說，唐以前與唐以後的繪畫，無論風格、技法，都絕不同。而唐以後的畫，宋、元、明、清各代，也都各有其獨異的特質，互不相屬。因此，這五種不同的雪景的畫法，雖然並不是代表上述那五個因為朝代之不同，而影響了技法之不同的畫風，但是，它們應該各自屬於中國繪畫史中，技法演變裏面的一部分，卻是無疑的。我們如果能夠根據這幾種畫法，並就它們所使用的時代，

而對這些演變的原因與經過，作一次連續的考察，那麼，古代繪畫發展的背景與趨勢，也未始不可以這五種畫法不同的雪景的演變，作爲一個可靠的依據，所得到一次約略的推尋。本文的寫作，就想以這一觀點，而於上述諸事，試作一次初步的討論。

〔中篇〕 古畫的舉例與說明

（一） 敷粉法的舉例與說明

如前述，中國繪畫史中最早的雪景圖，究竟是什麼時代與什麼人的作品，現在已經無法考悉。不過根據現存的文獻看來，大概東晉時代顧愷之所畫的雪霽圖（註一），已可目爲我們所能知道的，最早的雪景的描繪。這件畫蹟的流傳經過如何，在宋代以前的，似乎還沒有發現，到了宋代，根據張邦基在墨莊漫錄卷一裏的記載（註二），似存於潤州蘇氏手，可惜後來不傳了。

顧愷之在這件畫裏的雪景，究竟是用前述那五種畫法裏的那一種來表示的，因爲張邦基的記載既然沒有提到，這就讓我們很難得到明瞭。不過所幸畫題既是雪霽圖，便供給了我們一條推測的線索：大概此圖中所表出的是晴雪時那種堆聚已久的積雪，而不會是在空中飄灑飛舞的雪花。因之灑粉作雪的畫法是用不上的。同時，留白、渲染等等其他畫法，既然又是北宋以後才見使用的新技法，而顧愷之却是東晉時候的大畫家（註三），可見他所使用的畫法，應該正是前面所說歷史最久的『敷粉法』了。何況從描畫的對象上觀察，飛舞的雪花，本較靜態的積雪，更難於表現？試看唐人張彥遠在歷代名畫記卷一，論畫山水樹石一條中所說的（註四）：

> 魏、晉以降，名迹在人間者，皆見之矣。其畫山水，則羣峯之勢，若鈿飾犀櫛，或水不容泛，或人大於山，率皆附以樹石，暎帶其地，列植之狀，則若伸臂布指，詳古人之意，專在顯其所長，而不守於俗變也。

（註一）　申按張邦基墨莊漫錄記顧氏有雪霽圖、望五老峯圖。郭若虛圖畫見聞志卷一（據津逮秘書叢書本），則稱顧氏有雪霽望五老峯圖。似合張氏所記兩圖爲一矣。

（註二）　據四部叢刊影印雙鑑樓藏明鈔本。

（註三）　申按顧氏生卒年，一說生晉康帝建元二年，卒晉安帝義熙元年（344-405 A. D），一說生晉穆帝永和元年，卒晉安帝隆安四年（350-400 A. D），孰是待考。

（註四）　據津逮秘書叢書本。

　　可見魏、晉時代的山水畫，還只限於那種剛剛發展起來的雛形輪廓之中，而尚缺乏適當的比例與合理的佈局。顧愷之的生世既然遠在東晉，就其遺蹟女史箴圖(註一)與洛神賦圖(註二)而論，連人和景物 (山或船) 的比例，都正如張彥遠所說的，還沒能有適當的表現，那麼，他又怎麼能够描畫到那些在空中瀟灑飛舞的小雪片兒？再從有關的著錄與現存古畫的摹本看來，唐以前的畫蹟，幾乎全部都是設色的，因此，他們對於雪景的表示，如果是以鉛粉敷染於畫面的畫法而完成的，似也正與古代畫家們對畫中的任何物象，一律敷染重色的畫風相當。根據以上這幾點，如果作者的推測無誤，中國畫家筆下最初完成的雪景，正應該是以敷粉法來畫成的。

　　這樣的結論，雖然是出自作者的推想，不過我們至少還可找出若干古代遺留下來的其他畫蹟，作爲這項推論的實證。比如說，時代在唐以前、晉以後，而現在還能看到的古畫之一，就有現爲國立北平故宮博物院 (以下簡稱故宮) 所藏的，張僧繇的一件雪山紅樹圖(註三)。這幅畫絕對不會是張僧繇的眞蹟，但就此圖所用的各種技法而論，都是很有歷史性的古法 (如畫用重色，山無皴擦等等)，而圖中的雪，更是純以鉛粉敷染而成的。把它視爲就張氏原畫臨摹而成的一個摹本，大致是可信的。但是張僧繇所處的時代究竟如何？按張氏歷代名畫記卷七記云：

> 張僧繇，吳中人也，天監中爲武陵王國侍郎，直秘閣，知畫事，歷右將軍，吳興太守。武帝崇飾佛寺，多命僧繇畫之。

　　所謂『天監』，是指南北朝時梁代武帝的年號，張彥遠所說的『天監中』三字，雖然

(註一)　由按此圖係於清德宗光緖二十九年 (1903-A. D)，在八國聯軍之役中，爲英人約翰孫 (Captain John-nson) 竊去，現藏倫敦大英博物館 (British Museum, London)。

(註二)　顧氏洛神賦圖，據讕聞聞所及，共七件，一卷現在美，藏於 National Freer Galleny，一卷見於石渠寶笈初編，後自清宮流出(見故宮已佚書籍書畫目錄)，現陷大陸。另一卷亦見石渠寶笈，現在瀋陽。另有唐人所摹之一段，現藏故宮博物院 (見名繪集珍册，影本見故宮名畫三百種第一册32圖，彩色版，四十八年元月，故宮、中央博物院發行，臺灣臺中)。一卷亦經石渠寶笈著錄，並稱爲唐人洛神賦全圖。未知何據。一卷成於清畫院，即丁觀鵬之摹本，現藏故宮博物院。見故宮書畫錄卷八簡目。然未經寓目，不知內容如何。一卷爲清末鑑賞家端方舊物。端號午橋，收藏甚富。宣統三年 (1911)亡於軍次，即不知此圖下閱。李葆恂無益有益齋讀畫詩及海王村所見書畫錄著錄 (據義州李氏五種本)。影本見支那名畫寶鑑圖版五 (日本，京都，大塚巧藝社印)。

(註三)　申按此圖絹本，著色。縱 118 cm. 橫 60.8 cm. 石渠寶笈初編養心殿著錄。今見故宮書畫錄卷五頁一，四十五年四月，故宮、中央歷博物院合編，中華叢書委員會出版。

不能確指是天監何年，不過天監之用，前後一共十八年 (502-519 A.D.)，張僧繇既是武帝時代的畫家，可見在第六世紀時的中國畫家，對於雪景的表示，和第四世紀時的顧愷之一樣，仍是以敷粉法來描繪靜態的雪景的。顧愷之的雪霽圖既早亡佚，那麼，張僧繇的雪山紅樹圖，或許就是我們現在還能看到的，一幅時代最早的雪景山水了，儘管它是出自後人的臨摹，不能作眞蹟論。

　　在張僧繇以後，而時代較早的雪景山水，也許可以往昔爲羅振玉所珍藏，甚至取爲齋名的那幅無欵六朝人的雪山圖爲代表。根據他自己在雪堂書畫跋尾的，六朝人雪圖跋一段裏的記載(註一)，此圖所繪雪中景物如下引：

> 紙本，立軸，高四尺八寸一分，廣二尺二寸九分漢建初尺下放此。著色，石作粗廓無皴，以厚綠染抹。山巓加粉塗，樹幹亦塗染而成。中有一樹，以朱點葉，粲然如新。下角稍上有行書『昇』字，下有押字，泥金書在石上，極隱暗，映日乃可辨。初不知爲何代物，疑是楊昇，而畫法雄厚淳古，如觀古彝器法物，與唐以後絕異。且古畫署題，未有署名不著姓而名下押者，疑不能決，垂二十年矣。近讀張彥遠歷代名畫記，言前代御府自晉、宋至周、隋，收聚圖畫，皆未行印記，但備列當時鑒識藝人押署，貞觀中，褚河南等監掌裝背，並有當時鑒識人押署跋尾官爵、姓名、年月日。開元中，玄宗購求天下圖書，亦命當時鑒識人押署跋尾，始知此圖確爲隋、唐以前人筆，而由楊昇鑒識耳。其署名加押，卽所謂押署。『押署』卽在畫幅上，而所謂『跋尾』，則別紙書之。嘗見尉遲乙僧天王象後別紙書明道元年諸臣欵，尙存跋尾舊式。而押署則如僧權騫异，但於法帖中見之。其見之畫蹟者，僅此圖而已。楊昇爲開元館畫直，見唐書藝文志。則此圖者，爲六朝名蹟，開元御府之所藏，楊昇所鑒識，今傳世山水畫，莫先於此，雖顧虎頭女箴、洛神二圖，尙存人間，然彼固非專繪山水也。則此圖洵天下有一無二之至寶矣。爰名吾齋曰『雪堂』，以識欣幸。

　　羅氏既說此圖『山巓加粉塗』，塗就是把鉛粉敷陳到畫面上去的意思。可見羅氏所說的塗粉，就是本文所說的敷粉，那麼，這幅雪山圖應當也是以敷粉法來完成的雪景畫

(註一)　見永豐鄉人稿(丁稿)，據自序，書成於庚申年七月，在民國九年。則羅氏之獲此圖，當在淸德宗光緒
　　　　六七年 (1880-1881) 之際。

了。而其繪成的時代，既然又經考定是在隋、唐以前，卽也無異爲我們說明了敷粉法
的使用，是可以這幅無欵六朝人的雪山圖，來證實已在隋唐以前的普及性的。換言
之，敷染鉛粉爲雪的畫法，既然在相傳的張僧繇的雪山紅樹圖，和無欵六朝人的雪山
圖中，都能找到同樣的例證，那就無異指出敷粉爲雪的畫法，在六七世紀之際的畫
壇，已有相當的普及性。儘管羅振玉的舊藏，下落何在，迄晦未明。但僅取雪翁爲其
藏品所寫的那段描述而言，也就足以證明敷粉法的淵遠流長了。至於他的齋名雪堂，
也卽因爲這幅雪山圖而得名，那雖然是本文範圍以外的事，但也是一段應該知道的藝
林佳話。

　　在雪山圖以後，繪成時代較早的作品，恐要推王維的作品了。根據宋徽宗宣和二
年 (1120 A.D.) 敕編的，宣和畫譜卷十裏的記載，當時御苑所藏的王維的山水畫，共有
一百二十六幅，其中屬於雪景的，則有下列十四件：

| 雪山圖一 | 雪岡圖四 | 雪渡圖三 | 雪江勝賞圖二 |
| 雪江詩意圖一 | 雪岡渡關圖一 | 雪川羈旅圖一 | 雪景餞別圖一 |

可惜上列諸圖，大部均未傳世。祇有舊爲淸宮所藏的雪渡圖，本是一件流傳有緒的
名蹟(註一)，雖然現在已不能知道它的下落何在，但是這幅唐畫在表示雪景時所使用的
畫法，目前還能找到若干消息。按淸人李葂恂無益有益齋讀畫詩卷上，有詠雪溪圖的
七絕一首，詩文如下(註二)：

　　摩詰雪溪曾過眼，蕭蕭舒卷幾春風，淸暉摹本妙毫髮，也討紅羊小刼中。

詩下有註，如下引：

　　王維雪溪圖，絹本，高一尺一寸，濶九寸，灑粉如雪，焦墨作畫，奇古蒼秀，

(註一)　申按此圖中繪雪溪，二人撐竿方渡。前岸有屋，一在水濱，一在山畔，屋前有橋。遠岸遙見小屋，隱
　　　現林木中。畫右有宋徽宗『王維雪溪圖』五字御筆。宣和畫譜無雪溪圖，今此幅旣爲雪景，且見渡船，
　　　故疑雪溪卽雪渡，溪字爲徽宗筆誤。此圖於明世宗時，本爲分宜嚴氏所有，嘉靖四十四年(1565 A.D)
　　　籍沒後，收歸官家，見文嘉鈐山堂書畫記。不過文嘉的記載旣說一卷，可見在晚明此圖仍保持卷的形
　　　式。後爲李君祥所得。及入程季白手，裝入唐宋元寶繪册內，始改爲册頁的形式。見汪珂玉古今名畫
　　　珊瑚網卷二十三。入淸以後，安儀周墨緣彙觀錄卷四尙爲之著錄。嗣後，此册分離，雪溪乃晦，不知
　　　何往了。影本見 Prof. Osvald Siren "Chinese painting", Vol. III, Pl. 97. The Ronald Press
　　　Co. New York, 1956.
(註二)　據羲州李氏叢刻叢書本，民國五年丙辰，京師原刻本。

望而知爲唐人筆也。宣和題『王維雪溪圖』五字於隔水黄絹上，後有思翁行楷兩題，甚精。

李氏既稱此圖『灑粉爲雪』，大概是指在空中飛舞的雪，可惜在用照相製版影印的圖片上，已經無法看出來了。到是那些在船篷、屋頂、與江岸等處，顯得特別的白，再拿我們知道原畫是以鉛粉爲雪的，故宮所藏的無欵唐人雪景山水的影印圖片與之比較，便可看出雪溪圖中在船篷，屋頂等處所顯露的白色，是與雪景山水中以敷粉法而描畫出來的雪景，在照相影本之下所顯出來的白色，是完全相同的。因此，本文似乎可以說，王維雪溪圖裏的雪景，雖然使用了灑粉法，可能同時也使用了敷粉法。這樣的結論固然全部出自推測，但是我們也不妨借用前賢對於王維的其他雪景山水的記載，而做爲作者上述這一意見的證據。按明人詹景鳳東圖玄覽編卷一記云(註一)：

王叔明用細絹臨王摩詰關山密雪小幅，松樹上皆用粉積雪。水披麻皴。秀勁雅鵬，原在雲間顧仲方，今歸朱太常石門。

同書卷一又云：

王維輞川雪景，細絹畫小橫幅，精極，古松上用粉作積雪，有欵，今在吾休臨溪吳氏。

王蒙摹本的關山密雪圖，既然『用粉積雪』，可見王維的原圖，必曾使用敷粉法，就像他著名的輞川圖一樣。宋人沈括在其夢溪筆談卷十七中又記着(註二)：

王維畫物，多不問四時，如畫花往往以桃、杏、芙蓉、蓮花同畫一景，予家所藏摩詰臥雪圖，有雪中芭蕉，此難與俗人論也。

雪中的芭蕉，如果不用敷粉法的敷染鉛粉爲雪的畫法，而要採用灑粉爲雪的另一種畫法，那一定是很不容易表出它是如何處在風雪之中的。王維的臥雪圖中既有雪中芭蕉，因之，以此證明同一作者曾在雪溪圖中，使用過敷粉法，似乎是可以相信的事了。

除了王維的雪溪圖而外，可以舉爲例證的現存的古畫，還有上面已經提到過的那

(註一) 本所藏有明抄本白棉紙東圖全集三十卷。末附玄覽編四卷。故宮博物院嘗據此本重排印行。此據本所明人原抄本。

(註二) 據四部叢刊續編子部本。

幅無欵唐人雪景山水(註一)。這幅畫雖然不一定眞是唐人的手蹟，但就較爲保守的看法而論，大致可說是宋代的摹本。不過我們倒不必在這裏討論它的成畫的時代，究竟是唐是宋，因爲就這幅畫所使用的技法看來，唐畫所具有的那些簡樸，豪放的風格，以及敷色艷麗、勾勒無皴的特徵，都可在這一幅摹本裏一覽無餘。更重要的是這幅畫完全以青綠著色，因此，畫面上以鉛粉敷染而出的白雪，更是一望而知，很容易看出來的(見圖版一)。我們固然不能明確指出這幅無欵雪景的原圖，究竟是唐代什麼時期的作品，但是卽以出自晚唐畫家的手筆而論，也可證明從王維所處的中唐，一直到十世紀初年的晚唐，唐代的畫家們對於雪景的表示，一直都是使用以鉛粉直接敷設到畫面上去的敷粉法。

　　時代再晚一點的，以敷粉法爲雪景的古畫，還有一幅故宮所藏，舊稱出自五代人手筆的雪漁圖(註二)。此圖畫面示江天暮雪，沙岸蕭索，叢葦之間，有一漁父，聳簑頂笠，籠手荷竿，挑掩鼻領。藍衣白褲、紅帶草履，瑟縮之中，逡巡獨行。圖內江岸、葦葉、簑面、笠頂、衣袖、釣竿，無不盡積白雪。背景黯黝而赭，極具荒江冬寒之景。對觀此圖，寒氣襲人，北國凍雪之象，逼然眼前。

　　最有說明價值的一點是，經過仔細的辨察，我們可以發現雪漁圖中凡是繪出積雪的部分(例如簑面，笠頂、江岸等處)，無不皆以鉛粉敷染而成。原圖的作者與來源雖然石渠寶笈與故宮書畫錄俱無記載，不過根據作者在另一篇短文裏的考訂(註三)，很可能的，雪漁圖本是雪中偶題一詩的『詩意圖』。雪中偶題的作者是鄭谷，詩意圖的作畫人則是段贊善。鄭谷本是唐僖宗光啓三年 (887 A.D.) 及第的進士，時以詩名，盛於唐末。鄭谷作成雪中偶題七絕後，『爲人所諷詠』，段贊善小筆精緻，發之爲圖，持以贈谷，谷又以詩相謝。這就說明段贊善，與鄭谷的年輩相若，同是晚唐光啓以後的人物。雪中偶題見於鄭氏的雲臺編，據詩人的自序，該編成於昭宗乾寧元年甲寅 (894 A.D.)。鄭谷的雪中偶題，與囘報段氏的詩，既都錄在雲臺編裏，這就間接的告訴我們，

(註一)　見故宮名畫三百種第一册三十一圖彩色版。又見前揭 Prof. Osvald Sirén: "Chinese painting" Vol. III, pl. 98.

(註二)　長62.1 cm，橫32.7cm。絹底設色。石渠寶笈初編、故宮書畫錄卷五 (四十五年五月，中華叢書委員會，臺北) 頁二十八著錄。影本見故宮名畫三百種第二册第六十圖彩色版。

(註三)　見莊申：雪漁圖小考，載大陸雜誌 Vol. XXI. No. 1-2 合刊、四十九年七月十五日，臺北。

這兩首詩的作成，必都在乾寧元年以前。囘報段贊善的律詩，旣是在段氏畫好雪中偶題的詩意圖以後才作的，那麼，雪漁圖至少是在乾寧元年以前畫成，自然也是不難想見的。

雪漁圖的繪成時代，旣然大致可以確定，而圖中的雪景，又全以鉛粉敷染而成，這就無異說明到了段贊善所身處的晚唐時代，畫家對於雪景的表示，所採用的仍是前述的敷粉法。至於故宮所藏的雪漁圖，雖然用筆、用色、與絹本都與其他的唐畫不類，但是目爲五代人或宋人按照段贊善所畫的，雪中偶題之詩意圖原本的臨本，却是可以相信的。這又間接的說明，五代的畫家，在繪畫的技法表示方面，曾經因襲唐代已有的畫法，而使用把鉛粉直接敷染到畫面上去的敷粉法。

比雪漁圖更晚的，還有宋人許道寧的關山春雪圖，也是故宮所藏的宋人精品之一。圖左上端有一行題欵，寫着『許道寧學李咸熙關山密雪圖』（註一）。所以這幅畫雖然是許道寧的摹本，我們却不得不把它當做李成的作品來考察。至於李成的身世，雖然宋史卷四三一列傳一九〇的儒林傳中把他附屬於其子李覺的傳文中（註二），但是傳文旣然提到他在後蜀乾德時代死於陳州客舍的事，可見李成本來應該是五代末年的畫家。然而後世的畫史著錄，從宣和畫譜開始，却一直把他列爲宋代的畫家，而把他所處的時代，沒有合理的安排。作者雖不同意宣和畫譜裏的這一斷代，不過宣和畫譜旣是宋徽宗御苑書畫的藏品目錄，因此，這部書裏所記載的，李成作品的數目，却還值得我們參考。根據此書卷十一（山水門二），當時御府所藏的李成的作品的總數，是一百五十九幅。其中屬於雪景的，則有下列的七種十五件：

密雪待渡圖二	江山密雪圖三	林石雪景圖三	雪溪圖二
羣山雪霽圖三	雪麓早行圖一	雪峰圖一	

（註一）　故宮書畫錄卷五頁十三著錄。影本見故宮名畫三百種第二册第七十五圖彩色版。
（註二）　申按宋史李覺傳文云：
　　　　『李覺，字仲明，本京兆長安人。曾祖鼎，唐國子祭酒，蘇州剌史，唐末避亂，徙家青州益都。鼎生瑜，本州推官。瑜生成，字咸熙，性曠蕩，嗜酒，喜吟詩，善琴弈。畫山水尤工。人多秘傳其蹟。周樞密使王朴將薦其能，會朴卒，鬱鬱不得志。乾德中，司農卿衛融知陳州，聞其名，召之。成因挈族而往，日以酣酒爲事，醉死於客舍。子李覺，太平興國五年舉九經，起家將作監丞通判。』

佔了他作品總數的十分之一。可見李成對於雪景的表現，不但很有把握，而且興緻
一定也很濃厚。否則他必不致有這麼多體裁相同的雪景畫。北宋宣和時代的書畫家兼
鑑賞家米芾，雖然因爲生平僅見李成三眞蹟，而欲做『無李論』(原文見米芾畫史)，那就
更可證明因爲御府的大量搜藏，以致民間罕見眞李。可惜徽宗的舊藏，已隨靖康之變
而散佚，後世所能看到的李成眞蹟，自然更少了。現在我們不妨先舉出前代文獻中有
關李成及其作品的記載，藉以說明李成對於雪景的畫法如何，然後再來研討他現存的
畫蹟或摹本。今按宋人鄧椿畫繼卷九於論遠條下記云(註一)：

> 山水家畫雪景多俗，嘗見營丘所作雪圖，峰巒、林屋，皆以淡墨爲之，而水天
> 空處，全用粉填，亦一奇也。予每以此告人，不愕然而驚，卽莞爾而笑，足以
> 見後學之凡下也。

由此可見李成畫的雪景，是曾以淡墨畫好峰巒、林屋的輪廓，然後再將天水空處全
用鉛粉填滿，以象降雪以後那種晶皓蕭索的銀色天地之景的。這種填粉爲雪的畫法，
旣然也是把鉛粉直接使用到畫面上去，廣泛的說，似可視爲敷粉法的變型，其區別但
在所使用的鉛粉的份量之多寡而已。填粉法旣然是由敷粉法裏演進而成，所以，李成
對於敷粉法的使用，當然不會不知道。如故宮所藏的歷代畫幅集冊裏的瑤峯琪樹圖(註
二)，就是傳爲李成所畫的作品之一。不過此圖尺幅旣小，筆力更見柔弱，絕無北宋大
家所具有的那種雄偉豪放的氣魄，如果把它算爲宋以後的摹本，大概不致有什麼委
曲。不過我們所要講求的，並不是這幅畫本身的好壞，而是它在被完成一幅雪景時，
所使用的究竟是什麼樣的畫法。從這一立足點上觀察，在這幅畫裏的樹，有不少都是
積着雪的，其中雖有一株樹的樹身，完全敷滿白色，以示積雪，但是經過仔細的考
察，我們可以發現這株樹與樹葉上的雪，都是用筆把白粉點染上去而完成的；並不是
純粹的敷染。這就使我們發現了敷粉法的另一種變型。填粉法，是比一般的敷染法使
用更多的鉛粉，點染法，則比一般的敷染法使用更少的鉛粉。但是無論在技術上是填
是點，或者無論在鉛粉使用的份量上是更多更少，由填粉和點染兩法所表出的雪景，
和由敷染法所表出的，在意義上完全是一樣的。所以清高宗乾隆帝在瑤峯琪樹圖對頁

(註一)　據津逮秘書叢書本。

(註二)　石渠寶笈續編，故宮書畫錄卷六 p.178 著錄，影本見故宮名畫三百種第二冊六十二圖。

所題的詩：

> 著粉爲雪色，猶看唐法存。

是很中肯的，儘管他在若干別的畫品上所題的詩，常有笑話，不知所云。因此，塡粉法固是敷粉法的變型，點染法也是敷粉法的變型。雪漁圖旣是五代或宋人的摹品，瑤峯琪樹圖也是五代末期作品的摹本，但從表示雪景的畫法上看，前者保持了敷染法的常態，後者使用了敷染法的變型。這就讓我們可以想像得到，到了五代的末期，敷染一法雖然仍爲當時的畫家們所採用，但是已經產生了從這枝主幹裏分開來的新枝。時間的後續是促成這一演變的最大因素。

前述現藏故宮的關山密雪圖，旣是許道寧仿照李成的原作而成的臨本，可見許的時代是比李成爲晚的。關於許道寧的生平，宣和畫譜卷十一曾有一段記載，雖然不是十分詳盡的紀錄，不過對於他的生平，總可以讓我們知道一個大槪的輪廓。原文云：

> 許道寧，長安人，善畫山林，泉石甚工，初市藥都門時時，戲拈筆而作寒林平遠之圖，以聚觀者，方時譽已著，而筆法蓋得於李成。晚遂脫去舊學，行筆簡易，風度益著，而張士遜一見賞詠良久，因贈以歌，其略云：『李成凋世范寬死，唯有長安許道寧。』時以爲榮。今御府所藏，一百三十有八。

在上述的一百三十八件作品之中，屬於雪景的，計有下述十八件：

茅亭賞雪圖一	雪霽行舟圖三	雪峯僧舍圖一
雪滿羣峯圖三	雪滿危峯圖一	羣峯密雪圖三
羣山密雪圖一	雪江漁釣圖二	雪山樓觀圖一
寒雲載雪圖一	江山積雪圖一	

故宮所藏的關山密雪圖，是否果卽宣和畫譜中所著錄的羣山密雪圖，因爲材料不足，我們不敢遽加斷語，不過現傳的前賢名蹟，並不一定每幅都曾入藏宋室，卽使是在民間流傳的，也不一定每幅都見於舊有的著錄。而許道寧的這幅關山密雪圖，無論就設色、筆法、構圖、質地、或欵識等那一方面觀察，無不都可承認是幅宋畫，所以關山密雪圖應爲許道寧按照李成眞作臨摹而成的眞蹟，是沒有什麼疑問的。許的欵題旣說仿李成，而圖中樹身、松梢、山徑、茅亭、遠岸等處所畫的雪，也用點染的畫法完成，可見北宋初年的畫家所用的畫雪法，仍然襲用五代末年所產生的敷染法的變型

——點粉法。

不過我們必須強調的一點則是：上面所舉的幾幅宋畫，在表示雪景時所使用的畫法，雖然都是點粉法，但是這並不足以說明從宋初的畫壇開始，所使用的畫雪法，一直都是點粉法(一種敷粉法的變型)，作者就是覺得因爲這一變型所產生的時期，適在北宋初期，不得不附帶述及而已。就整個北宋畫壇而言，敷粉法是一直被使用在北宋立國的一百六十多年之間的。像故宮所藏的無欵宋人上林瑞雪圖(註一)，雖然不是一幅最好的畫，但是確爲一幅北宋時代的畫。而這幅畫上的宮殿、屋頂，與石面，也仍使用着敷染鉛粉爲雪的，那種從唐以來即見肇始的老法子。這就爲我們證明了敷粉法使用時間之悠久，同時也附帶的暗示我們，敷粉法的變型和其本身，在北宋時代是同時使用的。

(二)　灑粉法的舉例與說明

所謂灑粉法，就是以鉛粉彈灑到畫面，以表示飛舞的雪花的一種畫法。這在本文上篇釋名中，已經說過。這種畫法究竟從什麼時候開始，固然還是一件懸案，不過就謝聞所及而言，似乎在唐人的作品之中，已有這樣的畫法。李葆恂在記載王維的雪溪圖時，曾經說王維的畫法是『灑粉爲雪，焦墨作墨』(已見前引無益有益齋讀畫詩)。就現在的照相影本而觀察，雖然看不出來這些灑粉而成的雪花，不過根據李葆恂的記載，王維是曾經使用過這種畫法的。此外，故宮所藏的無欵唐人雪景山水，其空中也有若干飄灑的雪花，若隱若現。雪景山水雖是宋人的摹本，但由此總可使我們知道這種灑粉而成的畫法，在唐代的畫壇，已有相當的普徧性。

時間再晚一點的，還有故宮所藏的，晚唐段贊善的雪漁圖。此圖雖於江岸、葦葉等處悉用敷粉之法以示積雪，惟其空中也有若干灑粉而成的雪花。再晚一點，也是在現存的古畫中，最著名的灑粉而成的畫蹟，自然要推故宮所藏的江行初雪圖卷了。此圖一經開展，立卽可以發現這樣的欵識：『畫院學生趙幹狀』(註二)，趙幹的生卒年月，目前雖然不能詳悉，但在北宋立國之初，畫院的制度，本來還沒有設立，此卷既然自

(註一)　石渠寶笈續編，故宮書畫錄卷五 p.106 著錄。

(註二)　石渠寶笈初編，故宮書畫錄卷四 p.16 著錄。影本見故宮名畫三百種第二册第五十圖 (部份)。彩色圖版則見最近(1960)瑞士 Albert Skira 公司出版 James Cahill 之 "Chinese painting" p. 58. (家大人爲題中文名曰 "中國名畫集翠"，以茲與喜龍仁博士之 "Chinese painting" 有所區別故也)。

署『畫院學生』，而宣和畫譜卷十一也說他曾事僞主李煜爲畫院學生，李煜就是南唐末帝，可見這一卷子本是趙幹在南唐畫院裏所完成的作品。南唐本是五代十國中的一國，其亡則在宋太祖開寶八年 (974 A.D.)，也卽宋太祖嗣立以後的第十九年，才遣曹彬南下而取南唐。所以從時間上說，其亡固在宋室立國以後，但從趙幹所身與的國別上看，江行初雪圖却不能不算成宋以前的作品。趙幹的作品，據宣和畫譜卷十一，當時徽宗御苑所藏，本有九幅，但是現在我們所能看到的，只有故宮所藏的這個長卷。他既是南唐的畫院中人，像宣和畫譜一樣把他列爲北宋時的畫家，我想是不合理的。至於這幅江行初雪圖，(見圖版二)，歷代的鑑賞家，沒有不推崇的。明人張丑清河書畫舫云(註一)：

　　通卷灑粉作雪，輕盈飛舞，足稱前無古人。

又清人安儀周墨緣彙觀錄卷中亦云(註二)：

　　淡着色，卷前欵『書畫院學生趙幹狀』，字大如錢，筆法蒼古。其畫布景精奇，樹石極異。通卷灑粉爲雪，水紋勾勒纖弱，人物大小不一。

　既然王維的畫，灑粉爲雪，晚唐段贊善的雪漁圖，與無欵唐人的雪景山水，也曾使用灑粉法，可見與趙幹在江行初雪卷中所使用的，相同的畫雪法，本可在唐代的作品中，找到相同的例子，而不應像張丑所說的『前無古人』。我們既能找到這些古畫作爲實證，這就無異說明，表示動態飛雪的灑粉法，從唐到五代，也有相當的流行。

　　故宮所藏集古名繪册內，收有北宋燕文貴的雪溪乘興圖一件(註三)，畫淺設色，空中微有用灑粉法表示出來的飛雪。又於名畫集眞册內，收有南宋馬遠的曉雪山行圖一件(註四)，畫面也微用白粉彈灑於空中。燕、馬兩家的時代，雖然各在北南兩宋，但這絕不足以說明灑粉爲雪的畫法，直到南宋仍在普遍使用。相反的，我們更可看出來，大概就從南宋開始，這種畫雪法，已經漸有失傳的趨勢。我們雖然缺乏充足的畫證，以便明確指出灑粉之法，究在何時不爲當代的畫家們所樂用，不過就現存的兩宋畫蹟

　(註一)　據本所藏羣碧樓精鈔本。
　(註二)　據粵雅堂叢書本。
　(註三)　石渠寶笈三編，故宮書畫錄卷六 p. 202 著錄。
　(註四)　石渠寶笈三編，故宮書畫錄卷六 p. 170 著錄。

看來，除了上舉的燕、馬兩家的遺作而外，似乎已經沒有任何一幅有關雪景的畫，曾經採用過這種灑粉爲雪的畫法。馬遠是南宋人，其曉雪山行也用灑粉法來表示飛雪，我們對此又將如何解釋？其實這並不難於找到答案，因爲馬遠此幅是以『留白法』爲主而完成的，灑粉法不過是偶然的一次使用而已。因此，本文雖然不能遽然斷定，這種畫法到了南宋已經不傳，但就當代的畫家都不單獨的使用這一畫法的事實而論，本文認爲它在南宋已有失傳的趨勢，如果所推無誤，大概是不會與事實相差太遠的。

再就讕聞所及，從南宋向下再退一世紀，大概到了明初，這種畫法不但業已失傳，而且失傳已經很久了。我們不妨以下面所引錄的文段記載，來做爲這一句話的脚註。按淸人卞永譽式古堂書畫彙考畫部卷二十一，於王蒙岱宗密雪圖條下，曾引都元敬談纂云(註一)：

> 王叔明洪武初爲泰安知州，泰定廳事後有樓三間，正對泰山。叔明畫泰山之勝，張絹素於壁，每與至輒一擧筆。凡三年而畫成，傅色都了，時陳惟允爲濟南經歷，與叔明皆妙於畫，且相契厚。一日宵會，值大雪，山景愈妙，叔明謂惟允曰：『改此畫爲雪景可乎？』惟允曰：『如傅色何？』叔明曰：『我姑試之。』以筆塗粉，色殊不活，惟允沈思良久曰：『我得之矣！』爲小弓夾粉筆，張滿彈之，粉落絹上，儼如飛舞之勢。皆相顧以爲神奇。叔明就題其上曰『岱宗密雪圖』，自誇無一俗筆。

王蒙旣然在把對泰山而作的寫生圖，改爲雪景的時候，是『以筆塗粉』，而陳惟允在因爲『色殊不活』而致的『沈思良久』之後，才想起爲小弓夾粉筆，張滿而彈的彈粉法，這就可以證明塗染鉛粉爲雪的畫法，固然偶爲明初的畫家所用，而彈灑鉛粉爲雪的畫法，却是早就不傳的事了。我們固然不知道陳惟允在沈思良久之後所得到的彈粉法，究係爲其獨創，偶與古法相合，還是他忽然想起了趙幹作品裏所曾使用的舊法，但是我們却不難看出下面的這一點：要是彈粉法在當時還被普徧的使用，那麼，這位被推爲元代四大畫家之一的王叔明，斷然不會只採用那種『色殊不活』的染粉法，竟然連以彈灑鉛粉爲雪花，來彌補這項缺陷的古法也想不起來。同樣的，要是彈粉法在

(註一)　據吳與蔣氏密韻樓藏本，鑑古書社影印。

當時還有相當的流行，<u>陳惟允</u>又是與<u>王蒙</u>同樣精於繪事的畫家，那麼，他又何須要在沈思良久之後，才想起爲小弓夾粉筆，而來另試一次彈粉爲雪的畫法？假如這樣的推測沒有錯誤，無疑的，我們可以相信，到了<u>元</u>末<u>明</u>初，彈粉法已經失傳很久了。

（三） 留白法的舉例與說明

所謂『留白法』，就是把圖面的某一部分，在作畫的時候，不加墨，不設色，留出質地本具的原白，以**表示雪景**；原白附近或原白以下的地方，則用墨**渲染**，使其濃度較深。用這樣黑白對照以表示積雪之存在的方法，就是留白法。對於這種畫法相關的說明，也可在古人的著述之中見到。如<u>宋</u>人<u>郭若虛圖畫見聞志</u>卷一論製作楷模條云(註一)：

> 畫出石者，多作礬頭，亦爲凌直，落筆便見堅重之性，皴淡卽生窊凸之形，每留素以成雲，或借地而爲雪，其破墨之功，尤爲難也。

所謂留素成雲，借地爲雪，意義相同，同是在畫圖上空出一段原白的意思。本文之所以採用『留白』一詞，本是從表示雪景繪畫之技法的觀點上着眼；『留白』，是畫家在完成雪景時所使用的一種技法，雖然是以畫面的空白來代表堆積的雪，可是從上述的觀點說來，這種畫法與使用敷染鉛粉爲雪的畫法，在意義上是完全一樣的。而『借底』，則是鑑賞家所予的相對的名詞，本質上雖然沒有分別，意義上的距離却相差很遠了。作者寧用『留白』而不用『借底』，就根據這樣的理由。

這種方法的使用，可能是從<u>五代</u>開始，到<u>北宋</u>以後，就慢慢的絕蹟了，用歷史的尺度衡量，它使用的時間是很短暫的。據謝聞所及，以留白法表示雪景而流傳至今的畫蹟，大概只有<u>故宮</u>所藏的，<u>郭忠恕</u>的<u>雪霽江行圖</u>。據<u>宣和畫譜</u>卷八，可知<u>郭</u>氏的簡略生平如下：

> <u>郭忠恕</u>，號<u>國寶</u>，不知何許人，<u>柴世宗</u>朝以明經中科第，歷官迄國朝，<u>太宗</u>喜忠恕名節，特遷國子博士。

又<u>郭若虛圖畫見聞志</u>卷三所記尤詳：

> <u>郭忠恕</u>，<u>雒陽</u>人。少能屬文，七歲擧童，子初<u>周祖</u>召爲博士，後因爭忿於朝

(註一)　據<u>津逮秘書叢書</u>本。

廷，貶崖州司戶，秩滿去官，不復仕。縱於岐，雍、陝、雒之間。……太宗素知其名，召至闕下，授以國子監主簿，忠恕縱酒，肆言時政，頗有謗讟，上惡之，配流登州，死於齊之臨邑道中，尸解焉。

由此可知郭忠恕本是十世紀後期的畫家，其流放固在宋太宗朝內 (976-997 A.D.)，但是究竟發生在那一年，卒在那一年，可惜前代沒有更詳細的記載。至於他現存的雪霽江行圖，原本現藏故宮，另有摹本一件，現藏美國堪薩斯城之 Atkins Museum of Fine Arts (見圖版三)。雪霽江行圖原本，絹本，長七四·一公分，橫六九·二公分，石渠寶笈續編、故宮書畫錄卷五頁三十九著錄。影本見故宮名畫三百種第二册第五十二圖。照上述的尺寸看來，此圖原不適合於一幅掛軸應有的形式，是一望而知的。同時面船桅上向右伸展的竿繩，也中止於畫幅的邊緣，而沒有繪出牽縴的人。在構圖上，這樣只表出動作之半的畫法，也是罕見的，所以此畫原來必爲卷而非軸。按米芾畫史嘗有下語：

> 絹素百破必好畫，裂紋各有辨。長幅橫卷裂紋橫，橫幅直卷裂紋直，各隨軸勢裂也。

細觀郭氏此軸，裂紋皆橫，這也爲我們找出其原有形式必爲卷子的側證。再檢詹景鳳東圖玄覽編卷一又嘗記此圖所畫甚詳：

> 郭忠恕雪霽江行圖，皴是小披麻兼括鐵法，本自王右丞候潮圖而來，前作遠山疎林數重，林木不滿寸許，山與木稱。末作一舡逕尺，尾係一脚船，亦逕四寸，前作數人，岸上拽船，船中器具與船人理船之事備極。舊爲吳中沈啓南家物。朱都督萆庵購得，朱物故，落亨之手，後有李西涯、程篁墪跋。

可見此圖起首所畫的遠山、疎林、與牽縴的縴夫等部分，都已失去，只餘畫面主題的大小數船了。既然雪霽江行圖的現狀，已是長度大於高度，近於卷子的形式，根據舊有的文獻，又使我們知道此圖起首部分已遭佚去，那麼，原來的長度一定更大於高度，也完全具有一個卷子的標準形式。所以試看乾隆帝在畫上的題詩：

> 大幅何年被割裂，竿繩到岸沒人牽，江行底織當雪霽，剩有瘦金十字全！

認爲這幅畫僅是被割裂之後的部分原圖，是不錯的。但他第三句却含有懷疑這幅畫是不是眞有雪霽景象之意，那就證明他對本圖還缺乏深刻的觀察了。

　　申按故宮所藏之部份原圖，既已失去起首一段，故現存者僅爲大船二艘，前後平行，並列而泊。二船之首，以繩互繫，以緊聯絡。前船舷側，又繫竹艇，飄浮江面，細觀三船篷頂，皆有竹篷（或爲草篷），篷頂皆留原白，潔然不落一筆。雪篷之上，又有竹笠之物數件，亦是笠頂潔白，笠邊不染。篷與笠之斜面，始以細筆繪出竹篾編結之紋，以及稻草條條並列之象。又觀船篷之內，方有一叟，擁爐取煖，而其篷外相對而行之船夫，則皆作袖手畏縮之狀，亦當是作者籍此以象江上雪霽，不勝春寒之意。據宣和畫譜，忠恕之畫『遊規矩準繩之內，而不爲所窘。』則篷與笠頂之上所現的原白，當然絕不會是出於作者的疏忽，而沒有畫完的遺漏所在。倘使所畫非雪，則無論船篷爲竹爲草，編結之紋，必然繪全，而不會單獨留出向上突起的篷頂，成爲一塊非常明顯的空白。這樣看來、篷頂與笠頂所留出的畫面原白，豈不正是作者特意留出來，用以表示久積而將霽的冬日積雪的一種新畫法嗎？

　　至於摹本的雪霽江行圖，除了大小三船悉如原本而外，起首部分的遠山、疎林、江岸、以及岸上負纜而行的縴夫，也都並存無遺。此卷既然是一手卷，也正可以反證故宮所藏的此圖原本，正如乾隆所說，祇是被割裂以後的部分殘存而已。摹本出自何人，現不可知，不過筆畫既然軟弱，筆致也覺匠氣，很像是南宋以後的摹本。圖中自右至左，依次有下列印璽十三方；除第四、十一兩大方璽因印文模糊不可辨識外，其他如下：

天籟閣	石渠寶笈	寶笈三編	無逸齋精鑒璽
□□□□	乾隆御覽之寶	嘉慶鑑賞	宣統鑑賞
三希堂精鑑璽	宜子孫	□□□□	子京之印
項元汴印	項子京家珍藏	項墨林鑑賞章	

由此可知此一摹本明季嘗入檇李項氏手。何時入宮則不可知。又據第三印，此圖當於石渠寶笈三編著錄。圖中既又鈐有『宣統鑑賞』章，故此圖之流傳必曾相隨淸廷而存，今檢故宮已佚書畫書籍目錄（註一），不見此圖，則其流出宮，恐猶在宣統遜位以

（註一）　宣統遜位後，賞以宮內所藏宋元舊槧，與歷代法書名畫，藉賞薄傑之名，逐日賚賜，盜運出宮，公開典當，以供揮霍，民國十四年三月，故宮博物院於點查淸宮文物時，發現其賞賜眼目四種，因其有關文物流傳之參考，遂於十五年六月印行發世。

前，亦未可知。至其何時入藏 William Rockhill Nelson Gallery of Art, Atkins Museum of Fine Arts (Kansas city, Missouri, U. S. A.) ，亦未能詳，該館現予編號 31-135/33。

　郭忠恕的詳細生卒，本不可考，不過把他列爲第十世紀末年的畫家，大概是不致有何疑問的。根據這一時代，使我們可以看出來，在時間的遞演上面，經過了五代，到了北宋初年，當代的畫家們對於雪景的表示，已又有了新的畫法，也就是新的進展。除此而外，故宮又藏有宋人的溪山暮雪圖一件(註一)，其畫於樓閣、村屋脊頂，都用特意留出的原白來表示積雪，但是也在他處微用渲染法。渲染法正是在留白法以後，相繼而生的另一種新畫法。這幅畫既然是原白，渲染二法俱用，正可說明它是在渲染法產生之後所完成的一幅作品，因此一方面使用了新的畫法，一方面也保持了以前的舊畫法，這種兼受兩種影響的作品，正如趙幹的江行初雪圖一樣，既使了新的灑粉法，也並存着舊的敷粉法。不過渲染法的產生，既然大致可說是在北宋，足見由留白法的肇始到渲染法的出現，其使用的時間，先後不過數十年，也就是說，當留白法還在使用的時候，渲染法已經接踵而至了。留白法獨佔畫壇的時間是很短促的。

（四）　渲染法的舉例與說明

　所謂『渲染法』，是指以淡墨塗染在畫面上，以明暗相濟的方式來表示雪景的一種畫法。爲什麼一定要說是淡墨而不包括彩色的使用呢？關於這一點，明人汪砢玉在其珊瑚網古今名畫錄卷二十四的繪事名目條中，對此二字曾有解釋如下(註一)：

　染　　　不描染色塗染出

　渲　　　翎毛謂之染渲

　可是還嫌籠統，確義仍是糊糢不清。照作者粗淺的看法，『渲』與『染』的意義大體相同，嚴格的說，也許還有下述的兩種分別：第一、根據繪畫家現行的術語，用墨的叫染，用色的叫渲。第二、染時水多墨少，渲時色多水少。不過使用的技法却相同。因此，我們所說的渲染法，是除開這些區別以後的一項廣義的名詞；以淡墨染在畫面的空處，以及物體的陰黯之處，以表示雪景的畫法，本文都稱爲渲染法。

（註一）　石渠寶笈續編，故宮書畫錄卷五，p. 108 著錄。影本見故宮名畫三百種第三册第一四三圖。

　　前面已經提到，渲染法的使用，從時間上看，可說是從北宋開始的。用這樣的畫法所完成的畫蹟，時代屬於北宋而現在還能看到的，數目也還不少。這裏且舉出幾幅。

　　第一、故宮現藏范寬的雪山蕭寺圖一幅（見圖版四：1），橫一〇八·二公分，長一八二·四公分，絹本，淺設色，是一幅相當動人的北宋眞蹟（註一）。此圖畫面示羣山巨石，層層相疊，古木寒柯，枝極索然，下有山徑，遠通古寺，山中行旅二人，方步於途。全圖氣魄雄偉，筆觸沉著，不負一代大家勝名。圖中天空、河水、全用淡墨渲染一過，山石陰黝之處，更以墨色分別染出深淺不同的好幾層，因爲染墨較深的地方比較多，若干染墨稍淺的地方，便在墨色濃淡的對比之下，而產生一種白的感覺，而代表了久積的雪。因爲作者對於這種技法的處理得宜，渲染而成的積雪，看來非常自然，絲毫不覺勉強。

　　第二、故宮又藏郭熙的關山春雪圖一件，橫五十一·二公分，長一七九·一公分，絹本，水墨畫。欵署：『熙寧壬子二月，奉王旨畫關山春雪之圖，臣熙進』（註二）。熙寧是宋紳宗的年號，壬子合熙寧八年（1072 A.D.），這幅長軸正可以說是一幅標準的，十一世紀的宋畫。此畫雖然重巒疊嶂，層出不窮，大致可分三層；第一層畫樓閣一區，叢林環繞，第二層畫危巖高聳，古木流泉，第三層則有遠山數層，隱現天際。其畫面空際雖以墨染，以顯示積雪的皓潔，但山石、樓頂等處，亦以較淡之墨水，渲染一過。因此在這幅畫裏的雪景的表出，只是借用墨色濃淡的運用，以爲區別而已。范寬的雪山蕭寺與郭熙的關山春雪，可說是用渲染法畫雪的，兩個標準的例證。

　　除了上述現存的畫蹟而外，從前人對於宋元畫蹟的描述之中，也可照樣看到渲染法在南宋的使用。按詹景鳳東圖玄覽編卷二嘗記楊仕賢畫云：

　　　仕賢淸遠近雪，山旣于近山外，用淡墨水襯出山外雪山，又于山外雪山外，用

　　　濃淡墨水漬成，襯出雪山，隱隱兩三重，尤爲畫者未有。

從『用淡墨水襯出』和『用濃淡墨水漬成』雪山，這兩句描寫看來，正可證明楊仕賢所使用的也是渲染法。楊仕賢旣是宣和末年院裏的畫家，所以他的姓名不見於宣和二

（註一）　石渠寶笈三編，故宮書畫錄卷五 p. 35 著錄。影本見故宮名畫三百種第二册六十六圖。

（註二）　石渠寶笈三編，故宮畫錄卷五 p. 49 著錄。影本見故宮名畫三百種第二册七十八圖。

年編成的宣和畫譜。好在從元人夏文彥的圖繪寶鑑卷四，還可找到一段簡單的記載；雖然夏氏把仕字記爲士字，與詹景鳳的記載有異。今按夏氏書云(註一)：

> 楊士賢，宣和待詔，紹興間至錢唐復舊職，賜金帶，工畫山水、人物，師郭熙。多作小景山水，林木勁挺，似亦可取，峯石水口，雄偉之筆，遠不逮熙。

這一項記載爲我們說明了兩點；第一，楊仕賢本是北宋與南宋之間的人物，我們雖不知道詹景鳳所記的這幅淸遠近雪，繪於何時，不過楊氏既曾入仕南宋畫院，那麼這幅畫已有畫於南宋的可能，反之，卽使此畫並非畫於南渡以後，但他既曾以漬染法表示雪景，那麼他在紹興時代的作品，當然也可同樣的使用這種以濃淡墨水漬出雪山的畫法。這豈不說明了渲染法的使用，已很自然的由北宋時代延續到南宋時代去了？第二，楊仕賢是御苑畫家之一，但在表示雪景時所使用的畫法，則與范寬相同，這又說明了渲染墨水爲雪的方法，終有宋一代，其使用是不分院內院外而爲當時的畫家們所一致樂用的。

渲染法在兩宋的使用，旣然如此普徧，所以被元代的畫家們直接的因襲下去。按淸人謝坐的書畫所見錄卷三，於盛懋條下如此記着(註二)：

> 曩得子昭所畫雪景山水巨軸，絹長九五尺，寬五尺餘，吾輩草廬，竟不能張而讀之，常呼短僕携至僧寺之空濶處張挂。細讀其皴法，純用『披麻』夾『雨點』。而雪不用粉，從墨色烘褪而成。通幅水墨，獨驢背之人獨着猩紅袍色，眞險筆也。

旣然此一雪景巨軸，通幅水墨，而雪『從墨色烘褪而成』，也可以證明盛懋所使用的，應該正是渲染法。因爲如就『烘褪』兩字的字義解釋，我們可以想像原畫必是用淡墨水一次次的染出來的，所謂『烘』，其字雖然從火，但却並不像許愼在說文解字卷十裏所解釋的，具有『放火』的意義(註三)。反之，它所代表的，却是一種以水筆暈染的意義。關於這一點，作者認爲不妨借用淸人鄒一桂在其小山畫譜卷上裏的一段話，

(註一)　據津逮秘書叢書本。

(註二)　據春草堂三種叢書本。光緒六年庚辰 (1880 A. D) 開雕。

(註三)　申按說文解字火部解『烘』字云：『尞也。』又按『尞』云：『放火也。』

來作爲解釋。鄒文云(註一)：

六曰烘暈法：白花白地，則色不顯，法在以微靑烘其外，而以水筆暈之。自有以至於無，其用墨甚微，着迹不得，卽畫家所謂渲也。或欲畫白花，先烘其外亦得。總欲觀者但賞玉質，而不知其烘，則妙矣。又樹石、禽獸、水紋、波級、雪月、霞天亦用烘法，烘亦用水，非用火也。

鄒一桂的『烘暈法』，雖然是在繪出花卉繪畫時的八法之一，但把他對花卉畫法的解釋，轉用到本文所討論的雪景繪畫上來，似乎也沒有什麼不穩妥的地方。那麼，上面所說盛懋用墨色烘烘褪而來的雪景，應該是用渲染法來畫成的，便由此得到了證明。同時，從這一點看來，也使我們知道，元代畫家所使用的畫雪法，仍然是因襲宋代的老法子，而沒有新的創造。

（五）　渲留法的擧例與說明

所謂『渲留法』，就是將畫面所示存有積雪的地方，留出原有質地的白色，再將天水空處與其他相當的地方，用淡墨渲染一過。這在上篇釋名之中，已經說明。這種畫法從什麼時候開始，似乎還不容易確定，不過大致可說是從南宋以來才被使用的。現在我們可以擧出前述，故宮所藏的無欵宋人溪山暮雪圖來作爲說明。此圖縱一〇二·一公分，橫五十五、九公分，絹本，水墨畫。下繪坡岸，左有莊園，二人撐傘避雪，荷物晚歸。隔岸有橋，隱現叢林中。其上雲霧迷漫，危峯高聳，遙村深院，山脚環擁。歸鴉數十，翱翔在空。圖中溪岸、樓頂、橋面、及若干山石突處，均留原白，其他部分，則全部渲染淡墨。全圖頗見江天暮雪，氣象蕭森，冷冽逼人之感。此幅雖爲巨幛大幅，然其皴法與用筆之時代皆晚，全圖佈局，下實上重，中層特見單薄，亦較北宋名家通幅緊湊無懈之雄偉氣魄，相去一籌，然亦非爲元明以後柔弱無力之面目所可比擬，故此以渲染與留白兩法並用之雪景，定爲南宋時代之作品，自覺尙無不妥。

其次，故宮的藏品中，還有一幅元人曹知白的羣峯雪霽圖(註二)，左下畫老松三株，傲然江畔。水閣數層，隔岸相對。茅亭一座，枯林隱現。亭閣之後，羣山層起，

(註一)　此書版本甚多，此據昭代叢書本。

(註二)　石渠寳笈初編，故宮書畫錄卷五 p. 180 著錄。影本見故宮名畫三百種，第四冊一六八圖。

遙見飛瀑（見圖版五）。仔細觀之，樓閣與茅亭頂部留有原白，天水空處則以淡墨輕染，也是兩法兼施的一幅古畫。按曹氏生於宋度宗咸淳八年，卒於元順帝至正十五年(1272-1355 A. D.)，卒年八十四歲。據圖上黃子久跋，此圖爲曹雲西在至正十年 (1350) 畫成的作品，也就是曹氏卒前五年的作品。此圖旣爲曹氏晚年力作，而其時適當元室初立未幾，這就證明渲留法在元初的使用，是從南宋的畫壇流傳而來的。

　　比曹知白的時代再晚一點的作品，還有曾與元末名士倪瓚爲至友的郭畀的雪竹卷此卷縱三十一·八公分，長一四五·二公分，紙本、水墨、現亦藏於故宮博物院(註一)。起首畫江岸蕭索，枯木寒柯，短竹新篁，石畔叢生。對岸畫叢竹十餘株，或爲枯幹，枝椏索然，或由積雪，因重傾斜，不勝荷負。筆觸秀勁，意境高遠，允稱傑作。整卷天水空處，悉用淡墨渲染，山石、坡岸之凸面、竹葉、樹幹、與枝椏之間，均作積雪。因其背景旣用淡繪染過而覺黯黝、而竹、石、木、岸又全以濃墨繪出，故於濃墨之上與淡墨之間所留出之單底原白，雪意盎然有致。這件小卷，筆墨簡單，交待分明，層次井然，可說是觀察以渲留法來表出的，最便利的一件證例。

　　至於明代的作品，更是大部分都用渲留法來完成的。仍以故宮的藏品爲例，呂紀的寒雪山鷄圖(註二)，畫石上山鷄，畏縮樹下，流泉淙淙，環繞石側。全幅整個以淡墨渲染一過，積雪之處，留出紙地原白。枯荻衰枝，山石黝凹處，則用焦墨揮灑，適與原地之潔白，旣有强烈之對比，亦能相映而生趣。以上所述各圖，無論其所用之畫法爲何，除了幾幅唐與唐以前的畫蹟以外，大都以水墨的使用爲主，很少敷色的。可是到了明代以後，敷色的雪景畫却漸漸的流行起來。現在仍以故宮的藏品爲例，簡介如下：

　　像周文靖的雪夜訪戴圖(註三)，呂紀的雪景翎毛圖(註四)，雪岸雙鴻圖(註五)，王諤的

　(註一)　石渠寶笈三編，故宮書畫錄卷四 p. 121 著錄。影本見故宮周刊第一二二至一二三期。

　(註二)　石渠寶笈初編，故宮書畫錄卷五 p. 309 著錄。影本見中華美術圖集第三輯畫部第十九圖，故宮、中央博物院編輯，中華叢書委員會出版，四十四年十月，臺北。

　(註三)　石渠寶笈三編，故宮書畫錄卷五 p. 277 著錄。

　(註四)　石渠寶笈初編，故宮書畫錄卷五 p. 310 著錄。影本見中華美術圖集第三輯畫部第二十圖。

　(註五)　石渠寶笈三編，故宮書畫錄卷五 p. 309 著錄。

瑞雪凝冬圖(註一)，唐寅的函關雪霽圖(註二)，及文徵明的關山積雪(註三)與雪山圖(註四)兩長卷，雖然有的是淺設色，有的是大着青綠，但都敷色於畫中景物的陰凹一面，對空或隆凸之一面，則都留出了原有的潔白，以表示積雪，空中再用墨水整個渲染一遍。因此，我們可以說，色的敷染，對於在表出這些雪景作品的畫法而言，是無異於水墨畫的。也就是色彩的使用，並不能改變渲留法的表出，設色的畫只是在水墨使用之後，多加一次色彩的使用而已。在設色畫內所表出的渲留法，正和在水墨畫上所表出的渲留法一樣，無論意義與技法，完全是相同的。

〔下篇〕　演變的原因與經過

根據上面的敍述，我們對於中國繪畫史上，五種不同的畫雪方法及其使用的時代，似乎已經大略可知，以下要繼續討論的，是本文最重要的一部分，也卽對於這五種畫法演變的原因與經過的若干考察。按照前章所述它們使用的時代之先後，本文首先要討論的，是敷粉法的產生及其演變的原因與經過。

（一）　敷粉法的產生與演變

就前章所舉出的例證看來，敷粉法的使用，從時間上說，可能是由第六世紀南北朝時代的梁代 (502-557 A.D.) 開始，一直到十一世紀的北宋。北宋以後的畫蹟，當然並不曾完全斷絕了此一畫法的使用，不過必須說明的一點是，那些畫蹟中的雪景，已不再是純粹以敷粉法來單獨表出的作品了。本文願以北宋作爲敷粉法在時間使用上的『下限』(Lower Limit)，主要是基於這項理由。

從作品上看，以敷粉法而畫成的雪景，有傳張僧繇的雪山紅樹圖、無欵六朝人的雪山圖、王維的雪溪圖、無欵唐人的雪景山水、和許道寧倣李成的關山春雪圖等。以這幾幅畫的繪成時間爲根據點，而向同時代其他畫家的作品加以考察，可以讓我們發現：唐代以前的畫蹟不但大半都是設色的。而且還是相當濃郁的。顧愷之的雪霽圖，

（註一）　石渠寶笈未著錄，故宮書畫錄卷五 p. 311 著錄。
（註二）　石渠寶笈三編，故宮書畫錄卷五 p. 317 著錄。影本見中華美術圖集第三輯畫部第廿二圖。
（註三）　石渠寶笈初編，故宮書畫錄卷四 p. 185 著錄。
（註四）　石渠寶笈初編，故宮書畫錄卷四 p. 186 著錄。

固然因於原畫早已失傳，歷代的文獻之中，也難找到更詳細的記載，而使我們無法知
道雪霽圖是否設色。但就他別的作品看來，似乎都是敷色都麗的。汪砢玉的珊瑚網古
今名畫題跋卷一，曾記顧愷之的洛神圖『重著色』，故宮名繪集珍冊中，傳爲唐人摹本
的洛神圖，雖然成畫的時代較晚，不過畫中宓妃朱衣鮮艷，似乎還保存了六朝時代古
畫的面目。此外，倫敦英國博物館 (The British Museum) 所藏的女史箴圖，雖然也很可
能不是顧長康的眞蹟，但是構圖、畫法、與筆法，都不是唐以後的畫家所堪爲(註一)，
作爲六朝時代古畫的面目看來，是沒有什麼疑問的。至於圖中色彩的使用情形，在安
儀周的墨綠彙觀錄卷三，也早爲我們描述如下：

> 絹本，高七寸，長丈許。圖經眞定梁蒼巖相國所藏，大設色，人物不及四寸，
> 色澤鮮艷，神氣充足。

顧愷之的洛神圖雖然『重著色』，女史箴圖又『大設色』，他的畫雲臺山記 (見歷代
名畫記卷五)，雖然是敍述他計劃中想要畫出來的，一幅畫的構圖與畫法的一篇文字，
不過他既在計劃中要用濃郁的重色作畫，可見他的作品都是經常敷設重色的。那麼，
顧愷之這幅失傳已久的雪霽圖，想來也頗有本是一幅設色山水畫的可能。

張僧繇的作品，本來傳世的就很少，其中最有名的，怕是原爲阿部房次郎所藏，
而現歸日本大阪市立博物館的那幅五星二十八宿眞形圖了(註二)。要知道這件卷子是如
何畫成的，不妨先讀張丑在清河書畫舫裏的記載(註三)：

> 張僧繇五星二十八宿眞形圖，狀貌奇詭，筆墨精致，尤是設色濃古，位置爾
> 雅。品在閻立本、吳道子上。

既然是『設色濃古』，可見也與顧愷之的『重著色』的畫法相同。六朝去晉不遠，
典午之後，衣冠南渡，一切仍沿兩晉之舊。梁代畫風固不能謂盡襲前代，不過兩晉與

(註一)　此圖之繪成時代，現有二說，一爲眞蹟說，如英人秉揚 (Laurence Binyon)，說見 "Burlington
　　　　Magazine", January, 1904, London)，日人福井利谷郎 (說見東京美術學校校友會月報，大正十四
　　　　年，1925，十二月號)。一爲摹本說，如日人精瀧一 (說見國華 No. 287 又見東洋學報，五卷一期，
　　　　p.p. 79-98 大正四年，1915，東京)。

(註二)　影本見阿部孝次郎爽籟館欣賞第二輯，昭和十四年十一月，京都。彩色圖版則見 James Cahill:
　　　　"Chinese Painting" p. 17 之附圖 (1960, Albert Skira Press)。

(註三)　據本所藏翠碧樓舊藏精鈔本。

六朝之間的繪畫，在中國繪畫史上的變異本來很少，因此六朝的畫蹟，依舊是敷染濃色，一如晉代顧愷之的畫品的。這以張僧繇與無欵六朝人的雪景山水爲例，便可得到證明，而不用再加深疑。

　　六朝與晉的畫風相類如此，那麼唐代的畫蹟又如何呢？關於這一點，從明代以來卽已開始的，中國山水繪畫的南北分宗，也許是一個很好的說明。首先是莫是龍於其繪說中(註一)，提出下面的分宗論：

　　　　禪家有南北二宗，唐時始分。畫之南北二宗，亦唐始分也；北宗則李思訓父子
　　　　著色山水，流傳而爲宋之趙幹、趙伯駒、伯驌、以至馬、夏輩。南宗則王摩詰
　　　　始用渲淡，一變鉤斫之法，其傳爲張璪、荊、關、郭忠恕、董、巨、米家父
　　　　子，以至元之四大家。

　　除此，董其昌在畫禪室隨筆中也附和莫是龍的意見，而有下語(註二)：

　　　　禪家有南北二宗，唐時始分，畫之南北二宗，亦唐時分也，但其人非南北耳。
　　　　北宗則李思訓父子著色山水，流傳而爲宋之趙幹、趙伯駒、伯驌、至馬、夏
　　　　輩。南宗則王摩詰始用渲淡，一變鉤斫之法，其傳乃張璪、荊、關、郭忠恕、
　　　　董、巨、米家父子、以至元之四大家。亦如六祖之後有馬駒、雲門、臨濟兒孫
　　　　之盛，而北宗微矣。

　　由前引，我們可以很明顯的看出來，莫、董兩家認爲南北二宗的不同，主要的是根據這兩點：一、北宗的山水著色，南宗的不著色。二、北宗的山水用鉤斫法，南宗的用渲染法。但是這項分宗理論的不足成立，晚近研討中國畫史的學者們，在提到他們的意見的時候，沒有不加以駁斥的(註三)。作者也覺得這個問題，遠踰本文的範圍之

(註一)　據續說乳本。
(註二)　據本文前揭式古堂書畫彙考卷　附載本。
(註三)　申按有關分宗論之論述，據讕閱所及，計有下述五文：
　　　1.　陳衡恪：中國文人畫之研究，十一年五月，中華書局出版。
　　　2.　滕固：關於「院體畫」和「文人畫」之始的考察，廿年九月，輔仁學誌二卷二期。
　　　3.　童書業：中國山水畫南北分宗說辨僞，廿五年一月，考古學社社刊四期(未見)。
　　　4.　張思珂：論畫家之南北二宗，廿五年十一月，金陵學報六卷二期。
　　　5.　陳中凡：文人畫之源流及其評價，冊三年七月，文史雜誌四卷一二期合刊。
　　　此外，作者亦有論中國山水畫的南北分宗一文附驥，見中國畫史研究 p. 77-115 （正中書局出版，四
　　　十八年六月，臺北）。

外，本不應該在此論及，不過，分宗論既用色彩的使用與否作爲根據，這就爲我們說明，唐代的繪畫，有一半是屬於設色的『北宗』，另一半則是不設色的『南宗』。這對於本文借用這兩個名詞，來描述唐代繪畫的大概，是較方便的。所以我要在此地提到它們。這一點，想應該在此附帶說明。

從色彩的使用上看，北宗的著色山水，金碧輝映，富麗堂皇，在繪畫的發展史上，早已另有『金碧山水』或『青綠山水』的稱呼。李思訓父子的遺作，就故宮藏品而言，還有好幾件(註一)，無不都是青綠敷色，特見鮮麗的，卽使它們的成畫年代，尙有可議處，但是把它們認爲是一些保存了原作之畫法的摹本，却沒有什麼疑問。因此關於『北宗』這一派，用不着再加討論。

至於由王維創始的『南宗』山水又如何呢？詹景鳳東圖玄覽編卷三嘗記：

王晉卿臨王右丞輞川圖於城下城隍廟，見淺着色。

又據張丑在淸河書畫舫裏的記載，王維的花樹雪山圖，也是『淺絳色』(註二)。可見王維的作品也常設色的。卞永譽式古堂書畫彙考畫部卷九，錄董其昌於王維江山雪霽圖後之跋語如下：

京師高郵州將處，有趙吳興雪圖小幀，頗用金粉，朗遠清潤，迥異尋常，余一見之，定爲學王維。或曰：『何以知是學王維？』余應之曰：『凡諸家皴法，自唐及宋，皆有門庭，如禪燈五家宗派，使人聞片語單詞，可定其爲何派兒孫。今文敏此圖行筆非僧繇、非思訓、非洪谷、非關同、乃知董、巨、李、范，皆所不儱，非學王維而何？』

淸人錢杜松壺畫憶卷下，又記王維之江干雪霽圖如下(註三)：

***

(註一)　申按故宮所藏李氏父子畫蹟，今就所知，臚列如下：
　　　　　李思訓江帆樓閣圖，絹軸，故宮書畫錄卷五 p.2 著錄。影本見故宮名畫三百種第一册第三圖。
　　　　　李昭道湖亭遊騎圖，絹軸，故宮書畫錄卷五 p.2 著錄。
　　　　　李昭道春山行旅圖，絹軸，石渠寶笈三編，故宮書畫錄卷五 p.3 著錄。影本見故宮名畫三百種第一册第四圖。
　　　　　李昭道洛陽樓圖，絹軸，石渠寶笈續編，故宮書畫錄卷五 p.4 著錄。影本見參加倫敦中國藝術國際展覽會出品圖說第三册(五畫)，二十五年四月，商務印書館，上海。
　　　　　李昭道連昌宮圖，絹扇，(唐宋元畫集錦册之一)，石渠寶笈續編、故宮書畫錄卷六 p.186著錄。
(註二)　據本所藏臺碧樓舊藏精鈔本。
(註三)　據檆園叢書本。

揚州吳杜村處觀王右丞江干雪霽圖卷，色澤剝落，惟草屋中一短褐硃色如新。

同書卷下又云：

舊見石田翁山水甚夥，大青綠仿右丞。

又清人王槩畫學淺說於設色篇內亦云(註一)：

王維亦青綠山水。

前引的幾段記載，無不記明王維的作品是曾使用色彩，而且是『頗用金粉』，或以青綠重色敷染畫面的。那麼，金碧山水或青綠山水，豈不都可把王維的作品包括在內？作者並無意於在此討論南北宗的分宗說，只不過借用上引的文獻來證明王維的畫，也是經常敷染重色，一如李氏父子而已。此外，再從現存而可靠的唐代遺作看來，像現為日本京都敎王護國寺所藏的，李眞眞蹟不空三藏像、阿闍梨惠果像(註二)，美國波士頓美術館 (Museum of Fine Arts, Boston) 所藏的，閻立本歷代帝王像、與北齊勘書圖卷(註三)，堪薩斯城阿特金博物館 (William Rockhill Nelson Gallery of Arts, Atkins Museum of Fine Aort, Kasas, Mesuri) 所藏的，周昉調琴啜茗圖、與陳閎的八公圖(註四)，無不都是敷色濃艷的。此外，再以民國五年 (1907 A.D.)，斯坦因 (Sir Aruel Stein 1862-1943 A.D.) 在我敦煌千佛洞中所發現的，而聞名世界的大幅旛 畫引路菩薩圖 (Avolokitesvara) 而言(註五)，也是色彩都麗，一如上述諸圖的。更不用提那些畫在千佛洞寺壁上的壁畫，敷染是如何的濃艷悅目了。根據這幾方面材料的綜合，使我們知道唐代的繪畫，雖不能說完全是敷色的，至少有一大半是喜施色彩的。

我們既由畫史的記載中，找出唐人在畫蹟上色新敷染濃度的記錄，同時也用現存的畫蹟，說明了它們彩色的現狀，這就很清楚的看出來，唐與唐以前的作品，不但大

(註一)　據芥子園畫傳前編本。

(註二)　本按李眞之名，張彥遠歷代名畫記、朱景玄唐朝名畫錄俱無著錄。段成式酉陽雜組續集卷六寺塔記始錄其名。並記所畫資聖寺國塔院四面花鳥（據津逮秘畫本）。

(註三)　歷代帝王圖影本見 O. Sirén: "Chinese painting" Vol. III. Plates 72-75, 北齊勘書圖影本見同書 Plates 76-78. (The Ronald press co. New York, 1956.)

(註四)　調琴啜茗圖，原藏清宮，編號靜字 679。宣統十四年十二月初八日流出宮外，一度入藏羅振玉手。八公圖，原亦清宮舊物，宣統十四年十一月初六日流出。前揭故宮已佚書籍書畫目錄均有著錄。

(註五)　影本見 Aurel Stein, "The Thousand Buddhas", Plate XXXVIII, Beruard Quaritch. Ltd, 1921, London.

都是設色的，而且色彩都是非常鮮麗的。由此，也使我們進一步的瞭解了，古代繪畫家筆下所描畫的景物，無不都是用色彩來表示與完成的。從觀察的立場上說，色彩的多量的使用，本是古代的藝術家們所採用的寫實精神之一(註一)。而啓發這一寫實態度之產生的主要原因，還是因爲世間的一切景物，無不各具它們自己原有的顏色。再從唐畫畫面上的色彩，來推測當代畫家對於敷色的方法，無不都是顏料特多，水份較少，幾乎可說是藉了少量水份的溶解，而直接把顏料敷染到畫面上去的。

從另一方面看，雪的顏色既然是純白的，而畫面的景物又全都用顏料來表示它們原有的色彩，於是，當畫面上須要表示雪景的時候，使用鉛粉直接敷染在畫面上相當的地位，以象徵那些堆積着的白雪，本是很自然的一種畫法。所以敷粉爲雪之畫法的本身，不但也是一種象徵性的寫實畫法之一，卽就完成此一畫法的技術而論，也與把一切被攝入畫內的景物，都用厚色敷染而成的畫法，完全脗合，無足深異。

根據以上的考察，使我們對於敷粉法產生的由來，得到以下的三種認識：

一、敷粉法的產生，本是唐代以前把畫面的一切景物，都敷以重色的畫法裏的一部分，並不是特別爲了表示雪景而獨創的。

二、就上述敷染重色於畫面的畫法而言，是在中國早期繪畫着重寫實主義的影響之下而完成的。

三、其使用時期，嚴格的說，是從第六世紀到第十一世紀。

（二） 灑粉法的產生與演變

敷粉法的使用，既然是從第六世紀到第十一世紀，而灑粉法的使用，就前篇所舉出的例子看來，大概首見於王維的雪溪圖。王維的年壽若何，史家固有爭執(註二)，不

(註一) 見莊申：中國古代繪畫的寫實精神，見前揭中國畫史研究 p. p.1—21.

(註二) 申按王維生卒之年，唐書卷一九〇列傳一四〇文苑傳下王維本傳，僅稱：『乾元二年七月卒』。不言年壽。新唐書卷二〇二列傳一二七文藝傳上本傳，雖稱：『上元初卒，年六十一』，但又未詳言上元何年。且乾元在前，上元在後，兩唐書所述已非一致。故後代史家於摩詰生卒，亦多不一。淸人錢大昕疑年錄卷一(據雪雅堂叢書本)，及今人梁廷燦歷代名人生卒年表 p. 45 (廿二年七月，商務印書館，上海)，均以王維生於唐中宗聖曆二年己亥，卒於肅宗乾元二年己亥(699-579 A. D.)，卒年六十一。淸趙殿成王右丞集箋註卷廿九所附年譜(據淸乾隆元年原刻本)，則以中宗大足元年辛丑爲生年，肅宗上元二年辛丑爲卒年 (701-761)。卒年亦六十一。是錢、梁之說從唐書所記，趙譜則以新唐書所記爲準者也。

過把他算成第八世紀下半期的畫家，却是沒有疑問的。既然灑粉爲雪的畫法，到了第八世紀的下半期才見使用，故就其產生的時間而言，顯較敷粉法的肇始，晚出百餘年。

　　據安儀周的記錄，雪溪圖曾用敷粉法，而據李葆恂的記錄，此圖又曾使用灑粉法，王維旣不單獨使用這兩法之中的任何一法來完成他的雪溪圖，那麼，這種兩者兼施並用的畫法，足以構成他加強對雪景的體會的一種表現，似乎是可想而知的。作者固然不敢遽斷前述此一推測，一定就是王維作畫時的原意，但就故宮所藏的無欵唐人雪景山水，與段贊善的雪漁圖，也都以敷粉、灑粉二法並用一事而論，就可讓我們看出來，大概從第八世紀的後半期開始，唐代的藝術家已經知道如何體會在空中飛舞的雪花兒，而把它與靜態的積雪，一齊表示在同一件作品的畫面上了。

　　本來敷粉爲雪的畫法，祇能表示景物表面所堆積的雪，所以在畫面上所得到的感覺，也祇是屬於一個平面的，反過來說，如果能在畫面上表示那些在空中輕盈飛舞的雪花兒，當然就可因爲雪花兒本身的飄動，而引起一種動的感覺，使欣賞的人好像一面看到處處皓皚的白雪，一面又覺着飛動的雪花，而有置身大自然中，親體動靜二態之雪景的感覺了。這樣的畫法，比起單獨使用敷粉法所引起的，但祇有一個平面積雪的單純之感，自然更能收到實際的感覺與效果。

　　所以，從唐代的王維以來的山水畫家，旣然創造了灑粉的新法，以形象那些細微的飄雪，那就很清楚的顯示出來，唐代的畫家們，不但在意識上，已比唐代以前的藝術家們，對於自然界的變化，能有更深刻的體會與捕捉，就在表現上，灑粉的畫法，旣然是對飄動的雪花的一種表示，所以，動態的描繪也比靜態的描繪，更接近於寫實精神的原義。如就敷粉與灑粉二法的表現意義以相比較，無疑的，這種表示動態之感覺的畫法，也比第八世紀以前的畫壇之但知描畫靜態的景物，有了更顯著的進步。

　　由此以遂使我們可以確定，灑粉法的產生，本是中國繪畫在一種更具體的寫實精神之下，所得到的新畫法。段贊善旣是唐末或五代初年的畫家，描繪江行初雪的趙幹，也爲五代末年或北宋初年的畫家，他們兩家的作品旣然都以灑粉之法以畫雪，因此，我們也可根據他們兩人在世的約略時代，而知道從中唐到北宋之初，灑粉法本有相當普徧的使用。

（三）　留白法的產生與演變

　　灑粉法的使用，雖然在五代末年還很普徧，可是，就在這個時候，畫雪的第三種方法留白法，也同時產生了。關於這一點，郭忠恕與趙幹的生世及其作品，似乎可以作爲這項說法的證明。

　　趙幹的生世，我們可以分成兩半，前半在南唐，後半在北宋。郭忠恕的生世，同樣的也可分成兩半，後半固然同在北宋，不過前半則在後周而已。至於後周，南唐與北宋之間的關係，雖因後周較南唐先亡於宋，而南唐則在北宋立國九年之後始亡，看來似乎是南唐的國祚，略長於後周，但周、唐與宋三國的興亡，却同在第十世紀的後半期。所以趙幹與高忠恕的生年，雖然前半不同，但其後半却同在北宋的初年，大致可以說是時代相同的。但就他們兩家現存的畫蹟而論，對於雪景的畫法，可就大不相同了。

　　趙幹的江行初雪卷，所用爲灑粉法，郭忠恕的雪霽江行卷，則用留白法。前者藉着畫面稀稀疏疏的粉點，以表示空中的飛雪，後者則借用在畫面留出來的空白，以表示堆積起來的靜態的雪。這兩種畫法當然是完全不同的。趙與郭的時代旣然相同，而對於雪景的表出，却有用色與用墨的本質之不同，這就顯示出來，當灑粉法還在使用的時候，留白爲雪的畫法，同時也已產生了。雖然從另一個觀點上着眼，我們也可以說這兩種畫法，在第十世紀的後半期，本是相行並用的。

　　預留畫面原白爲雪的畫蹟，目前雖然祇能找到郭忠恕的雪霽江行圖，然而如果本文的推測不錯，大概原白法的產生，似乎正應該在這時候；至少是不會早到五代以前的。中國的山水畫，固然到了唐代已有相當的發展，但是唐以前僞作品，本以寫實爲主，因此對於一切景物的表示，無不皆以色彩來完成。後代的畫史論者，雖然常把唐代的山水畫，分成南北二宗，並認爲前者是以水墨作畫，後者是以彩色使畫，但是這樣的分宗之論，本來並不正確，使用彩色的北宗畫，我們固可略而不談，然而南宗的山水畫，仔細的考察起來，也並不是完全使用水墨，絕迹於彩色之使用的。據本文在上一篇裏所舉出的例子，王維的畫不但有淺絳色的，而且更有金碧重色的。最矛盾的是王維的本身，還是被後世的畫史論者尊爲水墨繪畫之南宗鼻祖的。這樣看來，唐代以前的山水畫，大概以著色的居多，是沒有什麼疑問的事。因此，就連雪的存在，也

須用白色來敷染畫面，這在本文的中篇裏面，已經解釋過了。

到了五代，雖因徐熙父子獨創全用彩色表示的『沒骨法』(註一)，而使色彩的使用，看來似乎更見普徧，但是嚴格的說，這種全用彩色爲事的畫法，好像祇限於在那個時候剛剛發展起來的花鳥繪畫，在山水繪畫方面，不但色彩的使用未見更盛，反有水墨轉盛的趨勢，逐漸形成。我們要知道在這段時間內水墨畫的發展情形如何，便不得不推述到當時最大的山水畫家荊浩。荊浩不但能畫，而且更曾著書立說，他的筆記法中更有幾句很重要的話(註二)：

　　夫畫有六要：一曰氣、二曰韻、三曰思、四曰景、五曰筆、六曰墨。

他旣把『墨』的使用，列爲作畫六要之一，而不對色彩的使用，加以同等的考慮，這就可以看出他對墨的重視，更甚於色彩的使用。同時也就因爲他能重視墨的使用，所以他才能批評吳道子的畫是『有筆而無墨』，項容的畫是『有墨而無筆』，而宣和畫譜的編者也才能讚賞他：『浩兼二子所長而有之』(註三)。再就故宮所藏的，他的匡廬圖(註四)看來，也是完全使用水墨作畫的名蹟。

唐代的畫蹟旣然很少完全使用墨來作畫，而唐代有關作畫方法的理論，除了張彥遠歷代名畫記的前兩卷(註五)，也從未提到墨的使用，這就證明五代比唐更注意墨，反過來說，五代對於色彩的使用，在山水繪畫方面，似乎也比唐代要忽略了一點了。

五代的畫旣，然加強了對於墨的注意，而中國最有名的製墨家李廷珪，也是五代時人。他的製成品，當然也供給了當時畫家在作畫時的須要。所以山水畫的皴皺紋，便在五代短短的數十年裏，因爲水墨的普徧使用，而比整個唐代的發展還要多。當時

(註一)　申按宋人郭若虛圖畫見聞誌卷六沒骨圖條下記云：
　　　　李少保端愿有圖一面，畫芍藥五本，云是聖善齊國獻穆大長公主房臥中物，或云太宗賜文和。其畫皆無筆墨，惟用五彩布成，旁題云：『翰林待詔臣黃居寀等定到上品，徐崇嗣畫沒骨圖』。以其無筆墨骨氣而名之，但取其濃麗生態以定品。後因出示全禁賓客：蔡君謨乃命筆云：題『前世所畫，皆以筆墨爲上，至崇嗣始用布彩逼眞，故趙昌輩傚之也。』

(註二)　此據畫論叢刊叢書本。民國廿六年，中華書局印行。

(註三)　見宣和畫譜卷十荊浩條下。

(註四)　石渠寶笈續編，故宮書畫錄卷五 p. 12 著錄。影本見故宮名畫三百種第一册第三十七圖。

(註五)　唐人論畫著述，尙有託名王維之山水訣，文字俚俗，不足據。而且用墨之道，亦未言及。

最有地位的山水畫家，無疑的，應推大家熟悉的荊、關、董、巨、等四大家。關同奉荊浩而『北面師之』，董源與巨然又都再由荊、關的範疇之中蛻變而來。荊浩既然開始就對墨的使用，比色更爲重視，所以從荊以後，由關、董、巨諸家發揚光大的水山畫，也無不都以水墨爲主。當時的畫家既然摒棄了色彩的使用，而單獨用墨來完成他們所要繪畫的景物，這就表示五代的繪畫思想，已經超越了五代以前祇用色彩來寫生的那種寫實主義。因此，在表示雪景的時候，在畫面上也要摒棄對於鉛粉的使用，而以留出畫面原白的新方法，來取代唐與唐以前敷粉爲雪的畫法，而表示積雪的存在。正像敷粉法的產生不是唐代的畫家們，爲描繪雪景而單獨創造一樣，留白法的產生，也不是五代時的畫家們，爲描繪雪景而獨創的，嚴格的說，留白爲雪的畫法，祇不過是中國的山水繪畫發展到五代時，因爲重視墨的使用，演變而成的，許多技法的演變裏的一種而已。

　　留白法的肇始，雖然或許是在五代，不過留白爲雪的觀念，似乎晚唐已有。也卽是說，產生留白法的觀念的時代，或許比郭忠恕完成雪霽江行圖時所處的後周，要早一點。因於晚唐的張彥遠在其歷代名畫記卷二的，論畫體工用楊寫一條之下曾說：

> 夫陰陽陶蒸，萬象錯布，玄化亡言，神工獨運，草木敷榮，不待丹碌之采，雲雪飄颺，不待鉛粉而白，山不待空靑而翠，鳳不待五色而粹，是故運墨而五色具，謂之得意，意在五色，則物象乖矣。

張彥遠的意思是，世間萬物本有它們自己的顏色，並不是畫面上所敷染的色彩可以代表的。如果能够用單純的墨色，來表示藝術家所可看到的一切景物，那豈不是什麼都可以在他們的筆下，隨意完成嗎？所以他要說『雲雪飄颺，不待鉛粉而白』，也要說『山不待空靑而翠』了。可是這樣的觀念之不見有具體的畫蹟作爲例證，主要還得歸咎於唐代的藝術界，始終還未能脫離寫實主義的範圍，所以唐代的畫，多半仍要以色彩來表示，既不能達到張彥遠所想像的『運墨而五色具』的地步，自然也就不能完成『不待鉛粉而白』的留白法的雪景畫了。五代以後，墨的製造既比唐代更有進步，有助於畫家的使用，而從荊浩開始的那一串師傳有關的畫家，又都在山水畫的完成上，特別強調了墨色的使用，因此，我們可以說，一直到了五代，當時的繪畫界，

才追着張彥遠所想的，那個摒棄色彩，專以墨色代表色彩而來描畫一切景物的那個境
界。這既超出了寫實的範圍，所以，留白法的觀念儘管肇始於晚唐的張彥遠，而眞正
用圖畫來表示的作品，却一定要到五代才能產生，從時間的因素上面來考察，絕不是
沒有原因的。因為，寫實主義永遠是先於抽象主義之前的。

　　以上說明了留白法肇始的相關背景。以下再就此一畫法形成以後，後世畫家對於
這種畫法淵源的認識。今按明人唐志契繪事微言一書於雪景條下嘗云(註一)：

　　畫雪最要得鬱勃栗烈意，此時雖有行旅探梅之客，未有不畏寒者。只以寂寞為
　　主，一有喧囂之態，便失之矣。其畫山石，當在凹處與下半段皴之，凡高平
　　處，即便留白為妙，其畫寒林，當用枯木，冬天亦有綠葉者，多是松竹，要亦
　　不可全畫，其枝上一面，須到處留白地。古人有畫雪只用淡墨作影，不用先
　　勾，後隨以淡墨漬出者，更覺韻而逸。

　　唐志契既然祇提到留白一法，而不及敷粉、灑粉二法，可見時代愈晚，古法也愈不
為後人所知。同樣的例子，又可於下引兩書中見到。清人盛大士谿山臥遊錄卷二嘗云
註二)：

　　近人畫雪景，鈎勒處多用濃墨，濃則空白顯露，而積雪自厚也。然不善用墨，
　　則未尚刻露，未有不失之板滯者。

　　另一清人唐岱於其繪事發微一書之雪景條下亦云(註三)：

　　雪景之作，王右丞有輞川積雪、巨然有雪圖。至李營邱畫雪景，曲盡其妙，所
　　作枯木寒林圖，深得嚴冬凜冽之狀。許道寧亦有漁莊雪霽圖。後雖有作者，各
　　得一體，不能出營邱之範圍也。凡畫雪景，以寂寞黯淡為主，有元冥充寒氣
　　象。用筆須在石之陰凹處皴染，在石面高平處留白，白即雪也。雪壓之石，皴
　　要收短，石根要黑暗，但染法非一次而成，須數次染之，方顯雪白石黑。其林
　　木枝幹，以仰面留白，為掛雪之意。松、柏、杉、檜，俱要雪壓枝梢。或行旅
　　踏雪，須戴氈笠毼衣，有衝寒冒雪之狀。陡壑絕壁用棧舖，樵路危橋，相接不

（註一）　據美術叢刊本。

（註二）　據美術叢書本。

（註三）　據昭代叢書本。

　　絕，山寺人家須靜掩柴扉，塵囂不至。雪圖之作無別訣，在能分黑白之中妙，

　　萬壑千巖，如白玉合成，令人心膽澄澈。古人以淡墨積雪爲尙，若用粉彈雪，

　　白勾描者，品則下矣。

　　既然從宋以後，留白之法漸絕，所以明淸時代的留家，在表出雪景的時候、大多但

知留白，不知染粉或灑粉，此觀唐志契、盛大士、與唐岱三家的畫論旣可以知。唐岱

雖然譏笑古代彈粉染粉的畫法爲下品，那更充份的顯示，他對於中國繪畫史中畫雪技

法的演變，還沒有深入的觀察。上面所引的他那段詆毀彈粉(即灑粉)爲下品的文字，眞

可說是捨本逐末，數典忘祖的謬論。這樣荒唐的意見，固然不値識者一笑，不過由此

却可使我們知道，彈粉的畫雪法，到了淸代已被遺忘得十分澈底，當時的畫家似乎祇

知道留白爲雪的畫法，而難明畫雪技法的整個演變之全貌了。對於中國繪畫的發展歷

史而言，這樣的發展似乎不是我們可以想像的，當然也是不幸的。

（四）　由留白法到渲染法的演變

　　如上述，以原白爲雪的畫法，固然是起於五代之末，但是五代所佔的時間很短，

它的本身旣然是夾在唐與宋的中間，這一段短短的列國並處的時代，就很自然的形成

了一段唐畫與宋畫風格迥異的過度時期。所以，在這一段時間之內的畫風，有的是舊

有的，有的是新興的。不過我們必須指出的一點則是，舊有的並不一定全被淘汰，新

興的也並不一定全都適合。適合的，自然就被保存而流傳下去，不適合的，有的被淘

汰，有的就再加蛻化，而繼續演變下去。因此，到了北宋初年，固然有很多的畫風已

見定型，成爲一種固定的典型，但是也還有一部分，因爲仍舊不盡適合當時的趨勢，

而須要加以改變，留白法，就是其中的一種。

　　留白法固然是在五代時新興的畫風之一種，但是這種畫法，並不能夠完全適合由

於色彩的表現，轉換到墨色的表現上的，這一演變裏的需要。故北宋雖距五代不遠，

但是使用留白畫法表示雪景的作品，却並不多。留白之法雖然不曾淘汰，但至少已被

後起的渲染法，取代了它的地位。

　　簡單的說，五代的時候，水墨的使用，雖較唐代的但用色彩作畫，已有顯着的不

同，惟其重要性與普及性，仍不足與色彩作畫的原有起位相提並論，在五代的畫壇

上，水墨畫的發展，祇能當做一種新興的勢趣而已。前一篇也已提到過一兩次的。到

了兩宋，墨的使用就更被注意了。舉例說，像由郭思整理而成的，郭熙的林泉高致集，在畫訣一節之中就說：

> 運墨有時而用淡墨，有時而用濃墨，有時而用焦墨，有時而用宿墨，有時而用退墨，有時而用廚中埃墨，有時而取青黛雜墨水用之。

這是說作畫時，墨的種類之不同。至於墨在技法上使用的不同，又有好幾種。上引的林泉高致集又說(註一)：

> 用淡墨六七加而成深，卽墨色滋潤而不枯燥。用濃墨焦墨，欲特然取其限界，非濃與焦，則松林不角不瞭然故爾，然後用青墨水重疊過之，卽墨色分明，常然如霧露中出也。淡墨重疊，旋旋而取之，謂之『幹淡』。以銳筆橫臥，惹惹而取之，謂皴『擦』。以水墨再三而淋之，謂之『渲』。以水墨滾同而澤之，謂之『刷』。以筆頭直往而指之，謂之『捽』。以筆頭特下而指之，謂之『擢』。以筆端而注之，謂之『點』。點施於人物，亦施於木葉。以筆引而去之，謂之『畫』。畫施於樓屋，亦於松針。

何以到了宋代，論畫的著作中，有始見『皴』字的使用，而宋以前則無人提過？這一理由也不難尋出，因爲皴是要在畫面，『以銳筆橫臥，惹惹而取之』的，設色的畫，則無法在色彩的表面，臥筆橫取。水墨畫呢，既然沒有色彩的敷染來限制畫筆的使用，所以皴皴的產生，要很自然的隨着水墨畫的新的成長，而相連俱來。這就是爲什麽水墨畫到了宋代，固定了它的典型以後，皴法才能相繼完成的主要原因。

詳細的說，再就這些皴線的本身而觀察，所謂的『南宗』的披麻皴，大都是使用筆的中鋒，以飽滿的水分，配合少量的墨汁，在作適當的皴擦之後才定成的。而所謂的『北宗』的大斧劈皴，既然又有『拖泥帶水皴』的另稱，那也可以顧名思義的想到，北宗的皴法是須要大量的水份，來調合用重筆與焦墨所完成的線條，以達到渲染之目的的。易言之，水墨的渲染，到了宋代，無論是對『南宗』、『北宗』，無不都是非常的重要，也非常之普遍的。

再就墨的使用而言，凡是以前要用色彩來表示的景物，一切都改用水墨來完成。

(註一)　申按此一條又見後人託名於明人唐寅之如六居士畫譜卷三王思善用墨條下。文句旣見稍異，文末且增
　　　　『雪色用濃淡墨，故作墨之色不一而足，亦不一而得。』等三句。

唐以前的雪是用敷粉的方式來描繪的，後來又改爲留白的方式，到了北宋水墨畫發展起來，留白的方式固然不被認爲適合，敷粉的畫法，除了因襲古法之外，就創作之意義而言，也已不被採用。而渲染的技巧正好在這時開始發達，於是雪景的描繪，藉着畫面上各種濃淡不同的渲染而得完成，豈不也是很自然的趨勢？所以郭熙於其林泉高致集中又說：

> 雪色用淡濃墨作濃淡，但墨之色不一，而染就烟色，就縑素本身縈拂，以淡水而痕之，不可見筆墨痕。

烘雲固可以見月，渲染畫面天地之空處，與景面景物的凹黯之處，同樣的，也可以見雪。根據上面的種種觀察，由留白法演變到渲染法，本也有其技法的演變，與作畫原料的影響在內，我們既看清楚了它們所產生的時代，與因時代而異的各種影響，便覺這種畫法與畫法之間的遞嬗，是循着這些影響自然而來的。一些也不覺得勉強；或者不合理。

（五） 由渲染法到留白與渲染兩法的並用

留白的畫法，雖然是興於五代，用於北宋，然而此一畫法，似乎並不太適合於當水墨畫在宋代興盛以後，一切都須用水墨渲染作畫的新畫風。因此，就現存的畫蹟而觀察，使用這種畫法來表示雪景的作品，顯較以渲染法畫成的作品爲少。這就證明它被使用的時間，大概也祇限於五代與北宋之間，這一段距離較短的時間（故宮的溪山暮雪圖固然是南宋的畫，而且也用過留白法，但非單獨使用，而是與渲染法並用的）。而且在留白與渲染二法並用的時候，前者恐怕也不及後者，更見流行於北宋的畫壇。

而渲染法呢，雖然就畫面的景物皆用水墨渲染一事而言，似較留白之畫法，更能符合於北宋的新興起的水墨畫的趨向與使用，但是畫面各部的墨色，既須因其所處位置之不同，而在渲染的時候，濃淡不一，而那些因爲位置比較凸出的部分，便常因墨色較淡而接近於作圖質底的原白。這就很自然的啓示了宋代畫家們，把留白與渲染兩法聯合使用，以表示雪景的新的技法與觀念。何以呢？

單獨的留出原白，而不渲染原白以外的畫面其他部分，常使所描繪的雪景，在觀感上不够顯著（如郭忠恕的雪霽江行圖便如此），同樣的，單獨的使用渲染法，而不把表示存有積雪的處所，用白色來加強它們的存在，在觀感上，也會覺得雪的顏色不够顯著

（如郭熙的關山春雪圖便如此）。假如把這兩種畫法彙合起來，彙施並用，先把表示存有積雪的地方，當作畫時，預留它們應有的空白位置，然後才以淡墨渲染原白以外的，畫面無雪的其他部分，這樣、不但可用畫面的原白，來顯示雪的晶潔，同時也因背景所渲染的墨水，而益覺其白。

最重要的一點還是，兩法並用以後，不但可以加强了單獨使用這兩法之中的任何一法來作畫時，所感到的不太顯著的那一部分，而且，這種預留的原白，也不需要另行敷色，自然而與水墨畫興盛以後，所產生出來的，那種摒棄了色彩的使用，專以水墨作畫的那種新的趨向相合。以渲染與留白兩法合併而成的新畫法，既在觀感上，能夠喚起强烈的效果，使讀畫的人，對之即覺寒氣凜冽，而在觀念上，又與新的畫風相胳，同時在表現的技巧上，無論留白還是渲染，也都輕而易舉，毫無困難。這些相互配合的因素，是造成渲留兩法合併使用一後，一直被後代的畫壇保留下去的原因。

此外，當然還有不可忽略的一點，也是最重要的一點，因爲從南宋以後，中國的畫壇一直是水墨畫勝於設色畫的所以從南宋時代始見完成的，渲白法，也就跟着水墨畫的勃興，而很快的流傳下去、元、明、清，乃至民國以後的若干畫家，在繪出雪景時，絕大多數都是採用這個彙合兩法的新畫法的。

本來，風氣雖是藝術創作的一種潛力，也是最能影響作品的社會背景，如不加以仔細的考察，往往從作品的本身，並不能看出來它們之間的關係，與所所代表的風氣爲何。雪景畫法的演變，在表面上祇是作畫技法的演變，實際上，却是由於六朝、唐、五代、與宋各代的風氣的不同，影響了這些技法的改變，才使得雪景的畫法，也產生了不同的五種方式。祇有瞭解了這一點，才能對整個的中國繪畫在技法上的演變，有更深切的認識。作者因爲這五種畫法不同的畫雪法，在它們產生的經過與演變的原委上，牽涉着整個中國山水繪畫發展的歷史與背景，所以不得不約略的做一次粗淺的考察，並作各種大膽的推測，一如上述的本文。

本文之寫作，得　家大人慕陵先生之啓示，脫稿後，又經勞貞一先生賜閱一過。文內所附圖版，原件現藏國立北平故宮博物院者，承該院代爲攝影，並允發表於此，謹此一併致謝。一九六〇年八月廿六日，在南港寫成（時爲金門砲戰兩週年後又三日）。一九六一年七月校訖，時爲去國之前一月。莊申記。

出自第三十二本（一九六一年七月）

圖 版 一

1. 此圖爲無款唐人『雪景』。
2. 原件現藏國立北平故宮博物院。
3. 此幅爲『敷粉法』之實例。

圖　版　二

1. 此爲五代南唐趙幹江行初雪卷之一段。
2. 原卷現藏國立北平故宮博物院。
3. 此圖爲『灑粉法』之實例。

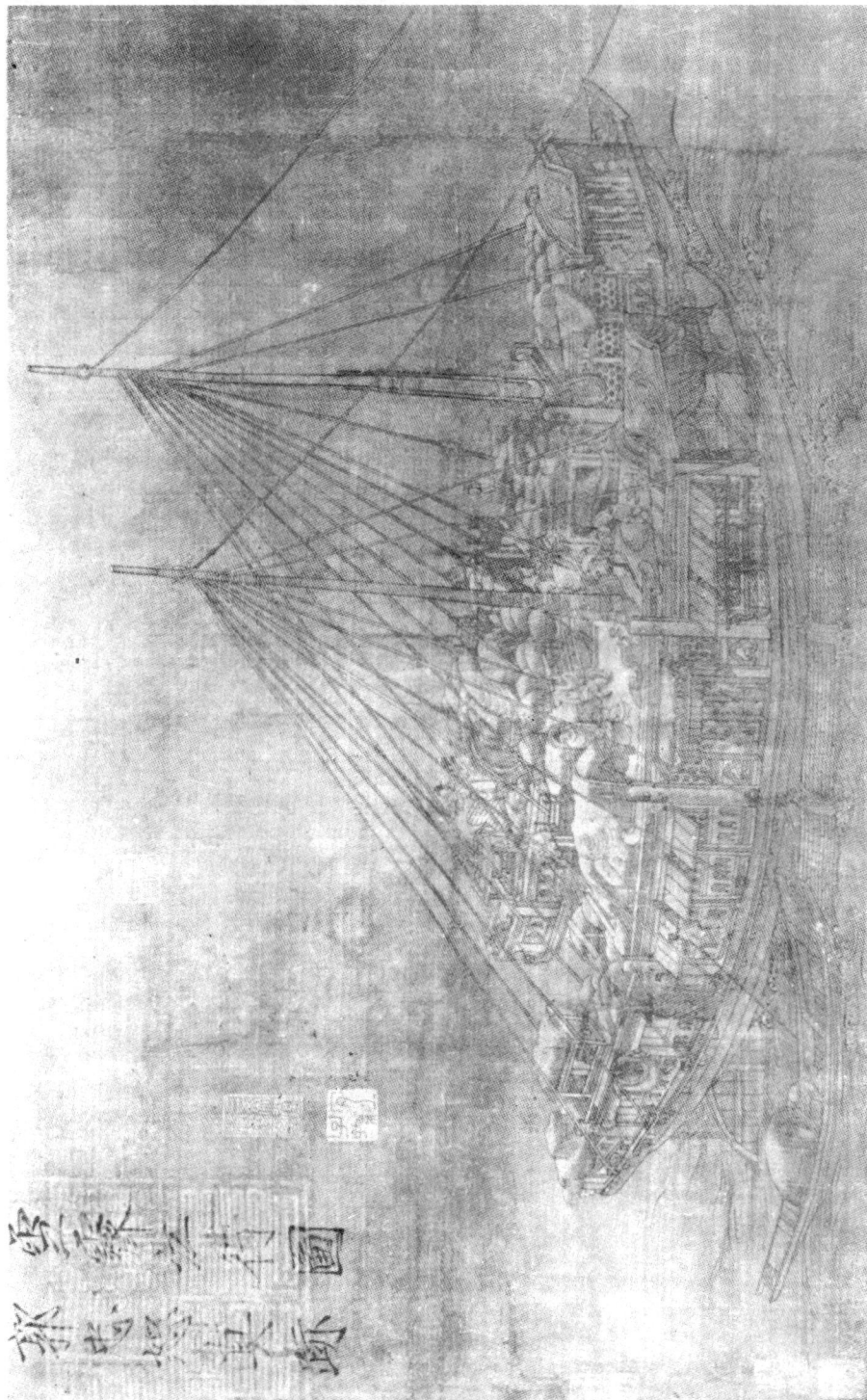

圖 版 三

1. 此係元代郭忠恕想像摹工所圖摹本之主要部分。

2. 原圖現藏 William Rockhill Nelson Gallery of Art, Kansas City, Missouri, U. S. A.

3. 此圖屬「留白法」之實例。

圖 版 四：1

1. 此圖爲宋范寬雪山蕭寺。
2. 原圖現藏國立北平故宮博物院。
3. 此圖爲「渲染法」之實例。

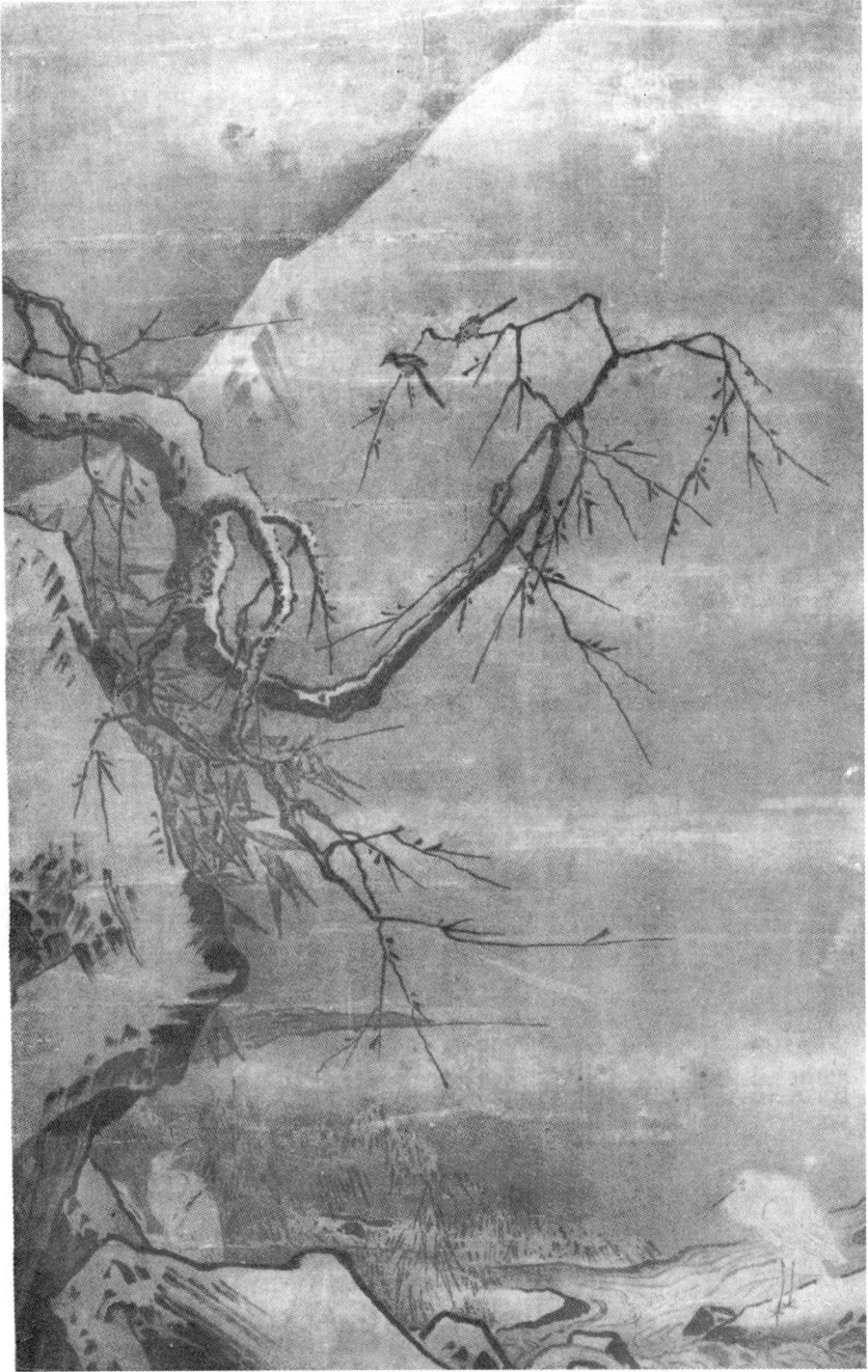

圖 版 四 : 2

1. 此圖爲宋馬遠雪灘雙鷺。
2. 原圖現藏國立北平故宮博物院。
3. 此圖爲『渲染法』之實例。

圖　版　五

1. 此圖為元曹知白羣峰雪霽圖。
2. 原圖現藏國立北平故宮博物院。
3. 此圖為『濱留法』之實例。

跋裴休的唐故圭峯定慧禪師傳法碑[*]

金石萃編百十四；全唐文七四三

〔附後記及改寫未完稿〕

胡 適 先 生 遺 稿

這是裴休作的圭峯禪師宗密的傳法碑。宗密生于建中元年(七八〇)，死在會昌元年正月(八四一)。此碑作于大中七年(八五三)「今皇帝再闢眞宗，追謚定慧禪師青蓮之塔」之時，建碑于大中九年(八五五)，故可以說是同時人的證見。作者裴休自說：

> 休與大師於法爲昆仲，於義爲交友，於恩爲善知識，於敎爲內外護，故得詳而敍之，他人則不詳。

裴休曾作「黃檗山斷際禪師 (希運) 傳法心要序」(全唐文七四三) 自稱是希運的弟子，希運是洪州道一門下百丈懷海的弟子。裴休自己算是六祖慧能派下的第六代，故他說「與大師於法爲昆仲」。他又曾爲宗密的圓覺經略疏作序 (全唐文七三四)，序中說，「休嘗遊禪師 (宗密) 之閫域，受禪師之顯訣」，故他說「於義爲交友，於恩爲善知識」。

---

[*] 去年九月底，適之先生出示這篇文章及其後記，彰健讀後，遂請求其同意刊佈於集刊三十三本。適之先生回信說，這只是「百忙中所寫的兩條筆記，如登集刊，需稍加整理，併作一篇文字。乞問槃庵兄卅三本何時須齊稿」。胡先生這封信是十月九號寫的，沒有好久，就心臟病作，入臺灣大學醫院療治，這篇文章遂沒有改寫完。後來病稍好，由醫院移居臺北市福州街寓所，本年二月某日返南港，到本所圖書館等處巡視，逐面囑集刊主編，這篇文章改好後，登集刊三十四本。現在胡先生已逝世，爲紀念胡先生及尊重其生前所承諾，謹徵得胡先生遺著整理人毛子水先生的同意，將胡先生這篇文章連同後記，與改寫未完稿，一併發表於集刊三十四本內。

寫集刊式論文，對老年人身體不大適宜。彰健曾勸胡先生做宋人語錄或淸人札記，簡單的記錄讀書心得，以供後人作進一步的研究。胡先生學問淵博，眼光銳敏，一定有很好的意見是我們不容易想得出的。胡先生在逝世前不久，爲所著准南王書手稿影印本作序，提到道家這一名詞不見於先秦典籍，他這一意見在幾年以前就曾與彰健談過。像這一類精闢的意見一定還有許多沒有寫成文章，不知在他的日記中記錄了沒有。

胡先生考論圭峯宗密的傳法世系，擬將後記合併於正文內，彰健爲愛惜胡先生精力，曾勸其不必。現在由胡先生改寫未完稿看來，胡先生未接納這一意見，這也正是他治學的精益求精，審愼不苟。讀者如以改寫未完稿對校，即可看出改寫稿的確改得好。這一改寫稿沒有寫完，眞是可惜。

胡先生遺著，現在在整理中。凡未完稿的，皆只能保持原狀。要想續作完，這得對他所研究的問題，下過他那樣深的工夫才可。一九六二年十一月二十三日後學黃彰健校畢謹記。

裴休有這種種資格，所以他自信「故得詳而敍之，他人則不詳。」這篇「圭峯禪師傳
法碑」應該是最可信的同時人證見了。

　　我現在用這篇保存得最完整的唐碑作原料，試考裴休詳記的宗密傳法世系是否可
信。

　　此碑開始說：

　　　　圭峯禪師號宗密，姓何氏，果州西充縣人，釋迦如來三十九代法孫也。

此下說如來在世八十年「爲無量人天聲聞菩薩」說的種種法(凡用一百多字)，

　　　　…無遺事矣。最後獨以法眼付大迦葉，今祖祖相傳，別行於世。

這裏說「最後獨以法眼付大迦葉」，已是九世紀中葉禪門流行的說法了。碑文繼續說：

　　　　自迦葉至達摩，凡二十八世。達摩傳可，可傳璨 (璨)，璨傳信，信傳忍，爲五
　　　　祖。

　　　　又傳融，爲牛頭宗。

　　　　忍傳能爲六祖。又傳秀，爲北宗。

　　　　能傳會爲荷澤宗，荷澤於宗爲七祖。

　　　　〔能〕又傳讓，讓傳馬。馬於其法爲江西宗。

此碑不提及所謂「青原行思」一派。(宗密的禪源諸詮集都序等文字裏提及石頭希遷，但從不提及行
思。) 此下專敍荷澤神會到宗密的世系：

　　　　荷澤傳磁州如，如傳荆南張，張傳遂州圓，又傳東京照。圓傳大師。大師於荷
　　　　澤爲五世，於達摩爲十一世，於迦葉爲三十八世。

　　　　其法宗之系也如此。

　　其實宗密這個傳法世系是大有問題的。宗密的圓覺略疏鈔卷四(續藏壹輯十五套二册，
葉百三一) 曾記荷澤神會門下的「一枝」如下：

　　　　且如第七祖 (即荷澤神會) 門下傳法二十二人，且敍一枝者：

　　　　　磁州法觀寺智如和尙，俗姓王*。

　　　　　磁州門下成都府聖壽寺唯忠和尙，俗姓張，亦號南印。

_____

　* 在原稿此處上端，胡先生用紅筆批：「磁州在唐代曾改惠州。在清屬廣平府，今改磁縣」。

聖壽門下遂州大雲寺道圓和尙，俗姓程。長慶二年，成都道俗迎歸聖壽寺，

紹繼先師，大昌法化，如今現在。…

這「一枝」原是出于成都淨衆寺無相門下的神會，並不是出于東京荷澤寺的神會。

宋僧傳九，成都府淨衆寺神會傳云：

釋神會，俗姓石，本西域人也。祖父徙居，因家于岐，遂爲鳳翔人。會…年三

十，方入蜀，謁無相大師。（胡適按，他生于開元八年，七二〇；他三十歲正當天寶八年，七

四九，正是那一位神會在東京荷澤寺最鬧動一世的時期。他取名神會，似不是偶合，可能是表示景仰

罷？）利根頓悟，冥契心印。無相歎曰，吾道今在汝矣。爾後德充慧廣，鬱爲

禪宗。其大略：寂照滅境，超證離念。卽心是佛，不見有身。當其凝閉無象，

則土木其質。及夫妙用默濟，雲行雨施，蠢蠢羣甿，陶然知化；覩貌遷善，聞

言革非。至於廓蕩昭（照？），洗執縛，上中下性，隨分令入。

以貞元十年(七九四)十一月十二日示疾，儼然加趺坐滅。春秋七十五，法臘三十

六。…初會傳法在坤維，四遠禪徒臻萃於寺。時南康王韋公皋最歸心于會，及

卒，哀咽追仰，…爲立碑，自撰文，並書，禪宗榮之。（韋皋在蜀二十一年，死在永

貞元年，八〇五。全唐文四五三卷收的韋皋文中無此碑文。）

這是無相門下的第一代。宗密故意把成都淨衆寺的神會認作東京荷澤寺的神會，這也

正是我常說的「攀龍附鳳」的一個好例子。

第二代，據宗密說，是「磁州法觀寺智如和尙，俗性王。」此一代，現在沒有資

料*，我頗疑心此一代是無根據的，是宗密捏造出來的。

宋僧傳十一，洛京伏牛山自在傳後，附有南印傳：

成都府元和聖壽寺釋南印，姓張氏。明寤之性，受益無厭。得曹溪深旨，無以

爲證，見〔成都府〕淨衆寺會師。所謂落機之錦，濯以增妍（大正本作研）；銜燭

---

*「此一代現在沒有資料」九字，胡先生以紅筆勾去，並用藍筆眉批：『宇井伯壽禪宗史研究239—240頁

引宋僧傳二十九，「雜科聲德篇」杭州天竺寺道齊傳後，附有太行山法如傳，「法如俗姓韓，慈州人也。少爲

商賈，心從平準。至今東京相國寺發心，依洪恩法師出家，隸業倍通，遂往嵩少間，遊于洛邑，遇神會祖師，

授其心訣。後登太行山，見馬頭峯下可以棲神，結茅而止。有褚塈戎將王文信，牽來建精廬焉。…示寂，報齡

八十九。元和六年（八一一）遷塔云。」他生在開元十一年（七二三），够得上見神會最盛時了。』

之龍，行而破暗。印自江陵入蜀，於蜀江之南壖，薙草結茆，衆皆歸仰，漸成
佛宇。貞元 (七八五——八○一) 初年也。高司空崇文平劉闢(在元和元年，八○三)之後，
改此寺爲「元和聖壽」，初名「寶應」也。印化緣將畢，於長慶 (八二一——八二
四) 初示疾入滅。…

南印俗姓張，從江陵入蜀，故裴休碑文稱他爲「荆南張」。此是宗密說的「成都府聖
壽寺唯忠和尙，俗姓張，亦號南印」，似無可疑。據宋僧傳，南印是淨衆寺的神會和
尙門下的第一代，並不是第二代。

　　宋僧傳此傳不說南印名唯忠。但宋僧傳九另有「黃龍山惟忠傳」，說「惟忠姓童
氏，成都府人，…遊嵩嶽，見神會禪師，析疑沈默。…觀覽聖跡，見黃龍山鬱翠而奇
異，乃營茅舍。…建中三年(七八二)入滅，報齡七十八。」這個俗姓童的惟忠顯然不是
那個「荆南張」的南印。這個唯忠曾「遊嵩嶽，見神會」，應該算作荷澤神會的第一
代弟子，但神會並不曾住過「嵩嶽」？

　　關于「遂州大雲寺道圓和尙」的資料，只有宗密自己的一點點記錄*。他說：
　　遂州大雲寺道圓和尙，俗姓程。

這句就很可疑。「大雲寺」是武則天時詔令天下建立的。開元二十六年(七三八)詔令大
雲寺改爲「開元寺」。 (看趙明誠金石錄卷廿六「大雲寺禪院碑」跋尾) 怎麼到元和 (八○六——八二
○) 長慶 (八二一——八二四) 的時代遂州還有「大雲寺」呢？ (柳宗元文集二十八有「柳州復大雲
寺記」，說「大雲寺焚而不復且百年。三百室之人失其所依歸，復立神而殺 (牲) 焉。元和十年 (八一五) 刺史
柳宗元始至，逐神…而取其地，…其傍有小僧舍，闢之，…取寺之故名，作大門，以字揭之。…」柳州之「復大
雲寺」，似是很少見的事。)

　　宗密自己敍述他和遂州道圓的關係，不過如此：
　　…遂州在涪江西岸，宗密家貫果州，因遂州有義學院，大闡儒宗，遂投詣進
　　業。經二年後，和尙(即道圓)從西川遊化至此州，遂得相遇，問法契心，如針芥
　　相投也。…(圓覺經略疏鈔二)

他又說：

────────────────────────

　　＊胡先生以紅筆刪「一點點」三字。——彭健。

長慶二年(八二二)，成都道俗迎〔道圓和尙〕歸聖壽寺，紹繼先師，大昌法化，如今現在。(圓覺經略疏鈔四)

如此看來，道圓只能稱爲成都長壽寺的和尙，他從前曾「從西川遊化至此州(遂州。)」「遂州大雲寺」的名稱是不可靠的。裴休碑文說：

大師 (宗密) 本豪家，少通儒書，欲干世以活生靈。偶謁遂州，遂未與語。退遊徒中，見其儼然若思而無念，朗然若照而無覺，欣然慕之，遂削染受教。(「受教」金石萃編作教受。今从全唐文七四三) 道成乃謁荆南。…

碑的後文又說：

大師以建中元年(七八〇)生於世。元和二年 (八〇七，二十八歲) 印心於圓和尙。 又受具於拯律師。…

合併略疏鈔及裴碑的話，我們可以說，宗密原是在遂州讀「儒書」的，他二十八歲時，遇着道圓和尙，「問法契心」，他就「削染」做和尙了。後來他又去參謁成都元和聖壽寺的南印和尙。

據圓覺經略疏鈔二，

和尙所得之法是嶺南曹溪能和尙宗旨。

「和尙」是「遂州道圓」。但宋僧傳的神會傳，說的清楚明白，這個神會是成都淨衆寺的無相和尙的弟子，原不是曹溪的一派。無相的世系如下：

弘忍————智詵————處寂————無相————神會
　　　　　　　　(唐和尙)　(金和尙　　　　　無住
　　　　　　　　　　　　　新羅王族)

宋僧傳十九有成都淨衆寺無相傳，附見智詵；又二十有資州山北蘭若處寂傳，都在「感通」篇，其材料都不高明。此派的歷史及後來無相與無住的思想，都記載在「歷代法寶記」裏，有巴黎倫敦的敦煌本，收在大正藏五十一冊「史傳部三」，頁一七九以下；又有金九經的整理分段分卷的排印三卷本。

❋　　　　　　　❋

以上略考宗密自己說的和裴休碑文裏說的傳法世系。我的結論是：宗密是出于成都府淨衆寺無相和尙門下的神會和尙的一支。他從蜀中出來，到了帝都長安，於元和十一年(八一六)在終南山智炬寺讀經著作，長慶元年(八二一)又在終南山草堂寺著圓覺經

略疏，他的才氣與學力漸漸受到帝王大臣的敬信，他要依附一個有地位的佛教宗派或禪門的派系，作爲他自己的立足根據。在那個時期，——從長慶(八二一——八二四)到大和 (八二七——八三五) 開成 (八三六——八四○) 的時期，——禪宗的「南宗」已得了「正統」的地位，慧能已在元和十年(八一五)有明詔賜諡「大鑒禪師」了；在當時大手筆柳宗元、劉禹錫的新碑版文字裏，都公然承認慧能爲「第六祖」，也公然承認「其說具在，今布天下，凡言禪皆本曹溪」(柳碑中語)。其實當慧能死後百年之中「天下」流傳的「曹溪」禪說都止是東京荷澤寺神會和尚的宣傳文字。我們在一千幾百年之後，看見神會和尚的傳教文字保存在敦煌石室裏的有四萬字之多；又看見那時期裏日本入唐求法和尚，圓仁、圓珍諸人，帶囘國去的神會著作的目錄，——我們不能不承認神會在當時的宣傳力量是很廣大而深遠的。——我們不能不承認柳宗元說的「其說具在，今布天下，凡言禪皆本曹溪」，其實止是「皆本於荷澤神會」。

　　因爲荷澤神會的思想是當時最風行的禪宗思想，所以宗密就說他自己是出於「荷澤宗」在蜀中傳承下來的一支，自己說他「於荷澤爲五世，於達摩爲十一世，於迦葉爲三十八世」，是「釋迦如來三十九代法孫也」！

　　這樣高貴的世系的唯一的根據止是因爲成都淨衆寺一派恰巧也有一位名叫神會的和尚。這位神會和尚俗姓石，故叫做「益州石」。那位東京荷澤寺的神會和尚俗姓高，是襄陽人。宗密當然知道這個成都淨衆寺的神會並不是東京荷澤寺的神會。宗密在他的許多著作裏，顯然表示他很熟悉蜀中的淨衆寺和保唐寺的一大系的兩大支的禪宗的歷史。我現在要舉出他的兩種著作：一是「中華傳心地禪門師資承襲圖」(續藏經貳，十五套五册，四三三——四三八葉)，一是「圓覺經大疏抄」卷三下 (續藏經壹，十四套三册，二七七——二八○葉)。

　　在「師資承襲圖」裏，宗密明明指出：弘忍門下有蜀中的一大系：

　　　　資州侁(智詵)，資州處寂，益州金(無相是新羅王族，本姓金)，益州石……
這個「益州石」就是淨衆寺的神會和尚，俗姓石，故稱「益州石」。

　　在「圓覺經大疏抄三下」，宗密詳說當時「七家」禪學，其中「第二家」是：

　　　　「三句用心爲戒定慧」者，第二家也。根元是五祖 (弘忍) 下分出，名爲智詵，
　　　　…本是資州人，後却歸本州德純寺開化。弟子處寂，俗姓唐，承後。

唐生四子。成都府淨衆寺金和尙，法名無相，是其一也。大弘此教。〔原注：「金弟子當寺石（原誤作召），長松山馬，遂（原作逐）州李（原作季），通泉縣李（原作季；通泉縣，唐屬梓州），皆嗣之。」〕

言「三句」者，無憶，無念，莫忘也。⋯「戒定慧」者，次配三句也。（胡適按此句不詳說，歷代法寶記述金和上說，「無憶是戒，無念是定，莫忘是慧。」故說「配三句」。）⋯⋯

此段宗密自注中的「金弟子當寺石」，即是淨衆寺的神會，即是本寺的「益州石」。

宗密明明知道這位「益州石」、「當寺石」就是淨衆寺無相(金和尙)門下的神會，然而他故意不承認這個神會是他的祖宗，他故意要承認那個遠在東京洛陽荷澤寺的神會是他的祖宗！這是毫無可疑的存心詐欺，存心「攀龍附鳳」。

他在「中華傳心地禪門師資承襲圖」裏，明白「畫出」慧能是「第六」祖，荷澤神會是「第七」祖。他說：

德宗皇帝貞元十二年(七九六)勅皇太子集諸禪師楷定禪門宗旨，搜求傳法傍正。遂有勅下，立荷澤大師爲第七祖。內神龍寺見有銘記。又御製七代祖師讚文，見行於世。(圓覺經大疏抄三之下，二七七葉有神會的略傳，也說「貞元十二年敕皇太子集諸禪師楷定禪門宗旨，遂立神會禪師爲第七祖⋯⋯」。我曾指出此事不見於他書，只有志磐的佛祖統紀四十二說「貞元十二年正月，敕皇太子於內殿集諸禪師詳定傳法旁正。」但志磐不記敕立神會爲第七祖的事。)

宗密的「承襲圖」上，這樣畫神會的「一枝」：

神會第七——磁州智如——益州南印——東京圓照
　　　　　　　　　　　　　　　　逐州道圓

這就是裴休碑文裏說的「荷澤（神會）傳磁州如，如傳荆南張，張傳逐州圓，又傳東京照。圓傳大師（宗密）」的根據了。

我們現在考定了宗密自己造出的傳法世系是不可信的，我們可以重新考定他的眞實世系如下：

弘忍→資州智詵→資州處寂→益州淨衆寺無相（無相即金和尙）→益州淨衆寺神會（即「益州石」，即「當寺石」）→益州元和聖壽寺南印（俗姓張，從江陵入蜀，故稱「荆南張」）→逐州道圓（後住益州元和聖壽寺）→宗密

這個世系表是比較眞實可信的。

＊　　　　　　　＊

宗密自己宣傳的傳法世系的主要用意是要攀附在「第七祖荷澤神會」派下，自認爲荷澤神會的「五世」。其實他是成都淨衆寺神會門下的第四代。

我們既然不想信宗密自己宣傳的世系，也不相信裴休碑文轉述的宗密「傳法」世系，所以我也就不敢輕信裴休碑文裏說的「能傳會爲荷澤宗，荷澤於宗爲七祖」的一句話了。因爲裴休的話大概只是根據宗密說的「貞元十二年…有敕下，立荷澤大師爲第七祖」。宗密自己也怕人不相信，所以他說出兩件「證物」：

　　（一）「內神龍寺見有碑記。」

　　（二）「又御製七代祖師讚文，見行于世。」

現在看來，這些話大概都不很可靠罷？

一九六一年八月十六夜寫成，

九月廿八夜改稿。*

後　　記

宗密自己是從蜀中的淨衆寺無相——神會一支出來的，所以他雖然僞造傳法世系，雖然有心詐欺，把淨衆寺的神會認作東京荷澤寺的神會；雖然他自己把淨衆寺的一支否認是他的祖宗了，——但他確是熟悉成都的淨衆寺與保唐寺兩派的歷史和思想的。我已引了他的「圓覺經大疏抄三下」記的淨衆寺金和尚 (無相) 的傳法源流，思想大略，及金和尚的弟子四人了。他在同書裏，又曾敍述金和尚門下的一個含有革命性的支派，——就是成都保唐寺的無住和尚。宗密說：

> 「教行不拘而滅識」者，第三家也。其先亦五祖下分出，卽老安和上也。…有四弟子，皆道高名著。中有一俗弟子陳楚章，時號陳七哥。有一僧名無住，遇陳開示領悟，亦志行孤勁，後遊蜀中，遇金和上開禪，亦預其會。但更諮問，見非改前悟，將欲傳之於未聞。意以禀示俗人，恐非宜便，遂認金和上爲師。指示法意大同，其傳授儀式與金門下全異。

---

* 胡先生九月二十八日改稿，胡頌平先生謄有清稿。今據清稿排印。原稿上胡先生有藍筆紅筆批改，其意見與後來改寫稿相同，故知其批改蓋在清稿謄清以後。這些批改已註明於上。——彰健

異者，謂釋門事相一切不行。剃髮了便掛七條，不受禁戒。至於禮懺，轉讀，

畫佛，寫經，一切毀之：皆爲妄想。所住之院，不置佛事。故云「敎行不拘」

也。

言「滅識」者，卽所修之道也。意謂生死輪轉，都爲起心。起心卽妄。不論善

惡，不起卽眞。亦不似事相之行，以分別爲怨家，無分別爲妙道。

亦傳金和上三句，但改「忘」字爲「妄」字，云諸同學錯預 (領？) 先師言旨。

意謂無憶無念卽眞，憶念卽妄。不許憶念，故云「莫妄」。

毀諸敎相者，且 (其？) 意在息滅分別而全眞也。故所住持，不議衣食，任人供

送。送卽暖衣飽食，不送卽任飢任寒，亦不求化，亦不乞飯。有人入院，不論

貴賤，都不逢迎，亦不起動。讚歎，供養，怪責，損害，一切任他。良由宗旨

說無分別，是以行門無非無是，但貴無心而爲妙極。故云「滅識」也。

這是很詳細的敍述。最近幾十年中，敦煌寫本「歷代法寶記」出現了兩本，一在倫

敦，一在巴黎。其中敍述保唐寺的無住和尙的思想最詳細，往往可以和宗密的敍述互

相印證。(歷代法寶記收在大正藏五十一冊，一七九——一九五頁。)

　　在「師資承襲圖」裏，宗密畫保唐寺一支的世系作這樣子：

　　　　志安——陳楚章——保唐李了法

據歷代法寶記，無住俗姓李，但無「了法」之名，我疑心「了法」可能是「天住」二

字之誤寫，也可能是無住下一代的弟子。——這五個字可能應該寫作

　　　　保唐李——了法。

　　宗密很了解那一百多年之中的「南宗」「北宗」之爭都不過是從神會開始的；神

會以前，「但稱達磨之宗，亦不出南北之號」。「天寶初，荷澤入洛，大播斯門，方顯

〔神〕秀門下『師承是傍，法門是漸』。旣二宗雙行，時人欲揀其異，故標南北之名，

自此而始。」(以上均見「師資承襲圖」)

　　宗密也知道，後來所謂「南宗」成爲正統之後，於是有許多和尙紛紛搶着要做「曹

溪」的後代，——正和宗密他自己一樣的熱心要承認是曹溪一脈。

　　在「師資承襲圖」裏，宗密明指出當時最盛行的所謂「洪州宗」馬祖 (道一) 也是

出于劍南金和上門下的。他說：

洪州宗者，先卽六祖（慧能）下傍出，謂有禪師姓馬，名道一，先是劍南金和尚弟子也。（原注：「金之宗源卽智詵也，亦非南宗。」注文「南宗」誤作「南北」。）高節至道，遊方頭陀，隨處坐禪。乃至南嶽，遇讓禪師（卽「懷讓」），論量宗敎，理不及讓，方知傳衣付法，曹溪爲嫡，乃迴心遵禀，便住虔州（誤作「處州」）、洪州，或山或郭，廣開供養，接引道流。後於洪州（今南昌縣）開元寺弘傳讓之言旨，故時人號爲「洪州宗」也。

讓卽曹溪門下傍出之派徒。（原注：「曹溪此類，數可千餘」）是荷澤之同學，但自率身修行，本不開法。因馬和尚大揚其敎，故成一宗之源。

在「圓覺經大疏抄三下」，宗密敍述禪法的「第四家」，卽道一，說：

「觸類是道而任心」者，第四家也。其先從六祖下分出，謂南嶽觀音臺讓和上，是六祖弟子，本不開法，但居山修道。因有劍南沙門道一，俗姓馬，是金和上弟子，高節志道，隨處坐禪，久住荊南明月山，後因巡禮聖跡，至讓和上處，論量宗運，徵難至理，理不及讓；又知傳衣付法，曹溪爲嫡，便依之修行。往乾州（唐置乾州隸麋州，在今四川茂縣西，此似是道一未出西川時住的地方？），洪州，虔州，或山或郭，廣開供養，接引道流，大弘此法。…

宗密的「師資承襲圖」上，洪州宗一支是這樣畫的：

南嶽讓—洪州馬—章敬暉（誤作「禪」，卽懷暉）
　　　　　（卽道一）

　　　　　　　百丈海（懷海）

　　　　　　　西堂藏（智藏）

　　　　　　　興善寬（惟寬）

宗密明明指出道一原是成都淨衆寺金和尚的弟子，——「金之宗源卽〔資州德純寺〕智詵也，亦非南宗」，——原是「遊方頭陀，隨處坐禪」；後來方知傳衣付法，曹溪爲嫡」，他方才自附于一個「但自率身修行，本不開法」的讓禪師門下，于是那位本「非南宗」的金和尚弟子就成了南宗「六祖」的再傳弟子了！

最老實的是宗密指出：像「讓禪師」那樣的「傍出之派徒」，「曹溪此類，數可千餘！」「曹溪此類，數可千餘」八個字最可以描畫出那幾十年中「爭法統」的大風潮裏，

許許多多的和尚們紛紛攘攘的搶着，擠着，要高攀上「南宗」門下的大熱鬧！

「南嶽懷讓」原是一個無人知曉的名字。敦煌古本壇經記慧能十弟子之中沒有這個名字。現存的幾個北宋古本壇經裏也沒有這個名字。

唐文粹六二有張正甫作的「衡州般若寺觀音大師碑銘」(收在全唐文六一九)。所謂「觀音大師」即是懷讓。碑文開首說：

> 天寶三載(七四四)，觀音大師終於衡嶽，春秋六十八，僧臘四十八。元和十八
> 年，故大弟子道一之門人曰惟寬、懷暉，感塵劫遷遷，塔樹已拱；懼絕故老之
> 口，將貽後學之憂，…乃列景行，託於廢文。

元和只有十五年，沒有十八年。懷暉死在元和十年（八一五），惟寬死在元和十二年（八一七）。故此碑文「元和十八年」可能是「元和八年(八一三)」之誤文。這就是說，此碑作于懷讓死後六十九年，故銘中有「一從委順，六紀於茲」的話，故碑文有「懼絕故老之口」的話。這種碑版文字是沒有多大的史料價值的。

一九六一，八，廿二夜，胡適

跋裴休的唐故圭峯定慧禪師傳法碑[*]
——試考宗密和尚自述的傳法世系——

圭峰宗密和尚生于建中元年(七八〇)，死在會昌元年(八四一)正月。裴休的「圭峰定慧禪師傳法碑」 (金石萃編百十四；全唐文七四三) 作于大中七年(八五三)「今皇帝再闡眞宗，追諡定慧禪師青蓮之塔」之時，建立于大中九年(八五五)，故可以說是同時人的證見。況且作者自己說：

> 休與大師，於法爲昆仲，於義爲交友，於恩爲善知識，於敎爲內外護，故得詳
> 而敍之，他人則不詳。

裴休曾作「黃檗山斷際禪師 (希運) 傳法心要序」 (全唐文七四三) ，自稱是希運的弟子。希運是洪州道一門下百丈山懷海的弟子，故裴休自己算是曹溪慧能派下的第六代，碑文說宗密也是慧能門下第六代，所以他說他和宗密「於法爲昆仲」。他又曾爲宗密的

---

[*] 九月二十八日的改稿，胡先生不滿意，遂又改寫。此即改寫稿，惜未寫完。

圓覺經疏作序，序中說到宗密爲圓覺經作的「大疏三卷，大鈔十三卷，略疏兩卷，小鈔六卷，道場修證儀一十八卷」，故此序是總序這幾部「疏」與「鈔」的；（「疏」是詳註；「鈔」是疏的疏。）又曾爲他的華嚴原人論作序，又曾爲他的禪源諸詮集作序，又曾爲他的註華嚴法界觀門作序。在這些序文裏，裴休曾說：

　　休嘗遊禪師之閫域，受禪師之顯訣。（圓覺經疏序）

又說：

　　余高枕於吾師戶牖之間久矣。（華嚴原人論序）

又說：

　　…諸宗門下，通少局多，故數十年來，師法益壞。…是非紛拏，莫能辨析。則向者世尊菩薩，諸方教宗，適足以起諍後人，增煩惱病，何利益之有哉？圭峰大師…於是以如來三種教義，印禪宗三種法門；融餅盤釵釧爲一金，攪酪酥醍醐爲一味：振綱領而舉者皆順，據會要而來者同趣。…又復直示宗源之本末，眞妄之和合，空性之隱顯，法義之差殊，頓漸之異同，…莫不提耳而告之，指掌而示之，…乳而藥之，…腹而擁之。…若吾師者，捧佛日而委曲囘照，疑瞖盡除；順佛心而橫亘大悲，窮劫蒙益。則世尊爲闡教之主，吾師爲會教之人，本末相扶，遠近相照，可謂畢一代時教之能事矣。…（禪源諸詮集序）

裴休這樣崇敬宗密的著述，這樣替他宣傳辯護，所以他可以說他和宗密「於義爲交友，於恩爲善知識，於教爲內外護。」

　　裴休有這種種資格，所以他可以說他給宗密寫這篇碑傳，「得詳而敍之，他人則不詳。」我們研究這篇「傳法碑」，也可以承認裴休不但是一個最有資格的同時證人，並且確是根據宗密自己供給的傳法世系與傳記資料。可惜宗密自己供給的材料就不免有存心作僞的成分，所以裴休這一篇很可誦讀的碑文也就不能算作可以信賴的禪宗史料或中國佛教史料了。

　　　　　　　　　＊　　　　　　　　　　＊

　　我們最感覺興趣的是這篇「傳法碑」裏敍述的宗密的傳法來源與世系。碑文第一句就說：

　　圭峯禪師號宗密，姓何氏，果州西充縣人，釋迦如來三十九代法孫也。

這篇碑文從頭到尾都是這樣十分肯定，十分有把握的口氣。下文緊接着說：

釋迦如來在世八十年，爲無量人天聲聞菩薩說五戒，八戒，大小乘戒，四諦，
十二緣起，六波羅密，四無量心，三明，六通，三十七品，十力，四無畏，十
八不共法，世諦，第一義諦，無量諸解脫，三昧總持門，菩薩涅槃常住法性，
——莊嚴佛土，成就衆生，度天人教菩薩一切妙道：可謂廣大周密，廓法界於
無疆，徹性海於無際。權實，頓漸，無遺事矣。

然而還有「遺事」：

最後獨以法眼付大迦葉，令祖祖相傳，別行於世。非私於迦葉，而外人天聲聞
菩薩也。顧此法，衆生之本源，諸佛之所證，超一切理，離一切相，不可以言
語智識有無隱顯推求而得，——但心心相印，印印相契，使自證之，光明受用
而已。

這裏說釋迦如來「最後獨以法眼付大迦葉，令祖祖相傳，別行於世」，就是所謂「教
外別傳」的神話。這個「教外別傳」的「法眼」就是那「超一切理，離一切相，不可
以言語智識有無隱顯推求而得」的「禪」。

下文才是「傳法」的正文：

自迦葉至達摩，凡二十八世。達摩傳可，可傳璨，璨(兩字碑文皆作璨)傳信，信傳
忍爲五祖。〔信〕又傳融爲牛頭宗。

忍傳能爲六祖。〔忍〕又傳秀爲北宗。

能傳會爲荷澤宗。荷澤於宗爲七祖。

〔能〕又傳讓，讓傳馬(道一姓馬)，馬於其法爲江西宗。

這裏可注意的是裴休此碑完全接受了「自迦葉至達摩凡二十八世」的法統論，毫沒有
異議了。自從神會的「菩提達摩南宗定是非論」裏提出「唐國菩提達摩既稱其始，菩
提達摩西國復承誰後」的問題，並且提出「西國以菩提達摩爲第八代」的絕不可能的
答案，(參看胡適「神會和尚遺集」一七八——一七九頁；又胡適「新校定的敦煌寫本神會和尚遺著兩種」，
集刊廿九本，八四九頁；又胡適「荷澤大師神會傳」第三章「菩提達摩以前的傳法世系」。)到裴休寫碑的時
期，——大約從開元二十年(七三二)到大中七年(八五三)，——在這一百多年裏，出來了
種種毫無根據的「西天祖師傳法世系」：神會的八代說是依據廬山譯出的「達摩多羅

禪經」小序的；多數碑傳裏的二十三代或二十四代說是依據所謂「付法藏經」或「付法藏傳」的；還有馬祖道一門下的惟寬和尚主張的五十一代說是依據僧佑出三藏記集的「薩婆多部師宗相承目錄」的(看白居易「白氏長慶集」廿四「傳法堂碑」，及胡適文存第三集卷四「白居易時代的禪宗世系」)。八代太少了。五十一代又太多了。付法藏傳的二十三四代說也有一個根本毛病，就是那部小說體的付法故事明白的記着末代師子比丘被罽賓國王用利劍斬了，「頂中無血，唯乳流出，相付法人於是便絕。」所以那一百年裏就起了二十八代說，就是接受了付法藏傳的二十三代，認師子比丘爲第二十三代，還須捏造出四代祖師，把菩提達摩認作第二十八代。這就是宗密裴休時代接受的二十八代說。我現在把宗密的「圓覺經大疏鈔」卷三之下 (續藏經壹輯十四套三册二七六葉) 列舉的師子比丘以下五代，和現存的兩個最古本「六祖壇經」列舉的師子比丘以下五代，表示如下：

	圓覺大疏鈔	敦煌本壇經	興聖寺本壇經
第 廿 三 代	師 子 比 丘	師 子 比 丘	師 子 比 丘
第 廿 四 代	舍 那 婆 斯	舍 那 婆 斯	婆 舍 斯 多
第 廿 五 代	優 婆 掘	優 婆 堀	優 婆 掘 多
第 廿 六 代	婆 須 密	僧 伽 羅	婆 須 蜜 多
第 廿 七 代	僧 伽 羅 义	須 婆 蜜 多(註)	僧 伽 羅 义
第 廿 八 代	達 磨 多 羅	菩 提 達 摩	菩 提 達 摩

(註)敦煌本壇經好像是把這兩代誤倒了，「僧伽羅义」誤脫了「义」字，「婆須蜜多」(Vasumitra) 誤作「須婆蜜多」了。

裴休碑文裏說的「自迦葉至達摩凡二十八世」就是宗密圓覺經大疏鈔裏承認的二十八世。(這二十八世與道原的景德傳燈錄和契嵩的傳法正宗記以後的二十八祖頗多不相同，我們現在不能詳說了。)

　　裴休這一段碑文裏還有可以注意的一點，就是不但承認了韶州慧能爲「六祖」，還承認了東京荷澤寺神會「於宗爲七祖」。這也是依據宗密自己的話。宗密在他的「圓覺經大疏鈔」卷三之下(二七七葉)，大書

　　　慧能第六

　　　神會第七

他「神會第七」下有一篇神會略傳，其中說：

> …貞元十二年(七九六)，敕皇太子集諸禪師楷定禪門宗旨，遂立神會禪師爲第七祖。內神龍寺敕置碑記見在。又御製七祖讚文見行於世。

宗密又在他的「中華傳心地禪門師資承襲圖」(續藏經貳編十五套五冊四三三——四三八葉)說：

> …德宗皇帝貞元十二年敕皇太子集諸禪師楷定禪門宗旨，搜求傳法傍正。遂有敕下，立荷澤大師爲第七祖。內神龍寺見有銘記。又御製七代祖師讚文見行于世。

貞元十二年立神會爲第七祖的敕文，至今沒有流傳下來；宗密說的內神龍寺的碑記和德宗皇帝御製的七祖讚文也都沒有傳本。現在我們只有宣宗皇帝的宰相裴休在大中七年(八五三)親撰並親寫的「圭峰定慧禪師傳法碑」裏記的兩句話：「能傳會爲荷澤宗，荷澤於宗爲七祖。」裴休作宰相是從大中六年(八五二)到十年(八五六)。此碑作于大中七年，建立于大中九年，都正是他作宰相的時代。這兩句石刻的碑文是不是足够證實宗密說的貞元十二年(七九六)有敕文立神會爲第七祖的話了嗎？

我們應該注意：裴休並沒有提到貞元十二年的敕文，也沒有說德宗皇帝曾有立神會爲第七祖的敕文；裴休只說「能傳會爲荷澤宗，荷澤於宗爲七祖。」這是頗有含蓄的話，這句話好像只是說，「依照荷澤宗的說法，神會是第七祖。」所以我們只可以說裴休這句話是依據宗密自己的說法，是依據那位自稱荷澤宗的宗密和尙的說法。

裴休和宗密「於法爲昆仲，…於敎爲內外護」，然而這碑文始終不曾提及貞元十二年有立神會爲七祖的敕文，始終只有「荷澤於宗爲七祖」一句很委婉的文字。單這一點就應暗示我們不可輕易相信貞元十二年的敕文是史實了。

＊　　　　　　　　　　＊

碑文下文才說到宗密自己的傳法世系了。碑文說：

> 荷澤傳磁州如，如傳荊南張，張傳遂州圓，又傳東京照。圓傳大師。
> 大師於荷澤爲五世，於達摩爲十一世，於迦葉爲三十八世。其法宗之系也如此。

這是明白清楚的說，宗密是東京荷澤寺神會的第五代。第二代是磁州如，第三代是荊南張。荊南張傳遂州圓與東京照，是第四代。遂州圓傳宗密，是第五代。

— 19 —

　　我們第一步要指出，裴休碑文詳記的傳法世系是依據宗密自己宣傳的法統資料。第二步，我們要指出宗密自己傳出的「法宗之系」是大有問題的，是很可懷疑的。

　　第一步，我們要看出宗密自己的敍述。宗密關于這問題主要記述都在下列這幾部著作裏：

　　（一）圓覺經略疏鈔卷四（續藏經輯壹十五套二册）。

　　（二）中華傳心地禪門師資承襲圖（續藏經貳編十五套五册）。此卷題「內供奉沙門宗密答裴相國問」，開卷就是「裴相國問」一節，末題「休再拜」。原提出的問題是請他「略爲條疏（誤作流）分別三五紙示及，大抵列北宗，南宗；——南宗中，荷澤宗、洪州牛頭等宗，具言其淺深頓漸得失之要。」這問題很可能是裴休提出的，但不應該題作「裴相國問」。宗密死在會昌元年（八四一）；裴休作宰相是在大中六年至十年（八五二——八五六），宗密久已死了。

在圓覺經略疏鈔裏，宗密說：

　　第七祖門下，傳法二十二人，且敍一枝者：

　　磁州（誤作慈州）法觀寺智如和尚，俗姓王。磁州門下，成都府聖壽寺唯忠和尚，
　　俗姓張，亦號南印。

　　聖壽門下，遂州大雲寺道圓和尚，俗姓程。長慶二年（八二二），成都道俗迎歸聖
　　壽寺，紹繼先師，大昌法化，如今現在。…

　　在「中華傳心地禪門師資承襲圖」裏，宗密列舉了「神會第七」門下十八人。（日本學者宇井伯壽的「禪宗史研究」，有「荷澤宗的盛衰」一篇，他曾考宗密舉出的十八人，有十一人不可考。宇井先生又考出神會門下第二代有十八人可考。看上舉書二三八——二五六頁。）宗密在這十八人之中，把「磁州智如」特別寫作大字，列在最中央。下面是第三代，只列了「益州南印」一人。下面是第四代，只列了南印門下的四人。我們鈔「承襲圖」的這一部分在下面：

		東京神照
神會第七——磁州智如——益州南印——		益州如一
		遂州道圓
		建元玄雅

宗密自稱遂州道圓是他得法的師父*。

我們現在先尋求磁州智如、益州南印、東京神照、遂州道圓四個和尚的傳記資料。如一和玄雅，我們可以不問了。

（１）磁州智如，我們就尋不到這個人。日本宇井伯壽先生在「禪宗史研究」（頁二三九——二四〇）裏曾指出，宗密說的「磁州智如」就是宋高僧傳卷廿九杭州天竺寺道齊傳後面附的「太行山法如」。我贊同宇井先生的意見，因爲宋僧傳裏的法如正是慈州（卽磁州）人。宋僧傳的法如傳說：

> 唐太行山釋法如，俗姓韓(宗密說他俗姓王)，慈州人也。少爲商賈，心從平準。至今東京相國寺發心，依洪恩法師出家。…遂往嵩少間，遊於洛邑，遇神會祖師，授其心訣。後登太行山，見馬頭峯下可以棲神，結茅而止。有褚塾戌將王文信率衆建精廬焉。刺史李亞卿命入城，不赴。示寂，報齡八十九。元和六年(八一一)遷塔云。

假定他死在元和五年(八一〇)，他活了八十九歲，他生在開元十年(七二二)。神會在東京洛陽「定南宗是非」的時期（天寶四年到十一年，七四五——七五二）正是法如二十四五歲到三十歲，他受神會的感動是很自然的。宗密的記錄有三點大不同：第一、法如不名智如。第二、法如是磁州人，在太行山的馬頭峯下結茅廬，不肯入城府；而宗密說住磁州法觀寺。第三、他俗姓韓，不姓王。這都可見宗密並不大知道這個「磁州如。」

（２）益州南印。宋高僧傳十一，洛京伏牛山自在傳後，附有南印傳，其全文如下：

> 成都府元和聖壽寺釋南印，姓張氏。明寤之性，受益無厭。得曹溪深旨，無以爲證。見〔成都府〕淨衆寺〔神〕會師。所謂落機之錦，濯以增妍(誤作研)，銜燭之龍，行而破暗。
>
> 印自江陵入蜀，於蜀江之南壖，薙草結茆。衆皆歸仰，漸成佛宇。貞元初年也。(貞元元年當七八五。)高司空崇文平劉闢(事在元和元年，八〇六)之後，改此寺爲元和聖壽，初名寶應也。

印化緣將畢，於長慶 (八二一——八二四) 初示疾入滅 。 營塔葬於寺中。會昌中毀
塔。大中〔中〕，復於江北寶應舊基上創此寺 ， 還名聖壽 。 印弟子傳嗣有義
俛，復興禪法焉。

　　關於南印，宗密只說了很簡單的幾句話，很值得重引在這裏做個比較。宗密說：
　　磁州〔智如〕門下，成都府聖壽寺唯忠和尙，俗姓張，亦號南印。聖壽門下，
　　遂州大雲寺道圓和尙，俗姓程。長慶二年(八二二)，成都道俗迎歸聖壽寺，紹繼
　　先師，大昌法化，如今現在。…

我們試用這幾句話來比勘宋僧傳裏的南印傳 ， 我們就 可以看出這些很重大的 衝突之
點：第一、宗密說南印就是唯忠，而宋僧傳裏無一字說到南印又叫做唯忠。宋僧傳卷
九另有「黃龍山唯忠傳」(引見下文)，宗密把兩個和尙認做一個人了。第二、宋僧傳裏
明說南印的師父是〔成都府〕淨衆寺的會師，那是淨衆寺金和尙無相禪師的弟子神會，
宋僧傳卷九有「成都府淨衆寺神會傳」(引見下文)。南印傳裏沒有一個字提到他曾到過
河北道的磁州或太行山的馬頭峯下去做「磁州如」的弟子。磁州在長安東北一千四百
八十五里，成都府在長安西南二千三百七十九里。何以南印傳裏竟不提及他曾走四千
里路去尋師問道呢？何以宗密竟完全不提及南印的師父是成都府淨衆寺的神會和尙呢
？

　　現在讓我們先看看宋僧傳裏的「黃龍山唯忠傳」：
　　釋唯忠，姓童氏，成都府人也。幼從業於大光山道願禪師。…遊嵩嶽，見神會
　　禪師，析疑沉默。處于大方，觀覽聖跡，見黃龍山鬱翠而奇異，乃營茅舍，…
　　獨居禪寂，澗飲木食。…以建中三年(七八二)入滅，報齡七十八，其年九月遷塔
　　云。

這個成都府的唯忠和尙到過嵩山，見過東京荷澤寺的神會和尙，後來就在黃龍山過他
的 「獨居禪寂，澗飲木食」 的頭陀生活。這傳裏沒有一個字提到唯忠又叫做「南印」，
也沒有提到他是「磁州如」的門下。(「黃龍山」不止一處，唯忠住的黃龍山似在北方。)

　　這裏分明有一個 「人身錯認」 的問題，也許還不僅僅是一個「人身錯認」的問題。
唯忠是東京荷澤寺神會和尙的第一代 弟 子 ， 南印是成都淨衆寺神會和尙的第一代弟
子。說「唯忠亦號南印」， 就是把成都淨衆寺神會的一代弟子認作東京荷澤寺神會的

一代弟子了。但是因爲唯忠死在建中三年(七八二)，南印死在長慶初 (約八二二)，相去四十年，所以那位「唯忠亦號南印」只好屈居東京荷澤寺神會的一代弟子磁州法如的弟子，就降爲第二代了。這裏面的人身錯認的糾紛有兩個層次：表面上是把南印、唯忠兩個和尙認作一個和尙；骨子裏是存心要把成都府淨衆寺的神會和尙冒認作東京荷澤寺的神會和尙。

所以我們應該看看宋僧傳卷九保存的「成都府淨衆寺神會」的略傳：

> 釋神會，俗姓石，本西域人也。祖父徙居，因家于歧，遂爲鳳翔人矣。會至性懸解，明智內發，大璞不耀，時未知之。年三十，方入蜀，謁〔成都府淨衆寺〕無相大師，利根頓悟，冥契心印。無相歎曰，「吾道今在汝矣。」

> 爾後德充慧廣，蔚爲禪宗。其大略：寂照滅境，超證離念。卽心是佛，不見有身。當其凝閉無象，則土木其質。及夫妙用默濟，雲行雨施，蠢蠢羣眠，陶然知化；覩貌遷善，聞言革非。至於廓蕩昭(疑當作照？)，洗執縛，上中下性，隨分令入。

> 以貞元十年(七九四)十一月十二日示疾，儼然加趺坐滅。春秋七十五，法臘三十六。沙門那提得師之道，傳授將來。…初會傳法在坤維(坤維指西南)，四遠禪徒臻萃于寺。時南康王韋公皋最歸心于會，及卒，哀咽追仰。蓋粗入會之門，得其禪要，爲立碑，自撰文，並書，禪宗榮之。(韋皋與淨衆寺神會的關係，又見于宋僧傳十九西域亡名傳。)

這個神會和尙原是西域人，後爲鳳翔人，俗姓石；那個東京荷澤寺的神會和尙是襄陽人，俗姓高。荷澤神會死在肅宗廢年號的「元年」，卽寶應元年(七六二)，年九十三；淨衆神會死在貞元十年(七九四)，年七十五。荷澤神會是韶州慧能大師的大弟子；淨衆神會是成都淨衆寺金和尙無相大師的大弟子。

成都的淨衆寺無相大師是東山弘忍大師 (所謂「五祖忍」) 的大弟子資州智詵和尙的再傳大弟子。在當時的禪學運動裏，成都淨衆寺的無相一派算是一個大宗派；無相的另一個大弟子，名叫無住，在成都保唐寺建立一個更有革命性的宗派，就稱爲「保唐寺派」。大中七年(八五三，就是裴休作圭峯禪師碑的一年)，劍南東川節度使柳仲郢在梓州的慧義精舍南禪院建立「四證堂」，請李商隱撰「四證堂碑銘」。「四證」就是「益州淨衆無

相大師，<u>益州保唐無住大師</u>，<u>洪州道一大師</u>(即<u>馬祖</u>)，　<u>西堂智藏大師</u>(<u>道一</u>弟子)」。這篇
有名的「<u>四證堂碑</u>」(<u>李商隱樊南文集補編</u>卷十，有<u>歸安錢振倫錢振常</u>箋注本；可惜注者不知道這四位大
和尚是誰！<u>全唐文</u>七百八十有此碑全文) 可以表示<u>淨衆寺無相</u>一派在當時的崇高地位。 <u>宋僧傳</u>
十九有<u>成都淨衆寺無相傳</u>，附見<u>資州智詵傳</u>；又<u>宋僧傳</u>二十有<u>資州山北蘭若處寂傳</u>。
<u>處寂</u>是<u>無相</u>之師，<u>智詵</u>又是<u>處寂</u>之師。可惜這三篇略傳採用的材料都很不高明，都不
够表出這個<u>淨衆寺</u>一派的禪學思想。直到最近幾十年裏，<u>敦煌</u>石室出來了兩本「<u>歷代
法寶記</u>」(收在<u>大正大藏經</u>第五十一册；<u>朝鮮金九經</u>有校刊分三卷本，民國廿四年<u>北平</u>出版，此本遠勝<u>大正藏
本</u>)，我們方才有<u>唐朝</u>的原料可以供我們研究<u>淨衆寺無相</u>的思想， 和那從<u>淨衆寺</u>出來
的<u>保唐寺無住</u>的思想。

但是我們的<u>圭峯大師宗密</u>和尚是<u>西川果州</u>人，他是最熟悉<u>成都府</u>的<u>淨衆寺</u>和<u>保唐
寺</u>兩大宗派的思想與歷史的。我們竟可以說，在<u>敦煌</u>寫本「<u>歷代法寶記</u>」出現之前，
<u>日本</u>的禪宗史學家與<u>中國</u>的禪宗史學家都只倚賴<u>宗密</u>的<u>圓覺經大疏抄</u>卷三之下記述的
禪宗「七家」，作爲最重要的禪宗史料，——特別是關于<u>成都淨衆寺</u>與<u>保唐寺</u>兩個宗
派的唯一僅存的史料！

<u>宗密</u>敍述當時禪學有「七家」：

第一家，卽「<u>北宗</u>」。

第二家，卽<u>成都淨衆寺無相</u>一派。

第三家，卽<u>成都保唐寺無住</u>一派。

第四家，卽<u>洪州道一</u>， 俗姓<u>馬</u> ， 元是<u>淨衆寺金</u>和尚<u>無相</u>弟子，後依<u>讓</u>和尚修
行。

第五家，卽<u>牛頭山</u>一宗。

第六家，卽<u>南山念佛門</u>禪宗。

第七家，卽「<u>南宗</u>第七祖<u>荷澤大師神會</u>所傳」。 (以上七家，詳見<u>圓覺經大疏鈔</u>卷三之下
——<u>續藏經壹輯</u>十四套三册，二七七葉下至二八〇葉上。)

我們現在只能引他說的第二家：

「有三句用心爲戒定慧者」，第二家也。根元是<u>五祖</u> (<u>弘忍</u>) 下分出，名爲<u>智詵</u>，
…本是<u>資州</u>人，後却歸本州<u>德純寺</u>開化。弟子<u>處寂</u>，俗姓<u>唐</u> ， 承後 。 <u>唐</u>生四

子，成都府淨衆寺金和尚，法名無相，是其一也，大弘此教。（此下原注：「金弟子
當寺石，長松山馬，遂州李，通泉縣李，皆嗣之。」續藏本石誤作召，遂誤作逐，二李字誤作季。）言
「三句」者，無憶，無念，莫忘也。意令勿追憶已過之境，勿預念慮未來榮枯等
事；常與此智相應，不昏不錯，名莫忘也。…「戒定慧」者，次配三句也。
（胡適按，歷代法寶記述金和尚說，「無憶是戒，無念是定，莫忘是慧」，故云「次配三句」。）…

最可注意的就是這一段「大弘此教」一句下的宗密原注「金弟子當寺石」，這就是淨
衆寺的神會，俗姓石，故稱「當寺石」，又稱「益州石」。宗密在「中華傳心地禪門
師資承襲圖」裏，也曾明白指出「弘忍第五」之下有蜀中的智詵一支：

資州詵──資州處寂──益州金──益州石

「益州金」就是淨衆寺的金和尚無相。「益州石」就是「當寺石」，就是淨衆寺的石
和尚神會。可是宗密總不稱他的法名神會，只叫他做「益州石」或「當寺石」。

　　　　　　✳　　　　　　　　　　✳

我們現在至少把成都府淨衆寺神會和尚的傳法世系弄清楚了。這個世系是這樣：

弘忍──智詵──處寂──淨衆寺無相──淨衆寺神會──元和聖壽寺南印
　　　（資州）（資州）（成都）　　　（成都）　　　（成都）

這一系與東京荷澤寺神會和尚的傳法世系原來是不相干的：

弘忍──慧能──神會┬磁州法如
　　　　　　　（東京）└黃龍山唯忠

這兩個神會和尚的兩支不相干的傳法世系怎麼會混合作一支去了呢？是誰開始造出
「唯忠亦號南印」的「人身錯認」的假世系呢？

　　我們✳

　　　　　　✳　　　　　　　　　　✳

白居易「唐東都奉國寺禪德大師照公塔銘」（白氏集七十）

大師號神照，姓張氏，蜀州青城人也。始出家于智凝法師，受具戒於惠蕚律師，
學心法於惟忠禪師。忠一名南印，即第六祖之法曾孫也。

　　✳ 胡先生改寫稿至此止。在改寫稿下面，胡先生另外用迴形針夾了三張稿紙，鈔錄白居易所撰唐東都奉國
　寺禪德大師照公塔銘。此塔銘與改寫稿討論的「唯忠一名南印」有關，今附刊於改寫稿後。

大師祖達摩，宗神會，而父事印。

其教之大旨以如然不動爲體，以妙然不空爲用，示眞寂而不說斷滅，破計著而不壞假名。

師既得之，揭以行化。出蜀入洛＊，與洛人有緣，月開六壇，僅三十載，隨根說法，言下多悟。…

以開成三年冬十二月（八三八——九）示滅于奉國寺禪院，以是月遷葬于龍門山。報年六十三，僧夏四十四。

明年（八三九）傳教主院上首弟子沙門清閑糺門徒，合財施，與服勤弟子志行等營度襄事，卜兆於寶應寺荷澤祖師塔東若干步，窆而塔焉，示不忘其本也。

其諸升堂入室，得心要口訣者，有宗實在襄，…（列舉共十五人，分在十二地）

銘曰：

伊之北西，洛之南東，法祖法孫，歸全于中。舊塔會公，新塔照公，亦如世禮，祔于本宗。

```
                        （法曾孫）
    能──會──□──惟忠──神照
                   （南印）
```

＊ 胡先生紅筆眉批：「貞元十一年（七九五）在蜀爲僧，元和三年（八〇八）入洛」。

道教之自搏與佛教之自撲補論

楊 聯 陞

一九六〇年六月，我寫了一篇文章「道教之自搏與佛教之自撲」，寄給塚本博士頌壽紀念佛教史學論集（一九六一年二月出版）發表。大意見原文第一段（全文見附錄）：

自搏與自撲，同爲懺悔之儀式。自搏謝罪，似起於漢末之太平道與五斗米道，發展而爲塗炭齋，在南朝時，頗爲佛教徒所譏彈。唐宋以來，道家儀軌中搏頰叩謝之規定，始見減少。而佛教方面，有所謂自撲法，行於隋唐之世，是否受有道教影響頗成問題。至於道教之自搏，導源何在，亦復耐人尋索。若更推廣言之，則自搏自撲，皆不過爲苦行之一種。苦行之爲用，不限於懺悔，其道亦復千變萬化，殊不限於自搏自撲。本篇主旨，在於鈎稽史料，探究此兩種懺悔儀式之盛衰，並就其在宗教史文化史上之地位，略事推論。所得雖甚粗淺，問題本身似乎尙有意義。

八月九日，我把這篇文章的稿子，寄給胡適之先生，請切實指教。胡先生在八月十五日，從紐約給我寫了一封長信，對自搏的考證，頗爲嘉許，對自撲的解釋，則提出疑問，對我的推論，也不甚以爲然。我很感謝胡先生的指示，但因稿已寄出付印，只就必要處略加改動。胡先生有很多寶貴的意見，都未能加入，很覺得遺憾。後來又發現湯用彤先生的漢魏兩晉南北朝佛教史裏有論搏頰求乞一節，十分重要，我寫作時忽略未引。此外自己也搜集到一些補充材料。現在把這些資料同意見，合在一起，作爲補論，用來紀念胡先生。

胡先生的信裏說：

此文的道教部分與你前作"老君音誦誡經"一文，都是道教史的重要研究，我很感覺興趣。但我覺得此文"佛教之自撲"部分，可能有點問題。我在客中，手頭

無書，又沒有時間上圖書館，只能把我的一點感想寫出來，也許可以備參考。

我細看了你引的"自撲"諸條，我都看不出"自撲"是自己打自己。"自撲懺悔，如泰山崩"，"五體投地，如泰山崩"，"五輪著地，頭面禮佛"，都只是向前匍伏——古人跪坐，向前自伏，則五體皆投地，"五輪（二肘二膝並頭頂）皆著地"。五輪既皆已著地了，用甚麼自己打自己呢？

敦煌所出四例之中，只有子胥變文之"自撲搥凶"是不可通的。阿姊手抱弟頭，則不能"自撲"；若她"自撲"，則不能搥凶(胸)"。皆餘三例皆可與佛教書中所謂"自撲如泰山崩"相參證。遠公話作"自僕"，更有意味。你注"僕"，爲"撲"字，當然不錯，但此字實是"自仆"，"自伏"，其時"伏"已成去聲，"伏"與"仆"皆已成"f"聲母的字，故"自伏"不能不寫作"自撲"了。(吳語至今說"仆倒"如"撲倒"，其"撲"字音略近"撥"。我們徽州人至今說"跌一個撲蹋跟"。卽全身向前跌倒，撲讀普入聲，跟讀上聲，音艮卦之艮。) 這就是說，"自撲"卽是"自仆"，"自伏"，卽是"自己匍伏"。白話裏尙存此古音，而文字不能不寫作"自撲"，故引起你的誤會了。("仆"字古今爲"僕"，似不必疑。)

……故鄙意頗嫌尊文"佛教之自撲"的一小半，不當把"撲"字解作"朴""扑"或"自撻"。……

再回到"道教之自搏"。這一部分似可分作幾部分看：

(1) 太平經的"自搏"。

(2) "塗炭齋"的"打拍"。

(3) 老君音誦誡經的"搏頰"。

(4) 陸修靜的"三元塗炭之齋"的儀式。

(5) 道藏他書所記陸修靜齋儀的"叩頭搏頰"。

此五事似不可混合爲"自搏"一事？老兄釋"搏頰卽自搏"，而老兄全文以"自搏"爲自己朴撻自己的苦行懺悔。我細看此五個階段，似以王公期之"省去打拍"爲劃時代的改革。此以前爲"打拍的塗炭齋"，此以後（包括陸修靜）爲"去打拍的塗炭齋"。此五事皆重在"塗炭"，"塗炭"是用本義，卽"黃土泥面"。其極端的方法則須"懸頭著柱，打拍使熟"。玄光辯惑論作"擿頭著柱，埏埴使熟"。比較玄光

與甄鸞，可知打拍郎是打拍頭面上的黃泥，故可以說"埏埴使熟"。（"埏埴以爲器"見老子。）

這是張魯以後，王公期以前的"塗炭齋"，主指在"塗炭"，在"黃土泥面"，而"打拍"不過是泥面的一段功夫。

寇謙之傳出的"新經"，可能已除去了這種泥面齋法，故老君音誦誡經裏的"叩頭搏頰"，大概只是叩頭與拍（搏＝拊＝拍）頰而已。"搏頰"可能近于後世所謂"拍巴掌"（打嘴）？但不必是痛打巴掌！

陸修靜的"三元塗炭之齋"，他自己說的最詳細：

"……法于露地立壇，安欄格，齋人……悉以黃土泥額，被髮繫著欄格，反手自縛，口中銜璧，覆臥於地，開兩脚相去三尺，叩頭懺謝。……"

這裏已沒有"打拍"了，但仍"以黃土泥額"，此仍是"塗炭"原意。這裏又明說"安欄格"，"被髮繫著欄格"，可知玄光甄鸞所說"懸頭著柱"，"反縛懸頭"，"擿頭懸柳"，皆不是虛假。

這樣把自己的身體縛繫在柱上或石上，是中古基督教苦修的 "Saints" 常有的事。手頭無書，偶記得 Tennyson 詩集中有 "St. Simeon Stylites" 長詩，敍述這位 "Saint" 的四十年苦修的行爲，其中似有這樣"自繫縛"的事。架上適有 Tennyson 集，翻得此詩，果有

"……Three winters, that my soul might grow to thee,

I lived up there on yonder mountain side.

My right leg chained into the crag, I lay

Pent in a roofless close of ragged stones……"

（此詩值得老兄一讀。這個故事是真的"自苦"聖人的故事。老兄此文的引論與結論都太看重"自朴"，而對于"以自苦爲極"〔天下篇論墨子語〕的宗敎，則頗嫌忽視，故我請你試讀 Tennyson 此詩。）

若用洞玄靈寶五感文所詳記爲史料，則玄光，道安（二敎論），甄鸞的譏評都有了印證了，則此一大段道敎史實大致可以懂得了。尊文之重要性在此。

所不能完全了解者，尚有"驢轅泥中"一句。便中幸再考之。

　　最後，我覺得老兄泛論"地理與民族"諸節，似尚可斟酌。

　　我對于寅恪先生的天師道與濱海地域的關係說，只認為可以說明一個時期的道教情形，不可看作普遍的"定論"。三張的道教起于巴漢，盛于巴漢；寇謙之是上谷人，而苻秦亡後，寇讚（謙之之兄）被雍人千餘家推為首領；謙之自己是華山道士，又是嵩岳道士。此皆與濱海地域無關。尊文說，"陝西四川一帶，其地在漢代與印度至少有間接交通。"請問老兄，中國有哪一塊地域不可以說是"與印度至少有間接交通"的？

　　我曾說，"Religious Taoism was originally a consolidated form of the native beliefs and practices," 即是我所謂 Sinitic religion. 我所謂 Sinitic religion 當然是許多原帶地域性的信仰與儀式結合而成的。佛教徒說張魯的"塗炭齋"起于"氐夷難化"，老兄以為"或非全屬子虛"，此即地域性的起原也。

　　細看"塗炭齋"的內容，其中心觀念只是自認有罪過，故泥面毀形，懸頭自縛，皆以待決之罪囚自居。認罪即悔過，是中心觀念。老兄引南宋人所謂"太上立齋謝之法，攝法界一切眾生罪緣因起，令有悔心。悔心苟形，善心自著，天堂地獄由是分，……善天善地俱攝入一懺願法中……夫豈為亡者乞恩悔罪而已哉！"這一大段引文真是好文字——謝謝老兄使我得讀此文！——使我們明白三張以下以至陸修靜以下，所以設立如此繁重難行的齋懺法，其中心觀念只是"天堂地獄由是分"的一個"悔"字。以罪囚自居，泥面自縛，都只是表示這個"悔"字。這也是 Sinitic religion 的一個老信仰。（至於"打拍使熟"，"埏埴使熟"，則很可能是起于巴漢"氐夷"的地域性風尚。）舊說湯伐夏之後，七年大旱，史卜云，當以人為禱。湯乃"剪髮斷爪，自以為牲"，禱于桑林之社。以至於左傳所記鄭伯肉袒牽羊"以迎楚子；公羊記鄭伯"肉袒，左執茅旌，右執鸞刀"，以迎楚子——似都是自居于罪囚，或自以為犧牲，都是自己認自己為有罪，——自認有罪，即是"悔心"。杜預謂肉袒牽羊"示服為臣僕"，老兄也說"中原民族以面縛銜璧為屈服"。鄙意則以為此皆表示悔罪也。

　　秦始皇本紀記子嬰"係頸以組，白馬素車，奉天子璽符，降軹道旁"。這也是自居於待誅之罪囚。三張道教以至于陸真人的禁制都有"懸頭著柱""被髮繫着欄格"的儀式，這都是自居于罪囚，不但"反手自縛，口中銜璧"，是自居于罪囚也。

自子嬰以下，亡國之儀見于蜀志後主傳，吳志孫皓傳，而最詳于晉書王濬傳。濬傳說：

"壬寅，濬入石頭。皓乃備亡國之禮，素車白馬，肉袒，面縛，銜璧，牽羊；大夫衰服，士輿櫬，率其偽太子瑾……等二十一人，造于壘門。濬解其縛，受璧焚櫬，送于京師"。

這種"亡國之禮"，眞所謂"無據之據"，其實只是晚出的 Sinificism 的一部分。比秦王子嬰時，已更複雜了。"輿櫬"是後加的，"銜璧"也是後加的。"大夫衰服，士輿櫬"，眞是兩漢四百年經師造出的禮經了！

看王濬傳"受璧焚櫬"一語，可見"輿櫬"也是自居于待誅之罪人的儀式的一部分；而"銜璧"則有請命之意，金縢所謂"爾之許我，我其以璧與珪，歸俟爾命；爾不許我，我乃屏璧與珪"，也是這個 Sinitic religion 的一部分。

以上抄錄胡先生給我的信，其中議論考據，精彩甚多，讀者可以共見。我除了感謝之外，在回信中，只就"自撲"一辭，略加辨解。我說：

"自搏"與"自撲"是個搭截題。說老實話，我對于自撲如何撲法，還不甚清楚。所以本文裏，並沒有說"自撲"是自己打自己（如果"打"是"用手或鞭杖之類打"解的話。）我的了解是"自己摔打自己"，卽"自己用力把自己摔到地上"（舉身自撲）。其與匍伏或仆倒不同者，一是及物與不及物動詞之別，二是用力不用力之別（如不用力，則跪坐時仆倒不易如泰山崩）。故撲字意雖與仆通，而不可改作仆。爲避免誤會起見，我的文章裏，應該說明，自搏自撲都不用鞭杖，自撲如不帶搥胸，且不必用手。"驢輾泥中"卽像驢一般地在泥中打滾。今北方俗語尚有"驢打滾"。佛教的"婉轉自撲"，姿勢大約與"打滾"相近。

在校稿時，我託平岡武夫先生給加入了關於"驢輾泥中"的解釋同"（自撲且不必用手）"幾個字。

當然，我作這一個"自搏"與"自撲"的搭截題，是要指出這兩種懺悔儀式都有自己責打自己的成分。不過，這兩種儀式，都不是只有簡單的一個動作，而是成套的動作。"自撲"可能包括"自撲搥胸"，"舉身自撲"，"婉轉自撲"，三個動作，

可以相先後，而且可以重複。所以胡先生提出的"五輪既皆著地了，用甚麼自己打自己呢"這個問題，似乎可以用先後的動作解釋。舉行"塗炭齋"時，如果省去打拍，也許就沒有自己打嘴巴的"自搏"。"反手自縛"之時，也不能動手自己打自己。不過這時還可以作"驢輾泥中"的姿勢，用力起伏，也可算一種摔打。所以如果"打"字作廣義解，這兩種儀式裏都有顯著的自己責打自己的成分。

至於胡先生說的"自己匐伏"，自然也是這一類懺悔儀式裏的重要成分。關於這一點，高僧傳卷一有一條頗有趣的紀事：

> 曇摩耶舍，此云法明，罽賓人……至宋元嘉中，辭還西域，不知所終。耶舍有弟子法度，善梵漢之言，常爲譯語。度本竺婆勒子。勒久停廣州，往來求利，中途於南康（江西）生男，長名金迦，入道名法度。初爲耶舍弟子，承受經法。耶舍既還外國，度便獨執矯異，規以攝物。乃言專學小乘，禁讀方等，惟禮釋迦，無十方佛。食用銅鉢，無別應器。又令諸尼相捉而行，悔罪之日，但伏地相向。惟宋故丹陽尹顏瑗女法弘尼，交州刺史張牧女普明尼，初受其法。今都下宣業弘光諸尼，習其遺風。東土尼衆亦時傳其法。

又高僧傳卷三，有作者梁慧皎的議論，甚不以法度爲然：

> 間有竺法度者，自言專執小乘，而與三藏乖越。食用銅鉢，本非律儀所許；伏地相向，又是懺法所無。且法度生本南康，不遊天竺。晚值曇摩耶舍，又非專小之師。直取谿壑其身，故爲矯異。然而達量君子，未曾迴適，尼衆易從，初稟其化。夫女人理敎難惬，事跡易翻，聞因果則悠然屓背，見變術則奔波傾飲，隨墮之義，卽斯謂也。

順便把女人罵了一頓。

慧皎說，"伏地相向，又是懺法所無"，意思不甚清楚。按唐宗密圓覺經疏略鈔卷十二說：小乘懺法，要請大比丘爲證。對大僧要"具五法、一、袒右肩，二、右膝著地，三、合掌，四、說罪名種，五、禮足。若對小夏（小僧），闕無禮足，但行四法。"禮足當是頭面禮足或五輪接足，是敬禮尊師，所以不行於小夏。唐道宣釋門歸敬儀卷下也說："故下座之禮，先備五法：一偏袒，二脫屣，三禮足，四互跪，五合掌也，上座於下座前悔，則有四法，除其禮足"。"伏地相向"可能是懺悔者與懺悔者相向。

對面的人，不夠資格受敬禮，這樣就與懺法不合了。

至於“五輪著地”“五體投地”的懺法，我在稿中疑心說“似至隋時尙未通行”，現在想起來，也許說得太過。按國清百錄卷二記智者大師智顗的請觀世音懺法”卽有“五體投地”，又相傳出於智顗的方等三昧行法，法華三昧懺儀，都有“五體投地”，不過好像都只是敬禮的儀式。

可注意者，是由軟性的“五體投地”到硬性的“五體投地如太山崩”（卽“自撲法”）的過渡，其時代當在隋初。這兩種投地之軟硬不同，所以我稿中引過的唐懷感釋淨土羣疑論，卷七要特設一章，專料簡硬性的投地自撲懺悔。附帶說一點，我稿中“然唐代一般人意想中，則自撲與五體投地，往往相連”一句，其後半句應改爲“則自撲與如太山崩，七孔流血，往往相連”。

關於“搏頰”，湯用彤先生的漢魏兩晉南北朝佛教史卷上頁一〇五，提到太平經卷百十二“崑崙之墟，有眞人上下有常……殊無搏頰乞丐者”。湯先生自己注說：

搏頰不知卽太平經所言之叩頭自搏否。弘明集七宋釋僧愍華戎論斥道敎云：搏頰叩齒者，倒惑之至也。唐法琳辨正論二引道敎書自然懺謝儀，有九叩頭九搏頰之語。是搏頰之語，南北朝隋唐道士猶行之。又按支謙譯梵志阿颰經，有外道四方便，其第四中有搏頰求福之句。此經爲長阿含“阿摩晝經”之異譯，巴利文 Ambattha Sutta 爲其原本。二處所記之四方便中，均無此句。但康僧會之舊雜譬喩經卷八，亦言有搏頰人。又六度集經五有曰，或搏頰呻吟云，歸命佛，歸命法，歸命聖　衆。據此，豈中國佛敎古用此法耶？抑僅譯經者借用中土名辭，以指佛敎之膜拜耶？（參看宋高僧傳譯經篇，論中華言雅俗段。）若漢代僧徒行此，則經所謂之搏頰與乞丐，均指佛敎也。

湯先生提出兩個可能的解釋。就我個人看來，第二種可能比較大，卽是譯經者借用中土名詞習慣，加以增飾。長阿含阿摩晝經的第四方便，只是“不食藥草，不食落果，不食草葉（按，卽前三種方便所食），而於村城起大堂閣，諸有東西南北行人過者，隨力供給。”到了梵志阿颰經就增飾爲“亦有道士，深居閑處，題門有道，祭事水火日五星，烹殺祠天，博（搏）頰求福，”大有中國道士的意味了。舊雜譬經卷八，提到一個醉人“正坐博（搏頰）頰言，無狀犯戒”，恐怕也是借用道敎徒的悔罪辦法。又

西晉白法祖譯的佛般泥洹經卷下 ， 有"民皆頓地，叩頭者，搏頰者，槌心刮面，撦髮裂，躃地啼哭，呼當奈何！"東晉法顯譯的大般涅槃經有"舉手拍頭，搥胸大叫"，"搥胸拍頭，號咷大叫"等語。不載譯人，附東晉錄的般泥洹經 ， 則只有"踊躃悲言""徘徊騷擾，仰天呼怨"等語。譯經內容有出入，而"搏頰者"只見一本， 我疑心也是增飾之辭。

一九六二年九月三日稿

附　　錄

道敎之自搏與佛敎之自撲

自搏與自撲，同爲懺悔之儀式。自搏謝罪似起於漢末之太平道與五斗米道，發展而爲塗炭齋，在南朝時，頗爲佛敎徒所譏彈 。 唐宋以來 ， 道家儀軌中搏頰叩謝之規定，始見減少。而佛敎方面，有所謂自撲法，行於隋唐之世，是否受有道敎影響，頗成問題。至於道敎之自搏，導源何在，亦復耐人尋索。若更推廣言之，則自搏自撲，皆不過爲苦行之一種。苦行之爲用，不限於懺悔，其道亦復千變萬化，殊不限於自搏自撲。本篇主旨，在於鈎稽史料，探究此兩種懺悔儀式之盛衰，並就其在宗敎史文化史上之地位，略事推論。所得雖甚粗淺，問題本身似乎尙有意義。用敢寄爲塚本善隆先生祝壽。闕誤自知難免，敬乞塚本先生與讀者賜正。

漢末之太平道五斗米道，皆敎病者叩頭思過(魏志八)。道藏中之太平經，有兩卷屢言自搏。卷一百十一葉七下云：自責悔過者「叩頭自搏而啼鳴」。卷一百十四葉一上云 ：「迎醫解除，常垂涕而言，謝過於天，自搏求哀 ， 叩頭於地 ， 不避瓦石泥塗之中，輒得令父母平安」。同卷葉十八上下云：「其家貧者，能食穀知味，悉相呼叩頭自搏仰謝天。天原其貧苦，祠官假之，令小有，可用祠，乃責。是爲天所假，頗有自足之財，當奉不疑也」。同卷葉三十五下云：「輕者得解，重者不貰。而反多徵召，呼作詐病之神，爲叩頭自搏，欲求其生，文辭數通 。 定其死名，安得復脫 。 醫巫神家，但欲得人錢，爲言可愈。多徵肥美，及以酒脯，呼召大神，從其寄精神，致當脫汝死名。籍不自致，錢財殫盡，乃亡其命。神家求請，滿三不下，病不得愈，何爲復

請？事禍必更有禍，責在其後」。又同卷葉三十六下云：「今世之人，行甚愚淺，得病且死，不自歸於天，首過自搏叩頭。家無大小，相助求哀。積有日數，天復原之，假其日月，使得蘇息。後復犯之，叩頭無益，是爲可知。努力爲善，無入禁中，可得生活，竟年之壽。不欲爲善，自索不壽，自欲爲鬼，不貪其生，無可奈何也」。 (以上見道藏太平部入上七五四册，入下七五五册)

　　據近人研究(註一)，太平經雖眞僞雜糅，其主要思想，似出於漢末及六朝初年。可注意者，經文雖承認叩頭自搏有益，但只限於罪輕者。抱朴子道意卷第九云：「勞逸過度而碎首以請命。」言自己戕賊過甚，雖叩頭至碎，命不得延，與此意思相近。

　　道藏中又有老君音誦誡經，疑與魏書釋老志言寇謙之所受雲中音誦新科之誡有關，或者本爲一物，內容可能早至五世紀初葉(註二)。誡經屢言叩頭搏頰，搏頰卽自搏。如第二十一條 (條數係余所增) 云：「老君曰：「道官籙生男女民，燒香求願法，入靖，東向懇，三上香訖，八拜，便脫巾帽，九叩頭，三搏頰，滿三訖，啓言： (中略) 辰巳之日，天清明，夜半北向悔過，向天地叩頭百下，三十六搏頰，三過三百下，以爲常」。第二十二條云：「老君曰：三會日道民就師治，初上章籍時，於靖前南正北向，行立定位，各八拜，九叩頭，九搏頰，再拜伏地，請章籍訖，然後朝賀師。明愼奉行如律令」。第三十條云：「老君曰：爲亡人設會，燒香時，道官一人靖壇中正東向，籙生及主人亦東向，各八拜，九叩頭，九搏頰，三滿三過止。各皆再拜懇」。第三十二條云：「老君曰：道民不愼科法，淫犯殺生。宜校贓物，計錢，使民還家，自市厨具。師得與表章解散。當作會時，主人衆客前向香火八拜叩頭，三十六搏頰，滿三訖，再拜，手捻香著爐中，並告言(下略)」。對搏頰顯然極爲重視。

　　塗炭齋，依佛敎徒之說，亦起於漢末 (弘明集卷八)。釋玄光辯惑論云：「又塗炭齋者，事起張魯。氐夷難化，故制斯法。乃驢輾泥中，黃鹵泥面，擿頭懸柳，埏埴使熱。此法指在邊陲，不施華夏，至義熙(四〇五)初，有王公其次貪寶憚苦，竊省打拍。

(註一)　湯用彤太平經致北京大學國學季刊五卷一號(1935)。楊寬論太平經──我國第一部農民革命的理論著作學術季刊九(1959)。

(註二)　拙稿老君音誦誡經校釋──略論南北朝時代的道敎清整運動中央研究院歷史語言研究所集刊第二十八本(1956)慶祝胡適先生六十五歲論文集。

吳陸修靜甚知源僻，猶泥首搹額懸廨而已。癡僻之極，幸勿言道」。廣弘明集卷八釋道安二敎論略同。但云：「至義熙初，王公期省去打拍，吳陸修靜猶埿額懸廨而已」。陸修靜，宋吳與人，此吳或指其地，或泛指南朝。其次二字，疑有誤衍。

廣弘明集卷九周甄鸞笑道論云：「或爲塗炭齋者，黃土泥面，驢輾泥中，懸頭著柱，打拍使熟。自晉義熙中(四〇五──四一八) 道士王公期除打拍法，而陸修靜猶以黃土泥額，反縛懸頭。如此淫祀，衆望同笑」。打拍卽打拍泥面，故可用埏埴以爲器(老子)之埏埴，與搏頰同爲自搏。驢輾泥中，謂如驢之輾轉於泥中。今俗語猶言驢打滾兒。王公期，未詳。拙稿嘗疑(註一)其卽眞誥及辯惑論中之王靈期，雖時代相近，而證據未足，不敢必也。

陸修靜有洞玄靈寶五感文(道藏正乙部笙上一〇〇冊)略云：

余生值末世，敎法綱頹，人皆趣彼，而我竊守此，法甚日損，歸根食母。卷志謝芳潔之聲，開懷受塵垢之汚。乞免分競之斧斤 ， 請保無用以自足 。 旣閑且宴，逍遙永日，研經翫理，時修功德。以癸巳年冬 ， 携率門人 ， 建三元塗炭齋。科禁旣重，積旬累月，負戴霜露，足水首泥。時值陰雨，衣裳霑濡，勁風振厲，嚴寒切肌。忍苦從法，不敢虧替。素各羸冷，慮有怠懈，乃說五感，以相勸慰。並統序衆齋，標題門戶，均塗異轍， 粗爲詳辯 。 豈曰矜誇 ， 數十同志，信好之士，幸鑒之哉！

(中略) 又曰，三元塗炭之齋，以苦節爲功。上解億曾道祖 (疑遠祖) 無數劫來宗親門族及己身家門無鞅數罪，拯拔憂苦，濟人危厄，其功至重，不可稱量。(以下小字註) 法於露地立壇，安欄格，齋人皆結同氣賢者，悉以黃土泥額，被髮繫著欄格。反手自縛，口中銜璧，覆臥於地。開兩脚相去三尺。叩頭懺謝，晝三時向西，夜三時向北。齋有上中下三元相連，一元十二日，合三十六日。下元限竟，進中元十二日內加三過方謝 ， 中元竟進上元十二日內加五過方謝 。 於謝(當作方謝) 者，向上下中中四面四角中 (疑當作各) 一方謝，增爲苦劇。所以名三元者，元則數之始也。一年有十二月，三百六十日。十日爲一旬，月有三旬，旬

─────────────────────────

(註一) 同上頁註二，集刊第二十八本 頁32─33。

有上中下。十二月合三十六旬。斯則十分之一分爲三元，一元十二日，是十二時一周也。）

癸巳年，當是宋元帝元嘉三十年 (四五三)。太平御覽六六七引道元傳曰：「陸修靜，字元德，吳興人。太和七年(四七一)，率衆建三元露齋」。蓋舉行不止一次。方謝者，禮十方禮二十方之類。又註言懺謝，懺者梵語懺摩之略，此已顯有佛教影響。

道藏洞玄部化上二九三冊有洞玄靈寶齋說光燭戒罰燈祝願儀，引燭光齋外說，云陸脩靜撰，其守持十戒之四云：「謹身正服，齊整嚴肅，捨離驕慢，無有怠替。禮拜叩搏，每事盡節」。又化下二九四冊陸脩靜太上洞玄靈寶授度儀云：「各叩頭搏頰」。又云：「長跪大謝，弟子叩頭，搏頰無數」。俱可見其重要。

至唐則杜光庭所修太上洞神太元河圖三元仰謝儀(忠下，五六五冊)懺告第八云：「跪伏叩頭，唯在精志，不用免冠散髮」。又洞玄靈寶河圖仰謝三十六天齋儀 (場下，二九二冊) 向天禮懺「再拜，仍伏，叩頭五，心懺竟，齊起。大災重病，散髮叩頭，不須搏頰」。此儀不詳時代，疑在唐代或南北朝晚期。

下至後代，則南宋留用光傳授之无上黃籙大齋立成儀(在下，二八二冊)雖屢引陸天師禁制，而已言其難行。如云：「二十方懺文，據本科，每禮一方，叩頭搏頰，各如其方之數。謂如東方九十，上方三百二十，日宮三十，月宮七十，水宮二十之類。今建大齋，儀軌不一，精力有限，未易行也」。

此儀有一節論懺罪用語，甚有趣味，附錄於次：

經科懺罪，質而不華，語頗難讀，今人以爲古朴。慶元乙卯 (一一九五)，留冲靖來括蒼，主王夕郎家齋事。每讀至大謝處，諸孤以爲王給事生前無甚罪過，道錄不須如此懺。是未知太上立齋謝之法，攝法界一切衆生罪緣因起，令有悔心。悔心苟形，善心自著。天堂地獄由是分。從有入無，歸之於道。普天普地，俱攝入一懺願法中，故曰大齋。夫豈爲亡者乞恩悔罪而已哉。然使建齋之主，因有不滿意處，則亦非太上隨機設教之義。杜廣成黃籙齋，爲同學行道儀，曾引括謝經寶之文爲大謝矣。今略加潤色，令便順易讀。然懺罪處，悉反覆用經語，庶使齋法流傳永劫也。

佛教苦行，爲途甚多。最難者如焚身燒指，自南北朝至隋唐，時有其例。以後漸

衰，然如后山集卷十九云：「仁宗既疾，京師小兒會闕下，燃首眉以祈福，日數百人，有司不能禁」。則較輕之燃眉，民間亦尚有爲之者。

佛教之自撲法，最早見於記載，似爲隋代費長房之歷代三寶紀。其卷第十二記占察經二卷云：

> 右一部二卷。檢羣錄無目，而經首題云，菩提登在外國譯，似近代出，妄注。今諸藏內並寫流傳。而廣州有一僧，行塔懺法，以皮作二枚帖子，一書善字，一書惡字，令人擲之，得善者好，得惡者不好。又行自撲法以爲滅罪，而男女合雜。青州亦有一居士，同行此法。開皇十三年（五九三），有人告廣州官司，云其是妖。官司推問。其人引證云，塔懺法依占察經，自撲法依經中五體投地如太山崩。廣州司馬郭誼來京，向岐州具狀奏聞。勅不信占察經道理，令內史侍郎李元操，共郭誼就寶昌寺問諸大德法經等。報云，占察經目錄無名及譯處，塔懺法與衆經復異，不可依行。勅云，諸如此者，不須流行。

藏經有慈悲道場懺法十卷，其中屢言「五體投地」，或言「五體投地如太山崩」。然此懺是否如世所傳，爲梁武帝爲皇后郗氏所集，尚有問題。且似至隋時尚未通行，否則行自撲法者似當徵引。但廣弘明集卷八多載梁陳時代懺文，則當時懺悔儀式必漸整備（註一）。自撲之法，若受道教影響，亦宜起於此際也。

七世紀淨土宗善導大師之觀念法門，有云：「自撲懺悔，如太山崩，婉轉於地，號哭向佛，日夜相續，至死爲期」。又云：「如是諸人，若能懺悔，日夜六時，身心不息，五體投地，如太山崩，號泣雨淚」。其往生禮讚，未言自撲，但云：「懺悔有三品，上中下。上品懺悔者，身毛孔中血流，眼中血出者，名上品懺悔。中品懺悔者，遍身熱汗從毛孔出，眼中血流者，名中品懺悔。下品懺悔者，遍身徹熱，眼中淚出者，名下品懺悔」。又云：「雖不能流淚流血等，但能眞心徹到，卽與上同（註二）」。婉轉於地，與上文之驢輾泥中，姿勢想必相近。

善導之弟子懷感，著釋淨土羣疑論，卷七且特設一章，專料簡投地自撲懺悔：

(註一) 道端良秀中國佛教に於ける罪の自覺印度學佛教學研究第三卷第二號 (1955)。

(註二) 上杉文秀善導大師及び往生禮讚の研究 (1931)。

問曰：經言五體投地，求哀懺悔。未知懺悔之徒，或多自撲，未知有何聖敎。若以五體投地卽爲自撲者，將恐此釋理未可，然此五體言，何妨只是五輪著地，頭面禮佛也。

釋曰：如觀佛三昧海經第三說，佛於座起，令諸四衆觀佛色身。釋子衆中五百釋子，見佛色身，猶如灰人。比丘衆中一千人，見佛色身，如赤土人。優婆塞衆中有十六人，見佛色身，如黑象脚。優婆夷衆中，有二十四人，見佛色身，猶如聚墨。比丘尼衆中，有一比丘，見佛色身，如白銀色。優婆夷衆中，有多優婆夷，見佛色身。如藍染靑色。如是四衆，觀佛色身，所見不同。不得見佛眞金色身。發露悔過，懺悔諸罪，五體投地，如太山崩，自拔頭髮，舉身投地，婉轉自撲，鼻中血出。懺罪消滅，心眼得開，見佛色身，端嚴微妙，如須彌山，光顯大海。此豈不是懺悔經文自撲之法。無敎輒爲，誠如所責。經言正作，其何怪哉！

五體投地，據唐釋道宣釋門歸敬儀(六六一)卷下：「六明五輪著地者，亦云五體投地者。地持亦云，當五輪著地而作禮也。阿含云，二肘二膝並頂，名爲五輪。輪爲圓相，五處皆圓。今有梵僧禮拜者，多褰衣露膝，先下至地，然後以肘按地，兩掌承空，示有接足之相。今時行禮，觀時進退。若佛像尊師，却坐垂足，方可如上五輪接足。如其加坐，隨時而已。亦見有人聞有頂足之相，遂致就坐，拔他足出，云我欲頂戴。一何觸惱，又是呈拙。故知折旋俯仰，意在設敬。如是例知」。道宣律師書中多記當時可笑可惱之事，此其一端。

然唐代一般人意想中，則自撲與五體投地，往往相連。如敦煌所出伍子胥變文云：「防姊抱得弟頭，哽咽聲嘶，大哭歎言，痛哉苦哉！自撲搥凶(胸)，共弟前身何罪，受此孤恓」。漢將王陵變文云：「王陵既見使人說，肝腸寸斷如刀割，舉身自撲似山崩，耳鼻之中皆灑血」。目連變文云：「目連見母却入地獄，切骨傷心，哽咽聲嘶，遂乃舉身自撲，由如五太山崩，七孔之中，皆流逆血，良久而死，復乃重甦」。又廬山遠公話云：「雲慶聞語，舉身自僕(撲)，七孔之中，皆流鮮血，良久乃甦(註一)」。描寫極痛之情，竟成套語矣。

(註一)　俱見王重民等敦煌變文集 (1957)。

　　鞭作官刑，朴作教刑，夏楚之設，爲事甚古。亦絕大多數文化之所同具。近代西洋國家始有廢除體刑之運動，略起於十九世紀以來。然如美國南部之德拉威爾州，至二十世紀中葉，猶有鞭朴之刑。獄中鞭人之柱，昔漆紅色，當地黑人呼之曰 Red Hannah。據近人研究，至一九四五年，當衆鞭撻之罪，尚有二十四條，然此已成爲舊式刑罰之孑遺矣（註一）。

　　悔恨自責，亦不必有宗教意味。在上者不能率下，亦或行之。較早之例，如後漢書吳祐傳，「爲膠東相，以身率物。有爭訟者，輒閉閣自責，然後斷其訟」。佛教徒之例，如高僧傳卷五法遇「止江陵長沙寺，講說衆經，受業者四百餘人。時一僧飲酒，廢夕燒香，遇止罰而不遣。安公遙聞之，以竹筒盛一荆子，手自緘封，題以寄遇。遇開封見杖，即曰，此由飲酒僧也。我訓領不勤，遠貽憂賜。即命維那鳴槌集衆，以杖筒置香橙上，行香畢。遇乃起出衆前，向筒致敬。於是伏地，命維那行杖三下，內杖筒中。時境內道俗，莫不歔欷。因之厲業者甚衆」。

　　此種自責，若太形式化，則近於矯僞。例如舊唐書蘇世長傳云：「初至陝州，部內多犯法，世長莫能禁，乃責躬引咎，自撻於都街。伍伯嫉其詭，鞭之見血。世長不勝痛，大呼而走。觀者咸以爲笑，議者方稱其詐」。此事誠甚可笑，後來笑話集中，往往引之。

　　若懺悔儀式中之自搏自撲，雖不用鞭杖（自撲且不必用手），而其意義，則遠爲重大，或可稱之爲中古宗教史上一特色。此事不但中國有之，西洋中古，基督教有鞭撻派 Flagellants，盛於十四世紀。然早在十世紀十一世紀，已見其端。盛時其徒羣聚當街，赤膊受鞭，每日二度，云所出之血，可與基督所流之血混和，受鞭三十三日又半，可以淨洗靈魂中之罪惡。史家或以當時心理上之高度緊張說之。然是否受有外來影響，未易言也（註二）。

　　若更就地理與民族兩方面，試爲推論，則天師道（廣義）與濱海地域之關係，陳寅恪先生早已論定（註三）。自撲法在隋世行於青州廣州，皆濱海地域，頗可注意。是否先

（註一）　Robert Graham Caldwell, Red Hannah, Delaware's Whipping Post, 1947.

（註二）　關於鞭撻派，各大辭書，多有記載。並可參攷 W. M. Cooper (pseudonym), Flagellation and the Flagellants, 1908; Joseph McCabe, The History of Flagellation, 1946.

（註三）　文見中央研究院歷史語言研究所集刊第三分第四分(1934)。

後受有海外刺激而又互相影響，殊難遽斷。天師道之另一中心爲陝西四川一帶，其地在漢代與印度至少有間接交通。印度宗敎，多重苦行，其源遠，其流長。慧琳一切經音義卷一百五天竺傳中卷音義有「自撲」一條，可能是天竺苦行之一種。惜五竺傳此卷不存，琳書此條有音無義，同卷各條，亦不足以確指爲天竺何地。據西人記載，十九世紀，北印度中印度猶多苦行，於鞭撻可以驅鬼除罪之說，尤所深信也(註一)。

再就川陝一帶言之，佛敎徒謂「塗炭齋者，事起張魯，氐夷難化，故制斯法」，或亦非全屬子虛。近年雲南晉寧石寨山發掘古墓，內有滇王之印，當屬漢代。出土銅矛，兩旁有二人懸身反縛，甚可注意(註二)。按隋書列女傳云：「男兒要當辮頭反縛鑣　條上作獠舞」。 意者中國西南少數民族，原有懸頭反縛以示强悍之俗，與中原民族之以面縛銜璧爲屈服者有殊。爲塗炭齋者，殆兼有所取，而又益之宗敎懺悔之義乎。

(註一)　William Crooke, The Popular Religion and Folklore of Northern India, 1896; Abbe J. A. Dubois, Hindu-Manners, Customs, and Ceremonies, 1897.

(註二)　文物 1959,5；雲南晉寧石寨山古墓羣發掘報告 1959.。

　　　　附記　南北朝隋唐時，僧尼燒身之例，蜀中特多。又蘇世長，雍州武功人，其自撻都衙在陝州，地域皆可注意。陝北巫神，至近年猶以鋼針扎肉，裸體鞭打，頭頂放炮。麻繩細指，火燒陰毛諸法治病。見展開反對巫神的鬪爭 (1944) (邊政讀物之六)。以泥塗面，或塗身，亦巫俗所常有。如美州印第安人 (The Crow Indians) 之拜日舞 (Sun dance)，亦有以白堊塗身，破胸出血，插入短枝，更以繩繫枝於柱，竟日繞柱疾走以祈夢兆之事。一九六〇年六月十六日稿。

出自第三十四本上(一九六二年十二月)

附　　載

中國人思想中的不朽觀念

胡適先生英文講稿

楊君實譯

（Ｉ）

在今天的講演裏，我預備把中國的宗教史和哲學史上各階段有關不朽或人類死後依存概念的發展情況提供一個歷史性的敍述。

這是一個冗長概括三千年的故事，但它的主要綱領却是大致還算明確的。中國人的信仰與思想史可以方便地分成兩個主要時期：

(1) 中國固有的文明時期(1300 B. C.～200 A. D.)。

(2) 中國思想與文化的印度化時期，也就是，佛教和印度人的思想開始影響中國人的生活和制度以來的那一時期(約 200 A. D.～19世紀)。

爲了研究中國宗教與思想史 (the religious and intellectual history) 的學者的方便，中國固有的先佛學時期(pre-Buddhistic age)可再約略地分成兩個主要時代：

(1) 原始的中國主義時代 (The Era of Primitive Siniticism)，也就是商周民族的宗教信仰與習俗 (practices) 的時代，對於這個時代，這裏擬用了『華夏主義』(Siniticism) 或『華夏宗教』(the Sinitic Religion) 一詞 (1300～700 B. C.)。

(2) 思想與哲學的成熟時代 (700 B. C.～200 A. D.)，包括自老子、孔子 (551～479 B. C.)迄於王充(29～100 A. D.)以來的正統派哲學家。

爲了特別有關中國人思想中的不朽概念的討論，我們要問：

（1）關於早期華夏信仰有關人類死後存在的觀念，我們究竟知道些甚麼？

（2）中國正統哲學家對於不朽的概念究竟有甚麼貢獻？

（3）我們要怎樣描述在長期印度文化影響下中國人的人類死後存在的觀念？

（I）

　　史學界最重大的事件之一就是晚近的偶然發現，以及後來在安陽對千萬片刻有卜辭的牛肩胛骨和龜甲有計劃的發掘。安陽是商朝最後一個都邑的遺址，依照傳統的紀年，商朝傳國年代是 1783～1123 B. C.（或據另種推算是 1751～1123 B. D.）。這些考古學的發現物是安陽（譯者按這是指小屯村商代遺址）作爲商代都城的大約260年間（即 1385～1123 B. C.）的眞實遺物。

　　近幾十年來成千萬片刻有卜辭的甲骨已經被收集、研究和考釋。實際所見這些骨質『文件』都是在每次貞卜以後，由熟練博學的祭司負責保存下來的占卜記錄。這些記錄裏載有日期（譯者按此處恐係指干支紀日），負責卜問的貞人，卜問的事情，以及在解讀了因鑽灼而顯出的卜兆而得到的答案。

　　大部份的卜問都是有關一年對於先公先王的定期祭祀，這一類的祖先祭典是非常頻繁而有規律的，因此中央研究院的董作賓先生，1928年第一次指導安陽考古發掘且曾參加了後來歷次發掘，已能編成了商代末期三個帝王在位期間計爲1273～1241，1209～1175，以及1174～1123 B. C.──總計120年中的祭祀日譜（譯者按此係指殷曆譜下編卷九日譜，依彥堂師商紂王帝辛紀年應爲1174～1111 B. C.）每一年中的定期祭祀多至三百六十次。所以商人稱一年爲一『祀』，一個祭祀的週期，實在是不足爲怪的了！

　　其他卜問的事項包括戰事、巡行、狩獵、收穫、氣候、疾病和每一旬中的吉運等事項。

　　1928～1937年間科學的發掘結果掘出了幾百座商代古墓葬，其中至少有四處是皇室大墓。除了成千成萬片刻有卜辭的甲骨以外還發現了極多鑄造精美的青銅禮器，生動的石質和象牙的雕刻、大量的家庭用器、武器和頭盔、以及上千具的人體骨骸。此外，並發現有埋葬的狗、猪、羊、牛、馬一類的家畜和其他多種動物。這些動物是

爲了奉獻給死者而殉葬的。在一個坑穴中曾發現了三十八具馬骨，全部都配戴着綴有許多帶飾紋的小圓銅泡的韁轡；這些銅泡都還原封未動的擺着，而顯出了組成轡頭的皮條的痕跡（見 H. G. Creel 所著 The Birth of China 第150頁）。

很多清楚的證據證明墓葬中有許多屍體是爲了奉獻給死者而埋葬的。1934～1935年間所發掘的多座墓葬中曾發現了千餘具無頭的人體骨骸。這些骨骸十具一組的分別埋在各個坑穴中。體骨埋在長方坑穴中……而頭骨則埋在附近的方坑中。在一個方坑裏埋有十個人頭骨；頭頂朝上，排列成行。全部面向北。跟人體骨骸一起發現的……有小銅刀、斧頭、以及礪石等三種器物。每坑總是各埋十件，明顯地是每人一件。（見 Creel 前書212～213頁）。

這些就是考古學所發掘出來的文獻的和物質上的證據，藉以使我們瞭解遠古歷史的華夏宗教 (Siniticism) 時期中有關祖先崇拜的信仰。

這是第一次使我們從商代王朝和官方所表現的這種祖先崇拜的宗教的形式上認識了它的非凡的和奢侈的性質。傳統歷史曾記載商人是崇拜祖先的靈魂的。但是直到近年來我們才瞭然定期獻祭的幾乎令人難以置信的頻繁、以及珍貴的殉葬的物品、特別是殉葬的人牲的驚人數量。

無疑的，這類祖先祭祀周期的頻數和定期性證明着一種信仰，卽死去的祖先一如活人似的也有情、欲和需求，而且這些情、欲和需求是必須藉着經常的祭獻而得到滿足的。大批的殉葬器皿、武器、動物、奴隸和衞士卽指示着同樣的結論。

中國古代的文獻把華夏宗教(Sinitic)時代的人殉區分爲兩類。第一類，卽祭壇上所的『用人祭』。在這類人殉儀式中，顯然只是用的戰俘。另外一類，有一個專用名詞，卽『殉』，可以釋爲『死者的侍從』或『伴着死者被埋葬的人』。『殉』字據鄭玄（死於200 A. D.）的解說是『殺人殉葬以充死者衞士』。這就是說死者需要他自己的衞士保護他，也需要他的寵妾孌童 (play boys) 陪他作伴。因此被殺殉葬的就是死者曾經指命或願意『陪伴』他而去的那些人了。

就後來有關『殉』的史證而論，這種殺人殉葬的風俗最初很可能是得於一種『獻愛』(love offering) 的風俗，因此將死的人自然會挑選他自己所喜愛的死後伙伴。但是這種風俗竟發展成了一種儀式，於是大批的武裝士兵被殺死殉葬以充死者的『衞

士』。 商代墓葬中所發現的與偉大的死者同葬的人體遺骸無疑是爲了充任王者的衞隊的。其中很可能有的是選定隨着王而殉葬的愛妃，但是他們的遺體却無法確認了。在甲骨卜辭上卽有祭祖時獻人俘的記載。

依照着一種規律的計劃和數字的順序來埋葬這些人牲的有條不紊的情形，顯示了一種根深蒂固的禮儀曾長久地麻痺着人類的自然意識而使得這類慘絕人寰的事件成爲常典。當王朝和政府正忙於日常繁複的祖祭的時候，博學的祭司便負起每天的祭祀、占卜、釋兆和刻卜辭的職務——在這種情況下，那幾乎不可能期望有任何重大的思想和宗敎上的覺醒，以有助於宗敎制度的變更和改造。這樣的覺醒直到傾覆商代的一次大戰滅亡了這個帝國以後，甚至在新的征服者的統治之下歷經了幾百年的種族和文化的衝突以後才告開始的。

（Ⅱ）

商朝和商帝國是被周民族征服了的。 最初周民族住在遙遠的西方， 逐漸向東移動，直到軍力和政治經過百餘年持續不斷的發展，終在公元前十二世紀的最後幾十年才將商人的軍隊和盟軍壓服。

在周朝創建的一些誥誓中，征服者列舉了商代政府及王廷的罪狀。對於商代王廷的主要控罪是躭於享樂， 罔顧人民， 特別是縱酒。 但是對於獻祭舉行的頻繁、奢縱、殘忍却並未加以控訴或譴責，這一事實顯示着新的征服者並不認爲商代宗敎有甚麼不尋常的殘忍或是不當的地方。

但是周征服者似乎原有他們自己的宗敎，雖然它包括了一些祖先崇拜的特徵，却並沒有加以强調，也沒有制定過任何繁複的禮儀。另一方面，有許多證據說明這一西方民族是一個最高神，就是他們所謂『帝』或『上帝』的崇拜者。

安陽甲骨卜辭使許多學者推斷『帝』甚或『上帝』的觀念對商人是並不陌生的。商人有一種奉少數祖先爲神明，也就是說贈以『帝』號的風俗，這似乎是很確實的。另一件事， 也似乎是很可能的， 就是商人隨着時間的演進而發展出來『上帝』最高神，也就是他們的始祖。那是一個部族神。時常，一位在戰爭及和平時有豐功偉績的偉大祖先會被提升到神的階級，並且成爲最高神的陪享者。對於神或祖神的祭獻也叫

作『禘』。傅斯年先生在所著：性命古訓辨證中列舉了用有『帝』字的63條甲骨卜辭。
在這些條卜辭中，有17次用『帝』字來指稱對於神聖祖先的祭祀；6次用爲祖神的尊
稱；26次用爲『神』的尊稱而沒有附加其他形容字。在最後的一類裏，帝 (god) 據說
能『致雨』、『止雨』、『降饑饉』等等。這無疑的暗示着一種一個有意識有權力的神的
觀念——一種有神論的觀念；這種觀念似乎曾經由於更具優勢的祖先崇拜的祭祀而在
發展上受到抑制與阻礙。

　　周民族在與商文化的長時期接觸中逐漸接受了商民族的部族神作爲他們自己的
神，並且認成是自己的始祖。由於其他種族或部族的借用，商人的神逐漸失去了他的
部族屬性，而終於變成了遍在的神和最高的主宰。

　　周人的宗教讚頌詩和政治上的誥誓顯示出一種非常深摯的宗教熱誠。他們似乎深
信，神不滿於商代統治者的昏庸無道，因此把祂的寵命 (譯者按：就是所謂周武王受
命年之命)轉賜給周人。他們在戰場上的口號是：

　　　　上帝臨女，

　　　　無貳爾心。

　　　　(譯者按：見詩大雅大明)

　　他們對於自己偉大的王的讚辭是：

　　　　穆穆文王，

　　　　於緝熙敬止，

　　　　假緝天命。

　　　　(譯者按：見大雅文王)

　　早期周人似乎發展出來一種含混的觀念，以爲上帝住在天上，他們有幾位偉大的
王也會到那裏去，且與上帝同在。一首關於文王的讚頌詩曾這樣說：

　　　　文王在上，

　　　　…………

　　　　文王陟降，

　　　　在帝左右。

　　　　(譯者按：見大雅文王)

又在另一首詩裏：

下武維周！

世有哲王，

三后在天。

（譯者按：見大雅下武）

這幾節詩似乎指出，周人對於上帝和少數先王所居住的天的觀念是有限度的。這幾位先王由於特殊的德能勳業而被允許和上帝同在。

這樣具有獨佔性的天堂，平民是不能分享的；平民大多數是商人，他們受着新的統治階級的封建諸侯的統治。有些諸侯是從周王朝獲得他們原來的采邑的。這些商人繼續信奉他們的崇拜祖先的宗教。

但是這種奢縱的皇家祖先崇拜宗教的偉大時代已經永遠的消逝了。偉大的每年週而復始的日祀——周祭也消逝了。大規模的人殉也消逝了。博學的皇家祭祀階級也貶降爲職業的巫史階級 (professional class of scribes and priests)，而靠着在大多數平民和少數統治貴族的家庭中表演和協助殯葬和祭祀討生活。國家的災患和個人的貧困已經深深地給他們灌輸了謙遜溫順的教訓。因此這一巫史階級便獲得了『儒』的統稱，意思就是溫順和懦弱。他們仍然傳授和表演殯喪和祖先崇拜的傳統儀式。

在周代和後來獨立相伐的戰國時期（1100～250 B. C.），統治階級信神論的宗教theistic religion) 和平民更佔優勢的祖先崇拜宗教似乎已經互相影響而漸漸地融合成爲一個可以恰當的稱爲『華夏宗教』(the Sinitic Religion) 的宗教，一種很簡化了的祖先崇拜，跟有神論的特性共存，像普遍承認和崇拜着一位高踞於其它小神之上的『天』或『上帝』。主要不同的一點就是長久的居喪期——爲父母居喪三年——這原是商人一般奉行的，却長久遭受到周朝統治階級的反對。這在 300 B. C. 孟子的時代也仍是如此。直到公元二世紀以後三年之喪才漸漸法定爲政府官員的應邁守的禮法。

（Ⅳ）

關於中國人最早對於人類死後遺存的觀念，我們究能知道些什麼呢？

首先讓我們來觀察一下古代在一個人死去的時候舉行的『招魂』儀式。這種儀式

見於最早的儀典，而且似乎曾普遍的奉行於華夏宗敎的早期，就是所謂，『復』的儀式。

當一個人被發現已經死去的時候 ， 他的家屬立刻拿着死者的一套衣服 ， 登升屋頂，面向正北，揮動死者衣服而號告：『皐，某，復！』三呼而反，拋下衣服，再從屋上下來，拾起衣服，覆於死者身上 ， 然後奉食於死者。（譯者按：此段包括儀禮及禮記兩段記載內容。儀禮士喪禮 ：『死于適室……復者一人，以爵弁服簪裳于衣左……升自前東榮中屋！北而招以衣曰：皐，某，復！三，降底于前……升自阼階以衣尸……奠脯醢醴酒』，禮記禮運：『……及其死也，升屋而號告曰：皐，某，復。然後，飯腥而黄熟。』）

這一古老的儀式暗示着一種觀念，卽一個人死了以後，有些甚麼東西從他的身體內出來，且似曾升到天上。因此需在屋頂上舉行招復的儀式。

這種招魂的儀式也許暗示着藉企望召囘逃離的一些東西而使死者復生，奉獻食物這一點也似乎暗示着一種信仰，就是某些東西確是被召囘來了，雖然這不能使死者復生，却認爲是居留在家裏，且接受祭獻。

那麼人死後從他身上出來的究是一些甚麼東西呢！那就是人的『光』或『魂』。在最早的文獻上，是卽所謂『魄』，就語源學上說，意思就是白色， 和亮光。 值得注意的就是同一個名字『魄』在古代銅器銘文和記載上是用來指稱新月增長中的光。新月以後的增長光亮時期卽所謂『旣生魄』；而滿月後的末期，則稱之爲『旣死魄』。原始的中國人似曾認爲月有盈虧就是『魄』，卽牠的『白光』或『魂』的週期性的生和死。

依此類推，早期的中國人也就認爲死是人的魄卽『光』或『魂』的離去。這種類推可能起源於 "Will-o'-the-wisp"，卽中國人現在所說的『鬼火』。在古代『魄』認爲是賦予人生命、 知識和智慧的。 人死，則魄離人體而變成或認爲『鬼』，一種是幽靈或魔鬼。但是靈魂脫離人體也許是緩慢的隨着生活力的衰退，魄就那麼一點一點脫離身體了。遲至元前第六和第七世紀，學者和政治家在談到一個人的智慧衰退情形時，就說是『天奪其魄』——意思是說，他將不久於人世了（見左傳宣十五年，襄二十九年）。

不過後來，魄的觀念却慢慢地爲新的靈魂觀念所取代了；認爲靈魂是行動靈活飄然而無形、無色的東西。 它很像是從活人口裏出來的氣息。 這就是所謂『魂』。漸漸地原來『魄』字便不再用來表示賦予生命和光亮的靈魂的意思而衍變爲意指軀和體

力了。

『魂』字，就語源學來說，跟『雲』字一樣，都意指『雲』。雲飄浮，比盈虧之月的皎白部份也似乎更爲自由輕靈。『魂』的概念可能是源於南方民族，因爲他們把『復』（召呼死者）的儀式叫做『招魂』。

當哲學家們把重要的陰陽觀念視爲宇宙間的主動和被動的兩大力量的時候，他們是當然也嘗試要調協不同部族的信仰，而且認爲人的靈魂包含着一種靜止而不活動的『魄』和一種更活動而爲雲狀的『魂』。

公元前六世紀以後，人們便漸漸地習於把人的靈魂稱爲『魂』或『魂魄』。在討論到由於八年前一位曾有權勢的政治家被謀殺的鬼魂出現而引起的普遍騷動的時候，名政治家子產（死於公元前522年）當時最聰明的人之一曾說，一個死於非命的强人會變成危害人類的幽靈的。他的解釋是這樣：『人生始生曰魄，旣生魄，陽曰魂。用物精多，則魂魄强。是以有精爽，至於神明。匹夫匹婦强死，其魂魄猶能馮依於人以爲淫厲，況良霄（被殺的政治家，他的出現已傳遍全城），我先君穆公之胄，子良之孫，子耳之子，數世之卿，從政三世矣……其用物也弘矣，其取精也多矣……而强死，能爲鬼，不亦宜乎？』（左傳昭公七年）。

另外一個故事，敍述當時南方吳國另外的一個聰明人季札。他（約在公元前515年）負着外交使命而在北方旅行，旅途中他的愛子死去了。孔子由於這位習於禮的偉大哲學家季札的盛名的感召曾往而觀葬。旣封墓，季子左袒繞墓三呼道：『骨肉歸復于土，命也。若魂氣，則無不之也，無不之也』。儀式旣畢，季札便繼續登程了。

這兩個常被引述的故事或可指出：一些賢智之士意在從矛盾紛紜的流行信仰基礎上抽出一些有關人類『殘存』永生（survival）的一般觀念。這種一般性的理論，爲方便計可援用下列的幾句經文加以簡賅的說明：『體魄則降，知氣在上』（禮運）。又『魂氣歸于天；形魄歸于地』（郊特牲）。顯然的，簡賅的陳述，跟季札在他的兒子葬禮中所謂：『骨肉歸復于土。若魂氣，則無不之也』的話是大致符合的。

正統派哲學家關於魂魄僅討論到這裏爲止；他們不再臆測魂氣離開人體而飄揚於空中以後究如何演變。他們以自稱一無所知盡力的避免討論。有的哲學家，如下文所知，實際上甚至否認鬼神的存在。

　　但是，一般人民却並不爲這種猶豫所困擾。他們認爲靈魂是一種事實，是一種眞實的事物。他們確信靈魂或游動於地下甚或人世之間，通常是看不見的，但在必要時也可以顯現。他們確信：正由於有靈魂，才有鬼神；靈魂本來的居處雖是在墳墓內或地下——『黃泉』——却可以且願意探視家裏族人；鬼魂能够而且眞的享用祭獻的食物。同樣的他們相信，如果不供獻食物，鬼會餓，並且可以『餓死』。因爲一個古老的信仰說『神不歆非類』（左傳），正是肇端於這種古老的祖先崇拜宗敎信仰，也正由於這才使得人而無後成了一大罪愆。

　　此外，另一個有關的信仰認爲鬼魂如無處可去和享用應得的祭獻，就會作祟害人。而這種信仰便使得死後沒有子嗣的人可以指定和收繼子嗣的那種制度合理化了。

　　但是，甚至在最早的歷史時期，中國人的祖先崇拜已對於要崇拜的祖先的數目却上了一項限制。就沒有官階的平民來說，祭獻只限於去世的父母和祖父母，甚至在大家族內，祭祀也僅限於三四代。遠祖由於每一新的世代（的死亡）而被隮升成爲遷祧不祀的階級。關於例常的遷祧的制度，儒家已有詳細的考訂，且用於皇朝和帝室的祖先。

　　那麼遷祧的祖先靈魂將會怎樣呢？他們不會餓死嗎？答案曾是這樣，卽靈魂漸漸地縮小而最後完全消失。一種流行的信仰認爲『新鬼大，故鬼小』（附註）。就基於這類信仰。在古老的字典上『死』字便被界說爲『澌滅』（說文）。這項定義綜括了中國平民的常識和知識階級的懷疑主義（skepticism）和理性主義（rationalism）。總之，早期中國人的華夏宗敎含有着一些有關人類死後遺存的觀念的，不過賦予生體以生命和知識的人類靈魂，雖視其强弱而做一個短時期的鬼神，却仍漸漸地衰萎而終至完全消散。它不是不滅的。

　　（附註）　陳槃謹案文二年左傳：『大事與大廟，隮僖公，逆祀也（杜解：僖是閔兄，不得爲父子。當爲臣，位應在下。今居閔上，故曰逆祀）。於是夏父弗忌爲宗伯，尊僖公，且明見曰：吾見新鬼大，故鬼小。先大後小，順也（解：新鬼，僖公，旣爲兄，死時年又長。故鬼，閔公，死時年少。弗忌明言其所見）』。依舊說，則僖公于閔公爲兄，故其死也爲鬼大。閔公爲弟，故其死也爲鬼小。亦卽鬼之大小視其人之長少，不關新故。此說胡先生所不取。然讀者詳焉可也。

（Ⅴ）

現在，縱是這樣中庸的一種有關人類死後遺存的觀念也受到哲學家們懷疑和警惕的批評。甚至是出身於巫史階級的『儒』且經訓練而專司喪祖先祭祀種種儀禮的人正統派哲學家們，也爲了祭獻和殉葬品的奢侈，以及在某些有權勢的階層中仍殘餘的原始人殉習俗而感到困擾。

在左傳，（722～468 B.C.）這編年史裏有六條關於『殉』即殺人殉葬的記載（分見文公六年，宣公十五年，成公二年、十年，昭公十三年，定公二年），其中只有一例（宣公十五年）記載着有意違背了即將死去的父親的願望而沒有用他的寵妾殉葬。另外的五例則連累了許多人命犧牲在王室的墓葬中。其中兩例（昭公十三年及定公二年）正當孔子生時（公元前551～479年）昭公十三年，楚王在內戰流亡途中死於芋尹申亥氏。申亥曾以他的兩個女兒殉葬。

檀弓（禮記卷二，其中包括很多關於孔子和他的第一二兩代弟子以及同時代人的故事）曾顯然帶有讚許意味地舉出兩條委婉拒絕以人殉葬的例子。而這兩個例子都似乎屬於孔子死後不久的時代。

此外，左傳還記載了七條（見宣公十五年，三十年，成公三年，昭公五年，九年、十年，定公三年）有關另一型人殉的例子即獻俘於祭壇。其中三例，都是用戰俘的血釁鼓的奇異風俗——不過犧牲者都被赦免了。定公七年一例，有一個戰敗『夷狄』之族的王子在戰役中被俘，而活生生的送到祭壇作了犧牲，不過祭儀以後却饒了他的命。這條例證是當孔夫子約五十歲時發生在他的故鄉魯國。

這些史例雖限於王朝貴族中國家的活動，但無疑的說明了以人當已死祖先的犧牲一持久而普遍的風俗。不過由於文明的一般發展早已經達到一個相當高度的人文主義和理性主義的水準，所以大部分這類不人道的習俗的記載都附有史家的嚴厲非議。縱是這樣，這一類的事件在號爲文明國度裏却仍然被可敬重的人們在奉行着。因此，當時的思想家爲促成這種不人道習俗的宗教觀念所困惱就無可驚異了。

孔子一派的哲學家似乎獲得這樣的結論：即促成人殉和厚葬的基本觀念就是相信人在死後仍保有他的知識和感覺。孔子的一位弟子曾說過：『夏后氏用明器，示民無

知也。殷人用祭器，示民有知也。周人兼用之，示民疑也』(見禮記檀弓上)。這段說明坦率的指出明器殉葬和人死後有知的信仰間的歷史關聯。

孔子自己也持打同樣的看法。他說：『為明器者知喪道矣。……哀哉死者而用生者之器也，不殆於用殉乎哉！……塗車芻靈自古有之，明器之道也。……為俑者不仁，殆於用人乎哉？』(禮記檀弓下和孟子卷一第四章)

顯然的孔子和他的一些弟子公開反對以真實的用器殉葬，因為這會暗示人類死後仍然有知的信仰。但是，他們是不是就那樣公開地承認且宣揚死者是無知的嗎？

孔子和他同派的學者偏於採取一種不輕加臆斷的立場，而把這個問題加以保留。孔子說：『之死，而致死之，不仁，而不可為也；之死，而致生之，不知，而不可為也』(見禮記檀弓上)。那麼正確的態度就是『我們無所知』。

這種事在論語中表現的更為明顯。當一位弟子問如何事奉鬼神的時候(譯者按：此弟子是子路)，孔子說：『未能事人，焉能事鬼？』於是這位弟子又說：『敢問死？』孔子說：『未知生，焉知死？』(見論語先進)又某次，孔子問弟子：『由，誨汝知之乎？知之為知之，不知為不知，是知也。』(見論語為政)

就孔子某些弟子來說，只要從不知論的立場再走一步，就會坦白地否認人死後有知從而否認一切有關鬼神上帝的存在和真實性。公元前五世紀到四世紀時，儒家曾受到敵對的墨教學者的駁斥，認為他們實際是否定鬼神存在的。

墨教是公元前五世紀最偉大的宗教領袖墨翟倡導的。他竭誠奮力地想與人民的神道宗教辯護和改造，因此頗意起一陣騷動。他信仰一種人格神 (a personel god)，而神是希望人該兼愛無私的。他堅決相信鬼神的存在和真實性。在墨子一書內，較長的一篇文章就是『明鬼』(卷三十一)。在這篇文章內墨翟試圖以三類論據辯證鬼的存在：(1) 許多人確曾見過鬼或聽到過鬼的聲音；(2) 鬼的存在，明白地記載或暗示於許多古籍中；(3) 承認鬼神存在有助於人類的道德行為和國家的安謐。

墨翟復興了並且建立了一個具有偉大力量的宗教。他是中國歷史上最偉大最可敬愛的人物之一。但是他却沒有『證明』鬼神的存在。

稍後，正統派的中國思想家或不仔細思索而直接地接受了傳統的崇拜和祭祀，或

是以孔子不輕加臆斷的口實而承認他們不知道人在死後究否有知。爲了更確定孔子的立場，晚期的儒家揑造了一個故事，作者不明，故事本身初見於公元前一世紀繼而以增改的形式而流行於紀元三世治，故事是這樣的，一位弟子(譯者按，卽指子貢)問孔子死者是否有知。孔子說：『吾欲言死者之有知，將恐孝子順孫妨生以送死。吾欲言死之無知，將恐不孝之子棄不葬。賜欲知死者有知與無知非今之急，死後自知之』。(見劉向說苑卷十八；孔子家語卷二)。

　　但是有些中國思想家却坦白地探取一種無神論的立場。中國最偉大的哲學家之一王充 (27～大約 100 A. D.) 寫過幾篇論文 (見論衡卷 六十一，六十三，六十五) 以證明：『人死後並不變爲鬼，死後無知同時並不能傷害人類。』他直認：當血液在一個人的脈管中停止循環，他的呼吸與靈魂隨卽分散，屍體腐爛成爲泥土，並沒有鬼。他的最出名的證明無鬼的推論之一是如此的：如果眞的鬼係由死人靈魂所形成，那末，人們所見到的鬼應該是裸體的，確實應該沒有穿衣裳。實在的，衣服與帶子腐爛後不會有靈魂存在。如何能見到穿着衣裳的鬼？

　　就我所知，這項論證從來還沒有被成功地駁倒過。

（Ⅵ）

　　幾乎就在王充致力於他的偉大論衡的時候，偉大的佛教侵入了中國，且已經在羣衆和有權勢的階層中收到了教徒。在短短的兩三個世紀內，中國就被這個印度宗教征服了；中國人的思想和信仰，宗教和藝術，甚至生活的各方面，都逐漸地印度化了。這種印度化的過程持續了近乎兩千年。

　　嚴格地說，原來的佛教是一種無神論的哲學，主張萬物包括『自己』，都是原素 (elements) 的偶然組合，且終將分散而復成爲原素。沒有甚麼是永恆的，也無所謂持續和穩定 (continuity and stability)。無我，無相，無性 (no self, no ego, no soul)。

　　但是中國人民對於這類形而上的理論却並不感興趣。在一般人心目中，佛教所以是一個偉大的宗教，因爲它首先就告訴中國有很多重天和很多層地獄；首先告訴中國

以新奇的輪廻觀念和同樣新奇有關前生、今世和來世的善惡報應觀念。

這些新奇的觀念急切地爲千百萬的中國男女接受了，因爲這正是古老華夏宗教所缺少的。在漫長的歲月裏，這一切觀念都變成了中國宗教思想和信仰的一部分。它們也變成了復興的華夏教，卽現在盛行的所謂道教的一部分。天堂現已採用了中國名稱，地獄也由中國的帝王和審判官來監理。天國的喜悅，地獄的恐怖，天路旅程的逍遙，地獄苦海的沉痛——所有這些觀念不僅頌之於歌、筆之於奇幻的故事，並且在到處的廟院裏繪成了巨幅生動的壁畫，以作爲人們日常的啓廸和戒懼。

在這種情形下，古老的華夏信仰因愈變得豐富，革新而加强起來了。同樣，華夏文化也因此而印度化了。同樣，關於靈魂和靈魂永存的古老概念也就逐漸完全改觀。靈魂雖仍叫魂，但是現在却認爲它能够周歷輪廻而永生的，且無論是好或壞，完全依着善惡報應的絕對因果關係。只有『魂』才進入兜率天，或受無量壽和永明的阿彌陀佛支配的極樂世界。但作惡者的靈魂却要下地獄，遭受下油鍋、慢慢地鑿、搗、硏磨、大卸八塊（分屍）一類的酷刑。

中古時代的中國遭受的這種佛教的征服勢銳不可當，因此許多的中國學者都被震嚇住了。他們面對新宗教誇張的象喩和曖昧的形而上學，而感到耳目眩迷，甚至爲之俘獲。但是隨着時期的演進，中國的人道主義、自然主義和懷疑主義却又漸漸地恢復起來了。

大約在公元五百一十年，也就是佛教征服的高潮時期，一位經學家范縝開始攻擊這一新的宗教，而坦白否認靈魂的存在，他撰寫了一篇神滅論內中指稱：『神卽形也，形卽神也，是以形存則神存，形謝則神滅也。』下面則是他最精闢的一段辯論：『形者神之質，神者形之用……神之於質，猶利之於刀……捨利無刀，捨刀無利，未聞刀沒而利存，豈容形亡而神在』（譯者按，見梁書卷四十二范縝傳神滅論）。

范縝的論文包括三十一項問題和解答。他在文末指出，文旨在從虛僞自私的佛教的統治下解放出可憫的中國。

范縝論文的發表大大的觸怒了虔信佛教的梁武帝（502～549 A.D.），和尙和尼姑都騷動起來。皇帝發佈了一項駁斥范縝論文的命令，提醒他們舉凡三大宗教——儒教、道教、佛教——都一致主張靈魂的不滅性，而且不學無術心胸狹隘的范縝至少應該

曉然儒家的經典對於這一課題曾是如何解說的。這項皇帝的敕命曾被一位偉大的佛敎方丈熱忱地加以翻印，並分送給六十二位王族朝廷大臣和當時有名的學者以資徵詢意見。這六十二位名士在覆函裏都由衷地贊頌皇帝的駁斥。

但是史家告訴我們：雖然整個朝廷和全國因范縝的理論而騷動，沒有一個人在反駁他的辯論上獲得成功。

范文所稱靈魂只是身體功能的表現，並不能在身體死後獨存的論見對於後世中國思想有着重大的影響。如哲學家兼史學家的司馬光（公元1019～1086 A. D.）在駁斥流行的天堂地獄信仰時就抱持類似的理論。他說：『甚至假如有地獄和鑿焚搗研等刑法，當屍體已腐爛，靈魂也已分散時還遺留有甚麼東西來承受這些酷刑？』這眞是范縝理論的一項註解了。

（Ⅵ）

因此我們考證的實在結果應可分爲兩方面：(1)流行的中國固有宗敎甚至卽在一些顯然有識者的努力以求其系統化合理化以後，也仍含有一種關於人類靈魂及其死後永存的書叢單純觀念，而且正是這種中國的靈魂觀念，才由於印度佛敎的新思想，而爲之加強和革新。(2)中國重要的智識界領袖對於這個問題似乎沒有積極的興趣，果然他們有些甚麼興趣的話，他們的討論也常常要不是終於不可臆斷，卽是公然否定靈魂和它的不滅。

這使我們要提出兩個問題：(1)中國思想家對於靈魂和它的不滅問題爲甚麼不感興趣？(2)在知識階級的宗敎或精神生活中有沒有甚麼可以認爲是代替人類不朽槪念的？

第一個問題的答案是中國文化和哲學的傳統由於素來偏重人道主義和理性主義，所以哲學家便不大認眞關心於死後生活和神鬼的問題。孔子說：『未能事人，焉能事鬼？未知生，焉知死？』這幾句話可作爲這方面的說明。

另外一次，孔子說：『君子不憂不懼，內省不疚，夫何憂何懼』（論語顏淵篇）。在這個人類世界上道德的生活本身已足够是一個目的，固不需憂慮事後未來或畏懼鬼神。

　　孔門偉大弟子之一的曾子也給我們留下了一個楷模。他說：『士不可以不弘毅，任重而道遠。仁以為己任，不亦重乎。死而後已，不亦遠乎！』（論語泰伯篇）一個中國君子，如果沒深受印度思想和信仰的影響，對於『死而後已』的想法是不會感到痛苦和後悔的。

　　現在談到第一個問題：就中國知識份子來說，究竟有沒有甚麼中國人的概念或信仰可以取代其他宗敎人類不朽觀念呢？

　　當然有的，據左傳記載，公元前549年——卽孔子不過是兩歲大的孩子的時候——魯國的一個聰明人叔孫豹曾說過幾句名言，卽所謂有三不朽：『大上有立德；其次有立功；其次有立言。雖久不廢，此之謂不朽。』同時，他舉了一個例：『魯有先大夫曰臧文仲，旣沒，其言立』（譯者按見左傳襄二十四年）。這段話兩千五百年來一直是最常被援引的句子，而且一直有着重大的影響。這就是一般所謂的『三不朽』，我常常試譯為『三w』，卽德（worth）、業（work）、言（words）的不朽。

　　三不朽論的影響和效果是深厚宏達而不可估計的。而且它本身就是『言』之不朽的最佳的證明。

　　公元1508年，偉大的哲學家王守仁的學生(1528年逝世)問他煉丹術究否可以延年益壽。他答說：『我們孔夫子的學派也有我們不朽的見解，例如孔夫子最嘉愛的弟子顏回三十二歲去世，但他今天仍然活着，你能相信嗎？』

　　我在寫這篇論文的時候，我的記憶使我回想到五十多年前，回想到安徽南部山中我第一次進入的那個鄉村學校。每天從高凳上，我可以看見北牆上懸掛的一幅長軸，上面有公元八世紀時政治家和大書法家顏眞卿寫的一段書札的印本。當我初認草書時，我認出來這張書札開頭引用的就是立德、立功、立言的三不朽論。五十年匆匆地過去了，但是我第一次發現這些不朽的話的深刻印象却一直沒有毀滅。

　　這古老的三不朽論，兩千五百年來曾使許多的中國學者感到滿足。它已經取代了人類死後不朽的觀念。它賦與了中國士大夫以一種安全感，縱然死了，但是他個人的德能、功業、思想和語言却在他死後將永垂不朽。

　　我們不必認為僅有偉大的德能、功業、和敎言才是不朽的。就我們現代人來說，我們應十分可能且合理的把這種古老的觀念重加闡釋，民主化或社會化，這樣，則所

謂德也許才可以意味着我們所以爲人的一切，才可以意味着我們所爲的一切，才可以
意味着我們所想的和所說的一切。這種學說可以得到一種現代的和科學的意義，就
是在這個世界上的任何一個人，不論他是怎樣的鄙陋低微而不足道，總都會留下一些
東西，或善或惡，或好或壞。由於不只是好的才能留下來，所以古語說得好：『遺臭
萬年。』對於惡善賢愚不肖都可以貽人以影響的這種了解，而使我們對自己所以不朽
的行爲思想和言語道義，深深地懷有一種道義的責任感。舉凡我們的爲人、行事和言
談在這個世界上的某些地方，都會發生影響，而那種影響在別的地方又會發生另外的
影響，如此而至於無窮的時間和空間。我們不能全然了解一切，但是一切都存在那
裏，而至於無窮盡。

　　總之，就像猫狗會死一樣，個人也會死的，但是他却依然存在所謂人類或社會的
『大我』之中，而大我是不朽的。大我的繼續存在，成爲無量數小我個人成功與失敗
的永存紀念物。『人類的現狀固源於我們若祖若父的賢愚，但是我們終將扮演成何等
角色，則須從我們未來的情勢去加以判斷。』

譯　後　記

大約是三年前一個冬天的早晨，偶然的機會見到了胡適之先生，談起中國人對於靈魂的觀念和靈魂與名字間的關係。因爲我在禮記皐復一節裏看到有關呼喚死者名字，以使死靈來歸的記載。胡先生認爲不僅如此，卽封神榜一類演義裏也有類似的記載，有人大叫黃飛虎，黃飛虎立刻掉下坐騎來。適之先生說他曾經發表過一篇文章，討論中國人思想裏有關靈魂不朽的觀念。不過他說在臺北還沒有見到這篇文章的副本，他把個人保存的抽印本給我看，那是1945年發表在哈佛大學神學院院刊 (Bulletin of Divinity School, Harvard University) 上的。適之先生並且告訴我發表這篇文章的原委。他說哈佛大學神學院設有一個殷格索講座 (Ingersoll Lecture)，殷格索先生是一個實業家，但是業餘喜歡作學術研究，所寫文章銷行頗廣。他臨終留下遺囑，在哈佛大學神學院設一個講座，指明每年請一位學者（不分國籍）討論有關靈魂不朽的問題。當1945年哈佛大學神學院有關這一講座的負責人和適之先生商量請他擔任一次講座時，適之先生婉辭謝絕，以爲自己是一個無神主義者，不適於在神學院主持講座，可是神學院負責人決意邀請他並且說殷格索講座是獨立性質的學術講座，只要是從客觀的論點出發，講座主持人可自由發表意見，與神學院的宗旨決不發生牴觸。適之先生終於接受了這一個邀請，發表了他有名的講演 (Lecture) ＝ "中國思想裏的不朽觀念"(The Concept of Immotality in Chinese thought) 後來在神學院院刊印了出來。我從頭閱讀了一遍之後極感興趣，它篇幅雖然不長，可是內容相當豐富，是一篇提綱挈領的著作。又因爲在臺北還沒有看到過哈佛大學神學院院刊，所以很想把它翻譯介紹出來。在十二月十七日慶祝適之先生誕辰酒會中和適之先生談起打算把這篇文章譯成中文介紹出來，適之先生笑着說內容太簡單，計劃以後重新寫得更詳細一點。到十二月底適之先生送給史語所一份這篇文章的照像副本，我向適之先生另外要了一份以作參考。後來看到文中有一些地方所用的名詞意思不十分瞭解，想再去請適之先生給解釋一下，可是他老人家心臟病愈出院後，遵醫囑留在臺北小住，沒有立刻回南港。後來身體一直沒能完全康復，晉見請益的事也就擱置一旁。直到他老人家去世，再也沒有得到機會當面請敎。

　　適之先生在人生旅程最後的幾年中精力完全用在領導研究院和創立並奠定國家長期發展科學委員會的基礎。一方面和旅居海外學人取得密切聯繫；一方面積極設法培植國內後進人才，以期維持國家高深學術研究工作於不墜。我近幾年在研究院史語所追隨李濟之師作研究工作外，在本所古物陳列室擔任一部份工作。適之先生有時陪國內外來訪學人參觀之後，對個人研究工作進行情形殷殷垂詢。適之先生對本院晚一輩的研究工作者大部份都有個別接觸，對每一個人的研究計劃都感覺興趣。如果屬於自然科學方面的，必多方面鼓勵。如果是社會或人文科學方面的，總會有一些意見加以指點。由於適之先生興趣廣泛，待人親切，在討論學術問題之間，令人感到如坐春風。適之先生樂於助人解決問題，如年青一輩出國深造遇有困難，必盡全力設法代為解決，使其達成深造之目的。適之先生多年來一直與研究院關係密切，最後幾年更出任院長，負起實際領導責任。對臺大師生研究發展也極為關心，遺囑以全部藏書捐贈臺大。適之先生心臟情況不好，但不顧醫生勸告，依然擔任繁重工作，且經常於深夜作研究工作。於最後一次主持研究院院士選舉會議後，開盛大慶祝酒會，招待在臺院士、評議員以及助理研究員以上全體研究人員及來賓。歡迎回國院士，並介紹當選新院士和大家見面。會中適之先生和幾位在臺以及回國院士談及發展國家學術研究的前途，並談及如何培植繼起研究工作者，以何種方式來培植。殷殷以有志青年之前途為念。談話間適之先生心情相當沉重。語終人散。適之先生剛剛宣佈散會說：“這裏還有酒，請大家隨便再喝一點哈哈……”。不及一兩分鐘的時間裏，他老人家便倒地長眠不起。

　　現在適之先生逝世已一年多了。史語所決定以本年度的集刊獻給他老人家作為紀念專號。適之先生改寫這篇文章是永遠不可能的了。因此我還是把它譯了出來，藉紀念專號一點篇幅當作『附錄』發表出來，作為對他老人家的一種追思。在譯文中對意義不清楚的地方，除中譯以外，把英文原字用括弧括起來，充作註腳，以保存原意。在翻譯期間把適之先生所引用前人著作而沒有註明出處的，都儘量找出原文而避免直譯。在這方面陳槃庵師屈翼鵬師曾有許多寶貴的指示。在翻譯細節方面許倬雲生先幫忙解決了不少問題。文成後蒙所長李濟之師允為發表。今並志謝于此。

　　　　　　　　　楊君實一九六三年五月十日夜追記於美國
　　　　　　　　　加州大學洛杉磯校區

朱　晦　菴　と　王　陽　明

宇　野　哲　人

　居敬窮理を説ける朱子と、致良知を主張せる陽明との相違は、極めて明瞭にして、何人も異論なき所なり。よしや王子の朱子晩年定論の著述ありと雖も、到底兩者の相違を歸一すべからざるは、蓋學界の定論なり。兩者の得失に就ての論爭は、多くの儒先の所說旣に備はり、更に後世少子の喙を容る、餘地なし。

　惟ふに朱子は宋高宗の建炎四年（西暦紀元一七九〇）に生れ、寧宗の慶元四年（一八六〇）に卒す。曠世の大儒にして門下に多數の俊秀あり。元より明に至るまで、朱子學は一世を風靡す。明初勅撰の四書五經大全を讀めば、思半はに過ぐべし。陽明は卽ち朱子學萬能の時代に生る。時に明憲宗の成化八年（西暦二一三二）朱子に後るること實に三百四十二年なり。傳へ言ふ陽明は年十九才の時、婁一齋より、宋儒の所說は人皆學んで聖人たるべしといふに在るを聞き、始めて希聖の學に志すに至れりと。陽明が友人を約して、庭前の竹の靑靑たる所以を研究せんとして、徹宵思ひを潛めしは、卽ち朱子窮理の說を實行せしなり。旣にして事物の理を研究するが如きは、希望の學に何等の關係あること無きを曉り、百方苦慮遂に致良知を創唱し、彼の學說はここに決定す。

　朱子の窮理說は、大學の格物致知に本づくこと勿論なり。陽明旣に窮理を非とするが故に、朱子の八條目說を棄て、誠意を以て大學の鬼門關とし、朱子が物をあらゆる事物とするを排し、意の所在を物とす。例へば意、君親に事ふるに在れば、君親に事ふること卽ち物なりとし、格を窮格と解する朱子の說を排し、格は正なりといひ、君親に事へて誠を盡せば、之を格物といふ。如何に君親に事ふべきかを知り、完全に奉仕を實行すれば、之を致知といふ。故に陽明に從へば、凡そ意の所在の物を完全に處理すれば、是は同時に格物といひ致知といひ誠意といふべし、故に陽明

は八條目を廢して六條目をなすなり。

　陽明は宋儒と同じく靜坐の有功なることを認むれども、靜坐は小學放心を收むるの一助と爲すに過ぎす、寧ろ事上磨錬を第一義となせり。事上磨錬の一例は傳習錄中劉澄の所記あり。劉の鄕里より急使至り長子の急患を傳ふ。劉、苦心焦慮擧止宜を失し殆ど手足の措く所を知らず、王子之を觀て曰く、子の病を憂ふる親の至情は、固より天理なり。然れども度を過き節を失ふべからず、今こそ事上磨錬の好機會なりと。劉澄反省する所あり。後日復使者あり長子の病少痊す。事上磨錬は必ずしも病のみに非ざるは勿論なり。王子が格物卽誠意と大學の鬼門關とする以上、事上磨錬を重視するは當然といふべし。

　朱子が致知格物を重視したる點は、陽明と全く相違すること勿論なり。然れども居敬の點に於て、敬を主一無適と解し、その實際著手の點に於て、靜坐を獎勵したることは、宋一代に共通する修養法なり。然るに明窓淨机の下、端坐澄心すれば、如何にも淸淨潔白物外に超然たる想を抱くが如くなれども、復た世間に出て、利害關係錯綜し毀譽褒貶亂れ飛ぶの地に入れば、復名利の奴たるを免れず。朱子は如是を名づけて死敬といひ、眞の敬は活敬ならざる可からずと云ふ。活敬とは世上波瀾万丈の間に立つて、主一無適の精神狀態を失はざるを云ふ。換言すれば活敬こそ實事に處して精神を鍛錬するもの、實に陽明の事上磨錬を酷似す。なほ陽明が氣習の蒙蔽を説くが如きは、朱子の氣質變化説を機紹せるもの、今一一之に論及せず。

　要するに朱王二子希聖の學は全く相違すること勿論なれども、實際著手の點に於ては、遂に其軌を同じうすといふべきなり。

出自第三十六本上（一九六五年十二月）

THE *SHIH CHING*: ITS GENERIC SIGNIFICANCE IN CHINESE LITERARY HISTORY AND POETICS

BY SHIH-HSIANG CHEN

陳　世　驤

It is inevitable that the searchlight for the beginnings of Chinese poetry should focus on the **Shih Ching**, or **Book of Songs**. And since poetry marks the beginning of the creative literature of any nation, it is the concern of literary history to seek in the **Songs** such embryonic features as may typify much of later Chinese literary genres, in so far as they can be said to have a "national character". If one pauses to ask the question, in very general terms, of readers who are conscious of other literatures as well, what would be the most striking quality of Chinese literature in their impression, one of the possible answers might be that it is the combination or fusion of technical niceties, high sophistication and refinement of sensibilities with keen, direct, simple and perhaps sometimes naive observations of man and nature in this temporal world. This quality should become evident in our discuson of the **Songs**, a quality that foreshadowed much in later Chinese literature, from the Han **Yüeh-fu** to the **Wu -yen shih**, from the T'ang **Shih**, especially the **Chüeh-chü**, to the Sung **Tz'u** and from the drama to the novel. We know well the processes of the development of each of these later genres, which in every case could be traced from folk origins to the polish and refinement of courtly circles or the intelligentsia, and which would suggest a cause of the quality we have noted. Consequently, in the whole body of works of any great writer, from Ch'ü Yüan[1] to Ts'ao Chih and thence to Li Po, Su Shih and Huang T'ing Ch'ien, not to mention the dramatists and novelists, we find the blending of folk motifs and the distinctive

---

1. The tradition that the "Nine Songs" were derived from folk religion and remolded into brilliant poetry by an individual genius can hardly be refuted. Here we regard them as part of the whole body of Ch'ü Yüan's work because of their close relationship to the *Li Sao* in stylistic features, not to mention the natural, relgious and erotic symbolism There seems to be no more satisfactory reason to doubt that they were by Ch'ü Yüan than that they were not by him. In any case, our interest here is in the composite character of the bodies of works of the major genres representative of each literary period rather than in personalities.

creation of individual genius.

In the light of this estimation our present study is attempted to reveal the process of the formation of the corpus of the *Songs*, its artistic achievement, and furthermore its contribution to traditional criteria of Chinese criticism We want, in stricter terms of *literary* history, to confirm and justify the acclaim that, in Professor Karlgren's words: "Throughout the history of Chinese literature there is no document which in importance and influence over later ages can compete with the *Shi*."[2]

The three hundred and five surviving Songs, gathered and reverently prese-rved in one Book, with the pious title *Shih-Ching* formulated to honor it since the Sung dynasty,[3] may seem too diversified to be called a genre off-hand, if by genre is meant such perfect metrical or thematic unity as would be applicable to each of the many times removed subdivisions of later fissiparous kinds of literary forms. But genre, as a term or concept applied to ancient literature, despite the legion of conflicting theories about its definition and function, whe-ther prescriptive or descriptive, has hardly ever meant such neat apparent unity. It is remarkable that Plato should first give hint to literary genre distinctions only in such general terms as "narration" and "mimesis", referring the former to the narrative part of the epic and the latter to the dramatic. These two great categories, for Plato, were so all-embracing that a third type was merely called "mixed", or "union of the two".[4] Aristotles's *Poetics* is known to be the rem-ains of fragments. There we see him continue these two notions and elaborate on epic and drama as if they were the only two recognized archetypal genres. A third notion, about "melic" poetry, was cursory, hardly formed. Two modes of reproduction of the object seemed to be the concern, one by the artist's imit-ating and personifying, therefore, again in Plato's terms, "assimilating himself" into the object; the other by the artist as an impersonal bystander depicting the object in "simple narrative".[5] Thus in the ancient Greek classification as some Western literary historians even today still complain, "no room was left" for a third great category, "for the genre of self-expression or the lyric, in which the poet expresses directly his own feelings and thoughts".[6] We know [that lyrical

---

2. Bernhard Karlgren: "Glosses on the Kuo Feng Odes," BMFEA,. No. 14, p. 71.
3. The term *Shih-Ching* as a formal label of the book started in Southern Sung, traceable to 廖剛 (1070-1143): 詩經講義 as the earliest instance. Cf. Professor: 屈萬里：詩經釋義 "Intro-ductory Chapter," 論詩・Taipei, 1952.
4. Plato, Republic Ⅲ, 392.
5. Ibid, 393.
6. G.N.G. Orsini, article on "Genre," in *Encyclopedia of Poetry and Poetics*, Princeton, 1956.

poetry, by definition in modern critical terms, had fairly abounded in ancient Greece. But it was evidently not equally honored by the same critical attention, when the sense of literary kinds, or genres, first awakened. It was, at best, subsumed under miscellanea, and, as in Plato, half-mindedly noted to be among "other styles of poetry".[7]

But imagine for a moment that during the Confucian or the Great Attic Age, Chinese and Greek civilization had been fused into one, and we can be sure that a great trinity of the three primary genres would have been readily established then. It would have preempted the *genus activum*, *genus enarrativum* and *genus mixtum* of Diomedes of fourth century Europe, and not waited until the late Renaissance. The third member of this trinity would no doubt have been the "lyric."[3] And the lyric genre would be mainly referred to the *Shih*, these *Songs*, which the Chinese treated as *their* major kind of poetry. There was, moreover, a definition in classical China of the middle Chou Age to decide for the lyric its rightful province. Juxtaposed against the Platonic declaration that "all mythology and poetry is a narration of events, either past, present, or to come,"[3] would have been the contemporary Chinese phrase, *shih yen chih*, serving as a counter statement, that "poetry", as a generic term, "speaks the heart's desire". The *Shih* by nominalistic definition is a "song-word", hence "lyric" in the fullest sense as a working term for our modern criticism. And whenever the Chou people spoke of the *shih*, they meant the *Songs* and those works that were like them and formed with them a literary category or kind.

We well realize that it was not because lyrics were not available to the ancient Greeks that they did not recognize and treat them as a genre. For their attention to be diverted to concentrate on epic and dramatic verse in their poetics, there must have been surmisable reasons, of varied social cultural values as well as different modes of philosophical thought. Here we are not going into studies of the Greeks. Suffice it to say for the moment that the dominant position of the *Songs* in Chinese literary valuation as well as creation, in contra-

---

7. Plato, op. cit. 393.
8. Recognition has been given to the lyric in our modern study of Egyptian Pyramid texts (*ca* 2600 B.C.) as consisting of eulogies to the kings, hymns to the gods, working songs, laments and festive songs. See A. Erman: *The Literature of the Ancient Egyptians* (tr. by A.M. Blackman, 1927) The Songs of the *Shih Ching* consist of almost exactly identical counterparts.
9. Plato, op. cit. 392.

distinction to that of ancient Greek epic and drama, is an ever thought-provoking phenomenon. We believe, however, that the recognition of a genre as a distinctive kind of literature, which the *Book of Songs* certainly is, has the usefulness of setting up a frame of reference whereby we can discuss coherently a common body of works of a given period in regard to its source, growth, achivements, and, finally, its aesthetics. And by a generic approach to the *Songs* as "lyric"—that is, lyric in accordance with the ideal of the term in modern critical usage as we shall be able to evince later in this study—we may hope to retain this literary, aesthetic essence in our mind throughout our discussion, which will be necessarily complicated by historical, cultural and other scientific considerations. To speak of the *Songs* as lyric is to find for our discusion of them a common language in modern criticism, as well as to distinguish them as a prototype characterizing the first accomplishment of Chinese literary creation and fathering a native tradition as truly as the ancient Greek drama and epic fathered the European.

The Chinese word for poetry, *shih*, made its first appearance, as far as we can ascertain in extant documents, in the *Book of Songs* itself. It is found in neither the earlier bronze nor the oracle bone inscriptions. In demonstrably ancient sections of another timehonored tome of the Confucian Canon, the *Book of Historical Documents* or *Shang Shu*, it is notable that the word *shih* appears in the chapter "Gold-bound Coffer", *Chin T'eng*, where the word has reference to a quotation of one of the *Songs*, No. 155.[10] In the *Songs* themselves, the word was employed only three times, significantly all in the *Ya* or "Elegantiae" Sections (nos. 200, 252, 259), where, as we shall discuss in detail later, a greater consciousness of the art of poetry-making, of polish and refinement of style, becomes evident. The production of at least two (nos. 252, 259) of these three important *Songs* can be firmly dated by material evidence, internal as well as circumstantial, to be of the late 9th century B.C., during the heyday of Early Chou civilization, and no sufficient argument has been advanced to disprove the well established tradition that the third 巷伯 (no. 200) belongs to the same era.[11] Considering the context and the burden of meaning[12] in which the Chinese word for poetry, *shih*, made its debut at such an early date, we may fairly say that a

---

10. References to numbers for the Songs henceforth are according to the Harvard-Yenching *Concordance to Shih Ching* and Karlgren's translations of the *Book of Odes*.
11. See my article, 詩字原始觀念試論 BIHP Academia Sinica, Ext. vol. 4, 1961.
12. Ibid.

general conception of poetry as a *literary* art, definable by name and nature, had already begun to develop at a certain high stage of Chinese civilization in antiquity.

To say that there is no Chinese word for poetry[13] means as much or little as to say there is no word for *shih* in Greek, or indeed any non-Chinese language It is almost too obvious a fact to state that no word so pregnant with meaning as "poetry" can be identical in semantic range throughout all its implications and applications in any two languages: *Poésie* and *Dichtung*, after all, are not exactly identical either. But *shih* for the ancient Chinese just as amply stood for the general concept of the art of words, as "song-words" but with emphasis on "words", as $\pi oi\eta is$ did for Aristotle, defined by him as that "art which imitates with language alone, but······has hitherto been without a name".[4] Not much later the fact that the Chinese word *shih* like the English word poetry, was used as a general term for poetic compositions whether accompanied by music or not, and not just for one type of verse, was evidenced in the early *Ch'u Elegies* themselves.[14] And in still later and wider usage, *shih*, like "poetry", clearly indicated an essence or abstract quality transcending the boundaries of all arts, as in *shih chung yu hua, hua chung yu shih*, "there is painting in poetry (*shih*), and poetry in painting",[15] a current Chinese saying in art criticism of about the 11th century.

But *shih* and "poetry" are widely different in their etymological meaning. We suggest that $\pi oi\eta\sigma is$, which Aristotle derived for an "art hitherto without a name" as late as the 4th century B.C.,[16] holding to the basic idea of "making", indicated more of the master critic's consciousness of the aspects of poetry as craft. Hence his *Poetics* expresses many analytical, finely differentiated technical considerations of the art of poetry and sets forth a systematic tradition for western literary criticism. The term for "poetry" in Aristotle, basically conceived as a rather unpredicated abstract notion of "making", could therefore accommodate either of the two major Greek genres, epic and drama, which with their ponderous scope and complexity drew the Greek attention to abstract prin-

---

13. Arthur Waley: "The Forms of Chinese Poetry," in *Temple and Other Poems*, 1923, p. 137.
14. As in *Nine Songs*: "展詩兮會舞", where *shih* of course was accompanied by music; but in *Chiu Chang*, 悲回風: "竊賦詩之所明", the intent of the word-meaning is emphasized, hence the least reference to music. In either case there is evidence that the same word *shih* as a general term is used for different kinds of verse as early as Late Chou.
15. 蘇軾's(1036–1101) tribute to 王維 ,in 蘇's Collected Works:"題王維藍關煙兩圖"
16. The *Poetics* is known to have been composed between 335 and 322 B.C.

ciples of construction, of design and plot. But the Chinese term *shih* signifi-
ed an essence, a representation of the property and nature of an art, evidenced
by the dominant, if not the sole, genre that was then current in ancient Chinese
creative literature, the *Songs*. There the term *shih* was a natural-born entity,
not constructed for the purpose of critical terminology but put forth as a
manifestation of the early creative consciousness of the poetic art, with a keen
sense of its origin, character and content as lyric.

The fact that the *Songs* gave rise to, and was in ancient times identified
with, the generic name *shih* affords a revelation of the *Songs*' early roots,
their process of development, and fundamental traits for aesthetic appreciation.
We can say without doubt that the *Songs*, now three hundred and five in their
extant form, attained during Confucious' lifetime in the 6th century B. C. a
scope similar to their present one.[17] Later transmissions occasioned taxtual
variations and corruptions, with perhaps greatest impairment done to the last
section, the *Sung* or "Eulogia".[18] But to a very large extent, the *Songs* as
we see them today have retained the original shape in which they were popular
and familiar to every one of the educated class and ruling circles of the
Confucian age. We have overwhelming evidence, according to ancient records
such as the *Kuo Yu* 國語 and the *Tso Chuan* 左傳，of their popularity in
high society at courtly or diplomatic gatherings during that age. To quote
from the *Songs*, often out of context, to suit an occasion of diplomatic negotia-
tion among the states, or to put across a point in some court intrigue was a
common practice. There was a cultural aura about them, so much so that Con-
fucius admonished his son that "Without studying the *Songs*, one would not
know how to speak".[19] And he asserted that the cultivation of one's character
should be "inspired by the *Songs*, established according to Ritual, and accomp-
lished through music".[20] The other great and socially most influential philosophic
school of the 5th century B.C., the Moists, said of their Confucian contemporaries
that "They recite the three hundred *Songs*, play the three hundred on strings,

---

17. The *Tso Chuan* record, never successfully refuted, of 季扎觀樂 in 544 B.C., shows the same
    scope and number of categories. A large majority recorded in *Tso Chuan* and *Kuo Yu* as
    having been quoted through 7th to 6th century are identifiable in our present Mao texts.
    Song No. 153 may be the latest of the *Songs*, referring to events of about 520-514 B.C.,
    perhaps incorporated into the corpus after the scoep had been established.
18. See 傅孟眞先生集 Vol. II，詩經講義稿："周公說"
19. The *Analects*, ⅩⅥ, 13.
20. Ibid., Ⅶ, 8. About "inspired"興, we shall soon have much more to say. We believe Confucius
    was using this word here in the vernacular sense of his day.

sing the three hundred and dance to the three hundred".[21] All these assertions that we learn from late Chou records since the sixth century B.C., including Confucius' own frequent references to the "three hundred *Songs*", point to one fact: a whole, fairly standardized and integrated collection existed at that time, circulated among the upper classes, and was spoken of by the leading philosophic minds, as if with a uniform sense of value, despite the *Songs*' great internal prosodic and thematic diversity. They were all called *shih*, connoting a unified impression of a great category. We ask, is there a common denominator shared among them, other than their common social status which was established by the middle Chou period for both political and educational purposes? By that time, as we shall see, the long refining process of the versions had been completed. In their now polished, well adapted and regulated form, we are told that they were not only all "recited, played on strings and sung", but "danced to". This description would not only satisfy the definition of the *Shih* as lyric, but would allude to something more. The fact that the *Songs* in their final forms in courtly possession were *all* sung to musical accompaniments has been fairly well established.[22] We must, however, examine more carefully than the rest the last part of the Moist assertion, that all the three hundred *Shih* or *Songs* were danced to by the Confucian scholars. Even though this Moist statement, made in antipathy to the Confucian valuation of the arts, may be an exaggeration of the tradition, still the fact that when the *Shih* was spoken of, recital, music and dance were all mentioned in one breath suggests a notion from which we may trace back to the primordial origination of the *Shih* and find a rudimentary factor that had given the *Songs* a common basis, prior to the many fissiparous developments of high culture, down to the sixth century B.C. This will be important both for our historical study of the *Songs*' development from a pristine generic form and for our appreciation of their aesthetics.

We have only two slender clues to follow: first, the true implication of the word *shih*, by which the *Songs* have come to be called, traced to its primary etymon; and, second, an old term in the critical nomenclature of the *Songs*, long remembered and talked of, but much the worse for wear and tarnished in meaning. This second term is *hsing*, 興， of which we feel the best workable translation for our latter day purpose of aesthetic appreciation is "motif"; it is

---

21. *Mo-tzu*: "K'ung Meng Chapter 公孟篇."
22. See important articles by 顧頡剛 in 古史辨 Vol. Ⅲ.

evidenced prosodically in "burden", or "refrain", and, more importantly, in "incremental repetitions." By unravelling these two clues and finally tying them together we may discover a common embryonic feature of the *Songs* which gives them a fundamental generic unity beneath the many overlaid strands that make them so widely disparate.

Elsewhere, by observing the primary etymon for *shih* in the archaic word *$\hat{t}iag$, graphed 凷 or 屮[23] as agreed on by impeccable modern scholarship,[24] I have established by detailed arguments that the root meaning of the Chinese word for poetry 𡥉 (詩) *$\acute{s}iag$, *shih,* derived from and remained closely associated with the concept of beating rhythm with the foot on the ground, as graphically represented by the archaic character 屮.[25] The beating of rhythm with the foot clearly indicates the primordial art of dance, with which both music and song were embryonically at one. Western studies of the primitive origination of the medieval ballad and carol have amply proved this and will greatly help us in our examination of the development of the *Songs* of the *Shih Ching* from their antique origin into such a rich variety of lyrics. The fact that all the *Songs* in the "Eulogia" or *Sung* 頌 section, which has been proved to have preserved the oldest datable hymns in our extant texts, were danced to in solemn ceremonies in the ancestral temples of royalty of early Chou time has been well ascertained, not only by long tradition but by modern philological identification of *sung* with *yung* 容, i.e. "formal manners" of dance.[26] And it goes without saying that ancient traces of song, music and dance performed in unity can often be sensed conspicuously in the lines or stanzas in both the *Elegantiae* or *Ya* 雅 and the "Airs" or *Feng* 風 sections.[27] But we need to keep in mind two important distinctions before we proceed further to find the true common factor in the origination of these *Songs* as lyrics. First, while there are, as we have seen, strong elements of the dance retained in the *Songs*, which are called *Shih* as if in remote reminiscence of those elements, we must distinguish between textual accounts of the dance in the contents of the songs portraying contemporary life on the one hand; and on the other the rhetorical devices evolved from

---

23. Oracle bone script and late bronze inscription, respectively.
24. Cf., 楊樹達：積微居小學金石論叢 • Vol. Ⅰ, pp. 21-22; and 聞一多：*Complete Works*: article "詩與歌".
25. See my article: "In Search of the Beginnings of Chinese Literary Criticism," in *University of California Publications in Semitic and Oriental Philology*, Vol. ⅩⅠ, 1951.
26. Well established by 阮元 (1764-1849) in 揅經室集 Vol. I, "釋頌"; later approved by 章炳麟 and 王國維。
27. Striking examples: *Songs* Nos. 220, 136, 137, 165.

dance rhythms that affect the structure of the songs regardless of the contents. We believe that this latter device derived from a more primitive origin which the *Songs*, now as *Shih*, generally share in the texture of their compositions. Secondly, the distinction should be made between later formalized ceremonial dance-song performances, such as all the "Eulogia" had come to represent, and more primitive acts of dance accompanied by spontaneous emotional utterences, perhaps mere ejaculations at first, that gave rise to the most primordial elements of the *Songs*. Here we are faced with an apparent paradox. In our present extant texts of the *Songs*, so far as they are severally datable according to *content*, the "Eulogia of Chou" have proved to be the oldest, mostly being of the founding period of the dynasty during the 10th century B.C., with their later pretentious imitations in the "Eulogia of Shang" and of "Lu," they form one traditional category;[28] the "Elegantiae" are mostly of the middle era of Early Chou, identified with events of the 9th to the 8th century B.C.; and the "Airs" were joined to the corpus apparently latest, with some from as late as the 6th century B.C. But the "Airs", preserving more of the pristine folk quality, have retained most of the primordial elements of the *Songs*, despite the later evolution of their entire composition.

We postulate that the term *hsing* 興， in its archaic Chinese pronunciation *$xi\partial ng$*, is one of the slender and intricate clues crucial to tracing these primodial elements. We shall understand it as "motif", but we shall find it largely evolved in the extant textual materials into burdens, refrains, or "incremental repetitions"[29] which bear upon the structure of the Songs. The *Mao Annotations* 毛傳 to the *Songs*, as the highest traditional exegetical authority that has survived since the Han age,[30] may seem to have provided us with enough convenient pointers by having marked off, with apparently meticulous care, hundreds of lines and phrases (predominantly in the "Airs" and "Minor Elegantiae" sections) and called our attention to them as *hsing*. But still, so many inconsistencies and obscurities of referent were felt by later scholars in Mao's identification of *hsing* that Chu Hsi 朱熹 (1130–1200), who may be said to have established a second mile-stone after Mao in traditional Chinese *Shih Ching* scholarship, found it

28. The *Shang Eulogia* are of Duke Hsiang's reign (651–635 B.C.); the *Lu Eulogia*, of Duke Hsi's (659–627 B.C.). Cf., 傅孟眞 *op cit.*

29. Term used by F. B. Gummere in *The Popular Ballad* (1104).

30. We accept 王國維's calculation ("書毛詩故訓傳後" in 觀堂別集 Vol. Ⅰ) that the *Annotations* carry a pre-Han tradition transmitted by. 毛亨，but have thence been elaborated on by 毛萇 with early Han lore. We shall, however, refer the authorship of [the extant corpus generally to the latter.

necessary to readjust the scope of *hsing* as a critical exegetical term in his *Shih Chi-Chuan*, 詩集傳， or *Comprehensive Annotations to Shih Ching*. Mao's *Annotations* had marked off phrases, lines and sometimes whole stanzas in as many as 116 *Songs*, out of the total 305, as *hsing*. Now the result of Chu's new effort was to reassign a large number of Mao's *hsing* passages to two other categories in the traditional critical terminology of the *Songs* handed down along with the Mao text in the *Ta Hsü* 大序 or "Great Preface," whose authorship is still under debate.[31]　Chu therefore reinterpreted a good part of · Mao's *hsing* entities as either *pi* 比, "similies," or *fu* 賦， "narrations." But while on the one hand he reduced the old *hsing* identifications somewhat, on the other he expanded the *hsing* category in new directions by placing under the *hsing* rubric many passages which Mao had not noted as such. Between Mao and Chu, of course, came Cheng Hsüan (117–200 A.D.), who composed the *Cheng Ch'ien* 鄭箋， known as the "Cheng Commentaries," which has since the second century A.D. become an inseparable addendum to the extant Mao text. The "Cheng Commentaries", by superimposing Cheng Hsüan's allegorical interpretations on the *Mao Annotations*, literally or by implication multiplied the *hsing* items to a great extent.[32]　If Cheng has been justly criticized for his latter day political and moralistic rationalizations and strenuous allegorical interpretations, Chu, in his not very successful attempt to free himself from these, by recasting the *hsing* category and commingling it with "similes" and "narratives" in a process of contraction and expansion, showed the bias of latter day poetics and rhetorics developed during the Six Dynasties and the T'ang' age and was thus even further removed from the original meaning of *hsing*.

We are not minimizing the contribution to Chinese poetic criticism made in terms of the latter day understanding of *hsing*. If the designation of *hsing* in the *Ta Hsü* or "Great Preface" (final version possibly by the first century A.D.) as one of the *liu yi* 六義 or "Six Principles" was a pious attempt at scriptural interpretation, it was also the beginning of an act of literary criticism that showed a sense of more general textual classification as to the contents, in terms of *feng*, *ya* and *sung*. There was as yet but a glimmering notion of compositional

---

31. Modern scholarship tends to accept Wei Hung 衞宏 of Later Han as the author, but the issue is not entirely settled.

32. Cheng included many items which, though not noted by Mao, were said to be "really *hsing* with senses self-evident, hence unnoted." See *Cheng Chih* 鄭志： :"Answer to *Chang Yi* 答張逸"

technique, as distinct from contents or subject matter, in terms or *fu*, *pi* and *hsing*, stated in that order.[33] The "Preface" expatiated at great length on the former three categories but seemed oblivious to the latter three, simply separating them and laying them aside. It is therefore most noteworthy that when what may be called truly specialized or pure literary criticism first rose to its height in China in the fifth century, the articulate voice of the great poetic critic of the age, Chung Hung 鍾嶸 (469–518) should, in bold contradistinction to the laconism of the "Great Preface", have spoken *only* of the latter three, terming them the *san yi*, 三義， the "Three Principles", and have given prominence to *hsing* by listing it ahead of *pi* and *fu*. He explicated the *hsing* as sense beyond words: "Where the letter (or *wen* 文) has ended, meaning goes on";[34] hence as connotative, associative power, overtones and undertones. But we can observe that he was speaking of the effects of poetry in the abstract with explicit reference to the quadrasyllabic and pentasyllabic verse known to have been practised in his own time, and with but a vague genuflexion, if any, to the *Songs*. A century later K'ung Ying-ta 孔穎達 (574–648), following Cheng Hsüan's authority, reiterated the "Six Principles"[35] put forth by the "Great Preface" and, with clearer formal balance, divided them into two equal sets and treated them on equal terms, the one set as "poetic corporality",[36] hence substance, in terms of *feng*, *ya* and *sung*; and the other as "poetic usages",[37] hence technique, in terms of *fu*, *pi* and *hsing*. Thus was the canonical interpretation of the "Six Principles" authoritatively established for the study of the *Songs* in the T'ang age, and has since been conveniently accepted by posterity. But K'ung's work, despite its claim to *"Rectification of the Orthodoxy in the Mao Texts of the Songs"*, as its name *Mao Shih Cheng Yi* suggests, gave no more critical heed to the prominence of *hsing* which Mao had so painstakingly pointed out,

---

33. It should be noted that the *feng, fu, pi, hsiang, ya, sung,* 風·賦，比，興·雅·頌· stated in that order, had been called in *Chou li* 周禮 the *liu shih* "六詩", the instruction of which being the function of the "Grand Master" (*ta shih*大師) of court musicians, hence understood as six ways of presenting or performing the *Songs*. The *Chou li* is consistent in warranting this sense in both citations in Vol. Ⅳ' under "Grand Master" and "Lesser Master" (*hsiao shih* 小師)．, Especially in the "Lesser Master" section is the mention of *liu shih chih ke* "六詩之歌"· clearly indicative that the six terms were originally *all* in reference to "song-tunes". To call them *liu yi*, "six principles," is a later invention in the "Great Preface" to suit a latter day canonical-literary concept in disregard of the original meaning.

34. "Preface" to *Shih p'in*, 詩品序。

35. In*Mao-shih cheng-yi* 毛詩正義。

36. *Shih chih ch'eng hsing* "詩之成形"。

37. *Shih chih so yung* "詩之所用"。

than to call it "arcane of reason" or *li yin* 理隱 . K'ung's "Rectification"
only reinforced the trend in Chinese literary criticism of separating technique
from substance, and form from content, with the result which, when crrried
to extremes, became a pitfall not unique to Chinese literary thought. Henceforth
the meaning of *hsing*, technically regarded, became either rarified or mystical.
Chu Hsi, with his fidelity to the texts of the *Songs* themselves, saw in them
more *hsing* elements even than Mao, and sometimes with flashes of fresh insight.
But preoccupied with his contemporary literary taste and vogue, he made two
most important statements that left unfortunate influences. For him *hsing* was
either just a way of starting a poem, which has given encouragement to even
some modern Chinese scholars to dismiss it as meaningless,[38] or it was something
like an "inspiration to the poet from what he saw", that prompted his allego-
rical fancy.[39] This might be true enough of Chu's own or any other sophisticated
age. But the individual poet Chu seems to propose here looks too anachronistic
a figure for high antiquity. Later terms were derived from *hsing* at the final
fruition of Sung poetics with such rarified and intangible senses as "*hsing chih*"
興致 and "*hsing ch'ü* 興趣", translatable as "inspirational gusto" and "zest",
which were advocated with almost mystical ecstasy by Yen Yu 嚴羽[40] (f. 1225–
1264). These became immensely popular not only in later poetic criticism, but
as current colloquial idioms. We have been using these phrases for centuries in
works on poetic appreciation and in daily life, comfortably oblivious of the *hsing*
of the *Songs*, and with typical unconsciousness of the atavism in linguistic
history. So from Chung Hung to Chu Hsi and thence through the ages the
interpretation and appreciation of *hsing* found accommodation with contemporary
fashions of literary criticism and creation. But the most observant of all literary
historians in the fifth century, the peerless researcher Liu Hsieh 劉勰 (ca. 465–
522), exactly a eontemporary of Chung Hung, declared with penetrating insight,
"The (true) meaning of *hsing* had been lost!" or "*hsing yi hsiao wang* 興義
銷亡 ".[41] To prove his point Liu went on to cite authors from Chia Yi 賈誼
(201–169 B.C.) of Early Han to those close to his own time and complained
that because "the *hsing* was forgotten", their "literary qualities became inferior
to those of the Chou people", to those qualities exemplified by the *Songs*.

---

38. Chu, in his 詩傳綱領 · speaks of *hsing* as "starting a composition by resorting to some
    objects, basically without regard for meaning": 託物興辭, 初不取義 .
39. Chu, in annotation to *Song* No. 23.
40. See 滄浪詩話 · especially Chapter Ⅰ, Section 5.
41. Liu Hsieh: 文心雕龍 · Chapter 36, "比興"

We may not share Liu's idealization of a "golden past", but we do recognize the difference. In fairness to these later writers, we would rather say that the difference lies in the fact that the *Songs* as *shih* formed a genre from an anti-quated origin, identifiable in the usages of the *hsing* in its primary sense, which later writings no longer shared. The "loss" was on account of the change of a generic practice as well as the change of poetic concepts.

We believe that a genre, while in its full development it signifies a complex set of recognizable literary fashions and conventions in a society at a given age, can and should be traced back to its pristine origin of nativity, however remote, as a simpler common mode of expression of emotional and imaginative life of a human community. We venture to say that the rise of an ancient primary genre in a certain culture can be successfully uncovered even with only a few fortunate clues remaining. On close examination, the "Mao Annotations" that uniformly mark off many phrases and lines as *hsing* reveal a set of conventions spreading through all parts of the texts of the *Songs*. The *hsing* elements bear up the structure of each poem where they appear, as they start or reinforce the rhythm, establish the sound pattern, and set up the mood. They do this in the form of refrains or burdens, but more often than not as subtly significant stroph-es, in "incremental repetitions". They are quintessential to the whole charm and success of the generic character of the *Songs* as their main technical aspect. We suggest that Mao's unfortunate inconsistencies and deficiencies, diligent as he was in noting these *hsing* elements for us, came about because he (and who knows if there were not many other hands of Han ideologues tampering with his texts?) was already too preoccupied with allegorical interpretations in accor-dance with current political and moral ideology, and would consequently appear to be making light of the *hsing*'s basic technical importance. His allegorical interpretations would read like second thoughts, but so elaborated, as to oversha-dow his primary concern with the *hsing*, each time after he cried out loudly "*hsing yeh* 興也", "this is hsing!" But certainly Mao knew that the *hsing* was an ancient song technique. For the *Chou Li*, prior to Mao, had explicitly called the *hsing* one of the "Six Song-tunes".[42] Some cautious reliable scholars[43] believe that the "Great Preface," despite the possible late date of its final version, represented a tradition forming the basis of *Mao's Annotations*, and that the "Preface" had taken over the term *hsing* verbatim from the *Rites of Chou* text to formulate its so-called "Six Principles": *feng, fu, pi, hsing, ya, sung,* (See note 33). By verbal legerdemain, the "Preface" had pigeon-holed

---

42. For the term *liu shih chin ke* in *Chou li* Vol. Ⅳ, see p. 285 note 33.
43. Cf. 朱自清：詩言志辨 p. 58, and footnote 16.

the *hsing*, as it were, in its rigid formulation of the "Six Principles", thus obscuring the original vital link of *hsing* with "song". But if we look elsewhere in the *Chou Li*, we often find that, the *hsing* stand significantly alone, apart from the rest of these six terms, in singular eminence, and with a vibrant sense in relation to music. In its section on the "Great Minister of Music", *Ta Ssu-yüch* 大司樂, a more eminent office than that of the "Grand Music Master" (note 33), the *Chou Li*, or *Rites of Chou*, cites *hsing* to head a list of descriptions of ways of *yüch yü* 樂語 "musical elocution",[44] along with musical speech and declamation. And in its section on the "Dance Master," *Wu Shih*, it laconically cites the term *hsing wu* 興舞, noting that it was "not for minor sacrifices",[45] and so must have been for all major ones. Hence *hsing wu* with this solemn implication should not be taken merely to mean "rise to dance" as the later simplified sense of the word may seem to indicate, but should appropriately suggest memories of more ancient customs.

We treat the material in the *Rites of Chou* discriminately, relying on the consensus of early and modern scholars[46] including even some very radical ones, that despite its late discovery and many interpolations, the work had its basis in Early Chou tradition. Especially revealing of Early Chou life are those apparently innocent terms or expressions which we find to be at variance with such Han canonical interpretations as those in the "Great Preface" to the *Songs*. *Hsing* is precisely such a term. Citations from this earlier tome have proved, as we have seen, that it was a term for oral elocution regulated by music and that it signified in a ceremonial sense the start of dancing. These two senses, coming as they do from records reflecting Early Chou court life, will lead us even farther back to the primary meaning of *hsing*, pertinent to the origination of the *Songs* as lyrics stemming from the life of the primitive folk society, to be only later called *shih* after a long refining process. We shall then be also able to see in a fresh light the *hsing* in *Mao's Annotations*, which, even though as imperfect, poorly recollected remnants, when shorn of later superim-

---

44. *Chou-li*, Vol. VI, beginning of Section 1:"樂語⋯⋯⋯興道諷誦言語"
45. *Chou-li*, Vol. III, under Wu Shih 舞師 section.
46. For instance Wang Chung （汪中）(1744-1749), Sun Yi-jang （孫詒讓）(1848-1908), and，among modern scholars, Liang Ch'i-ch'ao, 梁啓超，Kuo Mo-jo, 郭沫若，and Fan Wen-lan. 范文瀾 A comprehensive summary of the concensus is found in Chang Hsin-ch'eng, 張心澂 *Wei Shu T'ung K'ao*, 僞書通考，revised edition, Shanghai, Commercial Press, 1957.

posed allegorical fabrications, will yield to analysis a new generic understanding.

For the moment, for our investigation of the term *hsing* by delving into its more archaic history, beyond the *Rites of Chou* we have little to go by, and can do no better than re-establish its etymology. Unlike *shih*, the character *hsing*, to use Professor Karlgren's terminology,[47] is a "primary ideogram" of much older origin, whereas *shih*, as we have briefly seen, is a derivative "phonetic compound", with its primary etymon analyzable only by tracing it back to its phonetic component, $*\hat{t}i\partial g$, "to go and to stop", i.e. primitive notions of the dance. The "determinative" or "radical" *yen* 言 (岁) or "word" added to $*\hat{t}i\partial g$ to represent *shih* < $*\hat{s}i\partial g$ 詩 (蚪) shows the earmark of a later "civilized", discriminate consciousness of poetry as especially the art of words, apparently removed from, but implicitly still connected with, the notion of dance, as many ritual performances of the *Songs* still were during Chou time. But if the basic meaning of the word *shih*, so understood, gives us a sense of the Early Chou concept of the *Songs* in general and in the abstract, the rudimentary meaning of the word *hsing*, found in even remoter antiquity, will reveal a more specific feature of the origin of the *Songs*, later known as *shih*, with more concrete references to the essential parts of the *Songs* even as they later developed.

Being a primary ideogram", the word *hsing* is of itself illuminating by what is found to be its earliest archaic graph and sound, written 𤰇 and pronounced $*x\dot{\partial}ng$. When the word was first discovered in the oracle-bone inscriptions., it was misread by Lo Chen-Yü 羅振玉[48] for a rather amusing reason. Unable as yet to shake off the *Shuo Wen* 說文 tradition, Lo claimed the character to be *yü* 與, citing as its etymological cognate (舁) (𢍅) from the *Shuo Wen*' read *yü* in the sense of "give". To force the identification Lo glossed over the fact that there are four hands around the graph 𤰇, and finally preferred to recognize only two hands to suit the cognate form. He could not quite make up his mind about the middle part of the graph, the element 𠙹, which had long since been in a state of confusion in the history of the Chinese script, thought to be either *chou* 舟 for "boat", or *p'an* 槃 for "tray", despite both their great phonetic difference and semantic variance. He tried to reconcile these by adding as an after-thought that "*p'an* is also *chou*, for containing things", thus inadvertently, of course, suggesting the broad sense of "vessel", which could

47. Bernhard Karlgren: *Grammata Serica*, "Introduction." 1941.
48. See 羅：殷墟書契攷釋1914, p. 56.

be either "boat" or "tray" or any container, as we might accept it to be in English. But still *p'an* and *chou*, "boat" and "tray", phonetically and in their semantic usages cannot possibly be identical. For the etymonic graph of *hsing* in our concern, the case must be decided one way or other. Lo's misinterpretation of 1914 was not corrected until Shang Cheng-tso 商承祚 and Kuo Mo-jo[49] 郭沫若both uncovered it in 1933. Now we have no doubt[50] that the word *hsing* had its antique origin in the oracle bone inscriptions as 𣦠, identified by Shang Ch'eng-tso as "four hands each holding up the corner of a tray". The fact that the middle element in the graph, the object that is held, is *p'an* or a tray and not *chou* or a boat, has been reinforced by Kuo Mo-jo's forceful argument.[51] Kuo pointed out the "corrupt deviations" (*wei pien* 譌變) from *p'an* to *chou* in the bronze inscriptions, and, restoring the original significance of the graph *p'an* (㠯) as the pictograph of a tray, he stressed its essentially dynamic sense of "turning round" by identifying it as the primary graph for 肢, later written 般, 槃, or 盤, which had long since been accepted as meaning both "tray" and "turning." The association of these two senses in ancient and later usage is too close to be dismissed as a case of mere phonetic loan. Shang Ch'eng-tso's convincing analysis of the early graphic components of *hsing*, combined with Kuo's dynamic interpretation, in fact suggests their vital relationship, which will establish the true etymology of the word. This is what will reveal to our understanding the embryonic origin of the *Songs* as a generic whole and enable us to track down some of the transformations of their later developed fissiparous parts. Having established the graph as a symbol of four, or a group of, hands each holding part of a tray, Shang went on to observe the variant forms of the graph with an additional element 𠙵, *k'ou* or "mouth," such as 𣦠 and 𣦠, in bronze inscriptions too, and came to the conclusion that $hsing < {}^*xiəng$ was an ejaculation uttered when a group of people were lifting up a thing together. He decided that the sound of the word *hsing* was onomatopoeic, in the class of such Chinese interjectives as *ya hu* 邪許 . In English we may find as its equivalent something like "heave-ho". The ejaculation thus uttered, however, may not, as Shang suggested, be only caused by the weight lifted toge-

---

49. Shang: 殷契佚存考釋 p. 62; and Kuo: 卜辭通纂攷釋 p. 34.
50. I owe it to my friend Professor 高去尋 of Academia Sinica to have reconfirmed the word's identity in our correspondences, March, 1967, where he supplied me with the most recent extensive data supporting Shang and Kuo's analysis, and refuting others. Especially appreciated are his citations of those relevant parts from Professor 李孝定：甲骨文字集釋，Vol. Ⅲ, 1965.
51. Kuo: op. cit., p. 29.

ther. The central object being depicted in the shape of a tray, how much weight could it really have? As Kuo Mo-jo saw in it and in its cognates the dyna-mic sense of "turning round," or the movement "around," it may not be simple upward lifing but a group circling as well. Hence the indication of the sense of dancing. And the heave-ho was likely as well an expression of joy and excite-ment in the playful cavorting of the group as in co-operative labor. By but a slight semantic extension, the central element *p'an* in the word *hsing* soon came to generate such cognative compounds in very early classical texts as *p'an yu* 盤游 , "dallying,"[52] and *p'an huan* 盤桓 , "hovering about (blissfully)".[53] And in texts of the *Songs* themselves, we see it either means "joy"[54] or signifies dance.[55]

Thus the premise can be established that the *hsing*<*xiang*, which was to become so mercurial in meaning yet to remain such a crucial key concept in traditional Chinese poetics as well as in the study of the *Songs,* was a primitive "heave-ho" or "hurrah," ejaculated in joy and high spirits with a feeling of emotional and physical uplift by a group turning round a central object, which joined their hands togeher in a dancing circle. We believe that herein lies the primeval origination of the *Songs* as *shih,* which was to be the name for all later Chinese poetry. We shall see *hsing* as the essence of the *Songs'* generic character, concerning both their social functions, however idealized and formaliz-ed later in Chou time, and their intrinsic poetic distinction, even though the texts were evolved after long civilizing processes through many centuries. The primitive voices, transformed and refined into prosodic devices and conventions in their texts, still strike us, despite their great diversity, as a general "tonality", which Mao, with perhaps very imperfect remembrance, gave prominence by reminding us of the common term *hsing*.

Let our discovery of the primeval sense of the word *hsing* first help us solve or clarify a few rather basic general problems of the *Songs*. In order to do so, we may greatly profit by introducing an analogy from western scholar-ship in the study of the medieval European carols and ballads, with which the

---

52. In *Shang Shu*: 尙書：五子之歌： *p'an yu wu tu* " 盤游無度 to dally without temperance;", 逸週書， V: *p'an yu an chu* 盤游安居 to dally in secure living."

53. In 易經: 屯卦初九: *p'an huan li chu chen* "盤桓利居貞，hovering about, omen good for making home."

54. Song no. 296: 般 glossed as "joy."

55. Song no. 56: *K'ao p'an*; 考槃 ; Song no. 137:"婆娑" *p'o so=p'an so*, 槃娑，with 婆 *p'o* given as *p'an* according to text in *Shuo Wen* 說文， Waley's superior translation of *K'ao P'an* is greatly helped by this textual emendation.

Songs are in many ways comparable, though not entirely similar, in their course of development, their later involvement with social, official and courtly life,[56] and their sometimes striking resemblance in formal features. As the modern tendency to treat the *Songs* largely as anonymous "folk songs" has been violently opposed to the earlier Chinese tradition of attributing them to individual ancient worthies, kings, queens, dukes and wise sages, so has contention been furious among western scholars studying the ballad and the carol, either insisting on their being communal folk products, or individual creation.[57] The question needs to be clarified before it is solved. No one reading a so-called "folk-song", be it a ballad, carol or a *Shih Ching* song of even the most naive primitive charm, will not feel that some individual talent, however natural-born and anonymous, is responsible for the current version. One cannot accept with ease that all were of a uniformly collective impromptu composition. Field studies in surviving customs of ballad production today have again and again reported discoveries of such individual talents in any backward community as *one* of the folk. And reading the *Shih Ching*, even those of the *Kuo Feng* or "Airs" section, one would more often than not feel the heart's cry of an individual, some self-expression which evidently, is the soul of the lyric, though spoken anonymously and without clear personal identity. But, on the other hand, one cannot help being struck by such distinctive elements in the *Shih Ching* as those in the burdens, refrains and especially the "incremental repetitions," sometimes vivid or odd and often "arcane of reason", but nevertheless stock figures that must have come from earlier convention long before the accomplished versions of the *Songs*. So the question of the "folk" origin of the *Songs*, as of the carol and the ballad, has reference not to the complete composition of the current versions, but to the more primitive *elements*, still generically shared by them, yet traceable to far more remote antiquity if we possess a clue. And the word *hsing*, as we have analyzed it, is such a clue. The case becomes clear beside its western parallel.

Sir Edmund K. Chambers, whom we can rely on as an up-to-date authority who takes a moderate position among hot contenders, would be the last to accept the "communal" folk production theory to account for current versions of

---

56. A revealing parallel can be found in A. B. Friedman, *The Ballad Revival*, treating the relations of ballads to official poetry from 1100 to the present.
57. Salient examples are arguments between F. B. Gummere, *The Popular Ballad* (1907) and Louise Pound, *Poetic Origins and the Ballad* (1921).

the ballads and carols transmitted since the medieval ages. In good humor he derided the "communalists", from Lang to Gummere, by alluding to "the quiet irony of George Meredith in *The Amazing Marriage*, where Dame Gossip's 'notion of the ballad is, that it grows like mushrooms from a scuffle of feet on grass overninght.' "[58] In his learned and witty book, however, Sir Edmund nevertheless saw fit to trace the origin of the popular medieval carol to a common primitive central element through philology. Two chief senses of the etymology for the term carol are found relevant and can be reconciled in a composite meaning. From the Greco-Latin root *chorus* is suggested a "round-dance", or in perhaps a lesser, derivative sense from *choraulcs*, the "flute accompanist" of such a dance, and finally, from *corrolla*, a little crown or garland, a concrete central object around which the dance was performed, or which implies the round movement. Sir Edmund comes to the conclusion that "in either case, the sense of a 'ring' is there".[59] For a graphic illustration of the "ring" dance around a circle, he cited a medieval miniature showing "a group of men and women dancers with raised arms and joined hands".[60] We may recall the ancient graph of *hsing* 燹 as such an illustration, with hands joined around a central object, the *p'an* 口 , which in its dynamic sense, as we have seen, suggests the circling movement of the dance. Furthermore we have also seen that the original sense of *hsing<*xiəng* has been traced to a primitive interjection, like a "heave-ho," semanticized with the meaning of "start", "rise" or "raise". This meaning has remained ever since in the later highly developed Chinese vocabulary, but still most often atavistically would connote high spirited uprising, joyous, auspicious beginning, and emotional uplifting, so spontaneous as if from inspiration. Uplifting,[61] indeed, of both body and spirit, is the all-evocative epithet when we try to picture the birth of the primordial dance and song. Having traced the embryonic origin of the carol in the basic central concept of the "ring", for which our counterpart in the *hsing<*xiəng* would be the *p'an* 口 , Chambers visualizes the scene in the primeval folk community, where under stimulation the "feet of the chorus (round-dancers) break into the *uplifting* (italics mine) of the dance". And with the dance came "originally the song⋯

---

58. *English Literature at the Middle Ages*, Oxford University Press, 1947, p. 174.
59. Ibid, p. 66.
60. Ibid, p.68.
61. In a conversation with Professor Peter Boodberg on the *hsing* in our present concern, the word "uplift" spontaneously and simultaneously came to both our minds.
62. Op. Cit., p. 69.

which may have been no more than an inarticulate outcry".[62] And this "song," indeed this "inarticulate cry", we hear in the longdrawn interjection. the ejaculation of "*Xiəng!", an archaic Chinese "have-ho", spontaneously uttered in high spirits in a primitive communal gathering. At first it perhaps had been on happy occasions when the joy of joint labor transcended physical exertion and rose to the spirit of play. Or, again, it could have been from the sheer delight in the joint movement of limbs and bodies in the most primitive festivities. In either case, joyous labor or festive play, the "heave-ho" or its like was to grow and develop with the rhytemic repetition and variation which must have been of the essence in any collective movement that gave pleasure and uplift.

On this assumption we feel safe in saying that the most primal embryonic element of the "folk song", be it a "*Xiəng!", a "heave-ho", "hurrah" or what not, was "communal" in origin, stemming from the collective impulse and group feeling of "uplift". But "communalism" for the origination of the "folk song" can prevail in the strictest sense only up to this point. For after the practice of the joint rhythmic "inarticulate cry", or even perhaps during it, an individual "leader" would soon emerge who grasped the meaning of the occasion, imparted his personal insight, was inspired by immediate objects or contingent events symbolic of the feeling of the whole occasion, and became articulate with more words. Thus he would trace the theme, as it were, and utter inspired rhythmic and expressive phrases which would form "motifs" to "start" the song and set the pattern of the sound as well as the mood. Such was the *hsing* in the ancient Chinese case, as it developed and continued to be by name and nature in its function among the *Songs*. There had been the time when by repeated rhythm the uplifting "inarticulate cry" of the primordial "*Xiəng!" imaginably soon grew into inspired phrases, iterated by the group to the accompaniment of uncouth music and the round dance, while the "leader" continually traced and expanded the theme into more and more coherent statements to give rise to the prototypes of primitive folk songs. Between this time, however, and the time of the highly elaborated composition of the *Songs* of the *Shih Ching* with their adaptation to solemn courtly music and royal temple dances, as well as to lesser social ceremonies, there was of course the span of centuries if not aeons from bygone ages immemorial to the civilized Chou dynasty. But it is remarkable how the *hsing* element has remained recognizable in the extant texts of the *Songs*, its distinct identity surviving even in the *Mao Annotations* and persisting through transformations to generate subtle poetic and literary theories. This precious clue we should exploit to full advantage.

To the extent that the *hsing* element spread through all the sections of the texts, we see it as a guide-line for establishing the general generic character of the *Songs*. And once it has been traced to its original sense, concept and significance, it enables us to presuppose that a very long and much earlier tradition had been behind the composition of the *Songs*, which can in themselves no longer properly be called primitive folk songs. But the primitive folk origin, carried over through long processes of refinement and sifting, became crystallized into entities with vibrant poetic force still clearly discernible in the *hsing* elements. And these elements retain in the *Songs* traces of the pristine beauty of the poetry of an innocent fresh world, where music, dance and song, altogether undifferentiated but spontaneous and simultaneous, lent magic power to each other and blended themselves into such lyrical qualities as models that were ever to be nostalgically harkened back, emulated but not equalled in the later Chinese poetic tradition.

Let us go further to deal with some other perennial problems about the *Songs* in the light of our discovery. These have to do with certain dominant themes and their treatment, and with a surmise, if possible, concerning the historical-social genesis and evolution of their texts into a collected corpus. First we take all the sections, the *Feng*, *Ya* and *Sung*, or "Airs", "Elegantiae" and "Eulogia", as a whole. The themes that stand out most distinctly are always those somehow related either to agricultural or to human fertility in the broad sense, the latter including of course love. These are treated either with a ceremonial atitude or otherwise, but most often with motifs derived from natural or man-made objects observed in agriculatual activities and, to a lesser degree, in the herdsmen's or hunters' life and labor. Or, in the case of love songs, there are objects that smack of the open fields that were cultivated on plains, in the hills or by the streams. And especially remarkable in the love or courtship songs is the prominent position of woman. Ever so frequently. The songs take the female point of view.

We think we have sufficiently suggested the long tradition behind the composition of the *Songs*. These themes and motifs cannot therefore be entirely explained by contemporary Chou cultural conditions. Neither a political analysis of the Chou mode of agricultural production, whether slavery or feudal, nor

sociological knowledge of the position of the Chou women can give us a satis-
factory answer, But by projecting these themes and motifs, and deducing them
back to their generic origin, we may verture to produce the reason. The clue
discovered in the *hsing* has given us graphic and semantic illustrations which
both point to the scene of the primordial origination of dance and song in
Chinese high antiquity, and maintain for us the possibilities of appreciating the
traces of the pristine poetic qualities still manifest in the contents as well as in
the formal features of the *Songs*. We can assume the growing importance of
agriculture to Chinese life even before the Shang dynasty.[63] In investigating
the origination of the carol and the ballad, the importance of agricultural factors
has been assumed for ancient Europe. Gummere, in fact, found that the "agri-
cultural community", even "in its crudest stages", was perhaps the most primary
and certainly the most prolific source that "fosters the communal song"[64] in its
origin. The "uplifting dance" and with it the simultaneous high spirited cry
that was to grow into song, as the basic meaning of *hsing* compositely sugge-
sted, must have arisen on occasions of such vital concern to the community as
bounteous crops and human productivity. Ritualistic and festive in mood as
they gathered, the communal groups would be moved to feel that the essence
of natural and human fertility was all in one. "And", in Chambers' words about
the primitive origination of the carol, "as the spirit presided over human as well
as other fertility, it was natural that women should take a leading part, and
that the impulse of the dance should be amorous".[65] So the prominence of
women's position in the *Songs* was not so much the result of contemporary
Chou life as a sustained generic convention since of yore.[66] The convention
had grown and was now elaborated and refined to produce many of the

---

63. Witness the highly developed knowledge of farming seasons and work, and the vital concern
with them recorded in the Shang oracle bones.
64. F. B. Gummere: *Origins of Poetry*, The MacMillan Co., 1901, p. 279.
65. Op. cit., p. 89.
66. For the support of this view we would venture to suggest that when Confucius so often spoke
of the *Songs* as if they were a whole, he must have sensed in them a long established generic
unity. Furthermore, when he discoursed on the *Songs*, including the love songs, with so
much reverence, aesthetically as well as morally, he was not reading out of them realistic
depictions of contemporary social customs, which, we know, he in fact censured if not
detested. Indeed, some of the *Songs*, at least in the "Airs" section, are found to have been
composed near his own lamentable time.But he accorded them all, including the amorous
love songs, equal appreciation and respect, for no other reason we can see than that he,
even as a moral philosopher, recognized in them more ancient surviving conventions, which
he wanted in idealistic retrospection to restore and reunite with meaningful rituals of a
golden bygone age.

exquisite *Songs*, which we can even better appreciate, however, by gaining a greater psychic distance from contemporary Chou social history and turning back to the primary source of the genre. So too must the objects invoked from nature or the crafts have been laden with older traditional beliefs, primitive perceptions fashioned by convention into poetic usages which should be appreciated for their generic artistic effects rather than as mere realistic reportage.

These are generally to be recognized in the distinctive *hsing* elements, which still "uplift" us as they did the song-makers of Chou, who adopted them as the generic properties that established and characterized the *Songs* as a fully developed artistic genre. Even though the inspiration might now have been personalized and drawn from real life experiences, yet an established genre deriving from old traditions would continue to favor the treatment of certain themes and the use of certain motifs in such ways as had developed since olden times. Thus the prominent position of women in the love songs and the invocation of natural or other concrete objects can all be ultimately traced back to the first exuberant cries of "*Xiəng!" that went with the "uplifting dance", when in felicitous moments Mother Earth's bounty in nature and the expectant fruition of the enamoured maidens in human love were felt at the fertility rites as undifferentiated as the art of song, music and dance that in its primeval unity was to express them.

Next we may surmise the ways in which the corpus of the "Three Hundred Songs" were formed and spoken of, perhaps even before Confucius' time, as if with a sense of generic wholeness. From primeval generic origination through primitive folk song to the *Songs* of the *Shih Ching* as the full growth of a genre was a long process of fissiparation. It was the first instance characterizing Chinese literary history, the prototype of the many times to be repeated progress from folk origin to courtly refinement and formalization, along with gradually increasing capabilities of personalized lyricism. But the viability and florescence of a genre of a given period have to depend on mutual accommodation between the prevailing modes of life that nourish its growth, and the fitness of the original generic character to the finer imaginative expression of that life. And there must be an awakened sense of critical appreciation, however crypt[i]cally advanced at first. We see such happen in the case of the *Songs* during the early to middle Chou time. We have noted the embryo of the genre from the song, music and dance in the rites of a primitive folk society. And the folk song, however primitive, would presuppose a good degree of homogeneity in social spirit and aspirations as well as composition. Long centuries elapsed before the emergence of the Chou dynasty. We know well the supreme importance of music and rites the dynasty attached to its rule. We also know that the Early Chou power prevailed by its successful agricultural colonization. And there was a quickening pace of opening up communications among the states, north toward south as west toward east. The homogeneity that had been a natural reality to remoter ancient communities, clan states, was now felt as a conscious national aspiration under the regime toward an ideal of cultural universality. It was perhaps the first awakening ideal of a civilized China differentiated from the "barbarians", with a sense of developing homogeneity of culture, if not of blood. It became an ideology personified in the still somewhat shadowy figure of the Duke of Chou, but soon later to be clearly articulated by Confucius. Such a regime in the development of institutions, of which art and literature were among the most important ones, would tend to seek deeper roots for them in the old Chinese soil and nourish their new growths. It would hark back to remote ancient forms, and sometimes transform them in idealized retrospection. It would revive and conserve elements of the old arts, as well as encourage by court fashion new works adopting ancient themes and motifs among the people to sing of their immediate feelings. We believe that the "Songs Three Hundred" of the *Shih Ching* texts formed the collected corpus, not of all the songs that were made during early Chou time, but an exemplary specimen of the song making process.

Now we can attempt to view the general contents of the *Shih Ching* more closely, first in broad categories and then more in aesthetic detail. Among the contents of the *Shih Ching*, the *Sung* or "Eulogia" section of course had the most elevated position in the court. Of these the *Chou Sung* are the oldest, the *Shang Sung*[57] and *Lu Sung*[63] following as well known imitations from the middle 7th century B.C. We have been assured of one fact about the *Sung* or "Eulogia" songs. It is that they were each danced to on the most solemn occasions of sacrifice in royal ancestral temples. The *Chou Sung*, as the oldest pieces, perhaps of the 10th century B.C. when the Chou dynasty was first founded, typify this solemn spirit. Even though the parts we possess of them in our extant texts are known to have suffered the worst damage of the whole corpus, the *Chou Sung* Songs, even in their fragmentary version are clearly marked

---

67. In the time of Duke Hsiang of Sung 宋襄公 (r. 650–636 B.C.).
68. Time of Duke Hsi of Lu 魯僖公 (r. 659–633 B.C.).

with two main concerns. They are either devoted to praising ancestors as pro-
genitors identified with a bounteous or protective heaven[69] that propagated as
well as nourished man with "wheat and barley"[70]; or to invoke a sacred religious
feeling for farming labor and productivity. [1] There is a third important con-
cern admixed with these in the *Chou Sung*, namely, festive conviviality, the
offering of wine and food, not only to the spirits of male and female ancestors,[72]
but among the sacrificers themselves, who would on these "spirited" occasions
"have drunk and eaten our fill", *chi tsui ch'ich pao* 既醉且飽.[73] Songs nos.
290 and 291 are especially full of explicit expressions of the joyous excitement
of agricultural work and fecundity, with women's part played in it, women who
were "lovely", and were productive of children. We remember that all these
were for the solemn occasions of the royal temple sacrifices. But they are all
clearly reminiscent of the primordial fertility rites that began with the "uplifting
dance".

    The point of special interest here is the revelation of generic character
from origination to full development. We believe this knowledge would add a
fresh look to even these "Eulogia" songs which in the traditional as well as
modern appreciation of the *Songs* as a whole used to put the readers off, either
as requiring too great a reverent distance because of the religious awe tradi-
tionally taught about them, or as being too formalized and therefore mummified.
To exhibit the generic elements in them is, we hope, to stir up a sense of life
and revive some of the original lyricism which pervades all the *Songs*. Furthe-
rmore, we think that the "Eulongia" section was perhaps more instrumental
than the popular "Airs" in establishing firmly the genre concept of the *Songs*,
called *shih* since early Chou time.   The importance of the idea of dance in the
formation of the term *shih* we have decided earlier. We have also seen that
dance was inseparable from the performance of these *Sung* or "Eulogia Song",
and was in fact the fundamental meaning of *Sung*, as revealed by the latter's
etymologieal identity with *yung* 容, "formal manners" of dance. But we further
note that the "Eulogia", being the oldest in the corpus of the *Songs*, were
also among the earliest to be quoted currently in courtly and diplomatic
circles of the states since at least the 8th century B.C., while quoting from the

---

69. Most notably Songs nos. 273, 275, 294 in the Mao text.
70. Song no. 275.
71. Songs nos. 776, 277.
72. Songs nos. 279, 290.
73. Song no. 275.

"Airs" was not a practice until 636, according to the *Kuo Yü* and *Tso Chuan* records.[74] It is a very notable fact that when the songs of the *Sung* were so early quoted, they were often mentioned just as *shih*. Certainly when they so mentioned them, the quoters, mostly court officials or nobility, were very much aware that these songs were by implication all part and parcel of the formalized temple dances. Their use of the term *shih* applied to the "Eulogia" songs would therefore carry that implication on the one hand. But on the other, when quoted in conversation the songs were no longer sung, and the impact of the meaning of *words* ·became prominent. This was perhaps, we suspect, the way in which the word *shih*, with its primary etymon 止 *chih* <*ti̯əg* signifying dance, and its latier "determinal" 𣥠 (言) *yen* "word" element added, became a felicitous term gaining wide currency. Thus it came to denominate, or "glamorize" so to say, all the rest of the *Songs* of the other sections as a generic term. But we surmise it was primarily because the songs in the *Sung*, of such elevated position, had made precedents among courtly circles and the intelligensia who, in appreciation of the fact that they were both *danced* to with music, and spoken as polite quotations for the value of their *words* in polished conversation, sanctioned and circulated the term *shih* as carrying both senses.

Now since the *Sung* section has such a special significance for the *shih* genre, let us examine it a little more. We find that in the *Sung* both of these senses, of "dance" and of "word", were distinctly present, but in a way bifurcated, each growing in a grand manner in its own direction. Danced to they must be, but now in such grand processions of the Chou royal temples that, while still recalling the primordial unity of song, music and dance, they also sublimated it, as it were, with forms of religion whose elaborate rituals far advanced over the primitive. So the words in the composition of the songs, to suit the occasions, must be of such import, that most often they, too, sublimated the primordial devices of the "uplifting" *hsing* prototype of burdens or refrains. The effects of the motifs remained, as we have seen, but the patterns shifted. Reading the "Eulogia" texts, we should therefore, while savoring the words, visualize the pomp and circumstance of the solemn dance and music that were to go with them, to obtain the total uplifting effect. And in analyzing the structure of all the *Songs*, it will be in the the *Ya* and *Feng*, or "Elegantia" and "Airs" sect-

---

74. See: 勞孝興：春秋詩話 Vol. Ⅱ. A *Tso Chuan* record of an early quoting of the "Airs" has been dismissed by authorities as spurious.

ions, that we encounter more fully the *hsing* element.

Whether or not all the "Airs" and the "Elegantia", as if in full reminiscence of the generic origin, having stemmed from the high-spirited, uplifting "*Xiəng!", were danced as well as sung to music, we cannot be sure, though the Moists in the 5th century B.C. claimed they were. But they have certainly retained many of the motifs in the ancient pattern of refrains and incremental repetitions, which are clearly recognizable, and were marked off, however haphazardly though frequently enough, in the *Mao Annotations* as "this is *hsing* ". It is these *hsing* elements, as we have frequently noted, that gave the whole corpus of the *Songs* its generic unity, interspersed as they are through all the sections. They were given prominence by Mao, mainly in the "Airs" and "Minor Elegantiae", *Hsiao Ya* 小雅, sections with four additional instances in the "Major Elegantiae" *Ta Ya* 大雅 , which next to the "Eulogia" are the most courtly and solemn in subject matter. And Mao did indicate two instances of the "*hsing*" in "Eulogia" section as well. We think we have now suggested strongly enough the importance of *hsing* for appreciating the *Songs* with a fair sense of generic criteria. It is also of importance to the development of later Chinese poetics in their long tortuous course, and has still larger implications for the history of the main Chinese literary tradition, as we hope later to discuss or indicate in this study.

For the moment, looking closely at the *hsing* element just as Mao noted them, we find that they are all invocations of either natural objects large and small: the sun, the moon, hills and rivers and the fields, birds, plants, fishes and insects; or objects of primitive crafts: boat, fishing rod, farming implements; plus a good portion inspired by work in the farm: picking herbs, cutting timber, or such activities in the fields as catching birds and animals; and a small amount having to do with clothing and weaving. Having traced the significance of *hsing*<*Xiəng to its primeval origin, we can now appreciate its pristine quality, as manifested in these evocations of objects, natural or human. There is the superb statement in appreciation of this pristine quality that glistened at the early dawn of poetic history in any civilization. Said Professor H. W. Garrod:

> Once upon a time the world was fresh, to speak was to be a poet, to name objects an inspiration; and metaphor dropped from the inventive mouths of men like some natural exudation of the vivified senses.[75]

---

[75] As quoted in C. Day Lewis: *The Poetic Image*, P. 25.

The *hsing* elements in the *Songs* are of the quality inherited from that "fresh world". They carry with them, in terms of formal distinction, the ancient integrity, the oneness or the unity of the musical speech and the rhythm of the spontaneous and simultaneous primeval "uplifting dance". Their appeal is therefore instantaneous, even kinesthetic as well as imagistic. Observe the frequent doublets and rich onomatopoeia, and we hear the keynote and are tuned to the whole rhythm of any one of the *Songs* in which the *hsing* element is recognized. Recall how in the rest of the song a host of alliterations as well as rhymes or pararhymes grow as if in response to its spirit to make the whole poem vibrant with it, and we realize how the *hsing* element is the soul of the *lyric* by which the *Songs* as *shih* have their generic distinction.

To this extent, the *hsing* elements deserve the name, in the modern formal sense, of "motif" to the *Songs*. But they as well set off the mood and atmosphere of the whole song, or rise of a sudden to control and govern them in it. On this point we want to be specific rather than leaving such experiences of mood or atmosphere barely stated in the fashion of traditional as well as some modern appreciative critics, though we have no doubt that they genuinely and deeply felt these. First we may look at some almost too obvious examples. Too obvious, that is, when we approach them with full alertness to their sensuousness and all-evocative powers, and are ready for the uplifted feeling taught by the "*Xiəng!*" rather than vivisecting them ratiocinatively or being too eager for allegorical arguments taught by scholastic tradition. Most often do the *hsing* element begin a song. Such an obvious example is Song No. 1, 關雎, "Quacks the Ausprey". Not only do the starting lines:

關關雎鳩　*Kwan kwan ts'io ki^g*

在河之洲　*Dȝ'əg g'â t͡ʑiəg t͡ʑi^g*

set the basic rhyming scheme, generate a host of alliteratives, and oblique, slant assonances and pararhymes which echo to the syllables of these lines (for sound effect we do not neglect the constant recurrences of the "particle" *chih* 之 either), but the sympathy of a whole range of sounds bear upon the dominant emotional tone of the song, which the *hsing* lines at the beginning have already set off. We can speak of the mood and atmosphere being "obvious" when sound and senses are realized to be so fused that we feel the overtones and the conjured light and color in their interplay inform and deepen our emotional experience of the total poem. It is after we have not only known the ratiocinative senses of the song, but felt the total impact of the *sensation* in the words in their interrelationship that we can speak of "meaning beyond words". Such "meaning" now is actually a feeling, genuinely felt but not entirely expressible in words. As such it may be called a spiritual or emotional "sensation" from the song, yet so readily experienced that we feel it is from something pervading the song, and its parts not isolable. Hence we recognize it as "atmosphere", and as we feel it, we say we share the whole "mood". It is, in the case of the song in the **Shih Ching**, the intricate, rich yet naturally harmonized sound relations, and the distinct yet spontaneous rhythm, as well as the striking, untrammelled, naked images like living things in their natural state that have done it. And it is the *hsing* element, retaining the primordial efficacy of the unity of song, music and dance that hold the core of it.

Approached this way, another example, Song No. 143, 月出, "The Moon Rises", perhaps even more obvious, because there the *hsing* or "motif" lines:

月出皎兮 *Ngiwăt t'iwət k:og ⫶iei*

佼人僚兮 *K:og niĕn l:og ⫶iei*

generate three stanzas of incremental repetitiions which constitute the total of the whole song, and because each and every line is an exclamatory construction ending with ⫶*iei* 兮! (only a few of the **Songs** being likewise.) The total sympathetic sound relationships are even more readily felt than in Song No. 1, suffusing the whole song as does the light of the rising moon, which is the dominant image introduced by the *hsing* lines of this song. Thus when we speak of the "mood" and "atmosphere" of the poem we are referring to tangible things that have effected them: echoing syllables of sounds and pervading light or color evoked, which produce the "sensation" together with the simple regular beats of the tapping rhythm. And we believe that the high lyricism of this song is, even if not because it could be proved as a dance song, at least inspired by dance, as evidenced by its content, which again accounts for the efficacy of its generic origin.

These two examples are two relatively short poems, and perhaps have been readily enjoyed by readers with spontaneous pleasure. Our pleasure, however, will be enhanced, and our feeling for the poems' effects deepened, once we become so aware as we are now of the all-pervasive efficacy of the *hsing* elements, echoed and reflected in euphony and imagery throughout the entirety of each text. The "mood" and "atmosphere", which everyone used to say that he feels about them, will no longer be vague terms, but analysable with material evidence. The analysis can be easily done by closely observing, even with our as yet imperfect knowledge of archaic Chinese, the interplay of all the properties of evocative sounds and senses in the poems spread by and centered round their *hsing* elements.　We shall now apply this observation and test it as a method for a detailed analysis of a much more complex poem, so as to settle some more of the issues in the *Shih Ching* poetics, as well as to exemplify the fuller enjoyment of a much longer text.　We are doing this by rescuing the *hsing* from the morass of the latter day "Six Principles", and giving it, so to speak, its due.

Our following example will illustrate a varied kind of device of the use of *hsing* in a poem of much greater complexity.　It will, however, become very clear, once the full force of the *hsing* elements is realized throughout the poem in distinct order and utter cogency.　Traditional poetics tended to be obscurant. We have earlier noted that Chu Hsi, influenced by formerly evolved concepts as well as contemporary poetics of late Sung, authoritatively defined the *hsing* as either "starting a poem" or "what the poet saw" which touched him, hence "inspiration".　These definitions would not have been so unfortunate if they had not been since taken either too facilely or too fancifully, or, again, too heavy-footedly.　If they were understood after some knowledge of the generic origin of the *Songs*, such as we have tried to pursue, and with some insight from a proper distance into the primeval folk community, Chu's notions despite himself, we may say, could really be of merit.　But in actual results, they have, even up to this day, encouraged two types of what we may call "cavalier" critics, and perpetuated the errors of a third.　The idea of *hsing* as a way of "beginning a poem" has led to the too facile dismissal of all the rest of its import in poetic function and significance such as we hope to have just sufficiently brought forth. As "what the poet sees" and is thus "inspired" with so as to compose the *Songs*, the definition led to anachronism, to the total disregard of any of the generic convention evolved since of old, which the *Songs* so efficaciously adopted. And because the moral allegorical tradition of the *Shih Ching* interpretations still persisted, the same definition has made a third group of critics envision a Chou society of such high moral standard everywhere that the poet could just "see" and express the ideal.　So these critics continued their paeans of the golden age of virtue and wisdom.

Now our example is to show that the *hsing* is not just a way of "beginning a poem", for here it does not even appear at the beginning; that it is one of the best illustrations of the *Song*'s generic convention; and thirdly that its function and significance are of direct poetic concern, and not at all allegorical. This is Song No. 168, 出車, "Set Out the Chariots". It belongs, we may note, to the *Hsiao Ya* or "Minor Elegantiae" section. The *hsing* lines are:

嘤嘤草蟲 *Iôg iˆg ts'og d'iˆng

趯趯阜螽 *T'iok t'iok b'iˆg t'iˆng

followed by

未見君子 *Miwəd kian kiwən tsiəg

憂心忡忡 *Iôg siəm t'iong t'iong

The two *hsing* lines do not appear until after four long stanzas of the Song. That they had stemmed from a common source of old generic convention, and not "what the poet saw" at the moment of individual inspiration is clearly indicated by their recurrence elsewhere as stock phrases. Not only are the same lines, identical word for word, are found marked by Mao as "This is *hsing*" in a different song in another section among the "Airs" category, i.e. Song No. 14, in *Chou Nan* 周南; but the two lines that follow are also identical word for word, with more lines of similar sense and emotive impact in both Songs.

Song No. 168, typical of the "Elegantiae" section, is a much more elaborate composition than Song No. 14, of the "Airs". The "Elegantiae" Songs are not necessarily more attractive, may indeed be less to the "folklorist" bias, than the "Airs". But there is no denying their greater artistry. That is perhaps why, incidentally, we have discovered that the word *shih* as the first sign of the consciousness of the identity of poetry as the art of *words* appears in the "Elegantiae", Songs Nos. 200, 252 and 259, which we have cited. Not so bound up as the "Eulogia" with solemn, formalized royal temple rituals on the one hand, yet having risen farther above the "folk song" level than the "Airs", these "Elegantiae" songs might allow more room for individual ingenuity, hence the greater individual consciousness of the use of "words". We do still think, for reasons already indicated, that it was the elevated, grand position of the "Eulogia" that, sublimating yet still sharing the generic character of the *Songs*, lent dignity to the whole corpus, embraced as it was by the nobility and intelligentsia before middle Chou and accepted as the prestigious *shih*. But we think the song-makers of the "Elegantiae", though bards rather than poets in the modern sense, still were, in their observation of the *hsing* convention, more nearly individual artists articulating their own voices.

The use of *hsing*, as well as the structure and intent, of Song No. 168, bears remarkable evidence. It is a song of six long stanzas, doubling the normal three of those in the "Airs", but with a clear shift and development of senses observable in two parts with three stanzas to each. The two *hsing* lines, which we may mimic in translation,

Iôg, *iog*, sing the cicadae,[76]

Tip, dip, go the grasshoppers,

appearing in the beginning of the fifth stanza, thus stand out right in the middle of the concluding part. We hear in them a new crecendo of sounds, drawing resonance out of syllables of the foregoing stanzas from their alliterative and rhyming effects and foreshadowing those later to come. We also see these *hsing* lines introduce the stanza that constitutes a new focus in the sense of the poetry of the song, thus with a new dimension of meaning reveal the real intent of the poem as its central image. All the three stanzas in the first part of the song speak of a military expedition. The individual status, though not the individual personality, of the song-maker (who was an officer of the army on trek) is clear. In the first three stanzas, through his "song-words", we hear the rumbling, the *pwang-pwang* 彭彭, of the chariots; we see and also hear the fluttering, the *b'wad-b'wad* 旆旆, of the banners and flags, out on the long roads and open fields. But the tenor of the poem ("poem" we are calling it now, with emphasis on the song-*words*) is not that of military triumph, nor of such triumph is the whole emotional tone. But it is the hardship, anxiety, and forlorn existence of the officer and his soldiers separated from their wives that are the poem's concern and set its emotional tone, rather than martial spirit or victory, though victory did in the end come, and reunion was enjoyed. The whole picture from the beginning is that of small, desolate human beings who go helplessly "tip, dip" on vast plains and endless roads. Their stature in that threadbare existence is even further dwarfed by contrast with that of the Commanding General named Nam D'iông 南仲, alluded to with only a cryptic phrase as *xăk-xăk* 赫赫, "awesome", "terrible", or "overpowering", who finally brought them victory. But while in the description of the whole expedition in the first three stanzas the dominant emotion is the "worry", the *iôg* 憂 in heart that was "anxious-anxious", *ts'iog-ts'iog* 悄悄, it is also the seeking of relief in the hope of a successful campaign and homecoming, thus foreshadowing the efficacious use of the *hsing* convention here to express a changed but further developed and

---

[76] Waley took this, originally, 草蟲 to be cicadae, and interpreted the line as "Dolefully cry the cieadae." The entomological accuracy may still be in question. But the effect of the sense is clear here for our pursose.

more complex, uplifting emotion.   Then in the *hsing* lines which stand out in the central stanza of the concluding part of the poem, we hear the "* i̯ôg, i̯ôg*" 嚶嚶 of the cicada and see the "tip, dip" of grasshoppers, and feel in a flash that things in nature are at last again what they ought to be, and men are reuniting with their wives in joy.   But these *hsing* lines in their total organic relationship to the three stanzas of the first part, play more parts than just to change the mood.   The mood pervades the whole poem, but not until we reach these *hsing* lines is it so epitomized and highlighted.   The tiny insects with their small movements and sounds recall the smallness and insignificance of men erstwhile in the wilds, but now by transmutation back to normal stature, as husbands with their wives.   And the insects, which the wives as grasswidows would have often forlornly heard and watched would now be heard and seen together in peace and quiet.   Their "worries", so "anxious-anxious", that is, their **i̯ôg*, so **ts'i̯ôg-ts'i̯ôg*, now in the transformation into joyful feeling begin to be echoed and refracted, as it were, in the **i̯ôg i̯ôg* of the "singing cicada" as the *hsing* lines begin.   Thus alerted by these *hsing* lines, if we read the poem again, we may realize that many of the rest of the sounds in the total six stanzas cohere into vibrant senses, mutually related by parallel or contrast.   The **i̯ôg* sound with its assonance *i̯ô*, as if it were the excited cry that gave the keynote to the primeval dance-song from its generic origin, dominates much of the poem. We have observed the *i̯ôg* that expresses the worry and "anxiety" as the basic emotion of the poem, and the **i̯ôg-i̯ôg* as relief and uplift of it.   No doubt in the first three stanzas of the poem the "fluttering" and "rumbling" of the military emblems and equipment are also tinged with the same emotion.   And we note the "banners" and "flags" that are the sources for the "fluttering" sounds are **d'i̯og* 旐 and the **mog* 旄; the "chariots" that go "rumbling" are the **ki̯o* 車, and what caused the greatest "fear" and "anxiety", the "King'g tablet of Command," is the **si̯o* 書.   The two insects in the *hsing* lines are the cicadae, the **d'i̯ông* 蟲, and furthermore, the grasshopper, the **tiong* 螽.   We have observed that their sounds and movements signify a state of agitation to begin with, but are utterly sympathetic and benign.   And we find them in the same stanza rhymed with the "agitation," **t'i̯ông* 忡, of the heart, and then the blissful "calm", *g'ông* 降.   The name of the "awesome" Commanding General was mentioned once and singularly unfitted to the rest of the sounds among the first three stanzas of the poem.   Now in the concluding part the name Nam D'i̯ông is brought into sonorous rhyme with the *hsing* lines and the rest of this central stanza. Rhymed, the name is now invoked and thus harmonized with the context of the human scene in peace and victory, where families are at last reunited, "the spring days are long-drawn, the plants and trees flourishing," the insects jump and sing $*i\hat{n}g\text{-}i\hat{n}g$, while the bumpings and rumblings of the war chariots are memories fainter perhaps than even the cicada song, and all is right with the world. And the "awesome" general who in the end obtained the peace and victory for them is back in harmony with nature and his fellowmen, too.

To have recognized the function of the *hsing* in this manner is, we hope, to enjoy the *Songs* more fully, by discerning the whole mosaic of interrelated sound and imagistic effects that rally around the central core. We also hope that our discovery of the primeval origin of the *hsing* in the "uplifting dance" may constantly sustain our interest to regard its elements with a fresh eye. For they had come from the practice of a fresh world. It was the "fresh world" in Professor Garrod's sense, when the "vivified senses of men" felt their "high-spirited" words were at one with music and dance, and their fresh-world perceptions of immediate objects radiated through parallel ranges of enlivened thought and feeling and marshaled all the sympathetic sounds and corresponding rhythms around the initial invocation of those objects for the expression of such thought and feeling. We are not for a moment suggesting that all the elements marked *hsing* in the extant Mao texts of the *Songs* had been ready-made in their primeval origin and passed on like so many original jewel pieces to the Chou song-makers. What we emphasize is the *practice* carried over, with the *hsing* still clearly recognizable in both name and nature, used now for the elaborate expression of much more sophisticated poetic sensibilities befitting the Chou high civilization. Yet we do well to remember the *hsing* as the basic generic character of the *Songs*. To appreciate its efficacy for integrating the total sound, sense and imagistic effects of these incomparable *Songs*, as we have tried, is to free ourselves from the tedium of interminable arguments about their allegorical meanings, and to extricate ourselves from the rather fruitless, pallid debates of their being metaphor or simile according to latter day rhetorical concepts, which soon enough fall back into the allegorical trap.

The examples we have so far cited are strictly in accordance with the *Mao Annotation* which have distinctly marked as *hsing* those lines we have just analyzed. Mao's allegorical bias understandably diverted him from giving any further attention to the function of the *hsing* in the whole structure of the

Songs. He was therefore blandly unconcerned with marking out the refrains, burdens and "incremental repetitions," which were obviously the direct developments of the *hsing*, in clear evidence among a large majority of the *Songs*. We should pay a tribute to Chu Hsi's poetic insight in his *Shih Chi Chuan*, or *Comprehensive Annotations to the Songs*, where, despite his unfortunate definitions, he read out many more *hsing* lines from the *Songs* texts, not missing the burdens and "incremental repetitions." We must restate with emphasis that in the *Songs* there are few simple and pure burdens consisting of completely identical lines repeated in each stanza without relation to the growth and development of meaning of the whole song. There are many more instances of "incremental repetition" contributing to the meaningful build-up of the tenor of the song as well as to the enrichment of its harmonious and contrapuntal song pattern. Those lines which Chu Hsi reidentified as *hsing* are in many cases such "incremental repetitions." If we keep well in mind the efficacy and significance of the *hsing* developed from its generic origin, such as we have been at pains to discover and analyze, then we can properly follow Chu Hsi's more liberal spirit in recognizing more *hsing* elements than those indicated in the Mao texts, and treat them fruitfully.

We well realize Chu Hsi' inability to free himself from the moral allegorical tradition, and therefore cannot expect him to go much further beyond it. He did indicate the meaning, too, of the "incremental repetitions" which he reidentified as *hsing*. But this "meaning" was derived by him rather from his ethical concern than from the poetic, as regards structure, emotional and psychological logicality within the context of the poem. He was also trammeled by the Han formula of the "Six Principles" set down in the "Great Preface", and moved narrowly within the stringent categories of "metaphor," "simile" and "narration". He therefore tended to recognize a large number of "incremental repetitions" as being *hsing* only when they seemed to him allusive, metaphorically suited to his moral allegorical interest. He would dismiss those more direct ones and call them "narration," even though they were distinctly "incremental repetitions" with the simplest pattern of recurring sounds and rhythm throughout, and therefore reminiscent of the most primitive high-spirited song and dance. These in fact represent the most revealing features of the pristine *hsing* usage such as we have found and studied. The outstanding example .is the familiar Song No. 8:

采采芣苢　*Ts'əg ts'əg b'iug ziəg*

薄言采之　*Bʻâk ngiăn tsʻəg t̂ɨəg
采采芣苢　*Tsʻəg tsʻəg biŭg ziəg
薄言有之　*Bʻâk ngiăn giŭg t̂ɨəg

Our mimicry of a translation would be:

Pick, pick, we pick the plaintain,
Hurrah, we pick it!
Pick, pick, we pick the plaintain,
Hurrah, we have it!

The rest of the "incremental repetitions" throughout the song continues with small variations of a word or two, in the same tapping-clapping rhythm and rhyme, to depict various movements of the picking, such as "plucking," "culling" or "putting in lapel." The belief that the plaintain fruit is "good for pregnancy," as Mao recorded it, has had a long Chinese tradition decisively authenticated by modern *Shih Ching* scholarship.[77] So the "picking" of the plaintain here is undoubtedly a symbolic action derived from primitive fertility rites uniting human objectives with natural objects, and expressed in the fashion of the "uplifting dance" and song. Both the theme and the structure of this Song clearly signify the primary origin and function of the *hsing*, we are certain. The "incremental repetitions" here which carry forward the motif throughout the Song evince the essence of the *hsing*, exhibited in a large number of the other *Songs*, where Mao noted "This is *hsing*." If Mao's failure to indicate the *hsing* in this Song can be explained by such negligence and inconsistency as criticized by later commentators of his whole *Annotations*, Chu's regarding it as *fu* or "narration" is because of its great simplicity and directness, since it was in the other subtler ones of the *Songs*, better suited to his circumspect allegorical moral interpretations, that he was readier to discover more *hsing* elements than Mao had indicated.

Of course in some of the *Songs*, the "incremental repetitions," having clearly stemmed from the ancient *hsing* convention, had in the development of rhetorical devices become less egregious but more of an integral part of a Song's straightforward statement. Perhaps because of this, which may indeed be a better reason, Chu recognized in Song No. 76 a "narration." The first stanza begins with:

將仲子兮　Tsiang dʻiông tsiəg γiei
無踰我里　*Mɨwo dʻiu ngă liəg

---

[77] See Wen I-to: 聞一多：詩經通義 and 匡齋尺牘 in Wen's *Complete Works*, 1948.

All the eight lines of the first stanza redevelop into two more stanzas of "incremental repetitions," line for line, to complete the whole poem.   The tenor of the poem is clear, that of a girl's trepidation about others' concern with the relation between her and her lover. As the stanzas progress by repetition, with changes of only a few essential words, the concerns develop and subtly vary: From "parents' words" to "brothers' talk" and finally "people's gossip." The concerns according to the contexts range from perhaps light scolding or even solicitous care of the closest and next of kin to a public scandal: From just "words" or "talk", *ycn* 言, of parents and then of brothers, to *to ycn* 多言, the "busy gossip" of everyone in village or town.   She sees the three situations develop as if her lover's movements toward her were watched. And the psychological truth of the poem is cogently presented in clear order.   When the young lover just "clambered" into the "hamlet" or "small village", the **liog* 里,[78] broke some village trees,[79] the parents being closest to her, would already with natural solicitousness begin to worry and speak up. When he came closer, clambering over the "wall" 牆 of the house and broke some trees there, the brothers, initally less concerned than the parents, would now "talk." It is finally only when he came closest to her, clambering into the "garden" 園, as the tryst was nearly to happen, that she was palpitating with the greatest trepidation, as well as with love, that a public scandal would be abroad among all the village people who might not have hitherto much cared. A "narration" Chu Hsi preferred to call this Song.   It is not our own intention to quibble about the stringent categories of the unrealistic aspects of the old " Six principles".   But this song is obviously not a simple narrative.   It is not a story of any great interest.   It is its psychological and emotional logic that attracts us.   But we further observe that it is the sound-and-meaning pattern subtly wrought into a song with total "incremental repetitions" derived from the original *hsing* convention that enhances its generic character and makes it one of the most popular and loved pieces of the *Songs*.[80] It is the haunting, lilting rhythm throughout and the delicately varied, echoed and repeated sounds congruous with the images that give us the uplift with the effect of such an appealing *lyric* true to its genre.

Enough linguists and philologists have noted the extraordinary richness of

---

[78] Mao notes 里 as a community of 25 families.
[79] These trees are explained by 馬瑞辰 as, (傳)社木，其社所宜木，village trees specially suited to the community, in 毛詩傳箋通釋。
[80] This Song is perhps one of the most favored among Chinese and western anthologists.

sound patterns, perhaps partly because of the special tonal and monosyllabic nature of the Chinese language, of the *Songs* in their profusion of rhymes, pararhymes, consonance and assonance, in complex internal oblique and slant relationships as well as line–endings.　K'ung Kuang-sen,[81] for instance, recognized these relationships by categories, and analyzed them according to 130 formulae. Modern efforts of phonologists suggest even greater possibilities of recognizing more elements of euphony.[82]　We are grateful for the meticulous works of such scholars in exhibiting the immense riches in the *Shih Ching* of sounds interacting with sounds.　We also appreciate Arthur Waley's remark that when he first read the *Songs* in 1913, without quite understanding the sense, even as mere "incantations" with a rich "succession of fresh and lovely tunes," the sounds of "the texts sang."[83]　Our present hope, however, is to have further exemplified the possibility of reintegrating the richness of sounds with the richness of sense and imagery, by the aid of a proven hypothesis of the generic origin where the sounds and senses of words were integrated with musical melodies and even with the rhythm of the "high-spirited" dance. This the primal meaning of *hsing* has now informed us; and we have seen that even the meaning of the word *shih* still had, however covertly, such implications when it was first adopted to name the *Songs* in early Chou time.

We may again recall Liu Hsieh's significant observation ·that, as he saw it in the 5th century A.D., "the meaning of the *hsing* had perished and vanished." The reason, however, was not, as Liu said, that "The Way of expostulation by indirection was lost,"[84] that is, that political criticism in the now idealized ancient "Way" of coding for allegorical apprehension was no longer practised. We would say that "the meaning of *hsing* perished" precisely because political and allegorical interpretations were later too much insisted on, a consequence of the great popularization of the *Songs* in late Chou by quoting them out of context, followed by the canonization of the whole corpus in Han. We are indebted to the *Mao Annotations* for maintaining the distinction of the *hsing* elements, but, as we have noted, Mao's attention was already much distracted by his contemporary intellectual ambience, which would account for the many instances of neglect as

---

[81]. 孔廣森：詩聲分類。

[82]. Cf. Tung-ho 董同龢：上古音韵表稿，BIHP, XVIII, Academia Sinica, 1948.

[83]. Waley: *Book of Songs*, 1937, p. 326.

[84] OP. cit.: 「諷刺道喪」，諷 emendation for "詩" in popular text, ascording to Fan Wen-lan, 范文瀾：文心雕龍注，Chap. 36, 1936.

well as irrelevancies.   What we should do now about the *hsing* is, with our knowledge of it as keynote to the generic origin of the *Songs*, not only to restore it to its proper contextual position, but to view it in its active " uplifting " function, in its uniting all sound and sense elements, in its bearing upon the structure of each Song as leading motif.   In this manner we may really be able to appreciate the *Songs*, the lyric *Shih*, (by whose ancient name all Chinese poetry has later come to be known), as "song-words," as language built into music, which, as such, even pristinely recalls the spontaneous rhythm of the "high-spirited" dance.   So appreciated, the *Songs*, where they fulfill their generic law with the *hsing* recognized in its essence, are truly the *lyric* by perhaps the best modern definition.   Commenting on the lyric, R. P. Blackmur said, "words build into their poetic meaning by building into sound. . . , sound into composition: music." Or as Northrop Fry put it, it is "the internal mimesis of sound and imagery."[35]

We do think that the *Songs* of the *Shih Ching* represent the full florescence of an ancient, primary Chinese literary genre, with the *hsing* as its essential generic distinction, not confined only to Mao's indications but understood both from its origination and for its observable structural capacity.   We must also recognize, however, that after a genre has consummated its full growth in a large body of works, it does cease to be productive, but only so far as all the formal features in the strict sense are concerned.   The language of a nation changes as time elapses.   Social customs differ, the formal components of an old genre become no longer viable, and its qualities unreduplicatable.   When Liu Hsieh observed that "the meaning of *hsing* perished," he was preoccupied with the later vogues of poetic creation still practised in his own time.   But he ought to have meant by *hsing* a strictly formal matter, no longer fitted to the needs of poetic structure in the "Middle Chinese" language used by man and society of lost innocence in his latter day. So Liu's statement may in a way be too obvious or redundant, for no longer were the generic laws which centered around the *hsing* in the *Songs* operative even before Liu's time.

Our concern, unlike Liu's, is not to lament that later Chinese poets were not able to write as the *Shih Ching* song-makers composed the *Songs*.   We are to

---

[85]. These are cited as authority in the *Encyclopedia of Poetry and Poetics* from "contemporary critics" who, "predicating the musical essence of the lyric as its vital characteristic, have come close to formulating an **exact,** inclusive definition of the genre which eliminates semantic contradictions." See the *Encyclopedia,* under "Lyric."

look afresh at the *Songs* and appreciate them as consummate achievements of superb lyrics, given the linguistic, social and psychological resources of their times. If we also feel nostalgic in our admiration of them, it is because we realize that in generic resources they benefited from such "fresh-world" perceptions, and were equipped with such a sense of the primeval unity of song, music and dance, as had become not available to later civilization-contaminated ages. Here we want to make a cautionary point as regards the modern "folklorist" approach to the *Shih Ching*. Having resources from a pristine fresh world, the *Songs* are not comparable to the later extant Chinese folk songs in quality or form. With the continual fluctuation and intermingling of Chinese social classes through a long history, later folk songs no longer sprang from primitivity. An especially favorite method among the "folklorists" has been to take the *hsing* as "the beginning lines" of a Song, which we have already shown to be even formally untrue, and to equate them with the elements of the opening stichs of a currently available "folk song."[36] But we can readily see that these folk songs' opening stichs do not at all have the organic function of governing and directing the whole sound, sense and imagistic relationship in the closely woven poetic contexture that we have found in the *Shih Ching* lyrics. One of the most unfortunate bypaths which the "folklorist" approach has led to has been the disastrous attempt to translate the *Shih Ching* into modern Chinese in imitation of current folksongs of today. The results, even at best, have been vulgarized verses reminiscent, perhaps half consciously, of fractured T'ang or Sung prosody, without the latter day folksy charm, and with a sense of music, if any, derived vapidly from some modern Peking or other operatic tunes.

Chinese folk tradition is no doubt important to the study of Chinese literary history. It has been through the ages, as we suggested at the beginning of this study, the main source to which each of the major Chinese literary genres since the *Shih Ching* can be traced. But to locate a generic origin does not at all mean to reduce our appreciation of the whole body of works of a genre to the level of its primitive source. On the contrary, it is the height of artistic achievement, through processes of refinement, and even of sublimation, that we want closely to observe, as we hope we have at least partly done in the case of the *Shih Ching*. The processes in the case of the later genres, as in that of the *Shih Ching*, often would have to be very long and tortuous. We have also

---

[36] Most notable in the works of 顧頡剛, see 古史辨 III.

hinted that historical, social and cultural factors may be as much involved in our genre study as the development of the intrinsic quality of the fissiparous forms of the art itself, though it is on the latter that our attention must focus. The studies of later genres may have the advantage of the availability of more abundant and better established knowledge of these other cultural factors of later history than we may wish to have of the age of *Shih Ching*. The refining processes of later genres, too, from folk origin to the ultimate sublimation into personal art expressions of the individual genius, may be exhibited in more spectacular instances than we can possibly expect of those of an archaic era. Of course, later developed genteel literati traditions may seem more directly the heritage of, and the influence on, individual creation. But in terms of Chinese literary genres, the primary folk tradition in each major case, be it poetry, drama or fiction, is too conspicuous a fact to be overlooked. This fact may signify a reason for an *average* quality of traditional Chinese literature, in which no matter what high sophistication, refinement and individuality there may be, there are as a rule the naturalistic earthiness in its imagery and the broadly human concern in its themes. Any high degree of otherworldly vision or romantic egoism is rare. The symbolism is hardly private; the psychological interest is most often public. Faults there sometimes may be of naiveté, but seldom of morbid introversion.

The study of literature by genres may indeed seem inevitably to lead to observations of the law of average. But useful as such a law might be, it would be of inadequate service if we do not realize that the law does of itself suggest the co-existence of phenomena, sometimes even in polarized fashion, yet still related to each other within the genre. It embraces and measures unusual distinction as well as the bare meeting of standard or substandard. Thereby we recognize paragons as well as prototypes, sublimations as well as subordinations. Yet it is an exceedingly great reward to see a unity among them all in a given genre. Applied in the broad context of the relation between folk tradition and the creation of individual genius, such a genre approach guides our perspectives of literary appreciation in two directions, which finally converge and make our appreciation grow in depth and breadth. It leads us on the one hand to see the progression from the natural communal instinct for artistic expression of the group for the group to the cultivated consciousness of the individual creation of art as communication of the artist himself to all his fellow men. So the poet metamorphoses from the bard, but without alienation. The selfhood of the Chinese poet, writing in all genres, never seems to become so detached and introverted as to be conscious only of the "pure self" and declare "of myself I sing." Or on the other hand we may first observe bodies of highly accomplished works, of great individual writers or anonymous collections, each as an artistic achievement in itself, and then apply the genre concept in our appreciation. We may begin by admiring the intrinsic quality of each, feeling its unique beauty as if it were the only thing that matters in the world. True, this is what we do demand of educated literary appreciation in depth. But even this uniquennss, when felt deeply enough by educated literary sensibility for a literary work, must be accompanied by broad awarenss of its kind. Then as the illuminating concept of genre advances upon us, we identify similarities and distinctions. We see conventions behind them, not only to detect imitation or unoriginality, but to discover and discriminate creativity within use and wont developed far back in time. And ultimately we reach the generic origin. Between the folk origin and the high polish of individual genius or courtly refinement, the results in quality may indeed seem polaric. But in Chinese literature, in the case of each major genre broadly surveyed and deeply searched, we sometimes see the results reunite. The reunion is often a happy one, and our realization of it heightens rather than diminishes our appreciation. So individual a poet as Li Po, particularly apt to pour his soul into the pentasyllabic "ancient" form or *wu ku* 五古, moves everyone and gains truly universal appeal[37] with his "Song of Long Shore" 長干行, with a distinctly folk theme, folk motif and folk imagery. Such a most art-conscious poet as Tu Fu, again, writing in this by now highly cultivated "ancient" form, made it explicit that he was adopting sound patterns and motifs from the popular anonymous "Song of Mu Lan" 木蘭辭, not only in his "War Chariot Song" 兵車行 [88] about social woes, but in a very personal poem, on his own "Grass Hut" 草堂.[89] The effect in either case is that the folk character enhances the vividness of the poet's feeling for the suffering common humanity by identifying his voice and perception with theirs, or makes his highly personal emotion broadly shared by all with ease and intimacy. And we are convinced

---

[37]. So much so that this poem becomes most easily successful in translation. I have heard it acclaimed by American poets as the best translation Ezra Pound ever did.

[88]. After the line "爺孃妻子走相送" in his poem, Tu Fu himself put down a note that it was after the *Mu-lan* Song: *Ssu-Pu Ts'ung K'an* edition.

[89]. Eight lines of incremental repetition patterned after the *Mu-lan* Song, e.g., 舊犬喜我歸，. . . 鄰里喜我歸，. . . etc.

that it was no accident, nor mere mannerism, that the most sophisticated Chinese novel, the *Dream of the Red Chamber*, should be claimed by its author from the very beginning as "fictional words and rustic talk" 假語村言 personified. We read this as the pregnant remark of an individual genius in the Chinese literary tradition, in his crowning success with a major genre, harking back to its generic folk origin.   Thus we are reminded that the highest achievement of an individual art is reunited with the common order of life, in all its unadulterated folk-experienced poignancy and delight.   Thus the high polish of artistry maintains in its organism the ingredients of the freshness of primal humanity.   Realizing this with the generic concept in our appreciation of Chinese literature, we feel further inspired rather than disenchanted, as we have been in our consideration of the *Songs* of the *Shih Ching*, when we discovered and could harken to the early "high-spirited" voice at the primeval "uplifting" dance.

出自第三十九本上（一九六九年一月）

THE PHILOSOPHY OF MIND AS A FORM OF EMPIRICISM

VINCENT Y. C. SHIH

UNIVERSITY OF WASHINGTON

In a paper read before the Seventh Annual Meeting of the Far Eastern Association at Washington D.C., in 1955, I made this statement: "Neo-Confucianism is, in fact, a type of empiricism in which the term 'experience' has a wider scope than in what we ordinarily understand as empiricism."* We find substantiation of it in the Neo-Confucianism of the Sung and Ming periods, in the philosophy of Liu Chi-shan and Huang Li-chou who continued the tradition of the philosophy of mind, and also in the philosophies of Wang Ch'uan-shan, Yen Hsi-chai, Li Shu-ku, and Tai Tung-yüan who in their various ways reacted vehemently to both the philosophy of mind and the philosophy of principle. None of these philosophers, however, had any inkling beyond the narrow confines of moral empiricism, a view just as partial and distorting as modern scientific empiricism when applied to life as a whole. It is the purpose of this paper to develop in the light of certain modern philosophical ideas a form of empiricism, which, while taking as its point of departure the philosophy of mind, would give us a synoptic view of life in all its stages of development as a whole. This paper may not, therefore, read like one strictly on Chinese philosophy. But the time has come for us to break through a regional approach to philosophical problems which are supposed to be beyond time and space. It is obvious that only an outline can be attempted here.

The mind is, according to the Neo-Confucianists, quiescent and unmoving, not evident through any tangible signs. It becomes active when it is stimulated. The assumptions of these statements are clear: there is the mind, and there is that which stimulates the mind. To the latter we shall give the name the field. These are the primary facts which have to be postulated before any reasoning can proceed, and one cannot be discussed separately from the other. In other words, there is nothing to talk about other than the mind's activity after it is

---

※ This paper appeared subsequently in *Mélauges chinois et bouddhiques*, Druxelles, Dixième volume: 1952-1955, pp. 347-364. This sentence is quoted with slight modifications from pp. 350-351

stimulated. This activity is what we shall call experience. To the Neo-Confuci-anists, this activity is the function or manifestation of the mind.

What is the nature of the interaction between the mind and the field? The mind, when stimulated, moves in the field, moulds it into forms, and, in moulding it, accepts the discipline imposed upon it by the stimulating field. Its activity does no violence to the nature of the field. And the field lends itself to the influence of the moulding mind. In being moulded, the field imparts its nature to the mind in the form of laws or categories limiting the extent of the mind's activity. Experience is the result of the mind's Odyssey through the field. As knowledge begins with experience and experience dose not go beyond the stage of actual movement and activity, the mind and the field beyond that stage are forever beyond our ken. We have available only experience. To explain what experience is, however, is to show all the stages the mind goes through in its journey through the field.

Since experience is the result of the life of a journeying mind, it is evident that it is not limited to what is sensory. Everything that comes as the result of the life of the mind is experience. Thus from the mind's activity by means of the senses, the intellect, the aesthetic sense and the moral sense, respectively come sensory, intellectual, aesthetic and moral experience. And religious experience is no less an experience, being the result of that sense whose satisfaction demands a direct contact with what is taken to be the ultimate reality.

This larger conception of experience demands an equally comprehensive non-reductionist conception of the field. Like experience, the field cannot be limited to what is commonly called the physical world wnich confronts our senses. There are other aspects of the field which are no less objective than this physical world. We have: the intellectual world which confronts our intellec*, the aesthetic world which confronts our aesthetic sense, the moral world which confronts our moral sense, and the religious world which confronts our religious intuition. In journeying through the different worlds, the mind works under different sets of conditions imposed upon it by the different worlds. These conditions express the nature of these different worlds, forming the limiting force of the field and restricting the mind's activity to specific sets of possibilities. They explain why things are what they are and not otherwise. They give these worlds their objectivity. They are laws. These laws are specific and unique. We have as many sets of laws as there are worlds in the field.

For the mind and the field to react to each other in the way we have described, there must be an element common to them both. There is a qualitative interpenetration between the two. This interpenetration may be described in terms of understanding or ignorance on the part of the mind and intelligibility or lack of intelligibility on the part of the field. We can see that they are really one and the same. What the mind understands is intelligible, and what it ignores unintelligible. When the field is enlightened by the mind and becomes intelligible, it is virtually absorbed into the mind and becomes a part of the mind. Understanding, then, may be conceived to be a process by means of which the mind overcomes the field in an attempt to transform it into a part of the mind. However, this process of overcoming is in complete harmony with the nature of the field. The field contributes significantly towards the forms the understanding takes with reference to the different worlds in the field. It embodies in its nature the laws which the mind has to follow in overcoming the field. History may be conceived in terms of the mind's effort to attain complete actualization by means of understanding the field or making the field completely intelligible. This is another way of saying that history is the mind's effort to transform the field into mind. History is indeed a record of the advancement of the mind from ignorance to understanding. It is a process of self–actualization of the mind.

Why the mind should ever be ignorant, why the mind is not all actuality at all times, are questions which have no answers. Perhaps, on the analogy of human experience a suggestion may be made. Life, such as is contained in a grain of wheat, must first lose itself before it can give forth life abundantly. Similarly, the mind may have to lose itself first and become non-mine, i, e., the field, before it becomes richer and more significent. The non-mind is the first condition which sets the mind on the process of self–cultivation, development, and progress. It furnishes the necessary discipline in the training of the mind towards a fuller realization. It seems as though the mine needs trials of this kind in order to become fully conscious of itself. The mind becoming self-conscious is the fully actualized and enlightened mind.

In the light of this suggestion, the process of the development of the mind becomes extremely important. If the mind dose not proceed in the process of development, it would always remain in the state of ignorance. All errors, intellectual or moral, can be traced to this ignorant state of the mind as their source.

The possibility of knowledge demands that the mind and the world it knows have a point of identity. When knowledge becomes perfect, the identity is complete.

We said that the field lends itself to the influence of the moulding mind and yet limits its activity to certain sets of possibilities. These possibilities represent the extent within which the mind can express its creativity. We also said that the mind, in moulding the field, accepts the discipline imposed upon it by the field. This discipline indicates the condition under which the mind must work; and moulding or creativity means the eternal movement towards a fuller realization of the mind. The eternal and incessant movement, though limited by the nature of the field, forges its way forward undaunted. That it is limited gives it an incentive to break the limit in its advance. Thus the two primary facts, the activity of the mind and the limiting force of the field, though seemingly contradictory, are complementary to each other. Without the limiting force activity would have lost all its dynamic power; and without activity the limiting force would never become a reality. It is through this interplay of the mind's activity and the field's limiting force that this universe came into being. In point of fact, they have never been found in a state of separation. Where there is activity there is found certain limiting conditions; and *vice versa*. So not only has the activity of the mind the ability to reveal the nature of the mind, but the limiting force of the field also has the same ability, for it reveals the mind which moves creatively in accordance with the nature of the field. And conversely, not only is the field revealed by its limiting force, it is also shown by the activity of the mind, for this activity shows the nature of the field which lends itself to the moulding influence of the mind. In the course of its movement the mind has to go through different stages, all different in the measure of the limiting force they exhibit. This difference finds its correlate in the varying degrees of activity of the mind. The greater the limiting force, the more constrained the mind's activity; and the smaller the force, the freer the mind.

The worlds encountered by the mind in its Odyssey vary in an ascending scale, and this variation is reflected in the stages of experience which appears as the result of the Odyssey. Since the limiting forces of different worlds vary in measure, the principles or laws that are expressive of the nature of these worlds are consequently different. That which limits our senses comes from the physical world, and this physical world has its specific order and principles. Similarly, the intellectual world, the aesthetic world, the moral world, and the religious world, each has its own specific order and principles, its *raison d'etre*. Each of these worlds takes the principles of the preceding stage or stages as its basis, and builds on this basis something new. This new element is not to be explained by the principles of the preceding stages alone, but to be explained in terms of these principles in conjunction with the new principles specific to the new stage. These principles explain why things are what they are and not otherwise. On the one hand they are expressive of the nature of the field in all its stages; and on the other they are the tools the mind uses to bring order into the field. Being tools they reveal at one stroke both the nature of the manipu -lator and the worlds on which they are applied. Thus the laws and principle sof the different worlds reveal both the mind and the field.

The fundamental nature of experience is change; experience is forever in a flux. However, its change or movement is not limited to a mechanical nature. A mechanical change is completely conditioned by a force external to itself. Not only that, but without an external force no change can take place; and the nature of the external force also determines the nature of the change. The change of experience is not so confined. An analysis of our own experience will reveal that the change of experience takes two forms; change as initiated from within and change as growth and development.

We shall first consider change activated from within. Take any experience as an example. A certain object is presented. Sight gives us the quality of whiteness, and touch gives us the quality of hardness. Now the question is: do these qualities belong originally to the object and enter into our experience unmodified? Does our mind in receiving them add nothing to what they ori- ginally are? Is the mind to be conceived as *tabula rasa*, recording faithfully the incoming impressions as they are? Or, do they owe their coming into being at least in part to the work of the mind? Should the former be the case, then how are we to explain the common phenomenon tnat when we are absent-minded we may stare and appear to listen and yet we are not a whit the wiser for the staring and listening? It is evident that there must be some force coming from the mind which acts as formulating (moulding) influence in bringing about the phenomenon. And yet it is equally evident that if there were the mind alone, the phenomenon would not appear either. There is something from the field which makes the qualities what they are; for in spite of its formulating influence, the mind cannot call white black or soft hard. There are definite conditions under which the mind can be active. These conditions are what I have called the limiting force of the field. Hardness, softness, whiteness and other sensory qualities are the simplest data in our experience; and yet their appearance will be impossible without the contributing activity of the mind. *A fortiori*, percept, concept, hypothesis, law, etc,. which are much more complex than sense perception, depend ever increasingly on the active participation of the mind.

Hence the change that we observe in our experience does not depend merely on the stimulus from without. It is true that where there is a stimulus there will always be a response, whether in a world of experience or in a mechanical world; but this bond of stimulus-response need not hold in our world of experience in exactly the same way as in a mechanical world. For the form of response in the world of experience is to a certain extent determined by the mind. We may therefore say that the mind in a sense is constitutive of the phenomena of the world, which is known to us as a world of experience. Of course, the part played by the mind in the formation of phenomena depends on the nature of the world by which it is confronted. In the domain of sense-experience, the activity of the mind is limited to attending or not attending to the object presented; there the mind is the least active and the limiting force of the field the greatest. And yet even here we find the active and selective power of the mind. From now on as the world of experience expands, the active power of the mind increases with the process of development. At the point where the mind becomes self-conscious, making itself its field, its activity becomes creativity; because the limiting force by which it is confronted comes from none other than itself. To work under self-imposed conditions means freedom, the primary condition for creativity.

Secondly, let us consider change as growth and development. There are two ways to consider it: 1) temporal-spatial, and 2) logical. First, changes in experience are identical with time. No experience is anything when abstracted from time. Time changes with whatever forms its being and substance. Abstract time does not exist, because it provides no mark for the distinction of what is present, past, and future. They are all points in time, without any characteristic which would make the past past; the present present; and the future future. In real time, past, present, future, each has its specific mark. The movement from

the past to the present is not merely one dimensional flow from one time-point
to another time-point. It is a process of growth, for the past is never really past;
it is gathered up and brought into the present. The present receives and preserves
what the past has to impart and brings it along together with its own additions
into the future. The temporal flow may be likened to the expanding of a river
from tiny springs. In the process nothing is lost; hence, nothing is ever past
The stream of experience accumulates all that has been and hurries along into
the future.

One-dimensional time flow is an abstraction. Time cannot be considered
apart from space. Time and space are the warp and the woof of our world of
experience. Without either, there would be no world of experience, neither
would there be time or space. In this factual concrete world of experience, we
find that the movement of our experience is a process of growth; what is past
becomes preserved in the present, serving as a background in our act of judgment
and as a foundation for future growth.

Second, experience has a tendency to expand toward the direction of the
more comprehensive, and ultimately toward the most comprehensive whole. No
experience is self-sufficient. All experience endeavor to transcend their own
limits in an effort to come into relation with other experiences to form a greater
and more coherent whole. In getting into a greater context, an experience becomes
more meaningful. It also becomes more and more intelligible. "Meaning" and
"intelligibility" mean the same thing. When a piece of experience has a definitne
place in the scheme of things it has meaning; and when a thing can be placed
in such a scheme of experience it is intelligible : two ways of saying the same
thing.

It is apparent that the process of growth and expansion of experience does
not and cannot stop at any stage short of a complete whole. From one point of
view we may say that we desire a perfect understanding of things, and we will
not stop at any partial undertanding. From another point of view, we may say
that our experience is seeking its fullest meaning. This urge is so fundamental
that ancient philosophers described it as the incentive to philosophizing.

Our experience is never more then some fragmentary piece; it is limited and
finite. It is limited and finite because it is conditioned by things beyond it.
Because it is limited and finite, it craves always to attain to ever greater and
higher levels. Because it is conditioned by things beyond it, its fullest meaning

cannot be deduced from within itself. If we wish to get its fullest meaning, if we wish to have a perfect understanding of it, we have to understand its conditions. But these conditions, being finite, have, in turn, their conditions, which need to be mastered first. And these again have their conditions, which have again their conditions. It is thus evident that before we reach the whole no complete understanding or fullest meaning of anything is possible. The whole alone can be said to be in possession of a perfect meaning; that is, we can deduce its complete meaning from within itself without reference to anything beyond it. "Its existence is its meaning and its meaning is its existence." This whole, whether attainable or not, is present in finite experience, an inspirational ideal that forever beckons us onward into ever higher and greater realms.

出自第三十九本上(一九六九年一月)

墨　　家

梅　貽　寶

史記太史公自序有一段司馬談論六家要指，列墨家爲六家之一，這乃是對於先秦諸子作一分類簡述。其實所謂「墨家」，不外乎墨子其人、其書、及其思想而已。漢書藝文志列舉「墨六家，八十六篇」，其中七十一篇屬墨子，餘十五篇分屬其他五家。除墨子外，各家書均亡佚，而所列各家學說性質是否應屬墨家，亦有問題。就現存文獻資料而言，墨學顯然是由墨子創立，亦是由墨子推進發揚，而成一家。墨子故後，墨者們有一個團體組織，延緜了好幾十年。墨家學說則尤其聲振一時，受人重視，約數百年。孟子專對楊墨作過一番猛烈的攻擊。莊子、韓非子、呂氏春秋、淮南子諸書中則一再以「儒墨」相提並論，可見由春秋戰國直到漢初，墨家盛行未衰。所可異者，司馬遷作史記，未給墨子立傳，只在孟子荀卿列傳末尾，加了一段二十四個字的附注，提到墨翟。看來墨家的興衰變化，來的十分驟然。原因何在，乃是一個只可懸揣，而無法確定作答的問題。或許是漢武帝倡儒術，所以太史公只可對墨子如此簡略。亦或許史記原有可觀的墨翟列傳，而被後人迎合時宜，刪剪的只賸了二十四個字。無論如何，史記裡墨翟傳如此簡略，可視爲墨學中衰的一個信號。漢唐以來，儒學勃興，墨家一蹶不振，很少有人予以注意。直到晚清，在一般訓詁大師整理古籍運動中，墨子才被再發現。清末孫詒讓著墨子閒詁，就墨學研究而論，可說是一樁劃時代的功績。他不但把墨子整理的大致可讀，而且他的努力，發生了研究墨子的倡導作用。民國以來，墨學研究的風氣，可稱濃厚，尤以梁啓超、胡適、錢穆諸學者的貢獻，最爲顯著。本文當據各家研究結論，偶參已見，對墨家作一綜述。

一、墨子其人：姓名，年代，國籍

史記孟子荀卿列傳的末尾，補有一段短文，類似一個附註，文曰：

蓋墨翟宋之大夫，善守禦，爲節用。或曰，並孔子時；或曰，在其後。

這樣二十四個字的墨翟傳實在簡略模糊的出奇。因而墨子生平的各節——他的年代、國籍、事蹟，甚而至於他的姓名——無一不需要考訂斟酌。近世學人如孫詒讓、梁啓超、胡適、錢穆等，對於這些問題都作過很重要的研究，但亦有很不一致的結論，本文只能擇要敍述。

墨子姓墨名翟，這是順乎常情，千百年來大家公認的說法。近人研究墨子的學者，如孫詒讓、梁啓超、胡適等，均無異議，看來似乎無需贅論，然而亦有人不同意此說。錢穆以爲「墨」之爲詞，原指刑徒奴役，轉被引用爲學術派系之稱，有如儒、道、名、法、陰陽一般。所以「墨」並不是墨子的姓①，至於「翟」錢氏還認爲是墨子的名。先於錢穆，有江瑔提出墨子非姓墨名翟之說。他列舉八證，說明「墨」爲學派之稱，「翟」爲墨子之姓②。江瑔說法流布以後，隨有胡懷琛以「墨翟」爲「墨狄」，因而發表墨翟爲印度人辨③一文。胡氏此文主張墨翟爲印度之佛教徒。另衞聚賢著有墨子小傳④，主張墨翟爲婆羅門教徒，或印度人，或亞剌伯人。墨子果然成了遠方來的異邦人，他的姓名問題亦就無須追究了。綜觀以上諸多議論，說墨子或是印度人，或亞剌伯人，事出雖奇，無庸置辯。說墨子爲人勤勞刻苦，立說爭取平民利益，這是明顯的事實，無須商討，但並不影響墨子姓「墨」。至於說墨子出身低微，類是賤人，甚且揣測他有刑徒奴役之嫌，這都是根據臆測而缺乏確據的言論，絕不能據此而認定墨子不姓墨，而以「墨」爲其派別名稱。吾人以爲墨子確是姓墨名翟。當時或者有人——尤其貴族當中更會有人——不滿他的作風，鄙視他的學說，因而用雙關戲語，稱呼墨子及其徒從爲「墨家」，爲「墨者」。想來這倒是不無可能，但是這是譏諷他們這般人跡近刑徒奴役，並不能據以爲實。用現行語詞，這叫給他們｜戴帽子｜。「戴帽子」是顯然與事實有出入的。但是後來用慣了，「墨」亦就通用爲學派名稱了。所以墨子之「墨」絕對是姓；墨家之「墨」可能是雙關用意，一面指明這學派出

於墨子的根源，一面影射這學派的性質。

墨子的年代無法十分確定。吾人姑訂他大約生在周元王六年（470 B.C.）大約死在周安王十二年（390 B.C.）。墨子的生年約當孔子卒後十年有餘，卒年約當孟子生前二十年不足。同希臘哲人索格拉底斯相較，墨子恰巧與他同年而生，比他晚九年而卒。墨子的年代，這樣規定大致不差，而亦無法再求詳確。這是因爲古代文獻關於墨子年代沒有明確記載，史記上說：「或曰，並孔子時；或曰，在其後。」現代學人作了不少考據，其中如孫詒讓、梁啓超、胡適、錢穆諸君，各有主張。他們的方法都是就墨子書中搜求有關史實的記載，來作推算墨子年代的根據。但是墨子書中的記載，亦不完全可靠。若是每項都信以爲眞，墨子壽命得在一百歲以上。顯然其中有後人記載混入，需要一番考訂斟酌。姑舉一例說明：墨子親士篇記有：

　　西施之沈其美也，吳起之裂其事也。（親士第一，孫、李，Ⅰ，36）

兩椿有關墨子年代的史實。其中「西施之沈」大概是勾踐滅吳時期的一椿史蹟，年代上無問題。至於「吳起之裂」一節，實在煞費斟酌。吳起死於周安王二十一年（381 B.C.）。這個年代頗需要研究，孫詒讓就說墨子特別長壽，得見吳起之死⑤。他人都說墨子先吳起而卒，其中以胡適所舉理由，最有決定性。胡說：「墨子決不曾見吳起之死。」胡據呂氏春秋上德篇指出：

　　吳起死時，墨學久已成了一種宗敎。那時「墨者鉅子」傳受的法子，已經

　　成爲定制了。那時的「墨者」已有了新立的領袖。孟勝的弟子勸他不要

　　死，說，「絕墨者於世，不可。」要是墨子還沒有死，誰能說這話呢？⑥

這當然是墨子先吳起而死的強有力的證據，同時亦可確定墨子親士篇是後人作品，攙進墨子書中。以上卽是考訂墨子年代的方法之一例。由此可見，就現有的文獻史料來說，墨子的生卒年代，只能作一個約計，無法使其達到十分確定程度。

墨子生地一點，自古以來，又是其說不一。概有墨子是宋人之說，墨子是楚人之說，墨子是魯人之說。以墨子爲宋人的有文選長笛賦李善注引抱朴子⑦，荀子修身篇楊倞注⑧等。其根據不外史記說了一句「蓋墨翟宋之大夫」，又墨子公輸篇說墨子救宋，仕宋救宋當然都不足據爲墨子卽是宋人的理由。相反的墨子記有以下兩條反證：

　　子墨子出曹公子而於宋，三年而返，睹墨子曰。（魯問第四十九，孫、

　　　　李，XⅢ，879—880）

　　　　子墨子歸，過宋。（公輸第五十，孫、李，XⅢ，896）

看來墨子必然不是宋人了。以墨子爲楚人的有畢沅及武億。呂氏春秋當染篇高誘注：

　　　　墨子名翟，魯人，作書七十一篇⑨。

而畢沅墨子注敍釋「魯」爲楚魯陽：

　　　　高誘注呂氏春秋，以爲魯人，則是楚魯陽⑩。

又呂氏春秋愼大篇高誘注：

　　　　墨子名翟，魯人也。著書七十篇，以墨道聞之⑪。

而武億與畢沅同樣的釋「魯」爲楚魯陽：

　　　　惟呂氏春秋愼大覽高誘注：「墨子名翟，魯人也。」魯卽魯陽，春秋時屬楚
　　　　⑫。

墨子與楚魯陽文君頗有來往，因此畢沅武億卽以墨子爲楚人，已嫌無據。高誘注呂覽
說墨子是魯人，畢武二氏竟依成見釋「魯」爲魯陽，以維持墨子爲楚人之說，實不可
信。而且墨子貴義篇明說：

　　　　墨子南游於楚（貴義第四十七，孫、李，XⅡ，818。）

這可以視爲墨子是楚人說的反證。看來墨子是魯人一說，比較的最爲合理。治墨子學
者如孫詒讓、梁啓超、錢穆等，均從此說。高誘注呂氏春秋，以墨子爲魯人一節，已
見前文。呂氏春秋愛類篇更說：

　　　　公輸般爲高雲梯，欲以攻宋，墨子聞之，自魯往⑬。

墨子本書中有若干條記載，令人相信墨子是魯人，類如：

　　　　子墨子自魯卽齊。（貴義第四十七，孫、李，XⅡ，818。）

　　　　子墨子南游使衞。（同上，825。）

　　　　子墨子北之齊……至淄水，不遂而反焉。（同上，829。）

　　　　越王大說，……遂爲公尙過束車五十乘以迎墨子於魯。（魯問第四十九，

　　　　孫、李，XⅢ，877—878。）

這都是有力的證據，指定墨子是魯人。墨子雖是魯人，他却時常出外游歷，墨子亦可
以說「周游列國」，接觸很多，並且在宋國做過一任短期官職。

　　近來有人提出墨子是印度人，或是亞剌伯人，一種別緻說法。最近更有人以墨子為齊人為題，著文辯論⑭，大致說來這些都無關大體。

　　現在總結墨子其人：墨子姓墨，名翟，魯人，大約生於周元王六年，卒於周安王十二年 (470—390B.C.)。

二、墨子其人：事蹟及人生態度

　　墨家在中國文化上佔有很重要的地位，這不但因為他是一派有力的學說系統，亦因為他代表一種中國人生態度。若是用一言以蔽之的說法，墨家思想的中心可以說是一個「義」字，「子墨子曰，『萬事莫貴於義⑮。』」墨子的為人，亦即可稱之為義士。義謂各得其宜；義士的風度是大公無私，見義勇為，他的舉止措施，全都本乎天良，出乎自動。時人馮友蘭在原儒墨⑯一文裡說，儒墨都起原於職業，儒起於儒士，墨起於俠士。表面上看，俠士義士很相似。但是馮氏以為俠士本來即是武士，亦即等於雇兵，打手之類，以替人打仗為職業，其舉止進退都要聽他的雇主調度指揮的。這樣的俠士與我們所說的義士，顯然就大不相同了。馮氏文裡後一段，亦提出「墨家與普通俠士不同之處」，列舉了三點，把墨家這種特別俠士，由晉雇主打仗的職業俠士，說成了打抱不平的自由俠士。此其間似乎有了一個大跳躍：前者是雇兵，後者是義士，二者不宜混為一談。馮氏所說的俠士是一種職業，大概屬乎社會某一階層。吾人所說的義士，既不是一種職業，亦不屬乎任何社會階層。無論貧富貴賤，更無論有無團體隸屬關係，人人都可以行義為義。而且可以用自身的榜樣，動聽的學說，勸導別人亦去為義。以吾人所見，墨子即是這樣一位大仁大勇的義士！

　　儒墨兩家的學說，當然有區別。大致說，儒家的氣氛是雍容熙穆，帶些貴族意識。墨家則是儉約刻苦，始終以平民福利為前提。因為儒墨學說的差別，有人就認定孔子墨子的出身，本來就大不相同。有人說孔子出自貴族，墨子出自平民。有人更進一步說墨子出於刑徒奴役，出於「賤人」。彷彿一位思想家的學說主張，跟他的出身背景，尤其他的社會階級，必然一致，不可區分似的。其實儒墨學說固然有出入，但是墨子出身，與先秦諸子，如孔、孟、荀、韓等，相比，並看不出有什麼大不了的差別。淮南子要略說：

> 墨子學儒者之業，受孔子之術。以爲其禮煩擾而不悅，厚葬靡財而貧民，
>
> 久服傷生而害事；故背周道而用夏政⑰。

此話大概屬實⑱，是則墨子與孔子是同型一流人物，他們不同處只是學說見解而已。韓非子顯學篇並稱儒墨爲當時的「顯學」。淮南子亦屢次把孔子墨子相提並論。類如主術訓說：

> 孔丘墨翟修先聖之術，通六藝之論，口道其言，身行其志⑲。

修務訓說：

> 孔子無黔突，墨子無煖席。是以聖人不高山，不廣河，蒙恥辱，以干世
>
> 主，非以貪祿慕位，欲事起天下利，而除萬民之害⑳。

由此可見，直到秦世漢初，墨家的勢力仍然與儒家並駕齊驅。這些書的著者們對於孔子墨子，毫無猶豫的一視同仁，甚至並稱他們二人爲「聖人」。絕看不出他們心目中感覺孔墨之間有什麼高低貴賤之別。就墨子書中記載，墨子能受當時很難得的教育，能充任大夫，能著書，書中順口引徵詩書，能授徒而且推薦了若干生徒去做官，旅途中還能「關中載書甚多㉑。」這儼然是一位典型的士大夫㉒。墨子若果有微賤身世，他必然早已自拔出來了。相反的，所謂孔子出身貴族，大部只是一樁族譜上的史實而已。孔氏到了孔子時期，家道早已衰落，孔子自幼孤零，需要自食其力。像這樣久已落魄的貴族，亦就貴不到那裡去的了。我們看孔子墨子的流品，沒有什麼了不起的差別。一定認爲他二人代表貴族平民兩種對立的社會階級是有問題的。再進一步認爲儒墨兩家學說之不同乃出自孔墨二人階級之區別，那就更可懷疑了。

單就「周游列國」一節而論，墨子與孔子，以及後來的孟子，亦都是一致的。他們同樣是悲天憫人，憂國憂時的志士。甚至他們感覺天命所趨使的義務，所以不敢苟安懈怠。必要竭盡力量，去尋覓一位「聽吾言，用吾道」的王侯，藉以施展他們治國平天下的道術。可惜當時的王侯們，只知爭權奪利，那裡聽得進儒墨之道？結果這些位滿腔抱負的哲人，投東奔西，到處碰壁，所以淮南子說，「孔子無黔突；墨子無煖席。」這同耶穌教新約聖經上所說，「耶穌連枕頭的地方都沒有」很類似，同樣是描述一般有心人鬱鬱不得行其志的悲哀。墨子爲責任感所驅使，他到過好幾個諸侯國，見過好幾位君王。墨子書中載有以下若干條：

㈠公輸盤爲楚造雲梯之械成，將以攻宋。子墨子聞之，起於齊（齊應作魯，

　　畢，孫諸註，均同此意。），行十日十夜而至於郢。（公輸第五十，孫、李

　　，XIII，888—890。）

墨子到了楚國的都城郢，先把公輸盤說服攻宋之不義。隨後兩人同去見楚王。

　　子墨子見王曰：「今有人於此⋯⋯」王曰，善哉。（公輸第五十，孫、

　　李，XIII，891—894。）

㈡子墨子南游於楚，見楚獻㉓惠王，獻惠王以老辭。（貴義第四十七，

　　孫、李，XII，818。）

㈢子墨子南游使衞，關中載書甚多。⋯⋯子墨子謂公良桓子曰：「衞小國也

　　，處於齊晉之間，⋯⋯吾以爲不若蓄士之安也。」（同上，825—827。）

㈣子墨子自魯即齊，過故人。（同上，818。）

㈤子墨子北之齊，遇日者。⋯⋯子墨子不聽，遂北，至淄水，不遂而反焉。

　　（同上，829。）

㈥齊將伐魯，子墨子謂項子牛曰：「伐魯，齊之大過也。」（魯問第四十

　　九，孫、李，XIII，866。）

㈦子墨子見齊大王㉔，曰：「今有刀於此，試之人頭，⋯⋯」（同上，867。）

墨子到了晚年，與楚國魯陽文君，頗有交往，曾幾度懇談，談話的主題當然仍是兼愛

非攻。

㈧子墨子謂魯陽文君曰：「大國之攻小國，譬若童子之爲馬也。童子之爲馬

　　，足用而勞。」（耕柱第四十六，孫、李，XI，780—781。）

㈨子墨子謂魯陽文君曰，「今有一人於此，羊牛犓豢，維人但割而和之，食

　　之不可勝食也。⋯⋯其有竊疾乎？」（同上，787。）

㈩魯陽文君將攻鄭。子墨子聞而止之，謂陽文君曰，「今使魯四境之內，大都攻

　　其小都⋯⋯則若何？」（魯問第四十九，孫、李，XIII，868。）

墨子是魯人，他生平居魯時期爲多。但他對魯國國是似乎很少努力，對魯國權要很少

接觸。有人說這是因爲魯國乃是施行周道的代表國家，墨子既然「背周道而用夏政，」

他就不願多參預魯政，所謂「道不同，不相爲謀」的道理。加以魯國適逢三桓專政，

季氏尤橫，墨子與他們氣味不投，亦就不屑於對他們費唇舌了㉕。另一可能原因，乃魯國是一比較弱小國家，常被強鄰視爲攻伐的對象。墨子在國際關係上的根本主張，是要普遍的推進兼愛非攻主義。他努力去游說最多次的國家，乃是強大而有野心的齊楚兩國。故而魯國他似乎不太注意。但魯國對他徵詢意見時，他仍是竭誠進言的。墨子魯問篇有兩條記載魯君與墨子問答如下：

　　㈡魯君㉖謂子墨子曰：「吾恐齊之攻我也，可救乎？」子墨子曰：「可。……

　　……」（同上，865）

　　㈢魯君謂墨子曰：「我有二子，一人者好學，一人者好分人財，孰以爲太

　　子而可？子墨子曰：「未可知也。………吾願主君之合其志功而觀焉。」

　　（同上，873—874。）

此外史記說墨子是「宋之大夫」，但墨子本書並無此記載。

　　以上列舉了墨子書中有關墨子周游列國的記載若干條。看來墨子的經驗與孔子孟子大致相同，「墨子無煖席」之說是很恰當的。墨子在當時國際關係上，努力推進兼愛非攻理想，其結果則有成有敗，有甘有苦。墨子公輸篇㉗全篇記載墨子止楚攻宋一事很詳細，或許因爲墨子這次努力，竟然發生了難得的效果，所以大書特書。墨子同魯陽文君屢次談話，或者亦發生了些影響。墨子魯問篇說越王對墨子發生了興趣，「爲公尙過束車五十乘以迎墨子於魯」，並且準備「裂故吳之地方五百里以封子墨子」。然而墨子並不爲所動，他的顧慮是

　　意越王不聽吾言，不用吾道，而吾往焉，則是我以義糶也。鈞之糶，亦於

　　中國耳，何必於越哉？㉘

所謂「見利思義」的品德，墨子可以當之無愧了。這些還都是各國君王對墨子有好感，表示歡迎的例子。至於他失望失敗的例子亦不少。墨子游楚，獻書惠王，惠王讀過了書，稱之爲「良書」，但是「以老辭」，顯然是藉口推脫不用了。魯君同墨子談到他感覺「齊之攻我」的焦慮。墨子一面諫勸魯君施行開明的內政外交，以解此患，一面他去勸說齊將項子牛打消伐魯念頭。但是看來並未生效，墨子魯問篇說「項子牛三侵魯地㉙。」

　　墨子周游列國，宣傳兼愛非攻之道，雖然時常碰壁，但是他絕不灰心，不偷懶，

始終見義勇爲，不計個人利害。當時頗有人反對或譏笑他如此作風。墨子往齊國，在路上遇見故人，他就勸墨子說：

今天下莫爲義，子獨自苦而爲義，子不若已！（貴義第四十七，孫、李，XII，818。）

公孟子大槪是一位儒者，他對墨子說：

實爲善人孰不知？……今子徧從人而說之，何其勞也！（公孟第四十八，孫、李，XII，833—834。）

吳慮看來是一位隱士，他對墨子說：

義耳，義耳，焉用言之哉！（魯問第四十九，孫、李，XIII，875，又877。）

巫馬子則直接了當認爲墨子有神經病。他對墨子說：

子之爲義也，人不見而耶（服），鬼不見而富，而子爲之，有狂疾。（耕柱第四十六，孫、李，XI，776。）

這些斥責譏諷，墨子並不在意。他對於每條批評，都有答復。現在擇要逑說其一例。墨子對於故人的批評，答辯如下：

今有人於此，有子十人，一人耕而九人處，則耕者不可以不急矣。何故？則食者衆而耕者寡也。今天下莫爲義，則子如勸我者也，何故止我？（貴義第四十七，孫、李，XII，818。）

墨子的信念很堅決，那就是「萬事莫貴於義」。同時他感覺天下行義，匹夫有責。人人都應就他的職責，地位，本能，去盡量行義，以收衆志成城之效。對於治徒娙縣子碩二人墨子用築牆作比喩，來說明爲義必須大家通力合作：

譬若築牆然，能築者築，能實壞者實壞，能欣者欣，然後牆成也。爲義猶是也。能談辯者談辯，能說書者說書，能從事者從事，然後義事成也。（耕柱第四十六，孫、李，XI，774。）

爲義是人生當然的，應有的行爲。無論結局是成是敗，爲義是無須斟酌考慮的。譬如遇見着火，卽應去救。不能說怕這火救不成，所以不去「奉水將灌之」，反而去「摻火將益之㉚」！

墨子爲人最可敬佩的一點，乃是他能言行一致。他最討厭一個人高談濶論說空話。

這一節他說的很清楚堅決，而且在墨子書中重複的記錄了兩次：

　　言足以復行者常之，不足以舉行者勿常。不足以舉行而常之，是蕩口也

　　。（耕柱第四十六，孫、李，XI，781。）

　　言足以遷行者常之，不足以遷行者勿常。不足以遷行而常之，是蕩口也

　　。（貴義第四十七，孫、李，XII，821。）

墨子主張兼愛非攻，他奔走遊說各諸侯國，大部份是聽說某強大國家正在計劃要攻伐某弱小國家，他趕了去勸他們放棄這無故攻伐的計劃。墨子止楚攻宋是一個很好的例子。呂氏春秋說：

　　公輸般爲高雲梯，欲以攻宋。墨子聞之，自魯往。裂裳裹足，日夜不休

　　，十日十夜而至於郢。(31)

墨子稱得起是「坐而言，起而行，」言行一致，大公無我的一位義士。行義必須去私，這一點墨子看的很清楚。他說：

　　必去六辟，……必去喜去怒，去樂去悲，去愛【去惡】，而用仁義。手、足、

　　口、鼻、耳、目、從事於義，必爲聖人。（貴義第四十七，孫、李，XII，

　　822。）

墨子見義勇爲，個人利害，在所不計。可謂「手、足、口、鼻、耳、目從事於義」，亦可謂之爲「聖人」了。自古以來，對於墨學，有人贊成，有人反對。但是對於墨子的爲人，論者多數表示欽佩，至多說他「摩頂放踵」，超乎常情，不是常人所能做的到而已。

三、墨子其書

　　墨子書漢書藝文志說是七十一篇，隋書經籍志說是十五卷，目一卷，唐書經籍志亦說是十五卷。宋中興閣書目說是十五卷，六十七篇。今本卷數與隋志同，篇數只存五十三篇，較漢志少十八篇。所少十八篇中，八篇目錄尚存，十篇並目錄亦亡。在中國古籍中，墨子有幾項特點：第一就文字論，墨子艱深晦澀，先秦諸子罕有其匹。在清末民初諸大儒考訂整理之前，無法卒讀。第二就內容論，所包括門類範圍極廣，殊不多見。除倫理，政治以外，不但涉及宗教，經濟，而且包括科學，名學，以及兵法。

墨子顯然不是一人所著，亦非一個時期的作品。有人說墨子當視爲墨學叢書㉜，此言頗有見地。第三就組織論，書中主題如尙賢尙同等，每題各分上、中、下三篇，共計廿四篇，約佔全書篇數之半。而三篇並非聯續組織，乃平行組織，內容相互補充，但亦多重複之處，有如耶穌教新約書中四福音之關係。第四就其遭遇論，墨子在先秦思想各主流中，可稱爲最不幸者。就書論書，墨子之重要可與論孟相比擬，當不亞於老莊。然而自漢迄清，一千數百年來，鮮有學者研究注解。其學說固無由以傳播發揚，而其文字之古奧殘敗，自亦與時俱進矣。

墨子書現存五十三篇，大致可分五組如下：

第一組　由親士第一到三辯第七，卷一。

第二組　由尙賢上第八到非儒下第三十九，卷二到卷九。（內闕八篇）

第三組　由經上第四十到小取第四十五，卷十到卷十一上半卷。

第四組　由耕柱第四十六到公輸第五十，卷十一下半卷到卷十三。（第五十一篇文闕目亡，屬卷十三。）

第五組　由備城門第五十二到襍守第七十一，卷十四到卷十五。（內闕九篇）

對於這五組價值，胡適有很清楚的論斷㉝，大致可信。今據以分組簡述。

第一組七篇胡適以爲皆後人假造。梁啓超以爲親士，修身，所染三篇「純出僞托」，餘四篇是「墨家記墨學概要㉞」。錢穆則說法儀一篇是「提綱挈領的墨學概要」，餘篇從胡說㉟。張爾田討論墨經問題，以爲這七篇乃是墨經，並且指明宋人潛溪著諸子辯就說，「上卷七篇號曰經」，可見此說「由來久矣㊱」。看來這第一組仍以胡說爲是。

第二組共包含十一題，除非儒只有上下兩篇外，餘題各有上中下三篇，原共有三十二篇，現存二十四篇，闕八篇。此組是墨子書的中堅，亦是墨學的骨幹。主要部份是墨子所講述，弟子所記載。墨子後墨家分爲三派，這每題三篇的組織或者卽是三派生徒各別的記載。文中每有後人攙混的材料，非樂非儒兩篇更多可疑之點。

第三組六篇魯勝稱之爲「墨辯」。胡適說這六篇與墨子本人無大關係，乃是後來「別墨」的著述，與戰國時代名家們相呼應。梁啓超說經上下兩篇是墨子自著，經說上下兩篇是述墨子口說，大取小取是後人著作。仍以胡說較爲可信。這一組的文字最

爲艱澀，思想極深奧而條文極簡短，澈底了解，殊非易易。民國以來，墨經的研究解釋，儼然成爲中國學術界一可觀運動，亦成爲一專門研究。

　　第四組五篇顯然是墨子言論行事的記載，略與儒家的論語相同，頗可補充第二組所記墨子的學說講述，並可窺視墨子的人生態度，以及墨學的神髓。

　　第五組現存十篇專言守城備敵的兵法。墨子主非攻，大概亦曾實際訓練生徒們守禦之道，這幾篇或者卽是墨家兵法，與墨學主旨關係不太密切。

　　墨子自滿淸乾隆年代迄今，有若干人加以校勘。孫詒讓根據前人疏解著墨子閒詁，有附錄一卷，鈔存前人著墨子敍跋九則[87]。今將九則著者以及敍文名稱，表列如下：

　　　一、魯勝，墨辯註敍（晉書隱逸傳）。

　　　二、畢沅，墨子註敍（經訓堂本）。（貽寶按敍作於1774。）

　　　三、孫星衍，墨子註後敍（經訓堂本），書同上。

　　　四、孫星衍，經說篇跋（經訓堂本），書同上。（貽寶按跋作於1775。）

　　　五、汪中，墨子序（述學）。

　　　六、汪中，墨子後序（述學）（貽寶按後序乃畢沅墨子注書後）。

　　　七、張惠言，書墨子經說解後（亦見茗柯文編），（貽寶按書後作於1793。）

　　　八、武億，跋墨子（授堂文鈔）。

　　　九、王念孫，墨子雜志敍（讀書雜誌）。（貽寶按敍作於1873。）

孫詒讓墨子閒詁，初寫完成於一八九三，初版刊於一八九四。增訂於一九〇四，定本刊於一九〇八。其後有關墨子，墨經的著述，出版數量頗有可觀，可稱二十世紀中國學術界之一主要活動。隨之東西洋之學術界對墨子研究亦發生興趣。茲就墨子注疏書目，墨辯注疏書目，墨學研究書目，日文墨子譯述書目，及西文墨子譯述書目五類，提擧近年出版有關墨學重要書籍數十條，分列爲本文附錄五項。

四、墨子學說的方法，實用主義的知識論

　　春秋戰國時代的思想界狀態，號稱百家齊鳴。當時眾說紛紜，莫衷一是的景象，可以不言而喻。據墨子看，當時學說種類雖多，但是大部不得要領，未中肯綮。推其

病原，則是百家學說，只講內容，不及方法。一派學說沒有清楚的樹立他的方法，很容易流爲說空話，即使他能自圓其說，亦無法判定他的是非眞僞。墨子本人的學說則特別的講求方法。古代中國哲學派系中，名家一派最注重思想方法，但又常常流爲詭辯。墨子對於方法的講求，在古代哲學中，可稱獨樹一幟，是一椿可珍貴的貢獻。後期墨者對名學辯學有若干發明，顯然是墨子治學方法的一種引伸。本節分三段說明墨子對於學說方法的注意：1.墨子對於當時一般學說的批評，2.墨子對於儒家立論的批評，3.墨子的三表法。

墨子對於當時一般學說，深表不滿。因爲這些學說缺乏清楚公認的方法的準則，結果言論自爲言論，行爲自爲行爲。言行脫節的遺害，輕者使言論成爲費話，空談，重者且能禍國殃民。所以第一步墨子對於任何言論，先要問他對於行爲能否發生作用，發生影響？墨子說：

> 言足以遷行者常之，不足以遷行者勿常，不足以遷行而常之，是蕩口也。（貴
> 義第四十七，孫、李，ⅫＩ，821)

在本文「墨子其人：事蹟及人生態度」一節裡曾引過這一段引文，亦引過墨子耕柱篇裡一段大致相同的記載。墨子認爲言行應有密切關係。凡一論說應當在行爲上發生影響，表現他的價值。設若不能，那就是空論，廢話，說這種話的人亦卽是說說而已了！墨子自己是一位「坐而言，起而行，」以身作則的「義士—思想家」。他最看不過一般不負責任，不切實際，高談潤論的言論家。這裡墨子所指明言行應有的關係，乃在倫理社會範圍一方面，所以他說言論應當有補於人生的行爲。另外在哲學知識論一方面，墨子提出「名」「取」的差別。名取的差別仍然聯繫於言行的關係。名是界說定義，屬乎言的一方面；取是選擇去從，屬乎行的一方面。一個空虛的界說，聽來可以很動聽，但是必須經過實際行動的考驗，才能分辨他是空話或是實話，是眞知或是僞知。是以不但「言」要「足以遷行」才有價值，而且「言」要用「行」來考驗他是否眞知識。譬如墨子主兼愛，許多人言論上不同意其說。但臨到擇友而寄託父母妻子的關頭，必寄託於行兼之友，臨到擇君而事的關頭，必從行兼之君。墨子氣憤的說：

> 此言而非兼，擇卽取兼，卽此言行費也！（兼愛下第十六，孫、李，ⅣＶ，
> 234)

這是說不負責，無誠意的言論，需要用行爲來揭露其虛假。另有一派頗有自信心的學

說，亦一直等到把學說付諸行動，才明瞭所知不是眞知。墨子用瞽者談論顏色爲例，
說明此理如下：

> 今瞽曰，「鉅者白也，黔者黑也，」雖明目者無以易之。兼白黑使瞽取
> 焉，不能知也。故我曰瞽不知白黑者，非以其名也，以其取也。（貴
> 義第四十七，孫、李，XII，823）

用平行的推理方式，墨子接着說明「天下之君子不知仁」，其故亦不是他們不能「名
仁」，亦是因爲他們不能「取仁」。只聽一個人的口頭界說，亦許無懈可擊。然而到
了實際行動的關頭，便看出他認識不清。所以行動一方面是分辨眞知識與假知識的試
金石，另一方面亦是衡量知識價值的尺度。再進一步說，言行若是脫了節，不但空泛
的議論可以毫無價值，可以漫無標準，甚至可以顚倒是非，指鹿爲馬。墨子說：

> 今有人於此，少見黑曰黑，多見黑曰白，則以此人不知白黑之辯矣。少
> 嘗苦曰苦，多嘗苦曰甘，則必以此人爲不知甘苦之辯矣。今小爲非則知而
> 非之，大爲非攻國，則不知非，從而譽之，謂之義。是以知天下之君子
> 也，辯義與不義之亂也。（非攻上第十七，孫、李，V，263）

　　以上是墨子對於當時言論界的一般的批評感嘆。言行脫了節，所以論說雖多，盡
是些空談泛論，小者不切實際，大者可以混淆皂白，顚倒是非，禍國殃民。墨子對於
儒家的學說方法則更有專對的批評。揣其用意，大概一面因爲儒家是一派顯學，舉足
輕重，墨子的批評含有求全責備的意思。另一面因爲儒墨學說態度方法，確有對立的
差異。墨子認爲儒家只講當然，不講所以然，只注重崇高的理想，而忽略逐步實現這
個理想的手段。墨子耕柱篇記載一段墨子批評孔子的政論如下：

> 葉公子高問政於仲尼，曰：「善爲政者若之何？」仲尼對曰：「善爲政者，遠
> 者近之，而舊者新之。」子墨子聞之，曰：「葉公子高未得其問也，仲尼亦
> 未得其對也。葉公子高豈不知善爲政者之遠者近也，而舊者新是哉？問所
> 以爲之若之何也。不以人之所不智告人，以所智告之。故葉公子高未得其
> 問也，仲尼亦未得其所以對也。」（公輸第四十七，孫、李，XI，779—780）

墨子認爲葉公子高與孔子這段問答，未得要領。他們所論的是理想政治的目的，所謂
「近悅遠來」的烏托邦。依墨子看，這種理想是很明顯的，無須乎費辭；所應切實注

意的，乃是「若之何」而能「爲之」，而能使這樣理想實現。而問者答者都是顧到了所無須顧慮的，忽略了所應當顧慮的。墨子另有一段批評儒家學說方法之不當，見公孟篇如下：

> 子墨子曰：「問於儒者，何故爲樂？」曰：「樂以爲樂也。」子墨子曰：「子未我應也。今我問曰，『何故爲室？』曰，『冬避寒焉，夏避暑焉，室以爲男女之別也。』則子告我爲室之故矣。今我問曰，『何故爲樂？』曰，『樂以爲樂也。』是猶曰，『何故爲室？』曰，『室以爲室也。』」（公孟第四十八，孫、李，ⅩⅡ，844）

墨子在他的時代，能堅持要求說明理由，而且他能清楚的分辨目的與起因之不同，確是很有見地。墨子認爲一個人的言行擧動，都應有故，有理由，有所爲。他對於「樂以爲樂」的回答不滿，因爲這樣答案，只說到當然，並沒有說明其故，其理由，其所以然。在這一論點上，墨子表現了他的一個長處，同時亦表現了他的一個短處。他的長處在能分辨原因與結果，理由與行動。他的短處乃是他以爲人生行動一概都有理由，都「有所爲」。他不了解，在行爲的「當然」以及行爲的「所以然」以外，還有行爲的「自然」，亦可以成爲行動的動機。尤其在藝術生活，「無所爲而爲」乃是很基本，很普遍的現象。墨子拿「爲室」與「爲樂」併爲一談，可見他所蔽很深。樂以爲樂」即是「爲作樂而作樂」，此話等於說「爲藝術而藝術」，滿說得通。要說「爲造房子而造房子」，此話在一般情形之下是說不通的。不過「爲室」屬乎實用範圍，「爲樂」屬乎美育範圍，根本不可併爲一談。大致說來，道家的立場主張人生行動全應無所爲而爲，墨家立場則主張全應有所爲而爲，而儒家立場則履行中庸之道，以爲有些行爲應有所爲而爲，有些應無所爲而爲。墨子這個短處，是他對於人情事理了解上的一個短處。單就方法而論，墨子能認識方法的重要，能堅持言與行的密切關係，能分辨名與取的差別，能要求立論不但應說明目的，更要說明其功用與手段——這都是墨子的不可埋沒的功績。尤其因爲當時一般思想家對於學說方法，缺乏注意，更顯得墨子的貢獻，難能可貴了。

墨子治學，講實際，講負責。他在批評他人言論時，亦一貫表示這種精神。墨子說：

> 非人者必有以易之，若非人而無以易之，譬之猶以水救火也。〔按末句似當
> 爲「以水救水，以火救火也。」〕（兼愛下第十六，孫、李，Ⅵ，229）

墨子既然對於別人學說，因其缺乏依據，缺乏準繩，而表不滿，他必須清清楚楚的提
出他自己的學說方法，才能算「有以易之」。這就說到墨子對於中國古代論理學上的
一項可貴的貢獻，他自稱他這論理方法爲「三表法」。三表法在墨子非命上，中，下
三篇，有三次重複的記載。墨子自己是執無命的，他駁斥一般執有命的論說時，感覺
需要立下一套言論的儀法，才好辨認孰是孰非。否則各執己見，莫衷一是，便無法產
生公是公非了。茲引非命上墨子所說的三表法如下：

> 言必立儀。言而無儀，譬猶運鈞之上而立朝夕者也。是非利害之辨，不
> 可得而明知也。故言必有三表。何謂三表？子墨子言曰：有本之者，有
> 原之者，有用之者。於何本之？上本之古者聖王之事。於何原之？下原
> 察百姓耳目之實。於何用之？廢〔發〕以爲刑政，觀其中國家百姓人民之
> 利。此所謂言有三表也。　（非命上第三十五，孫、李，Ⅸ，507—508）

這一段三表法的說明，在中國古代哲學史中是一段罕見的討論思想方法的文字。若同
古希臘亞里斯多德的形式邏輯比較，三表法當然遠不及其周密完備。但是墨子清楚的
提出一個三表法，來建樹一個客觀的判斷是非眞僞的標準，這在中國古代哲學上是一
個顯著的例外，是一件可觀的成就。三表乃是衡量論證的三種標準：第一表說言之
本第二表說言之原，第三表說言之用。言之本要「本之古者聖王之事」，這亦就等於
現今所謂「歷史的教訓」。古者聖王之事應當奉爲標準，因爲第一他是有歷史的確據
而不容揣測的事實，第二他是聖王的經驗，那更是無可誹議的了。所以墨子說：

> 凡言凡動，合於三代聖王，堯、舜、禹、湯、文、武者，爲之。凡言凡動，合
> 於三代暴王，桀、紂、幽、厲者，舍之。（貴義第四十七，孫、李，ⅩⅡ，821）

這是很清楚的第一表，言之本，的標準。第二表說言之原，必須「原察百姓耳目之
實」。這等於現今所謂公衆的觀察，立言必須符合公衆的視聽見聞。墨子執無命，駁
斥他人執有命；相反的墨子執有鬼神，駁斥他人執無鬼神。孰是孰非，他認爲這種的
爭執都應取決於公衆的觀察。墨子說：

> 今天下之士君子，〔或以命爲有〕，或以命爲亡。我所以知命之有與亡者，以

　　　　衆人耳目之情，知有與亡。有聞之，有見之，謂之有。莫聞之，莫見之

　　　　，謂之亡。（非命中第三十六，孫、李，Ⅸ，518）

　　　　旣以鬼神有無之別以爲不可不察已，然則吾爲明察此其說，將奈何而可

　　　　？子墨子曰：是與天下之所以察知有與無之道者，必以衆之耳目之實，

　　　　知有與亡爲儀者也。請〔誠〕惑聞之見之，則必以爲有。莫聞莫見，則

　　　　必以爲無。（明鬼下第三十一，孫、李，Ⅷ，434）

第一表注重歷史，這第二表注重現時；第一表注重古者聖王，第二表注重衆人百姓。可見人的經驗，不分古今遐邇都是立言的依據，試言的準繩。中庸提出博學，審問，愼思，明辨，篤行五點的方法論，其中博學，審問兩點似乎可以與墨子第一第二兩表作同樣解釋。不過中庸所說，不如墨子所說淸楚確切耳。墨子第三表說言之用，要把一種學說化爲政令，施行於全國百姓，而觀其效果是利是害。如今再以執有命學說爲例，墨子非命篇有大段議論，駁斥此說，我們只引其結論一兩句話如下：

　　　　今用執有命者之言，則上下不聽治，下不從事。上不聽治則刑政亂，下不從事

　　　　則財用不足。…故命上不利於天，中不利於鬼，下不利於人。而強執此者，

　　　　此特凶言所自生，而暴人之道也。（非命上第三十五，孫、李，Ⅸ，517）

這第三表是以效果來判斷一種學說的是非眞僞。第一第二兩表只是考察史蹟民情，第三表要追詢實施的效果，這是最後的標準，亦是三表中最重要的一表。學說經實施後而產惡果，無論有無其他依據，終是凶言暴道。所以「本之者」，「原之者」，「用之者」三項標準，最後還是歸結於用。

　　　　墨子篤信實用，甚至他相信凡善必可用。兼愛下篇有一段記載如下：

　　　　然而天下之士，非兼者之言，猶未止也。曰：「卽善矣，雖然，豈可用

　　　　哉？」子墨子曰：「用而不可，雖我亦將非之。且焉有善而不可用者？

　　　　」（兼愛下第十六，孫、李，Ⅳ，231—232）

這一段說話是墨子對於一般批評他的兼愛論者的答辯。他認爲兼愛學說毫無問題的可用，能產生美滿效果，所以符合他的第三表的標準。

　　　　在上一段引文裡，墨子更伸延可用一義，而說「焉有善而不可用者？」這是一項概括的哲學主張，凡善皆可用，不可用必是不善。亦就是說一切「好」都有他的「好

的「好處」，沒有「好處」亦就不成其爲「好」了。任何事物若說他「好」，就得說得出他的「好處」在那裡，或是爲什麼好：譬如說某種藥品好，他的好處在能治病；某個厨師好，他的好處在能燒菜；中庸之道好，他的好處在能使人心平氣和，不走極端。說他好必須能表現他的好處，不能表現他的好處或是他根本沒有好處，那就不能說他好了。這就是墨子的實用主義的知識論。善的解釋，古今中外衆說紛紜，墨子提出「善必可用」的原則，在中國思想史中是一創舉，在西洋亦不多見。二十世紀美國哲學界有所謂實驗主義學派(Pragmatism)，其基本主張竟與兩千數百年前墨子的學說觀點，頗有吻合之處。

「用」字有廣義的用法，有狹義的用法，墨子所注重的用，當然是廣義的。以上討論已說明在墨子心目中，「用」與「善」是密切關聯的。前文曾說明墨子對言與行，名與取的看法，此中都有「用」的關係。「行」可以說是「言」的應用，「取」可以說是「名」的應用。言行脫節是因爲忽略了「用」，補救之方，仍在使言能「用」於行，名能「用」於取。前文又說明墨子是一位義士，他自己行義，勸人行義，而墨子經說上說：「義，利也」㊳。顯然義的概念亦關聯於「用」，用處，良好的效果。儒家說「義也者，宜也。」所謂宜是應當，是適合。依照墨子學說，義固然是應當，而其應當的原因，仍然是在其良好效果，在其用處，所以仍然要說，義是廣義的利。

墨子注重哲學方法，這是墨學一特點，所以本文對於此點所述較詳。他對於當時一般學說，尤其對於儒家學說，有嚴厲的方法上的批評。他自己提出所謂三表法，三表中第三表講「用之者」最爲重要。墨子的學說方法所以吾人名之爲實用主義的知識論。

五、墨子學說

墨子學說的主體，共列尚賢、尚同，兼愛、非攻，節用、節葬，天志、明鬼，非樂、非命十目。據墨子的意思，這十目都是治國之道，其去取要因時致宜，對症下藥。墨子說：

> 凡入國必擇務而從事焉。國家昏亂則語之尚賢、尚同；國家貧則語之節
>
> 用、節葬；國家憙音湛湎則語之非樂、非命；國家淫僻無禮則語之尊天

　　、事鬼；國家務奪侵凌卽語之兼愛、非攻。故曰，擇務而從事焉。（

　　　魯問第四十九，孫、李，ⅩⅢ，879）

吾人綜觀墨子學說，以爲他立說宗旨有二，近旨在由亂中求治，遠旨在條理天人關係，使之盡義盡利。春秋戰國時期，頻年戰亂，民衆們流離疾苦不堪，而貴族們驕奢淫佚無度，墨學在負面標榜節用節葬，非樂非命，以及非攻等項目；在正面則以兼愛主義爲主體，以尙賢尙同爲輔翼，而以天志爲整個學說系統的最終依據。無論在正面或在負面，墨學與儒學都有衝突，所以墨子書中更有「非儒」一篇。當時的思想家，一致的以時弊時艱爲立言立說的出發點。依墨子看，儒家的對策，大都不够澈底。孔子自己說「述而不作」，難免有委卸責任的嫌疑，批評不能一針見血，論說更盡量調協，維持現狀。甚且當時若干流弊，如對於禮樂的推崇，儒學不但不加糾正，反而擁護助長，結果是消耗了許多的財力，而對於民生毫無利益。這些都使墨子對儒學不滿，「以爲其禮煩擾而不悅，厚葬靡財而貧民，久服傷生而害事。」[39]墨子明說：

　　　儒之道足以喪天下者四政焉：儒以天爲不明，以鬼爲不神；⋯⋯又厚葬久喪；

　　　⋯⋯又絃歌鼓舞，習爲聲樂；⋯⋯又以命爲有⋯⋯此足以喪天下。（公孟第四

　　　十八，孫、李，ⅩⅡ，845）

至於墨子對於儒家的學說方法的批評，本文在上一節已經述說。就吾人看，孔子亦是一位革新的思想家，不過他對於歷史的觀點以及對於人性的了解，大異於墨子。墨子只問應該不應該，應該作就去作便了。孔子問應該不應該以外，還要顧到近情合理，逐步實施。儒墨最終標的，都在「大同」的理想。墨子認爲「兼愛」是達到「大同」理想的捷徑，便直接要求人性大改革，一致實行兼愛。孔子則認爲「大同」未可一蹴而就，目前只能先講「小康」。如若一定堅持要立刻實現「大同」，結果會要「欲速則不達」，無益而有害的。

　　墨子學說的骨幹在兼愛。墨子兼愛上，中，下三篇把兼愛主義的道理說得很清楚有力。用開宗明義的筆法，墨子說，大家都在談亂中求治之道，何不注意一下「亂之所自起」，譬如「醫之攻人之疾者然」？稍加考察，便看得出世間人類一切關係——無論個人倫常，或是國際關係——都被一個原則所支配：「天下兼相愛則治，交相惡則亂。」他用「兼」「別」兩詞來區分這兩種態度，愛人利人者爲兼，惡人賊人者爲

別。當時的君主他名之爲「別君」，當時的士大夫他名之爲「別士」，不消說墨者當然都是「兼士」。墨學的主旨卽在兼以易別，以兼相愛交相利來替代交相惡交相賊。一旦人人都能做到愛人如已，視人如已，亂自然而去，治自然而來。墨子說：

> 視人之室若其室，誰竊？視人身若其身，誰賊？……視人家若其家，誰
>
> 亂？視人國若其國，誰攻？（兼愛上第十四，孫、李，Ⅳ，210）

兼愛主義能貫澈施行的時候，不但竊賊攻亂的現象可以消除，簡直「大同」理想亦就實現了。墨子說：

> 別非而兼是者，出乎若方也。今吾將正求與〔興〕天下之利而取之，以兼
>
> 爲正。是以聰耳明目，相與視聽乎！是以股肱畢強，相爲動宰〔擧〕乎！
>
> 而有道肆相敎誨。是以老而無妻子者有所侍養，以終其壽。幼弱孤童之
>
> 無父母者有所放依，以長其身。今唯毋以兼爲正，卽若其利也。（兼
>
> 愛下第十六，孫、李，Ⅳ，230—231）

如此的愛人如已，人我無間的境界，很近乎釋迦佛所說的大慈大悲，耶穌基督所說的博愛的境界。墨子這一套兼愛學說，當時很受些「別士」們的批評。有的說這樣學說難而不可爲，有的說他善則善然而不可行，不可用。墨子逐一予以解釋，駁斥。他大致以三表法所提出的歷史事實，大衆觀察，以及實施效果爲依據。他用「投我以桃，報之以李」的道理，說明兼愛亦正是最有效的自愛。他更指明一般「別士」們言非兼，而在選擇君王，朋友時，則是擇取兼。這不但言行相背，實際是自己自私自利的行別，而利用他人大公無私的行兼。這已超乎學說的差別，而是品德的卑鄙了。

後來墨者，更澈底的說：

> 愛人，待周愛人而後爲愛人。不愛人，不待周不愛人。不周愛，因爲
>
> 不愛人矣。（小取第四十五，孫、李，Ⅺ，764）

由墨子兼愛的立場來看儒家所講仁愛，他是有層次厚薄的，有保留的。例如孔子不肯說以德報怨，只肯說以直報怨。孔子仍保持「親親之殺，尊賢之等」的觀念，他的仁愛可謂爲「汎愛」，墨子認爲「汎愛」不如「兼愛」澈底。墨子想要直接了當，快刀斬亂麻的實現理想社會。這其間儒墨差別，是起源於墨子對於實現理想社會過度熱心，操之過急，而忽略了人情人性的基本實況。墨子兼愛主義，在中國思想史中，未受長

期推崇注意，亦更未在中國社會發生具體的作用，原因不一，或者墨學本身缺欠亦不無關係。雖然，在兩千幾百年前，舉世紛爭攘奪情況之下，墨子獨能高舉兼愛學說的標幟，鍥而不舍，喚醒羣迷，這終是中國思想史上，光彩而不可泯滅的一頁！

兼愛主義的一個附帶主張卽是非攻。兼愛目的在解除個人偏私，非攻的目的在消滅國際鬥爭。墨子時期已有弭兵之說，後來尹文宋鈃亦主張「禁攻寢兵」。墨子非攻之說，則略有不同。他專門反對大國沒來由的攻伐小國。他不但不談全盤弭兵，反而鼓勵弱小國家備戰自衞。墨者似乎是一個打抱不平的組織，墨子書中第五組，原有二十篇，現存十篇，所講的都是守禦備敵的兵法。墨子對於籌備興兵的強大國家，先勸說攻伐之事乃義所不許，再說明攻伐無利可圖。如其仍不囘心轉意，則最後要聲明墨者們準備參戰，維持正義，使侵略者果然動武的話，亦難操勝算，藉以誘導他自動的打消原議。

當時社會需要倫理改造，心理革命，所以墨子標榜兼愛非攻。社會同時需要賢能治理，有效組織，是以墨子提倡尚賢、尚同。兼愛爲主，尚賢、尚同爲輔，以期達到大同目的。墨子述說「爲賢之道」能產生效果如下：

> 有力者疾以助人，有財者勉以分人，有道者勸以敎人。若此則饑者得食
> ，寒者得衣，亂者得治。若饑則得食，寒則得衣，亂則得治，此安〔乃〕
> 生生。（尚賢下第十，孫、李，Ⅱ，144）

可惜當時人君用人，只取「骨肉之親，無故富貴，面目美好者」，結果自然適得「爲賢之道」之反。尚同表面看來，只是維持封建制度的逐層統治。墨子則認爲尚同爲齊義的不二法門，必須齊義，社會才能和平相處，行有效措施。墨子說：

> 古者天之始生民未有正長也，百姓爲人。若苟百姓爲人，是一人一義，
> 十人十義，百人百義，千人千義。逮至人之衆不可勝計也，則其所謂義
> 者，亦不可勝計。此皆是其義，而非人之義。是以厚者有鬥，薄者有爭
> 。是故天下〔下字衍〕之欲同一天下之義也，是故選擇賢者，立爲天子。
> （尚同下第十三，孫、李，Ⅲ，185）

是以天子乃是由天選擇賢者充任的。講治者的選任，次序是向下的，由天子，三公，諸侯，卿宰，鄉長以至家君，每人都是他那個階層範圍中的最賢者。講義的同一，次

序是向上的，人人都應向本層首長同一其義，然後本層首長更應向上層首長同一其義，由家君逐層以至天子，而天子更應「上同乎天」。尚同、尚賢有密切關係。惟其政長都是賢者，才能要求大衆與政長同一其義，而有道德根據，否則尚同便要成了極權政治了。

　　墨子的宗教觀念，在諸子百家中，是最清楚，最肯定的。墨子書中存有天志三篇，明鬼一篇，非命三篇，說明此義。綜其內容，可列舉墨子信念，有以下數條：㈠天兼有天下之人，故兼愛天下之人。㈡順天意者兼相愛，交相利，必得賞。㈢天之意不欲大國之攻小國也。㈣天爲貴，天爲智，自天子以至庶人，一切行動，有天政之。㈤天欲義而惡不義。㈥順天意者義政也，反天意者力政也。㈦從天之意者必得賞，背天之意必得罰。人爲天所欲則天爲人所欲，人爲天所惡則天爲人所惡。以上各條信念而外，墨子並說：

　　　　子墨子之有天之意也，上將以度天下之王公大人爲刑政也，下將以量天
　　　　下之萬民爲文學出言談也。……故置此以爲法，立此以爲儀，將以量度
　　　　天下之王公大人卿大夫之仁與不仁，譬之猶分黑白也。（天志中第二
　　　　十七，孫、李，Ⅶ，398—399）

可見墨子有很濃厚的宗教意識，他所謂「天」滿有神明上帝性格。墨子雖然堅信天帝鬼神，他却不信命定之命而且非之。禍福都決於人事，能順天之志，能中鬼之利，便可得福，否則招禍，所以命定之說他是反對的。天志不但是墨子的宗教對象，而且是墨子一切學說的基礎與依據。兼愛非攻根本卽是天之行，天之志。尚賢開端於「天……選擇賢者，立爲天子。」隨後

　　　　故古聖王以審以尚賢使能爲政，而取法於天。（尚賢中第九，孫、李
　　　　，Ⅱ，129）

天子本由天選，承受天命，可以說是替天行道。旣然號稱「天子」顯然要對天負責。尚同的次序，由庶人逐層同義於天子，而最終要「天子同於天」。中國自古就有天視天聽等於民視民聽的觀念，合起來這就成了後來孟子所說，民爲貴，君爲輕的張本了。墨子學說，雖然可以區分爲倫理，政治，宗教各方面，而他們彼此間有密切關係，組成一個學說系統。

六、墨家的流演

墨子止楚攻宋一段記載裡，他最後警告楚王，說道：

> 然臣之弟子禽滑釐等三百人，已持臣守圉之器，在宋城上而待楚寇矣。
> 雖殺臣不能絕也。楚王曰：「善哉，吾請無攻宋矣。」(公輸第五十，孫
> 、李，ⅩⅢ，896)

看來墨子不但授徒，而且徒衆人數可觀，組成一個相當勢力，能在當時國際關係上，發生左右和戰的作用。墨子書的第四組五篇，每篇都有關於墨子生徒的記載，列名者共計十五人如下：耕柱篇：高石子，縣子石，耕柱子，管黔澂，治徒娛；貴義篇；公尚過，弦唐子；公孟篇：跌鼻；魯問篇：魏越，高孫子，曹公子，勝綽，彭輕生子，孟山，公尚過；公輸篇：禽滑釐。墨門弟子有學而優則仕的意識，墨子亦以推薦生徒去做官爲師道的義務。同時墨子似乎對於那些已入宦途的畢業生，繼續予以褒貶指導；對於政聲太壞的，甚至可以要求把他撤差免職。以下引文兩節第一節，是屬乎褒揚的：

> 子墨子使管黔澂游高石子於衞，衞君致祿甚厚，設之於卿。高石子三
> 朝必盡言，而言無行者。去而之齊。見子墨子曰：……「昔者夫子有
> 言曰，『天下無道，仁士不處厚焉。』今衞君無道，而貪其祿爵，則是
> 我爲苟陷人長也。」子墨子說而召子禽子曰：「姑聽此乎？夫倍義而鄉
> 祿者，我常聞之矣。倍祿而鄉義者，於高石子焉見之也。」（耕柱第四
> 十六，孫、李，Ⅺ，781—783）

第二節是屬乎貶抑的：

> 子墨子使勝綽事項子牛。項子牛三侵魯地，而勝綽三從。子墨子聞之，
> 使高孫子請而退之，曰：「我使綽也，將以濟驕而正嬖也。今綽也，祿
> 厚而謟夫子。夫子三侵魯，而綽三從，是鼓鞭於馬靳也。翟聞之：『言
> 義而弗行是明犯也。綽非弗之知也，祿勝義也。」（魯問第四十九，孫
> 、李，ⅩⅢ，883—884）

當時墨者人數衆多，紀律緊嚴，不但三百人可以由墨子指揮，擔任防禦工作。而且據說：

> 墨子服役者百八十人，皆可使赴火蹈刀，死不旋踵。[40]

　　墨者成爲一個很嚴密有力的組織，而且有一個大家公認並服從的首領，稱爲「鉅子」。關於「墨者鉅子」的記載，呂氏春秋有兩段，莊子天下篇有一段，可以藉以看出這「鉅子」的地位與權威，以及墨者團結的力量，現在引錄呂氏春秋上德篇：

　　墨者鉅子孟勝善荆之陽城君。陽城君令守於國，毁璜以爲符，約曰：「符合，聽之。」荆王薨，羣臣攻吳起兵於喪所，陽城君與焉。荆罪之，陽城君走，荆收其國。孟勝曰：「受人之國，與之有符。今不見符，而力不能禁。不能死，不可。」其弟子徐弱諫孟勝曰：「死而有益陽城君，死之可矣。無益也，而絕墨者於世，不可。」孟勝曰：「不然。吾於陽城君也，非師則友也，非友則臣也。不死，自今以來，求嚴師必不於墨者矣，求賢友必不於墨者矣，求良臣必不於墨者矣。死之所以行墨者之義 ，而繼其業者也。我將屬鉅子於宋之田襄子。田襄子賢者也，何患墨者之絕世也？」徐弱曰：「若夫子之言，弱請先死以除路。」還歿頭前於孟勝。因使二人傳鉅子於田襄子。孟勝死，弟子死之者百八十三人。以致令於田襄子，欲反死孟勝於荆。田襄子止之，曰：「孟子已傳鉅子於我矣，當聽。」遂反死之，墨者以爲不聽鉅子[41]。

呂氏春秋去私篇有一段關於墨者鉅子記載如下：

　　墨者有鉅子腹䵍，居秦。其子殺人。秦惠王曰：「先生之年長矣，非有他子也，寡人已令吏弗誅矣。先生之以此聽寡人也！」腹䵍對曰：「墨者之法，曰：『殺人者死；傷人者刑』，此所以禁殺傷人也。夫禁殺傷人者，天下之大義也。王雖爲之賜，而令吏弗誅。腹䵍不可不行墨者之法。」不許惠王，而遂殺之。子，人之所私也。忍所私以行大義，鉅子可謂公矣[42]。

莊子天下篇述說墨家的流演如下：

　　相里勤之弟子，五侯之徒；南方之墨者，苦獲，已齒 ，鄧陵子之屬；俱誦墨經，而倍譎不同，相謂「別墨」。以堅白異同之辯相訾，以觭偶不仵之辭相應。以巨子爲聖人，皆願爲之尸，冀得爲其後世。至今不決[43]。

墨者團體組織，似乎在墨子生前就有了端倪，他說他能叫禽滑釐率領弟子三百人，在宋城上待楚寇。禽滑釐顯然是諸弟子中的大弟子。墨子，禽滑釐兩人是否曾被尊爲「墨者鉅子」，無法確定，只可說不無可能。呂氏春秋存有三位鉅子的姓名。孟勝死陽

城君一事，當在墨子死後十年左右。腹䵍不接受秦惠王的特赦，而殺其子，則下距又
六七十年。孟勝腹䵍之間有田襄子，這三位鉅子大概是一脈相承的。看來墨者鉅子是
終身職，而後任是由前任指定，「爲之尸」。墨者都要聽鉅子的號令，這是在「圈兒
裡面」嚴格的實施尙同主義。墨者團體，有「墨者之法」，卽使國法可以寬恕，墨法
仍須施行無赦。墨者不但要守法，而且要守信。鉅子更要以身作則，先公而後私。這
樣一個具體而完備的組織，來實現一派學說的理想，在中國思想史中，要以墨家爲孤
例。現在通稱爲道教的團體，發端於漢末混亂時期，名稱原爲五斗米教，後來脫化爲
道教，與老莊道家思想似是而非，甚且局部的背道而馳——這樣的道教團體不足與墨
者團體相提並論的。

　　腹䵍以後，古籍中不再見關於墨者鉅子的記載，但是墨者的勢力，還很顯赫，似
乎一直到西漢，方才遭受打擊冷落。古籍中孟子、荀子對於墨家批評最力，難免亦是
基於墨家勢力強大，儒家感受威脅的恐懼。莊子天下篇以上一段引文有暗示墨家區分
爲南宗北宗的情勢。韓非子固然對於儒家、墨家，一致詆毀，但是韓非子顯學篇開門
見山的說：

　　　　世之顯學，儒、墨也。……自墨子之死也，有相里氏之墨，有相夫氏之
　　　　墨，有鄧陵氏之墨。…墨離爲三，取舍相反，不同，而皆自謂眞…墨㊹。
呂氏春秋屢次提到墨子，更屢次並提儒、墨，當染篇記有一段如下：

　　　　擧天下之顯榮者，必稱此二士也。皆死久矣。從屬彌衆，弟子彌豐，
　　　　充滿天下。……孔、墨之後學顯榮於天下者衆矣，不可勝數㊺。
這可見得直到秦末漢初，墨家仍在顯赫當世，前後計二百餘年，與儒家並駕齊驅，不
分軒輊。就學說思想立場而論，墨子的基本觀念，如兼愛、非攻，尙同、尙賢等，在
墨子書中，各分上中下三篇平行記述。很可能這三套文獻卽是相里相夫，鄧陵三派墨
學的不同的記錄。墨子書的內容，除墨子正統思想若干篇以外，還有論名學的一組，
論守禦兵法的一組。三派墨者之說，亦可能是在這三門墨學上，各有專長。墨子經上
下經說上下大小取六篇是討究名學，辯學與科學的文字。現在大家稱之爲墨辯。但是
莊子天下篇說墨者「俱誦墨經」，是否卽指此六篇，或六篇中之一部份，殊難確定。
這墨辯六篇，墨子著述部份很少，或沒有，大都是晚期墨家的著作。晚期墨家與戰國

時代的名家有唱和呼應的聯繫。大致說來，墨辯名學的態度，完全是正面的，用莊重的態度去了解名詞的定義，區別，應用各點。至於名家的名學則包含一部份詭辯，謎語，以及若干聳聽的危言，亦可以說墨辯名學完全是立，名家名學則一部份是破。而且破的說詞，頗多離奇怪異，因而引起莊子一派是非相對論的名學。胡適㊻，梁啓超㊼，錢穆㊽都認爲戰國名家是墨家的流演，或是「別墨」。此說實嫌根據不足。於此方授楚有所辯駁㊾，其說雖未盡當，但已指明惠施不能視之爲後期墨者，亦不能視之爲「別墨」，而應視之爲「非墨」。公孫龍亦然。總之，墨家流演，有名學興趣的發展，對於戰國名家影響很深，然而兩家討論名學的立場以及態度，實不相同。稱惠施、公孫龍等爲後期墨家，或爲「別墨」，實欠允當。

七、墨子的評價

因爲墨學有顯明而獨特的立場，先秦諸子對他已有若干批評稱譽。這些說法可以幫助吾人認識墨家的長短利弊，亦可以幫助吾人明瞭先秦各家思想的相互關係。對於墨子批評最早的，要推孟子，孟子以墨子與楊子相提並論，有兩條批評楊、墨的話：

> 楊子取爲我，拔一毛而利天下，不爲也。墨子兼愛，摩頂放踵利天下，
>
> 爲之㊿。

> 聖王不作，諸侯放恣，處士橫議。楊朱、墨翟之言盈天下。天下之言，不
>
> 歸楊則歸墨。楊氏爲我，是無君也；墨氏兼愛，是無父也；無父無君，
>
> 是禽獸也！[51]

孟子這兩句話說的並不恰當。第一句說楊子自私，固然應當予以打擊。至於墨子是大公無私，捨己爲人，只當稱頌，怎可批評？第二句話說墨子兼愛卽是無父，無父卽是禽獸，不言而喩的墨子卽是禽獸了！這實在不像討論學術的口氣，世間亦沒有這樣的論理。但是日後歷代尊儒，孟子成了亞聖，這兩句很不得體的話，難免斷送了墨學的前途。

　　荀子當然亦是以儒家的立場，批評墨子，但是他的說法，比孟子高明。尤其富國、樂論兩篇，批評墨子的節用、非樂學說，言之有物，令人折服。這兩段文很長，不便引錄。荀子富國篇大意是注重開源，以抵制墨子的節流觀點，以積極經濟學說代

消極經濟學說。人力物力應治理得宜，以獲相生相育，共存共享之效。下錄數語，尤
爲精闢：

> 上得天時，下得地利，中得人和，則財貨渾渾如泉源，汸汸如河海，暴
> 暴如山丘。㉒

荀子以爲

> 儒術誠行，則天下大而富，使而功。……故墨術誠行，則天下尙儉而彌
> 貧，非鬥而日爭。㉓

這確是抓住墨學弱點，而同時發揮了儒學的長處，言之有理。荀子樂論篇反駁墨子非
樂說，亦頗有見地。其大意說，樂者樂也，人生有動靜作息，勞逸苦樂。作樂乃是順
人情，化人性，使人與人間發生和順調協所必需的工具。墨子非樂，可見他所蔽甚
深。荀子說：

> 墨子之於道也，猶瞽之於黑白也，猶聾之於淸濁也，猶之楚而北之也。㉔

如此評語，雖然嚴厲，亦還算有據。

對於墨子全盤的評議，荀子亦有很簡賅按語，荀子說：

> 墨子有見於齊，無見於畸。㉕
>
> 墨子蔽於用，而不知文。㉖
>
> 不知一天下，建國家之權稱；上功用，大儉約，而慢差等；曾不足以容辨異縣
> 君臣。然而其持之有故，其言之成理，足以欺惑愚衆，是墨翟，宋銒也。㉗

到了漢初，司馬談論六家要旨說墨學：

> 儉而難遵。要其彊本節用，則人給家足之道也。此墨子之所長，雖百家
> 弗能廢也。㉘

唐朝韓愈撰有讀墨子一篇短文，對墨子多所推崇辯護。韓愈自視爲儒學道統嫡傳，尤
其服膺孟子，而竟能杜絕門戶之見，主張儒墨協和之說，這實在值得注意，讚揚。此
文結論如下：

> 孔子必用墨子，墨子必用孔子。不相用，不足爲孔、墨。㉙

古今論墨子的，莫如莊子天下篇，最得其宜。此段全文甚長，茲節錄數語如下，權當
本文結論：

不侈於後世，不靡於萬物，不暉於數度，以繩墨自矯，而備世之急——古之道術有在於是者，墨翟、禽滑釐聞其風而說之。爲之大過，已之大順。……其生也勤，其死也薄，其道大觳。使人憂，使人悲，其行難爲也，恐不可以爲聖人之道。反天下之心，天下不堪。墨子雖獨能任，奈天下何？離於天下，其去王也遠矣。……墨翟、禽滑釐之意則是，其行則非也。……雖然，墨子眞天下之好也，雖枯槁不舍也，才士也夫！⑩

八、附　　錄

清末民初以來，墨學研究，頗有可觀。本附錄就㈠墨子注疏，㈡墨辯注疏，㈢墨學研究，㈣日文墨子譯述，㈤西文墨子譯述五類，分別列舉有關墨子、墨學之中，日，西文重要書目。每類各項以出版或著作年代爲序。可惜著者寄居海外，見聞有限，圖書翻檢爲艱，近年大陸墨學研究，尤爲隔閡。所舉書目，諒多掛漏，乃所深感咎愧者也。

附錄(一)：　墨子注疏書目：

吳汝綸：點勘墨子

王念孫：墨子雜志（讀書雜志卷九，萬有文庫文，上海，商務印書館，1930）
　　　　　（自敍，1873）

蘇時學：墨子刊誤（上海，中華書局，1928）（周秦諸子校注第六冊）

俞樾：墨子平議（諸子平議）（臺北，世界書局，1962，初刊1869）（增補中國思想名著第27冊）

王闓運：墨子注（王湘綺先生全集，81—84冊，光緖甲辰，江西官書局刊）

孫詒讓：墨子閒詁（上海，商務印書館，國學基本叢書本，1935；上海，中華書局，1954，1957）（自敍1893，聚珍本1895，定本1907）

王景羲：墨商，三卷，補遺一卷，（敬鄉樓叢書本）（自跋，1909）

劉師培：墨子拾補，卷上下（臺北，藝文印書館）

曹耀湘：墨子箋

李贄：墨子批選

王樹枏：墨子斠注補正，二卷（陶廬叢刻本）

陶鴻慶：讀墨子札記（臺北，藝文印書館）（劉師培敍，1919）

張純一：墨子閒詁箋，（臺北，世界書局，1962）（自敍，1922）

孫詒讓，李笠：校補定本墨子閒詁，（臺北，藝文印書館）（孫敍1893，李敍1922，
　　　　楊紹廉敍1923）（初版1925）

太虛：墨子平議

尹桐陽：墨子新釋，（湖北，湖北工業傳習所，1923年，三版）

張純一：墨子閒詁箋補，1923（51年臺北、世界書局）

劉昶（劉載賡）：續墨子閒詁（臺北，藝文印書局）（自敍，「歲在旃蒙赤奮上
　　　　巳」合爲1925）

張純一：墨子集解（上海，世界書局，1936）

于省吾：墨子新證（臺北，藝文印書館）（自敍，1938）

陳柱：墨子刊誤刊誤，

吳毓江：墨子校注（重慶，獨立社，1944）

龍宇純：墨子閒詁補正（學術季刊，臺北，四卷二期，1955）

岑仲勉：墨子城守各篇簡注（北平，古籍出版社，1958）

王叔岷：墨子斠證（中央研究院，歷史話言研究所集刊三十周年紀念專號，1959
　　　　）71—102。

周富美：墨子假借字集證（臺北，臺大文學院，1963）

陳柱：定本墨子閒詁補正

附錄（二）：墨辯注疏書目

張惠言（皋文）：墨子經說解（上海，國粹學報，1909，1793撰。）

楊葆彝：墨子經說校注，

章炳麟：原名篇（國故論衡）

胡適：中國哲學史大綱，卷上（上海，商務印書館，1919）（第八篇，別墨，共
　　　　六章，184—253）

梁啓超：墨經校釋（上海，商務印書館，1922）

伍非百：墨辯解故，

章士釗：名墨訾應考（東方雜誌，二十卷，二十一號，1923，75—78）

欒調甫編：墨辯討論（上海，中華書局，1926）

張其煌：墨經通解（桂林，張氏獨志堂，北平，京津印書局，1931）

鄧高鏡：墨經新釋（上海，商務印書館）

譚戒甫：墨經易解（上海，商務印書館，1935）

范耕研：墨辯疏證（國學小叢書）（上海，商務印書館，1935）

魯大東：墨辯新注（上海，中華書局，1936）

楊寬：墨經哲學（上海，正中書局，1942）

詹劍峰：墨家的形式邏輯（武漢，湖北人民出版社，1956）

欒調甫：墨子研究論文集（北平，人民出版社，1957）

詹劍峰：墨家的形式邏輯，武漢，人民出版社，1957

高亨：墨經校詮（中國思想名著第七冊）（北平，科學出版社，1958）

唐君毅：墨子小取篇論「辯」辨義（新亞學報，香港四卷二期，1960）

譚戒甫：墨辯發微（北京，科學出版社，1958，北平，中華書局，1964）

沈有鼎：墨辯的邏輯學（光明日報哲學研究五——十期）

柳存仁：墨經箋疑（新亞學報六卷一期，1964，47—139；七卷一期，1965，1
——134）

附錄（三）：墨學研究書目

梁啓超：墨學微（飲冰室合集本）25年上海，中華書局，1936

胡適：中國哲學史大綱，卷上（上海，商務印書館1919），（第六篇，墨子，共四章，
144—175）

梁啓超：墨子學案（臺灣，中華書局，（1957）（上海，中華書局，初版1936）（初
版1921）

馮友蘭：中國哲學史，上下兩冊（上海，商務印書館，1934）（大學叢書本。第五章，
墨子及前期墨家106—138，第十一章，墨經及後期墨家，307—348）

馮友蘭：中國哲學史補（上海，商務印書館，1936）（原儒墨，1—48；原儒墨
補，49—61）

羅根澤（編）：古史辨第四册（北京，景山書社，1933）

錢穆：先秦諸子繫年，上下二册（香港，香港大學，1956；上海，商務印書館初
　　　　版，1936）

陳顧遠：墨子政治哲學（上海，泰東，1926）

支偉成：墨子綜釋（上海，泰東，1927）

錢穆：墨子（萬有文庫本）（上海，商務印書館，1930）

陳柱：墨學十論（萬有文庫本）（上海，商務印書館，1930）

高葆光：墨學概論（臺北，中華文化出版事業委員會，1956）

方授楚：墨學源流（臺北，中華書局，1957；上海，中華書局，1937）

胡樸安：墨子學說（國學彙編本）

王寒生：墨學新論（臺北市，民生憲政雜誌社，1953）

李樹桐：墨子生卒年代考（師大學報，臺北，一卷，一期，1955）

任繼愈：墨子（上海、上海人民出版社，1956）

吉聯抗：墨子非樂（北平，音樂出版社，1962）

引得編纂處：墨子引得（北平，哈佛燕京學社，1948）

附錄(四)：日文墨子譯述書目

高瀨　武次郎：楊墨哲學（東京，金港堂書店，1902）

牧野謙次郎：墨子國字解（東京，早稻田大學出版部，1927）

西田　長龙衞門：新觀墨子（東京、三省堂，1936）

原　富男：墨子講話（東京，章華社，1937）

內野　熊一郎：墨子（東京，日本評論社，1942）

大塚　伴鹿：墨子の研究（東京，森北書店，1945）

小林　一郎：墨子兩卷（東京，平凡社）（日文選譯）

渡邊卓：墨家的兵技巧書（東京支那學報，三期，1957）

渡邊卓：墨家四集團上之四思想（史學雜誌七十卷，十至十一期，1961）

渡邊卓：墨子諸篇四著作年代—有關十論二十三篇部份（東洋學報，四十五卷，

三至四期，東京，1962）

渡邊卓：墨家的守禦城邑（東方學，二十七號，東京，1964）

松本雅明：墨家與尙書（古代學十一卷，一期，大阪，財團德人古代學會，1962）

高田淳：墨經思想（東京女子大學論集，十五卷，一期，1964）

和田　武司：墨子（東京，德間書店，1964）

附錄（五）：西文墨子譯述書目

Faber, Ernst:　DIE GRUNDGEDANKEN DES ALTEN CHINESISCHEN SOCIAL-ISMUS ODER DIE LEHRE DES`PHILOSOPHEN MICIUS, Elberfeld, 1877.

David, Alexandra: SOCIALISME CHINOIS. LE PHILOSOPHE MEH-TI ET L'IDEE DE SOLIDARITE, London, 1907.

Forke, Alfred(tr.): ME TI, DES SOZIALETHIKERS UND SEINER SCHULER PHIL OSOPHISCHE WERKE, Berlin, 1922.

Maspero, Henri:　Notes sur la Logique de Mo-Tseu et de Son Ecole（T'OUNG PAO, Vol. 25. 1928, pp. 1–64）.

Witt, J.:　MÊ TI, DER PHILOSOPH DER ALLGEMEINEN MENSCHENLIEBE UND SOZIALEN GLEICHHEIT IM ALTEN CHINA, Leipzig, 1928.

Mei, Y. P. (tr.): THE ETHICAL AND POLITICAL WORKS OF MOTSE, London, Arthur Probstthain, 1929.

Mei, Y. P.:　MOTSE, THE NEGLECTED RIVAL OF CONFUCIUS, London, Arthur Probsthain,1934.

Geiser, Franz(tr.): Mo TI, Bern, Verlag A. Franck, 1947.

Mei, Y. P.: (tr.):　Mo Tzu（ENCYCLOPEDIA BRITANNICA, 1967, vol. 15, pp. 894–95.）

Watson, Burton(tr.):MO TZU, BASIC WRITINGS, New York, Columbia University Press, 1963.

附　識：1. 本文係中國上古史稿第五本第 15 章。審查人爲陳槃、王叔岷兩位先生。

　　　　2. 本文版權屬中國上古史編輯委員會所有。

注

注1. 錢穆，墨子（上海，商務印書館，萬有文庫本1934）1—7

錢穆，墨翟非姓墨墨爲刑徒之稱考（先秦諸子繫年，香港　香港大學出版社，1956）90—96

顧頡剛、童書業，墨子姓氏辨，附錄一：錢賓四先生來函（史學集刊，第二期，1936）1—28（單行本）。

此文辨說墨子姓氏甚詳，觀點與錢氏相反，讀者應予注意。

注2. 江瑔，讀子巵言（上海，商務印書館，1917）

陳柱，墨學十論（上海，商務印書館，萬有文庫本，1930）2—5引江瑔八證全文。

顧頡剛、童書業，前引文中亦引江瑔八證全文，逐條駁斥。

早於江瑔，則有元朝伊世珍，瑯環記，淸朝周亮工，因樹書影（見四庫提要），均謂「墨」應視爲墨子學派，不應視爲墨子的姓。

按陳槃先生審閱意見書以爲：

墨子姓墨名翟，以一般傳統的風俗習慣言之，則可視爲當然。然古人稱號，固亦不甚拘，如老聃、盜跖、鬼谷子之疇，『老』、『盜』、『鬼谷』非姓也。漢英布以坐黥面而曰黥布，田千秋以詔許得乘車入官殿

而曰車千秋，斯亦古俗之遺也。考春秋時代，本有以膚色稱人之俗，『澤門之晳，實與我役。邑中之黔，實尉我心（襄十七年左傳）。宋卿皇國父白晳而居近澤門，子空黑色而居近邑中，故有『澤門之晳』『邑中之黔』之稱號也。亦或自以爲名，如黑臀（宣二年左傳，晉侯也）黑要（同腰。成二年左傳楚大夫）、黑背（成十年經傳衞大夫）、黑肱（昭三一年經傳。邾大夫）之等是也。墨子遺義篇，日者謂墨子，『先生之色黑』。而面色暗昧亦曰墨，』哀十三年左傳，晉定公與吳夫差會于黃池，司馬寅曰『肉食者無墨』，是也。然則黑與墨，義一也。然則墨子蓋以色黑而號墨子乎？墨子之稱，殆如『澤門之晳』、『邑中之黔』之類之比乎？不是亦妨備一義乎？至若『諸子每云孔墨抱朴子名實篇稱班、墨』，梁玉繩據之，以爲墨子姓墨之證（漢書人表考四墨翟條）。此不定然。『黃、老』、『孔、老』『老』亦並稱，豈可謂『黃』、『、』、『老』亦姓耶？且止『班、墨』云者，謂公輸班與墨子也公輸班名班，公輸其氏姓也。（依漢書敍傳顏注。宋策、呂氏春秋愛類篇注等，以爲『公輸』是號）于公輸班稱名，而墨翟稱墨，則何以知墨之必爲姓？是梁氏謬也。或曰，孟子言『墨氏兼愛』，則墨之爲氏姓名矣。案此亦未必。古人之于稱謂一詞，有時亦系以『氏』字，非必其姓氏也，『君夫人氏』　襄二十六年左傳、『母氏劬勞』、『母氏聖善『（毛詩邶風凱風）、『伯氏吹壎』『、仲氏吹篪』（小雅何人斯）之類是也。史記志疑：『易言黃帝、堯、舜氏作，則又以號爲氏，以名爲氏『（卷一姓似氏條）。是又名號亦可稱氏』也。

元和姓纂卷十二二五德墨姓條：『孤竹君之後，本墨台氏，後改爲墨氏。望出梁郡。戰國時，宋人墨翟書號墨子』（孫星衍，校金陵書局刊本）。此似以墨子爲墨台氏之後，未見所據，存疑可也。

　『翟』爲墨子名，此當無問題。同上人表考：『墨子、耕柱、貴義、公孟、魯問及呂覽高義，多自稱翟則翟其名也』。梁氏此說是也伊世珍（著嫏嬛記）、江瑔以翟爲姓之說，非也。翟已爲墨子名，非夷翟（同狄）之謂，則印度、阿拉伯人之說，不足辨矣。

注3.　胡懷琛，墨翟爲印度人辨（東方雜誌，二五卷，八號，1928），又墨子學辨，自印本，1929

注4.　衞聚賢，墨子小傳（古史研究，第二集，上海，商務印書館，1935）。

注5　孫詒讓、李笠，校補定本墨子間詁（臺北，藝文印書館）1287墨子年表。

注6.　胡適，中國哲學史大綱（上海，商務印書館，1919），146。

注7.　「抱朴子曰‥『墨子名翟，宋人。或云，孔子時人；或云在後。』今案其人，在七十弟子後也。」文選（錦章書局，仿宋宋批胡刻文選）ⅩⅧ、長笛賦

注8.　「墨翟宋人，號墨子」。荀子（四部叢刊縮印本）卷一，10。

注9.　呂氏春秋當染篇（四部叢刊縮印本）Ⅱ，15

注10　畢沅，墨子注敍（孫詒讓，李笠，前引書，頁1220）。

注11　呂氏春秋愼大篇，高誘注ⅩⅤ，92。

注12　武億，跋墨子「孫詒讓，李笠，前引書，頁1243）。

注13　呂氏春秋愛類篇ⅩⅪ，157。

注14　宋成批，墨子爲齊國人考；李紹崑，墨子非齊國人考（大陸雜誌，第十一卷八號‥十二卷一號，十三卷二十二號，1955—56）。

注15　貴義第四十七（孫、李，前引書，817）。

注16　馮友蘭，中國哲學史補（上海，商務印書館，1936）31—41。

注17　淮南子要略（四部叢刊縮印本）ⅩⅪ，163

注18　關於墨學淵源，另有兩說。一見呂氏春秋當染篇：「魯惠公使宰讓請郊廟之禮於天子。桓王使史角往。惠公止之，其後在於魯，墨子學焉。」（呂氏春秋，Ⅱ，16）一見漢書藝文志：「墨家者流，蓋出於清廟之守。」（顧實：漢書藝文志講疏，上海，商務印書館，1924頁，151）此兩說均不若准南子所記較爲有據。而任何一說均不影響墨子身世也。

注19　准南子主術訓，Ⅸ，63。

注20　同上，ⅩⅨ，144。

注21　孫、李，前引書，貴義第四十七，Ⅻ，825。

注22　傅斯年簡直就說：「墨子出身蓋亦宋之公族，後世遷居於魯，與孔子全同。……其說雖反儒家之尚學，其人實博極羣書者，言必稱三代，行乃載典籍，亦士大夫階級之人也。」（傅斯年，性命古訓辨證，上海，商務印書館，1940，中卷，46）傅氏所見，大致與吾人相似。

注23　孫詒讓注：「余知古，渚宮舊事二云：『墨子至郢，獻書惠王，王受而讀之，曰，「良書也。……」必是此篇佚文。」（孫、李，前引書，貴義第四十七，Ⅻ，818—819）

注24　各家註解統以「齊大王」爲田和。田和乃西紀前405年立爲齊王。

注25　方授楚：墨學源流，（臺灣，中華書局，1957）19—20

注26　孫詒讓注：「此魯君疑卽穆公。」孫、李，前引書，865，魯穆公元年是西紀前409年。

注27　孫、李，前引書，ⅩⅢ，888—896。

注28　同上，878。

注29　同上，883。

注30　同上，耕柱第四十六，Ⅺ，774—775。

注31　呂氏春秋，愛類篇，ⅩⅩ，157。

注32　方授楚，前引書，39

注33　胡適，中國哲學史大綱（上海，商務印書館，1919）151—152。

注34　梁啓超，墨子學案（上海，中華書局，1936）6。

注35　錢穆，墨子（上海，商務印書館，萬有文庫本，1930）19。

注36　張爾田，原墨篇，節錄列入羅根澤編古史辨第四册（北平，樸社，1933）234。

注37　孫詒讓，墨子閒詁，附錄一卷，墨子舊敍（孫、李，前引書，1214—1249）

注38　孫、李，前引書，Ⅹ 586。
按陳槃先生審閱意見書以爲：『義利也』之說，孔子已言之。成二年左傳，仲尼曰『義以生利，利以平民』』是也。然本此舊說。成十六年左傳，楚申叔時語子反：『義以達利……民生厚而德正，用利而事節』；昭十年左傳，齊晏子：『謂陳桓子：『義利之本也』。此類是也。

注39　與注17同。

注40　准南子泰族訓，ⅩⅩ，155。

注41　呂氏春秋上德篇，ⅩⅨ，136。

注42　呂氏春秋去私篇，Ⅰ，10。

注43　莊子天下篇（南華眞經，四部叢刊縮印本）Ⅹ，229。

注44　韓非子顯學篇（四部叢刊縮印本）ⅩⅨ，98。

按陳槃先生審閱意見書以爲：案此章標題爲『墨家的流演。』上引腹䵍是墨家鉅子；與秦惠王同時（惠王即惠文王，其即位當周顯王三十二年，卒當周赧王四年。337 BC.—311B.C）。自此以下至兩漢，墨者鉅子之消息無所聞，而漸趨變質之記載；則略可推槪一二。其間最突出者，即與方士化之儒生合流而成爲方士之一事是也。槃舊撰戰國秦漢間方士考論，嘗論述其事，文載本所集刋第十七本。今略加補充修正，錄之如下：

墨子迎敵祠曰：『收（一作牧）賢士大夫及有方技者，若工，弟之』（案弟同第，謂次第之也）。按墨子此篇，歷言陰陽、五行、巫卜，一望而知其爲方士見解。云『收有方技者』，有方技者即方士。然則墨家與方士接近，墨者已自言之矣。此也。始皇世墨者，且已成爲方士之一分子。鹽鐵論論誹篇曰：『文學曰，『昔秦以武力吞天下，而斯、高以妖孽累其禍，廢古術，墮舊禮，專任刑法，而儒墨卽喪焉……』案始皇坑文學，實卽坑術士（史記、漢書儒林傳並作『阬術士』，而始皇本紀謂所坑『儒生』『皆誦法孔子』）。而文學以爲儒墨同喪，是始皇所坑方術士中，有墨家在也。始皇所坑方術士，本亦稱『文學』、『諸生』文學，儒生官；諸生，『皆誦法孔子』，何謂有墨者？蓋戰國末至秦漢間，儒墨多混同，故荀子儒效篇譏『俗儒』，以爲其『言行已無以異於墨子』至於墨者爲儒官，爲儒學，至昭帝世猶然，鹽鐵論遵道篇曰：『願（文學）無顧細故之語，牽儒墨也』；又相刺篇曰：『今文學言治則堯、舜，道行則稱孔、墨』。案文學，以官言則儒官、以學言則儒學也。今文學言必稱孔、墨，足知儒學、儒官中有墨家在，不爲異矣。復次方士化之儒者，更有墨子方書之託。據後漢書方術傳，有劉根者，生當東漢之末，嘗學道嵩山，能驅使鬼神。抱朴子遐覽篇則云，劉君安有墨子五行記，術多變化；『其變化之術大者，唯有墨子五行記，本有五卷。昔劉君安未仙去時，鈔取其要，以爲一卷。……』（槃案西京雜記三，淮南王安好方士，方士皆以術見，遂有畫地成江河、撮土爲山巖、噓吹爲寒暑、噴嗽爲雨露云云，與此略同）。案方術傳所謂劉根，抱朴子申之劉君安。蓋根其名，君安其字也（參方術傳集解）。君安之術，本之墨子五行說，是方士化之墨者後有墨子方書之託也。……唯其墨者與方士關係密切，故方士化之儒者，亦喜稱道墨家。張衡疏曰：『春秋元命包中有公輸班與墨翟』（後漢書本傳）。案春秋元命包，依附經藝之讖緯，方士化之儒者所託（詳拙元文第四章）。張衡所學似者，原文已佚，不指其所說究指班墨何事。然無論如何，方士化之儒者，稱說墨家，則故甚玥。方士化之儒墨，息息互通如此，同聲相應，同氣相求，是則然矣。

墨家之與方士接近，同化，今未知其始於何時。上引迎敵祠之文有，漢人因託之嫌，前人論之備矣（參考墨子間詁號令篇引蘇時學說。又吳汝綸點勘墨子亦論之）。然則篇中所有此類方術思想，是否爲墨家所固有，未可知。章炳麟曰：『今之黃巾道士，起於張陵、張魯之倫，其姦令祭酒雖主習老子五千言，本非虛無貴勝之道，而亦不事神仙，但爲䇲解刻治而已。斯乃古之巫師，其術近出墨翟。旣非老、莊，並神仙之術也。若夫專爲祈禱、氣禁、幻化諸術者，又與神仙異流。張陵、張魯之徒，託於老子則非。鑙根託於墨子，頗近之矣。何以言之？墨子明鬼，而鑙亦能見鬼，其道本自墨翟出耳』（檢論三附錄道士黃巾緣起說）。案章氏之說亦可注意。韓非子顯學篇：『自墨子之死也，有相里氏之墨，有相夫氏之墨，有鄧陵氏之墨。故孔墨之後，儒分爲八，墨離爲三，取舍相反不同，而皆自謂眞。孔、墨不可復生，將誰使定世之學乎？』。墨學自墨子死後，卽開始派別區分，而且『取舍相反』不同。然則繼墨子『尊天事鬼』之後而有『迎敵祠』（此文雖有晚出之辭，然其中若干思想則亦可能流傳有自），且有方士，事有必至，理有固然，豈亦此之謂乎？

注45　呂氏春秋當染篇，Ⅱ，16，

注46　胡適，前引書，187—188。

注47　梁啓起，前引書，78。

注48　錢穆，前引書，59。

注49　方授楚，前引書，148—154。

注50　孟子盡心上（四部叢刊縮印本），ⅩⅢ，110。

注51　孟子滕文公下，Ⅵ，53。

注52　荀子富國篇（四部叢刊縮印本），Ⅵ，67。

注53　與注52同。

注54　荀子樂論篇，ⅪⅤ，149。

注55　荀子天論篇，Ⅺ，123。

注56　荀子解蔽篇，ⅩⅤ，154。

注57　荀子非十二子篇，Ⅲ，31。

注58　史記太史公自序（史記，司馬遷編著，臺北，二十五史編刊館借中央研究院歷史語言研究所藏北宋景祐監本影印版，1955）ⅭⅩⅩⅩ，3

注59　韓昌黎集（香港，商務印書館，1964）Ⅲ，74。

注60　莊子天下篇，Ⅹ，228—230。

出自第三十九本下（一九六九年十月）

史 學 與 世 變

沈剛伯先生講

主席介紹：

在紅色浪潮捲沒了中國學術界的時候，剛伯先生浮海來到臺灣，與本所創辦人傅孟眞先生合作，共同建立了一座新的自由燈塔。二十年來，他不但為中華民國保持了中國學術界固有的文史學良好傳統，而且兼收了西方新發展的社會人文科學的敎學觀點，作育了不少下一代文史人才。他是在這狂風暴雨時代的一位最老練的舵手。他對世界的變遷有極透徹的瞭解。對於歷史上紀錄的變遷，他的一雙慧眼，更有極超脫的見解。現在我們請剛伯先生為我們演講「史學與世變」。

主席、王院長、李所長、趙先生、各位先生、女士：

今天欣逢中央研究院歷史語言研究所四十週年的大慶，我是專誠來道喜的，承李所長之命，在這兒提出一個問題來跟大家談談。尚望各先生加以指敎。

今天我要提出來談的問題是「史學與世變」。世界上有了人，就有歷史；但是有了歷史，不見得就會產生史學。古代曾有許多文化相當高的民族，如埃及、巴比侖、希伯來、印度等，都產生過很優美的藝術，很玄奧的神學、同很實用的科學；但是他們統統沒有能够產生史學，儘管他們留下來不少珍貴的史料。這些文化都以神道為主，人世間一切的創造都附麗於宗敎之下。像那樣以超自然的勢力為依據的文化是不會產生史學的。能產生史學的文化一定是以人道為本。那就是說：它承認人類歷史是人類自己用自由的意志，經過理智的考慮，而後創造出來的。因此一切結果都應自負責

任，其動機與影響纔有供人研究之價值。這種研究便是史學。用這個標準來衡量古代文化，實只有東方的中國同西方的希臘纔有史學。可是這史學並不是在這兩種古文化一開始就有的，其產生實在那些文化已經相當發展之後，而忽然發生重大變動的時候。那就是說：當它們的政治結構瀕臨崩潰，社會組織大大動搖，經濟生活和禮教活動都有很大的轉變，那時候才產生史學。

史學產生以後，物質環境仍然是日新月異，史學也就跟着不斷底變。世變愈急，則史學變得愈快；世變愈大，則史學變得愈新。這原因是不難推測的。因為人們大都抱着鑒往知來的目的去讀歷史，一逢世變，便想從歷史中探尋世變之由；求之不得，自然不滿意於現有的史書，而要求重新寫過。於是乎每一個新時代必有好些根據其時代精神所改修的新史書。這些新觀念就形成了新史書中的各種重點，如：維護正統或鼓吹革命，闡揚神權或提倡民治，羽翼道德或崇尚自由，重視經濟發展或注意社會動態，昌言國家至上或宣傳世界大同，遵循進化理論或主張治亂循環等等。凡此種種不同的中心思想大多數是受了旁種科學的影響，纔逐漸形成，其純粹從舊思想中推演出來的偶亦有之，却是比較的少。

有了新的歷史重心，當然對於舊史料，會有新的解釋，新的組合同新的價值。原來所認為史事上的因果關係，現在也許要找出新的線索，和新的影響。有時還感覺到舊的史料不够用，因而必須重新從地下，或古書中去發掘新史料，或者從舊有的傳說，從國外的圖籍，從別種有關的學科裏面找出可作比較研究的材料。用新的史料，來配合新的重心和觀念，就得用新的方法；用新的方法編著的書，一定有新的體裁。像這些新的觀念，新的資料，新的方法，同新的體例所構成的新史學往往因時代的進步而又成為不合時宜的舊學，須得再變。如此日新又新底與時俱變，纔能够使史學成為「人類的教育」。

中國產生史學，是在春秋時代；孔子修春秋，才正式產生史學。當時正是大變動的時代，東周的中央政權已經衰微到了有名無實的地步，諸侯各自割據，成了無數的小朝廷，這是政治方面的情形。就社會變遷而言，則當時封建制度已開始動搖，中產階級，尤其是士的階級，漸漸興起。他們已經打入政治界，並且開始掌握了一切學術。經濟方面也有了新的發展。這時候鐵器的使用，已經增加了農業生產，同時商人階

級也起來了，他們的力量，往往可以影響到國內外的政治，甚至左右了軍事行動。這時候政治、經濟、社會各方面既然都起了大變動，舊有的禮教便自然無法維持社會秩序。加以內則諸侯兼併，外則四夷交侵，成了干戈擾攘，滄海橫流的狀況。孔子在政治上倡的改革運動失敗了，乃退而重修魯國的春秋，想藉這部歷史，一方面保存過去人類一些有價值的活動，另一方面，則用很簡單精確的字句來表示那些行為的正當與不正當。這就是所謂用筆削褒貶之法，來「別嫌疑，明是非，定猶豫，善善、惡惡、賢賢，賤不肖」的史學。根據這種史學的義法，一般人便可養成歷史思想，以爲處世，論人，治事，立身的準則。中國文化也就因此逐漸形成了一個定型。

秦漢統一中國，實現了「天下書同文、車同軌」的理論，自然要進一步做到「行同倫」；於是漢武帝乃有罷黜百家以配合其政治上需要之舉。這種政治、經濟、社會學術的變遷導致了司馬遷的史學。他綜合以前編年，記事，記言，記譜系各種體裁，而創爲五種新體例，用「本紀」紀年，「世家」傳代，「表」以正歷，「書」以類事，「傳」以著人。他這種編輯方法竟成爲我國正史的典型。至於所蒐輯的材料之廣博，更超越前代。他承認歷史有繼續性；因而追溯到他所知道的最古時候起，一直寫到他的當代。以「史」名書，使成爲專門之學，在中國實自他起。根據上述的種種原因，我們不能不承認他是我國第一位專門史學家。儘管中國史官之設很早，而且一般思想家如儒家、墨家、法家等對於歷史都有他們獨有的看法，但他們畢竟是哲學家而不是專門史學家。中國史學之高度發展實在是應該歸功於司馬子長的。後來西漢亡了，東漢繼起。彼時政治、經濟各種嚴重問題並沒有得到眞正的解決，不過大亂之後，人心思漢，像班彪一類的讀書人，爲迎合多數人的心理，以謀社會之安定，認爲應當從思想上維護劉姓的政權。於是他們父子兄妹乃根據做「王命論」的立場，頌揚漢室之應天順人，而修成漢書。這又是一個新的體裁，不同於司馬遷的史記，爲我們史學界創下了斷代的寫法。從此以後，中國的史書，老是斷代的，每一代便成一書。看起來這似乎把歷史的繼續性抹煞了。但時間愈長，史料愈多，我們也實在不能不分成一段一段的來研究了。

東漢亡後，自三國一直到隋朝，是一個大變而特變的時代。不但政治上四分五裂，社會上，因外國民族之移入而使我們在種族融合方面發生大的變動；而且學術思想

也因佛教之東來與玄學之興起，而起了大的變化。加以經濟上的發展，與海外的擴張都超越前代。這種新文化解放了個人，注重到實用，使當時的學人們一方面吸收並融會外來的文敎藝術，一方面更勤於蒐集同整編舊有的典章圖籍；於是乎史學的發達，乃突過前人。在那短短的兩百多年動盪時代之中。寫成的史書，在萬册以上，關於一個朝代的歷史，往往多至二、三十種。著作的體例也大大地增加，有跟史記走的，有跟漢書走的；有取典章制度寫成專書的，有把地方的風土人情、物產分類編輯成爲後代所謂地方志的；有專以皇帝爲中心寫成起居注的，也有把當時的官品儀、註，或族姓譜系做成專著的，更有專寫外國民族的。體例之多眞是空前。這些書，雖然大部分佚失了，但看隋唐人所引用的東鱗西爪，可斷定他們都是頭等的著作。這證明了中國文化大變遷的時代，也是史學邁進一步的時候。

反過來說，時代安定不太變動，則史學反而比較沉寂，沒有新的花樣。唐代那麼強盛，但史學遠不如三國、魏、晉到六朝的時候。這是唐太宗控制思想的結果。拿破崙曾說：歷史應該由政府掌握。他雖然看到這一點，可是並沒做到；而李世民却在他稱帝以前將近一千二百年的時候早做到了。唐太宗設立專局，網羅當時的學者、高官來編修前朝歷史，從此爲中國開了官修國史之例。這當然比私人修史方便得多，因爲政府所保存的檔案，可以利用，而且以國家的力量去採輯散在民間的資料，也比較容易。許多學人藉此養成合作編修的作風，好祛私見而採衆長，也許比一個人的著作更爲博洽公允。但壞處也免不了，因史家必須迎合皇帝的意旨，凡是當代所不高興的事，只好加以刪改，甚至往往歪曲事實，抹煞眞象，以貶前代而誇本朝。這是官書不如私史的地方。唐朝修史的人旣不完全自由，偉大的史學家自難產生。像柳子厚那樣有奇特見解的人，也沒辦法修史，只好寫短短的幾篇文章而已。僅杜佑一人，能够做成一部鉅作——通典，其體例實際上，是在六朝時已經有過的，不過他踵事增華，總算差勝前修了。還有一個劉知幾，他在史學上的見解，實在算不得頭等，嚴格而論，只是一個文學詞章之士；不過他能把史學當做一個專題來做，不能不說是爲中國史學界創了一個新格。總而言之，在唐代文化極盛時候，文藝、經濟、政法等等都有大的發展，可是在史學方面却反前不如南北朝，後不如兩宋。

唐朝自天寶以後，北方便鬧得不成局面，長期底惡化下去，終於演成五代。唐朝

一般的讀書人，多屬功名利祿之士，很少抱有正大的精神。像曾子所說「士不可以不弘毅，任重而道遠」的那種儒家精神，在漢代尚常常見到，在唐代就很少了。遠在代宗、德宗時代，讀書人供職於番將幕府之中者已是安之若素，坐視河北之逐漸胡化，而不以爲恥。到了武宗的時候，范陽一帶的豪門子弟就連周公孔子的名字都不知道了！這種風氣自然養成五代時候馮道那樣的人格。宋朝承繼這樣一個殘局，要想安定社會，建設並鞏固一個新國家，自不能不從復興文化着手。所以一開始趙普便有以論語治天下的主張。從此以後，毅然以天下爲已任的儒家精神便成爲宋朝讀書人的抱負。他們旣要發揚古代的思想，自然就要研究考釋古代的書籍，於是新的史學因而誕生。歐陽文忠開始用考古的方法來鑑別史料，並搜集私人文件、碑銘、譜牒以補正史的不足。繼他而起的，又有好些新的體例。其最著名的就是司馬光所修的資治通鑑。此書名叫「資治」，自是以政治爲主；但是關於文化、社會、經濟各方面，也都有相當扼要的記載，這也是設局做成的官書，不過與以前的官修之史却大不相同。司馬溫公所網羅的人如劉恕、范祖禹、劉攽等，都是了不得的學者，而他自己又把那些人所撰擬的稿子從頭到尾一一加以潤色筆削，使那一部分段編成的書看起來，像是出自一人之手。這眞是一件了不得的成就。資治通鑑所記載的史事，上接春秋，下迄五代，算是又把歷史的繼續性重新肯定了。此書一出，就跟着產生了好些以「通鑑」爲名的史書，如：續通鑑長編、通鑑紀事本末、通鑑綱目等等。這些雖然都是受資治通鑑的影響而後寫成的，但却各自有其不同的重點。尤其是紀事本末，在中國史學上是一個很新的體例，實予讀書人以很大的方便。除了上述各書而外，尚有鄭樵的名著，和杜佑的書比起來，極其類似而實各有千秋。大體說起來，宋朝一代的史學，旣能發揚中國的民族精神，又能光大固有的文敎，在質與量兩方面都遠過唐朝了。

　　蒙古人統治了中國八九十年，在那種「九儒十丐」的社會之內，當然不會有偉大的史書出現，可是異族的壓迫與無情的戰火却養成一個大思想家的歷史觀念，方孝孺的「正統」「變統」之說正是因爲他生逢百罹才能見到。除此之外，他還有兩點超時代的歷史見解：一是他認爲「生民之初固未嘗有君也，衆聚而欲滋，情熾而爭起，不能自決；於是乎有才智者出而君長之」。這與英國的霍布斯在方氏死後二百多年所發表的理論剛巧相合。一是他重視歷史的評論，直把它看成一種極有力量的政治裁判和

968 中研院歷史語言研究所集刊論文類編（思想與文化編）

政治教育，明白底說：「史氏者所以賞罰天子，而立天下之大公於世」。他這種史學思想實在是太前進了，太不利於專制君主了。所以明成祖非把他處死不可，他一被殺，天下讀書種子固尚未絕，而明代的史學却眞等於零了。

清代學者輩出，他們繼承宋明兩代疑古，考古的精神，建立了很周密的考證校勘之學。但在那文字獄的威脅之下，他們只能拿這種史學方法來治經，而不敢用之以修史。在史學方面有成就的不是正史而是專史。黃梨洲的學案，能把宋、元、明三朝學術思想的派別源流很明晰地寫將出來，儘管範圍還略嫌狹窄，條理尚不够細密，但是無論如何，總是中國的第一部學術思想史。再就是章實齋，他對於地方志的編修，有很新的見解和很大的貢獻。他所揭擧的義例體制實在是突過古人遠甚；其「六經皆史」之說，對於經、史兩門學問而論，都算得是新頴正確。

近百年來，歐風東漸，在兩種文化激盪衝突之後，我們也漸漸曉得採用西洋人治史的方法。在清末民初，出現了許多與史學有關的論文同專著。我們現在要發揚以往數百千年來的傳統，而又吸收西方的治史方法，融會貫通，以開創未來的中國新史學路徑。這就是李先生所主持的史語所的主要工作，它一方面繼承從歐陽文忠以來，直到清朝的治史風氣；一方面採用西方十九世紀以來的史學方法；取精用宏，成就自大，單就重建殷商歷史而言，已屬遠過古人，可爲我們未來的史學開闢一條新途徑。

在史語所成立的時候，世界潮流已開始變動，彼時還不十分顯著，可是後來就越變越大，到現在，那第一次大戰前所盛行的史學已難完全適用，而新的史學却又未能確實成立。這是現在史學界所遭遇到的大困難，請約略言之。從前的史學，無論是那一派，總有一種有決定性的着重之點。如我們傳統的歷史，認爲王道總是成功，霸道終必失敗，暴君一定亡國，仁者當然無敵。這種褒貶是絕對的，這種趨勢是有決定性的。從前，歐洲人在基督教盛行的時候，他們相信一切都是上帝安排的，皇帝之立，是獲得上帝的恩惠而來統治這世界。小而言之，個人的遇合，大而言之，國家的治亂，都是決之於天，決之於上帝的意旨。這種看法對不對是另一件事，但它總是有決定性的。

到了十八世紀，人們受了牛頓的影響；認爲人性、物理都須受自然法的支配，那就是說一切都決之於「理」，決之於人類的理智。既以理智爲依歸，則人類必須珍視

自由。所以吉朋(Gibbon)寫那本大的著作（羅馬衰亡史），便認爲羅馬的衰亡，是由於人民的不自由。如人民有了自由，這文化就會高了起來」。以自由主義爲史學的重點，也是有決定性的。

十九世紀的史學受了達爾文的影響，相信人類的歷史是一步一步往前演進的。不管分成若干階段，後一階段總是較前一階段更爲良好，這也是一種具有決定性的主張。另有一派與此頗相類似的歷史哲學，認定歷史有周期性；這原是很古就有的學說，至今却仍爲少數人所相信。孟子大約是這種循環論的開山祖師，因爲他曾說：「五百年必有王者興」。鄒衍繼起創「五德轉移，治各有宜」之說，而演成「三統」、「三正」的歷史哲學。在西方，則自希臘之波利比亞士（Polybius）以至黑格爾（W. F. Hegel）、馬克斯（Karl Marx）、斯賓格勒（O. Spengler），索羅金(Sorokin)，和不久以前來過臺灣的湯因比（A.Toynbee）等，都把歷史分成有必然性的一些階段。他們說的是否正確姑置無論，其深信歷史本身含有某種決定性的因素則是一樣的。上述種種決定論的史學，到了第二次大戰後，都沒有人全信了。現在大部份研究歷史的人，都承認歷史的演變並沒有任何必然性的途徑存在。以往各種樂觀或悲觀的歷史哲學都未免把人類的歷史過程看得太簡單了。

歷史上的現象實在是極其複雜，絕沒有一致的趨勢；沒有兩件事是全相同，也沒有兩件事是全相異。比如拿封建來說吧，中國、西方，都有過封建制度，但彼此絕不相同。且不說東西方的時空距離太大，自難一樣；就是同時在歐洲英、法、德諸地的封建也有許多互不相同的情況。古今中外，名稱相同的東西不知若干，表面上也許有些類似之處，細究起來，往往是各不相涉的。我們可以肯定底說，歷史上的現象沒有一致性；實無法作一種精密的比較研究。所謂比較也者，只是玩弄名詞而已！

再有一點，人世間的因果關係極難推測，更找不出一種定律。我們知道有因就必有果，但是相同之因却不一定會產生相同之果。世界上有許多國家都因愛自由，恨專制而進行革命，其動機與目的可說全同，其所獲的結果却並不一樣。這就好像種田，一樣地努力播種，一樣地施肥灌漑，一樣地除草殺蟲；但將來的收穫也許此地收得多，彼處收得少。佛家的哲人早見及此，乃倡爲因緣之說，謂一切事除了「因」之外，還有各種不同的「緣」。那些緣極爲複雜，有自然的，有人爲的，有內在的，有外來

的，有理之或能的，有意想不到的。這些「緣」加上那些「因」纔得到某些「果」。「因」不同，固然是「果」不同；「因」縱相同而「緣」不相同，那所得之「果」仍是不會相同的。人類既不是在一個絕緣體的世界上活動，則自然不會完全受現在普通所謂「因果律」之支配。把因果律用到歷史上去，實在是過於簡單，絕不能作爲推測將來的根據。

　　孔子說：「殷因於夏禮，所損益可知也；周因於殷禮，所損益可知也。」周禮是什麼，孔子當然知之甚詳。殷禮是怎麼樣，孔子也許曉得相當的清楚；因此他能够知道損益之所在。至若我們今天去古甚遠，漫說千年，就是幾百年前的事，我們也很難徹底瞭解，又怎能根據這些殘缺不全的知識去推想它們彼此間的損益情形呢？因此，有某些史學家要培養歷史的想像力，要我們設身處地，去想像古人應有的言行。這話是言之有理，但是做起來，却未必便對。因爲古人的環境與我們不同，他們的遭遇同他們的心理自然不是我們能够完全體貼到的。左丘明用這種手法去描寫那些去他不遠的人們，用第一人稱把彼此的言談敍述得有聲有色，結果也不過落得後人給他以「浮誇」兩字的批評！可見單憑想像力是不足以重建古史的。還有一層，人的活動包括理智、與情感兩種；理智方面，我們也許還可以推測，因爲人同此心、心同此理。至若情感方面的變化，則豈是他人所能盡知？對於同時同地的人來說，尙且覺得彼此都是各藏其心，不可測度；更何況古人呢？所以我們實在只能利用所有的紀載來重建古史的某一部份。要以想像補充史料是不足信的。說到史料，我們就感到不管現在有什麼好方法收集，它總會是永遠殘缺不全。不必遠談古代，就想搜求民國元年到今日的報紙，恐怕已是很難搜全。所以歷史上的資料，總要受時間的淘汰。這種淘汰，有時固然是把無價值的淘汰掉，但有時却反將有價值的也淘汰了。因此歷史上的史料是永遠沒法子搜集得全的。就是存在的史料，也不敢說百分之百的可靠。人們親筆寫的日記、信札、有時也不見得全是眞話。像民國初年，北洋軍閥打仗的時候，每天總有無數的電報、文告公之於世界，那裡頭的可靠性就實在很少。近代國際上的宣傳，如何考證它的眞實性，當然更難。史料之搜集與鑑定都是無法求全求備，這自然使史學很難成爲純粹科學。再者，現在，史學所運用的輔助學科有考古學、人類學、社會學、經濟學、統計學、心理學等等。其中的經濟學、社會學和心理學，直到今天，它本身的

科學基礎仍然還沒確立。因此，我們引用它的理論，未必便會百分之百的可靠。本身的史科既不夠翔實，所用的工具又有欠精確，所以我們現在實在還沒法子使人類的歷史也同自然界的歷史一樣，成為一門完全信而有徵的科學。

最後，我還有一點要提出來談談，那就是今日寫歷史的人所面臨的困難有為百年前的史學家所無的。百年前的人修史可以藏之名山，等到數十年，或百餘年之後，纔公之於世。那時候的人們只有文可考而無獻足徵，當然不能不予以接受，縱然明知它是「謗書」，「穢史」，也因事過境遷恩怨兩泯，不覺其為「謗」「穢」了。今日的人，個個都急於要知道近數十年一切事變之前因後果，而寫史書的人也多半要立即發表，以供應社會上需要。但是普通的讀者與歷史的作者所受的訓練不同，對於歷史的看法也不一樣。一般人仍是抱着彰善癉惡的觀念來閱讀歷史，臧否人物；而受過專門史學訓練的人則已了然於歷史決定性之不復存在，與因果律之不全足恃，因而寫出來的東西往往不能滿足讀者的願望。於是乎今天的新史學就和社會脫節了。不特此也，專門的史學家也因此和政治性的與哲學性的歷史作者們分道揚鑣了。新史學的本身確是還沒有完全建樹起來，自然還談不上轉移風氣。這真是今日史學界所面臨的難題，不是那一個機關，或那一位學者所能解決的。這也不是我們中國史學界所獨有的問題，實在是全世界的史學家們一直在不斷探討、琢磨的問題。也許我們中華民國的中央研究院歷史語言研究所將來能夠多多少少對於這些問題的解決有所貢獻。這便是我今天對各位先生的願望祝賀之忱。謝謝。

出自第四十本上（一九六八年十月）

法　家　述　要

陳　啓　天

我國所謂法家，原指春秋戰國時代特別注重法治，以求君主對內能集權，對外能爭霸的一種政治家或政治思想家。後世發揮先秦法家思想者，亦統稱爲法家。先秦法家韓非，自稱爲『法術之士』——『知術能法之士。』（註一）漢代司馬談論六家要指，則簡稱爲『法家』，（註二）沿用至今。法家雖重法治，但又重國、重君、重勢、重術、並重富強，所以不可只視爲一種單純的法律家(legalist)。史記稱：『商鞅少好刑名之學』，『申子之學……主刑名』，『韓非……喜刑名法術之學。』（註三）因此後世又稱法家爲『刑名之學』。刑名之學，又可分爲兩種：第一種爲形名之學，注重循名責實，與申子的原意相合。美國支加哥大學敎授顧立雅（H.G. Creel）譯此種意義的法家爲行政家(administrater)（註四），第二種爲罪刑之學，注重罪刑之處罰，與刑官或司法官相近。前清稱主辦犯罪案牘的幕友爲『刑名師爺』，便是一個例證。其實法家是兼講立法，行政與司法等問題的政治家或政治思想家，也不可只視爲任何一種意義的刑名之家。所以魏劉劭說：

    建法立制，彊國富人，是謂法家，管仲、商鞅是也。（註五）

自春秋時代發生霸政運動以來，卽有實行的政治家爲法家思想作先導。到了戰國時代，旣有實行的法家——政治家，又有理論的法家——政治思想家。於是法家在理論

上成爲當時的一個重要學派，而在政治上又改變了中國歷史。現就法家的歷史、學說
與著作，分別說明於本篇。

一、法家歷史述要

我國法家起原於春秋時代的霸政運動，發展於戰國時代的軍國運動。而其理論則
完成於韓非，其事業完成於秦始皇與李斯。不但改變了始皇以前的中國歷史，而且影
響由漢以來的中國歷史，故法家的歷史可分爲四節說明。

1. 法家的起原

史記以老、莊與申、韓合傳，並說『申子之學本於黄老，……韓非歸本於黄老，
……皆原於道德之意。』（註六）後人據此，而以法家起原於道家。其實申韓雖曾借用
道家無爲之說，以闡明君術，但其主旨則與道家正相反對。所以近人蕭公權以此說爲
『不揣其本而齊其末，取形貌而略大體，未足爲定論』。（註七）

漢書藝文志說：『法家者流，蓋出於理官』。（註八）這是說法家起原於刑官。不過法
家雖重刑，但重刑只是法家學說中的一小部分。刑的起原很早，可以追溯到古代的刑
官。但法家的起原，則只可追溯到春秋時代的霸政運動。所以胡適依據淮南子要略，
而以『諸子之學，皆起於救世之弊，應時而興』。（註九）

攷法家起原於救世的說法，不始於淮南子，而實始於先秦法家。左傳載鄭子產鑄
刑書，晉叔向致書反對，而子產以『救世』爲理由答復之。（註十）按救世猶言救時。春
秋戰國之時，已由封建一統之局，進入列國紛爭之局，不得不用法家之說，以求實施
富強政策，而建立君主政治。所以商鞅也以『禮法以時而定，制令各順其宜』，爲變法
的理由。（註十一）韓非又以『世異則事異，……事異則備變』，爲立論的根據。（註十二）商
韓之說，大體與子產救世之說相通，淮南子不過繼述此說而已。予攷漢書又說：『諸
子……皆起於王道既微，諸侯力征，……各引一端……取合諸侯』。（註十三）法家比較切
合王道既微後的諸侯需要，故能流行。由此可知漢書亦兼採法家起原於救世的說法。

近人傅斯年謂『諸子皆出於職業；刑名之學出於三晉、周、鄭官術』；『法家非單
元，出於齊、秦、晉等地之學政、習法、典刑者』。（註十四）馮友蘭亦謂『法家自以政
治爲職業之政治專家出來』。（註十五）此種新說，除指出法家多以政治爲職業外，並未說

明起原的眞正理由。

我在前文，曾經說過法家起原於春秋時代的霸政運動，現在再進而說明霸政運動的原委及其如何產生法家思想。史記十二諸侯年表說：

周厲王奔於彘……是後，或力政（同征），彊乘弱，興師不請天子。然挾王室之義，以討伐爲會盟主，政由五伯（同霸）。諸侯恣行，淫侈不軌，賊臣篡子滋起矣。……晉阻三河，齊負東海，楚介江淮，秦因雍州之固，四國迭興，更爲伯主。文武所襃大封，皆威而服焉。（註十六）

這是描寫春秋時代王室失勢，霸主當權，列國內亂，封建政治漸次崩潰，而發生了種種爭霸運動。孔子說：

天下有道，則禮樂征伐自天子出。天下無道，則禮樂征伐自諸侯出。自諸侯出，蓋十世希不失矣。自大夫出，五世希不失矣。陪臣執國命，三世希不失矣。（註十七）

這是描寫春秋時代的政治權力，始而由天子下移於諸侯，繼而由諸侯下移於大夫，終至由大夫下移於陪臣。在政治權力逐步下移的過程中，又發生種種革新運動。要對外爭霸，則須先從事對內革新。所以春秋時代的霸政運動，包含有國內的革新運動與國際的爭霸運動。由此等運動，逐漸孕育出法家的制度與思想來。茲先略敍春秋時代的爭霸運動。

春秋時代列國爭霸的大勢，初爲齊楚爭霸而齊勝，繼爲宋楚爭霸而楚勝。又繼爲晉楚爭霸而互有勝敗。又繼爲吳楚爭霸而吳勝。吳爲晉所促使，故吳楚爭霸爲晉楚爭霸的擴大。最後爲吳越爭霸而越勝。越有楚作後盾，故吳越爭霸，亦爲晉楚爭霸的擴大。至於秦在春秋時代，稱霸西戎，尚未多參與中原諸侯的會盟。經過長期的爭霸戰爭以後，自然使人感覺富強與國家存亡的密切關係，而發生了法家思想。

霸政創始於齊桓公，而實得力於管仲。桓公自誇說：『寡人兵車之會三，乘車之會六，九合諸侯，一匡天下，昔三代受命，有何以異於此乎！』（註十八）孔子稱讚『管仲說：『管仲相桓公，霸諸侯，一匡天下，民到于今受其賜』。（註十九）史記亦稱讚說：『管仲既任政相齊……通貨積財，富國強兵，與俗同好惡，……諸侯由是歸齊』。管仲相齊四十年，霸業輝皇。因此後來戰國時人依託管仲，發揮法家思想，而成管子一書，

即無異推尊管仲爲法家的先導了。

　　晉文公繼齊桓公之後實行霸政。文公即位以前，曾流亡齊國，親聞管仲的功業及作風於其夫人齊姜。（註二十）故即位以後，即充實軍備，彷行霸政。用能勝楚於城濮，亦成爲霸主。其後晉既須南與楚長期爭霸，又須西抗秦，東禦齊。晉在此種國際形勢中，自易於產生法家的思想與設施。所以後來戰國的法家，多出生於三晉。

　　現在再略敍春秋時代的革新運動。

　　在春秋的長期爭霸中，無論國之大小，均須講求革新。大國不革新，則不能稱雄。小國不革新，則不能自保。所以當時列國都多少有些革新運動。綜合說來，不外建立這幾種新制度——新軍事制度、新賦稅制度、新刑法制度、新郡縣制度、及新輔弼制度，以便建立新君主制度而已。

　　周代兵制，據 馬端臨 文獻通攷 第一百四十九卷攷證，除天子六軍外，諸侯大國不過三軍，次國二軍，小國一軍。（註二一）但自管仲實行霸政以來，列國多漸次實行新軍事制度，以便擴軍。管仲首『作內政以寄軍令』（註二二）即是混合地方組織與軍事組織的一種新制度，以求擴建三軍，稱霸當時。晉文公亦作三軍至六軍。其兵力之大，爲前此列國所無。秦、楚、越 皆有三軍，吳 有四軍，鄭魯雖非大國，亦皆有三軍。

　　列國既多整軍經武，自不得不實行新賦稅制度，以供軍需。左傳宣公十五年所記魯宣公『初稅畝』，春秋經成公元年所記魯成公『作丘甲』，左傳襄公二十五年所記楚蔿掩『量入修賦』，左傳昭公四年所記鄭子產『作丘甲』，左傳哀公十二年所記魯哀公『用田賦』等等，多是爲供應軍需而實行的新賦稅制度。

　　刑法雖由來已久，但是成文而公佈於庶民，通用於貴族的新刑法制度，到春秋時代始漸次建立起來。春秋以前，雖已有成文的刑法，（註二三）但多頒佈於官府，似尚未公佈於庶民。在封建政治之下，刑法是貴族懲罰庶民的工具，可以自由擅斷，尚不能完全通用於貴族。如果春秋以前已有成文而公佈於庶民，通用於貴族的刑法制度，則叔向不會反對鄭鑄刑書，孔子也不會反對晉鑄刑鼎，法家更不會強調『刑無等級，無貴賤』，（註二四）『法莫如顯』，（註二五）『法莫如一而固』。（二十六）

　　春秋時代逐漸建立的新刑法制度，大略如下：

左傳昭公七年記楚申無宇說：『吾先君文王作僕區之法，曰：『盜所隱器，與盜同罪』。杜注云：『僕區、刑書名』。按楚文王在位十五年，卒於齊桓公十一年。（西元前675年）僕區之法，既有條文，則春秋時制定的新刑法，蓋始於楚。其次爲晉文公作被廬之法。（西元前633年）晉襄公七年（西元前621年）左傳記：『趙盾（趙宣子）制事典，正法罪，辟獄刑，董逋逃，由質要，治舊污，本秩禮，續常職，出滯淹，行諸晉國，以爲常法。』這種常法，顯然包含有新刑法制度在內。晉頃公時，趙鞅荀寅等又鑄刑鼎，以著范宣子（士匄）所爲刑書。（西元前513年）由上說來，可知晉自文公至頃公，已先後有新刑法的制定與公佈了。其他如鄭子產鑄刑書（西元前356年）鄧析作竹刑，宋樂遄作刑器，（註二七）也都是實行新刑法制度。

新郡縣制度，萌芽於春秋時代，散見於左傳，彙攷於顧亭林日知錄卷二十二郡縣條。顧氏以後，尚有多家攷證郡縣制度，茲不必敍。（註二八）這種新郡縣，是一面削弱封建勢力，一面擴張國君權力的一種新地方制度。春秋時代，列國多以征服的領土爲郡縣，由君主委任人員統治之。君主爲削弱封君，亦在國內間行縣制。到戰國時，郡縣更加多，便漸次成爲一種代替封建制度的新地方制度了。

在封建制度之下，國君只能與貴族共治其國，並不能完全自由選任輔弼人才。但春秋時代的霸主，多能於貴族外選任輔弼，而產生了一種新輔弼制度。例如：齊桓公用管仲，秦穆公用余由、百里奚、蹇叔、丕豹、公孫支，吳夫差用伍員、太宰嚭，越勾踐用范蠡、文種，都不是以本國貴族爲輔弼，而取材於異姓，甚至異國。這種新輔弼制度，不但提高了輔弼人才的標準，而使君主有好幫手，並且提高了君主的權力，可以自由選任輔弼。

以上所說種種爭霸及革新運動，都不外一面動搖封建政治，又一面準備君主政治。法家思想，不能憑空產生，也不能完全由一人或一事產生，而是由以上所說種種運動漸次醞釀出來。所以我說法家起原於春秋時代的霸政運動。（註二九）

2. 法家的發展

由春秋時代的霸政運動，發展到三家分晉，（西元前403年）田氏代齊，便進入了戰國時代。春秋時代，是由封建政治演變爲君主政治的一個過渡時期。在此時期，雖封建制度漸次動搖，但仍有封建的遺形殘存；君主制度雖已漸次萌芽，但尚未十分

完成。所以顧亭林說：

　　春秋時猶尊禮重信，而七國則絕不言禮與信矣。春秋時猶宗周王，而七國則絕不
言王矣。……邦無定交，士無定主。此皆變於一百三十三年之間……不待始皇之并天
下，而文武之道盡矣。（註三〇）

　　按文武之道，謂周文王、武王所建立的封建制度。到了戰國時代，繼封建政治而
起的，爲『海內爭於攻戰，………務在強兵并敵』（註三一）的七國——魏、韓、趙、
齊、秦、楚、燕七個獨立國。每個獨立國，皆盡力講求富國強兵，而形成一種軍國運
動。於是原來發生於春秋時代的革新運動更日益徹底普遍，原來發生於春秋時代的爭
霸運動亦更日益激烈擴大。法家思想及事業，均隨着戰國時代的革新運動及爭霸運動
而繼續向前發展，以至達於完成。茲先略敍戰國時代各國以法家思想爲依據的革新運
動。

　　戰國初期最先革新的國家爲魏。魏文侯用法家李悝爲相，實行盡地力與平糴政
策，以求富強。李悝並編次諸國法爲法經，以確定治國的標準。文侯又用吳起爲將，
防守西河，戰勝秦國。因此魏在戰國初期最稱治強。不幸文侯死後，吳起不得武侯的
信任，乃去魏而相楚悼王。其在楚爲政，『明法審令，捐不急之官，廢公族疏遠者，
以撫養戰鬪之士，要在強兵』。（註三二）由此可知吳起不但是一個兵家，而且是一
個法家。可惜悼王行之期年而薨，吳起爲貴族殺了。繼魏文侯楚悼王之後有所革新的，
爲齊威王。史稱『威王……封卽墨大夫……烹阿大夫，齊國震懼……齊國大治』。
（註三三）因此戰國初期形成魏齊爭霸之局。

　　繼李悝吳起之後，採用法家的主張以實行大改革的，爲在秦變法的商鞅。商鞅原
爲衞人，仕於魏國，少好刑名之學。因不得志於魏，乃赴秦，相孝公二十年，變法兩
次。其要點，依據史記商君傳所記如下：

　　甲、『令民爲什伍，而相收司（同伺）連坐。』——這是實行保甲連坐法，以改
革社會組織。

　　乙、『民有二男以上不分異者倍其賦。……令民父子兄弟同室內息者爲禁。』——
這是實行小家庭制，以改革家庭組織。

　　丙、『大小僇力本業、耕織，致粟帛多者復其身。事末利及怠而貧者，舉以爲收

孳。』——這是實行重農抑商政策。

丁、『有軍功者，各以率受上爵。宗室非有軍功，論不得爲屬籍。』——這是一面實行軍國主義，一面裁抑貴族。

戊、『集小都鄉邑聚爲縣，置令丞，凡三十縣。』——這是大規模實行縣制，以代替封君。

己、『爲田開阡陌封疆，而賦稅平』。——這是廢止井田，平均賦稅。

庚、『平斗桶、權衡、丈尺』。——這是統一度量衡。(註三四)

由以上各點看來，可知商鞅的變法，包含有社會、經濟、軍事及政治的新制度與新政策在內，而不只是單純的法律問題。商鞅又用信賞必罰及厚賞重刑的方法，以求貫徹變法。雖太子犯法，也要刑其師傅，不怕得罪巨室。因此秦國得以富強，冠於六國，並爲後來始皇統一六國奠定基礎。商鞅雖於孝公死後遭貴族誣殺，但商鞅之法仍繼續實行於秦，並有著作流傳於六國。於是商鞅之法，便成爲法家的正宗了。

與秦孝公同時的韓昭侯，也用法家申不害爲相，實行革新。申不害原爲鄭人，相昭侯十五年，『內修政敎，外應諸侯，………終申子之身，國治兵強，無侵韓者』。(註三五)申子治國，着重君主用人行政的考核方法——形名之術，以求建立有效的官僚政治制度。他死後又有申子書二篇流行於世，於是申子之學，也成爲法家的一派了。

其他，如趙武靈王胡服、學騎射，以騎兵代替戰車，亦是軍事上的一大革新。因此趙國得先後與齊秦抗衡。燕昭王用郭隗爲師，樂毅爲將，力圖富強，亦能報齊仇。

至於七國在戰國時代爭霸的大勢，則初期爲魏齊爭霸之局，而互不相下，故魏惠王與齊威王會於徐州相王。到了中期，魏受秦變法的影響，迭爲秦所敗，不能保持爭霸的地位。於是秦繼魏而起，成爲秦齊爭霸之局，亦互不相下。故秦昭王與齊湣王相約，分稱東帝西帝，以和緩齊國。其後不過四年，東帝因燕齊構怨，爲燕兵所敗，致國破身亡。齊亦不能復振，自不能再與秦爭霸了。到了末期，六國對秦皆感惶恐。乃由趙聯合六國與秦爭霸。然以六國不能合作，致爲秦各個擊破。於是戰國爭霸之局，遂告結束。而法家的理論與事業，也先後完成了。　(註三十六)

3.　法家的完成

　　法家由發展到完成，可從理論及事業兩方面分說。茲先略叙法家理論的完成。任何理論，必須有著作或言論說明。戰國以前，尚無法家理論著作出現。管子書雖記名管仲，含有不少法家言，但多係戰國時人所寫成，可以說是戰國時代的第一部法家書。其他法家書，則先後有李子、商君書、申子、愼子等，各有發明。最後由韓非綜合以上各家理論而加以整理，成爲韓非子一書。於是法家的理論乃完全完成。

　　管仲是實行家，只在其施政中，具有法家思想的萌芽。李悝、商鞅及申不害三人，均曾執政，並有著作，故可說是實行而兼有理論的法家。愼到、韓非二人有著作而未執政，故只能算是純粹的理論家。愼爲趙人，曾遊學齊稷下，著有十二論，以主張任勢著名，亦成爲法家的一派。韓非爲韓之庶孽公子，除奉命使秦爲李斯所害外，未見信用。其生平最大貢獻，爲集法家理論的大成。至於法家的著作及學說，本篇下文另行分節說明。

　　法家理論既經韓非完成後，自可有助於法家事業的完成。所以秦始皇讚賞韓非的著書，李斯亦屢引用韓非之言。（註三十七）秦始皇及其助手李斯，是完成法家事業的實行家。他們究竟如何完成法家事業？茲摘要叙述如下：

　　第一、使用武力及策略，滅亡六國，以結束列國長期爭霸之局。列國爭霸之局，發端於齊桓公與管仲，結束於秦始皇與李斯。由齊桓公時代（齊桓公元年，至四十三年，即西元前 685 至 643 年）到秦始皇時代，（秦王政元年至始皇三十七年，即西元前 246 至 210 年）前後經過四百多年，皆充滿戰亂現象。但到秦始皇時代，只費了十年功夫，即將六國次第滅亡了。始皇十七年（西元前 230 年）滅韓，十八年滅趙，二十二年滅魏，二十四年滅楚，二十五年滅燕，二十六年滅齊。於是列國長期爭霸之局乃告終結，而全國始歸於一統了。

　　第二、實行君主專制政治，以建立全國統一的帝國規模。從前西周封建時代，雖在名義上天子是共主，然在實際上諸侯多各自爲政，尚未能眞正統一。中國之有眞正統一，從秦始皇開始。故李斯等奏議帝號說：

　　今陛下興義兵，誅殘賊，平定天下，海內爲郡縣，法令由一統。自上古以來未嘗有，五帝所不及。臣等謹與博士議曰：古有天皇，有地皇，有泰皇，泰皇最貴。臣等昧死上尊號，王爲泰皇。（註三八）

始皇自以爲德兼三王，功高五帝，乃改號皇帝，而自稱始皇帝。

『海內爲郡縣』，是君主實行中央集權的一種地方制度。此種地方制度雖早經產生，但全國大規模的實施，則始於始皇，而確定於李斯。丞相王綰請復封建，李斯駁議道：『置諸侯不便』，(註三九)始皇從之。自此以後，郡縣遂成爲中國的一種地方制度，至今未大變。史記秦始皇本紀謂『始皇分天下爲三十六郡，郡置守、尉、監』。漢書百官表上謂：『郡守、秦官，掌治其郡。郡尉秦官，掌佐守典武職甲兵。監御史、掌監郡』。由此可證秦代以郡守治民，以郡尉治兵，實是一種軍民分治制度。(註四十)雖在實施上間或有以郡守兼掌兵事，或有以郡尉兼掌民事的少數特例，但不能否定郡縣制度以軍民分治爲通例。秦代郡縣既以軍民分治爲通例，而守尉監又可由皇帝自由任免，則與總管軍民兩政的世襲封建諸侯大不相同，故可說是『自上古以來未嘗有』。

『法令由一統』，也是君主實行中央集權的一種統治制度。此種統治制度，倡議於法家，而完成於始皇與李斯。史記謂始皇『剛毅戾深，事皆決於法』。始皇泰山刻石說：『皇帝臨位，作制明法，臣下修飭。』又會稽刻石說：『秦聖臨國，始定刑名，顯陳舊章，初平法式，審別職任，以立恒常』。(註四一)按會稽刻石上三句謂制定一般刑法，下三句謂制定官制與官規。始皇專以法令統制全國臣民，自有人非難。於是李斯駁議道：『今天下已定，法令出一。……今諸生不師今而學古，……私學而相與非法敎。……如此弗禁，則主勢降乎上，黨與成乎下。』因請焚書，並主張『若欲有學法令，以吏爲師。』(註四二)按『以法爲敎，以吏爲師』，(註四三)本爲韓非的主張。而李斯應用於政治，過於極端，致人民言論思想皆絕無自由，而變爲一種暴政。

始皇在位三十七年，尚可以法治維持一統帝國。但到他死後，因宦官趙高擅權，二世胡亥恣肆，而李斯又勸二世『行督責之道，……深督輕罪。』(註四四)於是人人自危，秦廷亦內亂。二世殺諸公子，趙高殺李斯，並殺二世而立孺子嬰。孺子嬰又殺趙高而降沛公劉邦。始皇死後不過三年，秦帝國卽告短命而亡。後世論者，多歸咎於秦只任刑法，而不任敎化。其實二世之恣意殘殺，不得謂之眞法治。始皇與二世既使用民力於出征與防邊，又虐用民力於治陵寢，修宮室，建馳道，興遊觀，毀六國名城，使人民皆感其苦，亦非法家理論所許可。所以管子說：『上苛則下不聽。下不聽，而強以刑罰，則爲人上而衆謀之，雖欲無危，不可得也』。(註四五)由上說來，可知秦帝

國之速亡，實多由於虐用民力與濫用權力，而非全由於純任刑法。(註四六)

<h4 style="text-align:center">4. 法家在中國歷史上的地位與影響</h4>

關於法家在中國歷史上的地位及影響，可從政治與學術兩方面分說。茲先從政治歷史方面說起。

中國政治由西周封建時代演進到春秋戰國時代，發生兩個重要歷史課題：其一、為如何由列國紛爭之局，進入全國一統之局。其二、為如何一面結束封建政治，一面建立君主政治。法家的事業及學說，卽是為解決這兩大歷史課題而產生，而發展，以至於完成。因此我國得在始皇二十六年（西元前 211 年）建立起君主專制政治的一統帝國。這個大帝國的出現，不但改變了過去八九百年來的中國政治歷史，而且影響此後二千多年的中國政治歷史。所以法家在中國政治歷史上的地位非常重要，而不下於周初建立的封建政治之重要。自漢至清，雖朝代有更換，然政治制度大體不出秦帝國的規模。國內雖間有分裂，然終久仍能依郡縣制度恢復統一。國外雖間有侵入，然終結仍能保有秦帝國所有的領土——中國本部，至今有增而無減。我國歷史上能稍有所作為的政治家，如諸葛亮、王猛、王安石及張居正等，都由於多少採用法家綜覈名實與信賞必罰的方法。自漢以來之官僚政治，所以能有成效者，亦多賴用法家形名之術。所以法家在中國政治歷史上的影響，也非常深遠。不過我國實行君主政治過久，早經養成一種專制傳統——重武力，不重民意；重君主，不重人民；重權力，不重自由；重萬能，不重分工；重行政，不重立法，致使民主政治不易在中國早日產生。辛亥革命以來，雖已輸入民主政治制度，但又迭為專制傳統所破壞，至今尚未能完全進入民主政治的軌道。今後欲繼續實行民主政治，自須消除君主政治歷史遺留下來的專制傳統。(註四七)

現在再從中國學術歷史方面，略說法家的地位與影響。我國先秦學術的派別，史記太史公自序所引司馬談論六家要指，分為六家，而法家居其一。漢書藝文志依據七略增為十家，而法家亦居其一。近人所編中國政治思想史及哲學史等書，皆有法家在內。由此可見法家之學，在中國學術史上，尤其在中國政治思想史上，確有相當地位。從理論上說，法家之學，是一種純粹政治學，包含有國家理論，法律理論及君主專制理論與方法，適合戰國的時勢需要，而為儒墨道等家所缺少，故在當時也成為一種『顯學』，

(註四八)足與儒墨道等家抗衡。戰國時代有法家著作多種先後行世，便是一個證明。韓非子說：『今境內之民皆言治，藏商管之法者，家有之』。(註四九)秦始皇讚賞韓非子著書，而以之爲政治讀本。這兩個事例，都是法家當權的佐證。漢代秦後，法家雖稍失勢，然實際政治並未全廢法家之學。所以漢宣帝說：『漢家自有制度，本以霸王道雜之，奈何純任德教』？(註五十)自隋唐至淸代，我國政治思想，大體是外儒、內法而濟之以道，儒法道三家合參，而不完全專主一家。淸代政治家曾國藩，本以儒家著名，然其政治思想亦雜有法道兩家思想在內，便是一個證明。(註五一)淸末以來，梁啓超、胡適等人先後採用新眼光與新方法，重新研究法家之學。於是法家在中國學術歷史上的地位與影響，又大明於世了。

戰國時代，六國所用文字與秦文大同而小異。始皇用法家之學統一六國後，一面廢棄六國異文，又一面採用簡體字隸書，(隸書較古文篆文簡化)以書寫公文。於是中國文字，更趨於統一。不但有助於政治統一，而且有助於學術研究。方言雖各地不同，然文字則全國皆同，便於文化交流。這也可算是法家對中國學術的一點貢獻。至於韓非子的文學，長於論理，在中國文學史上有其地位。唐宋以來的古文家，都多少受了韓非子文學的影響，便是一個佐證。(註五二)

總說起來，法家在中國歷史上有功，亦有過。我們不可只記其功而忘其過，也不可只記其過而忘其功。

二、 法家學說述要

我們研究法家學說，必須採用政治的與歷史的兩個基本觀點。由政治觀點看，乃可知法家學說是一種純粹政治學，專門討論政治問題。由歷史的觀點看，乃可知法家學說的主旨是在戰國時代一面謀求國家生存發展，一面建立君主政治制度。因此，法家思想既有戰國及國家主義的彩色，又具有君主政治的特徵，而不是普通政治學說，也不是封建政治學說，更不是民主政治學說。

法家學說可分爲四節說明，並加以批評如下：

1. 國家與富強

『戰國』是一個『海內爭於戰攻，務在強兵並敵』；(註五三)『強國事兼幷，弱國

務力守』（註五四）的時代。法家爲求國家能在這樣一個時代生存發展，乃特別着重國家與富強，而在理論上建立國家尙力學說，又在實際上實行富國強兵政策。法家的尙力學說，是從國家起原、國家的生存發展以及國家與戰爭的關係等方面分別說明。管子說：

> 古者未有君臣上下之別，獸處羣居，以力相征。……故智者假衆力以禁強虐，而暴民止。……上下設，民生體，而國都立矣。是故國之所以爲國者，民體以爲國。君之所以爲君者，賞罰以爲君。（註五五）

按上文中的兩體字，尹知章管子注均解爲禮。禮有秩序或順從的含義。上謂政府，下謂人民。上文大意，是說未有國家以前的狀態，係以力相征。經過智者假衆力以建立政府，而人民順從以後，乃成爲國家。由此可知法家以國家起原於力——衆力。國家旣經成立以後，要求生存發展，也要靠力。所以商君書說：『國之所以重，主之所以尊者，力也』。（註五六）韓非子也說：『力多則人朝，力寡則朝於人，故明君務力』。（註五七）

法家又以國家的興亡，決定於力的比賽——戰爭勝敗。所以商君書說：

> 名尊地廣以至於王者，何故？戰勝者也。名卑地削以至於亡者，何故？戰罷（同疲）者也。不勝而王，不敗而亡，自古及今，未嘗有也。（註五八）

韓非子又從歷史演進方面說明國家尙力的必要，如下：

> 事異則備變。上古競於道德，中世逐於智謀，當今爭於氣力。………夫古今異俗，新故異備。如欲以寬緩之政，治急世之民，猶無轡策，而御駻馬，此不知之患也。（註五九）

由上說來，可知法家的國家尙力學說，亦持之有故，言之成理。不過欲求國家生存發展，除必須實力外，尙須正義。正義是實力的嚮導，旣可以鞏固國內團結，又可以增強國外號召，亦大有助於國家的生存發展。所以儒家強調正義，而非難法家。但是正義如果沒有實力做後盾，則不免徒託空言，無補實際。所以法家仍然強調實力，而非難儒家。其實只講實力，不講正義，與只講正義，不講實力，都是一偏之見而已。

我們旣知法家治國特別務力，可再進而研究其如何務力。自管仲相齊，趙盾相晉，李悝相魏，吳起相楚，皆曾盡力實行富國強兵政策，而收到了相當功效。至商鞅相秦

變法，更特別着重富國強兵，只承認耕戰二者為國力的根本，而形成一種重農主義與軍國主義。商君書說：

> 國之所以興者，農戰也。……凡治國者，患民之散而不可搏也。是以聖人作壹，搏之於農而已矣。(註六十)

> 聖王見王之致於兵也，故舉國而責之於兵。(註六一)

> 治國者，其搏力也，以富國強兵也；其殺力也，以事敵勸農也。(註六二)

按上引商君書三節，可說是商鞅變法的理由說明書。商鞅既認定農戰是當時富國強兵的不二法門。所以一面盡力獎勵農戰，又一面非難其他一切。韓非繼述此種極端狹隘的富國強兵思想，而以學者、說客、游俠、近習和工商為無益於耕戰的『五蠹之民』。他說：

> 明主之國，其言談者必軌於法，動作者歸之於功，為勇者盡之於軍。是故無事則國富，有事則兵強。此之謂王資。既畜王資，而承敵國之釁，超五帝，侔三王者，必此法也。………急其境內之治，明其法禁，必其賞罰。盡其地力，以多其積。致其民死，以堅其城守。天下得其地則其利少，攻其國則其傷大。萬乘之國，莫敢自頓於堅城之下，而使強敵裁其敝也。此必不亡之術也。(註六三)

韓非所說大要，不外繼述商鞅的基本主張。國家欲求生存發展，自須講求富強，所以近代列強亦皆注意及之。不過只重兵農而忽略工商學等，則不免偏激。懲其偏激，而不講求富強，又不免空疏之病，亦足以誤國。故近代列強皆從多方面講求富強，既重兵農，又重工商學等，自無偏激之弊，亦少空疏之病。

2. 君主與權力（勢）

法家學說，以君主為政治中心。所以一面提高君主的地位，而有『安國在乎尊君』(註六四)與『民一於君』(註六五)的說法，又一面特別增強權力的觀念，而有『任勢』與『集勢』的說法。封建政治下的天子，雖名分較諸侯為高，然上須天與，下須人歸，中須與諸侯分治，尚非至尊。至法家所說君主政治的君主，則超五帝，侔三王，上可不問天與，下可不問人歸，中亦不與貴族分治，而成為『獨制於天下而無所制』(註六六)的皇帝，可說尊君到極地了。

法家所說的權力觀念，與近代西洋的『主權在君說』，有些相近。不過法家不稱權

力爲主權，而稱爲勢，有時也稱爲勢位，或威勢，或權，或柄，或威。法家認定君主治國，必須有權。所以商君書說：『國之所以治者，曰權』。(註六七)韓非子說：『主之所以尊者，權也』。(註六八)法家認定勢的本質，須具有強制性、最高性與惟一性。韓非子說：『勢之爲道也，無不禁』。(註六九)『勢者、勝衆之資也。』(註七十)這是說勢要有強制性。如果君主對臣民不能強制，便不成爲勢了。韓非子說：『萬物莫如身之至貴也，位之至尊也，主威之重也，主勢之隆也』(註七一)呂氏春秋說：『勢不厭尊』。(註七二)這是說勢要有最高性。如果勢非最高；則不成爲君了。呂氏春秋說：『王也者，勢也。王也者，勢無敵也。勢有敵，則王者廢矣。』(註七三)這是說勢要有惟一性。勢既要是惟一的、最高的、強制的權力，則與近代西洋君主主權說，便無不同了。

　　法家所說勢的內容，簡單的說，包括一切統治權；詳細的說，則包含有立法、命令、用人、考核及賞罰等權。管子說：『生法者，君也。』(註七四)這是說君主要有立法權。管子說：『尊君在乎行令。』(註七五)這是說君主要有命令權。韓非子說：『術者、因任而授官，循名而責實，操殺生之柄，課羣臣之能者也。此人主之所執也。』(註七六)這是說君主要有用人、考核（循名責實）和賞罰等權。法家特別着重賞罰權。所以管子說：『君之所以爲君者，賞罰以爲君。』(註七七)申不害特別着重考核方法，所以有形名之學。

　　法家主張一切統治權，包括立法權、行政權（包含命令、用人和考核等權）和司法權，（賞罰權）均須集中於君主之手，而成爲一種君主集權論。所以法家說：

　　權勢者、人主之所獨制也。故人主失守則危。(註七八)

　　勢、非所以予人也。(註七九)

　　權者、君之所獨制也。……權制獨斷於君則威。(註八〇)

　　權勢不可以借人。上失其一，下以爲百。(註八一)

　　君執柄以處勢，故令行禁止。……賞罰下共則威分。(註八二)

　　明主之所導（按導、同道、由也。）制其臣者，二柄而已矣。二柄者，刑德也。……人主自用其刑德，則羣臣畏其威而歸其利矣。(註八三)

　　法家的君主集權說，發展至秦二世時，而有李斯所謂『主獨制於天下而無所制』(註八四)，便成爲絕對專制，而不免濫用權力了。

　　法家又主張君主治國必須任勢，持勢。任勢、是說治國須使用權力。持勢、是說治國須保持權力而不失。這種主張，與儒家的尙賢說衝突，故發生爭論。韓非子難勢篇，卽係說明爭論雙方的理由。主張任勢的愼子說：

　　　　賢人而詘（同屈）於不肖者，則權輕位卑也。不肖而能服賢者，則權重位尊也。堯爲匹夫，不能治三人。而桀爲天子，能亂天下。吾以此知勢位之足恃，而賢智之不足慕也。（註八五）

　　按上文乃點明勢位在政治上的重要性。韓非子假設反對任勢者說：

　　　　人之情性，賢者寡而不肖者衆。而以威勢之利，濟亂世之不肖人，則是以勢亂天下者多矣，以勢治天下者寡矣。夫勢者、便治而利亂者也。（註八六）

　　韓非子復加反駁，而認爲『賢勢不相容』。爲『上不及堯舜，而下亦不爲桀紂』的多數中主說法，則『抱法處勢則治，背法去勢則亂。』所以韓非子又說：『明主……善任勢者國安，不知因其勢者國危。』（註八七）

　　按治國固須任勢，但『善任勢』則不甚易，決非中主所能勝任。政治之事，旣要權力，又要賢能。如果只強調權力，不講賢能，則政事必定辦不好。法家任勢過度，至於主張『勢不足以化，則除之。』（註八八）此種說法，只足助長君主專制，摧殘人民自由，而無法防止君主濫用權力，決非長治久安之道。

3.　法律與刑罰（刑）

　　西周封建政治的統治方法，大要是禮與刑異施，而以禮統治貴族，以刑懲罰庶民及異族。所以說：『禮不下庶人，刑不上大夫。』（註八九）但是到了春秋中葉以後，封建制度漸次動搖，貴族因之沒落，不能再以禮治國。於是逐漸產生以法治國的新設施與新學說。春秋時代的霸政運動及新刑法制度等，都是以法治國的新設施。至戰國時代完成的各種法家書，則都是以法治國的新學說。

　　尙書呂刑說：『苗民弗用靈，制以刑，惟作五虐之刑，曰法。』這是古代只稱刑爲法的一個證據。至於法家所謂法，雖亦包含刑在內，但不僅單指刑。扼要的說，法家所謂法，是用法律規定國家的制度與政策，並用法律規定賞罰，以求制度的建立與政策的實施。由此可知法家所謂法，可以統指制度、政策與賞罰三者，也可單指三者之一。法可指制度或刑罰而言，已有人闡明。（註九〇）但法亦可指政策而言，則似乎尙

未爲人道及。商鞅的變法，含有富國強兵政策在內，便是法可指政策而言的一個例
證。

　　法家認定國家的制度及政策，須隨歷史演變而不同，所以有變法的主張。這種主
張導源於管仲，建基於商鞅，而完成於秦始皇與李斯。至其理論說明，則詳見於各法
家書。管子說：『法者、不可恒也。』(註九一)這是說法律不可永久不變。商君書說：
『禮法以時而定，制令各順其宜。……治國不一道，便國不必法古。』(註九二)這是
說法律須因時制宜，不可法古。商君書又說：『世事變而行道異。故效於古者，先德
而治；效於今者，前刑而法。』(註九三)這是說戰國時代須用法與刑。韓非子說：『世
異則事異，事異則備變；』(註九四)『法與時轉則治，治與世宜則有功。』(註九五)這是
用歷史的演進觀來說明變法的必要。法家既主張因時變法，自然態度趨向革新，而反
對保守。先秦諸子多託古改制，(註九六)但法家則只改制而不託古，更不法古。這是法
家學說不同於儒墨道諸家的一個特點。不過變法的次數太多，法家也不贊成。所以韓
非子又說：『治大國而數變法，則民苦之。』(註九七)

　　封建政治，除以刑治庶民外，又以禮爲治國的重要標準。而法家所說的君主政治，
則以法爲治國的惟一標準。所以說『事斷於法，』(註九八)『以法治國，舉措而已。』
(註九九)儒家主張『爲國以禮』『爲政以德』，(註一○○)『爲政在人』，(註一○一)『有
治人無治法』。(註一○二)而法家則主張以法治國，『不務德而務法』，(註一○三)『上
（上同尙）法而不上賢』，(註一○四)『任數不任人』。(註一○五)由此可知法家不但反
對封建，而且反對儒家。法家何以如此重視法治？因爲法治具有強制力，可以『一民
使下』，(註一○六)也可『興功懼暴，定分止爭。』(註一○七)而禮治、德治與人治，則
缺乏強制力，既難一民使下，也難興功懼暴，定分止爭。

　　法家既以法律爲治國的惟一標準，則其所說的法律，必定是成文而公佈於庶民，
通用於貴族的制定法——實證法，而非自然法、習慣法、或秘密法。我國封建時代雖
有所謂法，但在實際上貴族仍可用秘密法任意處罰庶民。到春秋新刑法制度萌芽以
後，始有法家強調制定法而反對秘密法。制定法必須實證，所以與自然法不同。制定
法必須成文，所以與習慣法不同。制定法必須公佈，所以與秘密法不同。因此法家所
說法律的定義如下：

　　　法者、編著之圖籍 ， 設之於官府 ， 而布之於百姓者也。………故法莫如顯。
　　（註一〇八）

　　按編著之圖籍，謂法須成文。設之於官府，布之於百姓，謂法須公佈。法莫如
顯、謂法須顯明而非秘密。法旣須成文，公佈而非秘密，則罪刑成爲法定主義，而非
擅斷主義了。從前晉叔向以『民知爭端……而徵於書』（註一〇九）爲理由，而反對鄭子
產鑄刑書，卽係反對罪刑法定。孔子以『民在鼎矣，何以尊貴』（註一一〇）爲理由，而
反對晉鑄刑鼎，則似恐貴族不能擅斷罪刑，無以尊貴。韓非所說法律的定義，不怕民
徵於書，也不怕無以尊貴，可以表明中國法律史上的一大進步。（註一一一）罪刑旣須法
定，則近代所謂『法律不溯旣往』的原則，自亦爲法家注意及之。所以管子說：

　　　令未布而罰及之，則是上妄誅也。上妄誅，則民輕生而亂賊作矣。（註一一二）

　　法家不但主張治國須以法律爲惟一的標準，而且主張法律之前須一律平等。封建
時代的禮治不平等，而法家所說的法治則必求平等。 法家求法律平等的方法，不外
『刑無等級』與信賞必罰。商君書賞刑篇說：

　　　所謂壹刑者，刑無等級。自卿相將軍以至大夫庶人，有不從王令，犯國禁者，
　　　罪死不赦。……無貴賤。

　　按封建時代，以『刑不上大夫』爲原則 。 縱令偶爾刑及大夫 ， 也要依周禮說的
『八議』（註一一三）而酌量減刑。由此可見治國必須刑無等級，乃能貫徹法律之前一律
平等的原則。管子說：

　　　聖君任法而不任智，任數而不任說，任公而不任私……君臣上下貴賤皆從法，
　　　此謂爲大治。（註一一四）

　　管子主張君臣上下貴賤皆從法，也是要貫徹法律平等的原則。不過『法之不行，
自上犯之，』（註一一五）是專制時代常有的事。君上應如何貫徹這個原則？法家有兩種
主張：第一爲『禁勝於身』，（註一一六）卽是要君上本身不犯法。第二爲信賞必罰，卽
是要『官不私親，法不遺愛；』（註一一七）『不避親貴，法行所愛；』（註一一八）『刑過不
避大臣，賞善不遺匹夫。』（註一一九）但在君主時代，君權高於法權，司法亦未獨立。
君主感覺法律不便時，得任意變更法律，絕難禁勝於身，亦難不避親貴。所以法律平
等的原則，常常爲君主及親貴所破壞。而主張法律平等的法家，亦有時爲君主及親貴

所摧殘。商鞅慘死於秦，便是一個著名的例子。

法家不但主張信賞必罰，而且主張厚賞重罰。管子說：

> 賞必足以使，威必足以勝，然後下從。……賞不可不厚，禁不可以不重……賞
> 薄則民不利，禁輕則邪人不畏。(註一二〇) 尊君在乎行令，行令在乎嚴罰。罰嚴
> 令行，則百姓皆恐。(註一二一)

商君書及韓非子更特別發揮重刑的主張，詳見原書，茲為篇幅所限，不具引。法
家的重刑主張，採取恐嚇主義，自與儒家採取感化主義的輕刑主張，顯然對立，而易
於發生爭論。其實刑之輕重，應以罪之大小而定。重刑輕罪與輕刑重罪，兩皆不得其
平。

考法家重賞罰、不重感化的基本理由，在以人類心理具有『自為心』，(註一二二)
而好利惡害。法家認為治國必須利用賞罰，尤其必須利用厚賞重罰，使人民不得不趨
利避害，以順應其自為心。所以韓非子說：

> 凡治天下，必因人情。人情者、有好惡，故賞罰可用。賞罰可用，則禁令可
> 立，而治道具矣。(註一二三)

自為心的說法，近於性惡論，自不得不借重賞罰來統制人民了。賞罰、是政治強
制力的最後手段。政治沒有賞罰，則無從表現強制力。厚賞重罰，即是加強政治強制
力。法家之所以既重信賞必罰，又重厚賞重罰者，在此而已。

總說起來，法家關於法律與賞罰的基本理論，大要不外韓非子所說，如下：

> 賞莫如厚而信，使民利之。罰莫如重而必，使民畏之。法莫如一而固，使民知
> 之。(註一二四)

按法莫如一而固，謂法須統一而確定。使民知之，謂法須公佈，使民周知。人民
知道統一的與確定的法律以後，君主再以信賞必罰的手段貫徹其實施。『法家不別親
疏，不殊貴賤，壹斷於法，』(註一二五) 故可稱為一種法治主義。不過君主專制時代，
法律與命令無分，君主又可隨意變更法律。厚賞重罰，只易助長君主濫用權力，並不
能十分貫徹法治。所以法家所說君主政治的法治主義，不如近代西洋民主政治的法治
主義之健全。法家原欲君臣共守法。但是君主多不守法，而只責臣民守法。於是法治
遂演變為君主專制的一種工具。此其所以為人詬病也。(註一二六)

4. 官吏與用人行政方法（術）

封建政治、自天子諸侯以至卿大夫，大都是列爵分土、世襲統治其人民的貴族。
(註一二七) 所以封建政治又可稱爲貴族政治。至君主政治，則上自將相，下至郡縣，都
是由君主自由任命的官吏。所以君主政治必同時又是官僚政治。官僚政治的標準官
吏，管子稱爲『經臣』。(註一二八) 封建的貴族關係，多賴宗法維持。但君主對於官吏
的關係，則須賴權力控制。所以韓非子說：『人臣之於其君，非有骨肉之親也，縛於
勢而不得不事也。』按(註一二九) 縛於勢、謂官吏爲權力所控制。君主要求保持權力，
而官吏則企圖侵奪權力。因此君主與官吏的利害，常常衝突。所以韓非子說：

　　君臣之利異，……故臣利立而主利滅。(註一三〇)

　　知臣主之異利者王，以爲同者劫，與共事者殺。(註一三一)

　　上下一日百戰。下匿其私，用試其上。上操度量，以割其下。(註一三二)

　韓非子認爲人臣常常利用『八姦』(註一三三) 使『人主有五壅』，(註一三四) 以求便
於篡奪。君主欲防人臣之姦，並求行政之效，除任勢與任法外，尙須任術，尙須講求
統治官吏的用人行政方法。所以韓非子所說術的定義如下：

　　術者、因任而授官，循名而責實，操殺生之柄，課羣臣之能者也。此人主之所
　　執也。(註一三五)

　按因任而授官，謂用人須因材以授官。循名而責實，謂依官名以考核其實效，謂綜
覈名實，謂形名參同。操殺生之柄，課羣臣之能，謂君操賞罰之權，以課羣臣之能
否。此人主之所執，謂用人，考核及賞罰等權，均須操於人主。由此可見韓非子所謂
術，含有任勢的成分。他又說：

　　今申不害言術，而公孫鞅爲法，……君無術則弊（同蔽）於上，臣無法則亂於
　　下。此不可一無，皆帝王之具也。(註一三六)

　由上文可知韓非對於治國，主張法術並重，不可偏廢。不過術有廣狹兩義；狹義
的術，專指一切用人行政方法而言，正如韓非上文所說術的定義所表明。廣義的術，
則用人行政以外任法與任勢的一切方法，亦包括在內。申不害着重狹義的術，故成爲
一種刑名之學。韓非認爲只講狹義的術尙不足以治國，故兼講任勢任法及任術的一切
方法。我們試看韓非子全書中專講術的各篇，如八經篇及內外儲說六篇等，皆就法術

勢三者混合言之，便可明瞭。法家關於法與勢的說法，已詳前兩節。本節只就法家所
說狹義的術——用人行政方法，加以述說如下：

甲、無爲術——儒家主張君主德化，卽可無爲而治。道家主張任物自然，亦可無
爲而無不爲。法家也主張君主無爲，但不注重德化，更不注重任物自然，而只注重君
主任法而不自爲，只注重君無事而臣事事，亦可無爲而治。管子說：『以法擇人，不
自擇也；以法量功，不自量也。』（註一三七）這是要君主任法而不自爲。愼子說：『君
臣之道，臣事事而君無事。臣盡智力以善其事，而君無與焉，仰成而已，故事無不
治。』（註一三八）這是要君主不自爲而責臣下好好爲之。

法家的基本態度，本是一種有爲主義，完全與儒道兩家相反，何以也主張君主無
爲呢？因爲法家認定君主無爲，乃能靜察官吏的動態，保持君主的威嚴，並促進事業
的成功。申子說：『愼而言也，人且和女。愼而行也，人且隨女。……故曰惟無爲可
以規之。』（註一三九）這是說君主不要輕於表示意見，以便靜察官吏的眞情。管子說：
『爲人君者，下及官中之事，則有司不任。』（註一四〇）這是說君主有爲，則臣下不能
有爲。韓非子說：『夫爲人主，而身察百官，則日不足，力不給。』（註一四一）這是說
君主不能事事自爲。韓非子又說：『明君無爲於上，羣臣悚懼乎下。明君之道，使智
者盡其慮，而君因以斷事，故君不窮於智。賢者效其材，君因而任之，故君不窮於
能。有功則君有其賢，有過則臣任其罪，故君不窮於名。臣有其勞，君有其成功，此
之謂賢主之經。』（註一四二）這是說君無爲而臣有爲，則可保持威嚴，並促進成功。不
過法家雖主張君主無爲，但又主張任勢、任法、任術，以責成臣下有爲，也不是眞正
無爲，只算是一種君術而已。

乙、聽言術——人臣對於君主進言，常多阿諛、蒙蔽、朋比及浮誇之言，而少正
直之言。君主欲求不爲臣下進言所誤，自須講求聽言的方法。法家所說君主聽言的方
法，以韓非子比較詳細。撮要說來，不外在消極方面要能不輕言，不輕聽，不偏聽，
而在積極方面要求進言確有功效。韓非子說：『聽言之道，容若甚醉。脣乎齒乎，吾
不爲始乎，……是非輻湊，上不與構』。（註一四三）這是說要靜聽各種意見，不可先行
表示贊否。『凡聽之道，……己喜則求其所納，己怒則求其所搆。論於己變之後，以
得毀譽公私之徵。』（註一四四）這是說人主須俟喜怒平復之後，再行論斷人臣進言之當

否。『不以衆言參驗，用一人爲門戶者，可亡也。』（註一四五）這是說要兼聽衆言，不可偏聽一人或朋比之言。『明主聽其言，必責其用。』（註一四六）『言不督乎用，則邪說當上。』（當上猶言蔽上）。（註一四七）這是說聽言須以其實際功效定取舍，而不聽於富強無益的一切空言。

丙、用人術——法家雖不贊成儒家德化的人治，仍講究守法的人治，而以用人的方法，促進官僚政治的功效。韓非子說：

> 任人以事，存亡治亂之機也。無術以任人，……任智則君欺，任修則事亂。……明君之道，賤得議貴，下必坐上，決誠以參，聽無門戶，故智者不得詐欺。計功而行賞，程能而授事，察端而觀失，有過者罪，有能者得，故愚者不得任事。（註一四八）

這段話，可說是法家用人方法的要旨。至於設官分職，使『事不相干』；（註一四九）專任責成，使『一人不兼官，一官不兼事』，（註一五〇）也都是用人方法的要旨。

丁、形名術——形名術，是法家關於用人行政的一種考核方法。形字古與刑通用，故亦作刑名。劉向說：『申子學號刑名，刑名者，以名責實。』（註一五一）故刑名的原義與形名同，只是一種以名責實的考核方法而已。不過因爲寫作刑名，而以名責實之後，又常有刑罰繼之。於是自漢以來，引申爲罪刑之學。現在只就原義的形名，分爲兩種，加以說明。韓非子說：『君操其名，臣效其形，刑名參同，上下和調。』（註一五二）這是一種以官位爲名，以官職爲形，而求其形名相符。韓非子說：『審合形名……者，言與事也。爲人臣者陳而言，君以其言授之事，專以其事責其功。功當其事，事當其言則賞。功不當其事，事不當其言則罰。』（註一五三）這又是一種以臣言爲名，以臣事爲形，而求其形名相符。兼用以上所說以名責實的兩種方法去考核官吏，則不但可以防姦，而且可以責效，可以促進用人行政的功效。從前君主之所以能使官吏有所作爲者，賴有此術以綜覈名實，信賞必罰。君主政治及官僚政治之所以能在中國建立甚早者，亦賴有此術。不過綜覈過苛、過急，而變爲李斯所謂『督責之術』（註一五四）時，則易引起民怨，招致亂亡，又不可不慎了。

戊、權術——以上所說無爲、聽言、用人、和形名諸術，都是正常的用人行政方法。此外還有一種非正常的用人行政方法，可名爲權術。法家不諱言權術。所以韓非

子說：『術者、藏之於胸中，以偶衆端，而潛御羣臣者也。』（註一五五）這種潛御羣臣
的術，自屬於權術，而非正常的用人行政方法。法家認爲大臣、近習以及一般官吏，
多千方百計，欺蒙君主，爭奪權利。君主爲防人臣的欺蒙爭奪，除使用正常的用人行
政方法外，尚不得不運用權術。所以韓非子所說的術，也含有權術在內。例如內儲說
上七術篇中的『疑詔詭使』，『挾知而問』，『倒言反事』以及八經篇中的『參伍之
道』，卽多屬於權術類。不過，『君以計畜臣，臣以計事君』。（註一五六）君臣互以權
術鬥法，則結果無論爲兩敗俱傷，或一勝一敗，皆不能使國家長治久安。故權術不可
不愼用也。

5.　法家學說的批評

　　法家學說既經說明如上，可再進而略加批評。我國首先批評法家者，當推儒家。
孔子批評法家『道之以政，齊之以刑，民免而無恥。』（註一五七）孟子批評法家『以力服
人者，非心服也』；（註一五八）『徒法不能以自行』。（註一五九）荀子批評『申子蔽於勢而
不知知，愼子蔽於法而不知賢。』（註一六〇）道家亦批評法家。老子說：『法令滋彰，
盜賊多有』；『民不畏死，奈何以死懼之』。（註一六一）莊子說：『尚法而無法，……
是愼到田駢也。』（註一六二）以上所說先秦儒道兩家，只批評法家之失。至漢司馬談始
就法家的長短，加以批評，如下：

　　　　法家嚴而少恩，然其正君臣上下之分，不可改矣。……法家不別親疏，不殊貴
　　　　賤，一斷於法，則親親尊尊之恩絕矣。可以行一時之計，而不可長用也。故曰
　　　　嚴而少恩。若尊主卑臣，明分職，不得相踰越，雖百家弗能改也。（註一六三）

　　從通常的觀點看，法家的短處，確在嚴而少恩。但從法家的觀點看，如不嚴而少
恩，則不能公而忘私。不能公而忘私，則不能一斷於法，也不能明分職，不得相踰
越。由此可知法家的長處，也在嚴而少恩，如不嚴而少恩，便不成爲法家了。班固又
就法家的長短加以批評，如下：

　　　　法家者流……信賞必罰，以輔禮制。易曰：先王以明罰飭法，此其所長也。及
　　　　刻者爲之，則無敎化，去仁愛，專任刑法，而欲以致治，至於殘害至親，傷恩
　　　　薄厚。（註一六四）

　　班固的批評，不如司馬談比較公允。然自漢至清，以儒家當權的原故，學者多對

法家有微辭。縱偶有應用法家言的政治家，亦陽儒陰法，不敢昌言法家。例如王安石、張居正等人。清末以來，以西洋法治思想及政治學輸入，乃先後有人重新估定法家的價值及地位。最先採用西洋法治學眼光評述法家者，當推梁啓超的中國法理學發達史及管子評傳等書。（註一六五）首先採用西洋哲學眼光評述法家者，當推胡適的中國古代哲學史大綱。純粹採用西洋政治學眼光評述法家者，以蕭公權的中國政治思想史比較精審。著者爲整理法家學說，先後編成中國法家概論、商鞅評傳、商君書校釋、韓非及其政治學、韓非子校釋及中國政治哲學概論等書，亦費力不少。其他學人關於法家的新著作，尚有多種，茲不具敍。

　　法家學說，是一種君主政治學，也是一種專制政治學。君主專制，必須具備兩個前提條件。第一個前提條件，爲強大的武力。沒有強大的武力，便不能統一全國，取得政權。既經取得政權以後，如果武力衰落，也不易維持專制。因此君主專制常隨武力的強弱而興替，治亂循環，無由求得國家的長治久安。這是君主專制政治的一個大弱點。第二個前提條件，爲賢明的君主。君主賢明，始能善用法、術、勢，以求得治強。君主不賢明，便必濫用法、術、勢，而招致亂亡。按之中國歷史，賢明的君主，只佔少數，而多數則爲暴虐、昏庸或幼弱之輩。君主暴虐，則濫用權力，足以亡國。君主昏庸或幼弱，則大權旁落於母后、宦官、外戚、權臣、或強藩之手，亦往往足以致亂。君主大權旁落後，不能自行專制，而反受母后、宦官、外戚、權臣、或強藩擅權之害。所以梁啓超說：『專制政體之於君主，有百害而無一利。』（註一六六）由上說來，可知君主專制的兩個前提條件，不能永久具備。君主專制、雖在封建政治崩潰之後，有其歷史效用，但究非長治久安之道。法家學說，亦有其歷史效用及學術價值，但時至今日，君權至上不及民權至上之受人歡迎。所以我國自『辛亥革命』以來，不得不以民主政治代替君主政治了。

　　我在增訂韓非子校釋自序中，曾對韓非子學說有所批評。韓非子集先秦法家學說的大成。故我對韓非子學說的批評，亦可作爲我對先秦法家的批評。茲節錄該序於後，以爲本篇的結論。

　　韓非爲我國戰國時代之君主政治思想家。故其學說要旨，乃爲戰國時代之君王，建立君主政治制度，以內求統一，外求獨立而已。若分析言之，則其學說

特徵，可列舉如下；第一、重國家，不重世界。第二、重君主，不重人民。第三、重權力，不重自由；重集權，不重分權。第四、重法治，不重人治。第五、重內政，不重外交。第六、重富強，不重王道（正義）。第七、重現實，不重理想。第八、重實用，不重空言。第九、重農，不重工商。第十、重兵，不重學。第十一、重公功，不重私善。第十二、重信賞必罰，不重私情。第十三、重循名責實，不重感化。第十四、重賞罰與毀譽相合，不重賞罰與毀譽相反。第十五、重時務，不重保守。上述十五種特徵，多與儒家衝突，故歷來儒家多非難之，而韓非亦非難儒家。古今批評韓非子者，多就其所不重者而言之。予考韓非立言之旨趣，專為戰國時代之君主政治設想，自有其歷史價值。我國由戰國時代進入一統時代以後，仍行君主政治，亦有其實際效用。故自漢至清之我國政治，雖在功令上儒家佔優勢，而在實際上並未全廢法家之說。漢宣帝謂『漢家自有制度，本以霸王道雜之』，即一佐證，不待多贅。

今者，中國外而已由閉關一統時代進入世界戰國時代，內而已由君主政治時代進入民主政治時代。為求中國外能應付世界戰國，內能完成民主政治，自須有一種新政治理論，以適應今後中國之需要。予以為新政治理論之要旨，宜國家與世界並重，先國家而後世界；人民與政府並重，先人民而後政府；自由與權力並重，而以人民自由節制政府權力；法治與人治並重，而以人治扶持法治；內政與外交並重，而以內政支援外交；富強與正義並重，而以富強支援正義；農與工商並重，而互相促進；兵與學並重，而以科學改進兵事；公功與私善並重；現實與理想並重，循名責實與信賞必罰並重。此要旨，有酌採韓非學說者，亦有修正韓非學說者。今後中國政治果能循之實施，則庶可免犯時代錯誤，而誤用韓非之說也。

三、法家著作提要

我國法家的重要著作，都出產於戰國時代。戰國以後，雖間有發揮法家思想的著作，但大體不出戰國法家的範圍。所以本篇只就戰國法家著作及其流傳，加以提要。

我國最先談到戰國法家著作的古書，當推韓非子。韓非子五蠹篇曾說：『今境內

……藏商管之法者，家有之。』由這句話，可以證明管子商子兩書已在戰國末期非常流行。又定法篇說：『申不害、公孫鞅、此二家之言，………皆帝王之具也』。由這句話，可以證明申子在戰國末期也有書行世。難勢篇引用愼子之言，也足證明愼子在當時已有書行世。詭使篇引用的本言，想亦是當時的一種法家書，但以早經失傳，無從考證。

我國最先記敍戰國法家著作的史書，當推史記。管晏列傳說：『吾讀管氏牧民、山高、乘馬、輕重、九府……其書世多有之。』按牧民至九府，是管子的五個篇名。商君列傳說：『余嘗讀商君開塞耕戰書。』按開塞與耕戰是商君書的兩個篇名。申韓列傳說：『申子……著書二篇，……韓非……作孤憤、五蠹、內外儲、說林、說難十餘萬言』。按孤憤至說難，都是韓非子的篇名。孟荀列傳說：『愼到著十二論，……田駢接子皆有所論焉。趙……有……劇子之言，魏有李悝盡地力之敎，楚有尸子……世多有其書。』按李悝、愼到、劇子都有法家著作。田駢卽田子，近於道家，尸子、卽尸佼，近於儒家，然此二人皆兼有法家言。

我國最先結集各家典籍，加以編校，使成爲定本者，爲漢劉向歆父子。劉向的別錄，說明各書編校的經過。劉歆的七略是羣書分類的總結。戰國法家著作，經過劉氏父子編校以後，雖不免有攙雜或遺漏，然從此私家著作成爲官定本，比較易於保存和閱讀。別錄久已散佚，七略則因班固節錄於漢書，乃得流傳至今。

漢書藝文志，著錄的法家書，有李子三十二篇，商君二十九篇，申子六篇，處子九篇，愼子四十二篇，韓子五十五篇，游棣子一篇，鼂錯三十一篇，燕十事十篇，法家言二篇，共十家二百一十七篇。此外管子八十六篇，漢志列入道家書內，至隋書經籍志始改列法家書內。鼂錯爲前漢人，其著作不在本篇討論之列。燕十事十篇與法家言二篇，漢志原注『不知作者』。游棣子不可考。以上三書，自隋書以後，卽不見於著錄，可證其早佚。處子卽史記所說『趙……有……劇子之言』，隋書以後，亦不見於著錄。故本篇只就管、李、商、申、愼、韓六子，分別加以提要。

1. 管 子 提 要

漢志在『管子八十六篇』下，原注『名夷吾，相齊桓公』。這是表明管子書出於齊管仲。不過中國在管仲時代，尙無私人著作。漢志原列管子於道家，隋志改列於法

家，易滋疑問。自宋以來，學者多疑『管子非一人之筆，亦非一時之書』，（註一六七）已漸次成爲定論。最初管子原本、與商君之法，連稱『商管之法』，流行戰國末期。其著作年代，當在戰國初期或中期。其書內容，大要應屬於法家言，及關於管仲事業的記敍。因此我們可以說管子原本是戰國初期或中期講求法家思想者，以依託管仲而寫成。至劉向校本管子八十六篇，比原本擴大，內容複雜，除仍有法家言外，尚有道家言，儒家言與雜家言。現在只就管子書中的法家言，當作戰國時代的法家思想研究，自無大過。

　　管子流傳到隋唐以後，又分卷而不明言篇數。隋書唐書均著錄管子十九卷，而新唐書則只著錄十八卷。宋史及四庫總目提要均著錄二十四卷。至劉校八十六篇，唐時已佚封禪篇，宋時已佚王言、謀失、正言、言昭、修身、問覇、牧民解、問乘馬、輕重丙、輕重庚等十篇。現存者，只有七十五篇。

　　唐代學人重新研究管子，有尹知章管子注及杜佑管氏指略。宋代王應麟漢書藝文志考證、朱子語錄、周氏涉筆、黃震黃氏日抄以及明代宋濂諸子辨、朱長春管子權等書，都有懷疑管子的話，茲不具引。明代學人多刻管子而加以評點，如趙用賢管韓合刻，朱東光中都四子，朱長春管子權，梅士享詮敘管子成書十五卷，朱養和管子評註，張榜管子纂註，凌汝亨刊管子，吳勉學刊管子，翁正春管子評林，姚鎮東管子纂註，閔氏朱墨本管子等書都是。趙用賢刻管子，以宋楊忱本爲底本，曾經『正其脫誤逾三萬言，而闕其疑不可考者，尚十之二』，（註一六八）可見宋本之難讀。楊忱本，現爲商務印書館四部叢刊影印；趙用賢本，現爲中華書局四部備要重印，均易於搜閱。至明代曾經印行的劉績管子補註，四庫總目提要以劉績爲明人，而聞一多等的管子集校則考定爲遼人云。

　　清代自考證學發達以來，先後校釋管子者有多家。清代戴望曾結集諸家校釋，而成管子校正一書，便於初學。戴氏之後，尚有校釋多家，現經聞一多等彙編爲管子集校，便於查考。但以其未全錄管子原文，而不便於初學。日本學人的校釋，以安井衡的管子纂詁及豬飼彥博的管子補正兩書較有發明。今後欲重新整理管子全書，則須綜合中日諸家校釋而成之。至於近人從理論上重新研究管子者，則以梁啓超的管子評傳及蕭公權的中國政治思想史兩書較爲著名。拙著中國法家概論對於管子中的法家思

想，亦有所論列云。

2. 李子提要

漢志於法家書內，著錄『李子三十二篇』，並註明『名悝，相魏文侯，富國強兵。』又於儒家書內，著錄『李克七篇』，並註明『子夏弟子，爲魏文侯相』。李悝與李克是兩人，還是一人？漢書古今人表分列爲兩人。但依據史記所記，又似爲一人。平準書謂『魏用李克盡地力』，貨殖傳謂『魏文侯時，李克務盡地力』，孟荀列傳又謂『魏有李悝盡地力之敎』。李悝與李克雖名不同，然姓同，時同，相魏文侯同，盡地力亦同，則其爲一人無疑。崔述史記探源說：『悝克一聲之轉，古書通用。』章炳麟檢論原法篇說：『李悝或作李克，史書傳記駁互不同，當是一人』。

李子三十二篇、自隋書以後，即無著錄，可證其在隋前已經散佚。我們由漢志原註，可以推知李子原書的主旨，在富國強兵。李悝如何講求富國強兵？依據史記及漢書，則以盡地力爲最要。如何盡地力？則以治田及平糴爲最要。漢書食貨志說：『李悝爲魏文侯作盡地力之敎……行之魏國，國以富強。』食貨志所說關於李悝盡地力的說法，大概取材於李子。李子原書久已失傳，但我們可從食貨志推知其大旨。

至於李悝造法經的說法，不見於史記。東漢桓譚新論始說『商君受李悝法經以相秦』。魏書刑法志云：『商君以法經六篇入秦』。晉書刑法志云：『律文起自李悝編次諸國法，著法經六篇』。唐六典注云『李悝集諸國刑書，造法經六篇，一盜法，二賊法，三囚法，四捕法，五雜法，六具法』。由上引諸書看來，可知法經是戰國初期經過李悝綜合整個的一部成文刑典。可惜原書早佚，內容無從詳考。清代學人以爲唐律本於漢律，漢律本於秦律，秦律本於法經，而認定『法經到唐律中，即漢志李子之在法家者』。(註一六九) 因此雜取唐律當做法經，則不免近於武斷。由法經到唐律，經時已久，改變多次。我們可以說唐律的遠源可以推溯到法經，但不能指定唐律的某條就是法經。我看過清人黃奭所輯法經之後，深覺這種輯佚本，只能算是一種古裝的僞書，不足引據。(註一七〇)

3. 商君書提要

商君書、在戰國末期通稱爲『商君之法』，(註一七一) 與管子同時流行，而連稱爲『商管之法』(註一七二) 史記商君列傳稱爲『商君開塞耕戰書』，而以兩個篇名表明其

要旨。劉向編校以後，定著爲商君二十九篇，並經班固著錄於漢志。隋志著錄商君書五卷，比漢志加一書字，分卷而不言篇數。舊唐書著錄商子五卷，改君書二字爲子，與先秦諸子通稱子同。新唐書著錄與隋志同。宋志及四庫總目提要著錄與舊唐書同。自清代嚴萬里重新校正，復稱商君書以來，學者多稱本書爲商君書。

本書由漢流傳至宋元間，已佚三篇，現存二十四篇，外有羣書治要節錄六法篇佚文一節。本書流傳既久，自不免有誤脫。清代嚴萬里、孫星衍、孫馮翼、錢熙祚、嚴可均諸氏均有校本，而以嚴萬里校本較精，已重印於四部備要。

至於一面校正文字，一面注釋文義的專書，則由清末到現在，有兪樾的諸子平議，孫詒讓的札迻，陶鴻慶的札記，王時潤的商君書斠詮，朱師轍的商君書解詁，王仁俊的商君書微，及陳啓天的商君書校釋等書。

本書是否出於商鞅？宋代已有人提出疑問。黃震黃氏日抄說：『商子、其文煩碎不可句，眞僞殆不可知』。周氏涉筆說：『商君書多附會後事，擬取他辭，非本所論著』。因此近代學人多摘取本書更法徠民等篇中可疑之處，以爲僞書之證。不過仍多認本書爲戰國末期『法家者流綴鞅餘論，以成是編』。(註一七三)『其詞崚厲而刻深，雖非鞅作，亦必其徒述之，非秦以後人所爲也』。(註一七四) 我曾就商君書全書，逐篇加以分析，雖不盡出於商鞅自著，然大體多發揮商鞅的法家思想。司馬遷說：『余嘗讀商君開塞耕戰書，與其人行事相類』。(註一七五) 我現在細讀本書以後，也覺得要研究商鞅及其思想，自必須參考商君書。(註一七六)

4.　申 子 提 要

我國最先評論申子之學的古書，當推荀子解蔽篇。最先引用申子之言的古書，推韓非子定法、難三、外儲說等篇。由荀子的評論與韓非子的引用，我們可以推知申子在戰國末期已有書行世。最先記載申子之書的史書，當推史記。老莊申韓列傳說：『申子之學，本於黃老，而主刑名，著書二篇，號曰申子』。二篇的申子，流傳到劉向校書時，已經擴大。所以劉向別錄說：『今民間所有上書二篇；中書六篇，皆合（按皆合猶言連同。）二篇，已過太史公所記也』。(註一七七) 按上書、指上所錄之申子書，或改上書爲上下，誤。中書、謂中秘書，卽指官府所藏之書。劉向所見民間所有的申子，只有二篇，與史記所記同。但官府所藏的申子，則有六篇，比史記所記，多

了四篇。漢書元帝紀顏注引劉向別錄云：『申子學號刑名。刑名者，以名責實，尊君卑臣，崇上抑下。宣帝好觀其君臣篇』。王先謙漢志補注據太平御覽二二一引七略云：『孝宣皇帝重申不害君臣篇，使黃門郎張子喬正其字』。由以上引文看來，可知申子既有皇帝喜讀，自有獻書者從事增補。於是申子由二篇擴大爲六篇的原因，便不難推知了。

漢志依據七略，著錄申子六篇。梁阮孝緒七錄著錄申子三卷，始分卷而不言篇數。隋書經籍志於商君書五卷下自注云：『梁有申子三卷，韓相申不害撰，亡』。由此可知唐初申子已佚。其後新舊唐書著錄雖與七錄同，但未必有其書。宋史明史及四庫總目提要則皆無著錄了。

清代以來，有申子輯佚本數種，其一、爲馬國翰輯本，見玉函山房叢書；其二、爲嚴可均輯本，見全上古三代文卷四；其三、爲黃以周輯本，未刊；其四、爲王時潤輯本，見商君書斠詮附錄。此數種輯本，皆就古書所引申子佚文輯錄而成，雖不盡善，亦可略知申子的一斑。

申子六篇的篇名，現在能考知的，只有㈠君臣篇、見上引別錄及七略；㈡三符篇、見淮南子泰族訓；㈢大體篇、見羣書治要。其餘三篇名，不可考。淮南子高注云：『申不害治韓有三符驗之術』。據此，則三符似指形名之術。羣書治要引申子云：『名者、聖人之符。用聖人之符，則萬物無所逃之矣。』大體篇所提及的烏獲孟賁二人，皆在申子後，可證此篇爲申子後學所述，決不在原本申子二篇之內。

我們現在要研究申子的思想，除參考申子輯佚本外，尚須參考荀子、韓非子、史記、漢書、別錄、七略諸書中有關申子的記述及考證。(註一七八)

5. 愼 子 提 要

我國最早評論愼子之學的古書，爲莊子天下篇及荀子非十二子、天論、解蔽等篇。最早引用愼子之言的古書，爲韓非子難勢篇及呂覽愼勢節。最早記敍愼子之書的史書，爲史記。孟荀列傳說：『愼到……學黃老道德之術，因發明序其旨意，故……著十二論。』十二論似爲十二篇論文，可說是愼子原本。劉向校定愼子四十二篇，而列入法家書內。於是愼子由發明道家旨意的十二論，而擴編爲發明法家思想的四十二篇。此四十二篇，可說是愼子校本。

　　漢志依據劉向校本，著錄愼子四十二篇。流傳至晉代，有滕輔注愼子分爲十卷，而不言篇數；又有劉黃老注愼子。隋書及新舊唐書皆著錄愼子十卷，而不言篇數。由五代到宋，愼子四十二篇幾乎完全散佚，剩下威德、因循、民雜、德立、君人五篇，也不完整，只可名爲愼子殘本。宋史及文獻通考均只著錄愼子一卷，卽此殘本。四庫總目提要亦只著錄愼子一卷，並改入雜家書內，殊欠妥貼。清代嚴可均錢熙祚曾重加輯校，而成四錄堂本及守山閣本，比殘本稍多，可名爲愼子輯本七篇，附佚文。四部備要及諸子集成均重印守山閣本愼子，便於查閱。至四部叢刊影印的愼懋賞注愼子內外篇，則已經學者考定爲明人所僞造，不足引據。

　　愼子殘本五篇、似係宋人刪節羣書治要所錄愼子而成。輯本七篇，則全從羣書治要錄出，比殘本多二篇，外輯唐宋類書所引愼子佚文五十九條，詳見守山閣本。此輯本、雖較五篇殘本稍勝。然與史記所記十二論及劉向所校四十二篇相較，仍只能算是一種殘本。姚際恒古今僞書考，以愼子只有殘本五篇，卽斷爲僞書，而不知此種殘本係節錄羣書治要而成。羣書治要及其他唐宋類書所引愼子，自係取材於四十二篇，而非僞造。黃雲眉古今僞書考補正、又以『今書文字明白，不類先秦殘籍』，而不知今書是一種輯佚本，曾經唐宋人幾度刪節。查今本愼子，多發揮法家思想，當係節錄四十二篇本。至四十二篇本旣比史記所說爲多，則是否全出於愼到自著，自不能無疑。不過我們現在要研究愼到的法家思想，又不能不取材於今本愼子——守山閣本。若要進一步研究，則須參考涉及愼子的古書——莊子、荀子、韓非子、呂覽、史記、漢書及其他有關愼子的考證書。（註一七九）

6.　韓非子提要

　　韓非子書，自秦至宋，原名韓子。自宋以來，學者因尊稱韓愈爲韓子，乃改稱爲韓非子，以免相混。於是韓非子成爲近代通稱。雖仍有稱韓子者，但不及稱韓非子者之多，故本篇沿用之。

　　韓非的著作，於其生前已流傳至秦，大得始皇讚賞，詳見史記韓非傳。至其死後不久，又爲秦二世及李斯所引用，詳見史記李斯傳。史記韓非傳說：『韓非……喜刑名法術之學，……觀往者得失之變，故作孤憤、五蠹、內外儲、說林、說難十餘萬言。韓子著書，傳於後世，學者多有。』由上看來，可知史記是我國最早記敍韓非子

的史書。

劉向校書，定著韓子五十五篇。班固因之，著錄於漢志。梁阮孝緒七錄著錄韓子二十卷，始分卷而不言篇數。此後隋書、新舊唐書、宋史及四庫總目提要等書著錄，均與七錄同。

韓非子全書，雖於劉向校定時有所攙雜，但大體均爲法家言，亦多出於韓非之筆，別詳拙著韓非子校釋各篇考證。

韓非子書、集先秦法家思想的大成，爲我國古代君主政治學典籍，而其文筆又能『引繩墨，切事情，明是非』，(註一八〇)故歷代均有人從事傳習。不過傳習的風尙，因時代不同，而有所演變。大要說來，自秦至三國，多將韓非子當作一種政治學書研習，以求應用於實際政治，例如秦始皇、李斯、鼂錯、韓安國、王符、仲長統、崔實、鍾繇、陳羣、諸葛亮等人都是。(註一八一)自唐至明多將韓非子當作一種文學書讀，以求仿效其筆法，而不大注意其本旨，例如唐宋八大家以及明代好評點韓非子的文人都是。清代漢學家多將韓非子當作一種古籍考證，以求校正文字，注釋字義。但可惜仍少人注意韓非子的本旨。清末以來的學人，則多將韓非子當做一種學術書——政治學書或哲學書研習，而尋求其大旨，並重新加以評述。於是韓子之學，乃復大明於世了。

關於韓非子的校釋書，北魏有劉昞注，唐有尹知章注，均已早佚。宋前有某氏注，卽宋乾道本注。元初或元前有李瓚注。元有何犿注。明有門無子迂評本，張鼎文校本，趙用賢校本及道藏本多種，而以道藏本及趙校本較佳。清乾隆年間，有盧文弨的韓非子拾補。嘉慶年間，有吳鼐影刻宋乾道本，並附錄顧廣圻的韓非子識誤，然後宋本的錯誤，亦大減少。復經王念孫、洪頤煊、兪樾、孫詒讓諸家校釋，而後韓非子乃易於閱讀。於是王先愼結集上述諸家校釋，參證唐宋類書，訂正宋乾道本，而成韓非子集解一書，於光緒二十二年出版，至今流行。王氏集解以後，又有吳汝綸、陶鴻慶、劉師培、高亨、孫楷第、孫人和諸家補訂集解。日本學人如：物雙松的讀韓非子，蒲阪圓的增讀韓非子，松臯圓的韓非子纂聞，太田方的韓非子翼毳，津田鳳卿的韓非子解詁，藤澤南岳的評釋韓非子全書，亦各有所發明，但均未爲集解採用。於是我又結集上述中日諸家校釋，並重新加以整理，而成韓非子校釋一書，於民國二十九年在上海

出版。四十六年又加增訂，並附錄拙著韓非子書目提要、韓非及其政治學等篇，於臺灣出版。從前學者多以王氏集解爲初學讀本，現在則似宜以拙著校釋爲初學讀本了。

關於韓非子的文義，既迭經前人校釋，已大體可以索解。至於近人評述韓非子大旨的著作，則以梁啓超的先秦政治思想史、胡適的中國古代哲學史大綱、蕭公權的中國政治思想史、陳千鈞的韓非子研究及拙著韓非及其政治學等書爲較要云。（註一八二）

附識：1.本文審查人爲陳槃、屈萬里先生

2.本文版權屬上古史編輯委員會所有

（註　一）　見韓非子孤憤篇。本文所引韓非子，均以拙著韓非子校釋爲依據。

（註　二）　見史記太史公自序。

（註　三）　見史記老莊申韓列傳。

（註　四）　見顧立雅論法家（中央研究院慶祝董作賓先生六十五歲論文集）

（註　五）　見劉劭人物志業流篇（四部叢刊本）。

（註　六）　見同註三。

（註　七）　見蕭公權中國政治思想史第247頁。

（註　八）　見漢書藝文志諸子略序。（王先謙漢書補注本）

（註　九）　見胡適文存一集諸子不出於王官論。

（註一〇）　見左傳昭公六年（十三經注疏本）

（註一一）　見商君書更法篇。本文所引商君書，均以著拙商君書校釋爲依據。

（註一二）　見韓非子五蠹篇。

（註一三）　見同註 8。

（註一四）　見傅孟眞先生集（二）戰國子家敍論。

（註一五）　見馮友蘭中國哲學史補原名法陰陽道德。

（註一六）　見史記。

（註一七）　見論語季氏章（十三經注疏本）

（註一八）　見史記齊世家。

（註一九）　見論語憲問篇。

（註二〇）　見國語晉語四。（四部備要本）

（註二一）　據馬端臨文獻通考第一百四十九卷考證。

（註二二）　見國語齊語。

（註二三）　詳見梁啓超中國成文法編制之沿革，中華書局出版。

（註二四）　謂刑法須通用於貴族與庶民，見商君書賞刑篇。

（註二五）　謂法須成文而公佈於庶民，見韓非子難二篇。

（註二六）　謂法須統一而確定，見韓非子五蠹篇。

編輯部案陳槃先生第二次審閱報告：「春秋以前之成文刑法，已頒布于官府，亦且公布于庶民，槃第一次審查書已論之。可備參。又案昭六年左傳，叔向詒子產書曰：『夏有亂政而作禹刑，商有亂政而作湯刑，周有亂政而作九刑。三辟之興，皆叔世也（杜解：言刑書不起於始盛之世）。今吾子相鄭國，作封洫，立謗政，制參辟，鑄刑書（杜解：制參辟，謂用三代之末法。會箋、子產所作，與三代之末法同類，故謂之制作三辟，言語之道也），民知爭端矣，將棄禮而徵於書。』然則子產此種作法古已有之，子產特參考其法而出之，非創制也。叔向之致譏，亦以其非盛世之爲，所不當效法，恐蹈三代叔世之覆轍，如此而已。不必更附會其它說法可也。即范宣子所爲刑書，大抵亦是相當于三代亂世之法。而與『唐叔之所受法度』爲盛世之制作。與晉文『爲被廬之法，以爲盟主』者有別（昭二九年左傳）；故詒孔子之譏耳。若謂雖三代亂世無此作法，亦未可也。

孔穎達曰：『尚書伊訓云……（槃案此僞古文尚書之辭，今略）；又穆王命呂侯訓夏贖刑，作呂刑之篇，其經云：「墨罰之屬千，劓罰之屬千，剕罰之屬五百，宮罰之屬三百，大辟之屬二百，五刑之屬三千；周禮司刑：「掌五刑之法，以麗萬民之罪；墨罪五百，劓罪五百，宮罪五百，剕罪五百，殺罪五百。」據此二文，雖王者相變。條數不同。皆是豫制刑矣。而（杜解）云「臨事制刑，不豫設法」者，聖王雖制刑法，舉其大綱。但共犯一條，情有淺深。或輕而難原，或重而可恕。臨其時事，議其重輕。雖依準舊條，而斷有出入。不豫設定法，告示下民，令不測其淺深，常畏威而懼罪也。……今鄭鑄之於鼎，以章示下民，即爲定法。民有所犯，依法而斷。設令情有可恕，不敢曲法以矜之；罪實難原，不得違制以入之。法既豫定，民皆先知；於是倚公法以展私情，附輕刑而犯大惡，是無所忌而起爭端也。』（昭六年左傳正義）。案孔謂春秋以前已豫制刑法，惟但綜大綱，不似鄭鑄刑書之繁密，說亦精核。繁密自是一病，故叔向以爲『錐刀之末，將盡爭之』矣。

古代貴族之與庶民，雖階級不同，然必有其當共同遵守之大經，常法。商書曰：『刑三百，罪莫重於不孝』（呂氏春秋孝行覽；荀子正論曰：『殺人者死，傷人者刑，是百王之所同也』；如此之類，無論君子，小人所當恪遵不渝，審也。然其罰也，輕重之間，或因人而稍有不同，此則情理之所當然。墨子非樂下：『先王之書——湯之官刑有之，曰：其恒舞于宮，是謂巫風。其刑，君子出絲二衛（緯）：小人則否』，閒詰：『似言小人「則無此刑。此官刑，故繫於君子，而寬於小人。又疑「否」當爲「咅」，即（倍）之省；猶書呂刑云「其罰惟倍」。言小人之罰倍於君子也。』案巫風當禁，不宜止禁君子而寬假庶民（小人）。作『咅罰』，于義爲長。是謂君子庶民同罰，但身份不同，故輕重亦異耳。若讀作『小人則否』，義亦可通。然即此亦可見古代刑法，君子之與庶人，必相混並論，綱紀，原則，必須共通，但重輕之間，自然不能一致。此則古今法制，莫不皆然；即法家立法，莫能外是者也。

襄二一年左傳，臧武仲謂季孫曰：『夫上之所爲，民之歸也。上所不爲，而民或爲之，是以加刑罰焉，而莫敢不懲。若上之所爲而民亦爲之，乃其所也，又可禁乎！』說苑至公：『楚令尹子文之族有干法者，廷理拘之，聞其令尹之族而釋之，子文召廷理而責之曰……夫直士持法，柔而不撓，剛而不折。今弃法而倍令，而釋犯法者，是爲理不端，懷心不公也。………豈吾營私之意也？……吾在上位，以率士民，士民或怨，而吾不能說免之於法。今吾族犯法甚明，而使廷理因緣而釋之，是吾不公之心明著於國也。』此則春秋時代君子、庶人必須共同守法之主張與其故

實（又管子法禁、八觀、重令；論語顏淵；僖二八年、昭二九年左傳，並可參考，犖于春秋部分
史官制度章審查書中已略論之。文載臺大文史哲學報第十四期一五三、一五四）頁。以前引商書及
湯之官刑推之，則春秋時代之此一思想，淵源舊矣。而陳先生乃引商君書刑賞，一若以爲其說自
商君倡之者，蓋其非矣。」

又編輯部案陳啓天先生之答覆：「我國刑法由西周演進至鄭鑄刑書與晉鑄刑鼎，始完全具備以下
三個條件：第一、在形式上必須成文而不可任意擅斷；第二、在程序上必須公佈於庶民，而不只
頒佈於官府；第三、在實施上必須通用於貴族，而不只適用於庶民。春秋以前，似乎尚無完全具
備此三條件的刑法，故鄭鑄刑書與晉鑄刑鼎，多少含有「創制」的意味。僅就以金屬鑄定刑法而
言，亦爲前史所未有。如其毫無創制的意味，則當時不會引起叔向與孔子的非難。梁啓超先秦政
治思想史第七章法律之起原。可供參考。」

（註二七）俱見左傳

（註二八）顧氏以後，尚有多家考證郡縣制度，茲不必敍。

（註二九）本篇參閱拙著中國法家概論第二章及中國政治哲學概論第二章第一節。

（註三十）見顧炎武日知錄周末風俗條。

（註三一）見史記六國表。

（註三二）見史記吳起列傳。

（註三三）見史記田敬仲完世家。

（註三四）參閱拙著商鞅評傳。

（註三五）見史記老莊申韓列傳。

（註三六）參閱拙著中國政治哲學概論第四章及錢穆先秦諸子繫年。

（註三七）見史記李斯列傳。

（註三八）見史記秦始皇本紀。

（註三九）見同上

（註四十）編輯部案陳槃先生第二次審閱報告：「謂軍民分治，此是歷史上重大事項，不可無證，至少亦當有
附注。秦漢時代，軍吏亦兼治民之說，已由嚴耕望先生與槃發之（嚴著見中國地方行政制度史上
編卷上、頁一六○；拙著見漢晉遺簡偶述之續壹塞上軍吏亦兼治民說之再檢討條，載本所集刊二
十三本）。蓋比例不只限于塞上，內地郡縣，應亦無例外；不惟軍吏兼治民，而郡縣守長亦兼治
軍。拙著與嚴文，並可復案。

　　漢書項籍傳：『梁爲會稽將，籍爲裨將』。王先謙補注：『言爲會稽守也。上文云「佩守
印綬」，知是自爲守。郡守亦稱郡將，故班易「守」爲「將」。史記作「爲會稽守。」』案秦設郡縣
以後，郡守猶稱郡將，項梁其一例也。郡將以下復有裨將，項籍是也。郡守則何爲稱將？洪頤煊
曰：『嚴延年傳：爲涿郡太守，遣掾蠡吾。趙繢按高氏，得其死罪，繢見延年新將。師古曰：新
爲郡將也。謂郡守謂郡將者，以其兼領武事也。頤煊案尹翁歸傳：徵拜東海太守，廷尉于定國乃
謂邑子曰：此賢將，汝不任事也。皆謂太守爲將也』（讀書叢錄二一太守稱將條）。秦置郡縣後，
項梁爲郡守亦兼領武事，是內郡郡守不惟治民。亦兼治軍之一例也。兩漢時代，郡守並有郡將之
稱，亦淵原自前代，可無疑也，此一義爲槃前引文所未道，今故申論之于此。」

又，編輯部案陳啓天先生之答覆：「秦代郡縣制度實行軍民分治之證據，詳見史記始皇本紀及漢書百官表上，刻已增寫於拙稿中。至在當時實施上雖間有以郡守兼掌兵事，或以郡尉兼掌民事之特例，但不宜以此種特例，而否定秦代郡縣以軍民分治爲通例也。漢代郡縣如何，不在本文討論之列，似可不必涉及。」

（註四一）　見同上。

（註四二）　見同上。

（註四三）　見韓非子五蠹篇。

（註四四）　見同註三七。

（註四五）　見管子法法篇。

（註四六）　參閱彭友生秦史第十一、二兩章。

（註四七）　參閱拙著中國憲政運動的歷史教訓。（載民主憲政論內）

（註四八）　語本韓非子顯學篇，謂重要學派也。

（註四九）　見韓非子五蠹篇。

（註五十）　見漢書元帝紀

（註五一）　參閱拙著曾國藩在近代中國學術思想史上的地位。（見中國學術史論集第三冊）

（註五二）　參閱陳千鈞韓非子之文學——韓非子研究之五，見世界書局學術世界一卷九期。

（註五三）　見史記六國表。

（註五四）　見商君書開塞篇。

（註五五）　見管子君臣篇下。

（註五六）　見商君書慎法篇。

（註五七）　見韓非子顯學篇。

（註五八）　見商君書畫策篇。

（註五九）　見韓非子五蠹篇。

（註六十）　見商君書農戰篇。按商鞅韓非皆主張以強制方法重農抑商，而管子則重農而不抑商。先秦儒道兩家雖亦重農抑商，但不主張用強制方法。近代西洋經濟思想中之重農學派與我國儒道兩家接近而不同於法家之重農主義。

（註六一）　見同註五八。

（註六二）　見商君書壹言篇。

（註六三）　見韓非子五蠹篇。

（註六四）　見管子重令篇。

（註六五）　見愼子佚文。

（註六六）　見史記李斯列傳。

（註六七）　見商君書修權篇。

（註六八）　見韓非子心度篇。

（註六九）　見韓非子難勢篇。

（註七十）　見韓非子八經篇。

（註七一）　見韓非子愛臣篇。

（註七二）　見呂氏春秋愼勢篇。

（註七三）　見同上。

（註七四）　見管子任法篇。

（註七五）　見管子重令篇。

（註七六）　見韓非子定法篇。

（註七七）　見管子君臣篇下。

（註七八）　見管子七臣七主篇。

（註七九）　見管子法法篇。

（註八十）　見商君書修權篇。

（註八一）　見韓非子內儲說下篇。

（註八二）　見韓非子八經篇。

（註八三）　見韓非子二柄篇。

（註八四）　見同註六六。

（註八五）　見韓非子難勢篇。

（註八六）　見同上。

（註八七）　見韓非子姦刼弒臣篇。

（註八八）　見韓非子外儲說右上。

（註八九）　見禮記曲禮。

（註九十）　詳章炳麟檢論原法及蕭公權中國政治思想史一九九頁。

（註九一）　見管子任法篇。

（註九二）　見商君書更法篇。

（註九三）　見商君書開塞篇。

（註九四）　見韓非子五蠹篇。

（註九五）　見韓非子心度篇。

（註九六）　詳康有爲孔子改制考。已絕版。

（註九七）　見韓非子解老篇。

（註九八）　見愼子佚文。

（註九九）　見管子明法篇及韓非子有度篇。

（註一〇〇）見論語先進及爲政章

（註一〇一）見中庸哀公問節。

（註一〇二）見荀子君道篇。

（註一〇三）見韓非子顯學篇。

（註一〇四）見韓非子忠孝篇。

（註一〇五）見韓非子制分篇。

（註一〇六）見管子任法篇。

（註一〇七）見管子七臣七主篇。

（註一〇八）見韓非子難三篇。

（註一〇九）見左傳昭公六年。

（註一一〇）見左傳昭公二十九年。

（註一一一）詳徐朝陽中國刑法溯源第六章。

（註一一二）見管子法法篇。

（註一一三）見周禮小司寇。八議謂議親故賢能功貴勤賓。

（註一一四）見管子任法篇。

（註一一五）見史記商君列傳。

（註一一六）見管子法法篇。

（註一一七）見慎子君臣篇。

（註一一八）見韓非子外儲說右下。

（註一一九）見韓非子有度篇。

（註一二〇）見管子明法篇。

（註一二一）見管子重令篇。

（註一二二）見韓非子外儲說左上。

（註一二三）見韓非子八經篇。

（註一二四）見韓非子五蠹篇。

（註一二五）見史記太史公自序。

（註二一六）詳蕭公權中國政治思想史第七章第四節。

（註一二七）編輯部案陳槃先生第二次審閱報告：「陳先生謂『封建政治，大要以依宗法而世襲爲通例』；又答辯文另一條有云：『西周爲封建政治時代』。如陳先生說，是謂鄉大夫依宗法而世襲爵士之通例，自西周以來則已然矣。案崔述之言曰：『周公何以作立政也？蓋治國以用人爲要，而用人以知人爲先。一有不當，則民受其殃。大都小伯之衆，庶獄庶愼之繁，人主安能一一而察之？待其不才已著而後舍之，亦已晚矣；故必「克灼知厥若」，乃使之治我受民也。然欲庶官皆得其人，非廣博搜采不可：巖穴之內，具有良材；羈旅之中，不乏奇士。惟其賢則用之。不拘於親舊也。吾故讀此篇，而知東周之世卿，非先王之制也。觀孟子稱文王治岐，仕者世祿，則是卿，大夫之子孫，但世守其宗邑，初不世爲卿，大夫也。周襄，卿，大夫始多世爲之，賢才不復進用，以故王室日卑，政不行於天下。匪惟王朝，卽侯國亦如是。春秋時，齊、晉最強，然皆至戰國之初而逐亡。魯、衞享國雖久，然皆微弱，役於大國。惟楚與齊晉迭霸，至秦併天下而後滅。強且久，莫如楚者。楚有何功德而能如是？……蓋春秋自成、襄以後，齊、晉、魯、魏卿皆世傳；大夫亦多世者，世則不必其賢，而楚獨能用賢故也……信乎文、武、成、康之治非後世所能及也』（豐鎬考信錄卷四）崔氏此論，與陳先生之說適相反。竊以爲崔論多可采。大戴禮文王官人：『王曰……先則任賢』；又少閒，孔子對魯哀公問曰：『文王卒受天命……親親，尙賢』；逸周書度邑、史記周本紀並云，殷紂有名民三百六十，不用，以此爲其罪狀之一；而韓詩外傳卷三，史記魯世家說苑尊賢等，並亦有周公禮賓窮巷白屋之士之記載，足與周書立政用人惟賢之說相發

明，而崔氏見微知著之說爲不可易。惟謂古代卿，大夫雖不得世職，猶得世祿守其宗邑，此則不無可疑。荀子王制云：『雖王、公、士。大夫之子孫，不能屬於禮義，則歸之庶人』；孫詒讓周禮正義亦云，卿、大夫、士有世祿，有不得世祿者，則樊于第一次審查書中已引之矣。樊于第一次審查書中，旣指出兩周卿、大夫世襲之說，有未盡然者，而論證有所未備。今輒因陳先生之答辨一發之爾」。

編輯部案陳啓天先生之答覆：「封建制度以世襲爲通例。如果完全否定世襲，則非封建制度了。西周雖有任賢之說，但一般實際政治現象多爲世襲的封建制度。故任賢之說，只可視爲一種特例，似乎不可以此種特例而否定西周封建以世襲爲通例也。至後人爲任賢辯護之辭，多就此種特例言之，而忽視世襲之通例，未免以偏概全，不足爲西周封建非以世襲爲通例之充分證據。亦不足以證明西周政治只尚賢而不親親（世襲）。

(註一二八)見管子重會篇。
(註一二九)見韓非子備內篇。
(註一三〇)見韓非子內儲說下。
(註一三一)見韓非子八經篇。
(註一三二)見韓非子揚權篇。
(註一三三)詳韓非子八姦篇。
(註一三四)詳韓非子主道篇。
(註一三五)見韓非子定法篇。
(註一三六)見同上。
(註一三七)見管子明法篇。
(註一三八)見愼子民雜篇。
(註一三九)見韓非子外儲說右上。
(註一四〇)見管子君臣上篇。
(註一四一)見韓非子有度篇。
(註一四二)見韓非子主道篇。
(註一四三)見韓非子揚權篇。
(註一四四)見韓非子八經篇。
(註一四五)見韓非子亡徵篇。
(註一四六)見韓非子六反篇。
(註一四七)見韓非子八經篇。
(註一四八)見韓非子八說篇。
(註一四九)見韓非子用人篇。
(註一五〇)見韓非子難一篇。
(註一五一)見漢書元帝紀顏注引文。
(註一五二)見韓非子揚權篇。
(註一五三)見韓非子二柄篇。

(註一五四)見史記李斯別傳。

(註一五五)見韓非子難三篇。

(註一五六)見韓非子飾邪篇。

(註一五七)見論語爲政章。

(註一五八)見孟子公孫丑上。

(註一五九)見孟子離婁上。

(註一六〇)見荀子解蔽篇。

(註一六一)見老子。

(註一六二)見莊子天下篇。

(註一六三)見史記太史公自序。

(註一六四)見漢書藝文志諸子略序。

(註一六五)管子評傳成於宣統元年。

(註一六六)見飲冰室文集政治類論專制政體有百害於君主而無一利，

(註一六七)見趙用賢刻管子文評引葉適語。

(註一六八)見趙用賢刻管子書序。

(註一六九)見孫星衍嘉穀堂集李子法經序。

(註一七〇)黃奭輯本法經，見漢學堂叢書。

(註一七一)見韓非子定法篇。

(註一七二)見韓非子五蠹篇。

(註一七三)見四庫總目提要。

(註一七四)見四庫簡明目錄。

(註一七五)見史記商君例傳。

(註一七六)商君書考，另詳拙著商鞅評第六章。

(註一七七)見史記申韓列傳集解引文。

(註一七八)申子書考，另詳中國法家概論第十一章

(註一七九)愼子書考，另詳前書。

(註一八〇)見史記韓非列傳。

(註一八一)詳章炳麟檢論卷三原變。

(註一八二)拙著韓非子校釋附錄韓非子參考書輯要，可供進一步研究參考。

　　　　另，編輯部案陳槃先生第二次審閱報告之附記：「本文註釋似太少，如第六葉云『周制，除天
　　　子六軍外諸侯，大國不過三軍，次國二軍，小國一軍』；『晉文公亦作三軍至六軍』；『秦、楚
　　　越皆有三軍，吳有四軍，鄭、曾雖非大國，亦皆有三軍』；『鄭子產作丘賦，曾哀公用田賦，
　　　楚蔿掩量入修賦，陳袁頗賦封田，曾宣公初稅畝』，諸如此類，如不附註出處，將使普通讀者
　　　勢將感覺不便。」

　　　　陳啓天先生之答覆：「拙稿爲篇幅所限，故正文及附註，均不得不稍簡約。本節刻已改寫，將
　　　引文出處酌敍於正文中，不再加附註，以免改動太多」

引用及參考書目

1. 韓非子校釋（陳啓天撰，中華叢書增訂本，臺灣商務印書館發行，1969。）

2. 史記（史記集解本，啓明書局影印。）

3. The fa-chia:（法家）legalists or Administrators （顧立雅撰，H. G. Creel，中央研究院慶祝董作賓先生六十五歲論文集，1960。）

4. 人物志（魏劉劭撰，四部叢刊本。）

5. 中國政治思想史（蕭公權撰，臺灣中華文化出版事業委員會四版，1965。）

6. 漢書（王先謙漢書補注本，臺灣藝文印書館影印。）

7. 胡適文存（胡適撰，臺北遠東圖書公司出版，1953。）

8. 左傳（十三經注疏本，世界書局影印。）

9. 商君書校釋（陳啓天撰，商務印書館出版，1935。）

10. 傅孟眞先生集（傅斯年撰，臺灣大學出版。）

11. 中國哲學史補（馮友蘭撰，商務印書館出版，1936。）

12. 論語（十三經注疏本，世界書局影印。）

13. 國語（四部備要本）。

14. 中國法家概論（陳啓天撰，中華書局出版，1936。）

15. 中國政治哲學概論（陳啓天撰臺灣華國出版社出版，1951。）

16. 日知錄（顧炎武撰，世界書局日知錄集釋本）。

17. 商鞅評傳（陳啓天撰，商務印書館出版，1935。）

18. 管子（世界書局諸子集成本）。

19. 秦史（彭友生撰，臺灣帕米爾書店出版，1965。）

20. 民主憲政論（陳啓天撰，臺灣商務印書館增訂本，1966。）

21. 中國學術史論集（錢穆等撰，中華文化出版事業委員會出版，1956。）

22. 韓非子研究（陳千鈞撰，見戰前世界書局學術世界雜誌一卷一期至一卷十二期。）

23. 愼子（四部備要守山閣本。）

24. 呂氏春秋（四部備要本。）

25. 禮記（十三經注疏本。）

26. 檢論（章炳麟撰，見戰前浙江圖書館刻章氏叢書之一。）

27. 孔子改制考（康有爲撰。）絕版，參閱梁啓超清代學術概論，

28. 中庸（十三經注疏本禮記。）

29. 荀子柬釋（梁啓雄撰，商務印書館出版，1936。）

30. 中國刑法溯源（徐朝陽源撰，商務印書館萬有文庫本。）

31. 周禮（十三經注疏本。）

32. 孟子（十三經注疏本。）

33. 老子（諸子集成本。）

34. 莊子（諸子集成本。）

35. 管子評傳（梁啓超撰，見中國六大政治家及諸子集成。）

36. 論專制政體有百害於君主而無一利（梁啓超撰，見飲冰室文集政治類。）

37. 管子書序（趙用賢撰，見諸子集成內管子。）

38. 李子法經序（孫星衍撰，見嘉毅堂集。）

39. 法經輯佚。（黃奭輯，見漢學堂叢書。）

40. 四庫全書總目提要（藝文印書館影印本。）

41. 四庫簡明目錄（同上。）

42. 申子輯佚本（馬國翰輯，原見玉函山房叢書，又見世界書局中國思想名著第七冊。）

43. 先秦政治思想史（梁啓超撰，中華書局本，1936。）

44. 中國古代學術流變研究（梁啓超撰，中華書局本，1936。）

45. 中國成文法編制之沿革（梁啓超撰，中華書局本1936。）

46. 中國法理學發達史（梁啓超撰，中華書局本，1936。）

47. 先秦諸子繫年（錢穆撰，商務印書館本，1937。）

48. 諸子學派要詮（王蘧常撰，中華書局本，1936。）

49. 諸子通考（蔣伯潛撰，正中書局本，1961。）

50. 管子集校（聞一多等編，大陸科學出版社出版，1955。）

51. 漢書藝文志考證（宋王應麟撰，見開明書店二十五史補編第二冊。）

52. 漢書藝文志條理（清姚振宗撰，見同上。）

（本文曾經友人陶元珍先生校正，特此致謝。一九六七年黃陵陳啓天脫稿，一九六九年校正於臺北市。）

出自第四十本下（一九六九年十一月）

戰國時代的儒家思想及其發展 ㈠

成　中　英

一、戰國儒家的歷史淵源

從孔子卒後到孟荀崛起的一百年間，儒家發展的大略情形，可見於史記的儒林傳和韓非子的顯學篇。

史記儒林傳的記載如下：

> 「自孔子卒後，七十子之徒，散游諸侯，大者爲師傅卿相，小者友教士大夫，或隱而不見。故子路居衞，子張居陳，澹臺子羽居楚，子夏居西河，子貢終於齊。如田子方、段干木、吳起、禽滑釐之屬，皆受業於子夏之倫，爲王者師。」（註一）

由於孔子的有教無類，門下的受業弟子來自社會不同的階層。他死後，弟子們或是出仕，影響統治者，或是回到社會的各階層裏，繼續傳播儒家的思想。根據儒林傳的記載，孔子的再傳弟子居然做到「王者師」，足以證明春秋後期儒學非但不曾中輟

，而且相當發達。

　　韓非子顯學篇中記載：

　　　　「世之顯學，儒墨也。儒之所至，孔子也。墨之所至，墨翟也。自
　　孔子之死也，有子張之儒，有子思之儒，有顏氏之儒，有孟氏之儒，有
　　漆雕氏之儒，有仲良氏之儒，有孫氏之儒，有樂正氏之儒。」（註二）

　　這並不是說孔子卒後，儒家分成了八個學派。這只表示儒家源遠流長，人才輩出
，孔子的受業弟子及再傳弟子可以分立門庭，授徒倡學於世。顯然子思的時期在孟子
之前，孟子的時代又在孫（荀）子之前；其所謂八派，在思想學說方面也沒有原則上的
衝突，因彼此雖非一脈相承，而實同宗於孔子。

　　史記上說孟子「受業於子思之門人」。如果子思眞的是孔子之孫，則孟子當是孔
子的第四代弟子。（註三）荀子較孟子晚生六七十年，而且年「五十始遊學於齊」，（註四）
因此在孔子再傳弟子的序列中，比孟子晚了三代。戰國時代始於公元前四〇三年，
孟子生於公元前三七一年；（註五）孟荀這兩位大儒，他們的活動時期正好橫跨了戰國
的中葉。本文旣討論戰國時代的儒家思想，自然是以孟荀的思想爲中心的了。

　　孟荀的思想學說之外，本文兼論易傳和禮記中所含的思想。禮記各篇的著作日期
不易考定，尤以大學中庸兩篇，更是衆說紛紜；但因一般學者都認爲各篇成書的時代
，不會遲於秦漢之際，故把大學中庸和禮記的其他各篇在此一併歸入戰國儒家的思想
來討論。（註六）

二、戰國儒家的特質

　　對照春秋時代的儒家，戰國時代的儒家表現了若干特質；對照戰國時代的諸子，
戰國時代的儒家也表現了若干特質。我們將在本章中一一加以說明。

　　甲、思想的表達採取了「辯說」的形式。無論是在孟子、荀子、易傳、或禮記諸篇
裏面，我們都可以看到有系統的思想，透過辯說和論證的形式表現出來。從命題的前
提到結論，通常要經過一個論證的過程；而不再像在論語裏面的那些片段的思想和語
錄。這是從孔子的「述而不作」到戰國儒家的「亦述亦作」的一個轉變。

　　乙、基本觀念的明朗化和統一化。論語中所表現的思想，既沒有精確的基本觀念，也缺乏整體和統一性。試就論語中論仁、論君子的地方來說，材料都是片段的，必須經過系統的整理才能窺見其全豹。因此，當孔子說「吾道一以貫之」的時候，他的弟子們只是茫茫然，似懂非懂的，這證明論語中思想的表現缺乏統一性和整體性。到了戰國時代，儒家學說的基本觀念漸趨明朗化，在了解上也能夠獲得一致。基本觀念的顯明和統一是思想趨於深刻化的一種表現，由此可見儒家思想到了戰國時代已日漸成熟。

　　丙、對天道、性命、理氣等形上學問題的正面討論。論語裏記載：「子罕言利、與命、與仁」，(註七)子貢也說：「夫子之言性與天道，不可得而聞也。」(註八)孔子既不談及這些形上學的問題，我們自然無從得一個透徹的解釋。到了孟子和荀子等作品，「性命」等問題卽成爲討論的對象。「天道」和「性命」的問題更是大學、中庸和易傳的骨幹。這不但表現戰國時代儒家思想的範圍擴大，同時也表現其對問題的深入探討。

　　丁、建立政治哲學和社會哲學的形上學基礎。舉凡政治、社會和倫理哲學，發展到某一個程度，自然而然地就要追究它在形上學方面的根據。換言之，形上學的體系，就是政治、社會和倫理哲學的基礎。在戰國時代，儒家學說已經發展到追究形上學基礎的程度，因此以前孔子含糊過去的問題，戰國儒家都必須予以適當的解答。比方說，孔子雖然提供了不少新觀念——如仁、如勇、如正名，(註九)他並沒有說明這些觀念之所由來，是具有那些形上學的基礎。戰國儒家當前急務之一就是彌補孔子學說中所缺的形上學基礎。故有孟子的性善與知言養氣之說，有荀子的知識論和邏輯，有中庸裏的「自誠明、自明誠」與「盡性」之說，有大學裏的「格致」「知本」和易傳裏的「生生之謂性」之說。這些都是戰國儒家給儒學提供的形上學基礎。

　　戊、提供新的社會模式作爲現實改革的藍圖。孔子在政治思想上的貢獻，大致限於一些基本原則的增訂和補充；至於具體的模式，孔子一般是傾向於沿用傳統的周制。(註十)孟荀則不然。他們提出了有別於周制的理想模式，具體地提出辦理人民福利事業的方針，作爲社會建設和政治改革的藍圖。又禮運大同章中也描述了一個理想政治實施後的社會模式。

以上各點是戰國時代的儒家對照春秋時代的儒家——以孔子爲代表——所表現的特質。下面兩點，則就其同時代的諸子來討論戰國儒家的特質：

己、戰國儒家本身思想的辯證性。辯證性卽對立性和綜合性。孟子和荀子同屬儒家而彼此對立；但這種對立只是着重點和方法上的對立，並不是絕對的不相容，因此也蘊含着某一程度的相關性和綜合的可能性。這種綜合的可能性在易傳和大學的思想裏實現了。辯證性的發展可說是戰國儒學的一大特色。

庚、對其他各家不加保留的批評。孟子和荀子都以正統自居，極力排斥異端。孟子非議楊墨，批評許行、告子之流，往往不留餘地。荀子也批評了道、墨、名、法各家。這大概是受了諸子競立的刺激和影響。

至於戰國儒家與諸子的相互影響，我們只能就諸子的著作去研究、比較和揣測。（註一一）不過當時儒家以正統自居，乃是很顯明的事實。

三、孟子的思想體系

甲、孟子生平大略。

孟子的生卒年月，史記上沒有記載。但據明人所纂的孟子年譜和元程復心的孟子年譜，均以孟子生於周烈王四年，卒於赧王二十六年，合西元前三百七十一年至西元前二百八十九年。（註一二）如以孟子遊梁時爲五十餘歲計算，則其生卒年月，亦與上述年譜相符。如此算來，孟子生於孔子卒後約一百年；如以三十年爲一世，孟子當生於孔子三世之後了。史記上記載：「孟軻，鄒人也。受業子思之門人。」就地域上說，鄒與魯相近；就時間上說，弱冠時的孟子剛好與孔子的第四代、第五代弟子同時；受業子思之門人，是極爲可能的。

孟子以孔子的私淑弟子自居。他說：「予未得爲孔子徒也，予私淑諸人也」。（註一三）又說：「乃所願，則學孔子也。」（註一四）他一生爲了維護儒家的正統，到處和人論辯，不外是「欲正人心、息邪說、距詖行、放淫辭、以承三聖者」。他說明自己是不得已而辯的：「予豈好辯哉，予不得已也。」（註一五）

像孔子一般，孟子周遊列國，遍訪諸侯，目的就是希望會被見用，可以有機會實

現他行仁政的理想。孟子以天下爲己任，他認爲「如欲平治天下，當今之世，舍我其誰
也！」（註一六）當尹士批評他去齊三日故意濡滯時，他就說了下面的一段話：

　　　　「夫尹士惡知予哉？千里而見王，是予所欲也；不遇故去，豈予所
　　　欲哉？予不得已也。予三宿而出晝，於予心猶以爲速，王庶幾改之。王
　　　如改諸，則必反予。夫出晝、而王不予追也，予然後浩然有歸志。雖然
　　　，予豈舍王哉？王由足用爲善。王如用予，則豈徒齊民安，天下之民舉安。
　　　王庶幾改之，予日望之，予豈若是小丈夫然哉。」（註一七）

　　由此可見孟子用心良苦。事實上孟子一生並不得意。雖然梁惠王曾聘他爲卿，對
他很禮遇，可是始終沒有採納他的主張，以實現「王道」和「仁政」的理想。孟子又曾
仕齊爲卿，也是因不能施展抱負而離去。他又曾赴宋，然後經薛返鄒，後來他又被禮
聘到滕；但滕是介於齊楚之間的小國，孟子無法展其所長，他只好離去。最後只有退
而與公孫丑、萬章等門人，把他自己的思想和與他人的辯難，寫成孟子七篇。（註一八
）史記孟子荀卿列傳也有如下的記載：

　　　　「孟軻、鄒人也。受業子思之門人。道既通，游事齊宣王，宣王不能用
　　　。適梁，梁惠王不果所言，則見以爲迂遠而闊於事情。當是之時，秦用
　　　商君，富國彊兵。楚魏用吳起，戰勝弱敵。齊威王宣王用孫子田忌之徒
　　　，而諸侯東面朝齊。天下方務於合從連衡，以攻伐爲賢。而孟軻乃述唐
　　　虞三代之德，是以所如者不合。退而與萬章之徒，序詩書、述仲尼之意，
　　　作孟子七篇。」（註一九）

　　乙、孟子論辯的內容及其形式

　　孟子論辯的範圍可分爲四個部份：一是王道和仁政，二是性善和知言養氣，三是
關於堯、舜、禹、湯、文、武、伊尹、伯夷、周公、孔子的歷史事實，四是駁斥楊墨
和許行之徒。

　　㈠、爲王道和仁政而辯。戰國時代諸侯爭奪土地，講求權術，在國內形成強權統
治，在國際間則因利害關係，發展成連橫合縱的局面。統治者只知貪圖個人宮室園囿的
享受，注意少數人的利益，而置人民的福利於不顧。爲了爭城奪地，更不惜犧牲人民
的生命和財產。孟子爲了拯民水火，俾得安居樂業，遂提倡嚴辨義利，分別王道和霸

道，施行順天愛民的仁政。孟子的論辯是針對當時國君的重利輕義、行霸道和施暴政而發的。

㈡、爲性善和知言養氣而辯。孟子認爲人性本有諸德之端，此諸德之端卽是善。舉凡仁、義、禮、智諸德，皆於人性之內有其端，不假外求；凡人求善必就其性「擴而充之」。「知言養氣」的功夫就是不斷地發掘人類本性之善而付諸實踐，擴充諸德之端而使之完滿實現，最後做到「不動心」、不爲外物所移的境界。孟子的論辯是針對告子的「人性之無分於善不善」和「仁內義外」而發的。

㈢、爲一些歷史事實而辯。孟子以繼承道統自任。他把堯、舜、禹、湯、文、武奉爲仁君的典型，把伊尹、伯夷、周公、孔子奉爲聖賢的代表。因此每逢有人懷疑到他們的行爲和言論，或者表示不滿時，孟子都不厭其詳地爲他們解釋和申辯。此可見於孟子對「堯非以天下與舜」、「禹不傳於賢而傳於子」的解釋；和對「舜不告而娶」及「舜之放象」的辯護。（註二〇）又湯之滅夏，武王之滅商，在孟子的觀點看來，都是爲民除暴。他說：「聞誅一夫紂矣，未聞弑君也。」（註二一）他又申明「伊尹非以割烹要湯」，「孔子非於衞主癰疽，非於齊主侍人瘠環。」（註二二）孟子之所以要說明及解釋這些歷史事實，主要是爲了使堯舜、孔子等人的言行不致爲後世所誤解和歪曲，使後代行仁政和習聖賢之道者有所適從。

㈣、爲駁斥楊墨及許行之徒而辯。孟子的同時，諸子之學甚盛，尤以楊墨爲最。孟子以儒學正統自任，認爲百家之學都是「邪說」和「淫辭」。爲了要效法孔子作春秋的精神去「正人心、息邪說、距詖行、放淫辭」，故對異端邪說的批評是絲毫不留餘地的。他把楊朱、墨翟罵成「無父無君、是禽獸也」；（註二三）說陳仲子之道是「蚓而後充其操者也」；（註二四）批評告子不知義；認爲許行僅主力耕，不用心，不善變，徒使人「相率而爲僞」，（註二五）不足以治國家。

現在我們討論孟子的論辯方法，看他如何論事論人，如何建立及證明他的思想，又如何去駁斥別人。這一點前人討論孟子的思想時，往往都忽略了。其實這是一個相當重要的問題。

有人曾經指出孟子精於察識。（註二六）進一步來說，孟子討論問題的出發點，往往就是直接體察行爲之端及與其相應的心理狀態。孟子相信人與生俱來就有自然的感

應和爲善的傾向，只是這些本性常爲後天的習慣和私慾所蔽；但在特殊的情況上，這
些本性又會自然地流露出來。孟子精於體察這些端倪，加以引申，以證驗人性本具諸
德之端，不假外求，並說明擴充這諸德之端，就是爲政和做人之本。孟子用直接體察
的方法來引申爲政和做人之道，可於下列兩則見之：

> 臣聞之，胡齕曰：「王坐於堂上，有牽牛而過堂下者，王見之，曰
> ：『牛何之？』對曰：『將以釁鐘。』王曰：『舍之，吾不忍其觳觫，
> 若無罪而就死地。』……是乃仁術。……今恩足以及禽獸，而功不至於
> 百姓者，獨何與？（註二七）

> 孟子曰：人皆有不忍人之心。先王有不忍人之心，斯有不忍人之政
> 矣。以不忍人之心，行不忍人之政，治天下可運之掌上。所謂人皆有
> 不忍人之心者，今人乍見孺子，將入於井，皆有怵惕惻隱之心，非所
> 以內交於孺子之父母也。非所以要譽於鄉黨朋友也。非惡其聲而然也。

> （註二八）

這二節從齊宣王不忍牛之觳觫和人不忍孺子入井出發，歸結到擴充諸德之端的重
要性。孟子說：「故推恩，足以保四海，不推恩，無以保妻子」。又說：「苟能充之
，足以保四海，苟不充之，不足以事父母。」

此外如宋人揠苗助長和齊人有一妻一妾的故事，都是直接從具體的事實出發引到
比較抽象的道理，深入而淺出，描寫極爲生動而中肯。又如孟子和墨者夷之論葬的一
段，也表現了相同的方法。

> 「蓋上世嘗有不葬其親者，其親死，則舉而委之於壑，他日過之，狐狸
> 食之，蠅蚋姑嘬之，其顙有泚，睨而不視。夫泚也，非爲人泚，中心達
> 於面目。蓋歸反虆梩而掩之。掩之，誠是也。則孝子仁人之掩其親，亦
> 必有道矣。」（註三〇）

這一段的敍述追溯了葬禮的根源。所描寫的是一種心理上的直覺反應，從中心達
於面目，發諸行爲，以證明「禮」並不是空洞的形式和規範。人生最原始的體驗，最
直接的經歷，往往就接觸到德性之端。這是孟子論辯的一個主要基礎。

孟子用以論辯他的思想的第二個方法和上述第一個「直覺體驗」的方法有關連，

我們叫它做「充情知類」法。孟子認爲人性中旣有諸德之端，自然就有完滿地實現諸德的可能。根據這個原則，只要證實了某種德性之端的存在，則該種德性自有其擴充和完滿的實現的可能。其實現與否，問題不在可能不可能，而在乎個人去不去做。孟子從齊宣王不忍見牛之轂觫的舉動，證實他有不忍人的仁端，因此推知他「能」行仁政。仁政之不曾實現，是因爲後天的影響，讓私欲掩蔽了仁端，或是知而不行，沒有讓仁端有充份發展的機會。

　　我們所說的「充情、知類」的原則，也就是知行合一的原則。故孟子論四端時說：「凡有四端於我者，知皆擴而充之矣。若火之始然，泉之始達。苟能充之，足以保四海，苟不充之，不足以事父母。」（註三一）

　　「類」的觀念在孟子思想及論辯中佔有極重要的地位，在孟子一書中用了不下十三次之多；而且所有對仁政、對性善和對諸德性起源的論辯，都直接或間接地應用了「類」的觀念和類比推理。「知類」就是把天下事物依其異同而分類，並界說各類事物的通性。在討論問題時用比較顯明易見的例子來推論同類中比較深奧難懂的情況，也就是應用類的邏輯。孟子對類的邏輯應用的很嫺熟。他首先肯定一個大前提：「凡同類者舉相似也」，（註三二）然後說出一個特殊的情況來，從這情況中抽出這一類事物的通性，建立一個觀念，然後用這個觀念「類推」其他相似的情況。孟子就是用二個特殊的情況來分別「不能」和「不爲」兩個觀念，而且推論齊宣王之不保民，是屬於「不爲」的一類。孟子論辯的內容如下。

　　「曰：不爲者與不能者之形，何以異？曰：挾太山以超北海，語人曰：我不能，是誠不能也。爲長者折枝，語人曰：我不能，是不爲也，非不能也。故王之不王，非挾太山以超北海之類也。王之不王，是折枝之類也。」（註三三）

　　在孟子這一章裡，「不爲」這一類包括了「力足以舉百鈞，而不足以舉一羽」，「明足以察秋毫之末，而不見輿薪」，「恩足以及禽獸，而功不至於百姓」和「爲長者折枝」四個情況。保民的「仁政」不是不能做到的，仁政之不曾實現，乃是由於爲政者之「不爲」。

　　在「凡同類者舉相似」的大前提下，孟子說：「聖人與我同類者」（註三四），因而

引出「舜何人也，予何人也，有爲者亦若是」（註三五）的結論來。這結論是邏輯上的必然。孟子裡又引有若之言：「麒麟之於走獸，鳳凰之於飛鳥，泰山之於丘垤，河海之於行潦，類也。聖人之於民，亦類也。出於其類，拔乎其萃，自生民以來，未有盛於孔子也。」（註三六）同類之間固有通性，唯能充其情者，才能够「出於其類，拔乎其萃」。

　　孟子舉過下面一個不知類的例子：

　　　　「今有無名之指，屈而不信，非疾痛害事也。如有能信者，則不遠秦楚之
　　　　路，爲指之不若人也。指不若人，則知惡之，心不若人，則不知惡，此之
　　　　謂不知類也。」（註三七）

指之不若人和心之不若人同屬於不若人的事物一類。孟子要求人對同類事物有相似的認識和反應；能够舉一反三，方才算是知類。

　　上文中所述的「直覺、體驗」法，往往是在特殊情況下觸發的感受。如要把這種體驗推廣成爲理論，就必須把這種特殊情況普遍化。這時候我們就得應用「知類」的原則，把從有限經驗中得來的知識推廣，並且普徧應用到同類的事物上。「知類」因此是知識的推廣和運用，極富歸納和演繹邏輯的意味。「充情」則是個人行爲上的實踐，把知道的一些善端擴充爲全人格的實現。因此，要「充情」就必須「知類」。「充情」和「知類」是相輔相成的──知識是行爲的基礎，行爲是知識的表現和完成，兩者不可缺其一。這是儒家思想的一個重點。

　　孟子用以論辯他的思想的第三個方法，我們稱之爲「正名、定義」法。這方法是從孔子的正名思想蛻變出來的。（註三八）「正名、定義」法的應用就是對於不同的事物和情況，冠以不同的名稱和定義，然後根據它不同的名稱和定義，賦予不同的道德價值。孟子應用這方法的例子很多，諸如：

　　　　「流連荒亡，爲諸侯憂。從流下而忘反，謂之流；從流上而忘反，謂之連
　　　　；從獸無厭，謂之荒；樂酒無厭，謂之亡。先王無流連之樂，荒亡之行
　　　　。」（註三九）

　　　　「賊仁者謂之賊，賊義者謂之殘，殘賊之人謂之一夫。聞誅一夫紂矣，
　　　　未聞弒君也。」（註四〇）

「以順爲正者，妾婦之道也。居天下之廣居，立天下之正位，行天下之

大道；得志，與民由之，不得志，獨行其道；富貴不能淫，貧賤不能移

，威武不能屈，此之謂大丈夫。」（註四一）

現在我們舉一個例子來詳細說明「正名、定義」法的應用。孟子從仁人在位一定
會「以不忍人之心，行不忍人之政」（註四二）的前提，推出「焉有仁人在位，罔民而可
爲也」的結論來。孟子解釋「罔民」，就是「陷乎罪，然後從而刑之。」（註四三）怎麼
樣陷民於罪呢？孟子說過：「民之爲道也，有恆產者有恆心，無恆產者無恆心。苟無
恆心，放辟邪侈，無不爲已。」（註四四）因此，爲君者如不給民以恆產，就會陷民於罪
，產生「罔民」的結果。從仁君不罔民的前提出發，加上我們對「罔民」的了解，自
然就可以推論出「故明君制民之產」（註四五）的爲政原則來。這是運用「正名、定義」
法的一個顯例。論辯的關鍵繫乎「罔民」的定義上。「行仁政」和「制民之產」之間
的關係，透過「罔民」的觀念及其內涵，自然而然的就表現出來。

「正名、定義」法除了在論辯上的應用外，還給不少儒家思想上的觀念立下界說
。比方說，下面的幾個定義，就間接地幫助孟子建立了性善論及性命之說：

「可欲之謂善，有諸己之謂信，充實之謂美，充實而有光輝之謂大，大

而化之之謂聖，聖而不可知之之謂神。」（註四六）

界說的建立，觀念的澄清，使整個思想體系獲得一個穩固的基礎。

丙、孟子的性命之說和性善論

在第二章中我們已經說過：凡是政治、社會和倫理哲學，發展到某一個程度，就
必須面臨一些基本的形上學的問題。孔子可以罕言天道和性命，戰國時代的儒家就不
能這樣做。孟子一而再、再而三的討論到「性」、「命」、「天」、「道」、「心」
、「氣」、「義」、「理」等問題，一方面固然是由於他的直覺體驗使他對人的存在
及其本質有所了解，另一方面則由於儒家的發展趨勢已到了有解答這些基本問題的必
要。因此，孟子對性命天道與心氣義理的討論，是具有其時代意義的。他把儒家思想
帶進了一個新的境界，爲孔子的學說提供了一個內在的原則和形上學的體系。

「性」和「命」雖然都秉承於天，可是兩者之間却有很大的差別。「性」是個
人自我主動的創發能力；「命」則是外在加於個人主體上的限制，是人力所不能控

制的客觀條件。我們可以說：「性」和「命」代表兩種不同的傾向：前者鼓動人的自我發展，後者則限制人的自我發展。在人格的成長中，「性」和「命」兩者必須調和和配合。未發揮個人主體的能力，不足以言客觀條件的限制；但是不知道避免客觀的阻礙或配合外在的因素，個體的努力往往也是徒然的。因此人應當盡量配合外在的因素，在客觀條件的限制之下，爭取最高度的主動性和創發性。這是我們往後要討論的孟子性善論的意義。

　　「性」就是人的本心，也就是孟子所說的「赤子之心」（註四七）。這個赤子之心是秉承於天，與生俱來，不假外求的。它包含了惻隱之心，羞惡之心，恭敬辭讓之心和是非之心。孟子說：

「惻隱之心，人皆有之；羞惡之心，人皆有之；恭敬之心，人皆有之；是非之心，人皆有之。惻隱之心，仁也，羞惡之心，義也，恭敬之心，禮也。是非之心，智也。仁義禮智，非由外鑠我也，我固有之也，弗思耳矣。故曰：求則得之，舍則失之，我相倍蓰而無算者，不能盡其才者也。詩曰：天生蒸民，有物有則，民之秉彝，好是懿德。孔子曰：爲此詩者，其知道乎。故有物必有則；民之秉彝也，故好是懿德。」（註四八）

　　「性」是各種德性或諸「情」之端的總滙，是按照「有物必有則」的定律來的，是反躬可求的。有物必有則，凡人皆有性，故「性」有其先天的存在，發揮它，使逐漸進入「善」、「信」、「美」、「大」、「聖」、「神」（註四九）的境界，就是「充情」。不充情，這本心就會慢慢爲私欲所蔽。縱使如此，「性」還是在那兒，並不因受後天事物的影響而消滅。「我固有之也，弗思耳矣」。「求則得之，舍則失之」，「得」「失」只是心知上的得失，而不是實際上的存亡。因此，孟子說：

「君子所性，雖大行不加焉，雖窮居不損焉，分定故也。君子所性，仁義禮智根於心，其生色也，睟然見於面，盎於背，施於四體，四體不言而喻。」（註五〇）

「性」也就是孟子所說的良能良知：

「人之所以不學而能者，其良能也，所不慮而知者，其良知也，孩提之童，無不知愛其親也，及其長也，無不知敬其兄也。親親，仁也，敬長，

義也。」（註五一）

孟子所說的「性」是指人的本心，因此在孟子裡「心」和「性」兩詞常常通用。孟子認爲要發揮人的主動性和創發性，一個人必須要「盡其心」。要「盡其心」，必須要先「知其性」。如何可以「知其性」呢？孟子勸人用心思去反求諸己。他說：

「心之官則思，思則得之，不思則不得也。此天之所與我者。」（註五二）

這裡孟子甚至有走到唯心主義的極端底趨向。他認爲「萬物皆備於我」，（註五三）因此只要「反心而誠」──用心思去「知其性」、「盡其心」，把人心的善端推廣，所謂「親親而仁民，仁民而愛物」，（註五四）則求仁一定得仁，求知一定得知了。因爲「性」是「天」所賦予的，能盡心知性，自然也就「知天」了。孟子說：

「盡其心者，知其性也；知其性，則知天矣。存其心，養其性，所以事天也。」（註五五）

「天」把「性」和「命」這二股表面上互相排斥的力量聯合起來，蓋「性」是天之所授，「命」是天之所命，二者皆秉承於天。「天」授予個人主體以主動和創發能力，同時也加以一種外在的限制。因之，「性」和「命」要在「天」之內得到統一和和諧。

在孟子裡，「天」和「命」兩詞常常通用。雖然「性」也是「天」的一部份，一般的用法卻把「天」用來代表人力範圍之外的力量及自然界的因素。「天命」不是人力所能引起或控制的，它構成對人的主動性和創發性的一種限制。像上文中「知性則知天」一段，將「天」和「性」兩詞連用在一起，在孟子中是比較少見的。孟子給「天命」下了如下的一個界說：

「……皆天也，非人之所能爲也。莫之爲而爲者，天也。莫之致而至者，命也。」（註五六）

人所以能配合天命的做法，只是「順天知命」。什麼是「知命」呢？好些自然界的規律都是可以從經驗中歸納出來的。知道了這些規律，每遇到相類的情況時，可以用來權衡可能產生的結果。人可以依據這些可能性而採取適當的行動，避免觸犯這些客觀的條件而引起禍端。「命」雖然在我們控制能力的範圍之外，它卻在我們知識能力的範圍之內，我們雖然不能夠「逆命」，卻能夠「知命」，所以孟子說：

「莫非命也，順受其正。是故知命者，不立乎巖牆之下，盡其道而死者

，正命也。桎梏死者，非正命也。」(註五七)

所謂「順天知命」不外是下面這個原則：命可避者則避之，不可避者則順之。由於「
知命」的結果，「命」分成可知的和不可知的。可知的裡面又分已知的和未知的。人
一方面在已知客觀條件的限制下，盡量發揮其主動和創發能力去盡其心，知其性；另
一方面，對於不可知或未知的客觀條件，人只好等它來了才隨機應變，因此，對於客
觀的條件，我們並不是盲目地去順從，在一般情況之下，還是要爭取最大的主動。所
以孟子又說：

「君子行法以俟命而已矣。」(註五八)

孟子常常把歷史上一些事件和個人的際遇解釋爲「天命」，而且都是不可知、不
可避的天命。因其不可知、不可避，當之者就只好順受了。下面一段，一則解釋何
以堯、舜禪讓而禹傳位於子，一則解釋何以益、伊尹、周公和孔子雖賢而不有天下。

「丹朱之不肖，舜之子亦不肖。舜之相堯，禹之相舜也，歷年多，施澤

於民久。啓賢，能敬承繼禹之道。益之相禹也，歷年少，施澤於民未久

。舜、禹、益，相去久遠；其子之賢不肖，皆天也，非人之所能爲也。

」(註五九)

「匹夫而有天下者，德必若舜禹，而又有天子薦之者；故仲尼不有天下

。繼世以有天下，天之所廢，必若桀紂者也；故益、伊尹、周公不有天

下。」(註六〇)

諸人才德相若而際遇不同，孟子都解釋爲「天命」——「天與賢則與賢，天與
子則與子」，「皆天也，非人之所能爲也」。(註六一)孟子引孔子所說的：「
唐、虞禪，夏后、殷、周繼，其義一也」，(註六二)就是這個意思。

上文中我們說過：「性」代表鼓動人自我發展的一種力量，「命」代表限制人自
我發展的一種力量。孟子認爲仁義禮智雖源於天道，却不屬於「命」而屬於「性」；
欲望偏好雖與生俱來，却不屬於「性」而屬於「命」。這是因爲仁義禮智是實現自我
主動性的根源和途徑；欲望偏好則受制於物，限制人自我的發展。孟子說：

「口之於味也，目之於色也，耳之於聲也，鼻之於臭也，四肢之於安佚也，性

也，有命焉，君子不謂性也。仁之於父子也，義之於君臣也，禮之於賓主也，智之於賢者也，聖人之於天道也，命也，有性焉，君子不謂命也」。（註六十三）

食色感官的欲望和偏好之爲「命」，和一般天命之爲「命」，在意義上略有不同。除了一些可知及已知的自然規律外，一般的命都不是人可以主動地控制或避免的。欲望偏好則是人可以而且應主動控制的。孟子主張「養心在寡欲」，在「性」與「命」的配合上，仁義禮智等德性應該加以發展，欲望和偏好則應該加以節制而使之「寡」。他說：

「養心，莫善於寡欲。其爲人也寡欲，雖有不存焉者，寡矣。其爲人也多欲，雖有存焉者，寡矣。」（註六十四）

孟子對命的解釋還有一點值得提出的。對個人主體而言，「命」包括感官的欲望和偏好；而對統治者而言，「命」還包括了反映於民意的天命。這點和孟子在政治思想上「順天卽順民」的主張很有關係，我們將在本章第四節中討論。

屬於「命」的欲望偏好應當加以節制，屬於「性」的德性應當加以擴充。該怎樣擴充德性呢？我認爲孟子公孫丑章句上第二章中所說的「不動心」、「知言」、「養氣」與「持志」都是孟子心目中擴充德性的方法與修持。什麼是「不動心」呢？前面我們已經說過，孟子把性看做人的本心，「不動心」因此就是「不動性」。孟子的「不動心」就是固執善端，不因外物的影響而動搖，亦不因外在的困難而畏縮。（註六十五）。怎樣才可以達到不動心這種境界呢？我們可以從孟子對告子不動心之道——「不得於言，勿求於心，不得於心，勿求於氣」的批評中找到答案。（註六十六）孟子說：

「不得於心，勿求於氣，可；不得於言，勿求於心，不可。夫志，氣之帥也。氣，體之充也。夫志至焉，氣次焉。故曰：持其志，無暴其氣。」（註六十七）

在這裡孟子顯然把心分爲「志」和「氣」兩部份（註六十八）。「志」是心的主動，「氣」是人體的生命力，是心的附屬。「志」可以影響「氣」，但「氣」也可以反過來影響「志」。「不動心」就是要維持心的主動並同時保有充沛的生命力。孟子說：

「志壹則動氣，氣壹則動志。今夫蹶者、趨者，是氣也，而反動其心。」（註六十九）

要維持心的主動就是要「持其志」。怎樣「持其志」呢？凡是心志未能接受的主張

或肯定的原則，不可貿貿然施之於氣，讓生命力輕易消耗；同時也讓心志失去了主動。因此孟子同意告子「不得於心，勿求於氣」的說法。至於告子「不得於言，勿求於心」的說法，孟子則持異議。告子認為對事物之是與非，義與不義的認識，是來自外物的，（註七十）　因此「言」與「心」之間並沒有直接的因果關係。對孟子來說，心包含了宇宙的道德真理，以仁義禮智為首。「知言」既是要認識一些基本的道德真理，包括事物之是與非，義與不義等，要「知言」，自然就要求於心。如果一個人「不得於言」，這反映他內心尚受蒙蔽，尚未發現心中固有的真理，他必須「反求諸己」，「反身而誠」。因此「心」和「言」之間的關係是非常密切的，由此可知，孟子非但反對告子的「不得於言，勿求於心」，實際上他主張「不得於言，『應』求於心」。

　　在下面的一段中孟子解釋「知言」為能夠分辨是非曲直：

　　「何謂知言？曰：詖辭知其所蔽，淫辭知其所陷，邪辭知其所離，遁辭知其所窮。」（註七十一）

　　「生於其心，害於其政，發於其政，害於其事。聖人復起，必從吾言矣。」

（註七十二）

　　要積極的去發現真理，培養分辨正、邪、是、非的功能，有賴於「浩然之氣」的培養。什麼是「浩然之氣」呢？孟子的回答是：

　　「難言也。其為氣也，至大至剛，以直養而無害，則塞於天地之間。其為氣也，配義與道，無是餒也。是集義所生者，非義襲而取之也。行有不慊於心，則餒矣。」（註七十三）

　　善養浩然之氣，大概就是維持心的主動及擴充諸德之端。因此「浩然之氣」是「配義與道」，是「集義所生」的。它是一個人擴充德性、發展自我所產生的結果。有了「浩然之氣」，在行動時非但可以不餒，還可以隨心所欲不踰矩，這就做到了「不動心」的境界。

　　上面我們討論了孟子的性命觀。由「性」和「命」觀念導出孟子對「天」對「心」的看法——天是命的根源，心是性之所據，孟子的人生理想是「順天」「知命」和「充情」，順天知命在個人修養上以寡欲為主，在國君施政上則以順從民意為主。充情是擴充人性中固有的德性之端，以達不動心的境界。要做到不動心，端賴於「知言」

「持志」和「養氣」。由此可見孟子思想的一貫──「天道」和「人道」之間的配合，也就是「性」與「命」之間的配合與和諧。從這裡出發，我們可以領略到孟子的性善論和他仁政的理想，却是建築在他「性」「命」的觀念上面。

孟子性善論的中心思想在「性」之有主動去發揮德性的力量。個人主動的創發能力表現於德性之自然流露。孟子認爲人有潛在的德性，必須加以發揮。荀子則謂人性之善爲「僞」的結果，但他並不否認人有潛在的向善能力，有能接受改造的潛能。故單就人性中向善的潛在能力而言，孟荀均承認它的存在。實際上，孟荀之間却相差很大。(註七十四) 因爲孟子以爲人性的向善是主動的，故向善的方法是復其本心；荀子則以爲人性的向善是被動的，故向善的方法是借重外力的陶冶。孟荀之說，一求於內，一求於外；一爲主動，一爲被動；於是性善、性惡之論，乃各執其一端。

孟子對性善的論證，完全訴之一個人的直覺體驗，所以他說：「乃若其情，則可以爲善矣，乃所謂善也。」(註七十五) 性之善屬於性的本質，「非由外鑠我也，我固有之也。」(註七十六) 孟子說：「故有物，必有則」，性之善就是性之則。性善的內容包含了惻隱之心、善惡之心、恭敬辭讓之心、是非之心四端。孟子認爲這四端都是可以在適當的情況下直覺體驗到的，因此證明人性爲善。

在告子篇裡，孟子批評告子「性無善無不善」的說法，並對告子對性善說的批評作答辯。在這些批評和論辯中，孟子顯然把「性之善」解釋爲潛在的向善及成善能力。他說：「人性之善也，猶水之就下也，人無有不善，水無有不下。」(註七十七) 孟子認爲這種成善的能力在正常的情況下卽會自然流露，而爲諸德之端。順着人性去發揮這種成善的能力，卽合乎仁義之道。

可是什麼是一般正常的情況呢？什麼是未受外在影響而產生的自然情況呢？這是一個相當困難的問題。孟子訴之以直覺，並沒有作進一層的分析，看看這種直覺是否帶有後天習慣的成份在內。也沒有進一步觀察這些所謂自然產生的情況，是否帶有「僞」的成份。這是性善論的不足之處。

如果我們視孟子的性善之說爲強調個人的主動自發性所必須建立的一套理論，則撇開一些未獲得完滿解答的問題不談，孟子的性善之說不失爲一個良好的假設，可能導致良好的效果。如同威廉、詹姆士的「信仰意志」(Will to Believe)，「性善論」自有其

實踐及形上學的價值。

　　總之，因為孟子主張性善，諸德性之端遂有內在的根源。性有主動自發的能力，道德遂成為個人自我實現的一種方式。「善」完全得之於心，而不建築在對外物的認識上。這是孟子反對告子「仁內義外」的基本論點。

　　丁、孟子的仁政理想。

　　戰國時代的人民，生活在水深火熱之中。當時的人君都好戰、好貨、好聲色犬馬之樂。賦歛征役，使人民疲於奔命。更因人君要擴張勢力，彼此侵略，人民遂成了爭城奪地的戰爭犧牲品──「爭地以戰，殺人盈野，爭城以戰，殺人盈城。」（註七十八）孟子對當時老百姓的生活，有如下的觀察：

　　　「庖有肥肉，廐有肥馬，民有饑色，野有餓莩（孳），此率獸而食人也。」
　　　（註七十九）

　　　「今也，制民之產。仰不足以事父母，俯不足以畜妻子，樂歲終身苦，
　　　凶年不免於死亡。」（註八十）

　　　「彼奪其民時，使不得耕耨，以養其父母。父母凍餓，兄弟妻子離散。」
　　　（註八十一）

　　　「凶年饑歲，君之民，老弱轉乎溝壑，壯者散而之四方者，幾千人矣。
　　　而君之倉廩實，府庫充，有司莫以告，是上慢而殘下也。」（註八十二）

　　　「梁惠王以土地之故，糜爛其民而戰之。」（註八十三）

　　人民的生命財產都沒有保障。而人君們只管滿足一己的吞併野心和慾望，置人民的死生禍福於不顧。這是戰國時代一般統治者的行徑，也就是孟子所說的「暴政」和「霸道」。孟子認施暴政、行霸道者，終歸會走上滅亡的道路。「王天下」的不二途徑，乃是要施行仁政，保民若子。

　　孟子從歷史上看到暴君的滅亡，也從同時代的政治社會的情況中看到以利立國、以力服人的危險性。在下面數則中，孟子力陳暴政之不可行，利之不可為立國之本。

　　　「王何必曰利，亦有仁義而已矣。王曰：何以利吾國，大夫曰：何以利
　　　吾家。士庶人曰：何以利吾身。上下交征利，而國危矣。萬乘之國，弒
　　　其君者，必千乘之家；千乘之國，弒其君者，必百乘之家。萬取千焉，千

取百焉，不爲不多矣。苟爲後義而先利，不奪不饜。」（註八十四）

「孔子曰：道二，仁與不仁而已矣。暴其民，甚則身弒國亡；不甚，則身
危國削。名之曰幽厲，雖孝子慈孫，百世不能改也。詩云：殷鑒不遠，
在夏后之世。此之謂也。」（註八十五）

「三代之得天下也，以仁。其失天下也，以不仁。國之所以廢興存亡
者，亦然。天子不仁，不保四海。諸侯不仁，不保社稷。卿大夫不仁，
不保宗廟。士庶人不仁，不保四體。今惡死亡而樂不仁，是猶惡醉而強
酒。」（註八十六）

「爲人臣者，懷利以事其君；爲人子者，懷利以事其父；爲人弟者，懷
利以事其兄；是君臣、父子、兄弟，終去仁義，懷利以相接，然而不亡
者，未之有也。」（註八十七）

孟子針對當時的好利，提出了仁義的原則；針對當時國君的自私自利，提出了愛民保
民的仁政理想。

　　孔子對君權的來源未作明顯的說明，但他似乎不否認君權決定於「天」和「命」。
孟子雖然不否認君權的授予是天命之所歸，可是在下面一段中他却明言君權來自人民，
人民是統治權的來源，是國家的基礎。

「孟子曰：民爲貴，社稷次之，君爲輕。是故得乎丘民而爲天子，得乎
天子爲諸侯，得乎諸侯爲大夫。」（註八十八）

「天命」見之於「民意」。因此民意之所歸，也就是天命之所歸。孟子曾說道：

「昔者，堯薦舜於天而天受之，暴之於民而民受之。故曰：天不言，以
行與事示之而已矣。……使之主祭，而百神享之，是天受之。使之主事
而事治，百姓安之，是民受之也。天與之，人與之。」（註八十九）

「天不言」，是因「天命」假借於「民意」來表現，「天視自我民視，天聽自我民
聽」；（註九十）天命並非不可捉摸的，它是在實在的行與事中表示出來。

　　天子旣秉承天命和民意而爲天子，他在行政措施上就得順天命，順民意。順天命就
是施行仁政，「親親而仁民，仁民而愛物」；（註九十一）換句話說，就是推廣其仁義之端。
孟子說：「人皆有所不忍，達之於其所忍，仁也。人皆有所不爲，達之於其所爲，義也。」

（註九十二）　什麼是順民意呢？就是順應民情以任用賢能，懲處敗類。孟子說：

> 「左右皆曰賢，未可也；諸大夫皆曰賢，未可也；國人皆曰賢，然後察
> 之，見賢焉，然後用之。左右皆曰不可，勿聽；諸大夫皆曰不可，勿聽；
> 國人皆曰不可，然後察之，見不可焉，然後去之。左右皆曰可殺，勿
> 聽；諸大夫皆曰可殺，勿聽；國人皆曰可殺，然後察之，見可殺焉，然
> 後殺之，故曰國人殺之也。如此，然後可以為民父母。」（註九十三）

一個國君如果能够順從民意，做到「貴德而尊士，賢者在位，能者在職」，（註九十四）他算是已完成了仁政的初步。至於施行仁政的原則和模型，我們將在下文中討論。

　　施行仁政的基本原則是順天愛民，尊仁重義。除了任用賢能之外，孟子還提出兩個具體的原則：一是「不嗜殺人」，一是「與民同樂」。所謂「不嗜殺人」就是不驅策人民作爭城奪地的戰爭的犧牲品。當梁襄王問孟子「天下惡乎定」時，孟子說：「定於一」，但誰可以一統天下呢？孟子回答說：「不嗜殺人者能一之」。（註九十五）他的理由很簡單：

> 「王知夫苗乎？七八月之間，旱，則苗槁矣。天油然作雲，沛然下雨，
> 則苗浡然興之矣。其如是，孰能禦之？今夫天下之人牧，未有不嗜殺人
> 者也。如有不嗜殺人者，則天下之民皆引領而望之矣。誠如是也，民歸
> 之，由水之就下，沛然誰能禦之。」（註九十六）

「與民同樂」的意思是「憂民之憂」，「樂民之樂」。孟子給齊宣王解說「獨樂樂」和「與眾樂樂」的不同如下：

> 「今王鼓樂於此，百姓聞王鐘鼓之聲，管籥之音，舉疾首蹙頞而相告曰：
> 吾王之好鼓樂，夫何使我至於此極也；父子不相見，兄弟妻子離散。今
> 王田獵於此，百姓聞王車馬之音，見羽旄之美，舉疾首蹙頞而相告曰：
> 吾王之好田獵，夫何使我至於此極也，父子不相見，兄弟妻子離散，此無
> 他，不與民同樂也。今王鼓樂於此，百姓聞王鐘鼓之聲，管籥之音，舉
> 欣欣然有喜色而相告曰：吾王庶幾無疾病與，何以能鼓樂也。今王田獵
> 於此，百姓聞王車馬之音，見羽旄之美，舉欣欣然有喜色而相告曰：吾
> 王庶幾無疾病與！何以能田獵也。此無他，與民同樂也。今王與百姓同

樂，則王矣。」（註九七）

至於文王之囿，方七十里，民猶以爲小，齊宣王之囿，方四十里，民猶以爲大，原因是：「文王之囿，方七十里，芻蕘者往焉，雉兔者往焉，與民同之，民以爲小，不亦宜乎」。（註九八）而齊王之囿則不然。文王征用民力來經營靈臺臺沼，人民非但不抱怨，而且歡欣雀躍，原因是：「與民偕樂，故能樂也」。（註九九）

如果人君不與民同樂，人民看到人君遊樂，自然怨生於心，「人不得，則非其上矣。」（註一〇〇）孟子覺得不得而非其上者，固然不對，但是：

> 「爲民上而不與民同樂者，亦非也。樂民之樂者，民亦樂其樂，憂民之憂者
> ，民亦憂其憂。樂以天下，憂以天下，然而不王者，未之有也。」（註一〇一）

事實上，「不嗜殺人」和「與民同樂」這兩個原則都是「不忍人之心」的表現，也就是性之善的推廣。仁政的基礎不外是爲人君者發揮其本性之善，以成其王道。所以孟子認爲人君「推恩足以保四海，不推恩無以保妻子」，推恩就是擴充「不忍人之心」的應用範圍，從「事親」「從兄」到「利民愛物」，（註一〇二）是積極地「以其所愛，及其所不愛」。（註一〇三）

孟子既以統治權來自人民，爲人君者如果不行仁政，人民就可以廢除他。所以他說：

> 「賊仁者謂之賊，賊義者謂之殘。殘賊之人，謂之一夫。聞誅一夫紂矣，
> 未聞弒君也」。（註一〇四）
> 「諸侯危社稷，則變置。犧牲既成，粢盛既潔，祭祀以時，然而旱乾水
> 溢，則變置社稷」。（註一〇五）

統治者由於殘賊仁義，使民不聊生，便可以被變置，被廢除。這是孟子富有革命性的政治思想。

孟子對實施仁政所提出的具體方案，是以孔子「庶民、富民、教民」（註一〇六）的原則爲基礎的。他認爲一個人君必須首先注意老百姓的福利，應該使他們的生活安適，免於饑寒，然後教以孝悌之義，使他們除了豐足的物質生活之外，還生活在和諧的社會倫理秩序之中。孟子提供的辦法如下：

> 「不違農時，穀不可勝食也。數罟不入洿池，魚鼈不可勝食也。斧斤以

時入山林，材木不可勝用也。穀與魚鼈不可勝食，材木不可勝用，是使
民養生喪死無憾也。養生喪死無憾，王道之始也。五畝之宅，樹之以桑
，五十者可以衣帛矣。雞豚狗彘之畜，無失其時，七十者可以食肉矣。
百畝之田，勿奪其時，數口之家，可以無饑矣。謹庠序之教，申之以孝
悌之義，頒白者不負戴於道路矣。七十者衣帛食肉，黎民不饑不寒，然
而不王者，未之有也。」（註一〇七）

　　如何實現這種社會理想，孟子曾提出了「制民之產」的方案。他認為老百姓沒有
固定的產業，就不能够定居下來安心從事生產經營。百姓如沒有謀生能力，就會無所
不爲，危害社會的安寧。所以政府如果不給人民產業，使他們無法謀生，而等他們做
了壞事，就以刑法來懲處他們，這是極不公平的。孟子說：

「無恆產而有恒心者，惟士爲能。若民則無恒產，因無恒心；苟無恒心，
放辟邪侈，無不爲已。及陷於罪，然後從而刑之，是罔民也。焉有仁
人在位，罔民而可爲也。是故明君制民之產，必使仰足以事父母，俯足
以畜妻子，樂歲終身飽，凶年免於死亡。然後驅而之善，則民之從之也
輕。」（註一〇八）

至於如何「制民之產」，孟子認爲過去在夏、商、周三代已經有相當好的制度，可資
效法：

「夏后氏五十而貢，殷人七十而助，周人百畝而徹。其實，皆什一也。徹
者，徹也。助者，藉也。龍子曰：治地莫善於助，莫不善於貢。……詩云：
雨我公田，遂及我私。惟助爲有公田。由此觀之，雖周亦助也。」

（註一〇九）

　　殷、周二代是否已經推行井田制度以代夏后之貢，姑且不論，但在戰國時代，由
於私人買賣土地，過去的一些土地制度已被破壞，土地分配的界域也劃分不清了。如
果要囘復到過去的土地制度，就必須重新劃分土地。這就是孟子所說的「經界」。他
說：

「夫仁政，必自經界始。經界不正，井地不均，穀祿不平。是故暴君汙
吏，必慢其經界。經界既正，分田制祿，可坐而定也。」（註一一〇）

　　孟子理想的井田制度如下：

　　「請野九一而助，國中什一使自賦。卿以下，必有圭田，圭田五十畝，

　　餘夫二十五畝。死徙無出鄉，鄉田同井。出入相友，守望相助，疾病相

　　扶持，則百姓親睦。方里而井，九百畝，其中爲公田，八家皆私百畝，

　　同養公田，公事畢，然後敢治私事，所以別野人也。此其大略也。」

　　（註一一一）

　　顯然，在孟子當時如要推行這種制度，必須要把已變賣的土地收回，重新分配。

可是當時的土地所有者是否願意把土地歸公呢？而且當時的人口，比起三代之世，增

加了許多，土地是否仍可以這樣分配呢？孟子似乎都沒有考慮到這些問題，他的仁政

方案未免有些不着實際的地方。也許孟子已看到這些困難，所以沒有向齊、魏等大國

提出他的井田計劃，而只是向一個小國——滕國——提出來。

　　總結來說，孟子的仁政思想雖然有它創新的理論基礎，可是孟子提出的具體方案

却未免太泥古了。我們討論孟子的仁政思想，應該把它的理想原則與實際方案分開來

評價。

　　戊、孟子對同時代諸子的批評。

　　孟子竭力提倡儒學之際，正是諸子百家之學也很昌盛的時候。孟子對百家之學採

取一種嚴厲批評的態度。他認爲百家之學都是「邪說」「淫辭」，而且表現爲「詖行

」，因此都非正道。孟子心目中的正道是堯、舜、禹、湯、文、武的先王之道，也就

是仁義之道。爲了要發揚正道，以正人心，他表示願意效法孔子作春秋的精神去「息

邪說，距詖行，放淫辭」。因此他駁斥諸子百家，不遺餘力，也不留餘地。

　　百家之中，以楊朱和墨翟的學說最爲流行，因此也是孟子攻擊最烈的對象。他說

：

　　「聖王不作，諸侯放恣，處士橫議，楊朱墨翟之言盈天下。天下之言不

　　歸楊，則歸墨。楊氏爲我，是無君也。墨氏兼愛，是無父也。無父無君

　　，是禽獸也。……楊墨之道不息，孔子之道不著，是邪說誣民，充塞仁

　　義也。」（註一二）

　　墨子的學說，在孟子之前即已形成。墨子認爲「天下兼相愛則治，交相惡則亂」

，（註一一三） 他的目的是要治天下，使「國與國不相攻，家與家不相亂，盜賊無有，君臣父子，皆能孝慈。」（註一一四） 這和孟子的王道仁政理想，目標原是很接近的。他要天下兼相愛，交相利，本無「無父」的含義，可是他的方法有問題。孟子批評墨子講兼愛爲「無父」是有他的根據的。墨子解釋兼愛爲「視人室若其室」，「視人身若其身」，「視人家若其家」，「視人國若其國」，（註一一五） 如果推廣這種兼愛的觀念，豈不是「視人父若其父」，「視人君若其君」了嗎？除去了「人父」和「己父」之間的區別，則「己父」卽喪失其爲「父」的意義，父子這種倫理關係也就無從建立了。這是孟子批評墨子講兼愛爲「無父」的理由。可見孟子對墨子的一般批評，並不是針對其「治天下」和「非攻」的目標，而是針對他的方法和手段。（註一一六） 孟子對墨者之徒宋牼的批評，也是就方法而言的。他說：

　　　「先生之志則大矣，先生之號則不可。」（註一一七）

是孟子並不反對宋牼去勸秦楚息兵。相反地，墨子主張非攻，孟子也非戰。他說過：「故善戰者服上刑」。（註一一八） 他所不滿於宋牼的，是他的「號」——他的方法。孟子認爲宋牼不應以利說秦、楚之王而應說之以仁義。（註一一九） 在此篇中，孟子並說明方法上的不同，會導致不同的效果。

　　楊朱「爲我」之說，除孟子外，甚少人論及。（註一二○） 據孟子所記載，其「爲我」之說的內容爲「拔一毛而利天下不爲也」，（註一二一） 恰與墨子兼愛之說的「摩頂放踵，利天下爲之」相反。楊朱的「爲我」，最初的意思大概就是淮南子所說「全生保眞，不以物累形」（註一二二） 的意思，但楊朱之徒可能把「全生保眞」看成極端的「自利」，以致孟子時有「拔一毛而利天下不爲」的解釋。照這個解釋，一個人連拔一毛而利天下都不肯，他自然不會爲國家和社會服務，貢獻自己了。這是孟子批評「楊氏爲我，是無君也」的理由之所在。因爲「君臣」關係是孟子理想社會中的一種基本關係，故不能不對楊朱「無君」的思想加以攻擊。但孟子似乎認爲楊朱的思想比墨子的思想容易糾正，換言之，比較接近儒家的思想；因爲他說過：「逃墨必歸於楊，逃楊必歸於儒。」（註一二三）

　　楊墨之外，孟子還批評了他同時代的農家許行和陳相。（註一二四） 許行的身世和學說不見載於孟子以外的書。其說主張君民並耕，以農事爲重。孟子指出這種措施不

切實際，蓋「百工之事固不可耕且爲也」。（註一二五）　許行爲了耕，不陶冶，不織布，就得靠陶冶者給其械器，靠織布者供其衣冠。可見整個社會的組織，一定有分工合作的必要。這是孟子反對君民並耕的根據。孟子提出了「勞心」和「勞力」的分工。他認爲「勞心者治人，勞力者治於人。」（註一二六）　勞心者有他們的任務，不必一定要和百姓一齊力耕，才算做了有益於民的事。古時的聖賢如堯、舜、禹、稷等屬於勞心者的一類，他們爲民驅猛獸，治洪水，教民稼穡，建立人倫，爲天下求賢才；雖不與民並耕，而做的却是更重要的不可少的事情。如果要求君民並耕，誰會有時間來治理國事呢？孟子認爲天下物情不一，人有智愚賢不肖，只有分工合作，賢人在位，壯者力田，才可以人盡其才，使國家歸於治理。因此他說：「今有璞玉於此，雖萬鎰，必使玉人雕琢之。至於治國家，則曰：姑舍女所學而從我，則何以異於教玉人雕琢玉哉。」（註一二七）

　　孟子又曾批評同時代的陳仲子。據孟子說陳仲子是齊之世家，他大概是當時屬於「聖之清者也」之流的人物。他的「清」表現在「以兄之祿爲不義之祿而不食也，以兄之室爲不義之室而不居也。辟兄離母，處於於陵。」（註一二八）　孟子對他的批評主要是其「清」不能「充其類」——一方面指明陳仲子的行爲不能完全一貫，一方面則指出陳仲子的做法有悖人情，只有蚯蚓才能做得到。陳仲子不食兄之祿，不居兄之室，可是他在於陵住的房子不一定就是清者所築，他所食之粟，也不一定就是清者所種。他的清，流於拘謹小節，如要嚴格地去實行，去「充其操」的話，人說不定就沒有可居之室，可食之粟了。這不是要變成蚯蚓才可以辦得到嗎？

　　最後，我們要提到的是孟子對告子的駁斥。告子主張生之謂性，性無善無不善，思想頗接近老莊。上文中已論及孟子如何站在性善論的立場來駁斥告子的說法。告子又主張「仁內義外」，也與孟子的仁義均發之本心的說法相衝突。告子認爲義是對外在事物性質的一種承認，「彼長而我長之，非有長於我也。猶彼白而我白之，從其向於外也。故謂之外也。」（註一二九）　而孟子認爲「義」是發之內心，相應外物的一種價值與情感態度，故謂之內。所以他說：「耆秦人之炙，無以異於耆吾炙。夫物則亦有然者也，然則耆炙亦有外與。」（註一三〇）　孟子、告子兩人所指的「義」似乎不相同。（註一三一）　不但兩人所講的「義」不相同，兩人所講的「仁」也不一定相同。因

爲孟子認爲「仁」乃發自本心的善，而告子既認爲性無善無不善，他所謂的仁大概只是一些自然的喜愛而已。

附識：1.本文之審查人爲毛子水先生及陳槃先生。

　　　　2.本文版權屬中國上古史編輯委員會所有。

（註一）　史記卷一百二十一，儒林列傳第六十一（商務印書館萬有文庫薈要，民國五十四年，臺灣）第十九册，頁二十六——七。

（註二）　清王先愼，韓非子集解，卷十九，顯學第五十（中華書局諸子集成第五册，一九五九，上海），頁三五一。

（註三）　孟子如受業於子思之門人，應與孔子第三、第四代弟子同時。然以三十年爲一代計算，則應與孔子第五、六代弟子同時。在「代」取算法上，頗有出入。可是因爲儒家各代弟子聞道有先後，各人的壽命又不只是三十歲，上面二種推算都不太可靠。事實上各代弟子聞道之先後，壽命之長短，各自參差不齊，故代與代之間難免重覆交錯，我們實不能作硬性的劃分。下面一表只是把孔門各代弟子的代表，依其流動時期分配，以見其歷史淵源。

480B.C.		
450B.C.	子張（顓孫師），曾參，漆雕啓	（479B.C. 孔子卒） （436B.C. 曾參卒）
420B.C.	子思（孔伋），束正子春，	
	段干木，禽滑釐，田子方	（403B.C. 戰國開始） （402B.C. 子思卒）
390B.C.		
330B.C.	孟軻	（371B.C. 孟子生）
300B.C.		（298B.C. 荀子生）
270B.C.	荀況	（286B.C. 孟子卒）
240B.C.		（220B.C. 秦滅齊，一統天下戰國結束）
210B.C.		

先秦儒家各代弟子的活動時期

（附重要年份）

（註四）　荀子的生卒年代，較之孔子、孟子尤難確定。以「年十五始來游學」和「年五十始來游學」之爭，竟

有三十五年的出入（見錢穆先秦諸子繫年，頁三〇一）。從荀卿一生事蹟看來，我覺得胡適的說法

比較合理，即荀子游學於齊時應爲五十歲，合西曆公元前二六五——二六〇年之間（見胡適中國古代

哲學史第三册，頁二三——二五）。如此算來，荀子生年當在公元前三一五——三一〇年之間，比

孟子大約晚生六十年，據淸、汪中的荀子年譜，則荀子之生年爲公元前二九八年，如此則比孟子大

約晚生七十年，（見 Fung Yu-lan, *A History of Chinese Philosophy* 頁二八〇）。既然孟

荀二人的生卒年代都是考據推論出來的，其中未免各有差誤，如用來互相比較，誤差更大。如以此

爲絕對數字，嚴加考證，則有流於無謂辯旨，勞而拙之弊。我在此計算年代，只爲明學術之流變，

序人物之先後，並不擬爲年月之差，作精密的考據工作。

(註五)　見胡適中國古代哲學史（商務印書館，民國四七年，臺灣）第一册頁六四及第三册頁九一一十。Fung

Yu-lan 之 *A History of Chinese, Philosophy*, Vol. I, Translated by Derk Bodde (Prin-

ceton Univ. Press. 1953)　中所說的孔子卒年與孟子生卒年俱與胡適的相同，見頁四三及一〇

七。孔子之生卒年代，學者的意見雖微有出入，但一般公認其生年爲周靈王二十一年（西曆公之元

前五五一年）其卒年爲周敬王四十一年（西曆公元前四七九年）。至於孟子的生卒年代，則衆說紛紜，

不易考定，如以孟子的活動時期來推算，則明人之孟子譜，雖未詳其來歷，其日期頗合情理，而又適

與元、程復心孟子年譜及明、呂元善聖門志所紀相而，故從其說。錢穆先秦諸子繫年（商務印書館大

學叢書，民國二十四年，上海）中所載孟子之生卒年代和我所探的先後相差十餘年，詳見註十一。

(註六)　大學和中庸是禮記中的兩篇。宋儒朱喜認爲大學是曾子所著的，王弼則認爲是子思所著的。至於中

庸，史記中說是子思所著的。如果他們是對的話，大學中庸是在孟子和荀子以前完成的。胡適亦認爲

大學和中庸應成於孟、荀之前，才好對孔子、孟子之間的一百多年有個交代，「使學說變遷有線索

可尋」（見胡適中國古代哲學史第三册，頁一一一二。）事實上，如果從大學和中庸的思想本身來

追尋一個學術變遷的線索，則兩篇似應在孟、荀之後完成。因爲兩篇的內容似乎是綜合了孟、荀思

想的精要，並建立了更完備的形上學體系。從深度來說，大學、中庸中的思想似較孟、荀者更爲成熟

。從文體上看，兩篇均採嚴謹之論辯形式，此爲孟、荀以前的品所作少有，故胡適之說，未敢苟同。

(註七)　論語子罕第九。

(註八)　論語公冶長第五。

(註九)　關於孔子的正名觀念，參看成中英論孔子正名思想，（出版月刊，一九六七年三月，臺北）

(註一〇)據陳槃先生的意見，孔子雖云「信而好古」「吾從周」，「遵先王之法」；然彼爲「聖之時者」，

其沿用周制，未始不無因革損益于其間。蓋顏淵問爲邦，子曰：行夏之時，乘殷之輅，服周之冕，

樂則韶舞。放鄭聲，遠佞人。鄭聲淫，佞人殆」（論語衛靈公），爲邦如此，爲政亦何嘗不如是，故說

孔子大體上沿用周制，至於其因革損益，則書闕簡脫，無可致詳矣。

編輯部案，陳槃先生原審查意見以爲「案孔子雖云『信而好古』，『吾從周』『遵先王之法』；然

而云『溫故而知新』，爲『聖之時者』。蓋『出於其類，拔乎其萃，自生民以未，未有盛於孔子也

』。其『創新的貢獻』，今止可云書闕簡脫，無可致祥。遽爾斷其『是仍沿用周制，無意把它廢除

或革新』何也？孔子之守舊，豈亞是耶？『顏淵問爲邦，子曰：行夏之時，乘殷之輅，服周之冕，

樂則韶舞。放鄭聲，遠佞人。鄭聲淫，佞人殆』（論語衛靈公）。孔子論政，只局嘗無所因革損益

于其間耶？

(註一一)錢穆說：「先秦學術，惟儒墨兩派。墨啓於儒，儒源於故史。其他諸家，皆從儒墨生。要而言之，法原屬於儒，而道啓於墨，農家爲墨道作介，陰陽爲儒道通面。名家乃墨之支裔，小說又名之別派。而諸家之學，交互融洽，又莫不有其旁通，有其曲達」。（錢穆先秦諸子繫年，頁二三）。諸子百家之說，雖不一定同出一源；然紛起於戰國時代不及兩百年的期間（公元前四〇三──二二〇年）彼此相互的認識和影響，是無可避免的。

(註一二)錢穆先秦諸子繫年中所附諸子生卒年世約數，認爲孟子在世時期爲公元前三九〇──三〇五年，享世八六歲。其根據爲何，錢穆沒有說明，大概是相對同時諸子的生卒年歲而定的。不過錢穆也沒有強調他所考定日期的準確性。他說：「今謂孟子生於烈王四年，或謂生於安王十七年，前後相去不越十五年，此不過孟子一人享壽之高下，與並世大局無關也。荀既詳考孟子遊仕所至，並世情勢，及列國君卿大夫往來交接諸學士，則孟子一人在當時之關係已畢顯，可無論其年壽之爲七十或爲八十矣。無徵不信，必欲穿鑿，則徒自陷於勞而且拙之譏，又何爲者？」（錢穆先秦諸子繫年，頁一七三）。又元程復心的孟子編年譜，據四庫全書書因提要史部傳記類，疑爲譚貞默原著，附竄爲元人著作。

(註一三)孟子離婁章句下第廿二章。

(註一四)孟子公孫丑章句上第二章。

(註一五)孟子滕文公章句下第九章。

(註一六)孟子公孫丑章句下第十三章。

(註一七)孟子公孫丑章句下第十二章。史記（商務印書舘萬有文庫薈要）卷七四，第一四。這是根據史記孟子荀卿列傳所記。唐之韓愈、林愼思，宋之晁公武及清之崔述，咸以爲孟子一書，　非孟軻自著，只是萬章和公孫丑之徒所纂述者。漢之司馬遷、趙歧、宋之蘇軾和朱熹，以及淸之魏源則主張孟子之書爲孟子與門人所撰者。至於孟子的篇數，有謂共十一篇者，分內篇七篇，外篇四篇一性善辯文說孝說爲政。

(註一八)孟子與萬章，公孫丑之徒作孟子七篇之說是根據史記所載的。見史記，卷七十四，孟子荀卿列傳第十四（商務印書舘萬有文庫薈要）第十四册，頁六十。唐之韓愈、林愼思，宋之晁公武及清之崔述，咸以爲孟子一書非由孟軻自著，而只是萬章和公孫丑之徒所纂述者。漢之司馬遷趙歧，宋之蘇軾、朱熹，及清之魏源則主張孟子之書爲孟子與門人所撰者。至於篇數，有謂七篇，有謂十一篇而分內篇七篇，外篇四篇者。按七篇印梁惠王、公孫丑、滕文公，離婁，萬章、告子和盡心七篇。外四篇則爲性善辯、文說、孝說爲政。但據翟灝四書秀異，四篇篇目應爲性善、辯文、說李經、爲政。屈萬里古籍導讀（臺北，開明書店五十三年出版）採取翟說。我以爲孟子言性善，固不綴「辯」字，但孟子却是爲性善與告子辯。翟論衡本性篇立論，亦大有可疑之處。故我分篇仍依舊說一採奕示兒編及劉昌詩蘆浦筆記。我疑外篇爲後人所託者。參看羅根澤孟子傳論（商務印書舘萬有文庫薈要，民國五十四年，臺灣）頁八三──八。

(註一九)史記，卷七四孟子荀卿列傳第十四（商務印書舘萬有文庫薈要）第四册，頁六〇。

(註二〇)見孟子萬章章句上第二章，第三章及第六章。

(註二一)孟子梁惠王章句下第八章。

（註二二）見孟子萬章章内上第七章第八章。

（註二三）見孟子滕文公章句下第九章。

（註二四）見孟子滕文公章句下第十章。

（註二五）見孟子滕文公章句上第四章。

（註二六）見靜山孟子精察識一文（中華叢書編審委員會孟子研究集，民國五十二年三月，臺灣）頁二一七

　　　　——二二八。原文發表於大陸雜誌，第八卷第四期，民國四十三年二月。

（註二七）孟子梁惠王章句上第七章。

（註二八）孟子公孫丑章句上第六章。

（註二九）參看註二十六及二十七所引的兩章。

（註三〇）孟子滕文公章句上第五章。

（註三一）孟子公孫丑章句上第六章。

（註三二）孟子告子章句上第七章。

（註三三）孟子梁惠王章句上第七章。

（註三四）孟子告子章句上第七章。

（註三五）孟子滕文公章句上第一章。

（註三六）孟子公孫丑章句上第二章。

（註三七）孟子告子章句上第十二章。

（註三八）孔子正名思想的發展和運用，請參看拙作論孔子正名思想（出版月刊一九六七年三月）。

（註三九）孟子梁惠王章句下第四章。

（註四〇）孟子梁惠王章句下第八章。

（註四一）孟子滕文公章句下第二章。

（註四二）孟子公孫丑章句上第六章。

（註四三）孟子滕公章句上第三章，又梁惠王章句上第七章。

（註四四）孟子滕文公章句上第三章。

（註四五）孟子梁惠王章句上第七章。

（註四六）孟子盡心章句下第二十五章。

（註四七）孟子離婁章句下第十二章。

（註四八）孟子告子章句上第六章。

（註四九）見孟子盡心章句下第二十五章。參看本文第二章中討論「正名定義」法的一般。

（註五〇）孟子盡心章句上第二十一章。

（註五一）孟子盡心章句上第十五。

（註五二）孟子告子章句上第十五章。

（註五三）孟子盡心章句上第四章。

（註五四）孟子盡心章句上第十五章。

（註五五）孟子盡心章句上第一章。

(註五六)孟子萬章章句上第六章。

(註五七)孟子盡心章句上第二章。

(註五八)孟子盡心章句下第三十三章。

(註五九)孟子萬章章句上第六章。

(註六〇)同上。

(註六一)同上。

(註六二)同上。

(註六三)孟子盡心章句下第二十四章。

(註六四)孟子盡心章句下第卅五章。

(註六五)參看胡豐雲，「知言」「持志」與「養氣」，（孟子研究集，頁二〇十──二一五）。並參看戴君
　　　　仁孟子知言養氣章（同上書，頁一九七──二〇七）

(註六六)孟子公孫丑章句上第二章。

(註六七)同上

(註六八)見胡豐雲「知言」持志與「養氣」。

(註六九)孟子公孫丑章句上第二章。

(註七〇)此告子所以有「義外」之說。詳見陳大齊，告子及其學說（孟子研究集，頁一四五──一八〇）。至
　　　　於孟子的義內說和告子的義外說，可參看同書，頁一三九──一四四。

(註七一)孟子公孫丑章句上第二章。

(註七二)同上。

(註七三)同上。

(註七四)陳大齊在其所著孟子性善說與荀子性惡說的比較研究（中央文物供應社中國文化叢書，民國四十二年
　　　　，臺灣）一文中指出「孟子的性善與荀子的性惡說誠屬相反，但其實際上的相反程度並不如其學說名
　　　　稱所顯示之甚(頁三七──八)陳氏所持之論證為孟荀所用「性」之一字，其意義各不相同。此點殆無
　　　　疑問，但此並不顯示孟荀在對「人性」的了解上有極重要的實質上的（real），而不僅是名詞上的
　　　　（terminological）差異。此項差異乃是孟子以人性有原始主動創發之性，個人可憑藉其一己所具的創
　　　　發力臻於全善之境。至於荀子則不認為人性有原始主動創發之性，而人所具心知似必待解欲惡之蔽而
　　　　後顯其功用。故荀子不以心知為人之原性之一部，而其謂人性為惡，非言心知亦為惡也。再者，根據
　　　　荀子，個人也未必能據一己已顯之理以臻於德義。故教化，及禮儀樂法之制作為「改進」人性，實現
　　　　社會秩序的必要條件。關於以上各點，參考本文論荀子部份。

(註七五)孟子告子章句上第六章。

(註七六)同上。

(註七七)孟子告子章句上第二章

(註七八)孟子離婁上章句第十四章。

(註七九)孟子梁惠王章句上第四章；又滕文公章句下第九章。

(註八〇)孟子梁惠王章句上第七章。

(註八一)孟子梁惠王章句上第五章

（註八二）孟子梁惠王章句下第十二章；又見孟子公孫丑章句下第四章。

（註八三）孟子盡心章句下第一章。

（註八四）孟子梁惠王章句上第一章

（註八五）孟子離婁章句上第二章。

（註八六）孟子離婁章句上第三章。

（註八七）孟子告子章句下第四章。

（註八八）孟子盡心章句下第十四章。

　　編輯部案，陳槃先生原審查意見由「今案民貴，君輕，君權來自人民之說，由來古矣，不可謂『有別於周制』，只非孟子始『重新規定』者。桓三年左傳，季梁諫隨侯曰：「所謂道，忠於民而信於神也。上思利民，忠也，祝史正辭，信也。……先民，神之主也。是以聖王先成民，而後致力於神。……故務其三時（春夏秋耕稼）、脩其五教，親其九族，以致其禋祀；於是乎民和而神降之福，故動則有成。今民各有心，而鬼神乏主。君雖獨豐，其何福之有』又襄十四年傳：『師曠謂晉侯者曰：儻人出其君，不亦慈乎！（師曠）對曰：或者其君實甚。……夫君，神之主也，民之望也。若困民之主，匱神乏祀，百姓絕望，社稷無主，將亦用之，弗去何如，天生民而立之君，使司牧之，勿使失性。有君而爲之戒，使師保之，勿使過度。……天之愛民甚矣，豈其使一人肆於民上，以從其淫，而棄天地之性，必不然矣』；國語晉語一，驪姬謂獻公：『吾聞之外人言曰……長民者無親，衆以爲親。苟利衆而百姓和，豈能憚君（韋解：豈憚殺君）。以衆故，不敢愛親；衆況厚之（解：言以衆故殺君，除民害，衆益以爲厚）……凡民利是生（解：謂爲民生利），殺君而厚利衆，衆孰之』國語中，晉襄公曰：『聖人知民之不可加也（韋解‥加，猶上也），故王天下者，必先諸民，然後庇焉，則能長利』（韋解：先諸民，先求民志也。庇猶蔭也。言王者先及民，而後自庇蔭也。長利，有福利也）。案季梁之言，『先成民而後致力於神』，『於是乎民和而神降之福』；師曠之言，困民之君主，使『百姓絕望，社稷無主』則此其君，『將及用之，弗去何爲』；晉襄公之言，『必先諸民』然得所『庇』蔭，是則民貴，君輕，君權來自人民之思想，孟子萬章下引泰誓所謂『天視自我民視，天聽自我民聽』者是也。泰誓又曰『天佑下民，作之君，作之師』；『天矜于民，民之所欲，天必從之』。西周經典，此等詞義可以觸類而通者，不可枚擧。此卽君權來自人民之古義矣。君權來自人民，則民貴，君輕矣，民貴斯所以爲『國家之基礎』矣。

（註八九）孟子萬章章句上第五章。

（註九〇）同上。

（註九一）孟子盡心章句上第四十五章。

（註九二）孟子盡心章句下第三十一章。

（註九三）孟子梁惠王章句下第七章。

（註九四）孟子公孫丑章句上第四章。

（註九五）孟子梁惠王章句上第六章。

（註九六）同上。

（註九七）孟子梁惠王章句下第一章。

（註九八）孟子梁惠王章句下第二章。

(註九九)孟子梁惠王章句上。第二章

(註一〇〇)孟子梁惠王章句下第四章。

(註一〇一)同上。

(註一〇二)孟子離婁章句上第二十七章：「孟子曰：仁之實，事親是也，義之實，從兄是也。」

(註一〇三)孟子認為：「仁者，以其所愛，及其所不愛，不仁者，以其所不愛，及其所愛。」見孟子盡心章
　　　　　句下第一章。

(註一〇四)孟子梁惠王章句下第八章。

(註一〇五)孟子盡心章句下第十四章。

(註一〇六)見論語子路。

(註一〇七)孟子梁惠王章句上第三章。

(註一〇八)孟子梁惠王章句上第七章。

(註一〇九)孟子滕文公章句上第三章。

(註一一〇)同上。

(註一一一)同上。

(註一一二)孟子滕文公章句下第九章。

(註一一三)清、孫詒讓墨子閒詁，卷之四，兼愛上第十四章。

(註一一四)同上。

(註一一五)同上。

(註一一六)孟子中也有批評墨者的一些基本原則的。比如孟子批評墨者之薄其喪，墨者之愛無差等。見孟子
　　　　　滕文公句章上第五章。

(註一一七)孟子告子章句下第四章。

(註一一八)孟子離婁章句上第十四章。

(註一一九)可能墨子的「利」與孟子的「利」，涵義不同。在論語中子罕第九也用到「利」這個觀念，並不
　　　　　是和義相對的。

(註一二〇)今列子中楊朱篇中，楊朱的思想似是一種注重物質生活的享樂主義。但此說並非楊朱所持，乃魏
　　　　　晉時代所偽託者。

(註一二一)孟子盡心章句上第廿六章。

(註一二二)淮南子氾論訓（中華書局諸子集成第七冊，淮南子卷十三）

(註一二三)孟子盡心章句下第廿六章。

(註一二四)呂氏春秋愛類篇：「神農之教」曰：「士有當年而不耕者，則天下或受其飢矣，女有當年而不績
　　　　　者，則天下或受其寒矣。」故身親耕，妻親績，所以見致民利也。」與許行之說合。所以孟子稱
　　　　　之為：「有為神農之言者許行。」（引自中華書局諸子集成第六冊呂氏春秋卷二十一）

(註一二五)孟子滕文公章句上第四章。

(註一二六)同上。

(註一二七)孟子梁惠王章句下第九章。

(註一二八)孟子滕文公章句下第十章。

（註一二九）孟子告子章句上第四章。

（註一三〇）同上。

（註一三一）參看陳大齊，告子及其學說（孟子研究集，頁一四五——一八〇）

參 考 書 目

一、史記（商務印書館萬有文庫薈要，民國五十四年，臺灣）。

二、漢書補記（清，王先謙補記）（商務印書館萬有文庫，民國二十六年，上海）。

三、宋、朱熹、四書章句集注（商務印書館，民國二十四年初版，民國二十五年五版，上海）。

四、清、焦循、孟子正義（商務印書館萬有文庫，民國五十四年，臺北）。

五、清戴震孟子字義疏證（粵雅堂叢書）。

六、漢、高誘注淮南子（中華書局諸子集成第七冊，1959，上海）。

七、漢、高誘注呂氏春秋（中華書局諸子集成第六冊，1959，上海）。

八、清、孫詒讓墨子閒詁（世界書局，民國五十一年，臺北）。

九、清、王先慎韓非子集解（中華書局諸子集成第五冊，1959，上海）。

一〇、顧頡剛編著古史辨第二冊（景山印書館，民國十九年初版，民國二十一年再版，北平）。

一一、顧頡剛編著古史辨第五冊（景山書社，民國二十四年初版，北平）。

一二、羅根澤編著古史辨第四冊（北平書局，民國二十一年，北平）。

一三、羅根澤孟子傳論（商務印書館萬有文庫薈要，民國五十四年，臺灣）。

一四、胡適中國古代哲學史（商務印書館，民國四十七年，臺灣）。

一五、錢穆先秦諸子繫年（商務印書館大學叢刊，民國四年，上海）。

一六、H. Maspero: la Chine Antiqne, *Histoire du Monde*, Tome IV. edited by E. Cavalignac. Paris, 1927.）

一七、Fung Yu-lan, *A History of Chinese Philosrophy*, vol. I. translated by Derk Bodde (Princeton University Press, Princeton, New Jersey, 1953.）

一八、孟子研究集（中華叢書編審委員會，民國五十二年，臺灣）。

一九、陳大齊孟子性善說與孟子性惡的比較研究（中央文物供應社中國文化叢書，民國四十二年，臺北）。

二〇、成中英論孔子正名思想（出版月刊，民國五十六年三月，臺北）。

二十一、蘇振申史記仲尼弟子列傳疏證（中國文化學院出版部，民國五十五年，臺北）。

"*LI*" AS IDEAL PATTERNS OF CULTURE
IN CHINESE TRADITION

RUEY YIH-FU

I

Until the May Fourth Movement arisen in 1919 (Chow, 1960), the "*li*"* was traditionally considered in a broader sense as the essence of the ways of men, unique standards of conduct, or accepted codes of socio-political as well as ethico-moral order, which were cultivated for living and existed ever since ancient times, as potential guides for human behavior. They were essentially concerned with the characterization of culture now variously termed by social scientists in an attempt to bring out facets of total-culture analysis as master-ideas, themes, premises, etc. (when cognitively considered); as values, value attitudes, interests, etc.(when affectively considered), as ideals, orientations, sanctions, etc. (when conatively considered), and as configurations, integrating factors, socio-psychological constellations, etc. (when otherwise considered). All these terms are attempted to express the holistic or total characteristics of a culture as to the kinds of behavior in the various forms of social relationships and interactions the society counts "normal", "good", "right". In other words, the *li* represented in traditional China ways, rules, or norms of behavior held to be desirable by the members of the society; or, in short, what anthropologists have called ideal patterns of culture which are the imperatives and optatives developed by the members of a society themselves. They represent the consensus of opinion on the part of

* The term "*li*" has been variously translated into English as rites or ritual, ceremonies or ceremonial, propriety or decorum, ettiquete or courtesy, manners or customs, rules or norms of conduct, institutions and so forth, each of which does suggest some of its ordinary meanings, but none except all mixed together could connote its amply implicated meanings as an all-embracing virtue. (see Ruey, 1967:52–56).

the society's members as to what people should do or say in particular situations, if they conformed completely to the standards set up by their culture(Kluckhohn, 1941: 109–130; Linton, 1945: 34–35).

Those ways, rules, or norms related above were originated from human feeling and developed by the members of ancient society probably during times, as the Confucianists generally believed to be, when Emperors *Yao*(堯，reigned 2357?–2258? B.C.), *Shun*(舜，reigned 2255?–2208?B. C.); Kings *Yu*(禹，reigned 2205?–2298? B.C.), *T'ang* (湯，reigned 1783?–1754?B.C.), *Wen*(文，reigned?–1135?B.C.), *Wu*(武，reigned 1134?–1116?B.C.); and Duke *Chou* (周公 ，as Prince–Regent reigned 1115?–1109?B.C.) ruled. Subsequently, they were transmitted from generation to generation till the time of Confucius (551?–479 B.C.) who expounded them in a somewhat systematic way. As a result, there emerged, apart from several other works, the Three Classics of *Li*: the *Chou Li* （周禮) or literally "Rites of the *Chou* Dynasty", the *I Li*(儀禮) or "Rituals and Rites", and the *Li Chi*(禮記)，or "Records of Rites". The *Chou Li* is, as the work exists today, considered as somewhat fitful reconstruction in the Confucian tradition of the governmental systems of the *Chou* Dynasty (1122?–222 B.C.) and a source of much information as well as misinformation on that period (Biot, 1853). The *I Li* deals with ceremonies and rituals regarding one's birth, puberty, marriage, death, burial, sacrifice, mourning, memorials, as well as visit of one to another, district symposium, archery meeting, banquet missions, and so forth (Steele, 1917). The *Li Chi* is a compilation of a miscellany of earlier materials pertaining to rites and rituals (Legge, 1885) which are, as it was, the means and ends of the Confucian conception of socio-political and ethico-moral order. By way of summary, we may say that the contents of the *li* cover all aspects of culture.

II

Etymologically, the word *li* (禮＜豊) is a kind of sacrificial vessel used for offering sacrifice to deities and ancestors, and thereby meaning to serve deities including ancestrial spirits, Heaven, earth, mountains, rivers, and other natural phenomena. Sentimentally, all kinds of services concerning ceremonial and sacrificial observances are involved with the *li*. Thus the *li* is religiously concerned by origin and thereof socially, economically, politically, as well as morally concerned by its extention. The term is therefore concerned with all aspects of culture. The *Li Yün* (禮運) or "The Origin and Development of *Li*" says:

Drinking and eating, male and female, are what man needs the foremost; death and exile, poverty and suffering, what man hates the utmost. Thus needs and hatreds are the principal elements in man's mind which, however, kept hidden inside and cannot be inferred or measured. The good or the bad of one's mind depends upon his mental set without visible manifestation. How could it be conducted in a uniform way without *li*? (Cf., Legge, 1885, VII:380–381.)

This indicates that the *li*, viewed as the key to the minds of people, was formulated to provide a means of social control (see Ruey, 1967) for the purpose of conducting them in a uniform way. This way of *li* involves three basic problems of human existence and is concerned with the following three relationships (cf. Boas, 1938:4–5; Keesing, 1958:191) :

1. Man to nature: especially technological and economic dimensions, e.g., drinking, eating, etc.

2. Man to man: especially dimensions of social institutions and interpersonal relations, e. g., marriage, family, etc.

3. Man to mind: especially dimensions of ideas and thoughts, e.g. death, religious belief, world view, etc.

That the *li* concerning the relationship of man to nature began with drinking and eating is many-sided. It includes beside the procuring and preservation of food and beverage, the securing of shelter, the ways in which objects of nature are used as implements and utensils, and so forth. The *Li Yün* tells the story as follows:

> Formerly the ancient kings had no houses. In winter they lived in caves which they had excavated, and in summer in nests which they had framed. They knew not yet the transforming power of fire, but ate the fruits of plants and trees, and the flesh of birds and beasts, drinking their blood and swallowing the hair and feathers. They knew not yet the use of flax and silk, but clothed themselves with feathers and skins. The later sage-kings then arose, and began to take advantage of the benefits of fire. They moulded the metals and fashioned clay, so as to rear platforms with structures on them and houses with windows and doors. They toasted, grilled, boiled, and roasted. They produced wine and beverage. They dealt with the flax and silk so as to form linen and silken fabrics. They were thus able to nourish the living, and to make offerings to the dead, to serve the spirits of the departed and the deities (cf. Legge, 1885,Ⅶ:369–370).

In most of these things the Chinese people followed, as it were, the example of those ways established by the early sages.

The *li* that pertains to the relationship of man to man commenced, as recorded in the *Li Chi* and the *I Li*, with the capping; to have its root in marriage; to be most important in mourning and sacrifice; to confer great honor in audiences at the royal court and in the interchange of visits at the feudal courts; and to be promotive of harmony in the festivals and celebrations of archery(cf. Legge, 1885, XLI:430; refer also to Steele, 1917). These were the principal points of the *li* concerning the cultural phenomena relating to the interrelation between members of a single society and between those belonging to different societies. The bonds of family, of tribe, and of a variety of social groups were included in it, as well as the gradation of rank and influence; the relations of sexes and of old and young.

As for the li in regard to the relationship of man to mind, it is clearly stated in the *Chi-yi* (祭義) or "The Meaning of Sacrifices" and the *Chi-T'ung* (祭統) or "A Summary Account of Sacrifices." The former says:

> The gentleman, in harmony with the cource of Heaven, offers the sacrifices of spring and autumn. When he treads on the dew which has descended as hoar-frost, he cannot help a feeling of sadness, which arises in his mind, and cannot be ascribed to the cold. In spring, when he treads on the ground, wet with the rains and dews that have fallen heavily, he cannot avoid being moved by a feeling as if he were seeing the departed beings (cf. Legge, 1885, XXI:211).

The latter says:

> Sacrifice is not a thing coming to a man from without; it issues from within him, and has its birth in his mind. When the mind is deeply moved, expression is given to it by the li; and hence, only men of virtue can give complete exhibition to the idea of sacrifice (cf. Legge, 1885, XXII:236).

Both of the two statements tell us that the *li* commenced, in this aspect of culture, with sacrifice as coming from the mind, and ended with the display of its influence in the conduct which was concerned not only with religious belief, but with all the manifestations of life contained in the first two relationships. These are of intellectual and emotional nature and may be expressed in thought and feeling as well as in action.

It should be noted that the three relationships are closely interrelated. That interelation presents the problem of cultural life between the various aspects of culture, leading to the problem of the relation between individual and culture.

It involves socio-psychological problems in relation to the holistic characteristics of a culture. The understanding of that relationship requires a knowledge of the basic attitudes or dominating idea of culture controlling individual and group behavior. Confucianists called such attitudes or ideas as the *li*.

Ⅲ

Being considered as the very way of man and an all-embracing virtue, the *li* was so important that Confucius emphasized with the assertion that "one who does not know the *li* cannot play his role" (literally, "cannot take his stand", cf. Legge, 1961a: 354; Ku, 1898:182; Waley, 1938:233; Ware, 1955:125). While *Yu-tzu* (有子)，a virtuous disciple of Confucius, said of *li* as the excellent quality in the ways prescribed by the ancient kings(cf. Legge, op. cit., 143; Ku, op cit., 4–5; Waley, op. cit., 86; Ware, op. cit., 23), *Hsün-tzu* (荀子，306?–218? B.C), who represents the right wing of the Confucian School, said of it as the highest achievement of the way of man (cf. Watson, 1963:95). Thus the *Ch'ü Li*(曲禮) or "Summary of the Rules of *Li*" says:

> *Tao*,(道)，*teh* (德)，*jen* (仁), *yi* (義) cannot be fully carried out without the li; nor are teaching and oral lessons for the rectification of customs complete; nor can the clearing up of quarrels and discriminating in disputes be accomplished; nor can the roles between ruler and subjects, the high and the low, father and son, elder and younger brothers, be determined; nor can learners for office and school students, in serving their masters and teachers have attachment for them; nor can majesty and dignity be shown in assign-ing different places at court, in governing armies, and in discharging the duties of office so as to secure the operation of the laws; nor can there be sincerity and gravity in presenting the offerings to spiritual Beings on occasions of supplication, thanksgiving, and the various sacrifices (cf. Legge, 1885, I:63–64).

This statement implies that the *li* is that kind of the means of social control by which the moral order can be established, the socio-political order may thenceforward be expected to be properly maintained, and the service in the temple reverently performed, but vice versa without it.

The moral order refers to the organization of human sentiments into judgments as to what is right (Cooley, 1909:54; Park, 1952:22–23), while morality is a set of principles on which such judgments are based (Firth, 1951:183). The first two Chinese words, *tao* (道，the way or principle) and *teh* (德，virtue) in the above citation, when combined into one term, may mean morality or moral virtues. The next two Chinese words, *jen*(仁，love, loving other men, or benevolence) and *yi* (義，righteousness, rightness, or justice), can be said to be two all-round virtues, two synthetic concepts regarding morality, which are in some measure like the law in the sense that both are obviously concerned with more compulsive categories in conduct relating to such concepts as right and wrong, good and evil, duty, justice. Nevertheless, the former is concerned with the control and regulation of the use of socio-cultural forces, and the latter with differentiated governmental institutions to handle enforcement and adjudications.

The *li* as an all-embracing virtue is most closely associated with the two all-round virtues *jen* and *yi*. Confucius said in reply to his best virtuous disciple *Yen Hui* (顏回)："The tempering of oneself and return to the *li* constitute *jen*" (cf. Legge, 1861a:250; Ku, 1898:95; Waley, 1938:162; Ware, 1955:76). When talked about *Chün-tzu* (君子) or "gentleman", the Master said: "He who takes *yi* as his substance, and put it into practice by the *li*, is really a gentleman" (cf. Legge,op. cit., 299–300; Ku, op. cit., 137–138; Waley, op. cit., 197; Ware, op. cit., 101). Thus Mencius often talked about *jen* along with *yi*, while *Hsün-tzu* spoke of *li* together with *yi*.

It should be added that the all-embracing *li* is concerned with all kinds of virtues. The *Li Ch'i* (禮器) or "The *Li* in the Formation of Character" says: "While the important rules of *li* are 300, and the smaller rules are 3000, the result they all lead is one and the same" (Legge, 1885, VIII:404). As annotated by Cheng Hsuan (鄭玄，127–200 A.D.), what the "one and the same" meant was the virtue *"ch'eng"*, (誠， honesty or sincerity). The *Chung Yung* (中庸) or "The Doctrine of the Mean" explains *"ch'eng"* as "the way of Heaven" and the attainment of *ch'eng* is "the way of man" (cf. Legge, 1961a:413; Lin, 1942: 856; Hughes, 1942:127; Mei, 1960:134; Chais, 1965:315). The *Ta Hsueh* (大學) or "The Great Learning" talks about *"ch'eng"*, saying: "only when knowledgies extended are thoughts *ch'eng*; only when thoughts are *ch'eng* are minds justified" (cf. Legge, 1961a:359; Hughes, 1942:146; Mei, 1960:129; Chais 1965:295). Confucius talked repeatedly, aside from *hsiao* (孝) or "filial piety", *ti* (悌＞弟) or "fraternity", *chung* (忠) or "loyalty", *hsin* (信) or "reliability", etc., about *chih* (智＜知) or "wisdom", *jen* (仁) or "love", and *yung* (勇) or "courage", which are called in the *Chung Yung* or The Doctrine of the Mean as "the three *tah teh*" (三達德) or three universally recognized virtues. Earlier than Confucius, *Kuan-tzu*, (管子)， Minister of the *Ch'i State* (齊國)， talked about *li*, (禮)， *yi*, (義)， *lien* (廉) or "incorruptness", and *ch'ih* (恥) or "(sense of) shame", as four pillars of national maintainance (國之四維). Later than Confucius, Mencius said of four senses as four beginnings of the four virtues—*jen, yi, li, chih*. The Works of Mencius says:

> The sense of commiseration and compassion marks the beginning of *jen*;
> that of shame and dislike, the beginning of *yi*; that of modesty and complaisance, the beginning of *li*; and that of right and wrong, the beginning of *chih* (cf. Legge, 1861b:202–203; Ware, 1960:69).

By adding the virtue *hsin* (信) or "reliability" to the four virtues of Mencius, *Tung Chung-hsu*, (董仲舒，179–104 B.C.), systematizer of Confucianism, called them as *wu-ch'ang* (五常) or "five constants" in the sense of what the social scientist calls cultural universals.

All the virtues related above have been the principal constituting elements of the *li*. They have been the moral judgments of the good of human conduct. They have provided the normative ideas controlling more or less individual and group behavior. They have by and large been achieved through proper training and discipling—hence the term "*li-chiao*" (禮教) or "instructions of *li*". They have been the basic principles of child-rearing and moral education in traditional China. In short, they are the essence of Confucianism and ideal patterns of Chinese culture. Except those of the radical *Taoists* (道家), *Moists* (墨家), and, of course, most Communists, they are expected by almost all of the Chinese people, especially Confucianists and intellectuals, to be fitted into the actions of the members of a society in order that an ethico-moral order might be established with an expectant result of producing a peaceful and stable socio-political order in the society. However, they had only been causatively effective at times, and never been fully carried out in the past, (see Wright, 1959, 1960, 1962, 1964). The questions of how could the traditional ideal patterns of Chinese culture be adapted to the present situation and how could they be carried out into effect remain to be explored.

BIBLIOGRAPHY

Biot, Edouard (tr.)
    1851   Le Tcheou-li ou Rites des Tcheou. 3 vols. Paris.
Boas, Franz (ed.)
    1938   General Anthropology. New York.
Chai, Ch'u and Chai, Winberg
    1965   Essential Works of Confucianism. New York.
Chan, Wing-tsit
    1963   A Source Book in Chinese Philosophy.
Chow, Tse-tsung
    1960   The May Fourth Movement. Cambridge: Harvard University Press.
Cooley, C. H.
    1909   Social Organization. New York.
De Bary, W. T. et al
    1960   Sources of Chinese Tradition. New York.

Firth, Raymond
　　1951　　Elements of Social Organization, London.
Hughes, E. R. (tr.)
　　1942　　The Great Learning and the Mean-in-Action. London.
Keesing, Felix M.
　　1958　　Cultural Anthropology. New York.
Kluckhohn, Clyde
　　1941　　"Patterning in Navaho Culture", in Spier, Leslie (ed.), Language, Culture and Per-
　　　　　　sonality.
Ku, Hung-ming (tr.)
　　1898　　The Discourses and Sayings of Confucius. Shanghai.
　　1901?　　The Conduct of Life. Kensington.
Legge, James (tr.)
　　1961　　The Four Books:
　　1861a　Vol. I, Confucian Analects, The Great Learning, The Doctrine of the Mean. Hongkong.
　　1861b　Vol. II, The works of Mencius. Hongkong.
　　1882　　The I Ching (Texts of Confucianism, part II). Oxford.
　　1885　　The Li Chi (Texts of Confucianim, parts III and IV). Oxford.
Lin, Yutang (ed.)
　　1942　　The Wisdom of China and India, New York.
Linton, Ralph
　　1945　　The Cultural Background of Personality. New York.
Park, R. E.
　　1952　　Human Communities. New York.
Ruey, Yih-fu
　　1967　　"The Five Social Dyads as a Means of Social Control with a Review of the Li in
　　　　　　Confucianism," in Journal of Sociology, No. 3, Taipei.
Steele, John (tr.)
　　1917　　The I-li or Book of Etiquette and Ceremonial, 2 vols. London.
Waley, Arthur (tr.)
　　1938　　The Analects of Confucius.
Ware, James R. (tr.)
　　1955　　The Sayings of Confucius. New York.
　　1960　　The Sayings of Mencius. New York.
Watson, Burton (tr.)
　　1963　　Hsün Tzu: Basic Writings. New York.
Wright, Arthur F.
　　1959　　Confucianism in Action. Stanford, Calif.
　　1960　　The Confucian Persuasion. Stanford, Calif.
　　1962　　Confucian Personalities. Stanford, Calif.
　　1964　　Confucianism and Chinese Civilization. New York.

出自第四十本下（一九六九年十一月）

陰陽五行家與星歷及占筮

王　夢　鷗

一　陰陽家的名稱及其來歷

『陰陽』二字，最早大概是造來指稱氣象的名詞。顧名思義，陰陽家當卽是氣象學者。不過，上古時代，關於這方面的分工並不精細，自有記載，這門工作仍爲史官所兼任。史官的職務旣多，故其作業亦不純粹。他們除了測候天文氣象之外，還能附益以當時的常識判斷，作爲種種預言。這一行業，春秋時代或稱之爲『史』，爲『司星』，『司歷』，『日官』，『日御』等；至於稱他們爲『羲和』，爲『馮相氏』『保章氏』等名，還怕是後來虛擬的。總之，在早沒有『陰陽家』的名號；其實際的職務，當如淮南子要略篇所謂『天文者』（註一），而史記天官書則稱之爲『傳天數』的人。至於此等人之被派爲『陰陽家』，始見於司馬談論『六家要指』，而與儒墨名法並列。

史記自序引太史公六家要指云：天下一致而百慮，同歸而殊途。夫，陰陽，儒，墨，名，法，道德；此務爲治者也，直所從言之異路，有省不省耳。

史記（虛受堂乾隆四年校本）MXXX 3.

但是，司馬談尙未將『陰陽家』三字連稱；有之，當在稍後，劉向劉歆父子分類編輯古代遺文而奏『七略』之時。劉氏七略，今已莫見其原文，但從班固刪存於漢書藝文志的，其中則有『陰陽家』，次於『道家』之後，『法家』之前，並爲之敍。

　　　藝文志：陰陽家者流，蓋出於羲和之官。敬順昊天，日月星辰，敬授民
　　　時，此其所長也。及拘者爲之，則牽於禁忌，泥於小數，舍人事而任鬼
　　　神。

漢書（王先謙補注本）XXX 40.

班固敍語，實只套用司馬談的語意而略加詳。因此要瞭解所謂『陰陽家』的實況，仍以司馬談之言爲準，因他自謂曾親見『陰陽之術』的。

　　　史記自序引六家要指：嘗竊觀陰陽之術，大祥而衆忌諱，使人拘而多所
　　　畏。然其序四時之大順，不可失也。……夫陰陽四時八位十二度二十四
　　　節，各有教令，順之者昌，逆之者不死則亡，未必然也，故曰使人拘而
　　　多畏。夫春生夏長秋收多藏，此天道之大經也，弗順，則無以爲天下綱
　　　紀，故曰四時之大順，不可失也。

同上　3—4

看他的述評，顯而易知，所謂陰陽之術，一面是承襲前代的星歷之術，一面則增列若干使人拘而多畏的『教令』。如果前者是固有的事實，則所謂『陰陽家者流』的特色，當在於他們增列的教令，與推行教令的方法上。換言之；陰陽之所以成『家』，當不僅因其特有『陰陽之術』；而重要的乃在於他們自有其政治的理想或企圖之表見於言論（註二）。倘若撤掉那些理想或企圖，則亦不過如『疇人子弟』之擁有一門技術而已。

　　這裏暫放下他們的政治理想或企圖不談，單就其所操的專門技術來看：司馬談說他們能『序四時之大順』；這句話，却使班固連想到尙書堯典所謂『敬順昊天日月星辰敬授民時』的羲和之官。羲和之官，職掌『星歷』，這解釋，雖從無異議，但若進一步考察，堯典之成書時代，愈到近代愈成問題，姑且不說；而「羲和」究竟是官名抑是人名？即亦不無疑問。班固生於劉歆之後，西漢哀帝二年，劉歆實授此職，故自

班固說來，那是官名。然而稽考古初傳說：如山海經大荒南經則謂『羲和者，帝俊之妻，生十日』；却是一個女人的名字了。不過山海經裏的這個神話，可能因古有『羲和主日』之說，只是看錯了『主』字爲『生』字，便把羲和幻想作十個太陽的母親。證以呂氏春秋勿躬篇『羲和占日』的記載，則那神話的來源，猶可捉摸而得之。但是，司馬貞引世本云『黃帝使羲和占日，常儀占月，臾區占星氣，大撓作甲子……』（史記歷書索隱）；按其所載，不但是羲和的時代與堯典不同，而且說的都是人名。因此可瞭解班固所謂的羲和，其意只是指那上古的占日之官。關於日官的記載，始見於左傳：

> 桓公十七年：多十月朔，日有食之。不書日，官失之也。天子有日官，諸侯有日御。日官居卿以底日，禮也。日御不失日，以授百官於朝。

左傳（十三經注疏本）**VII. 24.**

班固亦引此文，載於漢書律歷志，且謂日官底日之禮是『言告朔也』。按春秋經以干支記日，而桓公十七年十月朔獨無干支名，故左傳以爲日官失記。唯此種職務，周禮春官則屬之於太史，而謂『太史正歲年以序事，頒告朔於諸侯』。史記天官書大概亦是這樣看法，故曰『周室衰微，史不記時，君不告朔』，而將記時的責任交與史官。

日官既屬於古『史官』的職務範圍，可信在那些工作沒有分頭並進的時代，作爲一個史官，除能讀『三墳五典八索九丘』，腦中裝滿許多神話傳說之外，還須懂得占日。這個『日』字，雖然山海經的作者曾想象爲『太陽』，但按其實在的意義，當指『時間』。一個史官有校正年月時日的責任，而這責任則從「占」而得之。占字的本義，可解釋爲『驗視一種會變動的迹象』，如龜人占『兆』，筮人占『卦』，卦兆是有變動作用的；而日月如流，亦恰是變動不居的迹象，所以亦可用「占」。唯是上古占日的方法，不得詳知；倘以早期的詩語來推測，如『七月流火，九月授衣』，『四月秀葽，五月鳴蜩』等情形看來，一般人多是從星象，氣候，動植物的生態上，覺察時間的變移。至於專門家的作業，什麼時代才有儀器的協助，如『璿璣玉衡』以及『土晷日影』，使其「占」較爲精密？這雖難於確定；但春秋多紀氣朔，日至，而周禮大司徒且有『以土圭之法，測土深，正日景』之文，可見這些原始的觀象儀器，已是由來尙矣（註三）。其中，尤其是土圭測日之法，早見通行，據說在春秋時代，（約當

西紀前六世紀）司馬穰苴即能應用這方法當『時鐘』了。

> 史記司馬穰苴傳云：齊師敗績，景公患之。晏嬰乃薦田穰苴……以爲將
> 軍……苴穰曰：臣素卑賤………人微權輕，願得君之寵臣，國之所尊以
> 監軍乃可。景公許之，使莊賈往。穰苴既辭，與莊賈約曰：日中會於軍
> 門。穰苴先馳至軍，立表，下漏，待賈。賈素驕貴，……不甚急……日
> 中而賈不至，穰苴則仆表決漏，入行軍，勒兵申明約束……遂斬莊賈。

前引書　LXIV. 1-2.

其他史官占日，使用此種儀器自屬必然。因占日與占星望氣不同，而日光不能用肉眼直接觀察，倘欲驗視，只有占其光影的默運潛移。有如漢李尋所說：『日者，衆陽之長，輝光所燭，萬里同晷』（漢書七十五本傳），晷就是日影。因此，在這一行業上，史官們對於光與影既付以高度的注意，便亦有深刻的認識。那就是陰之陽無時不在消長變易之中（註四），則其所體會的『陰陽消息』，或比傳說中的黃帝還更多。但沒想到那『陰陽消息』，後來竟成爲陰陽家的基本觀念了。

二　古星歷之說的衍變

陰陽家的思想既淵源於古史官對於星歷方面的工作經驗，則其於儒墨名法道德等六家之中，應獨擅『數術』，而爲上古研究自然現象的學者。但是，自有記載以來，今人所及知之古史官們，多數是博學多通，而又生存於『汎靈說』盛行的社會，故其實得於自然界的知識往往混雜有巫術的傳說。他們亦即併此作爲個人的意見，而口耳相傳於世。這樣的知識，司馬遷稱之爲『知天數』或『傳天數』，皆甚恰當。到了社會動亂，人心危苦，因而希望能有神秘方法來解決現實問題的意願亦愈益迫切，於是那些知天數者的言論及其所操持的術學，便亦跟着朝那神秘方面發展而趨向於怪迂之途。戰國時代起來的陰陽家，正好承接着這個傳統，所以司馬談批評他們的術學，便包括有可取的和不可取的兩面。其間衍變之故，這裏先引述史記歷書及天官書的記載，以見一斑。

> 歷書云：神農以前尚矣。蓋黃帝定星歷，建立五行，起消息，正閏餘，
> 於是有神祇天地物類之官，是謂五官，各司其序，不相亂也。……少皞

氏之衰也，九黎亂德，民神雜糅，不可放物，禍災薦至，莫盡其氣。顓
頊受之，乃命南正重司天以屬神，命火正黎司地以屬民，使復舊常，無
相浸瀆。其後，三苗服九黎之德，故二官咸廢所職，而閏餘乖次，孟陬
殄滅，攝提無紀，歷數失序。堯復遂重黎之後不志舊者，使復典之，而
立羲和之官，明時正度，則陰陽調，風雨節，茂氣至，民無夭疫。年
耆，禪舜，申戒文祖云：「天之歷數在爾躬」。舜亦以命禹……夏正以
正月，殷正以十二月，周正以十一月。蓋三王之正若循環，窮則反本。
天下有道，則不失紀序，無道則正朔不行於諸侯。幽厲之後，周室微，
陪臣執政，史不記時，君不告朔，故疇人子弟分散，或在諸夏，或在夷
狄。

前引書　XXVI. 2-3.

他敘自曚古的傳說迄於春秋之末。其實這一門知識，即至春秋之末，仍是很幼稚的。
所以在哀公十二年的多天，有螽，孔子直說那是『司歷之過』（哀公十二年左傳）。
到了戰國時代，這門正常的工作更無人理會。秦漢之際，至少有六種歷譜在流傳
（註五）。其中亦沒有一個值得推薦的司歷者，還不如天文方面的人物之得見稱于史記。

天官書云：昔之傳天數者，高辛氏之前，重黎。於唐虞羲和；有夏昆
吾；殷商，巫咸；周室，史佚，萇弘；於宋，子韋；鄭則裨竈。

前引史記本　XXVII. 36-37.

在史記引述一系列傳天數者之中，不但自周以前，他們的作業已無可考；即至周之史
佚，其名雖常見於經傳，但被記下的遺言，多不屬於天文（註六）。至於萇弘，因其時
代較晚，遺言緒論，頗有可觀。唯是史記封禪書說：『周人之言方怪者，自萇弘始』
單從這句話看來，彷彿在他以前，如史佚的天文說，似還沒有什麼可怪的。今檢閱左
傳所記自魯僖公元年，至哀公二十七年，二百五十多年間，言方怪的人，確是愈來愈
衆；自周之萇弘以外，各國皆有；這裏試約取左傳國語二書所記的，略爲舉例如次：

國語云：幽王二年，西周三川皆震，伯陽父曰：周將亡矣。夫天地之
氣，不失其序，若過其序，民亂之也。陽伏而不能出，陰迫而不能烝，
於是有地震。今三川實震，是陽失其所而鎮陰也。陽失而在陰，川源必

塞，源塞國必亡。

國語（四部叢刊本）周語上　11→12

這是因地動而用陰陽二義推測人事的最早記載。後來萇弘還據以預言西周王子朝之必

敗。

> 昭公二十三年八月丁酉，南宮極震，萇弘謂劉文公曰：君其勉之，先君
>
> 之力可濟也。周之亡也，其三川震。今西王之大臣亦震，天棄之矣。東
>
> 王必大克。

左傳（十三經注疏本）　L. 24-25.

但按前一預言出於幽王二年，約當西紀前七八〇年；後一預言出於敬王元年（昭二十

三年），約當西紀前五一九年；中間相距二百七十餘年，比一部春秋的年代還要長

久。這是否由於萇弘言方怪而演成的敍述，雖不能定，但憑春秋左傳的記載，至少自

魯隱公元年，約當西紀前七二二至五一九年（昭公廿三年），其間兩百餘年，春秋經

載地震三次（文九年，襄十六年，昭廿三年），只這一次有人出來說話。在前，不僅

是地震，就連梁山崩了，亦不過請史官寫篇悔過書，對山神禱告一下便了。

> 成公五年，梁山崩。晉侯以傳召伯宗。伯宗辟重，曰：辟傳。重人曰：
>
> 待我，不如捷之速也。問其所，曰：絳人也。問絳事焉。曰：梁山崩，
>
> 將召伯宗謀之；問將若之何？曰：山有朽壤而崩，可若何，國主山川，
>
> 故山崩川竭，君爲之不舉，降服，乘縵，徹樂，出次，祝幣，史辭，以
>
> 禮焉。其如此而已。

前引書　XII. 44-45.

並沒有萇弘說的那樣可怪。再如天象的變異，如日食：自隱公三年二月己巳之日食算

起，至昭公七年四月甲辰的一次止，中間至少日食了二十七次；在前，不特記載多

疏，甚至連日食的日子亦付闕如。這樣的經過了百年之久，關於日食與人事的嚴重關

連，才漸拉上了陰陽五行的一些作用來了（註七）。

> 昭七年：夏四月甲辰朔，日有食之。晉侯問於士文伯曰：誰當日食？對
>
> 曰：魯衞惡之；衞大魯小。……去衞地如魯地，於是有災，魯實受之。
>
> 其大咎其衞君乎；魯將上卿。

前引書　XXXI. 57-58.

昭二十一年，秋七月壬午朔，日有食之，公問於梓慎曰：是何物也，禍福何爲？對曰：二至二分，日有食之，不爲災。日月之行也：分，同道也；至，相過也。其他月則爲災，陽不克也，故常爲水。

前引書　XXIV. 43.

昭二十四年，夏五月乙未朔，日有食之，梓慎曰將水。昭子曰：旱也，日過分而陽不克，不克必甚，能無旱乎？陽不克莫，將積聚也。

前引書　XXV. 15.

昭三十一年，十二月辛亥朔，日有食之……史墨曰：六年及此月也，吳其入郢乎？終亦弗克，入郢必以庚辰，日月在辰尾，庚午之日，日始有謫。火勝金，故弗克。

同上　45—46

此外，重要的如星變的景象，據春秋經載魯莊公七年，約當西紀前六九〇年，『夏四月辛卯夜；恆星不見，星隕如雨，』這是何等可怖的現象？但是沒有人說話，還待公羊傳出來說一句『記異也』了事。這樣又經過了將近六十年，至魯僖公十六年春，正月戊申朔，又出現了一次隕星，剛巧，那時有個周內史在宋國作客，因此宋襄公向他打聽這天象跟人事有無關連。周內史雖在宋襄公面前胡謅了幾句，但他自己根本不相信有什麼吉凶的道理。

莊七年（夏四月辛卯，夜，恆星不見。夜中，星隕如雨），恆星不見，夜明也，星隕如雨，與雨偕也。

前引書　III. 15.

僖十六年，春隕石於宋五。隕星也……周內史叔興聘于宋，襄公問焉，曰：何祥也？吉凶焉在？對曰：今茲魯多大喪，明年齊有亂，君將得諸侯而不終。退而告人曰：君失問。是陰陽之事也，非吉凶所由生也。吉凶由人，吾不敢逆君故也。

前引書　VI. 2.

三十年後，又一次，周之單襄公經過陳國，囘來對周王預言陳國不久就要滅亡。但細

察他所據的理由仍還是陳國人民懶惰，不按時務農，而非出自天數的預測。

　　周語中：定王使單襄公聘于宋，遂假道於陳以聘于楚。……單子歸，告
于王曰：陳侯不有大咎，國必亡。王曰：何故？對曰：夫辰角見而雨
畢，天根見而水涸，本見而草木節解，駟見而隕霜，火見而清風戒寒…
…今陳國道路不可知，田在草間，功成而不收，民罷於逸樂……昔先王
之教，帥懋其德也，猶恐隕越，若廢其教而棄其制，蔑其官而犯其令，
將何以守國？居大國之間，而無此四者，其能久乎？

前引書　II. 10-12.

不過這或因單襄公不是一個史官，不是一個知天道者，故其言如此（註八）。然而當時
的史官雖能據星象而預知人事，不幸他所據的占星術卻沒有說明。例如魯文公十四
年，較單襄公預言陳國的事早出十餘年。其時『有星孛入于北斗，周內史叔服曰：不
出七年，宋齊晉之君皆將死亂。』此事，只有斷案而沒有理由，使得作註解的杜預亦
摸不着頭腦，而說是『史服但言事徵，而不論其占，固非末學所得詳言也。』（前引
書 IX. 19.）這情形與後來之詳言天數者大不一樣。如果不是爲着史官漏記，那就是
當時可據的理論還不太多。後來董仲舒劉向劉歆等都代補上理由（見漢書補注本，
XXVII下之下，20）；而班固又以爲那是天上分星與地上分野相對應之故（同上書，
52）。這雖是東漢人的說法，但分星分野對應之說，其來已久，甚至齊姜女流，亦能
言之鑿鑿（國語晉語四），其常見於左傳者，如：

　　襄九年，春，宋災。……晉侯問於士弱曰：吾聞之，宋災，於是乎知有
天道，何故？對曰：古之火正，或食於心，或食於咮，以出內火。故咮
爲鶉火，心爲大火。陶唐氏之火正閼伯居商丘，祝大火，而火紀時焉。
相土因之，故商主大火。商人閱其禍敗之釁，必始於火，是以日知其有
天道也。

前引書　XIV. 49-56.

襄二十八年，春無冰，梓愼曰：今茲宋鄭其饑乎！歲在星紀，而淫於玄
枵，以有時菑，陰不堪陽，蛇乘龍。龍，宋鄭之星也，宋鄭必饑。玄枵
虛中也，枵，耗名也。虛而民耗，不饑何爲？

前引書　XVIII. 47-48.

昭九年：晉侯問於史趙曰：陳其遂亡乎？對曰：未也。公曰：何故？對
曰：陳，顓頊之族也，歲在鶉火，是以卒滅。陳將如之。今在析木之
津，猶將復由，且陳氏得政于齊，而後陳卒亡。

前引書　XXII. 8.

再自魯襄公九年（西紀前五六四年）至昭公九年（西紀前五三三年）三十多年間，漸
漸又從分星分野的占驗中引進了分野『名義』上的作用，譬如陳國屬『水』，遇到『
大火』星，火盛滅水，所以陳國必亡。這不僅晉的史趙這樣說，而鄭國裨竈亦與相
同。可見那是很流行的占驗術了。

昭九年，夏四月陳災，鄭裨竈曰：五年陳復封，五十二年而遂亡，子產
問其故。對曰：陳水屬也；火，水妃也，而楚所相也。今火出而火陳，
逐楚而建陳也。妃以五成，故曰五年。歲五及鶉火而後陳卒亡，楚克有
之，天之道也，故曰五十二年。

同書　XXII. 15-16.

其中可注意的是那『水』『火』二字的來源，分明只出自星的名稱與擬定的分野名
稱。所謂占驗，亦只由說者在那名義上加以常識的配合。如說大火可滅水，因而大水
亦可滅火了。

哀九年，宋公伐鄭，晉趙鞅卜救鄭，遇水適火，占諸史趙，史墨，史
龜。史龜曰：是謂沈陽，可以興兵，利以伐姜，不利伐商。伐齊則可，
伐宋不吉。史墨曰「盈」（鞅之姓）水名也；「子」（宋姓）水位也，
名位敵，不可干也。炎帝為火師，姜姓其後也。水勝火，伐姜則可。

同書　XXIX. 57.

從前例，昭公九年，至後例，哀公九年，中間經歷四十餘年。在這四十餘年中，金木
水火土五星已被神化為五帝五官（見上引書 XXVI. 25–32.）。但是從那些神化的名詞
上抽繹出來的意義，在其相互之間，還沒有確定是『相生』或『相勝』的律則，所以
有時火可以勝水，有時水又勝火；大抵要看說者當時的情形而定。不過唯一可注意的
是：五行先已被配上十干十二支的符號。這些自古以來用為記日的符號，一配上五

行，因而那日期就合有五行之某一行的意義；另外，十二支又作爲方位的符號，配上

五行之後，而那方位便亦合有五行之某一行的意義了。姑以梓愼的占驗論爲例：

> 昭十七年，多，星孛於大辰西及漢………梓愼曰：往年吾見之，是其徵
>
> 也。……若火作，其四國當之，在宋衞陳鄭乎？宋，大辰之虛也；陳，
>
> 大皞之虛也；鄭，祝融之虛也，皆火房也……衞，顓頊之虛也，故爲帝
>
> 丘，其星爲大水。其以丙子若壬午作乎？水火所以合也。若火入而伏，
>
> 必以壬午，不過其見之月。

前引書　XXVIII. 62-63.

梓愼的一席話，不特排出了後來的五行五帝，更難得的是他遷派定十支爲五行之日，

而十二支爲五行之辰位。因爲他提出的「丙子」「壬午」，丙壬屬天干；丙爲火日，

壬爲水日；子午屬地支，子爲水位，午爲火位，故云：『丙子若壬午，水火所以合

也。』時、地、皆合，當然那四國非有大火災不可。倘若細按這種新興的占驗術，似

乎當時他們已能配製一種圖表：畫個圓圈，先分東南西北，然後又從那四方八面分列

十二位，註以子丑寅卯等十二支名；更在外圈搭配金木水火土，又於金木水火土上註

以甲乙丙丁等十干（註九）。這樣，天上人間，天象人事，好像都有相對應的憑據了。

由此亦可略知干支五行之配合，於西紀前五世紀，約當魯昭公之世，卽已爲一般

知天數者所習用。至於鄭玄說那是出於常從，却未必可靠。

> 鄭玄曰：以天地相配，取陰陽之理，常從以干支數和合，取日辰爲用，
>
> 兩意雖別，大意還同。

> 又，常從數義：北方亥，水也，生數一。丑，木也，生數五。一與五相
>
> 得爲六，故水成數六也。東方寅卯，木也，生數三；辰，土也，生數
>
> 五。三與五相得爲八，故木成數八也。南方巳午，火也，生數二；未，
>
> 土也，生數五，二與五相得爲七，故火成數七也。西方申酉，金也，生
>
> 數四；戌，土也，生數五，四與五相得爲九，故金成數九也。中央戊
>
> 巳，土也，生數五，又土之位在中，其數本五，兩五相得爲十，故土成
>
> 數十也。此陰陽兩氣各一周也。共一周爲生數，各一周爲成數。

> 蕭吉論五行成數（知不足齋本）五行大義。I. 15–16.

常從之名，在漢書藝文志天文家類有『常從日月星氣二十一卷』，顏師古注謂『老子師』。此注語或據說苑敬愼篇『常從有疾，老子問之』而云然。但疑其人亦戰國時代，整理春秋人言而排定一個干支五行的系統。但其中又增益以生數成數，當又與易繫辭傳的出世爲同時或更後。如果那不能算是春秋時代的作業，只能說是承接春秋時代的緒論，而變本加厲，由陰陽侈張爲五行，又侈張爲十干十二支；其旁門或又附益以八卦，使那循着圓圈旋轉的原始陰陽，得到極複雜的意義，這便是戰國以來陰陽五行家的本領（註十）。

三　戰國時代的占驗

春秋末季，那些『知天數者』，對於天體實際的認識，似無更進一步的發展。這大概是限於肉眼的機能，他們不能在五行星之外多發見一個行星，亦未曾將疏濶的曆術作更精密的校正。但在一些星象之外附着以人事的預測，却愈來愈衆，亦愈說愈離奇。司馬遷在史記曆書上感歎說：『先王之正時也，履端於始，舉正於中，歸邪於終。履端於始，序則不愆；舉正於中，民則不惑；歸邪於終，事則不悖。戰國並爭，在於彊國禽敵，救急解紛而已，豈遑念斯哉？』這顯是爲着戰爭關係，人們無心從事基本的學問；而所急者，都只求旦夕之間如何能避凶就吉。關於曆術方面的情形如此，在天文方面更是這樣。

> 史記天官書云：田氏簒齊，三家分晉，並爲戰國，爭於攻取，兵革更起，城邑數屠。因以饑饉疾疫焦苦，臣主共憂患；其察禨祥，候星氣尤急。近世十二諸侯，七國相王，言從衡者繼踵，而皋、唐、甘、石，因時務論其書傳，故其占驗，凌雜米鹽。

前引書　XXVII. 38.

唯是天官書的記載，在『凌雜米鹽』句下，當有脫文。依班固轉錄入天文志的，此句下，尚有『亡可錄者』四字。現在稽以漢書五行志列載許多徵驗的解說及事例，自周書洪範，伏生五行傳以迄劉向劉歆的意見，無不詳載。但於戰國時人的論著及其舉例，悉付闕如。亦足證明漢人不甚重視那些凌雜米鹽的記載，故以『無足錄者』的理由而不予傳述了。雖然，漢人不傳述他們瑣屑的占驗，但關於星歷與人事相應的原

則，可信仍被奉爲圭臬，如詳載於史記天官書的即其一例。這裡，先查看天官書所推舉的戰國時代四位『明天數者』：

1.趙國的尹皋。尹皋其人的生平及其論著，自司馬遷以後，即已不復可考。2.楚國的唐昧。史記楚世家云：懷王二十八年，『秦乃與齊韓魏共攻楚，殺楚將唐昧，取重丘而去』（前引書，XXXX頁27），這個唐昧，是否同一人，未可知。他有無著作傳下，因不見早期書志著錄；但宋代崇文總目曆數類，鄭樵通志雜星曆門，皆載有唐昧『星經』一卷，當屬後出的僞書。3.甘公，齊國人，其名嘗見於楚漢之際。

> 史記張耳陳餘列傳：陳餘悉三縣兵，襲常山王張耳。張耳敗走，念諸侯
> 無可歸者……欲之楚。甘公曰：漢王之入關，五星聚東井，東井者，秦
> 分也，先至必霸。楚雖彊，後必屬漢。故耳走漢。

前引書　LXXXIX.　頁 9

4.石申，續漢書及晉書天文志皆作『石申夫』，魏國人。應劭漢官儀云：『當春秋時，魯梓愼，晉卜偃，宋子韋，鄭裨竈，觀乎天文以察時變………漢興，甘，石，唐都，司馬父子，抑其次焉。』（御覽二百三十五，頁 3）如果應劭沒有記錯時代，則似甘石二人，皆生於戰國之末，直至漢初猶存。司馬遷自序，言其父嘗學天官於唐都。唐都的國籍不詳，但史記曆書說他是個『方士』。封禪書謂傳鄒衍之術者，是『燕齊海上方士』，則唐都的學統可以略知；而齊之甘公，當爲他的前輩，所以司馬遷亦親炙二氏之學，而謂『甘石歷五星法，唯獨熒惑有反逆行，逆行所守，及他星逆行，日月薄蝕，皆以爲占』（見前引書 XXVII. 40–41）。這是最確實的記載，較之史記集解或索隱所言二人各著天文八卷，以及隋唐書志所著錄的甘氏四七法甘氏天文占；石氏渾天圖，石氏星經簿讚等等來得可靠。換言之，甘公石申二人的作業，多半都轉載在史記天官書裡。天官書雖沒有揭出二人姓氏，但在班固轉寫爲漢書天文志時，却加以分別記載。因此，欲知戰國時人所作的星歷占驗之說，當以天官書天文志爲近於原始資料。儘管他們不喜歡『凌雜米鹽』的話語，而多所刪節，然而大體仍存。今先從天官書的大體看來，其中列述肉眼看得見的日月星辰，當屬於天文的事實，但從這些事實上感覺到日星行動的快慢，光度的明暗，以及因大氣層或肉眼的故障而發覺那些星辰有無圈暈芒角等等，已經是不大可靠的事實了。更至於依據那不可

靠的事實而發表爲個人的想像之辭，則其可靠性本等於零。然而他們却常用前世的傳說或竟是捏造的事例來證實其占驗。因此占驗的事，儘管不足信，但引發人們作此種種占驗的時代生活背景，却很清楚的反映於占驗辭中。司馬遷說其時『臣主共憂患，其察禨祥，候星氣，尤急』，確是有見而云然。姑引其開篇一段爲例：

天官書云：中宮，天極星，其一明者，（天一常居也）。旁三星，（三公，或曰：子屬）。後句四星，末大星，（正妃）餘三星，（後宮之屬也）。環之匡衞十二星，（藩臣），皆曰「紫宮」。前列，値斗口三星，隨北端兌。若見若不，（曰「陰德」，或曰「天一」）。紫宮左三星（曰天槍），右五星（曰天棓），後六星，絕漢抵營室（曰閣道）。

北斗七星(所謂旋機玉衡，以齊七政)，杓，携龍角；衡，殷南斗；魁，枕參首………斗魁戴匡六星（曰文昌宮。一曰上將，二曰次將，三曰貴相，四曰司命，五曰司中，六曰司祿。在斗魁中，貴人之牢。）魁下六星，兩兩相比（名曰三能。三能色齊，君臣和；不齊，爲乖戾。輔星明近，輔臣親彊，斥小疏弱。）杓端有兩星，一內（爲矛，招搖），一外（爲盾，天鋒）。有句圜十五星，屬杓（曰賤人之牢。其牢中，星實則囚多；虛，則開出。天一，槍，棓，矛，盾；動搖，角大，兵起）。

前引史記 XXVII. 1-5.

此文之中，在括符內的文字，都可看作早期天文家一廂情願的設辭；而不加括符的則近於天象的事實。從這有括符與沒有括符的文字比較之下，即可顯見本來的事實很簡單，而附加的設辭却多出數倍。這情形不特敍『中宮』如此；其他如東西南北宮所載的還更多。而且括符中語常標明『一曰』『或曰』等字，不僅顯得他們對同一事實的看法不一致；而且從中亦可見所謂皐，唐，甘，石，這四位知天數者的遺說有同或不同的地方。如漢書天文志所轉錄的，常標明甘石二人的名氏。

天文志：大歲在寅，曰攝提格。歲星正月晨出東方，石氏曰：名監德，在斗牽牛。失次，杓；早水，晚旱。甘氏在建星婺女。………在辰曰執徐，三月出。石氏曰，名青章，在營曰室東壁。失次杓，早旱，晚水。甘氏同。

前引漢書　XXVI.　32.

這一段是並列甘氏石氏對於『大歲』分見於十二月的命名以及水旱之占，各有同或不同的見解。此外說到歲星贏縮，二人的意見亦有參差。

> 天文志：歲星所在國，不可伐；可以伐人。超舍而前爲贏，退舍爲縮……
> ……歲星贏而東南；石氏見彗星，甘氏不出三月迺生彗，本類星，末類
> 彗，長二丈。贏東北；石氏見覺星，甘氏不出三月迺生天棓，本類星，
> 末銳，長四尺。縮西南；石氏見攙雲如牛；甘氏不出三月迺生天槍，左
> 右銳，長數丈……石氏：槍，攙，棓，彗，異狀，殃一也，必有破國亂
> 君伏死其辜；餘殃不盡，爲旱，凶饑暴疾……。甘氏：其國凶，不可舉
> 事用兵；出而易，所當之國，是受其殃。

同上　XXVI.　19-20

這種列名並載二家異說，在天官書裡都只作『或曰』。可知那『或曰』不是甘公說的就是石申說的。然而漢書天文志於指明石氏甘氏之外，仍有『一曰』；如果這不是因班固在甘石二氏的遺書中找不出根據，那顯然就是甘石以外的什麼人的說法了。現在綜觀書志的記載，無論占星，望氣，對於農事的關心者少，而對於刀兵死亡的恐懼則比比皆是。

> 天官書：五星色白圜爲喪，旱。赤圜則中不平，爲兵。青圜爲憂，水。
> 黑圜爲疾，多死。黃圜則吉。赤角，犯我城；黃角，地之爭，白角，哭
> 泣之聲。青角，有兵憂，黑角，則水……。

前引史記　XXVII.　21.

不過很奇怪的，他們對這刀兵或死亡的預測，常常以五行星的星名，合成五行意義的解釋，就像易經的繫辭一樣，以某行配入吉凶的人事。

> 天官書：土星與木合，爲內亂，饑；主勿用，戰敗。水（合）則變謀而
> 更事；火（合）爲旱；金（合）爲白衣會，若水。金在南，曰牝牡，年
> 穀熟。金在北，歲偏無。火與水合，爲焠；與金合，爲鑠，爲喪，皆不
> 可舉事，用兵大敗。土爲憂，主孽卿。大饑，戰敗爲北軍；軍困，舉事
> 大敗。土與水合，穰而擁閼，有覆軍，其國不可舉事。出，亡地；入，

得地。

同上，頁20—21

以上的記載，並詳於史漢書志，茲以文長不錄。然而即在這些記載裡，除了看出當時戰亂的特殊性之外，還有一點值得注意的，就是那些無論是春秋時人已有的遺說，或僅是戰國時人補充的新說，在這時期，都被紀錄成為定案，使原始『無定式』的占驗辭都成為固定的條文了。他們儘量列舉各式各樣的星氣，日煇，雲物，又一一附以占辭，使人『觀象尋辭』即知吉凶。不特對於星象有這樣的論著，而對於統治者之季節行事，亦有類似的記錄。例如：

管子五行篇：日至，睹甲子，（註十一）木行御。天子不賦秘賜賞而大斬伐傷，君危；不然，太子危，家人夫人死。不然則長子死。七十二日而畢。睹丙子，火行御，天子爯行急政，旱札；死，民厲。七十二日而畢。睹戊子，土行御，天子修宮室，築臺榭，君危；外築城郭，臣死。七十二日而畢。睹庚子，金行御，天子攻山擊石，有兵，作戰而敗，士死，喪執政。七十二日而畢。睹壬子，水行御，天子決塞，動大水，王后，夫人薨，不然，則羽卵者段，毛胎者瀆，孕婦銷棄，草木根本不美。七十二日而畢。

管子校正，XXXXI.　84-85.　集校，頁737—738

這就成為『使人拘而多畏』的歷譜了。

四　正統的陰陽五行家及其論著

自春秋至戰國既找不出陰陽家之名，而又有其實際的業務，班固說他們出於羲和之官，未免說得太遠。其實他們正當的業務在於『正歲年以序事』，有如周禮的「太史」職。由於太史既要『正歲年』，又要『序事』，這裡面自然要把『天文』與『人事』相溝通。大概到了這門工作逐步專業化之後，就得另設『馮相氏』『保章氏』以及『眂祲』之類的職掌了。

馮相氏掌十有二歲，十有二月，十有二辰，十日，二十有八星之位，辨其敘事，以會天位。冬夏致日，春秋致月，以辨四時之敘。

又，保章氏掌天星，以志星辰日月之變動，以觀天下之遷，辨其吉凶。
以星土辨九州之地 ，所封封域 ，皆有分星，以觀妖祥。以十有二歲之
相，觀天下之妖祥；以五雲之物，辨吉凶水旱降豐荒之祲象，以十有二
風，察天地之和命乖別之妖祥。

孫詒讓，周禮正義（商務本） LI. 78-81.

只是周禮成書的年代有疑問 ， 單看那份職務的內容 ， 就像是歸納春秋戰國『知天數
者』的作業而寫成的。所以那些職掌與藝文志中列敍的天文陰陽，歷譜，五行諸家沒
有什麼區別。

藝文志云：陰陽家者流，蓋出羲和之官，敬順昊天，歷象日月星辰，敬
授民時，此其所長也。及拘者爲之，則牽於禁忌，泥於小數，舍人事而
鬼神。

又云：天文者，序二十八宿，步五星日月以紀吉凶之象，聖王所以參政
也。然星事殙悍，非湛密者弗能由也。夫觀景以譴形，非明王亦不能服
斷也。以不能由之臣，諫不能聽之王，此所以兩有患。

又於兵家陰陽云：陰陽者，順時而發，推刑德，隨斗擊，因五勝，假鬼
神而互助也。

又云：歷譜者，敍四時之位，正分至之節，會日月五星之辰，以考寒暑
死生之實，故聖王必正歷數以定三統服色之制。

又云：五行者，五常之形氣也。書云初一曰五行，次二曰羞用五事。言
進用五事以順五行也。言視聽思心失，而五行之序亂，五星之變作，皆
出於律歷之數，而分爲一者也。

前引書， XXX. 40-48.

按藝文志於陰陽家名下，列有二十一家，三百六十九篇。但其中如宋子韋三篇，
子韋旣是春秋時代宋景公的史官，可不入戰國 ；此外又有張蒼十八篇； 五曹官制五
篇，注云『似賈誼所條』；衞侯官十二篇，注云『近世』；于長天下忠臣九篇，注云
『近世』；公孫渾邪十五篇，注云『平曲侯』；雜陰陽，注云『不知作者』；茲爲審
愼起見，都不把它算作戰國陰陽五行家的論著。剩下尙有二百五十九篇，皆注云『六

國時』。這些論著，至少曾經劉向劉歆父子過目，所以他們能鑑別其與衆不同，而獨成一家。所不幸的是，這許多篇論著都沒有正式的流傳，現在只能就其書目名稱加以思索。例如：其中所列，公檮生終始十四篇，公孫發二十二篇，鄒子四十九篇，鄒子終始五十六篇，桑丘子五篇，杜文公五篇，黃帝太素二十篇，南公三十一篇，容成子十四篇，鄒奭子十二篇，閭丘子十三篇，馮促十二篇，將鉅子五篇，合共十二家。這十二家裡可知的書名，只有太素和終始，而以『終始』爲名的最多。因爲班固在公檮生下注『傳鄒奭終始書』，可知鄒衍鄒奭以至公檮生的論著，皆以『終始』爲題。又史記三代世表，褚少孫旁稱『黃帝終始傳』，但此書名未見錄於漢志，是否即是那『黃帝太素』，不可知(註十二)；然而可知的『終始』書名，已佔十二家之四分一。

　　所謂『終始書名』頗見載於史記孟荀列傳及封禪書，以鄒衍爲其創說者。鄒衍，齊國人，時代在孟子後。當時即以『終始』之說，聞名於諸侯，所經過之地，莫不受到隆重的招待。後來燕昭王拜他爲師，彷彿他就終老於燕國。不過有一點很可怪；司馬遷描述他的生平，煊赫異常，既說『燕齊海上方士傳其術』，又常提到『鄒子之徒』，大有『後車數十乘，從者數百人以傳食於諸侯』的樣子；但他身後的名氣却不像他的生前。除孟荀列傳略述其生平以外，凡偶見於兩漢人所轉述的，不是說他『熒惑諸侯』（桓寬鹽鐵論論鄒篇）就是說他『匹夫作怪』（王充論衡寒溫篇），由『談天衍』的諢號看來，大抵是毀多于譽。唯一僅留於緯書中的兩句：『知命者與神嬉，不知聖人姓在鄒』（緯書集成二，易緯是類謀），亦被注解家說作孔子了(註十三)。從其晚年至身後的情形看來，他的著作縱獲倖存於漢世，亦必經過多次改造變形。漢志分別著錄『鄒子』和『鄒子終始』，不特二者篇數不同，且疑其內容亦不一樣。現在先就司馬遷所介紹的一鱗半爪略作考釋。

　　　　孟荀列傳云：騶衍睹有國益淫多不能尙德，若大雅整之於身，施及黎庶矣。乃深觀陰陽消息，而作怪迂之變，終始大聖之篇，十餘萬言。其語閎大不經，必先驗小物，推而大之，至於無垠。先序今，以上至黃帝，學者所共術，大並世盛衰，因載其禨祥度制，推而遠之，至天地未生窈冥不可考而原也。先列中國名山大川通谷，禽獸水土所殖，物類所珍，因而推之及海外人所不能睹；稱引天地剖判以來，五德轉移，治各有宜

，而符應若茲……要其歸必止乎仁義節儉，君臣上下，六親之施。始也濫耳。

前引書 LXXIV

這裡雖明載有『終始大聖』之篇；但封禪書又說：騶衍以『陰陽主運』顯於諸侯；又說：鄒子之徒論著『終始五德之運』，這些大同小異的書名，直使人看得莫衷一是。其中只有『主運』一種，在其本傳已有交代；至於所謂『五德終始之運』是否卽是『終始大聖之篇』，而且，『鄒子之徒』是否卽是『鄒衍』？二者似乎不能沒有一點區別。最早，崔駰引據如淳的注語，把『終始五德之運』解釋爲『五德各以所勝爲行，秦謂周爲火德，滅火者水，故自謂水德』。這好像就是『五德轉移治各有宜』的一種說法。如淳又於『主運』一書下面注云：『五行相次轉用事，隨方面爲服。』這兩處注語，經過今人的解釋，可以知道：前者是論朝代的更迭，後者是序四時的更迭（詳見古史辨第五册，頁417—421）。今人的解釋，倘更用司馬遷的記述來覆按，前者似無可疑。因爲司馬遷在秦楚之際月表卽以受命的天子稱爲『大聖』。然則『終始大聖』顯然是歷代受命天子的終始，所以他在下文乃言『五德轉移，治各有宜，而符應若茲』。至於『主運』是否卽是『五行相次轉用事，隨方面爲服』，有如傳世的呂氏春秋十二月紀，禮記月令，淮南子時則篇的記載？這就沒有什麼確證了。不過禮記中還有一篇題名相似的『禮運』，雖然那篇中夾載的事情很多，但有一部分記載，與這個『主運』大有關連。

> 禮記禮運云：先王以承天之道，治人之情。故失之者死，得之者生。……故夫政必本於天，殽以降命，命降于社之謂殽地；降於祖廟之謂仁義，降於山川之謂興作，降於五祀之謂制度，此聖人所以藏身之固也。……故天秉陽，垂日星；地秉陰，竅於山川。播五行於四時，（氣）和而後月生之。是以三五而盈，三五而闕，五行之動，迭相竭也。五行四時十二月，還相爲本也；五聲六律十二管，還相爲宮也；五味六和十二食，還相爲質也；五色六章十二服，還相爲質（主）也。……用水火金木，飲食必時，合男女，頒爵位，必當年德。用民必順，故無水旱昆蟲之災，民無凶饑妖孽之疾……。

禮記（十三經注疏本）XXI. 22.

由『主運』變作『禮運』，當是一種改頭換面的事。但其中重要的『承天以治人』的構想，却是直承着陰陽五行家的緒餘。其情形正與呂氏春秋十二月紀之被輯合於禮記一樣，都是後來『禮家』亦講究陰陽五行的業績。大抵鄒衍生平言論，有因時務而作的不經之談，亦有據星歷而序的四時之制。前者因無驗於當時，便大受後人排斥；但其後者，似仍不失爲戰國時代的一種名著。所以司馬遷在鄒衍傳中常有貶詞，及其敍到歷書，却說『是時，獨有鄒衍明於五德之傳，而散消息之分』，言下，即又以他爲戰國時代唯一出色的歷譜家了。

　　從歷譜的觀點推測，這正統的陰陽家所作的『終始之傳』，應有兩種：一爲歷代的終始，可謂『大終始』；一爲一年的終始；可謂『小終始』。大終始說明天子受命之符，小終始則爲受命天子序四時的大順。二者雖同屬於五德轉移，但據以轉移的原理却不一樣。大終始是順著土，木，金，火，水的次序作循環的轉移；小終始則順著木，火，土，金，水的次序。前者據的『相勝』原理，後者據的『相生』原理。二者的根據不特不同，而在觀念上亦是相對的。在這上面，必須先檢查兩個問題，1.五行何以有『相生』「相勝」二種相對的作用？2.小終始由於『相生』，而大終始何以又由於『相勝』？

五　五行作用之定律化

　　春秋末年傳下一些占驗五行星的記載，雖不完全；但從現存的資料看來，實際只是依據五行星運行歷程，因其或「伏」或「見」，以及其出現（見）的位置，或適與某一行星接近、等情形；再從那些星名的涵義上作一種『類推』的連想。這便是當時人的預言，亦即他們的占驗了。因此，那種占驗，根據現實的情況爲多，而且在行星出現或遇合之時，並沒有一定的原則可言。所以有時火勝於水，有時水勝於火。其中不特沒有『相生』的理由，亦沒有必然『相勝』的規律（註十四）。到了戰國或即鄒子之徒，既把星名抽象成爲金木水火土等五行，又把前人所作五星伏見會合的占驗歸納成固定的律則，如殘留於天官書的種種記載。關於那些律則所根據的理由，今雖找不到最原始的資料，但看春秋繁露與白虎通所輯錄的，仍可彷彿見其一斑。春秋繁露所載

五行相生相勝的理由，是把五行想像爲人世的五官，因五官之作好作歹乃發生了『生』
或『勝』之不同結果。（詳見繁露 XIII. 4—8）。其立論迂濶，文長不錄。白虎通所
載的雖更幼稚，但亦較近似於早期的說法。

> 白虎通五行篇云：五行所以相害者：天地之性，衆勝寡，故水勝火也。
> 精勝堅，故火勝金也。剛勝柔，故金勝木也。專勝散，故木勝土也。實
> 勝虛，故土勝水也。
>
> ### 白虎通（四部叢刊本）　III. 14.
>
> 又云：木性溫，火伏其中，鑽灼而出，故木生火，火熱故能焚木，木焚
> 而成灰。灰卽土也，故火生土。土生金者，金居石依山，津潤而生。聚
> 土成山，山必生石，故土生金。金……少陰之氣，潤澤流津，銷金亦爲
> 水。……水生木者，因水潤而能生，故水生木也。
>
> ### 五行大義（知不足齋本）II 所引，頁 2—3

關於前一段五行相勝的理由，淮南子主術篇已有相類似的記載，云『夫火熱而水滅
之，金剛而火銷之，木強而斧（金）伐之，水流而土遏之』。（前引書 XI. 143—144)
可能其說由來已久，故在戰國時，卽有反駁之者。現在墨經下篇有『五行無常勝』之
語，而經說下篇，則又解釋云：

> 五合：水土火（孫云，疑當作：木生火）木離然。火爍金，火多也；金
> 靡炭，金多也。合之府（孫云，當作：成）水。木離火……
>
> ### 孫詒讓，墨子閒詁（世界本）　X. 226.

此處雖有闕文訛字，但其大意猶不難明（註十五）。史記天官書云『火與水合爲淬，與金
合爲爍』（前引書XXVII20），此云『火爍金』，可證白虎通和天官書都是輾轉稗販
戰國時人的成說，亦卽是流行漢代的相生相勝的理由了。大終始根據相勝原則，所以
『土』要轉移於『木』，『木』又轉移於『金』，『金』則轉移於『火』……。小終
始根據相生原則，故爲木生火，而火生土……。

　　但是，猶有可議者，如果五德終始之說創自一人或一個學派，何以大終始和小終
始中，偏要動用兩種不同，甚且相對的定律，關於這一點，自漢以來卽無適當的解
釋。但細察司馬遷的記載，唯一可體會的：就是這相對的定律本卽包括於創說者的觀

念中。因為司馬遷說『鄒衍深觀陰陽消息而作怪迂之變』。『怪迂』二字固為司馬遷的成見；但鄒衍必『深觀』之後而作『變』，則其變，顯從『陰陽消息』中得來。本來陰陽是相對的，其『變』乃存於相對的消或息中。息則相生，消即相勝。但因陰陽二義，猶不足以詳述這相對的變化情形，因此增入五行以代表少陽老陽，少陰老陰，使這些陰陽在其『方生方死』的消息過程，有個較清楚的指述。於是木為少陽，火為老陽，金為少陰，水為老陰，僅用五行之名即可顯示陰陽的變化了。今因原始資料不得見，姑引淮南子及白虎通的兩段話為例：

> 淮南子地形篇：木勝土，土勝水，水勝火，火勝金，金勝木……木壯，水老，火生，金囚，土死。火壯，木老，土生，水囚，金死。土壯，火老，金生，木囚，水死。金壯，土老，水生，火囚，木死。水壯，金老，木生，土囚，火死。

前引書　IV. 62.

> 白虎通五行篇：五行所以更王何？以其轉相生故有終始也。木生火，火生土，土生金，金生水，水生木。是以木王，火相，土死，金囚，水休。王所勝，所勝者死，所生者休。

前引書　III. 14.

這兩段記載後者當承前說而來。其言『王』『相』，韓非子飾邪篇已列為數術之一，而與五行太一同。可知其來源長遠。此處所記雖簡，但若深觀其中五行的消息，雖曰相生，其實亦在相勝。如木由水生，而水又為土所勝，所以到了木王同時，勝水的土亦死了。如此循環，在漢人所傳下的『母傳子』以及『子母報仇』的比喻，恰就說明了這種相對的消息，略如下圖：

①比相生：水—木—火—土—金
②間相勝：水—火—金—木—土

春秋繁露云：『五行者，五官也。比相生，間相勝也，故謂治。逆之則亂，順之則法』（前引書 XIII. 6.），如果這是傳自戰國以來的緒說，則『相生』與『相勝』實包括於一個構想裡。位次相連的『相生』的關係，相隔的是『相勝』的關係（註一六）。唯是這種關係，必須先確定運行的方向，才可成立。如果從北方水開始，左旋到金，則一切關係都亂了。當時他們雖體察不出地球的自轉，但已能說是『天道左旋，日月右行』，便亦據這樣運行的方向，而作陰陽終始的循環。淮南天文篇云：『天地以設，分而爲陰陽。陽生於陰，陰生於陽，或生或死，萬物乃成。』這種或生或死的陰陽消息，說來或覺神秘；但同篇亦嘗用十二支及五行來解釋這消息的情形。其言曰：『木生于亥，壯于卯，死于未。火生于寅，壯于午，死于戌。土生于午，壯於戌，死於寅。金生于巳，壯于酉，死于丑。水生于申，壯於子，死于辰。故五勝生一，壯五，終九。五九四十五，故神四十五日而一徙。』這段記載，倘繪圖來看，即可看出土方死而火方生；其次，水死則金生，木死則水生，火死則木生……。亦即木生於火死之次一位，故曰『五勝生一』；至第五位即其壯時；至第九位，即其死時。方其死時，接着適是別一行的生時。在連綿不斷的『時間』中，他們即賦予別具陰陽五行意義的見解。

　　不過，猶有可怪的，如果鄒衍有兩套終始書，對於四時的更迭既依循『比相生』的關係；而對於朝代的更迭，爲什麼又要改用『間相勝』的關係來排列？再者，五德之運，如後來所說的：夏木，殷金，周火等等；但這秩序並未見其有什麼古典或史實的根據。依司馬遷的說法，那彷彿就是鄒衍刱造的。既屬刱造，他爲什麼不像後來的劉向，刱造一種和四時更迭一樣的相生系統？這裡面，如果還有個很現實的理由，那必定與『北方』有關。陰陽家不以中央而獨以北方爲『天之所終始』，這本來就是一個很可怪的觀念。在管子書中有一篇類乎終始書的幼官圖，其北方圖中特別列有『九會諸侯』的記載。九會諸侯，在傳說中唯春秋時代的齊桓公有此功業，而書名管子，則又似齊國人的作品。因此在早注解幼官圖的尹知章，便常用齊國的事來解釋。在春秋時代，姜氏守顓頊之虛，其星爲大水（見昭公十七年左傳），這很像陰陽五行家的排列的北方『水』，其帝顓頊了。然而到了戰國，這個『顓頊之虛』已不是姜氏，而是田氏之所守；并且與鄒衍同時的齊國湣王亦並不自稱爲『北帝』，而只稱爲『東帝』

（見史記秦本紀，田敬仲世家及六國表，戰國齊策四，呂氏春秋過理篇）同時被擬定爲『北帝』的，却是自願爲鄒衍弟子的燕昭王。

　　戰國燕策一云：齊伐宋，宋急。蘇代乃遣燕昭王書曰：……秦爲西帝，趙爲中帝，燕爲北帝，立爲三帝以令諸侯。韓魏不聽，則秦伐之；齊不聽，則燕趙伐之……夫取秦，上交也；伐齊，正利也，尊上交，務正利，聖王之事也。燕昭王善其書，曰：先人嘗有德於蘇氏，子之之亂，而蘇氏去燕，燕欲報仇於齊，非蘇氏莫可，乃召蘇氏，復善待之。

戰國策（商務本）　XXIX. 62-63.

燕昭王有意承受北帝的尊號，又有意伐齊而進爲諸侯的盟主；當時，鄒衍身荷厚恩，居於燕國，當然要比蘇代更爲積極，處處爲這『北國』的侯王設想。當時，幾個諸侯旣自進位爲『帝』，如果燕昭王要在那地位相等的諸帝中出人頭地，就不能不覬覦那分崩離析的衰周，而承繼其曾經統治天下數百年的氣運。今觀幼官圖，獨於北方圖中置有九會諸侯的『玄帝』；反之，在中央圖中，却只有九舉而成帝事的條文而沒有一個主人。顯然，那只是爲北帝完成帝事而設計的，與東南西方的敎令相同。唯有九會諸侯的玄帝，實際才是天下的共主。

　　幼官圖北方本圖：一會諸侯，令曰：非玄帝之命，毋有一日之師役。再會諸侯，令曰：養孤老，食常疾，收孤寡。三會諸侯，令曰：田租百取五，市賦百取二，關賦百取一；毋乏耕織之器。四會諸侯，令曰：修道路，偕度量，一稱數，毋征藪澤以時禁發之。五會諸侯，令曰：修春秋冬夏之常祭，食（飭）天壤（地）山川之故祀，必以時。六會諸侯，令曰：以爾壤生物供玄官（宮），請四輔，將以祀上帝。七會諸侯，令曰：官處四體而無禮者，流之焉菊命。八會諸侯，令曰：立四議而無議者，尙之於玄宮，聽於三公。九會諸侯，令曰：以爾封內之財物，國之所有，爲幣。九會，大命焉出。常至：千里之外，二千里之內，諸侯三年而朝，習命。二年，三卿使四輔；一年，正月朔日，令大夫來修，受命三公。二千里之外，三千里之內，諸侯五年而會，習命。……三千里外諸侯，世一至，置大夫以爲延安（官）入共受命焉。

戴望，管子校正（商務本）　III. 41.　管子集校（偽中國科學院刊本）143—146

不過他們雖有這樣的企圖，而事實上，燕昭王並沒有像王莽那樣的機會，可以製造一次『禪讓』的盛舉，以『母傳子』的相生律來推衍五德之運。於是，他只好依據『學者所共術』的殷勝夏，周勝殷的方式，從『相勝』的關係上，製造受命之符了。司馬遷說他的著作『先序今以上至於黃帝，學者所共術，大並世盛衰，因載其禨祥度制』顯然，那些禨祥度制，都是由他一手增列出來的。現在，他的原文雖不可得見，但呂氏春秋有始覽的一段記載，仍頗近似：

> 有始覽名類篇：凡帝王之將興也，天必先見乎祥下民。黃帝之時，天先見大螾大螻，黃帝曰土氣勝。……及禹之時，天先見草木秋多不殺，禹曰木氣勝……及湯之時，天先見金，刃生於水，湯曰金氣勝……及文王之時，天先見火，赤鳥銜丹書集於周社，文王曰火氣勝……代火者必將水。

呂氏春秋（四部叢刊本）XIII. 4.

如此預言『水德』將興，又在幼官圖的北方揭出玄帝九會諸侯的計劃，不能不說是極具匠心的創作。而且這創作，因有其陰陽五行理論的根據，必不適用於東帝西帝或任何方之帝，尤有助於上文的推論。幼官圖三字，經近世學者考定為『玄宮圖』（詳見後第八節），玄宮與『北方』『水位』，有不可分的關係，因此亦必不能看作齊國人為『東帝』擬訂的計畫，即使時移世變，鄒子之徒還想利用此圖迎合他方的新主，亦必須改換『玄宮』之名，才能與理論相應。

六　陰陽五行與占筮

韓非子飾邪篇開首一段引論，將卜筮之事與鄒衍的姓名扯在一起。

> 飾邪篇云：鑿龜數策，兆曰大吉，而以攻燕者趙也。鑿龜數策，兆曰大吉，而以攻趙者燕也。……鄒衍之事燕，無功而國道絕。……非趙龜神而燕龜欺也。……

韓非子（四部叢刊本）V. 6-7.

韓非距鄒衍為時代不遠，如果他所得於傳聞的不至於甚謬，則鄒衍這個陰陽家，在燕

國獻謀定計之時，亦必與鑿龜數策有關。因他儘管能談天數，但自古以來的習慣，仍用著龜來決定猶豫或嫌疑的事情。例如趙鞅救鄭，幾個『知天數者』者的獻議，最終還是取決于占筮。

> 哀公九年，宋公伐鄭，晉趙鞅卜救鄭，遇水適火。占諸史趙史墨史龜。史龜曰……史墨曰……史趙曰……（引見前文）。陽虎以周易筮之，遇泰之需。曰：宋方吉，不可與也。微子啓，帝乙之元子也；宋鄭，甥舅也；祉，祿也；若帝乙之元婦妹而有吉祿，我安得吉焉乃止(註十七)。

前引書　XXIV. 56-59.

這種事例，常見於春秋時代。而戰國，兵連禍結，除急於占星望氣之外，那些知天數者的空言歧見，亦必有待占筮家之最後裁定。這樣，不但顯得占筮家的地位重要，還足見像周易那樣一部寶書的權威。在這情形之下，如果遇到素具權威的知天道者，他無論在意見或地位上都不願向占筮者低頭，將會感到自己亦須製作一部寶書與周易對抗了。

周易這部寶書，經過歷代學者的鑽研，愈到近來，似已愈見分曉：那只是承繼龜卜而起的新占術的結集(註一八)。這種進步的占術，不但使用較易取得的著草來替代獸胛和龜殼；而且還能利用簡單的『八卦』符號來替代那又鑽又灼的兆紋。尤其有進的，就是周易能把卜人隨意占定的意見，變作固定的，依卦爻形象而訂立的繇辭。這樣，既有了文字的憑據，而又便於檢索和發明(註一九)。繇辭的來歷，是多方面的，在當時大概各有其神聖的傳說做背景，亦即曾經應驗的格言或事例。但是，在它被結集爲一部寶書時，無妨統視之爲各種卦爻象的『集解』。以集解來說，當然是經過若干選擇，潤飾，然後編訂成書。然而卦爻的形象，畢竟是人造的，若論其權威性，殊不如『天象』之直接顯示。因爲日星之運轉與氣候之變易，那許多自然現象，更像是『天』或『神』的意思所在。因此前世知天數者的預言或遺訓，亦即更像天神之直接授意，其可信性亦遠在繇辭之上了。如果要對抗那名爲周易的占筮書，由陰陽家看來，正須選擇潤飾前世占星候氣者的預言，編訂一部更簡便而又更具權威的寶典。使得時君世主，與其事事取決於周易，不如聽信他們托始於黃帝以來，詳列有禨祥度制的新著。因爲這種新著，既有天象的根據，勝於難以捉摸的卜兆或卦象，則其列載的預

言，亦較占筮家之信口開河爲可貴了。

　　韓非著論，把鑿龜數策與鄒衍混爲一談，或卽因其操術相同，所以不加區別。然而事實上，鄒衍既號爲『談天』；其在燕國，又身居國師之尊位。當時燕昭王決意滅齊以自大，招致了許多策士謀臣來獻謀定策。在那樣的環境，如果鄒衍不願俯首聽命於占筮者之前，則其捧出黃帝而『論著終始大聖之篇十餘萬言』，當爲勢有必至之事了。雖然那十餘萬言，今日已無片言隻字之傳，但從側面觀察，至少他的徒弟仍有這樣的記載。如管子五行篇，就是主張使用日月星曆的占驗書來替代那鑿龜數策的勾當。

> 五行篇云：以天爲父，以地爲母，以開萬物，以總一統，通乎九制六府三充（事），而爲明天子。……故通乎陽氣，所以事天也，經緯日月，用之於民；通乎陰氣，所以事地也，經緯星曆，以視其離。通若道，然後有行。然則，神筮不靈，神龜不卜，治之至也。

前引書 XIV. 82. 集校，頁 720

由於篇名『五行』，而說者又以『通乎陰陽』爲事，且直斥『神筮不靈神龜不卜』，這些論調，決不出於占筮家之口。現在再看五行篇中所列載五個七十二日（亦卽五時）的行事（亦卽敎令），那便是指導人君如何取得吉祥；而末後所附載違令的禍殃，則又是指導人君如何避免凶災的告示了。周易所以成爲寶書，卽在於它能予人以吉凶的預告，陰陽家的這種論著，其作用恰與相同。倘有了這種新書，當然可以說『神筮不靈神龜不卜』了。

　　不過，從表面看來，陰陽家的論著，根據的是星曆，排列的是一年間的行事所宜，好像與周易不同；但細按其內容，猶不僅在吉凶的預示上與周易相等；而其應用五行及干支等代號，在作爲象徵的效用，尤與八卦的原理相當。二者的區別，毋寧是所用的符號不同，及其所象徵的事物，因時代生活轉變故着重點亦略有差異而已。大抵八卦所象徵的事物以獸畜爲多，而五行所代表的，則以人事爲急。這是否卽可顯見他們的時代性，茲不具論，但列一比較表，附於後頁。

　　如同管子五行篇的設計，其原始的情形，今已莫獲其詳，而所得見者，則是經過若干年代，若干人手之修訂改編，號稱『雅馴』的或『體大經同』的篇章，如現存的

月令。其他，爲歷代術士所流傳者則因受到變本加厲的增修，便更難於想像其本來面目。只有一點，那就是後來民間流行的四時禁忌書以及擇日者所用的『曆書』，猶可彷彿推知其用意。其中，每日皆有陰陽五行的作用，詳列吉凶之事，而與周易繫辭一脈相通。因此類曆書隨在可見，茲不引述，這裡但把那號稱『體大經同』的月令，依其所安排的陰陽五行如何附會貫串的季節行事的方法上，加以考察。

　　他們最基本的觀念，當以相反相成的陰陽二氣作爲時間的表象，並從日月星辰的運轉及寒暑氣候的更迭中看出那表象之潛移默運實爲一種終而復始的循環，推而遠之，他們以爲世代，歷紀，亦是這樣，其中，因時間有長短之分，而循環的圓周乃有大小之異，但是各自具有的『終始』作用則無不同。其次，他們增入五行，以木火土金水象徵那陰陽二氣在終始循環中的機運，因而五行便亦具有『陰』或『陽』之相反的性氣而又有相成的功能；如春秋繁露所描述的『以出入相損益，以多少相漑濟』（前引書 XII 頁 1）。本來木火土金水，是取名於天上的五星與地上的五物。唯在地上『土』即與『地』相合爲一，故五行之爲時間表象，僅餘木火金水搭配四時，成爲春水木夏火秋金多水。據他們的常識判斷，這樣搭配是不可移易的。如果以多爲火，以夏屬水，以春爲金，以秋爲木，便要倒錯了寒暑和生殺的自然機運，而影響及於生息在地上的人類生活。但是五行之如此配列，實際只是把陰陽的表象作進一步的示現。木爲少陽，火爲老陽；金爲少陰，水爲老陰；由少至老是『生長』過程，他們稱之爲『息』；由陽而陰，由陰而陽是『轉變』過程，他們稱之爲『消』。故五行在地上所作終始的循環，實際只是一種『陰陽消息』的作用。陰陽消息，可以說盡日月潛移春秋代序的一切情形。到了與人事相關，或則又用『刑』『德』二字爲陰陽的代號。生息之事爲『德』，消殺之事爲『刑』，故春夏修德，而秋多行刑。他們以爲這是最符合於自然現象的行爲規律，有如五行之不可變移一樣。因爲變移五行，便是錯亂天紀，使春秋失序，寒暑無時，而人生其間，當然亦要災殃總至了。

　　陰陽家的寶書，大抵即據這樣的原理擬訂的，使人們在一年終始的週期中，都有適當的行爲指導，不需要時刻去鑽龜數策，卜問吉凶。但爲着增強信仰的憑藉，不免要借助於巫術，粉飾以神話。只因這些不雅馴的部分，除了仍爲術士們所傳述者外，其刪存於儒書的，可謂很少見了。例如他們根據陰陽五行原理而列載四時行事之外，

亦附記違反天道的災殃。那些災殃，有的以物候之失調爲說，有的則以時令的錯亂爲
言，今所存於時訓或月令中的，都沒有過份迂怪之談。例如：

時訓解云：立春之日，東風解凍；又五日，蟄蟲始振；又五日，魚上
冰。東風不解凍，號令不行；蟄蟲不振，陰奸陽；魚不上冰，甲胄私
藏。……（文長不錄）。

逸周書（漢魏叢書本）VI. I.

孟春紀云：孟春行夏令則風雨不時，草木早槁，國乃有恐。行秋令則民
大疫，風暴雨數至，藜莠蓬蒿並興。行多令則水潦爲敗，雪霜大摯，首
種不入……（文長不錄）。

呂氏春秋（四部叢刊本）I. 3-4.

這兩種記載皆以十二月合爲一年的終始。從其中種種迹象看來，可信它只是原來的終
始書之一變型（說見下節）。至於原來的型式，似當以五時爲一年的終始。五時不但
配有五行，而且還配有干支。干支之名，在早即被用爲紀日的代號，但陰陽家用之以
配五行四時，於是這些干支名，便亦染有陰陽五行及四時的氣息了。因此，春行夏
令，可以說作「火干木」，如春秋繁露治亂五行篇的記載；亦可以說作「丙子干甲
子」，如淮南天文篇的記載；十干與五行相配，甚見整齊，如甲乙爲春木，丙丁爲夏
火，戊己爲中央土，庚辛爲秋金，壬癸爲多水。但是，十二支搭配五行，便發生困難
了。其見於史記律書，漢書律歷志以迄於鄭玄高誘之註解月令，十二月紀，皆因『土』
不居時，故十二支之適配於四時者爲：寅卯辰＝春木。巳午未＝夏火。申酉戌＝秋
金。亥子丑＝多水。但五行家實不如是，而爲寅卯＝木，巳午＝火，辰戌丑未＝土，
申酉＝金，亥子＝水。（註二〇）其中，土之一行，獨佔四支。本來春秋時代的天文家，
嘗用十二支作爲日月合辰的代號；一年十二合，適用十二支；又以之配於十二律，列
成十二位，無不相當；只是合以五行，乃見參差。今存於管子書中的幼官圖，於五時
之中其列有日數者，常用『十二』爲紀（見下節），這是否與此關，因書闕有間，莫
從斷定。但從陰陽家有意編訂一部可以取代卜筮書的用意，以及後代流行的四時禁忌
書來推測，似乎他們原始的製作，當不僅是五行篇，幼官圖，十二月紀或月令那樣只
有四時行事綱要的記載；或者還在紀日的干支中灌以陰陽五行的意義，並運用相勝相

生的原理來指示每日行事所宜。不過當時用以測定某日合於五行之某種機運，十干的
名稱似乎尤具有代表性，如墨子書中所載者。

　　　貴義篇云：子墨子北之齊，過日者，日者曰：帝以今日殺黑龍於北方，
　　　而先生之色黑，不可以北。子墨子不聽，遂北，至淄水，不遂而反焉。
　　　日者曰：我謂先王不可以北。子墨子曰：南之人不得北，北之人不得
　　　南，其色有黑有白者，何故皆不遂也。且帝以甲乙殺青龍於東方，以丙
　　　丁殺赤龍於南方，以庚辛殺白龍於西方，以壬癸殺黑龍於北方，若用子
　　　言，則是禁天下之行者也。

**　　　　孫詒讓，墨子閒詁（世界書局本）　XII.　270-271.**

這些記載，顯是燕齊方士傳授鄒子之術以後才有的事。而其五行配日，僅用十干，如
同管子四時篇以十干分記四時『發政』之始日；呂氏春秋十二月紀，准南子時則篇，
禮記月令等，亦皆以十干為四時之日號，或者這亦是很早流傳下來的習慣（註二一）。不
過，墨子北行之日，為何說『帝殺黑龍於北方』？由來的註解家但以後人莫得詳知的
『龍忌』為解。然而觀看下文『甲乙殺青龍』『丙丁殺赤龍』等語，倘依據月紀月令
的記載，那甲乙，丙丁………等等，正是青龍，赤龍……等龍交運之日，為何反而被
殺？如果這不是反對五行說的墨者故作不通之談，那便是另出於別派的方術了（註二二
）。因為干支紀日，雖是古已有之，然而干支各涵有四時五行及生勝輪轉的意義，則
必在五行的王相生死之說流行以後。至是，以十二支合於十干，往往有餘，乃又衍成
『五子』『六甲』『孤虛』諸術，而與占筮合流了。十干之數『十』，配以十二支，
故每一回合，輒剩餘二支。占筮家別稱這二支為『孤』，而與孤支相對者，（如：子
對午，丑對未，寅對申……等）則稱為『虛』。其實所謂『虛』者，只是十二支與五
行本難配合整齊，因而在輪轉週間，往往有沾不到五行意義的支，乃成虛『支』了。
十干，六度更迭，得數六十；十二支只要五度更迭即得六十；因此並用干支紀日，必
至六十日，然後二者得以均齊；成為自「甲子」迄於「癸亥」的一個終始。在這個週
間共有五個「子」，六個「甲」，占筮家便詫為神奇，傅會以種種神話。當初為漢書
藝文志著錄的，在易類有古五子十八篇；在五行類有風鼓六甲二十四卷，文解六甲十
八卷，風后孤虛二十卷；其書今雖不存，但看書名和卷數，亦可知其曼衍的情形。此

外，或又益以八卦，使陰陽五行之術與占筮合流；如是冤家聚頭，當非鄒衍始料所及
了。

七　小終始書的因革

　　再說：司馬談所見的陰陽之術是『四時、八位、十二度、二十四節、各有教令』
那教令原文，今雖莫見其眞，但傳世的同類篇章却很多。其中較完整的：管子書中有
幼官圖，四時篇，五行篇，輕重已篇，呂氏春秋有十二月紀；淮南子有時則篇；逸周
書有時訓解；禮記有月令篇；近年出土的還有楚繒書的記載（註二三）。唯是這多種之
中，要以呂氏春秋十二月紀，時則，月令二篇較爲完整，亦較近似司馬談所說的。因
其中旣播五行於四時，且於四時分置立春，春分，立夏，夏至，立秋，秋分，立冬，
冬至等八位；其區分十二月，每月又具有前後二節，恰是二十四節，然後於各節詳列
教令。尤其是在每月的教令之末，附記着順令的好處，與逆令的災殃，大有『順之者
生，逆之者不死則亡』之槪；就更合司馬談所說的了。不過這點嚴重性，不特司馬談
以爲『未必然』，卽早在戰國末期，亦曾有同樣的反論，如荀子書中的天論篇，卽曾
針對這種教令發表意見：

> 荀子天論篇云：天行有常，不爲堯存，不爲桀亡，應之以治則吉，應之
> 以亂則凶。彊本而節用，天不能貧；養備而動時，則天不能病；修道而
> 貳，則天不能禍。故水旱不能使之饑，寒暑不能使之疾，妖不能使之凶
> ……夫日月之有蝕，風雨之不時，怪星之黨見，是無世而不常有之，上
> 明而治平，則是雖並世起，無傷也；上闇而政險，則是雖無一至者，無
> 益也。夫星之隊，木之鳴，是天地之變，陰陽之化，物之罕至者也，怪
> 之可也；而畏之；非也。

荀子（四部叢刊本）XI. 頁15—21

此種對陰陽家『舍人事而任鬼神』提出的反論，正與墨子書中對『五行相勝』而作『
五行無常勝』的反論一樣，都由於當時確有五行相勝的大終始書和五行相生的小終始
書，而後才有這相對的反論出現。不然，那些話都成爲『無的放矢』了。

　　茲因原來的終始書如『陰陽主運』，早已失傳；只得就其近似者如呂氏十二月

紀，淮南時則，禮記月令三者加以比較。然後參以文字古拙的管子書中的記載，在互相對照之下：仍不難看出，從戰國到漢代，這種小終始書，實已有若干改變。至於爲何有此改變，不妨借用史記封禪書之文，作爲說明。封禪書云：『騶衍以陰陽主運顯於諸侯，而燕齊海上之方士傳其術，不能通，然則怪迂阿諛苟合之徒自此興，不可勝數也。』（前引書 XXXVIII. 頁 10—11）這裡很顯明的指出傳承終始之術者很多，然而一則爲着『不能通』，一則爲着『阿諛苟合』，二者都能促使那原來的終始書隨時代的演變而變形。

今將禮記月令與時則十二月紀之差異，約舉數端：

第一、禮記月令雖則同樣劃分一年的終始爲十二月，但每月該有若干日，却沒有記下。這在淮南時則篇仍殘留一些記載，而呂氏春秋十二月紀則保存的更多。據十二月紀所保存的資料看來，每年十二月，每月各有三十日（三旬），唯季夏季冬兩月，各加二日，成爲三旬二日，如此一年實得三十有六旬又四日。這是十二月紀的一種安排。到了月令編者手中，或因其不合於漢人歷術的運算，所以全被刪除了。由這一點，即可看出月令是較後起的一度改變。

第二、月令於每月之末，僅記逆令的咎徵，而沒有順令的休祥。證以司馬談所看到『順之者生』的話，每月倘無順令的休祥，亦顯是失記。這在淮南時則尚保存有兩條，而十二月紀則有六條。

> 淮南時則篇：季春之月……行是月令，甘雨至。三旬。孟秋之月……行
> 是月令，涼風至。三旬。

> 呂氏十二月紀：季春之月……行之是令而甘雨至。三旬。孟夏之月……
> 行之是令而甘雨至。三旬。季夏之月……行之是令，是月甘雨三至。三
> 旬二日。孟秋之月……行之是令，白霜降。三旬。仲秋之月……行之是
> 令而涼風至。三旬。季冬之月……行之是令×××是謂一終。

由於時則篇之尚存兩條而十二月紀却有六條，即可證明那不是出於後人之『妄增』，而是因輾轉抄錄漸次脫落的。到了禮記月令，竟至於一字不存，倘非由於再轉寫而再脫落，則可疑爲漢代的禮家對這些『未必然也』之事，不感興趣；或則因其『不知所謂』而予以全刪。然而細察十二月紀在這僅餘的六條中，如季冬之月一條，於『行之

是令』句下，逕接以『是謂一終』，亦顯文義不全；其間至少尚脫『××三至三旬二日』八字。此外，還可注意的是，淮南時則所僅存的『季春』與『孟秋』兩條，恰好亦爲十二月紀所有；反之，十二月紀所無的，而時則篇亦不能多出一條。由這情形，又可證見時則之編寫時代，必不在十二月紀之前；甚至只是又一度的改訂。

第三、十二月紀與時則篇雖出在月令之前，但二者之播五行於四時的方法却不一樣。從大體看來，十二月紀與月令爲一組；而時則篇與管子四時篇則又爲一組；兩組的傳承淵源並不相同。十二月紀與月令分配五行於四時是這樣的：春木三月，夏火三月，秋金三月，多水三月，中央土，不居時。淮南時則的分配法則爲：春木三月，夏火二月，季夏土一月，秋金三月，多水三月。

本來以五配四，難得平均。十二月紀爲使四時均等，中央土乃至於有位無時；時則篇雖使『土』分沾若干時日以便奉行敎令，但亦因此使夏火縮減爲兩月；而中央土實際亦僅佔一月，於五行中皆成偏枯現象。司馬遷說『燕齊海上方士傳其術不能通』。所不能通者，這或爲其中之一。因而從先秦至漢，便發展一種彌縫的說法，先則說土不居時位，後來竟說成四時之中各有十八日是屬於土了。

　　管子四時篇云：中央曰土，土德實輔四時入出……其德和平，用均，中

　　正無私，實輔四時。

前引管子校正　II. 78-79.

　　春秋繁露五行之義篇云：土居中央，爲之天潤。土者天之股肱也，其德

　　茂也，不可以名一時之事，故五行而四時，土兼之也。

前引繁露　XI. 30.

　　白虎通五行篇云：土所以不名四時者，地，土之別名，比於五行最尊，

　　故不居部職……土王四時各十八日，合九十日爲一時。

前引書　III. 14.

這種彌縫論是隨着時代而增詳，並且其中所表露『統於一尊』的思想亦逐步顯露；到了白虎通，竟把『土』，想像爲地上之王，而涵有『率土之濱莫非王土』的觀念，不特違反了原來『土』爲輔佐的意見，而且還算錯了土所應佔的日數，把寄王於四時各十八日，實有七十二日；但又加給以十八日，合成九十日，使一年的日數膨脹起來

了。其實依據原始的分配：五行，每行各當御七十二日。這樣，因五德之轉移，恰好是三百六十日或一終始循環。

　　管子五行篇：日至，睹甲子，木行御，天子出令……（教令略，下同）
　　七十二日而畢。睹丙子，火行御，天子出令………七十二日而畢。睹戊
　　子，土行御，天子出令……七十二日而畢。睹庚子，金行御，天子出令
　　……七十二日而畢。睹壬子，水行御，天子出令……七十二日而畢。
前引書 XIV. 83-84.

這種不生困難的『五時令』，亦略見載於淮南子天文篇，當為戰國時代的另一組小終始。唯獨這一組小終始，時日分配均等，沒有『土』行統轄其他四行的觀念，更接近於諸侯並立『七國相王』時人的構想。後來或因其不切合於實用的農歷，覺得有改造之必要，因而一面既受春夏秋冬四時觀念的影響，一面又受專制統一思想的牽引，於是衍化為另外兩組小終始：其一組乃與發布教令的王宮建築相配合，發展為呂氏春秋十二月紀，亦即『明堂月令』的體制；以土德居中，不佔時日。此種構想，今從構辭法之演進情形考察，當以管子書中的幼官圖較為早出；而十二月紀及月令，似即從那原始的形式發展而成（另詳後文）。至於另一組，如淮南時則篇的設計，把土行配於季夏，則又似出自管子書中的四時篇。

　　四時篇云：南方曰日，其時曰夏，其氣曰陽，陽生火與氣，其德施舍修
　　築，其事號令：賞賜賦爵，受祿順鄉，謹修神祀，量功賞賢，以動陽
　　氣，九暑乃至，時雨乃降，五穀百果乃登，此謂日德。中央曰土，上實
　　輔四時入出（中略）此謂歲德。日掌賞，歲掌和；和為雨。夏行春政則
　　風，行秋政則水，行多政則落，是故夏三月，以丙丁之日發五政（五政
　　略）。
前引書 XIV. 78-79.

四時篇以中央土合併於夏三月，雖未有明文規定『季夏』屬土；但自淮南時則篇以後，歷代帝王舉行『讀時令』之禮，則常分為春，夏，季夏，秋，多，五時舉行（歷代禮志可按）。惟據蕭吉云：『土居四季，季十八日，并七十二日，以明土有四方，生死不同；此蓋卜筮所用。若論定位，王，相，及生死之處，皆以季夏六月為土王之

時』。（五行大義Ⅱ頁5）是則二說並行，其來已久（註二四）。

第四、管子幼官圖，呂氏十二月紀，禮記月令，三者雖同屬於一個系統，但其中從『幼官』改爲『明堂』，從五時變爲十二月，顯有重大的改訂外，而對於陰陽及正朔的安排，亦頗不同。幼官圖始於冬日至，重視水位，而十二月紀與月令，則皆以立春爲起點。這樣改變正朔，有的地方便亦攪亂了原設計者的陰陽配置。例如幼官圖配列的五種蟲獸是：春木，羽獸。夏火，毛獸。中央土，倮獸。秋金，介蟲。冬水，鱗蟲。（內經五運行大論所列同。）而十二月紀及月令則爲：春木，鱗。夏火，羽。中央，倮。秋金，毛。冬水，介。今以常識衡之，春屬陽，而鱗屬陰，何得以鱗搭配於春？顯然這是因改編者移冬至於立春，便亦不覺把冬鱗搬到春天來了。然而此事，淮南子仍輯有明文，而大戴記言之尤詳，皆可證其不知而妄作的錯誤。

> 淮南子天文篇：毛羽者，飛行之類也，故屬於陽，介鱗者，蟄伏之類也，故屬於陰。

前引淮南子　Ⅲ. 35-36.

> 曾子天圓篇云：毛蟲毛而後生，羽蟲羽而後生，毛羽之蟲，陽氣之所生也。介蟲介而後生，鱗蟲鱗而後生，介鱗之蟲，陰氣之所由生也。

大戴禮記（漢魏叢書本）Ⅴ. 8

鱗爲水物，今以配木，不特有『緣木求魚』之嫌，抑且把四時的蟲獸都弄錯了陰陽。可見是從幼官圖改訂而爲十二月紀不免少有此誤。

第五、月紀，時則、兩組不特配錯了蟲獸的陰陽屬性，而所記春夏秋冬及中央之干支日名，尤見牽強不通。因爲這兩組記載，於春則曰。『其日甲乙』，於夏則曰『其日丙丁』（餘仿此）。現在，先且不說他們記載這這些日名，除了顯示十干具有的五行屬性(如甲乙爲木，丙丁爲火之類)之外，尙有什麼作用？但即就那日名與實有的日數之配合上看，就是一種無法湊合的安排。前引管子五行篇有『日至，睹甲子，木行御，七十二日而畢………』之文。這在陰陽五行家的設計上是非常重要且又十分緊湊的。他們根據黃帝太素（見註⑫）假設以冬至夜半甲子起元，這樣由甲子、乙丑、寅卯……相配爲木行御之日，七十二日迄於乙亥；而乙亥之夜半，適睹丙子，乃爲火行御之始日（餘類推）。這樣日名與五行配合無間，經三百六十日，迄於癸亥，乃成一

終。⁽註二五⁾然而月令、時則二組皆改從九十日爲一時。如或從甲子起算，第九十日乃爲癸巳，其夜半所睹者『甲申』，旣非『丙』，又無『丁』，何能在春末夏初而云『其日丙丁』。（秋冬亦如之）卽用『土寄王十八日』之說爲之彌縫，譬如木行御七十二日，繼之爲土行御十八日，但十八日之後，仍不見有丙丁，然則『其日丙丁』之記載，等是虛應故事的贅詞了（秋冬亦如之）。凡此不通之處，揆其始，當亦如蟲獸之錯亂陰陽一樣，由於妄改陰陽五行家之嚴密設計，不覺而留下的破綻。

至於五時令記載這種日名的用意何在，不特歷代的註解家皆已莫明其妙，卽就先秦遺籍考察，亦是涵意不同。例如管子四時篇之『春以甲乙之日發政，夏以丙丁之日發政……』云云，顯似甲乙丙丁等日皆爲當『時』之吉日；然而墨子貴義篇則又謂以某干日殺某龍（引見第六節），那又像是凶日了。大抵這些遺說，早就因傳其術者太多，由分化而岐異而終至於不可究詰。是故前人或謂這些干日必是吉日⁽註二六⁾。亦未可作爲定論。

第六：月紀時則，除了虛記日名之外，還於每一時皆記五行的『數』名。春爲木，則記云『其數八』，夏爲火，則記云『其數七』（餘仿此）。按：五行之數，分爲『生數』與『成數』，鄭玄註月令已解釋甚明。然而天一生水，地二生火，天三生木，地四生金，天五生土，這種說法，雖早見於易繫辭傳，但它根據的是什麼？是根據天地生成之古傳說，抑或是五星發見的次第？古人沒有徹底的說明，今亦莫從稽考了。不過，說到五行的成數，謂天一生水，加土之數五，而爲六。地二，生火，加土之數五而爲七……等等，好像移天數以成地上的五行，故各加土數，這多少還有一點意義可循。史記天官書敍云：『天有五星，地有五行』，所以地上的五行，不用生數而用成數，乃得五、六、七、八、九。然而，這些個數字，依管子幼官圖的記載，並非徒舉數目，而是別有作用的。故幼官圖於春，則曰『用八數』，於夏則曰『用七數』。這種『用X數』云者，稽以史記漢書所說的事實，那亦是屬於實用的。例如秦始皇二十六年，明白布告云『方今水德之始，以六爲紀，法冠皆六寸，而輿六尺，六尺爲步……』（前引史記 VI. 11.）；又如賈誼倡議改正朔，易服色，並說明『漢當土德』，色尚黃，數用五。雖然，他的倡議，當時未見實行，但到了漢武帝太初元年改曆，同時便規定『色尚黃，更印章以五字』（前引漢書 XXV下，頁5）；這都可

證明那五行『數』不特與五德相配，而且還有某種實用的意義。因此幼官圖之記此文，曰『用某數』，還沒有失掉原意，至於月紀時則但云『其數某』，就完全昧乎它的意義了。今從這些已泯昧的意義推測，或者五時令的原始設計，五時都有其一定之數目表見於天子的冠服，與馬，以及一切日用品物上；又不僅春居青陽，夏居明堂，秋居總章，冬居玄堂，中央在太室而已。

八　從幼官時令到明堂月令

管子書中既有幼官篇，篇後又有幼官圖一篇。今雖不見原圖，但兩篇除了有些錯字稍異之外，可說是同一的記載；都是依照圖式來配備文字的。其圖式計分東西南北中五部分，以配合春夏秋冬中四時五位。但又稱春爲『八舉時節』，夏爲『七舉時節』，秋爲『九和時節』，冬爲『六舉時節』，中央爲『五和時節』；各以木火金水土的『成數』來命名（註二七），更像是陰陽五行家的口吻。這樣一年的終始，五德轉移似各有『時』。不過，五行篇的一時七十二日，五時合共三百六十日，十分均齊。幼官圖於『五和時節』，不記日數，其情形頗似四時篇及月紀月令。所不同的，四時篇以三月爲一時，而幼官圖則沒有月分，僅於每時中列載若干個『十二』，例如：

八舉時節，十二，地氣發，戒春事。十二，小卯出耕。十二，天氣下，
賜與。十二，氣（和？）氣至，修門閭。十二，清明，發禁。十二，始
卯，合易女。十二，中卯；十二，下卯；三卯同事。（其他，略）

前引書 I. 38.

總觀這『十二』，在春秋二時，皆爲七次；冬夏二時，則爲八次。七次十二，總數合得八十四；八次十二，總數當爲九十六。春秋各八十四，合得一百六十八；冬夏各九十六，合得一百九十二。以一百九十二合於一百六十八，亦適得三百六十。由此可知那『十二』是指日數。更由這日數的區劃看來，則又可知幼官圖既不同於五行篇之以七十二日爲一時；亦大異於後來的月紀月令或時訓之每一時分六節，一年合共二十四節。幼官圖的每一時或爲七節，或爲八節，全年合得三十節。如果這種分節的方法，不是出自鄒子之徒故爲『怪迂之變』，那便是在一年『二十四節』還沒有確立以前擬訂的終始書。因爲晚至呂氏春秋十二月紀中，二十四節之名尙未明顯；至漢初，它的

次序還在變動（註二八）。幼官圖既無這種二十四節的觀念，甚且不以月數爲基準，全神只貫注在五行五時的「教令」；這情形，才正是鄒子之徒所作的怪迂之變了。唯是據五時各七十二日核算，幼官圖的冬夏各多出二十四日，春秋各多出十二日，這是否卽以分配爲『土』的日數，雖不得而知；但後人所作『土』各佔四時的十八日之說，當是由此暗示而來。尤其是幼官圖所列的五時服色，飲食，蟲獸，以及重要的教令和禁忌等等記載，都可看作後來月紀月令的祖本。

　　這個祖本，名爲『幼官圖』亦是極可怪的。因此近人對之有種種的解釋。或說那是『玄宮』二字之訛；或又說應稱之爲『幽宮』。

　　　何如璋云：舊注：幼者始也。始字無義，疑幼本作玄，故訓爲始，宋刻
　　　乃誤爲幼耳。官宜作宮，以形近而誤。

管子集校幼官篇引（僞中國科學院刊）頁 104

　　　又，張佩論云：幼官當作幽宮。周禮媒氏疏引聖證論管子篇時令云：春
　　　以合男女。合男女，正見此篇，是此篇亦名時令。幽宮時令，猶之月令
　　　亦名明堂月令；幼官圖卽明堂圖之類也。

同上頁

今按幼官圖中實兩見『玄官』之名，稽以文義，當爲「玄宮」二字。說文云：『玄，象幽，而入覆之也』。可見玄幽之義通；而幽字作黝，如禮記玉藻之『黝珩』，候人之詩，毛傳則書爲『幽珩』。幽黝二字通用，可無問題。唯此書獨稱爲『幼宮』而不作『幽宮』者，或與其轉變爲『明堂』的歷史有關。此事猶隱約見載於史記曆書。唯曆書之文，又不及大戴記之詳。

　　　大戴禮記誥志篇云：丘聞之周太史曰：改不率天，下不由人，則凡事易
　　　壞而難成。虞史伯夷曰：明，孟也；幽，幼也。明，幽，雌雄也。雌雄
　　　迭興，而順至正之統。日歸於西，起明於東；月歸於東，起明於西。虞
　　　夏之曆正，建於孟春……。

大戴記（漢魏叢書本）　IX. 11-12.

此處引稱『虞史伯夷』，其下又云『虞夏之曆正』，如果伯夷是尙書舜典中官拜『秩宗』之人，當不及知夏代之曆正。史記曆書作者似乎有見及此，故其引述『虞夏之曆

正一句，卽改爲『自昔在古歷建正作於孟春』，而無『虞夏』二字，使托古僞作，不見破綻。不過這一段記載，雖不必是虞史伯夷之語，但其爲先秦人的冒稱，則甚可信。這裏把『明』『幽』『孟』『幼』對擧，而說二者的更迭，只是雌雄代興，在同一歷統上改正朔，則又似在指稱一種建始於日至的幼宮時令與另一種建始於孟春的明堂月令而言（註二九）。

　　五時改爲十二月，這只是把怪迂的歲譜恢復爲普通的歷譜，沒有什麼可異之處。但是改變以『玄宮』爲主的時令而爲『明堂』月令，這裏面便有方位的問題存在。在月令中，玄宮降格爲玄堂，而被統轄於南方的『明堂』之內；不但在主權上由北移南，是個大變動；而且正朔定於『地氣發』與『東風解凍』，其間亦有日月之差。始於地氣發者，彷彿似周月（註三〇）。逸周書周月解云：『唯一月旣南至……微陽動於黃泉，是月斗柄建子』（逸周書 VI. 頁 1）。陰陽五行家以子位屬水，處於北方，其主人，是玄帝或北帝。戰國時代，有意自爲北帝者，只有燕昭王（已見前文第六節）。然而燕昭王爲什麼要把自己的玄宮遷往南方而更作明堂十二室？這裏，如有史實可按，那就要出在燕昭王及其國師鄒衍之後；而且亦必因『北帝』沒落，有人想利用鄒衍的故技來阿諛苟合那位在燕國以南的國主，才有如此改造的必要。

　　史稱燕昭王伐齊，未竟全功，而身先殂喪。繼位者聽信讒言，大將樂毅被迫出奔趙國，鄒衍亦於此時得罪繫獄。

　　　　註：論衡感虛篇引傳書云：鄒衍無罪見拘於燕。（並見寒溫篇及變動篇）

　　太平御覽十四引准南子云，鄒衍事燕惠王盡忠，左右譖之王，王繫之獄。在此情況之下，可信鄒子之徒，亦必同時星散。他們的出路不是跟隨樂毅投奔那擬爲『中帝』的趙國，就要遠走秦國去了。計自燕昭王之死，至趙國破滅，其間約五十餘年，正是玄宮倒運，明堂興建的時代。不但正朔更始，而五時令亦改成十二月令。其流傳至西秦的，旣被呂不韋的門客編入呂覽之中；剩下的終始大聖之篇的緒論，亦跟着大行其道，連秦始皇亦自以爲是『水德』當運了。

　　　　秦始皇本紀，二十六年：始皇推終始五德之傳，以爲周得火德，秦代周

　　　　德，從所不勝。方今水德之始，改年始朝賀皆自十月朔，衣服旄旌節旗

　　　　皆上黑……更名河曰「德水」，以爲水德之始，剛毅戾深，皆決於法，

刻削毋仁恩和義，然後合於五德之數。

前引史記 VI. 11-12

依據現存不完全的記載看來，燕昭王爲鄒衍建築的『碣石宮』是個怎樣的情形，今已不得詳知（註三一）。但燕昭王以後，鄒衍的信徒，秦始皇當居其一；他生前雖沒有建造明堂，然而『更命信宮爲極廟，以象天極』，猶是受到玄宮或幽宮的影響，甚明。到了漢世，玄宮、極廟，皆已過時，而漢武帝屢次想要建築的，就只有『明堂』了。明堂既不屬於陰陽五行家的原來構想，宜其在當時徧訪宿儒，仍莫得要領。最後算是由方士公玉帶設計草圖，勉爲應付（註三二）。今若以正統的陰陽五行理論加以考案：漢世既以土德當運，則上自天文，下至地理，間及人事，典章制度，都該有合於『土德之數』的計劃。可惜時無鄒衍，而大臣們又不信賈生之言，只顧虛應故事，捧着枘鑿不入的月令，訂爲帝王必讀之禮，後世因之行且千年。

總之，司馬談論列六家，首推『陰陽』，當因其術關係於民生至爲重要。但他尚未說明『陰陽之術』，自秦及漢，已幻化爲若干形態，汎濫於現實社會。除開方伎之士，明以陰陽五行爲其數術基礎以外，最奇妙的是它還滲入了儒家的六藝，使詩書禮樂易春秋，莫不有陰陽五行的講義。於是，西漢的許多讀書人既是經師，又像方士；而漢武帝之興學尊儒，倒像是替鄒子之徒別開生面了。因此，這點思想，上自王公大人，下至販夫走卒，旁及道士緇流，個個人多少都得其沾漑。但因此事無關題旨，茲不備述。

附識：①本文爲中國上古史待定稿第五本第十五章。審查人爲沈剛伯陳槃二位先生。
②本文版權屬中國上古史編輯委員會所有。

注　　解

註　一：淮南子要略篇云：天文者，所以和陰陽之氣，理日月之光，節開塞之時，列星辰之行，知逆順之變，避忌諱之狹，順時運之應，法五神之常，使人有以仰天承順，而不亂其常者也。（世界書局世本 XXI. 370.），此說與司馬談相近，但尚未名之爲陰陽家。

註　二：漢書藝文志雖或僅據劉歆之輯略而條列書目，但六略（六藝，諸子，詩賦，兵書，數術，方伎）的分類，當仍根據曾親見諸書的劉氏父子意見。陰陽在諸子中獨成一家，而稱之爲陰陽家者流；其他與此有關者如兵陰陽，天文，歷譜，蓍龜，雜占等，皆不稱『家』，而附屬於『兵家』或『數術』之類中。可見其名『家』成『流』，必有其卓然可以自立的論著，非徒擁有專門的技術而已。

註　三：陳槃先生謂：璿璣玉衡，舊有二義：一以爲正天文之器，僞孔傳是。馬融（孔疏引）鄭玄（史記天官書索隱引）並主此說。一以爲斗魁，尚書大傳，（御覽二九引）說苑辨物，尚書緯（五行大義七改篇引）皆主此說。雖二說之是非難定，究亦不外測天之事。

　　　　沈剛伯先生云：新石器末期卽已用圭臬測日。在我國之見於記載者，如詩鄘風定之方中『揆之以日』其事在衞城楚丘時，較司馬䢿菹早六百餘年。

　　　　又：『測土深正日影』，其法猶見載於淮南天文篇（前引書 III. 53-55）。宋史天文志引沈括言尤詳。

註　四：王充論衡說日篇云：儒者曰，多日短，夏日長，亦復以陰陽。夏時陽氣多，陰氣少。陽氣光明與日同耀，故日出皦無障蔽；多陰氣幽冥，掩日之光，日雖出猶隱不見。故多日日短，陰多陽少，與相反。按王充稱『儒書』『儒者』，多泛指秦漢雜家之學，其以陰陽出於測日，言必有據。

註　五：漢書律歷志云：『五伯之末，史官喪紀，疇人子弟分散，或在夷狄，故其所記：有黃帝，顓琳，夏，殷，周，魯歷』。凡此六歷，後人據以推算春秋所紀氣朔，日至，無一相合。孔穎達云：『漢存六歷，皆秦漢之際假託爲之』（尚書堯典中星疏語），當是實話。

註　六：史記正義云卽武王時太史尹佚。蓋據同書周本紀爲說。其事又見逸周書世俘解。史佚尹佚遺言散見於國語周語下，左傳文公十五年，宣公十二年，成公四年，襄公十四年，昭公元年，大戴記保傅篇，小戴記曾子問篇。清，馬國翰輯本序謂皆『格言大訓』；而漢書藝文志墨家，著錄尹佚二篇；則更與天文家異趣了。

註　七：陳槃先生云：日月食不書朔日，蓋史有詳略，無關宏旨。至於上古重視日月食之事，遠見於夏書（昭公十七年左傳大史引此書）自餘毛詩小雅十月之交篇，逸周書小開篇亦有記載。但因語焉未詳，且未注入陰陽五行氣息而已。

註　八：國語周語下，單襄公嘗自謂『吾非瞽史，安知天道』。（並見漢書五行志中之上引）明是不談天數之人。

註　九：五行排列形式有二：一爲木火土金水共列一周，而土在火與金之間，隨四時而運轉。其一則木金水火分布四方，土居其中。前一構想，似較早出，故後來改五時爲十二月，土位便難安排。後一構圖，似從河圖而得。後人或謂：『河圖，生數也，故以中央之土而生西方之金；西方之金而生北方之水………』（語見南村輟耕錄卷之二十納音篇）。而金在土之西，自非同在一圈周上了。

註一〇：沈剛伯先生云：陰陽與五行本不同科。西周初改卜爲筮，便是『六畫成卦，分陰分陽』，使一部周易
　　　　成爲『觀變於陰陽』的書。直至春秋初年如內史叔興輩，仍是專以陰陽變易來解釋自然現象，不及其
　　　　他。至於由占星而創五行之說，當始於紀前六世紀前後。所見甚灼，而陰陽五行八卦之合流，又當在
　　　　後。

註一一：按此『甲子』爲干支紀日之號。自甲子相配，六輪而至癸亥，適爲六十日，又一輪之十二日爲乙亥，
　　　　次日卽是丙子。乙亥爲木行七十二日之最後一日，而丙子乃爲火行開始之日。此以干支紀日，七十二
　　　　日爲一時，五時三百六十日，適合五行之日數。因其得數如此，故不數乙丑或丁卯等日，而以乙附於
　　　　甲，以丁附於丙（餘類推），故其日號乃以甲乙爲木，丙丁爲火（餘類推），月令所記，仍其餘緒。
　　　　至於截取六十日，而特重其中之六個甲日，五個子日，別起『六甲』『五子』之名號，顯屬後起之
　　　　事；因五行家並不限以「六旬」爲斷。詳見後文第七節。

註一二：太平御覽一引禮緯含文嘉曰：推之以上元爲始，起十一月甲子朔旦，夜半多至。日月五星俱起牽牛之
　　　　初。鄭玄注：上元太素已未，至所求年。又，樂緯動聲儀曰：作樂制禮，時有五音起於上元戊辰夜
　　　　半，多至，北方子也。鄭玄注曰：……禮稽命徵：起於太素十一月闓逢之日，歲在攝提之紀……。觀鄭
　　　　玄所引緯書諸說，亦略可見「太素」是指歷元，則其內容當與終始書同類，以北方水位爲起點而列載
　　　　其禮祥度制者。

註一三：自西漢以降，鄒衍之名，雖遠不若孔氏之尊顯，但其『五德終始說』，實爲秦漢間思想界之主流，更
　　　　由此泛濫於六藝；被應用於政治社會生活者，尤其普徧。詳見顧頡剛先生五德終始說下的政治和歷史
　　　　（古史辨第五冊）陳槃先生論早期讖緯及其與鄒衍書說之關係（本所集刊第二十本）秦漢間所謂『符
　　　　應』論略（同上集刊第十六本）及戰國秦漢間方士考論（同上第十七本）。陳先生並謂：『王充不喜
　　　　方士怪迂之說，其非議鄒衍，固不足異』；而桓寬托大夫之口，非薄儒生乃連及鄒衍，亦足見當時鄒
　　　　衍之學實與孔氏之學等視齊觀了。

註一四：昭公十七年左傳，梓慎有言「水，火之牡也」，漢書五行志引申之曰：「水以天一爲火一牡，木以天
　　　　三爲土十牡，土以天五爲水六牡，火以天七爲金牡，金以天九爲木牡。陽奇爲牡，陰耦爲妃。」（漢
　　　　書補注卷二十七上，頁九）。按此「妃」「牡」的關係，實卽五行相勝之關係。梓慎但言妃牡，且未
　　　　及其他，顯爲未完成之「相勝」的構想。

註一五：此段文字，今人斷讀頗有不同。高亨墨經校詮爲「金水土火木，然火鑠金，火多也。金靡炭，金多
　　　　也。金之附水，火離木，燬；若麋之魚之數，唯所利」。按論衡調時篇末，說此最詳。

註一六：按春秋繁露及白虎通所記五行生勝，猶是簡單的學例。論衡難歲篇云：「立春艮王，震相，巽胎，離
　　　　沒，坤死，兌囚，乾廢，坎休。王之衝，死。相之衝，囚。」此以八卦言王相之理，已較複雜；到了
　　　　蕭吉據南齊柳世隆的龜經祕訣等書，其所言尤見謬悠，僅生勝二義，復衍爲「相合」「相扶抑」「相
　　　　克」「相害」等等。蓋自漢魏晉迄於南北朝，無時不在增益之中。

註一七：按此處占得之爻辭，見於今本周易泰卦六五，其辭云：『帝乙歸妹，以祉，元吉。』陽虎似卽據此文
　　　　而爲之說。

註一八：詳見屈萬里先生：易卦源於龜卜考（本所集刊第二十七本）

註一九：詳見余永梁，周易卦爻辭的時代及其作者，古史辨第三冊，頁150。

註二〇：十二支搭配五行，詳見五行大義干支配篇。王充論衡物勢篇云：『戌，土也，其禽犬。丑未亦土也；

丑禽牛，未禽羊』，然則此種配合法之由來已久，高誘鄭玄僅依『四時』作注，似未審。

註二一：董作賓先生論商人以十干爲日名（大陸雜誌二卷三期，頁六）云『商代仍有偏重十干傾向，此可於「卜旬」之頻仍見之。

註二二：韓非子飾邪篇列有『豐隆，太一，五行，王相，攝提，六神，五括，天河，殷槍………』等名，似皆爲這種『數術』的流別。但尚未見『遁甲』『飛伏』『孤虛』等名，而這些或又出在五行八卦混合之後。

註二三：楚繒書之文，嚴一萍先生有考釋，載在中國文字（臺灣大學中文系刊）第二十六期，二十七期，二十八期。

註二四：蕭吉五行大義云：土王四季之說，是卜筮所用（已見前注），此言當有所據。因卜筮家的五行圖，土在中心，水火木金分布四方；而陰陽五行家的構想，則如春秋繁露的記載，已見第五節，不贅引。

註二五：管子五行篇區分一年爲五節，各七十二日，一年合共三百六十日。此與日行周天之日數不合，可信其爲歷術疏濶時代的擬議。後來卽亦有人提出補充說明而謂『……七十二日而歲終，庚子受制。歲遷六日，以數推之，七十歲而復至甲子。』（淮南子天文篇）錢塘補注曰：『淮南子，甲子受制之明年云「庚子受制」，庚子在甲子後三十六日，是五子受制，歲遷三十六日也。七十歲，積二千五百二十日，適盈四十二旬周，故復至甲子。』（淮南子天文訓補注，頁49—51）。

註二六：王夫之，船山全書禮記章句，『其日甲乙』下云：『曰其日甲乙者，以爲擇日之用也。春王在木，甲乙者木干，故凡春，以甲乙之日爲王而吉也。』此說，用於管子四時篇則可通，用於墨子貴義，則未然。

註二七：五行生成數已見第三節引常從數義。此種數目雖則相同，但歷來解說，殊不一致。詳見五行大義五行及生成數篇（前引書 I. 頁12—16）

註二八：孔廣牧禮記天算釋（淸經解續編卷一四一三）云：『郯子曰：鳳鳥氏歷正也，元鳥氏司分者也，伯趙氏司至者也，靑鳥氏司啓者也，丹鳥氏司閉者也。啓謂立春立夏，閉謂立秋立冬，分至啓閉，少皞時已有之。據月令知秦時亦仍八節，漢太初歷始增二十四氣』。這是據文獻推測，事實或不盡然。

註二九：雌雄之義猶陰陽之義。淮南天文篇云：『北斗之神有雌雄，十一月始於建子，月徙一辰，雄左行，雌右行。』按左行右行，本從日月運行而取義。史記天官書敍云：『天則有日月，地則有陰陽，』故雌伏雄興，亦本陰陽消息。

註三〇：建始於子位，似爲陰陽家之通說（見注12）。所謂周月，疑卽出自他們的設計。逸周書周月解云：『至於敬授民時，巡守祭享，猶自夏焉。是謂周月，以紀於政』（前引書VI 頁2）。按此猶言實用的歷譜，仍從夏歷。實用的旣依夏歷則所謂周月不過似紙上談兵而已。

註三一：水經注卷十一，『易水又東過容城縣南』注中有小金臺北蘭馬臺的記載云：『長廡短廡，周旋被浦。棟塔咸淪，柱礎尚存。訪諸耆舊，咸言昭王禮賓，廣延方士……故修連下都館之南隅。』但這亦不是說的碣石宮。

引 用 及 參 考 書 目

史記（臺灣廣文書局影印虛受堂本）

漢書補注（臺灣藝文印書館影印王先謙本）

左傳（同上影印十三經注疏本）

國語（臺灣商務印書館國學基本叢書本）

戰國策（同上）

管子校正（同上）

管子集校（偽中國科學院刊本）

禮記正義（臺灣世界書局影印十三經注疏本）

呂氏春秋（上海商務印書館四部叢刊本）

春秋繁露（同上）

白虎通（同上）

逸周書（臺灣新興書局影印漢魏叢書本）

大戴禮記（同上）

尚書（臺灣藝文印書館影印十三經注疏本）

毛詩（同上）

周禮正義（臺灣商務印書館國學基本叢書本）

淮南鴻烈解（同上）

墨子閒詁（臺灣世界書局四部刊要本）

荀子（上海商務印書館四部叢刊本）

韓非子（同上）

五行大義（知不足齋叢書本）

夢溪筆談校證（臺灣世界書局讀書劄記叢刊本）

雲麓漫鈔（同上四部刊要本）

太平御覽（上海商務印書館四部叢刊本）

緯書集成（東京教育大學漢魏研究室油印本）

錢塘：淮南子天文訓補注（指海叢書本）

顧頡剛：五德終始說下之政治和歷史（古史辨第五冊）

陳槃：論早期讖緯及其與鄒衍書說之關係（本所集刊第二十本）

　　　戰國及秦漢間方士考論（本所集刊第十七本）

　　　秦漢間所謂『符應』論略（本所集刊第十六本）

屈萬里：周易源於龜卜考（本所集刊第二十七本）

余永梁：易卦爻辭的時代及其作者（古史辨第三冊）

董作賓：論商人以十日為名（大陸雜誌第二卷第三期）

孔廣政：禮記天算釋（望清經解續編第一四一三卷）

何如璋：管子釋疑（管子集校幼官篇引）

張佩綸：管子學（同上）

高去尋：殷代大墓的木室及其涵義的推測（本所集刊第卅九本）

王夢鷗：鄒衍遺說考（臺灣商務印書館刊本）

酈道元：水經注（上海商務印書館四部叢刊本）

出自第四十三本第三分（一九七一年九月）

荀 卿 後 案

龍 宇 純

一

荀卿生平事蹟，見諸載籍者尠矣。而姓字異辭，生卒莫定，行歷亦或疑是疑非謂先謂後無有同者。考信雖衆，顧皆不足壓人意，因爲後案以辨之。

二

荀卿或作孫卿，唐司馬貞史記索隱、顏師古漢書注並云漢人避宣帝詢字諱，改荀爲孫。自顧炎武日知錄、謝墉荀子箋釋序謂漢人不諱嫌名，荀孫以音近通作，殆成定讞。

後有胡元儀之郇卿別傳，以爲荀當作郇。郇卿蓋周郇伯之遺苗，郇伯公孫之後，或以孫爲氏，故郇卿又稱孫卿。復爲考異以申之曰：「郇也孫也皆氏也。戰國之末，宗法廢絕，姓氏混一。故人有兩姓並稱者，實皆古之氏也。如陳完奔齊，史記稱田完；陳恆見論語，史記作田常；陳仲子見孟子，郇卿書陳仲田仲互見；田駢見郇卿書，呂覽作陳駢。陳田皆氏，故兩稱之。推之荊卿之稱慶卿，亦是類耳。」然史記田敬仲完世家云：「敬仲之如齊，以陳氏爲田氏。」索隱解此云：「據如此云，敬仲奔齊，以陳田二字聲相近，遂以爲田氏。」崔述東壁遺書考古續說卷二云：「余按左傳稱陳桓子陳恆陳逆陳豹，論語亦稱陳文子陳成子，皆未嘗改田。非但春秋之世而已，孟子書亦稱陳賈陳仲子，是戰國之世猶未改也。安在有改陳爲田之事哉！蓋陳之與田，古本同音……由戰國之世競以力爭，繼以秦焚詩書，文書遂多失傳。秦漢之際，人皆稱爲田，遂誤以爲其先所改耳。」崔氏雖不信改田之事，以陳田音近通作，是則相同。陳田二字古韻本同眞部；而檀弓「洿其宮而豬焉」鄭注云：「豬，都也。南方謂都爲豬。」謂北人「舌頭」、「舌上」之分，南人無有。以此例之，南人陳田音同。鄭所云南北雖不可確指，陳完自陳奔齊，亦正由南而北。蓋敬仲入齊，不欲復稱陳氏，因南人之

陳，語同北人之田，遂以田字易之。司馬崔氏之說，較然可信也。他若陳仲（子）之
爲田仲、陳駢之爲田駢，固二字音近不別之明徵；史記刺客列傳云：「荊軻者，其先
乃齊人。徙於衞，衞人謂之慶卿；而之燕，燕人謂之荊卿。」是荊卿之與慶卿，明亦
燕衞不同而音有轉移，故索隱亦云「荊慶聲相近，故隨所在國而異號耳。」然則以陳
田、荊慶比附，適足以證成顧謝說。胡氏所論，似未允也。

三

　　荀卿名況，自劉向孫卿書錄（案以下簡稱劉錄）言之，未聞異說。史記但稱荀卿，不
載其名，蓋偶一失舉，未足致疑也。其稱「卿」一端，則世有二解。史記索隱以爲時
人相尊而號爲「卿」；今乃有名「況」字「卿」之說，劉師培荀子補釋、江瑔讀子巵
言、胡適之先生中國哲學史大綱、馮友蘭中國哲學史、游國恩荀卿考、梁啓雄荀子柬
釋等並主之，而劉氏獨論之蒸詳。其說曰：「劉向序蘭陵人喜字爲卿，蓋以法孫卿也
，此即字卿名況之確徵。說文及廣雅釋言：卿，章也。況與皇同，詩周頌烈文傳：皇
，美也。是卿況義略相符，故名況字卿。」案古人名字義必相應，以故劉氏引說文廣
雅及詩傳說之如此也。然說文廣雅卿章爲聲訓，乃漢人基於語音求「六卿」所以名卿之
故，非謂卿作章解，古亦別無此例；而卿與章聲母懸絕，決其非一語孳生。況與皇同
云云，亦劉氏嚮壁虛造，於古無徵。是卿況二字義不相及，一名一字之說不得立也。
劉向云蘭陵人喜字爲「卿」，亦唯荀況有「卿」之尊稱，蘭陵人即可字「卿」，不必況
字「卿」然後人可以「卿」爲字。故以爲荀子字「卿」之確徵，未爲的論。而史記云
：「齊襄王時，而荀卿最爲老師；齊尚修列大夫之缺，而荀卿三爲祭酒。」以見卿聲
望之隆，迥殊於列大夫，儼然卿位，則索隱以「卿」爲尊稱，入理可從。且以史記文
言之，列傳中不舉人名字者凡三人，孫臏其一，荀卿其二，虞卿其三。虞卿傳云：「
虞卿者，游說之士也。說趙孝成王，一見賜黃金百鎰，白璧一雙；再見爲上卿，故號
爲虞卿。」孫臏傳云：「孫武既死，後百餘歲有孫臏。臏生阿鄄之間，臏亦孫武之後世
子孫也。孫臏嘗與龐涓俱學兵法。龐涓既事魏，得爲惠王將軍，而自以爲能不及孫臏
，乃陰使召孫臏。臏至，龐涓恐其賢於己，疾之，則以法刑斷其兩足而黥之，欲隱勿
見。」前者明言稱「卿」之由，後者亦無異釋「臏」之稱。則荀卿傳上云齊尚修列大

夫之缺，而下云荀卿三爲祭酒，蓋亦言其望高列大夫上，所以示意其稱「卿」之故耳。仍以索隱爲是。

四

史記云：「荀卿，趙人。年五十始來遊學於齊。騶衍之術迂大閎辯，奭也文具難施，淳于髡久與處有善言。故齊人頌曰：談天衍，雕龍奭，炙轂過髡。田駢之屬皆已死，齊襄王時，而荀卿最爲老師；齊尙修列大夫之缺，而荀卿三爲祭酒焉。」於卿生平闕然不具；記其遊學之歲，又不言齊王時代，亦遂無從推究焉。

劉錄云：「方齊宣王威王之時，聚天下賢士於稷下尊寵之，若鄒衍田駢淳于髡之屬甚衆，號曰列大夫，皆世所稱，咸作書刺世。是時孫卿有秀才，年五十始來遊學……至齊襄王時，孫卿最爲老師，齊尙修列大夫之缺，而孫卿三爲祭酒焉。」此文視史記稍詳。唯學者多以此云卿於宣威之世以五十遊於稷下，用此計之，史記劉錄並云春申君死而卿廢蘭陵令，李園殺春申君事在楚考烈王二十五年，卽齊王建之二十七年，則至春申君之卒，卿少亦百三十餘歲，故咸以劉說爲不足信；而據應劭風俗通云：「齊威宣之時，孫卿有秀才，年十五始來遊學。」遂謂史記劉錄五十乃十五之譌。詳見胡元儀別傳、游國恩荀卿考、梁啓超荀卿與荀子及錢穆先秦諸子繫年。宋晁公武郡齋讀書志用劉錄而五十作十五，蓋亦以十五計之，及其至楚時已近百歲，（案晁氏云：楚考烈王初，黃歇始相，年表自齊宣王至楚考烈王元年凡八十一年，則荀卿去楚時近百歲矣。）姑依風俗通易之。（錢氏繫年乃據此謂劉錄今作五十爲誤倒，亦誤矣。）此殊可商榷。誠如胡先生所云，始字言其來齊之晚，若是十五，不得云始。劉錄又與史記合，卽三占從二，亦不得徑取應說，況史記劉錄又並在其前乎？錢氏以始來對後日之最爲老師及後之一再重來而言，游氏亦謂始來對後日之再來三來而言，並強爲之辭。如錢氏前一說，始字實不當有；如游氏與錢氏之後一說，則史記固不言再來三來事，而錢氏游氏據鹽鐵論論儒篇謂卿於湣初爲祭酒，又於襄王及王建時自楚自趙兩來齊爲祭酒，亦虛妄不實。卿三爲祭酒皆在襄王之世也。說並詳後。錢氏又依黃以周說，於「遊學」二字立論，謂「遊學是特來從學於稷下諸先生而不名一師，非五十以後學成爲師之事」，此亦執着。方之於今，學者術業專精，士林推重，猶多負笈美邦而謂之進修，謂之研究，不卽所謂

「遊學」也？齊自威王廣聚天下賢士於稷下，學術盛於當代，史公所謂「天下竝爭於戰國，儒學既絀，學者獨不廢於齊魯」者是也。蓋於時四方學者多之齊學問，卿亦慕其藏書之富，又懼獨學無友，逐於五十之年來遊，利賴其圖籍，且以所學與諸賢相切磋，相觀摩，相論析，斯亦學；之也奚必執經問字之謂哉！

以余觀之，云五十者實未誤；凡以爲誤者，皆在誤讀劉錄故。風俗通作十五，亦誤解劉錄而臆改，不然，即書者倒之。劉錄云：「方齊宣王威王之時，聚天下賢士於稷下尊寵之。是時孫卿有秀才，年五十始來遊學。」此謂當宣威稷下盛時卿有秀才，不謂時卿以五十來遊學也。秀才本才秀異之稱，謂年少而儁逸，故即後世科舉之制，猶是功名之始階，安得年五十而謂其人有秀才乎？是史記劉錄云卿五十來齊，不在宣威之世可知。則其始自何代乎？

胡先生云，史記自「之術」二字起至「炙轂過髡」三十九字爲錯簡；「荀卿最爲老師」句上有「而」字，當以「騶衍田駢之屬已死齊襄王時」爲句，於是卿之來齊「在襄王之後」。日人瀧川龜太郎考證亦讀「齊襄王時」四字上屬，並引鄭當時傳「鄭君死孝文時」爲例，因謂「卿遊學在襄王既歿之後」。此於史記本文索解也。然「而」字爲轉折詞，猶言「於是」，承「田駢之屬已死」而用之。篇中若「而荀卿三爲祭酒」、「而春申君以爲蘭陵令」，類此者屢見非一。胡先生謂齊襄王時四字爲一「狀時的讀」，「狀時的讀」與所狀之本句間決不可隔以「而」字。然論語爲政篇云：「吾十有五而志於學，三十而立，四十而不惑，五十而知天命，六十而耳順，七十而從心所欲不踰矩。」莊子應帝王篇云：「日鑿一竅，七日，而渾沌死。」固又多有此例。且以卿於襄王既歿來齊，即須否定劉錄宣威時有秀才之說。蓋卿即以襄王末年來遊，襄王在位十九年，其前爲湣王，在位四十年，是卿不能生湣之初，遑論宣威之世有秀才。而劉錄既云如此，未必無所本，不容隨意棄置也。

雖然，劉錄非無誤也。其不云威王宣王，而云宣王威王，與代序不合；列大夫之號始自宣王（案見史記田敬仲完世家），威王時無有，今劉錄云威王時聚天下賢士號曰列大夫，亦與事實相舛。然宣在威後，劉氏焉得不知，疑劉錄原作宣王湣王；後人以稷下士自威王始聚，（徐幹中論亡國篇云：齊桓公立稷下之宮，設大夫之號，招致賢人而尊寵之。錢氏繫年稷下通考因謂齊聚賢士於稷下，或始自桓公。然桓公時即有攬賢之事，必無列大夫之號，則中論殆因桓宣二字音近

致誤，魏策魏桓子韓非子說林作魏宣子，成公十三年左傳曹宣公禮記檀弓作曹桓公，可參觀。錢氏未加深考。）復因威王時國勢之盛而誤稷下賢士亦盛，又相傳湣王時稷下接子慎到田駢之屬散去（見鹽鐵論論儒篇），遂改湣王爲威王耳。風俗通云威宣，則應氏據其世秩互乙。不知卿來齊無論爲五十爲十五，俱不得於威之末有秀才也。

　　史記亦非盡是，其誤則不在本傳而在儒林。儒林傳云：「於威宣之際，孟子荀卿之列咸遵夫子之業而潤色之，以學顯於當世。」不知卿即於威末時年爲二十，至春申君之卒，亦既百二十有五歲，豈年二十必不得以學顯於世乎？則持其矛以攻之，其盾不能禦矣。史公蓋欲言威宣之際儒學不廢於齊，因孟子而連類及之耳。（錢氏繫年引全祖望鮚埼亭集外編讀荀子謂「考儒林傳齊威王招天下之士於稷下，而荀子客焉」，以證荀卿遊學當威王晚世，殊誤。）

　　今依「宣湣之際卿有秀才」、「年五十遊學於齊」及「春申君死而卿廢蘭陵令」三事而衡之：使卿生宣王十年，至宣湣之際逾十齡而有秀才之目，時稷下諸賢正丁盛年；及湣襄間，五十而遊齊；襄王之世，自五十至六十九，田駢之屬既謝，而卿最爲老師，三爲祭酒；越二十七年，李園殺春申君，卿廢蘭陵令；又數年，著書立說而卒；（案此云又數年著書立說而卒者，據史記「……於是推儒墨道德之行事興壞，序列數萬言而卒」而言之。荀子一書，學者不可以爲皆卿此數年所作。其書多稱孫卿子，是不必皆出荀子手矣。況不必廢令之前不著譔述乎？若賦篇之末段，即作於去楚之後更返楚之前，即其明證。）前後不出百年。古人稱上壽百歲（見莊子盜跖。且有謂百二十爲上壽者，見左氏僖公三十二年傳注。），今案之史籍既無不合，謂卿以上壽而終，奚足多怪？若卿以逾十齡而有秀才，則如後漢書孔融傳所云，融幼有異才，年十歲，隨父詣京師，以「累世通家」見李膺，是且不足十齡既以秀異稱，於卿又何獨疑焉？

<h1 style="text-align:center">五</h1>

　　史記云：「田駢之屬皆已死，齊襄王時，而荀卿最爲老師；齊尚修列大夫之缺，而荀卿三爲祭酒。齊人或讒荀卿，荀卿乃適楚，而春申君以爲蘭陵令。」劉、應亦並云卿受讒適楚，在三爲祭酒後。春申君傳云春申君相楚之八年，以卿爲蘭陵令。六國年表及春申君傳又並云考烈王元年黃歇爲相，則卿爲蘭陵令當考烈王八年，齊王建之十年，時七十九歲也。

　　桓寬鹽鐵論論儒篇則云：「及齊湣王奮二世之餘烈，南舉楚淮北幷巨宋，苞十二國，西摧三晉，却強秦，五國賓從，鄒魯之君四上諸侯皆入臣。矜功不休，百姓不堪，儒諫不從，各分散，慎到接子亡去，田駢如薛，而孫卿適楚。內無良臣，故諸侯合謀而攻之。」案田敬仲完世家云：「湣王三十八年伐宋，宋王出亡，死於溫，齊南割楚之淮北，西侵三晉，欲以幷周室爲天子，泗上諸侯鄒魯之君皆稱臣，諸侯恐懼。」年表亦於湣王三十八年記齊湣滅宋。是寬以卿去齊適楚，在湣王三十八年滅宋之後而其四十年出亡之前。錢氏繫年、游氏荀卿考並主之，以爲卿之初去齊。然鹽鐵論毀學篇又云：「李斯之相秦也，始皇任之，人臣無二，然而荀卿爲之不食，覩其罹不測之禍也。」斯相秦在始皇二十八年至三十四年之間，即於廿八年爲相，上距湣末六十五年，卿以五十遊學稷下，至此已百十有五歲矣。使錢游二氏不嘗誤解劉錄，知卿五十來齊原不在威宣之世，亦能取寬說而信之乎？寬非史家，蓋聞卿自齊適楚，湣王之世若慎到接子田駢亦嘗去齊，又以卿與慎到之屬並稷下名賢，遂誤卿之適楚亦在湣王之世耳。不知卿於稷下諸賢爲後生，焉得與慎到接子田駢相齒？卿之來齊如在襄初，固不得於湣末去齊；即在湣末，則方爲遊學而來，又焉得甫至而遂去？且卿在齊二十九年而後去之，爲稷下可以遊學也；若其在楚，自湣末至考烈王八年始受知春申君，其間凡約三十年，何所爲而淹留不去也？寬之說明不足用也。

　　今案：卿適楚時，已於稷下最爲老師，三爲祭酒，年爲高矣，德爲劭矣；春申君以爲蘭陵令，必在其初至楚之時。則卿爲令之歲，即其去齊之年，時王建之十年也。胡氏別傳、羅氏遊歷考並爲此說；游氏亦以爲其二次入楚之時，以爲二次則妄也。

　　本書彊國篇云：「荀卿子說齊相曰：今巨楚縣吾前，大燕鰌吾後，勁魏鉤吾右，西壤之不絕如繩，楚人則乃有襄賁開陽以臨吾左，是一國作謀，則三國必起而乘我，如是則齊必斷而爲四，三國若假城然耳。」論者多謂此卿當湣王時說相國之辭，且或謂相國即薛公田文。見汪中年表、胡元儀別傳及錢穆繫年。據史記年表及孟嘗君傳，湣王二十六年田文相齊；三十年田甲劫王，王疑田文所爲，而田文奔走；人有自到宮門明文不爲亂，王亦蹤跡驗問知果無反謀，復召田文；文謝病請老於薛，湣王許之；及湣王滅宋而益驕，欲去田文，文懼而如魏。今既知卿來齊在湣末襄初，時文不爲相已久，且當入魏，則此齊相非田文可知。且此文「荀卿子說齊相曰」七字，羅氏

遊歷考云本屬可疑。蓋其一，宋錢佃荀子考異嘗據五本互校，唯監本有此七字，顧廣圻以爲亦王應麟所云「監本未必是」之類。其二，稱荀卿與全書稱孫卿之例不合。羅氏又因此文前引公孫子論子發事，以爲此亦述古；卽使爲卿說齊相之辭，湣王時固有如此之強鄰，襄王王建時何獨不然，亦未能定其卽在湣王之世。說皆不刊。

六

史記春申君傳云：「春申君相楚八年，以荀卿爲蘭陵令。」劉應並著此說。余前考卿去齊之年，卽準此定之。學者論卿之生平雖各不同，顧於此事莫不以爲信史。梁啓超所謂「此事史文紀載詳確，宜據爲荀卿傳蹟之中心」，其言良是。獨錢氏不信，遂並史記劉錄「春申君死而荀卿廢」之說而疑之。然所論要在誤解劉錄，以卿當威宣之際來齊，故亦不足深辨也。

七

本書儒效篇記秦昭王問孫卿子，彊國篇載應侯問孫卿子「入秦何見」，議兵篇又云臨武君與孫卿子議兵於趙孝成王前，是卿有遊秦返趙之行。因未載年月，故論其年代說者不一。胡元儀以議兵在入秦前，而並在爲蘭陵令後。其他學者則以議兵後於入秦：而胡先生及游氏謂入秦返趙在爲蘭陵令之前十年，入秦一事依范睢於昭王四十一年拜相封侯繫之；梁氏旣謂入秦在昭王四十一年後，復謂入秦返趙疑皆在廢蘭陵令後；羅氏以入秦在其五十遊齊之前（案羅氏主卿於王建十年來齊），議兵在孝成王之十六年；錢氏則云入秦自昭王四十一年至五十二年不能確指，返趙亦終孝成王一世二十一年莫知所屬。競長，樊然殽亂

今案楚策四云：「客說春申君曰，湯以亳，武王以鄗，皆不過百里以有天下。今孫子天下賢人也，君籍之以百里勢（案籍疑當從韓詩外傳四作藉），臣竊以爲不便，於君何如！春申君曰善，於是使人謝孫子。孫子去之趙。」劉錄亦云：「齊人或讒孫卿，乃適楚，楚相春申君以爲蘭陵令。人或謂春申君曰：湯以七十里，文王以百里。孫卿賢者也，今與之百里地，楚其危乎？春申君謝之，孫卿去之趙。」是卿於楚遭讒嘗一返趙；而客說春申君事，以理度之，當在春申君授卿蘭陵之後不久，則卿之返趙，卽其去齊

之歲，時孝成王之十一年也。於秦則昭王五十二年，其明年，蔡澤代應侯相，是卿去齊之歲，又其入秦之下限也。劉錄又云：「孫卿之應聘於諸侯，見秦昭王，昭王方喜戰伐，而孫卿以三王之法說之，及秦相應侯皆不能用也；至趙，與孫臏議兵孝成王前。孫臏爲變詐之兵，孫卿以王兵難之，不能對也，卒不能用。」所序二事與本書合（案唯劉氏以孫臏當臨武君，蓋相承有此誤說，學者多已辨之。），而入秦在議兵前。以此言之，入秦亦在是年而已。蓋其去楚之秦，以三王之法說秦王，不合而遂之趙，趙其父母國也。劉氏不云入秦之趙者，文襲國策；國策亦不云入秦者，則以卿在秦不合遂去，未嘗留處，而國策又非傳荀卿事蹟，不過以記策士說春申君之辭，所重不同，是以略其入秦而不言耳。唯據劉錄，似言卿嘗兩次返趙，學者多有此說，即本之劉錄。（如胡元儀及遊氏羅氏並有此說）殊不知劉前云春申君謝卿，卿去之趙，乃據國策傳其行蹤；而後云見秦昭王，以三王法說之不能用，至趙，以王兵難孫臏孝成王前亦不能用，則慨其道之不行，故別以「孫卿之應聘於諸侯」一辭啓之，而敍在卿終老蘭陵之後，固不云兩次返趙也。今度其去楚與爲令同年，遂若絜裘領而頓之，順者不可勝數，其亦可以塞學者之疑矣夫！

八

楚策又云：「卿去之趙，趙以爲上卿。客又說春申君曰：昔伊尹去夏入殷，殷王而夏亡。管仲去魯入齊，魯弱而齊強。夫賢者之所在，其君未嘗不尊，國未嘗不榮也。今孫子天下賢也，君何辭之！春申君又曰善，於是使人請孫子於趙。孫子爲書謝曰：癘人憐王，此不恭之語也。雖然，不可不審也，此爲劫殺死亡之主言也。……因爲賦曰：寶珍隋珠，不知佩兮。褘衣與絲，不知異兮。閭姝子奢，莫知媒兮。嫫母求之，又甚喜兮。以瞽爲聰，以是爲非，以吉爲凶。嗚呼上天，曷惟其同。詩曰上天甚神，無自瘵也。」劉錄亦載此，唯前不云趙以爲上卿，而後云春申君得卿書賦，復固謝（案謝疑請字之誤。）孫卿，孫卿乃行，復爲蘭陵令。風俗通與劉錄同。案趙以卿爲上卿之說，殊無可取。果於趙爲上卿，不應復爲蘭陵令也。疑不解荀況稱「卿」之故者所改爲，宋姚宏云後語上卿作上客，是其證。然其言返楚復爲蘭陵令一事，與史記「春申君死而荀卿廢」相胹合，可補史記之未備。而李斯傳云：「李斯從荀卿學帝王之術，學已成

，度楚王不足事，而六國皆弱，無可建功者。欲西入秦，辭於荀卿。……至秦，會莊襄王卒。」莊襄王卒當楚考烈王之十六年，此又不僅與卿本傳互證，知卿自趙返楚；以斯從學帝王之術有成，則卿當考烈王之十六年，返楚必已有年矣。

而汪中通論疑之於前，錢氏繫年應聲於後。汪氏云：瘹蔡王以下乃韓非子姦劫弒臣篇文，賦詞乃本書佹詩之小歌，見於賦篇，由二書雜采成篇。」然韓非嘗事荀卿，此文與韓非子雷同，安知非韓非剿其師說？若其文辭，汪氏疑其偽，固可云「其言刻覈嫵舞知以禦人，固非之本志」；信其是者則又何患無辭，如胡氏別傳云：「蓋李園之包藏禍心，李園女弟之陰謀，郇卿早知其必發，故以書刺之。」不亦言之振振乎？此皆可無爭論也。至其賦詞，則以賦篇案之，其前賦禮、知、雲、蠶、箴五事，自成一格；後出「天下不治，請陳佹詩」及「琁玉瑤珠，不知佩也」二小段，與前文體制不同。荀卿書劉向所見凡三百二十三篇，自向「以相校除復重二百九十篇，定著三十二篇」。此疑向因三者皆韻文而合之，原不相屬。自琁玉瑤珠以下為卿遺春申君辭，正唯國策可助考鏡。錢氏謂此文史記所無，而謂春申君始終以蘭陵小令屈其所賢，亦不近情理之甚。然史記雖無，實則相合；百里之地，不必為小。且錢氏於史記言之確鑿者不之信，此則以史記所無斷他書之不可從，恐其尤不然矣。

九

鹽鐵論毀學篇云：「方李斯之相秦也，始皇任之，人臣無二。然而荀卿為之不食，覩其罹不測之禍也。」據史記始皇本紀，三十四年斯已為相，其始相秦之年雖不可考；二十六年為廷尉，二十八年為卿，時王綰為相，則斯為相不得早於始皇二十八年。使卿猶在，百十有六歲矣。百十有六歲之壽者未必無有，然余以李斯傳合鹽鐵論讀之，知其說實妄。李斯傳云：「秦幷天下，……以斯為丞相。……李斯置酒於家，百官長皆前為壽，門廷車騎以千數。李斯喟然而歎曰：嗟乎，吾聞之荀卿曰：『物禁太盛。』夫斯乃上蔡布衣，閭巷之黔首。上不知其駑下，遂擢至此。當今人臣之位，無居臣上者，可謂富貴極矣。物極則變，吾未知所稅駕也。」鹽鐵論之「人臣無二」，與斯傳「當今人臣之位，無居臣上者」無異，其餘亦皆於斯傳得其彷彿之迹，鹽鐵論所

記，即斯傳之譌傳耳。蓋斯傳云「吾聞之荀卿曰」，遂誤傳斯為相時荀卿所言（案今人尚有作此解者，見後。）；斯傳云「置酒於家，而喟然歎曰」，遂誤傳荀卿為之不食；又以斯傳云「吾聞之荀卿曰物禁太盛」，及「物極則變，吾未知所稅駕也」，遂誤傳荀卿覩其罹不測之禍也。（案索隱云：稅駕言休息也。李斯言己今日富貴已極，然未知向後吉凶泊在何處也。）

　　學者於此或以為「不值一駁」（胡先生語），或覺其疑信難定（如梁氏羅氏）；游氏獨以為無可疑，標舉三事：一曰，斯傳物禁太盛一語，必係針對李斯為相所發。二曰，卿傳先言李斯為弟子，已而相秦，後乃言卿之卒，可見卿確及見斯相，不然夾敍李斯為弟子二句，豈非了不相干。三曰，劉向別錄謂張蒼從荀卿受左氏春秋，而漢書任敖傳云蒼卒於景帝五年，年百餘歲。上推其生年當秦昭王之末，至始皇二十八年三十餘歲。為卿弟子，可謂正當其時。然李斯傳云「吾聞之荀卿曰」，即此已知所述往事；況卿於斯為相時尚在，亦處蘭陵（案今山東嶧縣），斯何能於其為相之日接聞是語？是其一不然也。史記云「李斯嘗為弟子，已而相秦」者，蓋因斯學帝王之術於卿，秦王用之，即能相秦一統天下，以見卿學術足以經世，而惜其不為世重。如游氏之言，其敍卿之卒在「李斯嘗為弟子，已而相秦」之下，即以見卿嘗親覩斯相；則史記敍「李斯嘗為弟子」於「春申君死而荀卿廢」之下，亦謂斯事荀卿在其既廢蘭陵之後與？又如「已而」一詞通常言一事已過而一事復起。史記此云斯嘗為弟子，已而相秦。然考其別卿入秦時當莊襄王之卒；而為相乃在始皇二十八年之後。又可據此文「已而」二字，斷其為相在始皇之初立乎？以知史公行文雖密察，若必字字拘泥，或刻意求深，轉生傅會。是其二不然也。張蒼以百餘歲死景帝五年（前一五二），其生當秦昭王五十五年（前二五二）之前，時卿約在八十以下。蒼從卿學之說誠可信；卿以百齡而終，蒼可以近二十之年為其弟子，不必非三十以後不可。是其三不然也。

十

　　韓非子難三篇云：「燕王噲賢子之，而非荀卿，故身死為僇。」案史記年表燕王噲五年云：「君讓其臣子之國，顧為臣。」七年云：「君噲及太子相子之皆死。」五年當齊湣之八年，七年當湣之十年，卿時年不逾二十，可以與燕相子之比翼乎？若依此文而言，卿時不得少於三十，則至春申君之卒，又已年逾百二十。故學者於此唯錢

氏信之，而亦由誤解劉錄故。游氏云：「非嘗師事荀卿，不應妄說如此，蓋出後人所託。」余謂此殆非門人尊其先師之過耳。

<h1 style="text-align:center">十一</h1>

論荀卿姓字生平既竟，復擬一言者，余爲此文，一以史記爲憑斷。史記非盡無誤也，不能取史記而證之不敢疑。其他載籍，皆以發明史記不與其相忤者然後從之。若劉錄，云卿後孟子百餘年，以臨武君爲孫臏，又云「蘇秦張儀以邪道說諸侯以大貴顯，卿乃退而笑之」，皆與史記觸抵，此其爲誤矣；而亦多用之者，正爲其能證史記之是，補史記之缺也。是取因史記，舍亦由之；學者若病其固執而教之，所幸甚矣。爲荀卿年表以殿之：

西曆紀元前	相關列國君王年代	荀卿生平事蹟及相關者事蹟
三三四（？）	齊宣王十年（？） 趙肅侯十七年（？）	生於趙。
三二四	齊宣王末年（即十九年） 趙武靈王二年	十歲，有秀才。
二八四至二八三	齊湣王末年（四十年）至襄王始年 趙惠文王十五年至十六年	五十歲，始遊學於齊。
二八四至二六四	齊襄王之世（元年至十九年） 趙惠文王十六年至孝成王元年	五十至六十九歲。稷下田駢之屬已死，卿最爲老師，三爲祭酒。

二五五	齊王建十年 趙孝成王十一年 楚考烈王八年 秦昭王五十二年	七十九歲。齊人讒卿，卿適楚，春申君以爲蘭陵令。春申君客讒卿，卿入秦。見昭王應侯，不合而返之趙。趙以爲上客，與臨武君議兵。
二五五之後至二四七之前		七十九歲之後至八十七歲之前。春申君復請卿，卿爲書刺之，並以賦託志。後因春申君固請而返楚，復爲蘭陵令。李斯從學帝王之術。
二四七	齊王建十八年 趙孝成王十九年 楚考烈王十六年 秦莊襄王卒，始皇立	八十七歲。李斯學成，辭卿入秦。
二三八	齊王建二十七年 趙悼襄王七年 楚考烈王二十五年	九十六歲。李園殺春申君，卿廢蘭陵令。家於蘭陵。
二三八至二三四	齊王建二十七年至三十一年 趙悼襄王七年至王遷二年 楚考烈王二十五年至幽王四年	九十六至一百歲。著書立說，終於蘭陵。

一九七一年六月一日於香港

附 錄

陳師槃庵先生示書

大著荀卿後案，一昨已承翼鵬先生交下，奉讀甚佩。唯陳氏易爲田氏，兄云：『蓋敬仲入齊，不欲復稱陳氏，因南人之陳，語同北人之田，遂以田字易之』。此與弟之所見，微有異同。今傳世靑銅器，凡陳國之陳皆作『敶』，齊田之氏作『陳』，釐然不紊。張政烺氏昔嘗論之（詳邲陵𨺏臯立事歲陶考證，見史學論叢第二期。承張以仁君檢示。案章炳麟新出三體石經考引魏石經春秋殘石，陳國之陳亦从土作『陳』。石經此字，未詳所本。），其說殆不可易。潛夫論志氏姓篇云：『厲公孺子完奔齊……齊人謂陳田矣』；通志氏族略二田氏條云：『春秋時晉有田蘇（案見襄七年左傳），宋有田景（見哀十七年左傳。案即田丙，唐人避高祖諱改丙作景）……皆敬仲之苗裔』。是謂春秋時旣有田稱矣。此可疑。俞樾曰：『齊田氏在春秋，始終以陳氏稱，而史公謂敬仲奔齊改姓田者，古田陳同聲也。然春秋時自稱陳，戰國時自稱田，恐史公據後以改前，非其實也。陳之變爲田，當必有說。年表齊平公驁元年云：齊自是稱田氏。按平公時雖政在大夫，而變君之姓以從臣，恐無其事。或者陳氏於是年始改稱田氏，而史公誤爲此說耳。考世家，平公卽位，田常相之，割齊安平以東爲田氏封邑，是乃田氏有齊之始。變陳爲田，當在此時也。』（第一樓叢書九之三，葉十六）。案俞氏謂變陳爲田，當在陳常相齊之後，是或然也。鄙意如此，質之吾兄，未知合乎否也。

『荀』金文作『筍』（筍伯大父簋、筍伯簋等），或作『旬』（康盤盨）。洛陽新出三體石經作『筍』（章炳麟春秋左氏疑義答問卷五葉四下）。桓九左傳作『荀』，漢書地理志右扶風栒邑注據應劭引作『郇』。晉大夫荀息，潛夫論志氏姓作郇息；汲郡古文（同上漢志注引）『武公滅荀』、『文公城荀』，文選北征賦注引並作『郇』。蓋本作『筍』，或『旬』，通作『郇』。古人于从竹从草往往不分，故又或作『荀』。胡元儀以爲『荀』當作『郇』，殆未然矣。又及。

弟陳槃手啓七、廿九。

又書

　　兄謂：『劉錄云，「方齊宣王、威王之時，聚天下賢士於稷下，尊寵之，是時孫卿有秀才，年五十始來遊學」。此謂當宣、威稷下盛時卿有秀才，不謂時卿以五十來遊學也。秀才本才秀異之稱，謂年少而儁逸，故卽後世科舉之制，猶是功名之始階，安得年五十而謂其人有秀才乎？』案漢以後之所謂秀才，無年齡之限制。史記賈生傳：『年十八……吳廷尉爲河南守，聞其秀才』。此時之賈生固年少秀才也。後漢循吏王渙傳：『渙少好俠……晚而改節……州舉茂才（中興以後，秀才改稱茂才）』；北史儒林上劉晝傳：『晝求秀才，十年不得，發憤撰高才不遇傳。冀州刺史酈伯偉見之，始舉晝，時年四十八』。王渙晚節始舉，劉晝四十八始舉，不可謂非秀才也。後世科舉，秀才固爲科名始階，然亦無年齡之限制，雖五六十若七八十，苟初遊庠，則亦未嘗不稱秀才也。賈生之爲秀才，與王渙、劉晝之秀才，固自不同，前者美詞、汎稱，後者則選舉之目。然選舉已無年齡之限制，則汎稱亦不必限以年齡，可知矣。荀卿之被稱爲秀才，當屬前者，吾兄之言是也。顧何以知其必爲年少時之稱？弟所未喻。吾兄此說，毋乃泥耶？

　　　　　　　　弟陳槃。九月四日夜。

復陳師書

　　敬仲易陳氏爲田氏，顧炎武以後頗有疑其非者。兪氏以爲『春秋自稱陳，戰國自稱田，史公據後以改前』，此說似亦未允。蓋史公旣明言敬仲入齊，以陳字爲田氏，篇目題田敬仲完世家，而凡敬仲後人稱田，不復稱陳。如非本有此稱，恐不致如此專輒，強爲古人改姓也。承示張政烺說，『彝器凡陳國作敶，齊田之氏作塦，釐然不紊』。復查郭氏容氏並有此說。然此雖屬事實，解釋則可容有不同。敬仲之前，陳氏之陳書作何字，今未得見；以國爲氏，當卽作敶字。然塦𣣋殷之塦仲卽敬仲，塦医午鐘之塦医午卽齊桓公午，塦医因𦫳錞之塦医因𦫳卽齊威王因齊，並書陳作塦，疑卽敬仲所改之『田』字也。蓋敬仲入齊，聞齊人語陳田二字異音，己語之陳同齊人之田，而不同齊人之陳，因不欲復稱陳氏，遂以齊人語之『田』易之（此就語言言）；又不欲盡棄其本，但書作陳字，而於下加从土（此就文字言）。卽雖書作『塦』，實從齊人田字之音，不從齊人陳字之音。加从土者，猶加从田字，古人語土田義不異也。不遽加

田者，因田字本身爲正方形，與陳字結合，易害於全字之方正，不若加土字之可以美
其觀也（拙著中國文字學第三章第三節「論位置經營」專論吾國文字之講求方正美）。後世因陸字本敬
仲爲其氏姓所專製，無他用途，久之遂廢絕不傳。故史公第知敬仲之易陳 爲 『 田 』
（指語音而言），而不知其字固不作田，彝銘可補史記此闕。然彝銘之陸，固 亦 賴史公
書知其讀音同田，原不與陳同字也。此說似差可使史記與彝銘並行不背，師意未審以
爲然否？……若年表平公鷔元年云齊自是稱田氏，考證疑『稱』字當作『歸』；生意
則『稱田氏』卽政由田氏出，非謂『變君之姓以從臣』，亦不知有當與否耳。

生宇純謹稟八月廿二日夜十二時

又書

秀才一詞，漢以後無年齡限制，疑不足方其始。蓋漢時爲選舉之目，故如師所云
，雖五六十若七八十，苟初遊庠，卽得是稱。若其始爲美詞，弱冠稱之，已近於謔；
五十恐不宜更用也。是故卽兩漢書，凡譽人秀才、美材或異才，印象中似無年逾二十
者。雅意殷渥，感戴彌深。恃能容異，輒敢護短。乞裁正，是幸！

生宇純稟上九月十日正午

後記

拙作荀卿後案已脫稿，郵呈槃庵師請正，承師一再示覆，有所啓迪。而
宇純復師書，間亦有所申說。今奉師命，並附錄于此，以俟論定云。

龍宇純謹志七一、九、十日